La comptabilité et les

pme

2e édition

Daniel McMahon, M. Sc., FCPA, FCA

Jocelyne Gosselin, D. Sc. (Gestion), FCPA, F

Sylvie Deslauriers, Ph. D., FCPA, FCA, FCM.

Révision scientifique

Sylvie Berthelot, Ph. D., FCPA, FCMA, CGA (Université de Sherbrooke)

Céline Moquin, CPA, CA (Université de Sherbrooke)

Rédaction du matériel complémentaire Web

Jocelyne Gosselin

Houda Rekik

Daniel Tremblay

Achetez
en ligne ou
en librairie
En tout temps,
simple et rapide!
www.cheneliere.ca

CHENELIÈRE
ÉDUCATION

La comptabilité et les PME
2e édition

Daniel McMahon, Jocelyne Gosselin, Sylvie Deslauriers

© 2014 **TC Média Livres Inc.**
© 2010 Chenelière Éducation inc.

Conception éditoriale: Sylvain Ménard
Édition: Frédérique Grambin
Coordination: Marylène Leblanc-Langlois
Révision linguistique: Michel Raymond et Martine Senécal
Correction d'épreuves: Catherine Baron, Ginette Laliberté et Michèle
  Levert (Zérofôte)
Conception graphique: Christian Campana
Conception de la couverture: Kpour design (Madeleine Eykiel)
Impression: TC Imprimeries Transcontinental

**Catalogage avant publication
de Bibliothèque et Archives nationales du Québec
et Bibliothèque et Archives Canada**

McMahon, Daniel, 1956-

  [Comptabilité]

  La comptabilité et les PME

  2e édition.

  Publié antérieurement sous le titre: Comptabilité: comprendre et agir.
  Montréal: Chenelière/McGraw-Hill, 2000.
  Comprend un index.

  ISBN 978-2-7650-4319-5

  1. Comptabilité. 2. Petites et moyennes entreprises – Comptabilité.
3. Comptabilité – Problèmes et exercices. I. Gosselin, Jocelyne, 1957-   .
II. Deslauriers, Sylvie, 1960-   . III. Titre. IV. Titre: Comptabilité.

HF5642.M323 2014   657'.044   C2014-940414-X

5800, rue Saint-Denis, bureau 900
Montréal (Québec) H2S 3L5 Canada
Téléphone: 514 273-1066
Télécopieur: 514 276-0324 ou 1 800 814-0324
info@cheneliere.ca

ISBN 978-2-7650-4319-5

Dépôt légal: 2e trimestre 2014
Bibliothèque et Archives nationales du Québec
Bibliothèque et Archives Canada

Imprimé au Canada

1 2 3 4 5 ITIB 18 17 16 15 14

Nous reconnaissons l'aide financière du gouvernement du Canada par
l'entremise du Fonds du livre du Canada (FLC) pour nos activités d'édition.

Gouvernement du Québec – Programme de crédit d'impôt pour l'édition de
livres – Gestion SODEC.

Sources iconographiques

Couverture: © Madrabothair/Dreamstime.com; **p. 1:**
Images distribution; **p. 227:** tele52/Shutterstock.com;
p. 415: Gisèle Larocque, Comité Communications
CFQ St-Bruno; **p. 506:** Orla/Shutterstock.com; **p. 767:**
hans engbers/Shutterstock.com; **p. 947:** Pressmaster/
Shutterstock.com.

© 2014 CPA Canada. *Dictionnaire de la comptabilité
et de la gestion financière* et *Manuel de CPA Canada
– comptabilité*, reproduits avec la permission des
Comptables professionnels agréés du Canada. Toutes
reproductions ou distributions autres que celles accordées est une violation du copyright des Comptables
professionnels agréés du Canada.

Les vidéos des capsules Techno Plus ont été réalisées avec Sage Simple Comptable Supérieur 2012,
propriété de Sage Software, Inc. et ses filiales, ainsi
qu'avec Camstudio et avec Microsoft Excel. Microsoft
Excel est la propriété de Microsoft corporation.

Des marques de commerce sont mentionnées ou illustrées dans cet ouvrage. L'Éditeur tient à préciser qu'il
n'a reçu aucun revenu ni avantage conséquemment
à la présence de ces marques. Celles-ci sont reproduites à la demande de l'auteur en vue d'appuyer le
propos pédagogique ou scientifique de l'ouvrage.

Les cas présentés dans les mises en situation de cet
ouvrage sont fictifs. Toute ressemblance avec des
personnes existantes ou ayant déjà existé n'est que
pure coïncidence.

Le matériel complémentaire mis en ligne dans notre
site Web est réservé aux résidants du Canada, et ce,
à des fins d'enseignement uniquement.

L'achat en ligne est réservé aux résidants du Canada.

En 2010, la première édition de cet ouvrage s'est vu décerner le prestigieux Prix de la ministre de l'Éducation reconnaissant non seulement la pertinence d'un manuel illustrant les nouvelles normes comptables pour les entreprises à capital fermé – la grande majorité des PME –, mais surtout la qualité exceptionnelle d'une approche pédagogique répondant aux besoins de l'étudiant et adaptée à la réalité du Québec. Fort de cette reconnaissance et motivé par un constant souci de dépassement pour produire une nouvelle édition, l'éditeur a organisé des rencontres avec des professeurs de différentes universités. Ces réunions avaient pour objectif de déterminer les améliorations souhaitées et de rassembler les éléments nécessaires à la mise en forme de cette seconde édition d'un ouvrage de comptabilité de base, destiné à une clientèle diversifiée de niveau universitaire, mais pouvant également être utile au collégial. Les préoccupations, les attentes et les recommandations des professeurs en matière d'enseignement de la comptabilité ont donc été au cœur de nos motivations.

Des recommandations… innovatrices!

Pour répondre encore plus adéquatement aux besoins de l'étudiant en comptabilité, nous avons intégré à cette nouvelle parution la quasi-totalité des principales recommandations faites par les professeurs consultés. En voici quelques-unes.

Une approche pédagogique axée sur la compréhension

L'approche pédagogique préconisée dans cet ouvrage est avant tout basée sur l'intégration des notions. Nous avons donc mis un accent particulier sur cet aspect. Ainsi, bien que l'information théorique soit clairement détaillée dans tous les chapitres, c'est plutôt l'apprentissage par la pratique et la compréhension active que nous mettons de l'avant. L'étudiant pourra donc, grâce à cette approche, saisir toutes les subtilités et la profondeur de la matière à l'étude.

Un ouvrage rédigé dans un langage clair et simple

Écrit dans un langage accessible, cet ouvrage permet à l'étudiant de saisir rapidement la logique inhérente aux concepts de base. L'apprenant assimile sans tarder les concepts importants et en explore les nuances grâce aux exemples pratiques présentés en classe.

Des concepts expliqués progressivement

Chaque concept est expliqué à l'aide d'exemples dont le degré de complexité augmente progressivement, permettant une intégration en profondeur des diverses notions par l'étudiant.

Une présentation visuelle des concepts à l'étude

Près de 350 figures et tableaux explicatifs appuient la pédagogie appliquée aux concepts à l'étude.

Une mise en page colorée et aérée

La mise en page a été conçue pour permettre une lecture dynamique grâce au repérage facile des thèmes traités, des diverses rubriques associées à des couleurs et des notes dans la marge.

Une initiation rapide à la TPS et à la TVQ

Les notions fondamentales relatives à la TPS et à la TVQ sont présentées dès le chapitre 4.

Une intégration de la TPS et de la TVQ à l'entreprise commerciale et aux journaux auxiliaires

Un enchaînement cohérent des notions fondamentales relatives à la TPS et à la TVQ permet une intégration optimale de celles-ci lors de l'étude des opérations de l'entreprise commerciale (*voir le chapitre 5*) et de l'utilisation des journaux auxiliaires (*voir le chapitre 8*).

Des questions, des exercices et des problèmes

L'acquisition des connaissances de base et le développement des compétences requièrent un travail individuel considérable. La grande variété de questions de révision, d'exercices et de problèmes de compréhension fournit à l'étudiant tous les outils pour parfaire sa formation. Les questions de révision lui permettent de passer en revue les notions les plus importantes de chaque chapitre. Les exercices sont conçus pour que l'apprenant puisse valider par lui-même ses apprentissages. Enfin, les problèmes de compréhension font appel au jugement de l'étudiant qui doit faire preuve de discernement dans l'analyse de chaque situation.

Chaque problème de compréhension est assorti d'une estimation du temps d'exécution requis, ainsi que de son niveau de difficulté (facile, moyen ou difficile). Par exemple, la mention « 25 minutes – moyen » signifie que l'étudiant doit pouvoir résoudre en 25 minutes un problème dont le niveau de difficulté est moyen. Le temps nécessaire à la résolution d'un problème correspond à celui dont aurait besoin une personne possédant les connaissances de base requises et disposant de feuilles de travail qu'elle n'a qu'à remplir après avoir analysé les données du problème.

La structure progressive des apprentissages se reflète également dans le temps requis pour la résolution des problèmes. Plus lent en début de chapitre, l'étudiant constate une plus grande fluidité au fur et à mesure qu'il s'approprie les notions, aiguise son sens critique et maîtrise les connaissances.

Une offre numérique généreuse et variée

- Un solutionnaire hautement pédagogique comprenant des notes descriptives, des calculs détaillés et de nombreux commentaires explicatifs accompagnant les écritures de journal.

- Des mises à jour des tables de déductions à la source avec les solutions ajustées du chapitre traitant de la paye.

- Des feuilles de travail modifiables fournies en format Excel et PDF, pour une plus grande flexibilité.

- Des rubriques Techno Plus en lien avec la rubrique « La comptabilité et l'informatique », illustrant une utilisation pratique de la technologie.

- Des capsules pédagogiques présentant des explications supplémentaires sur des concepts complexes.

Consultez le site Web de l'ouvrage à l'adresse www.cheneliere.ca/mcmahon.

L'équipe de rédaction

La comptabilité et les PME, 2e édition compte 23 chapitres dont 4 ont été rédigés par Jocelyne Gosselin (chapitres 11 à 14), 3 par Sylvie Deslauriers (chapitres 15, 16 et 22) et 16 par Daniel McMahon. Nous soulignons d'une façon toute particulière le travail exceptionnel de nos réviseures scientifiques, Mmes Sylvie Berthelot et Céline Moquin de l'Université de Sherbrooke qui ont scruté à la loupe chaque chapitre. Leurs remarques et commentaires judicieux ont permis d'augmenter de façon significative la qualité de cet ouvrage. La publication de cette seconde édition de *La comptabilité et les PME* est donc le fruit de la mise en commun des connaissances et de l'expérience de cinq personnes ayant la passion de l'enseignement de la comptabilité.

Remerciements

Alors que la tendance actuelle est à la traduction ou à l'adaptation d'ouvrages américains, la maison d'édition Chenelière Éducation a misé sur notre capacité d'innover et de créer. Nos premiers remerciements sont donc destinés à l'équipe d'édition composée de Sylvain Ménard (éditeur-concepteur), Frédérique Grambin (éditrice), Sabina Badilescu, Mira Cliche, Marylène Leblanc-Langlois et Marie-Michèle Martel (chargées de projets), Michel Raymond et Martine Senécal (réviseurs linguistiques) et Catherine Baron, Ginette Laliberté et Michèle Levert (Zérofôte) (correctrices d'épreuves) qui nous a, de nouveau, permis de nous surpasser et qui a rendu possible toutes les améliorations apportées à cette seconde mouture.

Nous tenons aussi à remercier tous les professeurs pour leurs commentaires, critiques et recommandations formulés lors des rencontres et entrevues organisées par l'éditeur : Mᵐᵉ Cynthia Courtois (Université du Québec à Trois-Rivières), M. Daniel Tremblay (Université du Québec à Chicoutimi), Mᵐᵉ Marie-Hélène Hofbeck (TÉLUQ), M. Julien Le Maux (HEC), Mᵐᵉ Sylvie Berthelot (Université de Sherbrooke), M. Pierre Charon (Université du Québec en Outaouais), M. Patrick Perreault (Université du Québec en Abitibi-Témiscamingue) et M. Sylvain Douville (Université Laval). Sans eux, la qualité de cet ouvrage s'en trouverait amoindrie.

Une mention toute spéciale va aux 23 professionnels qui ont accepté de collaborer à la rédaction de la toute nouvelle rubrique « Un professionnel vous parle ». Leur expertise diversifiée du monde des affaires saura certes donner le goût à l'étudiant de s'engager à fond dans la poursuite de son étude de *La comptabilité et les PME*.

Nous remercions également les rédacteurs du matériel complémentaire Web de l'ouvrage, notamment Mᵐᵉ Jocelyne Gosselin (D. Sc. (Gestion), FCPA, FCA, Université du Québec à Trois-Rivières) pour la préparation des présentations PowerPoint, Mᵐᵉ Houda Rekik (docteure en Sciences comptables, chargée de cours, Université du Québec à Montréal) pour la conception du matériel Techno Plus lié à la rubrique « La comptabilité et l'informatique » et pour le matériel complémentaire lié aux IFRS, ainsi que M. Daniel Tremblay (MPA, CPA-auditeur, CA, Université du Québec à Chicoutimi) pour la création des capsules pédagogiques.

Les auteurs remercient CPA Canada qui leur a permis de reproduire des extraits des recommandations du *Manuel de CPA Canada*.

Enfin, l'auteur principal désire exprimer sa gratitude à son employeur, l'Ordre des comptables professionnels agréés du Québec, qui lui a permis de poursuivre cette aventure pédagogique et à son épouse, Liette, pour sa patience envers un mari trop souvent absorbé par son désir de munir les étudiants d'un ouvrage de référence répondant à leurs besoins et à leurs attentes.

Commentaires, critiques et suggestions

Faites parvenir vos commentaires, critiques et suggestions ainsi que vos questions à l'auteur principal en accédant à la boîte aux lettres de notre site Web à l'adresse suivante : www.cheneliere.ca/mcmahon.

Daniel McMahon, M. Sc., FCPA, FCA

Jocelyne Gosselin, D. Sc. (Gestion), FCPA, FCA

Sylvic Deslauriers, Ph. D., FCPA, FCA, FCMA

Plan du chapitre

Un plan présente les thèmes abordés et permet un repérage rapide des principaux éléments de contenu du chapitre.

Objectifs d'apprentissage

Les objectifs d'apprentissage donnent une idée précise des connaissances et des habiletés que le chapitre permet de maîtriser.

CHAPITRE 1

Les concepts fondamentaux de la comptabilité et le bilan

Les étudiants qui abordent pour la première fois l'étude de la comptabilité sont toujours étonnés de constater que, sans être des experts, ils sont tout un peu « comptables ». Pour vous en convaincre, voici à avez qu'à penser à la période estivale, au cours de laquelle, consciemment ou non, vous avez établi un « budget ». Ainsi, de semaine en semaine, une partie de votre paye vous a permis de prendre la fonte longtemps, mais vous avez aussi du économiser suffisamment d'argent pour la rentrée scolaire.

La gestion quotidienne de vos finances personnelles constitue le point de départ de l'exercice de certaines notions comptables.

Un professionnel vous parle

Cette rubrique présente un court message, rédigé par un professionnel, qui met la théorie du chapitre en contexte réel.

UN PROFESSIONNEL VOUS PARLE

Marie-Noël Grenier, FCPA, FCMA
Présidente-directrice générale

Jambette

Présidente d'une PME, j'utilise au quotidien de l'information financière pour assurer une saine gestion de mon entreprise. Bien comprendre les fonctions de la comptabilité m'est essentiel pour prendre des décisions éclairées et faciliter l'orientation stratégique de Jambette.

La formation que j'ai acquise me permet d'utiliser le bilan comme source importante de données pour le suivi des liquidités et du niveau d'endettement de l'entreprise. Nos partenaires, comme les directeurs de comptes, les comptables externes et les administrateurs, utilisent aussi le bilan. Cet outil leur permet d'analyser la capacité de l'entreprise à respecter ses engagements tout en continuant son exploitation. D'ailleurs, bien souvent, cette information demeure tout aussi cruciale pour bien planifier nos projets d'investissement.

La comptabilité et l'informatique

Facilement repérable grâce à l'icône de l'écran, cette rubrique permet à l'étudiant de saisir d'emblée les astuces technologiques qui peuvent lui simplifier la tâche.

4. Pour faciliter la lecture, il est préférable de sauter une ligne entre chaque écriture de journal.

5. Une écriture qui comporte plus de deux comptes (*voir la deuxième écriture du 5 septembre*) est une **écriture composée**. Dans une telle écriture, il faut d'abord inscrire tous les comptes à débiter, puis tous les comptes à créditer. De plus, il est important de s'assurer immédiatement que le total des comptes ainsi débités correspond au total des comptes crédités.

AVEZ-VOUS LE SENS DE L'OBSERVATION?

Vous avez sans doute remarqué que la colonne Folio (F°) ne contient aucune donnée. En effet, il ne faut rien inscrire dans cette colonne lors de la passation d'une écriture de journal. Nous verrons un peu plus loin que cette colonne sert à inscrire le numéro des comptes du grand livre dans lesquels sont reportées les sommes inscrites dans les colonnes Débit et Crédit.

Il est important de toujours utiliser l'**intitulé exact** des comptes à débiter et à créditer. Ainsi, lors de l'achat au comptant d'un camion de livraison, il ne faut pas inscrire au débit « Camion acheté » et au crédit « Somme décaissée », mais plutôt l'intitulé des comptes ouverts dans le grand livre, c'est-à-dire « Camions » au débit et « Caisse » au crédit.

LA COMPTABILITÉ ET L'INFORMATIQUE

Quel que soit le logiciel comptable utilisé, le processus d'enregistrement des écritures de journal est identique. Ainsi, vous devrez inscrire la date de l'opération et une brève description de celle-ci. Puisque les comptes auront été programmés à l'avance, la saisie d'un numéro de compte générera automatiquement son nom et vous n'aurez qu'à saisir le montant à débiter ou à créditer selon le cas ; ensuite, un simple clic suffira à enregistrer l'opération. (i+)

Le grand livre général

Le **grand livre général** contient l'ensemble des comptes dans lesquels on enregistre les opérations d'une entreprise. Il peut prendre la forme de feuilles mobiles insérées dans une reliure à anneaux ou celle d'un rapport informatique.

L'utilité du journal général et du grand livre général

L'utilisation d'un grand livre général permet de repérer au même endroit tous les changements survenus dans un compte précis. Certains se demandent pourquoi on se donne le mal de tenir un journal général, puisqu'on peut inscrire les opérations directement dans le grand livre sous forme de comptes en T. Dans le grand livre, on trouve l'historique de chaque compte pris isolément sans pour autant avoir une vision complète de chaque opération ayant eu un effet sur un compte particulier. Tenir à la fois un journal général et un grand livre procure quatre avantages, le premier étant énoncé ci-dessus, les autres, ci-après.

• **Le journal général renferme au même endroit toute l'information relative à une opération.** Supposons que le grand livre regroupe 250 comptes. Le seul fait de constater que le compte Caisse a été crédité d'un montant de 500 $ à une date donnée ne

5. Les intitulés des comptes peuvent varier d'une entreprise à l'autre. Ainsi, dans notre exemple, l'entreprise aurait pu opter pour l'intitulé Matériel roulant ou pour celui de Camion de livraison. Toutefois, dès que l'intitulé d'un compte est adopté, il doit être utilisé chaque fois qu'une opération relative à ce compte est enregistrée.

Avez-vous le sens de l'observation?

Cette rubrique stimule la curiosité de l'étudiant et l'incite à bien comprendre les concepts importants.

Termes en gras

Les termes importants sont mis en évidence.

Rappel des objectifs d'apprentissage

Ce pictogramme indique quel objectif d'apprentissage est en lien avec le contenu présenté dans la section du chapitre.

Picto i+

Ce pictogramme indique un renvoi à du matériel complémentaire disponible en ligne sur le site Web de l'ouvrage.

Termes à l'index

Les termes en gras mis sur fond tramé sont reportés à l'index.

IFRS

Marquée du point d'exclamation, cette rubrique permet à l'étudiant de s'initier aux IFRS en l'éveillant à la réalité des entreprises cotées en Bourse.

 IFRS

Bien que cet ouvrage reflète le recours aux PCGR pour les entreprises à capital fermé, on ne peut passer sous silence l'existence des normes internationales d'information financière, mieux connues sous leur acronyme anglais **IFRS** (*International Financial Reporting Standards*), lesquelles sont utilisées pour dresser les états financiers des entreprises qui ont l'obligation publique de rendre des comptes. Ainsi, les PCGR constituent le référentiel comptable dont se servent les entreprises à capital fermé, tandis que les IFRS constituent le référentiel comptable utilisé par les entreprises inscrites en Bourse. Il existe des différences importantes entre ces deux référentiels. Cet ouvrage n'a pas pour but d'en faire une description exhaustive; toutefois, à l'occasion, nous attirerons votre attention sur les IFRS dans des encadrés comme celui-ci.

Synthèse du chapitre

Cet encadré permet à l'étudiant de réviser le contenu du chapitre et de s'assurer d'en maîtriser les concepts.

SYNTHÈSE DU CHAPITRE 2

1. La séquence des procédures comptables utilisées pour enregistrer, classer et résumer l'information comptable au cours d'un exercice s'appelle « cycle comptable ». Nous avons prêté une attention particulière aux quatre premières étapes du cycle comptable: 1) la collecte et l'analyse de l'information; 2) l'enregistrement des opérations dans un journal; 3) le report dans le grand livre général; et 4) l'établissement de la balance de vérification des comptes.

2. Sous sa forme la plus simple, un compte ressemble à la lettre T, d'où son nom de « compte en T ». En pratique, les livres comptables doivent toutefois être un peu plus précis et les comptes en T cèdent la place à des comptes avec solde après chaque opération. On entend par « plan comptable » la liste codifiée des comptes qu'utilise une entreprise.

3. Par « débit », on entend une écriture qui consiste à enregistrer un montant du côté gauche d'un compte et, par « crédit », une écriture qui consiste à enregistrer un montant du côté droit d'un compte. Lors de l'enregistrement des opérations, les augmentations des comptes d'actif s'inscrivent au débit et les diminutions, au crédit. Les augmentations des comptes de passif et de capitaux propres s'inscrivent au crédit et les diminutions, au débit.

4. La comptabilité en partie double tire son nom du fait qu'il y a toujours une égalité entre les montants débités et les montants crédités lors de la passation d'une écriture.

5. Le journal général renferme sous diverses colonnes la date de chaque opération, l'identification des comptes à débiter et à créditer ainsi qu'une brève description de l'opération.

6. Le grand livre général contient l'ensemble des comptes dans lesquels on enregistre les opérations d'une entreprise. Il peut prendre la forme de feuilles mobiles insérées dans une reliure à anneaux ou celle d'un rapport informatique.

7. La tenue simultanée d'un journal général et d'un grand livre général procure quatre avantages:
   - Le grand livre général permet de repérer au même endroit tous les changements survenus dans un compte.
   - Le journal général renferme au même endroit toute l'information relative à une opération.
   - Toutes les opérations sont classées par ordre chronologique dans le journal général.
   - L'interaction entre le journal général et le grand livre, laquelle découle du processus de report, permet de réduire considérablement le risque d'erreur.

8. Essentiellement, le processus de report consiste à transcrire dans le grand livre général les montants enregistrés dans le journal général.

9. La balance de vérification ne fait que démontrer l'exactitude arithmétique du grand livre général. Le fait qu'elle soit en équilibre ne signifie pas pour autant qu'elle soit exempte d'erreurs.

Activités d'apprentissage

Une grande variété de questions de révision, d'exercices et de problèmes de compréhension est offerte à l'étudiant pour favoriser sa progression.

ACTIVITÉS D'APPRENTISSAGE

PROBLÈME TYPE

Le 1er avril 20X3, Brian Potvin a décidé d'ouvrir un mini-golf dans sa municipalité. Voici les opérations survenues au cours du premier mois d'activité:

2 avril — Dépôt d'une somme de 25 000 $ dans un compte en banque ouvert au nom de la nouvelle entreprise, Mini-golf Potvin enr.

PROBLÈMES DE COMPRÉHENSION

P1 L'enregistrement d'opérations dans des comptes en T et l'établissement d'une balance de vérification

25 minutes – facile

Yvan Ledoux est représentant commercial pour plusieurs entreprises québécoises. Voici les premières opérations de son entreprise, qui porte le nom de Ledoux enr.:

1er mars — Yvan Ledoux dépose la somme de 5 000 $ dans un compte en banque ouvert au nom de la nouvelle entreprise.

2 mars — Il achète une automobile au prix de 21 000 $, moyennant un versement comptant de 2 000 $ et un emprunt contracté à la Banque Nationale. L'automobile sera utilisée exclusivement pour les activités de l'entreprise.

3 mars — Yvan Ledoux fait l'acquisition au comptant d'un téléphone cellulaire au prix de 150 $.

4 mars — Il achète à crédit du matériel de bureau d'occasion, d'une valeur estimative de 1 700 $. Cet achat ayant été fait lors d'un encan, Yvan Ledoux a obtenu le matériel pour la somme de 1 400 $. Brau Kanteur ltée exige que le montant soit versé dans un délai de 15 jours.

5 mars — Yvan Ledoux achète au comptant des fournitures de bureau au prix de 200 $.

15 mars — Ledoux enr. verse une somme de 1 400 $ en règlement de la dette contractée le 4 mars.

TRAVAIL À FAIRE

a) Inscrivez les opérations ci-dessus directement dans les comptes en T suivants: Banque Nationale, Fournitures de bureau, Automobile, Matériel de bureau, Téléphone cellulaire, Fournisseurs, Emprunt – Banque Nationale, et Yvan Ledoux – Capital.

b) Établissez la balance de vérification de l'entreprise au 15 mars 20X2.

 Total des débits: 24 000 $

Picto indice de réponse

Alors que le niveau de difficulté augmente au fil des problèmes, des indices de réponse apparaissent pour guider l'étudiant dans sa démarche, marqués par ce pictogramme.

TABLE DES MATIÈRES

PARTIE 1 **Les concepts fondamentaux de la comptabilité générale et les PME**............. 1

CHAPITRE 1
Les concepts fondamentaux de la comptabilité et le bilan...................... 2

Qu'est-ce que la comptabilité?........................... 4
    Les grandes fonctions de la comptabilité..................... 4
    La distinction entre tenue des comptes et comptabilité.......................... 6

Les utilisateurs de l'information comptable et leurs besoins....................... 6
    Les utilisateurs internes......................... 6
    Les utilisateurs externes........................... 7

La profession comptable au Québec........................... 9
    L'expertise comptable........................... 10
    La comptabilité de management........................... 11
    La comptabilité des organismes du secteur public et des organismes sans but lucratif..................... 12
    Une carrière dans l'enseignement et la recherche en comptabilité..................... 12
    Le CPA et l'éthique professionnelle..................... 12
    La formation de CPA........................... 13

Les principes comptables généralement reconnus..................... 13

L'objectif des états financiers..................... 14

Les composantes des états financiers..................... 14
    L'actif........................... 14
    Le passif........................... 15
    Les capitaux propres........................... 18

L'équation comptable fondamentale..................... 19

Les effets de diverses opérations sur l'équation comptable........................... 20
    Opération 1 – La mise de fonds initiale..................... 20
    Opération 2 – L'emprunt à la banque..................... 20
    Opération 3 – L'achat de matériel informatique.......... 20
    Opération 4 – L'achat de fournitures de bureau à crédit..................... 21
    Opération 5 – La vente de fournitures de bureau partiellement à crédit..................... 21
    Opération 6 – Le règlement d'une dette..................... 22
    Opération 7 – Le recouvrement d'une créance..................... 22

Le bilan........................... 23
    L'utilité du bilan........................... 25
    Les limites du bilan........................... 25

Les formes d'entreprises........................... 26
    Les entreprises individuelles..................... 26
    Les sociétés en nom collectif..................... 27
    Les sociétés par actions........................... 27
    Les coopératives........................... 28
    Le bilan des quatre formes d'entreprises..................... 28

Synthèse du chapitre 1........................... 29
Activités d'apprentissage........................... 30
Annexe 1A Les fondements conceptuels des états financiers........................... 43

CHAPITRE 2
L'enregistrement des opérations relatives aux comptes du bilan..................... 50

Le cycle comptable: une vue d'ensemble................... 52
    Étape 1 – La collecte et l'analyse de l'information....... 52
    Étape 2 – L'enregistrement des opérations dans un journal..................... 53
    Étape 3 – Le report dans les grands livres................... 54
    Étape 4 – L'établissement de la balance de vérification des comptes..................... 54
    Étape 5 – La régularisation et la correction des comptes..................... 54
    Étape 6 – L'établissement des états financiers........... 54
    Étape 7 – La clôture des comptes..................... 54
    Étape 8 – L'établissement de la balance de vérification après clôture..................... 54
    Étape 9 – La passation facultative des écritures de contrepassation..................... 54

Les comptes........................... 55
    La nature des comptes........................... 55

Les notions de débit et de crédit..................... 55

Les règles relatives au débit et au crédit des comptes du bilan........................... 56
    La comptabilité en partie double..................... 57
    L'enregistrement des opérations sous forme de comptes en T..................... 57

Le journal général et le grand livre général................... 61
    Le journal général........................... 61
    Le processus d'enregistrement des écritures de journal..................... 62
    Le grand livre général........................... 63
    L'utilité du journal général et du grand livre général..... 63
    Les comptes avec solde après chaque opération....... 64
    Le plan comptable........................... 65

Le report des écritures de journal dans le grand livre général........................... 66
    Les étapes du report dans le grand livre général......... 67
    Les comptes du grand livre général après le report des écritures de journal..................... 67

La balance de vérification........................... 68
    La nature de la balance de vérification..................... 68
    L'utilité de la balance de vérification..................... 69
    La recherche des erreurs........................... 69
    L'utilisation du signe de dollar..................... 71

Un plan comptable détaillé........................... 71
Synthèse du chapitre 2........................... 73
Activités d'apprentissage........................... 73

CHAPITRE 3
Les résultats et les capitaux propres 90

L'état des résultats et l'état des capitaux propres :
une vue d'ensemble 92

   Qu'est-ce que l'état des résultats ? 92

   Qu'est-ce que l'état des capitaux propres ? 93

Les éléments des résultats
et des capitaux propres 93

   Les produits 93

   Les charges 94

   Les gains 96

   Les pertes 96

   Le bénéfice net 97

   Les apports et les retraits 97

La comptabilisation des éléments des résultats
et des capitaux propres 99

   Les règles relatives au débit et au crédit
des comptes de résultats 99

   L'établissement du plan comptable 99

   L'analyse des opérations 100

L'enregistrement des opérations et le report
dans le grand livre général 104

   L'établissement de la balance
de vérification 107

Les états financiers 107

   L'état des résultats 107

   L'état des capitaux propres 109

   Le bilan 110

Synthèse du chapitre 3 110

Activités d'apprentissage 111

Annexe 3A Les états financiers d'une
petite entreprise 132

CHAPITRE 4
La taxe sur les produits et services
et la taxe de vente du Québec 136

Un aperçu général des régimes de taxation
canadien et québécois 138

   Les taux de taxation applicables à la TPS
et à la TVQ 138

La comptabilisation de la TPS et de la TVQ
lors de la prestation de services 140

Le recouvrement et la comptabilisation du CTI
et du RTI 140

   À quel moment peut-on demander un CTI
et un RTI ? 140

   La comptabilisation du CTI et du RTI
lors de l'achat 140

   Des CTI et des RTI pour l'achat
d'immobilisations 141

La production du formulaire
de déclaration 142

   La fréquence de production du formulaire
de déclaration 145

La présentation au bilan 145

Les taxes provinciales ailleurs au Canada 145

Synthèse du chapitre 4 146

Activités d'apprentissage 147

CHAPITRE 5
La comptabilisation des opérations
d'une entreprise commerciale 154

Une vue d'ensemble des états financiers
d'une entreprise commerciale 156

Le cycle d'exploitation d'une entreprise
commerciale 158

L'état des résultats d'une entreprise
commerciale 159

   Le chiffre d'affaires net 161

   Le chiffre d'affaires brut 161

   Les rendus et rabais sur ventes 164

   Les conditions de règlement 166

   Les escomptes sur ventes 166

   Les remises 168

   Les escomptes d'usage 169

Le coût des ventes 169

   Les systèmes d'inventaire permanent
et d'inventaire périodique 170

   La comptabilisation des achats 172

   Les rendus et rabais sur achats 172

   Les escomptes sur achats 174

   Les frais de transport à l'achat 176

   Le redressement du compte Stock 177

   La détermination du coût des ventes 177

   Les vols et les pertes de marchandises 178

La marge bénéficiaire brute 179

Les frais d'exploitation 180

Le bénéfice d'exploitation 181

Les autres résultats et le bénéfice net 181

Le classement des postes de l'état
des résultats 182

   L'état des résultats à groupements multiples 182

   L'état des résultats à groupements simples 182

L'analyse des résultats et du bilan d'une
entreprise commerciale 183

   L'évaluation de la rentabilité d'une entreprise
commerciale 183

   L'évaluation de la solvabilité d'une entreprise
commerciale 186

Synthèse du chapitre 5 188

Activités d'apprentissage 189

CHAPITRE 6
La régularisation des comptes 206

Le principe de l'indépendance des exercices 208

   L'exercice comptable et les états financiers 208

La comptabilisation des produits et des charges 209

   Le principe de réalisation 209

   Le principe du rattachement des charges
aux produits 209

La pertinence de la régularisation des comptes 210

Les principales sortes d'écritures
de régularisation 211

La ventilation des charges sur plus d'un exercice 213

   Les assurances payées d'avance 213

   Les fournitures 216

La ventilation des produits sur plus d'un exercice 218
  Les produits reçus d'avance....................................... 219
La comptabilisation des charges à payer 221
  Les intérêts courus... 221
  Les salaires à payer 223
La comptabilisation des produits à recevoir 224
  Les intérêts à recevoir.. 225
  Les comptes clients en fin d'exercice......................... 225
La comptabilisation des charges estimatives 226
  L'amortissement des immobilisations......................... 226
  La dépréciation des comptes clients 231
La balance de vérification régularisée 233
Synthèse du chapitre 6 235
Activités d'apprentissage 237
Annexe 6A Les écritures de correction 259

CHAPITRE 7
Le chiffrier, les écritures de clôture et les écritures de contrepassation 260

Le chiffrier 262
  Qu'est-ce qu'un chiffrier ? 263
  L'établissement du chiffrier... 263
  L'utilité du chiffrier... 268
  L'établissement des états financiers 269
  L'enregistrement des écritures de régularisation........ 271
Les écritures de clôture 273
  La raison d'être de la clôture des comptes 273
  Les étapes du processus de clôture des comptes.... 273
  La clôture des comptes de produits............................ 274
  La clôture des comptes de charges 275
  La clôture du compte Sommaire des résultats 276
  La clôture des comptes Apports et Retraits 277
La balance de vérification après clôture..................... 278
Les écritures de contrepassation 278
  Les charges à payer et les produits à recevoir........... 278
  Les charges payées d'avance et les produits reçus d'avance 281
  Les règles relatives aux écritures de contrepassation 281
Le chiffrier d'une entreprise commerciale 282
  L'utilité du chiffrier d'une entreprise commerciale 285
  L'établissement des états financiers 285
  L'enregistrement des écritures de régularisation........ 288
  L'enregistrement des écritures de clôture 288
  La balance de vérification après clôture..................... 289
Le cycle comptable – en résumé 290
Synthèse du chapitre 7 291
Activités d'apprentissage 292

CHAPITRE 8
Les journaux auxiliaires et le traitement de l'information comptable 318

Les limites du journal général et du grand livre général 320
Une vue d'ensemble du système d'information comptable 321

Les grands livres auxiliaires....................................... 322
Les journaux auxiliaires 323
Le journal des ventes 326
  L'enregistrement des ventes à crédit.......................... 326
  Le report dans les grands livres 326
Le journal des encaissements.................................... 329
  L'enregistrement des opérations ayant donné lieu à un encaissement 329
  Le report dans les grands livres 330
Le journal des achats 334
  L'enregistrement des achats à crédit.......................... 334
  Le report dans les grands livres 334
Le journal des décaissements 337
  L'enregistrement des paiements ayant donné lieu à un décaissement.. 337
  Le report dans les grands livres 341
Le journal des salaires 341
Le journal général 342
  L'enregistrement des opérations dans le journal général et le report dans les grands livres................. 342
La vérification de l'exactitude arithmétique des grands livres auxiliaires....................................... 342
Le journal synoptique 346
Le traitement informatisé de l'information comptable 348
  Les avantages d'un système comptable informatisé.... 348
Synthèse du chapitre 8 349
Activités d'apprentissage 350

CHAPITRE 9
La paye 382

Une vue d'ensemble : du recrutement à la distribution de la paye 384
Salaires ou honoraires ? 384
La détermination de la paye brute 386
  Les salaires... 386
  Les primes.. 386
  Les commissions.. 386
  Les avantages imposables.. 386
  Les gratifications.. 387
Les retenues salariales 387
  Les retenues salariales obligatoires 387
  Les retenues salariales conventionnées..................... 392
  Les retenues salariales facultatives 393
La fiche de paye individuelle 393
La comptabilisation de la paye 393
Les cotisations de l'employeur 397
  Les cotisations obligatoires.. 397
  Les cotisations conventionnées et les cotisations facultatives.. 399
La comptabilisation des cotisations de l'employeur 399
Le paiement des dettes relatives à la paye et le travail de fin d'exercice...................................... 399
  La distribution de la paye aux employés..................... 399
  La fréquence des remises aux gouvernements et aux autres organismes 401

Les salaires à payer en fin d'exercice 402

La présentation des salaires
dans les états financiers 402

La cessation d'emploi 402

Le traitement informatisé de la paye 404

Synthèse du chapitre 9 406

Activités d'apprentissage 407

PARTIE 2 **Les ressources
et le financement des PME** 415

CHAPITRE 10
La trésorerie 416

Les éléments constitutifs de la trésorerie 418

En quoi consiste la trésorerie ? 418

Les exclusions 418

La gestion de la trésorerie 419

La planification de la trésorerie 419

La protection de la trésorerie 420

Le contrôle interne et la trésorerie 420

Les encaissements 421

Les ventes au comptant 421

Le recouvrement de créances par la poste 425

Les décaissements 425

La petite caisse 427

La constitution d'une petite caisse 428

Le règlement de menues dépenses au moyen
de la petite caisse 428

La reconstitution de la petite caisse.......................... 428

Le rapprochement bancaire 430

Les documents dont dispose l'entreprise pour
effectuer le rapprochement bancaire 432

Les étapes du rapprochement bancaire 437

Le traitement de certains chèques particuliers........... 441

Le transfert électronique de fonds 443

La présentation de la trésorerie dans le bilan 443

Synthèse du chapitre 10 444

Activités d'apprentissage 445

CHAPITRE 11
Les créances 462

La gestion des créances 464

Les comptes clients 466

La comptabilisation initiale
des comptes clients 466

L'évaluation subséquente des comptes clients.......... 470

L'utilisation des comptes clients aux fins
de financement 476

Les comptes clients ayant un solde créditeur 477

Les effets à recevoir 477

La nature d'un billet à ordre 478

La comptabilisation des effets à recevoir 480

**La présentation des créances
dans les états financiers** 484

Synthèse du chapitre 11 485

Activités d'apprentissage 486

Annexe 11A Les cessions de créances 499

CHAPITRE 12
Les stocks 504

La gestion des stocks 506

La nature des stocks 507

Les paramètres du système comptable 509

Les systèmes d'inventaire 510

Les éléments portés au coût des stocks 516

Les méthodes de détermination du coût des stocks 518

Le travail comptable de fin de période 526

L'inventaire matériel... 526

L'évaluation des stocks en fin de période 527

Une illustration de la règle de la valeur minimale....... 528

Le travail de démarcation en fin de période............... 530

**Les autres méthodes de détermination du coût
des stocks** 533

La méthode de la marge bénéficiaire brute 533

La méthode de l'inventaire au prix de détail 535

**La présentation des stocks
dans les états financiers** 537

Synthèse du chapitre 12 539

Activités d'apprentissage 540

CHAPITRE 13
Les immobilisations corporelles 558

**Les caractéristiques des biens utilisés
de façon durable** 560

La gestion des biens utilisés de façon durable........... 561

Les dépenses en capital et les charges
d'exploitation... 562

Les effets des erreurs relatives à la comptabilisation
des dépenses en capital et des charges
d'exploitation... 563

Les immobilisations corporelles 564

La détermination du coût initial des immobilisations
corporelles.. 565

Les éléments de coût engagés après
la date d'acquisition 570

L'amortissement des immobilisations corporelles...... 572

La mise hors service d'immobilisations corporelles..... 584

Les dépréciations des immobilisations corporelles.... 592

Les plans de sortie d'actifs à long terme
non monétaires 596

Les sorties d'immobilisations corporelles.................. 602

L'échange 604

La présentation des immobilisations corporelles
dans les états financiers 609

Synthèse du chapitre 13 611

Activités d'apprentissage 612

CHAPITRE 14
Les actifs incorporels 626

Les particularités des actifs incorporels 628

Les droits... 628

Les brevets... 629

Les droits d'auteur 629

Les marques de commerce....................................... 629

Les dessins industriels... 630

La définition comptable des actifs incorporels 630

Le traitement comptable initial 631

    Le traitement comptable initial des actifs
    incorporels achetés séparément 632

    Le traitement comptable initial des actifs
    incorporels générés en interne 632

Le traitement comptable subséquent 634

    Les éléments de coût engagés pour maintenir
    ou améliorer l'actif incorporel 634

    L'estimation de la durée de vie 635

    L'amortissement des actifs incorporels dont
    la durée de vie est limitée 635

    Les dépréciations d'actifs incorporels 638

    Les plans de sortie et les sorties
    d'actifs incorporels 639

La présentation des actifs incorporels
dans les états financiers 639

La survaleur (*goodwill*) 641

    Les méthodes d'évaluation de l'écart
    d'acquisition 642

L'aide gouvernementale 643

Synthèse du chapitre 14 645

Activités d'apprentissage 647

CHAPITRE 15
Les titres de placement 652

Les caractéristiques des titres de placement 654

    Les raisons d'être des placements 654

    La classification des placements au bilan 655

    La comptabilisation des placements 656

Le traitement comptable des placements cotés
sur un marché actif 658

    La méthode de la juste valeur 659

    Les produits de dividendes 661

    L'aliénation de placements 661

Le traitement comptable des placements
qui ne sont pas cotés sur un marché actif 664

    La méthode de la valeur d'acquisition 665

    Le test de dépréciation 666

    Les produits d'intérêts 670

    L'amortissement de la prime
    ou de l'escompte 673

Le traitement comptable d'une participation 680

    Les participations dans un satellite 680

    L'influence notable 682

    La méthode de la valeur de consolidation 682

    La dépréciation et l'aliénation d'une
    participation dans un satellite 687

    Les participations dans une filiale 689

La présentation des titres de placement 689

Synthèse du chapitre 15 690

Activités d'apprentissage 691

Annexe 15A La valeur actualisée
de versements futurs 707

CHAPITRE 16
Le passif 718

Les éléments de passif 720

Les éléments composant le passif à court terme 723

Les dettes dont le montant est facilement
déterminable 725

    Les découverts bancaires 725

    Les emprunts bancaires 728

    Les effets à payer 729

    Les comptes fournisseurs et les frais courus 732

    Les salaires, charges sociales, avantages sociaux
    et vacances à payer 732

    Les sommes à remettre à l'État 733

    Les produits reçus d'avance 734

    Les dividendes à payer 734

    La tranche de la dette à long terme échéant
    à moins de un an 734

    Les dettes remboursables à la demande
    du créancier 734

Les dettes estimatives 735

    La provision pour garanties 736

    La provision pour promotions 738

Les dettes éventuelles 739

La présentation du passif à court terme 742

Les éléments composant le passif à long terme 743

Les emprunts hypothécaires 744

Les autres éléments du passif à long terme 747

    Les effets à payer 747

    Les titres offrant à la fois les caractéristiques
    de passif et de capitaux propres 748

    Les dettes estimatives et les dettes éventuelles 749

La présentation du passif à long terme 749

Les événements postérieurs à la date du bilan 750

    Le traitement d'une situation qui existait à la date
    du bilan 752

    Le traitement d'une situation qui a pris naissance
    après la date du bilan 752

Les engagements contractuels 753

Synthèse du chapitre 16 754

Activités d'apprentissage 755

PARTIE 3   **Les diverses formes
juridiques des PME** 767

CHAPITRE 17
Le capital d'apport des sociétés par actions 768

Les sociétés par actions par rapport
aux autres formes d'entreprises 770

Les composantes des capitaux propres
des sociétés par actions 771

    Les principales causes de variation
    des capitaux propres 773

Le contexte d'affaires et le contexte juridique
des sociétés par actions 774

    Les types de sociétés par actions 774

    La mise sur pied et le fonctionnement
    des sociétés par actions 775

    Les avantages et les inconvénients
    des sociétés par actions 778

Le capital-actions 781

    Les catégories d'actions 781

    Les droits fondamentaux des actionnaires 781

Le droit préférentiel de souscription............................ 782

Les caractéristiques des actions privilégiées............. 782

Les divers aspects du capital-actions 784

Le traitement comptable des émissions d'actions.... 785

L'émission d'actions d'une seule catégorie
au comptant.. 786

L'émission d'actions en échange de biens
ou de services 787

L'émission d'actions de plusieurs catégories
à la fois... 789

L'émission d'actions en vertu de contrats
de souscription 790

La conversion des actions privilégiées
en actions ordinaires 793

La comptabilisation des frais d'émission d'actions.... 794

La comptabilisation des frais de constitution 794

La synthèse des opérations comportant
l'émission d'actions.. 795

Le surplus d'apport 796

L'utilisation du terme « surplus »................................. 796

La nature du surplus d'apport...................................... 796

La présentation du surplus d'apport
dans les états financiers 796

La présentation du capital d'apport 797

Synthèse du chapitre 17 800

Activités d'apprentissage.. 801

CHAPITRE 18

Les résultats et les bénéfices non répartis des sociétés par actions 814

Les résultats des sociétés par actions........................ 816

L'objectif de l'état des résultats 816

La présentation de l'état des résultats 819

Les éléments particuliers à l'état des résultats........... 821

Les bénéfices non répartis 823

La nature des bénéfices non répartis 823

Les éléments caractérisant l'évolution
des bénéfices non répartis 824

La présentation aux états financiers 825

Les dividendes 825

Les raisons justifiant une déclaration de dividendes 826

Les conditions à respecter relativement
à la déclaration des dividendes 827

La résolution du conseil d'administration.................... 828

Les divers types de dividendes 829

Le fractionnement d'actions 835

La répartition des dividendes entre
les diverses catégories d'actions 837

Les réserves 841

La raison d'être de l'affectation des bénéfices
non répartis 842

La comptabilisation d'une réserve au moyen
de l'affectation des bénéfices non répartis 842

La présentation des réserves....................................... 843

La valeur comptable d'une action................................ 844

La raison d'être de la valeur comptable
d'une action 844

Le calcul de la valeur comptable d'une action 844

Synthèse du chapitre 18.. 846

Activités d'apprentissage.. 847

CHAPITRE 19

Les sociétés en nom collectif 866

**Le sens des termes « société »
et « association »** 868

Les divers types de sociétés 868

La nature des sociétés en nom collectif 869

Pourquoi créer une société en nom collectif ?........... 869

Les caractéristiques de la société
en nom collectif 870

Les avantages et les inconvénients de la société
en nom collectif 871

La société en nom collectif
à responsabilité limitée 871

Le contrat de société... 872

**La comptabilisation des opérations
de la société en nom collectif** 873

La création de la société en nom collectif 873

L'investissement initial des associés............................ 874

Les investissements postérieurs à la création
de la société en nom collectif 875

Les retraits des associés... 875

Les prêts consentis à la société
par les associés 876

L'enregistrement quotidien des opérations
de la société en nom collectif 876

La clôture des comptes de la société
en nom collectif 876

Le chiffrier de la société en nom collectif 877

Les états financiers de la société en nom collectif..... 877

L'état des résultats 878

L'état des capitaux propres 878

Le bilan 879

Le partage des bénéfices ou des pertes...................... 879

Les diverses méthodes de partage
des bénéfices ou des pertes... 880

L'admission d'un associé 885

Le retrait d'un associé 890

La liquidation d'une société en nom collectif............. 893

Synthèse du chapitre 19 900

Activités d'apprentissage.. 901

CHAPITRE 20

Les coopératives 914

La nature de la coopérative 916

Qu'entend-on par « coopérative » aujourd'hui ?........... 916

Les divers types d'associations coopératives 917

Les caractéristiques de la coopérative........................ 917

Les avantages et les inconvénients
de la coopérative 918

Le cadre juridique et la mise sur pied
de la coopérative 919

La gestion de la coopérative 920

L'assemblée générale des membres 920

Le conseil d'administration 921

Le comité exécutif 922

La comptabilisation des opérations
de la coopérative 922
    Le capital social 924
    L'avoir de la coopérative 925
    La notion de trop-perçu ou excédent
    et les ristournes aux membres 926
    Un exemple complet 927
    L'impôt sur le revenu et les associations
    coopératives 930

La présentation des états financiers
de l'association coopérative 931

Synthèse du chapitre 20 933

Activités d'apprentissage 934

PARTIE 4 Les mouvements de fonds et l'analyse des états financiers des PME 941

CHAPITRE 21
Le passage de la comptabilité de caisse à la comptabilité d'exercice 942

La comptabilité de caisse 944

La comptabilité d'exercice 945

La comparaison des deux méthodes à l'aide
d'un exemple simplifié 945

Les éléments qui distinguent la comptabilité
de caisse de la comptabilité d'exercice 947
    Les comptes clients 947
    Les stocks et les comptes fournisseurs 947
    Les produits à recevoir, les charges à payer,
    les produits reçus d'avance et les charges
    payées d'avance 948
    Les immobilisations amortissables 949
    Les apports et les retraits en argent 949
    Les emprunts et les remboursements 949

Le processus systématique permettant le passage
de la comptabilité de caisse à la comptabilité
d'exercice 949
    Une illustration simple 951
    Une illustration détaillée 952

Synthèse du chapitre 21 963

Activités d'apprentissage 964

CHAPITRE 22
Les flux de trésorerie 980

L'utilité de l'état des flux de trésorerie 983
    La trésorerie et les équivalents de trésorerie :
    axe central de l'état 983

Le contenu de l'état des flux de trésorerie 984
    La présentation des activités d'exploitation
    selon la méthode directe 986
    Les opérations sans effet sur la trésorerie 988

Les flux de trésorerie liés aux activités
d'exploitation 989
    Le chiffre d'affaires 990
    Le coût des ventes 992
    L'amortissement des immobilisations 994
    Les frais de vente et d'administration 994
    Les frais financiers 995
    Le gain sur aliénation de mobilier 995

Les flux de trésorerie liés aux activités
d'investissement et de financement 996
    Les activités d'investissement 996
    Les activités de financement 998
    L'évolution nette de la trésorerie et des équivalents
    de trésorerie 1000

La présentation des activités d'exploitation
selon la méthode indirecte 1002
    Les éléments du bénéfice net sans effet
    sur la trésorerie 1003
    Les variations des éléments hors caisse du fonds
    de roulement 1005

Synthèse du chapitre 22 1008

Activités d'apprentissage 1009

CHAPITRE 23
L'analyse des états financiers 1026

La prudence élémentaire requise lors de l'analyse
des états financiers 1028

Quelques techniques d'analyse
des états financiers 1030

L'analyse au moyen de ratios
et le modèle DuPont 1032
    La rentabilité 1035
    La structure financière 1040
    La situation de trésorerie 1045
    La structure financière idéale 1049

L'analyse au moyen de tableaux
en chiffres relatifs 1049

L'analyse chronologique 1051
    L'analyse chronologique au moyen
    de ratios 1051
    L'analyse horizontale de tendances 1052

Synthèse du chapitre 23 1053

Activités d'apprentissage 1053

Index 1070

PARTIE 1

Les concepts fondamentaux de la comptabilité générale et les PME

CHAPITRE 1
Les concepts fondamentaux
de la comptabilité et le bilan............................ 2

CHAPITRE 2
L'enregistrement des opérations
relatives aux comptes du bilan........................ 50

CHAPITRE 3
Les résultats et les capitaux propres 90

CHAPITRE 4
La taxe sur les produits et services
et la taxe de vente du Québec........................ 136

CHAPITRE 5
La comptabilisation des opérations
d'une entreprise commerciale 154

CHAPITRE 6
La régularisation des comptes 206

CHAPITRE 7
Le chiffrier, les écritures de clôture
et les écritures de contrepassation 260

CHAPITRE 8
Les journaux auxiliaires et le traitement
de l'information comptable.............................. 318

CHAPITRE 9
La paye 382

CHAPITRE 1

Les concepts fondamentaux de la comptabilité et le bilan

PLAN DU CHAPITRE

Qu'est-ce que la comptabilité? 4
Les utilisateurs de l'information comptable et leurs besoins 6
La profession comptable au Québec 9
Les principes comptables généralement reconnus 13
L'objectif des états financiers 14
Les composantes des états financiers 14
L'équation comptable fondamentale 19
Les effets de diverses opérations sur l'équation comptable 20
Le bilan 23
Les formes d'entreprises 26
Synthèse du chapitre 1 29
Activités d'apprentissage 30
Annexe 1A Les fondements conceptuels des états financiers 43

OBJECTIFS D'APPRENTISSAGE

Au terme de ce chapitre, vous pourrez:

1 définir la comptabilité;

2 identifier les utilisateurs de l'information financière et reconnaître leurs différents besoins;

3 décrire les diverses perspectives de carrière qui existent au sein de la profession comptable québécoise;

4 expliquer brièvement le sens de l'expression «principes comptables généralement reconnus» (PCGR);

5 énoncer l'objectif des états financiers;

6 décrire les composantes des états financiers;

7 saisir l'importance de l'équation comptable fondamentale;

8 analyser les effets de diverses opérations sur l'équation comptable;

9 établir, en bonne et due forme, un bilan;

10 décrire brièvement les principales formes d'entreprises.

Les étudiants qui abordent pour la première fois l'étude de la comptabilité sont toujours étonnés de constater que, sans être des experts, ils sont tous un peu «comptables». Pour vous en convaincre, vous n'avez qu'à penser à la période estivale, au cours de laquelle, consciemment ou non, vous avez établi un «budget». Ainsi, de semaine en semaine, une partie de votre paye vous a permis de prendre du bon temps, mais vous avez aussi dû économiser suffisamment d'argent pour la rentrée scolaire. Parlant de la rentrée, avez-vous remarqué qu'il en coûte toujours plus que prévu la première semaine? Par conséquent, vous avez sans doute dû réviser votre budget pour tenir compte de toutes les sommes «gagnées» et des sommes «déboursées». Si, par bonheur, cette première semaine n'a pas trop rongé votre «capital», alors vous avez sans doute «dépensé» quelques dollars au restaurant du coin, au cinéma ou dans un centre sportif.

La gestion quotidienne de vos finances personnelles constitue le point de départ de l'exercice de certaines notions comptables.

La gestion quotidienne de vos finances personnelles constitue le point de départ de l'exercice de certaines notions comptables. Certes, vous n'avez pas besoin d'un système comptable complexe, le suivi de votre relevé de compte bancaire grâce à Internet vous permettant probablement d'administrer votre richesse. Cette forme de comptabilité, toute simple qu'elle soit, démontre déjà l'utilité de cette discipline. Dans ce chapitre, nous ferons un survol des divers aspects de la comptabilité pour mieux en comprendre l'utilité.

1

UN PROFESSIONNEL VOUS PARLE

Marie-Noël Grenier,
FCPA, FCMA

Présidente-directrice
générale

INNOVER DANS L'ESPACE RÉCRÉATIF

Présidente d'une PME, j'utilise au quotidien de l'information financière pour assurer une saine gestion de mon entreprise. Bien comprendre les fonctions de la comptabilité m'est essentiel pour prendre des décisions éclairées et faciliter l'orientation stratégique de Jambette.

La formation que j'ai acquise me permet d'utiliser le bilan comme source importante de données pour le suivi des liquidités et du niveau d'endettement de l'entreprise. Nos partenaires, comme les directeurs de comptes, les comptables externes et les administrateurs, utilisent aussi le bilan. Cet outil leur permet d'analyser la capacité de l'entreprise à respecter ses engagements tout en continuant son exploitation. D'ailleurs, bien souvent, cette information demeure tout aussi cruciale pour bien planifier nos projets d'investissement.

Connaître les principes de base de la comptabilité s'avère un atout. Une bonne interprétation des données comptables m'aide à mieux communiquer les enjeux de l'entreprise à l'ensemble de l'équipe et des partenaires.

QU'EST-CE QUE LA COMPTABILITÉ ?

En tant que système d'information financière, la comptabilité permet **d'identifier, de mesurer, d'enregistrer, de communiquer et d'interpréter l'information financière** relative au fonctionnement d'une entité économique. Dans cet ouvrage, l'expression « entité économique » désigne le plus souvent une entreprise à but lucratif. Qu'il s'agisse des dirigeants de grandes sociétés québécoises telles que Bombardier, Cascades et Québecor ou de la propriétaire de votre salon de coiffure préféré, tous les gens d'affaires ont besoin de l'information financière fournie par le système comptable afin de mieux contrôler les opérations quotidiennes et de planifier les activités et la croissance de leur entreprise. Ils s'intéressent tous, notamment, à l'évolution de leur chiffre d'affaires, à la capacité de leur entreprise de rembourser ses dettes à l'échéance et à la tendance des bénéfices nets. Les tiers (les investisseurs, les créanciers, les actionnaires qui ne participent pas à la gestion, l'État, le public en général, etc.) ont aussi besoin d'information sur la situation financière des entreprises et sur les résultats de leur exploitation. Nous reviendrons un peu plus loin sur les besoins d'information financière de ces différents groupes d'utilisateurs. Pour le moment, concentrons-nous sur les grandes fonctions du système comptable.

Les grandes fonctions de la comptabilité

La figure 1.1 illustre les grandes fonctions de la comptabilité. Comme nous le verrons à la page 14, puisque l'objectif des états financiers est de fournir une information utile, il faut trouver le moyen de tenir compte des activités quotidiennes d'une entreprise et résumer les résultats de celles-ci dans des rapports comptables qui feront éventuellement l'objet d'une analyse détaillée.

Les trois premières fonctions décrites dans la figure 1.1 (l'identification, la mesure et l'enregistrement) permettent d'obtenir l'information financière requise. Il faut signaler que les opérations et les événements qui ne peuvent être mesurés en dollars ne sont pas pris en compte dans le système comptable. Ainsi, lors de l'embauche d'un excellent professeur, son « capital intellectuel » n'est pas comptabilisé, car il est impossible d'en mesurer la valeur monétaire. Certes, son salaire sera comptabilisé à chaque période de paye, mais la « valeur » du professeur n'apparaîtra pas au bilan de l'établissement d'enseignement, même si le « capital intellectuel » de son corps professoral constitue sa principale « richesse ».

FIGURE 1.1 | LES GRANDES FONCTIONS DE LA COMPTABILITÉ

Identification

des opérations et des événements pertinents pour l'entité

L'environnement dans lequel évolue une entreprise est source d'événements de tous genres. L'identification consiste à observer tout ce qui se passe autour et au sein d'une entreprise afin de déterminer les événements qui sont le reflet de l'activité économique de celle-ci.

Mesure

en unités monétaires (en $)

Après avoir identifié les événements économiques propres à l'entreprise, il faut pouvoir les mesurer en unités monétaires, c'est-à-dire en dollars.

Enregistrement

- journaliser
- classer
- résumer

Les opérations qui peuvent être quantifiées sont ensuite enregistrées. Comme nous le verrons aux chapitres 2 et 3, l'enregistrement consiste d'abord à inscrire les opérations dans un journal, puis à les classer dans les comptes du grand livre afin de tirer d'une masse de détails un sommaire facile à utiliser, soit la balance de vérification.

Communication

de l'information financière sous forme de rapports comptables

L'information est communiquée aux personnes intéressées sous forme de rapports comptables. Les rapports les plus connus sont les états financiers annuels. Il ne faut toutefois pas oublier les multiples rapports spéciaux, telle la liste des sommes à recevoir des clients classées par ordre chronologique qui est fournie à une institution financière en conformité avec les exigences d'un prêt.

Analyse

des rapports comptables afin de faciliter la prise de décision

L'analyse des rapports comptables constitue l'étape la plus intéressante. Il s'agit d'analyser l'information afin d'extraire les renseignements utiles à la prise de décision. Pour ce faire, il faut connaître les limites de l'information financière afin de pouvoir conseiller adéquatement le décideur.

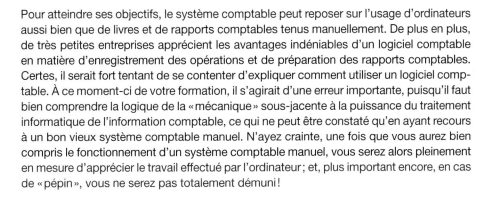

LA COMPTABILITÉ ET L'INFORMATIQUE

Pour atteindre ses objectifs, le système comptable peut reposer sur l'usage d'ordinateurs aussi bien que de livres et de rapports comptables tenus manuellement. De plus en plus, de très petites entreprises apprécient les avantages indéniables d'un logiciel comptable en matière d'enregistrement des opérations et de préparation des rapports comptables. Certes, il serait fort tentant de se contenter d'expliquer comment utiliser un logiciel comptable. À ce moment-ci de votre formation, il s'agirait d'une erreur importante, puisqu'il faut bien comprendre la logique de la «mécanique» sous-jacente à la puissance du traitement informatique de l'information comptable, ce qui ne peut être constaté qu'en ayant recours à un bon vieux système comptable manuel. N'ayez crainte, une fois que vous aurez bien compris le fonctionnement d'un système comptable manuel, vous serez alors pleinement en mesure d'apprécier le travail effectué par l'ordinateur; et, plus important encore, en cas de «pépin», vous ne serez pas totalement démuni!

En plus des opérations et des événements quantifiables en dollars, le système comptable permet d'amasser une foule de **renseignements utiles à la prise de décision,** mais qui ne sont pas de nature financière. Ainsi, afin que les administrateurs bénéficient de certains indicateurs de performance, le système comptable des centres hospitaliers doit permettre d'accumuler une foule de statistiques telles que la ventilation du nombre de patients traités à l'urgence, en consultation externe, en cardiologie, en physiothérapie, etc., le nombre de repas servis aux bénéficiaires et le nombre de kilos de linge blanchi par le service de buanderie.

La distinction entre tenue des comptes et comptabilité

La comptabilité ne se limite pas à la simple tenue des comptes. On entend par «**tenue des comptes**[1]» le travail qui consiste à journaliser, classer et résumer les opérations d'une entreprise. Ce travail, plutôt mécanique et routinier, ne couvre que l'une des cinq fonctions de la comptabilité énoncées précédemment. Avec un minimum de formation pratique, une personne peut rapidement devenir un excellent **commis comptable,** alors que, pour devenir un **comptable professionnel,** il faut poursuivre des études universitaires, acquérir une expertise au fil des ans et se tenir constamment au fait du développement des connaissances grâce à un programme de formation continue. Nous y reviendrons un peu plus loin dans ce chapitre.

De plus, la comptabilité ne consiste pas uniquement à produire l'information désirée. Le comptable doit aussi **communiquer** cette information aux personnes intéressées et l'**interpréter** de manière à faciliter la prise de décision. La fréquence de la publication d'un rapport comptable dépend essentiellement des besoins particuliers de l'utilisateur auquel il est destiné. Ainsi, le fisc sera satisfait de recevoir des états financiers annuels, tandis que le banquier pourrait exiger, en plus, des états financiers mensuels ou trimestriels. Le gérant du rayon des fruits et légumes pourrait se satisfaire de son chiffre d'affaires hebdomadaire, tandis que le propriétaire du supermarché pourrait vouloir obtenir encore plus d'information et ainsi connaître le chiffre d'affaires de chacun des rayons de même que le total des dépôts sur une base quotidienne.

Puisque l'information comptable doit être transmise en tenant compte des besoins particuliers de ceux auxquels elle est destinée, il est important d'en identifier les principaux utilisateurs et de comprendre les motifs de leur intérêt.

LES UTILISATEURS DE L'INFORMATION COMPTABLE ET LEURS BESOINS

Parce qu'elle communique l'information financière d'une entreprise, on dit de la comptabilité qu'elle est le «langage des affaires[2]». Comme l'illustre la figure 1.2, les utilisateurs de l'information comptable peuvent être répartis en deux groupes principaux, soit les utilisateurs internes et les utilisateurs externes.

Les utilisateurs internes

Les utilisateurs internes, c'est-à-dire les **dirigeants** et les **gestionnaires** d'une entreprise, sont privilégiés, puisqu'ils disposent de toute l'information disponible au sein de celle-ci. Ils utilisent une information comptable plus détaillée afin de planifier, de contrôler et d'évaluer les opérations de l'entreprise. Puisqu'ils doivent prendre des décisions quotidiennes en ce qui concerne l'approvisionnement, la fabrication, la vente, le crédit, l'évaluation de projets

---

1. L'expression «tenue des comptes» a remplacé l'expression «tenue des livres». Ce changement terminologique découle de l'utilisation de plus en plus grande de l'ordinateur. Il a fallu s'adapter à la réalité d'aujourd'hui, où le contenu (les comptes) est plus important que le contenant (les rapports informatiques de tout type).

2. Tout au long de ce chapitre, nous présentons et définissons plusieurs nouveaux termes propres à la comptabilité et au monde des affaires. Les personnes qui désirent obtenir des définitions plus exhaustives peuvent consulter la dernière édition du *Dictionnaire de la comptabilité et de la gestion financière,* publiée par CPA Canada en 2011 en version électronique.

FIGURE 1.2 | LE FLUX DE L'INFORMATION COMPTABLE ET SES UTILISATEURS

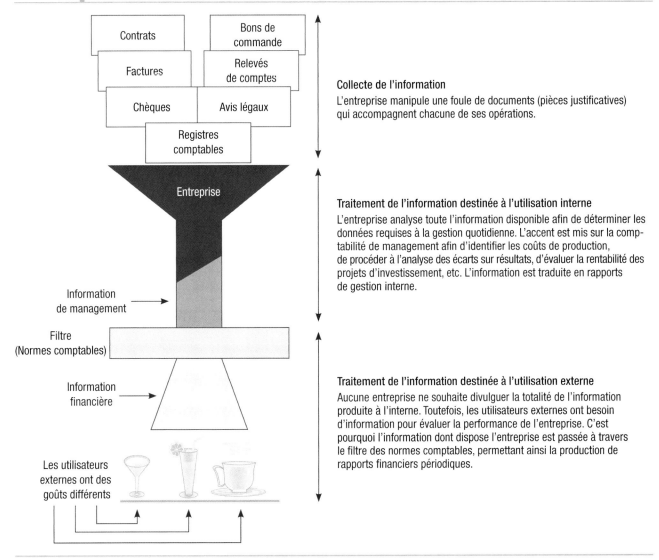

Collecte de l'information
L'entreprise manipule une foule de documents (pièces justificatives) qui accompagnent chacune de ses opérations.

Traitement de l'information destinée à l'utilisation interne
L'entreprise analyse toute l'information disponible afin de déterminer les données requises à la gestion quotidienne. L'accent est mis sur la comptabilité de management afin d'identifier les coûts de production, de procéder à l'analyse des écarts sur résultats, d'évaluer la rentabilité des projets d'investissement, etc. L'information est traduite en rapports de gestion interne.

Traitement de l'information destinée à l'utilisation externe
Aucune entreprise ne souhaite divulguer la totalité de l'information produite à l'interne. Toutefois, les utilisateurs externes ont besoin d'information pour évaluer la performance de l'entreprise. C'est pourquoi l'information dont dispose l'entreprise est passée à travers le filtre des normes comptables, permettant ainsi la production de rapports financiers périodiques.

Source : Adaptée de *Comptabilité intermédiaire – Analyse théorique et pratique*, 6ᵉ édition, Montréal, Chenelière Éducation, 2013 (*voir la figure 1.2*).

d'investissement et de financement, etc., l'information comptable doit être disponible rapidement et prend le plus souvent la forme de rapports comptables internes.

Les utilisateurs internes sont habituellement mieux servis par la **comptabilité de management**, laquelle correspond davantage à un système d'information conçu pour aider la direction à exploiter et à gérer une entreprise au quotidien. Toutefois, ils utilisent les états financiers afin, entre autres, d'évaluer la rentabilité de l'entreprise (capacité de générer des bénéfices) et sa solvabilité (capacité de rembourser ses dettes à l'échéance).

Les utilisateurs externes

Les besoins d'information des utilisateurs externes sont très diversifiés. Comme l'illustre la figure 1.3 à la page suivante, les utilisateurs externes peuvent être répartis en deux catégories : ceux **ayant un intérêt direct** dans l'entreprise et ceux **ayant un intérêt indirect**.

Pour prendre des décisions, les **utilisateurs externes ayant un intérêt direct dans l'entreprise** ont habituellement besoin d'une information sommaire portant sur la situation financière de l'entreprise et sur ses résultats d'exploitation. Les **investisseurs,** soit

FIGURE 1.3 | **LE SYSTÈME COMPTABLE AU SERVICE DES UTILISATEURS DE L'INFORMATION COMPTABLE**

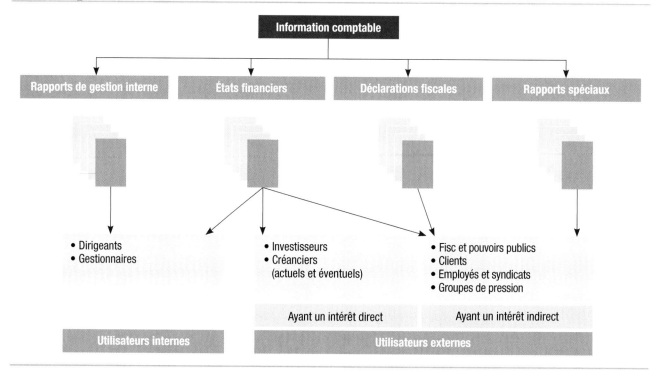

Anges Québec, organisme financier offrant des services à des entreprises en démarrage

les futurs propriétaires, évaluent la pertinence d'acheter, de conserver ou de vendre leurs intérêts financiers dans l'entreprise à la lumière du rendement qu'elle génère. Ils prêtent une attention particulière à la rentabilité de l'entreprise. Les **créanciers,** c'est-à-dire les banquiers et les fournisseurs, évaluent les risques inhérents aux faits d'accorder un prêt à l'entreprise, de lui livrer des marchandises et de lui accorder du crédit. Ils prêtent une attention particulière à la solvabilité de l'entreprise. En règle générale, un créancier n'entretiendra des relations d'affaires avec une entreprise que si le bilan de cette dernière et d'autres informations démontrent qu'elle pourra rembourser sans difficulté ses dettes à l'échéance.

Les besoins d'information des **utilisateurs externes ayant un intérêt indirect dans l'entreprise** peuvent varier considérablement. L'**administration fiscale,** soit les services fiscaux fédéraux, provinciaux, municipaux et scolaires, et les **pouvoirs publics** – par exemple, les commissions des valeurs mobilières, soit au Québec l'**Autorité des marchés financiers (AMF),** laquelle joue un rôle de surveillance des marchés boursiers – désirent s'assurer que l'entreprise se conforme aux diverses lois qui la régissent. Ainsi, le propriétaire du dépanneur du coin joindra une copie des états financiers de son entreprise à ses déclarations fiscales, tandis qu'il produira tous les trois mois un rapport spécial de remise des taxes de vente qu'il perçoit de ses clients. Les **clients** s'intéressent à la capacité de l'entreprise de fournir de façon continue des biens ou des services de qualité. Les **employés** et les **syndicats** désirent savoir si l'entreprise est en mesure d'augmenter les salaires. Enfin, les **groupes de pression** scrutent plus particulièrement les faits et gestes des grandes entreprises pour s'assurer, par exemple, que leur exploitation ne nuit pas à l'environnement.

La **comptabilité générale** vise à répondre aux besoins de ces utilisateurs externes en leur fournissant des états financiers dressés conformément à un ensemble de normes de comptabilisation et de présentation de l'information que l'on appelle « normes comptables », plus particulièrement désignées, dans le cas des normes comptables pour les entreprises à capital fermé, sous l'appellation « PCGR ». Cet ouvrage s'intéresse particulièrement à la comptabilité générale et, par conséquent, aux utilisateurs externes de l'information comptable. Idéalement, l'objet de la comptabilité générale serait de combler les besoins de tous les utilisateurs externes ; toutefois, de façon plus réaliste, il est plutôt de leur fournir la meilleure information possible afin de les aider à prendre de bonnes décisions.

LA PROFESSION COMPTABLE AU QUÉBEC

L'adoption de la Loi sur les comptables professionnels agréés, le 16 mai 2012, constitue un tournant dans l'histoire de la comptabilité au Québec et au Canada. En effet, l'Assemblée nationale du Québec a été la première au pays à consacrer l'unification de la profession comptable – le domaine professionnel étant de juridiction provinciale –, réunissant sous le titre de Comptable professionnel agréé (CPA) tous les comptables agréés (CA), les comptables généraux accrédités (CGA) et les comptables en management accrédités (CMA). Conformément à cette loi, tous les CPA québécois ont l'obligation d'utiliser le titre de CPA suivi de leur titre d'origine. Ainsi, vous côtoyez maintenant des CPA, CA ; des CPA, CGA ; et des CPA, CMA.

Unification de la profession comptable au Canada

Titre de Comptable professionnel agréé

Au 1er janvier 2014, le Québec pouvait compter sur l'expertise de près de 36 000 CPA. La figure 1.4 révèle que les CPA travaillent principalement dans les domaines de l'expertise comptable, de la comptabilité de management, de la comptabilité des organismes du secteur public ainsi que des organismes sans but lucratif, ou de l'enseignement.

FIGURE 1.4 ▌ **LES PERSPECTIVES DE CARRIÈRE D'UN PROFESSIONNEL DE LA COMPTABILITÉ**

Expertise comptable	Comptabilité de management	Comptabilité des organismes du secteur public et des organismes sans but lucratif
Le CPA qui pratique l'expertise comptable est un professionnel indépendant travaillant à son propre compte ou pour un grand cabinet. Il exerce principalement dans les domaines suivants : • Comptabilité publique • Services fiscaux • Planification financière • Conseils de gestion • Services à la petite entreprise • Insolvabilité • Juricomptabilité • Technologies de l'information	Le professionnel de la comptabilité de l'entreprise privée travaille pour une seule entreprise, à laquelle il rend les services suivants : • Planification stratégique de l'entreprise • Élaboration des systèmes comptables et des systèmes d'information • Détermination des coûts de fabrication • Établissement des budgets • Audit interne • Comptabilité générale • Comptabilité fiscale	Le professionnel travaillant pour ces organismes rend presque les mêmes services que celui qui travaille dans l'entreprise privée. Il exerce notamment : • dans l'Administration publique (fédérale, provinciale, régionale, municipale) • au sein des organismes sociaux, caritatifs, humanitaires, etc.

Enseignement

Le professionnel qui travaille dans le domaine de la recherche et de l'enseignement transmet son expertise aux étudiants.

CPA, CA	CPA, CMA	CPA, CGA

Professionnels de la comptabilité au Québec

Vous avez peut-être remarqué que certains comptables professionnels québécois portent fièrement la lettre « F » devant leurs titres professionnels (FCPA, FCA; FCPA, FCGA; ou FCPA, FCMA). Le titre de *Fellow* « vise à reconnaître solennellement le mérite des membres qui se sont dévoués de façon exceptionnelle à la profession ou qui se sont illustrés dans leur carrière ou dans la société par des réalisations dont le rayonnement a rejailli sur la profession[3] ». À peine un peu plus de 2 % des membres ont reçu cette reconnaissance.

L'expertise comptable

On entend par **expertise comptable** le fait d'offrir au public des services qui consistent à améliorer la qualité de l'information financière, comptable ou décisionnelle, ou le contexte dans lequel cette information est présentée en vue d'aider les décideurs. Autrement dit, le CPA s'efforce principalement d'accroître la crédibilité de l'information financière sur laquelle il exprime une opinion et sur laquelle se fondent les parties intéressées pour prendre des décisions.

Le gouvernement du Québec a légiféré pour définir la **comptabilité publique**. Selon la Loi sur les comptables professionnels agréés, l'exercice de la comptabilité publique consiste à :

1° exprimer une opinion visant à donner un niveau d'assurance à un état financier ou à toute partie de celui-ci, ou à toute autre information liée à cet état financier ; il s'agit de la mission de certification, soit la mission de vérification et la mission d'examen ainsi que l'émission de rapports spéciaux ;

2° émettre toute forme d'attestation, de déclaration ou d'opinion sur des informations liées à un état financier ou à toute partie de celui-ci, ou sur l'application de procédés de vérification spécifiés à l'égard des informations financières, autres que des états financiers, qui ne sont pas destinés exclusivement à des fins d'administration interne ;

3° effectuer une mission de compilation qui n'est pas destinée exclusivement à des fins d'administration interne[4].

La comptabilité publique constitue la fonction principale du CPA en expertise comptable. Les utilisateurs externes qui se servent de l'information que renferment les états financiers pour prendre des décisions attachent une grande importance au rapport produit par un CPA auditeur[5]. Le fait que celui-ci soit indépendant de l'entreprise qui l'engage pour certifier ses livres est tout aussi essentiel que sa compétence technique, car il doit assurer aux tiers que les états financiers établis par la direction font ressortir toute l'information pertinente et constituent une présentation fidèle de la situation financière de l'entreprise et des résultats de son exploitation.

Les services fiscaux occupent aussi une place importante dans le travail du CPA en expertise comptable. Le fiscaliste est la personne toute désignée pour résoudre des problèmes de **planification fiscale** en déterminant laquelle des solutions possibles réduira le plus le fardeau fiscal de ses clients. Il va de soi que le fiscaliste est en mesure de préparer

---

3. Ordre des comptables professionnels agréés du Québec, «Titre de Fellow », http://cpa-quebec.com/communaute-des-cpa/prix-et-distinctions/titre-de-fellow (page consultée le 30 août 2013).

4. Loi sur les comptables professionnels agréés, L.R.Q., c. C-48.1, art. 4 (dernière version à jour au 1er janvier 2014).
Vous noterez que, dans le premier alinéa, il est fait mention de l'expression « mission de vérification ». Avec l'adoption des normes internationales, on parle maintenant plutôt de « mission d'audit ».

5. En vertu de la Loi sur les comptables professionnels agréés, l'exercice de la comptabilité publique est réservé exclusivement aux CPA. De plus, la loi exige que, pour réaliser une mission d'audit ou une mission d'examen, un CPA détienne un permis d'auditeur émis par l'Ordre des CPA du Québec. Par ailleurs, tous les CPA peuvent réaliser une mission de compilation sans nécessairement être détenteurs d'un tel permis.

les déclarations de revenus des particuliers et des entreprises ainsi que de défendre les intérêts de ses clients auprès des services fiscaux tels que Revenu Québec et l'Agence du revenu du Canada.

Le CPA en expertise comptable effectue aussi des travaux de **planification financière** portant sur l'ensemble des décisions prises en vue d'organiser, de diriger et de coordonner les opérations financières futures et d'atteindre les objectifs généraux d'une entreprise. De plus, il agit à titre de conseiller financier en tenant compte de l'ensemble de la situation financière personnelle d'un individu.

Les **conseils de gestion** sont un autre secteur d'activité important. Plusieurs cabinets d'expertise comptable offrent à leur clientèle une vaste gamme de services en matière de gestion. Lorsque les travaux de certification des livres d'un client permettent de découvrir des problèmes de gestion, il est tout à fait normal que le CPA formule des suggestions pour les résoudre. Parfois, un client demandera à un CPA d'étudier un problème en profondeur et de proposer des solutions. De plus en plus, les cabinets d'expertise comptable donnent des conseils de gestion à leurs clients. Bien que ces experts effectuent le plus souvent des travaux de nature comptable ou financière, ils peuvent aussi se prononcer sur la réorganisation de l'entreprise, sur la mise en marché de ses produits et sur une foule de problèmes n'ayant aucun rapport direct avec la comptabilité. Au cours des dernières années, plusieurs cabinets de CPA ont constitué des sociétés qui se consacrent uniquement à des travaux de consultation en gestion et dont le personnel est composé d'informaticiens, d'ingénieurs et d'autres spécialistes, en plus des comptables professionnels. L'expérience, la réputation et l'indépendance des cabinets d'expertise comptable les placent dans une situation avantageuse pour émettre des avis de gestion sur divers sujets. Par exemple, il se peut qu'ils étudient la possibilité de fusionner deux sociétés, celle de mettre sur pied un régime de retraite en faveur des employés, ou encore celle d'écouler les produits de l'entreprise sur les marchés étrangers.

La plupart des cabinets d'expertise comptable offrent aussi certains **services spécialement conçus pour la petite entreprise.** Ces services incluent, entre autres, la préparation d'états financiers mensuels, l'établissement de budgets ou de prévisions financières, et l'assistance lors de l'embauche d'un contrôleur ou de la négociation pour l'obtention d'un prêt.

En tout temps, mais particulièrement en période économique difficile, lorsqu'une personne physique ou une entreprise n'est plus en mesure de payer ses dettes au moment où elles deviennent exigibles, les services de l'**insolvabilité** sont très populaires dans les cabinets d'expertise comptable. Ces services vont de la réorganisation des dettes jusqu'à la faillite, le cas échéant.

En raison de l'accroissement des crimes économiques, de plus en plus de CPA se sont transformés en véritables limiers, ce qui a donné naissance à la **juricomptabilité.** Les juricomptables doivent identifier les liens pouvant exister entre des faits économiques et des problèmes juridiques de nature criminelle ou civile, et ainsi mettre la comptabilité au service de la justice.

Enfin, plusieurs cabinets d'expertise comptable ont acquis une compétence de pointe dans le domaine des **technologies de l'information,** scrutant les systèmes d'information d'une entité, notamment les politiques et procédures et les contrôles informatiques mis en place dans le but d'assurer la sécurité des systèmes, l'intégrité des traitements et des données ainsi que l'efficience et l'efficacité du fonctionnement des systèmes.

La comptabilité de management

Plutôt que d'opter pour l'expertise comptable, plusieurs choisissent d'évoluer au sein de l'entreprise privée. Les CPA en management se voient principalement confier les responsabilités suivantes :

- L'élaboration de la **planification stratégique** de l'entreprise. Il s'agit de définir les orientations stratégiques de l'entreprise ou de l'organisme et les moyens à mettre en œuvre pour les implanter.

Revenu Québec, démarrage d'entreprise

Agence du revenu du Canada, entreprises

- **L'élaboration de systèmes comptables et de systèmes d'information** adaptés aux besoins de l'entreprise en matière de traitement de l'information comptable et de diffusion de l'information financière. Il s'agit d'une tâche des plus complexes, compte tenu de l'environnement informatique, lequel nécessite des contrôles particuliers, notamment en ce qui a trait à l'accès à l'information.
- La **détermination et la gestion des coûts de fabrication** d'un produit ou de la prestation d'un service, et la détermination du coût d'une opération commerciale ou financière.
- L'**établissement des budgets,** lequel permet de planifier l'exploitation future de l'entreprise et d'exercer un contrôle suivi. La direction qui fait des prévisions est par la suite en mesure de comparer les **résultats prévus** (les **prévisions**) avec les **résultats réels** (les **réalisations**). Le budget consiste donc à prévoir les résultats d'exploitation avant que les opérations réelles n'aient été effectuées. Les budgets sont particulièrement utiles au CPA en management parce qu'ils précisent les objectifs des divers secteurs de l'entreprise. La direction se sert aussi des budgets pour mesurer l'efficacité et le rendement de chacun de ces secteurs.
- L'**audit interne,** lequel consiste à passer en revue les opérations de l'entreprise afin de s'assurer qu'elles sont accomplies selon les procédures établies (l'efficacité) et qu'elles donnent les meilleurs résultats possibles (l'efficience) au coût le plus bas (l'économie). L'auditeur interne n'a pas à se demander si les états financiers annuels reflètent la situation financière et les résultats d'exploitation de l'entreprise, car cette responsabilité incombe à un CPA indépendant.
- L'enregistrement des opérations et l'établissement des états financiers à partir des livres comptables. Ce travail, qualifié de **comptabilité générale,** fait aussi partie des tâches accomplies par le professionnel de la comptabilité en entreprise.
- La planification fiscale et l'établissement des déclarations de revenus des entreprises. Plusieurs sociétés confient ces tâches à un CPA indépendant ; d'autres possèdent leur propre service de fiscalité.

La comptabilité des organismes du secteur public et des organismes sans but lucratif

L'Administration publique a tout autant besoin de données financières que la direction des entreprises. Plusieurs problèmes comptables du secteur public sont comparables à ceux du secteur privé. À bien des égards, toutefois, la **comptabilité du secteur public et des organismes sans but lucratif** diffère de celle des entreprises privées parce que les organismes d'État ne poursuivent pas un but lucratif. Les universités, les hôpitaux, les églises et les autres organismes sans but lucratif ont aussi une comptabilité qui ressemble à celle du secteur public.

On trouve donc des CPA au service des divers paliers de gouvernement (fédéral, provincial et municipal), de l'ensemble des établissements de l'État (centres hospitaliers, universités, commissions scolaires, etc.) ainsi que d'une multitude d'organismes sans but lucratif (organismes sociaux, éducatifs, religieux, caritatifs, etc.).

Une carrière dans l'enseignement et la recherche en comptabilité

Enfin, plusieurs CPA optent pour une carrière dans l'enseignement et la recherche. Ils doivent évidemment posséder certaines aptitudes particulières, notamment celle de transmettre efficacement leurs connaissances et leur passion. Quelle que soit la matière enseignée, vous êtes déjà passé maître dans l'art d'évaluer la performance de vos professeurs !

Le CPA et l'éthique professionnelle

Au cours des dernières années, les scandales financiers et les travaux de la Commission Charbonneau ont mis en évidence le manque d'éthique de certaines entreprises et de professionnels. Le monde des affaires et le grand public sont en droit de s'attendre à un comportement exemplaire des professionnels québécois en matière d'éthique.

À cet égard, le Code de déontologie des comptables professionnels agréés est très explicite :

Code de déontologie des comptables professionnels agréés

> Dans toutes les circonstances, que ce soit envers le public, un client ou un employeur, le membre doit, avant de convenir d'un contrat résultant de l'exercice de la profession, tenir compte des limites de ses aptitudes, de ses connaissances ainsi que des moyens dont il dispose. Il ne doit pas, notamment, entreprendre des travaux pour lesquels il n'est pas suffisamment préparé ou n'a pas les aptitudes ou les connaissances requises sans obtenir l'assistance nécessaire[6].

De plus, un CPA « doit remplir ses obligations professionnelles avec intégrité et objectivité[7] ». Il « ne doit pas signer, préparer, produire ou même associer son nom à des […] états financiers ou tout autre document, alors qu'il sait ou devrait savoir qu'ils contiennent des données erronées ou fallacieuses, par complaisance ou sans s'être assuré qu'ils sont conformes aux règles de l'art ou aux données de la science[8] ». Enfin, le CPA qui exécute ou qui participe à une mission d'audit ou d'examen « doit demeurer libre de toute influence, de tout intérêt ou de toute relation qui, eu égard à cette mission, peut porter atteinte à son jugement professionnel ou à son objectivité ou en donner l'apparence[9] ».

La formation de CPA

Que faut-il faire pour devenir CPA ? En tout premier lieu, vous devrez être détenteur d'un baccalauréat reconnu au Québec. Par la suite, vous aurez à compléter le Programme de formation professionnelle CPA (PFP). Il s'agit d'un programme universitaire de deuxième cycle, lequel est accrédité par l'Ordre des CPA du Québec. La réussite du PFP permet l'accès à l'Évaluation finale pancanadienne. Enfin, selon votre cheminement, après l'Évaluation finale, vous serez en mesure de commencer, de poursuivre ou de compléter un stage obligatoire, d'une durée de 24 mois. Puisque les modalités d'inscription au PFP diffèrent d'une province à l'autre, il importe de consulter le site Web de l'ordre professionnel provincial régissant la profession comptable si vous n'êtes pas un candidat québécois.

Programme de formation professionnelle CPA (PFP)

LES PRINCIPES COMPTABLES GÉNÉRALEMENT RECONNUS

Le Conseil des normes comptables (CNC) est responsable de l'établissement et de l'amélioration des PCGR, c'est-à-dire de l'ensemble des principes généraux et conventions d'application générale ainsi que des règles et procédures qui déterminent quelles sont les pratiques comptables reconnues à un moment donné dans le temps[10].

Aux personnes intéressées nous proposons, à la fin de ce chapitre, l'annexe 1A, traitant plus en profondeur des fondements conceptuels des états financiers. Nous présenterons chacun de ces fondements à mesure qu'il sera requis pour votre compréhension des notions abordées dans chacun des chapitres. Chaque enseignant pourra préciser l'importance que l'étudiant devra accorder à cette annexe.

Information financière, normes d'audit et de certification

---

6. Code de déontologie des comptables professionnels agréés, L.R.Q., c. C-48.1, r. 6, art. 16 (dernière version à jour au 1er janvier 2014).

7. *Ibid.*, art. 23.

8. *Ibid.*, art. 34.

9. *Ibid.*, art. 36.4.

10. *Manuel de CPA Canada – Comptabilité – Partie II – Normes comptables pour les entreprises à capital fermé*, Toronto, CPA Canada, paragr. 1100.02 b.

2. L'entreprise ne peut se décharger de cette obligation, car, à défaut de paiement, la banque reprendra sûrement possession du matériel informatique.

3. L'obligation de payer est conforme au contrat de financement conclu avec la banque lors de l'acquisition du matériel informatique.

TABLEAU 1.1   **LES PRINCIPAUX ÉLÉMENTS DE L'ACTIF**

ACTIF

Actif à court terme

Trésorerie (ou Encaisse)	La trésorerie comprend l'argent en main, les fonds de petite caisse à montant fixe et les comptes bancaires dont les fonds sont disponibles pour effectuer les opérations courantes de l'entreprise.
Placements à court terme	Lorsqu'une entreprise dispose d'un surplus d'encaisse, une saine gestion exige qu'il soit converti en placements à court terme. Ceux-ci comprennent notamment les bons du Trésor, les certificats de dépôt, les prêts à demande et les titres négociables, c'est-à-dire les titres émis par d'autres sociétés qui seront revendus dès que les besoins de liquidités se feront sentir. Le but premier de la détention de placements temporaires est d'obtenir un rendement plus élevé sur les fonds excédentaires que celui qui est offert par les établissements financiers sur le solde des comptes bancaires courants.
Effets à recevoir	Ce sont des créances qui résultent du prêt d'argent à court terme.
Clients	Il s'agit cette fois de créances qui résultent du processus normal de vente de marchandises et de prestation de services à crédit. Ces créances sont habituellement recouvrées rapidement, selon les conditions de crédit établies par l'entreprise.
Stocks	Les stocks comprennent les articles détenus par l'entreprise, destinés à être vendus dans le cours normal des affaires (stock de produits finis, par exemple l'ensemble des vêtements d'un magasin de mode), les articles en cours de fabrication que l'entreprise a l'intention de terminer puis de vendre (stock de produits en cours, par exemple une automobile dans la chaîne de production de GM), et les articles achetés en vue d'offrir des services ou de fabriquer des produits qui seront vendus plus tard (stock de matières premières, par exemple le houblon et le malt chez Molson).
Charges payées d'avance	Aussi appelées « frais payés d'avance », elles représentent des sommes payées d'avance en vue d'en tirer un avantage à brève échéance, par exemple les assurances, les impôts fonciers et les loyers payés d'avance.
Fournitures	Les fournitures regroupent l'ensemble des menus articles dont l'entreprise a besoin pour son exploitation quotidienne. Le terme « fournitures » est habituellement précisé : fournitures de bureau (papier, crayons, trombones, etc.), fournitures de magasin (papier d'emballage, étiquettes, etc.) et fournitures d'entretien.

Placements à long terme

Participation dans une filiale	Lorsqu'une société par actions détient, directement ou indirectement par l'entremise de ses filiales, une majorité d'actions (50 % plus une action) d'une autre société, elle exerce un contrôle juridique [13] sur cette dernière, puisqu'elle a le droit d'élire la majorité des membres de son conseil d'administration.
Participation dans une société satellite	Il s'agit d'un placement dans une société qui permet à son détenteur d'exercer une influence notable sur les décisions financières et administratives d'une autre société sans pour autant en avoir le contrôle absolu. C'est habituellement le cas lorsqu'une entreprise possède de 20 % à 50 % des actions d'une autre société.

---

13. La notion de contrôle ne se limite pas au contrôle juridique. En effet, au chapitre 1590 du *Manuel de CPA Canada – Comptabilité – Partie II – Normes comptables pour les entreprises à capital fermé*, intitulé « Filiales », le CNC discute des multiples facettes permettant de déterminer si une entreprise est contrôlée par une autre. Nous y reviendrons brièvement au chapitre 15 ; toutefois, le lecteur qui désire se renseigner sur la comptabilisation des filiales devra se référer à un ouvrage de comptabilité avancée.

TABLEAU 1.1 ▌ **LES PRINCIPAUX ÉLÉMENTS DE L'ACTIF (*suite*)**

Placement de portefeuille	Il s'agit cette fois d'un placement en actions qui ne permet pas d'exercer un contrôle absolu ou une influence notable sur la société qui a émis les actions ; il figure parmi les placements à long terme au même titre que les placements en obligations et les prêts à long terme.

Immobilisations corporelles

Terrains	Ce sont les terrains utilisés dans le cadre de l'exploitation courante de l'entreprise.
Immeubles	Cet élément renferme en fait les immeubles, entrepôts, etc. utilisés dans le cadre de l'exploitation courante de l'entreprise.
Matériel	Le matériel comprend l'ensemble des objets, machines et instruments utilisés pour les services offerts par l'entreprise ou pour son exploitation. Le terme « matériel » est souvent précisé : matériel de bureau, matériel roulant, matériel de fabrication et matériel informatique.
Améliorations locatives	Les améliorations locatives comprennent l'ensemble des frais engagés pour l'aménagement d'un local commercial, à l'exception du matériel. Contrairement aux frais d'entretien courants, les améliorations locatives procureront des avantages à l'entreprise durant plusieurs années.

Actifs incorporels

Brevets d'invention	Il s'agit des droits exclusifs de fabriquer, d'utiliser ou de vendre le résultat d'une invention, par exemple la fibre optique et tous les médicaments.
Droits d'auteur	Les droits d'auteur font référence aux droits acquis automatiquement lorsqu'une œuvre originale est créée.
Marques de commerce et noms commerciaux	Ici, il est plutôt question des droits exclusifs d'utiliser un mot, un symbole, un dessin ou une combinaison de ceux-ci, par exemple la croix Bayer sur l'aspirine, et plusieurs produits offerts par McDonald's (Big Mac, McCroquettes, etc.).
Franchises	Une franchise est une autorisation donnée par une entreprise ou un individu de vendre un produit, d'utiliser une raison sociale ou une marque de commerce, ou de rendre un service dans une région donnée, par exemple les franchises McDonald's, Mike's, Dunkin Donuts, PFK, etc.
Écart d'acquisition[14]	Lorsqu'on procède à l'acquisition d'une autre entreprise, il est fréquent que le prix payé excède la juste valeur des actifs acquis. L'écart d'acquisition est donc un élément d'actif représentant les avantages économiques futurs résultant des autres actifs acquis lors d'un regroupement d'entreprises, avantages qui ne sont ni identifiés isolément ni comptabilisés séparément. Autrement dit, l'écart d'acquisition reflétant la capacité d'une entreprise de générer des bénéfices supérieurs à la normale, il ne peut être vendu séparément, puisqu'il n'a qu'une valeur d'accompagnement. Pour pouvoir être comptabilisé, il doit être acquis avec les éléments d'actif et de passif d'une autre entreprise. Prenons l'exemple de deux « roulottes à patates frites » quasi identiques. Pourquoi plus de gens fréquentent-ils la première ? Pourquoi son propriétaire roule-t-il en BMW, alors que son concurrent a peine à faire ses frais ? Sans doute parce que l'une de ces entreprises présente une capacité supérieure à générer des bénéfices.

Autres actifs

Frais de développement capitalisés	Les frais de développement correspondent aux frais engagés lors du travail de transposition des découvertes issues de la recherche et d'autres connaissances, qui a lieu avant le commencement de l'exploitation commerciale et qui consiste à mettre au point des matériaux, appareils, produits, systèmes ou services nouveaux ou sensiblement améliorés.

---

14. Ne soyez pas étonné si vous rencontrez plutôt l'expression « achalandage » ; il s'agit de l'expression retenue dans les IFRS.

Le tableau 1.2 regroupe les principaux éléments du passif et les décrit sommairement. Notez encore une fois que nous n'aborderons pas tous ces postes dans le cadre d'un premier cours de comptabilité.

TABLEAU 1.2 LES PRINCIPAUX ÉLÉMENTS DU PASSIF

PASSIF	
Passif à court terme	
Emprunts bancaires	Les établissements financiers mettent à la disposition de la plupart de leurs clients un emprunt bancaire flottant que l'on désigne souvent par l'expression « marge de crédit ». Il s'agit en fait du montant du crédit accordé par un établissement financier à l'entreprise qui fait que les paiements de cette dernière sont honorés, même si le solde de son compte bancaire est à zéro, tant qu'ils ne dépassent pas un montant alloué.
Effets à payer	Les effets à payer sont généralement constitués de billets payables sur demande ou à une date déterminée à brève échéance.
Fournisseurs	Les comptes fournisseurs représentent les dettes relatives aux marchandises achetées ou aux services rendus à l'entreprise au cours du cycle d'exploitation et qui devront faire l'objet d'un règlement à brève échéance.
Frais courus	Au cours d'un exercice financier, une entreprise engage certains frais qui ne sont pas encore payés à la fin de l'exercice, par exemple les intérêts courus sur les emprunts, les salaires et déductions à la source, les vacances et les impôts à payer. À l'exception des impôts à payer, pour lesquels le CNC exige un poste distinct, ces dettes sont regroupées et présentées dans le passif à court terme à titre de frais courus ou de charges à payer ; elles figurent parfois dans le passif sous le regroupement Fournisseurs et frais courus.
Produits reçus (ou perçus) d'avance	Il s'agit des sommes reçues des clients avant que l'entreprise n'ait livré les marchandises ou rendu les services convenus, par exemple un billet pour assister à un match du Canadien de Montréal que paie le partisan avant même le début de la saison.
Tranche de la dette à long terme échéant à moins de un an	C'est la portion de la dette à long terme devant être remboursée à même les éléments de l'actif à court terme au cours du prochain exercice financier.
Passif à long terme	
Emprunts hypothécaires	Ils représentent les emprunts contractés auprès d'établissements financiers et pour lesquels certaines immobilisations (il s'agit habituellement d'immeubles et de matériel) sont données en garantie.
Effets à payer	Ce sont en fait les effets à payer dont l'échéance excède une période de 12 mois.

Les capitaux propres

Essentiellement, les **capitaux propres** correspondent au total de l'actif diminué du passif. Tel un caméléon, ils s'adaptent à la forme juridique de l'entreprise. Ainsi, les capitaux propres d'une entreprise individuelle se résument en un seul poste, soit le capital du propriétaire. Par contre, puisqu'une société de personnes est formée de plusieurs associés, ses capitaux propres renferment autant de comptes de capital qu'il y a d'associés. Enfin, dans le cas d'une société par actions, les lois fédérale et provinciales exigent qu'une distinction soit faite entre le capital d'apport et les bénéfices non répartis. Nous y reviendrons en détail aux chapitres 17 et 18.

Tout compte fait, le bilan de Hu-Aissbé enr. (*voir la page 15*) montre que l'entreprise possède des éléments d'actif totalisant 5 200 $, sur lesquels elle doit 3 200 $, ce qui signifie que l'entreprise ne possède en définitive que 2 000 $, soit son intérêt résiduel (capitaux propres) sur ces éléments d'actif, déduction faite de la dette totale.

Vous avez sans doute remarqué que la valeur comptable des capitaux propres ne constitue pas une somme d'argent dont dispose l'entreprise. En effet, au bilan de Hu-Aissbé enr., présenté à la page 15, les capitaux propres totalisent 2 000 $, alors que l'encaisse ne renferme que 1 370 $. Les capitaux propres ne représentent que l'intérêt résiduel de la propriétaire de l'entreprise. En d'autres termes, si Denyse Lepage convertissait tous ses éléments d'actif en argent, en supposant qu'elle puisse en obtenir une somme correspondant à celle figurant dans le bilan et qu'elle rembourse toutes ses dettes, il lui resterait une somme résiduelle de 2 000 $.

À ce stade-ci de notre étude du bilan, il importe de souligner que seuls y figurent les biens et les dettes de l'entreprise Hu-Aissbé enr. Cela est conforme au principe de la **personnalité de l'entité**, lequel porte sur la relation entre une entité comptable et son ou ses propriétaires. Ainsi, une entreprise constitue toujours une **entité distincte** des affaires de son ou de ses propriétaires, quelle que soit sa forme juridique. De fait, remarquez que le bilan de l'entreprise ne fait aucunement mention de la voiture personnelle de la propriétaire, ni même de la somme due pour l'achat de ce bien.

L'ÉQUATION COMPTABLE FONDAMENTALE

Dans la figure 1.5, nous commentons l'équation comptable servant à illustrer les effets financiers d'une opération.

FIGURE 1.5 | **L'ÉQUATION COMPTABLE FONDAMENTALE**

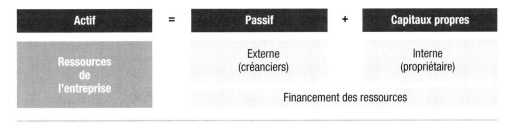

Réduite à sa plus simple expression, cette équation se compose des trois premiers éléments des états financiers décrits précédemment. Dans un bilan, le **total de l'actif est toujours égal au total du passif et des capitaux propres.** La liste des actifs fait connaître les formes sous lesquelles le capital de l'entreprise existe, soit les **ressources,** tandis que la liste des passifs et des capitaux propres révèle la provenance de ce capital, soit le **financement des ressources.** Tous les biens qu'une entreprise possède lui viennent de ses créanciers (**financement externe**) ou de son propriétaire (**financement interne**). Pour cette raison, le total des capitaux propres et des sommes dues aux créanciers doit être égal au total de l'actif de l'entreprise.

Étant donné que toute opération, simple ou complexe, peut être analysée en fonction des effets qu'elle a sur l'équation comptable, il importe d'acquérir une parfaite connaissance de cette équation et de la façon de s'en servir pour analyser les opérations effectuées au cours d'une période donnée.

LES EFFETS DE DIVERSES OPÉRATIONS SUR L'ÉQUATION COMPTABLE

Pour illustrer les effets de diverses opérations sur l'équation comptable, nous analyserons les premières opérations effectuées par Denyse Lepage dans le cadre du lancement d'une nouvelle entreprise enregistrée sous le nom commercial Hu-Aissbé enr. Cette entreprise offre des services de traitement et d'édition de textes informatisés.

Opération 1 – La mise de fonds initiale

Le 2 septembre 20X5, Denyse Lepage ouvre un compte en banque au nom de l'entreprise et y dépose toutes ses économies, soit 2 000 $. Cette opération se reflète dans l'équation comptable de la façon suivante :

	Actif	**=**	**Passif**	**+**	**Capitaux propres**
	Encaisse	=			D. Lepage – Capital
1.	+ 2 000 $	=			+ 2 000 $

Notons que l'équation comptable est en équilibre. La nouvelle entreprise, Hu-Aissbé enr., a obtenu sa première ressource (Encaisse) grâce à un financement interne, soit la mise de fonds initiale de la propriétaire (D. Lepage – Capital).

Opération 2 – L'emprunt à la banque

Le 3 septembre 20X5, Denyse discute avec le directeur de comptes de son institution financière de l'acquisition d'un ordinateur, d'un grand écran, d'une imprimante laser, d'un modem intégré et d'un télécopieur pour son entreprise. Le prix de vente de ce matériel informatique est de 4 000 $, et Denyse aimerait emprunter la somme de 3 000 $. L'entreprise est jeune et sans expérience de crédit. Comme l'oncle de Denyse, Joe Richard, accepte de se porter garant de l'emprunt, la banque dépose la somme convenue dans le compte en banque de l'entreprise. Le prêt prend la forme d'un effet à payer remboursable intégralement dans 2 ans et porte intérêt au taux annuel de 8 %. Cette opération se reflète ainsi dans l'équation comptable :

	Actif	**=**	**Passif**	**+**	**Capitaux propres**
	Encaisse	=	Effet à payer	+	D. Lepage – Capital
1.	+ 2 000 $				+ 2 000 $
2.	+ 3 000		+ 3 000 $		
Solde	5 000 $	=	3 000 $	+	2 000 $

Notons que l'équation comptable est toujours en équilibre (5 000 $ = 5 000 $). Hu-Aissbé enr. dispose de plus d'argent (Encaisse) grâce, cette fois, à un financement externe (Effet à payer).

Opération 3 – L'achat de matériel informatique

Le 4 septembre 20X5, disposant d'une somme de 5 000 $, Denyse retourne chez le vendeur pour acquérir le matériel informatique convoité. La veille, ce vendeur lui avait indiqué que le prix serait de 4 000 $. Or, il est heureux de lui annoncer que le fabricant offre un rabais de 1 000 $ pour un temps limité. De plus, il lui offre trois logiciels de traitement et d'édition de texte pour la somme de 800 $. Denyse, fine négociatrice, a réussi à acheter le tout pour la somme de 3 500 $, payés comptant. Voici l'incidence de cette opération sur l'équation comptable :

	Actif			=	Passif	+	Capitaux propres
	Encaisse	+	Matériel informatique	=	Effet à payer	+	D. Lepage – Capital
1.	+ 2 000 $						+ 2 000 $
2.	+ 3 000				+ 3 000 $		
3.	– 3 500		+ 3 500 $				
Solde	1 500 $	+	3 500 $	=	3 000 $	+	2 000 $

Même si le matériel informatique acquis a une valeur de 4 800 $ (4 000 $ + 800 $), il figure dans l'actif au prix effectivement payé (3 500 $), conformément au principe du **coût d'origine**. De plus, en vertu du principe de la **continuité de l'exploitation,** il est justifié d'évaluer les éléments du bilan, en particulier les immobilisations, sur la base des **coûts historiques,** soit leur valeur d'acquisition, parce que l'entreprise les a acquis dans le but de les utiliser et non de les revendre. Ainsi, la valeur marchande du matériel informatique (4 800 $) n'est pas pertinente, seul le prix effectivement payé (3 500 $) l'étant pour l'entreprise.

Notons enfin que le total de l'actif est demeuré inchangé (5 000 $). Hu-Aissbé enr. a sacrifié une ressource (Encaisse) pour en acquérir une autre (Matériel informatique).

Opération 4 – L'achat de fournitures de bureau à crédit

Le 5 septembre 20X5, Denyse profite d'une vente de liquidation pour acheter à crédit des fournitures de bureau au prix de 400 $. L'équation comptable est alors modifiée :

	Actif					=	Passif			+	Capitaux propres
	Encaisse	+	Fournitures de bureau	+	Matériel informatique	=	Fournisseurs	+	Effet à payer	+	D. Lepage – Capital
1.	+ 2 000 $										+ 2 000 $
2.	+ 3 000								+ 3 000 $		
3.	– 3 500				+ 3 500 $						
4.			+ 400 $				+ 400 $				
Solde	1 500 $	+	400 $	+	3 500 $	=	400 $	+	3 000 $	+	2 000 $

Le nouvel élément d'actif a été financé par un fournisseur. Le total de l'actif est maintenant de 5 400 $, montant qui correspond au total du passif et des capitaux propres.

Opération 5 – La vente de fournitures de bureau partiellement à crédit

Le 5 septembre 20X5, afin d'aider une amie, Denyse accepte de lui vendre des fournitures de bureau à leur prix coûtant de 100 $. Jessica Lamy lui verse immédiatement 50 $ et promet de payer le solde le plus tôt possible. Tel qu'il est illustré à la page suivante, l'équation comptable est encore une fois modifiée.

9. Définissez le terme « actif ». Énumérez cinq éléments de l'actif.

10. Définissez le terme « passif ». Énumérez trois éléments du passif.

11. Expliquez en quoi consiste le principe de la personnalité de l'entité.

12. Qu'entend-on, en comptabilité, par « continuité de l'exploitation » ? De quelle façon ce principe influe-t-il sur l'évaluation des actifs ?

13. Le 6 juillet 20X3, la boulangerie Au blé d'or enr. a acquis un terrain au prix de 18 000 $. Ce terrain, adjacent à la boulangerie, lui permet d'offrir 10 places de stationnement à sa clientèle. Le 31 décembre 20X3, le propriétaire a refusé une offre de 25 000 $ pour ce terrain, car il est d'avis qu'il faut réévaluer cet élément d'actif dans le bilan afin d'en faire ressortir la juste valeur. Qu'en pensez-vous ?

14. Pourquoi, dans un bilan, le total de l'actif est-il toujours égal au total du passif et des capitaux propres ?

15. Est-il possible qu'une entreprise effectue une opération qui ne se reflète que du côté gauche de l'équation comptable, c'est-à-dire uniquement du côté de l'actif ?

16. Qu'est-ce qu'un bilan ? Décrivez-en l'utilité et expliquez-en les limites.

17. Le bilan de Construction Gervais enr. renferme des capitaux propres de près de 100 000 $. Cela signifie-t-il que la société est solvable ?

18. Décrivez brièvement les quatre principales formes d'entreprises.

EXERCICES

E1 **Terminologie comptable** [22]

Voici une liste de neuf termes et expressions comptables présentés dans ce chapitre :

- Actif
- Passif
- Capitaux propres
- PCGR
- Comptabilité publique

- Entreprise individuelle
- Société par actions
- CNC
- Solvabilité

Chacun des énoncés suivants peut servir (ou non) à décrire un de ces termes comptables. Pour chacun des énoncés, dites à quel terme comptable il correspond ou indiquez « aucun » s'il ne correspond à aucun d'entre eux.

a) L'une des formes d'entreprises les plus connues est l'entreprise québécoise.

b) L'ensemble des principes généraux et conventions d'application générale ainsi que des règles et procédures qui déterminent quelles sont les pratiques comptables reconnues à un moment donné.

c) Un montant résiduel égal au total de l'actif moins le total du passif.

d) L'organisme responsable de l'établissement des normes comptables au Canada.

e) L'ensemble des ressources économiques sur lesquelles l'entreprise exerce un contrôle par suite d'opérations ou de faits passés et qui sont susceptibles de lui procurer des avantages économiques futurs.

f) L'incapacité de rembourser ses dettes à l'échéance.

g) Au point de vue légal, une entreprise qui ne constitue pas une entité distincte de son propriétaire.

h) La capacité d'une entreprise de modifier ses mouvements de fonds futurs de manière à pouvoir profiter d'occasions imprévues ou à faire face à des besoins inattendus.

i) L'ensemble des dettes contractées par une entreprise.

---

22. Les pictogrammes en forme de cible renvoient aux objectifs d'apprentissage sur lesquels l'accent est mis dans les exercices (E) et les problèmes (P).

E2 Vrai ou faux

Dites si chacun des énoncés suivants est vrai ou faux. Dans ce dernier cas, précisez pourquoi.

a) Dans une entreprise, l'actif est habituellement supérieur au passif.

b) Lorsqu'une entreprise n'a aucune dette, son actif correspond à ses capitaux propres.

c) C'est en vertu du principe du coût d'acquisition que l'on comptabilise un actif selon le prix payé et non à sa juste valeur.

d) «Comptabilité» et «tenue des comptes» sont deux termes différents, mais qui signifient la même chose.

e) Le principe du coût d'origine signifie qu'un actif doit être inscrit au bilan au coût que l'on aurait payé si l'actif avait été acheté à la date du bilan.

f) La comptabilité a principalement pour but de fournir de l'information financière basée sur les activités économiques d'une entreprise.

g) La comptabilité peut être définie de façon succincte comme un procédé qui mesure et qui communique une information.

h) Le Conseil des normes comptables est responsable de l'établissement des normes comptables pour les entreprises à capital fermé.

E3 Les principes comptables

Voici deux situations relatives à la comptabilisation et à la présentation de l'information comptable. Que pensez-vous du traitement comptable de chaque cas ?

a) Couche-tard et Lève-tôt est un dépanneur ouvert en tout temps. En juillet, le propriétaire a payé, à même la caisse, un compte Visa de 749 $. Puisqu'il s'agit de dépenses personnelles, cette somme ne figure pas dans les états financiers du commerce.

b) Lors d'une vente de liquidation, Pépinière Lafleur enr. acquiert un équipement d'une valeur de 15 000 $ pour la modique somme de 7 000 $. Dans le bilan, l'équipement figure à sa juste valeur de 15 000 $.

E4 L'utilisation de l'équation comptable

Calculez le montant qui manque dans chacun des trois cas suivants.

	Actif	*Passif*	*Capitaux propres*
a)	115 000 $	75 000 $	? $
b)	?	45 000	50 000
c)	78 500	?	28 500

E5 L'utilisation de l'équation comptable

Déterminez :

a) le total du passif d'une entreprise dont l'actif total s'élève à 410 000 $ et les capitaux propres, à 202 000 $;

b) le total des capitaux propres d'une entreprise dont le passif s'élève à 115 000 $ et l'actif, à 195 000 $;

c) le total de l'actif d'une entreprise dont les capitaux propres s'élèvent à 50 000 $ et le passif, à 175 000 $.

E6 Les effets de diverses opérations sur l'équation comptable

Pour chacun des cinq cas ci-après, proposez une opération qui aurait les effets décrits sur les différents éléments de l'équation comptable.

a) Une augmentation d'un élément d'actif et une augmentation des capitaux propres.

b) Une augmentation d'un élément d'actif et une diminution d'un autre élément d'actif.

c) Une diminution d'un élément d'actif et une diminution d'une dette.

d) Une augmentation d'un élément d'actif et une augmentation d'une dette.

e) Une augmentation d'un élément d'actif et d'une dette et une diminution d'un autre élément d'actif.

 E7 ### Les effets de diverses opérations sur l'équation comptable

  Voici les neuf premières opérations de Pizzeria Carla enr. :

a) Somme d'argent investie par le propriétaire dans son entreprise.

b) Achat au comptant d'un four à pizza.

c) Achat d'un camion de livraison au prix de 27 500 $, dont 3 500 $ sont payables comptant et le solde, en 24 versements mensuels égaux.

d) Règlement d'une dette.

e) Emprunt contracté auprès d'une banque.

f) Vente au comptant d'un terrain à un prix égal à son coût d'origine.

g) Vente au comptant d'un terrain à un prix supérieur à son coût d'origine.

h) Vente au comptant d'un terrain à un prix inférieur à son coût d'origine.

i) Recouvrement d'une créance.

Dressez un tableau à quatre colonnes portant les intitulés suivants :

Opération	Total de l'actif	Total du passif	Total des capitaux propres
a)	+	0	+

Classez, dans ce tableau, les opérations effectuées par Pizzeria Carla enr. au moyen des lettres qui y correspondent et indiquez dans la colonne appropriée les effets de chacune des opérations au moyen des symboles (+) pour une augmentation, (–) pour une diminution et (0) s'il n'y a aucun changement. À titre d'exemple, le tableau qui précède renferme déjà l'analyse de la première opération.

E8 ### Les effets de diverses opérations sur l'équation comptable

   Les effets de six opérations sur les éléments de l'actif, du passif et des capitaux propres du cabinet Mario Duquette, CPA sont analysés dans le tableau ci-dessous. Décrivez la nature de chacune de ces opérations.

	Actif			=	Passif		+	Capitaux propres
	Encaisse	+ Fournitures de bureau	+ Matériel informatique	= Fournisseurs	+ Effet à payer	+		M. Duquette – Capital
1.	+ 10 000 $							+ 10 000 $
2.	– 500	+ 900 $		+ 400 $				
3.	– 6 000		+ 16 000 $		+ 10 000 $			
4.	– 3 000		+ 4 000	+ 1 000				
5.	+ 2 500							+ 2 500
6.	– 400			– 400				

E9 ### L'établissement d'un bilan

 Vous trouverez ci-après, présentés pêle-mêle, les postes du bilan des Entreprises Lemaire enr. au 31 décembre 20X4. Dressez le bilan en bonne et due forme.

Terrain	45 000 $	Matériel de bureau	3 400 $
Fournisseurs	14 600	Immeuble	170 000
Clients	16 900	Emprunt hypothécaire	140 000
Lemaire – Capital	?	Encaisse	1 700

E10 L'établissement d'un bilan

La présentation suivante du bilan de Réal Tancrède inc. est erronée. Dressez le bilan en bonne et due forme.

RÉAL TANCRÈDE INC.
au 31 mars 20X7

Actif

Capital-actions	20 000 $
Encaisse	10 900
Immeuble	48 000
Bénéfices non répartis	46 200
Automobiles	16 500
Total de l'actif	141 600

Passif et capitaux propres

Clients	37 800 $
Emprunt hypothécaire	75 400
Fournitures de bureau	1 400
Terrain	27 000
Total du passif et des capitaux propres	141 600 $

PROBLÈMES DE COMPRÉHENSION

P1 L'établissement d'un bilan

15 minutes – facile

Vous trouverez ci-dessous, pêle-mêle, les postes du bilan de Déneigement Larue enr. au 31 décembre 20X8.

Emprunt hypothécaire	105 000 $	Clients	3 125 $
Terrain	10 000	Tracteurs	105 000
Blanche Larue – Capital	?	Frais courus à payer	1 500
Encaisse	175	Fournisseurs	1 700
Garage	65 000	Fournitures (sel de déglaçage)	1 500

TRAVAIL À FAIRE

Dressez, en bonne et due forme, le bilan de l'entreprise au 31 décembre 20X8.

[23] Total de l'actif : 184 800 $

---

23. Nous vous donnons, à la suite de ce symbole, un indice qui vous mettra sur la piste de la bonne réponse.

1

P2 L'établissement d'un bilan

20 minutes – moyen

Le club de hockey Les Tigres est la propriété de Roger « Tiger » Savoie. Voici, présentés pêle-mêle, les postes du bilan de l'entreprise au 31 janvier 20X3 :

Bas et chandails	*2 100 $*	*Location de glace à payer*	*975 $*
Salaires à payer	*500*	*Stock de bâtons*	*175*
Intérêts à payer	*125*	*Clients*	*1 500*
Équipement – gardien de but	*1 500*	*Encaisse*	*100*
Stock de gommes à mâcher	*35*	*Roger Savoie – Capital*	*?*
Emprunt bancaire	*1 250*	*Affûteuse de patins*	*745*
Location de casier		*Produits*	
payée d'avance	*75*	*reçus d'avance*	*650*

TRAVAIL À FAIRE

a) Dressez, en bonne et due forme, le bilan du club de hockey au 31 janvier 20X3.

Total de l'actif : 6 230 $

b) Supposons que, dans la nuit du 1er février, un voleur a forcé le cadenas d'un casier du club au centre sportif. Le rapport de police indique que l'équipement de gardien de but, lequel n'est pas assuré, a disparu. Expliquez les changements qui devraient être apportés au bilan du club pour refléter les effets de ce vol.

P3 La détermination de la valeur d'un terrain

20 minutes – moyen

L'entreprise Plus Haute Valeur possède un terrain qu'elle a payé 200 000 $ et qu'elle emploie pour ses affaires. Elle refuse une offre de 350 000 $ pour ce terrain. Jean Desbiens propose donc d'inscrire ce terrain à la valeur qui lui a été offerte.

TRAVAIL À FAIRE

a) Êtes-vous d'accord avec M. Desbiens ? Justifiez votre réponse en citant le principe comptable approprié.

b) En quoi le principe de la continuité de l'exploitation peut-il être en cause ?

P4 Les effets de diverses opérations sur l'équation comptable

25 minutes – moyen

Les effets de neuf opérations sur les éléments de l'actif, du passif et des capitaux propres du détective privé Max Lefouineur sont analysés dans le tableau qui suit.

	Actif					=	Passif		+	Capitaux propres
	Encaisse +	Clients +	Terrain +	Immeuble +	Matériel de bureau =		Fournisseurs +	Emprunt hypothécaire +		M. Lefouineur – Capital
1.	+ 25 000 $									+ 25 000 $
2.	+ 95 000							+ 95 000 $		
3.	– 115 000		+ 25 000 $	+ 90 000 $						
4.	+ 5 000									+ 5 000
5.	– 6 000				+ 8 000 $			+ 2 000 $		

	Actif							=	Passif			+	Capitaux propres
	Encaisse	+	Clients	+	Terrain	+	Immeuble	+	Matériel de bureau	=	Fournisseurs	+	Emprunt hypothécaire	+	M. Lefouineur – Capital
6.	+ 1 000		+ 4 000 $		− 5 000									
7.									+ 500 $		+ 500			
8.	+ 2 000		− 2 000											
9.	− 1 500										− 1 500			
Solde	5 500 $	+	2 000 $	+	20 000 $	+	90 000 $	+	8 500 $	=	1 000 $	+	95 000 $	+	30 000 $

TRAVAIL À FAIRE

Décrivez brièvement la nature de chaque opération.

P5 Les effets de diverses opérations sur l'équation comptable

20 minutes – moyen

Cimenterie Blocus enr. a effectué les opérations suivantes au cours du mois de janvier :

a) Achat au comptant d'équipement au prix de 30 500 $.

b) Achat d'une bétonnière d'occasion au prix de 155 000 $, moyennant le versement d'une somme de 115 000 $ et l'émission d'un billet pour financer le solde.

c) Versement d'une somme de 5 500 $ pour une police d'assurance de 24 mois. Il s'agit donc d'une assurance payée d'avance.

d) Décès du commis responsable des comptes fournisseurs.

e) Réception d'un chèque en règlement partiel du compte d'un client.

f) Réception d'un effet à recevoir d'un client en paiement de sa créance.

g) Encaissement de l'effet à recevoir décrit en f).

h) Réception d'un chèque de 20 000 $ d'acompte pour des travaux qui ne seront effectués qu'en mai. Il s'agit donc d'un produit reçu d'avance.

i) Envoi d'une lettre au député pour se plaindre de l'augmentation des impôts.

j) Paiement par l'entreprise d'une facture personnelle du propriétaire.

TRAVAIL À FAIRE

Dressez un tableau à quatre colonnes portant les intitulés suivants :

Opération   Total de l'actif   Total du passif   Total des capitaux propres

Classez, dans ce tableau, les opérations effectuées par Cimenterie Blocus enr. au moyen des lettres qui y correspondent et indiquez, dans la colonne appropriée, les effets de chacune des opérations au moyen des symboles (+) pour une augmentation, (−) pour une diminution et (0) s'il n'y a aucun changement.

P6 Les pratiques comptables conformes aux PCGR

20 minutes – moyen

Voici quatre situations, indépendantes les unes des autres :

a) Le bilan d'une société immobilière renferme des maisons, qu'elle a construites mais qui ne sont pas encore vendues, évaluées à leur prix coûtant plutôt qu'à leur prix de vente estimatif.

b) Les biens personnels du propriétaire de Dépanneur Belhumeur enr. ne figurent pas dans le bilan de l'entreprise, même si ces biens suffisent à garantir le remboursement de la totalité des dettes de cette entreprise.

c) Le passif de Cartech excède considérablement le total de son actif. Pour éviter que le bilan laisse une impression défavorable, le propriétaire y a inclus ses biens personnels, notamment son compte en banque, son automobile et sa résidence.

d) La société immobilière Latech a réévalué les terrains sur lesquels elle construira plus tard des immeubles.

TRAVAIL À FAIRE

Pour chaque opération, dites si elle est conforme aux PGCR et justifiez votre point de vue.

P7 ## Les pratiques comptables conformes aux PCGR[24]

20 minutes – facile

Voici cinq pratiques comptables conformes aux principes comptables généralement reconnus.

Pratiques comptables

a) Le paiement d'une prime d'assurance pour une durée de deux ans est porté au compte d'actif, même si la société d'assurance refuse tout remboursement en cas de résiliation du contrat d'assurance.

b) Une note indique que l'entreprise fait l'objet d'une poursuite judiciaire, même si cette poursuite a été intentée après la date de la fin de l'exercice.

c) Le bilan d'une société immobilière renferme des maisons, qu'elle a construites mais qui ne sont pas encore vendues, évaluées à leur prix coûtant plutôt qu'à leur prix de vente estimatif.

d) Lors de l'acquisition d'une machine, on estime sa durée d'utilisation ; c'est sur cette durée que le coût de la machine est réparti.

e) Les biens personnels du propriétaire ne figurent pas dans le bilan de l'entreprise, même si ces biens suffisent à garantir le remboursement de la totalité des dettes de cette entreprise.

Voici maintenant huit principes comptables :

Principes comptables

- La continuité de l'exploitation
- La personnalité de l'entité
- La réalisation
- La permanence des méthodes comptables
- La bonne information
- L'unité monétaire stable
- L'objectivité
- Le rattachement des charges aux produits

TRAVAIL À FAIRE

Relevez les principes qui justifient chacune des pratiques comptables. Discutez également de la relation qui existe entre chaque pratique et le principe sur lequel elle repose.

P8 ## L'établissement d'un bilan à deux dates différentes

20 minutes – moyen

Voici les postes du bilan de l'entreprise Assurances Paule Parent enr. établi au 31 mai 20X0 et la description de deux opérations effectuées respectivement le 1er et le 2 juin :

Fournisseurs	24 200 $	Encaisse	?	$
Matériel de bureau	14 400	Emprunt hypothécaire	60 000	
Paule Parent – Capital	153 800	Clients	30 800	
Terrain	50 000	Immeuble	138 000	

---

24. Ce problème est en relation directe avec l'annexe 1A de ce chapitre.

1

1ᵉʳ juin   Vente de la moitié du terrain au prix de 25 000 $, soit une somme égale au coût d'origine de la portion cédée. Réception d'un chèque de 10 000 $ et d'un billet pour couvrir le solde. Le billet doit être réglé 60 jours plus tard et ne porte pas intérêt.

2 juin   Règlement de comptes fournisseurs s'élevant à 5 200 $.

TRAVAIL À FAIRE

a) Dressez, en bonne et due forme, le bilan de l'entreprise au 31 mai 20X0.

Total de l'actif : 238 000 $

b) Dressez, en bonne et due forme, le bilan de l'entreprise au 2 juin 20X0.

Total de l'actif : 232 800 $

P9

35 minutes – difficile

L'analyse des effets de quelques opérations et l'établissement d'un bilan

La spécialiste des arts martiaux Kara Tayka, mise au défi de se prendre en main par sa famille, décide de fonder sa propre école de karaté. Voici les opérations survenues au cours de la première semaine d'activité.

25 août   Le père de Kara, Han Tayka, lui consent un prêt personnel de 120 000 $ qui prend la forme d'un billet remboursable en 5 versements annuels égaux de 24 000 $.

25 août   De cette somme, Kara dépose 18 000 $ dans un compte en banque ouvert au nom de l'entreprise, Karaté K.

26 août   Le directeur du crédit commercial de la banque de Mᵐᵉ Tayka, Jay Lenox, consent un prêt hypothécaire à l'entreprise pour l'achat d'un immeuble. Il dépose la somme de 75 000 $ dans le compte de l'entreprise. Au cours des 12 prochains mois, Karaté K devra rembourser 5 000 $ plus les intérêts.

27 août   L'école de karaté achète au comptant une propriété au prix de 90 000 $. L'acte notarié stipule que les valeurs du terrain et de l'immeuble sont respectivement de 18 000 $ et de 72 000 $.

27 août   Karaté K achète du matériel d'entraînement au prix de 10 000 $, moyennant le versement d'une somme de 2 500 $, la signature d'un billet de 6 500 $ remboursables en 12 versements mensuels égaux et un versement de 1 000 $ provenant du compte en banque personnel de Kara.

28 août   L'école achète des vêtements d'entraînement (Stock de marchandises) au prix de 1 200 $, moyennant un versement comptant de 200 $, le solde étant dû dans 30 jours.

29 août   Kara retourne des marchandises défectueuses d'une valeur de 100 $. Le fournisseur accepte de réduire le montant dû par Kara d'un montant identique.

31 août   Pour son anniversaire, Kara offre à son petit frère des vêtements d'entraînement ayant une juste valeur de 150 $. Ceux-ci avaient coûté 100 $.

TRAVAIL À FAIRE

a) Analysez les opérations précédentes dans un tableau comparable à celui du problème **P4**. Identifiez les opérations au moyen de leur date et calculez le solde après chacune d'elles.

b) Dressez, en bonne et due forme, le bilan de l'entreprise au 31 août 20X9.

Total de l'actif : 101 300 $

P10

35 minutes – difficile

L'analyse des effets de quelques opérations et l'établissement d'un bilan

Maxime Lamothe est sans emploi depuis plusieurs mois. À la suite d'une suggestion d'une amie, il décide de fonder une agence de rencontre. Voici les opérations survenues au cours de la première semaine d'activité :

2 mai   La députée du comté, Patricia Lacharité, remet une subvention de 5 000 $ à Maxime Lamothe pour l'aider à démarrer son entreprise. Maxime dépose cette somme à la

1

Caisse Desjardins dans un compte ouvert au nom de l'entreprise, Rencontres Sol Lithaire inc. La société par actions émet sur-le-champ des actions de son capital-actions pour une somme équivalant à 5 000 $.

3 mai   Un vieil oncle de Maxime, Phil Lamothe, consent un prêt à la jeune entreprise pour encourager son neveu. Maxime dépose la somme de 2 000 $ dans le compte de l'entreprise. Au cours des 12 prochains mois, l'entreprise devra rembourser 1 000 $ plus les intérêts.

4 mai   Max achète au comptant du mobilier pour l'entreprise, au prix de 6 000 $.

4 mai   Ayant profité d'une aubaine lors de l'achat du mobilier, Maxime se voit pris avec un surplus de meubles. Heureusement, le propriétaire d'une clinique vétérinaire, Rex Johnson, accepte de lui acheter des meubles ayant coûté 1 500 $. M. Johnson verse immédiatement la somme de 500 $ et remet à Maxime un billet venant à échéance dans 90 jours pour couvrir la différence.

5 mai   L'agence de rencontre achète à crédit des fournitures de bureau pour l'entreprise au prix de 250 $.

5 mai   Afin d'aider une copine, Pamela Sanderson, Maxime accepte de lui vendre à crédit des fournitures de bureau ayant coûté 50 $.

6 mai   L'entreprise reçoit la somme de 300 $ pour des services qui ne seront rendus que plus tard. Maxime reconnaît qu'il s'agit d'un produit reçu d'avance.

6 mai   À la suite de son divorce, la sœur de Maxime se trouve démunie. Il décide de lui offrir quelques-uns des meubles de l'entreprise. Les meubles en question lui avaient coûté 700 $. Elle s'engage à lui remettre cette somme d'ici deux mois.

TRAVAIL À FAIRE

a) Analysez les opérations précédentes dans un tableau comparable à celui du problème **P4**. Identifiez les opérations au moyen de leur date et calculez le solde après chacune d'elles.

b) Dressez, en bonne et due forme, le bilan de l'entreprise au 6 mai 20X1.

Total de l'actif : 7 550 $

 P11   **L'établissement d'un bilan à la suite d'une discussion sur les PCGR**

30 minutes – difficile

Marc Anctil est un spécialiste du marketing qui a une connaissance limitée de la comptabilité. Il a dressé le bilan suivant, dans lequel certains PCGR n'ont pas été respectés.

LE PRO DE LA VENTE
Bilan
au 28 février 20X1

Actif		
Actif à court terme		
Encaisse		*1 219 $*
Effets à recevoir		*3 500*
Clients		*2 350*
Indemnité à recevoir		*15 500*
Fournitures de bureau		*75*
Total de l'actif à court terme		*22 644*
Immobilisations		
Terrain	*75 000 $*	
Immeuble	*80 000*	
Matériel de bureau	*8 900*	
Total des immobilisations		*163 900*
Total de l'actif		*186 544 $*

Passif et capitaux propres

Passif à court terme

Fournisseurs .... 12 944 $

Passif à long terme

Emprunt hypothécaire 95 900

Total du passif 108 844

Capitaux propres

Marc Anctil – Capital 77 700

Total du passif et des capitaux propres .... 186 544 $

Un entretien avec Marc Anctil et une analyse des éléments de ce bilan vous ont permis de découvrir les faits suivants :

1. Les effets à recevoir comprennent un billet de 1 500 $ qui provient d'une reconnaissance de dette que Marc Anctil a obtenue en jouant au golf il y a 5 ans. Cette reconnaissance de dette ne porte que les initiales A. A., et Marc ne connaît ni le nom ni l'adresse de celui qui l'a rédigée.

2. L'hiver dernier, Marc s'est fracturé un bras en glissant dans l'entrée d'un ancien client. Il a intenté une poursuite de 15 500 $ en dommages-intérêts. La cause n'a pas encore été entendue.

3. Marc Anctil considère que le terrain, qui a coûté 30 000 $, a maintenant une valeur de 75 000 $, puisque l'un de ses amis lui a offert de payer cette somme dans l'éventualité où il déménagerait son entreprise.

4. Le matériel de bureau comprend une machine à écrire ayant coûté 425 $, mais que l'entreprise n'a plus, puisque Marc Anctil l'a donnée à sa fille pour la Saint-Valentin.

5. Le 15 février 20X1, l'entreprise a acheté à crédit un ordinateur et une imprimante au prix de 3 500 $. Étant donné que le propriétaire ne doit payer cette facture que le 15 mars 20X1, il est d'avis que cette opération n'a pas à être enregistrée avant cette date.

TRAVAIL À FAIRE

a) Expliquez si l'interprétation qui a été faite de chacune des cinq données précédentes par Marc Anctil est conforme aux PCGR.

b) Dressez le bilan révisé de l'entreprise au 28 février 20X1.

Total de l'actif : 127 619 $

P12 L'établissement d'un bilan à la suite d'une discussion sur les PCGR

35 minutes – difficile

Paul Duguay est propriétaire d'une petite entreprise connue sous le nom commercial d'Affûtage à domicile enr. Il doit rencontrer son banquier afin de finaliser les conditions d'un emprunt nécessaire pour financer l'achat d'une camionnette neuve. À la demande du banquier, Paul a préparé le bilan suivant, qu'il croit exempt d'erreurs quant à la présentation. Il n'est toutefois pas certain d'avoir respecté tous les PCGR.

AFFÛTAGE À DOMICILE ENR.
Bilan
au 31 mars 20X2

Actif

Actif à court terme

Encaisse .... 15 750 $

Clients 1 900

Fournitures d'atelier 1 750

Total de l'actif à court terme 19 400

Immobilisations

Terrain	5 000 $	
Atelier	25 000	
Matériel d'affûtage	7 500	
Camions	23 000	
Total des immobilisations		60 500
Total de l'actif		79 900 $

Passif et capitaux propres

Passif à court terme

Fournisseurs		1 655 $
Frais courus à payer		6 200
Total du passif à court terme		7 855

Passif à long terme

Emprunt hypothécaire		18 000
Total du passif		25 855

Capitaux propres

Paul Duguay – Capital		54 045
Total du passif et des capitaux propres		79 900 $

Un entretien avec Paul Duguay et une analyse des éléments de ce bilan vous ont permis de découvrir les faits suivants :

1. L'encaisse se compose d'une somme de 4 500 $ déposée dans un compte en banque au nom de l'entreprise, d'un certificat de dépôt de 7 500 $ et de 3 750 $ dans un compte en banque au nom du propriétaire.

2. Les comptes clients comprennent une créance de 400 $, à recevoir d'un bon client. Le solde de 1 500 $ correspond à l'estimation faite par Paul Duguay des rentrées de fonds provenant des travaux qui seront effectués au cours de la semaine suivante.

3. Les fournitures d'atelier ont été achetées il y a quelques jours à peine pour la somme de 2 750 $. L'entreprise a versé 1 750 $ comptant, et un billet a été signé pour financer le solde, soit 1 000 $. Puisque ce billet ne sera remboursé qu'en avril 20X2, Paul ne l'a pas inclus dans les dettes de l'entreprise.

4. Le terrain et l'atelier figurent dans le bilan à leur juste valeur. Ils appartiennent à la femme du propriétaire et sont mis gratuitement à la disposition de l'entreprise.

5. Le poste Matériel d'affûtage représente la valeur de revente estimée par le propriétaire d'outils et de matériel acquis au prix de 4 075 $.

6. Le poste Camions se compose de la valeur de deux véhicules : celle du nouveau camion que désire acheter l'entreprise au prix de 18 000 $ et celle de l'ancien camion pour lequel un cousin offre la somme de 5 000 $, soit un montant égal à sa valeur comptable. Le poste Emprunt bancaire correspond à la somme que le propriétaire veut emprunter à la banque.

7. Le poste Fournisseurs comprend le solde de la carte Visa dû par Paul Duguay, soit 1 155 $.

TRAVAIL À FAIRE

a) Dites si l'interprétation qui a été faite de chacune des sept données précédentes par Paul Duguay est conforme aux PCGR.

b) Dressez le bilan révisé de l'entreprise au 31 mars 20X2.

Total de l'actif : 24 225 $

LES FONDEMENTS CONCEPTUELS
DES ÉTATS FINANCIERS

CPA Canada collabore étroitement à l'établissement et à l'amélioration des normes comptables au Canada. Les nombreuses normes formulées par le Conseil des normes comptables (CNC) dans le *Manuel de CPA Canada* sont une preuve que la comptabilité ne consiste pas en un ensemble de règles immuables.

La présente annexe définit les fondements conceptuels sur lesquels reposent l'élaboration et l'application des principes comptables suivis par les entreprises à capital fermé dans la préparation de leurs états financiers[1]. La figure 1A.1 *(voir la page suivante)* résume de façon éloquente l'ensemble des concepts plus amplement décrits dans les paragraphes qui suivent.

Au haut de la figure 1A.1 se trouve l'objectif des états financiers. Comme nous l'avons précisé à la page 14, cet objectif est de communiquer des informations utiles qui sont destinées à satisfaire les besoins des utilisateurs de l'information financière. Les états financiers de Hu-Aissbé enr. regroupent notamment le bilan, les résultats et les flux de trésorerie de cette entreprise à capital fermé. Comment savoir si les informations qui s'y trouvent sont vraiment utiles ?

Les qualités de l'information

On reconnaît l'utilité de l'information fournie dans les états financiers à ses quatre principales qualités, à savoir la **compréhensibilité,** la **pertinence,** la **fiabilité** et la **comparabilité.**

La compréhensibilité

Cela peut paraître évident, mais pour être utile, l'information fournie dans les états financiers doit pouvoir être comprise par les utilisateurs. Selon le CNC, il faut tenir pour acquis que ceux-ci ont une bonne compréhension des activités de l'entreprise et de la comptabilité, et qu'ils ont la volonté d'étudier de façon diligente l'information reçue.

La pertinence

Pour être utile, l'information présentée dans les états financiers doit être pertinente, c'est-à-dire susceptible d'influencer les décisions des utilisateurs en aidant ceux-ci, notamment, à évaluer l'incidence financière des opérations passées ou futures de l'entreprise. Ainsi, la pertinence de l'information est fonction de sa valeur prédictive ou rétrospective et de la rapidité de sa publication.

La valeur prédictive et la valeur rétrospective Toute information qui peut aider les utilisateurs à faire des prédictions portant sur les résultats et les flux de trésorerie futurs a une **valeur prédictive.** S'il est vrai que l'information fournie dans les états financiers n'a normalement pas un caractère prédictif en soi, elle peut être utile à l'établissement de prédictions. L'information qui permet de confirmer ou de corriger des prédictions antérieures a une **valeur rétrospective.**

---

1. Il s'agit ici de vous présenter uniquement un sommaire du cadre conceptuel. Le lecteur désireux d'approfondir ces concepts et de voir les différences entre ceux applicables aux entreprises à capital fermé et ceux sur lesquels reposent les IFRS est invité à consulter le chapitre 1 de l'ouvrage *Comptabilité intermédiaire – Analyse théorique et pratique,* publié également par Chenelière Éducation.

1

FIGURE 1A.1 | **LES FONDEMENTS CONCEPTUELS DES ÉTATS FINANCIERS**

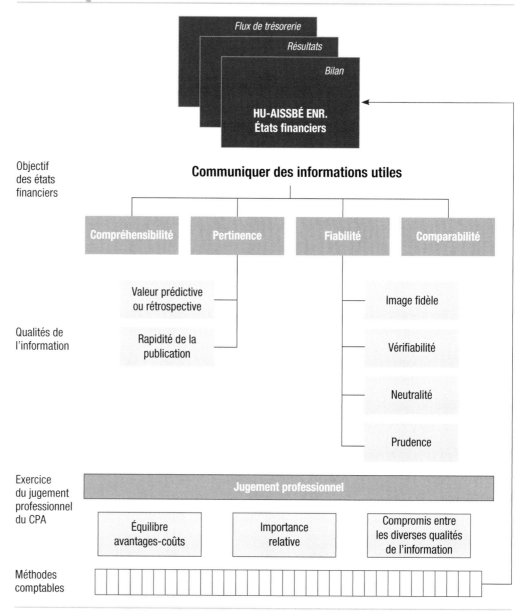

Il est fréquent que l'information ait une valeur à la fois prédictive et rétrospective. À titre d'exemple, comme nous le verrons au chapitre 5, la publication du chiffre d'affaires à l'état des résultats vient confirmer les informations colligées au quotidien par le propriétaire d'une entreprise (valeur rétrospective), tandis que l'analyse comparative du chiffre d'affaires permet à ce dernier d'anticiper ce que pourrait être le chiffre d'affaires du prochain exercice financier (valeur prédictive).

La rapidité de la publication Une information n'est pertinente que si elle est disponible au moment opportun, soit au moment où l'utilisateur a une décision à prendre. L'utilité de l'information pour la prise de décision diminue avec le passage du temps. Il vous est effectivement beaucoup plus utile de connaître le solde de votre compte bancaire aujourd'hui plutôt que votre solde il y a un mois. En ce sens, l'accès quotidien à votre solde bancaire en ligne (rapidité instantanée) augmente la pertinence de cette information.

La fiabilité

Une autre qualité essentielle de l'information financière est sa fiabilité. L'information est fiable lorsqu'elle concorde avec les opérations de l'entreprise et les faits sous-jacents à celles-ci. Pour remplir ce critère, l'information doit donner une image fidèle et vérifiable, et elle doit être neutre. La neutralité est affectée par la formulation de jugements fondés sur la prudence dans des situations empreintes d'incertitude.

L'image fidèle L'image que donnent les états financiers est fidèle lorsque la présentation qu'on y trouve des opérations et des faits concorde avec leur réalité économique. Pour bien refléter la réalité économique d'une opération, celle-ci doit être comptabilisée et présentée d'une manière qui exprime sa substance et non obligatoirement sa forme juridique. Il s'agit là du principe ou de la notion de la **prééminence de la substance** sur la forme.

Prenons deux exemples très simples pour illustrer l'importance de la prééminence de la substance sur la forme. Lorsqu'une entreprise contracte une hypothèque de 100 000 $ auprès d'une institution financière, la prise en considération de la réalité économique est instantanée et se traduit par la comptabilisation d'une dette du même montant au bilan. Par contre, une entreprise qui reçoit un prêt (forme juridique) d'un palier de gouvernement sans modalités de remboursement le comptabilisera comme une subvention (substance économique).

La vérifiabilité L'image que donnent les états financiers d'une opération ou d'un fait est vérifiable dans la mesure où différents observateurs compétents et indépendants pourraient convenir qu'elle concorde avec l'opération ou le fait réel sous-jacent, avec un degré raisonnable de précision. En vertu du principe ou de la notion d'**objectivité,** les états financiers doivent renfermer de l'information vérifiable et déterminée objectivement.

Ainsi, le propriétaire d'un dépanneur peut estimer que le terrain vacant adjacent à son entreprise vaut aujourd'hui 125 000 $. Il s'agit d'une valeur subjective que seule la vente réelle du terrain pourrait confirmer. Par contre, le coût d'acquisition de 100 000 $ est vérifiable, puisqu'il est basé sur une opération qui a effectivement eu lieu.

La neutralité L'information est neutre lorsqu'elle est exempte de tout parti pris susceptible d'amener les utilisateurs à prendre des décisions qui seraient influencées par la façon dont l'information est mesurée ou présentée. La mesure d'éléments donnés est partiale lorsqu'elle a tendance à aboutir systématiquement à une surévaluation ou à une sous-évaluation de ces éléments. Le choix des principes comptables peut être partial lorsqu'il est fait dans la perspective des intérêts d'utilisateurs particuliers.

Comme nous l'avons vu avec la récente crise financière, plusieurs banques américaines et européennes ont eu tendance à sous-estimer la valeur des pertes sur leurs prêts hypothécaires, maximisant ainsi leurs bénéfices.

La prudence La formulation de jugements fondés sur la prudence dans des situations d'incertitude exerce sur la neutralité des états financiers une incidence qui est acceptable. Au fils des chapitres de cet ouvrage, nous verrons que, lors de l'établissement des états financiers, plusieurs estimations sont requises afin de déterminer, notamment, la valeur des éléments de l'actif et le bénéfice net. Il est impossible d'évaluer ces éléments de façon absolument précise. C'est pourquoi, dans les situations empreintes d'incertitude, le comptable procédera à des estimations prudentes afin d'éviter toute surévaluation de l'actif net et du bénéfice net.

La prudence est notamment de mise lors de la détermination des valeurs résiduelles et des valeurs de récupération ainsi que de celle de la durée de vie totale et de la durée de vie utile dans le calcul de l'amortissement d'une immobilisation. Nous y reviendrons aux chapitres 5 et 13.

La comparabilité

Pour être utile, l'information fournie dans les états financiers doit être comparable. La comparabilité est une caractéristique du rapport qui existe entre deux éléments d'information et non une caractéristique qui se rattache à un élément d'information en soi. Elle permet aux utilisateurs de relever les analogies et les différences entre les informations fournies dans deux jeux d'états financiers. La comparabilité est importante lorsqu'on établit un parallèle entre les états financiers de deux entités distinctes, ou entre les états financiers d'une même entité ayant trait à deux exercices différents ou dressés à deux dates différentes.

Ainsi, selon les principes comptables généralement reconnus (PCGR), les états financiers d'une entreprise doivent être présentés de façon comparative. Comme nous le verrons également aux chapitres 5 et 23, la comparaison de la variation survenue d'une année à l'autre entre le montant des postes de l'actif et du passif à court terme permet au lecteur du bilan de constater si la solvabilité de l'entreprise s'est améliorée ou non.

L'exercice du jugement professionnel du CPA et les PCGR

Nous avons affirmé à la page 13 que les PCGR correspondent à l'ensemble des principes généraux et conventions d'application générale ainsi que des règles et procédures qui déterminent quelles sont les pratiques comptables reconnues à un moment donné dans le temps. Tous ces éléments sont contenus dans le *Manuel de CPA Canada*. Toutefois, pour passer de la théorie à une application pratique, il faut faire preuve d'un excellent **jugement professionnel.** Au quotidien, il est important pour le comptable professionnel agréé de recourir à son jugement pour comprendre la réalité économique des opérations devant être comptabilisées puis présentées dans les états financiers de façon à fournir une information utile.

Faire preuve de jugement professionnel, c'est notamment tenir compte du nécessaire équilibre entre les avantages et les coûts d'une information, de l'importance relative de l'information que le comptable envisage de présenter et des compromis inévitables entre les qualités requises de l'information.

L'équilibre avantages-coûts

La préparation et la présentation d'une information utile qui possède les qualités énumérées précédemment entraînent forcément des coûts. Il importe de s'assurer que les avantages que sont censées procurer les informations contenues dans les états financiers soient supérieurs au coût de celles-ci. Ainsi, l'application d'un principe comptable doit procurer plus d'avantages que de coûts. On pourrait se demander, par exemple, s'il est opportun que toutes les entreprises présentent des renseignements sur le coût de remplacement de leurs immobilisations et de leurs stocks. Bien que de tels renseignements puissent, semble-t-il, offrir certains avantages aux utilisateurs de l'information comptable, la réponse à la question est négative, car les coûts de production d'une telle information excèdent largement ses avantages éventuels, notamment pour les petites entreprises.

Bien que l'équilibre avantages-coûts soit nécessaire lors de l'établissement des états financiers, il faut bien se rendre à l'évidence que l'évaluation de la nature et de la valeur des avantages et des coûts est, dans une large mesure, une affaire de jugement.

L'importance relative

Les utilisateurs s'intéressent aux informations qui sont susceptibles d'influer sur leurs décisions. L'importance relative réfère au caractère significatif, pour les décideurs, des informations contenues dans les états financiers. Un élément d'information est important s'il est vraisemblable que son omission ou son inexactitude aurait comme conséquence d'influencer ou de modifier une décision. Ainsi, le coût d'un coupe-papier est comptabilisé en charges aux résultats de l'entreprise. Même si cette fourniture sera utilisée pendant plusieurs années, cela ne justifie pas son inscription au bilan et son amortissement subséquent, compte tenu de la faible importance du montant en cause.

L'appréciation de l'importance relative est une question de jugement professionnel dans chaque cas d'espèce.

Les compromis entre les diverses qualités de l'information

En pratique, des compromis sont inévitables entre les diverses qualités de l'information comptable. Pour être utile à la prise de décision, l'information comptable doit être à la fois fiable et pertinente. L'évaluation des éléments d'actif constitue un excellent exemple de compromis entre la fiabilité et la pertinence. Ainsi, la valeur marchande d'un terrain est certes plus pertinente que sa valeur historique ; cependant, l'information relative au coût d'origine est beaucoup plus fiable que celle qui est liée à la valeur marchande. Généralement, le comptable professionnel cherche à réaliser un équilibre approprié entre les diverses qualités de manière à pouvoir remplir l'objectif des états financiers. L'importance à accorder à chacune de ces qualités, dans chaque cas d'espèce, est affaire de jugement professionnel.

Le choix des méthodes comptables et les PCGR

Il importe à ce stade-ci de jeter un peu de lumière sur la terminologie utilisée dans le *Manuel de CPA Canada*.

Le CNC a approuvé les normes énoncées dans la Partie II du *Manuel de CPA Canada* à titre de Normes comptables pour les entreprises à capital fermé (NCECF).

Les **normes comptables** sont des règles formulées par le CNC qui portent sur la façon de traiter certaines opérations. Une norme comptable constitue généralement une solution imposée, sous réserve du jugement professionnel, pour régler un problème susceptible de faire l'objet de plusieurs traitements comptables. On peut penser, par exemple, aux normes relatives à l'électricité qui, dans le domaine de la construction, déterminent la hauteur réglementaire des interrupteurs et des prises de courant. En comptabilité, nous retrouverons, dans la Partie II du *Manuel de CPA Canada*, une norme pour les stocks, une pour les placements, une pour les immobilisations, etc.

Tout au bas de la figure 1A.1 *(voir la page 44)* se trouvent les **méthodes comptables.** Il s'agit de l'ensemble des principes particuliers et des méthodes d'application de ces principes qui sont choisis par une entité pour l'établissement de ses états financiers. Pour que l'information contenue dans les états financiers soit utile, il faut fournir au lecteur une description claire et succincte des méthodes comptables retenues par l'entreprise. Vous trouverez ces précisions dans la première note complémentaire aux états financiers. Cette note s'intitule généralement « Principales méthodes comptables », « Sommaire des principales méthodes comptables » ou « Méthodes comptables ».

Quelques-uns des PCGR fondamentaux

Dans cet ouvrage, nous aurons l'occasion d'aborder une foule de normes comptables et de mettre ainsi en évidence plusieurs principes comptables. Le tableau 1A.1 *(voir la page suivante)* contient une courte définition et un bref commentaire qui expliquent quelques-uns des principes comptables les plus connus. Même si tous font partie de la grande famille des principes comptables, les quatre premiers revêtent un caractère transcendant par rapport aux autres. À cet égard, certains professionnels préfèrent encore les désigner sous l'appellation de « postulats comptables ». Il s'agit d'hypothèses fondamentales concernant l'environnement économique, politique et sociologique dans lequel baigne la comptabilité, hypothèses qui sont considérées comme incontestables sans pour autant pouvoir ou devoir être démontrées[2].

On pourrait comparer les quatre premiers principes comptables décrits dans le tableau 1A.1 aux fondations d'un immeuble : ils sont en effet les assises sur lesquelles sont édifiées les normes comptables. Les sept principes comptables qui suivent sont plutôt des règles fondamentales portant sur la mesure, le classement et l'interprétation de l'information financière ainsi que sur sa présentation dans les états financiers. Tous ces principes comptables sont étroitement liés entre eux. Si les quatre premiers constituent les assises de notre immeuble, les sept autres correspondent aux règles fondamentales incontournables qui prescrivent l'élévation de sa structure (codes du bâtiment, de la plomberie, de l'électricité, etc.).

---

2. Louis Ménard, *Dictionnaire de la comptabilité et de la gestion financière*, 3e édition, Toronto, CPA Canada, 2011, p. 15.

TABLEAU 1A.1 ▏ **LES PRINCIPES COMPTABLES LES PLUS CONNUS**

Définition	Exemples et commentaires
Personnalité de l'entité	
Le principe de la **personnalité de l'entité** porte sur la relation existant entre une entité comptable et son propriétaire ou ses propriétaires. Une entreprise constitue donc toujours une **entité distincte** des affaires de son propriétaire ou de ses propriétaires, quelle que soit sa forme juridique.	L'automobile de la propriétaire de Salon de coiffure Unisex enr., Brigitte Laflamme, ne figure pas dans le bilan de cette entreprise, puisqu'elle appartient en propre à la propriétaire et non à l'entreprise.
Continuité de l'exploitation	
En vertu du principe de la **continuité de l'exploitation**, aussi appelé principe de la « permanence de l'entreprise », le comptable pose l'hypothèse que l'entreprise poursuivra ses activités suffisamment longtemps pour bénéficier de tous les avantages liés à l'utilisation de ses éléments d'actif et s'acquitter de ses dettes dans le cours normal de ses activités. En conséquence, il est justifié d'évaluer les éléments de son bilan, en particulier les immobilisations, sur la base des **coûts historiques** (*voir* Coût d'origine *ci-dessous*).	En 20X0, la pharmacie Pillulex enr. a déboursé la somme de 100 000 $ pour acheter un terrain sur lequel elle a installé son commerce. Même si, 10 ans plus tard, le terrain vaut 250 000 $ selon un évaluateur agréé, il figure toujours dans le bilan de l'entreprise au coût historique de 100 000 $. Puisqu'il est destiné à être utilisé et non revendu, sa valeur d'expertise actuelle n'est pas pertinente.
Unité monétaire	
Au Canada, c'est le dollar qui sert d'instrument d'échange et de mesure pour la majorité des opérations commerciales et financières.	Le prix de vente d'un jean est de 60 $.
Indépendance des exercices	
Le principe de l'**indépendance des exercices,** aussi appelé principe de l'« indépendance des périodes », découle du fait que les créanciers, les investisseurs et les autres utilisateurs doivent constamment prendre des décisions d'affaires. C'est pourquoi ils ont besoin périodiquement de l'information comptable, d'où la nécessité de découper la vie de l'entreprise en exercices comptables.	Bien que la durée normale d'un exercice financier soit de 12 mois, les entreprises publient des rapports financiers périodiques plus fréquents, qu'ils soient mensuels ou trimestriels. L'exercice financier ne doit pas nécessairement coïncider avec la fin de l'année civile. Pensons notamment aux grandes sociétés par actions dont l'exercice financier se termine à des dates différentes.
Coût d'origine	
Selon le principe du **coût d'origine,** aussi appelé principe « du coût », la meilleure façon de comptabiliser les éléments de l'actif, du passif et même des capitaux propres est de le faire à leur coût d'origine, mais uniquement lorsque les opérations ont effectivement eu lieu. Ce principe est utilisé lors de l'enregistrement initial des opérations. Notons que, à ce moment, le prix payé représente la juste valeur des biens ou des services obtenus. Il s'agit donc d'une valeur objective et fiable.	Pizzeria Pierro désire acheter une petite voiture qui servira à la livraison. Le concessionnaire en demandait 15 500 $, mais, au terme des négociations, Pizzeria Pierro a obtenu la voiture pour 14 750 $. Même si la juste valeur du véhicule est de 15 500 $, il n'a coûté que 14 750 $. Il sera donc comptabilisé à ce prix.
Réalisation	
L'objet du principe de **réalisation,** aussi appelé principe de « constatation des produits », est de préciser le moment où un produit doit être comptabilisé. En règle générale, les produits sont constatés au moment de la vente de marchandises ou de la prestation de services, sans que l'on tienne compte du moment où l'argent sera effectivement recouvré.	Lorsque Jean Faucher achète un téléviseur et que le propriétaire du commerce accepte de lui faire crédit jusqu'à la fin de l'année, ce détaillant, puisque la vente a effectivement eu lieu, en enregistre immédiatement le produit.

TABLEAU 1A.1 | **LES PRINCIPES COMPTABLES LES PLUS CONNUS (*suite*)**

Définition	Exemples et commentaires
Rattachement des charges aux produits	
Conformément au principe de l'indépendance des exercices, le respect du principe du **rattachement des charges aux produits** nécessite que les produits constatés au cours d'un exercice et les charges occasionnées pour générer ces produits soient inclus dans le même état des résultats. L'application de ce principe est intimement liée à celle du principe de réalisation. En effet, on ne saurait dégager le bénéfice net de l'exercice sans déterminer les produits de cet exercice et tenir compte des charges qui s'y rapportent.	L'Association du hockey mineur vous offre un macaron pour la somme de 2 $, alors qu'il ne lui coûte que 0,25 $. L'association réalise donc un produit de 2 $ à la vente de chaque macaron, et le rattachement des charges aux produits permet de dégager un bénéfice de 1,75 $.
Prééminence de la substance sur la forme	
Le principe de la **prééminence de la substance sur la forme** consiste à attacher plus d'importance à la substance économique des opérations et à en tenir compte lors de la comptabilisation, même si la forme juridique de ces dernières donne l'impression qu'un traitement différent est nécessaire.	L'habit ne fait pas le moine ! Ainsi, une entreprise qui reçoit un prêt (forme juridique) d'un palier de gouvernement sans modalités de remboursement le comptabilisera comme une subvention (substance économique).
Objectivité	
En vertu du principe d'**objectivité**, les états financiers doivent renfermer de l'information à la fois vérifiable et déterminée objectivement.	Pillulex enr. estime que son terrain vaut aujourd'hui 250 000 $. Il s'agit d'une valeur subjective que seule la vente réelle du terrain pourrait confirmer. Par contre, le coût d'acquisition de 100 000 $ est vérifiable, puisqu'il est basé sur une opération qui a effectivement eu lieu.
Permanence des méthodes comptables	
Conformément au principe de la **permanence des méthodes comptables,** une entreprise doit utiliser les mêmes méthodes comptables d'un exercice à l'autre.	Nous verrons au chapitre 6 qu'une entreprise comme Pizzeria Pierro doit amortir le coût de sa voiture de livraison. La méthode d'amortissement choisie devra être la même chaque année.
Bonne information	
Le principe de **bonne information** confère une obligation de présenter, dans les états financiers, toute l'information qui peut influer sur les décisions des utilisateurs de l'information comptable.	On a engagé des poursuites judiciaires contre Le Pro de la construction enr. Ce fait doit être signalé au lecteur des états financiers de l'entreprise.

CHAPITRE **2**

L'enregistrement des opérations relatives aux comptes du bilan

PLAN DU CHAPITRE

Le cycle comptable : une vue d'ensemble 52
Les comptes 55
Les notions de débit et de crédit... 55
Les règles relatives au débit et au crédit des comptes du bilan...................... 56
Le journal général et le grand livre général 61
Le report des écritures de journal dans le grand livre général........................ 66
La balance de vérification... 68
Un plan comptable détaillé 71
Synthèse du chapitre 2 73
Activités d'apprentissage 73

OBJECTIFS D'APPRENTISSAGE

Au terme de ce chapitre, vous pourrez :

1 apprécier l'importance du cycle comptable ;

2 expliquer la nature des comptes ;

3 définir les notions de débit et de crédit ;

4 expliquer les règles relatives au débit et au crédit des comptes du bilan ;

5 expliquer la nature du journal général ;

6 passer des écritures de journal pour enregistrer les opérations relatives aux comptes du bilan ;

7 expliquer la nature du grand livre général ;

8 décrire l'utilité du journal général et du grand livre général ;

9 saisir l'importance du report dans le grand livre général des opérations enregistrées dans le journal général ;

10 établir la balance de vérification et en expliquer l'utilité.

Patricia Massé a gagné un voyage pour deux personnes à New York, où elle visitera la Bourse. Son ami, Tom Latendresse, accepte de l'accompagner même s'il n'y connaît rien en finance. De quelle façon Patricia devra-t-elle s'y prendre pour faire apprécier le parquet boursier new-yorkais à son ami? Elle devra bien sûr lui expliquer les rudiments des marchés boursiers. De même, pour que le travail du comptable permette d'identifier, de mesurer, d'enregistrer, de communiquer et d'interpréter l'information financière d'une entité économique, celui-ci doit connaître et appliquer certaines règles bien précises. En effet, c'est en cheminant au travers des différentes étapes du cycle comptable qu'il parviendra à fournir aux utilisateurs une information utile à la prise de décision.

L'objectif poursuivi dans ce chapitre est d'expliquer brièvement quelques-unes des étapes du cycle comptable afin que vous soyez en mesure d'analyser les opérations relatives aux comptes du bilan, de les enregistrer dans un journal, de reporter les montants du journal dans les comptes du grand livre et d'établir une balance de vérification.

C'est en cheminant au travers des différentes étapes du cycle comptable que nous parvenons à fournir aux utilisateurs une information utile à la prise de décision.

2

UN PROFESSIONNEL VOUS PARLE

Martial Gagné,
FCPA, FCMA
Président

NEWLOOK
lunetterie eyewear

La gestion d'une entreprise exige de constamment prendre des décisions qui ont une incidence sur l'organisation tant à court, à moyen qu'à long terme. Il est alors vraiment important de pouvoir s'appuyer sur une information de qualité. L'enregistrement, la production et la communication d'une information financière juste et précise est donc primordiale, et un système comptable solide doit être en place afin de s'assurer que les données soient bien saisies dès le départ et qu'elles suivent le bon cheminement.

Pour une entreprise en constante évolution comme Lunetterie New Look, les activités occasionnent plusieurs variations au bilan, étant donné les ajouts d'actifs et l'utilisation de ressources financières pour en soutenir l'expansion. Le bilan devient alors un outil précieux pour la prise de décisions stratégiques et créatrices de valeur pour l'entreprise.

LE CYCLE COMPTABLE : UNE VUE D'ENSEMBLE

Pour arriver à produire les états financiers, le comptable professionnel doit traiter l'information comptable de façon ordonnée. On entend par **cycle comptable** la séquence des procédures comptables suivies pour enregistrer, classer et résumer l'information comptable au cours d'un exercice. La figure 2.1 illustre les neuf étapes du cycle comptable qui seront décrites dans cette section.

Étape 1 – La collecte et l'analyse de l'information

La première étape du cycle comptable consiste à réunir le plus d'information possible sur les opérations de l'entreprise. Ce travail est simplifié par l'existence de **pièces justificatives** qui servent à l'enregistrement d'opérations et qui permettent d'en constater l'existence. Ce sont des documents, prenant le plus souvent la forme de **formulaires commerciaux**, sur lesquels figurent les détails des opérations de l'entreprise. On peut penser, par exemple, à un acte notarié qui confirme les modalités de l'acquisition d'un terrain et d'un immeuble ou à une facture remise lors de l'achat au comptant d'un jean.

Une fois amassées, les pièces justificatives doivent être analysées. Bien que cette étape découle d'un processus de réflexion, elle est cruciale, puisqu'elle influe directement sur la qualité de l'information comptable. Pour cette raison, un peu plus loin dans ce chapitre, nous expliquerons en détail la façon d'analyser les effets d'une opération sur les comptes d'actif, de passif et de capitaux propres pour déterminer si ces comptes doivent être débités ou crédités. Cette analyse exige une bonne compréhension de la nature des opérations.

LA COMPTABILITÉ ET L'INFORMATIQUE

De plus en plus d'entreprises ont recours à l'enregistrement des opérations comptables à l'aide de logiciels. Certains aimeraient que l'on explique ce procédé dans cet ouvrage. Force est toutefois d'admettre qu'il est important de connaître les procédures à suivre dans un système manuel afin de pouvoir apprécier le travail effectué par l'ordinateur. En effet, il est possible de programmer un ordinateur pour qu'il exécute avec rapidité et précision des tâches routinières comme la lecture de données, l'exécution de calculs mathématiques et la présentation de données sous différentes formes. Cependant, comme les ordinateurs ne peuvent penser, ils ne peuvent analyser les opérations. Sans la gouverne de l'être humain, ils sont incapables de déterminer ce qui doit être enregistré dans les livres comptables, ni même de décider quels comptes doivent être débités ou crédités pour enregistrer correctement les données.

Étape 2 – L'enregistrement des opérations dans un journal

Après avoir collecté et analysé l'information disponible, il faut enregistrer les opérations par ordre chronologique dans les livres comptables. Nous verrons au chapitre 8 qu'il existe plusieurs journaux auxiliaires, mais, pour le moment, nous nous contenterons d'enregistrer les opérations relatives aux comptes du bilan dans le journal général présenté à la page 62.

FIGURE 2.1 | **LES ÉTAPES DU CYCLE COMPTABLE**

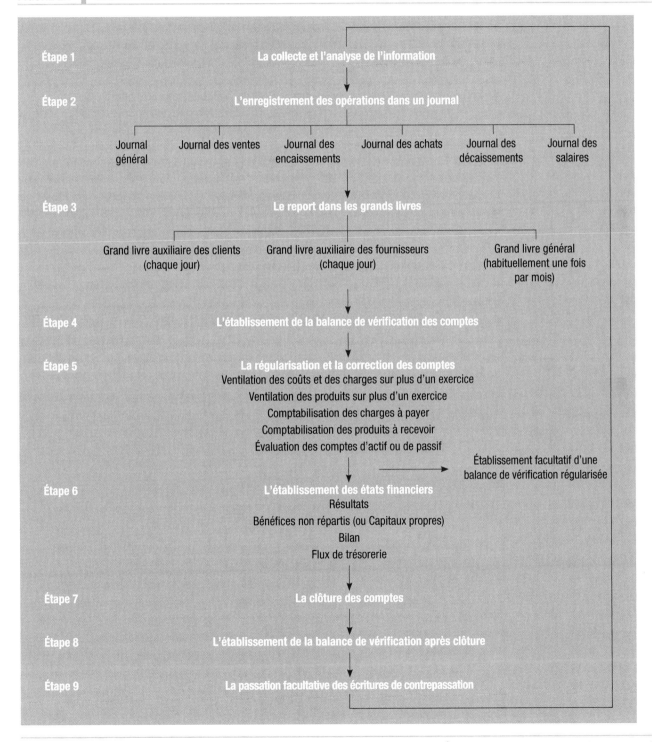

Source : Adaptée de, *Comptabilité intermédiaire – Analyse théorique et pratique*, Montréal, Chenelière Éducation, 5ᵉ édition – juin 2009, *(voir la page 2.6).* Le lecteur notera que cette figure compte un grand nombre de nouveaux termes. N'ayez crainte, elle vous donne une vue d'ensemble du cycle comptable, dont chacune des étapes et de leurs composantes seront expliquées dans cet ouvrage.

Étape 3 – Le report dans les grands livres

Une fois l'opération analysée et inscrite, il faut reporter les montants dans les comptes du grand livre pour en trouver le nouveau solde. Cette tâche, qui porte le nom de **report**, sera analysée en détail un peu plus loin dans ce chapitre.

Étape 4 – L'établissement de la balance de vérification des comptes

Pour s'assurer que le travail d'enregistrement et de report a été fait sans erreur mathématique, il convient de dresser une **balance de vérification**. Nous y reviendrons aussi dans ce chapitre.

Étape 5 – La régularisation et la correction des comptes

Certaines opérations enregistrées à l'étape 2 peuvent avoir une incidence sur plus d'un exercice financier. Supposons, par exemple, qu'une entreprise ait versé en juillet la somme de 6 000 $ pour une police d'assurance offrant une protection de 12 mois. Si nous posons l'hypothèse que cette entreprise dresse ses états financiers annuels le 31 décembre, alors la moitié du coût correspond à une police d'assurance payée d'avance. Les écritures de régularisation visent donc essentiellement à s'assurer que le bilan d'une entreprise renferme bien toutes les sommes payées d'avance ou toutes les sommes à recevoir ainsi que toutes les sommes qu'elle doit. Nous consacrons tout le chapitre 6 aux écritures de régularisation.

Quel que soit le soin apporté à l'enregistrement des opérations à l'étape 2, il se peut qu'une erreur soit commise à l'occasion. Il pourrait même arriver que l'on omette d'enregistrer une opération. Une **écriture de correction** permet alors de rétablir la situation. Ce sujet sera abordé au chapitre 7.

Étape 6 – L'établissement des états financiers

Une fois franchie l'étape de la régularisation des comptes, et parfois de leur correction, nous pouvons dresser les états financiers d'une entreprise. Nous traitons du bilan aux chapitres 1 et 2. Nous nous pencherons sur l'état des résultats et l'état des capitaux propres au chapitre 3, tandis que l'état des flux de trésorerie sera abordé au chapitre 20.

Étape 7 – La clôture des comptes

Nous verrons au chapitre 7 que le comptable doit ramener à zéro le solde de certains comptes du grand livre à la fin de chaque exercice.

Étape 8 – L'établissement de la balance de vérification après clôture

Après avoir clôturé les comptes dans le journal général et effectué les reports dans le grand livre, il est bon de dresser une **balance de vérification après clôture** pour s'assurer de l'exactitude arithmétique du bilan. Nous y reviendrons également au chapitre 7.

Étape 9 – La passation facultative des écritures de contrepassation

Nous verrons aussi au chapitre 7 qu'il peut être opportun de contrepasser certaines écritures de régularisation afin de simplifier le travail au début d'un nouvel exercice.

LES COMPTES

La nature des comptes

Au chapitre 1, nous avons brossé un tableau des principaux éléments qui composent les deux volets de l'équation comptable fondamentale et vu que les opérations d'une entreprise entraînent une augmentation ou une diminution des éléments de l'actif, du passif ou des capitaux propres. Sans que cela ait été mentionné de façon explicite, nous avons travaillé avec des comptes.

En effet, il est nécessaire d'utiliser un **compte** distinct afin de suivre l'évolution, à la hausse ou à la baisse, de chacun des éléments de l'actif, du passif et des capitaux propres. Ainsi, on trouvera dans le compte Caisse ou Banque toutes les opérations qui donnent lieu à des dépôts et à des chèques que fait l'entreprise. Le compte Fournisseurs, quant à lui, indiquera les sommes dues et les sommes effectivement payées au cours d'une période donnée, par exemple un mois.

Sous sa forme la plus simple, un compte ressemble à la lettre *T*, d'où son nom de **compte en T.**

	Intitulé du compte	*N°*
Côté gauche	*Côté droit*	
ou	*ou*	
Débit	*Crédit*	

Dans un compte en T, on identifie le compte à l'aide d'un intitulé (il peut s'agir, par exemple, des comptes Caisse, Matériel roulant, etc.), que l'on complète à l'occasion par un numéro (N°). Sous l'intitulé, on trouve une ou plus d'une inscription du côté gauche et du côté droit, qui sont désignées respectivement par les termes « débit » et « crédit ».

LES NOTIONS DE DÉBIT ET DE CRÉDIT

Par le terme **débit**, on entend une écriture qui consiste à enregistrer un montant du côté gauche d'un compte et, par le terme **crédit**, une écriture qui consiste à enregistrer un montant du côté droit d'un compte. De même, débiter un compte consiste à inscrire un montant du côté gauche d'un compte et créditer un compte consiste à inscrire un montant du côté droit[1].

Pour illustrer la façon de débiter ou de créditer un compte, reprenons les opérations de caisse effectuées par l'entreprise Hu-Aissbé enr., dont il a été question au chapitre précédent (*voir les pages 20 à 23*). Lorsqu'on enregistre ces opérations dans le compte Caisse[2], les encaissements figurent du côté du débit et les décaissements, du côté du crédit.

	Caisse			*N° 1*
20X5			*20X5*	
2 sept.	*2 000*	*3 500*	*4 sept.*	
3 "	*3 000*	*200*	*6 "*	
5 "	*50*			
6 "	*20*			
Solde	*1 370*			

---

1. C'est uniquement par convention que le débit est du côté gauche, tandis que le crédit est du côté droit. Il n'y a pas d'autres raisons. Vous devez accepter cette façon de faire !

2. Au chapitre 1, nous avons utilisé le poste Encaisse, tandis qu'ici il est question du compte Caisse. Rappelons que le poste Encaisse regroupe au bilan plusieurs comptes, soit l'argent en main, les fonds de petite caisse à montant fixe et les comptes bancaires dont les fonds sont disponibles pour les opérations courantes de l'entreprise. Par souci de simplicité, nous posons l'hypothèse que l'encaisse de l'entreprise se compose uniquement du compte Caisse.

L'excédent des débits sur les crédits ou des crédits sur les débits, constaté dans un compte, s'appelle **solde**. Si les débits d'un compte excèdent les crédits, on dira de ce compte qu'il a un **solde débiteur**. Dans le cas contraire, le compte a un **solde créditeur**. Dans le compte Caisse à la page précédente, le total des débits s'élève à 5 070 $, tandis que les crédits totalisent 3 700 $. En conséquence, le compte Caisse a un solde débiteur de 1 370 $, soit la différence entre le total des débits et le total des crédits. Le solde de l'encaisse représente la somme d'argent à la disposition de l'entreprise le 6 septembre 20X5 et, à ce titre, fait partie du bilan que nous avons dressé ce jour-là (*voir la page 15*).

LES RÈGLES RELATIVES AU DÉBIT ET AU CRÉDIT DES COMPTES DU BILAN

Dans l'exemple précédent, nous avons enregistré les augmentations de l'encaisse, élément d'actif, au débit (côté gauche) et les diminutions, au crédit (côté droit). En procédant de cette façon, nous avons appliqué les règles comptables basées sur l'équation comptable. La figure 2.2 illustre la relation qui existe entre les éléments du bilan et les règles relatives au débit et au crédit.

FIGURE 2.2 | **LA RELATION ENTRE LES ÉLÉMENTS DU BILAN ET LES RÈGLES RELATIVES AU DÉBIT ET AU CRÉDIT**

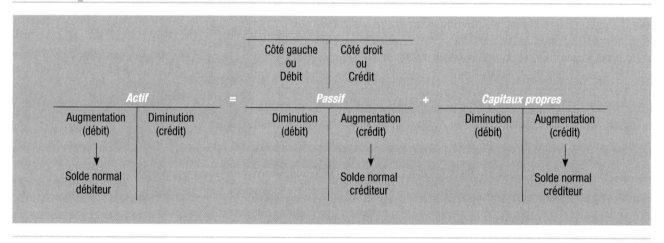

Puisque, par convention, l'actif figure du côté gauche de l'équation comptable, on enregistre au débit les augmentations des éléments de l'actif. Les comptes d'actif ont normalement un solde débiteur. Suivant le même raisonnement, puisque le passif et les capitaux propres figurent du côté droit de l'équation comptable, on enregistre au crédit les augmentations des éléments du passif et des capitaux propres. Les comptes de passif et de capitaux propres ont normalement des soldes créditeurs.

AVEZ-VOUS LE SENS DE L'OBSERVATION ?

Comme la plupart des gens, vous possédez un compte dans une institution financière. Avez-vous remarqué que, lorsque vous effectuez un dépôt, celui-ci figure au crédit, tandis que lorsque vous effectuez un retrait, il figure au débit ? S'agit-il d'une erreur, compte tenu des règles de débit et de crédit que nous venons d'énoncer ? Bien sûr que non ! Tout dépend du point de vue sous lequel on considère l'équation comptable, comme en témoigne l'illustration suivante.

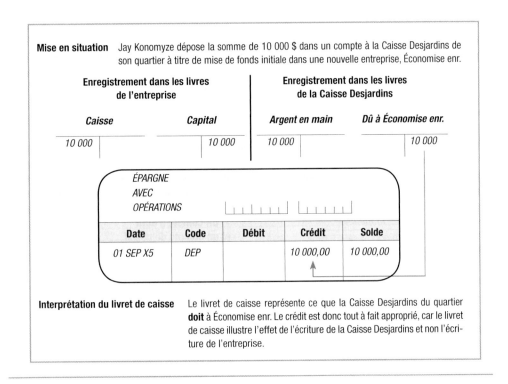

Mise en situation   Jay Konomyze dépose la somme de 10 000 $ dans un compte à la Caisse Desjardins de son quartier à titre de mise de fonds initiale dans une nouvelle entreprise, Économise enr.

Interprétation du livret de caisse   Le livret de caisse représente ce que la Caisse Desjardins du quartier **doit** à Économise enr. Le crédit est donc tout à fait approprié, car le livret de caisse illustre l'effet de l'écriture de la Caisse Desjardins et non l'écriture de l'entreprise.

En connaissant le solde normal d'un compte, on peut repérer plus facilement une erreur d'enregistrement. Ainsi, il y a erreur si le compte Immeuble affiche un solde créditeur ou si le compte Emprunt bancaire présente un solde débiteur. Par contre, si l'entreprise n'a qu'un seul fournisseur et que le solde du compte Fournisseurs est débiteur, cela peut résulter du simple fait que l'entreprise a versé au fournisseur une somme supérieure à celle qu'elle lui devait effectivement.

LA COMPTABILITÉ ET L'INFORMATIQUE

Dans un système comptable manuel, le repérage de comptes dont le solde est inhabituel requiert une attention particulière. Souvent, de telles erreurs ne sont relevées que lors de l'établissement de la balance de vérification. Dans un système informatisé, il est possible de programmer l'ordinateur de manière qu'un rapport spécial identifie la présence de tels comptes dès que leur solde devient inhabituel.

La comptabilité en partie double

Au chapitre 1, nous avons analysé les effets de diverses opérations sur l'équation comptable et avons souligné le fait que chaque opération influe sur au moins deux comptes. La **comptabilité en partie double** tire son nom du fait qu'**il y a toujours une égalité entre les montants débités et les montants crédités lors de la passation d'une écriture.** Supposons, par exemple, qu'une entreprise achète un immeuble au prix de 150 000 $. La figure 2.3 à la page suivante illustre bien que le total des débits est toujours égal au total des crédits, quelle que soit la forme du financement de cet élément d'actif.

L'enregistrement des opérations sous forme de comptes en T

Pour illustrer l'application des règles relatives au débit et au crédit ainsi que la façon d'analyser les opérations et de les comptabiliser dans des comptes en T, nous utiliserons les opérations effectuées en septembre par l'entreprise Hu-Aissbé enr., dont il a été

Inscrivez les opérations précédentes en utilisant les comptes en T suivants : Caisse Desjardins, Clients, Fournitures de bureau, Matériel de bureau, Matériel informatique, Fournisseurs, et Bob Kègle – Capital.

E6   L'enregistrement d'opérations dans le journal général

Inscrivez les opérations qui suivent dans le journal général et faites suivre chaque écriture de journal d'une brève explication.

3 août   Tara Kuvota dépose la somme de 16 000 $ dans un compte en banque ouvert au nom de la nouvelle entreprise, Centre de karaté Tara Kuvota enr.

5 août   Acquisition d'un terrain et d'un immeuble au prix de 90 000 $, dont 10 000 $ pour le terrain. L'entreprise verse la somme de 15 000 $ au comptant et obtient un emprunt hypothécaire afin de financer le solde de l'achat.

8 août   Acquisition à crédit d'équipements au prix de 5 000 $.

10 août   Dépôt d'une somme de 400 $ reçue du premier client à titre d'abonnement annuel au centre de karaté. [Utilisez le compte Produits reçus d'avance[11].]

11 août   Versement d'une somme de 1 000 $ en règlement partiel de la dette contractée le 8 août.

L'entreprise a adopté le plan comptable suivant :

Caisse	*1*	*Fournisseurs*	*41*
Terrain	*11*	*Produits reçus d'avance*	*51*
Immeuble	*21*	*Emprunt hypothécaire*	*61*
Équipements	*31*	*Tara Kuvota – Capital*	*91*

E7   Le report des écritures de journal et l'établissement d'une balance de vérification

Reportez les écritures inscrites dans le journal général du Centre de karaté Tara Kuvota enr. (*voir l'exercice E6*) dans le grand livre et établissez la balance de vérification au 11 août. Tenez pour acquis que l'entreprise utilise des comptes avec solde après chaque opération.

Balance de vérification, total des débits : 95 400 $

E8   L'établissement d'une balance de vérification

Le commis-comptable d'Andy Scott inc. vient tout juste de ramasser les comptes du grand livre de l'entreprise qu'il avait échappés dans l'escalier et que voici :

Fournisseurs	*17 000*
Clients	*9 400*
Immeubles	*125 200*
Caisse	*3 100*
Actions ordinaires	*100 000*
Équipements	*8 000*
Matériel roulant	*12 100*
Terrain	*7 800*
Matériel de fabrication	*14 000*
Effets à payer (à long terme)	*25 000*
Effets à recevoir (à court terme)	*4 700*
Matériel de bureau	*4 500*
Fournitures de bureau	*700*
Bénéfices non répartis	*39 000*
Taxes municipales à payer	*8 500*

---

11. Nous avons vu au chapitre 1 que ce compte renferme les sommes reçues des clients avant que l'entreprise ne rende les services convenus.

Dressez, en bonne et due forme, la balance de vérification d'Andy Scott inc. au 31 mai 20X6.

Total des débits : 189 500 $

E9 Les effets de quelques erreurs sur la balance de vérification

Le commis-comptable de Maybas enr. a établi une balance de vérification au 31 mai 20X8, qui n'est pas en équilibre. Au cours du mois, lors de l'achat à crédit d'un ordinateur portatif au prix de 1 610 $, il a débité le compte Matériel informatique de 1 610 $. Il a aussi débité de 1 610 $ le compte Fournisseurs, dont le solde avant cette écriture était de 3 000 $. Le total des sommes figurant au crédit de la balance de vérification est de 86 780 $.

Répondez à chacune des cinq questions ci-dessous en donnant les explications appropriées et en indiquant, le cas échéant, le montant de l'erreur.

a) Le solde du compte Matériel informatique de la balance de vérification est-il sous-évalué, surévalué ou exact ?

b) Le total des soldes débiteurs de la balance de vérification est-il sous-évalué, surévalué ou exact ?

c) Le solde du compte Fournisseurs de la balance de vérification est-il sous-évalué, surévalué ou exact ?

d) Le total des soldes créditeurs de la balance de vérification est-il sous-évalué, surévalué ou exact ?

e) Quel était le total des soldes débiteurs de la balance de vérification avant la correction de l'erreur ?

PROBLÈMES DE COMPRÉHENSION

P1 L'enregistrement d'opérations dans des comptes en T et l'établissement d'une balance de vérification

25 minutes – facile

Yvan Ledoux est représentant commercial pour plusieurs entreprises québécoises. Voici les premières opérations de son entreprise, qui porte le nom de Ledoux enr. :

1er mars   Yvan Ledoux dépose la somme de 5 000 $ dans un compte en banque ouvert au nom de la nouvelle entreprise.

2 mars   Il achète une automobile au prix de 21 000 $, moyennant un versement comptant de 2 000 $ et un emprunt contracté à la Banque Nationale. L'automobile sera utilisée exclusivement pour les activités de l'entreprise.

3 mars   Yvan Ledoux fait l'acquisition au comptant d'un téléphone cellulaire au prix de 150 $.

4 mars   Il achète à crédit du matériel de bureau d'occasion, d'une valeur estimative de 1 700 $. Cet achat ayant été fait lors d'un encan, Yvan Ledoux a obtenu le matériel pour la somme de 1 400 $. Brau Kanteur ltée exige que le montant soit versé dans un délai de 15 jours.

5 mars   Yvan Ledoux achète au comptant des fournitures de bureau au prix de 200 $.

15 mars   Ledoux enr. verse une somme de 1 400 $ en règlement de la dette contractée le 4 mars.

TRAVAIL À FAIRE

a) Inscrivez les opérations ci-dessus directement dans les comptes en T suivants : Banque Nationale, Fournitures de bureau, Automobile, Matériel de bureau, Téléphone cellulaire, Fournisseurs, Emprunt – Banque Nationale, et Yvan Ledoux – Capital.

b) Établissez la balance de vérification de l'entreprise au 15 mars 20X2.

Total des débits : 24 000 $

2

P2

30 minutes – moyen

L'enregistrement d'opérations dans des comptes en T et l'établissement d'une balance de vérification

Le propriétaire de Pavages Larue enr., Paul Larue, vous demande de dresser la balance de vérification de son entreprise au 31 août 20X0. Pour ce faire, vous devez d'abord prendre connaissance des opérations du mois d'août 20X0, qui sont les suivantes :

5 août	Investissement personnel de 35 000 $ de M. Larue dans son entreprise.
7 août	Emprunt de 6 000 $ auprès d'une Caisse Desjardins sous forme de billet à long terme.
10 août	Achat d'un terrain et d'un hangar au prix de 45 000 $, moyennant un versement comptant de 20 000 $ et la signature d'un billet à long terme de 25 000 $. M. Larue estime que le hangar a une valeur égale aux deux tiers du coût total d'acquisition.
15 août	Achat à crédit d'une asphalteuse d'occasion pour la somme de 13 000 $.
20 août	Agrandissement du hangar au prix de 12 500 $, dont les matériaux seront payés en septembre.
25 août	Note de crédit de 300 $ reçue relativement à l'achat de l'asphalteuse. Cette note de crédit a été reçue pour une pièce non livrée avec l'asphalteuse et qui ne pourra l'être.
30 août	Versement de 7 500 $ en règlement partiel de la dette contractée lors de l'achat de l'asphalteuse.

TRAVAIL À FAIRE

a) Inscrivez les opérations ci-dessus directement dans les comptes en T appropriés.

b) Établissez la balance de vérification de l'entreprise au 31 août 20X0.

 Balance de vérification, total des débits : 83 700 $

P3

25 minutes – facile

L'enregistrement des opérations dans des comptes en T et l'établissement d'une balance de vérification

La balance de vérification de Coiffure extra enr. au 31 décembre 20X1 est présentée ci-après.

COIFFURE EXTRA ENR.
Balance de vérification
au 31 décembre 20X1

	Débit	Crédit
Petite caisse	100 $	
Banque Nationale	1 950	
Clients	525	
Stock de marchandises	475	
Fournitures de coiffure	850	
Mobilier et équipements	3 100	
Fournisseurs		875 $
Effets à payer		2 500
Bob Lépine – Capital		3 625
	7 000 $	7 000 $

Les opérations suivantes ont eu lieu au début de janvier 20X2 :

3 janvier	Coiffure Extra enr. vend à crédit à Norma Malo une chaise de coiffure à son coût d'acquisition de 350 $.
5 janvier	L'entreprise émet un chèque de 550 $ en règlement du solde dû à un fournisseur, Le peigne d'or inc.

9 janvier	Elle achète à crédit des fournitures de coiffure au coût de 150 $.
12 janvier	Le propriétaire du salon reçoit et dépose un chèque de 75 $, montant que devait une cliente, Jeanne Faucher.
15 janvier	Le propriétaire apporte chez lui des produits dont la valeur est de 100 $. Le coût d'acquisition de ces marchandises s'élève à 65 $.
15 janvier	Coiffure Extra enr. émet un chèque de 300 $ en règlement total d'un effet à payer.

TRAVAIL À FAIRE

a) Inscrivez les opérations ci-dessus directement dans des comptes en T.

b) Établissez la balance de vérification de l'entreprise au 15 janvier 20X2.

Balance de vérification, total des débits : 6 235 $

P4 ## L'enregistrement d'opérations dans le journal général

30 minutes – moyen

Adam Carrier vient tout juste de terminer sa formation en médecine dentaire. Il décide de fonder sa propre entreprise sous la raison sociale de Clinique dentaire Adam Carrier enr. Voici les opérations effectuées en octobre 20X7, mois consacré à l'établissement de la clinique dentaire :

2 octobre	Dépôt par Adam Carrier d'une somme de 25 000 $ dans un compte en banque ouvert au nom de la clinique. Le propriétaire a reçu cette somme à titre de subvention dans le cadre du programme gouvernemental *Jeunes entrepreneurs*.
4 octobre	Acquisition d'une propriété au prix de 125 000 $, dont 25 000 $ pour le terrain et 100 000 $ pour l'immeuble. Un montant de 20 000 $ a été versé lors de l'achat, et l'entreprise a contracté un emprunt hypothécaire pour financer le solde.
8 octobre	Achat au comptant de matériel de bureau au prix de 3 000 $ chez Mobilia inc.
12 octobre	Acquisition à crédit de fournitures dentaires au prix de 1 750 $ chez Fluorex inc.
14 octobre	Acquisition chez Dentex inc. d'équipements spécialisés au prix de 10 000 $, moyennant un versement comptant de 1 000 $ et la signature de trois billets à payer d'un montant de 3 000 $ chacun, venant respectivement à échéance au milieu des mois de novembre, de décembre et de janvier.
20 octobre	Retour à Mobilia inc. d'une chaise défectueuse qui avait coûté 150 $. Mobilia inc. promet un remboursement dans les cinq jours.
22 octobre	Émission d'un chèque de 1 000 $ en règlement partiel du solde dû à Fluorex inc.
24 octobre	Réception et dépôt de la somme promise par Mobilia inc.
31 octobre	Réception et dépôt d'une somme de 1 000 $ reçue d'un client, Yésatout Karrier, pour des services qui seront rendus la semaine prochaine.

TRAVAIL À FAIRE

Passez les écritures de journal requises pour enregistrer les opérations du mois d'octobre, en tenant pour acquis que l'entreprise a adopté le plan comptable suivant :

Caisse	*1*	*Équipements spécialisés*	*46*
Clients	*11*	*Effets à payer*	*51*
Fournitures dentaires	*21*	*Fournisseurs*	*56*
Terrain	*31*	*Produits reçus d'avance*	*61*
Immeuble	*36*	*Emprunt hypothécaire*	*75*
Matériel de bureau	*41*	*Adam Carrier – Capital*	*90*

P5 L'enregistrement d'opérations dans le journal général et l'établissement d'une balance de vérification

40 minutes – moyen

M. Sigouin a commencé l'exploitation de son entreprise, Sigouin enr., par une mise de fonds de 200 000 $ effectuée le 3 janvier 20X0. Voici les opérations survenues au cours du mois de janvier 20X0 :

9 janvier   Achat au comptant d'un terrain au prix de 45 000 $.

11 janvier   Fin de la construction d'un immeuble au coût de 110 000 $ payés comptant.

17 janvier   Achat à crédit de matériel de bureau au prix de 5 000 $.

26 janvier   Emprunt de 5 000 $ fait à un proche parent. L'emprunt prend la forme d'un billet à payer à long terme émis au nom de l'entreprise.

27 janvier   Émission d'un chèque de 1 000 $ en règlement partiel de la somme due pour le matériel acquis le 17 janvier. Ce chèque est accompagné d'un effet à payer à court terme d'un montant de 3 500 $. M. Sigouin promet de payer le solde de 500 $ d'ici une semaine.

28 janvier   Vente à crédit de la moitié du terrain pour la somme de 22 500 $ à M. Boisvert.

30 janvier   Injection par M. Sigouin d'une somme additionnelle de 7 500 $ dans son entreprise.

31 janvier   Réception d'un acompte de M. Boisvert d'un montant de 1 250 $.

31 janvier   Acquisition d'équipement au prix de 35 000 $, moyennant un versement comptant de 30 000 $. Le solde est payable dans 30 jours.

TRAVAIL À FAIRE

a) Passez les écritures de journal requises pour enregistrer les opérations de janvier 20X0.

b) Établissez la balance de vérification au 31 janvier 20X0.

Total des débits : 221 500 $

P6 Le report dans le grand livre général, l'établissement d'une balance de vérification et d'un bilan

20 minutes – facile

Toilettage Tremblay inc. est une nouvelle entreprise spécialisée dans le toilettage de petits animaux. Sa propriétaire, Claudie Tremblay, a journalisé les écritures ci-dessous pour enregistrer les opérations effectuées en avril. Le report dans le grand livre n'a pas été effectué. Celui-ci comporte les comptes suivants :

Caisse	*1*	*Équipements*	*35*
Fournitures d'entretien	*11*	*Fournisseurs*	*50*
Terrain	*30*	*Emprunt hypothécaire*	*70*
Immeuble	*31*	*Actions ordinaires*	*95*

	Journal général				*Page 1*
Date	**Intitulé des comptes et explications**	**F°**	**Débit**	**Crédit**	
20X3					
2 avril	Caisse		50 000		
	Actions ordinaires			50 000	
	Émissions d'actions ordinaires.				

Journal général					Page 2
Date		Intitulé des comptes et explications	F°	Débit	Crédit
20X3					
5	avril	Terrain		20 000	
		Immeuble		80 000	
		Caisse			30 000
		Emprunt hypothécaire			70 000
		Achat d'une propriété moyennant un			
		versement comptant et l'obtention			
		d'un emprunt hypothécaire.			
8	"	Équipements		8 000	
		Fournisseurs			8 000
		Achat à crédit d'équipements chez Animalex ltée.			
9	"	Fournitures d'entretien		450	
		Fournisseurs			450
		Achat à crédit de fournitures chez Pitouchat enr.			
14	"	Fournisseurs		1 200	
		Équipements			1 200
		Retour d'un équipement défectueux chez			
		Animalex ltée.			
19	"	Fournisseurs		450	
		Caisse			450
		Règlement total du solde dû à Pitouchat enr.			
20	"	Fournitures d'entretien		50	
		Caisse			50
		Achat de fournitures chez Pitouchat enr.			

a) Reportez les écritures de journal dans des comptes avec solde après chaque opération.

b) Établissez la balance de vérification au 20 avril 20X3.

c) Dressez, en bonne et due forme, le bilan de l'entreprise au 20 avril 20X3.

Total de l'actif : 126 800 $

P7

35 minutes – moyen

La passation d'écritures de journal, le report dans le grand livre général et l'établissement d'une balance de vérification

Tom Trudel est un jeune diplômé en éducation physique. N'ayant pu trouver un emploi dans son domaine et ayant hérité d'une somme d'argent de son grand-père, il décide de fonder sa propre entreprise et adopte le nom commercial Le Joyeux Bricoleur enr. Voici les opérations effectuées en mai 20X5 :

20 mai   Mise sur pied de l'entreprise grâce à un investissement de 15 000 $ et à l'apport d'outillage et de matériaux de construction dont les justes valeurs respectives sont de 20 000 $ et de 7 000 $.

2

22 mai   Acquisition d'un terrain et d'un hangar au prix de 35 000 $, moyennant un versement comptant de 10 000 $ et la prise en charge d'une hypothèque de 25 000 $. La valeur attribuée au terrain est de 15 000 $.

24 mai   Achat à crédit d'outillage au prix de 5 500 $ chez Touchatou.

25 mai   Vente du tiers du terrain au prix de 5 000 $ à Jean Marois en échange de billets à recevoir. Celui-ci paiera le tout en 5 versements mensuels égaux de 1 000 $ à compter du 31 mai. Cette créance ne comporte aucun intérêt.

27 mai   Émission d'un chèque en paiement de 50 % de la dette contractée le 24 mai.

28 mai   Acquisition à crédit de matériaux de construction au prix de 1 500 $ chez Brico.

29 mai   Utilisation par Tom Trudel, à des fins personnelles, de matériaux de construction acquis la veille au prix de 500 $.

31 mai   Recouvrement du premier versement de 1 000 $ résultant de la vente d'une partie du terrain à Jean Marois.

Voici le plan comptable adopté par l'entreprise :

Caisse	*1*	*Outillage*	*19*
Effets à recevoir	*3*	*Fournisseurs*	*31*
Matériaux de construction	*5*	*Emprunt hypothécaire*	*41*
Terrain	*15*	*Tom Trudel – Capital*	*49*
Hangar	*17*		

▌ TRAVAIL À FAIRE

a) Passez les écritures de journal requises pour enregistrer les opérations du mois de mai.

b) Reportez les écritures de journal dans des comptes avec solde après chaque opération.

c) Établissez la balance de vérification de l'entreprise au 31 mai 20X5.

Total des débits : 70 750 $

P8 La passation d'écritures de journal, le report dans le grand livre général et l'établissement d'une balance de vérification

30 minutes – moyen

Le 1ᵉʳ octobre 20X0, Jessica Dufour a lancé une nouvelle entreprise, Gestion Dufour enr., dont l'objectif est de rendre des services de gestion aux propriétaires d'immeubles d'habitation. Voici le plan comptable adopté par l'entreprise :

Caisse	*11*	*Matériel de bureau*	*25*
Clients	*15*	*Fournisseurs*	*31*
Terrain	*21*	*Emprunt hypothécaire*	*41*
Immeuble	*23*	*Jessica Dufour – Capital*	*51*

Au cours du mois d'octobre, consacré à l'établissement de l'entreprise, les opérations suivantes ont eu lieu :

1ᵉʳ octobre   Dépôt par Jessica Dufour d'une somme de 49 000 $ dans un compte en banque ouvert au nom de Gestion Dufour enr.

4 octobre   Achat d'un terrain et d'un immeuble au prix de 120 000 $ (le prix du terrain représente 20 % de cette somme), moyennant un versement comptant de 30 000 $ et la prise en charge d'un emprunt hypothécaire pour financer le solde.

7 octobre   Achat à crédit de matériel de bureau au prix de 3 850 $.

9 octobre	Note de crédit de 490 $ obtenue à la suite du retour d'une partie du matériel acquis le 7 octobre.
11 octobre	Vente, au prix coûtant, de la moitié du terrain acheté le 4 octobre, moyennant le paiement de la moitié du prix de vente de 12 000 $ dans 10 jours et le règlement du solde au plus tard le 12 novembre.
18 octobre	Versement de 1 400 $ en règlement partiel de la dette contractée le 7 octobre.
20 octobre	Recouvrement d'une somme de 6 000 $ de l'entreprise à laquelle une partie du terrain a été vendue le 11 octobre.

TRAVAIL À FAIRE

a) Passez les écritures de journal requises pour enregistrer les opérations effectuées en octobre.

b) Reportez les écritures de journal dans les comptes du grand livre général établis de manière à déterminer le solde après chaque opération.

c) Établissez la balance de vérification de Gestion Dufour enr. au 31 octobre 20X0.

Total des débits : 140 960 $

P9

35 minutes – difficile

La passation d'écritures de journal, le report dans le grand livre général et l'établissement d'une balance de vérification

Au début de février 20X8, Kevin Swan, ex-joueur de football, fonde une entreprise à laquelle il donne le nom de Motoneiges Swan enr. Voici les opérations effectuées en février avant que l'exploitation de l'entreprise ne commence :

2 février	Dépôt par Kevin Swan de 175 000 $, à titre de capital d'apport, dans le compte en banque de l'entreprise.
4 février	Achat d'un terrain (40 000 $) et d'un immeuble (110 000 $) au prix de 150 000 $, moyennant un versement comptant de 50 000 $ et un emprunt hypothécaire de 100 000 $.
6 février	Achat de 36 motoneiges au prix de 3 500 $ chacune, moyennant un versement comptant de 75 000 $. Kevin Swan convient de verser une somme additionnelle de 31 000 $ le 28 février et le solde, le 31 mars.
14 février	Vente d'une motoneige au prix coûtant au jeune frère de Kevin, Tim. Celui-ci effectue un versement comptant de 2 000 $ et réglera le solde dans les 30 jours.
15 février	Retour d'une motoneige défectueuse au concessionnaire, qui accorde une note de crédit d'un montant de 3 500 $.
19 février	Acquisition au comptant de matériel de bureau au prix de 2 500 $.
27 février	Cadeau de Kevin Swan à son fils d'une motoneige qu'il rapporte chez lui.
28 février	Émission d'un chèque de 31 000 $ en règlement partiel de la dette contractée le 6 février.

Voici le plan comptable de l'entreprise :

Caisse	*10*	*Matériel de bureau*	*25*
Clients	*11*	*Fournisseurs*	*31*
Stock de motoneiges	*15*	*Emprunt hypothécaire*	*41*
Terrain	*20*	*Kevin Swan – Capital*	*50*
Immeuble	*21*		

TRAVAIL À FAIRE

a) Passez les écritures de journal requises pour enregistrer les opérations effectuées en février.

b) Reportez les écritures de journal dans des comptes dont vous calculerez le solde après chaque opération.

c) Établissez la balance de vérification de l'entreprise au 28 février 20X8.

Total des débits : 288 000 $

P10 **La passation d'écritures de journal, le report dans le grand livre général, l'établissement d'une balance de vérification et d'un bilan**

50 minutes – difficile

Voici le bilan du Camp de vacances Épatant inc. au 30 avril 20X6. Les chiffres inscrits dans la marge correspondent aux numéros de comptes appropriés du grand livre général. Ces chiffres ne font pas partie du bilan.

CAMP DE VACANCES ÉPATANT INC.
Bilan
au 30 avril 20X6

		Actif		
	Actif à court terme			
1	Caisse			500 $
5	Placements à court terme			15 000
10	Clients			1 000
12	Fournitures de bureau			350
	Total de l'actif à court terme			16 850
	Immobilisations			
20	Terrain		100 000 $	
25	Immeuble		250 000	
30	Mobilier		25 000	
35	Équipements		75 000	
40	Matériel roulant		28 000	
	Total des immobilisations			478 000
	Total de l'actif			494 850 $
	Passif et capitaux propres			
	Passif à court terme			
51	Fournisseurs			200 $
	Passif à long terme			
75	Emprunt hypothécaire			385 000
	Total du passif			385 200
	Capitaux propres			
95	Actions ordinaires			50 000
99	Bénéfices non répartis			59 650
	Total du passif et des capitaux propres			494 850 $

Les opérations suivantes ont eu lieu au cours du mois de mai :

2 mai   Travaux d'aménagement du terrain effectués à crédit au prix de 10 000 $.

4 mai   Vente de la totalité des placements à court terme d'un montant de 15 000 $ et dépôt de cette somme dans le compte en banque de l'entreprise.

5 mai   Émission d'un chèque (n° 917) de 200 $ en règlement du solde dû à un fournisseur en date du 30 avril.

6 mai   Acquisition à crédit d'un terrain adjacent au camp de vacances au prix de 50 000 $.

7 mai   Émission d'un chèque (n° 918) en règlement des travaux d'aménagement effectués le 2 mai.

2

9 mai	Augmentation de 150 000 $ de l'emprunt hypothécaire consentie par le banquier. Cette augmentation fait suite à l'évaluation du terrain, dont la valeur a été établie à 500 000 $ par un évaluateur agréé.
10 mai	Émission d'un chèque (n° 919) en règlement du terrain acquis le 6 mai.
11 mai	Envoi d'une soumission d'un montant de 100 000 $ pour l'acquisition d'un immeuble pouvant abriter une nouvelle cafétéria, immeuble que l'on veut déménager sur le terrain acheté le 6 mai.
12 mai	Encaissement du solde de 800 $ dû par un client.
15 mai	Émission d'un chèque (n° 920) de 100 000 $ pour l'acquisition de l'immeuble ayant fait l'objet d'une soumission.
20 mai	Fin des travaux de déménagement de l'immeuble acquis le 15 mai. Ce déménagement a coûté 25 000 $. Émission d'un chèque (n° 921) de 5 000 $ et signature d'un effet à payer venant à échéance dans trois mois pour financer le solde. [Créez le compte Effet à payer (n° 50).]
25 mai	Lors d'un encan, achat par Émile Patan, au nom de l'entreprise, de mobilier ayant une valeur de 15 000 $ pour la modique somme de 10 000 $. M. Patan paie cette somme au moyen d'un chèque personnel. [Créez le compte de passif Dû à un actionnaire (n° 52).]
31 mai	Dépôt d'une somme de 2 000 $ reçue de Jocelyne Lapierre pour l'inscription de son fils au camp de vacances pour tout le mois de juillet. [Créez le compte Produits reçus d'avance (n° 55).]

TRAVAIL À FAIRE

a) Inscrivez le solde des comptes figurant dans le bilan de l'entreprise dans des comptes avec solde après chaque opération.

b) Passez les écritures de journal requises pour enregistrer les opérations effectuées en mai.

c) Reportez les écritures de journal dans les comptes du grand livre.

d) Établissez la balance de vérification de l'entreprise au 31 mai 20X6.

Total des débits : 676 650 $

e) Dressez, en bonne et due forme, le bilan de l'entreprise au 31 mai 20X6.

CHAPITRE 3

Les résultats et les capitaux propres

PLAN DU CHAPITRE

L'état des résultats et l'état des capitaux propres : une vue d'ensemble........ 92

Les éléments des résultats et des capitaux propres....................................... 93

La comptabilisation des éléments des résultats et des capitaux propres...... 99

L'enregistrement des opérations et le report
dans le grand livre général...104

Les états financiers 107

Synthèse du chapitre 3 110

Activités d'apprentissage 111

Annexe 3A Les états financiers d'une petite entreprise...................................132

OBJECTIFS D'APPRENTISSAGE

Au terme de ce chapitre, vous pourrez :

 décrire les principaux éléments de l'état des résultats et de l'état des capitaux propres ;

 expliquer les règles relatives au débit et au crédit des comptes de résultats ;

 passer des écritures de journal pour enregistrer les opérations relatives aux comptes de résultats et de capitaux propres et effectuer leur report dans le grand livre général ;

 décrire les liens qui existent entre les trois états financiers.

Jusqu'à présent, notre attention s'est portée sur les opérations d'une entreprise en voie d'établissement, notre objectif étant d'isoler les opérations relatives aux comptes du bilan. Force est d'admettre que la survie de toute entreprise passe par une exploitation rentable. Il est donc temps d'aborder l'état des résultats pour savoir si une entreprise réalise un bénéfice ou si elle subit une perte.

Dans ce chapitre, nous mettrons l'accent sur les éléments de l'état des résultats et sur certaines étapes du cycle comptable qui consistent à analyser les opérations afférentes, à les enregistrer dans le journal général, à reporter les écritures de journal dans le grand livre général, à établir la balance de vérification des comptes et à dresser l'ensemble des états financiers. Cette étude mettra en évidence l'utilité de l'état des capitaux propres et le lien qui unit cet état aux résultats et au bilan de l'entreprise.

Force est d'admettre que la survie de toute entreprise passe par une exploitation rentable. Il est donc temps d'aborder l'état des résultats pour savoir si une entreprise réalise un bénéfice ou si elle subit une perte.

Jean Jobin, MBA, FCPA, FCMA

Chef de l'exploitation, Cascades Groupe Tissu

UN PROFESSIONNEL VOUS PARLE

L'état des résultats est l'état financier le plus important. Il est comparable à un bulletin scolaire. Il présente la comptabilisation des produits et des charges, et permet donc d'évaluer le bénéfice ou la perte de l'entreprise pour une période donnée. Bien en connaître la structure est primordial pour fournir des résultats financiers précis et expliquer la performance passée.

Comprendre la mine d'informations qui se cache derrière les résultats est le gage d'une carrière réussie, aussi est-il crucial d'investir le temps et les efforts nécessaires pour parvenir à bien interpréter les résultats et, mieux encore, à les utiliser pour améliorer la performance future de l'entreprise.

L'état des capitaux propres permet d'évaluer les sommes investies par les propriétaires. Il présente sommairement les apports et les retraits effectués pour une période donnée ainsi que les impacts du bénéfice net sur l'avoir des propriétaires.

L'ÉTAT DES RÉSULTATS ET L'ÉTAT DES CAPITAUX PROPRES : UNE VUE D'ENSEMBLE

Qu'est-ce que l'état des résultats ?

Au chapitre 1, nous avons mentionné que l'un des objectifs de l'entreprise à but lucratif est d'être rentable. C'est justement cette rentabilité qui est mise en évidence dans l'état des résultats. À titre d'exemple, voici l'état des résultats de Hu-Aissbé enr. pour le premier mois d'exploitation :

HU-AISSBÉ ENR.
Résultats
pour la période de un mois terminée le 30 septembre 20X5

Produits d'exploitation		
Traitement de textes		*1 800 $*
Charges d'exploitation		
Frais de photocopie et de reliure	*25 $*	
Publicité	*700*	
Taxes municipales	*100*	
Téléphone	*78*	
Total des charges d'exploitation		*903*
Bénéfice net		*897 $*

Selon cet état, l'entreprise de Denyse Lepage a réalisé un bénéfice net de 897 $ au cours de son premier mois d'exploitation [1]. Comme nous pouvons le constater, en plus de faire ressortir le bénéfice net, l'état des résultats permet d'établir la provenance des produits et les charges afférentes à l'exploitation. Nous reviendrons plus en détail sur ces éléments un peu plus loin.

---

1. Nous verrons dans les prochains chapitres que certaines charges additionnelles doivent être considérées pour rendre compte de l'utilisation d'éléments d'actif sur une longue période. Ainsi, en ayant recours aux écritures de régularisation, nous comptabiliserons notamment une charge mensuelle relative à l'utilisation du matériel informatique. Dans ce chapitre, nous traiterons uniquement de la comptabilisation des opérations ayant une incidence sur les résultats et les capitaux propres. Nous traiterons des écritures de régularisation plus en profondeur au chapitre 6.

Qu'est-ce que l'état des capitaux propres ?

Compte tenu de la réalisation de ce bénéfice de 897 $, il est logique de penser que les capitaux propres de Denyse Lepage se sont accrus au cours de l'exercice. L'état des capitaux propres rend compte de leur évolution au cours d'une période donnée :

HU-AISSBÉ ENR.
Capitaux propres
pour la période de un mois terminée le 30 septembre 20X5

Capital au 2 septembre	*2 000 $*
Bénéfice net de septembre	*897*
	2 897
Retraits	*(800)*
Capital au 30 septembre	*2 097 $*

L'état des capitaux propres de Hu-Aissbé enr. révèle que le total investi par Denyse Lepage dans son entreprise s'élève à 2 097 $ après un mois d'exploitation. Ce solde tient compte du bénéfice réalisé en septembre de même que des retraits effectués par la propriétaire.

AVEZ-VOUS LE SENS DE L'OBSERVATION ?

Notons que le **bilan** est établi **à une date donnée**, tandis que les états des **résultats** et des **capitaux propres** sont établis **pour une période donnée**. Dans le cas de Hu-Aissbé enr., le bilan est établi au 30 septembre 20X5, tandis que l'état des résultats et celui des capitaux propres couvrent la période de un mois terminée le 30 septembre 20X5.

LES ÉLÉMENTS DES RÉSULTATS ET DES CAPITAUX PROPRES

Au chapitre 1, nous avons entamé notre revue des principaux éléments des états financiers en mettant l'accent sur les postes du bilan. Consacrons-nous maintenant aux postes de l'état des résultats et de l'état des capitaux propres.

Les produits

En comptabilité, on entend par « produits » les sommes **reçues** ou **à recevoir** au titre de l'exploitation courante en contrepartie de marchandises livrées, de travaux exécutés, de services rendus ou d'avantages que fournit l'entreprise. Les **produits** entraînent donc une augmentation des ressources économiques sous forme d'entrées ou d'accroissements d'éléments d'actif (Caisse ou Clients pour les services rendus à crédit) ou une diminution d'éléments de passif (les services rendus à un client qui a versé une somme d'argent à l'avance) qui résultent des **activités courantes** de l'entreprise et proviennent habituellement de la vente de biens, de la prestation de services, ou de l'utilisation de certaines ressources de l'entité par des tiers moyennant un loyer, des intérêts, des redevances ou des dividendes.

» **TABLEAU 3.2**   **LES PRINCIPALES CHARGES D'EXPLOITATION** (*suite*)

Entretien et réparations	Les immobilisations d'une entreprise doivent faire l'objet d'un entretien régulier pour être maintenues en bonne condition.
Fournitures de bureau utilisées	Le compte Fournitures de bureau utilisées renferme l'ensemble des fournitures utilisées au cours de la période couverte par l'état des résultats.
Frais de garantie	Pour démontrer leur sérieux et la qualité des biens vendus ou des services rendus, les entreprises offrent souvent des garanties, dont les coûts sont comptabilisés dans le compte Frais de garantie.
Honoraires professionnels	Lorsqu'une entreprise engage un comptable professionnel agréé pour auditer ses états financiers, elle reçoit une facture d'honoraires professionnels. Pour un professionnel, on notera que ce compte figure aussi dans les produits. Il faudra y prêter une attention particulière.
Impôts fonciers	Les municipalités ont un pouvoir de taxation. Le compte Impôts fonciers renferme le coût des impôts fonciers (on peut aussi utiliser l'intitulé Taxes municipales).
Intérêts et frais bancaires	Les frais de financement à court terme figurent dans le compte Intérêts et frais bancaires. Il s'agit des intérêts sur les emprunts bancaires à court terme et de l'ensemble des frais mensuels qu'impute un établissement financier.
Intérêts sur la dette	Le compte Intérêts sur la dette à long terme regroupe l'ensemble des frais de financement relatifs aux dettes à long terme (par exemple, les intérêts sur les emprunts hypothécaires).
Loyer	Les frais de location sont comptabilisés dans le compte Loyer.
Publicité	La charge de publicité reflète tous les efforts d'une entreprise pour informer ou attirer des clients.
Salaires	La rémunération des employés figure dans le compte Salaires.
Taxes municipales	Les taxes imposées par une municipalité s'inscrivent dans le compte Taxes municipales (on peut aussi utiliser l'intitulé Impôts fonciers).
Téléphone	Qui ne connaît pas cet outil de communication ? On utilise également le compte Télécommunications, lequel englobe les frais de téléphonie et de télécopie.

Les gains

Les **gains**[4] sont les augmentations des capitaux propres provenant d'opérations et de faits **périphériques** ou **accessoires**. Ainsi, une agence de voyages qui décide de vendre un vieil ordinateur à un prix supérieur à sa valeur comptable[5] réalisera un gain dit « accessoire », puisqu'**il ne découle pas des activités courantes de l'entreprise**. Un tel gain sera comptabilisé dans le compte Gain sur vente d'immobilisations.

Les pertes

Les **pertes** sont les diminutions des capitaux propres provenant d'opérations et de faits **périphériques** ou **accessoires**. Ainsi, la vente du même ordinateur à un prix inférieur à sa valeur comptable entraînera une perte comptabilisée dans le compte Perte sur vente d'immobilisations. Encore une fois, il s'agit d'une perte dite « accessoire », puisqu'**elle ne découle pas des activités courantes de l'entreprise**.

---

4. Les définitions des gains et des pertes présentées dans cette section visent essentiellement à couvrir l'ensemble des éléments figurant dans l'état des résultats. Pour le moment, l'accent est principalement mis sur les comptes de produits et de charges.
5. Nous verrons au chapitre 13 que la valeur comptable de l'ordinateur correspond à son coût d'origine moins l'amortissement cumulé au moment de la cession.

Le bénéfice net

Essentiellement, le résultat final de l'exploitation d'une entreprise pour une période donnée peut être déterminé au moyen de l'équation suivante :

Produits – Charges + Gains – Pertes = Bénéfice net ou perte nette

Le **bénéfice net** représente le résultat net des produits, des charges, des gains et des pertes. Sont généralement pris en compte dans le bénéfice net toutes les opérations et tous les faits qui contribuent à augmenter ou à diminuer les capitaux propres de l'entité, à l'exception de celles et ceux qui résultent des apports et des distributions (retraits) de capitaux propres. Lorsque le total des charges et des pertes excède le total des produits et des gains, l'entreprise subit une **perte nette**.

Les apports et les retraits

Nous avons vu aux chapitres 1 et 2 que le propriétaire d'une entreprise individuelle investit des ressources dans son entreprise. Il y consacre aussi beaucoup de son temps dans l'espoir de réaliser des bénéfices. L'argent qu'il a investi dans son entreprise ne lui rapporte aucun intérêt. S'il a fondé une entreprise, c'est pour réaliser des bénéfices et ainsi accroître son capital.

En général, le propriétaire d'une entreprise individuelle effectue de temps à autre des retraits en argent pour son usage personnel, que l'on pourrait assimiler à un « salaire » périodique. Ces **retraits** (on utilise aussi le terme **prélèvements**) ne constituent pas des charges d'exploitation même si, comme ces dernières, ils réduisent les capitaux propres. La principale différence réside dans ce que les charges ont pour effet de générer des produits, ce qui n'est pas le cas des retraits. Après avoir établi son entreprise, le propriétaire peut y investir d'autres ressources, désignées comme des **apports**. Dans ce cas, les capitaux propres augmentent, mais il ne faut pas tenir compte de cette augmentation lors du calcul du bénéfice net. Les apports de ressources et les retraits qu'effectue le propriétaire sont deux opérations opposées et, comme nous l'avons déjà dit, un investissement ne constitue pas un produit d'exploitation, tout comme un retrait ne représente pas une charge. En résumé, les investissements du propriétaire dans son entreprise et les retraits qu'il effectue **n'influent que sur les postes du bilan et ne doivent jamais figurer dans l'état des résultats, mais plutôt dans l'état des capitaux propres**.

Étant donné que les retraits diminuent les capitaux propres, on pourrait les comptabiliser en débitant le compte du propriétaire (D. Lepage – Capital, dans notre exemple). Il est toutefois préférable de porter ces retraits au débit d'un compte distinct (D. Lepage – Retraits) afin d'en suivre plus facilement le total et les détails au cours d'une période donnée.

Voici les opérations qu'il convient de porter au débit du compte Retraits (ou Prélèvements) :

1. Les retraits effectués en argent. Pensons notamment aux sommes retirées par le propriétaire à titre de rémunération de son travail. Ces sommes sont inscrites au compte Retraits et non au compte de charges d'exploitation Salaires. En effet, les sommes inscrites au compte Salaires se rapportent aux sommes versées aux employés. Or, le propriétaire n'est pas considéré comme un employé salarié.

2. Les retraits d'autres biens. Le propriétaire d'un magasin pourrait ainsi retirer, pour son usage personnel, des marchandises qui seront alors portées au débit du compte Retraits. Nous savons déjà que le montant du retrait correspond au coût du bien pour l'entreprise et non à sa valeur marchande.

3. Le paiement, par l'entreprise, de dépenses personnelles du propriétaire. Pensons, par exemple, au paiement du compte d'Hydro-Québec de la résidence du propriétaire au moyen d'un chèque tiré sur le compte de banque de l'entreprise.

Nature des comptes	N° des comptes
Comptes de passif	
Fournisseurs	*51*
Effet à payer	*61*
Comptes de capitaux propres	
Denyse Lepage – Capital	*90*
Denyse Lepage – Retraits	*92*
Compte de produits	
Traitement de textes	*101*
Comptes de charges	
Frais de photocopie et de reliure	*151*
Publicité	*161*
Taxes municipales	*171*
Téléphone	*181*

FIGURE 3.1   **LA RELATION ENTRE LES ÉLÉMENTS DES ÉTATS FINANCIERS ET LES RÈGLES RELATIVES AU DÉBIT ET AU CRÉDIT**

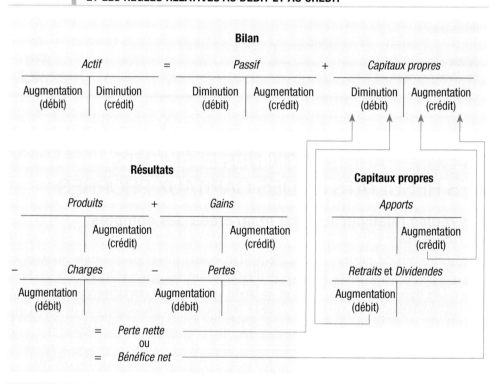

L'analyse des opérations

Les sept premières opérations de l'entreprise Hu-Aissbé enr. ont été analysées dans le chapitre 2. Dans cette sous-section, nous poursuivons notre analyse des opérations effectuées en septembre, en mettant cette fois l'accent sur celles qui résultent de l'exploitation courante[8]. Celles-ci feront ensuite l'objet d'écritures de journal à la page 104.

Opération 8 – Les frais de publicité payés comptant Le 7 septembre 20X5, Denyse Lepage émet, au nom de l'entreprise, un chèque de 300 $ pour payer des annonces publicitaires parues dans les journaux étudiants et décrivant les services de Hu-Aissbé enr.

---

8. Tout comme au chapitre 2, nous préférons pour l'instant faire abstraction de la taxe sur les produits et services (TPS) et de la taxe de vente du Québec (TVQ) afin de simplifier l'enregistrement des opérations. Nous reviendrons sur la question des taxes au chapitre 4 de cet ouvrage.

Analyse	Règles relatives au débit et au crédit	Enregistrement requis
La publicité constitue une charge d'exploitation.	Puisque la diminution des capitaux propres s'inscrit au débit, il faut débiter le compte de charges.	Il faut débiter le compte Publicité de 300 $.
Il en résulte une diminution de l'argent en main.	La diminution d'un élément d'actif s'inscrit au crédit.	Il faut créditer le compte Caisse de 300 $.

Opération 9 – Le paiement d'une taxe Le 10 septembre 20X5, Denyse Lepage reçoit une facture de sa municipalité stipulant que l'entreprise doit verser la somme de 100 $ à titre de taxes municipales. Elle s'empresse d'émettre un chèque à l'ordre de la municipalité.

Analyse	Règles relatives au débit et au crédit	Enregistrement requis
Cette taxe constitue une charge d'exploitation.	Puisque la diminution des capitaux propres s'inscrit au débit, il faut débiter le compte de charges.	Il faut débiter le compte Taxes municipales de 100 $.
Il en résulte une diminution de l'argent en main.	La diminution d'un élément d'actif s'inscrit au crédit.	Il faut créditer le compte Caisse de 100 $.

Opération 10 – Les frais de publicité engagés mais non réglés Le 14 septembre 20X5, Denyse Lepage s'engage à verser la somme de 300 $ dans les 30 jours pour la publication le jour même d'une seconde série d'annonces publicitaires dans les journaux étudiants.

Analyse	Règles relatives au débit et au crédit	Enregistrement requis
La publicité constitue une charge d'exploitation.	Puisque la diminution des capitaux propres s'inscrit au débit, il faut débiter le compte de charges.	Il faut débiter le compte Publicité de 300 $.
Le financement est de source externe (Fournisseurs).	L'augmentation d'un élément de passif s'inscrit au crédit.	Il faut créditer le compte Fournisseurs de 300 $.

Opération 11 – La prestation de services de traitement de textes à crédit Le 20 septembre 20X5, Denyse Lepage achève les travaux de saisie et de révision linguistique du texte de la thèse d'un étudiant qui termine ses études de doctorat. Il s'agit d'un document de 240 pages, et l'entreprise facture 4 $ par page pour ces services. Jean Faucher promet de verser le montant intégral dès qu'il touchera sa première paye le 15 octobre prochain.

Analyse	Règles relatives au débit et au crédit	Enregistrement requis
L'entreprise a un droit sur une créance. Il s'agit d'une ressource (Clients).	L'augmentation d'un élément d'actif s'inscrit au débit.	Il faut débiter le compte Clients de 960 $.
Le traitement de textes constitue un produit d'exploitation.	Puisque l'augmentation des capitaux propres s'inscrit au crédit, il faut créditer le compte de produits.	Il faut créditer le compte Traitement de textes de 960 $.

L'ENREGISTREMENT DES OPÉRATIONS ET LE REPORT DANS LE GRAND LIVRE GÉNÉRAL

Nous présentons dans les pages qui suivent un extrait du journal général ainsi que les comptes du grand livre général de Hu-Aissbé enr. après que l'étape du report des écritures de journal a été accomplie.

Journal général					Page 2
Date		**Intitulé des comptes et explications**	**F°**	**Débit**	**Crédit**
20X5					
7	sept.	Publicité	161	300	
		Caisse	1		300
		Paiement d'annonces parues dans			
		les journaux étudiants.			
10	"	Taxes municipales	171	100	
		Caisse	1		100
		Paiement de taxes.			
14	"	Publicité	161	300	
		Fournisseurs	51		300
		Coût des annonces parues dans les journaux			
		étudiants payable dans les 30 jours.			
20	"	Clients	11	960	
		Traitement de textes	101		960
		Travaux effectués à crédit pour Jean Faucher,			
		dont le montant sera encaissable le 15 octobre.			
20	"	Frais de photocopie et de reliure	151	25	
		Caisse	1		25
		Chèque émis au nom de Modoc inc.			
24	"	Caisse	1	100	
		Traitement de textes	101		100
		Travaux payés au comptant.			
25	"	Publicité	161	100	
		Caisse	1		100
		Paiement de cartes professionnelles.			
30	"	Caisse	1	740	
		Traitement de textes	101		740
		Travaux effectués au cours des derniers jours.			
30	"	Denyse Lepage – Retraits	92	800	
		Caisse	1		800
		Retrait à des fins personnelles.			
30	"	Téléphone	181	78	
		Fournisseurs	51		78
		Frais du mois de septembre.			

Rappelons que les numéros figurant dans la colonne Folio (F°) ont été inscrits lors de l'étape du report et que l'entreprise utilise une page distincte pour chacun des comptes de son grand livre général.

		Caisse			Compte n° 1
Date		Libellé	F°	Débit	Crédit	Solde
20X5					
2	sept.		JG1	2 000		2 000
3	"		JG1	3 000		5 000
4	"		JG1		3 500	1 500
5	"		JG1	50		1 550
6	"		JG1		200	1 350
6	"		JG1	20		1 370
7	"		JG2		300	1 070
10	"		JG2		100	970
20	"		JG2		25	945
24	"		JG2	100		1 045
25	"		JG2		100	945
30	"		JG2	740		1 685
30	"		JG2		800	885

		Clients			Compte n° 11
Date		Libellé	F°	Débit	Crédit	Solde
20X5					
5	sept.		JG1	50		50
6	"		JG1		20	30
20	"		JG2	960		990

		Fournitures de bureau			Compte n° 21
Date		Libellé	F°	Débit	Crédit	Solde
20X5					
5	sept.		JG1	400		400
5	"		JG1		100	300

		Matériel informatique			Compte n° 35
Date		Libellé	F°	Débit	Crédit	Solde
20X5					
4	sept.		JG1	3 500		3 500

		Fournisseurs			Compte n° 51
Date		Libellé	F°	Débit	Crédit	Solde
20X5					
5	sept.		JG1		400	400
6	"		JG1	200		200
14	"		JG2		300	500
30	"		JG2		78	578

3

SOLUTION DU PROBLÈME TYPE

INVESTIGATION LEFEBVRE ENR.
Résultats
pour le semestre terminé le 30 septembre 20X3

Produits d'exploitation		
Honoraires professionnels		78 500 $
Charges d'exploitation		
Fournitures de bureau utilisées	255 $	
Frais de surveillance	4 900	
Location d'automobile	1 800	
Loyer	2 400	
Publicité	600	
Salaires	35 000	
Téléphone	325	
Total des charges d'exploitation		45 280
Bénéfice net		33 220 $

INVESTIGATION LEFEBVRE ENR.
Capitaux propres
pour le semestre terminé le 30 septembre 20X3

Capital au 1er avril	3 625 $
Apports	5 000
Bénéfice net	33 220
	41 845
Retraits	(38 000)
Capital au 30 septembre	3 845 $

INVESTIGATION LEFEBVRE ENR.
Bilan
au 30 septembre 20X3

Actif	
Actif à court terme	
Caisse	670 $
Clients	2 525
Fournitures de bureau	100
Total de l'actif à court terme	3 295
Immobilisations	
Matériel de bureau	3 100
Total de l'actif	6 395 $
Passif et capitaux propres	
Passif à court terme	
Fournisseurs	50 $
Passif à long terme	
Effet à payer	2 500
Total du passif	2 550
Capitaux propres	
Capital au 30 septembre	3 845
Total du passif et des capitaux propres	6 395 $

QUESTIONS DE RÉVISION  Solutionnaire

1. Qu'entend-on par les expressions «produits d'exploitation» et «charges d'exploitation»?

2. Roger Bontant est d'avis qu'il faut attendre d'avoir encaissé une somme d'argent pour comptabiliser un produit d'exploitation. Son amie Delphine n'est pas du même avis. Selon elle, le fait qu'une entreprise encaisse une somme d'argent n'est pas pertinent. Elle croit que seul le décaissement d'une somme d'argent confirme la présence d'une charge d'exploitation. Qu'en pensez-vous?

3. Le fait qu'une entreprise soit rentable signifie-t-il que le propriétaire peut, en tout temps, effectuer un retrait d'un montant égal à celui du bénéfice net?

4. Pourquoi une entreprise crée-t-elle des comptes de produits et de charges distincts du compte Capital plutôt que d'y affecter directement ces éléments?

5. Kathy Gorik affirme qu'il est impossible que le capital d'une entreprise diminue d'une année à l'autre si l'exercice financier se termine par un bénéfice net. Qu'en pensez-vous?

6. Pourquoi un retrait ne constitue-t-il pas une charge d'exploitation?

7. Énoncez brièvement les règles relatives au débit et au crédit des comptes de résultats.

8. Qu'entend-on par «états financiers»? Quelle relation existe-t-il entre ceux-ci?

9. Décrivez brièvement les lacunes de l'état des résultats de Hu-Aissbé enr. présenté dans la figure 3.2 (*voir la page 108*).

10. Que signifie l'expression «période comptable»? Quand est-il approprié de l'utiliser dans l'élaboration des états des résultats et des capitaux propres?

11. La présentation d'un état des capitaux propres est-elle obligatoire?

EXERCICES

 E1 **Terminologie comptable**

Voici une liste de 10 termes et expressions comptables présentés dans ce chapitre:

- Apports
- Bénéfice net
- Charges
- État des résultats
- Exercice

- Gains
- Période comptable
- Pertes
- Produits
- Retraits

Chacun des énoncés suivants peut servir (ou non) à décrire un de ces termes comptables. Pour chacun des énoncés, dites à quel terme comptable il correspond ou indiquez «aucun» s'il ne correspond à aucun d'entre eux.

a) Les augmentations des capitaux propres provenant d'opérations et de faits périphériques ou accessoires.

b) Le total des charges et des pertes excède le total des produits et des gains.

c) Une diminution des capitaux propres qui ne figure pas dans l'état des résultats.

d) Le laps de temps couvert par l'état des résultats.

e) Les augmentations des capitaux propres qui résultent des activités courantes de l'entreprise.

f) Le paiement, par le propriétaire, de charges de l'entreprise.

g) Les diminutions des capitaux propres provenant d'opérations et de faits périphériques ou accessoires.

h) L'état financier qui permet de mesurer la solvabilité d'une entreprise.

i) Les diminutions des capitaux propres qui permettent de générer des produits d'exploitation.

j) Toute période (généralement un an) au terme de laquelle l'entreprise clôture ses livres et établit ses états financiers.

E2 Vrai ou faux

Dites si chacun des énoncés suivants est vrai ou faux. Dans ce dernier cas, précisez pourquoi.

a) Toute opération qui influe sur un poste du bilan influe aussi sur un poste de l'état des résultats.

b) Toute opération qui influe sur un poste de l'état des résultats influe aussi sur un poste du bilan.

c) Toute opération qui influe sur un compte de charges influe aussi sur un compte d'actif.

d) Toute opération qui influe sur un compte de produits influe aussi sur un autre compte de résultats.

e) Toute opération qui influe sur un compte de charges influe aussi sur un compte de produits.

E3 L'analyse d'opérations selon la comptabilité en partie double

La Clinique chiropratique Arianne Roy a commencé ses opérations il y a à peine deux semaines. Voici quelques-unes des opérations survenues au cours de cette période :

a) Investissement par Arianne Roy d'une somme de 5 000 $ au comptant.

b) Paiement du loyer mensuel : 750 $.

c) Achat d'équipements chiropratiques au prix de 15 000 $, moyennant un versement comptant de 3 000 $ et l'obtention d'un emprunt bancaire remboursable à court terme.

d) Services rendus à des patients au comptant pour la somme de 1 800 $.

e) Achat au comptant de fournitures de bureau au prix de 150 $.

f) Services rendus à crédit à des patients pour la somme de 360 $.

g) Paiement des salaires du personnel de la clinique d'un montant de 1 500 $.

h) Prélèvement d'une somme de 500 $ effectué par la propriétaire.

i) Réception d'un compte du plombier pour des réparations mineures de la tuyauterie : 190 $.

j) Versement d'une somme de 1 100 $ à la banque à titre de remboursement partiel de la dette contractée en c). Cette somme comprend 100 $ d'intérêts.

Reproduisez le tableau suivant, dans lequel vous analyserez chacune des opérations décrites ci-dessus. La première opération est analysée à titre d'exemple.

Opération	Actif Passif Capitaux propres Retraits Produits Charges	Nom exact du compte	Augmentation Diminution	Débit Crédit	Montant
a)	Actif Capitaux propres	Caisse Arianne Roy – Capital	Augmentation Augmentation	Débit Crédit	5 000 $ 5 000 $

E4 La relation entre le bénéfice net et les capitaux propres

Calculez le montant qui manque dans chacun des cas suivants :

a) Capitaux propres au début de l'exercice — 130 000 $
Bénéfice net de l'exercice — ?
Retraits de l'exercice — 32 000
Capitaux propres à la fin de l'exercice — 145 500

b) Capitaux propres au début de l'exercice — 91 200
Bénéfice net de l'exercice — 28 500
Retraits de l'exercice — ?
Capitaux propres à la fin de l'exercice — 99 700

c) Capitaux propres au début de l'exercice — ?
Bénéfice net de l'exercice — 189 400
Retraits de l'exercice — 106 000
Capitaux propres à la fin de l'exercice — 532 900

d) Capitaux propres au début de l'exercice 74 000
   Apports de l'exercice 10 000
   Perte nette de l'exercice 17 500
   Retraits de l'exercice 12 000
   Capitaux propres à la fin de l'exercice .... ?

e) Capitaux propres au début de l'exercice 362 500
   Apports de l'exercice 85 000
   Bénéfice net de l'exercice .... ?
   Retraits de l'exercice 30 000
   Capitaux propres à la fin de l'exercice 469 100

E5 ## La relation entre les éléments des états financiers

Calculez les soldes identifiés par des lettres.

	20X6	20X7	20X8
Actif	71 000 $	h) $	90 140 $
Passif	d)	45 910	37 540
Capitaux propres au début	b)	e)	43 240
Retraits	6 000	4 300	5 000
Bénéfice net de l'exercice	8 300	f)	j)
Capitaux propres à la fin	38 500	43 240	k)
Total du passif et des capitaux propres	a)	i)	l)
Produits d'exploitation	21 500	g)	27 560
Charges d'exploitation	c)	11 775	13 200

E6 ## La relation entre les éléments des états financiers

Calculez les soldes identifiés par des lettres.

	20X3	20X4	20X5
Actif	c) $	150 000 $	g) $
Passif	50 000	f)	95 000
Capitaux propres au début	θ	45 000	55 000
Apports	25 000	10 000	i)
Bénéfice net (Perte nette)	a)	20 000	h)
Retraits	10 000	d)	15 000
Capitaux propres à la fin	b)	55 000	75 000
Produits d'exploitation	75 000	85 000	90 000
Charges d'exploitation	45 000	e)	95 000

E7 ## L'inscription d'opérations dans des comptes en T

L'agence de mannequins Beauté fatale inc. a été établie le 1er mai 20X4. Voici les opérations effectuées au cours du premier mois d'exploitation :

1er mai   Dépôt par Marie-Claude Cardin d'une somme de 25 000 $ dans un compte en banque ouvert au nom de l'agence de mannequins en échange d'actions ordinaires de l'entreprise.

2 mai   Acquisition d'un terrain et d'un immeuble au prix de 85 000 $, dont 10 000 $ pour le terrain. L'entreprise verse la somme de 20 000 $ au comptant et obtient un emprunt hypothécaire pour financer le solde.

3 mai   Acquisition à crédit de fournitures de maquillage chez Maria Garland au prix de 1 350 $.

5 mai	Acquisition à crédit de mobilier chez Ikléa au prix de 3 500 $.
7 mai	Encaissement d'une somme de 1 500 $ reçue de la boutique Top Mode pour les services de l'agence, rendus le jour même lors d'un défilé de mode.
10 mai	Paiement des fournitures acquises chez Maria Garland.
13 mai	Réception d'une facture de 300 $ du *Journal de Montréal* pour la publication d'une annonce publicitaire.
18 mai	Participation de trois mannequins de l'agence à une séance de photos qui serviront à lancer la nouvelle collection de maillots de bain de Sunshine inc. Marie-Claude Cardin émet une facture de 2 500 $ pour ces services.
21 mai	Versement d'une somme de 1 000 $ à Ikléa.
24 mai	Recouvrement d'une somme de 2 000 $ de Sunshine inc.
31 mai	Paiement du salaire des mannequins d'un montant total de 1 500 $.
31 mai	Réception du compte de téléphone s'élevant à 75 $.

Inscrivez les opérations ci-dessus directement dans les comptes en T suivants : Caisse, Clients, Fournitures de maquillage, Terrain, Immeuble, Mobilier, Fournisseurs, Emprunt hypothécaire, Actions ordinaires, Services de mannequins, Publicité, Salaires et Téléphone.

E8 L'établissement d'une balance de vérification

À l'aide des comptes en T de l'exercice **E7**, établissez la balance de vérification de l'agence de mannequins Beauté fatale inc. au 31 mai 20X4.

Balance de vérification, total des débits : 96 875 $

E9 L'enregistrement d'opérations dans le journal général

Au cours du mois de novembre 20X8, Patrick Rémillard a effectué les opérations suivantes :

5 novembre	Dépôt par Patrick Rémillard d'une somme de 10 000 $ dans un compte en banque ouvert au nom de la nouvelle entreprise, Gestion financière Patrick Rémillard enr.
6 novembre	Paiement du loyer mensuel de 750 $.
7 novembre	Émission d'un chèque de 900 $ au nom d'Assuretout ltée pour une police d'assurance couvrant une période de 6 mois.
9 novembre	Encaissement d'une somme de 5 800 $ reçue d'un client, Jean Dutrouble, pour des services de gestion à rendre plus tard.
11 novembre	Réception et paiement d'une facture de mobilier de bureau de 1 800 $.
12 novembre	Achat à crédit d'une photocopieuse d'occasion au prix de 150 $.
15 novembre	Encaissement d'une somme de 1 400 $ pour des services rendus à divers clients.
20 novembre	Acquisition au comptant de fournitures de bureau au prix de 500 $.
24 novembre	Émission d'une facture de 6 500 $ à la société Endifficultay inc. après la fin des travaux liés à un important contrat de consultation.
29 novembre	Versement d'une somme de 250 $ pour la réparation de la photocopieuse.
30 novembre	Paiement du salaire de la secrétaire d'un montant de 1 750 $.

Inscrivez les opérations du mois de novembre dans le journal général de l'entreprise et faites suivre chaque écriture de journal d'une brève explication. Voici le plan comptable de Gestion financière Patrick Rémillard enr. :

Caisse	*1*	*Produits reçus d'avance*	*43*
Clients	*11*	*Patrick Rémillard – Capital*	*51*
Fournitures de bureau	*21*	*Honoraires de consultation*	*71*
Assurances payées d'avance	*25*	*Entretien et réparations*	*75*
Mobilier et équipements	*31*	*Loyer*	*78*
Fournisseurs	*41*	*Salaires*	*79*

E10 Le report des écritures de journal et l'établissement d'une balance de vérification

Reportez les écritures inscrites dans le journal général de Gestion financière Patrick Rémillard enr. (*voir l'exercice E9*) dans le grand livre général et établissez la balance de vérification au 30 novembre 20X8. Tenez pour acquis que l'entreprise utilise des comptes avec solde après chaque opération.

Balance de vérification, total des débits : 23 850 $

E11 L'établissement d'une balance de vérification

L'entreprise publicitaire Concept Liday enr. a été établie le 1er octobre 20X4. Voici, dans l'ordre alphabétique, les comptes du grand livre général de l'entreprise au 31 octobre 20X4 :

Assurances	*134 $*	*Fournitures de bureau*	*946 $*
Caisse	*414*	*G. U. Liday – Capital*	*5 180*
Chiffre d'affaires	*4 800*	*G. U. Liday – Retraits*	*2 350*
Clients	*2 800*	*Loyer*	*300*
Effet à payer	*260*	*Loyer payé d'avance*	*600*
Électricité	*76*	*Mobilier et équipements*	*2 150*
Entretien et réparations	*170*	*Salaires*	*1 100*
Fournisseurs	*800*		

En tenant pour acquis que chaque compte a un solde normal, établissez la balance de vérification de l'entreprise à cette date.

Balance de vérification, total des débits : 11 040 $

E12 La relation entre le bilan et l'état des résultats

Le tableau suivant présente le total de l'actif et le total du passif de la boutique Bocado enr. au début et à la fin de 20X0 :

	1er janvier 20X0	*31 décembre 20X0*
Total de l'actif	*215 000 $*	*330 000 $*
Total du passif	*145 000*	*220 000*
Total des capitaux propres	*?*	*?*

Calculez le bénéfice net (ou la perte nette) de l'exercice terminé le 31 décembre 20X0 dans chacune des situations suivantes :

a) En 20X0, le propriétaire n'a effectué ni mise de fonds additionnelle ni retrait.

b) Au cours de l'exercice, le propriétaire n'a effectué aucune mise de fonds additionnelle. Il a toutefois effectué divers prélèvements totalisant 20 000 $.

c) Les retraits effectués en 20X0 se sont élevés à 10 000 $, et le propriétaire a dû injecter une somme additionnelle de 60 000 $ dans l'entreprise durant l'exercice.

d) Au cours de l'exercice, le propriétaire n'a effectué aucun retrait. Il a toutefois effectué diverses mises de fonds additionnelles totalisant 42 000 $.

PROBLÈMES DE COMPRÉHENSION

P1 L'enregistrement des opérations dans des comptes en T et l'établissement d'une balance de vérification

❸

40 minutes – facile

Denis Dicaire est un brillant ingénieur. Après avoir travaillé pendant quelques années pour une importante firme d'ingénieurs, il décide de fonder sa propre entreprise. Voici les opérations effectuées au cours du premier mois d'exploitation :

1er août	Dépôt par Denis Dicaire d'une somme de 25 000 $ dans un compte ouvert au nom de l'entreprise à la Caisse Desjardins.
2 août	Acquisition d'une propriété au prix de 110 000 $, moyennant l'émission d'un chèque (n° 1) de 20 000 $ et la prise en charge d'un emprunt hypothécaire remboursable par versements mensuels de 375 $ en capital plus les intérêts au taux de 8 % à compter du 31 août. La valeur attribuée au terrain est de 15 000 $, tandis que l'immeuble est évalué à 95 000 $.
2 août	Émission d'un chèque (n° 2) de 500 $ en paiement d'une annonce publicitaire parue dans le quotidien local.
3 août	Acquisition à crédit de matériel de bureau d'une valeur de 5 000 $ pour la modique somme de 4 000 $.
4 août	Acquisition d'une Jeep d'occasion au prix de 8 500 $. Denis Dicaire émet un chèque personnel pour l'acquisition de ce véhicule à l'usage exclusif de l'entreprise.
5 août	Acquisition à crédit de fournitures de bureau au prix de 150 $.
10 août	Encaissement et dépôt d'honoraires perçus de clients pour services rendus totalisant 1 500 $.
12 août	Émission d'un chèque (n° 3) de 2 000 $ en règlement partiel de la dette relative au matériel de bureau.
18 août	Services professionnels rendus à crédit pour un montant de 2 500 $.
21 août	Embauche d'une secrétaire à la réception, dont le salaire hebdomadaire est fixé à 350 $.
28 août	Émission d'un chèque (n° 4) de 350 $ au nom de la secrétaire à la réception.
30 août	Retrait par le propriétaire d'une somme de 1 750 $ de la Caisse Desjardins pour régler son compte Visa, lequel comporte uniquement des dépenses personnelles.
31 août	Prélèvement par la Caisse Desjardins du premier versement sur l'hypothèque. La somme de 975 $ comprend le capital et les intérêts ; elle est prélevée directement du compte de l'entreprise.

TRAVAIL À FAIRE

a) Inscrivez les opérations du mois d'août dans les comptes en T suivants : Caisse Desjardins, Clients, Fournitures de bureau, Terrain, Immeuble, Camion, Matériel de bureau, Fournisseurs, Emprunt hypothécaire, Denis Dicaire – Capital, Denis Dicaire – Apports, Denis Dicaire – Retraits, Honoraires professionnels, Intérêts sur emprunt hypothécaire, Publicité et Salaires.

b) Établissez la balance de vérification de Denis Dicaire, ingénieur, au 31 août 20X9.

 Total des débits : 129 275 $

P2 L'enregistrement des opérations dans le journal général

❸

40 minutes – facile

Les opérations suivantes ont été effectuées par Machines à boules enr. au cours du mois de juin 20X2 :

1er juin	Dépôt par Alain Boulé d'une somme de 8 500 $ dans un compte en banque ouvert au nom de l'entreprise, Machines à boules enr.
2 juin	Paiement du loyer mensuel de 500 $.

4 juin	Acquisition de diverses machines à boules au prix de 9 000 $. La moitié de cette somme est versée au comptant et le solde est dû dans 60 jours.
7 juin	Dépôt des recettes de la semaine totalisant 1 250 $.
10 juin	Paiement de la diffusion d'annonces publicitaires à la radio étudiante s'élevant à 100 $.
14 juin	Dépôt des recettes de la semaine totalisant 1 450 $.
15 juin	Paiement du salaire de l'employé à temps partiel d'un montant de 375 $.
16 juin	Retrait d'une somme de 500 $ effectué par le propriétaire.
21 juin	Dépôt des recettes de la semaine totalisant 1 650 $.
23 juin	Paiement d'une somme de 175 $ pour des réparations effectuées à une machine à boules endommagée lors d'une bagarre entre étudiants.
23 juin	Promesse de Jean-Perd Laboulle de rembourser la somme de 75 $ dès la semaine suivante ; il a joué tout l'après-midi à crédit.
25 juin	Dépôt d'une somme de 100 $ reçue en échange d'un chèque-cadeau. [Utilisez le compte Produits reçus d'avance.]
28 juin	Dépôt des recettes de la semaine totalisant 1 550 $.
29 juin	Max Nixon, qui a reçu un chèque-cadeau de 100 $, est venu jouer avec un ami. Il réussit à flamber les trois quarts de cette somme.
30 juin	Réception du compte de téléphone d'un montant de 55 $.
30 juin	Paiement du salaire de l'employé à temps partiel d'un montant de 425 $.
30 juin	Retrait d'une somme de 500 $ effectué par le propriétaire.

Voici le plan comptable qu'a adopté l'entreprise :

Caisse	*1*	*Produits de location*	*51*
Clients	*11*	*Entretien et réparations*	*61*
Équipements récréatifs	*21*	*Loyer*	*63*
Fournisseurs	*31*	*Publicité*	*65*
Produits reçus d'avance	*32*	*Salaires*	*68*
A. Boulé – Capital	*41*	*Téléphone*	*69*
A. Boulé – Retraits	*43*		

TRAVAIL À FAIRE

Passez les écritures de journal requises pour enregistrer les opérations du mois de juin dans le journal général.

P3 **L'enregistrement des opérations dans le journal général, le report dans les comptes en T et l'établissement d'une balance de vérification**

45 minutes – facile

Sheilla Myre a ouvert son propre bureau d'architectes le 1er avril 20X6. Avec l'aide d'une amie CPA, elle a établi le plan comptable suivant pour son entreprise :

Caisse	*1*	*Sheilla Myre – Capital*	*41*
Honoraires à recevoir	*5*	*Sheilla Myre – Apports*	*42*
Fournitures de dessin	*15*	*Honoraires gagnés*	*51*
Matériel de bureau et de dessin	*21*	*Fournitures de dessin utilisées*	*61*
Fournisseurs	*31*	*Loyer*	*62*
Honoraires reçus d'avance	*36*	*Salaires*	*63*

Voici les opérations qu'a effectuées l'entreprise au cours du premier mois d'exploitation :

1er avril	Investissement d'une somme de 20 000 $, ainsi que de fournitures de dessin et de matériel de bureau et de dessin ayant respectivement une juste valeur de 250 $ et de 6 000 $.
1er avril	Embauche d'une secrétaire à la réception, dont le salaire mensuel est fixé à 1 600 $. La moitié de ce salaire sera versée le 15 du mois et le solde, le dernier jour du mois.
2 avril	Paiement du loyer mensuel de 750 $.
3 avril	Acquisition à crédit de fournitures de dessin au prix de 1 450 $ chez Exacto inc.
5 avril	Signature d'un contrat pour la conception des plans d'une résidence, pour des honoraires estimés à 2 500 $.
9 avril	Livraison à Kim Larousse des plans terminés ; une facture de 2 300 $ lui est alors remise.
12 avril	Réception d'une somme de 300 $ de Fernand Ratté à titre d'acompte sur le plan d'un aménagement paysager qui sera conçu au cours de la semaine suivante.
15 avril	Paiement du salaire de la secrétaire à la réception.
16 avril	Acquisition d'une automobile au prix de 13 500 $. Sheilla Myre émet un chèque personnel pour ce véhicule à l'usage exclusif de son mari, stagiaire en pharmacologie.
22 avril	Encaissement d'une somme de 2 700 $ pour des plans remis à Construitout inc.
24 avril	Versement d'une somme de 1 000 $ à Exacto inc.
30 avril	Évaluation par Sheilla Myre d'un coût de 600 $ pour des fournitures de dessin utilisées au cours du mois.
30 avril	Paiement du salaire de la secrétaire à la réception.

TRAVAIL À FAIRE

a) Passez les écritures de journal requises pour enregistrer les opérations du mois d'avril.

b) Reportez les écritures de journal dans les comptes en T du grand livre général.

c) Établissez la balance de vérification de l'entreprise au 30 avril 20X6.

Total des débits : 32 000 $

P4 **L'enregistrement des opérations dans le journal général, le report dans les comptes en T et l'établissement d'une balance de vérification**

45 minutes – facile

Jean Neveu vient tout juste d'obtenir son diplôme de denturologiste. Il s'empresse d'ouvrir son propre cabinet, qu'il constitue sous la raison sociale de Jean Neveu, denturologiste. Voici les opérations qu'a effectuées le cabinet au cours du premier mois d'exploitation :

2 juin	Obtention par Jean Neveu d'une subvention de 10 000 $ dans le cadre du programme *Jeunes entrepreneurs* et dépôt de cette somme dans un compte en banque ouvert au nom du cabinet.
3 juin	Paiement du loyer mensuel de 700 $.
4 juin	Acquisition au comptant de matériel spécialisé d'un montant de 8 500 $ chez Mondentier ltée.
5 juin	Acquisition à crédit de fournitures dentaires totalisant 1 500 $.
8 juin	Réception et dépôt d'un chèque de 500 $ émis par Mondentier ltée à titre de rabais sur le matériel spécialisé livré le 4 juin. En effet, Jean Neveu a constaté que le matériel a été légèrement endommagé lors de la livraison.
10 juin	Prothèses dentaires remises à un client qui paie comptant la somme de 650 $.
15 juin	Paiement du salaire d'une technicienne s'élevant à 800 $.
18 juin	Prise de livraison par trois membres de la famille de Pierre Lacasse de leurs nouvelles prothèses dentaires. Celui-ci verse la somme de 1 000 $ et s'engage à rembourser le solde de 800 $ en 2 versements mensuels de 400 $ payables le 15 de chaque mois.
22 juin	Versement d'une somme de 900 $ en règlement partiel des fournitures acquises le 5 juin.

3

23 juin   Encaissement d'un total de 3 100 $ pour divers services rendus à des clients.

25 juin   Paiement des frais de publication d'une annonce publicitaire totalisant 350 $.

28 juin   Réception des comptes d'électricité et de téléphone, s'élevant respectivement à 250 $ et à 80 $.

29 juin   Retrait d'une somme de 2 000 $ effectué par le propriétaire.

30 juin   Paiement du salaire d'une technicienne totalisant 800 $.

30 juin   Jean Neveu estime que le coût des fournitures utilisées au cours du mois s'élève à 900 $.

Voici les comptes du grand livre général de l'entreprise :

Caisse	*1*	*Chiffre d'affaires*	*75*
Clients	*10*	*Électricité*	*81*
Fournitures dentaires	*15*	*Fournitures dentaires utilisées*	*84*
Matériel spécialisé	*20*	*Loyer*	*87*
Fournisseurs	*30*	*Publicité*	*89*
Jean Neveu – Capital	*51*	*Salaires*	*91*
Jean Neveu – Retraits	*54*	*Téléphone*	*93*

TRAVAIL À FAIRE

a)   Passez les écritures de journal requises pour enregistrer les opérations du mois de juin.

b)   Reportez les écritures de journal dans les comptes en T du grand livre général.

c)   Établissez la balance de vérification de l'entreprise au 30 juin 20X7.

Total des débits : 16 480 $

P5

L'enregistrement des opérations dans le journal général, le report dans les comptes en T et l'établissement d'une balance de vérification

45 minutes – moyen

Steve Lamy a ouvert un cabinet d'avocats le 6 mai 20X5. Sa sœur Mylène a établi le plan comptable suivant :

Caisse	*1*	*Steve Lamy – Apports*	*42*
Clients	*5*	*Steve Lamy – Retraits*	*43*
Fournitures de bureau	*15*	*Services juridiques*	*50*
Terrain	*21*	*Électricité*	*61*
Mobilier et équipements	*26*	*Loyer*	*62*
Fournisseurs	*31*	*Salaires*	*63*
Steve Lamy – Capital	*41*	*Téléphone*	*64*

Voici les opérations qu'a effectuées le cabinet au cours du premier mois d'exploitation :

6 mai   Vente par Steve Lamy d'une partie de ses placements personnels pour la somme de 30 000 $ et dépôt d'un montant de 22 500 $ dans un compte en banque ouvert au nom du cabinet Steve Lamy, avocat.

6 mai   Paiement du loyer de mai d'un montant de 450 $.

7 mai   Achat à crédit de fournitures de bureau au coût de 250 $ et de mobilier au prix de 3 500 $.

8 mai   Prestation de services juridiques payés comptant totalisant 1 200 $.

9 mai   Paiement du mobilier acquis le 7 mai.

12 mai	Après une brillante défense en cour, remise par Steve Lamy à Pietro Lachance d'un compte d'honoraires s'élevant à 1 850 $; ce client promet de payer cette somme avant la fin du mois.
15 mai	Paiement du salaire du secrétaire à la réception d'un montant de 825 $.
17 mai	Retrait effectué par le propriétaire pour régler des frais personnels s'élevant à 1 000 $.
20 mai	Réception d'un chèque de 500 $ de Pietro Lachance.
24 mai	Prestation de services juridiques à crédit totalisant 1 350 $.
25 mai	Paiement du compte reçu d'Hydro-Québec d'un montant de 75 $.
30 mai	Acquisition au comptant d'un terrain appartenant à la succession de R. Hipé au prix de 25 000 $ en vue d'y construire éventuellement un immeuble pour le cabinet.
30 mai	Afin d'éviter que le compte bancaire ne soit à découvert, dépôt par Steve Lamy d'une somme de 7 500 $ provenant de son compte en banque personnel.
30 mai	Paiement du compte de téléphone d'un montant de 95 $.
31 mai	Paiement du salaire du secrétaire à la réception d'un montant de 825 $.

TRAVAIL À FAIRE

a) Passez les écritures de journal requises pour enregistrer les opérations du mois de mai.

b) Reportez les écritures de journal dans les comptes en T du grand livre général.

c) Établissez la balance de vérification de l'entreprise au 31 mai 20X5.

Total des débits : 34 720 $

P6 **L'enregistrement des opérations dans le journal général, le report dans le grand livre général et l'établissement d'une balance de vérification**

45 minutes – moyen

Marquette Hing travaille à son propre compte à titre de représentante commerciale pour plusieurs petits fabricants de produits pharmaceutiques. Le grand livre général de son entreprise renferme les comptes suivants :

Caisse	1		*Marquette Hing – Capital*	40
Commissions à recevoir	6		*Marquette Hing – Retraits*	42
Fournitures de bureau	11		*Commissions gagnées*	50
Automobile	20		*Assurances*	61
Téléphones cellulaires	25		*Essence, entretien et réparations*	62
Visa à payer	31		*Frais de repas*	63
Emprunt – Automobile	35		*Téléphone*	64

Voici les opérations qu'a effectuées l'entreprise au cours du premier mois d'exploitation, soit octobre 20X0 :

2 octobre	Investissement de 500 $ au comptant, d'une automobile d'une valeur de 9 500 $ et de fournitures de bureau ayant coûté 100 $. L'entreprise prendra dorénavant en charge le paiement du solde de l'emprunt pour l'automobile, de 6 000 $.
4 octobre	Achat d'essence, payée au moyen de la carte de crédit de l'entreprise, totalisant 30 $.
5 octobre	Acquisition de téléphones cellulaires au prix de 1 800 $. Une somme de 300 $ est versée comptant et le solde est porté à la carte de crédit de l'entreprise.
8 octobre	Dépôt d'un chèque de 350 $ représentant les commissions sur les ventes effectuées pour une entreprise pharmaceutique.
12 octobre	Paiement au comptant d'une facture de 95 $ pour une vidange d'huile et un plein d'essence.
13 octobre	Acquisition de fournitures de bureau, payées au moyen de la carte de crédit de l'entreprise, totalisant 60 $.

17 octobre	Dépôt d'un chèque de 1 500 $ représentant les commissions sur les ventes effectuées pour une entreprise pharmaceutique.
18 octobre	Versement d'un acompte s'élevant à 1 000 $ sur la carte de crédit de l'entreprise.
23 octobre	Prélèvement effectué par la banque pour payer la prime d'assurance de l'entreprise d'un montant de 125 $.
28 octobre	Paiement de factures d'essence totalisant 175 $.
29 octobre	Retrait d'une somme de 265 $ pour l'ensemble des repas consommés au cours du mois dans le cours normal des affaires.
30 octobre	Réception d'une télécopie de la société Pillulex ltée confirmant que Marquette Hing a gagné des commissions totalisant 1 250 $ au cours du mois. Un chèque sera posté au début de novembre.
31 octobre	Paiement du compte de téléphone d'un montant de 185 $.
31 octobre	Retrait d'une somme de 200 $ effectué par la propriétaire pour régler des frais personnels.

TRAVAIL À FAIRE

a) Passez les écritures de journal requises pour enregistrer les opérations du mois d'octobre.

b) Reportez les écritures de journal dans les comptes du grand livre général établis de manière à déterminer le solde après chaque opération.

c) Établissez la balance de vérification de Marquette Hing enr. au 31 octobre 20X0.

Total des débits : 13 790 $

P7

45 minutes – moyen

L'enregistrement des opérations dans le journal général, le report dans le grand livre général et l'établissement d'une balance de vérification

Sinay File est fin prêt pour le début du nouvel exercice financier de son entreprise, Ciné-Parc Lanaudière inc. Voici la balance de vérification de l'entreprise au 30 avril 20X2 :

CINÉ-PARC LANAUDIÈRE INC.
Balance de vérification
au 30 avril 20X2

Nº		Débit	Crédit
1	Caisse	10 000 $	
4	Redevances à recevoir		
7	Fournitures d'entretien	1 475	
11	Terrain	65 000	
12	Immeubles et écran géant	55 000	
14	Équipements de projection	25 000	
31	Fournisseurs		6 475 $
45	Emprunt hypothécaire		95 000
51	Actions ordinaires		55 000
61	Billets d'entrée vendus		
62	Redevances des concessions		
70	Frais d'entretien		
71	Frais de surveillance		
74	Location de films		
78	Publicité		
81	Salaires		
		156 475 $	156 475 $

Voici les opérations qu'a effectuées l'entreprise au cours du mois de mai :

1er mai   Signature d'un contrat pour la location des installations de restauration, en vertu duquel Ciné-Parc Lanaudière inc. recevra une redevance égale à 20 % des recettes brutes réalisées par la locataire, Mylène Tardif. Celle-ci s'engage à verser la redevance convenue au plus tard cinq jours après la fin du mois.

2 mai   Acquisition des droits de projection des films *Les Boys XII* et *Le vampire contre-attaque* pour la somme de 8 000 $. Ces deux films seront à l'affiche pendant deux semaines. Une somme de 3 000 $ est versée au comptant et le solde est dû le 15 mai.

2 mai   Envoi d'une télécopie en vue d'obtenir les droits de projection des films *Astérix I* et *Astérix II*, que l'on désire mettre à l'affiche au cours des trois dernières semaines de mai. Ces droits devraient coûter 10 000 $.

3 mai   Versement d'une somme de 1 500 $ à une agence de sécurité pour les services d'un agent pour le mois de mai.

4 mai   Encaissements relatifs aux entrées de la première fin de semaine, totalisant 4 875 $.

6 mai   Paiement du solde des comptes des fournisseurs en date du 30 avril.

10 mai   Encaissements relatifs aux entrées de la deuxième fin de semaine, totalisant 4 225 $.

15 mai   Paiement du solde dû pour les films *Les Boys XII* et *Le vampire contre-attaque*.

15 mai   Acquisition des droits de projection des films *Astérix I* et *Astérix II* pour la somme de 9 500 $. Une somme de 5 000 $ est versée au comptant et le solde est dû le 3 juin.

17 mai   Encaissements relatifs aux entrées de la fin de semaine, totalisant 6 175 $.

24 mai   Encaissements relatifs aux entrées de la fin de semaine, totalisant 4 250 $.

31 mai   Encaissements relatifs aux entrées de la fin de semaine, totalisant 3 500 $.

31 mai   Paiement des salaires du personnel, s'élevant à 2 900 $, et des frais d'entretien du mois, totalisant 820 $.

31 mai   Réception de la facture de publicité du mois, d'un montant de 1 500 $.

31 mai   Réception du rapport de Mylène Tardif indiquant que les recettes brutes du mois de mai s'élèvent à 12 500 $.

TRAVAIL À FAIRE

a) Inscrivez le solde des comptes figurant dans la balance de vérification de l'entreprise dans des comptes avec solde après chaque opération.

b) Passez les écritures de journal requises pour enregistrer les opérations du mois de mai.

c) Reportez les écritures de journal dans les comptes du grand livre général établis de manière à déterminer le solde après chaque opération.

d) Établissez la balance de vérification de Ciné-Parc Lanaudière inc. au 31 mai 20X2.

Total des débits : 181 525 $

P8 L'établissement des états financiers à partir d'une balance de vérification

30 minutes – facile

Rémi Vennes est propriétaire d'un service d'entretien paysager dont voici la balance de vérification au 31 octobre 20X8, date de la fin de l'exercice financier de l'entreprise :

ENTRETIEN PAYSAGER POUSSE VAIRE ENR.
Balance de vérification
au 31 octobre 20X8

	Débit	Crédit
Caisse	150 $	
Clients	275	
Fournitures de jardinage	492	
Équipements	1 898	
Emprunt bancaire		1 000 $
Fournisseurs		350
Intérêts à payer		100
Rémi Vennes – Capital au 1er novembre 20X7		625
Rémi Vennes – Apports		500
Rémi Vennes – Retraits	20 000	
Services d'entretien paysager		92 425
Assurances	1 395	
Essence, entretien et réparations	1 590	
Fournitures de jardinage utilisées	16 500	
Intérêts et frais bancaires	325	
Location d'une camionnette	4 700	
Location du terrain	5 200	
Publicité	1 800	
Salaires et charges sociales	38 700	
Taxes	1 350	
Téléphone	625	
	95 000 $	95 000 $

TRAVAIL À FAIRE

Établissez les états financiers (résultats, capitaux propres et bilan) de l'entreprise pour l'exercice financier terminé le 31 octobre 20X8.

Capital à la fin : 1 365 $

L'établissement des états financiers à partir d'une balance de vérification

Geneviève Piché est actionnaire unique d'un centre de photocopie dont voici la balance de vérification au 31 décembre 20X2, date de la fin de l'exercice financier de l'entreprise :

30 minutes – facile

CENTRE DE PHOTOCOPIE DU COLLÈGE INC.
Balance de vérification
au 31 décembre 20X2

	Débit	Crédit
Caisse	90 $	
Clients	375	
Photocopieurs	33 170	
Mobilier	4 100	
Aménagement du local	2 500	
Fournisseurs		22 775 $
Intérêts à payer		200
Emprunt hypothécaire (échéant en 20X3)		3 500
Actions ordinaires		16 500
Dividendes	2 000	
Bénéfices non répartis		
Services rendus		89 505
Papiers utilisés	56 025	
Entretien et réparations	1 485	
Intérêts sur emprunt hypothécaire	325	
Loyer	11 500	
Publicité	650	
Salaires et charges sociales	18 935	
Taxes	750	
Téléphone	575	
	132 480 $	132 480 $

TRAVAIL À FAIRE

Établissez les états financiers (résultats, capitaux propres et bilan) de l'entreprise pour l'exercice financier terminé le 31 décembre 20X2.

Total de l'actif : 40 235 $

L'établissement des états financiers

25 minutes – moyen

Voici, présentés pêle-mêle, les comptes du grand livre général du Cirque de la lune enr.
au 31 décembre 20X0 :

Bo Zo – Retraits	*28 000 $*
Clients	*2 900*
Salaires	*82 000*
Tentes et roulottes	*61 000*
Billets d'entrée vendus	*195 000*
Équipements	*29 000*
Bo Zo – Apports	*3 000*
Location de camions	*32 000*
Fournisseurs	*1 100*
Électricité et chauffage	*4 500*
Effets à payer (à long terme)	*28 000*
Publicité	*28 000*
Bo Zo – Capital	*75 000*
Entretien et réparations	*20 200*
Caisse	*14 500*

TRAVAIL À FAIRE

Établissez les états financiers (résultats, capitaux propres et bilan) de l'entreprise pour l'exercice
financier terminé le 31 décembre 20X0.

 Total de l'actif : 107 400 $

P11 **L'établissement des états financiers**

35 minutes – difficile

Voici, pêle-mêle, la liste de tous les comptes de Consultex enr., firme de consultation en tous
genres pour les entreprises de la région du Bas-Saint-Laurent :

Taxes municipales à payer	*8 300 $*
Banque	*8 000*
Matériel de bureau	*11 000*
Fournisseurs	*?*
Annick Déziel – Capital au 1er décembre 20X1	*165 900*
Immeubles	*148 000*
Intérêts sur la dette à long terme	*3 000*
Annick Déziel – Retraits	*13 000*
Honoraires de consultation – Marketing	*62 000*
Publicité	*15 500*
Terrain	*20 000*
Placements à court terme	*25 000*
Intérêts à payer	*500*
Emprunt hypothécaire	*40 000*
Clients	*14 000*
Honoraires de consultation – Comptabilité	*51 000*
Honoraires de consultation – Gestion financière	*43 000*
Téléphone	*1 000*
Effet à payer (à court terme)	*9 000*
Effet à recevoir (à court terme)	*19 000*
Fournitures de bureau	*2 500*
Certificats de dépôt (échéant dans 60 jours)	*25 000*
Frais divers	*19 500*
Matériel informatique	*27 000*
Salaires des employés	*64 000*
Intérêts et frais bancaires	*1 200*

TRAVAIL À FAIRE

Établissez les états financiers (résultats, capitaux propres et bilan) de l'entreprise pour l'exercice financier terminé le 30 novembre 20X2.

Total de l'actif : 299 500 $

P12 ### Le cycle comptable complet

60 minutes – moyen

Le 1er juin 20X7, Pat Laforce a fondé une entreprise de déménagement. Les opérations suivantes ont été effectuées en juin :

1er juin	Somme de 270 000 $ déposée par Pat Laforce dans un compte en banque ouvert au nom de l'entreprise Laforce Express enr.
4 juin	Achat au comptant d'une propriété au prix de 156 000 $, dont 30 000 $ pour le terrain et 126 000 $ pour l'immeuble.
5 juin	Achat de trois camions au prix de 40 000 $ chacun. Une somme de 50 000 $ est versée au comptant et le solde doit être acquitté avant le 22 juillet.
6 juin	Achat au comptant de matériel de bureau au prix de 4 800 $.
6 juin	Déménagement pour le compte d'un client au prix convenu de 2 500 $. La somme de 1 000 $ est payable au comptant et le solde est dû dans 30 jours.
11 juin	Déménagement pour le compte de divers clients au prix convenu de 11 800 $. La somme de 4 400 $ est payable au comptant et le solde est dû dans 30 jours.
15 juin	Salaires de 5 000 $ versés au personnel pour la période du 1er au 15 juin.
23 juin	Déménagement pour le compte de divers clients au prix convenu de 6 480 $, payables entièrement au comptant.
30 juin	Salaires de 5 800 $ versés au personnel pour la période du 16 au 30 juin.
30 juin	Facture de 6 200 $ reçue pour l'essence consommée en juin. Ce compte doit être réglé avant le 10 juillet.
30 juin	Facture de 300 $ reçue pour des réparations effectuées en juin.
30 juin	Retrait en argent de 1 500 $ effectué par Pat Laforce pour son usage personnel.

Voici la liste des comptes de l'entreprise :

Caisse	1	*Pat Laforce – Capital*	50
Clients	3	*Pat Laforce – Retraits*	51
Terrain	5	*Produits de déménagements*	62
Immeuble	7	*Salaires*	70
Camions	10	*Essence*	72
Matériel de bureau	13	*Entretien et réparations*	74
Fournisseurs	30		

TRAVAIL À FAIRE

a) Passez les écritures de journal requises pour enregistrer les opérations du mois de juin. Numérotez les pages du journal et inscrivez ces numéros dans la colonne Folio des comptes du grand livre général lors du travail de report.

b) Reportez les écritures de journal dans des comptes avec solde après chaque opération. Inscrivez, dans la colonne Folio du journal, les numéros des comptes du grand livre général.

c) Dressez la balance de vérification au 30 juin 20X7.

Total des débits : 367 280 $

d) Établissez l'état des résultats de Laforce Express enr. pour le mois de juin 20X7 et le bilan au 30 juin 20X7.

P13

Le cycle comptable complet

60 minutes – difficile

Pam Liu a ouvert son cabinet d'expertise comptable le 1er mars 20X1. Voici les opérations effectuées au cours du mois de mars :

1er mars	Dépôt par Pam Liu d'une somme de 15 000 $ dans un compte en banque ouvert au nom de son cabinet d'expertise comptable.
1er mars	Paiement du loyer de mars d'un montant de 950 $.
2 mars	Achat au comptant de matériel de bureau au prix de 6 700 $.
3 mars	Signature d'un contrat en vertu duquel Pam Liu s'engage, moyennant des honoraires mensuels de 500 $, à rendre des services à Brandex.
3 mars	Encaissement des honoraires de Brandex pour le mois de mars.
15 mars	Honoraires des 15 premiers jours de mars (à l'exception de la somme reçue de Brandex) : 2 000 $, dont 750 $ reçus comptant et le reste (1 250 $), recouvrable plus tard.
15 mars	Somme de 2 000 $ versée à Gregory Joseph à titre de salaire pour la première moitié du mois de mars.
16 mars	Prélèvement de 975 $ effectué par Pam Liu pour son usage personnel.
19 mars	Travaux effectués pour le compte de Brandex totalisant 500 $.
27 mars	Travaux effectués pour Claire Léger, qui a versé la somme de 25 $. Elle s'est aussi engagée à verser 75 $ le 1er avril pour payer le solde des honoraires demandés.
31 mars	Honoraires des deux dernières semaines du mois (à l'exception des sommes reçues ou à recevoir de Mme Léger) : 4 200 $, dont 2 000 $ reçus au comptant et le reste (2 200 $), recouvrable plus tard.
31 mars	Facture de 450 $ reçue pour les fournitures de bureau utilisées durant le mois.
31 mars	Paiement des comptes d'électricité et de téléphone du mois, s'élevant respectivement à 350 $ et à 95 $.
31 mars	Somme de 2 000 $ versée à Gregory Joseph à titre de salaire pour la seconde moitié du mois de mars.
31 mars	Retrait de 1 400 $ effectué par Pam Liu pour son usage personnel.

Voici le plan comptable qu'a adopté l'entreprise :

Caisse	*10*	*Honoraires professionnels*	*49*
Clients	*13*	*Fournitures de bureau utilisées*	*50*
Matériel de bureau	*20*	*Loyer*	*51*
Fournisseurs	*31*	*Salaires*	*52*
Pam Liu – Capital	*40*	*Électricité*	*53*
Pam Liu – Retraits	*41*	*Téléphone*	*54*

TRAVAIL À FAIRE

a) Passez les écritures de journal requises pour enregistrer les opérations de mars.

b) Reportez les écritures de journal dans des comptes avec solde après chaque opération.

c) Dressez une balance de vérification au 31 mars 20X1.

Total des débits : 22 250 $

d) Établissez l'état des résultats de mars et le bilan du cabinet de Pam Liu, CPA au 31 mars 20X1.

3

30 minutes – moyen

L'analyse d'erreurs commises lors de l'enregistrement des opérations

Jay Lennox est propriétaire d'un garage spécialisé dans la réparation de voitures importées. Son entreprise existe depuis cinq ans. M. Lennox avait à son service une comptable d'expérience, qui a dû partir pour des raisons personnelles. M. Lennox a donc dû engager rapidement un personnage qui se disait comptable. Voici les opérations et les écritures qui ont été faites pendant le mois où ce supposé comptable a été au service de M. Lennox, soit le premier mois du nouvel exercice financier de Voiturex enr. :

4 avril   Paiement d'un billet à payer d'un montant de 5 200 $ pour du matériel qui avait été acheté le 19 janvier 20X0.

| Fournisseurs | 5 200 | |
| Caisse | | 5 200 |

6 avril   Réception de 2 000 $ de la part de clients pour des services rendus en février 20X0.

| Caisse | 2 000 | |
| Produits de réparations | | 2 000 |

7 avril   Enregistrement des réparations effectuées la première semaine d'avril, dont 1 500 $ au comptant et 550 $ à crédit.

Produits de réparations	2 050	
Caisse		1 500
Clients		550

9 avril   Achat d'un ordinateur d'occasion d'une valeur de 250 $. Jay Lennox l'a acheté chez l'un de ses bons amis, qui le lui a cédé pour 210 $, payés au comptant.

Matériel de bureau	250	
Caisse		210
Jay Lennox – Capital		40

14 avril   Enregistrement des réparations effectuées la deuxième semaine d'avril, dont 2 770 $ au comptant et 580 $ à crédit.

| Caisse | 3 350 | |
| Produits de réparations | | 3 350 |

19 avril   Achat d'une voiture d'occasion par Jay Lennox. Ce dernier a effectué un retrait de 8 500 $ pour la payer.

| Automobile | 8 500 | |
| Caisse | | 8 500 |

21 avril   Enregistrement des réparations effectuées la troisième semaine d'avril, dont 270 $ au comptant et 3 010 $ à crédit.

Clients	*3 280*	
Produits de réparations		*3 280*

25 avril   Réception d'un état de compte, provenant d'une carte de crédit utilisée par Jay Lennox pour son usage personnel, d'un montant de 380 $.

Charges diverses	*380*	
Fournisseurs		*380*

28 avril   Enregistrement des réparations effectuées la quatrième semaine d'avril, dont 2 440 $ au comptant et 870 $ à crédit.

Caisse	*2 440*	
Clients	*870*	
Produits de réparations		*3 310*

29 avril   Renvoi du supposé comptable et embauche d'un remplaçant (vous).

TRAVAIL À FAIRE

Pour chacune des opérations, apportez les corrections nécessaires et dites pourquoi on doit les effectuer.

LES ÉTATS FINANCIERS D'UNE PETITE ENTREPRISE

BEAUTEINT ENR.[1]
Mme Jeannette Laframboise
100, rue Principale
Enville (Québec)
K7K 7K7

RAPPORT DE MISSION D'EXAMEN

J'ai procédé à l'examen du bilan de BEAUTEINT ENR. au 31 décembre 20X3 ainsi que des états des résultats, des capitaux propres et des flux de trésorerie de l'exercice terminé à cette date. Mon examen a été effectué conformément aux normes d'examen généralement reconnues du Canada et a donc consisté essentiellement en prises de renseignements, procédés analytiques et discussions portant sur les renseignements qui m'ont été fournis par la propriétaire.

Un examen ne constitue pas un audit et, par conséquent, je n'exprime pas une opinion d'audit sur ces états financiers.

Au cours de mon examen, je n'ai rien relevé qui me porte à croire que ces états financiers ne sont pas conformes, dans tous leurs aspects significatifs, aux principes comptables généralement reconnus du Canada.

LECONTE HANTAY, CPA auditeur, CGA
Comptable professionnel agréé auditeur, comptable général accrédité

Enville,
le 10 février 20X4

---

1. La propriétaire a accepté que nous utilisions ses états financiers, à la condition expresse de changer le nom de l'entreprise et celui du comptable professionnel qui les a dressés.

BEAUTEINT ENR. **RÉSULTATS**
DE L'EXERCICE TERMINÉ LE 31 DÉCEMBRE

	20X3	20X2
CHIFFRE D'AFFAIRES (NET)	87 495	91 830 $
COÛT DES VENTES		
Stock au début	11 046	10 482
Achats	29 184	33 247
Coût des marchandises disponibles à la vente	40 230	43 729
Moins : Stock de clôture	9 839	11 046
	30 391	32 683
MARGE BÉNÉFICIAIRE BRUTE	57 104	59 147
FRAIS D'EXPLOITATION		
Salaires et avantages sociaux	13 783	15 874
Assurances	1 701	789
Cotisations	175	327
Entretien du salon	1 491	797
Frais de voyage et de représentation	2 508	3 911
Intérêts et frais bancaires	2 626	2 139
Loyer	6 849	7 336
Papeterie et frais de bureau	1 532	1 173
Perfectionnement et formation des employés	248	1 636
Publicité	4 998	4 535
Taxes municipales	120	142
Téléphone	1 515	1 637
Amortissements	2 767	3 058
	40 313	43 354
BÉNÉFICE D'EXPLOITATION	16 791	15 793 $

BEAUTEINT ENR. **CAPITAUX PROPRES**
DE L'EXERCICE TERMINÉ LE 31 DÉCEMBRE

	20X3	20X2
CAPITAL AU DÉBUT DE L'EXERCICE	1 257	2 926 $
PLUS : BÉNÉFICE NET DE L'EXERCICE	16 791	15 793
	18 048	18 719
MOINS : RETRAITS	14 618	17 462
CAPITAL À LA FIN DE L'EXERCICE	3 430	1 257 $

« Non audité – voir Rapport de mission d'examen »

CHAPITRE 4

La taxe sur les produits et services et la taxe de vente du Québec

PLAN DU CHAPITRE

Un aperçu général des régimes de taxation canadien et québécois..............138
La comptabilisation de la TPS et de la TVQ lors de la prestation
de services..140
Le recouvrement et la comptabilisation du CTI et du RTI............................140
La production du formulaire de déclaration...142
La présentation au bilan...145
Les taxes provinciales ailleurs au Canada...145
Synthèse du chapitre 4 146
Activités d'apprentissage 147

OBJECTIFS D'APPRENTISSAGE

Au terme de ce chapitre, vous pourrez :

1 décrire les règles générales d'application de la taxe sur les produits et services (TPS) et de la taxe de vente du Québec (TVQ) ;

2 expliquer l'incidence de la TPS et de la TVQ sur la comptabilisation des opérations d'une entreprise ;

3 remplir le formulaire de déclaration qui doit être produit conjointement pour Revenu Québec et l'Agence du revenu du Canada (ARC) ;

4 présenter au bilan les soldes des différents comptes relatifs à la TPS et à la TVQ ;

5 apprécier les différences entre la TVQ et les taxes de vente provinciales ailleurs au Canada.

Dans les chapitres précédents, nous avons fait abstraction de la réalité que constituent les taxes, en toute connaissance de cause. En effet, nous avons présenté les opérations effectuées par Hu-Aissbé enr. sans tenir compte des taxes. Or, nous vivons dans un monde où les taxes font partie de notre quotidien. Dans ce chapitre, nous aborderons donc la TPS et la TVQ. Comme notre objectif n'est pas de former des spécialistes de la taxation, nous nous contenterons de dresser un portrait général de ces deux taxes. Nous expliquerons comment l'entreprise doit comptabiliser les taxes qu'elle perçoit de ses clients et celles qu'elle paie à ses fournisseurs.

Nous vivons dans un monde où les taxes font partie de notre quotidien.

》FIGURE 4.1 **LES CALCULS EFFECTUÉS SUR LE FORMULAIRE DE DÉCLARATION** *(suite)*

REVENU QUÉBEC

Taxe sur les produits et services, taxe de vente harmonisée et taxe de vente du Québec

■✦■ Agence du revenu du Canada   Canada Revenue Agency

LES ÉDITIONS DU SOLEIL LEVANT

0069 01
Numéro de compte TPS :
Numéro d'entreprise
du Québec (NEQ) :
Numéro d'identification :1006643376
Dossier : TQ0001
Date : 20X0-03-21

Déclaration de la TPS/TVH et de la TVQ

Période de déclaration

TPS/TVH	du 20X0-01-01 au 20X0-03-31
TVQ	du 20X0-01-01 au 20X0-03-31

Remboursement de TPS/TVH | | Solde de TPS/TVH à remettre | 250 | 00

Remboursement de TVQ | | Solde de TVQ à remettre | 498 | 75

Conservez cette partie pour vos dessiers.   **N'attachez rien au bordereau paiement**   FPZ-500 (2012-02)

REVENU QUÉBEC   ■✦■ Agence du revenu du Canada   Canada Revenue Agency   **Bordereau de paiement**   FPZ-500 (2012-02)

Numéro de compte TPS

Numéro d'identification : 1006643376
Dossier : TQ0001
N° de validation :

Périodes de déclaration
TPS/TVH   du 20X0-01-01   au 20X0-03-31
TVQ   du 20X0-01-01   au 20X0-03-31

Date d'échéance 🔳

AAAA MM JJ

LES ÉDITIONS DU SOLEIL LEVANT

101 – Fournitures (chiffre d'affaires)	111 – Autres remboursements de TPS/TVH	105 – **TPS/TVH** exigible et redressements	205 – **TVQ** exigible et redressements	**Remboursement demandé**
15 000,00		750,00	1 496,25	
	211 – Autres remboursements de TVQ	108 – CTI et redressements	208 – RTI et redressements	**Solde à remettre**
		500,00	997,50	748,75
		113 – TPS/TVH à payer ou remb.	213 – TVQ nette à payer ou remb.	
Retournez à		250,00	498,75	

Signature
x *Marie-Soleil Dugal*
Je déclare que ces renseignements sont exacts et complets.

Date
10 avril 20X0

Ind. rég. Téléphone
987 654-3210

Formulaire prescrit – Président-directeur général

⑊"009781⑊" ⊦ :98320 ⑊815⦂   96

Source : Agence du revenu du Québec. Autorisation du Centre de services partagés, Québec.

La fréquence de production du formulaire de déclaration

La fréquence de production du formulaire de déclaration dépend de la valeur des ventes annuelles, comme le montre le tableau 4.3.

TABLEAU 4.3 | **LES PÉRIODES DE DÉCLARATION DE LA TPS ET DE LA TVQ**

Valeur des ventes annuelles	Période de déclaration attribuée	Période de déclaration possible
Ventes ≤ 1 500 000 $	Annuelle	Mensuelle ou trimestrielle
Ventes > 1 500 000 $ ≤ 6 000 000 $	Trimestrielle	Mensuelle
Ventes > 6 000 000 $	Mensuelle	Aucun autre choix

LA PRÉSENTATION AU BILAN

Bien que les comptes CTI à recouvrer et RTI à recouvrer représentent de véritables éléments d'actif, ainsi que nous les avons définis au chapitre 1, la **pratique courante veut que ces comptes soient présentés dans la section du passif à court terme**[3] afin de bien faire ressortir le montant net dû au gouvernement. À titre d'exemple, nous présentons ci-après un extrait du bilan des Éditions du soleil levant avant la production de la déclaration présentée dans la figure 4.1 (*voir les pages 143 et 144*).

LES ÉDITIONS DU SOLEIL LEVANT
Bilan partiel
au 31 mars 20X0

Passif à court terme		
Fournisseurs		950 $
Taxe sur les produits et services	750 $	
Crédit de taxe sur les intrants	(500)	
Taxe de vente du Québec	1 496	
Remboursement de la taxe sur les intrants	(997)	749
Tranche de la dette à long terme échéant à court terme		1 000
Total du passif à court terme		2 699 $

LES TAXES PROVINCIALES AILLEURS AU CANADA

Il serait inapproprié de conclure ce chapitre sans jeter un bref regard sur les taxes provinciales ailleurs au pays. Puisqu'il appartient à chaque province de légiférer en matière de taxes provinciales, il n'est pas étonnant de constater des écarts importants entre les taux de la taxe de vente. Le tableau 4.4 (*voir la page 146*) présente ces différences.

---

3. Dans le cas moins fréquent où le total des RTI et des CTI à recouvrer excéderait le total de la TPS et de la TVQ à payer, le montant net correspondant à un montant à recevoir du gouvernement, ces comptes seraient présentés dans la section de l'actif à court terme.

TABLEAU 4.4 | **LE TAUX DE LA TAXE DE VENTE PAR PROVINCE**

Province	Taux	Calculé sur le
Colombie-Britannique	7 %	Prix de vente avant taxes
Alberta	0 %	
Saskatchewan	5 %	Prix de vente avant taxes
Manitoba	8 %	Prix de vente avant taxes
Québec	9,975 %	Prix de vente avant taxes

Après entente avec le gouvernement fédéral, l'Ontario, le Nouveau-Brunswick, l'Île-du-Prince-Édouard, la Nouvelle-Écosse ainsi que Terre-Neuve-et-Labrador ont plutôt opté pour une taxe de vente harmonisée. La **taxe de vente harmonisée** (TVH) s'applique sur la même base que la TPS. Son taux est de 13 % en Ontario, au Nouveau-Brunswick et à Terre-Neuve-et-Labrador, de 14 % à l'Île-du-Prince-Édouard et de 15 % en Nouvelle-Écosse) ; un premier 5 % représente le pourcentage fédéral et la différence, le pourcentage des provinces participantes.

Taux de la TPS/TVH, actuels et historiques de l'Agence du revenu du Canada.

SYNTHÈSE DU CHAPITRE 4

1. La TPS se calcule au taux de 5 % sur le prix de vente. De son côté, la TVQ se calcule au taux de 9,975 %, également sur le prix de vente.

2. Afin de tenir compte des exigences des régimes de la TPS et de la TVQ, on doit comptabiliser les taxes perçues dans les comptes TPS à payer et TVQ à payer ainsi que les taxes payées admissibles dans les comptes CTI à recouvrer et RTI à recouvrer.

PROBLÈME TYPE

Pascale Létourneau est agacée. Depuis quelques heures, elle visite des boutiques de vêtements afin de se procurer un chandail très «cool». Deux de ces boutiques lui offrent un chandail identique aux prix suivants:

Boutique Monika enr.	*260 $*	*(TPS et TVQ non incluses)*
Boutique Tulla inc.	*290 $*	*(TPS et TVQ incluses)*

TRAVAIL À FAIRE

Évaluez dans quelle boutique Mme Létourneau devrait acheter son chandail.

SOLUTION DU PROBLÈME TYPE

Mme Létourneau devrait acheter son chandail à la boutique Tulla inc. En effet, elle n'y débourserait que la somme de 290 $, comparativement à 298,94 $ à la boutique Monika enr., comme en témoigne le calcul ci-dessous:

Montant avant taxes	*260,00 $*
TPS (260 $ × 5 %)	*13,00*
TVQ (260 $ × 9,975 %)	*25,94*
Montant total à verser	*298,94 $*

QUESTIONS DE RÉVISION ⓘ Solutionnaire

1. Le gouvernement du Québec taxe-t-il la TPS?

2. Qu'est-ce qu'un CTI? Qu'est-ce qu'un RTI?

3. Le propriétaire d'une petite entreprise peut-il effectuer des remises trimestrielles à Revenu Québec?

4. Pourquoi faut-il tenir des comptes distincts pour la TPS, la TVQ, les CTI et les RTI?

5. En pratique, comment présente-t-on les soldes des comptes de taxes au bilan?

6. Donnez un exemple d'un produit ou d'un service non assujetti à la TVQ.

EXERCICES

 E1   Terminologie comptable

Voici une liste de cinq sigles présentés dans ce chapitre :

- CTI
- RTI
- TPS
- TVH
- TVQ

Chacun des énoncés suivants peut servir (ou non) à décrire un de ces sigles. Pour chacun des énoncés, dites à quel sigle il correspond ou indiquez « aucun » s'il ne correspond à aucun d'entre eux.

a) Il s'agit de la taxe de vente québécoise, laquelle se calcule sur le prix de vente convenu.

b) Il s'agit de la taxe de vente fédérale applicable au Québec.

c) Il s'agit de la taxe de vente applicable au Nouveau-Brunswick.

d) Il s'agit d'un remboursement de la taxe payée en vertu du régime de la TPS.

e) Il s'agit d'un remboursement de la taxe payée en vertu du régime de la TVQ.

E2   **La détermination du montant total d'un service rendu compte tenu de la TPS et de la TVQ**

Marie-Ève Savoie requiert les services d'un avocat qui l'aidera à régler un litige avec un ex-colocataire. Cet avocat estime que ses honoraires ne devraient pas excéder 2 000 $.

Déterminez le montant que Marie-Ève devra effectivement verser à son avocat compte tenu de la TPS et de la TVQ.

E3   **La détermination du montant avant TPS et TVQ**

Lors d'une promotion, Yannick Bordeleau se procure un bien pour la somme de 250 $, taxes incluses.

Déterminez le montant que le vendeur devra inscrire en guise de produit d'exploitation.

PROBLÈMES DE COMPRÉHENSION

P1   **L'enregistrement des opérations dans le journal général compte tenu de la TPS et de la TVQ**

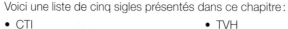

45 minutes – facile

L'entreprise Machines à boules enr. a effectué les opérations suivantes au cours du mois de juin 20X2 :

1er juin   Dépôt par Alain Boulé d'une somme de 8 500 $ dans un compte en banque ouvert au nom de l'entreprise Machines à boules enr.

2 juin   Paiement du loyer mensuel de 500 $, TPS et TVQ en sus.

4 juin   Acquisition de diverses machines à boules au prix de 9 000 $, taxes incluses. La moitié de cette somme est versée au comptant et le solde est dû dans 60 jours. Ces immobilisations serviront uniquement aux opérations commerciales.

7 juin   Dépôt des recettes de la semaine totalisant 1 250 $, TPS et TVQ en sus.

10 juin   Paiement pour la diffusion d'annonces publicitaires à la radio étudiante, s'élevant à 114,98 $.

14 juin   Dépôt des recettes de la semaine totalisant 1 450 $, taxes incluses.

15 juin   Paiement du salaire de l'employé à temps partiel, d'un montant de 375 $.

16 juin   Retrait d'une somme de 500 $ effectué par le propriétaire.

21 juin   Dépôt des recettes de la semaine totalisant 1 650 $, TPS et TVQ en sus.

23 juin   Paiement d'une somme de 175 $, TPS et TVQ en sus, pour des réparations effectuées à une machine à boules endommagée lors d'une bagarre entre étudiants.

23 juin   Promesse de Jean-Perd Laboulle, qui a joué tout l'après-midi à crédit, de rembourser une somme de 475 $ dès la semaine suivante. Ce montant comprend toutes les taxes.

4

28 juin   Dépôt des recettes de la semaine totalisant 800 $, taxes incluses.

30 juin   Réception du compte de téléphone, d'un montant de 82,63 $, taxes incluses.

30 juin   Paiement du salaire de l'employé à temps partiel, d'un montant de 425 $.

30 juin   Retrait d'une somme de 500 $ effectué par le propriétaire.

Voici le plan comptable qu'a adopté l'entreprise :

Caisse	*1*	*Alain Boulé – Capital*	*41*
Clients	*11*	*Alain Boulé – Retraits*	*43*
Équipements récréatifs	*21*	*Produits de location*	*51*
Fournisseurs	*31*	*Entretien et réparations*	*61*
TPS à payer	*32*	*Loyer*	*63*
CTI à recouvrer	*33*	*Publicité*	*65*
TVQ à payer	*35*	*Salaires*	*68*
RTI à recouvrer	*36*	*Téléphone*	*69*

TRAVAIL À FAIRE

Passez les écritures de journal requises pour enregistrer les opérations du mois de juin dans le journal général.

P2

50 minutes – moyen

L'enregistrement des opérations dans le journal général compte tenu de la TPS et de la TVQ

Max Transit a ouvert son propre bureau d'architectes le 1er avril 20X6. Avec l'aide d'une amie comptable professionnelle, il a établi le plan comptable suivant :

Caisse	*1*	*TVQ à payer*	*46*
Honoraires à recevoir	*5*	*RTI à recouvrer*	*47*
Fournitures de dessin	*15*	*Max Transit – Capital*	*51*
Matériel de bureau et de dessin	*21*	*Max Transit – Apports*	*52*
Fournisseurs	*31*	*Honoraires gagnés*	*61*
Honoraires reçus d'avance	*36*	*Loyer*	*72*
TPS à payer	*41*	*Salaires*	*73*
CTI à recouvrer	*42*		

Voici les opérations qu'a effectuées l'entreprise au cours du premier mois d'exploitation :

1er avril   Investissement d'une somme de 20 000 $, ainsi que de fournitures de dessin et de matériel de bureau et de dessin ayant respectivement une juste valeur de 250 $ et de 6 000 $. [Tenez pour acquis qu'il n'y a aucune taxe lors de l'apport de biens.]

1er avril   Embauche d'une secrétaire à la réception, dont le salaire mensuel est fixé à 2 300 $. La moitié de ce salaire sera versée le 15 du mois et le solde, le dernier jour du mois.

2 avril   Paiement du loyer mensuel de 1 050 $, TPS et TVQ en sus.

3 avril   Acquisition à crédit de fournitures de dessin au prix de 1 450 $, taxes incluses. Les fournitures ont été achetées chez Exacto inc.

5 avril   Signature d'un contrat pour la conception des plans d'une résidence, pour des honoraires estimés à 5 500 $.

9 avril   Livraison à Kim Larousse des plans terminés ; une facture de 5 500 $, toutes taxes incluses, lui est alors remise.

12 avril	Réception d'une somme de 300 $ de Fernand Ratté à titre d'acompte sur le plan d'un aménagement paysager qui sera conçu au cours de la semaine suivante. [Tenez pour acquis qu'il n'y a aucune taxe tant que les services ne sont pas effectivement rendus.]
15 avril	Paiement du salaire de la secrétaire à la réception.
16 avril	Acquisition d'une voiture d'occasion au prix de 10 000 $, TPS et TVQ en sus. Max Transit émet un chèque personnel pour ce véhicule à l'usage exclusif de son mari, stagiaire en pharmacologie.
22 avril	Encaissement d'une somme de 9 312,98 $ pour des plans remis à Construitout inc.
24 avril	Versement d'une somme de 1 000 $ à Exacto inc.
30 avril	Paiement du salaire de la secrétaire à la réception.

TRAVAIL À FAIRE

a)   Passez les écritures de journal requises pour enregistrer les opérations du mois d'avril.

b)   Déterminez le montant net à remettre à Revenu Québec en date du 30 avril.

Total dû : 1 583,23 $

P3

45 minutes – difficile

L'enregistrement des opérations dans le journal général compte tenu de la TPS et de la TVQ

Une jeune mannequine de renommée mondiale, Patricia Joly, vient tout juste d'ouvrir sa propre agence de mannequins sous le nom commercial de Joly mannequins enr. Voici les opérations qu'a effectuées l'agence au cours du premier mois d'exploitation :

2 juin	Obtention d'une subvention de 10 000 $ dans le cadre du programme *Jeunes entrepreneurs.* Patricia dépose cette somme dans un compte en banque ouvert au nom de l'agence.
3 juin	Paiement du loyer mensuel de 700 $, TPS et TVQ en sus.
4 juin	Acquisition au comptant de matériel spécialisé d'un montant de 8 500 $, toutes taxes incluses. Ces estrades démontables, acquises chez Modulex ltée, serviront exclusivement aux activités commerciales de l'entreprise.
5 juin	Acquisition à crédit de fournitures de maquillage totalisant 1 328,90 $, TPS et TVQ en sus.
10 juin	Services rendus à un client qui paie comptant la somme de 650 $, toutes taxes incluses.
15 juin	Paiement du salaire d'une secrétaire-réceptionniste à temps partiel s'élevant à 800 $.
18 juin	Services rendus à un grand couturier pour le lancement de sa collection printemps-été, d'un montant de 25 000 $, toutes taxes incluses. M. Christian Versace verse la somme de 20 000 $ et s'engage à rembourser le solde de 5 000 $ en 2 versements mensuels de 2 500 $ payables le 15 de chaque mois.
18 juin	Paiement des salaires des mannequins, d'un montant total de 15 000 $.
22 juin	Versement d'une somme de 900 $ en règlement partiel des fournitures acquises le 5 juin.
23 juin	Encaissement d'une somme de 3 100 $ pour divers services rendus à des clients, toutes taxes incluses.
25 juin	Paiement des frais de publication d'une annonce publicitaire totalisant 500 $, TPS et TVQ incluses.
28 juin	Réception des comptes d'électricité et de téléphone, s'élevant respectivement à 282,19 $ et à 90,30 $, toutes taxes incluses.
29 juin	Retrait d'une somme de 5 000 $ effectué par la propriétaire.
30 juin	Paiement du salaire d'une secrétaire-réceptionniste d'un montant de 800 $.
30 juin	Paiement des salaires des mannequins, d'un montant total de 1 500 $.

Voici les comptes du grand livre général de l'agence :

Caisse	*1*	*Patricia Joly – Capital*	*51*
Clients	*10*	*Patricia Joly – Retraits*	*54*
Fournitures de maquillage	*15*	*Chiffre d'affaires*	*75*
Matériel spécialisé	*20*	*Électricité*	*81*
Fournisseurs	*30*	*Loyer*	*87*
TPS à payer	*41*	*Publicité*	*89*
CTI à recouvrer	*42*	*Salaires – Mannequins*	*90*
TVQ à payer	*46*	*Salaires – Employée de bureau*	*91*
RTI à recouvrer	*47*	*Téléphone*	*93*

TRAVAIL À FAIRE

a) Passez les écritures de journal requises pour enregistrer les opérations du mois de juin.

b) Déterminez les montants devant figurer dans le formulaire de déclaration de TPS et de TVQ produit par l'agence en date du 30 juin.

RTI à recouvrer : 1 015,52 $

c) À l'aide des résultats obtenus en b), remplissez la feuille de calcul et le formulaire de déclaration présentés aux pages 152 et 153.

REVENU QUÉBEC

Taxe sur les produits et services, taxe de vente harmonisée et taxe de vente du Québec

Agence du revenu du Canada   Canada Revenue Agency

Calculs détaillés

Numéro de compte TPS

Numéro d'entreprise du Québec (NEQ)

Période de déclaration TPS/TVH   Période de déclaration TVQ

Numéro d'identification   Dossier

du   du

Nom

au   au

Après avoir rempli la partie 1, reportez les montants inscrits aux lignes grisées dans les cases correspondantes du bordereau de paiement de votre formulaire de déclaration. **Consultez les renseignements généraux aux pages 3 et 4.**

Total des fournitures (chiffre d'affaires) .... | 101

1 Calcul des taxes

	TPS/TVH		TVQ	
TPS/TVH exigible – TVQ exigible		103		203
Redressements de TPS/TVH[1] – Redressements de TVQ[1] +		104		204
Total de la TPS/TVH exigible et des redressements : additionnez les montants des lignes 103 et 104. **Total de la TVQ exigible et des redressements** : additionnez les montants des lignes 203 et 204. =		105		205
Crédits de taxe sur les intrants (CTI) – Remboursements de la taxe sur les intrants (RTI)		106		206
Redressements de CTI et autres redressements[1] – Redressements de RTI et autres redressements[1] +		107		207
Total des CTI et des redressements : additionnez les montants des lignes 106 et 107. **Total des RTI et des redressements** : additionnez les montants des lignes 206 et 207. =		108		208
TPS/TVH nette : montant de la ligne 105 moins celui de la ligne 108. **TVQ nette** : montant de la ligne 205 moins celui de la ligne 208. =		109		209
Autres remboursements de TPS/TVH[2] – Autres remboursements de TVQ[2] –		111		211

TPS/TVH à remettre ou remboursement : montant de la ligne 109 moins celui de la ligne 111.
TVQ à remettre ou remboursement : montant de la ligne 209 moins celui de la ligne 211.
Si vous remplissez la déclaration à la partie 2, reportez-y les montants des lignes 113 et 213 et effectuez les calculs demandés.

Si vous ne remplissez pas la déclaration à la partie 2, reportez les montants des lignes 113 et 213 aux cases correspondantes du bordereau de paiement du formulaire de déclaration. Additionnez-les en tenant compte des signes « – ». Si le résultat est positif, inscrivez-le à la case « Solde à remettre » du bordereau de paiement; si le résultat est négatif, inscrivez-le à la case « Remboursement demandé ».
Nous n'exigeons ni ne remboursons un solde de 2 $ ou moins.   = | 113 | 213

1. Voyez la partie 2 si vous faites une déclaration concernant un immeuble ou des fournitures importées.
2. Voyez à la page 4 les précisions concernant les montants à inscrire à cette ligne.

Vous devez retourner ce formulaire uniquement si vous remplissez la partie 2, « Déclaration concernant un immeuble ou des fournitures importées » à la page suivante.

2 Déclaration concernant un immeuble ou des fournitures importées

Si vous avez acquis un immeuble taxable en vue de l'utiliser ou de le fournir **principalement** dans le cadre de vos activités commerciales, vous devez inscrire le montant de la TPS/TVH payable à la ligne 114 et le montant de la TVQ payable à la ligne 214. De plus, vous devez inscrire à la partie 1 de ce formulaire les montants auxquels vous avez droit pour l'acquisition d'immeubles : le montant de CTI à la ligne 107 et celui du RTI à la ligne 207.

Si vous avez importé une fourniture taxable, soit un service ou un bien meuble incorporel acquis à l'étranger **autrement qu'exclusivement** pour la consommation, l'utilisation ou la fourniture dans le cadre d'activités commerciales, vous devez déclarer la taxe payable (TPS/TVH) à la ligne 115.

Si vous devez établir une autocotisation de la TPS/TVH et de la TVQ pour un immeuble d'habitation (fourniture à soi-même), vous devez déclarer à la partie 1, la TPS/TVH à la ligne 104 et la TVQ à la ligne 204.

Vous devez joindre ce formulaire à votre déclaration de la TPS/TVH et de la TVQ (formulaire FPZ-500), car un inscrit est tenu de déclarer cette taxe au moment où il produit sa déclaration. Si vous produisez votre déclaration par voie électronique ou si vous effectuez votre paiement à une institution financière, veuillez transmettre ce formulaire à Revenu Québec.

	TPS/TVH		TVQ	
Montant de la ligne 113 de la partie 1 – Montant de la ligne 213 de la partie 1		113		213
TPS/TVH payable à l'égard d'un immeuble – TVQ payable à l'égard d'un immeuble +		114		214
TPS/TVH payable à l'égard des fournitures importées +		115		

TPS/TVH à remettre ou remboursement : additionnez les montants des lignes 113, 114 et 115.
TVQ à remettre ou remboursement : additionnez les montants des lignes 213 et 214.
Inscrivez les résultats en tenant compte des signes « – ».
Reportez les montants des lignes 116 et 216 aux cases 113 et 213 du **bordereau de paiement du formulaire de déclaration**. Additionnez les montants des cases 113 et 213 du bordereau de paiement. Si le résultat est positif, inscrivez-le à la case « Solde à remettre »; si le résultat est négatif, inscrivez-le à la case « Remboursement demandé ».   = | 116 | 216

3 Signature

Je déclare que les renseignements fournis dans ce formulaire sont exacts et complets.

Signature   Date   Ind. rég.   Téléphone

Joignez ce formulaire à votre déclaration de la TPS/TVH et de la TVQ (formulaire FPZ-500) uniquement si vous avez rempli la partie 2.

La partie 2 du formulaire est prescrite par le président-directeur général.

Taxe sur les produits et services, taxe de vente harmonisée et taxe de vente du Québec

■✦■ Agence du revenu du Canada   Canada Revenue Agency

0069 01
Numéro de compte TPS :
Numéro d'entreprise
du Québec (NEQ) :
Numéro d'identification :
Dossier :
Date :

Déclaration de la TPS/TVH et de la TVQ

4

Période de déclaration
TPS/TVH   du   au
TVQ   du   au

Remboursement de TPS/TVH | |
Remboursement de TVQ | |

Solde de TPS/TVH à remettre | |
Solde de TVQ à remettre | |

Conservez cette partie pour vos dossiers.

N'attachez rien au bordereau paiement

FPZ-500 (2012-02)

 ■✦■ Agence du revenu du Canada   Canada Revenue Agency

Bordereau de paiement

FPZ-500 (2012-02)

Numéro de compte TPS

Numéro d'identification :
Dossier :
N° de validation :

Périodes de déclaration
TPS/TVH   du   au
TVQ   du   au

Date d'échéance ▨
AAAA MM JJ

101 – Fournitures (chiffre d'affaires)   111 – Autres remboursements de TPS/TVH   105 – **TPS/TVH** exigible et redressements   205 – **TVQ** exigible et redressements

Remboursement demandé

211 – Autres remboursements de TVQ   108 – CTI et redressements   208 – RTI et redressements

Solde à remettre

113 – TPS/TVH à payer ou remb.   213 – TVQ à payer ou remb.

Retournez à

Signature
X
Je déclare que ces renseignements sont exacts et complets.

Date

Ind. rég. Téléphone

Formulaire prescrit – Président-directeur général

⑈"009781⑈" I :98320 ⑈815:   96

Source : Agence du revenu du Québec. Autorisation du Centre de services partagés, Québec.

CHAPITRE 5

La comptabilisation des opérations d'une entreprise commerciale

PLAN DU CHAPITRE

Une vue d'ensemble des états financiers d'une entreprise commerciale......156
Le cycle d'exploitation d'une entreprise commerciale....................................158
L'état des résultats d'une entreprise commerciale..159
Le coût des ventes...169
La marge bénéficiaire brute...179
Les frais d'exploitation...180
Le bénéfice d'exploitation...181
Les autres résultats et le bénéfice net 181
Le classement des postes de l'état des résultats 182
L'analyse des résultats et du bilan d'une entreprise commerciale.................183
Synthèse du chapitre 5 188
Activités d'apprentissage 189

OBJECTIFS D'APPRENTISSAGE

Au terme de ce chapitre, vous pourrez :

 distinguer une entreprise commerciale d'une entreprise de services ;

 décrire les diverses étapes du cycle d'exploitation d'une entreprise commerciale ;

 dresser l'état des résultats d'une entreprise commerciale ;

 décrire la nature de chacun des éléments qui entrent dans le calcul du chiffre d'affaires

net et expliquer la façon de les comptabiliser ;

 décrire la nature de chacun des éléments qui entrent dans le calcul du coût des ventes et de la marge bénéficiaire brute et expliquer la façon de les comptabiliser ;

 distinguer un système d'inventaire périodique d'un système d'inventaire permanent ;

 décrire le traitement comptable appliqué aux achats selon qu'ils sont comptabilisés au prix brut ou au prix net ;

 distinguer un état des résultats à groupements simples d'un état des résultats à groupements multiples ;

 analyser sommairement les résultats et le bilan d'une entreprise commerciale.

Tout au long des quatre premiers chapitres, nous avons étudié les étapes du cycle comptable de Hu-Aissbé enr., entreprise qui génère des produits d'exploitation grâce à la prestation de services. Dans ce chapitre, nous examinerons un autre secteur important de l'activité économique, celui des **entreprises commerciales**, qui achètent et revendent des marchandises plutôt que de rendre des services. Vous connaissez déjà une multitude d'entreprises commerciales, que nous pouvons grouper dans deux grandes catégories.

Dans la première catégorie, on trouve les entreprises spécialisées dans le commerce de détail. Les **détaillants** vendent leurs marchandises directement aux consommateurs. Citons comme exemples les supermarchés d'alimentation (IGA, Maxi, Metro, etc.), les magasins à grande surface (Sears, La Baie, Costco, Walmart, etc.) et la multitude de boutiques spécialisées présentes dans tous les centres commerciaux. La seconde catégorie groupe les entreprises qui exercent le commerce de gros. Les **grossistes** approvisionnent les détaillants. Parmi ceux-ci, on trouve notamment les grossistes en alimentation (Provigo Distribution et Bœuf Mérite).

> **Les entreprises commerciales achètent et revendent des marchandises plutôt que de rendre des services.**

Bien que les étapes du cycle comptable d'une entreprise commerciale soient les mêmes que celles d'une entreprise de services, l'entreprise commerciale doit tenir plusieurs comptes additionnels afin d'enregistrer toutes les opérations relatives à l'achat et à la vente des marchandises. Ce chapitre porte essentiellement sur l'ensemble de ces nouveaux comptes, et sur la façon de les comptabiliser et de les présenter dans les états financiers. Notre explication s'applique tout aussi bien aux détaillants qu'aux grossistes.

UN PROFESSIONNEL VOUS PARLE

Patrick Chaperon,
CPA, CA
Vice-président,
Finances et
administration

Norampac

Cascades

La comptabilité est souvent perçue comme l'activité permettant de déterminer si une organisation fait des « profits »… ou plutôt des bénéfices. Plus particulièrement, la comptabilisation des opérations d'une entreprise commerciale constitue les rudiments en la matière.

En effet, pour être en mesure d'analyser et d'interpréter correctement la situation financière d'une entreprise commerciale, il est important de bien comprendre certains principes de la préparation de l'état des résultats, particulièrement les notions de bénéfices et de comptabilisation des inventaires, ainsi que l'interrelation entre l'état des résultats et le bilan. Ces connaissances serviront le comptable tout au long de son parcours professionnel en lui permettant de savoir si une entreprise fait des « profits ».

UNE VUE D'ENSEMBLE DES ÉTATS FINANCIERS D'UNE ENTREPRISE COMMERCIALE

D'entrée de jeu, comparons l'état des résultats et le bilan partiel de Hu-Aissbé enr., entreprise de services, à ceux de l'entreprise commerciale Jeansbec enr. (*voir la figure 5.1*).

FIGURE 5.1 | **UNE COMPARAISON DES ÉTATS FINANCIERS D'UNE ENTREPRISE DE SERVICES ET D'UNE ENTREPRISE COMMERCIALE**

HU-AISSBÉ ENR.
Résultats condensés
pour l'exercice terminé le 31 décembre 20X5

Produits d'exploitation	23 510 $
Charges d'exploitation	11 671
Bénéfice net	11 839 $

Le total des charges est soustrait du total des produits pour dégager le bénéfice net.

Les comptes de résultats sont principalement regroupés dans trois grandes sections.

Le compte Stock figure au bilan.

JEANSBEC ENR.
Résultats condensés
pour l'exercice terminé le 31 décembre 20X5

Chiffre d'affaires net	680 000 $
Coût des ventes	421 600
Marge bénéficiaire brute	258 400
Frais d'exploitation	
Frais de vente	166 675
Frais d'administration	44 925
Frais financiers	3 500
Total des frais d'exploitation	215 100
Bénéfice d'exploitation	43 300
Autres produits et autres charges	3 500
Bénéfice net	46 800 $

HU-AISSBÉ ENR.
Bilan partiel
au 31 décembre 20X5

Actif à court terme	
Caisse	175 $
Clients	1 370
Assurances payées d'avance	500
Fournitures de bureau	350
Total de l'actif à court terme	2 395

JEANSBEC ENR.
Bilan partiel
au 31 décembre 20X5

Actif à court terme	
Caisse	750 $
Clients	950
Stock de marchandises	69 600
Charges payées d'avance	1 500
Total de l'actif à court terme	72 800

Une brève analyse de ces états financiers nous permet de faire les constatations préliminaires suivantes[1] :

1. Le bénéfice net d'une entreprise de services telle que Hu-Aissbé enr. correspond simplement à la différence existant entre les produits d'exploitation constatés au cours d'un exercice et les charges engagées au cours de la même période pour gagner ces produits.

2. Les résultats d'une entreprise commerciale telle que Jeansbec enr. sont principalement regroupés dans trois grandes sections : le chiffre d'affaires net, le coût des ventes et les frais d'exploitation. Puisque l'activité principale d'une entreprise commerciale est la vente de marchandises, le **chiffre d'affaires net** correspond aux ventes nettes de marchandises de l'entreprise, le **coût des ventes** représente le coût des marchandises qu'elle a vendues à ses clients et les frais d'exploitation englobent l'ensemble des frais engagés pour assurer la poursuite de l'exploitation de l'entreprise. Il est possible de répartir les frais d'exploitation selon leur nature en distinguant les frais de vente (salaires des vendeurs, commissions, publicité, etc.) des frais d'administration (salaires des employés de bureau, fournitures de bureau utilisées, primes d'assurance responsabilité, etc.) et des frais financiers (intérêts et frais bancaires, intérêts sur la dette à long terme, etc.).

3. Pour déterminer le bénéfice net d'une entreprise commerciale, il faut d'abord soustraire le coût des ventes du chiffre d'affaires net afin de dégager la **marge bénéficiaire brute**, ou bénéfice brut. Une entreprise de services n'a pas de marge bénéficiaire brute, puisqu'elle ne vend pas de marchandises. Les frais d'exploitation sont ensuite déduits de la marge bénéficiaire brute pour dégager le **bénéfice d'exploitation**. Si une entreprise commerciale exerce aussi des activités accessoires (par exemple, Jeansbec enr. organise à l'occasion des défilés de mode), les produits et les charges découlant de ces activités sont pris en compte dans la section Autres produits et autres charges[2]. Le résultat net des activités accessoires est finalement ajouté au bénéfice d'exploitation ou retranché de celui-ci pour dégager le **bénéfice net.**

4. Puisque l'entreprise commerciale a pour principale activité la vente de marchandises, elle doit constamment disposer d'un stock de marchandises pouvant être vendues, que l'on présente au bilan dans la section des éléments d'actif à court terme. En règle générale, le stock de marchandises est l'élément d'actif à court terme le plus important. Il est donc essentiel que ce stock soit bien géré afin que la quantité de marchandises en main soit maintenue à un niveau optimal pour satisfaire la demande de la clientèle.

Les utilisateurs des états financiers d'une entreprise commerciale s'intéressent à la marge bénéficiaire brute parce que celle-ci doit excéder les frais d'exploitation pour qu'un bénéfice soit réalisé. Si la marge bénéficiaire brute est inférieure aux frais d'exploitation, l'entreprise subira inévitablement une perte. Si le niveau de la marge bénéficiaire brute est insatisfaisant, les dirigeants de l'entreprise devront prendre des mesures pour corriger la situation ; sinon, la survie de l'entreprise sera vite mise en question.

AVEZ-VOUS LE SENS DE L'OBSERVATION ?

Pour que l'exploitation d'une entreprise commerciale soit fructueuse, celle-ci ne doit pas se contenter de vendre ses marchandises à un prix supérieur à celui auquel les fournisseurs les lui ont vendues (prix de vente > prix coûtant). En effet, le prix de vente établi par une entreprise commerciale doit comprendre trois éléments : 1) le coût de revient des marchandises achetées ; 2) l'ensemble des frais d'exploitation ; et 3) le bénéfice net souhaité.

1. Notez que tous les nouveaux termes seront expliqués de façon détaillée aux pages suivantes.
2. Une entreprise de services peut aussi exercer des activités accessoires, dont les résultats sont également présentés dans la section Autres produits et autres charges.

Les propriétaires d'entreprises commerciales accordent une grande importance aux trois principales sections de l'état des résultats. Ils s'intéressent tout autant au montant de la marge bénéficiaire brute (258 400 $ dans le cas de Jeansbec enr.) qu'au pourcentage de cette même marge (258 400 $ ÷ 680 000 $ × 100 = 38 % pour Jeansbec enr.). Cette information est de la première importance dans le cadre de la planification des opérations de cette entreprise. Ainsi, le propriétaire pourrait tenter d'accroître le chiffre d'affaires net en réduisant le prix de vente, espérant ainsi réaliser un bénéfice net accru. Cette stratégie entraînerait une diminution du pourcentage de la marge bénéficiaire brute et pourrait s'avérer fructueuse si l'augmentation du nombre d'unités vendues était suffisante pour accroître la marge bénéficiaire brute. Le propriétaire pourrait aussi envisager d'augmenter les frais d'exploitation (la publicité, par exemple) afin d'accroître le chiffre d'affaires net et la marge bénéficiaire brute. Si l'augmentation de la marge bénéficiaire brute excédait l'augmentation des frais d'exploitation, le bénéfice net s'en trouverait accru. Plusieurs autres stratégies s'offrent aussi au propriétaire de Jeansbec enr., dont la réduction du coût des ventes et des frais d'exploitation. Le tableau 5.1 résume les effets de quelques-unes de ces stratégies.

| TABLEAU 5.1 | UNE ANALYSE DES EFFETS DE DIVERSES STRATÉGIES ENVISAGÉES PAR JEANSBEC ENR. |

	Résultats actuels		Stratégie 1		Stratégie 2		Stratégie 3	
Chiffre d'affaires net	680 000 $		710 600 $		856 800 $		748 000 $	
Coût des ventes	421 600		463 760		590 240		463 760	
Marge bénéficiaire brute	258 400	38 %	246 840	35 %	266 560	31 %	284 240	38 %
Frais d'exploitation								
Frais de vente	166 675		166 675		171 675		181 675	
Frais d'administration	44 925		44 925		44 925		44 925	
Frais financiers	3 500		3 500		3 500		3 500	
Total des frais d'exploitation	215 100		215 100		220 100		230 100	
Bénéfice d'exploitation	43 300		31 740		46 460		54 140	
Autres produits et autres charges	3 500		3 500		3 500		3 500	
Bénéfice net	46 800 $		35 240 $		49 960 $		57 640 $	

Stratégies

1. **Une diminution de 5 % du prix de vente pourrait entraîner une augmentation de 10 % des unités vendues.**
   Résultats actuels : 68 000 unités vendues 10 $ chacune
   Stratégie : 74 800 unités vendues 9,50 $ chacune

2. **Une diminution de 10 % du prix de vente pourrait entraîner une augmentation de 40 % des unités vendues et une augmentation de 3 % des frais de vente.**
   Stratégie : 95 200 unités vendues 9 $ chacune

3. **Une campagne publicitaire coûtant 15 000 $ pourrait entraîner une augmentation de 10 % des unités vendues.**
   Stratégie : 74 800 unités vendues 10 $ chacune

LE CYCLE D'EXPLOITATION D'UNE ENTREPRISE COMMERCIALE

Comme nous l'avons déjà dit, l'activité principale d'une entreprise commerciale consiste à acheter des marchandises d'un fabricant, d'un producteur ou d'un grossiste pour ensuite les vendre à ses clients. La figure 5.2 illustre sommairement le cycle d'exploitation d'une entreprise commerciale.

Comme on peut le voir, le cycle d'exploitation d'une entreprise commerciale comprend deux étapes principales : l'achat de marchandises, qui peut se faire au comptant ou

FIGURE 5.2 | **LE CYCLE D'EXPLOITATION D'UNE ENTREPRISE COMMERCIALE**

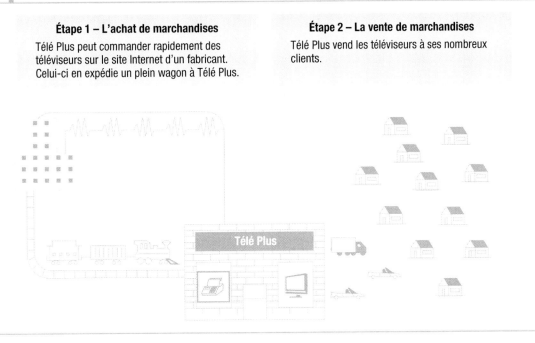

Étape 1 – L'achat de marchandises

Télé Plus peut commander rapidement des téléviseurs sur le site Internet d'un fabricant. Celui-ci en expédie un plein wagon à Télé Plus.

Étape 2 – La vente de marchandises

Télé Plus vend les téléviseurs à ses nombreux clients.

à crédit, et la vente de marchandises, qui peut également se faire au comptant ou à crédit. La figure 5.3 (*voir la page 160*) résume de façon plus précise les quatre scénarios possibles du cycle d'exploitation d'une entreprise commerciale.

AVEZ-VOUS LE SENS DE L'OBSERVATION ?

Il est important de souligner que, pour le vendeur, la vente effectuée au moyen d'une carte de débit ou d'une carte de crédit correspond à une vente effectuée au comptant. En effet, dans ces cas, le vendeur voit son compte bancaire débité rapidement. L'utilisation fréquente des cartes de débit et des cartes de crédit a amené plusieurs entreprises commerciales à ne plus accepter de vendre à crédit.

Avant de passer à l'étude détaillée de chacune des opérations illustrées dans les quatre scénarios, il serait intéressant de voir ce à quoi ressemble véritablement l'état des résultats d'une entreprise commerciale.

L'ÉTAT DES RÉSULTATS D'UNE ENTREPRISE COMMERCIALE

Nous avons présenté dans la figure 5.1 (*voir la page 156*) la version condensée de l'état des résultats de Jeansbec enr. pour l'exercice terminé le 31 décembre 20X5. La version intégrale est présentée aux pages 160 et 161. Nous y ferons référence tout au long de notre étude de la comptabilisation des opérations de l'entreprise. Comme vous pouvez le constater, cet état des résultats fournit beaucoup plus de renseignements sur les éléments composant chacune de ses grandes sections[3]. Dans les pages qui suivent, nous scruterons chacune de ces sections.

---

3. La présentation des chiffres sur plusieurs colonnes est facultative. Elle vise essentiellement à clarifier davantage la présentation des diverses sections de l'état des résultats.

FIGURE 5.3 | **LES QUATRE SCÉNARIOS POSSIBLES DU CYCLE D'EXPLOITATION D'UNE ENTREPRISE COMMERCIALE**

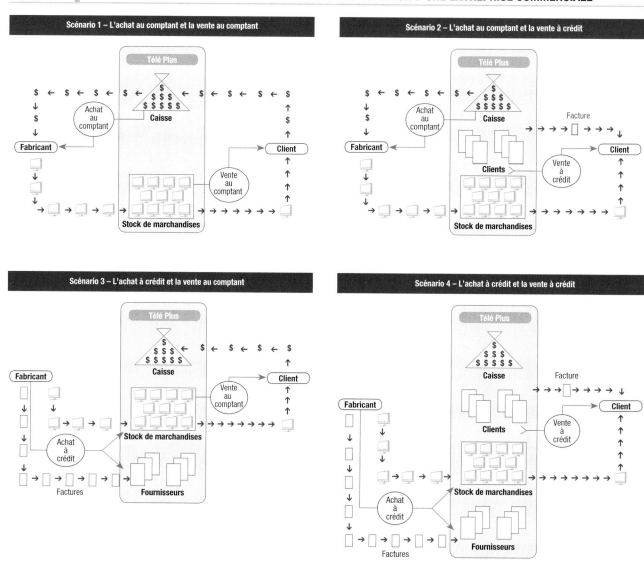

JEANSBEC ENR.
Résultats
pour l'exercice terminé le 31 décembre 20X5

Chiffre d'affaires brut			691 750 $
Moins : Rendus et rabais sur ventes		7 050 $	
Escomptes sur ventes		4 700	11 750
Chiffre d'affaires net			680 000
Coût des ventes			
Stock au 1er janvier 20X5		39 460	
Achats	429 545 $		
Moins : Rendus et rabais sur achats	6 880 $		
Escomptes sur achats	2 910	9 790	
Achats nets		419 755	
Plus : Transports sur achats		3 575	
Coût de revient des achats		423 330	
Coût des marchandises destinées à la vente		462 790	
Moins : Stock au 31 décembre 20X5		41 190	
Coût des ventes			421 600
Marge bénéficiaire brute			258 400

Frais d'exploitation

Frais de vente			
Salaires du personnel de vente	100 625		
Assurances	2 000		
Frais de livraison	2 990		
Loyer	10 800		
Publicité	29 260		
Amortissement – Améliorations locatives	18 000		
Amortissement – Équipements	3 000		
Total des frais de vente		166 675	
Frais d'administration			
Salaires du personnel de bureau	38 250		
Assurances	500		
Chauffage et électricité	1 975		
Loyer	1 200		
Amortissement – Améliorations locatives	2 000		
Amortissement – Matériel de bureau	1 000		
Total des frais d'administration		44 925	
Frais financiers			
Découvert de caisse	25		
Intérêts et frais bancaires	770		
Intérêts sur la dette à long terme	2 705		
Total des frais financiers		3 500	
Total des frais d'exploitation			215 100
Bénéfice d'exploitation			43 300
Autres produits et autres charges			
Défilés de mode		13 500	
Moins : Salaires des mannequins	9 300		
Cosmétiques	700	10 000	3 500
Bénéfice net			46 800 $

Le chiffre d'affaires net

La première section de l'état des résultats d'une entreprise commerciale porte sur la détermination du **chiffre d'affaires net**. Celui-ci est obtenu en déduisant du chiffre d'affaires brut les rendus et rabais sur ventes ainsi que les escomptes sur ventes.

Détermination du chiffre d'affaires net

JEANSBEC ENR.
Résultats partiels
pour l'exercice terminé le 31 décembre 20X5

Chiffre d'affaires brut		691 750 $
Moins : Rendus et rabais sur ventes	7 050 $	
Escomptes sur ventes	4 700	11 750
Chiffre d'affaires net		680 000 $

Le chiffre d'affaires brut

Conformément au **principe de réalisation**, les produits d'exploitation résultant de la vente de marchandises sont généralement comptabilisés au moment **où la livraison a lieu**[4], sans tenir compte du moment où l'argent sera effectivement recouvré. Les ventes de marchandises peuvent être effectuées au comptant ou à crédit.

---

4. La date à laquelle la marchandise est livrée constitue un point de repère utile, puisque c'est généralement à ce moment-là que le titre de propriété est transféré du vendeur au preneur. Toutefois, il faut bien analyser chaque opération, car il se peut qu'il ne soit pas approprié de constater la vente au moment de la livraison. Ainsi, si un client achetait des meubles de jardin en janvier, mais demandait que ceux-ci ne soient livrés qu'en mai, la vente aurait bel et bien eu lieu et il serait approprié de comptabiliser le produit d'exploitation en janvier.

Toutes les opérations de vente doivent être accompagnées d'une pièce justificative. Lorsqu'une vente est effectuée au comptant, le vendeur remet au client un **coupon de caisse enregistreuse**, tandis qu'une **facture de vente** est obligatoirement émise lors d'une vente à crédit (*voir les figures 5.4 et 5.5*).

FIGURE 5.4   **UN EXEMPLE DE COUPON DE CAISSE COMPORTANT LA TPS ET LA TVQ**

	g **EANSBEC ENR.**	
	Boutique	
	Galeries Enville	
	(911) 991-1234	
	20X5-07-02	
01	Jean	55,95
03	Chandail	85,95
06	Accessoires	19,10
	Total avant taxes	161,00
	TPS	8,05
	TVQ	16,06
	Total	185,11
	Montant reçu	200,00
	Argent remis	14,90

AVEZ-VOUS LE SENS DE L'OBSERVATION ?

La décision du gouvernement canadien de retirer la pièce de monnaie de un cent de la circulation a une incidence sur le montant d'argent remis au client qui paie au comptant. Ainsi, pour une vente totalisant la somme de 185,11 $, Jeansbec enr. ne touchera en réalité que la somme de 185,10 $ puisque l'entreprise est tenue de remettre une somme de 14,90 $ à son client. Nous verrons plus loin l'incidence de cette nouvelle réalité sur la comptabilisation de la vente.

Si nous posons l'hypothèse que les opérations illustrées dans les figures 5.4 et 5.5 sont les seules effectuées par Jeansbec enr. le 2 juillet 20X5, voici comment celles-ci sont enregistrées dans les livres de l'entreprise :

Comptabilisation d'une vente au comptant comportant la TPS et la TVQ	Caisse	185,10	
	Surplus ou découvert de caisse	0,01	
	Ventes – Jeans		55,95
	Ventes – Chandails		85,95
	Ventes – Accessoires		19,10
	TPS à payer		8,05
	TVQ à payer		16,06
	Ventes au comptant de la journée.		
Comptabilisation d'une vente à crédit comportant la TPS et la TVQ	Clients – Boutique Sibelle enr.	1 655,64	
	Ventes – Jeans		1 440,00
	TPS à payer		72,00
	TVQ à payer		143,64
	Ventes à crédit de la journée.		

FIGURE 5.5 | **UN EXEMPLE DE FACTURE DE VENTE À CRÉDIT COMPORTANT LA TPS ET LA TVQ**

◯ EANSBEC ENR.

Galeries Enville	**Téléphone : (911) 991-1234**
750, place du Commerce	**Télécopieur : (911) 991-1415**
Enville (Québec)	
G1G 1G9	

FACTURE

G – 10905

VENDU À

BOUTIQUE SIBELLE ENR.
Thais Sibelle, propr.
118, rue Ducharme
Enville (Québec)
G1G 1G9

EXPÉDIÉ À

Même

DATE 20X5-07-02	N° DE COMMANDE	VENDEUR Bob Lamy	N° DU CLIENT 115	CONDITIONS 2/10, n/30

N° de code	Comm.	Livrée	Description	Prix unitaire	TPS	TVQ	
01-414	36	36	Jeans – Coupe normale	40,00	Oui	Oui	1 440,00

TOTAL PARTIEL 1 440,00	TRANSPORT	TPS 72,00	TVQ 143,64	TOTAL 1 655,64

Numéros d'inscription TPS 123456789 TVQ 7654321123	CONDITIONS :	2/10, n/30 avant taxes Frais d'administration de 2 % après 30 jours

Merci de votre confiance

AVEZ-VOUS LE SENS DE L'OBSERVATION ?

Vous avez sans doute remarqué que, pour comptabiliser une opération de vente, il faut débiter un compte d'actif (Caisse ou Clients) et un ou plusieurs comptes de produits. L'entreprise utilise plusieurs comptes de produits afin de pouvoir suivre l'évolution du niveau de ventes et de la rentabilité de chaque produit. Bien que nous utilisions les comptes Ventes – Jeans, Ventes – Chandails et Ventes – Accessoires, nous ne présentons qu'un seul poste dans l'état des résultats, celui du Chiffre d'affaires brut, car la ventilation ne constitue une information utile qu'à des fins internes.

Quant au compte Surplus ou découvert de caisse, vous avez constaté qu'il découle ici de la décision d'abolir l'usage de la pièce de un cent. Il va de soi que certaines opérations se solderont par un surplus et d'autres, par un découvert. Au net, à la fin d'un exercice financier, l'impact ne devrait pas être trop important, comme c'est le cas notamment pour Jeansbec enr. (*voir l'état des résultats, aux pages 160 et 161*).

Il serait opportun de se demander comment une entreprise commerciale garde une trace de toutes ses opérations de vente. En ce qui a trait aux ventes au comptant, tandis que les clients reçoivent un coupon de caisse enregistreuse, toutes les ventes sont aussi imprimées sur un second ruban à l'intérieur de la caisse. Ce second ruban et le sommaire des opérations de la journée produit par la caisse enregistreuse permettent de conserver une piste de vérification (une preuve écrite) des opérations de vente effectuées au comptant. Pour ce qui est des ventes effectuées à crédit, l'entreprise conserve une copie de la facture de vente remise à chaque client.

Enfin, sachez que les utilisateurs de l'état des résultats portent une attention particulière au chiffre d'affaires brut et à son évolution d'un exercice à l'autre. Une augmentation des ventes est un indice de la croissance de l'entreprise et, possiblement, d'une amélioration de sa rentabilité. Par contre, lorsque les ventes sont à la baisse, l'entreprise risque d'éprouver des difficultés financières. Pour mettre en évidence des tendances révélatrices, il convient de comparer les ventes d'un exercice avec celles de l'exercice précédent ou de quelques exercices précédents.

Les rendus et rabais sur ventes

Que se passe-t-il si les marchandises livrées à un client ne correspondent pas à ce qu'il a commandé ou qu'elles sont endommagées ? Le client peut retourner les marchandises au vendeur et exiger soit un remboursement si la vente a été faite au comptant, soit que son compte soit crédité si la vente a été effectuée à crédit. Lorsque l'entreprise accepte de reprendre des marchandises défectueuses, elle accorde un **rendu sur ventes**. Le client peut aussi décider de conserver les marchandises à condition qu'un rabais lui soit consenti, c'est-à-dire que le vendeur accepte de réduire le prix de vente en guise de compensation pour les inconvénients que l'acheteur a subis. Si l'entreprise commerciale accepte de réduire son prix de vente, elle accorde au client un **rabais sur ventes**. Ces rendus et ces rabais sont comptabilisés dans un seul compte (Rendus et rabais sur ventes).

Tout rendu ou tout rabais sur ventes doit au préalable être autorisé par l'entreprise qui, pour ce faire, émet une **note de crédit**. À titre d'exemple, supposons que le 4 juillet 20X5 la propriétaire de Boutique Sibelle enr. retourne un jean endommagé à Jeansbec enr. La figure 5.6 illustre la note de crédit approuvée le jour même par Jeanne Proulx.

Voici l'écriture de journal inscrite par l'entreprise pour comptabiliser cette opération :

Comptabilisation d'une note de crédit émise à la suite d'un retour de marchandise

Rendus et rabais sur ventes	*40,00*	
TPS à payer	*2,00*	
TVQ à payer	*3,99*	
Clients – Boutique Sibelle enr.		*45,99*
Note de crédit (NC – 19) accordée à Boutique Sibelle enr.		
pour retour de marchandise.		

AVEZ-VOUS LE SENS DE L'OBSERVATION ?

Vous avez sans doute constaté que nous avons débité les comptes TPS à payer et TVQ à payer. On doit procéder ainsi, car l'attribution d'un rendu correspond, en substance, à l'annulation d'une portion de la vente initiale. Il ne s'agit donc pas d'un recouvrement de taxes, mais d'une réduction des taxes à payer sur cette vente.

Lorsqu'un remboursement en argent est consenti à un client, il suffit de créditer le compte Caisse dans l'écriture précédente. La semaine juste après Noël est de loin la période de l'année où il s'effectue le plus de retours de marchandises.

Le compte Rendus et rabais sur ventes est un **compte de contrepartie**[5] présenté dans l'état des résultats en déduction du chiffre d'affaires brut. Il est préférable

---

5. On qualifie un compte de contrepartie parce qu'il est présenté immédiatement en déduction d'un autre compte auquel il est intimement lié. Ainsi, le compte Rendus et rabais sur ventes est présenté en déduction du poste Chiffre d'affaires brut. Il fait ainsi contrepoids au compte qui le précède pour, en quelque sorte, lui apporter une information complémentaire.

FIGURE 5.6 | **UN EXEMPLE DE NOTE DE CRÉDIT COMPORTANT LA TPS ET LA TVQ**

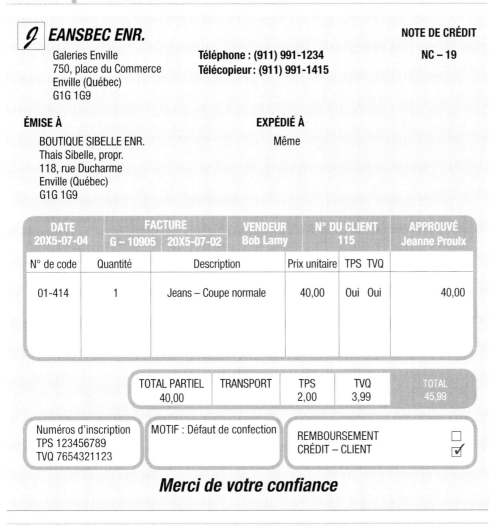

Merci de votre confiance

d'enregistrer les rendus et rabais sur ventes dans un compte distinct plutôt que dans le compte Ventes – Jeans, puisque l'état des résultats renferme à la fois le montant des ventes et celui des rendus et rabais sur ventes. La relation existant entre les ventes et les rendus et rabais sur ventes est importante, car elle permet de juger du degré de satisfaction des clients.

Les utilisateurs de l'état des résultats portent un regard critique sur le poste Rendus et rabais sur ventes. En effet, un solde élevé peut signaler, par exemple, que le contrôle de la qualité des produits vendus laisse à désirer ou que les vendeurs forcent trop la vente. Dans les deux cas, il s'agit de situations préjudiciables à une entreprise commerciale.

AVEZ-VOUS LE SENS DE L'OBSERVATION ?

Dans cette section, nous avons illustré le traitement comptable d'une **note de crédit**. Vous vous demandez sans doute pourquoi la pièce justificative montrée dans la figure 5.6 porte le nom de «note de crédit». C'est tout simplement parce que le fournisseur signifie à son client qu'il réduit son compte. Or, on sait tous que, pour réduire le compte d'actif Clients, on doit le créditer.

Les conditions de règlement

Lors de toute opération de vente, il est important que les deux parties aient une bonne compréhension des **conditions de règlement** afin d'éviter tout malentendu entre le vendeur et l'acheteur en ce qui concerne le moment et le montant du paiement. Une vente au comptant ne pose aucun problème, car le vendeur encaisse la somme convenue sur-le-champ. Lors d'une vente à crédit, il importe de préciser clairement sur la facture les conditions de règlement. Ainsi, il est fréquent que le vendeur exige le paiement d'une facture dans un délai de 15 jours suivant la fin du mois au cours duquel la vente a été effectuée. Cela se traduit sur la facture par la mention suivante :

Dans ce cas, le **montant net** représente le montant final figurant au bas de la facture. Il s'agit du montant que doit payer le client.

On utilisera également l'expression « net dans 30 jours » (n/30) pour indiquer que le montant net doit être payé dans les 30 prochains jours.

Si le fait de vendre des marchandises à crédit permet d'accroître le chiffre d'affaires, il comporte également un inconvénient de taille. En effet, entre la date de la vente et la date du recouvrement de la créance, l'entreprise, même si elle n'encaisse aucune somme d'argent, doit continuer à verser leurs salaires à ses employés et à payer ses fournisseurs et ses bailleurs de fonds.

Les escomptes sur ventes

Pour accélérer le recouvrement de ses créances, l'entreprise peut offrir des **escomptes de caisse** aux clients qui paient leurs factures dans un délai prescrit. Par exemple, on trouve fréquemment sur les factures la mention « 2 % dans 10 jours, net dans 30 jours » ou, plus simplement, l'abréviation « 2/10, n/30 ». C'est le cas notamment de la facture émise par Jeansbec enr. à Boutique Sibelle enr. (*voir la figure 5.5, à la page 163*). Celle-ci peut attendre 30 jours pour régler son compte, mais elle paiera alors le plein montant de la facture. Cependant, si Boutique Sibelle enr. paie son compte dans les 10 jours **suivant la date de la facture,** c'est-à-dire au plus tard le 12 juillet 20X5, elle versera une somme égale au montant de la facture diminué de 2 %. Cette période de 10 jours correspond au **délai d'escompte**, pendant lequel il est possible de bénéficier de l'escompte de caisse de 2 %. Notons que, lorsqu'une facture comporte des taxes de vente (TPS et TVQ), l'escompte de caisse s'applique au total de la facture avant taxes. L'entreprise peut, en effet, accorder un escompte de caisse sur le montant de sa vente, mais pas sur le montant des taxes revenant aux gouvernements.

L'entreprise vendeuse comptabilise les escomptes de caisse accordés à ses clients dans le compte Escomptes sur ventes. Ainsi, supposons que Boutique Sibelle enr. a réglé son compte le 12 juillet 20X5 et qu'elle a bénéficié de l'escompte de caisse de 2 %. Jeansbec enr. comptabilise cette opération de la façon suivante :

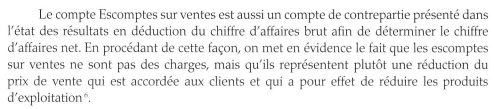

Recouvrement
d'une créance
avant l'expiration
du délai d'escompte

Caisse ❸   1 581,65
Escomptes sur ventes ❷   28,00
    Clients – Boutique Sibelle enr. ❶   1 609,65
Recouvrement de la créance de Boutique Sibelle enr.
avant l'expiration du délai d'escompte.
Calculs :
❶ *(1 655,64 $ – 45,99 $)*
❷ *[(1 440,00 $ – 40,00 $) × 2 %]*
❸ *(1 609,65 $ – 28,00 $)*

AVEZ-VOUS LE SENS DE L'OBSERVATION ?

Vous avez sans doute remarqué que l'escompte de caisse a été calculé sur le prix de vente des marchandises **conservées** par le client. En effet, puisque la vente initiale de 1 440 $ (*voir la figure 5.5, à la page 163*) a été suivie de l'émission d'une note de crédit de 40 $ (*voir la figure 5.6, à la page 165*), le solde dû par Boutique Sibelle enr. s'élève à 1 400 $ au moment du règlement. Puisque celui-ci est effectué dans le délai d'escompte, Boutique Sibelle enr. « économise » la somme de 28 $, soit 2 % de 1 400 $.

Le compte Escomptes sur ventes est aussi un compte de contrepartie présenté dans l'état des résultats en déduction du chiffre d'affaires brut afin de déterminer le chiffre d'affaires net. En procédant de cette façon, on met en évidence le fait que les escomptes sur ventes ne sont pas des charges, mais qu'ils représentent plutôt une réduction du prix de vente qui est accordée aux clients et qui a pour effet de réduire les produits d'exploitation[6].

La probabilité que les clients se prévalent des escomptes de caisse qui leur sont accordés est très élevée en raison du taux d'intérêt qui s'y rattache. En effet, dans l'exemple précédent, ce taux, calculé sur une base annuelle (365 jours), est de 37,25 %, puisque les intérêts implicites résultant de l'utilisation d'une somme de 1 372 $ pendant 20 jours s'élèvent à 28 $, ainsi que le démontre la figure 5.7 à la page suivante.

Les clients auxquels une entreprise accorde des escomptes de caisse doivent donc s'efforcer d'en tirer parti ; il serait même avantageux qu'ils contractent un emprunt pour ce faire, car le taux d'intérêt qui leur sera demandé par leur institution financière sera assurément inférieur à 37,25 % [(28 $ ÷ 1 372 $) × (365 jours ÷ 20 jours)].

---

6. Plusieurs entreprises préfèrent inclure les escomptes sur ventes dans les frais d'exploitation de la section Frais financiers. Ces entreprises considèrent que le fait d'accorder un escompte sur ventes leur permet de recouvrer plus rapidement une créance et, du coup, leur évite souvent de contracter un emprunt. L'escompte sur ventes représente alors une économie en ce qui a trait aux frais d'intérêts qu'aurait entraînés un emprunt. Le classement des escomptes sur ventes est affaire de jugement. Par souci d'uniformisation, dans cet ouvrage, nous optons pour la présentation en réduction du chiffre d'affaires brut.

FIGURE 5.7 | LES INTÉRÊTS IMPLICITES RELATIFS À UN ESCOMPTE DE CAISSE

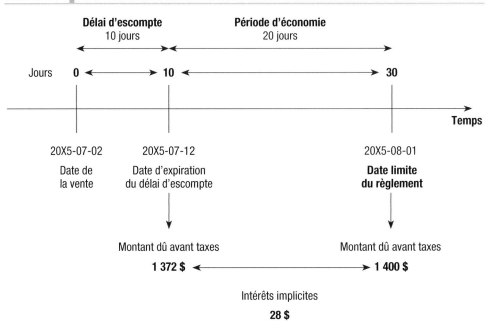

AVEZ-VOUS LE SENS DE L'OBSERVATION ?

En supposant un taux de financement de 5 % par an, Boutique Sibelle enr. devrait débourser 18,79 ¢ par jour pour emprunter la somme de 1 372 $, soit [(1 372 $ × 5 %) ÷ 365 jours]. Il lui faudrait donc 149 jours pour atteindre un coût de financement de 28 $ (28 $ ÷ 0,1879 = 149 jours). Dans ce cas, il serait avantageux pour Boutique Sibelle enr. d'emprunter à un tiers la somme de 1 372 $ le 12 juillet 20X5 afin de pouvoir bénéficier de l'escompte de caisse, pourvu qu'elle soit en mesure de rembourser cet emprunt avant le 8 décembre 20X5.

En ce qui concerne Jeansbec enr., le recouvrement de 1 372 $ le 12 juillet 20X5 lui coûte 28 $. Il aurait été moins onéreux d'emprunter la somme de 1 400 $ pour les 20 jours restants, ce qui n'aurait coûté que 3,84 $ (1 400 $ × 5 % × 20/365), plutôt que d'accorder un escompte de caisse. Voilà une autre raison pour laquelle certains préfèrent présenter les escomptes de caisse parmi les frais financiers.

Les remises

Il faut éviter de confondre les escomptes de caisse et les **remises**, aussi appelées « escomptes sur la quantité » et « escomptes de volume », lesquelles sont des réductions de prix consenties par un grossiste à un détaillant qui achète une quantité importante de marchandises. Ces remises s'expriment généralement au moyen d'un pourcentage (par exemple, 10 %), et on les calcule en appliquant ce pourcentage au **prix courant**, c'est-à-dire au prix normal auquel une entreprise vend un article au consommateur. En comptabilité, puisque ces remises sont consenties pour inciter les détaillants à acheter de grandes quantités de marchandises, on considère qu'elles font partie intégrante du processus de fixation du prix de vente des marchandises. Pour cette raison, on n'en tient nullement compte, ce qui signifie que les ventes sont comptabilisées au prix réellement payé par le client.

Supposons par exemple que, pour pouvoir bénéficier d'une remise de 10 %, Boutique Sibelle enr. ait acheté 100 jeans au lieu de 36. La remise de 10 % accordée par

Jeansbec enr. aurait alors ramené le prix de vente unitaire à 36 $, et la vente aurait été enregistrée de la façon suivante :

Comptabilisation d'une vente à crédit

Clients – Boutique Sibelle enr.	4 139,10	
Ventes – Jeans		3 600,00
TPS à payer		180,00
TVQ à payer		359,10
Vente à crédit de 100 jeans à Boutique Sibelle enr.		
à un prix courant de 40 $ moins une remise de 10 %.		

Les escomptes d'usage

Il faut également éviter de confondre les escomptes de caisse et les **escomptes d'usage**, aussi appelés « rabais de gros », lesquels sont des réductions de prix consenties par un grossiste à un détaillant. Ces escomptes d'usage s'expriment aussi au moyen d'un pourcentage (par exemple, 20 %), et on les calcule en appliquant ce pourcentage au **prix de détail suggéré**, c'est-à-dire au prix normal auquel une entreprise commerciale vend un article à sa clientèle. Ces escomptes sont accordés par le grossiste en vue de s'assurer que la marchandise en question est vendue au même prix par tous les détaillants. Puisque le prix de détail suggéré et l'escompte d'usage y afférent sont utilisés uniquement pour établir le prix de vente des marchandises que demandera le grossiste aux détaillants, on n'en tient nullement compte en comptabilité, ce qui signifie que ces ventes sont également comptabilisées au prix réellement payé par le client.

À titre d'exemple, supposons que Les Éditions du tribun vendent un volume à un libraire au prix de 30 $, soit le prix de vente suggéré, et accordent un escompte d'usage de 20 %. La vente sera comptabilisée au montant net de 24 $, soit 30 $ moins l'escompte d'usage de 6 $.

LE COÛT DES VENTES

La deuxième section de l'état des résultats d'une entreprise commerciale porte sur la détermination du coût des ventes, lequel représente habituellement la charge la plus importante de ce type d'entreprise. Le **coût des ventes**, parfois désigné par l'expression « coût des marchandises vendues », est obtenu en déduisant le coût du stock à la fin d'une période du coût des marchandises destinées à la vente.

Détermination du coût des ventes

JEANSBEC ENR.
Résultats partiels
pour l'exercice terminé le 31 décembre 20X5

Coût des ventes			
Stock au 1er janvier 20X5		39 460 $	
Achats	429 545 $		
Moins : Rendus et rabais sur achats	6 880 $		
Escomptes sur achats	2 910	9 790	
Achats nets		419 755	
Plus : Transports sur achats		3 575	
Coût de revient des achats		423 330	
Coût des marchandises destinées à la vente		462 790	
Moins : Stock au 31 décembre 20X5		41 190	
Coût des ventes			421 600 $

La comptabilisation des achats

Lorsque l'entreprise utilise un système d'inventaire périodique, le coût des marchandises achetées durant l'exercice est porté au débit du compte Achats. Il importe de souligner que **seul le coût des marchandises acquises et destinées à être revendues** en l'état, c'est-à-dire sans avoir été transformées, **est porté au débit du compte Achats.** Puisque les fournitures de bureau et l'ordinateur acquis par une entreprise ne sont pas destinés à être revendus, mais plutôt à être utilisés par celle-ci, le coût de ces biens est porté aux débits des comptes d'actif appropriés, soit Fournitures de bureau et Matériel informatique.

Comme les opérations de vente, les opérations d'achat peuvent être effectuées au comptant ou à crédit. En règle générale, les achats sont comptabilisés lorsque l'acheteur prend possession des marchandises acquises. Toutes les opérations d'achat doivent être accompagnées d'une pièce justificative. Lorsqu'un achat est effectué au comptant, l'acheteur reçoit un coupon de caisse enregistreuse (*voir la figure 5.4, à la page 162*) ou conserve le chèque que lui retourne sa banque après l'avoir honoré. Si l'achat est effectué à crédit, l'acheteur reçoit une copie de la facture de vente (*voir la figure 5.5, à la page 163*). Voici comment les clients de Jeansbec enr. ont enregistré leurs achats respectifs :

Comptabilisation d'un achat au comptant comportant de la TPS et de la TVQ	*Achats*	161,00
	CTI à recouvrer	8,05
	RTI à recouvrer	16,06
	Surplus ou découvert de caisse	0,01
	Caisse	185,10
	Marchandises achetées chez Jeansbec enr.	
Comptabilisation d'un achat à crédit comportant de la TPS et de la TVQ	*Achats*	1 440,00
	CTI à recouvrer	72,00
	RTI à recouvrer	143,64
	Fournisseurs – Jeansbec enr.	1 655,64
	Marchandises achetées chez Jeansbec enr. Conditions de règlement : 2/10, n/30.	

AVEZ-VOUS LE SENS DE L'OBSERVATION ?

Les explications données précédemment nous amènent à conclure que le compte Achats ne représente ni le coût des ventes ni celui des marchandises en magasin à un moment donné. À la fin de l'exercice, le solde du compte Achats représente le coût de toutes les marchandises achetées durant l'exercice et fait partie de l'état des résultats ; il est présenté dans la section où l'on détermine le coût des ventes. Par ricochet, nous pouvons aussi affirmer que le compte Stock demeure inchangé tout au long de l'exercice et qu'il représente le coût des marchandises en main au début de celui-ci. Nous expliquerons plus loin la façon de faire figurer dans le compte Stock le coût des marchandises en main à la fin de l'exercice. Vous avez aussi remarqué le compte Surplus ou découvert de caisse, dans lequel est comptabilisé l'impact du retrait de la pièce de un cent pour les achats au comptant.

Les rendus et rabais sur achats

Dans la sous-section portant sur les rendus et rabais sur ventes, nous avons présenté la comptabilisation de ces opérations dans les livres comptables de l'entreprise qui vend des marchandises. Que se passe-t-il du côté du client ? Lorsque l'acheteur retourne des marchandises défectueuses, il s'attend à recevoir une **note de crédit** du fournisseur attestant des **rendus sur achats**. Le client peut aussi décider de conserver les marchandises à condition qu'un rabais lui soit consenti, c'est-à-dire que le vendeur accepte de réduire le prix de vente en guise de compensation pour les inconvénients que ce client a subis. Si le vendeur accepte de réduire le prix de vente, l'acheteur bénéficiera d'un **rabais sur achats**. Ces rendus et ces rabais sont comptabilisés dans un seul compte (Rendus et rabais sur achats).

Comme nous l'avons déjà mentionné, tout rendu ou tout rabais sur ventes doit au préalable être autorisé par le vendeur qui, pour ce faire, émet une note de crédit. Reprenons l'exemple de la note de crédit émise le 4 juillet 20X5 à la propriétaire de Boutique Sibelle enr. à la suite du retour d'un jean endommagé à Jeansbec enr. (*voir la figure 5.6, à la page 165*). Cette opération a été enregistrée comme suit dans les livres de Boutique Sibelle enr. :

Fournisseurs – Jeansbec enr.	*45,99*	
Rendus et rabais sur achats		*40,00*
CTI à recouvrer		*2,00*
RTI à recouvrer		*3,99*
Note de crédit (NC – 19) obtenue de Jeansbec enr.		
pour retour de marchandise.		

Comptabilisation d'une note de crédit obtenue à la suite d'un retour de marchandise

AVEZ-VOUS LE SENS DE L'OBSERVATION ?

Vous avez sans doute constaté que nous avons crédité les comptes CTI à recouvrer et RTI à recouvrer. On doit procéder ainsi, car l'obtention d'un rendu correspond, en substance, à l'annulation d'une portion de l'achat initial. Il ne s'agit donc pas de taxes dues, mais d'une réduction des taxes à recouvrer sur cet achat.

Lorsqu'un remboursement en argent est obtenu du vendeur, il suffit de débiter le compte Caisse dans l'écriture précédente et de tenir compte de l'arrondissement découlant de l'abolition de la pièce de un cent puisqu'il y aurait un encaissement de 46,00 $ au lieu de 45,99 $.

Le compte Rendus et rabais sur achats est un compte de contrepartie présenté dans l'état des résultats en déduction des achats. Il est préférable d'enregistrer les rendus et rabais sur achats dans un compte distinct plutôt que directement dans le compte Achats, ce qui permet à l'état des résultats de bien distinguer à la fois le montant des achats et celui des rendus et des rabais sur achats.

Lorsque l'acheteur prend l'initiative de retourner des marchandises, notons que certaines entreprises joignent une **note de débit** aux marchandises retournées au fournisseur. L'acheteur indique ainsi au vendeur qu'il a déjà débité le compte Fournisseurs et crédité le compte Rendus et rabais sur achats. Le vendeur émettra à son tour une **note de crédit** pour confirmer son autorisation du retour des marchandises et signifier à l'acheteur qu'il a débité le compte Rendus et rabais sur ventes et crédité le compte Clients.

Les utilisateurs de l'état des résultats portent aussi un regard critique sur le poste Rendus et rabais sur achats. Ils désirent connaître le pourcentage des marchandises retournées par rapport aux achats parce que le fait de renvoyer des marchandises aux fournisseurs est susceptible d'accroître certains frais. En effet, le temps consacré à l'achat des marchandises, à leur réception, à leur inspection et aux pourparlers avec les fournisseurs entraîne des coûts. Pour que ces frais soient maintenus au niveau minimal, il faut connaître le montant des rendus et rabais sur achats. Si l'entreprise renvoie à ses fournisseurs trop de marchandises, la recherche de fournisseurs plus fiables s'impose.

FIGURE 5.9   **L'INCIDENCE DU REDRESSEMENT DU COMPTE STOCK SUR LA DÉTERMINATION DU COÛT DES VENTES**

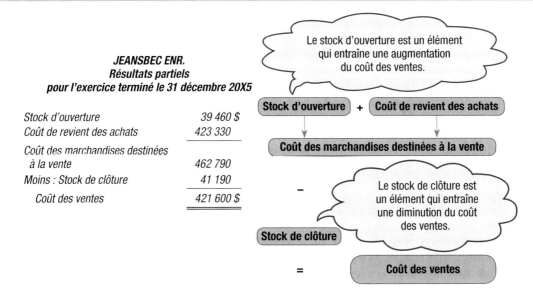

JEANSBEC ENR.
Résultats partiels
pour l'exercice terminé le 31 décembre 20X5

Stock d'ouverture	39 460 $
Coût de revient des achats	423 330
Coût des marchandises destinées à la vente	462 790
Moins : Stock de clôture	41 190
Coût des ventes	421 600 $

On voit bien dans cette figure que la détermination du coût des ventes est un processus en deux étapes. Premièrement, il faut ajouter le stock d'ouverture au coût de revient des achats – c'est-à-dire au coût des achats une fois déduits les rendus et rabais sur achats et les escomptes sur achats, et ajoutés les frais de transport sur achats – pour obtenir le coût des marchandises destinées à la vente. Deuxièmement, il faut retrancher du coût des marchandises destinées à la vente le stock de clôture pour obtenir le coût des ventes.

AVEZ-VOUS LE SENS DE L'OBSERVATION ?

Puisque le stock de clôture est retranché du coût des marchandises destinées à la vente, certains propriétaires peu scrupuleux pourraient être tentés de gonfler artificiellement le stock de clôture afin de réduire le coût des ventes, d'augmenter la marge bénéficiaire et d'améliorer la rentabilité dans le but d'impressionner leur directeur de banque ; d'autres, qui ne veulent pas payer d'impôts, pourraient réduire artificiellement le stock de clôture afin d'augmenter le coût des ventes et ainsi diminuer la marge bénéficiaire.

Les vols et les pertes de marchandises

Lorsqu'une entreprise utilise un système d'inventaire périodique, on pose l'hypothèse que toutes les marchandises non vendues durant l'exercice feront partie de l'inventaire matériel et qu'elles seront incluses dans le stock de clôture à la fin de l'exercice. De cette façon, le coût des marchandises volées, perdues ou endommagées est automatiquement inclus dans le coût des ventes.

Supposons, par exemple, que Jeansbec enr. ait été victime de vols à l'étalage totalisant 2 000 $ au cours de l'exercice terminé le 31 décembre 20X5. Dans ce cas, le coût des ventes de 421 600 $ comprend deux éléments : 1) un montant de 419 600 $ représentant le coût des marchandises effectivement vendues ; et 2) un montant de 2 000 $ représentant le coût des marchandises volées.

Si l'on utilise un système d'inventaire périodique, on ne peut présenter la perte de 2 000 $ séparément, parce qu'il est généralement impossible de la déterminer[12]. Dans un

---

12. Il existe toutefois certaines méthodes qui permettent d'estimer le coût des marchandises volées, perdues ou endommagées. Nous étudierons les méthodes de la marge bénéficiaire brute et de l'inventaire au prix de détail au chapitre 12.

système d'inventaire permanent, il est possible de déterminer le montant de la perte relative aux marchandises volées, perdues ou endommagées et de la présenter dans un poste distinct de l'état des résultats, parmi les frais d'administration.

LA MARGE BÉNÉFICIAIRE BRUTE

La troisième section de l'état des résultats d'une entreprise commerciale porte sur la détermination de la **marge bénéficiaire brute**, aussi appelée « bénéfice brut ». La marge bénéficiaire brute est obtenue en déduisant le coût des ventes du chiffre d'affaires net.

Détermination de la marge bénéficiaire brute

JEANSBEC ENR. Résultats partiels pour l'exercice terminé le 31 décembre 20X5	
Chiffre d'affaires net	680 000 $
Coût des ventes	421 600
Marge bénéficiaire brute	258 400 $

Les propriétaires, les investisseurs, les banquiers, les créanciers, les gens d'affaires et les comptables qui désirent évaluer la santé financière d'une entreprise commerciale établissent la marge bénéficiaire brute exprimée en pourcentage du chiffre d'affaires net. Comme nous l'avons vu précédemment, la marge bénéficiaire brute de Jeansbec enr. est égale à 38 % de son chiffre d'affaires net, soit 258 400 $ (marge bénéficiaire brute) divisés par 680 000 $ (chiffre d'affaires net). Ce pourcentage représente le **ratio de la marge bénéficiaire brute**, aussi appelé **pourcentage de la marge bénéficiaire brute**.

Bien entendu, le pourcentage de la marge bénéficiaire brute varie selon l'entreprise et le secteur d'activité économique. Les utilisateurs des états financiers doivent comparer le ratio de la marge bénéficiaire brute d'une entreprise avec celui des autres entreprises du même secteur d'activité. Pour la majorité des entreprises commerciales, le pourcentage du coût des ventes se situe entre 50 % et 70 % du chiffre d'affaires net. Réciproquement, le pourcentage de marge bénéficiaire brute varie de 50 % à 30 %. Il existe en pratique de nombreuses exceptions à cette règle générale, laquelle reste toutefois très utile pour évaluer les résultats d'une entreprise.

De plus, une comparaison de la marge bénéficiaire brute de plusieurs exercices consécutifs permet aux utilisateurs des états financiers de déceler si l'entreprise progresse ou régresse. Un ratio de la marge bénéficiaire brute à la hausse signale souvent une situation saine et une forte demande pour les produits de l'entreprise. À l'opposé, un ratio à la baisse peut signifier que l'entreprise a perdu une partie de sa part de marché, qu'elle a dû réduire ses prix pour pouvoir vendre ses produits à cause d'une vive concurrence sur le marché ou que le coût de revient des achats s'est accru sans qu'elle puisse augmenter le prix de vente de ses marchandises.

AVEZ-VOUS LE SENS DE L'OBSERVATION ?

Notez que le pourcentage de la marge bénéficiaire brute et le pourcentage du coût des ventes de Jeansbec enr. sont complémentaires. Le premier étant de 38 %, le second sera de 62 %, soit 421 600 $ (coût des ventes) divisés par 680 000 $ (chiffre d'affaires net). Vous avez sans doute remarqué que l'on attribue au chiffre d'affaires net un pourcentage équivalent à 100 %.

LES FRAIS D'EXPLOITATION

La quatrième section de l'état des résultats d'une entreprise commerciale porte sur le classement des frais d'exploitation. Tel que nous l'illustrons ci-dessous, ceux-ci sont classés en trois groupes : les frais de vente, les frais d'administration et les frais financiers.

Les **frais de vente** comprennent tous les frais engagés pour entreposer et mettre en vente les marchandises, dont la publicité, les salaires des vendeurs et les frais de livraison aux clients. Les **frais d'administration** comprennent tous les frais inhérents à la gestion générale de l'entreprise, tels que les frais de bureau, de comptabilité, de gestion du personnel, du service de crédit et de perception. Les **frais financiers** comprennent tous les frais inhérents au financement de l'entreprise, tels que les intérêts et frais bancaires et les intérêts sur la dette à long terme. S'y trouve également le surplus ou le découvert de caisse.

Dans certaines entreprises, des charges, comme les assurances et l'amortissement de certaines immobilisations, doivent être réparties entre les frais de vente et les frais d'administration. Ainsi, puisque le local loué par Jeansbec enr. sert à la fois au service des ventes et aux services administratifs, l'entreprise a réparti le coût du loyer et l'amortissement des améliorations locatives en imputant 90 % de ces charges aux frais de vente et l'autre tranche de 10 % aux frais d'administration. Cette répartition se fait habituellement à partir du chiffrier, outil de travail que nous découvrirons au chapitre 7, et ne nécessite donc pas de compte de grand livre supplémentaire. Le compte Chauffage et électricité, dont le solde est de 1 975 $, n'a pas fait l'objet d'une répartition, probablement parce que les dirigeants de l'entreprise n'ont pas jugé ce traitement opportun compte tenu de la faible importance du montant en cause.

Classement des frais d'exploitation

JEANSBEC ENR.
Résultats partiels
pour l'exercice terminé le 31 décembre 20X5

Frais d'exploitation		
Frais de vente		
Salaires du personnel de vente	100 625 $	
Assurances	2 000	
Frais de livraison	2 990	
Loyer	10 800	
Publicité	29 260	
Amortissement – Améliorations locatives	18 000	
Amortissement – Équipements	3 000	
Total des frais de vente		166 675 $
Frais d'administration		
Salaires du personnel de bureau	38 250	
Assurances	500	
Chauffage et électricité	1 975	
Loyer	1 200	
Amortissement – Améliorations locatives	2 000	
Amortissement – Matériel de bureau	1 000	
Total des frais d'administration		44 925
Frais financiers		
Découvert de caisse	25	
Intérêts et frais bancaires	770	
Intérêts sur la dette à long terme	2 705	
Total des frais financiers		3 500
Total des frais d'exploitation		215 100 $

LE BÉNÉFICE D'EXPLOITATION

La cinquième section de l'état des résultats d'une entreprise commerciale porte sur la détermination du bénéfice d'exploitation. Celui-ci est obtenu en déduisant le total des frais d'exploitation de la marge bénéficiaire brute.

Détermination du bénéfice d'exploitation

JEANSBEC ENR. *Résultats partiels* pour l'exercice terminé le 31 décembre 20X5		
Marge bénéficiaire brute		258 400 $
Frais d'exploitation		
Frais de vente	166 675 $	
Frais d'administration	44 925	
Frais financiers	3 500	
Total des frais d'exploitation		215 100
Bénéfice d'exploitation		43 300 $

Le bénéfice d'exploitation est important, car il représente le bénéfice qui découle de l'activité principale de l'entreprise.

LES AUTRES RÉSULTATS ET LE BÉNÉFICE NET

La sixième section de l'état des résultats d'une entreprise commerciale porte sur la présentation de résultats non liés à l'exploitation courante de l'entreprise et sur la détermination du bénéfice net. Cette section renferme donc les produits, les gains, les charges et les pertes provenant d'opérations et de faits périphériques ou accessoires.

Présentation des résultats périphériques ou accessoires, et détermination du bénéfice net

JEANSBEC ENR. *Résultats partiels* pour l'exercice terminé le 31 décembre 20X5			
Bénéfice d'exploitation			43 300 $
Autres produits et autres charges			
Défilés de mode		13 500 $	
Moins : Salaires des mannequins	9 300 $		
Cosmétiques	700	10 000	3 500
Bénéfice net			46 800 $

Jeansbec enr. présente distinctement les résultats découlant des défilés de mode organisés à l'occasion. Comme le bénéfice d'exploitation est présenté avant les résultats accessoires, le lecteur peut évaluer, entre autres, les tendances dans le temps du bénéfice découlant des activités normales de l'entreprise.

Comme l'illustre la figure 5.11 à la page précédente, dans le cas de l'entreprise individuelle Jeansbec enr., le bénéfice net de 46 800 $ est suffisamment élevé pour tenir compte : 1) de la valeur des services rendus par le propriétaire (30 000 $) ; 2) du rendement minimal sur le capital investi par Jean Sbec (8 397 $) ; et 3) du rendement additionnel permettant de tenir compte du niveau de risque assumé par le propriétaire (4 198 $).

Il faut se garder de porter des jugements hâtifs sur la rentabilité d'une entreprise commerciale. Il se peut que son bénéfice net soit inférieur au total des trois éléments décrits précédemment sans pour autant qu'il faille se départir de l'entreprise. Tel est souvent le cas, par exemple, des entreprises familiales comme les dépanneurs. Même si l'état des résultats ne renferme pas le salaire du propriétaire, il contient les salaires de tous les employés, notamment ceux du conjoint et des enfants du propriétaire. Il arrive fréquemment que les salaires des personnes apparentées au propriétaire soient plus élevés que si l'entreprise avait embauché des étrangers. Dans ce cas, même si le bénéfice net est plus faible, le propriétaire peut le juger très satisfaisant.

L'évaluation de la solvabilité d'une entreprise commerciale

Une entreprise solvable est notamment en mesure de régler ses dettes à court terme lorsque celles-ci sont dues. Les investisseurs et les créanciers accordent donc une attention toute particulière à la relation qui existe entre le total de l'actif à court terme et le total du passif à court terme. L'analyse du ratio de solvabilité à court terme et du fonds de roulement leur donne une indication sur la capacité de l'entreprise de rembourser ses dettes à court terme[13].

Le ratio de solvabilité à court terme

Le **ratio de solvabilité à court terme**, aussi appelé « ratio du fonds de roulement », se définit comme suit :

$$Ratio\ de\ solvabilité\ à\ court\ terme\ = \frac{Actif\ à\ court\ terme}{Passif\ à\ court\ terme}$$

Ce ratio exprime la relation existant entre le total de l'actif à court terme et celui du passif à court terme d'une entreprise. Il permet donc de déterminer combien de dollars d'actif à court terme sont disponibles pour faire face à chaque dollar de dette à court terme.

Le ratio de solvabilité à court terme de Jeansbec enr., que nous avons calculé à partir des données fournies dans le bilan de l'entreprise présenté à la page 287, est de 1,82 (on peut aussi l'exprimer de la façon suivante : « 1,82 : 1 »). Voici le calcul que nous avons effectué :

$$Ratio\ de\ solvabilité\ à\ court\ terme\ = \frac{114\ 640\ \$}{63\ 155\ \$} = 1,82$$

Jeansbec enr. dispose donc de 1,82 $ d'actif à court terme pour chaque dollar de dette à court terme.

Il faut se garder de porter des jugements hâtifs sur la solvabilité d'une entreprise commerciale. Certains utilisateurs des états financiers estiment qu'une entreprise a une bonne **cote de solvabilité** lorsque le total de son actif à court terme est environ le double du total de son passif à court terme. Toutefois, un ratio de solvabilité à court terme de 2 pour 1 n'est qu'un indicateur sans valeur si l'on ne prend pas soin de bien analyser la composition de l'actif à court terme de l'entreprise et si l'on ne tient pas compte de la nature de son exploitation.

---

13. L'analyse qui suit peut aussi être utilisée pour le bilan d'une entreprise de services.

Ainsi, un ratio de 1 pour 1 pourrait être satisfaisant dans le cas d'une entreprise de services qui n'accorde que peu de crédit à ses clients et qui ne possède pas de stocks (un petit motel, par exemple). Dans le cas de Jeansbec enr., un ratio de 1,82 pour 1 pourrait être tour à tour excellent ou inquiétant. En effet, si Jeansbec enr. recouvre habituellement toutes ses créances (63 700 $) dans un délai de 30 à 45 jours et paie ses fournisseurs dans un délai de 45 à 60 jours, la situation financière de l'entreprise est excellente. Par contre, si en période économique difficile, les fournisseurs de Jeansbec enr. exigent d'être payés dans un délai maximum de 45 jours alors que les clients allongent le délai de recouvrement des créances à 60 jours et si, pendant cette période, les ventes sont au ralenti, il y a lieu de s'inquiéter de la situation financière de l'entreprise.

Le fonds de roulement

Le **fonds de roulement** se définit comme suit :

$$Fonds\ de\ roulement = Actif\ à\ court\ terme - Passif\ à\ court\ terme$$

Le fonds de roulement de 51 485 $ de Jeansbec enr. est établi comme suit :

$$Fonds\ de\ roulement = 114\ 640\ \$ - 63\ 155\ \$ = 51\ 485\ \$$$

Comme le ratio de solvabilité, le fonds de roulement exprime la relation qui existe entre le total de l'actif à court terme et celui du passif à court terme d'une entreprise. Il ne faut toutefois pas accorder trop d'importance à ce montant. À l'aide de données fictives relatives à deux entreprises, Fantastique inc. et Décevante enr., le tableau 5.3 illustre bien que le fonds de roulement n'est pas un aussi bon indicateur de la capacité d'une entreprise de régler ses dettes à court terme que le ratio de solvabilité courante.

TABLEAU 5.3 | **UNE COMPARAISON DU FONDS DE ROULEMENT ET DU RATIO DE SOLVABILITÉ COURANTE**

	Décevante enr.	Jeansbec enr.	Fantastique inc.
Total de l'actif à court terme (1)	263 470 $	114 640 $	74 490 $
Total du passif à court terme (2)	211 985	63 155	23 005
Fonds de roulement [(1) − (2)]	51 485 $	51 485 $	51 485 $
Ratio de solvabilité courante [(1) ÷ (2)]	1,24	1,82	3,24

Même si ces trois entreprises ont le même fonds de roulement (51 485 $), il ressort clairement de la comparaison précédente que la solvabilité de Fantastique inc. est meilleure que celle des autres entreprises. Cette dernière aura donc plus de facilité à régler ses dettes à court terme que Décevante enr. et Jeansbec enr.

En terminant, quoi de mieux que d'avoir une vue d'ensemble des états financiers d'une entreprise commerciale ? À cet effet, nous vous invitons à prendre connaissance des états financiers de Josy Dida inc., qui ont d'abord accompagné l'ouvrage *Comptabilité intermédiaire – Analyse théorique et pratique.*

Les états financiers de Josy Dida.

SYNTHÈSE DU CHAPITRE 5

1. Les résultats d'une entreprise commerciale sont principalement regroupés dans trois grandes sections : le chiffre d'affaires net, le coût des ventes et les frais d'exploitation.

2. Le chiffre d'affaires net s'obtient en déduisant du chiffre d'affaires brut les rendus et rabais sur ventes et les escomptes sur ventes.

3. Dans un système d'inventaire périodique, le coût des ventes est obtenu en déduisant le stock de clôture d'une période du coût des marchandises destinées à la vente. Celui-ci se compose du coût du stock d'ouverture de la période, plus les achats et les frais de transport sur achats, et déduction faite des rendus et rabais sur achats et des escomptes sur achats.

4. Lorsqu'une entreprise utilise la méthode de comptabilisation des achats au prix net, les escomptes de caisse effectivement perdus sont comptabilisés dans un compte distinct présenté dans la section Frais financiers de l'état des résultats. Si l'entreprise utilise plutôt la méthode de comptabilisation des achats au prix brut, les escomptes sur achats effectivement obtenus sont comptabilisés dans un compte distinct présenté dans la section Coût des ventes de l'état des résultats.

5. La mention « FAB point d'arrivée » signifie que l'acheteur n'assume aucuns frais jusqu'au point de livraison, puisque ces frais de transport sont pris en charge par le fournisseur. Pour ce dernier, il s'agit de frais de vente qui seront portés au débit du compte Frais de livraison. La mention « FAB point de départ » signifie que le fournisseur confie à un transporteur les marchandises vendues et que l'acheteur prend à sa charge les frais de transport à partir d'un endroit convenu, le plus souvent l'entrepôt du transporteur. Lorsque les frais de transport sont à la charge de l'acheteur, ceux-ci sont portés au débit du compte Transports sur achats.

6. Lorsqu'une entreprise commerciale utilise un système d'inventaire périodique, elle doit redresser le solde du compte Stock à la fin de chaque exercice à la suite du dénombrement des articles stockés. Ce redressement est nécessaire, puisqu'à la date de la fin de l'exercice, le solde du compte Stock correspond à celui du début de l'exercice.

7. La marge bénéficiaire brute est obtenue en déduisant le coût des ventes du chiffre d'affaires net. Les frais d'exploitation sont classés en trois groupes : les frais de vente, les frais d'administration et les frais financiers. Le bénéfice d'exploitation est obtenu en déduisant le total des frais d'exploitation de la marge bénéficiaire brute. Pour obtenir le bénéfice net, il faut aussi tenir compte des produits, des gains, des charges et des pertes provenant d'opérations et de faits périphériques ou accessoires.

8. L'état des résultats peut être présenté de deux façons. Dans un état des résultats à groupements multiples, les postes sont classés par groupes pour faire ressortir certains soldes intermédiaires utiles à la gestion, tels le chiffre d'affaires net, le coût des ventes, la marge bénéficiaire brute, le total des frais de vente, des frais d'administration et des frais financiers, les autres résultats et le bénéfice net. Dans un état des résultats à groupements simples, tous les produits et les gains sont d'abord groupés et totalisés, puis toutes les charges et les pertes sont également groupées et totalisées pour ainsi mettre en évidence le bénéfice net de l'exercice.

9. Le bénéfice net d'une entreprise individuelle doit être suffisamment élevé pour tenir compte : 1) de la valeur des services rendus par le propriétaire ; 2) du rendement minimal sur le capital investi par le propriétaire ; et 3) du rendement additionnel permettant de tenir compte du niveau de risque assumé par le propriétaire.

10. Une entreprise solvable est notamment en mesure de régler ses dettes à court terme lorsque celles-ci sont dues. Les investisseurs et les créanciers accordent donc une attention toute particulière à la relation qui existe entre le total de l'actif à court terme et le total du passif à court terme. L'analyse du ratio de solvabilité à court terme et du fonds de roulement leur donne une indication sur la capacité de l'entreprise de rembourser ses dettes à court terme.

PROBLÈME TYPE

La parfumerie Fragrances inc., dont Érika Beaucage est la seule actionnaire, a effectué les opérations décrites ci-dessous du 1er au 15 juin 20X2. Les conditions de règlement des ventes effectuées par l'entreprise sont 2/10, 1/15, n/30. L'entreprise a l'habitude de tirer parti de tous les escomptes de caisse disponibles et, par conséquent, comptabilise ses achats au prix net.

2 juin   Achat de marchandises à crédit chez Odorante ltée, 5 000 $ plus TPS (5 %) et TVQ (9,975 %). La facture porte la mention « 2/10, n/30 ».

4 juin   Vente au comptant de marchandises, 10 000 $ plus TPS (5 %) et TVQ (9,975 %).

5 juin   Retour de marchandises défectueuses d'une valeur de 500 $ avant taxes. Ces marchandises ont été achetées le 2 juin chez Odorante ltée.

6 juin   Vente de marchandises à crédit à l'Association des auxiliaires bénévoles, 1 149,75 $, taxes incluses.

7 juin   Note de crédit n° 26 d'un montant de 50 $ (avant taxes) émise en faveur de l'Association des auxiliaires bénévoles à titre de rabais accordé pour des marchandises endommagées.

9 juin   Paiement du solde dû à la société Odorante ltée.

11 juin   Achat au comptant d'un ordinateur destiné à l'usage exclusif de l'entreprise, 2 500 $ plus TPS (5 %) et TVQ (9,975 %), et paiement des frais d'installation de 100 $ plus taxes.

15 juin   Somme reçue de l'Association des auxiliaires bénévoles en règlement complet de son compte.

TRAVAIL À FAIRE

a) Passez les écritures de journal requises pour enregistrer les opérations précédentes.

b) Dressez un état partiel des résultats pour la période du 1er au 15 juin 20X2 dans lequel vous déterminerez la marge bénéficiaire brute. Tenez pour acquis que le coût du stock de marchandises est de 21 350 $ au 1er juin et de 19 400 $ au 15 juin.

SOLUTION DU PROBLÈME TYPE

a) La passation des écritures de journal

Journal général				Page _
Date		**Intitulé des comptes et explications**	**F°**	**Débit**	**Crédit**
20X2					
2	juin	Achats (5 000 $ × 98 %)		4 900,00	
		CTI à recouvrer (5 000 $ × 5 %)		250,00	
		RTI à recouvrer (5 000 $ × 9,975 %)		498,75	
		Fournisseurs			5 648,75
		Marchandises achetées chez Odorante ltée.			
		Conditions de règlement : 2/10, n/30.			

»

Date		Intitulé des comptes et explications	F°	Débit	Crédit
4	juin	Caisse		11 497,50	
		Ventes			10 000,00
		TPS à payer (10 000 $ × 5 %)			500,00
		TVQ à payer (10 000 $ × 9,975 %)			997,50
		Vente au comptant.			
5	"	Fournisseurs		564,88	
		Rendus et rabais sur achats (500 $ × 98 %)			490,00
		CTI à recouvrer (500 $ × 5 %)			25,00
		RTI à recouvrer (500 $ × 9,975 %)			49,88
		Retour de marchandises défectueuses à			
		Odorante ltée.			
6	"	Clients		1 149,75	
		Ventes (1 149,75 $ ÷ 1,14975)			1 000,00
		TPS à payer (1 000 $ × 5 %)			50,00
		TVQ à payer (1 000 $ × 9,975 %)			99,75
		Vente à crédit à l'Association des auxiliaires			
		bénévoles.			
7	"	Rendus et rabais sur ventes		50,00	
		TPS à payer (50,00 $ × 5 %)		2,50	
		TVQ à payer (50,00 $ × 9,975 %)		4,99	
		Clients			57,49
		Note de crédit n° 26 accordée à l'Association			
		des auxiliaires bénévoles pour marchandises			
		endommagées.			
9	"	Fournisseurs (5 648,75 $ − 564,88 $)		5 083,87	
		Caisse			5 083,87
		Paiement du solde dû à la société			
		Odorante ltée compte tenu du retour			
		de marchandises du 5 juin.			
11	"	Ordinateur (ou Matériel informatique)		2 600,00	
		CTI à recouvrer (2 600 $ × 5 %)		130,00	
		RTI à recouvrer (2 600 $ × 9,975 %)		259,35	
		Caisse			2 989,35
		Achat au comptant d'un ordinateur portatif			
		à l'usage exclusif de l'entreprise.			
15	"	Caisse		1 073,26	
		Escomptes sur ventes		19,00	
		[(1 000 $ − 50 $) × 2 %]			
		Clients (1 149,75 $ − 57,49 $)			1 092,26
		Recouvrement de la créance de l'Association			
		des auxiliaires bénévoles avant			
		l'expiration du délai d'escompte et			
		compte tenu de la note de crédit n° 26.			

b) L'établissement de l'état des résultats partiels

FRAGRANCES INC.
Résultats partiels
pour la période du 1er au 15 juin 20X2

Chiffre d'affaires brut			11 000 $
Moins : Rendus et rabais sur ventes		50 $	
Escomptes sur ventes		19	69
Chiffre d'affaires net			10 931
Coût des ventes			
Stock au 1er juin 20X2		21 350	
Achats	4 900 $		
Moins : Rendus et rabais sur achats	490		
Coût de revient des achats		4 410	
Coût des marchandises destinées à la vente		25 760	
Moins : Stock au 15 juin 20X2		19 400	
Coût des ventes			6 360
Marge bénéficiaire brute			4 571 $

QUESTIONS DE RÉVISION (i+) Solutionnaire

1. En quoi la détermination du bénéfice net d'une entreprise commerciale diffère-t-elle de celle d'une entreprise de services ?

2. Le prix de vente établi par une entreprise commerciale doit comprendre un certain nombre d'éléments. Nommez-les.

3. Que signifie l'expression « marge bénéficiaire brute » ?

4. Tyna Lee est d'avis que, dans le cas des ventes à crédit, il faut attendre le paiement du client avant de constater un produit. Qu'en pensez-vous ?

5. Quelle différence y a-t-il entre un rendu et un rabais sur ventes ? Pourquoi est-il préférable d'enregistrer les rendus et rabais sur ventes dans un compte distinct même s'il serait plus simple de les imputer directement au compte Ventes ?

6. Pourquoi une entreprise commerciale accorde-t-elle des escomptes de caisse ? Que signifie la mention « 2/10, n/30 » ?

7. Quelle différence y a-t-il entre un escompte de caisse, une remise et un escompte d'usage ?

8. Indiquez les éléments qui manquent dans chacun des cas suivants.

    a) Coût des ventes + Marge bénéficiaire brute = ?

    b) Achats – ? – ? = Achats nets

    c) Coût des ventes + Stock de clôture = ?

    d) Stock d'ouverture + ? = Coût des marchandises destinées à la vente

    e) Coût de revient des achats – Achats nets = ?

9. Quelle différence fondamentale y a-t-il entre un système d'inventaire périodique et un système d'inventaire permanent ?

10. Décrivez brièvement le fonctionnement d'un système d'inventaire périodique.

11. Parmi les opérations suivantes effectuées par la Tabagie Cinksou enr., déterminez celles qui doivent être portées au débit du compte Achats.

    a) L'achat de cinq caisses de cigarettes.

    b) L'achat d'un présentoir pour les magazines.

    c) L'achat de 10 caisses de croustilles.

    d) L'achat de sel de déglaçage qui sera épandu sur le trottoir devant la tabagie.

    e) L'achat de 500 billets de loterie instantanée.

12. Expliquez brièvement le traitement comptable qui doit être appliqué aux achats selon que l'on utilise la méthode de comptabilisation des achats au prix net ou la méthode de comptabilisation des achats au prix brut.

13. Pourquoi une entreprise doit-elle choisir soit la méthode de comptabilisation des achats au prix net, soit celle de la comptabilisation des achats au prix brut alors qu'il n'y a qu'une seule méthode de comptabilisation des ventes ?

14. Que signifie l'expression « franco à bord » ? Quelle différence y a-t-il entre les mentions « FAB point d'expédition » et « FAB point d'arrivée », que l'on trouverait sur deux factures d'achat différentes ?

15. Lorsqu'une entreprise utilise un système d'inventaire périodique, à quoi correspond le solde du compte

5

12 février	Vente de 500 roses au prix unitaire de 1,60 $, avant taxes, à Villa Entr'Amis enr. Conditions de règlement : 2/10, n/30.
13 février	Vente au comptant de 400 roses au prix unitaire de 2 $, avant taxes, aux bénévoles d'une résidence pour personnes âgées.
13 février	Rabais de 100 $, avant taxes, accordé à Fleuriste Rose Latulipe enr. pour des fleurs endommagées durant le transport.
14 février	Cadeau du propriétaire de Floralies enr. à sa fiancée : cinq douzaines de roses.
15 février	Règlement de la facture du 7 février, compte tenu des marchandises retournées le 9 février.
18 février	Réception d'un chèque de Fleuriste Rose Latulipe enr. en règlement total de son compte.
20 février	Réception d'un chèque de Fleuriste Brouillard inc. en règlement total de son compte.
25 février	Réception d'un chèque de Villa Entr'Amis enr. en règlement total de son compte.

TRAVAIL À FAIRE

Passez les écritures de journal requises pour enregistrer les opérations effectuées au cours du mois de février.

P4

70 minutes – moyen

L'enregistrement d'opérations commerciales

Un grossiste en pièces pyrotechniques, Pyrotechniques Tardif enr., utilise un système d'inventaire périodique et comptabilise ses achats selon la méthode du prix brut. Voici les opérations de l'entreprise au cours du mois de mai 20X6. Ces opérations sont toutes assujetties à la TPS (5 %) et à la TVQ (9,975 %).

2 mai	Achat de 33 750 $, avant taxes, de marchandises à crédit chez Feux Extra inc. La facture porte les mentions « 2/10, n/30 » et « FAB point d'expédition ».
2 mai	Émission d'un chèque de 480 $, taxes en sus, à l'ordre de Transportec inc. en règlement des frais de transport relatifs aux marchandises reçues.
3 mai	Vente de marchandises à crédit à la boutique Joujoutech enr. totalisant 22 500 $, taxes en sus. Conditions de règlement : 2/10, n/60.
5 mai	Achat de 73 175 $, avant taxes, de marchandises à crédit chez Feux d'artifice Lalumière ltée, ce qui comprend des frais de transport de 675 $. La facture porte les mentions « 2/10, n/30 » et « FAB point d'expédition ».
6 mai	Achat de 45 000 $, avant taxes, de marchandises à crédit chez Étincelles inc. La facture porte les mentions « 1/10, n/30 » et « FAB point de livraison ».
6 mai	Émission d'un chèque de 520 $, taxes en sus, à l'ordre de Transportec inc. en règlement des frais de transport relatifs aux marchandises reçues.
9 mai	Achat de 250 $, avant taxes, de fournitures de bureau à crédit chez Trombones enr. Condition de règlement : n/30.
11 mai	Vente de marchandises à crédit à la municipalité de Tourville totalisant 125 000 $, taxes en sus. Conditions de règlement : 2/10, n/30.
12 mai	Règlement du solde dû à Feux Extra inc.
13 mai	Retour de marchandises défectueuses ayant coûté 3 000 $, taxes en sus, à Étincelles inc.
13 mai	Réception d'un chèque de Joujoutech enr. en règlement complet de son achat du 3 mai.
15 mai	Émission d'un chèque en règlement total de la somme due à Feux d'artifice Lalumière ltée.
19 mai	Règlement de la facture du 6 mai, compte tenu des marchandises retournées le 13 mai.

5

20 mai   Réception d'un chèque de la municipalité de Tourville en règlement total de son compte.

25 mai   Vente de marchandises au comptant d'une valeur de 75 000 $ avant taxes, moins une remise de 10 %. Le client a payé par chèque.

31 mai   Paiement du solde dû à Trombones enr.

TRAVAIL À FAIRE

a) Passez les écritures de journal requises pour enregistrer les opérations effectuées au cours du mois de mai.

b) Supposez que l'entreprise comptabilise plutôt ses achats au prix net. Relevez les écritures qui seraient différentes de celles enregistrées en a) et faites les modifications qui s'imposent.

40 minutes – moyen

P5 L'enregistrement d'opérations commerciales

Voici quelques-unes des opérations effectuées par Thayant enr. au cours du mois de novembre 20X1. L'entreprise utilise un système d'inventaire périodique et comptabilise ses achats selon la méthode du prix brut.

4 novembre   Paiement d'une facture de 1 149,75 $, taxes incluses, pour des marchandises achetées le 5 octobre.

4 novembre   Paiement par chèque du loyer pour le mois de novembre, s'élevant à 800 $, TPS (5 %) et TVQ (9,975 %) en sus.

5 novembre   Achat de 1 724,63 $, taxes incluses, de marchandises à crédit chez Palay inc. Condition de règlement : net 30 jours.

6 novembre   Achat de matériel de bureau à crédit chez Bureautex d'une valeur de 2 600 $, avant taxes, moins une remise de 100 $. Conditions de règlement : 1/10, n/30.

7 novembre   Vente de marchandises à Norflex enr. totalisant 2 131,64 $, taxes incluses. Conditions de règlement : 2/10, n/30.

8 novembre   Achat de marchandises au comptant au prix de 2 800 $, TPS (5 %) et TVQ (9,975 %) en sus.

9 novembre   Retour de 300 $, avant taxes, de matériel de bureau défectueux acheté le 6 novembre.

11 novembre   Vente au comptant totalisant 3 614,80 $, taxes incluses.

15 novembre   Règlement du solde dû à Bureautex.

16 novembre   Vente de marchandises à Rolex enr. totalisant 2 850 $, TPS (5 %) et TVQ (9,975 %) en sus. Conditions de règlement : 2/10, n/30.

19 novembre   Rabais de 350 $, taxes en sus, accordé à Rolex enr. pour de la marchandise achetée le 16 novembre et comportant de légères imperfections.

20 novembre   Vente au comptant au prix de 1 763,72 $, taxes incluses. Le client a payé par chèque.

25 novembre   Réception d'un chèque de Rolex enr. en règlement de son compte.

TRAVAIL À FAIRE

Passez les écritures de journal requises pour enregistrer ces opérations dans les livres de l'entreprise.

50 minutes – difficile

P6 L'enregistrement d'opérations commerciales

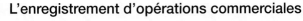

Stay Rhéo inc. et Konpak Disk ltée font des affaires ensemble depuis plusieurs années. Voici les opérations effectuées en mai 20X5 par ces entreprises, qui utilisent toutes deux un système d'inventaire périodique. Ces opérations sont toutes assujetties à la TPS (5 %) et à la TVQ (9,975 %).

3 mai   Stay Rhéo inc. achète des marchandises à crédit de Konpak Disk ltée au prix de 12 750 $, taxes en sus. La facture porte les mentions « 2/10, n/30 » et « FAB point d'expédition ».

3 mai   Stay Rhéo inc. émet un chèque en règlement des frais de transport de 150 $, taxes en sus, relatifs aux marchandises achetées chez Konpak Disk ltée.

6 mai   Stay Rhéo inc. achète des marchandises à crédit de Konpak Disk ltée pour un montant total de 21 000 $, taxes en sus. La facture porte les mentions « 2/10, n/30 » et « FAB point de livraison ».

6 mai   Konpak Disk ltée reçoit une facture de 250 $, taxes en sus, pour la livraison des marchandises vendues à Stay Rhéo inc.

7 mai   Stay Rhéo inc. retourne à Konpak Disk ltée des marchandises défectueuses achetées le 3 mai, et celle-ci émet une note de crédit de 750 $, taxes en sus.

9 mai   Stay Rhéo inc. émet un chèque à l'ordre de Konpak Disk ltée en règlement des marchandises achetées le 3 mai, compte tenu de la note de crédit reçue le 7 mai.

10 mai   Konpak Disk ltée émet un chèque en règlement de la facture de transport reçue le 6 mai.

17 mai   Stay Rhéo inc. émet un chèque à l'ordre de Konpak Disk ltée en règlement des marchandises achetées le 6 mai.

22 mai   Stay Rhéo inc. achète des marchandises à crédit de Konpak Disk ltée d'une valeur de 23 000 $, taxes en sus, moins une remise de 10 %. La facture porte les mentions « 2/10, n/30 » et « FAB point de livraison ».

22 mai   Stay Rhéo inc. émet un chèque en règlement des frais de transport de 260 $, taxes en sus, relatifs aux marchandises achetées chez Konpak Disk ltée.

31 mai   Stay Rhéo inc. émet un chèque à l'ordre de Konpak Disk ltée en règlement des marchandises achetées le 22 mai.

TRAVAIL À FAIRE

a) Passez les écritures de journal requises pour inscrire les opérations du mois de mai dans les livres de Stay Rhéo inc. en supposant que cette entreprise comptabilise ses achats au prix brut.

b) Passez les écritures de journal requises pour inscrire les opérations du mois de mai dans les livres de Konpak Disk ltée.

P7 ## L'enregistrement d'opérations commerciales

50 minutes – difficile

Au cours du mois de mai 20X2, l'entreprise Antennes Parabolik enr., qui utilise un système d'inventaire périodique, qui comptabilise ses achats selon la méthode du prix brut et qui paie toujours ses fournisseurs par chèque, a effectué les opérations suivantes :

1er mai   Paiement du loyer du mois de mai totalisant 750 $, TPS (5 %) et TVQ (9,975 %) en sus.

4 mai   Achat de marchandises à crédit chez Antennex ltée totalisant 15 000 $, TPS (5 %) et TVQ (9,975 %) en sus. Conditions de règlement : 2/10, n/30.

5 mai   Retour de marchandises ayant coûté 500 $, avant taxes, à Antennex ltée.

6 mai   Achat de matériel de bureau à crédit chez Meublex enr. au prix de 1 100 $, moins une remise de 100 $, TPS (5 %) et TVQ (9,975 %) en sus. Conditions de règlement : 1/10, n/30.

7 mai   Vente d'une antenne parabolique au Bar Le Goulot enr. La facture comprend l'antenne parabolique, d'une valeur de 1 500 $, TPS (5 %) et TVQ (9,975 %) en sus, et des frais d'installation de 200 $, TPS (5 %) et TVQ (9,975 %) en sus. Conditions de règlement : 2/10, n/30.

8 mai Achat au comptant de marchandises totalisant 2 800 $, TPS (5 %) et TVQ (9,975 %) en sus.

9 mai Retour à Meublex enr. d'une chaise défectueuse ayant coûté 50 $, avant taxes.

11 mai Vente au comptant d'une antenne parabolique s'élevant à 1 839,60 $, taxes incluses.

14 mai Réception d'un chèque émis par Bar Le Goulot enr. en règlement de son compte, déduction faite d'une somme de 1 000 $ représentant une dette de jeu contractée la fin de semaine précédente par le propriétaire d'Antennes Parabolik enr.

15 mai Règlement du solde dû à Meublex enr.

17 mai Vente d'une antenne parabolique à la brasserie Au petit bedon enr. La facture comprend l'antenne parabolique d'une valeur de 2 127,04 $, TPS (5 %) et TVQ (9,975 %) incluses, et des frais d'installation de 225 $, TPS (5 %) et TVQ (9,975 %) en sus. Conditions de règlement : 2/10, n/30.

20 mai Rabais de 100 $ avant taxes accordé à la brasserie Au petit bedon enr. en raison de la décoloration de la peinture de l'antenne achetée le 17 mai.

21 mai Vente au comptant d'une antenne parabolique au prix de 1 600 $, taxes en sus.

26 mai Réception d'un chèque de la brasserie Au petit bedon enr. en règlement de son compte.

TRAVAIL À FAIRE

a) Passez les écritures de journal requises pour enregistrer les opérations effectuées au cours du mois de mai 20X2.

b) Déterminez les montants devant figurer sur le formulaire de déclaration de TPS et de TVQ produit par l'entreprise en date du 31 mai 20X2.

Total à recouvrer : 1 815,72 $

P8 L'établissement d'un état des résultats à partir d'une balance de vérification

20 minutes – facile

Voici la balance de vérification de l'animalerie Le chat botté enr. au 31 décembre 20X2 :

LE CHAT BOTTÉ ENR.
Balance de vérification
au 31 décembre 20X2

	Débit	Crédit
Caisse	2 125 $	
Clients	850	
Stock de marchandises (au 1er janvier 20X2)	22 550	
Publicité payée d'avance	1 000	
Fournitures d'emballage	525	
Équipements	9 000	
Amortissement cumulé – Équipements		2 250 $
Fournisseurs		1 100
Shawn Bourque – Capital		22 695
Shawn Bourque – Retraits	6 000	
Ventes		130 350
Rendus et rabais sur ventes	1 255	
Escomptes sur ventes	1 570	
Achats	82 050	
Rendus et rabais sur achats		955
Escomptes sur achats		1 040
Transports sur achats	1 550	

	Débit	Crédit
Salaires	23 615	
Assurances	700	
Loyer	3 600	
Publicité	800	
Fournitures d'emballage utilisées	300	
Amortissement – Équipements	900	
	158 390 $	158 390 $

TRAVAIL À FAIRE

Dressez, en bonne et due forme, l'état des résultats de l'animalerie Le chat botté enr. pour l'exercice terminé le 31 décembre 20X2 en tenant compte du fait que le stock de marchandises s'élève alors à 25 000 $.

Bénéfice net : 18 455 $

 P9 L'établissement d'un état des résultats à partir d'une liste de comptes

Voici, présentés par ordre alphabétique, certains comptes tirés de la balance de vérification de Grossiste Laflamme inc. au 31 décembre 20X7 :

20 minutes – moyen

Achats	215 000
Assurances	3 500
Amortissement – Équipements	17 500
Amortissement – Matériel de bureau	2 500
Escomptes sur achats	4 000
Escomptes sur ventes	9 500
Fournitures de bureau utilisées	1 750
Fournitures d'emballage utilisées	4 500
Frais de livraison	9 000
Publicité	2 000
Rendus et rabais sur achats	6 500
Rendus et rabais sur ventes	12 000
Salaires des employés de bureau	41 500
Salaires des vendeurs	50 500
Stock au 31 décembre 20X6	88 500
Transports sur achats	3 000
Ventes	360 500

TRAVAIL À FAIRE

Dressez, en bonne et due forme, l'état des résultats de Grossiste Laflamme inc. pour l'exercice terminé le 31 décembre 20X7 en supposant que le coût des marchandises en main à cette date soit de 66 000 $.

Perte nette : 23 750 $

    P10 L'enregistrement d'opérations commerciales et l'établissement d'un état des résultats

75 minutes – difficile

Un grossiste en produits de jardinage, Pouce Vert inc., a effectué les opérations suivantes au cours du mois de mai 20X6. Ces opérations sont toutes assujetties à la TPS (5 %) et à la TVQ (9,975 %). L'entreprise effectue tous ses paiements par chèque.

2 mai	Achat de 4 500 $, taxes en sus, de marchandises à crédit chez Sapinière inc. La facture porte les mentions « 2/10, n/30 » et « FAB point d'expédition ».
3 mai	Paiement des frais de transport de 175 $, taxes en sus, relatifs à l'achat du 2 mai.
4 mai	Vente de marchandises ayant coûté 3 750 $, avant taxes, au prix de 6 000 $, taxes en sus, à Jardins Larocaille enr. Conditions de règlement : 2/10, n/30.
5 mai	Note de crédit de 500 $, taxes en sus, obtenue de Sapinière inc. pour des marchandises retournées à ce fournisseur.
8 mai	Achat de 6 000 $, taxes en sus, de marchandises à crédit chez Arboratum inc. La facture porte les mentions « 2/10, n/30 » et « FAB point de livraison ».
9 mai	Paiement des frais de transport de 225 $, taxes en sus, relatifs à l'achat du 8 mai.
12 mai	Paiement du solde dû à Sapinière inc.
14 mai	Encaissement de la somme due par Jardins Larocaille enr.
16 mai	Achat de 4 250 $, taxes en sus, de marchandises à crédit chez Arboratum inc. La facture porte les mentions « 2/10, n/30 » et « FAB point de livraison ».
18 mai	Paiement du solde dû à Arboratum inc.
19 mai	Vente de marchandises ayant coûté 3 000 $, avant taxes, au prix de 5 000 $, taxes en sus, à Florentine enr. Conditions de règlement : 2/10, n/30.
20 mai	Note de crédit de 500 $, taxes en sus, émise à l'ordre de Florentine enr. pour des marchandises défectueuses retournées par ce client.
25 mai	Vente au comptant, au prix de 10 000 $, taxes en sus, de marchandises ayant coûté 6 000 $, avant taxes.
28 mai	Chèque reçu de Florentine enr. en règlement total de son compte.

TRAVAIL À FAIRE

a) Passez les écritures de journal requises pour inscrire les opérations du mois de mai dans les livres de Pouce Vert inc. Cette entreprise utilise un système d'inventaire périodique et comptabilise ses achats au prix brut.

b) Déterminez le coût des marchandises en main au 31 mai 20X6 en supposant que le solde du compte Stock figurant au bilan en date du 30 avril 20X6 était de 5 000 $.

c) Dressez un état partiel des résultats de l'entreprise pour le premier mois du nouvel exercice financier, dans lequel vous mettrez en évidence la marge bénéficiaire brute.

Marge bénéficiaire brute : 7 950 $

P11 L'établissement des états financiers

35 minutes – moyen

Voici, présentés pêle-mêle, les soldes des comptes de la quincaillerie Marteau d'or enr. au 31 décembre 20X0, date de la fin de l'exercice financier de l'entreprise :

Placements à court terme	*4 000*
Fournitures de bureau	*60*
Escomptes sur ventes	*750*
TPS à payer	*700*
Rock Martel – Retraits	*4 800*
Stock au 1er janvier 20X0	*7 750*
Transports sur achats	*1 100*
Assurances	*65*
Matériel de bureau	*1 590*
Caisse	*2 400*
TVQ à payer	*803*
Rendus et rabais sur achats	*825*
Amortissement cumulé – Matériel de magasin	*3 975*
Salaires des vendeurs	*8 200*
Publicité	*900*
Clients	*3 300*

CHAPITRE **6**

La régularisation des comptes

PLAN DU CHAPITRE

Le principe de l'indépendance des exercices 208
La comptabilisation des produits et des charges.. 209
La pertinence de la régularisation des comptes... 210
Les principales sortes d'écritures de régularisation...................................... 211
La ventilation des charges sur plus d'un exercice 213
La ventilation des produits sur plus d'un exercice....................................... 218
La comptabilisation des charges à payer 221
La comptabilisation des produits à recevoir... 224
La comptabilisation des charges estimatives... 226
La balance de vérification régularisée... 233
Synthèse du chapitre 6 235
Activités d'apprentissage 237
Annexe 6A Les écritures de correction 259

OBJECTIFS D'APPRENTISSAGE

Au terme de ce chapitre, vous pourrez :

 expliquer pourquoi le découpage de la durée de vie totale d'une entreprise en exercices d'une durée uniforme est utile au moment de l'évaluation du rendement de l'entreprise ;

 comprendre la relation qui existe entre les principes de réalisation et du rattachement des charges aux produits ;

 saisir la pertinence de la régularisation des comptes ;

 reconnaître les principales sortes d'écritures de régularisation et les journaliser de façon appropriée.

Même si, à la suite de notre étude des cinq premiers chapitres, nous sommes en mesure de dresser les états financiers d'une entreprise, il va de soi que, avant de les publier, il faut s'assurer de régulariser les comptes de l'entreprise pour que l'ensemble des produits et des charges soit reflété dans les résultats et que le bilan renferme tous les éléments d'actif, de passif et de capitaux propres de l'entreprise. Dans ce chapitre, nous observerons en détail différentes sortes d'écritures de régularisation. À titre informatif, nous présenterons également les écritures de correction, lesquelles ne doivent pas être confondues avec les écritures de régularisation, comme nous le verrons à l'annexe 6A.

Il faut s'assurer de régulariser les comptes de l'entreprise pour que l'ensemble des produits et des charges soit reflété dans les résultats.

l'exercice en question ni tenir compte des charges qui s'y rattachent directement. Ainsi, les charges sont comptabilisées dans l'état des résultats sur la base d'une association directe entre les coûts engagés et l'obtention de produits spécifiques. Notons enfin que l'application du principe du rattachement n'autorise pas à comptabiliser au bilan des éléments qui ne répondent pas à la définition d'actifs ou de passifs[2]. Comme nous l'avons vu au chapitre 1 (*voir la page 15*), une charge est comptabilisée immédiatement dans l'état des résultats dès lors qu'une ressource ne produit aucun avantage économique.

Pour illustrer ces propos, prenons l'exemple de l'Association du hockey mineur de Saint-Basile, laquelle vous offre un macaron pour la somme de 2 $, alors qu'il ne lui en coûte que 0,50 $. L'Association réalise donc un produit de 2 $ à la vente de chaque macaron, et le rattachement des charges aux produits permet de dégager le bénéfice de 1,50 $.

LA PERTINENCE DE LA RÉGULARISATION DES COMPTES

 Certaines opérations enregistrées à l'étape 2 du cycle comptable (*voir la figure 2.1, à la page 53*) peuvent avoir une incidence sur plus d'un exercice financier. Ainsi, la présence, en fin d'exercice, de charges payées d'avance et de produits reçus d'avance nécessite une attention particulière si l'on veut s'assurer du respect des principes de réalisation et du rattachement des charges aux produits d'un exercice à l'autre puisque, justement, nous sommes en présence d'avantages économiques ou de prestations de services qui s'étalent sur plusieurs exercices. Il en va de même pour certains éléments tels que les produits à recevoir et les charges à payer, pour lesquels il est possible qu'aucun enregistrement n'ait encore été fait à la fin de l'exercice. Des écritures de régularisation sont dès lors nécessaires.

Dès qu'il est question de dresser des états financiers, les écritures de régularisation sont inévitablement nécessaires afin de s'assurer du respect du principe de l'indépendance des exercices et de ses deux « rejetons », les principes de réalisation et du rattachement des charges aux produits. En effet, les **écritures de régularisation ont pour objet de s'assurer de la comptabilisation des produits lorsqu'ils sont effectivement gagnés et des charges correspondantes engagées pour gagner ces produits.**

De plus, afin d'être utiles à la direction, aux investisseurs, aux créanciers et à une foule d'autres personnes, les états financiers doivent être aussi précis que possible. Il importe de présenter dans le bilan tous les éléments d'actif et de passif existant à la date de clôture. De même, l'état des résultats doit faire mention de tous les produits et de toutes les charges d'exploitation de l'exercice, et il faut éviter d'y inclure des éléments qui se rapportent à l'exercice suivant. En d'autres termes, il importe d'établir correctement le **temps d'arrêt des comptes**, que l'on définit comme l'arrêt théorique de l'inscription des opérations et de l'écoulement matériel des fournitures et des marchandises à un moment donné.

La figure 6.2 illustre les liens qui unissent les divers principes comptables généralement reconnus (PCGR) régissant les écritures de régularisation.

---

2. *Manuel de CPA Canada – Comptabilité – Partie II – Normes comptables pour les entreprises à capital fermé,* Toronto, CPA Canada, paragr. 1000.45.

FIGURE 6.2 | **LES LIENS QUI UNISSENT LES PCGR RÉGISSANT LES ÉCRITURES DE RÉGULARISATION**

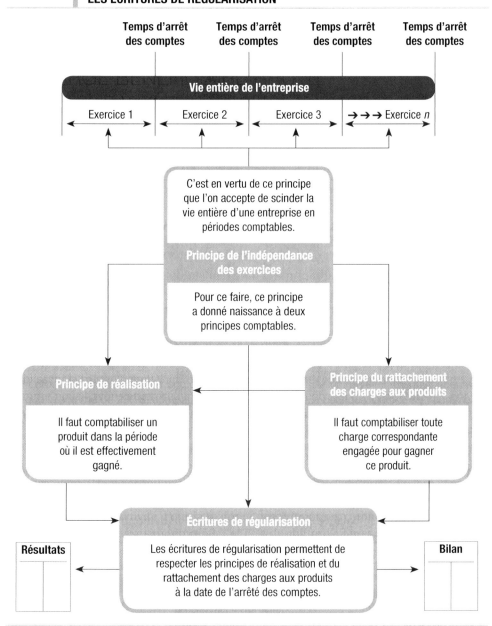

LES PRINCIPALES SORTES D'ÉCRITURES DE RÉGULARISATION

Une entreprise peut avoir recours à un certain nombre d'écritures de régularisation à la fin de chaque exercice financier ou d'une période donnée. Le nombre exact d'écritures de régularisation sera fonction de la nature et de la complexité des opérations de l'entreprise. On peut toutefois les répartir en six catégories afin de mieux les étudier :

1. La ventilation des charges sur plus d'un exercice ;
2. La ventilation des produits sur plus d'un exercice ;

À la suite de cette analyse, on doit enregistrer l'écriture de régularisation dans le journal général en date du 31 décembre 20X5 et la reporter dans le grand livre.

Journal général				Page 19
Date	**Intitulé des comptes et explications**	**F°**	**Débit**	**Crédit**
20X5	**Écritures de régularisation**			
31 déc.	Clients	11	120	
	Traitement de textes	101		120
	Services rendus à Stella Lebel			
	(360 $ × 1/3).			

Clients					Compte n° 11
Date	**Libellé**	**F°**	**Débit**	**Crédit**	**Solde**
20X5					
31 déc.	Solde reporté				1 250
31 ″		JG19	120		1 370

Traitement de textes					Compte n° 101
Date	**Libellé**	**F°**	**Débit**	**Crédit**	**Solde**
20X5					
31 déc.	Solde reporté				23 250
31 ″		JG19		140	23 390
31 ″		JG19		120	23 510

LA COMPTABILISATION DES CHARGES ESTIMATIVES

La cinquième catégorie d'écritures de régularisation touche certaines charges qui sont comptabilisées à la suite d'un processus de répartition arbitraire basé sur des estimations subjectives. C'est le cas notamment de l'amortissement des immobilisations et de la dépréciation des comptes clients.

L'amortissement des immobilisations

Lorsqu'une entreprise acquiert un équipement quelconque, elle s'attend à en tirer des avantages au cours d'une assez longue période. La **dotation à l'amortissement** se veut le reflet de l'utilisation annuelle d'un bien. Or, cette allocation annuelle dépend de certains facteurs dont le Conseil des normes comptables (CNC) fait mention dans la recommandation suivante :

> Le montant d'amortissement qui doit être passé en charges est le plus élevé des montants suivants :
>
> a) le coût, moins la valeur de récupération, réparti sur la durée de vie de l'immobilisation ;
>
> b) le coût, moins la valeur résiduelle, réparti sur la durée de vie utile de l'immobilisation [6].

---

6. *Manuel de CPA Canada – Comptabilité – Partie II – Normes comptables pour les entreprises à capital fermé,* Toronto, CPA Canada, paragr. 3061.16.

Avant de déterminer le montant de la charge annuelle, l'entreprise doit donc examiner les éléments suivants, lesquels influent sur ce calcul : la durée de vie d'une immobilisation, sa durée de vie utile, sa valeur de récupération et sa valeur résiduelle. Afin de mieux comprendre ces quatre estimations, nous utiliserons les informations relatives au matériel informatique que Denyse Lepage a acquis le 4 septembre 20X5. La figure 6.10 résume ces renseignements.

FIGURE 6.10 | **LES ESTIMATIONS REQUISES AU MOMENT DE L'AMORTISSEMENT DU MATÉRIEL INFORMATIQUE**

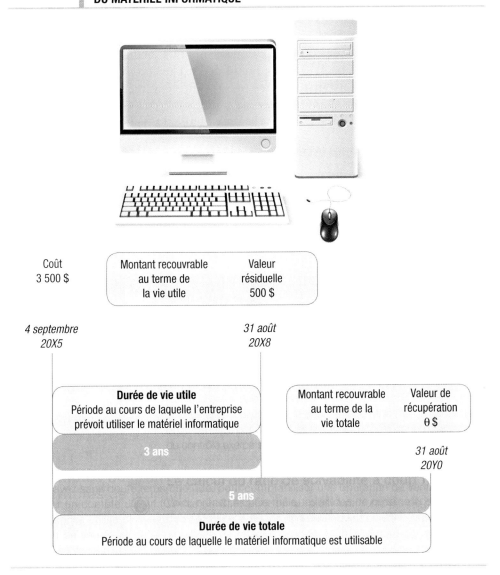

La durée de vie et la durée de vie utile

En tenant compte des caractéristiques de fabrication du matériel informatique et de l'usure normale qui résulte de son utilisation, il est possible d'estimer la **durée de vie**, ou « durée de vie totale », de cette immobilisation. Il s'agit de la période au cours de laquelle le matériel informatique est techniquement utilisable.

6

Ce n'est pas parce qu'elle estime que le matériel informatique **peut être utilisé** pendant une période de cinq ans (période d'utilisation théorique maximale) que Denyse Lepage **prévoit l'utiliser réellement** pendant toute cette période (période d'utilisation réelle). En effet, si, au moment d'établir ces estimations, Denyse prend en compte certains facteurs d'ordre économique tels que la péremption et l'insuffisance, la période au cours de laquelle elle prévoit utiliser le matériel informatique, soit la **durée de vie utile** du matériel, différera de la durée de vie totale de cette immobilisation. Denyse a estimé à trois ans la durée de vie utile, pour deux raisons.

D'abord, elle sait pertinemment que, dans le monde de l'informatique, les innovations technologiques se succèdent à un rythme étourdissant. La **péremption**, ou « obsolescence », est la conséquence des innovations technologiques qui rendent plus ou moins périmées les immobilisations actuelles. Ainsi, il y a gros à parier que très bientôt du matériel plus performant que celui utilisé actuellement sera mis sur le marché. De plus, si Hu-Aissbé enr. prend de l'expansion, il est probable que le matériel actuel souffrira d'**insuffisance**, c'est-à-dire que même s'il sera toujours utilisable, il ne sera plus adapté aux besoins grandissants de l'entreprise. C'est pourquoi Denyse Lepage estime que la durée de vie utile du matériel informatique ne sera que de trois ans.

La valeur résiduelle et la valeur de récupération

Même si le matériel informatique a été acquis pour la somme de 3 500 $, le coût total engagé par l'entreprise pour utiliser ce bien ne correspond pas nécessairement à son coût d'origine. En effet, il est fort probable que l'aliénation de ce bien au terme de sa durée de vie ou de vie utile permettra à l'entreprise d'en tirer une certaine valeur, appelée **valeur nette de réalisation**.

La **valeur de récupération** (0 $ dans notre exemple) représente la valeur nette de réalisation que l'entreprise pourra probablement obtenir à la fin de la durée de vie du matériel informatique (5 ans). Puisque, à la fin de cette période, le matériel ne sera pratiquement plus utilisable, sa valeur de récupération sera très faible. Pour sa part, la **valeur résiduelle** (500 $ dans notre exemple) représente la valeur nette de réalisation que l'entreprise obtiendra probablement en vendant le matériel informatique à la fin de sa durée de vie utile (3 ans). Puisque, à ce moment, l'immobilisation peut encore être utilisée par une autre entreprise ou un particulier, la valeur résiduelle est généralement supérieure à la valeur de récupération.

L'assiette de l'amortissement

Nous avons déjà mentionné que le montant d'amortissement qui doit être passé en charges est **le plus élevé** des montants suivants : « a) le coût, moins la valeur de récupération, réparti sur la durée de vie de l'immobilisation ; b) le coût, moins la valeur résiduelle, réparti sur la durée de vie utile de l'immobilisation[7] ». La figure 6.11 démontre qu'il faut effectuer deux calculs distincts selon que l'assiette de l'amortissement, c'est-à-dire le montant net à amortir, est établie en fonction de la durée de vie du matériel informatique ou de sa durée de vie utile.

Une fois l'assiette de l'amortissement établie, il faut la répartir sur les exercices au cours desquels le potentiel de service de l'immobilisation est consommé. Pour ce faire, le choix d'une méthode d'amortissement s'impose.

---

7. *Manuel de CPA Canada – Comptabilité – Partie II – Normes comptables pour les entreprises à capital fermé*, Toronto, CPA Canada, paragr. 3061.16.

FIGURE 6.11 | **L'ASSIETTE DE L'AMORTISSEMENT ANNUEL**

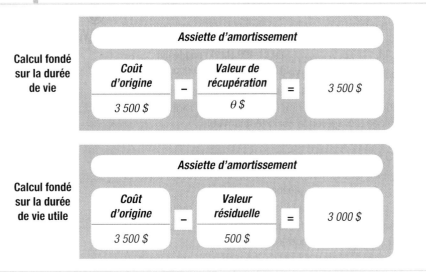

Le choix d'une méthode d'amortissement

Nous traiterons en détail de plusieurs méthodes d'amortissement au chapitre 13 de cet ouvrage. Pour le moment, soulignons seulement que, selon les PCGR, il importe de répartir le coût des immobilisations de façon systématique et rationnelle. Cela signifie que l'on doit tenir compte de certaines estimations abordées précédemment et faire en sorte de rapprocher le plus possible le coût d'utilisation des immobilisations et les produits générés grâce à leur utilisation.

Ainsi, si l'on considère que les avantages découlant de l'utilisation du matériel informatique sont constants d'un exercice à l'autre, il convient d'utiliser la **méthode de l'amortissement linéaire**. Cette méthode consiste tout simplement à diviser l'assiette de l'amortissement par la période d'amortissement selon la règle de calcul présentée dans la figure 6.12.

FIGURE 6.12 | **LA MÉTHODE DE L'AMORTISSEMENT LINÉAIRE APPLIQUÉE SUR UNE BASE ANNUELLE**

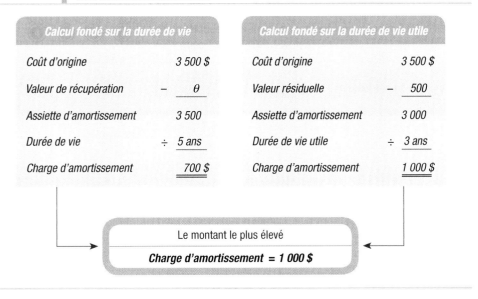

À la suite de ce travail d'analyse, on doit passer une écriture de régularisation dans le journal général en date du 31 décembre 20X5 et la reporter dans le grand livre. Cette écriture doit cependant tenir compte du fait que l'entreprise n'est exploitée que depuis 4 mois[8]; en conséquence, la charge d'amortissement s'élève à 333 $, soit 1 000 $ × 4/12.

Journal général					Page 19
Date		Intitulé des comptes et explications	F°	Débit	Crédit
20X5		**Écritures de régularisation**			
31	déc.	Amortissement – Matériel informatique	196	333	
		Amortissement cumulé – Matériel			
		informatique	36		333
		Amortissement annuel			
		[(3 500 $ – 500 $) ÷ 3 ans × 4/12].			

Amortissement cumulé – Matériel informatique					Compte n° 36	
Date		Libellé	F°	Débit	Crédit	Solde
20X5						
31	déc.		JG19		333	333

Amortissement – Matériel informatique					Compte n° 196	
Date		Libellé	F°	Débit	Crédit	Solde
20X5						
31	déc.		JG19	333		333

Notons que l'amortissement est une charge au même titre que les salaires, la publicité et les frais d'intérêts, et qu'il doit par conséquent figurer dans l'état des résultats. Cependant, contrairement aux charges comptabilisées précédemment, l'amortissement n'entraîne aucune sortie de fonds. Le compte Amortissement cumulé est un compte de contrepartie que l'on présente à l'actif en déduction du compte Matériel informatique de la façon suivante :

HU-AISSBÉ ENR.
Bilan partiel
au 31 décembre 20X5

Actif		
Immobilisations corporelles		
Matériel informatique		3 500 $
Moins : Amortissement cumulé		(333) 3 167 $

AVEZ-VOUS LE SENS DE L'OBSERVATION ?

Avez-vous remarqué que, lors de la comptabilisation de l'amortissement du matériel informatique, nous avons crédité le compte Amortissement cumulé plutôt que le compte d'actif Matériel informatique ? Cette façon de procéder permet de repérer à n'importe quel moment le coût d'origine du matériel informatique dans le grand livre.

---

8. Puisque le calcul de la charge d'amortissement repose sur des estimations, nous avons considéré que Hu-Aissbé enr. possède le matériel informatique depuis 4 mois au lieu de 118 jours. Au moment de calculer la charge d'amortissement, il est fréquent d'arrondir au mois le plus près.

Comme l'illustre le bilan qui précède, la **valeur comptable** du matériel informatique, c'est-à-dire la valeur nette attribuée à cet élément d'actif dans le bilan (3 167 $), s'obtient en retranchant l'amortissement cumulé (333 $) du coût d'origine (3 500 $). Il importe de souligner que, le plus souvent, la valeur comptable d'un bien diffère de sa **valeur marchande**. Il faut éviter de confondre ces notions.

Hu-Aissbé enr. possède aussi du matériel de bureau. En effet, si l'on consulte le grand livre, on y retrouve l'acquisition de ce matériel le 1ᵉʳ novembre 20X5 au coût de 1 500 $. Denyse Lepage estime que le matériel sera effectivement utilisé pendant toute sa durée de vie de 10 ans, au terme de laquelle il sera mis au rebut, n'ayant plus aucune valeur. Puisque les avantages découlant de l'utilisation du matériel de bureau seront constants d'un exercice à l'autre, il convient encore une fois d'utiliser la méthode de l'amortissement linéaire. On enregistrera donc l'écriture de régularisation suivante dans le journal général en date du 31 décembre 20X5 et on la reportera dans le grand livre.

Journal général				*Page 19*
Date	**Intitulé des comptes et explications**	**F°**	**Débit**	**Crédit**
20X5	**Écritures de régularisation**			
31 déc.	Amortissement – Matériel de bureau	191	25	
	Amortissement cumulé – Matériel			
	de bureau	31		25
	Amortissement annuel			
	[(1 500 $ ÷ 10 ans) × 2/12].			

Amortissement cumulé – Matériel de bureau					*Compte n° 31*
Date	**Libellé**	**F°**	**Débit**	**Crédit**	**Solde**
20X5					
31 déc.		JG19		25	25

Amortissement – Matériel de bureau					*Compte n° 191*
Date	**Libellé**	**F°**	**Débit**	**Crédit**	**Solde**
20X5					
31 déc.		JG19	25		25

AVEZ-VOUS LE SENS DE L'OBSERVATION ?

Avez-vous remarqué que les calculs ont été simplifiés parce que la durée de vie utile correspond à la durée de vie totale (10 ans) et que la valeur résiduelle correspond à la valeur de récupération (θ $) ? De plus, nous avons tenu compte uniquement de la période au cours de laquelle le matériel de bureau a été effectivement utilisé en 20X5, soit deux mois. Il importe de calculer l'amortissement d'un bien uniquement à compter de la date de son acquisition.

La dépréciation des comptes clients

Lorsqu'une entreprise effectue des ventes à crédit, malgré toutes les précautions prises pour s'assurer de la solvabilité de ses clients, elle encourt le risque que certains d'entre eux ne puissent honorer leur engagement de verser la somme convenue au moment de la vente. Ainsi, à la fin de chaque exercice financier ou d'une période donnée, il faut estimer le montant des comptes clients susceptibles de ne pas être recouvrés et comptabiliser en charges le montant jugé douteux[9].

---

9. Nous approfondirons la comptabilisation de la dépréciation des comptes clients au chapitre 11. Pour le moment, nous allons nous concentrer essentiellement sur l'écriture de régularisation requise sans égard au moment où le compte d'un client devient effectivement irrécouvrable.

Après avoir passé en revue l'ensemble des comptes des clients de Hu-Aissbé enr. au 31 décembre 2015, Denyse Lepage estime qu'un seul compte client a une valeur recouvrable inférieure de 100 $ à sa valeur comptable.

À la suite de cette analyse, on doit enregistrer l'écriture de régularisation dans le journal général en date du 31 décembre 20X5 et la reporter dans le grand livre.

Journal général					Page 19
Date		Intitulé des comptes et explications	F°	Débit	Crédit
20X5		**Écritures de régularisation**			
31	déc.	Dépréciation des comptes clients	125	100	
		Provision pour dépréciation – Clients	12		100
		Estimation de la dépréciation des			
		comptes clients.			

Provision pour dépréciation – Clients					Compte n° 12
Date		Libellé	F°	Débit	Crédit	Solde
20X5						
31	déc.		JG19		100	100

Dépréciation des comptes clients					Compte n° 125
Date		Libellé	F°	Débit	Crédit	Solde
20X5						
31	déc.		JG19	100		100

Le compte Dépréciation des comptes clients est présenté parmi les charges d'exploitation à l'état des résultats, tandis que le compte Provision pour dépréciation – Clients est un compte de contrepartie que l'on présente à l'actif en déduction du compte Clients de la façon suivante :

HU-AISSBÉ ENR.
Bilan partiel
au 31 décembre 20X5

Actif

Actif à court terme
Clients   1 370 $
Moins : Provision pour dépréciation – Clients   (100)   1 270 $

LA COMPTABILITÉ ET L'INFORMATIQUE

Les écritures de régularisation sont tout aussi importantes dans un système comptable informatisé que dans un système comptable manuel. Cependant, dans un système manuel, il faut enregistrer une à une toutes les écritures de régularisation, tandis que, dans un système informatisé, il est possible de programmer les calculs relatifs à certaines écritures de régularisation telles que l'amortissement et les intérêts. Une fois la programmation effectuée, les écritures de régularisation se font automatiquement en fin de période. (i+)

LA BALANCE DE VÉRIFICATION RÉGULARISÉE

Après avoir inscrit dans le journal général les écritures de régularisation et après les avoir reportées dans le grand livre général, il peut être utile de dresser une **balance de vérification régularisée** afin de s'assurer que le grand livre général est toujours en équilibre. Bien que la balance de vérification régularisée soit facultative, elle prend tout son sens lorsqu'une entreprise enregistre plusieurs écritures de régularisation. Compte tenu des écritures de régularisation passées par Hu-Aissbé enr., voici la balance de vérification régularisée de cette entreprise au 31 décembre 20X5 :

HU-AISSBÉ ENR.
Balance de vérification régularisée
au 31 décembre 20X5

N°		Débit	Crédit
1	Caisse	175 $	
11	Clients	1 370	
12	Provision pour dépréciation – Clients		100 $
21	Fournitures de bureau	350	
25	Assurances payées d'avance	500	
30	Matériel de bureau	1 500	
31	Amortissement cumulé – Matériel de bureau		25
35	Matériel informatique	3 500	
36	Amortissement cumulé – Matériel informatique		333
51	Fournisseurs		400
52	Salaires à payer		273
53	Intérêts à payer		80
55	Produits reçus d'avance		210
61	Effet à payer		3 000
90	Denyse Lepage – Capital		2 000
92	Denyse Lepage – Retraits	10 765	
101	Traitement de textes		23 510
121	Assurances	100	
125	Dépréciation des comptes clients	100	
131	Électricité	500	
141	Fournitures de bureau utilisées	1 150	
151	Frais de photocopie et de reliure	725	
155	Intérêts et frais bancaires	28	
156	Intérêts sur la dette à long terme	80	
161	Publicité	2 700	
166	Salaires	5 148	
171	Taxes municipales	100	
181	Téléphone	782	
191	Amortissement – Matériel de bureau	25	
196	Amortissement – Matériel informatique	333	
		29 931 $	29 931 $

Une fois établie la balance de vérification régularisée, il est possible de dresser les états financiers de l'entreprise.

HU-AISSBÉ ENR.
Résultats
pour la période de quatre mois terminée le 31 décembre 20X5

Produits d'exploitation		
Traitement de textes		23 510 $
Charges d'exploitation		
Assurances	100 $	
Dépréciation des comptes clients	100	
Électricité	500	
Fournitures de bureau utilisées	1 150	
Frais de photocopie et de reliure	725	
Intérêts et frais bancaires	28	
Intérêts sur la dette à long terme	80	
Publicité	2 700	
Salaires	5 148	
Taxes municipales	100	
Téléphone	782	
Amortissement – Matériel de bureau	25	
Amortissement – Matériel informatique	333	
Total des charges d'exploitation		11 771
Bénéfice net		11 739 $

HU-AISSBÉ ENR.
Capitaux propres
pour la période de quatre mois terminée le 31 décembre 20X5

Capital au 2 septembre 20X5	2 000 $
Bénéfice net de l'exercice	11 739
	13 839
Retraits	(10 765)
Capital au 31 décembre 20X5	2 974 $

HU-AISSBÉ ENR.
Bilan
au 31 décembre 20X5

Actif			
Actif à court terme			
Caisse			175 $
Clients		1 370 $	
Moins : Provision pour dépréciation – Clients		(100)	1 270
Fournitures de bureau			350
Assurances payées d'avance			500
Total de l'actif à court terme			2 295
Immobilisations corporelles			
Matériel de bureau	1 500 $		
Moins : Amortissement cumulé	(25)	1 475 $	
Matériel informatique	3 500		
Moins : Amortissement cumulé	(333)	3 167	
Total des immobilisations corporelles			4 642
Total de l'actif			6 937 $

Passif et capitaux propres

Passif à court terme

Fournisseurs	400 $
Salaires à payer	273
Intérêts à payer	80
Produits reçus d'avance	210
Total du passif à court terme	963

Passif à long terme

Effet à payer	3 000
Total du passif	3 963

Capitaux propres

Denyse Lepage – Capital au 31 décembre 20X5	2 974
Total du passif et des capitaux propres	6 937 $

SYNTHÈSE DU CHAPITRE 6

6

1. Le principe de l'indépendance des exercices découle du fait que les créanciers, les investisseurs et les autres utilisateurs de l'information financière doivent constamment prendre des décisions d'affaires. Pour ce faire, ils ont besoin de recevoir périodiquement de l'information comptable comparable.

2. L'exercice financier ne doit pas nécessairement coïncider avec la fin de l'année civile. Il peut commencer à une date quelconque et se terminer 12 mois plus tard. Afin de tenir compte de certaines exigences fiscales, l'exercice financier de la plupart des entreprises individuelles et des sociétés de personnes se termine toutefois le 31 décembre.

3. Selon le principe de réalisation, les produits sont comptabilisés au moment de la vente lorsque, à cette date, il existe une certitude raisonnable quant au recouvrement de la créance.

4. Le respect du principe du rattachement des charges aux produits nécessite que les produits comptabilisés au cours d'un exercice et les charges occasionnées pour générer ces produits soient inclus dans le même état des résultats. Ainsi, les charges sont comptabilisées dans l'état des résultats sur la base d'une association directe entre les coûts engagés et l'obtention de produits spécifiques. L'application du principe du rattachement n'autorise toutefois pas à comptabiliser au bilan des éléments qui ne répondent pas à la définition d'actifs ou de passifs.

5. Les écritures de régularisation ont pour objet de s'assurer de la comptabilisation des produits lorsqu'ils sont effectivement gagnés et des charges correspondantes engagées pour gagner ces produits.

6. Le processus de régularisation comporte trois étapes : 1) la détermination de ce qui a déjà été fait ; 2) l'analyse de la situation à la date de l'établissement des états financiers ; et 3) la passation de l'écriture de régularisation requise, s'il y a lieu.

7. La durée de vie d'une immobilisation correspond à la période au cours de laquelle celle-ci est techniquement utilisable. Sa durée de vie utile correspond à la période au cours de laquelle le bien amortissable sera effectivement utilisé.

8. La valeur de récupération représente la valeur nette de réalisation que l'entreprise pourra probablement obtenir à la fin de la durée de vie d'un bien. De son côté, la valeur résiduelle représente la valeur nette de réalisation que l'entreprise pourra probablement obtenir à la fin de la durée de vie utile de ce bien.

9. Le tableau 6.1, à la page suivante, présente une synthèse des éléments en jeu en matière d'écritures de régularisation.

TABLEAU 6.1 | **UNE SYNTHÈSE DES ÉLÉMENTS EN JEU EN MATIÈRE D'ÉCRITURES DE RÉGULARISATION**

Catégorie d'écritures de régularisation	Constat préalable à l'écriture de régularisation	Solde des comptes avant régularisation	Écriture de régularisation	
			Débit	**Crédit**
Ventilation des charges sur plus d'un exercice	Les sommes payées d'avance ont été portées initialement à un compte d'actif. La portion absorbée au cours de la période doit être constatée.	Actif surévalué Charges sous-évaluées	Élément de charges	Élément d'actif
	Les sommes payées d'avance ont été portées initialement à un compte de charges. La portion non absorbée doit être inscrite au bilan.	Charges surévaluées Actif sous-évalué	Élément d'actif	Élément de charges
Ventilation des produits sur plus d'un exercice	Les sommes reçues d'avance ont été portées initialement à un compte de passif. La portion gagnée au cours de la période doit être constatée.	Passif surévalué Produits sous-évalués	Élément de passif	Élément de produits
	Les sommes reçues d'avance ont été portées initialement à un compte de produits. La portion non gagnée doit être inscrite au bilan.	Produits surévalués Passif sous-évalué	Élément de produits	Élément de passif
Comptabilisation des charges à payer	Certains frais engagés au cours de l'exercice n'ont pas encore été comptabilisés, car ils ne deviendront exigibles que plus tard.	Charges sous-évaluées Passif sous-évalué	Élément de charges	Élément de passif
Comptabilisation des produits à recevoir	Certains produits gagnés au cours de l'exercice n'ont pas encore été comptabilisés, puisqu'ils n'ont pas été facturés.	Produits sous-évalués Actif sous-évalué	Élément d'actif	Élément de produits
Comptabilisation des charges estimatives	La dotation à l'amortissement se veut le reflet de l'utilisation annuelle d'un bien. Il s'agit d'une charge qui n'entraîne aucune sortie de fonds.	Charges sous-évaluées Actif surévalué	Élément de charges	Compte de contrepartie d'un élément d'actif
	La dépréciation des comptes clients se veut le reflet des créances qui ne seront pas recouvrées. Cette charge n'entraîne aucune sortie de fonds.	Charges sous-évaluées Actif surévalué	Élément de charges	Compte de contrepartie d'un élément d'actif

PROBLÈME TYPE

Me Justine Ladouceur exerce la profession de notaire depuis plusieurs années. Voici la balance de vérification non régularisée de son entreprise au 31 décembre 20X8 :

Me JUSTINE LADOUCEUR, NOTAIRE
Balance de vérification non régularisée
au 31 décembre 20X8

	Débit	Crédit
Caisse	925 $	
Clients	5 275	
Provision pour dépréciation – Clients		200 $
Fournitures de bureau	450	
Assurances payées d'avance	380	
Matériel de bureau	5 000	
Amortissement cumulé – Matériel de bureau		2 000
Matériel informatique	12 000	
Amortissement cumulé – Matériel informatique		3 000
Fournisseurs		150
Produits reçus d'avance		2 500
Justine Ladouceur – Capital au 1er janvier 20X8		13 625
Justine Ladouceur – Retraits	29 500	
Honoraires professionnels		118 225
Assurances	2 400	
Électricité	1 975	
Fournitures de bureau utilisées	1 165	
Loyer	13 000	
Publicité	550	
Salaires	66 300	
Téléphone	780	
	139 700 $	139 700 $

Alors que vous révisiez les registres comptables, les éléments suivants ont attiré votre attention :

1. Le 31 décembre 20X8, une secrétaire a procédé au dénombrement des fournitures de bureau en main. Le coût d'origine de ces fournitures s'élève à 275 $.

2. L'entreprise souscrit une police d'assurance renouvelable le 1er mars de chaque année. La prime versée le 1er mars 20X8 s'élève à 2 400 $.

3. Le matériel de bureau a été acquis le 2 janvier 20X3. À ce moment, Me Ladouceur a estimé qu'elle utiliserait ce matériel pendant toute sa durée de vie (10 ans), au terme de laquelle il n'aura plus aucune valeur.

4. Le matériel informatique a été acquis en deux étapes. Voici les renseignements recueillis :

	Matériel détenu au début de l'exercice	Matériel acquis au cours de l'exercice
Date d'acquisition	1er janvier 20X7	1er juillet 20X8
Coût d'origine	10 000 $	2 000 $
Durée de vie	5 ans	5 ans
Durée de vie utile	3 ans	3 ans
Valeur de récupération	Aucune	Aucune
Valeur résiduelle	1 000 $	200 $

5. Les honoraires afférents à des services rendus durant le mois de décembre aux clients qui ont payé leurs comptes d'avance s'élèvent à 1 500 $.

6. Les honoraires afférents à des services rendus à la fin du mois de décembre, mais qui n'ont pas encore été facturés, s'élèvent à 975 $.

7. Les salaires à payer non encore comptabilisés au 31 décembre 20X8 totalisent 525 $.

8. Aucun compte client ne s'est avéré irrécouvrable au cours de l'exercice 20X8 ; toutefois, une analyse des comptes clients au 31 décembre 20X8 révèle que la provision pour dépréciation devrait être de 300 $.

TRAVAIL À FAIRE

Passez les écritures de régularisation requises au 31 décembre 20X8.

SOLUTION DU PROBLÈME TYPE

		Journal général			Page _
Date		**Intitulé des comptes et explications**	**F°**	**Débit**	**Crédit**
20X8		**Écritures de régularisation**			
31	déc.	Fournitures de bureau utilisées		175	
		Fournitures de bureau			175
		Portion consommée au cours de l'exercice			
		(450 $ – 275 $).			
31	"	Assurances payées d'avance		20	
		Assurances			20
		Ajustement du solde de l'élément d'actif			
		selon les calculs suivants :			
		Portion non absorbée [10] au 31 décembre 20X8			
		(2 400 $ × 2/12)	400 $		
		Solde du compte au début de l'exercice	380		
		Régularisation requise	20 $		

10. Dans cet exemple, nous avons opté pour une analyse de la portion non absorbée. Évidemment, il serait tout aussi approprié de procéder à une analyse de la portion absorbée comme suit :

Solde du compte de charges au 31 décembre 20X8	2 400 $
Moins : Charge réelle de l'exercice (portion absorbée) [380 $ + (2 400 $ × 10/12)]	2 380
Régularisation requise	20 $

Date		Intitulé des comptes et explications	F°	Débit	Crédit
20X8		**Écritures de régularisation**			
31	déc.	Amortissement – Matériel de bureau		500	
		Amortissement cumulé – Matériel de bureau			500
		Amortissement annuel (5 000 $ ÷ 10 ans).			
31	"	Amortissement – Matériel informatique		3 300	
		Amortissement cumulé – Matériel			
		informatique			3 300
		Amortissement annuel selon le montant le			
		plus élevé établi de la façon suivante :			
		Matériel détenu tout au long de l'exercice –			
		(10 000 $ ÷ 5 ans) 2 000 $			
		[(10 000 $ – 1 000 $) ÷ 3 ans] 3 000 $			
		Matériel acquis au cours de l'exercice –			
		(2 000 $ ÷ 5 ans × 6/12) 200 $			
		[(2 000 $ – 200 $) ÷ 3 ans × 6/12] 300 $			
31	"	Produits reçus d'avance		1 500	
		Honoraires professionnels			1 500
		Portion gagnée en décembre 20X8.			
31	"	Clients		975	
		Honoraires professionnels			975
		Services rendus non encore facturés.			
31	"	Salaires		525	
		Salaires à payer			525
		Salaires courus au 31 décembre 20X8.			
31	"	Dépréciation des comptes clients		100	
		Provision pour dépréciation – Clients			100
		Ajustement du solde de la provision au			
		31 décembre 20X8 (300 $ – 200 $).			

Journal général Page _

QUESTIONS DE RÉVISION (i+) Solutionnaire

1. Décrivez brièvement les liens qui unissent le principe de l'indépendance des exercices et les principes de réalisation et du rattachement des charges aux produits.

2. À la fin du mois de mai, un courtier immobilier, Yvan Thibodeau, accepte le mandat de vendre une maison. Celle-ci est vendue à la fin de juin, et Yvan encaisse la commission convenue en juillet. En supposant que des états financiers mensuels sont établis, quand Yvan doit-il comptabiliser le produit d'exploitation découlant de ce mandat ? Justifiez votre réponse.

3. Du fait de l'exécution du mandat décrit à la question **2**, Yvan Thibodeau a engagé des frais de 50 $ en mai

et de 300 $ en juin. Quand doit-il comptabiliser les charges d'exploitation pour assurer le bon rattachement des charges aux produits ? Justifiez votre réponse.

4. Énumérez les différentes catégories d'écritures de régularisation et donnez un exemple de chaque catégorie étudiée dans ce chapitre.

5. Quelles sont les deux principales caractéristiques des écritures de régularisation ?

6. Quelles sont les trois étapes nécessaires à la passation d'une écriture de régularisation ?

7. À la fin de l'exercice, le comptable a omis de régulariser le compte Assurances payées d'avance.

Quels sont les postes de l'état des résultats et du bilan qui sont faussés ? S'agit-il d'une surévaluation ou d'une sous-évaluation ?

8. À la fin de l'exercice, le comptable a omis de comptabiliser des produits effectivement gagnés, mais non encore facturés. Quels sont les postes de l'état des résultats et du bilan qui sont faussés ? S'agit-il d'une surévaluation ou d'une sous-évaluation ?

9. « La dotation à l'amortissement se veut le reflet de la variation annuelle survenue dans la valeur marchande d'un bien. » Êtes-vous d'accord avec cette affirmation ? Justifiez votre réponse.

10. Quelle différence y a-t-il entre la durée de vie d'un bien et sa durée de vie utile ? entre sa valeur résiduelle et sa valeur de récupération ?

11. Quelle hypothèse sous-tend l'utilisation de la méthode de l'amortissement linéaire ?

12. En quoi consiste la méthode de l'amortissement linéaire ?

13. Qu'entend-on par « compte de contrepartie » ?

14. Que représentent exactement les comptes Amortissement et Amortissement cumulé ?

15. Voici des situations qui peuvent se présenter à la suite de l'analyse d'une balance de vérification non régularisée.

   a) Les produits sont sous-évalués.

   b) Le passif est sous-évalué.

   c) L'actif est surévalué.

   d) Les produits sont surévalués.

   e) Le passif est surévalué.

   f) Les charges sont surévaluées.

   g) L'actif est sous-évalué.

   h) Les charges sont sous-évaluées.

Pour chaque situation, déterminez le type d'écriture de régularisation qui doit être passée en fin d'exercice au moyen du numéro qui y correspond. Si plus d'une catégorie d'écriture peut s'appliquer, mentionnez chacune d'elles.

   1. La ventilation des charges sur plus d'un exercice.

   2. La ventilation des produits sur plus d'un exercice.

   3. La comptabilisation des charges à payer.

   4. La comptabilisation des produits à recevoir.

   5. La comptabilisation des charges estimatives.

16. Quelle est l'utilité de la balance de vérification régularisée ?

17. Pierre fabrique et vend du chocolat de Pâques. Quand devrait débuter et se terminer son exercice financier ?

18. Pourquoi faut-il régulariser les comptes ?

EXERCICES

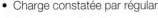

E1 ### Terminologie comptable

Voici une liste de neuf termes et expressions comptables présentés dans ce chapitre :

- Charge constatée par régularisation
- Charges payées d'avance
- Durée de vie
- Durée de vie utile
- Écriture de régularisation
- Produit constaté par régularisation
- Temps d'arrêt des comptes
- Valeur de récupération
- Valeur résiduelle

Chacun des énoncés suivants peut servir (ou non) à décrire un de ces termes comptables. Pour chacun des énoncés, dites à quel terme comptable il correspond ou indiquez « aucun » s'il ne correspond à aucun d'entre eux.

   a) La valeur nette de réalisation que l'entreprise pourra probablement obtenir à la fin de la durée de vie d'un bien.

   b) Les produits imputables à l'exercice et conférant un droit qui ne pourra être exercé qu'ultérieurement.

   c) Les charges imputables à l'exercice auxquelles correspondent des dettes qui deviendront légalement exigibles ultérieurement.

d) L'arrêt théorique de l'inscription des opérations et de l'écoulement matériel des fournitures et des marchandises à un moment donné.

e) La période au cours de laquelle un bien est techniquement utilisable.

f) Les sommes d'argent effectivement déboursées à l'avance afin d'en tirer un avantage à brève échéance.

g) Les écritures qui ont pour objet de s'assurer de la comptabilisation des produits lorsqu'ils sont effectivement gagnés et des charges correspondantes engagées pour gagner ces produits.

h) La période au cours de laquelle un bien amortissable sera effectivement utilisé.

i) La valeur nette de réalisation que l'entreprise pourra probablement obtenir à la fin de la durée de vie utile d'un bien.

E2 ## Vrai ou faux

   Dites si chacun des énoncés suivants est vrai ou faux. Dans ce dernier cas, précisez pourquoi.

a) L'amortissement représente une somme versée durant l'exercice. Cette somme est imputée aux résultats de manière à répartir systématiquement le coût d'un bien sur sa durée de vie ou sur sa durée de vie utile.

b) Le découpage de l'activité d'une entreprise en exercices comptables et la détermination du bénéfice tiré d'un ensemble d'opérations pour chaque exercice sont intimement liés à l'application du principe de l'indépendance des exercices.

c) La fin de l'exercice financier d'une entreprise individuelle doit coïncider avec la fin de l'année civile.

d) La durée de vie utile d'une immobilisation correspond à la période au cours de laquelle celle-ci est techniquement utilisable.

E3 ## Les effets de diverses écritures de régularisation

 Voitures blindées du Québec enr. offre des services d'escorte dans toute la région métropolitaine. L'exercice financier de l'entreprise se termine le 31 décembre de chaque année. Le 31 décembre 20X0, les écritures de régularisation suivantes ont été enregistrées :

a) Dotation à l'amortissement annuel.

b) Produits gagnés en décembre, mais non encore facturés.

c) Salaires à payer aux employés depuis la dernière paye en décembre.

d) Portion des assurances de l'entreprise qui a été absorbée au cours de l'exercice.

e) Partie des sommes reçues à l'avance de clients, lesquelles ont été gagnées en décembre.

f) Intérêts courus à payer au 31 décembre.

g) Augmentation de la provision pour dépréciation des comptes clients.

Indiquez les effets de chaque écriture de régularisation sur les composantes des états financiers, c'est-à-dire sur les produits, les charges, le bénéfice net, l'actif, le passif et les capitaux propres. Pour ce faire, remplissez le tableau suivant à l'aide des symboles (+) pour une augmentation, (–) pour une diminution et (0) s'il n'y a aucun effet. La réponse à la première écriture est donnée à titre d'exemple.

Écriture de régularisation	Produits	Charges	Bénéfice net	Actif	Passif	Capitaux propres
a)	0	+	–	–	0	–

E4 ## Les assurances payées d'avance

 Paul Laterreur est propriétaire d'une salle de billard. L'exercice financier de son entreprise se termine le 31 décembre de chaque année. Le 1er octobre 20X2, Paul a versé la somme de 400 $ pour souscrire une assurance temporaire de 4 mois.

Passez l'écriture de journal nécessaire à l'enregistrement de l'opération du 1er octobre 20X2 et l'écriture de régularisation requise au 31 décembre 20X2, date de la fin de l'exercice financier, en supposant les deux situations suivantes :

a) L'inscription initiale est effectuée dans le compte Assurances payées d'avance.

b) L'inscription initiale est effectuée dans le compte Assurances.

Portion non absorbée : 100 $

E5 Les produits reçus d'avance

Sabrina Côté exploite une agence d'investigation dont l'exercice financier se termine le 31 décembre de chaque année. Deux semaines avant la fin de l'exercice 20X6, elle a reçu la somme de 3 000 $ pour la filature d'un présumé amant, soit pour une période de 3 semaines.

Passez l'écriture de journal nécessaire à l'enregistrement de l'opération du 17 décembre 20X6 et l'écriture de régularisation requise au 31 décembre 20X6 en supposant les deux situations suivantes :

a) L'inscription initiale est effectuée dans le compte Produits reçus d'avance.

b) L'inscription initiale est effectuée dans le compte Produits de filature.

Portion non gagnée : 1 000 $

E6 La prime d'assurance

Le 1er octobre 20X3, Voyages Flyés enr. a versé la somme de 1 800 $ à la société Assurances Bernier inc. pour une police d'assurance couvrant une période de 12 mois. Les balances de vérification établies le 31 décembre 20X3 renferment les postes suivants :

VOYAGES FLYÉS ENR. **Balance de vérification**		**ASSURANCES BERNIER INC.** **Balance de vérification**	
Assurances	1 800 $	Produits reçus d'avance	1 800 $

Passez l'écriture de régularisation requise dans les livres de chaque entreprise au 31 décembre 20X3.

Portion payée d'avance : 1 350 $

E7 Les intérêts sur un emprunt

Le 30 novembre 20X1, Marinex enr. a emprunté la somme de 9 000 $ pour une période de 2 ans. Le billet porte intérêt au taux annuel de 8 %, et l'exercice financier de l'entreprise se termine le 31 décembre de chaque année. Passez l'écriture de régularisation requise au 31 décembre 20X1.

Charge d'intérêts : 60 $

E8 Les fournitures de bureau

Le 9 avril 20X4, Aubaines Vicky enr. a acheté des fournitures de bureau pour la somme de 750 $ dans un encan. Au 31 décembre 20X4, le solde du compte Fournitures de bureau est de 75 $ et correspond au solde en main à la fin de l'exercice précédent. Passez l'écriture de régularisation requise au 31 décembre 20X4 en supposant que le coût des fournitures inutilisées à cette date est de 425 $.

Fournitures de bureau utilisées : 400 $

E9 Les taxes municipales et scolaires

Bruno Ménard est propriétaire d'un petit commerce, constitué en société par actions, dont l'exercice financier se termine le 30 septembre de chaque année. Voici quelques-uns des comptes de l'entreprise au 30 septembre 20X4 :

	Taxes municipales payées d'avance
Solde au 1er octobre 20X3	750

	Taxes scolaires payées d'avance
Solde au 1er octobre 20X3	675
Paiement unique effectué le 5 juillet 20X4	1 000

	Taxes municipales
Premier versement effectué le 2 mars 20X4	1 067
Deuxième versement effectué le 3 juin 20X4	1 067
Dernier versement effectué le 31 août 20X4	1 066

	Taxes scolaires
Solde au 30 septembre 20X4	0

En supposant que le compte de taxes municipales couvre la période du 1er janvier au 31 décembre et que le compte de taxes scolaires couvre celle du 1er juillet au 30 juin, passez les écritures de régularisation requises le 30 septembre 20X4.

 Total des taxes payées d'avance : 1 550 $

E10 L'amortissement des immobilisations

Immobilex enr. possède plusieurs immobilisations acquises à différentes dates. L'entreprise, dont l'exercice financier se termine le 31 décembre, utilise la méthode de l'amortissement linéaire. Passez les écritures de régularisation requises le 31 décembre 20X8 compte tenu des informations suivantes :

	Immeuble	Matériel de bureau	Ordinateur	Camionnette
Date d'acquisition	1er janvier 20X2	1er janvier 20X2	1er juin 20X7	30 juin 20X8
Coût d'origine	100 000 $	9 000 $	3 000 $	15 000 $
Durée de vie	40 ans	10 ans	4 ans	5 ans
Durée de vie utile	40 ans	8 ans	2 ans	3 ans
Valeur de récupération	Aucune	Aucune	200 $	2 500 $
Valeur résiduelle	Aucune	1 000 $	1 000 $	5 250 $

 Amortissement de la camionnette : 1 625 $

E11 La dépréciation des comptes clients

Rebecca Doualé est une jeune avocate qui offre ses services à une clientèle défavorisée depuis le 1er septembre 20X1. À la fin du premier exercice financier de son entreprise, elle procède à une analyse de ses comptes clients, qui s'élèvent à 15 000 $. Compte tenu de la situation précaire de quelques-uns de ses clients, elle estime qu'elle pourrait ne jamais pouvoir récupérer environ 20 % de cette somme. Passez l'écriture de régularisation requise le 31 août 20X2.

 Dépréciation des comptes clients : 3 000 $

E12 Les salaires à payer

Le mercredi de chaque semaine à 16 h, les Éditions du Conte Hantay verse à ses employés le salaire hebdomadaire (pour 5 jours ouvrables) de la semaine précédente, dont le total s'élève à 2 000 $. Passez l'écriture de régularisation requise le jeudi 31 décembre 20X9.

Salaires à payer : 1 600 $

E13

Les assurances payées d'avance

L'assurance payée d'avance représente la partie non expirée des primes de trois polices reportées de l'exercice précédent, à laquelle on a ajouté les primes de renouvellement versées en 20X2 aux mêmes taux que les années antérieures.

N° de la police	Partie non expirée au 1er janvier 20X2		Prime payée	Total	Partie non expirée au 31 décembre 20X2
	Durée	**Montant**			
1	5 mois	500 $	1 200 $	1 700 $	5 mois
2	9 mois	600	2 400	3 000	33 mois
3	18 mois	1 500	θ	1 500	6 mois

Régularisez les livres au 31 décembre 20X2, s'il y a lieu.

Assurances absorbées : 3 000 $

E14

La passation d'écritures de régularisation multiples

La balance de vérification non régularisée de Camionex inc. renferme les comptes suivants à la fin de la première année d'exploitation :

CAMIONEX INC.
Balance de vérification partielle
au 31 décembre 20X7

	Débit	Crédit
Assurances payées d'avance	2 400 $	
Camion	78 000	
Téléphones cellulaires	1 200	
Dû à Financetout		48 000 $
Produits reçus d'avance		3 200
Produits de transport		65 000
Fournitures d'entretien utilisées	975	

Lorsque vous avez révisé les registres comptables, les éléments suivants ont attiré votre attention :

1. Tout au long de l'exercice, les fournitures d'entretien acquises ont été passées en charges. Un dénombrement des fournitures en main au 31 décembre révèle que leur coût s'élève à 125 $.

2. Il existe une seule police d'assurance, renouvelable le 1er mars de chaque année. La prime versée le 1er mars 20X7 s'élève à 2 400 $.

3. Voici les renseignements relatifs aux immobilisations obtenus auprès de l'entreprise :

	Camion	Téléphones cellulaires
Date d'acquisition	3 janvier 20X7	1er mars 20X7
Coût d'origine	78 000 $	1 200 $
Durée de vie	8 ans	5 ans
Durée de vie utile	5 ans	5 ans
Valeur de récupération	2 000 $	Aucune
Valeur résiduelle	18 000 $	Aucune

4. L'entente conclue pour le remboursement de la somme due à Financetout prévoit le versement d'une somme de 2 000 $ en capital plus les intérêts calculés au taux annuel de 10 % le premier jour de chaque mois. Le prochain versement sera donc fait comme prévu le 1er janvier 20X8.

5. Les produits afférents à des services rendus au cours du mois de décembre aux clients qui avaient payé leur compte d'avance s'élèvent à 1 600 $.

6. Les produits afférents à des services rendus à la fin du mois de décembre, mais qui n'ont pas encore été facturés, s'élèvent à 1 000 $.

Passez les écritures de régularisation requises au 31 décembre 20X7.

E15 La passation d'écritures de régularisation

Le contrôleur de Pentex inc. affirme que les éléments suivants requièrent la passation d'écritures de régularisation au 31 mars 20X3 :

a) Tous les achats de fournitures de bureau sont portés au compte d'actif Fournitures de bureau. Les fournitures de bureau utilisées au cours de l'exercice totalisent 1 390 $.

b) Toutes les sommes reçues des locataires sont portées au crédit du compte Produits de location. Une analyse des contrats de location permet de déceler des produits de location reçus d'avance de 12 600 $ à la fin de l'exercice.

c) Pentex inc. a emprunté la somme de 60 000 $ le 16 mars 20X3. Le billet porte intérêt au taux annuel de 6 % et il viendra à échéance dans 60 jours.

d) L'utilisation d'un brevet d'invention a permis à Pentex inc. de gagner des redevances de 4 800 $ en mars. Celles-ci n'ont pas été comptabilisées, puisqu'elles n'avaient pas encore été encaissées le 31 mars.

Pour chaque élément, passez l'écriture de régularisation requise au 31 mars 20X3.

E16 L'analyse des écritures de régularisation à partir d'une balance de vérification non régularisée et d'une balance de vérification régularisée

Voici les balances de vérification non régularisée et régularisée de Maryse Gagnon, architecte, au 31 décembre 20X3 :

MARYSE GAGNON, ARCHITECTE
Balance de vérification
au 31 décembre 20X3

	Non Régularisée		Régularisée	
	Débit	Crédit	Débit	Crédit
Caisse	5 600 $		5 600 $	
Clients	20 250		21 750	
Provision pour dépréciation – Clients		500 $		600 $
Assurances payées d'avance	10 000		2 000	
Loyer payé d'avance			1 000	
Fournitures de bureau	5 500		1 750	
Matériel d'architecture	35 000		35 000	
Amortissement cumulé –				
Matériel d'architecture		9 000		12 000
Fournisseurs		14 000		14 000
Salaires à payer				3 500
Produits reçus d'avance		3 750		1 750
Maryse Gagnon – Capital		19 000		19 000
Maryse Gagnon – Retraits	26 500		26 500	
Honoraires professionnels		112 500		116 000
Assurances			8 000	
Dépréciation des comptes clients	400		500	

6

	Non Régularisée		Régularisée	
	Débit	**Crédit**	**Débit**	**Crédit**
Fournitures de bureau utilisées			3 750	
Loyer	13 000		12 000	
Salaires	42 500		46 000	
Amortissement – Matériel d'architecture			3 000	
	158 750 $	158 750 $	166 850 $	166 850 $

Retracez les écritures de régularisation que le comptable a enregistrées le 31 décembre 20X3.

E17 L'établissement des états financiers à partir d'une balance de vérification régularisée

À l'aide des informations contenues dans la balance de vérification régularisée présentée à l'exercice **E16,** établissez les états financiers de Maryse Gagnon, architecte, pour l'exercice financier terminé le 31 décembre 20X3.

Capital au 31 décembre 20X3 : 35 250 $

PROBLÈMES DE COMPRÉHENSION

P1 La passation d'écritures de régularisation

15 minutes – facile

Alex Corriveau exploite de petites boutiques d'articles de sport dans trois arénas. Les renseignements suivants sont disponibles à la fin de l'exercice terminé le 31 décembre 20X6 :

1. Le solde du compte Produits reçus d'avance est de 720 $. Ce montant correspond à la somme reçue du Club de hockey Les Gros et lents enr. le 1er octobre 20X6 pour l'affûtage des patins des joueurs pour toute la saison à raison de 120 $ par mois.

2. Le compte Assurances payées d'avance présente un solde de 1 200 $. Il s'agit d'une prime d'assurance versée le 1er mars 20X6 pour une police couvrant une période de deux ans.

3. Le dénombrement des fournitures d'affûtage en main le 31 décembre totalise 650 $. Au cours de l'exercice, tous les achats de fournitures ont été portés au débit du compte d'actif Fournitures d'affûtage. Au 31 décembre 20X6, le solde de ce compte s'élève à 2 150 $.

4. Le grand livre renferme le compte Salaires à payer, dont le solde de 450 $ correspond aux salaires courus au 31 décembre 20X5. Les salaires réellement courus au 31 décembre 20X6 ne s'élèvent qu'à 300 $.

5. L'ensemble du matériel d'affûtage a été acquis le 1er septembre 20X5 au coût de 4 800 $. À cette date, le propriétaire a estimé que le matériel avait une durée de vie de cinq ans sans aucune valeur de récupération. Anticipant des progrès technologiques imminents, Alex n'a toutefois estimé la durée de vie utile qu'à 3 ans, période au terme de laquelle le matériel devrait avoir une valeur résiduelle de 300 $.

TRAVAIL À FAIRE

Passez les écritures de régularisation requises au 31 décembre 20X6.

P2 La passation d'écritures de journal et de régularisation

20 minutes – facile

Voici les opérations de Régulatex inc. survenues en avril 20X0 :

2 avril Paiement d'une police d'assurance de 6 000 $. Celle-ci couvre une période de six mois à compter du 1er avril 20X0.

12 avril Réception d'un chèque de 40 000 $ pour des services de consultation dont 15 % seront effectivement rendus en avril.

16 avril Achat de 1 500 $ de fournitures de bureau au comptant. Le 30 avril, un dénombrement physique révèle que des fournitures ayant coûté 1 350 $ n'ont pas été utilisées.

21 avril Emprunt par le propriétaire de l'entreprise, Simon Larochelle, de 5 000 $ à la Caisse Desjardins afin de rembourser une dette de jeu.

27 avril Réception de 2 020 $ d'Yvan Dubois en règlement d'un billet d'une valeur nominale de 2 000 $ plus les intérêts courus et non encore comptabilisés.

TRAVAIL À FAIRE

Pour chaque opération décrite ci-dessus, veuillez faire l'inscription au journal général et, s'il y a lieu, la régularisation des comptes au 30 avril 20X0, date de fin de l'exercice financier de Régulatex inc.

P3 La passation d'écritures de régularisation

20 minutes – facile

L'exercice financier de l'Auberge du passant enr. se termine le 31 décembre. La plupart des clients de l'auberge règlent leur note au moment de leur départ et les sommes ainsi reçues sont portées au crédit du compte Location des chambres. Lorsque des clients paient leur chambre à l'avance, on crédite plutôt le compte Locations reçues d'avance. Les données suivantes doivent servir à régulariser les comptes le 31 décembre 20X5 :

1. Le 1er novembre 20X5, l'entreprise a contracté un emprunt bancaire de 80 000 $. Celui-ci porte intérêt au taux annuel de 6 %. Le premier versement ne sera exigible que le 1er février 20X6.

2. Le 16 décembre 20X5, on a loué des chambres à une société pétrolière pour 6 mois moyennant un loyer mensuel de 2 400 $. L'auberge a reçu la somme entière dès la signature du contrat.

3. Le 31 décembre, la location des chambres des derniers jours, recouvrable uniquement lors du départ des clients, s'élève à 9 750 $.

4. Les salaires à payer non encore comptabilisés se chiffrent à 1 460 $.

5. La construction de l'auberge a été complétée au coût de 360 000 $ le 18 avril 20X1. Le propriétaire a alors affirmé que l'immeuble serait utilisé tout au long de sa durée de vie, estimée à 40 ans. Aucune valeur de récupération n'est anticipée.

6. L'Auberge du passant enr. possède aussi une camionnette ayant coûté 12 600 $. On l'a achetée le 1er septembre 20X5 et l'on a alors estimé que sa durée d'utilisation serait de quatre ans, même si sa durée de vie est établie à cinq ans. La valeur résiduelle et la valeur de récupération sont estimées respectivement à 2 700 $ et à 600 $.

7. Le 31 décembre, l'Auberge du passant enr. a signé un contrat en vertu duquel une association de constructeurs pourra tenir son congrès annuel à l'auberge. On s'attend à ce que le produit de cette location se chiffre à au moins 30 000 $.

TRAVAIL À FAIRE

Passez les écritures de régularisation requises au 31 décembre 20X5 et donnez toutes les explications appropriées. Si aucune régularisation n'est nécessaire, justifiez votre décision.

6

6

P4 La passation d'écritures de régularisation

20 minutes – moyen

Piscines Eau claire inc. a commencé ses activités le 1er mai 20X3. L'entreprise offre un service d'entretien de piscines hors terre et de piscines creusées. Votre revue des registres comptables du deuxième exercice, terminé le 30 avril 20X5, vous a permis d'établir les faits suivants :

1. Au 30 avril 20X4 et au 30 avril 20X5, les contrats d'entretien réglés à l'avance par les clients totalisent respectivement 2 400 $ et 3 500 $. Au 30 avril 20X5, les soldes des comptes Produits reçus d'avance et Travaux d'entretien effectués s'élèvent respectivement à 2 400 $ et à 95 900 $.

2. Les commissions courues à payer au 30 avril 20X5 correspondent à 10 % des services rendus et non encore facturés, lesquels totalisent 2 500 $.

3. La police d'assurance en vigueur le 30 avril 20X5 a été souscrite le 1er mai 20X3 pour une période de 3 ans au coût de 900 $.

4. Voici les renseignements disponibles relatifs aux immobilisations de l'entreprise :

	Matériel d'entretien	Camion (d'occasion)
Date d'acquisition	1er mai 20X3	1er août 20X4
Coût d'origine	4 000 $	7 200 $
Durée de vie	10 ans	3 ans
Durée de vie utile	5 ans	2 ans
Valeur de récupération	Aucune	Aucune
Valeur résiduelle	1 000 $	1 200 $

5. Alors que les fournitures d'entretien en main au 30 avril 20X5 totalisent 1 500 $, le grand livre renferme les deux postes suivants :

Fournitures d'entretien	1 250 $
Fournitures d'entretien utilisées	15 975

TRAVAIL À FAIRE

Passez les écritures de régularisation requises au 30 avril 20X5 avec justification à l'appui.

P5 La passation d'écritures de régularisation

30 minutes – moyen

Lors de votre révision des registres comptables et des documents pertinents des Entreprises Henri Gentes enr. à la fin de l'exercice terminé le jeudi 31 décembre 20X8, les éléments suivants ont attiré votre attention :

1. La semaine de travail est de 40 heures réparties sur 5 jours, et les employés reçoivent leur paye hebdomadaire le mercredi de la semaine suivante. L'entreprise emploie 10 personnes dont le salaire horaire respecte la convention collective.

Classe salariale	Taux horaire	Nombre d'employés
I	12,50 $	5
II	14,00	3
III	16,00	1
IV	19,00	1

2. Le 15 octobre 20X8, l'entreprise a versé la somme de 900 $ pour la publication d'une annonce publicitaire dans une revue mensuelle spécialisée dans la rénovation. L'annonce paraîtra pendant une période de cinq mois à compter de l'édition de novembre. Le paiement a été porté au compte Publicité.

3. Le compte Loyer a un solde de 13 300 $ au 31 décembre, tandis que le bail prévoit un loyer mensuel de 950 $.

4. Depuis le 1er mai 20X8, l'entreprise loue une partie de son entrepôt à une petite pépinière pour un loyer mensuel de 250 $. Relativement à cette sous-location, le grand livre ne renferme que le compte Produits de location, dont le solde est de 2 250 $.

5. Voici les renseignements relatifs aux immobilisations de l'entreprise :

	Équipements	Camion
Date d'acquisition	2 janvier 20X7	1er mai 20X8
Coût d'origine	25 500 $	20 000 $
Durée de vie	10 ans	6 ans
Durée de vie utile	10 ans	4 ans
Valeur de récupération	Aucune	2 000 $
Valeur résiduelle	Aucune	4 100 $

6. Le compte Assurances payées d'avance affiche un solde de 2 800 $ en raison des primes d'assurance suivantes versées en 20X8 :

N° de la police	Date d'entrée en vigueur	Période couverte	Prime versée
AV1351-1	1er janvier	12 mois	250 $
BD978521	1er mai	12 mois	1 200
RC323329	1er septembre	18 mois	1 350

7. Au cours de l'exercice, tous les achats de fournitures de bureau ont été passés en charges. Dans le grand livre, le compte Fournitures de bureau a un solde de 275 $. Pourtant, le 31 décembre 20X8, le coût des fournitures en main s'élève effectivement à 125 $.

8. Le 21 décembre 20X8, l'entreprise a reçu le compte de taxes municipales pour l'année civile 20X9. Celui-ci s'élève à 4 500 $ et n'a pas encore fait l'objet d'une écriture comptable.

9. Le compte Provision pour dépréciation – Clients affiche un solde de 100 $ alors qu'une analyse des comptes clients au 31 décembre 20X8 révèle qu'il devrait être de 1 000 $.

TRAVAIL À FAIRE

Passez les écritures de régularisation requises au 31 décembre 20X8 et donnez toutes les explications appropriées. Si aucune régularisation n'est nécessaire, justifiez votre décision.

P6 La passation d'écritures de régularisation à partir d'une balance de vérification

20 minutes – facile

Au début de janvier 20X0, Jocelyne Poirier a fondé Voiturex enr. en vue d'exploiter un service de chauffeur dans le stationnement étagé d'un immeuble du centre-ville. Voiturex enr. régularise ses livres à la fin de chaque mois. La balance de vérification établie au 31 janvier 20X0 est présentée à la page suivante.

VOITUREX ENR.
Balance de vérification
au 31 janvier 20X0

	Débit	Crédit
Caisse	11 330 $	
Assurances payées d'avance	12 600	
Fournitures de bureau	400	
Matériel informatique	10 600	
Effet à payer		9 000 $
Produits reçus d'avance		14 740
Jocelyne Poirier – Capital		12 500
Jocelyne Poirier – Retraits	2 350	
Location d'aires de stationnement		18 750
Électricité et chauffage	890	
Loyer	12 000	
Salaires	4 820	
	54 990 $	54 990 $

Autres renseignements

1. La police d'assurance payée le 2 janvier couvre une période de six mois.

2. Le coût des fournitures de bureau non utilisées au 31 janvier est de 150 $.

3. L'effet à payer a été contracté le 1er janvier. Il est remboursable dans 1 an et porte intérêt au taux annuel de 6 %.

4. Le matériel informatique a été acquis le 1er janvier. Jocelyne Poirier a l'intention d'utiliser ce matériel pendant une période de trois ans même si, techniquement, il pourrait être utilisé pendant cinq ans. La valeur résiduelle et la valeur de récupération sont estimées respectivement à 1 600 $ et à 100 $.

5. Les sommes reçues d'avance des clients comprennent des produits de 3 210 $ gagnés en janvier.

6. Une succursale bancaire a convenu de verser mensuellement 2 000 $ pour l'utilisation du dixième étage à l'usage exclusif de ses clients. Le loyer de janvier de 2 000 $ ne sera exigible que le 10 février et, en conséquence, il n'a pas été enregistré.

7. Les salaires à payer non encore comptabilisés au 31 janvier 20X0 sont de 1 240 $.

TRAVAIL À FAIRE

Passez les écritures requises pour régulariser les livres de Voiturex enr. au 31 janvier 20X0.

30 minutes – moyen

P7 La passation d'écritures de régularisation à partir d'une balance de vérification

Voici la balance de vérification non régularisée de l'Agence de location Beauséjour enr. au 31 décembre 20X4 :

AGENCE DE LOCATION BEAUSÉJOUR ENR.
Balance de vérification non régularisée
au 31 décembre 20X4

	Débit	Crédit
Caisse	400 $	
Assurances payées d'avance	13 600	
Fournitures de bureau (non utilisées)	3 400	
Mobilier	27 000	
Amortissement cumulé – Mobilier		4 000 $
Immeuble	500 000	
Amortissement cumulé – Immeuble		50 000
Fournisseurs		37 000
Loyers reçus d'avance		36 000
Pierre Beauséjour – Capital		151 400
Produits de location		342 400
Salaires	54 800	
Publicité	4 600	
Entretien et réparations	900	
Téléphone	3 000	
Fournitures de bureau utilisées	8 600	
Assurances	4 500	
	620 800 $	620 800 $

Autres renseignements

1. Le 1er avril 20X4, l'entreprise a acheté un mobilier d'une valeur de 7 000 $. On ne prévoit aucune valeur de récupération pour l'immeuble et le mobilier. L'amortissement se calcule selon la méthode linéaire au taux de 20 % pour le mobilier et de 10 % pour l'immeuble.

2. Le solde du compte Fournitures de bureau est celui du 31 décembre 20X3. Au cours de l'exercice, l'entreprise a acheté pour 8 600 $ de fournitures et ces achats ont été portés au compte Fournitures de bureau utilisées. Le coût des fournitures non utilisées dénombrées le 31 décembre 20X4 s'élève à 2 400 $.

3. Le 28 février 20X4, l'entreprise a renouvelé, pour un an (du 20X4-03-01 au 20X5-03-01), une police d'assurance incendie dont la prime est de 12 000 $. L'année précédente, la prime ne s'élevait qu'à 9 600 $. Le 31 juillet 20X4, une nouvelle police de un an est entrée en vigueur. La prime de 4 500 $ qui a été versée est la seule opération portée au compte Assurances en 20X4.

4. Le 30 juin 20X4, un locataire a versé 36 000 $ à l'entreprise en paiement de son loyer des 12 prochains mois. De plus, au 31 décembre 20X4, deux locataires n'ont pas payé leur loyer de novembre et de décembre. Selon le bail, tous deux doivent payer un loyer mensuel de 2 500 $.

5. Le plombier a effectué des réparations en décembre, mais n'a pas encore facturé ses travaux. Il vous appelle pour vous dire qu'il fera parvenir le compte (4 800 $) vers le 15 janvier 20X5.

TRAVAIL À FAIRE

Passez les écritures de régularisation requises au 31 décembre 20X4. Donnez toutes les explications appropriées et vos calculs.

30 minutes – moyen

La passation d'écritures de régularisation à partir d'une balance de vérification

Investissements Martine Blanchette enr. a été établie pour aider les investisseurs à gérer leur portefeuille. Certains clients paient d'avance leurs honoraires de conseiller en placements, tandis que d'autres ne les acquittent qu'une fois les services rendus. L'entreprise régularise ses livres à la fin de chaque mois afin de dresser des états financiers intermédiaires. Voici la balance de vérification établie au 31 mai 20X0 :

INVESTISSEMENTS MARTINE BLANCHETTE ENR.
Balance de vérification
au 31 mai 20X0

	Débit	Crédit
Caisse	20 000 $	
Loyers payés d'avance	3 000	
Fournitures de bureau	1 100	
Matériel de bureau	10 800	
Amortissement cumulé – Matériel de bureau		720 $
Fournisseurs		1 680
Honoraires reçus d'avance		19 000
Martine Blanchette – Capital		16 000
Martine Blanchette – Retraits	700	
Honoraires de conseiller en placements		13 000
Frais de représentation	1 000	
Salaires	13 000	
Téléphone	800	
	50 400 $	50 400 $

Autres renseignements

1. Le loyer mensuel est de 600 $.

2. Le coût des fournitures de bureau non utilisées au 31 mai s'établit à 900 $.

3. Le matériel de bureau a été acheté le 2 janvier, et l'on estimait alors que sa durée d'utilisation serait de cinq ans, ce qui correspond à sa durée de vie totale. On ne prévoit aucune valeur de récupération pour ce matériel.

4. Les honoraires afférents à des services rendus durant le mois, aux clients qui ont payé leur compte d'avance, s'élèvent à 4 000 $.

5. Les honoraires afférents à des services rendus durant le mois, mais qui n'ont pas encore été facturés, sont de 1 200 $.

6. Les salaires à payer non encore comptabilisés au 31 mai s'élèvent à 1 300 $.

TRAVAIL À FAIRE

a) Passez les écritures de régularisation requises au 31 mai 20X0.

b) Établissez une balance de vérification régularisée.

Total des débits : 53 080 $

45 minutes – facile

La passation d'écritures de régularisation à partir d'une balance de vérification, le report dans des comptes en T et l'établissement d'une balance de vérification régularisée

Voici la balance de vérification du service de traiteur Gourmandises exquises enr. au 31 décembre 20X7, date de la fin de l'exercice financier :

GOURMANDISES EXQUISES ENR.
Balance de vérification
au 31 décembre 20X7

	Débit	Crédit
Caisse	4 680 $	
Clients	6 360	
Provision pour dépréciation – Clients		200 $
Assurances payées d'avance	1 000	
Fournitures	3 270	
Terrain	11 300	
Immeuble	40 000	
Amortissement cumulé – Immeuble		10 000
Camion de livraison	12 000	
Amortissement cumulé – Camion de livraison		3 000
Fournisseurs		4 150
Emprunt hypothécaire		30 000
Pietro Rizzi – Capital au 31 décembre 20X6		26 360
Pietro Rizzi – Retraits	36 040	
Services de traiteur		192 800
Achats de nourriture	102 000	
Dépréciation des comptes clients	400	
Électricité	8 000	
Intérêts sur emprunt hypothécaire	3 960	
Salaires	37 000	
Charges diverses	500	
	266 510 $	266 510 $

Votre revue des registres comptables et des documents pertinents vous a permis de soulever les faits suivants :

1. Le coût des fournitures en main au 31 décembre s'élève à 360 $.

2. Le solde du compte Assurances payées d'avance représente le montant d'une prime d'assurance versée à l'avance le 1er septembre 20X7 pour une période de 10 mois.

3. Le 2 janvier 20X7, on célébrait le cinquième anniversaire de construction de l'immeuble. Par ailleurs, le camion de livraison a été acquis le 3 janvier 20X6.

4. Les salaires à payer non encore comptabilisés au 31 décembre s'élèvent à 1 500 $.

5. Le 29 décembre, les services de l'entreprise Enjouay ltée ont été retenus pour les festivités du Nouvel An. Les services ont effectivement été rendus le 31 décembre en après-midi, mais la facturation, d'un montant de 2 500 $, ne sera effectuée que le 3 janvier 20X8.

6. Le coût de la nourriture achetée pour le buffet servi le 31 décembre s'élève à 1 600 $. Cette facture n'a pas encore été comptabilisée au 31 décembre.

7. Les produits d'exploitation comprennent un montant de 1 150 $ reçu de l'Association des pourvoyeurs de Sainte-Anne-de-la-Pérade pour un buffet qui sera servi le 12 janvier 20X8.

8. L'emprunt hypothécaire est remboursable par versements mensuels de 1 000 $ en capital plus les intérêts au taux annuel de 12 %. Le dernier versement a été effectué le 1er décembre 20X7.

9. Après analyse des comptes clients, le solde de la provision pour dépréciation est sous-évalué de 200 $.

TRAVAIL À FAIRE

a) Passez les écritures de régularisation requises au 31 décembre 20X7.

b) Reportez les écritures de régularisation dans les comptes en T du grand livre, dans lesquels vous aurez inscrit au préalable le solde des comptes de la balance de vérification au 31 décembre 20X7.

c) Établissez la balance de vérification régularisée de l'entreprise au 31 décembre 20X7.

Total des débits : 277 610 $

P10

La passation d'écritures de régularisation

30 minutes – difficile

Une entreprise constituée le 1er janvier 20X0, Loutout enr., loue des outils aux entrepreneurs de construction et aux bricoleurs. Voici les comptes de l'entreprise au 31 mars 20X0, date de la fin de son premier trimestre d'exploitation :

Caisse	*11 700 $*
Clients	*2 000*
Assurances payées d'avance	*1 200*
Fournitures de bureau	*500*
Terrain	*10 000*
Immeuble	*72 000*
Équipement	*12 000*
Matériel roulant	*6 300*
Fournisseurs	*8 000*
Billet à payer	*24 000*
Emprunt hypothécaire	*60 000*
Sylvain Robitaille – Capital	*18 200*
Produits de location	*12 000*
Taxes municipales	*1 200*
Fournitures de bureau utilisées	*300*
Salaires	*5 000*

Autres renseignements

1. Le terrain et l'immeuble ont été acquis le 2 janvier 20X0, alors que l'équipement et le matériel roulant l'ont été respectivement le 31 janvier 20X0 et le 1er mars 20X0. La durée de vie et la durée de vie utile estimatives de l'immeuble sont de 20 ans, celles de l'équipement, de 5 ans, et celles du matériel roulant, de 3 ans. M. Robitaille croit qu'au terme de leur durée de vie utile ces biens n'auront plus de valeur.

2. Le contrat d'assurance est en vigueur du 1er février 20X0 au 31 janvier 20X1.

3. Le compte de taxes municipales couvrant la période du 1er janvier au 31 décembre s'élève à 2 400 $. Un premier versement de 1 200 $ a été effectué le 23 mars 20X0.

4. Les salaires quotidiens sont de 100 $, et les employés ont été payés jusqu'en date du 24 mars 20X0. L'entreprise est ouverte du lundi au samedi inclusivement, et le 31 mars 20X0 est un samedi.

5. Le dénombrement des fournitures de bureau effectué le 31 mars indique la présence de 625 $ de fournitures.

6. Le billet à payer, daté du 1ᵉʳ mars 20X0, porte intérêt au taux annuel de 8 %.

7. L'emprunt hypothécaire a été contracté le 2 janvier 20X0 au taux de 7 % par année.

8. M. Robitaille projette d'investir une somme supplémentaire de 20 000 $.

TRAVAIL À FAIRE

Pour chacun des éléments précédents, passez les écritures de régularisation requises. Si aucune régularisation n'est nécessaire, justifiez votre décision. Inscrivez tous vos calculs.

P11

La passation d'écritures de régularisation à partir d'une balance de vérification, le report dans des comptes en T et l'établissement d'une balance de vérification régularisée

40 minutes – difficile

Rick Wilson a débuté en affaires le 1ᵉʳ juillet 20X0 en mettant sur pied un bureau de placement pour comptables professionnels ayant terminé leur cours universitaire. Le propriétaire a établi la balance de vérification de l'entreprise au 31 décembre 20X0 :

RICK WILSON, BUREAU DE PLACEMENT
Balance de vérification
au 31 décembre 20X0

	Débit	Crédit
Caisse	7 030 $	
Honoraires d'expert-conseil		8 400 $
Rick Wilson – Retraits	4 200	
Salaires	11 500	
Charges diverses	1 200	
Cotisations professionnelles payées d'avance	270	
Matériel de bureau	4 800	
Honoraires reçus d'avance		11 000
Rick Wilson – Capital		13 600
Loyer	6 000	
Fournitures de bureau	1 000	
Effet à payer		3 000
	36 000 $	36 000 $

Autres renseignements

1. Le loyer a été payé le 1ᵉʳ juillet pour une année.

2. Le 1ᵉʳ juillet, on a payé une cotisation professionnelle pour 3 ans d'un montant de 270 $.

3. Le coût des fournitures de bureau en main au 31 décembre s'élève à 120 $.

4. Le matériel de bureau a été acheté le 1ᵉʳ juillet, et l'on a alors estimé que sa durée d'utilisation serait de 10 ans, soit sa durée de vie totale. On ne prévoit aucune valeur de récupération pour ce matériel.

5. L'effet à payer, signé le 1ᵉʳ juillet, porte intérêt à 10 % par année, lequel est payable une fois l'an.

6. Après analyse, les honoraires reçus d'avance se chiffrent à 2 500 $ au 31 décembre.

7. Des honoraires de 1 100 $ ont été gagnés au 31 décembre pour des services rendus le 16 décembre 20X0. Une facture a été préparée et expédiée à cet effet le 5 janvier 20X1.

8. Les salaires courus à payer se chiffrent à 500 $ au 31 décembre.

TRAVAIL À FAIRE

a) Passez les écritures de régularisation requises au 31 décembre 20X0.

b) Reportez les écritures de régularisation dans les comptes en T du grand livre, dans lesquels vous aurez inscrit au préalable le solde des comptes de la balance de vérification au 31 décembre 20X0.

c) Dressez la balance de vérification régularisée en y présentant les comptes de façon ordonnée.

Total des débits : 37 990 $

P12

La passation d'écritures de régularisation à partir d'une balance de vérification, le report dans des comptes en T, et l'établissement d'une balance de vérification régularisée et des états financiers

65 minutes – difficile

Fripouille enr. offre des services de clown pour animer les fêtes d'enfants de tous âges, de même que des services d'animation de soirée. L'exercice financier se termine le 31 décembre de chaque année. La balance de vérification de l'entreprise au 31 décembre 20X2 est présentée ci-dessous.

FRIPOUILLE ENR.
Balance de vérification
au 31 décembre 20X2

	Débit	Crédit
Caisse	1 500 $	
Clients	4 150	
Provision pour dépréciation – Clients	100	
Effet à recevoir	5 000	
Fournitures de maquillage et de spectacle	10 240	
Assurances payées d'avance	3 260	
Costumes	20 000	
Amortissement cumulé – Costumes		4 000 $
Matériel roulant	16 000	
Amortissement cumulé – Matériel roulant		2 500
Effet à payer		6 000
Noémie Boucher – Capital		22 000
Noémie Boucher – Apports		3 680
Noémie Boucher – Retraits	4 500	
Services d'animation		75 000
Assurances	3 680	
Dépréciation des comptes clients	350	
Électricité et chauffage	2 400	
Loyer	12 350	
Publicité	1 800	
Salaires	27 065	
Taxes spéciales d'amusement	3 350	
Produits d'intérêts		165
Produits de location		2 400
	115 745 $	115 745 $

Votre revue des registres comptables et des documents pertinents vous a permis d'amasser les renseignements suivants :

1. L'effet à recevoir provient d'un client qui éprouve des difficultés financières. L'effet est daté du 1er juillet 20X2, porte intérêt au taux annuel de 8 % et viendra à échéance le 1er juillet 20X3. Seuls les intérêts effectivement encaissés ont été comptabilisés au 31 décembre 20X2.

2. Au cours de l'exercice, tous les achats de fournitures ont été portés au compte d'actif. Le coût des fournitures dénombrées au 31 décembre s'élève à 1 250 $.

3. Le solde du compte Assurances payées d'avance se compose des éléments suivants :

N° de la police	Partie non expirée au 1er janvier 20X2		Prime payée	Total	Partie non expirée au 31 décembre 20X2
	Durée	*Montant*			
B-4178	5 mois	500 $	1 200 $	1 700 $	5 mois
V45879	9 mois	200	900	1 100	33 mois
Z13132	3 mois	460		460	

La police n° Z13132 a été renouvelée pour deux ans le 1er avril 20X2. La prime de 3 680 $ a été portée au débit du compte Assurances.

4. Les costumes ont été achetés le 2 janvier 20X0, tandis que le camion a été acquis le 1er juillet 20X1.

5. La durée de vie et la durée de vie utile estimatives des costumes sont de 10 ans et celles du camion, de 3 ans. Noémie Boucher croit que, au terme de la durée de vie utile des costumes, elle devra les mettre au rebut, mais elle prévoit récupérer la somme de 1 000 $ en vendant le camion dans 3 ans.

6. L'effet à payer est daté du 1er septembre 20X2. Il porte intérêt au taux annuel de 8 % et il viendra à échéance le 1er septembre 20X3.

7. Le compte Services d'animation comprend une somme de 1 500 $ reçue d'un client pour des services qui seront rendus en janvier 20X3.

8. Le loyer mensuel est de 950 $.

9. Le 1er février 20X2, Noémie Boucher, constatant que son local commercial était trop grand pour les besoins de l'entreprise, a décidé d'en sous-louer une partie à la Confiserie Suçons enr. Le loyer annuel a été porté au compte Produits de location.

10. Une annonce publicitaire ayant coûté 300 $ a été payée en décembre 20X2. Elle sera publiée dans l'édition de janvier de la revue *Frivolle*.

11. Les salaires pour les 2 dernières journées de travail des employés, qui totalisent 650 $, ne sont pas comptabilisés.

12. Le compte Taxes spéciales d'amusement comprend le paiement d'un compte de taxes de 600 $ pour la période du 1er août 20X2 au 31 juillet 20X3.

13. L'exercice 20X2 a été difficile sur le plan du recouvrement des comptes clients, plusieurs petits clients ayant fait faillite. Une estimation prudente au 31 décembre 20X2 eu égard à la provision pour dépréciation des comptes clients s'élève à un minimum de 400 $.

CHAPITRE **7**

Le chiffrier, les écritures de clôture et les écritures de contrepassation

PLAN DU CHAPITRE

Le chiffrier 262
Les écritures de clôture 273
La balance de vérification après clôture 278
Les écritures de contrepassation 278
Le chiffrier d'une entreprise commerciale 282
Le cycle comptable – en résumé 290
Synthèse du chapitre 7 291
Activités d'apprentissage 292

OBJECTIFS D'APPRENTISSAGE

Au terme de ce chapitre, vous pourrez :

1 établir un chiffrier et maîtriser les écritures de régularisation ;

2 comprendre l'utilité du chiffrier ;

3 saisir l'importance des écritures de clôture ;

4 passer des écritures de clôture ;

5 décrire le contenu et l'utilité de la balance de vérification après clôture ;

6 décrire la nature des écritures de contrepassation, expliquer comment passer ces écritures et en justifier l'utilité ;

7 établir le chiffrier d'une entreprise commerciale ;

8 décrire l'utilité du chiffrier lors de l'établissement des états financiers d'une entreprise commerciale ;

9 passer les écritures de clôture d'une entreprise commerciale ;

10 résumer les étapes du cycle comptable.

Au chapitre 6, nous avons traité en détail des différentes sortes d'écritures de régularisation et, à la suite d'un cheminement plutôt long, nous avons finalement pu établir les états financiers. Dans ce chapitre, nous examinerons l'établissement du chiffrier, outil qui permet de réduire le temps requis pour dresser les états financiers. Nous terminerons notre étude du cycle comptable en analysant les écritures de clôture et la passation facultative des écritures de contrepassation.

Le chiffrier permet de réduire le temps requis pour dresser les états financiers.

UN PROFESSIONNEL VOUS PARLE

Anne Villeneuve,
CPA, CGA

Associée,
Direction
principale RS&DE

LE GROUPE
VBM
Villeneuve, Bruneau, Montoisier

Souvent considéré comme une boussole pour les comptables, le chiffrier est un document auxiliaire qui permet d'épargner temps et efforts. Les informations y sont groupées de façon méthodique et globale et, de ce fait, il procure une vue d'ensemble du cheminement menant aux informations finales contenues dans les états financiers. Les données de la balance de vérification initiale sont d'abord inscrites. À la suite des écritures de régularisation, les ajustements nécessaires sont apportés pour produire la balance de vérification régularisée. Selon le principe de l'indépendance des exercices, les écritures de clôture et de contrepassation sont nécessaires à la fin de chaque exercice pour ramener à zéro le solde des comptes de produits et de charges.

LE CHIFFRIER

7

FIGURE 7.1 | **LE CHIFFRIER D'UNE ENTREPRISE DE SERVICES**

NOM DE L'ENTREPRISE
Chiffrier
*de l'exercice terminé le _____ 20X_*

Intitulé des comptes	Balance de vérification		Régularisations		Balance de vérification régularisée		Résultats		Bilan	
	Débit	Crédit	Débit	Crédit	Débit	Crédit	Débit	Crédit	Débit	Crédit
- - - - - - - - - - -										
- - - - - - - - - - -										
- - - - - - - - - - -										
- - - - - - - - - - -										
- - - - - - - - - - -										
- - - - - - - - - - -										

Comptes existants du grand livre général → XXX XXX

Comptes qui découlent des écritures de régularisation

			XXX	XXX	XXX	XXX	XXX	XXX	XXX	XXX
Bénéfice net →							XXX ←		→ XXX	
							XXX	XXX	XXX	XXX

Étape 4
Report des soldes régularisés dans les sections Résultats et Bilan selon la nature des comptes

Étape 1
Établissement de la balance de vérification directement dans le chiffrier

Étape 2
Inscription des écritures de régularisation

Étape 3
Calcul des soldes régularisés

Étape 5
Addition des chiffres inscrits dans les sections Résultats et Bilan, détermination et inscription du bénéfice net (ou de la perte nette) pour équilibrer les deux sections

Qu'est-ce qu'un chiffrier?

Un **chiffrier** est un instrument de travail prenant la forme d'une feuille à multiples colonnes dans lesquelles on rassemble les soldes des comptes du grand livre et toutes les informations relatives aux écritures de régularisation. Le comptable établit le chiffrier pour lui-même afin de faciliter son travail à la fin d'un exercice. Ce document **ne remplace** donc **ni les registres comptables, ni les états financiers.** Le chiffrier n'est qu'un instrument qui aide le comptable à passer les écritures de régularisation (et plus tard de clôture) et à déterminer les montants qui figureront dans les états financiers, qu'il dressera plus tard en bonne et due forme.

L'établissement du chiffrier

La figure 7.1 présente un modèle classique de chiffrier. Notons que l'en-tête comprend trois éléments : 1) le nom de l'entreprise ; 2) l'intitulé du document (**Chiffrier**) ; et 3) la période pour laquelle le chiffrier est établi. Le corps du chiffrier comprend cinq sections. Établir cet outil requiert cinq étapes, que nous décrirons dans les pages qui suivent. Pour ce faire, nous utiliserons les données relatives à l'entreprise Hu-Aissbé enr.

Étape 1 – L'établissement de la balance de vérification directement dans le chiffrier

La première étape consiste à dresser la liste des comptes du grand livre dans la section du chiffrier intitulée **Balance de vérification** et à y inscrire les soldes de ces comptes[1].

HU-AISSBÉ ENR.
Chiffrier
de l'exercice terminé le 31 décembre 20X5

	Balance de vérification		Régularisations		Balance de vérification régularisée		Résultats		Bilan	
	Débit	Crédit	Débit	Crédit	Débit	Crédit	Débit	Crédit	Débit	Crédit
Caisse	175									
Clients	1 250									
Fournitures de bureau	1 500									
Assurances payées d'avance	600									
Matériel de bureau	1 500									
Matériel informatique	3 500									
Fournisseurs		400								
Produits reçus d'avance		350								
Effet à payer		3 000								
D. Lepage – Capital		2 000								
D. Lepage – Retraits	10 765									
Traitement de textes		23 250								
Électricité	500									
Frais de photocopie et de reliure	725									
Intérêts et frais bancaires	28									
Publicité	2 700									
Salaires	4 875									
Taxe d'affaires	100									
Téléphone	782									
	29 000	29 000								

---

1. Voici un conseil d'ordre pratique : puisque certains comptes peuvent faire l'objet de plusieurs écritures de régularisation, il peut être utile de laisser quelques lignes libres après ces comptes.

Vous avez bien sûr remarqué que la balance de vérification de Hu-Aissbé enr. inscrite dans le chiffrier correspond en tout point à celle établie au chapitre 6 (*voir la page 213*). Les totaux des deux colonnes de la section **Balance de vérification** sont identiques. Il doit en être ainsi avant de passer à la deuxième étape, sinon le chiffrier ne sera pas en équilibre lorsqu'il sera terminé.

Étape 2 – L'inscription des écritures de régularisation

La deuxième étape de l'établissement du chiffrier consiste à inscrire les écritures de régularisation. Au chapitre 6, nous avons analysé les écritures de régularisation enregistrées dans les livres de Hu-Aissbé enr. au 31 décembre 20X5. Elles sont reproduites dans la section **Régularisations** du chiffrier de la page suivante.

Voici quelques observations qui ressortent de l'analyse de cette deuxième étape :
1. Afin de pouvoir associer les composantes d'une même écriture de régularisation, chaque montant figurant dans les colonnes Débit et Crédit de la section Régularisations est accompagné d'un numéro de référence [2]. Ainsi, dans la première écriture, on attribue le numéro ❶ aux sommes portées au débit du compte Assurances et au crédit du compte Assurances payées d'avance.
2. Puisque les écritures de régularisation ne seront inscrites dans le journal général que plus tard, il importe de fournir, au bas du chiffrier, certaines explications portant sur chacune des écritures de régularisation.
3. Encore une fois, les totaux des deux colonnes de la section Régularisations doivent être identiques afin d'éviter qu'une erreur arithmétique n'influe sur les autres sections du chiffrier.

Étape 3 – Le calcul des soldes régularisés

La troisième étape, illustrée à la page 265, consiste à déterminer les soldes régularisés – à partir des soldes de la balance de vérification et en tenant compte des régularisations effectuées – et à les inscrire dans la section **Balance de vérification régularisée** du chiffrier. Cette étape est facultative lorsque le nombre de régularisations est peu élevé. Il est alors possible de cumuler les soldes de la balance de vérification et des écritures de régularisation pour en reporter directement le total dans les sections Résultats et Bilan.

Avez-vous remarqué que, à cette étape du chiffrier, il faut être particulièrement attentif, car il se peut qu'un montant débiteur soit combiné à un montant créditeur et vice versa ? Prenons l'exemple du compte Fournitures de bureau. Le solde de ce compte est de 1 500 $ dans la section Balance de vérification. À la suite de l'écriture de régularisation numéro ❷, il faut retrancher de ce solde le montant de 1 150 $ inscrit au crédit de la section Régularisations, puis reporter le solde régularisé de 350 $ (1 500 $ − 1 150 $) dans la colonne Débit de la section Balance de vérification régularisée (*voir la page 266*). Pour sa part, le compte Fournitures de bureau utilisées, que l'on a inscrit dans le chiffrier lors du processus de régularisation, aura un solde régularisé correspondant au montant

---

2. Il est aussi possible d'utiliser des lettres, bien qu'il soit évidemment plus pratique d'utiliser des numéros de référence si l'on doit passer plus de 26 écritures de régularisation.

de l'écriture de régularisation. Les soldes qui n'ont pas été régularisés sont reportés tels quels dans la section Balance de vérification régularisée. Après avoir terminé le calcul des soldes régularisés, il faut s'assurer que les totaux des deux colonnes de la section **Balance de vérification régularisée** sont identiques, toujours dans le but d'éviter qu'une erreur arithmétique n'influe sur les autres sections du chiffrier.

HU-AISSBÉ ENR.
Chiffrier
de l'exercice terminé le 31 décembre 20X5

	Balance de vérification		Régularisations		Balance de vérification régularisée		Résultats		Bilan	
	Débit	Crédit	Débit	Crédit	Débit	Crédit	Débit	Crédit	Débit	Crédit
Caisse	175									
Clients	1 250		❻ 120							
Fournitures de bureau	1 500			❷ 1 150						
Assurances payées d'avance	600			❶ 100						
Matériel de bureau	1 500									
Matériel informatique	3 500									
Fournisseurs		400								
Produits reçus d'avance		350	❸ 140							
Effet à payer		3 000								
D. Lepage – Capital		2 000								
D. Lepage – Retraits	10 765									
Traitement de textes		23 250		❸ 140						
				❻ 120						
Électricité	500									
Frais de photocopie et de reliure	725									
Intérêts et frais bancaires	28									
Publicité	2 700									
Salaires	4 875		❺ 273							
Taxe d'affaires	100									
Téléphone	782									
	29 000	29 000								
Assurances			❶ 100							
Fournitures de bureau utilisées			❷ 1 150							
Intérêts sur la dette à long terme			❹ 80							
Intérêts à payer				❹ 80						
Salaires à payer				❺ 273						
Amortissement – Matériel informatique			❼ 333							
Amortissement cumulé – Matériel informatique				❼ 333						
Amortissement – Matériel de bureau			❽ 25							
Amortissement cumulé – Matériel de bureau				❽ 25						
Dépréciation des comptes clients			❾ 100							
Provision pour dépréciation – Clients				❾ 100						
			2 321	2 321						

Explications :

❶ Assurances absorbées (600 $ × 2/12).
❷ Fournitures utilisées (1 500 $ – 350 $).
❸ Services rendus aux Éditions du Conte Hantay (350 $ × 4/10).
❹ Intérêts courus sur l'effet à payer (3 000 $ × 8 % × 4/12).
❺ Salaires courus (195 $ ÷ 5 jours × 7 jours).
❻ Services rendus à Stella Lebel (360 $ × 1/3).
❼ Amortissement annuel [(3 500 $ – 500 $) ÷ 3 ans × 4/12].
❽ Amortissement annuel (1 500 $ ÷ 10 ans × 2/12).
❾ Estimation de la dépréciation des comptes clients.

HU-AISSBÉ ENR.
Chiffrier
de l'exercice terminé le 31 décembre 20X5

	Balance de vérification		Régularisations		Balance de vérification régularisée		Résultats		Bilan	
	Débit	Crédit	Débit	Crédit	Débit	Crédit	Débit	Crédit	Débit	Crédit
Caisse	175				175					
Clients	1 250		⑥ 120		1 370					
Fournitures de bureau	1 500			② 1 150	350					
Assurances payées d'avance	600			① 100	500					
Matériel de bureau	1 500				1 500					
Matériel informatique	3 500				3 500					
Fournisseurs		400				400				
Produits reçus d'avance		350	③ 140			210				
Effet à payer		3 000				3 000				
D. Lepage – Capital		2 000				2 000				
D. Lepage – Retraits	10 765				10 765					
Traitement de textes		23 250		③ 140 ⑥ 120		23 510				
Électricité	500				500					
Frais de photocopie et de reliure	725				725					
Intérêts et frais bancaires	28				28					
Publicité	2 700				2 700					
Salaires	4 875		⑤ 273		5 148					
Taxe d'affaires	100				100					
Téléphone	782				782					
	29 000	29 000								
Assurances			① 100		100					
Fournitures de bureau utilisées			② 1 150		1 150					
Intérêts sur la dette à long terme			④ 80		80					
Intérêts à payer				④ 80		80				
Salaires à payer				⑤ 273		273				
Amortissement – Matériel informatique			⑦ 333		333					
Amortissement cumulé – Matériel informatique				⑦ 333		333				
Amortissement – Matériel de bureau			⑧ 25		25					
Amortissement cumulé – Matériel de bureau				⑧ 25		25				
Dépréciation des comptes clients			⑨ 100		100					
Provision pour dépréciation – Clients				⑨ 100		100				
			2 321	2 321	29 931	29 931				

Explications :
① Assurances absorbées (600 $ × 2/12).
② Fournitures utilisées (1 500 $ – 350 $).
③ Services rendus aux Éditions du Conte Hantay (350 $ × 4/10).
④ Intérêts courus sur l'effet à payer (3 000 $ × 8 % × 4/12).
⑤ Salaires courus (195 $ ÷ 5 jours × 7 jours).
⑥ Services rendus à Stella Lebel (360 $ × 1/3).
⑦ Amortissement annuel [(3 500 $ – 500 $) ÷ 3 ans × 4/12].
⑧ Amortissement annuel (1 500 $ ÷ 10 ans × 2/12).
⑨ Estimation de la dépréciation des comptes clients.

HU-AISSBÉ ENR.
Chiffrier
de l'exercice terminé le 31 décembre 20X5

	Balance de vérification		Régularisations		Balance de vérification régularisée		Résultats		Bilan	
	Débit	Crédit	Débit	Crédit	Débit	Crédit	Débit	Crédit	Débit	Crédit
Caisse	175				175				175	
Clients	1 250		⑥ 120		1 370				1 370	
Fournitures de bureau	1 500			② 1 150	350				350	
Assurances payées d'avance	600			① 100	500				500	
Matériel de bureau	1 500				1 500				1 500	
Matériel informatique	3 500				3 500				3 500	
Fournisseurs		400				400				400
Produits reçus d'avance		350	③ 140			210				210
Effet à payer		3 000				3 000				3 000
D. Lepage – Capital		2 000				2 000				2 000
D. Lepage – Retraits	10 765				10 765				10 765	
Traitement de textes		23 250		③ 140						
				⑥ 120		23 510		23 510		
Électricité	500				500		500			
Frais de photocopie et de reliure	725				725		725			
Intérêts et frais bancaires	28				28		28			
Publicité	2 700				2 700		2 700			
Salaires	4 875		⑤ 273		5 148		5 148			
Taxe d'affaires	100				100		100			
Téléphone	782				782		782			
	29 000	29 000								
Assurances			① 100		100		100			
Fournitures de bureau utilisées			② 1 150		1 150		1 150			
Intérêts sur la dette à long terme			④ 80		80		80			
Intérêts à payer				④ 80		80				80
Salaires à payer				⑤ 273		273				273
Amortissement – Matériel informatique			⑦ 333		333		333			
Amortissement cumulé – Matériel informatique				⑦ 333		333				333
Amortissement – Matériel de bureau			⑧ 25		25		25			
Amortissement cumulé – Matériel de bureau				⑧ 25		25				25
Dépréciation des comptes clients			⑨ 100		100		100			
Provision pour dépréciation – Clients				⑨ 100		100				100
			2 321	2 321	29 931	29 931				

Explications :

① Assurances absorbées (600 $ × 2/12).
② Fournitures utilisées (1 500 $ – 350 $).
③ Services rendus aux Éditions du Conte Hantay (350 $ × 4/10).
④ Intérêts courus sur l'effet à payer (3 000 $ × 8 % × 4/12).
⑤ Salaires courus (195 $ ÷ 5 jours × 7 jours).
⑥ Services rendus à Stella Lebel (360 $ × 1/3).
⑦ Amortissement annuel [(3 500 $ – 500 $) ÷ 3 ans × 4/12].
⑧ Amortissement annuel (1 500 $ ÷ 10 ans × 2/12).
⑨ Estimation de la dépréciation des comptes clients.

Étape 4 – Le report des soldes régularisés dans les sections Résultats et Bilan selon la nature des comptes

L'étape suivante, illustrée ci-dessus, consiste à inscrire les soldes de la balance de vérification régularisée dans l'une ou l'autre des deux dernières sections du chiffrier, intitulées respectivement **Résultats** et **Bilan**[3].

---

3. Lors de l'établissement du chiffrier, certains préfèrent ajouter une section supplémentaire entre les sections Résultats et Bilan, soit la section Capital. En pareil cas, la quatrième étape du chiffrier consiste alors à reporter les soldes régularisés dans l'une des trois dernières sections du chiffrier, intitulées respectivement Résultats, Capital et Bilan.

AVEZ-VOUS LE SENS DE L'OBSERVATION ?

Pour mener à bien ce travail, il suffit d'établir la nature de chaque compte de la balance de vérification régularisée et d'inscrire le solde de chacun dans la section appropriée. Ainsi, les soldes des comptes d'actif, de passif et de capitaux propres sont inscrits dans la section Bilan, tandis que ceux des comptes de produits et de charges sont inscrits dans la section Résultats.

Étape 5 – L'addition des chiffres inscrits dans les sections Résultats et Bilan, la détermination et l'inscription du bénéfice net (ou de la perte nette) pour équilibrer les deux sections

La dernière étape, illustrée ci-contre, consiste à additionner les chiffres inscrits dans chaque colonne de la section **Résultats.** La différence de 11 739 $ entre les deux totaux représente le bénéfice net de l'exercice. Ce montant correspond aussi à la différence entre les deux totaux des colonnes de la section **Bilan.** Par conséquent, il est inscrit au débit de la section **Résultats** et au crédit de la section **Bilan** de façon à transférer le bénéfice net de l'exercice au bilan de l'entreprise. Puisque le bénéfice net a pour effet d'accroître le capital, il est tout à fait pertinent de le faire figurer dans la colonne Crédit de la section **Bilan**[4].

AVEZ-VOUS LE SENS DE L'OBSERVATION ?

En prenant soin de s'assurer, à la fin de chaque étape de l'établissement du chiffrier, que le total des débits de chaque section est égal au total des crédits, on obtient un chiffrier en équilibre. Cette égalité entre les totaux ne permet pas, cependant, de conclure que l'on n'a commis aucune erreur. Ainsi, si le crédit de 120 $ figurant dans l'écriture numéro ❻ avait plutôt été porté au crédit du compte Caisse, le chiffrier serait toujours en équilibre, mais les comptes Caisse et Clients seraient erronés.

LA COMPTABILITÉ ET L'INFORMATIQUE

L'ordinateur est encore une fois un précieux allié lors de l'établissement du chiffrier. En effet, celui-ci peut être établi à l'aide d'un chiffrier électronique de type Excel. Non seulement le report des postes dans diverses colonnes du chiffrier se fait automatiquement pour dégager le bénéfice ou la perte de la période, mais il est aussi possible de modifier les fonctions inscrites dans les cellules des colonnes Régularisations chaque mois pour pouvoir dresser rapidement des états financiers mensuels.

L'utilité du chiffrier

Le chiffrier permet de dresser rapidement les états financiers d'une entreprise et renferme toutes les informations requises pour la passation subséquente des écritures de régularisation dans le journal général ainsi que pour leur report dans le grand livre général.

---

4. Si les résultats se soldent par une **perte nette,** celle-ci doit figurer dans les colonnes **Crédit** de la section **Résultats** et **Débit** de la section **Bilan.**

HU-AISSBÉ ENR.
Chiffrier
de l'exercice terminé le 31 décembre 20X5

	Balance de vérification		Régularisations		Balance de vérification régularisée		Résultats		Bilan	
	Débit	Crédit	Débit	Crédit	Débit	Crédit	Débit	Crédit	Débit	Crédit
Caisse	175				175				175	
Clients	1 250		⑥ 120		1 370				1 370	
Fournitures de bureau	1 500			② 1 150	350				350	
Assurances payées d'avance	600			① 100	500				500	
Matériel de bureau	1 500				1 500				1 500	
Matériel informatique	3 500				3 500				3 500	
Fournisseurs		400				400				400
Produits reçus d'avance		350	③ 140			210				210
Effet à payer		3 000				3 000				3 000
D. Lepage – Capital		2 000				2 000				2 000
D. Lepage – Retraits	10 765				10 765				10 765	
Traitement de textes		23 250		③ 140		23 510		23 510		
				⑥ 120						
Électricité	500				500		500			
Frais de photocopie et de reliure	725				725		725			
Intérêts et frais bancaires	28				28		28			
Publicité	2 700				2 700		2 700			
Salaires	4 875		⑤ 273		5 148		5 148			
Taxe d'affaires	100				100		100			
Téléphone	782				782		782			
	29 000	29 000								
Assurances			① 100		100		100			
Fournitures de bureau utilisées			② 1 150		1 150		1 150			
Intérêts sur la dette à long terme			④ 80		80		80			
Intérêts à payer				④ 80		80				80
Salaires à payer				⑤ 273		273				273
Amortissement – Matériel informatique			⑦ 333		333		333			
Amortissement cumulé – Matériel informatique				⑦ 333		333				333
Amortissement – Matériel de bureau			⑧ 25		25		25			
Amortissement cumulé – Matériel de bureau				⑧ 25		25				25
Dépréciation des comptes clients			⑨ 100		100		100			
Provision pour dépréciation – Clients				⑨ 100		100				100
			2 321	2 321	29 931	29 931	11 771	23 510	18 160	6 421
Bénéfice net							11 739			11 739
							23 510	23 510	18 160	18 160

Explications :
① Assurances absorbées (600 $ × 2/12).
② Fournitures utilisées (1 500 $ – 350 $).
③ Services rendus aux Éditions du Conte Hantay (350 $ × 4/10).
④ Intérêts courus sur l'effet à payer (3 000 $ × 8 % × 4/12).
⑤ Salaires courus (195 $ ÷ 5 jours × 7 jours).
⑥ Services rendus à Stella Lebel (360 $ × 1/3).
⑦ Amortissement annuel [(3 500 $ – 500 $) ÷ 3 ans × 4/12].
⑧ Amortissement annuel (1 500 $ ÷ 10 ans × 2/12).
⑨ Estimation de la dépréciation des comptes clients.

L'établissement des états financiers

Une fois le chiffrier établi, la tâche de dresser les états financiers est simplifiée, puisque toutes les données qui figureront dans l'état des résultats et dans le bilan auront été classées dans les deux dernières sections du chiffrier. Ainsi, les chiffres de la section Résultats du chiffrier permettent de dresser l'état suivant :

HU-AISSBÉ ENR.		
Résultats		
pour la période de quatre mois terminée le 31 décembre 20X5		
Produits d'exploitation		
Traitement de textes		23 510 $
Charges d'exploitation		
Assurances	100 $	
Dépréciation des comptes clients	100	
Électricité	500	
Fournitures de bureau utilisées	1 150	
Frais de photocopie et de reliure	725	
Intérêts et frais bancaires	28	
Intérêts sur la dette à long terme	80	
Publicité	2 700	
Salaires	5 148	
Taxe d'affaires	100	
Téléphone	782	
Amortissement – Matériel de bureau	25	
Amortissement – Matériel informatique	333	
Total des charges d'exploitation		11 771
Bénéfice net		11 739 $

AVEZ-VOUS LE SENS DE L'OBSERVATION ?

Si vous comparez le bénéfice net de cet état des résultats avec celui qui figure dans le chiffrier reproduit à la page précédente, vous constaterez que ces deux chiffres sont identiques. Si tel n'était pas le cas, on pourrait en conclure qu'une erreur a été commise lors de l'établissement de l'état des résultats.

Puisque nous avons utilisé des comptes temporaires (Produits, Charges, Apports et Retraits) pour enregistrer les variations survenues dans les capitaux propres au cours de l'exercice plutôt que de les inscrire directement dans le compte Capital, le chiffrier ne donne pas le chiffre exact du compte Capital à la fin de l'exercice. En effet, le compte D. Lepage – Capital a un solde de 2 000 $, soit le solde au début de l'exercice. Le chiffrier renferme néanmoins toutes les informations nécessaires pour dresser l'état des capitaux propres suivant :

HU-AISSBÉ ENR.	
Capitaux propres	
pour la période de quatre mois terminée le 31 décembre 20X5	
Capital au 2 septembre 20X5	2 000 $
Bénéfice net de l'exercice	11 739
	13 739
Retraits	(10 765)
Capital au 31 décembre 20X5	2 974 $

Une fois établi l'état des capitaux propres, et compte tenu des données contenues dans la dernière section du chiffrier, il est facile de dresser le bilan suivant :

HU-AISSBÉ ENR.
Bilan
au 31 décembre 20X5

Actif

Actif à court terme

Caisse			175 $
Clients		1 370 $	
Moins : Provision pour dépréciation – Clients		(100)	1 270
Fournitures de bureau			350
Assurances payées d'avance			500
Total de l'actif à court terme			2 295

Immobilisations

Matériel de bureau	1 500 $		
Moins : Amortissement cumulé	(25)	1 475	
Matériel informatique	3 500		
Moins : Amortissement cumulé	(333)	3 167	
Total des immobilisations			4 642
Total de l'actif			6 937 $

Passif et capitaux propres

Passif à court terme

Fournisseurs	400 $
Salaires à payer	273
Intérêts à payer	80
Produits reçus d'avance	210
Total du passif à court terme	963

Passif à long terme

Effet à payer	3 000
Total du passif	3 963

Capitaux propres

Denyse Lepage – Capital au 31 décembre 20X5	2 974
Total du passif et des capitaux propres	6 937 $

AVEZ-VOUS LE SENS DE L'OBSERVATION ?

Comparez le total de l'actif et le total du passif et des capitaux propres de ce bilan avec ceux qui figurent dans la section Bilan du chiffrier (*voir la page 269*). Pourquoi ne sont-ils pas identiques ? Il s'agit d'une question de présentation de l'information. En effet, même si les comptes Provision pour dépréciation – Clients, Amortissement cumulé – Matériel de bureau et Amortissement cumulé – Matériel informatique ont un solde créditeur au chiffrier, dans le bilan, ils sont présentés dans la section de l'actif. Cette présentation est appropriée, puisque, rappelons-le, il s'agit de comptes de contrepartie. De plus, le compte D. Lepage – Retraits, ayant un solde débiteur dans la section Bilan du chiffrier, est présenté dans l'état des capitaux propres (*voir la page précédente*), dont seul le solde du capital au 31 décembre 20X5 figure dans le bilan.

L'enregistrement des écritures de régularisation

Après avoir établi les états financiers à la fin d'un exercice, il faut passer les écritures de régularisation[5] afin que les soldes des comptes du grand livre soient conformes aux chiffres de l'état des résultats et du bilan. Puisque toutes les écritures de régularisation de même que les explications qui s'y rapportent figurent dans le chiffrier, il est facile de les enregistrer dans le journal général pour ensuite les reporter dans le grand livre général.

---

5. Rappelons que les écritures de régularisation figurant dans le chiffrier n'ont jamais été inscrites dans le journal général.

Voici les écritures de régularisation enregistrées par Hu-Aissbé enr. (notons que toutes les écritures expliquées au chapitre 6 sont regroupées ci-dessous) :

Date		Intitulé des comptes et explications	F°	Débit	Crédit
		Journal général			*Page 19*
20X5		**Écritures de régularisation**			
		❶			
31	déc.	Assurances	121	100	
		Assurances payées d'avance	25		100
		Prime d'assurance absorbée au cours			
		de l'exercice (600 $ × 2/12).			
		❷			
31	"	Fournitures de bureau utilisées	141	1 150	
		Fournitures de bureau	21		1 150
		Fournitures utilisées au cours de l'exercice			
		(1 500 $ − 350 $).			
		❸			
31	"	Produits reçus d'avance	55	140	
		Traitement de textes	101		140
		Services rendus aux Éditions du Conte			
		Hantay (350 $ × 4/10).			
		❹			
31	"	Intérêts sur la dette à long terme	156	80	
		Intérêts à payer	53		80
		Intérêts courus sur l'effet à payer			
		(3 000 $ × 8 % × 4/12).			
		❺			
31	"	Salaires	166	273	
		Salaires à payer	52		273
		Salaires courus au 31 décembre			
		(195 $ ÷ 5 jours × 7 jours).			
		❻			
31	"	Clients	11	120	
		Traitement de textes	101		120
		Services rendus à Stella Lebel			
		(360 $ × 1/3).			
		❼			
31	"	Amortissement – Matériel informatique	196	333	
		Amortissement cumulé – Matériel			
		informatique	36		333
		Amortissement annuel			
		[(3 500 $ − 500 $) ÷ 3 ans × 4/12].			
		❽			
31	"	Amortissement – Matériel de bureau	191	25	
		Amortissement cumulé – Matériel			
		de bureau	31		25
		Amortissement annuel			
		(1 500 $ ÷ 10 ans × 2/12).			
		❾			
31	"	Dépréciation des comptes clients	125	100	
		Provision pour dépréciation – Clients	12		100
		Estimation de la dépréciation des			
		comptes clients.			

LES ÉCRITURES DE CLÔTURE

La raison d'être de la clôture des comptes

On donne aux comptes d'actif, de passif et de capitaux propres le nom de **comptes de valeurs** ou de **comptes permanents**. En revanche, les comptes de produits et de charges sont des **comptes de résultats** ou des **comptes temporaires** dont le solde doit être ramené à zéro à la fin de chaque exercice, ce qui permettra l'enregistrement des produits et des charges au cours de l'exercice suivant, conformément au principe de l'indépendance des exercices. De plus, il faut, à la fin de chaque exercice, virer dans les capitaux propres la différence entre les produits et les charges de l'exercice. Ce processus porte le nom de **clôture des comptes** et consiste essentiellement à passer des écritures appelées **écritures de clôture**.

À la fin d'un exercice, on **clôture** les comptes de produits et de charges en virant leur solde dans un compte intitulé **Sommaire des résultats.** Il s'agit d'un compte temporaire utilisé uniquement en fin d'exercice afin d'afficher le résultat net de l'exercice dans un compte du grand livre général. Ainsi, après le virement de tous les soldes des comptes de produits et de charges dans le compte Sommaire des résultats, le solde de ce dernier compte représente **le bénéfice net ou la perte nette de l'exercice** figurant dans l'état des résultats. Si le total des produits (soldes créditeurs) excède le total des charges (soldes débiteurs), le compte Sommaire des résultats aura un solde créditeur égal au bénéfice net de l'exercice. En revanche, l'entreprise aura subi une perte nette si le solde du compte Sommaire des résultats est débiteur, ce qui veut dire que, dans ce cas, le total des charges est supérieur au total des produits. Les comptes Apports et Retraits sont aussi des comptes temporaires dont les soldes doivent être virés dans le compte Capital en fin d'exercice.

Comme tous les montants enregistrés dans le grand livre proviennent du journal général, il faut d'abord, lors de la clôture des comptes, passer des écritures de journal puis les reporter dans le grand livre.

Les étapes du processus de clôture des comptes

Idéalement, la clôture des comptes requiert quatre écritures distinctes[6] :

1. la clôture des comptes de produits;
2. la clôture des comptes de charges;
3. la clôture du compte Sommaire des résultats;
4. la clôture des comptes Apports et Retraits.

Dans la figure 7.2 (*voir la page suivante*), nous illustrons le processus de clôture des comptes, que nous expliquons en détail dans les pages qui suivent à l'aide des données de Hu-Aissbé enr.

---

6. Certains préféreront regrouper les deux premières étapes afin de dégager immédiatement le bénéfice net ou la perte nette de l'exercice.

FIGURE 7.2 | **LE PROCESSUS DE CLÔTURE DES COMPTES D'UNE ENTREPRISE INDIVIDUELLE**

Remarquez que le solde de tous les comptes temporaires (Produits, Charges, Apports et Retraits) est égal à zéro à la suite du processus de clôture des comptes. Conformément au principe de l'indépendance des exercices, après clôture, le solde de ces comptes est nul pour que l'on puisse y enregistrer les opérations du nouvel exercice.

La clôture des comptes de produits

Les comptes de produits ont un solde créditeur ; on les clôture au moyen d'une écriture de journal constituée, d'une part, d'un débit égal au solde du compte clôturé que l'on porte au compte de produits en question et, d'autre part, d'un crédit d'un même montant que l'on porte au compte Sommaire des résultats (*voir la figure 7.2*). Le seul compte de produits de Hu-Aissbé enr. est le compte Traitement de textes, dont le solde créditeur s'élève à 23 510 $. Voici l'écriture de journal qu'il faut passer pour clôturer ce compte au 31 décembre 20X5 :

		Journal général			*Page 20*
Date		*Intitulé des comptes et explications*	*F°*	*Débit*	*Crédit*
20X5		*Écritures de clôture*			
31	*déc.*	*Traitement de textes*	*101*	*23 510*	
		Sommaire des résultats	*199*		*23 510*
		Clôture du compte de produits.			

Une fois effectué le report de cette écriture dans le grand livre, les comptes Traitement de textes et Sommaire des résultats se présentent comme suit. La flèche illustre bien l'effet de la clôture du compte de produits sur le compte Sommaire des résultats.

	Traitement de textes				Compte n° 101
Date	**Libellé**	**F°**	**Débit**	**Crédit**	**Solde**
20X5					
31 déc.	Solde reporté				23 250
31 "		JG19		140	23 390
31 "		JG19		120	23 510
31 "		JG20	23 510		0

	Sommaire des résultats				Compte n° 199
Date	**Libellé**	**F°**	**Débit**	**Crédit**	**Solde**
20X5					
31 déc.		JG20		23 510	23 510

La clôture des comptes de charges

Les comptes de charges ont un solde débiteur ; on les clôture au moyen d'une écriture de journal constituée, d'une part, d'un débit égal au solde du compte clôturé que l'on porte au compte Sommaire des résultats et, d'autre part, d'un crédit d'un même montant que l'on porte au compte de charges en question (*voir la figure 7.2*). Le grand livre de Hu-Aissbé enr. renferme 13 comptes de charges. On pourrait passer dans le journal général autant d'écritures de clôture distinctes, mais il est plus simple et surtout plus rapide de passer une seule écriture composée qui a pour effet de ramener à zéro le solde de tous les comptes de charges. Voici l'écriture de journal que l'on doit passer pour clôturer ces comptes au 31 décembre 20X5 :

	Journal général			Page 20
Date	**Intitulé des comptes et explications**	**F°**	**Débit**	**Crédit**
20X5				
31 déc.	Sommaire des résultats	199	11 771	
	Assurances	121		100
	Dépréciation des comptes clients	125		100
	Électricité	131		500
	Fournitures de bureau utilisées	141		1 150
	Frais de photocopie et de reliure	151		725
	Intérêts et frais bancaires	155		28
	Intérêts sur la dette à long terme	156		80
	Publicité	161		2 700
	Salaires	166		5 148
	Taxe d'affaires	171		100
	Téléphone	181		782
	Amortissement – Matériel de bureau	191		25
	Amortissement – Matériel informatique	196		333
	Clôture des comptes de charges.			

7

E3   **L'établissement d'un chiffrier et des états financiers**

Terminez le chiffrier ci-dessous et dressez les états financiers en bonne et due forme.

ABRACADABRA ENR.
Chiffrier partiel
de l'exercice terminé le 31 décembre 20X5

	Balance de vérification régularisée		Résultats		Bilan	
	Débit	**Crédit**	**Débit**	**Crédit**	**Débit**	**Crédit**
Caisse	5 886					
Effet à recevoir	5 000					
Clients	3 420					
Provision pour dépréciation – Clients		1 000				
Loyer payé d'avance	1 140					
Matériel de magie	19 025					
Amortissement cumulé – Matériel de magie		2 460				
Effet à payer		3 000				
Fournisseurs		2 837				
Opus Pocus – Capital		15 000				
Opus Pocus – Apports		2 480				
Opus Pocus – Retraits	28 325					
Honoraires de spectacle		69 540				
Loyer	7 350					
Salaire d'une assistante	23 941					
Amortissement – Matériel de magie	1 230					
Dépréciation des comptes clients	1 000					
Intérêts et frais bancaires	342					
Intérêts à payer		342				
Produits d'intérêts		300				
Intérêts à recevoir	300					
	96 959	96 959				

Total de l'actif : 31 311 $

 E4   **L'établissement d'un chiffrier partiel**

Les comptes suivants, présentés pêle-mêle, sont tirés de la balance de vérification de Parciel enr. au 31 décembre 20X2 :

	Débit	**Crédit**
Assurances payées d'avance	6 300 $	
Caisse	5 800	
Parciel – Capital		11 200 $
Salaires	36 000	
Amortissement cumulé – Équipements		9 000
Commissions gagnées		87 000
Fournisseurs		9 250
Parciel – Retraits	4 500	
Produits reçus d'avance		2 000

Une analyse de l'ensemble des comptes du grand livre vous a permis d'amasser les renseignements suivants :

1. Dotation à l'amortissement annuel, 1 000 $.

2. Produits gagnés en décembre, mais non encore facturés, 1 350 $.

3. Salaires à payer aux employés depuis la dernière paye en décembre, 900 $.

4. Portion des assurances de l'entreprise qui a été absorbée au cours de l'exercice, 2 100 $.

5. Partie des sommes reçues à l'avance de clients qui a été gagnée en décembre, 40 %.

Établissez un chiffrier partiel (étapes 1 à 4) pour l'exercice terminé le 31 décembre 20X2.

E5 **L'établissement d'un chiffrier**

Julie Zyco est propriétaire d'un centre de santé. L'exercice financier de son entreprise se termine le 31 décembre de chaque année. Voici la balance de vérification établie à partir des comptes du grand livre de l'entreprise au 31 décembre 20X6 :

CENTRE DE SANTÉ ZYCO ENR.
Balance de vérification
au 31 décembre 20X6

	Débit	Crédit
Petite caisse	150 $	
Banque	942	
Clients	2 380	
Assurances payées d'avance	2 100	
Fournitures	384	
Terrain	15 000	
Immeuble	93 060	
Amortissement cumulé – Immeuble		7 500 $
Équipements	18 540	
Amortissement cumulé – Équipements		4 200
Fournisseurs		2 722
Produits reçus d'avance		2 840
Emprunt hypothécaire		95 000
Julie Zyco – Capital		10 000
Julie Zyco – Retraits	6 000	
Honoraires professionnels		65 746
Cotisations professionnelles	700	
Frais de représentation	1 304	
Intérêts sur emprunt hypothécaire	11 300	
Publicité	3 220	
Salaires	30 140	
Taxes	2 274	
Téléphone	514	
	188 008 $	188 008 $

En révisant les registres comptables et les documents pertinents de l'entreprise à la fin de l'exercice, vous avez noté les éléments suivants :

1. Au 1er janvier 20X6, l'entreprise n'avait qu'une seule police d'assurance, dont la durée non écoulée était de 15 mois.

2. Le coût des fournitures en main au 31 décembre 20X6 s'élève à 100 $.

3. Les dotations annuelles à l'amortissement de l'immeuble et des équipements s'élèvent respectivement à 3 750 $ et à 2 100 $.

4. Une analyse des produits reçus d'avance révèle que 60 % d'entre eux ont été effectivement gagnés au cours de l'exercice.

5. Les salaires à payer non encore comptabilisés au 31 décembre 20X6 sont de 740 $.

6. L'emprunt hypothécaire porte intérêt au taux de 12 %. Le dernier versement a été effectué le 30 novembre 20X6. La portion échéant au cours du prochain exercice s'élève à 3 200 $.

7. Des services rendus à un client, totalisant 150 $, n'ont pas encore été facturés.

P2 L'établissement d'un chiffrier

35 minutes – moyen

Vroum Vroum enr. exploite un stade où se déroulent des courses d'automobiles et régularise ses comptes **une fois par mois.** Voici les données établies au 30 septembre 20X0 :

VROUM VROUM ENR.
Balance de vérification
au 30 septembre 20X0

	Débit	Crédit
Caisse	65 000 $	
Publicité payée d'avance	15 000	
Loyer payé d'avance	60 000	
Terrain	375 000	
Immeuble	378 000	
Amortissement cumulé – Immeuble		33 600 $
Matériel	90 000	
Amortissement cumulé – Matériel		48 000
Fournisseurs		8 500
Emprunt hypothécaire		470 000
Pace Karr – Capital		376 000
Pace Karr – Retraits	10 100	
Ventes de billets d'entrée		87 000
Salaires	21 250	
Taxes	8 750	
	1 023 100 $	1 023 100 $

Autres renseignements

1. La publicité à passer en charges en septembre s'élève à 12 000 $.

2. Le loyer de septembre est de 40 000 $.

3. Les dotations aux amortissements pour septembre se chiffrent à 1 050 $ pour l'immeuble et à 1 500 $ pour le matériel.

4. Les intérêts courus afférents à l'emprunt hypothécaire sont de 4 700 $ au 30 septembre.

5. Les redevances gagnées à recouvrer d'un concessionnaire s'élèvent à 8 000 $. Cette somme sera recouvrée dans les 10 jours.

6. Le 30 septembre, les salaires à payer non encore comptabilisés sont de 4 000 $.

TRAVAIL À FAIRE

Établissez le chiffrier de Vroum Vroum enr. pour le mois terminé le 30 septembre 20X0. Présentez, au bas du chiffrier, une note explicative portant sur chaque écriture de régularisation.

Bénéfice net : 1 750 $

L'établissement d'un chiffrier et des états financiers

50 minutes – moyen

L'exercice financier du club Aérobique enr. se termine le 31 décembre 20X8. Voici l'extrait du chiffrier de l'entreprise à cette date :

AÉROBIQUE ENR.
Chiffrier partiel
de l'exercice terminé le 31 décembre 20X8

	Balance de vérification		Régularisations		Balance de vérification régularisée	
	Débit	Crédit	Débit	Crédit	Débit	Crédit
Caisse	3 600				3 600	
Clients	2 640				2 640	
Loyer payé d'avance	1 500					
Fournitures de bureau	192				60	
Matériel	27 804				27 804	
Amortissement cumulé – Matériel		5 076				8 016
Salaires à payer		120				414
Produits reçus d'avance		1 080				564
Effets à payer (à long terme)		4 800				4 800
Claudie Lacroix – Capital		3 522				3 522
Claudie Lacroix – Retraits	10 000				10 000	
Cotisations des membres		49 704				50 220
Fournitures de bureau utilisées	114				246	
Loyer	3 300				4 800	
Salaires	15 152				15 446	
	64 302	64 302				
Intérêts sur la dette à long terme					600	
Intérêts à payer						600
Taxes					2 730	
Taxes à payer						2 730
Amortissement – Matériel					2 940	
					70 866	70 866

TRAVAIL À FAIRE

a) Établissez le chiffrier complet de l'entreprise au 31 décembre 20X8.

b) Dressez l'état des résultats et l'état des capitaux propres pour l'exercice, puis le bilan d'Aérobique enr. au 31 décembre 20X8.

c) Passez les écritures de régularisation au journal général.

Bénéfice net : 23 458 $

L'établissement d'un chiffrier

45 minutes – moyen

Vous venez d'être engagé en tant que contrôleur de Régulex enr. Voici, pêle-mêle, les soldes des comptes au 31 décembre 20X0 avant régularisation :

Fournitures utilisées	500 $
Caisse	8 400
Assurances	1 500
Loyer	2 000
Intérêts et frais bancaires	500
Honoraires perçus d'avance	2 000
Salaires	1 500
Assurances payées d'avance	1 000
Terrain	10 000

Immeuble	*100 000*
Taxes	*2 600*
Honoraires gagnés	*82 500*
Amortissement cumulé – Immeuble	*20 000*
Clients	*10 000*
Taxes payées d'avance	*1 000*
Effet à recevoir	*5 000*
Matériel de bureau	*5 000*
Amortissement cumulé – Matériel de bureau	*800*
Paul Rheault – Capital	*43 700*

Autres renseignements

1. Le billet à recevoir est daté du 30 novembre 20X0 et porte intérêt au taux annuel de 6 %.

2. La société a acquis 1 000 $ de matériel de bureau le 30 juin 20X0.

3. Les taxes foncières se sont élevées à 2 000 $ pour la période du 1er juillet 20W9 au 30 juin 20X0 et sont de 2 600 $ pour la période du 1er juillet 20X0 au 30 juin 20X1.

4. La société n'a qu'une police d'assurance générale, qu'elle a renouvelée pour une période de 12 mois le 1er octobre 20X0 au montant de 1 500 $.

5. L'immeuble et le matériel de bureau sont amortis selon la méthode linéaire sur des périodes respectives de 20 ans et de 5 ans, soit leur durée de vie entière.

6. Le 31 décembre 20X0, la société a en main des fournitures ayant coûté 150 $.

7. Les honoraires perçus d'avance au 31 décembre 20X0 sont de 500 $.

8. Une analyse effectuée le 31 décembre 20X0 révèle que deux clients dont les soldes totalisent 700 $ éprouvent de très sérieuses difficultés financières.

TRAVAIL À FAIRE

Établissez le chiffrier au 31 décembre 20X0 en bonne et due forme. Pour chaque régularisation, veuillez fournir tous vos calculs.

Bénéfice net : 69 400 $

P5 L'établissement d'un chiffrier

40 minutes – difficile

Gestions efficaces enr. offre des services de gestion financière aux petites et aux moyennes entreprises. L'entreprise régularise ses livres **une fois par mois.** Voici les soldes des comptes au 31 mars 20X0 avant régularisation :

Effets à payer	*9 600 $*
Fournitures de bureau	*1 680*
Caisse	*28 704*
Honoraires de gestion reçus d'avance	*45 840*
Téléphone et télécopieur	*1 056*
Fournisseurs	*3 504*
Loyer payé d'avance	*11 520*
Amortissement cumulé – Matériel de bureau	*240*
Fernand Atikasse – Retraits	*960*
Honoraires de gestion gagnés	*6 480*
Matériel de bureau	*10 080*
Salaires des employés de gestion	*23 328*
Location d'un ordinateur payée d'avance	*17 184*
Fernand Atikasse – Capital	*33 528*
Salaires des préposés à l'entretien	*2 016*
Frais de représentation	*2 664*

En révisant les registres et les pièces justificatives de l'entreprise, vous avez amassé les renseignements suivants :

1. Les intérêts courus au 31 mars sur les effets à payer s'élèvent à 69 $.

2. Une analyse des contrats de gestion montre que le solde reçu d'avance au 31 mars s'élève effectivement à 15 264 $. L'écart provient d'honoraires afférents aux services rendus en mars.

3. Le contrat de location de l'ordinateur prévoit un taux horaire de 80 $. En mars, l'ordinateur a été utilisé pendant 198 heures.

4. Des honoraires non facturés relatifs à des services rendus en mars se chiffrent à 14 112 $.

5. Le solde du compte Loyer payé d'avance représente le loyer du bureau payé pour six mois le 1er mars 20X0.

6. Le dénombrement des fournitures de bureau non utilisées au 31 mars 20X0 montre un coût de 336 $.

7. Vous avez en main une facture de fournitures de bureau s'élevant à 2 064 $ qui n'a pas été enregistrée et qui est impayée. Ces fournitures ont toutes été utilisées au cours de l'exercice.

8. La dotation à l'amortissement du matériel de bureau est de 1 440 $ par année.

TRAVAIL À FAIRE

Établissez le chiffrier pour le mois terminé le 31 mars 20X0.

Bénéfice net : 747 $

P6 **L'établissement d'un chiffrier et des états financiers, la passation d'écritures de régularisation et de clôture**

65 minutes – moyen

Québair enr. est une petite entreprise de transport aérien de passagers et de marchandises. Voici la balance de vérification de l'entreprise au 31 décembre 20X1, date de la fin de l'exercice financier :

QUÉBAIR ENR.
Balance de vérification
au 31 décembre 20X1

	Débit	Crédit
Caisse	38 000 $	
Loyer payé d'avance	41 600	
Assurances payées d'avance	21 000	
Entretien payé d'avance	105 000	
Fournitures et pièces de rechange	57 000	
Avions	864 000	
Amortissement cumulé – Avions		108 000 $
Effet à payer (à long terme)		600 000
Produits reçus d'avance – Billets d'avion		60 000
Kevin Hébert – Capital		231 050
Kevin Hébert – Retraits	12 000	
Ventes de billets d'avion		407 250
Essence	165 600	
Intérêts sur la dette à long terme	30 000	
Salaires	66 700	
Publicité	5 400	
	1 406 300 $	1 406 300 $

Autres renseignements

1. Le loyer mensuel s'élève à 3 200 $.

2. Au 1er janvier 20X1, la police d'assurance en vigueur couvrait une période de 15 mois.

3. L'entretien des avions est payable d'avance et coûte mensuellement 7 500 $.

4. Le coût des pièces de rechange utilisées au cours de l'exercice est de 43 750 $.

5. Même si, techniquement, les avions pourraient être utilisés pendant 10 ans, le propriétaire a l'intention d'en faire usage pendant 5 ans. La valeur résiduelle et la valeur de récupération sont estimées respectivement à 324 000 $ et à 64 000 $.

6. Au début de décembre 20X1, l'entreprise a vendu à la Chambre de commerce 2 000 billets d'avion au prix spécial global de 60 000 $. Au cours du mois, 400 de ces billets ont été utilisés.

7. Les salaires à payer non encore comptabilisés au 31 décembre s'élèvent à 3 300 $.

8. L'effet à payer a été contracté il y a deux ans. Il porte intérêt au taux annuel de 10 %. Le premier versement en capital de 50 000 $ sera exigible le 1er janvier 20X2.

TRAVAIL À FAIRE

a) Établissez le chiffrier de Québair enr. pour l'exercice terminé le 31 décembre 20X1.

b) Dressez l'état des résultats et l'état des capitaux propres pour l'exercice, puis le bilan de Québair enr. au 31 décembre 20X1.

Perte nette : 178 700 $

c) Passez les écritures de régularisation et de clôture dans le journal général.

P7 **L'établissement d'un chiffrier et des états financiers, la passation d'écritures de régularisation, de clôture et de contrepassation**

75 minutes – difficile

De nombreux amateurs de sensations fortes ont fait la descente de la rivière des Rapides avec les Entreprises Yvon Trippay enr., dont voici la balance de vérification au 30 avril 20X6 :

ENTREPRISES YVON TRIPPAY ENR.
Balance de vérification non régularisée
au 30 avril 20X6

	Débit	Crédit
Petite caisse	400 $	
Banque Nationale	8 250	
Assurances payées d'avance	20 000	
Fournitures diverses	13 315	
Bateaux pneumatiques	175 000	
Amortissement cumulé – Bateaux pneumatiques		60 000 $
Équipements	25 000	
Amortissement cumulé – Équipements		6 000
Matériel de bureau	1 800	
Amortissement cumulé – Matériel de bureau		360
Fournisseurs		12 765
Emprunt hypothécaire		95 000
Yvon Trippay – Capital		55 140
Yvon Trippay – Retraits	24 000	

	Débit	Crédit
Ventes de billets de descente		193 250
Assurances	7 200	
Fournitures utilisées	4 500	
Frais de transport	42 755	
Intérêts sur emprunt hypothécaire	2 625	
Publicité	15 000	
Salaires	75 425	
Taxes et permis	4 800	
Téléphone	2 445	
	422 515 $	*422 515 $*

Autres renseignements

1. Le solde du compte Fournitures diverses est celui du 30 avril 20X5. Au cours de l'exercice, l'entreprise a acheté des fournitures d'une valeur totale de 4 500 $ et ces achats ont été portés au compte Fournitures utilisées. Le coût des fournitures non utilisées dénombrées le 30 avril 20X6 s'élève à 9 400 $.

2. Le 28 février 20X6, l'entreprise a renouvelé, pour un an (du 1er mars 20X6 au 28 février 20X7), une police d'assurance responsabilité dont la prime est de 12 000 $. L'année précédente, la prime n'était que de 9 600 $. Le 31 juillet 20X5, une nouvelle police d'une durée de un an est entrée en vigueur. La prime de 7 200 $ qu'a versée l'entreprise pour cette police est la seule opération portée au compte Assurances en 20X5-20X6.

3. Les bateaux pneumatiques ont été acquis le 2 mai 20X3. On estimait alors que leur durée d'utilisation serait de 5 ans et leur durée de vie totale, d'environ 10 ans. Yvon Trippay a fixé à 25 000 $ la valeur résiduelle de ces bateaux, mais il estime qu'ils n'auront aucune valeur de récupération.

4. Voici les renseignements disponibles en ce qui a trait aux équipements :

	Matériel de rangement	Matériel d'entretien
Date d'acquisition	1er mai 20X3	1er août 20X5
Coût d'origine	16 000 $	9 000 $
Durée de vie	10 ans	3 ans
Durée de vie utile	5 ans	2 ans
Valeur de récupération	Aucune	Aucune
Valeur résiduelle	1 000 $	1 200 $

5. Le matériel de bureau a été acheté le 2 mai 20X3. On estimait alors que sa durée d'utilisation serait de 10 ans, ce qui correspond à sa durée de vie totale. Aucune valeur de récupération n'est prévue.

6. Des frais de transport engagés le 30 avril 20X6 et totalisant 250 $ ne sont pas encore comptabilisés.

7. Le 15 avril 20X6, l'entreprise a reçu un chèque de 4 500 $ pour des services récréatifs à rendre à 3 groupes d'employés de la société Amorphe ltée. Le dernier groupe doit faire la descente de la rivière des Rapides le 5 mai 20X6.

TRAVAIL À FAIRE

a) Établissez le chiffrier de l'entreprise pour l'exercice terminé le 30 avril 20X6. Fournissez tous vos calculs et toutes les explications pertinentes. Malgré les inconvénients que cela entraîne, l'entreprise a décidé que la fin de l'exercice financier ne coïncide pas avec la fin de l'année civile.

b) Dressez l'état des résultats et des capitaux propres ainsi que le bilan de l'entreprise.

Perte nette : 11 470 $

c) Passez les écritures de régularisation et de clôture au 30 avril 20X6.

d) Passez les écritures de contrepassation requises le 1er mai 20X6.

P8 **L'établissement d'un chiffrier et des états financiers, la passation d'écritures de régularisation, de clôture et de contrepassation**

90 minutes – difficile

Le 1er mars 20X0, Yvon Tremblay a ouvert les portes d'un bureau de placement pour personnes ayant terminé leurs études collégiales. La fin de l'exercice financier a été fixée au 31 décembre. Voici les soldes non régularisés des comptes du grand livre au 31 décembre 20X0 :

Caisse	*1 895 $*
Honoraires de consultation gagnés	*22 800*
Yvon Tremblay – Retraits	*4 715*
Salaires	*14 500*
Charges diverses	*1 200*
Frais courus à payer	*1 120*
Cotisations professionnelles payées d'avance	*810*
Matériel de bureau	*4 800*
Honoraires reçus d'avance	*8 000*
Yvon Tremblay – Capital	*5 000*
Loyer	*11 000*
Fournitures de bureau	*1 000*
Effet à payer	*3 000*

Autres renseignements

1. Le loyer mensuel est de 1 000 $.

2. Le 1er mars, on a payé une cotisation de 810 $ à une association professionnelle. Cette cotisation couvre une période de trois ans.

3. Le coût des fournitures de bureau en main au 31 décembre s'élève à 210 $.

4. Le matériel de bureau a été acheté le 1er mars 20X0. On a alors estimé que sa durée d'utilisation serait de 10 ans, ce qui correspond à sa durée de vie totale. On estime que ce matériel n'aura aucune valeur de récupération.

5. L'effet à payer, signé le 1er mars 20X0, porte intérêt au taux de 10 % par année, payable une fois l'an. Le billet est payable sur demande.

6. Après analyse, les honoraires reçus d'avance se chiffrent à 3 500 $ au 31 décembre 20X0.

7. Il y a 1 100 $ d'honoraires qui sont gagnés au 31 décembre 20X0 pour des services qui ont été rendus en décembre et pour lesquels la facture a été préparée et expédiée le 2 janvier 20X1.

8. Les salaires courus à payer se chiffrent à 500 $ au 31 décembre 20X0.

TRAVAIL À FAIRE

a) Établissez le chiffrier de l'entreprise Bureau de placement Tremblay enr. en fin d'exercice.

b) Dressez, en bonne et due forme, les états financiers de l'entreprise.

c) Passez les écritures de régularisation et de clôture dans le journal général.

d) Reportez les écritures de régularisation et de clôture dans les comptes en T du grand livre, dans lesquels vous aurez inscrit au préalable le solde des comptes de la balance de vérification au 31 décembre 20X0.

e) Établissez la balance de vérification après clôture en y présentant les comptes de façon ordonnée.

Total des débits : 9 590 $

f) Passez les écritures de contrepassation requises le 1er janvier 20X1.

P9 Les écritures de régularisation et de clôture, l'établissement d'une balance de vérification après clôture

④ ⑤

35 minutes – difficile

Voici les comptes de Pavages Durand enr. au 31 décembre 20X3, présentés pêle-mêle :

7

	Débit	Crédit
Placements à court terme	25 000 $	
Fournisseurs		29 000 $
Pierre Durand – Retraits	11 000	
Produits – Pavages		74 000
Clients	41 000	
Effets à payer (à court terme)		15 000
Amortissement – Équipements	5 000	
Effets à recevoir (à long terme)	50 000	
Provision pour dépréciation – Clients		1 000
Intérêts	1 200	
Intérêts à payer		400
Charges diverses	3 100	
Salaires	31 000	
Produits d'intérêts		1 100
Caisse	23 000	
Équipements	50 000	
Amortissement cumulé – Équipements		10 000
Dépréciation des comptes clients	1 000	
Pierre Durand – Capital		136 100
Loyer	14 000	
Publicité	7 000	
Assurances	4 300	
	265 600 $	265 600 $

Lorsque vous avez révisé les registres comptables, les éléments suivants ont attiré votre attention :

1. Un contrat de pavage d'une valeur de 4 300 $ n'a pas encore été comptabilisé bien que les travaux soient déjà terminés.

2. Une facture d'électricité de 400 $ n'a pas été inscrite dans les livres.

3. Les salaires courus au 31 décembre 20X3 couvrent une période de 5 jours, et l'on estime que les salaires quotidiens sont de 220 $.

TRAVAIL À FAIRE

a) Passez les écritures de régularisation requises.

b) Passez les écritures de clôture au 31 décembre 20X3.

c) Établissez la balance de vérification après clôture.

Total des débits : 193 300 $

P10

40 minutes – difficile

La passation d'écritures de clôture et l'établissement d'une balance de vérification après clôture

Voici, présentés pêle-mêle, les soldes régularisés des comptes du grand livre d'une petite entreprise spécialisée dans le transport de marchandises, Twit Mop Express, pour l'exercice terminé le 31 décembre 20X8 :

Fournitures de bureau utilisées	2 210 $
Placements à court terme	16 780
Assurances	5 780
Caisse	7 350
Salaires à payer	1 350
Loyer	9 800
Clients	18 390
Amortissement cumulé – Matériel de bureau	310
Intérêts à payer	312
Twit Mop – Capital	182 000
Produits d'intérêts	1 952
Fournitures de bureau	780
Matériel de bureau	18 200
Amortissement – Camions	4 945
Intérêts à recevoir	552
Effets à recevoir (à long terme)	18 000
Entretien et réparations	14 875
Loyer payé d'avance	13 000
Essence	16 825
Fournisseurs et frais courus	10 600
Amortissement cumulé – Camions	4 945
Produits de transport	71 045
Twit Mop – Retraits	26 500
Effets à payer (à long terme)	104 000
Assurances payées d'avance	9 360
Salaires	17 550
Intérêts sur la dette à long terme	9 752
Camions	169 000
Électricité	2 800
Téléphone	255
Produits reçus d'avance	6 500
Amortissement – Matériel de bureau	310

TRAVAIL À FAIRE

a) Passez les écritures de clôture requises en fin d'exercice.

b) Établissez la balance de vérification après clôture.

Total des débits : 271 412 $

P11 La passation d'écritures de régularisation et de contrepassation

35 minutes – moyen

Bravito inc. régularise ses comptes et les clôture à la fin de chaque année civile. Voici les données portant sur la régularisation des comptes de cette société au 31 décembre 20X5 :

1. Le 1er mars 20X5, Bravito inc. a emprunté 75 000 $ moyennant un billet échéant dans 3 ans et portant intérêt à 10 % l'an, payable trimestriellement. Les intérêts ont été payés aux dates convenues, c'est-à-dire le 31 mai, le 31 août et le 30 novembre 20X5.

2. Des obligations ont été acquises à titre de placement le 1er avril 20X5. Ces obligations ont une valeur nominale de 40 000 $ et elles portent intérêt à 6 % l'an, payable le 1er avril et le 1er octobre.

3. Le 1er juillet, on a débité un compte de charges de 4 200 $ lors de l'achat de fournitures de bureau. Le 31 décembre 20X5, le coût des fournitures de bureau non utilisées est de 3 250 $.

4. Le 1er juillet 20X5, Bravito inc. a reçu 9 400 $ à titre de loyer pour un an à compter du 1er juillet. La somme reçue a été portée au crédit d'un compte de produits (Produits de location).

5. Le 1er septembre 20X5, le comptable a porté au débit du compte Assurances payées d'avance le paiement d'une prime d'assurance de 1 800 $. Le contrat d'assurance a une durée de deux ans à compter du 1er septembre.

6. Le 15 décembre 20X5, Bravito inc. s'est engagée par contrat à livrer des marchandises le 16 janvier 20X6 à Cartex inc. Le prix de vente convenu est de 19 500 $, alors que le coût de ces marchandises est de 11 500 $.

7. L'immeuble que possède Bravito inc. a coûté 75 000 $. Ses durées de vie et de vie utile prévues sont de 20 ans, et l'on estime que sa valeur de récupération sera nulle à la fin de cette période. L'amortissement est calculé selon la méthode de l'amortissement linéaire.

TRAVAIL À FAIRE

a) Passez les écritures de régularisation. Fournissez tous les calculs et toutes les explications pertinentes.

b) Passez les écritures de contrepassation requises le 1er janvier 20X6 en tenant compte du fait que Bravito inc. ne passe ces écritures que pour éliminer les comptes de valeurs dont elle ne se sert pas durant l'exercice.

P12 L'établissement d'un chiffrier et d'un état des résultats, et la passation d'écritures de clôture

60 minutes – facile

Jérôme Lussier est propriétaire d'une petite librairie. Voici la balance de vérification de l'entreprise au 31 décembre 20X6 :

LIBRAIRIE JAY LU ENR.
Balance de vérification
au 31 décembre 20X6

	Débit	Crédit
Caisse	4 890 $	
Clients	11 136	
Stock de marchandises	35 340	
Fournitures de bureau	2 293	
Assurances payées d'avance	1 920	
Matériel de magasin	44 640	
Amortissement cumulé – Matériel de magasin		17 856 $
Fournisseurs		14 976
Jérôme Lussier – Capital		50 393

	Débit	Crédit
Jérôme Lussier – Retraits	14 400	
Chiffre d'affaires		120 360
Rendus et rabais sur ventes	185	
Achats	75 760	
Rendus et rabais sur achats		23 154
Escomptes sur achats		1 627
Transports sur achats	2 713	
Salaires des vendeuses	25 620	
Loyer	4 320	
Publicité	3 137	
Chauffage et électricité	2 012	
	228 366 $	228 366 $

Autres renseignements

1. Selon un dénombrement effectué le 31 décembre 20X6, le coût des marchandises en main s'élève à 38 175 $.

2. D'après une analyse des polices d'assurance, le solde des assurances non absorbées au 31 décembre s'établit à 128 $.

3. Le matériel de magasin est amorti sur une période de 10 ans.

4. Selon un dénombrement effectué le 31 décembre 20X6, le coût des fournitures de bureau en main totalise 395 $.

5. Au 31 décembre, les salaires courus s'élèvent à 125 $.

6. Le 31 décembre, l'entreprise place une annonce publicitaire dans le journal local. La facture de 130 $ ne sera reçue et comptabilisée que le 3 janvier 20X7.

7. Au 31 décembre, le propriétaire estime que des comptes clients d'une valeur de 820 $ pourraient devenir irrécouvrables.

TRAVAIL À FAIRE

a) Établissez le chiffrier de l'entreprise pour l'exercice terminé le 31 décembre 20X6.

b) Dressez l'état des résultats de l'entreprise pour l'exercice terminé le 31 décembre 20X6.

Bénéfice net : 25 000 $

c) Passez les écritures de régularisation dans le journal général.

d) Passez les écritures de clôture au 31 décembre 20X6 dans le journal général.

P13 **L'établissement d'un chiffrier et des états financiers, et la passation d'écritures de clôture**

90 minutes – difficile

Le Bec sucré enr. est grossiste en confiseries. Voici la balance de vérification de l'entreprise au 31 décembre 20X5 :

LE BEC SUCRÉ ENR.
Balance de vérification
au 31 décembre 20X5

	Débit	Crédit
Caisse	1 650 $	
Clients	53 570	
Stock de marchandises	60 500	
Assurances payées d'avance	2 750	
Équipements	33 440	
Amortissement cumulé – Équipements		6 600 $
Fournisseurs		9 900
Emprunt hypothécaire		22 000
Marie-Ève Lamy – Capital		67 100
Marie-Ève Lamy – Retraits	16 440	
Ventes		205 200
Rendus et rabais sur ventes	1 350	
Escomptes sur ventes	1 650	
Achats	89 340	
Rendus et rabais sur achats		3 000
Transports sur achats	2 560	
Commissions des vendeurs	31 900	
Loyer	5 200	
Publicité	4 070	
Frais de livraison	3 725	
Salaires du personnel de bureau	2 720	
Chauffage et éclairage	2 400	
Fournitures de bureau utilisées	225	
Escomptes de caisse perdus	450	
Intérêts sur la dette à long terme	960	
Produits de sous-location		1 100
	314 900 $	314 900 $

Autres renseignements

1. Le loyer mensuel de l'entreprise s'élève à 400 $.

2. Le 1er novembre, l'entreprise a décidé de sous-louer une partie de son local pour une période de 10 mois.

3. Le 15 décembre, l'entreprise a versé une somme de 400 $ pour une annonce publicitaire qui paraîtra en janvier 20X6.

4. Le 1er janvier 20X5, le solde du compte Assurances payées d'avance était de 350 $. La seule police d'assurance de l'entreprise a été renouvelée le 1er mars pour une période de 12 mois.

5. Selon un dénombrement effectué le 31 décembre 20X5, le coût des marchandises en main s'établit à 49 500 $ et le coût des fournitures de bureau s'élève à 150 $.

6. Les équipements ont été acquis en deux temps. Les renseignements au sujet de ces acquisitions sont présentés ci-contre.

	Équipement détenu au début de l'exercice	Équipement acquis au cours de l'exercice
Date d'acquisition	2 janvier 20X2	1er juillet 20X5
Coût d'origine	24 200 $	9 240 $
Durée de vie	12 ans	6 ans
Durée de vie utile	10 ans	4 ans
Valeur de récupération	Aucune	Aucune
Valeur résiduelle	2 200 $	1 040 $

7. Au 31 décembre, les commissions courues s'élèvent à 425 $.

8. L'emprunt hypothécaire est remboursable par versements semestriels de 2 000 $ en capital, plus les intérêts calculés au taux annuel de 8 %. Les versements sont exigibles les 1er janvier et 1er juillet de chaque année.

9. Une analyse des comptes clients au 31 décembre révèle la pertinence de créer une provision pour dépréciation des comptes des clients d'un montant de 940 $.

TRAVAIL À FAIRE

a) Établissez le chiffrier de l'entreprise pour l'exercice terminé le 31 décembre 20X5.

b) Dressez les états financiers de l'entreprise pour l'exercice terminé le 31 décembre 20X5.

 Bénéfice net : 44 000 $

c) Passez les écritures de régularisation dans le journal général.

d) Passez les écritures de clôture au 31 décembre 20X5 dans le journal général.

P14 L'établissement d'un chiffrier et des états financiers

7 8

60 minutes – difficile

L'exercice financier de Prothèses orthopédiques enr. se termine le 31 décembre. La balance de vérification non régularisée provient du grand livre de l'entreprise.

PROTHÈSES ORTHOPÉDIQUES ENR.
Balance de vérification
au 31 décembre 20X2

	Débit	Crédit
Caisse	3 100 $	
Clients	3 200	
Provision pour dépréciation – Clients		500 $
Stock de prothèses	4 700	
Terrain	8 400	
Immeuble	21 000	
Amortissement cumulé – Immeuble		4 400 $
Équipements spécialisés	25 200	
Amortissement cumulé – Équipements spécialisés		6 270
Fournisseurs		4 500
Effet à payer		10 000
Maryse L'Écuyer – Capital		39 980
Maryse L'Écuyer – Retraits	10 000	
Ventes de prothèses		82 000
Achats	49 000	
Salaires	5 650	
Loyer	7 000	

	Débit	Crédit
Publicité	*5 250*	
Assurances	*1 200*	
Dépréciation des comptes clients	*400*	
Intérêts et frais bancaires	*650*	
Intérêts sur la dette à long terme	*2 900*	
	147 650 $	*147 650 $*

Autres renseignements

1. Après avoir dressé la balance de vérification, vous avez constaté qu'une facture de 4 150 $ provenant d'un fournisseur de prothèses a été portée par erreur au débit du compte Publicité.

2. Le coût des prothèses (stock) dénombrées le 31 décembre 20X2 s'élève à 4 950 $.

3. L'amortissement de l'immeuble s'établit à 400 $ pour l'exercice.

4. L'amortissement des équipements spécialisés pour l'exercice totalise 2 300 $.

5. Le loyer mensuel est de 500 $.

6. Le 1er janvier 20X2, Prothèses orthopédiques enr. signe un contrat avec Publicité Lavigueur inc. dans lequel elle s'engage à lui verser des honoraires de 100 $ le premier jour de chaque mois. Le lancement de la campagne publicitaire a lieu le même jour.

7. Les assurances ont été payées le 1er février 20X2 pour une période de 24 mois.

8. L'effet à payer porte intérêt au taux annuel de 10 %, et les intérêts sont payables le 1er janvier et le 1er juillet. L'emprunt a été contracté le 1er juillet 20X2, et le capital sera remboursé en entier en 20Y2.

9. Une prothèse vendue au prix de 500 $ n'a pas été enregistrée au 31 décembre 20X2.

10. En décembre 20X2, une somme encaissée de 150 $ a été incluse dans les produits d'exploitation pour des prothèses livrées en janvier 20X3 à M. Isaac Brizay.

11. La propriétaire estime que la provision pour dépréciation des comptes des clients devrait s'élever à un maximum de 10 % du solde du compte Clients.

TRAVAIL À FAIRE

a) Établissez le chiffrier de l'entreprise pour l'exercice terminé le 31 décembre 20X2. (Arrondissez tous vos calculs au dollar près.)

b) Dressez les états financiers de l'entreprise pour l'exercice terminé le 31 décembre 20X2.

Bénéfice net : 9 030 $

c) Passez les écritures de régularisation dans le journal général.

CHAPITRE **8**

Les journaux auxiliaires et le traitement de l'information comptable

PLAN DU CHAPITRE

Les limites du journal général et du grand livre général.................................. 320
Une vue d'ensemble du système d'information comptable......................... 321
Les grands livres auxiliaires.. 322
Les journaux auxiliaires.. 323
Le journal des ventes.. 326
Le journal des encaissements 329
Le journal des achats.. 334
Le journal des décaissements 337
Le journal des salaires 341
Le journal général.. 342
La vérification de l'exactitude arithmétique des grands livres auxiliaires........ 342
Le journal synoptique.. 346
Le traitement informatisé de l'information comptable 348
Synthèse du chapitre 8 349
Activités d'apprentissage 350

OBJECTIFS D'APPRENTISSAGE

Au terme de ce chapitre, vous pourrez :

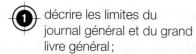 décrire les limites du journal général et du grand livre général ;

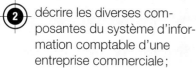 enregistrer les ventes à crédit dans le journal des ventes ;

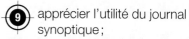 apprécier l'utilité du journal synoptique ;

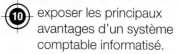 décrire les diverses composantes du système d'information comptable d'une entreprise commerciale ;

 enregistrer les sommes reçues dans le journal des encaissements ;

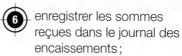 exposer les principaux avantages d'un système comptable informatisé.

décrire la nature et l'utilité des grands livres auxiliaires ;

enregistrer les achats à crédit de biens et de services dans le journal des achats ;

expliquer pourquoi les entreprises recourent à des journaux auxiliaires ;

enregistrer les paiements effectués dans le journal des décaissements ;

Jusqu'à présent, nous avons étudié le cycle comptable d'entreprises ayant un nombre limité d'opérations. Dans ce chapitre, nous ferons preuve de plus de réalisme, car les entreprises effectuent un très grand nombre d'opérations. En conséquence, nous expliquerons le fonctionnement des **journaux auxiliaires** et nous verrons comment leur utilisation permet une économie de temps et d'effort lors de l'enregistrement des opérations et du report dans le grand livre. Nous découvrirons également l'utilité des **grands livres auxiliaires** ainsi que la relation existant entre les comptes d'un grand livre auxiliaire et le compte de contrôle correspondant du grand livre général. Enfin, nous ferons ressortir les avantages de l'utilisation d'un système comptable informatisé.

L'utilisation des journaux auxiliaires permet une économie de temps et d'effort lors de l'enregistrement des opérations et du report dans le grand livre.

LA COMPTABILITÉ ET L'INFORMATIQUE

Les journaux auxiliaires (journal des achats, journal des ventes, journal des décaissements, journal des encaissements et journal des salaires), le journal général, le grand livre général et les grands livres auxiliaires peuvent tous être tenus manuellement ou de façon informatisée. Dans les prochaines pages, nous les illustrerons dans un contexte manuel afin de vous permettre de bien saisir la relation existant entre les journaux et les grands livres. Nous reviendrons par la suite sur les avantages indéniables d'un système comptable informatisé. Vous comprendrez alors pourquoi la majorité des entreprises optent pour un logiciel comptable. (i+)

LES GRANDS LIVRES AUXILIAIRES

Une entreprise commerciale effectue de multiples opérations auprès de plusieurs clients et fournisseurs. Jusqu'à présent, toutes les opérations de vente à crédit et d'achat à crédit ont été portées respectivement au débit du compte Clients et au crédit du compte Fournisseurs. Nous avons constaté au chapitre 5 que la tâche de déterminer le solde à recevoir d'un client ou le solde dû à un fournisseur peut être assez ardue, surtout lorsqu'il faut de surcroît tenir compte des rendus et rabais et des escomptes de caisse.

Lorsqu'une entreprise désire préciser le contenu d'un compte faisant partie du grand livre général, elle tient un **grand livre auxiliaire** ; on appelle le compte correspondant du grand livre général **compte de contrôle** ou **compte collectif**. Ainsi, le compte collectif Fournisseurs contient toute l'information nécessaire à la détermination du poste Fournisseurs au bilan. Cependant, pour vérifier les relevés de compte mensuels, il est nécessaire de tenir un compte particulier pour chaque fournisseur, dans lequel on inscrit les achats effectués auprès de celui-ci et le détail des sommes payées. Il en va de même du compte collectif Clients, lequel contient toute l'information nécessaire à la détermination du poste Clients du bilan. Pour établir les relevés de compte mensuels, il est nécessaire de tenir, pour chacun des clients, un compte dans lequel on inscrit les ventes effectuées et le détail des sommes reçues. Dans ces deux cas, on tient un **grand livre auxiliaire, où l'on trouve des comptes dont le total des soldes est égal au solde du compte collectif correspondant**[1]. La figure 8.2 illustre bien le rôle que jouent les grands livres auxiliaires dans un système d'information comptable.

Supposons, par exemple, que la bijouterie La breloque enr. ait effectué les opérations suivantes, toutes taxes incluses, en janvier 20X5 :

Achats à crédit			*Paiements des fournisseurs*		
5 janvier	Karat Doray inc.	50 000 $	4 janvier	Karat Doray inc.	45 000 $
14 "	Le Pendentif enr.	7 000	19 "	Le Pendentif enr.	7 000
23 "	Tock Canada ltée	3 000	27 "	Tock Canada ltée	1 500
30 "	Karat Doray inc.	20 000	29 "	Karat Doray inc.	40 000
	Total	80 000 $		Total	93 500 $

La relation entre le compte collectif Fournisseurs et l'ensemble des comptes du grand livre auxiliaire des fournisseurs de la bijouterie La breloque enr. est illustrée à la figure 8.3 (*voir la page 324*).

---

1. À la limite, une entreprise pourrait ouvrir un compte distinct du grand livre général pour chacun de ses clients et chacun de ses fournisseurs. Le caractère peu pratique de cette solution ainsi que la possibilité de confier l'enregistrement des opérations à plus d'une personne militent en faveur du recours aux grands livres auxiliaires.

FIGURE 8.2 **UNE VUE D'ENSEMBLE DU RÔLE DES GRANDS LIVRES AUXILIAIRES**

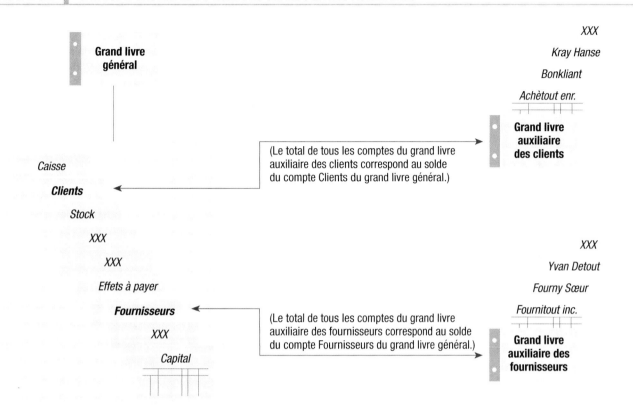

AVEZ-VOUS LE SENS DE L'OBSERVATION ?

Vous remarquerez sans doute que, dans la figure 8.3 (*voir la page suivante*), la colonne F° (Folio) de chaque compte ne comporte aucune référence. Nous expliquerons un peu plus loin la façon de procéder au report dans le grand livre des opérations enregistrées dans les journaux auxiliaires. Pour le moment, notons simplement que les **reports dans le compte de contrôle** Fournisseurs du grand livre général sont effectués **à la fin de chaque mois,** tandis que les **reports dans les comptes du grand livre auxiliaire** sont effectués **quotidiennement.** Le report quotidien dans les comptes du grand livre auxiliaire est essentiel. Il permet de connaître en tout temps le solde dû à chaque fournisseur et celui dû par chaque client.

LES JOURNAUX AUXILIAIRES

Bien qu'il soit possible d'enregistrer toutes les opérations d'une entreprise dans un seul journal, cette solution est peu pratique. Lorsqu'une entreprise effectue plusieurs opérations de même nature, il est préférable d'inscrire celles-ci dans des **journaux auxiliaires**.

Les journaux auxiliaires comportent plusieurs avantages, dont la possibilité de regrouper les opérations de même nature dans un même journal. Cela permet de réduire le travail de tenue des livres et de mieux le répartir en confiant à des personnes différentes la tenue de chaque journal auxiliaire. Ainsi, une personne pourrait être responsable de l'enregistrement de toutes les opérations nécessitant une sortie de fonds dans le journal des décaissements.

8

>> **FIGURE 8.4** ‖ **LA COMPTABILISATION DES OPÉRATIONS DANS UN JOURNAL DES VENTES ET LEUR REPORT DANS LES GRANDS LIVRES** (*suite*)

Ventes – Fruits   Compte n° 401

Date	Libellé	F°	Débit	Crédit	Solde
20X5					
31 juillet	Solde				50 860,00
31 août		V8		7 825,00	58 685,00

Ventes – Légumes   Compte n° 402

Date	Libellé	F°	Débit	Crédit	Solde
20X5					
31 juillet	Solde				33 800,00
31 août		V8		5 200,00	39 000,00

Ventes – Produits taxables   Compte n° 403

Date	Libellé	F°	Débit	Crédit	Solde
20X5					
31 juillet	Solde				18 165,00
31 août		V8		2 795,00	20 960,00

Restaubec enr.   Compte n° 119

Date	Libellé	F°	Débit	Crédit	Solde
20X5					
4 août	2/10, n/30	V8	1 014,98		1 014,98
24 "	2/10, n/30	V8	1 076,47		2 091,45

AVEZ-VOUS LE SENS DE L'OBSERVATION ?

Avez-vous remarqué que, dans la figure 8.4, le solde du compte Clients du grand livre général correspond au total des so des des comptes de chaque client du grand livre auxiliaire des clients **uniquement à la fin du mois**? En effet, les soldes des comptes du grand livre auxiliaire des clients sont mis à jour quotidiennement, tandis que celui du compte Clients du grand livre général n'est mis à jour que mensuellement, à la fin du mois.

LE JOURNAL DES ENCAISSEMENTS

Le **journal des encaissements** regroupe toutes les opérations ayant donné lieu à une **rentrée de fonds** au cours d'une période donnée. Les deux principales sources d'encaissement sont les ventes au comptant et le recouvrement des comptes des clients. En plus des colonnes Date et Libellé, le journal des encaissements comporte donc au moins six colonnes distinctes : les colonnes Caisse, Escomptes sur ventes, Clients, Ventes, TPS à payer et TVQ à payer. Puisqu'il existe également d'autres sources de rentrées de fonds, pensons notamment aux apports du propriétaire et aux sommes reçues lors de la vente de certaines immobilisations, une section Divers fait également partie intégrante du journal des encaissements.

L'enregistrement des opérations ayant donné lieu à un encaissement

La figure 8.5 (*voir les pages 331 à 333*) présente le journal des encaissements de Distribution Guy Boisvert enr. compte tenu des opérations suivantes effectuées en août 20X5 :

2 août Mise de fonds supplémentaire de 5 000 $ du propriétaire.

5 août Réception d'un chèque de 2 695 $ émis par La Fruitek inc. en règlement d'une facture datée du 27 juillet, déduction faite d'un escompte de caisse de 55 $.

8 août Ventes au comptant effectuées du 1er au 8 août :

Fruits	1 250,00 $
Légumes	3 750,00
Produits taxables	975,00
Total partiel	5 975,00
TPS (5 %)	48,75
TVQ (9,975 %)	97,26
Total incluant les taxes	6 121,01
Ajustement d'arrondissement[4]	(0,11)
Total des encaissements	6 120,90 $

14 août Réception d'un chèque de Restaubec enr. en règlement de son compte avant l'expiration du délai d'escompte (facture n° A-9001 datée du 4 août).

15 août Ventes au comptant effectuées du 9 au 15 août :

Fruits	1 050,00 $
Légumes	3 450,00
Produits taxables	1 025,00
Total partiel	5 525,00
TPS (5 %)	51,25
TVQ (9,975 %)	102,24
Total incluant les taxes	5 678,49
Ajustement d'arrondissement	0,21
Total des encaissements	5 678,70 $

20 août Négociation à la banque et obtention d'un prêt bancaire de 2 500 $ en échange d'un billet échéant dans 3 mois et portant intérêt au taux annuel de 6 %.

---

4. Nous avons vu au chapitre 5 que la décision du gouvernement canadien d'abolir l'usage de la pièce de monnaie de un cent a une incidence sur le montant d'argent remis au client qui paie au comptant. L'ajustement d'arrondissement s'applique à chaque opération de vente au comptant ; toutefois, seul le montant net de la journée devra être comptabilisé dans le compte Surplus ou découvert de caisse.

22 août   Ventes au comptant effectuées du 16 au 22 août :

Fruits	1 325,00 $
Légumes	3 600,00
Produits taxables	850,00
Total partiel	5 775,00
TPS (5 %)	42,50
TVQ (9,975 %)	84,79
Total incluant les taxes	5 902,29
Ajustement d'arrondissement	(0,09)
Total des encaissements	5 902,20 $

25 août   Réception d'un chèque de La Fruitek inc. en règlement de son compte avant l'expiration du délai d'escompte (facture n° A-9002 datée du 15 août).

31 août   Ventes au comptant effectuées du 23 au 31 août :

Fruits	1 550,00 $
Légumes	4 100,00
Produits taxables	1 150,00
Total partiel	6 800,00
TPS (5 %)	57,50
TVQ (9,975 %)	114,71
Total incluant les taxes	6 972,21
Ajustement d'arrondissement	0,19
Total des encaissements	6 972,40 $

Le report dans les grands livres

La figure 8.5 (*voir les pages 331 à 333*) illustre également comment reporter dans les grands livres les opérations enregistrées dans le journal des encaissements. Quatre constatations importantes ressortent de l'analyse de cette figure :

- Les opérations qui influent sur les comptes clients sont reportées **quotidiennement** dans les comptes clients appropriés du grand livre auxiliaire des clients.

- Avant de reporter le total de chaque colonne, il faut s'assurer que **le total des colonnes Débit est égal au total des colonnes Crédit**.

- Le total de chaque colonne est reporté **à la fin du mois** seulement, dans les comptes Caisse, Escomptes sur ventes, Clients, Ventes – Fruits, Ventes – Légumes, Ventes – Produits taxables, TPS à payer et TVQ à payer du grand livre général.

- Les totaux des colonnes Débit et Crédit de la section Divers ne doivent pas être reportés dans le grand livre général, puisque chacun des montants figurant dans ces deux colonnes fait l'objet d'un report dans le compte approprié du grand livre général.

Encore une fois, dans les grands livres, la colonne F° de chacun des comptes indique la provenance du report (V8 pour la page 8 du journal des ventes ; E11 pour la page 11 du journal des encaissements). Dans le journal des encaissements, on indique au moyen d'un crochet (√) que le report quotidien a été effectué dans le grand livre auxiliaire des clients. Pour indiquer que le report mensuel a également été effectué dans le grand livre général, on inscrit le numéro de chaque compte sous le total de chaque colonne et dans la colonne F° de la section Divers du journal des encaissements.

FIGURE 8.5 LA COMPTABILISATION DES OPÉRATIONS DANS UN JOURNAL DES ENCAISSEMENTS ET LEUR REPORT DANS LES GRANDS LIVRES

8

>> **FIGURE 8.5** **LA COMPTABILISATION DES OPÉRATIONS DANS UN JOURNAL DES ENCAISSEMENTS ET LEUR REPORT DANS LES GRANDS LIVRES** (*suite*)

La Légumerie enr. — Compte n° 116

Date	Libellé	F°	Débit	Crédit	Solde
20X5					
27 août	1/10, n/30	V8	3 926,16		3 926,16

Restaubec enr. — Compte n° 119

Date	Libellé	F°	Débit	Crédit	Solde
20X5					
4 août	2/10, n/30	V8	1 014,98		1 014,98
14		E11		1 014,98	0
24	2/10, n/30	V8	1 076,47		1 076,47

Effet à payer — Compte n° 205

Date	Libellé	F°	Débit	Crédit	Solde
20X5					
20 août	(3 mois, 6 %)	E11		2 500,00	2 500,00

TPS à payer — Compte n° 220

Date	Libellé	F°	Débit	Crédit	Solde
20X5					
31 juillet	Solde				155,00
31 août		V8		139,75	294,75
31 "		E11		200,00	494,75

TVQ à payer — Compte n° 225

Date	Libellé	F°	Débit	Crédit	Solde
20X5					
31 juillet	Solde				309,23
31 août		V8		278,81	588,04
31 "		E11		399,00	987,04

Guy Boisvert – Apports — Compte n° 355

Date	Libellé	F°	Débit	Crédit	Solde
20X5					
2 août		E11		5 000,00	5 000,00

Ventes – Fruits — Compte n° 401

Date	Libellé	F°	Débit	Crédit	Solde
20X5					
31 juillet	Solde				50 860,00
31 août		V8		7 825,00	58 685,00
31 "		E11		5 175,00	63 860,00

Notons que les comptes des grands livres renferment les soldes reportés lors de l'enregistrement des opérations dans le journal des ventes.

FIGURE 8.5   LA COMPTABILISATION DES OPÉRATIONS DANS UN JOURNAL DES ENCAISSEMENTS ET LEUR REPORT DANS LES GRANDS LIVRES (*suite*)

Ventes – Légumes   *Compte n° 402*

Date	Libellé	F°	Débit	Crédit	Solde
20X5					
31	juillet	Solde			33 800,00
31	août	V8		5 200,00	39 000,00
31	"	E11		14 900,00	53 900,00

Ventes – Produits taxables   *Compte n° 403*

Date	Libellé	F°	Débit	Crédit	Solde
20X5					
31	juillet	Solde			18 165,00
31	août	V8		2 795,00	20 960,00
31	"	E11		4 000,00	24 960,00

Escomptes sur ventes   *Compte n° 425*

Date	Libellé	F°	Débit	Crédit	Solde
20X5					
31	juillet	Solde			1 165,00
31	août	E11	145,00		1 310,00

Surplus ou découvert de caisse   *Compte n° 630*

Date	Libellé	F°	Débit	Crédit	Solde
20X5					
31	juillet	Solde			0,75
31	août	E11		0,20	0,55

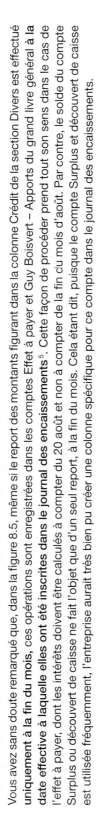

AVEZ-VOUS LE SENS DE L'OBSERVATION?

Vous avez sans doute remarqué que, dans la figure 8.5, même si le report des montants figurant dans la colonne Crédit de la section Divers est effectué uniquement à la fin du mois, ces opérations sont enregistrées dans les comptes Effet à payer et Guy Boisvert – Apports du grand livre général à la date effective à laquelle elles ont été inscrites dans le journal des encaissements[5]. Cette façon de procéder prend tout son sens dans le cas de l'effet à payer, dont les intérêts doivent être calculés à compter du 20 août et non à compter de la fin du mois d'août. Par contre, le solde du compte Surplus ou découvert de caisse ne fait l'objet que d'un seul report, à la fin du mois. Cela étant dit, puisque le compte Surplus et découvert de caisse est utilisée fréquemment, l'entreprise aurait très bien pu créer une colonne spécifique pour ce compte dans le journal des encaissements.

8

---

5. Il serait tout aussi acceptable d'adopter comme pratique de reporter quotidiennement les opérations influant sur les comptes clients dans le grand livre auxiliaire des clients, les montants de la section Divers dans les comptes appropriés du grand livre général et de reporter mensuellement le total de chacune des autres colonnes du journal des encaissements dans le grand livre général.

>> **FIGURE 8.6** | **LA COMPTABILISATION DES OPÉRATIONS DANS UN JOURNAL DES ACHATS ET LEUR REPORT DANS LES GRANDS LIVRES (suite)**

RTI à recouvrer Compte n° 235

Date		Libellé	F°	Débit	Crédit	Solde
20X5						
31	juillet	Solde				209,48
31	août		A9	194,51		403,99

Achats – Fruits Compte n° 501

Date		Libellé	F°	Débit	Crédit	Solde
20X5						
31	juillet	Solde				32 400,00
31	août		A9	5 075,00		37 475,00

Achats – Légumes Compte n° 502

Date		Libellé	F°	Débit	Crédit	Solde
20X5						
31	juillet	Solde				27 950,00
31	août		A9	4 300,00		32 250,00

Achats – Produits taxables Compte n° 503

Date		Libellé	F°	Débit	Crédit	Solde
20X5						
31	juillet	Solde				12 675,00
31	août		A9	1 950,00		14 625,00

Le Jardin enr. Compte n° 217

Date		Libellé	F°	Débit	Crédit	Solde
20X5						
2	août	2/10, n/30	A9		1 150,00	1 150,00
25	"	2/10, n/30	A9		2 600,00	3 750,00

Verger du Sud Compte n° 219

Date		Libellé	F°	Débit	Crédit	Solde
20X5						
12	août	n/15	A9		2 250,00	2 250,00
28	"	n/15	A9		2 825,00	5 075,00

AVEZ-VOUS LE SENS DE L'OBSERVATION ?

Cette fois, vous avez sûrement remarqué que, dans la figure 8.6, le solde du compte Fournisseurs du grand livre général correspond au total des soldes des comptes de chaque compte fournisseur du grand livre auxiliaire des fournisseurs **uniquement à la fin du mois**. En effet, les soldes des comptes du grand livre auxiliaire des fournisseurs sont mis à jour quotidiennement, tandis que celui du compte Fournisseurs du grand livre général n'est mis à jour que mensuellement, à la fin du mois. Notons enfin qu'une entreprise qui effectuerait régulièrement des achats de fournitures à crédit, par exemple, ajouterait une colonne spécifique à cet égard dans le journal des achats.

LE JOURNAL DES DÉCAISSEMENTS

Le **journal des décaissements** regroupe toutes les opérations ayant donné lieu à une **sortie de fonds** au cours d'une période donnée[8]. Les deux principales sources de décaissement sont les achats au comptant et le paiement des comptes des fournisseurs. En plus des colonnes Date et Libellé, le journal des décaissements comporte toujours au moins six colonnes distinctes : Caisse, Escomptes sur achats, Fournisseurs, Achats, CTI à recouvrer et RTI à recouvrer. Puisqu'il existe également d'autres sources de sorties de fonds – pensons notamment aux retraits du propriétaire et aux sommes versées lors de l'achat de certaines immobilisations –, une section Divers fait également partie intégrante du journal des décaissements.

L'enregistrement des paiements ayant donné lieu à un décaissement

La figure 8.7 (*voir les pages 338 à 340*) présente le journal des décaissements de Distribution Guy Boisvert enr. compte tenu des opérations suivantes effectuées en août 20X5 :

2 août   Paiement au comptant du loyer mensuel de 1 500 $, TPS (5 %) et TVQ (9,975 %) en sus. Le décaissement total s'est élevé à 1 724,65 $[9].

4 août   Chèque n° 199, de 294 $, émis à l'ordre de Légumes Alain en règlement de la facture du 26 juillet, déduction faite d'un escompte de caisse de 6 $.

7 août   Achat de marchandises au comptant :

Fruits	150 $
Légumes	90
Total	240 $

13 août   Chèque n° 200 émis à l'ordre de Le Jardin enr. en règlement du solde dû à ce fournisseur (facture n° 51783 datée du 3 août).

15 août   Prélèvement par la banque d'une somme de 7 500 $ pour les salaires bimensuels déposés directement dans les comptes des employés.

19 août   Achat de produits taxables au comptant s'élevant à 201,20 $, TPS (5 %) et TVQ (9,975 %) incluses.

21 août   Chèque n° 201, d'un montant de 3 000 $, TPS (5 %) et TVQ (9,975 %) en sus, émis à l'ordre d'Ordinatek ltée lors de la livraison d'un nouvel ordinateur.

23 août   Chèque n° 202 émis à l'ordre de Légumes Alain en règlement du solde dû à ce fournisseur (facture n° LA-78 datée du 13 août).

29 août   Chèque n° 203 émis à l'ordre de Verger du Sud en règlement du solde dû à ce fournisseur (facture n° H-1673 datée du 14 août).

31 août   Prélèvement par la banque d'une somme de 7 500 $ pour les salaires bimensuels déposés directement dans les comptes des employés.

---

8. Nous verrons au chapitre 10 que certaines entreprises utilisent un fond de petite caisse pour le paiement d'opérations au comptant. Si tel est le cas, c'est alors lors du renflouement de la petite caisse que de telles opérations sont comptabilisées. Ainsi, le journal des décaissements ne comporte que l'enregistrement des opérations réglées par chèque.

9. Encore une fois, il faut tenir compte de l'arrondissement découlant de l'abolition de la pièce de un cent, lequel est comptabilisé dans le compte Surplus ou découvert de caisse.

FIGURE 8.7 **LA COMPTABILISATION DES OPÉRATIONS DANS UN JOURNAL DES DÉCAISSEMENTS ET LEUR REPORT DANS LES GRANDS LIVRES**

Page 14

Journal des décaissements

Date	N° du chèque	Libellé	Fruits	Légumes	Produits taxables	CTI à recouvrer	RTI à recouvrer	Montant	√	Caisse (Crédit)	Escomptes sur achats (Crédit)	Nom du compte	F°	Débit	Crédit
20X5															
2 août		Loyer mensuel				75,00	149,63			1 724,65		Loyer	640	1 500,00	
												Découvert de caisse	630	0,02	
" 4	199	Légumes Alain		90,00				300,00	√	294,00	6,00				
" 7		Achats au comptant	150,00							240,00					
" 13	200	Le Jardin enr.						1 150,00	√	1 127,00	23,00				
" 15		Salaires bimensuels								7 500,00		Salaires	610	7 500,00	
" 19		Achats au comptant			175,00	8,75	17,46			201,20		Surplus de caisse	630		0,01
" 21	201	Ordinatek ltée				150,00	299,25			3 449,25		Matériel informatique	170	3 000,00	
" 23	202	Légumes Alain						550,00	√	539,00	11,00				
" 29	203	Verger du Sud						2 250,00	√	2 250,00					
" 31		Salaires bimensuels								7 500,00		Salaires	610	7 500,00	
			150,00	90,00	175,00	233,75	466,34	4 250,00		24 825,10	40,00			19 500,02	0,01
			(501)	(502)	(503)	(230)	(235)	(210)		(105)	(525)			(X)	(X)

Grand livre général

Caisse — Compte n° 105

Date	Libellé	F°	Débit	Crédit	Solde
20X5					
31 juillet	Solde				464,00
31 août		E11	39 330,12		39 794,12
31 "		D14		24 825,10	14 969,02

Matériel informatique — Compte n° 170

Date	Libellé	F°	Débit	Crédit	Solde
20X5					
21 août		D14	3 000,00		3 000,00

Grand livre auxiliaire des fournisseurs

LeBœuf & associés — Compte n° 214

Date	Libellé	F°	Débit	Crédit	Solde
20X5					
20 août	n/30	A9		2 242,01	2 242,01

FIGURE 8.7 | **LA COMPTABILISATION DES OPÉRATIONS DANS UN JOURNAL DES DÉCAISSEMENTS ET LEUR REPORT DANS LES GRANDS LIVRES** (*suite*)

Fournisseurs   **Compte n° 210**

Date		Libellé	F°	Débit	Crédit	Solde
20X5						
31	juillet	Solde				300,00
31	août		A9		11 617,01	11 917,01
31	"		D14	4 250,00		7 667,01

CTI à recouvrer   **Compte n° 230**

Date		Libellé	F°	Débit	Crédit	Solde
20X5						
31	juillet	Solde				105,00
31	août		A9	97,50		202,50
31	"		D14	233,75		436,25

RTI à recouvrer   **Compte n° 235**

Date		Libellé	F°	Débit	Crédit	Solde
20X5						
31	juillet	Solde				209,48
31	août		A9	194,51		403,99
31	"		D14	466,34		870,33

Achats – Fruits   **Compte n° 501**

Date		Libellé	F°	Débit	Crédit	Solde
20X5						
31	juillet	Solde				32 400,00
31	août		A9	5 075,00		37 475,00
31	"		D14	150,00		37 625,00

Achats – Légumes   **Compte n° 502**

Date		Libellé	F°	Débit	Crédit	Solde
20X5						
31	juillet	Solde				27 950,00
31	août		A9	4 300,00		32 250,00
31	"		D14	90,00		32 340,00

Légumes Alain   **Compte n° 216**

Date		Libellé	F°	Débit	Crédit	Solde
20X5						
31	juillet	Solde				300,00
4	août		D14	300,00		θ
13	"	2/10, n/30	A9		550,00	550,00
23	"		D14	550,00		θ

Le Jardin enr.   **Compte n° 217**

Date		Libellé	F°	Débit	Crédit	Solde
20X5						
2	août	2/10, n/30	A9		1 150,00	1 150,00
13	"		D14	1 150,00		θ
25	"	2/10, n/30	A9		2 600,00	2 600,00

Verger du Sud   **Compte n° 219**

Date		Libellé	F°	Débit	Crédit	Solde
20X5						
12	août	n/15	A9		2 250,00	2 250,00
28	"	n/15	A9		2 825,00	5 075,00
29	"		D14	2 250,00		2 825,00

8

» FIGURE 8.7 | LA COMPTABILISATION DES OPÉRATIONS DANS UN JOURNAL DES DÉCAISSEMENTS ET LEUR REPORT DANS LES GRANDS LIVRES (suite)

> Notons que les comptes des grands livres renferment les soldes reportés lors de l'enregistrement des opérations dans le journal des achats.

Achats – Produits taxables Compte n° 503

Date	Libellé	F°	Débit	Crédit	Solde
20X5					
31 juillet	Solde				12 675,00
31 août		A9	1 950,00		14 625,00
31 "		D14	175,00		14 800,00

Escomptes sur achats Compte n° 525

Date	Libellé	F°	Débit	Crédit	Solde
20X5					
31 juillet	Solde				875,00
31 août		D14		40,00	915,00

Salaires Compte n° 610

Date	Libellé	F°	Débit	Crédit	Solde
20X5					
31 juillet	Solde				105 000,00
15 août		D14	7 500,00		112 500,00
31 "		D14	7 500,00		120 000,00

Surplus ou découvert de caisse Compte n° 630

Date	Libellé	F°	Débit	Crédit	Solde
20X5					
31 juillet	Solde				0,75
31 août		E11		0,20	0,55
31 "		D14	0,01		0,56

Loyer Compte n° 640

Date	Libellé	F°	Débit	Crédit	Solde
20X5					
31 juillet	Solde				10 500,00
2 août		D14	1 500,00		12 000,00

Le report dans les grands livres

La figure 8.7 illustre également comment reporter dans les grands livres les opérations enregistrées dans le journal des décaissements. Quatre constatations importantes ressortent de l'analyse de cette figure :

- Les opérations qui influent sur les comptes fournisseurs sont reportées **quotidiennement** dans les comptes fournisseurs appropriés du grand livre auxiliaire des fournisseurs.

- Avant de reporter le total de chaque colonne, il faut d'abord s'assurer que le **total des colonnes Débit est égal au total des colonnes Crédit.**

- Le total de chaque colonne n'est reporté qu'**à la fin du mois,** dans les comptes Achats – Fruits, Achats – Légumes, Achats – Produits taxables, CTI à recouvrer, RTI à recouvrer, Fournisseurs, Caisse et Escomptes sur achats du grand livre général.

- Les totaux des colonnes Débit et Crédit de la section Divers ne doivent pas être reportés dans le grand livre général, puisque chacun des montants figurant dans ces deux colonnes fait l'objet d'un report dans le compte approprié du grand livre général.

Rappelons encore une fois que, dans les grands livres, la colonne F° de chacun des comptes indique la provenance du report (A9 pour la page 9 du journal des achats ; D14 pour la page 14 du journal des décaissements). Dans le journal des décaissements, on indique au moyen d'un crochet ($\sqrt{}$) que le report quotidien a été effectué dans le grand livre auxiliaire des fournisseurs. Pour indiquer que le report mensuel a également été effectué dans le grand livre général, on inscrit le numéro du compte sous le total de chaque colonne et dans la colonne F° de la section Divers du journal des décaissements.

AVEZ-VOUS LE SENS DE L'OBSERVATION ?

Vous avez sans doute remarqué que, dans la figure 8.7 (*voir les pages 338 à 340*), même si le report des montants figurant dans la colonne Débit de la section Divers est effectué **uniquement à la fin du mois,** ces opérations sont enregistrées dans les comptes Loyer, Salaires et Matériel informatique du grand livre général **à la date effective où elles ont été inscrites dans le journal des décaissements** [10]. Cette façon de procéder prend tout son sens dans le cas du matériel informatique, dont l'amortissement doit être calculé à compter du 21 août et non à compter de la fin du mois d'août. Par contre, le solde du compte Surplus ou découvert de caisse ne fait l'objet que d'un seul report, à la fin du mois.

LE JOURNAL DES SALAIRES

Puisque le chapitre 9 est entièrement consacré à la paye, nous y reportons notre analyse du journal des salaires. Pour le moment, retenons simplement qu'il s'agit d'un journal auxiliaire que les entreprises utilisent fréquemment.

---

10. Il serait tout aussi acceptable d'adopter comme pratique de reporter quotidiennement les opérations influant sur les comptes fournisseurs dans le grand livre auxiliaire des fournisseurs, les montants de la section Divers dans les comptes appropriés du grand livre général et de reporter mensuellement le total de chacune des autres colonnes du journal des décaissements dans le grand livre général.

LE JOURNAL GÉNÉRAL

L'utilisation de journaux auxiliaires pour comptabiliser les ventes de marchandises à crédit, les encaissements, les achats de marchandises ou de services à crédit et les décaissements réduit de façon considérable le nombre d'opérations devant être inscrites dans le journal général. Essentiellement, on enregistre dans le **journal général** les opérations qui ne peuvent être comptabilisées dans l'un ou l'autre des divers journaux auxiliaires. Ainsi, l'acquisition d'un terrain au moyen d'un emprunt hypothécaire serait inscrite dans le journal général. En effet, puisqu'il ne s'agit pas d'un achat de marchandises ou de services à crédit, cette opération ne peut être enregistrée dans le journal des achats et, comme aucune sortie de fonds n'a été requise pour l'effectuer, elle ne peut être enregistrée dans le journal des décaissements. On inscrit également dans le journal général les rendus et rabais sur ventes ou sur achats qui donnent lieu à des notes de crédit émises respectivement par l'entreprise et ses fournisseurs. Le journal général sert aussi à enregistrer les montants prélevés (ou déposés) directement dans un compte bancaire, comme nous le verrons au chapitre 10. Le journal général sert enfin à enregistrer les écritures de régularisation, de clôture et de contrepassation.

L'enregistrement des opérations dans le journal général et le report dans les grands livres

La figure 8.8 (*voir les pages 344 et 345*) présente les écritures enregistrées dans le journal général de Distribution Guy Boisvert enr. au cours du mois d'août 20X5.

Comme vous pouvez le constater, le format du journal général demeure essentiellement le même que celui utilisé jusqu'à présent.

LA VÉRIFICATION DE L'EXACTITUDE ARITHMÉTIQUE DES GRANDS LIVRES AUXILIAIRES

Nous savons déjà que, à la fin d'une période, il faut dresser une balance de vérification afin de s'assurer de l'exactitude arithmétique du grand livre général. Voici la balance de vérification de Distribution Guy Boisvert enr. au 31 août 20X5, soit après les huit premiers mois de l'exercice financier en cours[11].

DISTRIBUTION GUY BOISVERT ENR.
Balance de vérification
au 31 août 20X5

	Débit	Crédit
Caisse	14 969,02 $	
Clients	**9 362,32**	
Effet à recevoir	2 244,84	
Stock de marchandises	35 000,00	
Assurances payées d'avance	2 400,00	
Équipements	65 000,00	
Amortissement cumulé – Équipements		45 000,00 $
Matériel de bureau	4 900,00	

---

11. Comme nous n'avons pas procédé à l'enregistrement des opérations des sept premiers mois, certains soldes figurant dans cette balance de vérification ne peuvent être retrouvés dans les explications précédentes.

	Débit	Crédit
Amortissement cumulé – Matériel de bureau		2 450,00
Améliorations locatives	20 000,00	
Amortissement cumulé – Améliorations locatives		18 000,00
Matériel informatique	3 000,00	
Effet à payer		2 500,00
Fournisseurs		**7 667,01**
TPS à payer		491,25
TVQ à payer		980,06
CTI à recouvrer	436,25	
RTI à recouvrer	870,33	
Guy Boisvert – Capital		163 650,00
Guy Boisvert – Apports		5 000,00
Guy Boisvert – Retraits	14 000,00	
Ventes – Fruits		63 860,00
Ventes – Légumes		53 900,00
Ventes – Produits taxables		24 960,00
Rendus et rabais sur ventes	340,00	
Escomptes sur ventes	1 310,00	
Achats – Fruits	37 625,00	
Achats – Légumes	32 340,00	
Achats – Produits taxables	14 800,00	
Rendus et rabais sur achats		1 225,00
Escomptes sur achats		915,00
Salaires	120 000,00	
Surplus ou découvert de caisse	0,56	
Loyer	12 000,00	
	390 598,32 $	390 598,32 $

On doit également dresser les listes des comptes des grands livres auxiliaires afin de démontrer que le total de leurs soldes est égal au solde de chacun des comptes collectifs correspondants. Notez que seuls les comptes ayant un solde sont inscrits dans la balance de vérification et dans ces listes.

DISTRIBUTION GUY BOISVERT ENR.
Liste des comptes clients
au 31 août 20X5

La Fruitek inc.	4 440,17 $
La Légumerie enr.	3 845,68
Restaubec enr.	1 076,47
	9 362,32 $

DISTRIBUTION GUY BOISVERT ENR.
Liste des comptes fournisseurs
au 31 août 20X5

LeBœuf & associés	2 242,01 $
Le Jardin enr.	2 600,00
Verger du Sud	2 825,00
	7 667,01 $

FIGURE 8.8 | LA COMPTABILISATION DES OPÉRATIONS DANS LE JOURNAL GÉNÉRAL ET LEUR REPORT DANS LES GRANDS LIVRES

Journal général

Page 2

Date	Intitulé des comptes et explications	F°	Débit	Crédit
20X5				
31 août	Rendus et rabais sur ventes	430	70,00	
	TPS à payer	220	3,50	
	TVQ à payer	225	6,98	
	Clients – La Légumerie enr.	110/116		80,48
	Note de crédit n° 15 émise à l'ordre de La Légumerie			
	enr. pour des marchandises taxables endommagées.			
31	Effet à recevoir	115	2 244,84	
	Clients – Au Bec fin enr.	110/111		2 244,84
	Billet reçu d'Au Bec fin enr., portant intérêt au			
	taux annuel de 6 % et échéant dans 90 jours.			

Grand livre général

Clients   Compte n° 110

Date	Libellé	F°	Débit	Crédit	Solde
20X5					
31 juillet	Solde				2 750,00
31 août		J2		80,48	2 669,52
31 "		V8	16 238,56		18 908,08
31 "		E11		7 300,92	11 607,16
31 "		J2		2 244,84	9 362,32

Effet à recevoir   Compte n° 115

Date	Libellé	F°	Débit	Crédit	Solde
20X5					
31 août	90 jours, 6 %	J2	2 244,84		2 244,84

Grand livre auxiliaire des clients

Au Bec fin enr.   Compte n° 111

Date	Libellé	F°	Débit	Crédit	Solde
20X5					
21 août	n/30	V8	2 244,84		2 244,84
31 "		J2		2 244,84	θ

FIGURE 8.8 ▌ **LA COMPTABILISATION DES OPÉRATIONS DANS LE JOURNAL GÉNÉRAL ET LEUR REPORT DANS LES GRANDS LIVRES (*suite*)**

La Légumerie enr.
Compte n° 116

Date	Libellé	F°	Débit	Crédit	Solde
20X5					
27 août	1/10, n/30	V8	3 926,16		3 926,16
31 "		J2		80,48	3 845,68

TPS à payer
Compte n° 220

Date	Libellé	F°	Débit	Crédit	Solde
20X5					
31 juillet	Solde				155,00
31 août		V8		139,75	294,75
31 "		E11		200,00	494,75
31 "		J2	3,50		491,25

TVQ à payer
Compte n° 225

Date	Libellé	F°	Débit	Crédit	Solde
20X5					
31 juillet	Solde				309,23
31 août		V8		278,81	588,04
31 "		E11		399,00	987,04
31 "		J2	6,98		980,06

Rendus et rabais sur ventes
Compte n° 430

Date	Libellé	F°	Débit	Crédit	Solde
20X5					
31 juillet	Solde				270,00
31 août		J2	70,00		340,00

AVEZ-VOUS LE SENS DE L'OBSERVATION ?

Si l'on y regarde de très près, on constatera une différence entre le journal illustré dans la figure 8.8 et ceux que nous avons vus dans les chapitres précédents. Puisque Distribution Guy Boisvert enr. utilise un grand livre auxiliaire des clients, nous avons crédité, lors de l'enregistrement de chaque opération, le compte collectif Clients suivi du nom du client en question. De plus, nous avons effectué chaque fois un **double report** : l'un dans le compte collectif du grand livre général et l'autre dans le compte approprié du grand livre auxiliaire des clients. Ce **double report** est essentiel pour que le solde du compte collectif Clients soit égal au total des soldes des comptes du grand livre auxiliaire des clients à la fin de la période en cause.

8

LE JOURNAL SYNOPTIQUE

Les très petites entreprises n'ont généralement pas besoin d'un plan comptable détaillé parce que leurs opérations sont simples et relativement peu nombreuses. Au lieu d'utiliser les journaux auxiliaires et les grands livres dont il a été question aux pages précédentes, ces entreprises pourraient ne tenir qu'un seul livre intitulé **journal synoptique**, lequel tient lieu à la fois de journal général et de grand livre.

Le journal synoptique, que l'on appelle parfois « journal-grand livre », permet l'enregistrement chronologique des opérations, sous forme de débits et de crédits, dans des colonnes de ventilation tenant lieu de comptes du grand livre général. Le journal synoptique est particulièrement utile lorsque le nombre d'écritures est peu élevé, et il offre l'avantage d'éviter les travaux de transcription et les erreurs qui peuvent en découler.

Ce journal, qui respecte intégralement les règles de la comptabilité en partie double, peut s'avérer très utile dans le cas d'une entreprise dont le propriétaire veut s'occuper lui-même de la comptabilité. En plus de réduire le travail comptable, le journal synoptique permettra de connaître l'évolution de l'entreprise, car il sera possible d'établir des états financiers sommaires en se fondant sur les renseignements que ce journal fournira. Le journal synoptique est facile à tenir, même pour un profane en comptabilité, et il répond aux besoins des petites entreprises ou des organismes qui, autrement, se contenteraient d'une comptabilité de caisse.

Le journal synoptique convient particulièrement bien aux très petites entreprises de détail, aux entreprises de services (restaurants, cordonneries, salons de coiffure, studios de danse, etc.), aux professionnels (avocats, dentistes, peintres, etc.) et aux petites associations (sportives, par exemple). Dans chaque cas, les produits et les charges ne proviennent pas de nombreuses sources, les biens possédés sont peu nombreux et ont généralement une valeur minime, et les dettes sont réglées promptement.

La figure 8.9 présente un extrait du journal synoptique de Bicycle-à-neuf enr., dont le propriétaire est M. Guy Dion. Notons que, comme dans le cas des journaux auxiliaires, il revient à l'entreprise ou à l'organisme en cause de donner aux colonnes les intitulés pertinents, compte tenu de la nature particulière de son exploitation ou de ses activités.

Dans le cas qui nous intéresse, notons donc la présence d'une colonne Banque, en plus de la colonne Caisse enregistreuse. Ces deux colonnes sont nécessaires à l'entreprise, qui ne paie pas tous ses frais et toutes ses dettes par chèques et qui, en outre, ne tient pas une **petite caisse** pour régler ses menues dépenses. Si toutes les sommes reçues sont déposées à la banque et si tous les décaissements se font par chèque, à l'exception des menues dépenses réglées au moyen d'une petite caisse, une seule double colonne suffit pour tenir compte de l'encaisse. On donnera alors indifféremment à cette colonne le titre de Caisse ou de Banque, et l'on y trouvera les mêmes données qui figurent dans le livret de banque ou sur le relevé bancaire. Enfin, notons que les termes « débit » et « crédit » ont été remplacés par des expressions plus représentatives afin de faciliter la tâche de Guy Dion, chargé de la tenue de ce journal synoptique.

FIGURE 8.9 UN EXTRAIT DU JOURNAL SYNOPTIQUE DE BICYCLE-À-NEUF ENR.

Journal synoptique

Date	N° du chèque	Libellé	Caisse enregistreuse +	Caisse enregistreuse −	Banque Dépôts	Banque Chèques	Clients À recevoir	Clients Recouvrés	Fournisseurs Payés	Fournisseurs À payer	Ligne n°
20X5											
2 juin	401	Paul Hénaire				114,98					1
3 "		Ventes au comptant	546,15								2
3 "	402	Le Régional				57,49					3
4 "		Jeanne Roy					287,44				4
4 "		Dépôt		500,00	500,00						5
5 "	403	Bicycl-o-thon enr.				632,36					6
5 "		Ventes au comptant	373,65								7
6 "		Retrait en argent		300,00							8

Ventes Bicyclettes	Ventes Pièces	Ventes Réparations	TPS à payer	TVQ à payer	Achats Bicyclettes	Achats Pièces	TPS payée	TVQ payée	Loyer	Publicité	Ligne n°
							5,00	9,98	100,00		1
475,00			23,75	47,38							2
							2,50	4,99		50,00	3
250,00			12,50	24,94							4
											5
					475,00	75,00	27,50	54,86			6
275,00	30,00		16,25	32,42							7
		20,00									8

Page 6

Entretien et réparations	Téléphone	Électricité	Surplus de caisse	Découvert de caisse	Divers Nom du compte	Divers −	Divers +	Ligne n°
			0,02	0,02	Guy Dion – Retraits		300,00	1

LE TRAITEMENT INFORMATISÉ DE L'INFORMATION COMPTABLE

Notre exposé n'a porté jusqu'à présent que sur les systèmes comptables manuels, c'est-à-dire ceux pour lesquels les procédures comptables sont effectuées à la main par le personnel de l'entreprise. Vous pourriez croire que nous faisons fausse route et mettre en doute la pertinence de notre démarche, puisque même les petites entreprises utilisent maintenant des systèmes comptables informatisés. Il n'en est rien, car les notions et les procédures qui s'appliquent à la tenue d'un système comptable manuel sont essentiellement les mêmes que celles d'un système comptable informatisé. La question principale est en fait de savoir quelles procédures doivent être faites manuellement et lesquelles peuvent être exécutées par l'ordinateur.

Il est possible de programmer un logiciel pour qu'il accomplisse avec rapidité et précision des tâches routinières comme la lecture des données, l'exécution des calculs mathématiques et la présentation des données sous différentes formes. Comme les logiciels ne peuvent penser, ils ne peuvent **analyser** les opérations. Ainsi, sans la gouverne de l'être humain, les logiciels sont incapables de déterminer ce qui doit être enregistré dans les livres comptables ni même de décider quels comptes doivent être débités ou crédités pour enregistrer correctement les données [12]. Connaissant les possibilités et les faiblesses de l'informatique, nous explorerons les effets d'un traitement informatisé de l'information comptable sur le cycle comptable.

Les avantages d'un système comptable informatisé

L'incroyable rapidité avec laquelle l'informatique traite l'information est hallucinante. Le temps nécessaire à un logiciel pour effectuer un certain nombre de calculs est mesuré en nanosecondes. Comparativement à un système comptable manuel, cette rapidité d'exécution confère de nombreux avantages au système comptable informatisé.

Le traitement rapide et efficace d'un grand nombre de données

Les grandes entreprises effectuent quotidiennement plusieurs centaines d'opérations. Le traitement informatisé d'une telle multitude de données permet d'épargner considérablement de temps à chacune des étapes du cycle comptable, de l'inscription de l'opération à l'établissement des divers rapports comptables.

À titre d'exemple, un grand magasin effectue souvent plus d'une centaine de ventes à crédit par jour. L'enregistrement manuel de ces opérations nécessiterait plusieurs teneurs de livres. Grâce à des caisses enregistreuses électroniques et à des lecteurs de codes à barres, un logiciel enregistre automatiquement ces opérations dès le moment de la vente.

La mise à jour continue des soldes des comptes

La vitesse à laquelle l'informatique enregistre les opérations permet aux entreprises de continuellement maintenir à jour le solde de la plupart des comptes du grand livre général et d'utiliser des grands livres auxiliaires ainsi qu'un système d'inventaire permanent.

La production d'informations supplémentaires à très peu de frais

La figure 8.4 (*voir les pages 327 et 328*) illustre un journal des ventes préparé manuellement. Le même journal auxiliaire peut être tenu à l'aide d'un tableur ou d'un logiciel comptable. De plus, le logiciel peut agencer cette information de façon à montrer le total

---

12. Nous reconnaissons que c'est l'analyse de l'opération qui importe le plus. Recourir à l'informatique signifie simplement que, au lieu d'utiliser un crayon pour noter les opérations dans les livres comptables appropriés, on saisit l'information à l'aide d'un clavier selon un format préétabli. Le logiciel se chargera ensuite d'exécuter les tâches routinières.

des ventes de la journée par produit : tomates, bananes, jambon, etc. Le temps et les coûts d'une telle opération rendent souvent inaccessible ce type d'information dans un système comptable manuel.

La rétroaction immédiate

Le système du **traitement en direct** permet à l'employé qui exécute une opération d'avoir accès sur-le-champ à toute information comptable utile à l'opération en cours.

Par exemple, les caisses enregistreuses électroniques de la plupart des grands magasins sont en fait des terminaux en liaison directe avec l'ordinateur de l'entreprise. Lorsqu'un client utilise sa carte de crédit du magasin, la caissière saisit le numéro de la carte. Le système compare alors ce numéro avec la liste des numéros de cartes annulées ou volées, puis met à jour le compte du client en s'assurant que le solde demeure en deçà de la limite de crédit autorisée. Si un problème survient, le système avise la caissière de refuser la vente à crédit. Sinon, il confirme l'opération et la vente est automatiquement enregistrée.

L'accès à des procédés de contrôle interne supplémentaires

L'approbation de chaque vente à crédit, comme celle décrite dans l'exemple précédent, est un des procédés de contrôle interne supplémentaires rendus disponibles grâce à l'informatique. Une telle approbation n'est pas toujours possible dans un système manuel, à moins que le Service de la comptabilité emploie un grand nombre de personnes.

SYNTHÈSE DU CHAPITRE 8

1. Lorsqu'une entreprise désire préciser le contenu d'un compte faisant partie du grand livre général, elle tient un grand livre auxiliaire. On appelle le compte correspondant du grand livre général «compte de contrôle» ou «compte collectif».

2. Les journaux auxiliaires offrent plusieurs avantages, dont ceux de regrouper les opérations de même nature, de répartir le travail d'enregistrement des opérations entre plusieurs personnes, de réduire le travail d'enregistrement des opérations et de diminuer considérablement le travail de report.

3. Le journal des ventes regroupe toutes les opérations de vente de marchandises ou de prestation de services effectuées à crédit, tandis que les opérations d'achat de marchandises, de fournitures ou de services à crédit sont inscrites dans le journal des achats.

4. Le journal des encaissements regroupe toutes les opérations ayant donné lieu à une rentrée de fonds, tandis que toutes les opérations ayant donné lieu à une sortie de fonds sont inscrites dans le journal des décaissements.

5. Le journal synoptique tient lieu à la fois de journal général et de grand livre. Il est particulièrement utile lorsque le nombre d'écritures est peu élevé, et il offre l'avantage d'éviter les travaux de transcription et les erreurs qui peuvent en découler.

6. L'incroyable rapidité avec laquelle l'informatique traite l'information offre plusieurs avantages, notamment : 1) le traitement rapide et efficace d'un grand nombre de données ; 2) la mise à jour instantanée des soldes ; 3) la production d'informations supplémentaires à peu de frais ; 4) la possibilité de rétroaction au moment même où l'opération a lieu ; 5) l'accès à des procédés de contrôle supplémentaires. Le système ne peut toutefois ni analyser l'information ni décider de ce qui doit être enregistré.

PROBLÈME TYPE

La Bonbonnière enr., grossiste en confiseries dont le propriétaire est Harry Laframboise, a ouvert ses portes le 1ᵉʳ mai 20X2. Les comptes suivants font partie du plan comptable adopté par l'entreprise :

Caisse	100	Fournisseurs	220
Placements à court terme	115	Achats	460
CTI à recouvrer	120	Rendus et rabais sur achats	462
RTI à recouvrer	130	Escomptes sur achats	464
Fournitures de bureau	138	Salaires	570
Effets à payer	210	Loyer	571

La Bonbonnière enr. a effectué les opérations décrites ci-dessous au cours du mois de mai 20X2. L'entreprise comptabilise ses achats au prix brut.

2 mai   Chèque n° 1, d'un montant de 1 500 $ plus TPS (5 %) et TVQ (9,975 %), émis à l'ordre de Location Komerford pour payer le loyer mensuel.

2 mai   Achat de marchandises chez Chocoplus ltée (fournisseur n° 223), 3 000 $ plus TPS (5 %) et TVQ (9,975 %). Conditions de règlement : 2/10, n/30 ; numéro et date de la facture : C-2567, 2 mai.

3 mai   Achat de marchandises chez Sucetterie enr. (fournisseur n° 229), 7 600 $ plus TPS (5 %) et TVQ (9,975 %). Conditions de règlement : 2/10, n/30 ; numéro et date de la facture : 98, 2 mai.

6 mai   Achat de marchandises chez Crème de glace inc. (fournisseur n° 225), 5 600 $ plus TPS (5 %) et TVQ (9,975 %). Conditions de règlement : 2/10, n/30 ; numéro et date de la facture : CG-X2114, 5 mai.

8 mai   Émission du chèque n° 2, de 1 000 $, pour l'acquisition au comptant de titres de placement que l'on prévoit détenir pendant quelques mois.

11 mai   Émission du chèque n° 3 en règlement du solde dû à Chocoplus ltée.

13 mai   Achat de marchandises chez Bar-o-lait inc. (fournisseur n° 222), 7 100 $ plus TPS (5 %) et TVQ (9,975 %). Condition de règlement : n/30 ; numéro et date de la facture : B5892, 12 mai.

15 mai   Émission du chèque n° 4 en règlement du solde dû à Crème de glace inc.

15 mai   Prélèvement bancaire d'une somme de 4 500 $ pour les salaires bimensuels.

16 mai   Chèque n° 5 émis lors de l'achat de fournitures de bureau d'une valeur de 100 $ plus TPS (5 %) et TVQ (9,975 %).

18 mai   Chèque n° 6, de 1 092,26 $, émis lors de l'achat de marchandises. Ce montant comprend la TPS (5 %) et la TVQ (9,975 %).

19 mai   Achat de marchandises chez L'Amanderie ltée (fournisseur n° 221), 11 500 $ plus TPS (5 %) et TVQ (9,975 %). Conditions de règlement : 2/10, n/30 ; numéro et date de la facture : 100455, 18 mai.

21 mai   Achat de marchandises chez Gat-o-fruit ltée (fournisseur n° 226), 8 400 $ plus TPS (5 %) et TVQ (9,975 %). Conditions de règlement : 1/10, n/30 ; numéro et date de la facture : 95488, 20 mai.

24 mai   Chèque n° 7, de 431,16 $, émis lors de l'achat de marchandises. Ce montant comprend la TPS (5 %) et la TVQ (9,975 %).

26 mai   Achat de marchandises chez Cornets sucrés enr. (fournisseur n° 224), 6 500 $ plus TPS (5 %) et TVQ (9,975 %). Conditions de règlement : 1/10, n/30 ; numéro et date de la facture : CS-118, 26 mai.

31 mai   Chèque n° 8, de 3 738,10 $, émis à l'ordre de Sucetterie enr. et billet de 5 000 $ échéant dans 90 jours émis en règlement de la facture du 2 mai.

31 mai   Prélèvement bancaire d'une somme de 4 750 $ pour les salaires bimensuels.

TRAVAIL À FAIRE

a) Enregistrez les opérations du mois de mai dans le journal des achats et le journal des décaissements.

b) Indiquez la façon de reporter les sommes enregistrées dans les journaux auxiliaires en mettant le numéro des comptes ou une marque de pointage dans les colonnes appropriées.

c) Établissez la liste des comptes fournisseurs au 31 mai et démontrez que le grand livre des fournisseurs est en équilibre avec le compte de contrôle correspondant.

SOLUTION DU PROBLÈME TYPE

a) Le processus d'enregistrement des opérations dans le journal des achats et le journal des décaissements est présenté à la page suivante.

b) Les marques de pointage et les numéros de comptes sont inscrits dans les colonnes appropriées des journaux présentés à la page suivante.

c) L'établissement de la liste des comptes fournisseurs

LA BONBONNIÈRE ENR.
Liste des comptes fournisseurs
au 31 mai 20X2

L'Amanderie ltée	13 222,13 $
Bar-o-lait inc.	8 163,23
Cornets sucrés enr.	7 473,38
Gat-o-fruit ltée	9 657,90
	38 516,64 $

	Fournisseurs				*Compte n° 220*
Date	**Libellé**	**F°**	**Débit**	**Crédit**	**Solde**
20X2					
31 mai		A1		57 142,59	57 142,59
31 "		D1	18 625,95		38 516,64

8

a) L'enregistrement des opérations et b) les indications des reports

Journal des achats — Page 1

Date	Fournisseurs	N° de compte	Conditions de règlement	Facture Date	Facture N°	✓	Achats	CTI à recouvrer	RTI à recouvrer	Fournisseurs
20X2				20X2						
2 mai	Chocoplus ltée	223	2/10, n/30	2 mai	C-2567	✓	3 000,00	150,00	299,25	3 449,25
3 "	Sucetterie enr.	229	2/10, n/30	2 "	98	✓	7 600,00	380,00	758,10	8 738,10
6 "	Crème de glace inc.	225	2/10, n/30	5 "	CG-X2114	✓	5 600,00	280,00	558,60	6 438,60
13 "	Bar-o-lait inc.	222	n/30	12 "	B5892	✓	7 100,00	355,00	708,23	8 163,23
19 "	L'Amanderie ltée	221	2/10, n/30	18 "	100455	✓	11 500,00	575,00	1 147,13	13 222,13
21 "	Gat-o-fruit ltée	226	1/10, n/30	20 "	95488	✓	8 400,00	420,00	837,90	9 657,90
26 "	Cornets sucrés enr.	224	1/10, n/30	26 "	CS-118	✓	6 500,00	325,00	648,38	7 473,38
							49 700,00	2 485,00	4 957,59	57 142,59
							(460)	(120)	(130)	(220)

Journal des décaissements — Page 1

Date	N° du chèque	Libellé	Achats	CTI à recouvrer	RTI à recouvrer	Fournisseurs Montant	Fournisseurs ✓	Escomptes sur achats	Caisse	Divers Nom du compte	Divers F°	Divers Débit	Divers Crédit
20X2													
2 mai	1	Location Komerford		75,00	149,63				1 724,63	Loyer	571	1 500,00	
8 "	2	Achat de titres							1 000,00	Placements à court terme	115	1 000,00	
11 "	3	Chocoplus ltée				3 449,25	✓	60,00	3 389,25				
15 "	4	Crème de glace inc.				6 438,60	✓	112,00	6 326,60				
15 "	5	Salaires bimensuels							4 500,00	Salaires	570	4 500,00	
16 "		Achat de fournitures		5,00	9,98				114,98	Fournitures de bureau	138	100,00	
18 "	6	Marchandises	950,00	47,50	94,76				1 092,26				
24 "	7	Marchandises	375,00	18,75	37,41				431,16				
31 "	8	Sucetterie enr.				8 738,10	✓		3 738,10	Effets à payer	210		5 000,00
31 "		Salaires bimensuels							4 750,00	Salaires	570	4 750,00	
			1 325,00	146,25	291,78	18 625,95		172,00	27 066,98			11 850,00	5 000,00
			(460)	(120)	(130)	(220)		(464)	(100)			(X)	(X)

8

QUESTIONS DE RÉVISION (*i+*) Solutionnaire

1. Qu'est-ce qu'un grand livre auxiliaire ? Quels avantages une entreprise peut-elle retirer de l'utilisation d'un grand livre auxiliaire ?

2. Quelle relation existe-t-il entre un compte de contrôle et les comptes d'un grand livre auxiliaire ?

3. À quel moment les reports sont-ils normalement faits :
   a) dans les comptes des grands livres auxiliaires ?
   b) dans les comptes du grand livre général ?

4. Nommez et décrivez brièvement les quatre principaux journaux auxiliaires.

5. Quels avantages une entreprise peut-elle retirer de l'utilisation de journaux auxiliaires ?

6. Donnez cinq exemples d'opérations devant être enregistrées dans le journal général même si l'entreprise utilise des journaux auxiliaires.

7. « Lorsque les comptes des fournisseurs figurent dans le grand livre auxiliaire des fournisseurs, le total des comptes du grand livre auxiliaire est toujours égal au solde du compte Fournisseurs du grand livre général. » Commentez cet énoncé.

8. De quelle façon peut-on s'assurer de l'exactitude arithmétique des grands livres auxiliaires ?

9. Qu'entend-on par « journal synoptique » ? Dans quelles circonstances une entreprise peut-elle tirer avantage d'un tel journal ?

10. Quels avantages une entreprise peut-elle retirer d'un système comptable informatisé ?

EXERCICES

E1 ## Terminologie comptable

Voici une liste de six termes et expressions comptables présentés dans ce chapitre :

- Compte de contrôle
- Grand livre auxiliaire
- Journal des achats
- Journal des ventes
- Journal général
- Traitement en direct

Chacun des énoncés suivants peut servir (ou non) à décrire un de ces termes comptables. Pour chacun des énoncés, dites à quel terme comptable il correspond ou indiquez « aucun » s'il ne correspond à aucun d'entre eux.

a) On y inscrit les ventes au comptant.

b) Ce journal ne regroupe pas des informations de même nature.

c) Il s'agit d'un compte correspondant du grand livre général.

d) Les achats à crédit de marchandises destinées à la revente sont inscrits dans ce journal.

e) Ce registre regroupe l'ensemble des comptes dont le total des soldes est égal au solde du compte de contrôle du grand livre général.

f) Ce système permet à un employé qui effectue une opération d'avoir un terminal en liaison directe avec l'ordinateur principal.

E2 ## Vrai ou faux

Dites si chacun des énoncés suivants est vrai ou faux. Dans ce dernier cas, précisez pourquoi.

a) Le solde du compte collectif Clients est toujours égal au total des soldes des comptes du grand livre auxiliaire des clients.

b) Le système d'information comptable doit être adapté aux besoins de chaque entreprise.

c) Le journal des achats regroupe toutes les opérations d'achat.

d) Toutes les opérations sont classées par ordre chronologique dans le journal général et les journaux auxiliaires.

e) Les opérations inscrites dans le journal général ne font l'objet d'un report qu'à la fin de chaque mois.

f) Dans un système comptable informatisé, il est possible d'avoir une rétroaction immédiate.

g) Le journal synoptique tient lieu à la fois de journal général et de grand livre général.

h) Le journal des ventes regroupe toutes les opérations de vente effectuées à crédit.

i) Le journal général regroupe des opérations de même nature.

j) L'enregistrement d'opérations similaires dans le journal général entraîne un travail considérable de report dans le grand livre général.

E3 Le choix du journal approprié

La pharmacie Ladouceur utilise un journal des ventes, un journal des encaissements, un journal des achats, un journal des décaissements et un journal général. Indiquez le journal dans lequel il faut inscrire les opérations suivantes:

a) L'émission d'une note de crédit accordée à un client qui a renvoyé des marchandises défectueuses.

b) La vente de marchandises à crédit.

c) L'achat à crédit d'un ordinateur.

d) Le paiement du solde dû à un fournisseur avant l'expiration du délai d'escompte.

e) La réception d'une note de crédit émise par un fournisseur.

f) La vente de marchandises au comptant.

g) L'achat à crédit de fournitures de bureau.

h) L'achat de marchandises à crédit.

E4 Le compte collectif Fournisseurs

Bonaprix enr. est une entreprise de taille moyenne exploitant un grand magasin. Le 30 septembre 20X6, le compte collectif Fournisseurs avait un solde de 92 000 $. Voici la liste des comptes fournisseurs à cette date:

BONAPRIX ENR.
Liste des comptes fournisseurs
au 30 septembre 20X6

Aubainerie inc.	11 625 $
Barguinerie ltée	14 000
Créditel ltée	9 250
Doublobaine enr.	10 000
Excentrique ltée	8 875
Reprise de faillite inc.	16 000
G. Ceketuveux inc.	22 250
	92 000 $

Voici un résumé des opérations effectuées par Bonaprix enr. auprès de ses fournisseurs au cours du mois d'octobre:

Nom des fournisseurs	Journal des achats *(Page 46)*	Journal des décaissements *(Page 75)*
Aubainerie inc.	3 000 $	θ $
Barguinerie ltée	3 875	12 500
Doublobaine enr.	θ	10 000
Excentrique ltée	6 750	8 875
Reprise de faillite inc.	3 500	10 000
G. Ceketuveux inc.	14 000	20 000

Déterminez le solde du compte Fournisseurs au 31 octobre 20X6. Reportez les opérations précédentes dans les comptes du grand livre auxiliaire des fournisseurs et établissez la liste des comptes fournisseurs au 31 octobre 20X6.

E5 L'enregistrement d'opérations dans le journal des ventes, compte non tenu de la TPS et de la TVQ

Aliments Lafleur enr. est grossiste en produits alimentaires de base non taxables. La majorité des ventes de l'entreprise sont effectuées au comptant. L'entreprise a toutefois effectué les opérations suivantes à crédit au cours du mois de juillet 20X3 :

1er juillet	Vente à crédit de 200 $ de marchandises (Boulangerie) à la boutique Lamy Depain enr. Condition de règlement : net fin de mois (n.f.m.).
6 juillet	Vente à crédit de 1 575 $ de marchandises (Charcuterie) au Supermarché Métro Laurentides inc. Conditions de règlement : 2/10, n/30.
9 juillet	Vente à crédit de 960 $ de marchandises (Épicerie) au dépanneur Aucoin Delarue enr. Conditions de règlement : 2/10, n/30.
14 juillet	Vente à crédit de 250 $ de marchandises (Boulangerie) à la boutique Lamy Depain enr. Condition de règlement : net fin de mois.
19 juillet	Vente à crédit de 225 $ de marchandises (Charcuterie) à Boucherie Lebœuf enr. Condition de règlement : n/30.
22 juillet	Vente à crédit de 1 670 $ de marchandises au Supermarché Métro Laurentides inc. Conditions de règlement : 2/10, n/30. Les détails de la facture se lisent comme suit :

Charcuterie	*1 220 $*
Épicerie	*275*
Boulangerie	*175*
Total de la facture	*1 670 $*

25 juillet	Vente à crédit de 3 250 $ de marchandises (Boulangerie) à la boutique Lamy Depain enr. Condition de règlement : net fin de mois.

Supposez que la dernière facture de vente à crédit émise en juin porte le numéro A-1875. Enregistrez ces opérations dans le journal des ventes (page 65) et reportez-les dans les comptes appropriés des grands livres, dont voici les soldes au 30 juin :

Grand livre général

130	*Clients*	*3 400 $*
501	*Ventes – Boulangerie*	*469 750*
502	*Ventes – Charcuterie*	*152 560*
503	*Ventes – Épicerie*	*22 320*

Grand livre auxiliaire des clients

131	*Aucoin Delarue enr.*	*510 $*
132	*Boucherie Lebœuf enr.*	*220*
135	*Lamy Depain enr.*	*915*
138	*Supermarché Métro Laurentides inc.*	*1 755*

Solde du compte Clients : 11 530 $

E6 L'enregistrement d'opérations dans le journal des encaissements, compte non tenu de la TPS et de la TVQ

Ramonage Legrand enr. est une jeune entreprise offrant des services de ramonage de cheminées et d'inspection d'extincteurs chimiques. Voici quelques-unes des opérations effectuées par l'entreprise au cours du mois d'août 20X6 :

3 août	Réception d'un chèque de 3 528 $ émis par Papier recyclé inc. en règlement d'une facture datée du 24 juillet, déduction faite d'un escompte de caisse de 72 $.
5 août	Paiement par Prudence Lavertue d'une facture de 350 $ datée du 26 juillet. Conditions de règlement : 2/10, n/30.

8

7 août   Services rendus au comptant du 1er au 7 août :

Ramonage de cheminées	1 750 $
Inspection d'extincteurs chimiques	1 250
Total	3 000 $

8 août   Réception d'un chèque de Dubois inc. en règlement d'une facture de 750 $ datée du 30 juillet. Conditions de règlement : 2/10, n/30.

14 août   Services rendus au comptant du 8 au 14 août :

Ramonage de cheminées	2 650 $
Inspection d'extincteurs chimiques	1 700
Total	4 350 $

20 août   Réception d'un chèque de 375 $ émis par Henri Harvey en règlement d'une facture datée du 20 juillet.

21 août   Services rendus au comptant du 15 au 21 août :

Ramonage de cheminées	2 300 $
Inspection d'extincteurs chimiques	2 100
Total	4 400 $

25 août   Réception d'un chèque de 550 $ et d'un billet de 1 000 $ échéant dans 3 mois de Jean Sinistray enr. en règlement partiel de son compte.

31 août   Emprunt d'une somme de 3 000 $ effectué auprès d'un particulier, Paul Paiement, en échange d'un billet échéant dans 6 mois et portant intérêt au taux annuel de 8 %.

31 août   Services rendus au comptant du 22 au 31 août :

Ramonage de cheminées	4 300 $
Inspection d'extincteurs chimiques	2 300
Total	6 600 $

Enregistrez ces opérations dans le journal des encaissements (page 21) et reportez-les dans les comptes appropriés des grands livres de l'entreprise, dont voici les soldes au 31 juillet :

	Grand livre général	
100	Caisse	1 950 $
110	Clients	7 245
120	Effets à recevoir	1 500
220	Effets à payer	5 000
401	Ramonage de cheminées	100 400
402	Inspection d'extincteurs chimiques	58 800
405	Escomptes sur ventes	752
	Grand livre auxiliaire des clients	
112	Dubois inc.	750 $
113	Doris Dupuy	170
115	Henri Harvey	375
116	Jean Sinistray enr.	2 000
118	Papier recyclé inc.	3 600
119	Prudence Lavertue	350

Total de la colonne Caisse du journal des encaissements : 26 881 $

E7 L'enregistrement d'opérations dans le journal des achats, compte tenu de la TPS et de la TVQ

La pharmacie Khaplet inc. comptabilise ses achats au prix brut. Voici les opérations relatives aux achats de marchandises effectués à crédit en avril 20X7 :

2 avril — Achat à crédit de 12 500 $ de marchandises (Médicaments) chez Bris Thol ltée. Les médicaments sur ordonnance ne sont pas taxables. Conditions de règlement : 2/10, n/30 ; numéro et date de la facture : B-27634, 2 avril.

7 avril — Achat à crédit de 7 525 $, TPS (5 %) et TVQ (9,975 %) en sus, de marchandises (Beauté) chez Hépy Derm inc. Conditions de règlement : 1/10, n/30 ; numéro et date de la facture : 745543, 6 avril.

11 avril — Achat à crédit de 3 210 $ de marchandises non taxables (Épicerie) chez IGA Du Plateau ltée. Condition de règlement : n/30 ; numéro et date de la facture : A-59805, 11 avril.

16 avril — Achat à crédit de 17 300 $ de marchandises (Médicaments) chez Bris Thol ltée. Les médicaments sur ordonnance ne sont pas taxables. Conditions de règlement : 2/10, n/30 ; numéro et date de la facture : B-27922, 15 avril.

19 avril — Achat à crédit de 4 675 $ de marchandises (Beauté), TPS (5 %) et TVQ (9,975 %) en sus, chez Don Juan inc. Conditions de règlement : 2/10, n/30 ; numéro et date de la facture : DJ-175, 18 avril.

27 avril — Achat à crédit de 19 050 $ de marchandises chez Hancanteur enr. (fournisseur n° 215). Condition de règlement : net fin de mois (n.f.m.). Les détails de la facture n° 16 se lisent comme suit :

Produits pharmaceutiques non taxables	*14 500,00 $*
Produits de beauté taxables	*2 800,00*
Produits d'épicerie non taxables	*1 750,00*
Total avant taxes	*19 050,00*
TPS (5 %)	*140,00*
TVQ (9,975 %)	*279,30*
Total de la facture	*19 469,30 $*

30 avril — Achat à crédit de 21 500 $ de marchandises (Médicaments) chez Bris Thol ltée. Les médicaments sur ordonnance ne sont pas taxables. Conditions de règlement : 2/10, n/30 ; numéro et date de la facture : B-28078, 29 avril.

Enregistrez ces opérations dans le journal des achats (page 36) et reportez-les dans les comptes appropriés des grands livres, dont voici les soldes au 31 mars :

Grand livre général

210	*Fournisseurs*	*20 910 $*
219	*CTI à recouvrer*	*θ*
220	*RTI à recouvrer*	*θ*
401	*Achats – Pharmacie*	*650 210*
402	*Achats – Beauté*	*225 975*
403	*Achats – Épicerie*	*99 215*

Grand livre auxiliaire des fournisseurs

211	*Bris Thol ltée*	*15 210 $*
213	*Don Juan inc.*	*2 525*
216	*Hépy Derm inc.*	*1 500*
217	*IGA Du Plateau ltée*	*1 675*

Montant total porté au crédit du compte Fournisseurs : 88 006,25 $

E8 L'enregistrement d'opérations dans le journal des décaissements, compte non tenu de la TPS et de la TVQ

Pitreries Lafarce enr. est grossiste en farces et attrapes. L'entreprise règle tous ses comptes par chèque. Voici quelques-unes des opérations effectuées par l'entreprise au cours du mois de septembre 20X3 :

2 septembre	Paiement du loyer mensuel de 575 $.
5 septembre	Paiement d'une annonce publicitaire parue le jour même dans *Le Soleil* et s'élevant à 400 $.
7 septembre	Paiement à Pétards Laflèche ltée d'une facture de 10 250 $ datée du 29 août. Conditions de règlement : 2/10, n/30.
8 septembre	Achat au comptant de 415 $ de marchandises chez Le Blagueur enr.
9 septembre	Émission d'un chèque à l'ordre de Cartes piégées inc. en règlement du solde dû à ce fournisseur. La facture de 1 600 $ est datée du 31 août. Conditions de règlement : 1/10, n/30.
15 septembre	Prélèvement par la banque d'une somme de 4 000 $ pour les salaires bimensuels déposés directement dans les comptes des employés.
16 septembre	Paiement d'une annonce publicitaire parue le jour même dans *Safarir* et s'élevant à 600 $.
18 septembre	Achat au comptant de 325 $ de marchandises chez Le Blagueur enr.
22 septembre	Chèque de 150 $ émis à l'ordre de Trombones Doré enr. lors de l'achat de fournitures de bureau.
24 septembre	Paiement à Feux follets ltée d'une facture de 3 900 $ datée du 15 septembre. Conditions de règlement : 1/10, n/30.
28 septembre	Paiement à Ino Cent inc. d'une facture de 1 500 $ datée du 31 août. Condition de règlement : n/30.
30 septembre	Prélèvement par la banque d'une somme de 3 900 $ pour les salaires bimensuels déposés directement dans les comptes des employés.
30 septembre	Émission d'un chèque de 515 $ à l'ordre de Visa en règlement d'achats personnels effectués par le propriétaire.

Sans tenir compte des taxes et en supposant que le dernier chèque émis en août 20X3 porte le numéro 676, enregistrez ces opérations dans le journal des décaissements (page 33), dont les colonnes sont intitulées comme suit : Achats, Publicité, Salaires, Fournisseurs, Caisse, Escomptes sur achats et Divers (débit et crédit). Reportez les montants appropriés dans les comptes des grands livres, dont voici les soldes au 31 août :

	Grand livre général	
100	Caisse	29 010 $
210	Fournisseurs	20 700
315	Lafarce – Retraits	7 000
510	Achats	310 975
515	Escomptes sur achats	4 650
520	Loyer	4 600
530	Publicité	8 500
540	Salaires	63 000
550	Fournitures de bureau utilisées	665
	Grand livre auxiliaire des fournisseurs	
212	Cartes piégées inc.	1 600 $
214	Feux follets ltée	6 100
215	Ino Cent inc.	2 750
218	Pétards Laflèche ltée	10 250

Total de la colonne Caisse : 27 870 $

E9 Le report à partir des journaux auxiliaires

Le système comptable en usage chez Prismocolor inc. comprend quatre journaux auxiliaires et un journal général. Le 31 octobre 20X8, les soldes des comptes collectifs Clients et Fournisseurs étaient respectivement de 240 000 $ et de 72 000 $. Au cours du mois de novembre, les ventes inscrites dans le journal des ventes se sont élevées à 144 000 $. Les achats enregistrés dans le journal des achats ont été de 84 000 $. À la fin du mois, le total de la colonne Clients du journal des encaissements est de 115 200 $, tandis que le total de la colonne Fournisseurs du journal des décaissements est de 100 800 $. Le 30 novembre 20X8, de quelle manière faut-il reporter les chiffres suivants ?

a) Le total de 115 200 $.

b) Le chiffre des ventes du mois.

c) Le chiffre des achats du mois.

d) Le total de 100 800 $.

E10 La vente de marchandises, les rendus et rabais sur ventes et les escomptes sur ventes, compte tenu de la TPS et de la TVQ

Le tableau suivant résume quelques-unes des opérations avant taxes d'une boutique spécialisée dans la vente de vêtements de sport, Plein'Air enr., au cours du mois de juin. La boutique prélève sur toutes ses ventes la TPS et la TVQ aux taux présentement en vigueur au Québec.

		Ventes à crédit		Rabais sur ventes		
Nom du client	Date	Montant (avant taxes)	Conditions de règlement	Date	Montant (avant taxes)	Date du recouvrement
Tom Nadeau	6 juin	400 $	1/10, n/30			15 juin
Beth Conroy	11 "	1 000	2/10, n/30	12 juin	50 $	20 "
Valérie Balleux	14 "	3 000	2/10, n/30	17 "	100	29 "
Simon Toutant	21 "	5 000	3/10, n/60	25 "	500	30 "

Déterminez le montant effectivement recouvré par Plein'Air enr. de chacun de ces clients et passez les écritures de journal relatives à chacune des opérations survenues en juin.

E11 La comptabilisation des achats, compte tenu de la TPS et de la TVQ

Cent-o-rama enr. est une jeune entreprise commerciale spécialisée dans la vente de menus articles. Elle utilise un système d'inventaire périodique. Tous ses achats sont assujettis à la TPS de 5 % et à la TVQ de 9,975 %. Voici les opérations relatives aux achats de marchandises effectuées au cours des deux premières semaines du mois d'août 20X4 :

3 août   Achat de marchandises à crédit chez Fournitout inc. s'élevant à 5 500 $ avant taxes. Conditions de règlement : 2/5, 1/10, n/30.

7 août   Achat de marchandises à crédit chez Mercantile inc. totalisant 1 400 $ avant taxes. Conditions de règlement : 1/10, n/30.

8 août   Retour de marchandises défectueuses ayant coûté 50 $ avant taxes à Fournitout inc., laquelle promet d'envoyer une note de crédit.

9 août   Paiement du solde dû à Fournitout inc.

15 août   Paiement du solde dû à Mercantile inc.

Enregistrez ces opérations dans le journal général de l'entreprise, en supposant qu'elle utilise la méthode de comptabilisation des achats au prix brut.

La découverte d'erreurs

 Expliquez de quelle façon chacune des erreurs suivantes pourrait être découverte.

a) Au moment d'additionner les sommes portées au crédit du compte Clients dans le journal des encaissements, on a inscrit 9 180 $ alors que le total est effectivement de 8 680 $.

b) Tandis que le total des colonnes Clients et Ventes du journal des ventes est de 78 750 $, le montant reporté dans chacun de ces deux comptes du grand livre général est de 78 570 $.

c) On a enregistré dans le journal des ventes un montant de 190 $ pour une vente à crédit effective de 910 $.

d) Le total de la colonne Clients du journal des encaissements a été correctement établi à 12 600 $, mais a été reporté dans le compte Clients comme étant de 1 260 $.

PROBLÈMES DE COMPRÉHENSION

 L'enregistrement d'opérations dans le journal des ventes, dans le journal des achats et dans le journal général

30 minutes – facile

Librairie Dusavoir inc. est un distributeur de volumes, d'encyclopédies et de papeterie. Tous les achats sont effectués à crédit, toutes les ventes sont effectuées à crédit aux conditions 2/10, n/30, et le plan comptable de l'entreprise comprend notamment les comptes suivants :

Effets à recevoir	110	RTI à recouvrer	355
Clients	130	Ventes	500
Fournitures	145	Rendus et rabais sur ventes	510
Équipements	210	Escomptes sur ventes	515
Fournisseurs	330	Achats	600
TPS à payer	340	Rendus et rabais sur achats	610
TVQ à payer	345	Escomptes sur achats	615
CTI à recouvrer	350	Publicité	650

Voici quelques-unes des opérations effectuées par Librairie Dusavoir inc. au cours du mois de janvier 20X3. Les taxes doivent être calculées, le cas échéant.

2 janvier   Achat de 16 500 $ de volumes chez Maboule, éditeurs (fournisseur n° 335). Seule la TPS de 5 % doit être ajoutée. Conditions de règlement : 2/10, n/30 ; numéro et date de la facture : 1109, 2 janvier.

3 janvier   Achat de 14 500 $, TPS (5 %) en sus, d'encyclopédies chez Atlas ltée (fournisseur n° 331). Conditions de règlement : 1/10, n/30 ; numéro et date de la facture : A-55789, 2 janvier.

4 janvier   Achat de 1 300 $, TPS (5 %) et TVQ (9,975 %) en sus, de papeterie destinée à la vente chez Fournitout inc. (fournisseur n° 333). Conditions de règlement : 2/10, n/30 ; numéro et date de la facture : F-415, 4 janvier.

5 janvier   Vente de marchandises à Ly Brair inc. (client n° 136). Les détails de la facture n° 1 se lisent comme suit :

Volumes	4 850,00 $
Encyclopédies	1 000,00
Papeterie	150,00
TPS à payer	300,00
TVQ à payer	14,96
Total de la facture	6 314,96 $

6 janvier   Facture n° 2 d'un montant de 1 575 $ émise lors de la vente de volumes à Jay Lhu enr. (client n° 135). La TPS de 5 % est incluse.

7 janvier	Note de crédit n° 138 d'un montant de 157,50 $ obtenue de Maboule, éditeurs pour des volumes retournés à ce fournisseur. La TPS de 5 % est incluse.
11 janvier	Vente de marchandises à Bibliothèque municipale Enville (client n° 132). Les détails de la facture n° 3 se lisent comme suit :

Volumes	*3 500,00 $*
Encyclopédies	*11 500,00*
TPS à payer	*750,00*
Total de la facture	*15 750,00 $*

Librairie Dusavoir inc. accepte un billet échéant dans 90 jours en échange de ces marchandises. Le billet porte intérêt au taux annuel de 7 %.

12 janvier	Achat à crédit de 750 $, TPS (5 %) et TVQ (9,975 %) en sus, de fournitures d'emballage chez Plastisac inc. (fournisseur n° 138). Condition de règlement : n/30 ; numéro et date de la facture : 10-155, 11 janvier.
13 janvier	Achat de 18 000 $ de volumes chez Maboule, éditeurs (fournisseur n° 335). Seule la TPS de 5 % doit être ajoutée. Conditions de règlement : 2/10, n/30 ; numéro et date de la facture : 1185, 12 janvier.
13 janvier	Achat de 15 000 $ d'encyclopédies chez Atlas ltée (fournisseur n° 331). Seule la TPS de 5 % doit être ajoutée. Conditions de règlement : 1/10, n/30 ; numéro et date de la facture : A-55896, 13 janvier.
15 janvier	Vente de marchandises à Livres ouverts inc. (client n° 137). Les détails de la facture n° 4 se lisent comme suit :

Volumes	*5 500,00 $*
Encyclopédies	*3 000,00*
TPS à payer	*425,00*
Total de la facture	*8 925,00 $*

16 janvier	Vente de marchandises à Ly Brair inc. (client n° 136). Les détails de la facture n° 5 se lisent comme suit :

Volumes	*4 450,00 $*
Papeterie	*50,00*
TPS à payer	*225,00*
TVQ à payer	*4,99*
Total de la facture	*4 729,99 $*

17 janvier	Note de crédit n° 1 d'un montant de 262,50 $, TPS incluse, émise à l'ordre de Livres ouverts inc. pour des volumes retournés par ce client.
21 janvier	Facture n° 6 émise lors de la vente d'une encyclopédie de 2 500 $ à Paul Landry (client n° 139). La TPS n'est pas incluse.
23 janvier	Vente de marchandises à Hérudy inc. (client n° 134). Les détails de la facture n° 7 se lisent comme suit :

Volumes	*2 050,00 $*
Encyclopédies	*900,00*
Papeterie	*50,00*
TPS à payer	*150,00*
TVQ à payer	*4,99*
Total de la facture	*3 154,99 $*

30 janvier   Vente de marchandises à Livres ouverts inc. (client n° 137). Les détails de la facture n° 8 se lisent comme suit :

Volumes	4 000,00 $
Encyclopédies	2 500,00
TPS à payer	325,00
Total de la facture	6 825,00 $

TRAVAIL À FAIRE

a)   Enregistrez ces opérations dans les journaux appropriés.

b)   Calculez les totaux de chaque colonne du journal des ventes et du journal des achats afin de vous assurer que le total des débits est égal au total des crédits.

Total de la colonne Clients du journal des ventes : 49 899,94 $

P2

40 minutes – facile

L'enregistrement d'opérations dans le journal des ventes, dans le journal des encaissements et dans le journal général

Lotions capillaires inc. est un grossiste spécialisé dans la vente de shampooings, de teintures et d'accessoires de coiffure. Toutes les factures des ventes à crédit portent la mention « 2/10, n/30 », et le plan comptable de l'entreprise comprend notamment les comptes suivants :

Caisse	100	RTI à recouvrer	245
Clients	120	Carl Lair – Apports	305
Effets à recevoir	135	Ventes – Shampooings	510
Effets à payer	210	Ventes – Teintures	515
Fournisseurs	220	Ventes – Accessoires	520
TPS à payer	230	Rendus et rabais sur ventes	525
TVQ à payer	235	Escomptes sur ventes	530
CTI à recouvrer	240	Rendus et rabais sur achats	625

Voici quelques-unes des opérations effectuées par l'entreprise au cours du premier mois d'exploitation. Les ventes et les achats sont tous assujettis à la TPS et à la TVQ.

1er mars   Mise de fonds initiale du propriétaire de 10 000 $.

2 mars   Vente à crédit de 950 $ de marchandises à Coiffure excentrik enr. (client n° 122). Les détails de la facture n° 1 se lisent comme suit :

Shampooings	295 $
Teintures	580
Accessoires	75

6 mars   Vente à crédit de 1 225 $ de marchandises à Salon Elle & Lui inc. (client n° 128). Les détails de la facture n° 2 se lisent comme suit :

Shampooings	175 $
Teintures	860
Accessoires	190

8 mars   Rabais de 25 $, taxes en sus, accordé au Salon Elle & Lui inc. pour un léger défaut de fabrication décelé dans un rasoir électrique.

9 mars | Vente à crédit de 250 $ de marchandises à Salon unicoiffe inc. (client n° 129). Les détails de la facture n° 3 se lisent comme suit :

Shampooings	*50 $*
Teintures	*200*

12 mars | Paiement reçu de Coiffure excentrik enr. en règlement de son compte.

14 mars | Emprunt de 1 000 $ effectué à la banque en échange d'un billet échéant dans 1 an et portant intérêt au taux de 8 %.

15 mars | Ventes au comptant effectuées du 1er au 15 mars :

Shampooings	*525 $*
Teintures	*2 505*
Accessoires	*570*

16 mars | Paiement reçu de Salon Elle & Lui inc. en règlement de son compte.

17 mars | Marchandises renvoyées à un fournisseur contre un remboursement de 402,41 $, toutes taxes incluses.

18 mars | Vente à crédit de 2 000 $ de marchandises à Ciseaux magiques enr. (client n° 121). Les détails de la facture n° 4 se lisent comme suit :

Shampooings	*275 $*
Teintures	*1 225*
Accessoires	*500*

19 mars | Paiement reçu de Salon unicoiffe inc. en règlement de son compte.

22 mars | Vente à crédit de 880 $ de marchandises à Coiffure excentrik enr. (client n° 122). Les détails de la facture n° 5 se lisent comme suit :

Shampooings	*185 $*
Teintures	*600*
Accessoires	*95*

24 mars | Rabais de 35 $, taxes en sus, accordé à Coiffure excentrik enr. pour une teinture d'une couleur trop artificielle.

25 mars | Vente à crédit de 475 $ de marchandises à Salon unicoiffe inc. (client n° 129). Les détails de la facture n° 6 se lisent comme suit :

Shampooings	*100 $*
Teintures	*350*
Accessoires	*25*

29 mars | Réception d'un chèque de 1 000 $ de Ciseaux magiques enr. en règlement partiel de son compte.

31 mars | Ventes au comptant effectuées du 16 au 31 mars :

Shampooings	*775 $*
Teintures	*4 825*
Accessoires	*1 000*

TRAVAIL À FAIRE

a) Enregistrez ces opérations dans les journaux appropriés.

b) Reportez les montants dans les comptes appropriés du grand livre général et du grand livre auxiliaire des clients.

c) Dressez la liste des comptes clients au 31 mars 20X2.

  Total des comptes clients : 2 817,17 $

P3 L'enregistrement d'opérations dans le journal des achats, dans le journal des décaissements et dans le journal général

⑦ ⑧

40 minutes – facile

La boutique Sensuelle enr. comptabilise ses achats au prix brut. Voici les opérations de mars 20X1 portant sur les achats de marchandises et le paiement des fournisseurs, ainsi qu'un certain nombre d'autres opérations (sauf indication contraire, tous les paiements sont faits par chèque). On doit tenir compte des taxes lorsqu'elles sont applicables.

1er mars Paiement du loyer mensuel de 495 $, TPS et TVQ en sus.

2 mars Achat à crédit de 7 750 $, TPS et TVQ en sus, de marchandises (Sous-vêtements) chez Day Zabillay inc. (fournisseur n° 214). Conditions de règlement : 2/10, n/30 ; numéro et date de la facture : H-432, 1er mars.

3 mars Paiement à Bo Paytar ltée d'une facture de 1 600 $, TPS et TVQ en sus, datée du 25 février. Conditions de règlement : 1/10, n/30.

4 mars Achat à crédit de 1 200 $, TPS et TVQ en sus, de marchandises (Vêtements) chez Affry Hollante inc. (fournisseur n° 211). Conditions de règlement : 2/10, n/30 ; numéro et date de la facture : A1987, 3 mars.

5 mars Note de crédit n° 75 de 250 $, TPS et TVQ en sus, reçue de Day Zabillay inc. pour de la marchandise légèrement endommagée lors de la livraison.

8 mars Paiement d'une annonce publicitaire parue dans le *Journal de Montréal* et s'élevant à 450 $, TPS et TVQ en sus.

11 mars Paiement du solde dû à Day Zabillay inc.

12 mars Achat au comptant de 402,41 $ de vêtements, TPS et TVQ incluses.

13 mars Paiement du solde dû à Affry Hollante inc.

15 mars Prélèvement par la banque d'une somme de 5 000 $ pour les salaires bimensuels déposés directement dans les comptes des employés.

22 mars Achat à crédit de 1 000 $, TPS et TVQ en sus, de marchandises (Accessoires) chez Bret Thel enr. (fournisseur n° 213). Conditions de règlement : 2/10, n/30 ; numéro et date de la facture : B-2952, 22 mars.

24 mars Achat à crédit de 6 500 $, TPS et TVQ en sus, de marchandises (Vêtements) chez Don Juan inc. (fournisseur n° 215). Conditions de règlement : 2/10, n/30 ; numéro et date de la facture : DJ-195, 18 mars.

26 mars Achat à crédit de 1 750 $, TPS et TVQ en sus, de marchandises chez Mabelle Prude enr. (fournisseur n° 218). Conditions de règlement : 2/10, n/30. Les détails de la facture n° 16 se lisent comme suit :

Sous-vêtements	*1 500 $*
Accessoires	*250*

30 mars Paiement du solde dû à Don Juan inc.

30 mars Achat à crédit de 3 950 $, TPS et TVQ en sus, de marchandises (Sous-vêtements) chez Day Zabillay inc. Conditions de règlement : 2/10, n/30 ; numéro et date de la facture : H-499, 29 mars.

31 mars Prélèvement par la banque d'une somme de 5 200 $ pour les salaires bimensuels déposés directement dans les comptes des employés.

31 mars Retrait en argent de 750 $ effectué par la propriétaire.

TRAVAIL À FAIRE

a) En supposant que le dernier chèque émis en février 20X1 porte le numéro 726, enregistrez ces opérations dans le journal des achats (page 57), le journal des décaissements (page 91) et le journal général (page 11).

b) Reportez les montants appropriés dans les comptes des grands livres, dont voici les soldes au 28 février 20X1 :

Grand livre général

100	*Caisse*	41 220,00 $
210	*Fournisseurs*	1 839,60
225	*CTI à recouvrer*	18 414,00
235	*RTI à recouvrer*	29 002,05
320	*Sonia Piché – Retraits*	3 500,00
501	*Achats – Sous-vêtements*	125 900,00
502	*Achats – Vêtements*	222 875,00
503	*Achats – Accessoires*	18 115,00
510	*Rendus et rabais sur achats*	725,00
515	*Escomptes sur achats*	3 505,00
520	*Loyer*	990,00
530	*Publicité*	1 125,00
540	*Salaires*	19 500,00
550	*Découvert de caisse*	5,71

Grand livre auxiliaire des fournisseurs

212	*Bo Paytar ltée*	1 839,60

c) Dressez la liste des comptes fournisseurs au 31 mars 20X1.

  Total des comptes fournisseurs : 7 703,32 $

P4

L'enregistrement d'opérations dans le journal des encaissements, dans le journal des décaissements et dans le journal général

35 minutes – moyen

Chuck Hellectrik inc. est une nouvelle entreprise spécialisée dans la fabrication, le réusinage et l'entretien de turbines à gaz. Les ventes et les achats sont tous assujettis à la TPS et à la TVQ. Le plan comptable de l'entreprise comprend notamment les comptes suivants :

Caisse	100	*Produits – Fabrication*	410
Effets à recevoir	110	*Produits – Réusinage*	420
Clients	120	*Produits – Entretien*	430
Terrains	150	*Rendus et rabais sur ventes*	450
Équipements	160	*Escomptes sur ventes*	460
Matériel de bureau	170	*Achats de pièces – Fabrication*	510
Camions	180	*Achats de pièces – Réusinage*	520
Effets à payer	210	*Achats de pièces – Entretien*	530
Fournisseurs	220	*Rendus et rabais sur achats*	550
TPS à payer	230	*Escomptes sur achats*	560
TVQ à payer	235	*Loyer*	610
CTI à recouvrer	240	*Salaires*	620
RTI à recouvrer	245	*Publicité*	630
Emprunt hypothécaire	250	*Frais de livraison*	640
Chuck Hellectrik – Apports	310	*Intérêts sur la dette à long terme*	675
Chuck Hellectrik – Retraits	315	*Sommaire des résultats*	900

Voici quelques-unes des opérations effectuées par l'entreprise au mois de mai 20X8 :

1er mai	Dépôt d'une somme de 50 000 $ dans un compte bancaire ouvert au nom de l'entreprise. Le propriétaire, Chuck Hellectrik, apporte également des équipements d'une valeur de 35 000 $ à titre de mise de fonds initiale.
1er mai	Négociation et obtention d'un emprunt hypothécaire de 60 000 $ remboursable par versements mensuels de 1 000 $ en capital plus les intérêts au taux annuel de 6 %.
2 mai	Chèque n° 1 émis à l'ordre de Rikant inc. pour l'achat d'équipements de l'ordre de 75 000 $, TPS et TVQ en sus.
2 mai	Chèque n° 2 émis à l'ordre de Loutout inc. pour payer le loyer mensuel de 1 000 $, TPS et TVQ en sus.
2 mai	Achat à crédit de 5 000 $, TPS et TVQ en sus, de pièces de rechange remises à neuf chez Pièces réusinées inc. (fournisseur n° 227). Conditions de règlement : 2/10, n/30 ; numéro et date de la facture : 1767, 1er mai.
3 mai	Services d'entretien d'une turbine payés par un client au moyen de sa carte de débit et s'élevant à 225 $, TPS et TVQ en sus.
5 mai	Chèque n° 3, de 2 127,04 $, TPS et TVQ incluses, émis à l'ordre de Bureauteck ltée pour l'achat de matériel de bureau.
7 mai	Chèque n° 4, de 632,36 $, TPS et TVQ incluses, émis lors de l'achat de pièces d'entretien.
8 mai	Achat à crédit de 25 000 $, TPS et TVQ en sus, de pièces de fabrication chez Vap-o-gaz inc. (fournisseur n° 229). Conditions de règlement : 2/10, n/30 ; numéro et date de la facture : V89351, 7 mai.
9 mai	Chèque n° 5 émis à l'ordre de Pièces réusinées inc. en règlement de la facture du 1er mai.
12 mai	Rabais de 500 $, TPS et TVQ en sus, obtenu de Vap-o-gaz inc.
13 mai	Chèque n° 6, de 603,62 $, TPS et TVQ incluses, émis à l'ordre du journal *La Presse* pour la publication, le jour même, d'une annonce publicitaire.
15 mai	Réception d'un chèque de 22 000 $, taxes incluses, lors de la livraison d'une turbine neuve (Fabrication).
16 mai	Chèque n° 7, de 250 $, taxes incluses, émis à l'ordre de Transportec ltée pour la livraison effectuée la veille.
17 mai	Réception d'un chèque d'Hydro-Enville en règlement d'une facture de 15 000 $, TPS et TVQ en sus, datée du 8 mai. Conditions de règlement : 2/10, n/30.
19 mai	Chèque n° 8 émis à l'ordre de Vap-o-gaz inc. en règlement de la facture du 7 mai.
19 mai	Chèque n° 9, d'un montant de 7 500 $, TPS et TVQ en sus, émis à l'ordre d'Automobiles Lemay inc. lors de l'achat d'un camion d'occasion.
20 mai	Réception d'un chèque de la municipalité de Sherbrooke en règlement d'une facture de 20 000 $, TPS et TVQ en sus, datée du 11 mai. Conditions de règlement : 2/10, n/30.
21 mai	Achat à crédit de 15 000 $, TPS et TVQ en sus, de pièces de fabrication chez Vap-o-gaz inc. (fournisseur n° 229). Conditions de règlement : 2/10, n/30 ; numéro et date de la facture : V89399, 19 mai.
22 mai	Chèque n° 10, de 1 500 $ émis à l'ordre de MasterCard pour régler des achats personnels effectués par le propriétaire.
29 mai	Chèque n° 11 émis à l'ordre de Vap-o-gaz inc. en règlement de la facture du 19 mai.
30 mai	Achat non taxable d'un terrain d'une valeur de 25 000 $, moyennant l'émission du chèque n° 12, de 20 000 $, et la signature d'un billet échéant dans 1 an pour financer le solde.
31 mai	Prélèvement par la banque du premier versement sur l'hypothèque s'élevant à 1 300 $.

8

TRAVAIL À FAIRE

Inscrivez les opérations qui doivent être comptabilisées dans le journal des encaissements, dans le journal des décaissements et dans le journal général. Additionnez les sommes inscrites dans le journal des encaissements et dans le journal des décaissements, et assurez-vous que ces journaux sont en équilibre. Indiquez de quelle façon on effectuerait le travail de report en inscrivant le numéro des comptes dans les journaux et en inscrivant un crochet (√) aux endroits appropriés.

Total de la colonne Caisse du journal des encaissements : 171 799,94 $

P5

35 minutes – facile

L'enregistrement d'opérations dans le journal des encaissements et dans le journal des décaissements

Danika enr. utilise un journal des encaissements et un journal des décaissements. Tous les paiements sont effectués par chèque. Voici les rentrées et les sorties de fonds du mois d'avril 20X4 :

1er avril	Paiement du loyer mensuel s'élevant à 650 $, TPS et TVQ en sus.
2 avril	Ventes de marchandises au comptant de 6 207 $, TPS et TVQ en sus.
2 avril	Paiement des frais de transport relatifs à l'achat de marchandises (FAB point d'expédition) effectué chez Watawow inc. d'une somme de 473 $, TPS et TVQ en sus.
3 avril	Achat de marchandises au comptant totalisant 7 114 $, TPS et TVQ en sus.
3 avril	Règlement d'une facture émise par Petibonum ltée, de 3 104,33 $, taxes incluses, moins un escompte de caisse de 1 %.
4 avril	Achat de mobilier au prix de 5 120 $, taxes incluses, moyennant un versement comptant de 1 120 $ et l'émission d'un billet pour financer le solde.
5 avril	Somme de 960 $ et billet de 2 880 $ reçus de Barbarella inc. en règlement d'une facture de 3 840 $ pour des marchandises non taxables.
6 avril	Règlement d'une facture émise par Duncan Lebeigne, de 5 173,88 $, taxes incluses, moins un escompte de caisse de 2 %.
9 avril	Paiement d'un billet de 9 600 $ échéant aujourd'hui plus des intérêts courus de 288 $.
12 avril	Apport supplémentaire de la propriétaire, Danika Lemaire, s'élevant à 32 000 $.
18 avril	Achat de marchandises au comptant totalisant 4 640 $, TPS et TVQ en sus.
19 avril	Paiement du compte d'essence de l'automobile personnelle de Danika pour un montant de 176 $, taxes incluses.
20 avril	Encaissement de 2 259,50 $, compte tenu d'un escompte de 40 $, en règlement complet des marchandises vendues à Cendrillon ltée.
23 avril	Règlement de la facture de 5 978,70 $, taxes incluses, par Marnex, moins un escompte de caisse de 2 %.
23 avril	Paiement des commissions des vendeurs totalisant 2 528 $. Les commissions ne sont pas taxables.
30 avril	Somme reçue de Chaperon mauve enr. en règlement d'une facture de 6 323,63 $, taxes incluses, moins un escompte de caisse de 2 %.
30 avril	Paiement des salaires du mois s'élevant à 9 000 $.

TRAVAIL À FAIRE

a) Enregistrez ces opérations dans le journal des encaissements et le journal des décaissements.

b) Calculez les totaux de chacune des colonnes de ces journaux, tirez un double trait sous ces totaux et démontrez que le total des débits est égal au total des crédits.

Total de la colonne Caisse du journal des encaissements : 48 569,63 $

35 minutes – facile

P6 L'enregistrement d'opérations dans le journal des encaissements et dans le journal des décaissements, compte non tenu de la TPS et de la TVQ

Superlatif enr. utilise un journal des encaissements et un journal des décaissements. Voici les rentrées et les sorties de fonds du mois de septembre 20X6 :

1er septembre	Paiement du loyer mensuel de 1 750 $.
1er septembre	Achat de marchandises au comptant s'élevant à 6 848 $.
1er septembre	Paiement de la facture de 2 600 $ reçu de Supérieur ltée, moins un escompte de caisse de 1 %.
3 septembre	Ventes de marchandises au comptant de 5 504 $.
3 septembre	Réception et paiement d'une facture de 326 $ pour des frais de transport afférents aux marchandises achetées en août 20X6.
4 septembre	Achat de mobilier au prix de 4 000 $, moyennant un versement comptant de 1 000 $ et un billet pour financer le solde.
5 septembre	Somme de 1 440 $ et billet de 5 000 $ reçus de Minus enr. en règlement de sa créance.
6 septembre	Paiement de la facture reçu de Maxima inc. et s'élevant à 4 500 $, moins un escompte de caisse de 2 %.
7 septembre	Paiement d'un billet de 2 000 $ échéant aujourd'hui et des intérêts de 150 $ s'y rapportant.
10 septembre	Vente au comptant au prix de 9 000 $ d'un terrain ayant coûté 10 250 $.
10 septembre	Apport supplémentaire de 10 000 $ investi en argent dans l'entreprise par le propriétaire, Sam Laffite.
12 septembre	Ventes de marchandises au comptant, de 4 243 $.
15 septembre	Placement à court terme en obligations d'État totalisant 6 400 $.
18 septembre	Achat de marchandises au comptant totalisant 4 640 $.
19 septembre	Versement de 500 $ à titre d'acompte sur le solde dû par Sam Laffite sur son propre compte Visa.
20 septembre	Somme de 2 450 $ reçue de Maximum ltée en règlement d'une facture, déduction faite d'un escompte de caisse de 2 %.
21 septembre	Règlement de la facture reçu de Pouiche enr. totalisant 5 500 $, moins un escompte de caisse de 2 %.
24 septembre	Paiement de commissions dues aux représentants s'élevant à 3 500 $.
30 septembre	Somme reçue de Plurissima inc. en règlement d'une facture de 6 000 $, moins un escompte de caisse de 2 %.
30 septembre	Paiement des salaires du mois, de 8 500 $.

TRAVAIL À FAIRE

a) Enregistrez ces opérations dans le journal des encaissements et le journal des décaissements sans tenir compte des taxes.

b) Calculez les totaux de chacune des colonnes de ces journaux et tirez un double trait sous ces totaux.

Total de la colonne Caisse du journal des encaissements : 38 517 $

P7 L'utilisation des journaux auxiliaires et du journal général, compte non tenu de la TPS et de la TVQ

45 minutes – difficile

Piscines Larose enr. a commencé son exploitation le 1er mai 20X4. L'entreprise est considérée comme un « petit fournisseur » ; c'est pourquoi elle ne tient pas compte des taxes. Le plan comptable de l'entreprise comprend les comptes suivants :

Caisse	100	Ventes	500
Clients	150	Rendus et rabais sur ventes	520
Assurances payées d'avance	190	Escomptes sur ventes	540
Terrain	200	Achats	600
Immeuble	210	Rendus et rabais sur achats	620
Effets à payer	300	Escomptes sur achats	640
Fournisseurs	320	Transports sur achats	660
Emprunt hypothécaire	360	Salaires	720
Daniel Larose – Capital	400	Intérêts sur la dette à long terme	830

Voici les opérations effectuées au mois de mai 20X4 par Piscines Larose enr. :

1er mai Apport de 81 000 $ déposé par le propriétaire dans un compte en banque ouvert au nom de l'entreprise.

1er mai Achat d'un terrain et d'un immeuble au prix de 250 000 $, moyennant un versement comptant de 40 000 $ et un emprunt hypothécaire de 210 000 $. On estime que le terrain a une valeur de 45 000 $. Le chèque n° 1 est émis à l'ordre de Raymax. L'emprunt hypothécaire est remboursable en 120 versements mensuels égaux en capital, plus les intérêts calculés au taux annuel de 4 %.

7 mai Achat à crédit de 12 000 $ de marchandises chez Piscines extra inc. (fournisseur n° 325). Conditions de règlement : 2/10, n/30 ; numéro et date de la facture : PS4689, 7 mai. Les achats sont inscrits au prix brut.

7 mai Vente de marchandises à Tony Salvatore (client n° 152) totalisant 6 800 $. Conditions de règlement : 2/10, n/60 ; numéro de la facture : 1.

9 mai Versement de 220 $ pour acquitter le coût d'un contrat d'assurance incendie d'une durée de 12 mois. Le chèque n° 2 est émis à l'ordre d'Assuretout inc.

10 mai Chèque n° 3 émis à l'ordre de Transport Lyonnais inc. en règlement des frais de transport afférents aux marchandises achetées le 7 mai et s'élevant à 177 $.

11 mai Vente de 8 800 $ de marchandises à Henriette Lalancette (client n° 155). Conditions de règlement : 2/10, n/60 ; numéro de la facture : 2.

14 mai Achat de marchandises au comptant d'une valeur de 2 556 $. Le chèque n° 4 est émis à l'ordre de Belles Piscines inc.

15 mai Somme reçue de Tony Salvatore en règlement complet de son compte.

15 mai Chèque n° 5 émis en règlement du solde dû à Piscines extra inc.

15 mai Prélèvement par la banque des salaires bimensuels totalisant 3 450 $.

16 mai Note de crédit n° 1 de 800 $ accordée à Henriette Lalancette pour des marchandises retournées par cette cliente.

18 mai Achat à crédit de 6 500 $ de marchandises chez Accessoires Hardy inc. (fournisseur n° 324). Conditions de règlement : 2/10, n/30 ; numéro et date de la facture : 425055, 17 mai.

21 mai Note de crédit de 200 $ reçue d'Accessoires Hardy inc. en raison de marchandises défectueuses reçues le 18 mai.

21 mai Somme reçue de Henriette Lalancette en règlement complet de son compte.

23 mai Achat à crédit de 6 500 $ de marchandises chez Piscines extra inc. Conditions de règlement : 2/10, n/30 ; numéro et date de la facture : PS4766, 22 mai.

27 mai Chèque n° 6 émis en règlement du solde dû à Accessoires Hardy inc.

28 mai Ventes de marchandises au comptant s'élevant à 1 250 $.

28 mai Somme de 15 400 $ empruntée à la banque, moyennant un billet.

30 mai Achat de marchandises totalisant 1 656 $. Le chèque n° 7 est émis à l'ordre de Hachette Kash ltée.

31 mai Prélèvement par la banque des salaires bimensuels s'élevant à 3 500 $.

31 mai Vente de 4 950 $ de marchandises à Pamela Sanderson (client n° 158). Conditions de règlement : 2/10, n/60 ; numéro de la facture : 3.

31 mai Prélèvement par la banque du premier versement hypothécaire de 2 450 $.

a) Enregistrez les opérations du mois de mai dans les journaux appropriés sans tenir compte des taxes.

b) Calculez les totaux de chacune des colonnes de ces journaux et tirez un double trait sous ces totaux.

Total de la colonne Caisse du journal des décaissements : 71 943 $

c) Indiquez de quelle façon on effectuerait le travail de report en inscrivant le numéro des comptes dans les journaux et en inscrivant un crochet (√) aux endroits appropriés.

P8 ## L'utilisation des journaux auxiliaires et du journal général

50 minutes – difficile

Le plan comptable de Meubles Frenette enr. comprend les comptes suivants :

Caisse	100	*Escomptes sur ventes*	440
Clients	120	*Achats*	500
Assurances payées d'avance	150	*Rendus et rabais sur achats*	520
Fournisseurs	220	*Escomptes sur achats*	540
TPS à payer	230	*Transports sur achats*	560
TVQ à payer	235	*Salaires*	710
CTI à recouvrer	240	*Publicité*	720
RTI à recouvrer	245	*Loyer*	730
Ventes	400	*Électricité*	740
Rendus et rabais sur ventes	420	*Entretien et réparations*	750

Voici les opérations effectuées par l'entreprise au mois d'octobre 20X1. Ajoutez les taxes lorsqu'elles sont applicables.

1er octobre Chèque n° 457 émis à l'ordre de Location Thellend pour le loyer du mois, qui s'élève à 1 350 $, plus TPS et TVQ.

2 octobre Achat à crédit de 5 050 $ de marchandises taxables chez Paul Dawson enr. (fournisseur n° 225). La facture n° D-39731 est datée du 2 octobre et porte les mentions « 2/10, n/30 » et « FAB point d'expédition ».

3 octobre Réception de la facture de transport des marchandises reçues le 2 octobre totalisant 325 $, plus taxes. Cette facture reçue de Transport Rheault enr. (fournisseur n° 228) est datée du 2 octobre et porte la mention « n/10 ».

4 octobre Vente de 900 $ de marchandises plus taxes à Hélène Genest enr. (cliente n° 124). La facture n° 4828 porte les mentions « 2/10, n/30 » et « FAB point d'expédition ».

5 octobre Réception d'une facture de 475 $ plus taxes de CIGB Radio pour la radiodiffusion de messages publicitaires. La facture n° 183 est due le 25 octobre.

6 octobre Note de crédit n° C-209 reçue de Paul Dawson enr. pour des marchandises d'une valeur de 250 $ avant taxes retournées à ce fournisseur.

7 octobre Chèque n° 458 émis à l'ordre de Les assurances Lupien inc. pour une police d'assurance en vigueur du 1er octobre 20X1 au 30 septembre 20X3 et d'une valeur de 730 $. Seule la TPS de 9 % non remboursable doit être ajoutée. Il s'agit du taux applicable à ce type d'assurance.

8 octobre Vente de 1 260 $ de marchandises plus taxes à Henry Laframboise inc. (client n° 126). La facture n° 4829 porte les mentions « 2/10, n/30 » et « FAB point d'expédition ».

9 octobre Achat à crédit de 2 775 $ de marchandises taxables chez Paul Dawson enr. La facture n° D-40157 est datée du 6 octobre et porte les mentions « 2/10, n/30 » et « FAB point d'expédition ».

10 octobre Réception de la facture de transport des marchandises reçues le 9 octobre totalisant 275 $ plus taxes. Cette facture reçue de Transport Rheault enr. est datée du 9 octobre et porte la mention « n/10 ».

11 octobre	Note de crédit n° 65 de 60 $ plus taxes émise à l'ordre de Henry Laframboise inc.
12 octobre	Chèque n° 459 émis à l'ordre de Paul Dawson enr. en règlement de la facture du 2 octobre.
13 octobre	Chèque n° 460 émis à l'ordre de Transport Rheault enr. en règlement du solde dû à ce fournisseur.
14 octobre	Paiement reçu de Hélène Genest enr. en règlement complet de son compte.
15 octobre	Ventes au comptant de 14 000 $ plus taxes effectuées du 1er au 15 octobre.
15 octobre	Prélèvement par la banque des salaires bimensuels s'élevant à 2 250 $.
16 octobre	Chèque n° 461 émis à l'ordre d'Hydro-Québec à la réception de la facture d'électricité du mois de septembre, de 175 $ plus taxes.
17 octobre	Chèque n° 462, de 1 500 $, émis à l'ordre de Paul Dawson enr. en règlement partiel du solde dû à ce fournisseur.
18 octobre	Paiement reçu de Henry Laframboise en règlement complet de son compte.
19 octobre	Vente de 550 $ de marchandises plus taxes à Glasson inc. (client n° 125). La facture n° 4830 porte les mentions « 2/10, n/30 » et « FAB point d'expédition ».
20 octobre	Note de crédit de 50 $ plus taxes reçue de CIGB Radio pour des messages dont la diffusion n'était pas nette.
21 octobre	Vente de 1 250 $ de marchandises plus taxes à Henry Laframboise inc. La facture n° 4831 porte les mentions « 2/10, n/30 » et « FAB point d'expédition ».
22 octobre	Chèque n° 463 émis à l'ordre de Bricoll enr. pour des travaux d'entretien qui ont coûté 225 $ plus taxes.
23 octobre	Vente de 750 $ de marchandises plus taxes à Hélène Genest enr. La facture n° 4832 porte les mentions « 2/10, n/30 » et « FAB point d'expédition ».
24 octobre	Paiement reçu de Glasson inc. en règlement complet de son compte.
25 octobre	Chèque n° 464 émis à l'ordre de CIGB Radio en règlement complet du solde dû à ce fournisseur.
26 octobre	Achat à crédit de 4 000 $ de marchandises taxables chez Stella Glass inc. (fournisseur n° 227). La facture n° V-19956 est datée du 24 octobre et porte les mentions « 2/10, n/30 » et « FAB point d'expédition ».
26 octobre	Chèque n° 465 émis à l'ordre de Purolateur ltée pour le transport des marchandises achetées chez Stella Glass inc. Ces frais de transport s'élèvent à 350 $ plus taxes.
28 octobre	Chèque n° 466 émis à l'ordre de Paul Dawson enr. en règlement complet du solde dû à ce fournisseur.
31 octobre	Prélèvement par la banque des salaires bimensuels totalisant 2 300 $.
31 octobre	Ventes au comptant de 15 000 $ plus taxes effectuées du 16 au 31 octobre.

TRAVAIL À FAIRE

a) Enregistrez les opérations du mois d'octobre dans le journal des ventes (page 28), le journal des achats (page 35), le journal des encaissements (page 41), le journal des décaissements (page 49) et le journal général (page 8). Notez que le journal des achats comprend une colonne Transports sur achats.

b) Reportez les données inscrites dans les divers journaux dans les comptes collectifs Clients et Fournisseurs du grand livre général et dans les comptes appropriés des grands livres auxiliaires.

c) Dressez la liste des comptes clients et la liste des comptes fournisseurs au 31 octobre 20X1.

Total de la liste des comptes clients : 2 299,50 $

Total de la liste des comptes fournisseurs : 4 599,00 $

60 minutes – difficile

P9 L'utilisation des journaux auxiliaires et du journal général[13]

Mathieu Lassonde, exaspéré par son patron, décide de fonder sa propre entreprise spécialisée dans la vente, la réparation et l'entretien d'équipements hydrauliques. L'entreprise sera assujettie à la TPS et à la TVQ. Mathieu prévoit comptabiliser ses achats au prix brut et il a adopté un plan comptable qui comprend notamment les comptes suivants :

Caisse	100	Vente d'équipements	410
Effets à recevoir	110	Réparation d'équipements	420
Clients	120	Entretien d'équipements	430
Terrains	150	Rendus et rabais sur ventes	450
Matériel d'entretien	160	Escomptes sur ventes	460
Matériel de bureau	170	Achats d'équipements	510
Camions	180	Achats de pièces – Réparation	520
Effets à payer	210	Achats de pièces – Entretien	530
Fournisseurs	220	Rendus et rabais sur achats	550
TPS à payer	230	Escomptes sur achats	560
TVQ à payer	235	Transports sur achats	570
CTI à recouvrer	240	Loyer	610
RTI à recouvrer	245	Publicité	630
Emprunt hypothécaire	250	Essence et entretien du camion	640
Mathieu Lassonde – Apports	310	Intérêts sur la dette à long terme	675
Mathieu Lassonde – Retraits	315	Surplus ou découvert de caisse	680

Voici quelques-unes des opérations effectuées au mois de mai 20X2 :

1er mai	Dépôt par Mathieu Lassonde d'une somme de 75 000 $ dans un compte bancaire ouvert au nom de l'entreprise Hydrauliques Lassonde enr. Le propriétaire apporte également du matériel d'entretien d'une valeur de 15 000 $ à titre de mise de fonds initiale.
1er mai	Négociation et obtention d'un emprunt hypothécaire de 50 000 $ remboursable par versements mensuels de 1 000 $ en capital plus les intérêts au taux annuel de 6 %.
2 mai	Chèque n° 1, d'un montant de 65 000 $ plus TPS et TVQ, émis à l'ordre de Rikant inc. pour l'achat de matériel d'entretien.
2 mai	Chèque n° 2 émis à l'ordre de Loutout inc. pour payer le loyer mensuel de 1 500 $, plus TPS et TVQ.
2 mai	Achat à crédit de pièces de réparation chez Pièces réusinées inc. (fournisseur n° 227) totalisant 4 500 $, plus TPS et TVQ. Conditions de règlement : 2/10, n/30 ; numéro et date de la facture : 1767, 1er mai.
3 mai	Services d'entretien d'un chariot hydraulique payés au comptant par un client et s'élevant à 225 $, plus TPS et TVQ.
3 mai	Achat à crédit d'équipements destinés à la vente chez Palan enr. (fournisseur n° 226). La facture n° 315, d'un montant de 42 900 $ plus TPS et TVQ, porte la mention « 2/10, n/30 ».
4 mai	Vente à crédit d'un équipement hydraulique à Jérôme Dutronc (client n° 124). La facture n° 1, d'un montant de 16 200 $ plus TPS et TVQ, porte la mention « 2/10, n/30 ».
5 mai	Chèque n° 3, d'un montant de 975 $ plus TPS et TVQ, émis à l'ordre de Bureauteck ltée pour régler l'achat de matériel de bureau.
6 mai	Rabais de 100 $, plus TPS et TVQ, consenti par Palan enr.
7 mai	Chèque n° 4, d'un montant de 550 $ plus TPS et TVQ, émis lors de l'achat de pièces d'entretien.
8 mai	Achat à crédit de 25 000 $, plus TPS et TVQ, de pièces de réparation chez Vap-o-gaz inc. (fournisseur n° 229). Conditions de règlement : 2/10, n/30 ; numéro et date de la facture : V89351, 7 mai.

---

13. Ce problème est une version plus complète du problème **P4**.

8 mai	Vente à crédit d'un équipement hydraulique à Hydro-Enville (client n° 123). La facture n° 2, d'un montant de 15 000 $ plus TPS et TVQ, porte la mention « 2/10, n/30 ».
9 mai	Chèque n° 5 émis en règlement du solde dû à Pièces réusinées inc.
9 mai	Services de réparation d'un équipement hydraulique payés 750 $ comptant par un client, plus TPS et TVQ.
10 mai	Vente à crédit d'un équipement hydraulique à Jim Petitquai (client n° 127). La facture n° 3, d'un montant de 6 500 $ plus TPS et TVQ, porte la mention « 2/10, n/30 ».
11 mai	Rabais de 500 $, plus TPS et TVQ, obtenu de Vap-o-gaz inc.
11 mai	Vente à crédit d'un équipement hydraulique à l'école secondaire Les Mécanos (client n° 122). La facture n° 4, d'un montant de 18 000 $ plus TPS et TVQ, porte la mention « 2/10, n/30 ».
12 mai	Chèque n° 6 émis en règlement du solde dû à Palan enr.
13 mai	Chèque n° 7, d'un montant de 525 $ plus TPS et TVQ, émis à l'ordre du journal *La Presse* pour la publication, le jour même, d'une annonce publicitaire.
14 mai	Réception d'un chèque de Jérôme Dutronc en règlement de son compte.
15 mai	Retrait de 1 200 $ effectué par le propriétaire.
16 mai	Chèque n° 8, d'un montant de 250 $ plus TPS et TVQ, émis à l'ordre de Transportec ltée pour régler les frais de transport des marchandises acquises chez Palan enr. le 3 mai.
17 mai	Réception d'un chèque d'Hydro-Enville en règlement de son compte.
18 mai	Paiement du solde dû à Vap-o-gaz inc. (chèque n° 9).
19 mai	Chèque n° 10, d'un montant de 7 500 $ plus TPS et TVQ, émis à l'ordre d'Automobiles Lemay inc. pour régler l'achat d'un camion d'occasion.
20 mai	Réception d'un chèque de Jim Petitquai en règlement de son compte.
21 mai	Achat à crédit de 1 500 $, plus TPS et TVQ, de pièces de réparation chez Vap-o-gaz inc. Conditions de règlement : 2/10, n/30 ; numéro et date de la facture : V89399, 19 mai.
22 mai	Chèque n° 11, de 1 500 $, émis à l'ordre de MasterCard pour régler des achats personnels du propriétaire.
23 mai	Achat à crédit d'équipements destinés à la vente chez Palan enr. La facture n° 379, d'un montant de 19 400 $ plus TPS et TVQ, porte la mention « 2/10, n/30 ».
24 mai	Services de réparation à crédit d'un équipement hydraulique effectués chez Cylindres D. Fectueux enr. (client n° 121). La facture n° 5, d'un montant de 1 800 $ plus TPS et TVQ, porte la mention « 2/10, n/30 ».
26 mai	Chèque reçu de Multilift inc. pour des travaux effectués au cours du mois en vertu d'un contrat d'entretien d'équipements hydrauliques. Le coût des travaux s'élève à 8 500 $ plus TPS et TVQ.
28 mai	Chèque n° 12, d'un montant de 75 $ plus TPS et TVQ, émis à l'ordre du Garage Serge Thibault enr.
29 mai	Paiement du solde dû à Vap-o-gaz inc. (chèque n° 13).
30 mai	Achat d'un terrain d'une valeur de 60 000 $, moyennant l'émission du chèque n° 14, d'un montant de 35 000 $, et la signature d'un billet échéant dans 1 an pour financer le solde.
31 mai	Prélèvement par la banque du premier versement sur l'hypothèque, de 1 250 $.

TRAVAIL À FAIRE

a) Enregistrez ces opérations dans les journaux appropriés.

b) Reportez les données inscrites dans les divers journaux dans les comptes collectifs Clients et Fournisseurs du grand livre général et dans les comptes appropriés des grands livres auxiliaires.

c) Dressez la liste des comptes clients et la liste des comptes fournisseurs au 31 mai 20X2.

Total de la liste des comptes clients : 22 765,05 $

Total de la liste des comptes fournisseurs : 22 305,15 $

P10

⑨

40 minutes – facile

L'utilisation d'un journal synoptique, compte non tenu de la TPS et de la TVQ

Une avocate très dynamique, Janie Joyal, exploite un cabinet au centre-ville de Courville. Puisqu'elle possède des notions de base en comptabilité, Janie tient elle-même un journal synoptique et note dans un fichier les opérations effectuées auprès de ses clients et fournisseurs. Elle laisse les encaissements dans la petite caisse lorsqu'elle les reçoit et effectue un dépôt à la banque une seule fois par semaine. Au 31 mars 20X3, la liste des comptes clients du cabinet est composée des quatre comptes suivants :

JANIE JOYAL, AVOCATE
Liste des comptes clients
au 31 mars 20X3

Yvonne Lacasse	1 500 $
Jean Boivin	5 100
Julie Moreau	1 750
Denis Toupin	650
Total	9 000 $

Les opérations suivantes ont été effectuées au cours du mois d'avril 20X3 :

1er avril	Chèque n° 318, de 725 $, émis à l'ordre de Konsy Herge pour payer le loyer du mois d'avril.
1er avril	Chèque n° 319, de 175 $, émis à l'ordre de Konsy Herge pour des services d'entretien de bureau fournis au cours du mois d'avril.
2 avril	Facture n° 620, d'un montant de 450 $, émise à Hans Nappel pour des services professionnels rendus le jour même.
4 avril	Réception d'une somme de 1 000 $ au comptant d'Yvonne Lacasse à titre d'acompte.
5 avril	Dépôt d'une somme de 900 $ à la banque.
6 avril	Chèque n° 320, de 190 $, émis à l'ordre d'Hydro-Québec à la réception de la facture d'électricité.
7 avril	Facture n° 621, d'un montant de 1 000 $, émise à Patrice Doyon pour des services professionnels rendus jusqu'à ce jour.
8 avril	Achat au comptant de fournitures de bureau s'élevant à 75 $.
9 avril	Encaissement du solde dû par Julie Moreau.
10 avril	Dépôt d'une somme de 700 $ à la banque.
11 avril	Chèque n° 321, de 135 $, émis à l'ordre de Pur'Air pour une réparation mineure effectuée sur l'échangeur d'air.
12 avril	Facture n° 59789, d'un montant de 325 $, reçue du journal *Le Devoir* pour une annonce parue le 11 avril.
13 avril	Réception et dépôt d'un chèque de 3 000 $ émis par Jean Boivin.
14 avril	Facture n° 622, d'un montant de 1 500 $, émise à Patrice Doyon pour des services professionnels rendus jusqu'à ce jour.
15 avril	Chèque n° 322, de 2 500 $, émis à l'ordre d'Ordinatek inc. pour l'achat d'un nouvel ordinateur.
15 avril	Chèque n° 323, de 1 200 $, remis à Jessica Parker à titre de salaire bimensuel.
16 avril	Réception d'une somme de 500 $ au comptant de Denis Toupin à titre d'acompte.
16 avril	Dépôt d'une somme de 450 $ à la banque.
17 avril	Achat au comptant de timbres totalisant 43 $.
19 avril	Facture n° 623, d'un montant de 1 500 $, émise à Kurt Van Dam pour des services professionnels rendus jusqu'à ce jour.

21 avril	Facture n° 624, d'un montant de 2 500 $, émise à Patrice Doyon pour des services professionnels rendus jusqu'à ce jour.
22 avril	Chèque n° 324, de 45 $, émis à l'ordre de Télébec en paiement du compte de téléphone reçu le jour même.
23 avril	Réception et dépôt d'un chèque de 450 $ émis par Hans Nappel.
24 avril	Chèque n° 325, de 2 500 $, émis à l'ordre de Christian Ledoux, ex-mari de Janie Joyal, à titre de pension alimentaire.
26 avril	Consultation juridique payée comptant par une cliente (facture n° 625) et totalisant 650 $.
28 avril	Facture n° 626, d'un montant de 2 000 $, émise à Patrice Doyon pour des services professionnels rendus jusqu'à ce jour.
29 avril	Chèque n° 326, de 1 200 $, remis à Jessica Parker à titre de salaire bimensuel.
30 avril	Prélèvement par la banque d'une somme de 28 $ à titre de frais d'administration pour le mois d'avril.

TRAVAIL À FAIRE

a) Passez les écritures requises dans le journal synoptique de l'entreprise, lequel renferme les colonnes suivantes : Date, Référence (N° du chèque et N° de facture), Explications, Petite caisse (Débit et Crédit), Banque (Débit et Crédit), Clients (Débit et Crédit), Fournisseurs (Débit et Crédit), Honoraires professionnels, Salaires, Loyer, Entretien et réparations, Fournitures de bureau, Publicité, Téléphone et Divers (Nom du compte, Débit et Crédit).

b) Dressez la liste des comptes clients au 30 avril 20X3.

Total des comptes clients : 11 250 $

P11

L'enregistrement d'opérations dans le journal des achats, le journal des décaissements et le journal général, compte tenu de la TPS et de la TVQ

60 minutes – difficile

La boutique Fleur bleue enr. comptabilise ses achats au prix brut. Voici les opérations du mois de décembre 20X1 portant sur les achats de marchandises, le paiement des fournisseurs et un certain nombre d'autres opérations (sauf indication contraire, tous les paiements sont faits par chèque) :

1er décembre	Paiement du loyer mensuel totalisant 800 $, taxes en sus.
3 décembre	Achat de marchandises à crédit chez Dentelles inc. (fournisseur n° 214) s'élevant à 8 000 $, taxes en sus. Conditions de règlement : 2/10, n/30 ; numéro et date de la facture : D9125, 2 décembre.
4 décembre	Paiement à Bobody inc. d'une facture de 1 600 $, taxes en sus, datée du 26 novembre. Conditions de règlement : 1/10, n/30.
5 décembre	Achat de marchandises à crédit chez Adonis inc. (fournisseur n° 211) au prix de 1 500 $, taxes en sus. Conditions de règlement : 2/10, n/30 ; numéro et date de la facture : 5-129, 4 décembre.
6 décembre	Note de crédit n° 21 reçue de Dentelles inc., totalisant 200 $, taxes en sus, pour de la marchandise légèrement endommagée lors de la livraison.
9 décembre	Paiement d'une annonce publicitaire parue dans le *Journal de Québec* au prix de 450 $, taxes en sus.
11 décembre	Rabais de 100 $, taxes en sus, reçu d'Adonis inc. pour de la marchandise comportant de légères imperfections.
12 décembre	Paiement du solde dû à Dentelles inc.
13 décembre	Achat de marchandises au comptant totalisant 574,90 $, taxes incluses.
14 décembre	Paiement du solde dû à Adonis inc.
15 décembre	Prélèvement par la banque d'une somme de 3 000 $ pour les salaires bimensuels déposés directement dans les comptes des employés.
15 décembre	Prélèvement par la banque du solde dû au gouvernement à la suite de la production du formulaire de déclaration des taxes du mois de novembre.

22 décembre	Achat de marchandises à crédit chez Bret Thel enr. (fournisseur n° 213) au prix de 600 $, taxes en sus. Conditions de règlement : 2/10, n/30 ; numéro et date de la facture : B-2948, 22 décembre.
24 décembre	Achat de marchandises à crédit chez Dubo inc. (fournisseur n° 215) au prix de 5 600 $, taxes en sus. Conditions de règlement : 2/10, n/30 ; numéro et date de la facture : B-23212, 21 décembre.
27 décembre	Achat de marchandises à crédit chez Manuel Thyseran enr. (fournisseur n° 218) au prix de 9 000 $, taxes en sus. Condition de règlement : n/60 ; numéro et date de la facture : MT-156, 26 décembre.
28 décembre	Achat de marchandises à crédit chez Dentelles inc. au prix de 4 000 $, taxes en sus. Conditions de règlement : 2/10, n/30 ; numéro et date de la facture : D9267, 27 décembre.
30 décembre	Paiement du solde dû à Dubo inc.
31 décembre	Prélèvement par la banque d'une somme de 3 200 $ pour les salaires bimensuels déposés directement dans les comptes des employés.
31 décembre	Retrait en argent d'une somme de 1 200 $ effectué par la propriétaire.

TRAVAIL À FAIRE

a) En supposant que le dernier chèque émis au mois de novembre 20X1 porte le numéro 503, enregistrez ces opérations dans le journal des achats (page 78), le journal des décaissements (page 96) et le journal général (page 16).

b) Reportez les montants appropriés dans les comptes des grands livres, dont voici les soldes au 30 novembre 20X1 :

		Grand livre général	
100	Caisse		42 150,10 $
120	CTI à recouvrer		3 125,00
125	RTI à recouvrer		6 234,38
210	Fournisseurs		1 839,60
220	TPS à payer		5 600,00
225	TVQ à payer		11 172,00
320	Fleur-Ange Lebleu – Retraits		9 500,00
501	Achats – Vêtements		444 075,00
510	Rendus et rabais sur achats		1 915,00
515	Escomptes sur achats		7 200,00
520	Loyer		8 800,00
530	Publicité		5 625,00
540	Salaires		46 500,00

Grand livre auxiliaire des fournisseurs

212	Bobody inc.	1 839,60 $

c) Dressez la liste des comptes fournisseurs au 31 décembre 20X1.

Total des comptes fournisseurs : 15 636,60 $

P12　L'utilisation d'un journal synoptique

60 minutes – difficile

Guy Dion exploite depuis plusieurs années un petit commerce de vente et de réparation de bicyclettes, Bicycle-à-neuf enr. Le journal synoptique de cette entreprise est présenté à la figure 8.9 (*voir la page 347*). Voici les opérations effectuées au cours du mois de juillet 20X8 :

2 juillet　Chèque n° 425, de 114,98 $ comprenant la TPS (5 %) et la TVQ (9,975 %), émis à l'ordre de Paul Hénaire pour payer le loyer mensuel d'un petit hangar désaffecté.

3 juillet   Vente à crédit d'une bicyclette à Jérémie Candy. Les détails de la facture n° 41 se lisent comme suit :

Bicyclette de montagne	*450,00 $*
TPS (5 %)	*22,50*
TVQ (9,975 %)	*44,89*
Total de la facture	*517,39 $*

4 juillet   Réception d'une somme de 500 $ au comptant de Karine Hanson à titre d'acompte.

5 juillet   Dépôt d'une somme de 500 $ à la banque.

6 juillet   Chèque n° 426 émis à l'ordre d'Hydro-Québec en règlement d'une facture de 75 $, TPS (5 %) et TVQ (9,975 %) en sus.

7 juillet   Ventes au comptant effectuées au cours de la semaine du 1er au 7 juillet :

Bicyclettes	*900,00 $*
Pièces	*125,00*
Réparations	*75,00*
TPS (5 %)	*55,00*
TVQ (9,975 %)	*109,73*
	1 264,73
Ajustement d'arrondissement	*0,02*
Total du ruban de caisse	*1 264,75 $*

8 juillet   Dépôt d'une somme de 1 200 $ à la banque.

9 juillet   Achat au comptant de fournitures de bureau totalisant 28,74 $, TPS (5 %) et TVQ (9,975 %) incluses. [Débitez le compte d'actif.]

10 juillet   Chèque n° 427, de 1 149,75 $, émis en règlement d'un compte fournisseur.

11 juillet   Chèque n° 428, de 57,49 $, TPS (5 %) et TVQ (9,975 %) incluses, émis à l'ordre de Peinturalo enr. pour une retouche de peinture effectuée sur un vélo.

12 juillet   Facture n° 411, de 143,72 $, taxes incluses, reçue pour la publication d'une annonce publicitaire dans l'hebdomadaire local.

13 juillet   Achat à crédit de bicyclettes totalisant 2 443,22 $, taxes incluses.

14 juillet   Ventes au comptant effectuées au cours de la semaine du 8 au 14 juillet :

Bicyclettes	*1 350,00 $*
Pièces	*195,00*
Réparations	*155,00*
TPS (5 %)	*85,00*
TVQ (9,975 %)	*169,58*
	1 954,58
Ajustement d'arrondissement	*0,02*
Total du ruban de caisse	*1 954,60 $*

15 juillet   Dépôt d'une somme de 1 900 $ à la banque.

16 juillet   Chèque n° 429, de 344,93 $, taxes incluses, émis à l'ordre de Pièces en vrac inc. pour l'achat de pièces destinées à la revente.

17 juillet   Réception d'une somme de 100 $ au comptant d'un client à titre d'acompte.

18 juillet   Chèque n° 430, de 100 $, émis à l'ordre de Lacor Docou, un ami qui se marie la semaine suivante.

CHAPITRE 9

La paye

PLAN DU CHAPITRE

Une vue d'ensemble : du recrutement à la distribution de la paye 384
Salaires ou honoraires ? 384
La détermination de la paye brute 386
Les retenues salariales 387
La fiche de paye individuelle 393
La comptabilisation de la paye 393
Les cotisations de l'employeur 397
La comptabilisation des cotisations de l'employeur 399
Le paiement des dettes relatives à la paye et le travail de fin d'exercice 399
La cessation d'emploi 402
Le traitement informatisé de la paye 404
Synthèse du chapitre 9 406
Activités d'apprentissage 407

OBJECTIFS D'APPRENTISSAGE

Au terme de ce chapitre, vous pourrez :

1 décrire sommairement l'ensemble des activités relatives à la paye ;

2 établir la distinction entre les salaires et les honoraires ;

3 calculer la paye brute ;

4 nommer les principales retenues salariales et leurs paramètres de calcul ;

5 établir la fiche de paye individuelle afin de déterminer une paye nette ;

6 comptabiliser les salaires ;

7 calculer les cotisations de l'employeur et distinguer les charges sociales des avantages sociaux ;

8 comptabiliser les cotisations de l'employeur ;

9 nommer les obligations de l'employeur en fonction du paiement des dettes relatives à la paye et au travail de fin d'exercice ;

10 établir le relevé d'emploi ;

11 décrire les principaux avantages de l'informatisation de la paye.

Dans ce chapitre, notre attention se portera sur les concepts de base entourant l'établissement et la comptabilisation de la paye[1]. La rémunération du personnel de même que les charges sociales et les avantages sociaux qui s'y rapportent constituent une part importante du total des frais d'exploitation de l'entreprise. On peut notamment penser aux entreprises de services telles que les cabinets de comptables professionnels, les courtiers d'assurances, les agences de voyage et les salons de coiffure, pour lesquelles le coût de la main-d'œuvre peut représenter plus de 75 % du total des charges d'exploitation.

L'établissement et la comptabilisation de la paye nécessitent une attention particulière non seulement en raison des sommes considérables en jeu, mais aussi à cause des lois fédérales et provinciales qui obligent les entreprises à fournir des renseignements portant à la fois sur la rémunération globale du personnel et sur celle de chaque salarié. Les employeurs doivent remettre à chaque palier gouvernemental des retenues salariales, des cotisations ainsi que des rapports précisant le total des salaires, les sommes que la loi exige de retenir à la source et leurs propres cotisations.

> La rémunération du personnel de même que les charges sociales et les avantages sociaux qui s'y rapportent constituent une part importante du total des frais d'exploitation de l'entreprise.

---

1. Dans ce chapitre, nous utiliserons les données fiscales **en vigueur au mois de janvier 2014.** Celles-ci pourraient être différentes au moment où vous aborderez ce sujet à cause des multiples changements annuels apportés aux lois fiscales.

UN PROFESSIONNEL VOUS PARLE

Marc-André
Dufort CPA, CA
Vice-président
Stratégies,
risques et
financement
corporatif

CIRQUE DU SOLEIL.

Si les ventes évoquent les poumons d'une entreprise, la paye en symbolise sans doute le cœur. Les activités du service de la paye traduisent la reconnaissance pécuniaire du travail effectué par les employés.

Ce service doit fonctionner avec la précision d'une montre suisse : avec minutie, constance, droiture et recherche de la perfection. Si des erreurs se glissent dans les calculs afférents au salaire de vos employés (retenues inadéquates, taux horaire erroné, etc.), votre entreprise peut se retrouver sur la sellette ! Par ailleurs, la maîtrise des lois applicables (droit du travail, fiscal et civil) ainsi qu'une bonne connaissance de la situation personnelle de vos employés vous permettent de proposer des avenues afin d'optimiser leur avoir tout en stimulant la compétitivité de votre entreprise.

Rappelez-vous également que vous êtes le mandataire de l'État et qu'à ce titre, des responsabilités vous incombent ! Afin d'éviter frais et pénalités, assurez-vous de la conformité de vos interventions pour toutes les fiches de paye.

UNE VUE D'ENSEMBLE : DU RECRUTEMENT À LA DISTRIBUTION DE LA PAYE

Avant de traiter de l'établissement et de la comptabilisation de la paye, il importe d'avoir une vue d'ensemble de l'environnement dans lequel évolue l'employé, c'est-à-dire du processus qui s'amorce au moment de son embauche et qui se termine lorsqu'il reçoit sa paye. La figure 9.1 illustre l'ensemble des activités relatives à la paye, dont les quatre plus importantes sont le recrutement, la détermination du nombre d'heures de travail, le calcul de la paye et sa distribution aux employés. Dans ce chapitre, notre attention se portera essentiellement sur ces deux dernières activités.

SALAIRES OU HONORAIRES ?

Toutes les entreprises ont un personnel auquel elles versent un **salaire**, mais elles obtiennent aussi des services de nombreuses autres personnes qui touchent des **honoraires**. Cette distinction est importante parce que le système de paye ne s'applique que dans le cas des salariés. Il existe une **relation employeur-salarié** lorsque l'entreprise paie des services rendus par des ressources pour lesquelles elle a le droit de définir le moment et la façon dont le travail sera fait. Dans ce cas, un contrat de travail lie les deux parties.

Par contre, le comptable professionnel qui audite les livres de l'entreprise détermine lui-même l'étendue de son travail, travail pour lequel son **client** ne fait aucune supervision directe. Il est évident que, dans ce cas, le CPA n'est pas un salarié. S'il quitte son cabinet pour accepter un poste de contrôleur au sein d'une entreprise, il devient alors un employé de cette dernière. Dans le premier cas, l'entreprise verse des **honoraires** à un **expert indépendant** [2], tandis que, dans le second, elle verse un **salaire** à un **employé**.

---

2. Rappelons que le professionnel qui facture des honoraires doit y ajouter la TPS et la TVQ.

FIGURE 9.1 | **L'ENSEMBLE DES ACTIVITÉS RELATIVES À LA PAYE**

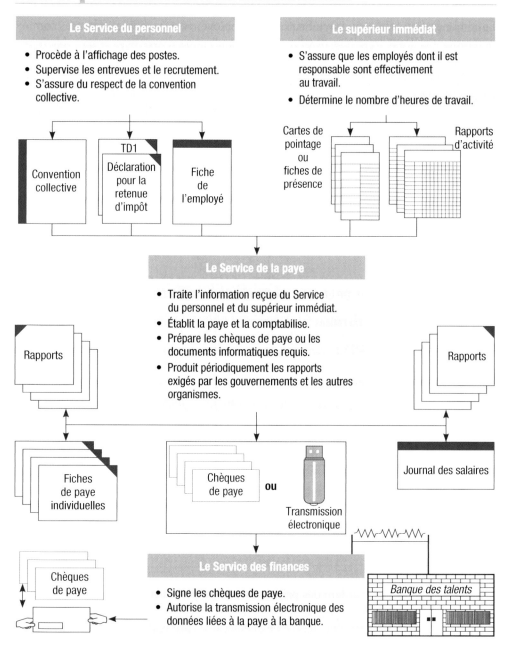

Vous comprendrez que, lorsque les entreprises ont la possibilité de le faire, elles préfèrent verser des honoraires plutôt que des salaires. En effet, **lorsqu'elles versent des honoraires, elles ne font aucune retenue salariale.** À l'opposé, l'employeur est tenu d'effectuer certaines retenues sur les salaires de ses employés et de verser une cotisation patronale dont le montant peut représenter près de 14 % du salaire auquel peut s'ajouter les avantages sociaux accordés par l'employeur, comme nous le verrons plus loin dans ce chapitre.

RELEVÉ D'EMPLOI (RE)

Service Canada

SI REMPLI À LA MAIN : UTILISER UN STYLO À BILLE

EMPLOYEUR: VOIR LE GUIDE COMMENT REMPLIR LE RELEVÉ D'EMPLOI, ÉGALEMENT   Protégé une fois
DISPONIBLE VIA L'INTERNET AU WWW.SERVICECANADA.GC.CA   rempli B

| 1 N° DE SÉRIE | 2 N° DE SÉRIE DU RE MODIFIÉ OU REMPLACÉ | 3 N° DE RÉFÉRENCE DU REGISTRE DE PAYE DE L'EMPLOYEUR |

4 NOM ET ADRESSE DE L'EMPLOYEUR

5 N° D'ENTREPRISE (NE) ATTRIBUÉ PAR L'ARC

6 GENRE DE PÉRIODE DE PAYE

7 CODE POSTAL   8 N° D'ASSURANCE SOCIALE

9 NOM ET ADRESSE DE L'EMPLOYÉ(E)

10 PREMIER JOUR DE TRAVAIL (OU PREMIER JOUR DE TRAVAIL DEPUIS LE DERNIER RE ÉMIS)   J M A

11 DERNIER JOUR PAYÉ   J M A

12 DATE DE FIN DE LA DERNIÈRE PÉRIODE DE PAYE   J M A

13 PROFESSION

14 DATE PRÉVUE DE RAPPEL   J M A
☐ DATE NON CONNUE   ☐ RETOUR NON PRÉVU

15A HEURES ASSURABLES TOTALES SELON LE TABLEAU AU VERSO

16 RAISON DU PRÉSENT RELEVÉ D'EMPLOI ▶ INSCRIRE LE CODE ◀

15B RÉMUNÉRATION ASSURABLE TOTALE SELON LE TABLEAU AU VERSO $

POUR PLUS DE RENSEIGNEMENTS, APPELER

N° DE TÉLÉPHONE ▶ (   )

15C À REMPLIR SEULEMENT S'IL Y A UNE PÉRIODE DE PAYE SANS RÉMUNÉRATION ASSURABLE. REMPLIR SELON LE TABLEAU AU VERSO.

17 À REMPLIR SEULEMENT SI PAIEMENTS (AUTRES QUE LE SALAIRE HABITUEL) PAYÉS AU COURS DE, EN PRÉVISION DE, OU APRÈS LA DERNIÈRE PÉRIODE DE PAYE.

P.P.	RÉMUNÉRATION ASSURABLE	P.P.	RÉMUNÉRATION ASSURABLE	P.P.	RÉMUNÉRATION ASSURABLE
1		2		3	
4		5		6	
7		8		9	
10		11		12	
13		14		15	
16		17		18	
19		20		21	
22		23		24	
25		26		27	

A - PAYE DE VACANCES $

B - JOUR(S) FÉRIÉ(S)   J M A $ / $ / $

C - AUTRES SOMMES (PRÉCISER) $ / $ / $

18 OBSERVATIONS

19 À REMPLIR SEULEMENT SI CONGÉ DE MALADIE, DE MATERNITÉ OU PARENTAL OU INDEMNITÉ D'ASSURANCE SALAIRE (PAYABLE APRÈS LE DERNIER JOUR DE TRAVAIL).

DATE DE DÉBUT DU PAIEMENT   J M A

MONTANT $ ☐ PAR JOUR ☐ PAR SEMAINE

20 COMMUNICATION PRÉFÉRÉE EN   ☐ FRANÇAIS ☐ ANGLAIS

21 N° DE TÉLÉPHONE   (   )

22 JE RECONNAIS QUE TOUTE FAUSSE DÉCLARATION CONSTITUE UNE INFRACTION ET J'ATTESTE, PAR LES PRÉSENTES, QUE TOUTES LES DÉCLARATIONS DE CE FORMULAIRE SONT VÉRIDIQUES.

J M A

NOM DU SIGNATAIRE (signature)   NOM DU SIGNATAIRE (en lettres moulées)   DATE

INS-2106-01-10F

Canada   Service Canada assure la prestation des programmes et des services de Ressources humaines et Développement des compétences Canada pour le gouvernement du Canada

COPIE DE L'EMPLOYÉ(E) *(VOIR VERSO) PARTIE 1
Form available in English.

Source : Service Canada

PARTIE 2

Les ressources et le financement des PME

CHAPITRE 10
La trésorerie.. 416

CHAPITRE 11
Les créances 462

CHAPITRE 12
Les stocks.. 504

CHAPITRE 13
Les immobilisations corporelles 558

CHAPITRE 14
Les actifs incorporels...................................... 626

CHAPITRE 15
Les titres de placement................................... 652

CHAPITRE 16
Le passif.. 718

CHAPITRE 10

La trésorerie

PLAN DU CHAPITRE

Les éléments constitutifs de la trésorerie 418
La gestion de la trésorerie 419
Le contrôle interne et la trésorerie.. 420
La petite caisse 427
Le rapprochement bancaire.. 430
Le transfert électronique de fonds 443
La présentation de la trésorerie dans le bilan............................. 443
Synthèse du chapitre 10 444
Activités d'apprentissage 445

OBJECTIFS D'APPRENTISSAGE

Au terme de ce chapitre, vous pourrez :

 identifier les principaux éléments constitutifs de la trésorerie ;

 saisir l'importance d'une gestion efficace de la trésorerie ;

 décrire les principales mesures de contrôle interne relatives à la trésorerie ;

 décrire le fonctionnement d'une petite caisse ;

 établir un rapprochement bancaire ;

 présenter de façon appropriée la trésorerie dans le bilan.

Dans ce chapitre, nous nous concentrerons sur la gestion de la trésorerie. Plus précisé-ment, nous analyserons les composantes de la trésorerie et nous présenterons quelques outils qui permettent d'en assurer la planification et la protec-tion. Enfin, nous expliquerons l'utilité du fonds de petite caisse et du rapprochement bancaire.

Nous analyserons les composantes de la trésorerie et nous présenterons quelques outils qui permettent d'en assurer la planification et la protection.

UN PROFESSIONNEL VOUS PARLE

Marc Bélanger, MBA, FCPA, FCMA

Président,
Qualité
Investissements

Bien gérer la trésorerie d'une PME est crucial, et ce n'est pas beaucoup plus compliqué que de gérer son propre compte de banque, mais il faut bien saisir les distinctions entre une vente et un encaissement. Il importe également de comprendre la notion d'amortissement par opposition à la notion de paiement en capital et en intérêts.

Une bonne analyse du secteur d'activité permet d'en déterminer les spécificités. Dans l'entreprise, le comptable professionnel doit connaître les produits pour bien comptabiliser leurs ventes et les encaissements. Il doit déchiffrer les particularités des conditions de vente, tant pour le paiement des fournisseurs que pour la perception des sommes dues par les clients. De plus, il lui sera utile de suivre l'évolution des ventes – par exemple, sont-elles constantes ou saisonnières ? – afin d'utiliser la trésorerie à bon escient.

Une erreur fréquente consiste à financer des projets à long terme avec des emprunts à court terme, et vice versa. Pour éviter ceci, il est préférable d'analyser les besoins de trésorerie sur une base hebdomadaire ou mensuelle, puis de prévoir les dépenses ou les investissements potentiels pour une période de 18 à 24 mois.

Surtout, il ne faut jamais oublier que la faillite n'est pas causée par les pertes, mais par le manque de trésorerie pour répondre à des obligations.

10

LES ÉLÉMENTS CONSTITUTIFS DE LA TRÉSORERIE

En quoi consiste la trésorerie ?

La **trésorerie**, désignée aussi par l'expression «encaisse», comprend les pièces de monnaie, les billets de banque, les mandats postaux, les chèques reçus des clients, les bordereaux de cartes de crédit (Visa, MasterCard, etc.), les traites bancaires, et les soldes d'un compte d'épargne ou d'un compte courant dans une banque ou un autre établissement financier. Chacun de ces éléments constitue un **instrument financier d'échange** qu'une banque accepte de porter au crédit du compte de l'un de ses clients. Ainsi, la trésorerie est l'élément de l'actif le plus «liquide», le plus facilement accessible.

AVEZ-VOUS LE SENS DE L'OBSERVATION ?

Rappelons que la banque porte au crédit du compte d'un client les sommes qu'elle lui doit. En effet, lorsque vous déposez une somme d'argent à la banque, celle-ci a une dette envers vous[1].

Les exclusions

Compte tenu de cette caractéristique essentielle (la liquidité), il faut exclure de la trésorerie les éléments énumérés dans le tableau 10.1.

---

1. Pour vous rafraîchir la mémoire au sujet de l'enregistrement des opérations dans des comptes bancaires, consultez la rubrique «Avez-vous le sens de l'observation ?» aux pages 56 et 57.

TABLEAU 10.1 | **LES EXCLUSIONS DE LA TRÉSORERIE**

Exclusions	Commentaires et exemples
Certificat de dépôt et dépôt à terme	Lorsqu'une entreprise a des liquidités excédentaires, il est sage qu'elle les place temporairement afin de générer un rendement sur ces fonds. Puisque ceux-ci ne sont pas disponibles immédiatement pour l'exploitation courante, ils doivent être présentés dans le bilan à titre de **placements à court terme**.
Chèque postdaté reçu d'un client	Le 25 juin, Plomberie Lacroix inc. reçoit d'un client un chèque de 450 $, daté du 10 juillet. Même si l'entreprise a le chèque en main le 25 juin, celui-ci n'a aucune valeur d'échange d'ici le 10 juillet. Entre-temps, le **compte client** n'est pas recouvré.
Reconnaissance de dette	Puisque la somme d'argent ainsi prêtée à un employé ou à un dirigeant de l'entreprise n'est pas disponible pour l'exploitation courante, elle doit être présentée dans le bilan à titre d'**avance à un employé ou à un dirigeant.**
Timbres-poste	Pouvez-vous payer un café avec trois timbres ? Non, du fait qu'il ne s'agit pas d'un instrument d'échange, mais plutôt d'un autre élément d'actif, soit des **frais payés d'avance** si le montant est important. Sinon, il s'agit de frais d'exploitation devant figurer dans l'état des résultats.
Sommes d'argent que des restrictions quelconques empêchent d'affecter aux opérations courantes	Un collège procède à un appel d'offres pour la construction d'un complexe sportif. Toutes les soumissions doivent être accompagnées d'un chèque certifié de 200 000 $, remboursables aux entrepreneurs au moment de l'octroi du contrat de construction. Puisque ces sommes devront être remboursées plus tard, elles ne doivent pas être affectées aux opérations courantes, mais doivent plutôt faire l'objet d'un poste distinct au bilan, soit un **compte bancaire en fidéicommis**.

LA GESTION DE LA TRÉSORERIE

Une gestion efficace de la trésorerie suppose :

- que l'on comptabilise correctement les rentrées et les sorties de fonds ;
- que l'on prévient les détournements de fonds ;
- que l'on conserve une trésorerie assez élevée qui permettra de régler les dettes devenues exigibles et de parer à toute éventualité ;
- que l'on évite d'avoir une encaisse excédentaire dont l'entreprise ne tire à peu près aucun produit financier.

Ces mesures visent à la fois la planification de la trésorerie et sa protection.

La planification de la trésorerie

La survie d'une petite ou d'une grande entreprise dépend souvent de la capacité du propriétaire ou des dirigeants de prévoir les opérations relatives à la trésorerie. Ils doivent s'assurer que celle-ci est en tout temps d'un niveau assez élevé pour qu'ils effectuent les opérations courantes et parent à toute éventualité. Toutefois, une trésorerie trop importante signifie que de l'argent « dort », qu'il n'est pas utilisé à bon escient. Manquer de liquidités peut faire perdre une occasion intéressante, comme acheter des marchandises lors d'une vente de liquidation ou bénéficier d'un escompte de caisse. Pis encore, le fait de manquer de liquidités peut miner la crédibilité d'une entreprise aux yeux d'un créancier, dans la mesure où cette dernière enfreint ses engagements de paiement.

Afin d'éviter ces situations extrêmes, il est de mise de dresser un budget de caisse, dont l'un des objectifs est de s'assurer que la trésorerie est maintenue à un niveau approprié. Il s'agit d'un état prévisionnel des encaissements et des décaissements établi à partir de l'expérience acquise par le passé et des projections quant aux activités à venir. Nous n'insisterons pas davantage sur l'établissement du budget de caisse, car ce sujet relève des cours de finance. La figure 10.1 illustre toute l'importance de la fonction de planification de la trésorerie.

FIGURE 10.1 | **LE MAINTIEN DU NIVEAU DE LA TRÉSORERIE GRÂCE AUX PRÉVISIONS DU BUDGET DE CAISSE**

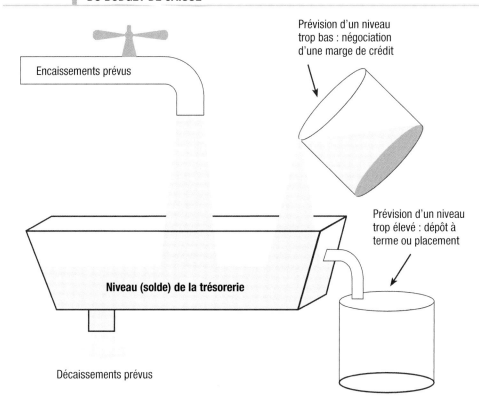

Source : Adaptée de *Comptabilité intermédiaire – Analyse théorique et pratique,* Montréal, Chenelière Éducation, Mise à jour 17 – Juin 2010 (*voir la page 8.13*).

La protection de la trésorerie

Puisque la trésorerie est composée entre autres choses de monnaie et de billets de banque, il est normal qu'elle soit l'objet de convoitise. Inutile de déployer autant d'efforts à planifier les encaissements et les décaissements si la trésorerie n'est pas à l'abri des détournements de fonds ou des malversations. Attardons-nous quelques instants au contrôle interne de la trésorerie.

LE CONTRÔLE INTERNE ET LA TRÉSORERIE

Dans les chapitres précédents, nous avons énuméré à maintes reprises des mesures visant à assurer un minimum de contrôle interne, telles que l'approbation des notes de crédit et la répartition des tâches au moment de l'utilisation de journaux auxiliaires. Avant de décrire les mesures de contrôle interne propres à la trésorerie, voyons d'abord ce qu'on entend par « contrôle interne » au sens large :

Le contrôle interne s'entend de l'ensemble des moyens conçus et mis en œuvre par les responsables de la gouvernance, par la direction et d'autres membres du personnel afin de procurer un certain niveau d'assurance quant à l'atteinte des objectifs de l'entité en matière de fiabilité de l'information financière, de l'efficacité et de l'efficience du fonctionnement et de la conformité aux lois et aux règlements applicables[2].

Autrement dit, le contrôle interne renvoie aux divers moyens mis en place par la direction d'une entreprise pour assurer la protection de ses actifs et, par conséquent, prévenir les fraudes et les erreurs, permettre une utilisation optimale de ses ressources, et procurer une assurance raisonnable eu égard à la fiabilité de l'information financière et au respect de l'environnement légal dans lequel l'entreprise évolue. Plus spécifiquement, au moment de l'établissement d'un système de contrôle interne relatif à la trésorerie, il faut mettre en place des mesures de contrôle appropriées en ce qui concerne à la fois les encaissements et les décaissements.

Les encaissements

Les deux principales sources d'encaissement d'une entreprise sont les ventes au comptant et le recouvrement de créances par la poste.

Les ventes au comptant

Lorsqu'une vente au comptant a lieu, on doit l'inscrire au moyen d'une caisse enregistreuse disposée de manière que le client voie le montant enregistré. Comme le client ne versera pas une somme inférieure ou supérieure à celle de l'affichage de la caisse, l'utilisation de celle-ci assure l'enregistrement automatique de toutes les ventes au comptant. Plusieurs entreprises exigent que le vendeur ait terminé l'enregistrement de la vente avant même que soit emballée la marchandise. La caisse doit contenir un ruban interne sous clé sur lequel figurent le montant de chaque opération et le total des ventes de chaque journée[3]. Presque tous les grands magasins sont dotés de caisses directement reliées à un ordinateur. Chaque opération de vente est donc immédiatement enregistrée dans des livres comptables informatisés.

10

AVEZ-VOUS LE SENS DE L'OBSERVATION ?

L'affirmation précédente selon laquelle le client ne versera pas une somme inférieure ou supérieure à celle de l'affichage de la caisse doit être nuancée. Nous avons vu au chapitre 5 que la décision du gouvernement canadien d'abolir l'usage de la pièce de monnaie de un cent a une incidence sur le montant d'argent remis au client qui paie au comptant. Voici un résumé de la façon d'arrondir les montants :

Source : Ministère des Finances du Canada, « Avis important », www.fin.gc.ca/1cent/notice-avis-01-fra.asp (page consultée le 26 octobre 2013).

---

2. Louis Ménard, *Dictionnaire de la comptabilité et de la gestion financière,* 3ᵉ édition, Toronto, CPA Canada, 2011 (version électronique, sous « Contrôle interne »).

3. Il s'agit d'une preuve interne attestant de toutes les opérations enregistrées à l'aide de la caisse. Le gouvernement exige d'ailleurs de conserver les rubans internes aux fins de vérification subséquente.

Pour un contrôle efficace, la garde de la trésorerie doit être entièrement dissociée de sa comptabilisation. Le vendeur qui enregistre la vente à l'aide d'une caisse a accès à l'argent, mais non au ruban sur lequel figurent toutes les opérations. À la fin de son quart de travail, il effectue le décompte de sa caisse sous la supervision de son supérieur immédiat et remet le tout au responsable des dépôts. Caissier, superviseur et responsable des dépôts ont tous trois accès à l'argent, mais aucun n'a accès au ruban interne de la caisse. Seul un responsable du Service de la comptabilité peut retirer ce ruban afin de comparer le total des encaissements avec celui des ventes figurant sur le ruban et de procéder par la suite à l'enregistrement des ventes de la journée dans le journal des encaissements.

Grâce à cette répartition des tâches, l'entreprise est assurée d'un bon système de contrôle interne. En effet, le vendeur, son superviseur et le responsable des dépôts ne peuvent détourner de fonds sans être pris sur le fait, puisque l'accès au ruban de la caisse sur lequel figure le total des encaissements leur est interdit. En revanche, le préposé à l'enregistrement des ventes retire le ruban interne pour enregistrer les ventes, mais il n'a pas pour autant accès à l'argent.

La figure 10.2 montre les documents probants grâce auxquels se fait le contrôle des encaissements de Survol Thage inc. et l'enregistrement des ventes.

FIGURE 10.2   **LE BORDEREAU DE DÉCOMPTE DE CAISSE ET LE RUBAN INTERNE DE LA CAISSE ENREGISTREUSE**

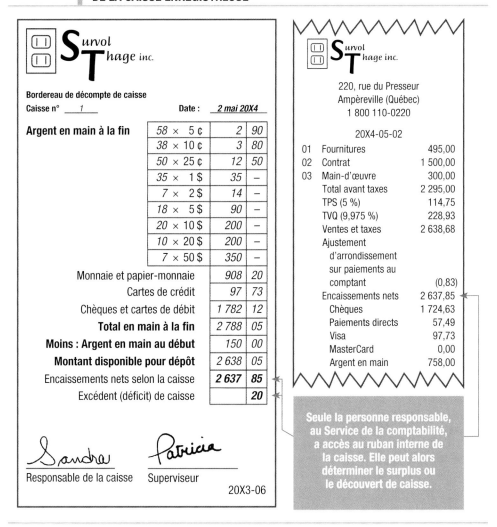

Comme l'illustre la figure 10.2, la caissière Sandra a fait le décompte de sa caisse sous la supervision de Patricia. Un responsable du Service de la comptabilité a retiré le ruban afin de comparer le montant disponible pour dépôt selon le décompte effectué par Sandra (2 638,05 $) avec le montant des encaissements nets figurant sur le ruban interne de la caisse enregistreuse (2 637,85 $). Cette comparaison fait ressortir un excédent de caisse de 0,20 $. Cet excédent de caisse[4] est le résultat d'une erreur (ou l'effet net de plusieurs erreurs) lors de la remise de monnaie aux clients qui ont payé comptant. Le responsable du Service de la comptabilité a ensuite enregistré les ventes de la journée dans le journal des encaissements de la façon suivante :

2 mai 20X4

Caisse enregistreuse	2 638,05	
Surplus ou découvert de caisse	0,63	
Ventes – Fournitures électriques		495,00
Ventes – Travaux effectués sur contrats		1 500,00
Ventes – Main-d'œuvre		300,00
TPS à payer		114,75
TVQ à payer		228,93
Encaissements nets relatifs aux ventes au comptant.		

AVEZ-VOUS LE SENS DE L'OBSERVATION ?

Vous avez sans doute remarqué que le compte Surplus ou découvert de caisse a été débité d'un montant de 0,63 $, soit le montant net de l'ajustement d'arrondissement apparaissant sur le ruban de caisse (découvert de caisse de 0,83 $) et de l'excédent de caisse apparaissant sur le bordereau de décompte de caisse (0,20 $). Il aurait été possible de créer deux comptes distincts de charges, ce que Survol Thage inc. n'a pas jugé pertinent.

Pendant ce temps, le responsable des dépôts a préparé le bordereau de dépôt reproduit dans la figure 10.3 (*voir la page suivante*) et une autre personne a enregistré les opérations de la façon suivante :

2 mai 20X4

Banque du peuple[5]	57,49	
Caisse enregistreuse		57,49
Dépôt automatique relatif à un paiement direct.		
Banque du peuple	2 580,56	
Caisse enregistreuse		2 580,56
Dépôt du jour.		

---

4. Il y a surplus de caisse lorsque le montant disponible pour dépôt excède le montant des encaissements nets sur le ruban de caisse, lequel correspond au total des ventes et des taxes et tient compte, pour les ventes au comptant, de l'ajustement d'arrondissement découlant de l'abolition de la pièce de un cent. Dans le cas inverse, il y a découvert de caisse. D'ordinaire, les entreprises utilisent un seul compte intitulé Surplus ou découvert de caisse.

5. Dans ce chapitre, l'entreprise Survol Thage inc. utilise les comptes Caisse enregistreuse et Banque du peuple. Le compte Caisse enregistreuse renferme les sommes qu'elle accumule chaque jour avant de les déposer dans son compte bancaire, soit un compte ouvert à la Banque du peuple, institution financière fictive.

FIGURE 10.3 | **LE BORDEREAU DE DÉPÔT**

Banque du peuple — Bordereau de dépôt				
Succursale			**N° de compte**	
Ampèreville			220110	

AA	**MM**	**JJ**	**Créditez**	
X4	05	02	Survol Thage inc.	

Message	**Pièces et espèces**	**Dollars**	**Cents**
	0 × 1	0	–
	6 × 2	12	–
	3 × 5	15	–
	20 × 10	200	–
	9 × 20	180	–
	7 × 50	350	–
	×		
	Monnaie	–	20
	Total	758	20

Chèques, coupons, etc.	**Dollars**	**Cents**
Caisse pop.	1 724	63
Visa	97	73
Total partiel →	2 580	56
Moins : Espèces reçues →		
DÉPÔT NET →	2 580	56

Signature du déposant

Jean Caisse

20X3-06

Chèques, coupons, etc.	**Dollars**	**Cents**
Total partiel →		
Moins : Commission →		
MONTANT NET (à reporter) →		

AVEZ-VOUS LE SENS DE L'OBSERVATION ?

Avez-vous remarqué l'effet du paiement direct d'un client au moyen de sa carte de débit ? Au moment de l'établissement du bordereau de décompte de caisse (*voir la figure 10.2, à la page 422*), le paiement direct est considéré au même titre que les chèques reçus des clients. Toutefois, lors de la préparation du bordereau de dépôt (*voir la figure 10.3*), le responsable des dépôts n'a pas inclus le montant correspondant au paiement direct de ce client (57,49 $), car ce mode de paiement fait en sorte que le compte bancaire de l'entreprise est automatiquement augmenté du montant en cause. C'est pourquoi le responsable de l'enregistrement des opérations a inscrit une écriture distincte pour comptabiliser le dépôt automatique. Enfin, notez que le total des montants portés au débit du compte Banque du peuple et au crédit du compte Caisse enregistreuse (57,49 $ + 2 580,56 $) correspond au montant disponible pour dépôt figurant sur le bordereau de décompte de caisse (2 638,05 $).

LA COMPTABILITÉ ET L'INFORMATIQUE

Tous les supermarchés d'alimentation et les grands magasins utilisent une caisse munie d'un lecteur optique. Le rôle de ce lecteur est de lire le prix de chaque article qu'achète le client et de recueillir d'autres renseignements sur les produits vendus. Tout article en magasin comporte un code à barres composé de traits verticaux d'épaisseurs et d'espacements variables. Lorsque le lecteur optique lit ce code, un signal est transmis à l'ordinateur, qui repère le prix de l'article. Par la suite, ce prix est affiché à la caisse. Après avoir traité tous les articles, l'ordinateur calcule le total des achats et l'affiche. En supposant que le client paie comptant, la caissière inscrit alors la somme reçue, lui remet sa monnaie et le coupon de caisse sur lequel figure toute l'information, y compris la description de chaque article acheté.

Ce système offre de nombreux avantages, tels que l'enregistrement systématique de toutes les ventes et la diminution du risque que des erreurs se produisent lorsque les prix changent. Il permet aussi une saine gestion des stocks, car il transmet de façon constante des renseignements sur les quantités vendues et, donc, les quantités de chaque article encore en main. Enfin, des comparaisons entre les quantités vendues et les quantités achetées, compte tenu du nombre réel d'articles en magasin, peuvent révéler des pertes attribuables au vol à l'étalage.

Le recouvrement de créances par la poste

Les mesures de contrôle relatives à l'argent reçu par la poste sont aussi fondées sur le principe de la répartition des tâches.

Une personne dépouille le courrier, inscrit « Pour dépôt au crédit de » à l'aide d'un timbre au dos de chaque chèque reçu et en dresse la liste. Cette liste peut aussi comprendre les sommes inscrites au moyen des caisses afin de déterminer le total des encaissements d'une journée. Par la suite, une copie de cette liste, accompagnée des chèques et des espèces reçues, est envoyée au responsable des dépôts, qui déposera les recettes de la journée à la banque. L'auteur de cette liste doit en faire parvenir une autre copie au Service de la comptabilité, lequel s'en servira pour passer une écriture dans le journal des encaissements. À la fin du mois, une autre personne procédera au rapprochement bancaire, que nous verrons plus loin. Pour assurer un bon contrôle interne, on a donc dû répartir les tâches entre quatre personnes.

Grâce à cette répartition des tâches, il est impossible de détourner des fonds sans qu'il y ait collusion entre plusieurs employés. Ainsi, la personne qui dépouille le courrier doit inscrire tous les encaissements sur sa liste, sinon les clients contesteront leur état de compte mensuel. Le responsable des dépôts doit déposer tout l'argent reçu, faute de quoi le montant figurant sur le relevé bancaire sera différent de celui du registre comptable. Le responsable de l'enregistrement des encaissements n'a pas accès à l'encaisse, pas plus que le responsable des rapprochements bancaires. Ces procédures renforcent le contrôle interne, car elles requièrent la participation de plusieurs personnes, toutes liées à chaque opération qui comporte un encaissement. De plus, le contrôle interne est renforcé par l'enregistrement immédiat de chaque encaissement et par la dissociation de la garde de l'encaisse et de la comptabilisation des opérations. Cette façon de procéder est typique. Toutefois, son application varie d'une entreprise à l'autre, selon plusieurs facteurs tels que le nombre d'employés, le volume d'opérations et le degré d'automatisation.

Les décaissements

Pour exercer un contrôle satisfaisant, il est nécessaire d'effectuer tous les décaissements par chèque, à l'exception de certaines menues dépenses que l'entreprise désire régler comptant et rapidement au moyen de la petite caisse. Les chèques doivent être numérotés. En outre, il est essentiel de conserver les chèques annulés. Cette étape facilite la vérification de l'ordre numérique de tous les chèques émis au cours d'une période.

La personne qui a la responsabilité de signer les chèques ne doit pas approuver les factures à régler ni avoir accès aux livres comptables. Avant de signer un chèque, cette personne doit néanmoins examiner les documents qui l'accompagnent, attestant que

La constitution d'une petite caisse

Pour constituer une petite caisse, il suffit d'émettre un chèque au nom de la personne à laquelle on en confie la responsabilité. Le montant du fonds peut varier d'une petite caisse à l'autre. Il devrait toutefois être assez élevé pour couvrir les décaissements de deux ou trois semaines. Comme l'illustre la figure 10.5 (*voir la page précédente*), le fonds de petite caisse de Survol Thage inc. a été constitué le 2 mai 20X4 et fixé à 120 $. Voici l'écriture enregistrée lors de l'émission du chèque :

2 mai 20X4		
Petite caisse	120,00	
Banque du peuple		120,00
Constitution d'un fonds de caisse à montant fixe par l'émission du chèque		
n° 5125 à la responsable de la petite caisse, Macha Lapointe.		

Responsable de la petite caisse, Macha Lapointe a alors obtenu de la banque le montant prévu, qu'elle conserve dans un coffret sous clé.

AVEZ-VOUS LE SENS DE L'OBSERVATION ?

Il ne faut surtout pas émettre le chèque au nom de «Petite caisse», car n'importe qui pourrait l'encaisser. De plus, la Banque du peuple étant une institution financière fictive, vous remplacerez le nom de ce compte par celui de votre propre institution financière.

10

Le règlement de menues dépenses au moyen de la petite caisse

Chaque fois que Macha Lapointe effectue un décaissement au moyen de la petite caisse, elle rédige un reçu de petite caisse sur lequel figurent le montant versé, l'objet du décaissement, la date et la signature de la personne qui a reçu l'argent. Les pièces justificatives sont ensuite agrafées au reçu de petite caisse. La figure 10.5 nous révèle que Macha Lapointe a rempli quatre reçus de petite caisse du 2 au 21 mai 20X4 :

4 mai   Achat de deux blocs-notes s'élevant à 2,75 $, TPS (5 %) et TVQ (9,975 %) incluses.

10 mai   Décaissement d'un montant de 40,25 $ pour le paiement de frais de transport sur achats totalisant 40,24 $, TPS (5 %) et TVQ (9,975 %) incluses.

17 mai   Décaissement d'un montant de 5,20 $ pour un envoi postal de 5,18 $, TPS (5 %) et TVQ (9,975 %) incluses.

21 mai   Prélèvement de 50 $ fait par le propriétaire.

La figure 10.6 reproduit le premier reçu de petite caisse émis par Macha Lapointe.

La personne chargée de la petite caisse est responsable des fonds qui lui sont confiés. Il est souhaitable d'effectuer un contrôle de la petite caisse à l'improviste pour s'assurer que cette personne s'acquitte bien de sa tâche. La direction de l'entreprise doit être claire : elle ne tolérera aucune irrégularité. Par exemple, le fonds de petite caisse ne doit pas servir d'argent de poche à la personne qui en est responsable. Fermer les yeux sur une faute légère pourrait encourager des détournements de fonds plus importants.

La reconstitution de la petite caisse

Comme l'illustre la figure 10.5, il est temps de procéder à la **reconstitution** ou au **renflouement de la petite caisse** en date du 21 mai 20X4. Les renseignements découlant du décompte de la petite caisse sont présentés à la page suivante sous la figure 10.6.

FIGURE 10.6   UN REÇU DE PETITE CAISSE

Survol Thage inc. **Reçu de petite caisse**	2,75 $

N° _1_   Date _4 mai_ 20 _X4_

Payé à _____ Papeterie Le Trombone inc. _____

Pour _____ 2 blocs-notes _____

Débitez à _____ Fournitures de bureau utilisées _____

Approuvé par   Paiement reçu par

Macha Lapointe.   _Richard Lyr._

Argent dans la petite caisse au début		120,00 $
Reçus de petite caisse remplis		
1 Fournitures de bureau utilisées	2,75 $	
2 Transport sur achats	40,25	
3 Frais postaux	5,20	
4 Survol Thage – Retraits	50,00	(98,20)
Argent présumé dans la petite caisse à la fin		21,80 $
Argent en main à la fin selon le décompte de la petite caisse		21,70 $
Déficit de caisse		(0,10)$

Comme le fonds est presque épuisé, il faut le reconstituer, d'où l'émission d'un chèque de 98,30 $, montant nécessaire pour ramener le solde de la petite caisse au solde initial de 120 $. Macha Lapointe touche alors le chèque et dépose l'argent reçu dans le coffret de la petite caisse. Au même moment, il faut marquer les pièces justificatives qui ont motivé l'émission de ce chèque afin d'éviter qu'elles ne soient réutilisées. C'est le responsable au Service de la comptabilité qui le fera. Son examen des pièces justificatives, au moment où il émet le chèque destiné à reconstituer la petite caisse, donne lieu à l'écriture suivante :

21 mai 20X4

Fournitures de bureau utilisées	2,39	
Transports sur achats	35,00	
Frais postaux	4,50	
Survol Thage – Retraits	50,00	
CTI à recouvrer	2,10	
RTI à recouvrer	4,18	
Surplus ou découvert de caisse	0,13	
Banque du peuple		98,30
Reconstitution de la petite caisse.		

AVEZ-VOUS LE SENS DE L'OBSERVATION ?

Vous avez sans doute remarqué les éléments suivants : 1) on n'inscrit les décaissements que lorsque le fonds est reconstitué ; 2) à n'importe quel moment, le total de l'argent de la petite caisse et des montants figurant sur les reçus de petite caisse doit être égal au montant du fonds, sinon un excédent ou un déficit de caisse apparaît (0,10 $) ; 3) le compte Surplus ou découvert de caisse a été débité d'un montant total de 0,13 $, soit le déficit de caisse (0,10 $), plus l'ajustement d'arrondissement sur les décaissements du 10 mai (0,01 $) et du 17 mai (0,02 $).

Nous pouvons résumer le travail de Pat Landry comme suit :

1. D'abord, il a repéré les montants figurant à la fois dans son livret de banque et dans son carnet de chèques. Pour éviter toute confusion, il a inscrit un crochet (√) pour marquer le rapprochement de ces éléments.

2. Ensuite, il a prêté une attention particulière aux montants ne comportant aucun crochet (√) et il a effectué de simples calculs afin de rapprocher le solde du carnet de chèques (802,77 $) et celui du livret de banque (1 157,21 $). D'une part, le livret de banque lui a permis d'apprendre que celle-ci a inscrit le 31 mai 20X4 deux opérations qui n'ont pas encore été consignées dans son carnet de chèques :

   • Frais d'utilisation des services bancaires du mois de mai totalisant 9,50 $;

   • Intérêts sur épargne à terme de 78,75 $.

Si Pat Landry avait connu ces renseignements avant d'effectuer le rapprochement bancaire, il les aurait consignés dans son carnet de chèques. Le solde aurait alors été de 872,02 $, soit (802,77 $ – 9,50 $ + 78,75 $).

D'autre part, la banque n'a pas encore honoré les chèques n°s 116 et 117 émis par Pat Landry. Si ces deux chèques avaient été encaissés avant le 31 mai, le solde du livret aurait été de 872,02 $, soit (1 157,21 $ – 50,00 $ – 235,19 $).

AVEZ-VOUS LE SENS DE L'OBSERVATION ?

Il ne faut pas confondre le chèque n° 116 émis à l'ordre d'Ève St-Cyr le 29 mai et le retrait effectué au guichet automatique (RGA) par Pat Landry le 26 mai. Il s'agit de deux opérations distinctes.

3. Pour terminer son travail de rapprochement bancaire, Pat Landry devrait simplement inscrire les frais de 9,50 $ et les intérêts gagnés de 78,75 $ dans son carnet de chèques.

Somme toute, cet exemple simplifié illustre bien que le rapprochement bancaire fait déjà partie de nos habitudes de vie. Regardons-le maintenant de plus près, cette fois pour ce qui concerne l'entreprise commerciale.

Les documents dont dispose l'entreprise pour effectuer le rapprochement bancaire

Pour assurer un contrôle efficace de l'encaisse, le responsable du rapprochement bancaire ne doit être chargé d'aucune autre tâche liée aux encaissements et aux décaissements. Comme l'illustre la figure 10.8, pour effectuer son travail, cette personne dispose de deux sources de renseignements : les documents produits par la banque ainsi que les documents et les livres comptables de l'entreprise.

Les documents que produit la banque

À la fin de chaque mois[6], la banque produit un relevé bancaire pour chaque compte en banque d'une entreprise. Quoique ce soit de moins en moins fréquent, ce relevé peut être accompagné des chèques oblitérés, c'est-à-dire des chèques que la banque a payés et ainsi portés au débit du compte de l'entreprise, et de plusieurs autres pièces justificatives comme des avis de débit et des avis de crédit. Comme nous l'avons mentionné au chapitre 2, votre compte bancaire ou celui de l'entreprise représente une dette pour la banque. Lorsque votre compte augmente, puisque la dette de la banque envers vous s'accroît, la banque le crédite. Lorsque votre compte diminue, la dette de la banque envers vous diminue aussi. C'est pourquoi la banque débite votre compte.

---

6. Les entreprises qui en font la demande peuvent recevoir un relevé bancaire hebdomadaire. De plus, grâce à Internet, il est possible de télécharger ce document ou d'obtenir ces renseignements à l'écran. Notez que les institutions bancaires exigent maintenant des frais pour la transmission des chèques oblitérés. Puisque le numéro de chaque chèque honoré par la banque figure sur le relevé bancaire, la transmission des chèques oblitérés perd de sa pertinence.

FIGURE 10.8 — **LES RENSEIGNEMENTS REQUIS POUR EFFECTUER LE RAPPROCHEMENT BANCAIRE**

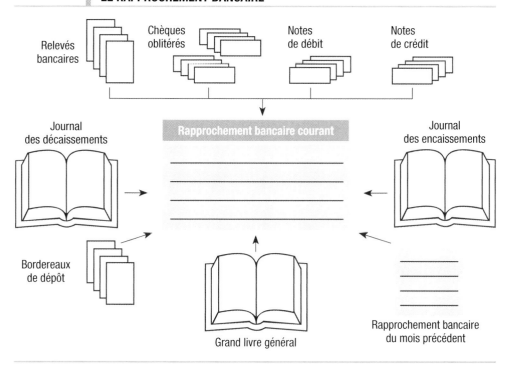

Le tableau 10.2 décrit sommairement la nature des principales opérations donnant lieu à l'émission, par la banque, d'un avis de débit ou d'un avis de crédit.

TABLEAU 10.2 — **LA NATURE DES PRINCIPALES OPÉRATIONS DONNANT LIEU À L'ÉMISSION, PAR LA BANQUE, D'UN AVIS DE DÉBIT OU D'UN AVIS DE CRÉDIT**

Avis de débit	Avis de crédit
Frais bancaires Pensons notamment aux frais imposés par la banque pour chaque opération qu'effectue l'entreprise, aux frais liés aux dépôts de nuit, à l'impression des chèques, etc.	**Recouvrement de sommes d'argent par la banque** Par exemple, la banque peut percevoir un effet à recevoir à la demande de l'entreprise.
Remboursement d'emprunt et des intérêts afférents Les remboursements de la marge de crédit et des emprunts donnent lieu à un avis de débit. Il en va de même des intérêts sur ces opérations.	**Emprunt sur marge de crédit et emprunt à long terme** Chaque fois que le solde bancaire est à découvert, la banque dépose une somme d'argent conformément à la limite de la marge de crédit. Un avis de crédit est aussi émis au moment de l'octroi de tout emprunt à long terme.
Paiements préautorisés Certains frais, comme les assurances, font l'objet de paiements préautorisés.	**Intérêts gagnés sur le solde des différents comptes en banque, sur les dépôts à terme et sur les autres types de placements**
Chèques sans provision Lorsque le montant d'un chèque reçu d'un client et déposé par l'entreprise est inférieur au solde en banque de ce client, la banque annule le montant ainsi déposé et retourne le chèque à l'entreprise avec la mention « Provision insuffisante ». De plus, l'avis de débit émis par la banque comporte des frais d'administration pour le chèque sans provision.	

La figure 10.9 présente le relevé bancaire produit par la Banque du peuple à l'intention de Survol Thage inc. pour la période du 1er au 31 mai 20X4.

FIGURE 10.9 | **LE RELEVÉ BANCAIRE DE SURVOL THAGE INC.**

Banque du peuple
45, rue Principale
Ampèreville (Québec) G1V 0L5
Tél. : 987 654-3210

Survol Thage inc.
220, rue du Presseur
Ampèreville (Québec)
G1V 0L5

Relevé de compte

Pour la période	
du 1er au 31 mai 20X4	
N° de compte	220110
Page	1 de 1

Date	Code	Description	Débit	Crédit	Solde
X4-05-01	DEP			1 608,50	2 363,51
X4-05-02	COP	Chèque n° 5138	498,03		
	DEP			57,49	
	DEP			2 580,56	4 503,53
X4-05-05	COP	Chèque n° 5137	125,00		4 378,53
X4-05-07	COP	Chèque n° 5141	3 450,76		
	COP	Chèque n° 5140	1 468,92		
	DMC			1 000,00	458,85
X4-05-13	DEP			4 228,11	
	RMC		1 000,00		3 686,96
X4-05-16	COP	Chèque n° 5143	465,78		3 221,18
X4-05-17	COP	Chèque n° 5139	269,94		
	COP	Chèque n° 5142	494,39		2 456,85
X4-05-20	DEP			5 776,94	8 233,79
X4-05-27	DEP			3 669,15	11 902,94
X4-05-28	COP	Chèque n° 5144	6 503,05		5 399,89
X4-05-29	COP	Chèque n° 5148	3 955,47		
	CSP	Paul Baillargeon	113,96		
	FCS		8,00		1 322,46
X4-05-30	DT		3 433,33		
	CT			5 187,50	3 076,63
X4-05-31	FMS		10,00		3 066,63

Solde précédent	Dépôts et crédits		Retraits et débits		Solde courant
	N°	Montant total	N°	Montant total	
755,01	7	24 086,10	14	21 774,48	3 066,63

Opérations

APD	Achat par paiement direct	DPC	Dépôt effectué par compensation
CCR	Correction d'un crédit	DT	Débit divers
CDE	Correction d'un débit	FCS	Frais sur effet retourné
COP	Chèque oblitéré sur paiement	FMS	Frais mensuels de services
CSP	Chèque sans provision	ISE	Intérêts sur marge de crédit
CT	Crédit divers	ISM	Intérêts sur emprunt
CVI	Chèque visé	REM	Remboursement d'un emprunt
DEP	Dépôt effectué à la banque	RMC	Remboursement de la marge de crédit
DMC	Dépôt provenant de la marge de crédit		

Vérifier ce relevé et informer la banque de toute erreur ou omission dans les 30 jours.

Les figures 10.10 et 10.11 illustrent respectivement les avis de débit et l'avis de crédit émis par la Banque du peuple. La figure 10.12 (*voir la page suivante*) présente un exemple de chèque oblitéré qui aurait pu être retourné à Survol Thage inc.

FIGURE 10.10   **L'ÉMISSION DES AVIS DE DÉBIT DE LA BANQUE DU PEUPLE**

Banque du peuple	N° de compte	AA	MM	JJ
	220110	X4	05	29

Succursale	Débitez		
Ampèreville	Survol Thage inc.		
Votre compte est débité pour le motif suivant :		**Montant**	
Chèque sans provision de Paul Baillargeon		113	96
Établi par	**Vérifié par**	**Total**	113	96
RW.	*MLB*		

Copie du client

Banque du peuple	N° de compte	AA	MM	JJ
	220110	X4	05	30

Succursale	Débitez		
Ampèreville	Survol Thage inc.		
Votre compte est débité pour le motif suivant :		**Montant**	
REM – Remboursement sur emprunt PRO1		3 000	00
ISM – Intérêts sur emprunt PRO1		433	33
Établi par	**Vérifié par**	**Total**	3 433	33
RW.	*MLB*		

Copie du client

FIGURE 10.11   **L'ÉMISSION D'UN AVIS DE CRÉDIT DE LA BANQUE DU PEUPLE**

Banque du peuple	N° de compte	AA	MM	JJ
	220110	X4	05	30

Succursale	Débitez		
Ampèreville	Survol Thage inc.		
Votre compte est crédité pour le motif suivant :		**Montant**	
Certificat de dépôt échu		5 000	00
Intérêts sur épargne à terme		187	50
Établi par	**Vérifié par**	**Total**	5 187	50
SB	*MLB*		

Copie du client

SYNTHÈSE DU CHAPITRE 10

1. Pour établir un système de contrôle interne relatif à la trésorerie, les mesures suivantes sont nécessaires : 1) confier à des personnes distinctes la responsabilité des encaissements, des décaissements et de l'enregistrement des opérations ; 2) dresser la liste des encaissements au moment et à l'endroit où l'argent est reçu ; 3) déposer intégralement tous les encaissements à la banque sur une base quotidienne ; 4) effectuer tous les décaissements par chèque, sauf les menues dépenses, réglées au moyen d'une petite caisse ; 5) vérifier le bien-fondé d'une sortie de fonds avant d'émettre des chèques ; 6) voir à ce que la personne qui approuve les sorties de fonds ne soit pas la signataire des chèques ; et 7) garder l'argent dans un coffre-fort.

2. Tous les décaissements se font par chèque, sauf lorsqu'on recourt à une petite caisse. Le règlement des menues dépenses, comme l'achat de timbres-poste et les courses en taxi, s'avère beaucoup plus efficace à l'aide d'un fonds de petite caisse. Pour constituer ce type de fonds, on émet un chèque au nom de son responsable, qui l'encaissera et conservera l'argent dans un tiroir ou un coffret fermant à clé. Pour chaque décaissement effectué grâce au fonds de petite caisse, une pièce justificative est rédigée, signée par le bénéficiaire et conservée dans la petite caisse. Lorsque les fonds viennent à manquer, la petite caisse est alors renflouée grâce à l'émission d'un chèque correspondant au montant des pièces justificatives. Les débits sont effectués dans les comptes de charges et de bilan appropriés, tandis que le compte Banque est crédité.

3. L'objet du rapprochement bancaire est de s'assurer de la concordance des livres du déposant avec ceux de la banque et de faire ressortir les différences qui ne peuvent manquer d'exister entre le solde du compte en banque et celui du compte Banque des livres de l'entreprise.

4. Le rapprochement bancaire comporte plusieurs étapes. D'entrée de jeu, on vérifie l'exactitude du relevé bancaire. On marque ensuite d'un crochet toutes les inscriptions du relevé bancaire, du journal des encaissements, du journal des décaissements et du rapprochement bancaire du mois précédent. On repère les éléments non appariés. Leur analyse permet de déterminer les dépôts et les chèques en circulation, les avis de débit et de crédit produits par la banque, de même que les erreurs et les omissions possibles au moment de l'enregistrement des opérations. Enfin, la passation d'une écriture d'ajustement permet de s'assurer que le solde du compte Banque du grand livre général correspond au solde réel disponible pour les opérations courantes de l'entreprise.

5. La trésorerie comprend l'argent en main, les fonds de petite caisse à montant fixe et les comptes bancaires dont les fonds sont disponibles pour les opérations courantes de l'entreprise. Si le total de tous les comptes appropriés du grand livre est positif, le tout premier poste de l'actif à court terme du bilan sera le poste Trésorerie, puisqu'il s'agit de l'élément d'actif le plus liquide. Par contre, si le total de ces comptes est négatif, il sera présenté sous le poste Découvert de banque comme premier élément du passif à court terme.

10 | 10

PROBLÈME TYPE

Maxime Latendresse, propriétaire d'un commerce au centre-ville, fait appel à vos services le 10 décembre 20X8. Il a commencé l'exploitation de son commerce le 1er novembre 20X8 et il a fait lui-même la tenue des livres depuis cette date.

Ses journaux auxiliaires ont été clôturés le 30 novembre 20X8. Les soldes ont alors été reportés dans le grand livre général et, le cas échéant, dans les grands livres auxiliaires.

Lorsqu'il a reçu son relevé bancaire de la Caisse Desjardins de son quartier le 7 décembre 20X8, il a constaté que le solde y apparaissant en date du 30 novembre 20X8 n'était pas égal au solde du compte Caisse Desjardins du grand livre général à la même date. À la lumière des discussions que vous avez eues avec Maxime, vous notez ces renseignements :

1. Le solde du relevé bancaire au 30 novembre 20X8 est de 3 033 $.

2. Le solde du compte Caisse Desjardins au 30 novembre est de 1 726 $.

3. Des chèques inscrits dans le journal des décaissements n'apparaissent pas sur le relevé bancaire et n'ont pas été retournés par la caisse populaire à ce jour. Il s'agit des chèques nos 3 (65 $), 17 (130 $) et 28 (320 $).

4. Parmi les chèques honorés par la Caisse Desjardins, le chèque n° 36 (240 $), émis à l'ordre d'Hydro-Québec, figure dans le journal des décaissements à 204 $.

5. Le chèque de 30 $ reçu d'un client et déposé le 26 novembre 20X8 a été retourné par la caisse populaire avec la mention « Provision insuffisante ». La Caisse Desjardins a prélevé 25 $ de frais bancaires pour ce chèque sans provision.

6. La Caisse Desjardins a crédité le compte commercial de Maxime Latendresse enr. d'une somme de 100 $ qui n'apparaît pas dans le journal des encaissements et qui, de toute évidence, n'appartient pas à son commerce.

7. La Caisse Desjardins a crédité le compte commercial de Maxime Latendresse enr. d'une somme de 150 $, somme représentant un chèque personnel remis à Maxime par sa conjointe et déposée par ce dernier dans le compte du commerce afin d'éviter un découvert de banque. Cela n'apparaît pas dans le journal des encaissements.

8. Le recouvrement d'un compte client de 50 $ a été comptabilisé deux fois dans le journal des encaissements.

9. Un chèque de 25 $ reçu d'un client, Pierre Lafleur, a été retourné par la banque de ce dernier le 12 novembre 20X8 et déposé de nouveau le 28 novembre 20X8.

10. Une somme de 25 $ a été débitée par la Caisse Desjardins pour les autres frais d'utilisation des services bancaires du mois de novembre 20X8.

11. Grâce au relevé bancaire, Maxime a découvert qu'il a omis d'inscrire deux chèques dans le journal des décaissements. Il s'agit des chèques nos 22 et 38, respectivement de 18 $ et de 22 $. Ces deux chèques ont servi à acquitter des comptes fournisseurs.

12. La Caisse Desjardins a perçu un effet à recevoir au nom de l'entreprise et a alors crédité le compte commercial d'une somme de 1 003 $, comprenant la valeur nominale du billet de 1 000 $ plus des intérêts perçus de 10 $, moins des frais de perception de 7 $. Ce recouvrement ne figure pas dans les livres comptables de l'entreprise.

13. Maxime a effectué des dépôts tous les jours du mois. Les dépôts du 29 novembre (110 $) et du 30 novembre (115 $) n'apparaissent pas sur le relevé bancaire, bien qu'ils figurent dans les livres comptables de l'entreprise.

14. La Caisse Desjardins a débité le compte commercial de Maxime Latendresse enr. de 30 $ pour un chèque émis à partir du compte personnel de Maxime.

TRAVAIL À FAIRE

a) Établissez le rapprochement bancaire au 30 novembre 20X8 de l'entreprise Maxime Latendresse enr.

b) Passez l'écriture d'ajustement requise pour tenir compte des renseignements recueillis lors du rapprochement bancaire établi en a).

SOLUTION DU PROBLÈME TYPE

a) L'établissement du rapprochement bancaire

MAXIME LATENDRESSE ENR.
Rapprochement bancaire
au 30 novembre 20X8

Solde du compte Caisse Desjardins dans le grand livre général			1 726 $
Plus : Investissement personnel de Maxime Latendresse (chèque personnel de sa conjointe)		150 $	
Perception d'un effet à recevoir			
Billet échu	1 000 $		
Intérêts gagnés	10		
Frais de perception	(7)	1 003	1 153
			2 879
Moins : Erreur sur chèque n° 36 (240 $ – 204 $)		36	
Chèque sans provision (30 $ + 25 $)		55	
Erreur sur compte client inscrit en double		50	
Frais d'utilisation de services bancaires		25	
Chèques n°s 22 et 38 omis		40	(206)
Solde réel			2 673 $
Solde figurant sur le relevé bancaire			3 033 $
Plus : Dépôts en circulation			
29 novembre 20X8	110 $		
30 novembre 20X8	115	225 $	
Chèque personnel débité par erreur		30	255
			3 288
Moins : Chèques en circulation			
N° 3	65		
N° 17	130		
N° 28	320	515	
Chèque n'appartenant pas au commerce		100	(615)
Solde réel			2 673 $

b) La passation de l'écriture d'ajustement

30 novembre 20X8		
Électricité	36	
Clients (55 $ + 50 $)	105	
Intérêts et frais bancaires (25 $ + 7 $)	32	
Fournisseurs	40	
Caisse Desjardins	947	
Maxime Latendresse – Capital (ou Apports)		150
Effet à recevoir		1 000
Produits d'intérêts		10
Ajustement des soldes dans le grand livre général à la suite du rapprochement bancaire effectué en date du 30 novembre 20X8.		

QUESTIONS DE RÉVISION Solutionnaire

1. Que comprend la trésorerie ?

2. Dans quelle section du bilan doit-on classer les éléments suivants ?

   a) Les timbres-poste.

   b) Une reconnaissance de dette.

   c) Un chèque postdaté émis à l'ordre d'un fournisseur.

   d) Un certificat de dépôt.

   e) Un chèque postdaté reçu d'un client.

3. Quelles mesures s'avèrent nécessaires à une gestion efficace de la trésorerie ?

4. Quel est l'objectif d'un budget de caisse ?

5. Si une entreprise possède trois comptes bancaires, soit un compte courant, un compte pour les salaires et un compte d'épargne stable, doit-elle tenir un compte distinct pour chacun d'entre eux dans le grand livre général ? Le bilan doit-il indiquer le solde de chaque compte ? Expliquez votre réponse.

6. Pourquoi est-il important de déposer quotidiennement tout l'argent reçu et d'effectuer tous les décaissements par chèque ?

7. Pourquoi faut-il que la personne qui ouvre le courrier n'ait pas accès au registre comptable ?

8. Quelle est l'utilité de créer un fonds de petite caisse ?

9. Quel est l'objectif du rapprochement bancaire ?

10. Donnez deux exemples d'éléments d'un rapprochement bancaire dans lesquels le solde du compte Banque du grand livre général est inférieur à celui du relevé bancaire.

11. Indiquez les documents et les livres comptables requis au moment du rapprochement bancaire, et décrivez-en brièvement l'utilité.

12. Décrivez brièvement les étapes du rapprochement bancaire.

13. Une fois le rapprochement bancaire établi, l'ajustement des livres comptables s'avère nécessaire. Énumérez les éléments du rapprochement bancaire dont il faut tenir compte pour mettre à jour les livres comptables d'une entreprise et d'un particulier.

10

EXERCICES

E1 **Terminologie comptable**

Voici une liste de 10 termes et expressions comptables présentés dans ce chapitre :

- Chèque postdaté
- Chèque sans provision
- Dépôt en circulation
- Fonds de caisse à montant fixe
- Gestion de la trésorerie
- Rapprochement bancaire
- Reconstitution de la petite caisse
- Répartition des tâches
- Surplus ou découvert de caisse
- Virement automatique

Chacun des énoncés suivants peut servir (ou non) à décrire un de ces termes comptables. Pour chacun des énoncés, dites à quel terme comptable il correspond ou indiquez « aucun » s'il ne correspond à aucun d'entre eux.

a) Une somme d'argent confiée à un responsable afin de régler de menues dépenses.

b) L'ensemble des mesures qui visent à la fois la planification de la trésorerie et sa protection.

c) L'état financier dont l'objectif est de s'assurer de la concordance des livres du déposant avec ceux de la banque.

d) Un chèque reçu le 15 mai, mais daté du 10 mai.

e) Un principe fondamental de contrôle interne.

f) Un dépôt enregistré le 31 août et qui figure sur le relevé bancaire en date du 2 septembre.

g) Un montant transféré d'un compte bancaire à un autre sans émission de chèque.

h) Le processus par lequel la petite caisse est renflouée.

i) Un chèque que la banque refuse d'honorer; elle en débite le montant du compte de l'entreprise qui l'a déposé.

j) La différence entre le montant des encaissements nets selon le ruban interne de la caisse enregistreuse et le montant disponible pour dépôt selon le bordereau de décompte de caisse.

    E2 ### Vrai ou faux

Dites si chacun des énoncés suivants est vrai ou faux. Dans ce dernier cas, précisez pourquoi.

a) Au cours du rapprochement bancaire, il faut ajouter les dépôts en circulation au solde du compte Banque du grand livre général.

b) Toute opération doit être accompagnée d'un document probant.

c) Une reconnaissance de dette ne fait pas partie de l'encaisse au bilan.

d) Une gestion efficace de la trésorerie vise uniquement à prévenir les détournements de fonds.

e) Lors de la reconstitution d'une petite caisse dont le montant fixe est de 150 $, celle-ci contenait des pièces justificatives totalisant 140 $ et 8 $ en argent comptant. Le compte Petite caisse a alors été crédité de 142 $.

f) La caisse enregistreuse doit être disposée de manière que le client voie le montant enregistré.

g) Au moment du rapprochement bancaire, on ne doit pas tenir compte des chèques certifiés en circulation.

h) Lorsque le total de tous les comptes du grand livre général qui composent l'encaisse est négatif, on doit présenter ce montant entre parenthèses à titre de premier élément de l'actif à court terme.

i) En général, on ne débite le compte Petite caisse qu'au moment de son établissement.

j) Les chèques de plus de six mois toujours en circulation doivent être annulés et de nouveaux chèques doivent être émis.

E3 ### La petite caisse

Au cours des deux premières semaines du mois de novembre 20X2, l'entreprise Titanium enr. s'est servie de sa petite caisse pour effectuer les opérations suivantes :

2 novembre   Émission d'un chèque de 125 $ en vue de constituer la petite caisse.

3 novembre   Émission du reçu de petite caisse n° 1 lors d'un achat de timbres-poste totalisant 63 $, TPS (5 %) et TVQ (9,975 %) en sus.

4 novembre   Émission du reçu de petite caisse n° 2 lors du paiement de frais de transport sur achats s'élevant à 20 $, TPS (5 %) et TVQ (9,975 %) en sus.

9 novembre   Émission du reçu de petite caisse n° 3 pour rembourser un souper du directeur des ventes, qui a effectué des heures supplémentaires, totalisant 15 $, TPS (5 %) et TVQ (9,975 %) incluses.

10 novembre   Émission d'un chèque en vue de reconstituer la petite caisse; le solde de l'argent en main dans la petite caisse était de 14,65 $.

12 novembre   Émission d'un chèque de 50 $ en vue d'accroître le fonds de petite caisse.

Passez les écritures de journal requises pour comptabiliser les opérations relatives à la petite caisse.

E4 ### La petite caisse

Groleau enr. a créé un fonds de petite caisse de 200 $ le 1er décembre 20X0. Le 31 décembre, date de clôture des livres comptables, la petite caisse renfermait les éléments suivants :

Billets de banque et pièces de monnaie	*78,82 $*
Pièces justificatives :	
Courses en taxi	*34,90*
Fournitures de bureau	*46,28*
Dons à des œuvres de bienfaisance	*40,00*
Total	*200,00 $*

10

Passez une écriture pour enregistrer le chèque émis en vue de reconstituer la petite caisse au 31 décembre 20X0. Tenez pour acquis qu'il n'y a aucune taxe.

 E5 L'identification des éléments d'un rapprochement bancaire

 Au cours du rapprochement bancaire de Yamamoto inc., le commis-comptable devra tenir compte des éléments suivants :

a) Les chèques en circulation.

b) Les frais bancaires.

c) Le chèque n° 1238, d'un montant de 230 $, émis et payé par la banque, mais figurant à 320 $ dans le journal des décaissements de l'entreprise.

d) Le recouvrement par la banque d'un effet à recevoir d'un client de Yamamoto inc. et dont le montant a été directement crédité par la banque au compte de l'entreprise.

e) Le chèque d'un client de Yamamoto inc. retourné par la banque avec la mention « Provision insuffisante ».

f) Les dépôts en circulation.

g) Un dépôt de 750 $ crédité correctement par la banque, mais figurant à 570 $ dans les livres comptables de l'entreprise.

h) Un chèque certifié toujours en circulation.

Dites sous quelle rubrique les éléments ci-dessus doivent être présentés : 1) en ajout au solde du relevé bancaire ; 2) en diminution du solde du relevé bancaire ; 3) en ajout au solde du compte Banque ; ou 4) en diminution du solde du compte Banque. Si un élément ne doit pas être présenté dans le rapprochement bancaire, indiquez « aucune ». De plus, marquez d'un crochet (√) les éléments qui nécessiteront une écriture d'ajustement. Afin de vous faciliter la tâche, vous pourriez remplir le tableau suivant :

Élément	Rubrique	Écriture d'ajustement
a)	2	

10

E6 Le rapprochement bancaire et l'ajustement du compte Banque

 Le solde du relevé bancaire d'Abracadabra enr. au 30 avril 20X0 est de 50 400 $, y compris un crédit de 216 $ pour les intérêts gagnés par l'entreprise au cours du mois d'avril sur le solde de son compte en banque. Tous les chèques émis par Abracadabra inc. ont été honorés par la banque, à l'exception des 9 derniers, émis à la fin du mois et totalisant 7 680 $. Un dépôt de 3 840 $, effectué dans la soirée du 30 avril, ne figure pas sur le relevé bancaire.

Quel est le solde du compte Banque avant le rapprochement bancaire et quel est celui qui figure dans le bilan d'Abracadabra enr. au 30 avril 20X0 ? Donnez tous vos calculs.

Solde dans le bilan : 46 560 $

E7 Le rapprochement bancaire et l'écriture d'ajustement du compte Banque

Voici les données nécessaires pour effectuer le rapprochement bancaire de Boulangerie Brodeur enr. au 30 septembre 20X2 :

1. Le 30 septembre, le solde du compte Banque est de 5 815 $ et celui du relevé bancaire, de 5 307 $.

2. Les encaissements du 30 septembre, soit 1 451 $, n'ont été déposés que le 1er octobre.

3. La banque a joint les documents suivants à son relevé bancaire :
   - Une note de débit de 18 $ pour les frais bancaires du mois.
   - Une note de débit à laquelle est joint un chèque de 200 $, reçu de Hervé Savard et portant la mention « Sans provision ». La banque a aussi crédité le compte de l'entreprise de 10 $ à titre de frais pour cet effet retourné à la boulangerie.

4. Les chèques suivants, émis au cours du mois, n'ont pas encore été payés par la banque : n° 921 (326 $), n° 924 (684 $) et n° 925 (161 $).

>>

Encaissements			Décaissements			
Date		**Caisse Dt**	**Date**		**N° des chèques**	**Caisse Ct**
			22	"	82	162,40
			23	"	83	150,00
			26	"	84	15,00
			28	"	85	270,00
			28	"	86	105,20
			28	"	87	225,00
			28	"	88	355,00
			29	"	89	25,00
			29	"	90	45,00
			29	"	91	255,00
						3 670,79

Le 1er octobre, Taikiri a reçu le relevé bancaire de septembre. Ce relevé était accompagné de 23 chèques payés et d'une note de débit de 14,25 $ pour des frais d'administration.

TAIKIRI
15405, rue Lebel
Rimouski (Québec)

BANQUE DU CONTINENT
Nombre de documents remis : 24

Chèques			Dépôts	Date		Solde
				31	août	7 658,75
31,15	35,48	130,00	72,80	3	sept.	7 534,92
60,00			361,00	5	"	7 835,92
70,00	515,00		280,00	7	"	7 530,92
90,00				8	"	7 440,92
13,30	62,50		510,00	10	"	7 875,12
28,00			205,60	12	"	8 052,72
650,00			180,14	14	"	7 582,86
			345,00	17	"	7 927,86
85,00			427,50	19	"	8 270,36
24,10	125,06			20	"	8 121,20
40,00	65,00		90,00	21	"	8 106,20
162,40			360,00	24	"	8 303,80
15,00			625,00	26	"	8 913,80
355,00	270,00	225,00	130,25	28	"	8 194,05
255,00	25,00	14,25 FA	280,50	28	"	8 180,30

TRAVAIL À FAIRE

a) Calculez le solde de l'encaisse de Taikiri au 30 septembre 20X0.

b) Établissez le rapprochement bancaire au 30 septembre 20X0.

Solde réel : 8 532 $

c) Passez une seule écriture pour mettre les livres comptables à jour au 30 septembre 20X0.

10

P11 L'analyse d'un rapprochement bancaire erroné

30 minutes – difficile

FÉMINEX
Rapprochement bancaire
au 31 mai 20X5

Solde du compte Banque au 31 mai 20X5		84 316,66 $
Plus : Dépôt en circulation le 31 mai 20X5	8 197,66 $	
Billet de 9 200,00 $ recouvré par la banque, plus des intérêts de 50,93 $, moins des frais de recouvrement de 5,00 $	9 245,93	
Frais bancaires de mai 20X5	10,88	
Chèque de 91,73 $ émis à l'ordre d'un fournisseur (les montants figurant sur le relevé bancaire et dans le journal des décaissements sont respectivement de 91,73 $ et de 917,30 $)	825,57	18 280,04
		102 596,70
Moins : Chèques en circulation :		
N° 413	185,22 $	
N° 419	216,25	
N° 420	96,44	
N° 421	123,80	
N° 422	314,55	
N° 423	112,01	1 048,27
Chèque certifié émis le 25 mai à l'ordre d'un fournisseur américain, Borden, débité par la banque, mais non inscrit dans les livres au 31 mai	100,00	
Chèque d'un client (J. Langevin) déposé le 22 mai et retourné avec la mention «Sans provision»	714,69	(1 862,96)
Solde qui devrait figurer sur le relevé bancaire au 31 mai		100 733,74
Différence inexpliquée		14 320,54
Solde du relevé bancaire au 31 mai 20X5		86 413,20 $

Nouvellement embauché à titre de contrôleur, vous constatez que le commis-comptable qui a effectué ce rapprochement bancaire est peu expérimenté. Les chiffres inscrits sur le rapprochement bancaire sont exacts, mais vous avez des doutes sur leur présentation.

TRAVAIL À FAIRE

a) Établissez en bonne et due forme le rapprochement bancaire de Féminex au 31 mai 20X5.

Solde réel : 93 562,59 $

b) Expliquez au commis-comptable pourquoi vous avez apporté certaines modifications à son rapprochement bancaire.

CHAPITRE **11**

Les créances

PLAN DU CHAPITRE

La gestion des créances 464
Les comptes clients 466
Les effets à recevoir 477
La présentation des créances dans les états financiers 484
Synthèse du chapitre 11 485
Activités d'apprentissage 486
Annexe 11A Les cessions de créances.. 499

OBJECTIFS D'APPRENTISSAGE

Au terme de ce chapitre, vous pourrez :

1 distinguer les principaux types de créances ;

2 expliquer brièvement la gestion des créances ;

3 expliquer la façon de comptabiliser les opérations relatives aux comptes clients ;

4 déterminer la charge afférente à la dépréciation des comptes clients ;

5 expliquer la radiation des comptes clients devenus définitivement irrécouvrables ;

6 expliquer la comptabilisation du recouvrement d'un compte radié ;

7 expliquer la comptabilisation des reprises de valeur ;

8 déterminer la date d'échéance et la valeur à l'échéance d'un effet à recevoir ;

9 comptabiliser les opérations relatives aux effets à recevoir ;

10 présenter de façon appropriée les créances dans les états financiers.

Le crédit est prépondérant dans le milieu des affaires. Une part sans cesse croissante du chiffre d'affaires des entreprises de services et des entreprises commerciales est réalisée grâce aux facilités de crédit qu'elles offrent à leurs clients. C'est pourquoi les créances de ces sociétés prennent une place de plus en plus importante parmi les éléments d'actif.

Les créances prennent une place de plus en plus importante parmi les éléments d'actif.

d'encaissements en raison de leurs montants et de leur régularité. Bien gérer ses créances suppose d'avoir un système de contrôle interne dont les objectifs sont notamment de s'assurer, dans la mesure du possible :

- que toute marchandise expédiée est facturée au prix convenu et au bon client ;
- que les encaissements et les dépôts bancaires sont faits dans un délai acceptable ;
- que les encaissements sont comptabilisés d'une façon précise ;
- que la dépréciation des comptes clients et les notes de crédit sont bien gérées.

Pour atteindre ces objectifs, l'entreprise peut adopter les mesures suivantes :

- l'autorisation de crédit par un employé autre que le vendeur ;
- la répartition des tâches et des responsabilités, par exemple l'encaissement des sommes et leur comptabilisation par deux employés différents ;
- la numérotation des bordereaux d'expédition, afin de s'assurer que toutes les marchandises expédiées sont facturées périodiquement ;
- la tenue d'un livre auxiliaire des clients, dont le solde est rapproché de celui du compte de contrôle Clients du grand livre général ;
- l'autorisation des notes de crédit par un employé autre que le vendeur.

La figure 11.2 illustre un système simple de ventes de marchandises à crédit[4].

Pour évaluer rapidement l'efficacité du recouvrement des créances, on peut calculer le coefficient de rotation des comptes clients en divisant le chiffre d'affaires net à crédit par les comptes clients nets moyens. Le coefficient ainsi obtenu indique le nombre de fois où les comptes clients sont compris dans le chiffre d'affaires. Un coefficient élevé indique que les comptes clients sont perçus rapidement, comme nous l'expliquerons au chapitre 23.

LES COMPTES CLIENTS

On peut classer les opérations touchant les comptes clients dans deux grandes catégories : la comptabilisation initiale des comptes clients et l'évaluation subséquente des comptes clients.

La comptabilisation initiale des comptes clients

Nous avons déjà traité de la comptabilisation des opérations à crédit aux chapitres 3 et 5. Essentiellement, lorsqu'une entreprise de services ou une entreprise commerciale conclut une opération avec une tierce personne, les produits sont constatés lorsque les risques et avantages importants inhérents à la propriété ont été transférés à l'acheteur et que la mesure de la contrepartie est raisonnablement sûre[5]. Cette recommandation illustre bien que le moment de la constatation des produits diffère souvent de celui de l'encaissement des espèces par le vendeur.

Pour illustrer la comptabilisation d'une vente à crédit, supposons qu'Yvan Leroux enr. a effectué les opérations suivantes au début du mois de mai 20X5 :

2 mai Vente de marchandises à crédit à Jacques Dupuis ltée d'un montant de 700 $, TPS (5 %) et TVQ (9,975 %) en sus. La facture n° 4119 porte la mention « 2/10, n/30 avant taxes ».

4 mai Rabais de 50 $ (note de crédit n° 93) accordé à Jacques Dupuis ltée pour des marchandises endommagées durant le transport.

---

4. Nous présentons ici le système simple de ventes à crédit d'une entreprise dont le système d'inventaire est permanent. Nous expliquerons de façon détaillée ce système d'inventaire au chapitre 12.

5. *Manuel de CPA Canada – Comptabilité – Partie II – Normes comptables pour les entreprises à capital fermé*, Toronto, CPA Canada, paragr. 3400.05.

FIGURE 11.2 | **UN SYSTÈME DE VENTES DE MARCHANDISES À CRÉDIT (INVENTAIRE PERMANENT)**

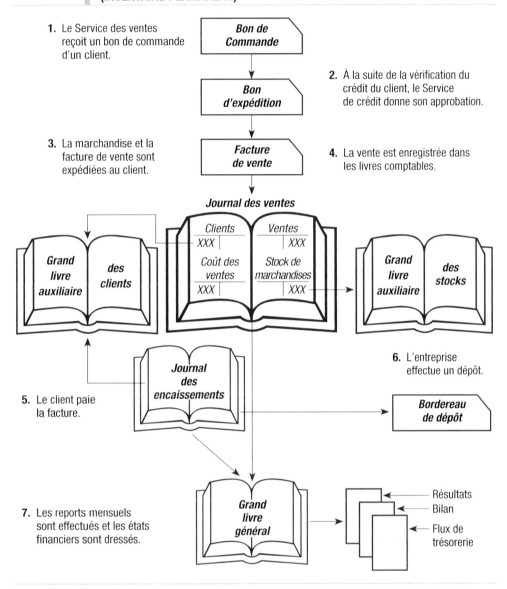

1. Le Service des ventes reçoit un bon de commande d'un client.

2. À la suite de la vérification du crédit du client, le Service de crédit donne son approbation.

3. La marchandise et la facture de vente sont expédiées au client.

4. La vente est enregistrée dans les livres comptables.

5. Le client paie la facture.

6. L'entreprise effectue un dépôt.

7. Les reports mensuels sont effectués et les états financiers sont dressés.

Voici les écritures de journal requises afin de comptabiliser chaque opération[6] :

Comptabilisation d'une vente à crédit

2 mai 20X5

Clients – Jacques Dupuis ltée	804,83	
Ventes		700,00
TPS à payer (700 $ × 5 %)		35,00
TVQ à payer (700 $ × 9,975 %)		69,83
Facture n° 4119 ; conditions de règlement : 2/10, n/30 avant taxes.		

---

6. Ceux qui se seraient peu familiarisés avec la comptabilisation des opérations d'une entreprise commerciale et qui désireraient en connaître davantage peuvent consulter le chapitre 5.

E11 La détermination de la valeur à l'échéance de divers billets à recevoir

La société Dufrin inc. a accepté plusieurs billets au cours du mois d'avril 20X8. Remplissez le tableau suivant :

Date du billet	Montant initial	Durée	Taux d'intérêt	Valeur à l'échéance	
				Compte non tenu des jours de grâce	Compte tenu des jours de grâce
a) 2 avril	1 000 $	90 jours	8 %		
b) 11 avril	2 500 $	3 mois	10 %		
c) 25 avril	1 600 $	1 an	9 %		

E12 La comptabilisation des opérations relatives à un compte client et à un effet à recevoir

Le 15 juin 20X4, Écrans ltée a vendu 25 ordinateurs portatifs à Peter Dike enr. Bien que le prix unitaire courant soit de 1 500 $, Écrans ltée a consenti une remise de 10 % à son client et établi des conditions de règlement de 2/10, n/30. Le 17 juin, Peter Dike enr. a dû retourner un ordinateur défectueux au fournisseur. Malheureusement, l'entreprise n'était pas en mesure de régler son compte à la fin du délai prévu. Toutefois, Écrans ltée a accepté de convertir le solde du compte client en un effet à recevoir daté du 15 juillet 20X4, payable dans 90 jours et portant intérêt au taux de 8 %.

En tenant pour acquis que Peter Dike enr. a honoré son billet à l'échéance, passez toutes les écritures relatives aux opérations décrites précédemment dans le journal général de la société Écrans ltée.

PROBLÈMES DE COMPRÉHENSION

P1 L'estimation des créances douteuses

10 minutes – facile

Les livres comptables de la société Heins Harald ltée contiennent les renseignements suivants :

Ventes au comptant	1 200 000 $
Ventes à crédit	900 000
Clients au 31 décembre 20X0	180 000
Clients au 31 décembre 20X1	200 000
Effets à recevoir des administrateurs au 31 décembre 20X1	55 000
Avances aux employés au 31 décembre 20X1	12 000
Provision pour dépréciation – Clients au 31 décembre 20X0 (crédit)	3 000
Créances radiées au cours de l'exercice 20X1	5 000

Heins Harald ltée envisage diverses solutions qui lui permettraient d'estimer les créances douteuses. À ce jour, l'entreprise a examiné attentivement les deux solutions suivantes :

1. Estimer la provision pour dépréciation des comptes clients à 4 % du solde des comptes clients à la fin et trouver le montant des créances douteuses par déduction.

2. Estimer la provision pour dépréciation des comptes clients en procédant à leur analyse chronologique et trouver le montant des créances douteuses par déduction. L'analyse chronologique des comptes clients a déjà été faite et elle montre :
   • que le solde du compte Clients doit, jusqu'à concurrence des 3/4, être provisionné au taux de 3 % ;
   • que le solde restant doit être provisionné au taux de 8 %.

Pour chaque solution qu'envisage Heins Harald ltée, passez l'écriture de régularisation requise, en supposant que les créances douteuses déjà comptabilisées résultent de la radiation de certains comptes.

P2 La comptabilisation d'opérations relatives aux créances

30 minutes – moyen

Le compte Provision pour dépréciation – Clients de la société Boregard ltée présentait un solde de 55 000 $ au 1er janvier 20X0. Les opérations suivantes ont eu lieu au cours de 20X0 :

22 janvier : Un avis reçu par la poste confirme la faillite de la société Bocado ltée, laquelle devait la somme de 9 825 $ à Boregard ltée.

17 mars : Boregard ltée reçoit un chèque de 2 250 $ de Hasard ltée. Cette créance avait été jugée irrécouvrable et radiée des livres au cours de l'exercice précédent.

31 décembre : Divers comptes totalisant 19 620 $ sont jugés irrécouvrables et radiés des livres.

31 décembre : Le comptable estime que la valeur comptable, avant régularisation, des comptes clients excède de 20 625 $ leur valeur recouvrable.

TRAVAIL À FAIRE

a) Passez les écritures de journal requises, avec explications à l'appui, pour enregistrer les opérations décrites précédemment, en tenant compte des taxes, s'il y a lieu. Passez l'écriture de journal permettant d'enregistrer la dépréciation des comptes clients au 31 décembre 20X0.

b) Déterminez le solde du compte Provision pour dépréciation – Clients au 31 décembre 20X0.

Solde du compte : 51 972,03 $

11

c) Pourquoi est-il important de s'assurer tous les ans que les états financiers tiennent compte d'une estimation des créances douteuses ?

P3 La comptabilisation d'opérations relatives aux créances

35 minutes – difficile

Au cours de l'exercice terminé le 31 mars 20X6, la société Radiatex inc. a enregistré plusieurs opérations relatives au compte Clients. Votre examen des livres comptables vous a permis de constater ce qui suit :

1. À la suite de l'analyse des comptes clients au 31 mars 20X6, le Service de crédit estime qu'il y a lieu de radier le solde des comptes d'Albert ltée et de Leblanc ltée. Ces soldes s'élèvent respectivement à 200 $ et à 900 $.

2. Au cours de l'exercice, la société a radié de ses livres certains comptes clients totalisant 500 $ pour lesquels elle était presque assurée du non-recouvrement. Elle avait provisionné ces comptes au 31 mars 20X5. La société a enregistré ces radiations en débitant le compte Dépréciation des comptes clients et en créditant le compte Provision pour dépréciation – Clients.

3. Un montant de 250 $ a été recouvré d'un client dont le compte avait déjà été radié. L'encaissement a donné lieu à un crédit au compte Clients.

4. Le solde du compte Provision pour dépréciation – Clients doit correspondre à 10 % du solde du compte Clients au 31 mars 20X6.

5. Au 31 décembre 20X5, le compte Provision pour dépréciation – Clients avait un solde créditeur de 2 500 $, que seules les opérations décrites précédemment ont modifié.

6. Le solde du compte Clients était de 15 000 $ au 31 mars 20X6, avant les ajustements requis.

Grégoire Le Chantre — Compte n° 142

Date		Libellé	F°	Débit	Crédit	Solde
3	févr.		V12	1 218		1 218
1er	mars		E17		1 218	θ
7	juill.		V24	631		631
16	"	Note de crédit	J6		481	150
1er	sept.		V27	951		1 101
10	"		E30		150	951

Josée Labelle — Compte n° 151

Date		Libellé	F°	Débit	Crédit	Solde
11	août		V27	543		543
26	"		E30		543	θ
26	oct.		V32	1 089		1 089
8	nov.		V34	695		1 784
6	déc.		E40		600	1 184
23	"		V38	327		1 511

Philippe Marant — Compte n° 152

Date		Libellé	F°	Débit	Crédit	Solde
8	déc.		V38	256		256
16	"		V38	561		817
21	"		E40		256	561

Jeanne Personne — Compte n° 169

Date		Libellé	F°	Débit	Crédit	Solde
10	avril		V17	969		969
26	"	Retours	J3		211	758
30	"		V17	429		1 187
3	mai		E22		751	436
3	"	Régularisation	J3		7	429
6	juin		V22	1 292		1 721
10	"		E25		429	1 292
8	juill.		V24	646		1 938
10	"		V26	693		2 631
17	"		E27		1 292	1 339

Maurice Côté — Compte n° 175

Date		Libellé	F°	Débit	Crédit	Solde
1er	janv.	Solde initial				1 339
2	août		E30		693	646
8	sept.		V29	392		1 038
4	oct.		V32	1 261		2 299
2	nov.		V34	177		2 476
10	"		E37		1 261	1 215
3	déc.		E40		177	1 038
26	"		V38	309		1 347

11

TRAVAIL À FAIRE

En supposant que le compte Provision pour dépréciation – Clients ait un solde créditeur de 910 $ avant régularisation, passez l'écriture de journal requise pour régulariser ce compte au 31 décembre.

 Régularisation requise : 2 645,18 $

P5 La radiation des créances

30 minutes – moyen

La société Radion inc. a vu le jour il y a trois ans. Elle désire emprunter une somme d'argent importante à sa banque. Cette institution exige au préalable un audit des états financiers des trois derniers exercices. Radion inc. fait alors appel à vos services. Au cours de votre audit, vous découvrez que Radion inc. radie les créances lorsque tout indique qu'elles ne pourront pas être recouvrées. Ces créances sont imputées à titre de charges au cours de l'exercice où elles sont radiées. Vous notez que les pertes relatives aux créances douteuses s'élèvent à environ 2 % des comptes clients. Voici le solde des comptes clients et les radiations de comptes clients effectuées depuis le début de l'exploitation de l'entreprise :

Exercice financier	Clients	Valeur comptable des comptes radiés en		
		20X5	20X6	20X7
20X5	600 000 $	3 000 $	8 000 $	800 $
20X6	800 000		4 000	9 600
20X7	1 000 000			10 000

TRAVAIL À FAIRE

Établissez le montant de la sous-évaluation ou de la surévaluation du bénéfice de chaque exercice, en considérant que Radion inc. utilise la méthode de l'imputation directe des créances irrécouvrables plutôt que la méthode d'imputation fondée sur la constitution d'une provision.

 Surévaluation totale des bénéfices : 12 600 $

P6 Les opérations relatives aux comptes Clients et Provision pour dépréciation – Clients

25 minutes – moyen

Le 31 décembre 20X3, on trouve les postes Clients et Provision pour dépréciation – Clients dans le bilan de Klian enr. Ils s'élèvent respectivement à 380 000 $ et à 10 000 $.

Au cours de l'année 20X3, le chiffre d'affaires de l'entreprise a été de 2 600 000 $. Toutes les ventes ont été effectuées à crédit. Les sommes recouvrées des clients se sont élevées à 2 500 000 $, y compris la somme de 5 000 $ recouvrée de Maria Fortin, dont le compte avait été radié à la fin de 20X2. Au cours de 20X3, on a radié d'autres comptes totalisant 11 000 $.

Le 31 décembre 20X3, on a trouvé dans les comptes clients des créances en souffrance de l'ordre de 60 000 $. On a estimé que 20 % de ce montant ne serait pas recouvré et qu'une somme égale à 2 % des comptes non en souffrance ne pourrait être recouvrée.

TRAVAIL À FAIRE

a) Passez quatre écritures dans le journal général pour enregistrer les opérations effectuées en 20X3 relativement aux comptes clients.

b) Passez une écriture pour régulariser les comptes au 31 décembre 20X3.

c) Déterminez le montant qui devra figurer à titre de dépréciation des comptes clients dans l'état des résultats de l'exercice terminé le 31 décembre 20X3.

d) Dressez un bilan partiel au 31 décembre 20X3.

Valeur recouvrable des comptes clients : 453 720 $

P7

La comptabilisation des comptes clients et des effets à recevoir

20 minutes – moyen

Mme Lecompte est comptable chez Jaima inc. Elle vous demande de vérifier si la provision pour dépréciation est suffisante et de calculer l'intérêt à recevoir au 31 décembre 20X0. Pour vous y aider, elle vous présente les soldes, au 31 décembre 20X0, des comptes clients suivants :

Date de la vente ou du dernier paiement	Nom du client	Explications	Débit	Crédit
23 décembre	C. S. Mordu		10 000 $	
12 décembre	B. Lavie		2 000	
30 novembre	G. Fin	Effet de 10 %.	12 000	
30 novembre	N. Bergeron		3 000	
21 novembre	P. Groseille	Paiement en trop.		2 000 $
15 décembre	R. Plante	Paie lentement ; fait des versements de 10 $ par mois ; provision de 50 % nécessaire.	3 000	
1er novembre	T. Bonn	Avance sur marchandises à livrer le 31 janvier 20X1.		5 000
14 novembre	J. Volage	Impossible à localiser ; provision de 100 % nécessaire.	1 000	
1er novembre	M. Mason	Mis en faillite le 27 novembre 20X0.	8 000	
31 mai	A. Plumé	Effet de 6 % ; paie selon les échéances prévues.	8 000	
30 avril	D. Lambin	Effet de 6 % ; aucun paiement reçu à ce jour ; provision de 50 % nécessaire.	5 000	
			52 000 $	7 000 $

Autres renseignements

1. Au grand livre, les soldes des comptes Provision pour dépréciation – Clients et Intérêts courus à recevoir sont respectivement de 5 000 $ et de θ $.

2. Les intérêts et les versements sur le principal relatifs aux effets à recevoir sont dus tous les six mois après la date de la vente. Au moment de l'encaissement des intérêts, Jaima inc. crédite le compte Produits d'intérêts. Les taux d'intérêt varient en fonction de la cote de crédit du client.

TRAVAIL À FAIRE

Corrigez et régularisez les livres de Jaima inc. au 31 décembre 20X0 afin que les états financiers puissent être présentés en respectant les normes comptables pour les entreprises à capital fermé (NCECF).

Solde régularisé du compte
Provision pour dépréciation – Clients : 5 100 $

LES CESSIONS DE CRÉANCES

Nous avons vu, dans ce chapitre, comment comptabiliser les sommes encaissées lorsque l'entreprise conserve ses créances jusqu'à l'échéance. La situation se corse lorsqu'elle décide de ne pas détenir ses créances jusqu'à l'échéance, mais de les céder avant terme pour profiter immédiatement de la trésorerie. Nous avons déjà mentionné que l'importance des créances par rapport à l'ensemble des actifs a sensiblement augmenté au cours des dernières années. C'est donc dire que les entreprises financent davantage leurs clients, ce qui retarde bien sûr les encaissements. Elles peuvent tout de même combler leurs besoins de trésorerie par une opération de **cession de créances** à des tiers, soit en vendant celles-ci, soit en les donnant en nantissement d'un nouvel emprunt. Notons que « cession » est un terme générique qui englobe les ventes et le nantissement des créances. Il ne faut donc pas confondre « créances cédées » et « créances vendues » dans la suite de ce texte.

Prenons l'exemple de la société ABC ltée, qui détient 10 billets à recevoir de 1 000 $ chacun des clients A à J. Il y a plusieurs années, l'entreprise n'aurait eu que deux solutions diamétralement opposées pour transformer avant l'échéance ses créances en trésorerie.

La première solution consiste à les offrir en **nantissement**, c'est-à-dire en garantie d'un nouvel emprunt. Les entreprises peuvent aussi utiliser leurs créances aux fins de financement en les hypothéquant. Selon le Code civil du Québec, en vigueur depuis le 1er janvier 1994, les hypothèques mobilières peuvent être avec ou sans dépossession. Une **hypothèque sans dépossession** signifie que le propriétaire conserve l'utilisation du bien, alors qu'une **hypothèque avec dépossession** implique la remise du bien au créancier. Les hypothèques mobilières sur les créances sont généralement sans dépossession et portent sur l'**universalité des créances.** Cette clause signifie que l'hypothèque porte sur toute créance que possède l'entreprise à la date de la signature de l'hypothèque ainsi que sur toute autre créance qu'elle possédera jusqu'à l'échéance de l'hypothèque. Le Code civil du Québec précise que les hypothèques mobilières n'ont pas à être notariées, mais qu'elles doivent être publiées dans le Registre des droits personnels et réels mobiliers.

Revenons maintenant à notre exemple. Pour obtenir un emprunt de 7 000 $, ABC ltée doit satisfaire à la demande de l'institution financière et offrir une garantie sur l'universalité des créances d'une valeur de 10 000 $. Le montant de l'emprunt est inférieur à la valeur comptable des créances données en garantie, notamment parce que la banque sait que certaines créances s'avéreront irrécouvrables. Pour simplifier les choses, l'entreprise ne détermine pas certaines créances particulières. Si ABC ltée avait précisé l'identité des débiteurs dont elle donne les créances en garantie et que l'un de ses clients, M. Bergeron, payait son compte avant qu'elle ne rembourse elle-même son emprunt à l'institution financière, l'entreprise devrait continuellement remplacer une créance remboursée donnée en garantie à l'institution financière par une nouvelle créance, et ce, chaque fois qu'un tel cas se présenterait. C'est pourquoi la garantie est offerte sur l'universalité des créances d'une valeur totale de 10 000 $. ABC ltée n'a pas transféré les droits contractuels de recevoir les flux de trésorerie rattachés aux créances et ne peut décomptabiliser celles-ci. Elle passera donc l'écriture suivante pour enregistrer l'opération de financement dans ses livres comptables :

Nantissement des créances

Caisse	7 000	
Emprunt bancaire		7 000
Emprunt bancaire garanti par l'universalité des créances d'une valeur de 10 000 $.		

La seconde possibilité est qu'ABC ltée vende ses créances à une société spécialisée pour combler son besoin immédiat de trésorerie. Posons l'hypothèse qu'ABC ltée conclut une opération par laquelle elle cède ses comptes clients identifiés nommément à la société Sai Sionère ltée. ABC ltée reçoit la somme de 7 000 $ en contrepartie des créances dont la valeur comptable s'établissait à 10 000 $. Sous certaines conditions expliquées plus loin, ABC ltée comptabilise ainsi cette opération de vente :

Ventes des créances

Caisse	7 000	
Perte sur cession de créances	3 000	
Créances		10 000
Vente de créances.		

Il importe de noter, quand on compare les deux opérations précédentes, que lorsque l'entreprise offre des créances en nantissement d'un emprunt, elle ne décomptabilise pas l'actif, la valeur comptable des créances continuant de figurer au bilan, tout comme c'est le cas de la valeur comptable de la dette nouvellement négociée. De plus, seules les opérations de ventes de créances donnent lieu à la comptabilisation d'un gain ou d'une perte dans les résultats de l'exercice en cours.

Ces deux types d'opérations existent depuis fort longtemps. De nos jours, les entreprises qui souhaitent convertir leurs créances en trésorerie disposent de plusieurs autres possibilités : recourir aux cessions avec recours, les céder en conservant un droit de gestion, procéder à une titrisation, etc. La **titrisation** est une technique financière qui consiste à transformer des actifs, par exemple des créances, en titres financiers, que ce soit des titres d'emprunt ou des titres d'équité. D'un point de vue pratique, le cédant groupe les créances en bloc, qu'il cède à un cessionnaire, c'est-à-dire à une tierce partie qui reçoit les créances. Par la suite, le cessionnaire finance l'acquisition des créances en émettant des titres négociables sur le marché des capitaux. La figure 11A.1 illustre les opérations de titrisation.

Toutes ces opérations apparues au fil des ans ont pour particularité que l'entreprise transfère certains droits aux flux de trésorerie futurs tout en conservant certains risques et avantages économiques liés aux créances. Par exemple, ABC ltée pourrait décider de céder ses droits relativement à l'ensemble des flux de trésorerie tout en conservant le

FIGURE 11A.1   **LES OPÉRATIONS DE TITRISATION**

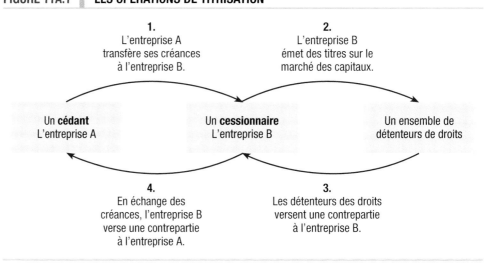

Source : Comptabilité intermédiaire – Analyse théorique et pratique, 6ᵉ édition, Montréal, Chenelière Éducation, 2013 (*voir la figure 6.6*).

risque de crédit. En effet, elle pourrait assurer le cessionnaire qu'en cas de non-paiement d'un débiteur, elle lui remettra elle-même les flux de trésorerie. Doit-on comptabiliser une telle opération en tant que vente ou en tant que nantissement ?

Pour répondre à cette question, le comptable analyse en détail les critères présentés dans la partie centrale de la figure 11A.2. La conclusion de cette analyse déterminera le traitement comptable des transferts de créances, précisé dans la partie inférieure de cette même figure.

Le Conseil des normes comptables (CNC) a consacré l'annexe B du chapitre 3856 du *Manuel de CPA Canada* aux traitements comptables appropriés dans ces situations. Plusieurs précisions du CNC dépassent le cadre de cet ouvrage ; c'est pourquoi nous nous limiterons ici aux seules lignes directrices.

FIGURE 11A.2 | **L'ANALYSE DES CESSIONS DE CRÉANCES ET LEUR TRAITEMENT COMPTABLE**

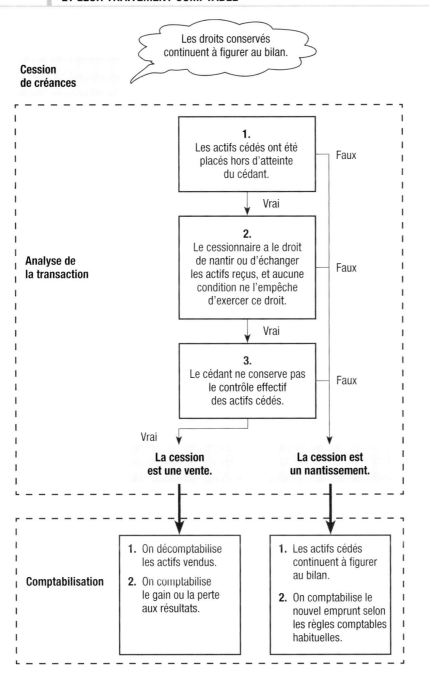

Examinons d'abord la partie supérieure de la figure 11A.2 (*voir la page précédente*). Pour toute cession de créances, le comptable doit s'assurer que tous les droits conservés continuent à figurer au bilan. Ainsi, lorsque l'entreprise cède le droit de recevoir la valeur à l'échéance des créances mais conserve celui de recevoir les intérêts, ce droit continue à figurer au bilan. À la date de la cession, la valeur comptable des créances, laquelle regroupe la valeur des droits de recevoir la valeur à l'échéance et les intérêts, est scindée entre les deux droits en fonction de leur juste valeur respective à la date de la vente.

Pour illustrer ce propos, examinons l'exemple de la société Astuces inc. Le 31 décembre, les livres de l'entreprise montrent que le solde d'un effet à recevoir s'élève à 100 000 $. Le droit de recevoir la valeur à l'échéance a une juste valeur de 95 000 $, alors que le droit de recevoir les intérêts vaut 10 000 $, pour une juste valeur totale de l'effet à recevoir de 105 000 $. Rappelons que la valeur comptable d'une créance ne correspond pas à sa juste valeur, puisque, selon les normes comptables pour les entreprises à capital fermé (NCECF), cette valeur est établie sur la base du coût amorti après dépréciation. En tenant pour acquis que le droit de recevoir la valeur à l'échéance est vendu, le comptable passera l'écriture suivante :

Cession de créances

Caisse	95 000,00	
Droit de recevoir les intérêts sur un effet ❶	9 523,81	
Effet à recevoir		100 000,00
Gain sur vente d'un droit de recevoir la valeur à l'échéance		
d'un effet à recevoir ❷		4 523,81

Vente du droit de recevoir la valeur à l'échéance d'un effet à recevoir et conservation du droit de recevoir les intérêts.

Calculs :

❶ *(100 000 $ × 10 000 $/105 000 $)**
  **Arrondi au cent près.*

❷ *Produit de la vente (égal à la juste valeur) du droit vendu*   95 000,00 $
   Valeur comptable
    (100 000 $ × 95 000 $/105 000 $)   (90 476,19)
   Gain sur cession   4 523,81 $

En plus d'illustrer la répartition de la valeur comptable d'une créance, cet exemple permet de saisir que l'effet à recevoir, auparavant comptabilisé comme un seul actif, est scindé en deux actifs à la date de l'opération, soit le droit de recevoir la valeur à l'échéance, qui fait l'objet de la vente, et le droit de recevoir les intérêts, qui est conservé. C'est pourquoi, dans la suite de ce texte tout comme dans la figure 11A.2, nous utilisons « actif cédé » plutôt que « créance cédée » pour bien faire ressortir ce fait.

L'écriture précédente reposait sur l'hypothèse que la cession du droit de recevoir la valeur à l'échéance constituait une vente. En pratique, le comptable doit analyser attentivement toutes les clauses de l'entente signée par le cédant et le cessionnaire afin de vérifier les trois critères mentionnés dans la partie centrale de la figure 11A.2.

Une cession de créances est comptabilisée comme une vente uniquement lorsque le cédant abandonne le contrôle des créances, c'est-à-dire lorsqu'il respecte les trois critères suivants[1] :

1. L'opération a pour effet de placer le contrôle des actifs cédés hors d'atteinte du cédant. C'est le cas, par exemple, si celui-ci ne peut révoquer la transaction ou si, en cas de faillite du cédant, les créanciers peuvent disposer des créances pour récupérer les sommes qu'ils lui ont prêtées.

---

1. Le CNC donne de nombreuses précisions en ce qui concerne ces trois critères. Pour plus de détails sur ces explications, qui dépassent le cadre de notre étude, consultez les paragraphes 3856.B4 à 3856.B37 du *Manuel de CPA Canada – Comptabilité – Partie II – Normes comptables pour les entreprises à capital fermé.*

2. Le cessionnaire a le droit de nantir ou d'échanger les actifs reçus et, de plus, rien ne l'empêche d'exercer ce droit[2]. Par exemple, le cessionnaire n'a pas à demander au cédant son autorisation pour choisir le moment ou les modalités de la revente.

3. Le cédant ne conserve pas le contrôle effectif des actifs cédés, par exemple parce qu'il a conservé la faculté et l'obligation de les racheter.

Lorsque la cession de créances respecte ces trois critères, elle est comptabilisée comme une opération de vente. Lorsqu'elle ne respecte pas un ou plusieurs de ces critères, elle est comptabilisée comme une opération de nantissement.

La partie inférieure de la figure 11A.2 (*voir la page 501*) précise le traitement comptable des ventes et des nantissements de créances. Les deux exemples donnés au début de cette annexe illustraient l'application de ces recommandations dans des situations simples. Voici un autre exemple. La société XYZ ltée cède ses comptes clients, d'une valeur comptable de 200 000 $, à la société Finance ltée pour une contre-partie totale de 194 000 $. Voici comment cette opération sera comptabilisée dans les livres de XYZ ltée :

Comptabilisation d'une cession selon deux scénarios

La cession est une vente *(parce que le cédant a abandonné le contrôle des créances)*		**La cession est un nantissement** *(par exemple, parce que les créances ne sont pas placées hors d'atteinte du cédant)*	
Banque	194 000	Banque	194 000
Perte sur cession de créances	6 000	Montant dû à Finance ltée	194 000
Clients	200 000	Nouvel emprunt garanti	
Vente des comptes clients.		par les créances.	

Enfin, si la cession est un nantissement, le cédant doit indiquer dans ses états financiers la valeur comptable des actifs qu'il a donnés en garantie des passifs ainsi que les conditions de cette mise en garantie[3].

---

2. Lorsque les créances sont cédées à une structure d'accueil admissible, l'opération doit respecter des critères additionnels. Précisons simplement qu'une **structure d'accueil admissible** est un cessionnaire apparenté au cédant.

3. *Manuel de CPA Canada – Comptabilité – Partie II – Normes comptables pour les entreprises à capital fermé,* Toronto, CPA Canada, paragr. 3856.44.

CHAPITRE **12**

Les stocks

PLAN DU CHAPITRE

La gestion des stocks 506
La nature des stocks 507
Les paramètres du système comptable 509
Le travail comptable de fin de période 526
Les autres méthodes de détermination du coût des stocks 533
La présentation des stocks dans les états financiers 537
Synthèse du chapitre 12 539
Activités d'apprentissage 540

OBJECTIFS D'APPRENTISSAGE

Au terme de ce chapitre, vous pourrez :

1 connaître les éléments clés de la gestion des stocks ;

2 établir les éléments d'actif compris dans les stocks ;

3 expliquer le fonctionnement des deux systèmes d'inventaire ;

4 distinguer les coûts incorporables des coûts non incorporables ;

5 appliquer les trois méthodes de détermination du coût des stocks à chacun des deux systèmes d'inventaire ;

6 décrire le travail comptable de fin de période ;

7 appliquer la règle de la valeur minimale ;

8 analyser les effets des erreurs relatives aux stocks ;

9 décrire la présentation des stocks dans les états financiers ;

10 mettre en pratique les deux méthodes d'estimation du coût des stocks.

usqu'ici, nous avons toujours fourni le chiffre du stock de clôture. Dans ce chapitre, nous verrons comment les entreprises obtiennent cette donnée. Notons que les stocks représentent un élément d'actif à court terme très important pour plusieurs entreprises.

Les stocks représentent un élément d'actif à court terme très important pour plusieurs entreprises.

UN PROFESSIONNEL VOUS PARLE

Benoit Larouche,
MBA, B.GEST.,
C.P.I.M., C.S.C.P

Vice-président,
Chaîne
d'approvisionnement

AGROPUR
Coopérative laitière

Il est crucial d'administrer les stocks de manière optimale, car, dans plusieurs cas, leur valeur peut représenter une part significative de l'actif de l'entreprise. Cela comporte plusieurs défis très intéressants, car la gestion des stocks est en fait une gestion de compromis. Par exemple :

- Quel niveau de service offrir à nos clients ?
- À quelle fréquence passer nos commandes, en comparant les coûts qui y sont rattachés aux coûts de possession des marchandises ?
- Combien de stock de sécurité faut-il garder pour répondre aux variations de la demande et de l'approvisionnement ?

De plus, il faut bien connaître les différents produits en stock (produits en cours ou produits finis), car leur traitement comptable pourrait différer selon leur nature. En effet, mieux vaut adapter les façons de traiter ces stocks, du moins en regroupant ceux-ci par catégories.

Enfin, la gestion des stocks est devenue tellement stratégique que, depuis quelques années, elle s'inscrit au cœur de la chaîne d'approvisionnement, non plus juste à l'intérieur de l'organisation, mais également en lien avec les partenaires d'affaires. Menée efficacement, elle peut constituer un sérieux avantage concurrentiel.

LA GESTION DES STOCKS

12

Une saine gestion des stocks s'avère essentielle à la survie de l'entreprise. L'objectif principal de la gestion des stocks consiste pour l'entreprise à disposer des articles au moment et à l'endroit où elle en a besoin, et ce, au coût le plus faible possible. Si le niveau des stocks est trop élevé, les **coûts d'entreposage** (les frais de manutention et d'intérêts, par exemple) seront trop élevés. À l'inverse, si le niveau des stocks est trop faible, les coûts d'entreposage seront peu élevés, alors que les **coûts de rupture de stock** seront importants, notamment les manques à gagner sur les ventes perdues, les coûts supplémentaires des réapprovisionnements lorsque ceux-ci sont effectués à la hâte et les salaires payés aux employés contraints à l'inactivité. Autrement dit, la gestion des stocks consiste à équilibrer les coûts d'entreposage et les coûts de rupture de stock, comme l'illustre la figure 12.1. Le point d'équilibre entre les deux catégories de coûts permet de déterminer la quantité optimale de stocks à maintenir.

FIGURE 12.1 | **LE POINT D'ÉQUILIBRE**

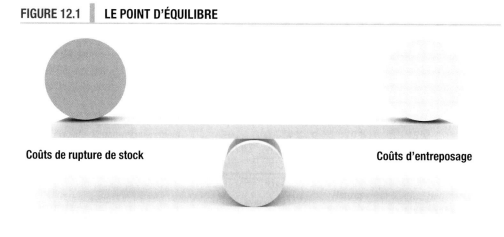

Coûts de rupture de stock   Coûts d'entreposage

Une saine gestion des stocks doit s'adapter aux conditions économiques. C'est pourquoi le niveau des stocks doit diminuer en période de récession. En règle générale, puisque les consommateurs achètent moins de biens, les entreprises doivent maintenir un niveau de stocks plus bas qu'à l'habitude. Sinon, elles devront investir leurs liquidités dans les stocks pendant un long moment, sans compter que ceux-ci risquent de devenir désuets et de ne trouver aucun acheteur. De même, une entreprise dont les ventes annuelles sont cycliques, par exemple une entreprise qui vend des piscines, doit veiller à minimiser les quantités de stocks en main pendant les saisons creuses, où elle conclut peu de vente.

Outre les questions d'approvisionnement, la gestion des stocks vise à protéger convenablement les biens. C'est pourquoi toute entreprise doit mettre en place des **mesures de protection des stocks**. Elle pourrait, par exemple, exiger que seules certaines personnes aient accès à l'endroit où sont entreposés les biens. Une entreprise faisant le commerce de détail pourrait marquer ses marchandises à l'aide d'un code magnétique ou engager des gardiens de sécurité. En se procurant certains types de polices d'assurance, les entreprises se protègent aussi contre les catastrophes naturelles telles que les inondations. Ces mesures de protection ont pour but de réduire les pertes financières liées aux bris ou à la destruction des articles. Bien entendu, les entreprises ne cherchent pas nécessairement à éliminer totalement les pertes, car, passé un certain point, les coûts des mesures de protection en excéderaient les avantages.

Les entreprises confient à des personnes différentes les tâches liées à l'acquisition, à la manutention et à la comptabilisation des stocks. Ainsi, elles évitent dans une large mesure les vols et la disparition accidentelle des stocks. Par exemple, la personne chargée de contrôler l'accès aux marchandises ne doit pas être responsable de la comptabilisation des stocks. La répartition des tâches est importante, car elle évite que des employés s'approprient les ressources de l'entreprise et en éliminent la valeur comptable des livres. Si la personne chargée de contrôler l'accès aux marchandises était tentée de dérober quelques unités, elle se verrait dans l'impossibilité, par contre, de comptabiliser la diminution du stock comme une vente. Lorsque l'entreprise procéderait au dénombrement de ses marchandises et effectuerait le rapprochement du résultat obtenu à l'aide des renseignements de ses livres comptables, elle constaterait que des marchandises ont été volées.

À l'opposé, lorsqu'une entreprise n'a pas de tels contrôles, les investisseurs doivent être prudents dans leur interprétation des chiffres des états financiers relatifs aux stocks, tels le coût du stock de clôture et le coût des ventes. Les soldes inscrits aux livres ne sont possiblement pas fiables, car, comme nous l'avons expliqué, un employé pourrait avoir dérobé des marchandises et comptabilisé la diminution du stock à titre de marchandises vendues.

Essentiellement, le **système comptable relatif aux stocks**, dont les paramètres seront précisés plus loin, a une double fonction. Premièrement, ce système constitue l'une des sources d'information qu'utilise l'entreprise pour prendre des décisions concernant l'approvisionnement et le niveau optimal des stocks, ainsi que pour concevoir et mettre en place des mécanismes de contrôle interne. Deuxièmement, il sert à déterminer les chiffres relatifs aux stocks présentés dans les états financiers.

LA NATURE DES STOCKS

Les stocks faisant partie de l'actif du bilan, ils possèdent les trois caractéristiques d'un élément d'actif :

1. Ils procurent des avantages futurs à l'entreprise, sous forme d'argent qu'elle retirera au moment de la vente.

2. L'entreprise contrôle l'accès à ces avantages, car elle dispose des stocks comme elle l'entend.

3. L'événement donnant naissance aux avantages futurs, soit l'acquisition du titre de propriété, s'est déjà produit.

Les stocks sont destinés à être vendus dans le cadre de l'exploitation courante de l'entreprise ; c'est ce qui les distingue des autres éléments d'actif. Une **entreprise commerciale**, comme un détaillant d'appareils électroménagers, achète ses marchandises à l'état fini et les offre aussitôt à ses clients sans devoir procéder à quelque transformation que ce soit. Le poste Stock de marchandises de son bilan comprend le coût d'origine des marchandises, ici le coût des lave-vaisselle, des cuisinières électriques et des fours à micro-ondes.

De leur côté, les **entreprises industrielles** ont pour particularité de fabriquer elles-mêmes les marchandises qu'elles vendent par la suite en gros ou au détail. Prenons l'exemple d'un fabricant d'appareils électroménagers. Ce fabricant doit tout d'abord se procurer des **matières premières** : moteurs, panneaux de plastique, peinture, etc. Il doit ensuite engager des employés compétents chargés d'assembler les pièces selon les devis, d'où des coûts de **main-d'œuvre directe**. Simultanément, le fabricant doit disposer d'une usine de fabrication et d'outils divers et embaucher du personnel de soutien chargé de veiller au bon fonctionnement des installations : tout cela lui occasionne des **frais généraux de fabrication**.

À tous moments, cette entreprise possède des matières premières, des appareils électroménagers en cours de fabrication, et d'autres dont la fabrication est terminée et qui sont prêts à être vendus. Les coûts relatifs à ces trois catégories de biens sont comptabilisés dans des comptes distincts. À l'instar de ce fabricant, les entreprises industrielles utilisent plusieurs comptes de stocks, dont les plus courants sont les comptes **Stock de matières premières**, **Stock de produits en cours** et **Stock de produits finis**. La figure 12.2 illustre la comptabilisation des coûts liés à la fabrication d'une automobile, dont la liste se trouve à la page suivante.

FIGURE 12.2 | **LE CHEMINEMENT DES COÛTS DES STOCKS DE L'ENTREPRISE INDUSTRIELLE**

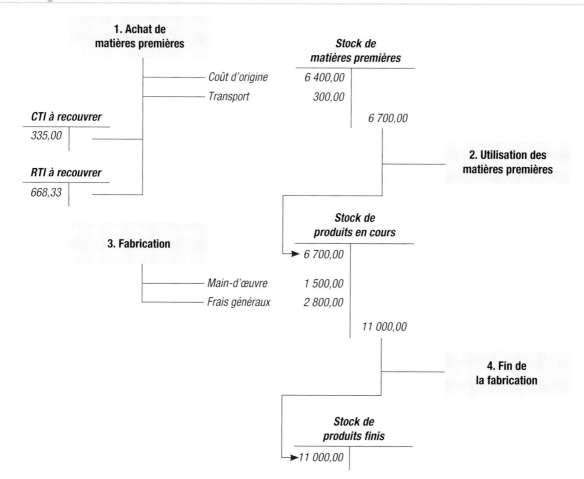

Matières premières (pièces mécaniques et électroniques, aluminium, verre)	*6 400,00 $*
Transport des matières premières	*300,00*
CTI [(6 400,00 $ + 300,00 $) × 5 %]	*335,00*
RTI [(6 400,00 $ + 300,00 $) × 9,975 %]	*668,33*
Salaires affectés à la fabrication	*1 500,00*
Frais généraux	*2 800,00*
Total	*12 003,33 $*

Le compte Stock de matières premières groupe tous les coûts qu'engage l'entreprise pour acheter et acheminer les matières premières à l'endroit où elles doivent être utilisées (*voir la figure 12.2, étape 1*). À mesure que l'entreprise utilise des matières premières durant le processus de fabrication (*voir la figure 12.2, étape 2*), elle en crédite le coût au compte Stock de matières premières pour le porter au débit du compte Stock de produits en cours. Elle porte aussi à ce compte la rémunération des employés chargés de la fabrication ainsi qu'une juste part des frais généraux (*voir la figure 12.2, étape 3*). Lorsque la fabrication est terminée (*voir la figure 12.2, étape 4*), le coût des articles prêts pour la vente est crédité au compte Stock de produits en cours et débité au compte Stock de produits finis.

AVEZ-VOUS LE SENS DE L'OBSERVATION ?

Les termes **stock** et **inventaire** ne sont pas synonymes. Le mot « stock » désigne les marchandises que garde l'entreprise, alors que le terme « inventaire » désigne le dénombrement des marchandises d'une entreprise à une date donnée.

LES PARAMÈTRES DU SYSTÈME COMPTABLE

Comme nous l'avons souligné dans la section précédente, le système comptable relatif aux stocks constitue une source d'information utile à la gestion des stocks et à la prise de décision des utilisateurs externes des états financiers. Examinons maintenant les paramètres de ce système.

La figure 12.3 illustre les opérations se rapportant aux stocks d'une entreprise commerciale au cours d'un exercice terminé le 31 décembre. Le 1er janvier, l'entreprise possède 1 000 articles. Tout au long de l'exercice, elle achète de nouveaux articles auprès de ses fournisseurs (6 000, par exemple) et en vend un certain nombre à ses clients (supposons 5 500). Il reste donc 1 500 articles à la fin de l'exercice.

FIGURE 12.3 | **LES OPÉRATIONS D'UN EXERCICE RELATIVES AUX STOCKS DE MARCHANDISES**

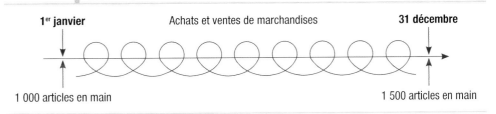

Ces opérations peuvent être résumées au moyen des deux équations suivantes :

| Stock d'ouverture | + | Achats, montant net | = | Marchandises destinées à la vente |
| Marchandises destinées à la vente | − | Coût des ventes | = | Stock de clôture |

Toutes les opérations relatives aux stocks sont reflétées dans les livres comptables. En effet, tout au long de l'exercice, on doit relever, sur les factures d'achat, le coût des articles achetés et l'inscrire dans un compte intitulé, par exemple, Stock de marchandises. Si l'on ne comptabilise aucun autre type d'opération dans ce compte, le solde correspondra au coût des marchandises destinées à la vente. Tout au long de l'exercice, et parallèlement à la comptabilisation des achats, on doit aussi comptabiliser à titre de produits les montants facturés aux clients en relevant les renseignements pertinents sur les factures de vente. De plus, on devra imputer en charges le coût des marchandises vendues aux clients, appelé « coût des ventes ». Lorsque le coût des ventes est porté en diminution du coût des marchandises destinées à la vente, le résultat obtenu correspond au coût du stock de clôture.

Reprenons l'exemple de la figure 12.3 (*voir la page précédente*) en tenant compte des renseignements complémentaires suivants :

Stock d'ouverture (1 000 articles)	2 000 $
Achat (6 000 articles)	12 000
Coût des ventes (5 500 articles)	11 000

Voici le coût des marchandises destinées à la vente et le stock de clôture :

| Stock d'ouverture (2 000 $) | + | Achats, montant net (12 000 $) | = | Marchandises destinées à la vente (14 000 $) |
| Marchandises destinées à la vente (14 000 $) | − | Coût des ventes (11 000 $) | = | Stock de clôture (3 000 $) |

L'exemple précédent illustre de façon sommaire le partage du coût des marchandises destinées à la vente entre le coût des ventes et le stock de clôture. En pratique, ce partage peut se faire soit de façon quotidienne, soit à la fin de l'exercice, selon le système d'inventaire de l'entreprise.

Les systèmes d'inventaire

Un système d'inventaire sert à comptabiliser les stocks d'une entreprise. Il en existe deux types ; le tableau 12.1 présente une brève comparaison du système d'inventaire périodique et du système d'inventaire permanent.

Le système d'inventaire périodique

Le **système d'inventaire périodique** se distingue par le fait que les opérations d'achats et de ventes ne se répercutent pas sur le compte Stock pendant l'exercice. Il exige moins d'écritures de journal que le système d'inventaire permanent. La figure 12.4 en illustre le fonctionnement lorsqu'on l'applique à la comptabilisation des stocks d'une entreprise commerciale. À mesure que l'entreprise achète des marchandises destinées à la vente, elle inscrit le **coût des articles achetés** dans un compte de charges, soit le compte Achats. Lorsque l'entreprise vend des marchandises à un client, elle inscrit le **montant facturé à titre de produit,** mais elle ne comptabilise pas la diminution du stock à cette date, qu'il s'agisse de son premier exercice financier ou d'un autre. De cette façon, le solde du compte Stock de marchandises représente toujours le coût des articles que l'entreprise possédait au début de l'exercice[1]. En utilisant cette méthode, il est donc impossible de se reporter au compte Stock de marchandises pour connaître le coût des articles que l'entreprise possède, puisque le comptable n'y inscrit ni le coût des articles achetés ni celui des articles vendus.

TABLEAU 12.1	UNE BRÈVE COMPARAISON DU SYSTÈME D'INVENTAIRE PÉRIODIQUE ET DU SYSTÈME D'INVENTAIRE PERMANENT	
	Inventaire périodique	**Inventaire permanent**
Stock d'ouverture	Solde d'ouverture du compte Stock	Solde d'ouverture du compte Stock
Achats	Débit au compte Achats	Débit au compte Stock
Prix de vente des marchandises vendues	Crédit au compte Ventes	Crédit au compte Ventes
Coût des ventes	Non disponible dans les livres	Crédit au compte Stock
Stock de clôture	Déterminé au moyen d'un dénombrement physique en fin d'exercice	Correspond au solde du compte Stock. En général, on le compare au résultat du dénombrement physique.

FIGURE 12.4 | **LE SYSTÈME D'INVENTAIRE PÉRIODIQUE D'UNE ENTREPRISE COMMERCIALE**

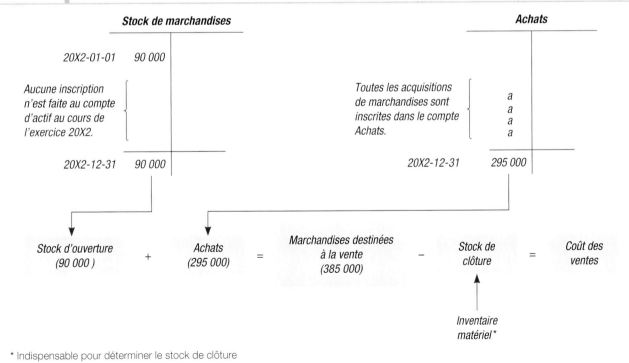

* Indispensable pour déterminer le stock de clôture

---

1. Notez que, s'il s'agit d'un premier exercice financier, le compte Stock de marchandises n'existe pas. Il sera créé à la fin de l'exercice, au moment de la comptabilisation du stock de clôture. Par la suite, le stock de clôture au 31 décembre 20X0 deviendra le stock d'ouverture au 1er janvier 20X1, par exemple.

Si l'entreprise utilise un système d'inventaire périodique et qu'elle veut déterminer le **coût des stocks en main** (stock de clôture) le 31 décembre 20X2, elle doit procéder autrement, par exemple en effectuant un inventaire matériel. Elle compte alors le nombre d'articles de chaque catégorie qu'elle a en main, rattache ensuite à chaque article d'une catégorie un coût d'origine, puis multiplie les quantités par les coûts unitaires. L'entreprise n'aura ensuite qu'à additionner les coûts totaux de chaque catégorie pour obtenir le coût de tous les articles en main. Une fois ce coût établi, elle pourra déterminer le **coût des ventes de l'exercice** en calculant la différence entre le coût des marchandises destinées à la vente et le coût des marchandises en main. Ce n'est donc que de façon indirecte que l'entreprise peut calculer cette charge nécessaire à la préparation de l'état des résultats puisque, rappelons-le, le comptable n'inscrit pas le coût des articles vendus lors de chaque opération de vente.

Le système d'inventaire permanent

Comme l'illustre la figure 12.5, le **système d'inventaire permanent** consiste à inscrire au compte d'actif Stock de marchandises les opérations relatives au stock **à mesure** qu'elles ont lieu. Chaque fois que l'entreprise achète des marchandises destinées à la vente, elle doit, à l'aide de la facture d'achat, inscrire une écriture dans les livres comptables pour refléter l'augmentation du stock. De même, chaque fois que l'entreprise vend des marchandises à ses clients, elle doit passer une écriture reflétant la diminution du stock et une autre visant à comptabiliser le produit de la vente. De cette façon, le compte Stock de marchandises reflétera toujours le coût des marchandises en main. C'est pourquoi l'inventaire matériel est principalement utile aux fins de contrôle, puisqu'il permet de comparer le coût ainsi obtenu avec le coût inscrit dans les livres comptables. L'écart entre ces deux chiffres pourrait être dû à des vols de marchandise ou à des erreurs de comptabilisation, par exemple. Le système d'inventaire permanent permet donc de connaître le coût d'origine des marchandises volées, à condition qu'il n'y ait pas eu d'erreur lors de l'enregistrement des opérations.

Le système d'inventaire permanent peut aussi se révéler très utile à l'entreprise qui cherche à satisfaire rapidement les besoins de ses clients. En utilisant un tel système, l'entreprise peut confirmer à un client, dès qu'il en fait la demande, si la marchandise désirée est disponible.

FIGURE 12.5 | **LE SYSTÈME D'INVENTAIRE PERMANENT D'UNE ENTREPRISE COMMERCIALE**

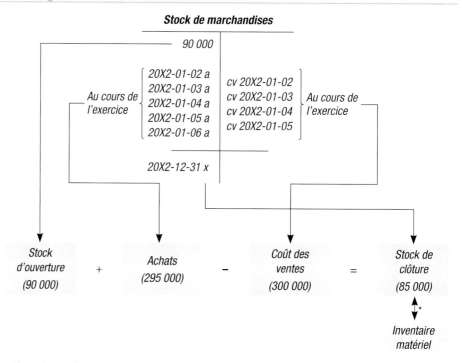

* Écart imputé aux résultats de l'exercice

AVEZ-VOUS LE SENS DE L'OBSERVATION ?

Lorsqu'une entreprise utilise un système d'inventaire périodique, elle ne peut déterminer le coût des marchandises volées de façon précise, car il lui est impossible de comparer à tout moment le résultat de l'inventaire matériel avec le coût inscrit dans les livres comptables. La seule chose qu'elle peut faire est de comparer les variations importantes des vols perpétrés chaque année. Elle doit alors comparer le pourcentage de la marge bénéficiaire de l'exercice courant avec le pourcentage moyen des exercices antérieurs. Plus loin, nous expliquons la méthode de la marge bénéficiaire brute. Notons que cette méthode permet d'analyser la fluctuation des vols d'une année à l'autre (en proportion de la marge bénéficiaire), mais qu'elle ne permet pas de chiffrer ceux-ci avec précision.

Lorsque l'entreprise utilise un système d'inventaire permanent, elle doit tenir un **grand livre auxiliaire des stocks**. Ce grand livre contient des fiches sur lesquelles on enregistre, pour chaque article stocké, les renseignements suivants :

Exemple de fiche du grand livre auxiliaire des stocks

Article _Boules de billard_				Lieu d'entreposage _18, rue Grand Pré_					
Quantité minimale[2]				Fournisseur _Détente inc._					

Date	Entrées			Sorties			Solde		
	Quantité	Coût unitaire	Coût total	Quantité	Coût unitaire	Coût total	Quantité	Coût unitaire	Coût total
1er janv.	300	5,00	1 500				300	5,00	1 500
9 "	300	5,00	1 500				600	5,00	3 000
10 "				400	5,00	2 000	200	5,00	1 000

Ce système fournit **en tout temps** la quantité et le coût des articles achetés et non vendus, d'où une meilleure gestion des stocks. L'entreprise peut ainsi s'approvisionner au bon moment ou dresser des états financiers intermédiaires sans devoir faire l'inventaire matériel des stocks. Cependant, le système d'inventaire permanent exige plus d'écritures de journal que le système d'inventaire périodique, notamment parce qu'une écriture est requise après chaque vente pour inscrire le coût des ventes, ce qui n'est pas le cas dans le système d'inventaire périodique.

LA COMPTABILITÉ ET L'INFORMATIQUE

L'informatisation des opérations a permis un usage plus répandu du système d'inventaire permanent. Ainsi, les marchandises des magasins de vente au détail sont marquées d'un code ASCII[3], soit un code à barres normalisé. Lorsqu'un client se présente à la caisse avec le bien qu'il désire acheter, le caissier balaie le code à l'aide d'un lecteur optique. L'ordinateur relié à la caisse enregistreuse trouve alors le prix de vente, de sorte que la facture est instantanément émise à ce prix. L'ordinateur décèle aussi le coût d'origine de ce bien et assure la mise à jour simultanée de la quantité et de la valeur comptable du stock. Toutes ces opérations s'accomplissent en quelques secondes.

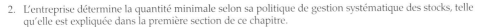

2. L'entreprise détermine la quantité minimale selon sa politique de gestion systématique des stocks, telle qu'elle est expliquée dans la première section de ce chapitre.
3. « ASCII » est l'abréviation de « *American Standard Code for Information Interchange* ». Il s'agit d'un code normalisé constitué de caractères en langage binaire. Il est reconnu par différents systèmes. C'est là son principal avantage.

Une comparaison des deux systèmes d'inventaire

Comparons le fonctionnement des deux systèmes d'inventaire à l'aide d'un exemple simple. La société Maboulle ltée a été mise sur pied le 1er janvier 20X1. Maboulle ltée vend au détail un seul bien, des boules de billard. Les opérations du mois de janvier 20X1 de cette entreprise sont présentées ci-après. Tenez pour acquis que toutes ces opérations ont été réglées par chèque.

Maboulle ltée – Opérations survenues en janvier

		Achats			Ventes		
Date	Libellé	Quantité	Coût unitaire (avant taxes)	Coût total	Quantité	Prix de vente unitaire (avant taxes)	Prix de vente total
1er janv.	Achat	300	5,00 $	1 500 $			
9 "	Achat	300	5,00	1 500			
10 "	Vente				400	7,00 $	2 800 $
	Total	600		3 000 $	400		2 800 $

Voici les écritures de journal que devrait passer Maboulle ltée, selon qu'elle utilise l'un ou l'autre système d'inventaire :

Écritures de journal selon les deux systèmes d'inventaire

Inventaire périodique			Inventaire permanent		
1er janvier					
Achats	1 500,00		Stock de marchandises	1 500,00	
CTI à recouvrer ❶	75,00		CTI à recouvrer ❶	75,00	
RTI à recouvrer ❷	149,63		RTI à recouvrer ❷	149,63	
Banque		1 724,63	Banque		1 724,63
Achat de marchandises.			Achat de marchandises.		
Calculs :			*Calculs :*		
❶ *(1 500,00 $ × 5 %)*			❶ *(1 500,00 $ × 5 %)*		
❷ *(1 500,00 $ × 9,975 %)*			❷ *(1 500,00 $ × 9,975 %]*		
9 janvier					
Achats	1 500,00		Stock de marchandises	1 500,00	
CTI à recouvrer ❶	75,00		CTI à recouvrer ❶	75,00	
RTI à recouvrer ❷	149,63		RTI à recouvrer ❷	149,63	
Banque		1 724,63	Banque		1 724,63
Achat de marchandises.			Achat de marchandises.		
Calculs :			*Calculs :*		
❶ *(1 500,00 $ × 5 %)*			❶ *(1 500,00 $ × 5 %)*		
❷ *(1 500,00 $ × 9,975 %]*			❷ *(1 500,00 $ × 9,975 %)*		
10 janvier					
Banque	3 219,30		Banque	3 219,30	
Ventes		2 800,00	Ventes		2 800,00
TPS à payer ❶		140,00	TPS à payer ❶		140,00
TVQ à payer ❷		279,30	TVQ à payer ❷		279,30
Vente de marchandises.			Vente de marchandises.		
Calculs :			*Calculs :*		
❶ *(2 800,00 $ × 5 %)*			❶ *(2 800,00 $ × 5 %)*		
❷ *(2 800,00 $ × 9,975 %)*			❷ *(2 800,00 $ × 9,975 %)*		
			Coût des ventes	2 000,00	
			Stock de marchandises		2 000,00
			Enregistrement du coût des articles vendus (400 articles × 5,00 $).		

12

Clôture des livres

Ventes	2 800,00		Ventes	2 800,00	
Stock de marchandises				Coût des ventes		2 000,00
(à la fin) ❶	1 000,00			Sommaire des résultats		800,00
Achats		3 000,00	Clôture des comptes relatifs aux		
Sommaire des			marchandises.		
résultats⁴		800,00			

Clôture des comptes relatifs aux marchandises et enregistrement du stock à la fin.

Calcul :

❶ (200 articles × 5,00 $)

AVEZ-VOUS LE SENS DE L'OBSERVATION ?

Lorsque l'entreprise comptabilise le coût des ventes et la diminution du stock, elle n'a pas à comptabiliser les taxes. Elle les a en effet comptabilisées au moment où elle a acheté les marchandises.

De plus, l'entreprise doit veiller à inscrire au compte Coût des ventes le coût d'origine des marchandises et non leur prix de vente. Elle inscrit plutôt ce dernier au compte Ventes.

Notons d'abord que les taxes fédérale et provinciale n'ont aucune incidence sur le solde des comptes Achats et Stock de marchandises. C'est pourquoi les exemples subséquents n'en contiendront aucune.

Les écritures de journal précédentes se ressemblent, à quelques différences près. On relève une première différence au moment des achats : dans le système d'inventaire périodique, le compte de charges Achats est débité ; dans le système d'inventaire permanent, c'est le compte d'actif Stock de marchandises qui l'est.

On relève une deuxième différence entre les deux séries d'écritures au moment de la vente de marchandises. Comme nous l'avons mentionné, dans un système d'inventaire périodique, le compte Coût des ventes n'existe pas. Si Maboulle ltée utilise ce système et qu'elle désire connaître le solde de son stock ou dresser des états financiers couvrant la période du 1ᵉʳ au 10 janvier, elle devra de nouveau dresser un inventaire matériel de ses boules de billard le 10 janvier. En soustrayant le coût du stock de clôture du coût des marchandises destinées à la vente, elle obtiendra le coût des 400 unités vendues (2 000 $) et la marge bénéficiaire brute (800 $, soit la différence entre les ventes de 2 800 $ et le coût des ventes calculé ci-après).

	Quantité	Coût unitaire	Coût total
Achats de la période	600	5,00 $	3 000 $
Résultats de l'inventaire matériel	(200)	5,00	(1 000)
Coût des ventes	400		2 000 $

Inventaire périodique – Coût d'origine des 400 unités vendues

---

4. Si l'entreprise avait détenu des marchandises au début de l'exercice, il aurait aussi fallu créditer le compte Stock de marchandises (au début) d'un montant correspondant à son solde au début de l'exercice, comme nous l'avons expliqué au chapitre 5.

On relève une dernière différence entre les écritures de clôture. Si Maboulle ltée utilise un système d'inventaire permanent, elle doit créditer le compte Coût des ventes de 2 000 $, ce qui aura pour effet de ramener ce compte de résultats à 0. Si elle utilise plutôt un système d'inventaire périodique, elle devra ramener le solde du compte Achats à 0 en y créditant la somme de 3 000 $. Elle inscrira simultanément le résultat obtenu au moment de l'inventaire matériel, soit 1 000 $, au compte de valeur Stock de marchandises (à la fin). Comme nous l'avons expliqué, la différence entre les soldes de ces deux derniers comptes correspond au coût des ventes. Comme nous le constatons au haut de la page 515, la marge bénéficiaire brute de 800 $ est créditée au compte Sommaire des résultats.

Les éléments portés au coût des stocks

Après avoir choisi le système d'inventaire qui lui convient, l'entreprise doit préciser les éléments qu'elle portera au coût de chaque article et la façon dont elle établira le coût unitaire des articles. Pour y parvenir, elle devra distinguer les coûts incorporables des coûts non incorporables, et opter pour une méthode de détermination du coût des stocks.

Les coûts incorporables et les coûts non incorporables

S'il est clair qu'une entreprise inclut le montant d'achat payé à un fournisseur dans le coût de ses stocks, il n'en est pas ainsi de tous les coûts. Voici quelques exemples de situations où le comptable de Cosmopolite ltée devra déterminer s'il peut inclure certains coûts dans la valeur comptable des stocks destinés à la vente :

- Cosmopolite ltée vend des cafetières importées d'Italie et d'autres fabriquées par Québécart ltée, entreprise située à 500 mètres de son magasin. Les coûts de transport liés aux cafetières importées font-ils partie de la valeur comptable des stocks de Cosmopolite ltée ?

- Québécart ltée offre un escompte de 2 % à Cosmopolite ltée si celle-ci paie sa facture dans un délai inférieur à 10 jours. Si Cosmopolite ltée profite de cet escompte, celui-ci doit-il être porté en diminution de la valeur comptable des stocks ?

- En plus de vendre de petits appareils électroménagers, Cosmopolite ltée fabrique plusieurs articles de lingerie, dont des draps. Les salaires payés aux employés affectés à la confection des draps doivent-ils être inclus dans la valeur comptable des stocks ? En est-il de même des frais financiers payés sur les emprunts servant à financer les équipements de l'usine ?

Les réponses du comptable auront des effets importants sur les états financiers de l'entreprise. D'une part, les **coûts incorporables**, c'est-à-dire ceux qui sont inclus dans la valeur comptable des stocks achetés ou fabriqués, sont comptabilisés dans un compte d'actif. Ils seront comptabilisés en charges uniquement lorsque l'entreprise vendra les stocks. D'autre part, les **coûts non incorporables**, c'est-à-dire ceux qui ne peuvent être inclus dans la valeur comptable des stocks achetés ou fabriqués, sont comptabilisés dans un compte de charges dès que l'entreprise les engage.

En principe, tous les coûts qu'engage l'entreprise industrielle ou commerciale pour acheminer et transformer les stocks devraient faire partie du coût d'origine de ces stocks. Les **coûts incorporables** comprennent : 1) le coût d'origine des articles achetés à l'état fini ou celui des matières premières (ce coût d'origine est diminué, le cas échéant, des remises et des escomptes de caisse accordés par le fournisseur ; il est augmenté des frais de transport et de douane, et des taxes d'accise) ; 2) le coût de la main-d'œuvre chargée de la fabrication ; et 3) une juste part des frais généraux de fabrication. De leur côté, les **coûts non incorporables** sont passés en charges au cours de l'exercice où ils sont engagés au lieu d'être capitalisés ou incorporés au coût des produits achetés ou fabriqués, parce qu'il n'est pas possible de démontrer que ces coûts généreront des avantages futurs pour l'entreprise. Pensons aux frais de publicité, aux frais financiers et aux frais d'administration, par exemple.

Illustrons cette distinction entre les coûts incorporables et les coûts non incorporables à l'aide des opérations du mois de juin 20X4 de la société Yvon Lagacé inc., détaillant de vêtements.

Achats de vêtements, montant brut (320 articles)	*32 000 $*
Escomptes sur achats	*(640)*
Frais de transport	*2 100*
Salaires des vendeurs	*6 450*
Frais financiers	*670*
Total	*40 580 $*

La société utilise un système d'inventaire permanent. Voici l'écriture qu'elle doit passer pour comptabiliser ces opérations, toutes effectuées au comptant :

Yvon Lagacé inc. –
Comptabilisation des
opérations de juin 20X4

Stock de marchandises ❶	*33 460*	
Salaires des vendeurs	*6 450*	
Frais financiers	*670*	
Banque		*40 580*
Opérations de juin 20X4.		

Calcul :

❶ *Coût d'origine*	*32 000 $*	
Escomptes sur achats	*(640)*	
Frais de transport	*2 100*	
Coûts incorporables	*33 460 $*	

Soulignons que si la société Yvon Lagacé inc. utilisait un système d'inventaire périodique, elle pourrait comptabiliser les escomptes sur achats au crédit du compte Escomptes sur achats. Aux fins de présentation dans les états financiers, elle devrait regrouper le solde de ce compte et celui des achats afin de déterminer le coût des ventes.

AVEZ-VOUS LE SENS DE L'OBSERVATION ?

Lorsque le lien entre un coût et un groupe d'articles semblables n'est pas évident, la **prudence** amène le comptable à imputer ce coût aux résultats de l'exercice au cours duquel il est engagé. Par exemple, le salaire des vendeurs n'est jamais incorporé au coût du stock, car on ne peut déterminer quelle fraction de leur salaire s'applique à chaque catégorie d'articles.

La figure 12.6 (*voir la page suivante*) illustre les conséquences du traitement comptable sur les états financiers d'Yvon Lagacé inc. selon deux scénarios. Dans le premier, la distinction entre les coûts incorporables et les coûts non incorporables est exacte, alors que dans le second, tous les coûts non incorporables ont à tort été traités comme des coûts incorporables. Dans les deux cas, on a vendu 280 articles au prix de 150 $ l'unité.

Comparativement au premier scénario, le bénéfice avant impôts et le stock de marchandises du second sont tous deux surévalués de 890 $. Cet écart représente le montant des frais non incorporables liés aux unités non vendues :

Frais de vente	*6 450 $*
Frais financiers	*670*
Total des frais non incorporables	*7 120*
Proportion d'unités non vendues	*× 40/320*
Écart entre les deux scénarios	*890 $*

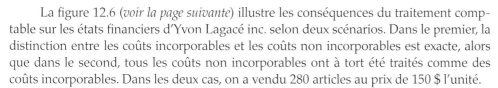

FIGURE 12.6	LES EFFETS DU TRAITEMENT DES COÛTS NON INCORPORABLES SUR LES ÉTATS FINANCIERS

	1ᵉʳ scénario	2ᵉ scénario	Écart
Résultats			
Ventes (280 articles × 150 $)	42 000 $	42 000 $	θ $
Coût des ventes	29 278 ❶	35 508 ❷	(6 230)
Bénéfice brut	12 722	6 492	
Frais de vente	6 450		6 450
Frais financiers	670		670
Bénéfice avant impôts	5 602 $	6 492 $	(890) $
Bilan			
Stock	4 183 $ ❸	5 072 $ ❹	(890) $

Calculs :

❶ $\dfrac{33\ 460\ \$}{320\ articles} \times 280\ articles$

❷ $\dfrac{40\ 580\ \$}{320\ articles} \times 280\ articles$

❸ $\dfrac{33\ 460\ \$}{320\ articles} \times 40\ articles$

❹ $\dfrac{40\ 580\ \$}{320\ articles} \times 40\ articles$

Cet exemple permet de bien voir les conséquences des erreurs sur certains ratios. En inscrivant par erreur les coûts non incorporables dans un compte d'actif (premier scénario) plutôt que de les comptabiliser en charges (second scénario), on augmente le bénéfice, ce qui augmente aussi les ratios de rentabilité expliqués au chapitre 23. Ainsi, si la valeur totale des actifs excluant les stocks s'élève à 50 000 $, le coefficient obtenu en divisant le bénéfice avant impôts par le total de l'actif (ce coefficient représente une mesure possible du taux de rendement) est de 10,3 % (5 602 $ ÷ 54 182 $ × 100) dans le premier scénario et de 11,8 % (6 492 $ ÷ 55 072 $ × 100) dans le second scénario. L'augmentation de la valeur de l'actif à court terme a aussi pour effet d'augmenter le ratio de solvabilité à court terme (Actif à court terme ÷ Passif à court terme). On constate que l'erreur faite dans le second scénario pourrait tromper les utilisateurs des états financiers en donnant une image embellie de la rentabilité et de la solvabilité.

La figure 12.7 schématise le traitement comptable des coûts relatifs aux stocks.

Après avoir distingué les coûts incorporables des coûts non incorporables, l'entreprise devra retenir une méthode de détermination du coût des stocks. Cette méthode servira à répartir les coûts incorporables entre deux composantes, soit le coût des ventes et le coût du stock de clôture. Examinons maintenant trois méthodes de détermination du coût des stocks.

Les méthodes de détermination du coût des stocks

Dans le cas de la société Maboulle ltée, présenté aux pages 514 et 515, il était très facile de calculer le **coût unitaire** des boules de billard, puisque le coût de ces articles n'avait pas varié au cours du mois de janvier. Cette situation est très rare en pratique. Le plus souvent, l'entreprise paie des montants différents pour des articles identiques achetés au cours d'un exercice. Utilisons un autre exemple pour illustrer cette réalité et expliquer

FIGURE 12.7 | **LE CHEMINEMENT SUIVI POUR L'ÉTABLISSEMENT DU COÛT DES STOCKS**

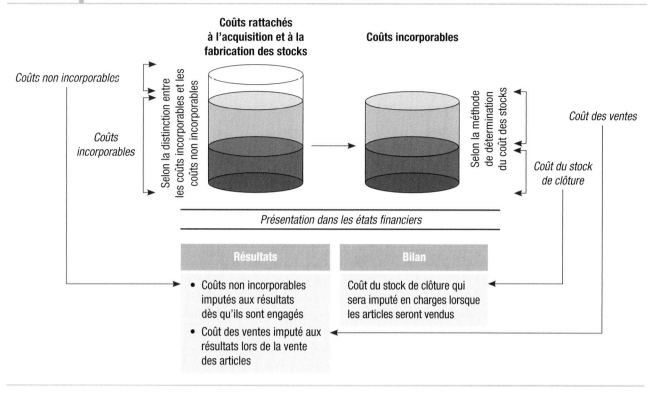

chacune des trois méthodes de détermination du coût des stocks. Voici les renseignements pertinents concernant la société Lupien ltée :

Date	Libellé	Achats			Ventes		
		Quantité	Coût unitaire	Coût total	Quantité	Prix de vente unitaire	Prix de vente total
1er janv.	Achat	500	1,00 $	500 $			
9 "	Achat	400	1,10	440			
10 "	Vente				300	1,50 $	450 $
18 "	Achat	400	1,15	460			
26 "	Vente				400	1,60	640
	Total	1 300		1 400 $	700		1 090 $

Nous tiendrons compte des deux types de systèmes d'inventaire, puisque le choix d'un système d'inventaire particulier peut parfois avoir une influence sur le calcul des coûts unitaires.

La méthode du coût propre

La **méthode du coût propre**, aussi appelée **méthode du coût réel d'entrée**, consiste à attribuer le coût réel à chaque article. Lorsqu'une entreprise reçoit de nouveaux articles, elle inscrit sur chacun d'eux un code qui lui permettra, à tout moment, de connaître leur coût d'origine. Au moment de la vente, l'entreprise n'aura ainsi aucune difficulté à déterminer le coût d'un article vendu.

Avant d'établir le coût des ventes et le coût du stock de clôture de Lupien ltée, précisons que les 300 unités vendues le 10 janvier portent un code indiquant un coût d'origine de 1,00 $ (provenant du lot de marchandises achetées le 1ᵉʳ janvier), alors que les 400 unités vendues le 26 janvier portent un code indiquant un coût d'origine de 1,15 $ (provenant du lot de marchandises achetées le 18 janvier). Les calculs du coût des ventes de janvier et du coût du stock de marchandises au 31 janvier sont présentés ci-après.

Méthode du coût propre

Date	Achats			Ventes			Solde par lot			
	Quantité	Coût unitaire	Coût total	Quantité	Coût unitaire	Coût total	Quantité	Coût unitaire	Coût total par lot	Coût total
1ᵉʳ janv.	500	1,00 $	500 $				500	1,00 $	500 $	500 $
9 "	400	1,10	440				500	1,00	500	
							400	1,10	440	940
10 "				300	1,00 $	300 $	200	1,00	200	
							400	1,10	440	640
18 "	400	1,15	460				200	1,00	200	
							400	1,10	440	
							400	1,15	460	1 100
26 "				400	1,15	460	200	1,00	200	
							400	1,10	440	640
	1 300		1 400 $	700		760 $				

Écart de 640 $

L'écart correspond au coût du stock.

Cette méthode doit être utilisée lorsque les marchandises détenues diffèrent sensiblement les unes des autres et que leur coût est relativement élevé. L'exemple de la société Canular ltée en illustre les limites. Canular ltée ne vend qu'un seul article : des jeux de cartes truquées. Voici les opérations survenues au cours du mois de janvier :

Canular ltée – Opérations survenues en janvier

Date	Libellé	Achats			Ventes		
		Quantité	Coût unitaire	Coût total	Quantité	Prix de vente unitaire	Prix de vente total
1ᵉʳ janv.	Achat	300	5,00 $	1 500 $			
9 "	Achat	300	5,15	1 545			
10 "	Vente				400	7,00 $	2 800 $
	Total	600		3 045 $	400		2 800 $

Puisque tous les jeux de cartes sont identiques, comment l'entreprise doit-elle déterminer le coût des articles vendus le 10 janvier ? Doit-elle le faire au coût unitaire de 5 $ ou de 5,15 $? Doit-elle s'y prendre autrement ? La réponse à cette question est capitale, car elle déterminera le montant du bénéfice périodique, tel qu'il est illustré dans la figure 12.8. Si Canular ltée veut constater un bénéfice élevé le plus tôt possible, elle essaiera de minimiser le coût des ventes en soutenant se départir d'abord des jeux de cartes qui lui ont coûté le moins cher, soit 5 $. À l'opposé, si elle désire reporter la constatation du bénéfice, elle tentera de maximiser le coût des ventes en affirmant se défaire d'abord des jeux de cartes qui lui ont coûté le plus cher, soit 5,15 $. Dans les deux cas, l'acheteur fait face à la même réalité économique, c'est-à-dire qu'il obtient le même type de jeu de cartes.

FIGURE 12.8 | **LES EXTRAITS DES ÉTATS FINANCIERS DE CANULAR LTÉE**

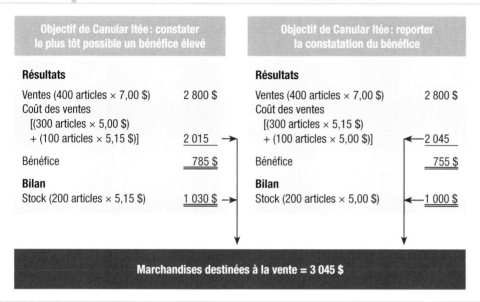

Une telle manipulation des chiffres aux seules fins de présenter de meilleurs résultats s'avère inacceptable. De fait, la méthode du coût propre devrait uniquement servir aux entreprises qui vendent des articles différents et d'une grande valeur, comme les concessionnaires d'automobiles.

Voyons maintenant les méthodes de détermination du coût des stocks qui conviennent aux entreprises dont les articles sont interchangeables.

La méthode du coût moyen pondéré

La **méthode du coût moyen pondéré** donne des chiffres différents selon que le système d'inventaire est permanent ou périodique.

Lorsqu'une entreprise utilise la méthode du coût moyen pondéré et un système d'inventaire périodique, elle attribue aux articles vendus au cours d'une période donnée un coût unitaire moyen pondéré qu'elle calcule une seule fois à la fin de la période. Pour ce faire, elle divise le total des coûts incorporables relatifs aux unités destinées à la vente par le nombre total d'unités. Cette méthode sied très bien à l'entreprise qui vend plusieurs unités d'un même article.

Reprenons l'exemple de la société Lupien ltée (*voir la page 519*). Voici le calcul du coût des ventes de Lupien ltée en janvier et le calcul du coût du stock de marchandises au 31 janvier :

Coût total des marchandises destinées à la vente	*1 400,00 $*
Nombre d'unités (pouvant être vendues)	*÷ 1 300*
Coût unitaire moyen pondéré	*1,077 $*
Marchandises destinées à la vente	*1 400,00 $*
Coût des ventes (700 unités × 1,077 $)	*(753,90)*
Stock de marchandises au 31 janvier (600 unités × 1,077 $)*	*646,10 $*

* Arrondi de quelques cents

Méthode du coût moyen pondéré – Système d'inventaire périodique

Lorsque l'entreprise utilise la méthode du **coût moyen pondéré** et un **système d'inventaire permanent,** elle doit calculer le coût des ventes chaque fois qu'une vente est effectuée. Elle recourt alors à une **moyenne mobile,** puisqu'elle calcule un nouveau coût unitaire moyen des marchandises destinées à la vente chaque fois qu'un achat a lieu. Voici les chiffres de Lupien ltée, en supposant que la société utilise un système d'inventaire permanent :

Méthode du coût moyen pondéré – Système d'inventaire permanent

Date	Achats			Ventes			Solde		
	Quantité	*Coût unitaire*	*Coût total*	*Quantité*	*Coût unitaire*	*Coût total*	*Quantité*	*Coût total*	*Coût unitaire*
1er janv.	500	1,00 $	500,00 $				500	500,00 $	1,0000 $
9 "	400	1,10	440,00				900	940,00	1,0444
10 "				300	1,0444 $	313,32 $	600	626,68	1,0445*
18 "	400	1,15	460,00				1 000	1 086,68	1,0867
26 "				400	1,0867	434,68	600	652,00	1,0867
	1 300		1 400,00 $	700		748,00 $			

* Erreur d'arrondissement

AVEZ-VOUS LE SENS DE L'OBSERVATION ?

Les deux dernières colonnes du tableau précédent sont inversées par rapport au mode de présentation retenu dans le tableau de la méthode du coût propre (*voir la page 520*). Il ne s'agit pas d'une incohérence, car si l'on utilise la méthode du coût moyen pondéré, on doit d'abord calculer le coût total, puis diviser ce chiffre par le nombre d'unités en main pour obtenir le coût unitaire des marchandises.

Notons que le 10 janvier, le coût moyen pondéré des articles vendus est déterminé à partir des achats faits les 1er et 9 janvier. Lorsque l'achat suivant est effectué, le 18 janvier, on ajoute la quantité et le coût d'origine afférents à cet achat aux soldes existants. Une fois de plus, on calcule le coût unitaire moyen pondéré en divisant le nouveau solde du coût total par la quantité totale d'articles en main à cette date. Le 26 janvier, on détermine le coût moyen pondéré des articles vendus à partir de toutes les opérations effectuées depuis le début du mois, c'est-à-dire en multipliant le nombre d'articles vendus (400) par le coût moyen pondéré calculé le 18 janvier (1,0867 $). Selon cette méthode, le coût des marchandises destinées à la vente se répartit ainsi :

Coût des ventes	*748 $*
Coût du stock de clôture	*652*
Coût des marchandises destinées à la vente	*1 400 $*

AVEZ-VOUS LE SENS DE L'OBSERVATION ?

Cet exemple fait ressortir trois éléments importants : 1) seules les opérations d'achat modifient le coût unitaire moyen, à l'exception des modifications pouvant découler d'erreurs d'arrondissement ; 2) le coût unitaire n'est pas une simple moyenne [(1,00 $ + 1,10 $) ÷ 2 achats], mais bien une moyenne pondérée {[(500 articles × 1,00 $) + (400 articles × 1,10 $)] ÷ 900 articles} ; et 3) tout coût unitaire relatif à une vente de marchandises correspond au coût unitaire moyen pondéré calculé juste avant la vente.

La méthode du premier entré, premier sorti

La **méthode du premier entré, premier sorti**, aussi appelée **méthode PEPS**, est largement utilisée. Elle consiste à attribuer les coûts d'origine les plus anciens aux articles vendus. Dès lors, les coûts unitaires les plus récents servent à déterminer le coût des unités en main.

Supposons que la société Lupien ltée utilise la méthode du premier entré, premier sorti. Voici les calculs qu'elle devra effectuer pour déterminer les diverses valeurs comptables liées aux stocks :

<table>
<tr><td></td><td>*Quantité*</td><td>*Coût unitaire*</td><td>*Coût total*</td></tr>
<tr><td>*Coût des ventes*</td><td></td><td></td><td></td></tr>
<tr><td>*Coût d'origine provenant*</td><td></td><td></td><td></td></tr>
<tr><td>*du lot du 1ᵉʳ janvier*</td><td>*500*</td><td>*1,00 $*</td><td>*500,00 $*</td></tr>
<tr><td>*du lot du 9 janvier*</td><td>*200*</td><td>*1,10*</td><td>*220,00*</td></tr>
<tr><td>*Coût des ventes*</td><td>*700*</td><td></td><td>*720,00*</td></tr>
<tr><td>*Stock de marchandises au 31 janvier*</td><td></td><td></td><td></td></tr>
<tr><td>*Coût d'origine provenant de la fraction résiduelle*</td><td></td><td></td><td></td></tr>
<tr><td>*du lot du 9 janvier*</td><td>*200*</td><td>*1,10*</td><td>*220,00*</td></tr>
<tr><td>*du lot du 18 janvier*</td><td>*400*</td><td>*1,15*</td><td>*460,00*</td></tr>
<tr><td>*Stock de marchandises au 31 janvier*</td><td>*600*</td><td></td><td>*680,00*</td></tr>
<tr><td>*Total des marchandises destinées à la vente*</td><td>*1 300*</td><td></td><td>*1 400,00 $*</td></tr>
</table>

Méthode du premier entré, premier sorti (PEPS) – Système d'inventaire périodique ou permanent

Notons que le coût des 700 unités vendues est établi à partir des coûts les plus anciens. Ces coûts correspondent tout d'abord au coût des 500 unités en main au début. On évalue le solde des 200 autres unités vendues à partir du coût payé lors de l'achat suivant, soit le 9 janvier.

AVEZ-VOUS LE SENS DE L'OBSERVATION ?

Dans cette méthode de détermination du coût des stocks, le système d'inventaire n'influe pas sur le calcul du coût des ventes, puisque celui-ci se fait toujours à partir des coûts les plus anciens.

Pour donner une vue d'ensemble de l'exemple de Lupien ltée et illustrer les trois méthodes de détermination du coût des stocks interchangeables, nous avons dressé le tableau 12.2 (*voir la page suivante*), qui propose une synthèse des résultats obtenus avec le système d'inventaire périodique. Rappelons que, selon les renseignements présentés à la page 519, le chiffre d'affaires de la période s'élève à 1 090 $, soit [(300 unités × 1,50 $) + (400 unités × 1,60 $)].

Ce tableau fait ressortir que le pourcentage de la marge bénéficiaire brute varie sensiblement selon la méthode de détermination du coût des stocks. Il montre aussi que le coefficient de rotation des stocks, obtenu en divisant le coût des ventes par le stock de clôture, est lui aussi influencé par la méthode de détermination du coût des stocks. C'est pourquoi les entreprises doivent choisir leur méthode avec soin à partir de critères particuliers.

12

TABLEAU 12.2 UNE COMPARAISON DES RÉSULTATS OBTENUS AVEC UN SYSTÈME D'INVENTAIRE PÉRIODIQUE

	Coût propre	Coût moyen pondéré	Premier entré, premier sorti
Chiffre d'affaires	1 090 $	1 090 $	1 090 $
Coût des ventes			
Stock d'ouverture	θ	θ	θ
Achats	1 400	1 400	1 400
Marchandises destinées à la vente	1 400	1 400	1 400
Stock de clôture	(640)	(646)	(680)
Coût des ventes	760	754	720
Marge bénéficiaire brute	330 $	336 $	370 $
Pourcentage de la marge bénéficiaire brute	30 %	31 %	34 %
Coefficient de rotation des stocks	1,19	1,17	1,06

Le tableau 12.3 propose une synthèse des résultats obtenus avec le système d'inventaire permanent.

TABLEAU 12.3 UNE COMPARAISON DES RÉSULTATS OBTENUS AVEC UN SYSTÈME D'INVENTAIRE PERMANENT

	Coût propre	Coût moyen pondéré	Premier entré, premier sorti
Chiffre d'affaires	1 090 $	1 090 $	1 090 $
Coût des ventes			
Stock d'ouverture	θ	θ	θ
Achats	1 400	1 400	1 400
Marchandises destinées à la vente	1 400	1 400	1 400
Stock de clôture	(640)	(652)	(680)
Coût des ventes	760	748	720
Marge bénéficiaire brute	330 $	342 $	370 $
Pourcentage de la marge bénéficiaire brute	30 %	31 %	34 %
Coefficient de rotation des stocks	1,19	1,15	1,06

Les critères de choix

Le choix d'une méthode de détermination du coût des stocks est capital, car il influe directement sur le bénéfice. Limitons-nous à l'entreprise commerciale : plus les coûts d'origine varient au cours de l'exercice, c'est-à-dire plus les coûts anciens diffèrent des coûts récents, plus le coût du stock de clôture et le coût des ventes diffèrent, selon les méthodes utilisées. Notons que si les prix étaient parfaitement stables, ces différences n'existeraient pas. Avant de choisir une méthode de détermination du coût des stocks, l'entreprise doit considérer les avantages et les inconvénients de chacune, énumérés dans le tableau 12.4 dans un contexte d'augmentation des prix.

TABLEAU 12.4 | **LES AVANTAGES ET LES INCONVÉNIENTS DES TROIS MÉTHODES DE DÉTERMINATION DU COÛT DES STOCKS EN PÉRIODE D'AUGMENTATION DES PRIX**

Méthode	Avantages	Inconvénients
Coût propre	• Permet de connaître avec exactitude le coût que paie réellement l'entreprise.	• Exige de consigner le coût réel de chaque article.
Coût moyen pondéré	• Constitue une méthode objective. • Permet d'atténuer les incidences des variations des coûts sur les états financiers.	• En général, sous-évalue le coût moyen pondéré des ventes et celui du stock de clôture par rapport à leur juste valeur au moment de la vente.
Premier entré, premier sorti	• S'utilise aussi facilement avec le système d'inventaire permanent qu'avec le système d'inventaire périodique. • Permet d'évaluer avec précision le stock de clôture au bilan (coût basé sur des coûts récents).	• Sous-évalue le coût des ventes (coût basé sur des coûts anciens).

Le Conseil des normes comptables (CNC) recommande aux entreprises d'appliquer la méthode du coût propre à leurs stocks non fongibles, c'est-à-dire dissemblables. Lorsqu'une entreprise possède des stocks semblables, le CNC ne précise pas les critères qu'elle devrait évaluer pour choisir la méthode du coût moyen pondéré ou celle du premier entré, premier sorti. Dans les faits, les entreprises appliquent des méthodes de détermination du coût des stocks comparables à celles de leurs concurrents évoluant dans le même secteur d'activité.

Comme les entreprises peuvent choisir différentes méthodes de détermination du coût des stocks, la **comparabilité** des états financiers de diverses entreprises diminue. Selon le principe de bonne information, il importe que les entreprises signalent aux utilisateurs de leurs états financiers la méthode qu'elles adoptent. En comparant les montants des bénéfices, les utilisateurs pourront alors tenir compte des différences qui découlent exclusivement des méthodes choisies, différences que nous avons illustrées dans les tableaux 12.2 et 12.3.

Peu importe la méthode retenue et son influence sur la comparabilité, les entreprises doivent conserver la même méthode au fil des ans, à moins que des changements d'ordre économique justifient d'en employer une nouvelle. Cette directive s'appuie sur le principe de la **permanence des méthodes comptables**, principe essentiel pour que les utilisateurs des états financiers puissent dégager les tendances temporelles nécessaires à leurs prévisions. Le fait de respecter ce principe ne signifie toutefois pas qu'une entreprise doive évaluer ses différents types de stocks à l'aide de la même méthode. Ainsi, elle pourrait privilégier la méthode du coût moyen pondéré pour déterminer le coût du stock de matières premières, mais la méthode du premier entré, premier sorti pour établir le coût du stock de produits finis.

12

LE TRAVAIL COMPTABLE DE FIN DE PÉRIODE

La section précédente nous a permis de préciser les décisions que toute nouvelle entreprise doit prendre concernant la comptabilisation des stocks. De leur côté, les entreprises existantes doivent périodiquement réévaluer leurs décisions. De plus, chaque fin de période génère du travail supplémentaire pour le Service de la comptabilité, lequel doit alors procéder à l'évaluation des stocks et à l'inventaire matériel. Nous traiterons ici de la question du travail comptable de fin d'exercice uniquement dans le cadre de l'entreprise commerciale.

L'inventaire matériel

Après avoir choisi un système d'inventaire, défini les éléments à incorporer au coût des articles achetés et adopté une méthode de valorisation des stocks, l'entreprise doit mettre en place des procédures qui faciliteront l'**inventaire matériel** des marchandises en main à la fin de l'exercice. Tout inventaire matériel comporte deux éléments : le dénombrement des unités de marchandise et la détermination du coût des unités dénombrées. Il importe que la totalité des stocks fasse l'objet d'un inventaire matériel au cours d'un exercice financier. Toutefois, pour l'entreprise qui utilise un système d'inventaire permanent, il n'est pas obligatoire que le dénombrement ait lieu au même moment pour tous les articles qu'elle détient. Autrement dit, on peut échelonner ces inventaires matériels. Ici, nous supposerons que l'inventaire matériel survient à la fin de l'exercice financier et qu'il porte sur tous les articles.

Le dénombrement

Quelques jours avant le **dénombrement**, les employés doivent grouper toutes les marchandises semblables au même endroit. Simultanément, le personnel administratif dresse une liste dans laquelle il précise la nature des articles achetés au cours de la période ou stockés au début de la période, y compris tous les renseignements nécessaires au calcul du coût total des marchandises en main. En supposant qu'une entreprise possède certains articles en magasin et d'autres en entrepôt, la liste pourrait prendre la forme suivante :

Exemple d'une fiche de dénombrement

Code de l'article	Description sommaire	Quantité en magasin	Quantité en entrepôt	Quantité totale	Coût unitaire	Coût total
100						
101						
102						
…						
…						
…						

La liste sert ensuite à préparer des étiquettes de dénombrement semblables à celle qui suit :

Local ou lieu d'entreposage des marchandises	_____
Description sommaire de l'article	_____
Code de l'article	_____
Quantité dénombrée	_____
Dénombrement effectué par	_____
Dénombrement vérifié par	_____

À mesure qu'un employé procède au dénombrement, il attache une étiquette à chaque lot de marchandises inventoriées. Un second employé choisit ensuite au hasard quelques étiquettes, vérifie que le dénombrement des articles y est exact et y appose ses initiales. Lorsque le dénombrement est terminé, il ne reste plus qu'à rassembler les étiquettes, en s'assurant que tous les lots de marchandises ont été dénombrés.

Certaines entreprises ferment leurs portes le jour du dénombrement des articles stockés afin de minimiser le risque d'erreur. Il en est ainsi dans la plupart des commerces de détail. D'autres procèdent au dénombrement durant les périodes normales de fermeture, c'est-à-dire la nuit ou la fin de semaine. Lorsque le magasin est fermé, les employés peuvent procéder au dénombrement sans que les clients les interrompent constamment. Comme un inventaire matériel entraîne des coûts assez élevés, les employés doivent l'accomplir correctement dès la première fois afin d'éviter que tout ne soit à recommencer. C'est pourquoi ce travail fait l'objet d'une planification minutieuse.

La détermination du coût

Après le dénombrement, toutes les étiquettes sont remises au personnel administratif, qui reporte les quantités dénombrées sur la liste des articles en main. Il doit alors retrouver les coûts unitaires selon la méthode de détermination du coût des stocks retenue par l'entreprise. Par la suite, il ne reste plus qu'à multiplier les quantités en main par ces coûts unitaires pour déterminer le coût total des articles dénombrés.

Jusqu'à présent, il a été question uniquement de l'inventaire matériel des marchandises destinées à la vente. Toutefois, pour se conformer au **principe du rattachement des charges aux produits**, on doit imputer immédiatement en charges dans l'état des résultats les dépenses qui ne généreront aucun avantage économique au-delà de l'exercice en cours et capitaliser tous les éléments de stock de l'entreprise qui engendreront des avantages futurs. Il en est ainsi du stock de pièces de rechange qui peuvent être utilisées sur divers équipements, comme des courroies de transmission ou des câbles électriques. En fin d'exercice, l'entreprise devra donc dénombrer et déterminer le coût des pièces d'équipement qu'elle a encore en main afin d'ajuster le compte de charges approprié.

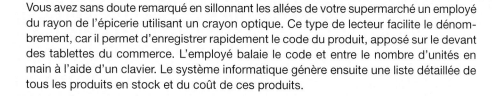

LA COMPTABILITÉ ET L'INFORMATIQUE

Vous avez sans doute remarqué en sillonnant les allées de votre supermarché un employé du rayon de l'épicerie utilisant un crayon optique. Ce type de lecteur facilite le dénombrement, car il permet d'enregistrer rapidement le code du produit, apposé sur le devant des tablettes du commerce. L'employé balaie le code et entre le nombre d'unités en main à l'aide d'un clavier. Le système informatique génère ensuite une liste détaillée de tous les produits en stock et du coût de ces produits.

L'évaluation des stocks en fin de période

Lorsque l'entreprise a valorisé ses stocks au coût à l'aide de l'une des trois méthodes présentées, elle doit en règle générale comparer le coût ainsi calculé avec la valeur nette de réalisation des marchandises en fin d'exercice. Cette comparaison est cohérente avec le principe suivant, selon lequel la valeur comptable des actifs ne peut excéder la valeur que l'entreprise s'attend à obtenir de leur vente ou de leur utilisation. Si la valeur nette de réalisation est inférieure au coût d'origine, l'entreprise doit comptabiliser la dépréciation dans les résultats de l'exercice en cours. Soulignons que la valeur nette de réalisation correspond au prix que l'entreprise pourrait obtenir en vendant le bien dans le cours normal de ses activités, diminué des frais directs d'achèvement et de mise en marché, tels que les frais de fabrication destinés à terminer les articles en cours de production ou les frais de publicité nécessaires pour trouver un acheteur.

La **règle de la valeur minimale**, aussi appelée **règle d'évaluation au moindre du coût et de la valeur nette de réalisation**, s'appuie sur la notion de prudence qui s'impose dans les situations d'incertitude et sur les trois caractéristiques de l'actif décrites à la page 507. Lorsque la valeur nette de réalisation est inférieure au coût, le comptable présume que l'entreprise ne pourra obtenir, pour la vente des stocks, un prix net plus élevé que la valeur nette de réalisation. De ce fait, le coût d'origine ne pourra être récupéré à 100 %. Le comptable considère alors que seule une partie du coût d'origine initial produira des avantages futurs. Il doit radier de l'actif la partie résiduelle du coût d'origine qui n'apportera vraisemblablement aucun avantage futur et imputer la contrepartie aux résultats de l'exercice en cours.

Supposons que, le 26 avril 20X1, l'entreprise ABC ltée ait acheté 10 unités d'une marchandise au coût unitaire de 150 $. Au cours de l'exercice, elle a vendu 6 unités au prix de 240 $. Au 31 décembre, date de fin d'exercice, la valeur nette de réalisation n'est plus que de 140 $. La règle d'évaluation au moindre du coût et de la valeur nette de réalisation demande de constater immédiatement la dépréciation de 10 $ l'unité en passant l'écriture suivante :

Comptabilisation de la dépréciation

Dépréciation du stock	*40*	
Stock de marchandises		*40*
Inscription de la dépréciation du stock (4 unités × 10 $).		

Comment présenter la dépréciation du stock dans les états financiers ? Au moins deux solutions sont possibles. La première consiste à grouper la dépréciation qui se rapporte au stock de clôture et le coût des ventes. Cette solution n'est pas toujours appropriée, car elle fournit peu d'information aux utilisateurs des états financiers. La seconde consiste à traiter la dépréciation à titre de charge d'exploitation distincte. Cette solution nous apparaît préférable à la première, car elle permet aux utilisateurs des états financiers de distinguer le pourcentage normal de la marge bénéficiaire brute de l'importance de la dépréciation du stock de clôture.

Une illustration de la règle de la valeur minimale

L'exemple de la société Miniprix ltée nous permettra d'illustrer la règle de la valeur minimale. La société ne possède que quatre articles. Voici le coût et la valeur nette de réalisation de chacun d'eux :

	Articles			
	W	**X**	**Y**	**Z**
Coût	*104 $*	*124 $*	*58 $*	*92 $*
Valeur nette de réalisation	*106*	*118*	*46*	*84*

Voici les calculs permettant d'évaluer le stock de Miniprix ltée et la dépréciation :

		W	**X**	**Y**	**Z**	**Total**
Valeur nette de réalisation		*106 $*	*118 $*	*46 $*	*84 $*	
Coût	❶	*104*	*124*	*58*	*92*	
Choix du moindre des deux	❷	*104*	*118*	*46*	*84*	
Dépréciation [❶ − ❷]		*θ $*	*6 $*	*12 $*	*8 $*	*26 $*

Notons aussi que l'on applique généralement la règle de la valeur minimale par article. Toutefois, il peut être approprié de regrouper les articles similaires, par exemple tous les articles d'un même rayon, ou les articles ayant la même finalité, par exemple toutes les fournitures de production. Comme le montrent les deux calculs suivants, c'est le nombre d'articles pris en compte dans l'application de la règle qui est différent :

			W	X	Y	Z
Valeur nette de réalisation			106 $	118 $	46 $	84 $
Coût			104	124	58	92
Choix du moindre des deux			104	118	46	84
Dépréciation, s'il y a lieu			0 $	6 $	12 $	8 $
Dépréciation totale						26 $

Règle de la valeur minimale appliquée par article

	W	X	Total du rayon A	Y	Z	Total du rayon B
Valeur nette de réalisation	106 $	118 $	224 $	46 $	84 $	130 $
Coût	104	124	228	58	92	150
Choix du moindre des deux			224			130
Dépréciation, s'il y a lieu			4 $			20 $
Dépréciation totale						24 $

Règle de la valeur minimale appliquée par groupe d'articles

Pour appliquer la règle par groupe d'articles, on doit d'abord préciser que le rayon A contient les articles W et X et que le rayon B contient les articles Y et Z. On compare le coût total des articles W et X, soit 228 $, au total de leur valeur nette de réalisation, soit 224 $; on comptabilise une dépréciation de 4 $. Le même travail est requis pour les articles du rayon B. On comptabilise alors une dépréciation de 20 $ relative aux articles de ce rayon, soit la différence entre le coût de 150 $ et la valeur nette de réalisation de 130 $.

AVEZ-VOUS LE SENS DE L'OBSERVATION ?

Plus on applique cette règle à un grand nombre d'articles simultanément, moins la dévaluation du stock s'avère importante. Dans notre exemple, la dépréciation est de 26 $ lorsque la règle est appliquée à chaque article, alors qu'elle est limitée à 24 $ lorsque la règle est appliquée par rayon. Cette différence découle du fait que lorsque la règle est appliquée par rayon, la plus-value de 2 $ relative à l'article W compense partiellement la dépréciation du même montant de l'article X. Les différences sont plus considérables lorsque les valeurs nettes de réalisation ne varient pas de la même façon pour tous les articles.

Durant les exercices qui suivent la comptabilisation d'une dépréciation, il est possible que la valeur nette de réalisation augmente. L'entreprise doit alors comptabiliser une telle reprise de valeur dès qu'elle survient en débitant le compte Stock et en créditant un compte de charges. Soulignons que le montant comptabilisé ne doit pas avoir pour effet de porter la valeur comptable du stock au-delà de son coût d'origine. Pour illustrer ces propos, reprenons l'exemple de la société Miniprix ltée, laquelle a comptabilisé une dépréciation de 6 $ l'unité pour ses articles X. Ce faisant, la valeur comptable de 124 $ a été diminuée à 118 $. Tenons maintenant pour acquis qu'à la fin de l'exercice suivant Miniprix ltée possède encore 10 unités non vendues de l'article X provenant du stock du début, dont la valeur nette de réalisation s'élève maintenant à 120 $. Elle devra alors enregistrer l'écriture de journal suivante :

Comptabilisation d'une reprise de valeur

Stock	20	
Dépréciation du stock		20
Reprise de valeur de 10 unités de l'article X [(120 $ – 118 $) × 10 unités].		

Soulignons que si la valeur nette de réalisation était passée à 127 $, Miniprix ltée ne pourrait comptabiliser toute l'augmentation de valeur de 9 $ (127 $ – 118 $), car cela aurait pour effet de porter la valeur comptable du stock au-delà de son coût d'origine (124 $). Le montant maximal de la reprise de valeur qui peut être comptabilisé est limité au montant de la dépréciation comptabilisée antérieurement, soit 6 $ l'unité.

Le travail de démarcation en fin de période

Afin de respecter le principe de l'indépendance des exercices, on doit s'assurer de présenter les opérations dans le bon exercice financier. C'est pourquoi le comptable doit porter une attention particulière au travail de démarcation.

Les effets des erreurs relatives aux stocks

Au moment de préparer les états financiers, en plus de comparer le coût d'origine et la valeur nette de réalisation, on doit s'assurer que les articles dénombrés appartiennent vraiment à l'entreprise et que ceux qu'elle détient ont tous été dénombrés. En effet, seuls les articles dont l'entreprise est économiquement propriétaire doivent être inclus dans l'inventaire matériel. La **détention économique** d'un bien signifie que l'entreprise assume la quasi-totalité des risques inhérents à la propriété du bien, tels que les vols et les incendies, et bénéficie de la quasi-totalité des avantages, tels que le droit de vendre ou d'hypothéquer le bien.

Les erreurs de dénombrement des stocks peuvent avoir d'importantes répercussions sur les états financiers, sur certains ratios de solvabilité à court terme et de rentabilité, et sur le coefficient de rotation des stocks. Avant d'examiner en détail ces erreurs, rappelons l'équation servant à répartir le coût des marchandises destinées à la vente entre le coût des ventes et le coût du stock de clôture :

Marchandises destinées à la vente – Coût des ventes = Stock de clôture
OU
Marchandises destinées à la vente – Stock de clôture = Coût des ventes

Si le solde du compte Stock de clôture est faussé, le total de l'actif à court terme, le total de l'actif et le total des capitaux propres le seront aussi dans le bilan. De plus, l'erreur se répercutera sur le coût des ventes de l'état des résultats.

À son tour, l'erreur liée au coût des ventes se répercutera sur la marge bénéficiaire brute et sur le bénéfice net. Par conséquent, tous les ratios financiers calculés à partir de ces postes seront aussi erronés.

Comme le solde du compte Stock de clôture devient le solde du compte Stock d'ouverture de l'exercice suivant, l'erreur se répétera, mais elle finira par s'éliminer d'elle-même sur deux périodes. Pour illustrer ces propos, reprenons l'exemple de la société Lupien ltée, dont les opérations sont présentées à la page 519. Supposons que l'entreprise utilise le système d'inventaire périodique et la méthode du premier entré, premier sorti (*voir le tableau 12.2, à la page 524*). Supposons aussi qu'au moment du dénombrement, les employés aient oublié d'inclure 20 unités. Au lieu de dénombrer 600 unités en main à la fin de janvier, ils n'en ont repéré que 580. Examinons les répercussions de cette erreur en comparant les chiffres obtenus avec ceux qui auraient dû être comptabilisés. Ces chiffres sont présentés dans les deux colonnes de gauche des états financiers ci-contre.

Supposons que, au cours du mois de février, Lupien ltée ait acheté 100 unités à 1,30 $, vendu 200 unités à 1,60 $ et qu'il n'y ait eu aucune erreur dans le dénombrement du 28 février. Les extraits des états financiers sont présentés dans les troisième et quatrième colonnes du document ci-dessous.

LUPIEN LTÉE
Résultats partiels
pour la période

	de un mois terminée le 31 janvier 20X1		de un mois terminée le 28 février 20X1		de deux mois terminée le 28 février 20X1	
	Chiffres erronés	*Chiffres corrigés* ❶	*Chiffres erronés*	*Chiffres corrigés*	*Chiffres erronés*	*Chiffres corrigés*
Chiffre d'affaires	1 090 $	1 090 $	320 $ ❹	320 $	1 410 $	1 410 $
Coût des ventes						
Stock d'ouverture	θ	θ	657 ❺	680 ❺	θ	θ
Achats	1 400	1 400	130 ❻	130 ❻	1 530	1 530
Stock de clôture	(657) ❷	(680) ❸	(590) ❼	(590) ❼	(590)	(590)
Coût des ventes	743	720	197	220	940	940
Marge bénéficiaire brute	347 $	370 $	123 $	100 $	470 $	470 $

Calculs et explications :

❶ Ces chiffres sont identiques à ceux du tableau 12.2.

❷ [(200 unités × 1,10 $) + (380 unités × 1,15 $)]

❸ [(200 unités × 1,10 $) + (400 unités × 1,15 $)]

❹ (200 unités × 1,60 $)

❺ Le solde du stock d'ouverture correspond au solde du stock de clôture du 31 janvier 20X1.

❻ (100 unités × 1,30 $)

❼ [(400 unités × 1,15 $) + (100 unités × 1,30 $)]

LUPIEN LTÉE
Bilan partiel

	au 31 janvier 20X1		au 28 février 20X1	
	Chiffres erronés	*Chiffres corrigés*	*Chiffres erronés*	*Chiffres corrigés*
Stock de marchandises	657 $	680 $	590 $	590 $
Bénéfices non répartis ❶				
Solde au début	θ $	θ $ ❷	347 $ ❸	370 $ ❸
Bénéfice de la période (voir l'état des résultats ci-dessus)	347	370	123	100
Solde à la fin	347 $	370 $	470 $	470 $

Explications :

❶ Le poste Bénéfices non répartis d'une société par actions est l'équivalent du poste Capital d'une entreprise à propriétaire unique.

❷ Puisque la société en est à son premier exercice financier, il n'y a pas de solde d'ouverture. Les bénéfices non répartis correspondent donc aux résultats du mois de janvier 20X1.

❸ Le solde d'ouverture correspond au solde de clôture du mois de janvier.

Cet exemple illustre bien que l'erreur de dénombrement du stock du 31 janvier s'annule au cours de la période subséquente. En effet, même si cette erreur n'est pas corrigée au 31 janvier (colonne « Chiffres erronés »), le bilan au 28 février reflète exactement ce que Lupien ltée possède. De plus, la surévaluation de la marge bénéficiaire brute de février (123 $ – 100 $) compense la sous-évaluation de la marge bénéficiaire brute de janvier (347 $ – 370 $). Bien que l'erreur s'annule d'elle-même, le bilan au 31 janvier et l'état des résultats pour les mois terminés le 31 janvier et le 28 février sont faussés. De ce fait, le principe de l'indépendance des exercices et le principe du rattachement des charges aux produits ne sont pas respectés.

On peut réduire le risque d'erreurs relatives au dénombrement en accordant une attention particulière aux éléments suivants.

Les marchandises vendues mais non encore livrées

Le compte Stock de marchandises doit comprendre uniquement le coût des articles qui appartiennent à l'entreprise. Si des clients ont commandé des marchandises quelques jours avant la date de fin d'exercice et qu'elles n'ont pas encore été livrées, le comptable doit déterminer à qui elles appartiennent en se reportant par exemple aux factures de vente. Ce type de facture peut faire état de deux informations différentes.

Les mentions **FAB point de départ** ou **FAB point d'expédition** s'entendent du point de vue du destinataire. Dans ce cas, le client est responsable des marchandises à partir de **leur envoi de l'entrepôt du vendeur.** Si les marchandises sont entre les mains du transporteur au 31 décembre, le client en est donc propriétaire et le vendeur doit exclure le coût de ces articles du compte Stock de marchandises. Si les marchandises sont encore dans l'entrepôt du vendeur, elles lui appartiennent et le coût des marchandises doit faire partie du solde de son compte Stock de marchandises.

Les mentions **FAB point d'arrivée** ou **FAB point de livraison** s'entendent aussi du point de vue du destinataire. Elles impliquent que le client est responsable des marchandises uniquement à partir **du moment où elles lui sont livrées.** Si les marchandises sont entre les mains du transporteur au 31 décembre, le vendeur en est encore propriétaire. Ce dernier doit alors en inclure le coût dans ses livres, soit dans le compte Stock de marchandises. Si les marchandises sont encore dans l'entrepôt du vendeur, le coût des marchandises fait nécessairement partie du solde de son compte Stock de marchandises, puisque les articles n'ont pas encore été livrés au client. Dans les deux derniers cas, la vente n'a pas encore eu lieu, car le transfert de propriété n'est pas effectué.

Les marchandises en consignation

Souvent, les fabricants ou les grossistes désireux de vendre des articles inédits acceptent de mettre leurs **marchandises en consignation** chez un détaillant. C'est souvent le seul moyen dont ils disposent, car les détaillants courent rarement le risque d'acheter des articles pour lesquels l'intérêt des clients est encore inconnu. Le fabricant ou le grossiste, appelé **consignateur**, accepte alors d'attendre que le détaillant, appelé **consignataire**, vende les marchandises aux clients avant d'être payé. Le consignataire remet le produit des ventes au consignateur, déduction faite d'une commission préalablement négociée. Dans ce genre d'opération, le consignateur demeure propriétaire des marchandises. C'est lui qui assume la quasi-totalité des risques et qui bénéficie de la quasi-totalité des avantages inhérents à la propriété. D'une part, le détaillant, soit le consignataire, doit exclure le coût des marchandises en consignation du solde de son compte Stock de marchandises, même si ces marchandises sont physiquement dans son entrepôt ou son magasin. D'autre part, le fabricant ou le grossiste, soit le consignateur, doit inclure le coût des marchandises laissées en consignation chez le consignataire dans le solde de son compte Stock de marchandises, même si ces marchandises ne se trouvent pas dans son entrepôt.

Les marchandises en transit

Souvent, en fin d'exercice, l'entreprise a commandé des articles qu'elle n'a pas encore reçus. Prenons l'exemple de la société Urgence ltée. Pour déterminer si Urgence ltée est propriétaire de ces articles, on doit examiner la facture du vendeur, comme on le ferait pour des marchandises vendues mais non encore livrées. Si la facture du vendeur, Alios ltée, indique « FAB point de livraison », Alios ltée demeure propriétaire des marchandises jusqu'à leur livraison au client. Urgence ltée doit donc exclure le coût de ces articles du solde de son compte Stock de marchandises, puisqu'elle ne les a pas encore reçus.

Les ventes à tempérament

Lors d'une **vente à tempérament**, le vendeur accepte de financer directement l'acheteur. En contrepartie, celui-ci s'engage à effectuer des versements échelonnés sur un certain laps de temps pour rembourser sa dette. Même si l'acheteur a le droit d'utiliser le bien, c'est le vendeur qui en demeure légalement propriétaire jusqu'au dernier versement. Il n'est pas moins important de déterminer laquelle des deux parties a la détention économique de l'article vendu. En d'autres mots, elles doivent déterminer qui assume les risques et avantages inhérents au bien. Dans les faits, l'acheteur bénéficie de l'usage du bien tant qu'il effectue ses paiements au vendeur selon les modalités convenues. En cas de défaut, il en perd l'usage. Si le vendeur est presque assuré de recevoir les versements prévus, on considère alors qu'il n'a plus la détention économique du bien ; il comptabilise donc le produit au moment de la vente. Dans ce cas, le vendeur doit exclure les marchandises de son inventaire et comptabiliser les produits découlant de la vente.

L'acheteur comptabilise les achats à tempérament comme n'importe quel autre achat. C'est dire qu'il inscrit le montant payé au compte d'actif approprié (Stock de marchandises, Équipements ou autres) et le montant à payer au vendeur à titre de passif.

LES AUTRES MÉTHODES DE DÉTERMINATION DU COÛT DES STOCKS

Comme nous l'avons expliqué, l'inventaire matériel comprend deux étapes : le dénombrement des articles en main et leur évaluation au coût d'origine. En théorie, chaque fois qu'une entreprise désire présenter des états financiers, elle doit se soumettre à ces deux étapes. En pratique, deux raisons justifient le fait de ne pas faire d'inventaire matériel. En premier lieu, l'entreprise est parfois dans l'impossibilité de mener à bien l'inventaire matériel. C'est le cas si ses stocks ont été volés ou détruits lors d'un incendie, d'un tremblement de terre ou de tout autre événement. En second lieu, l'entreprise considère parfois l'inventaire matériel comme superflu. Pensons notamment à une entreprise qui désire dresser des états financiers intermédiaires et des **budgets** ou fournir des **informations financières prospectives**. Dans ces situations, l'entreprise a plutôt recours à des méthodes d'estimation du coût des stocks. Les **auditeurs** utilisent aussi ces méthodes pour s'assurer de la fiabilité du coût des stocks de clôture et du coût des ventes. Après avoir employé tous les procédés de vérification nécessaires, ils recourent à ces méthodes pour obtenir une preuve supplémentaire de la fiabilité des chiffres présentés dans les états financiers.

Les deux méthodes d'estimation les plus répandues demeurent la **méthode de la marge bénéficiaire brute** et la **méthode de l'inventaire au prix de détail.** Toutes deux permettent d'estimer le coût des ventes et le coût du stock de clôture. Par analogie, ces méthodes permettent de voir les choses de haut ; comme le voyageur pressé d'arriver à destination choisit le transport aérien plutôt que le train, l'entreprise choisit souvent ces méthodes pour alléger le travail de fin de période.

La méthode de la marge bénéficiaire brute

La **méthode de la marge bénéficiaire brute** constitue un moyen très simple et efficace d'estimer ou de contrôler la fiabilité du coût du stock de clôture. Cette méthode d'estimation du chiffre du stock de clôture est basée sur la constance des marges bénéficiaires brutes. Autrement dit, elle consiste à calculer le pourcentage de la marge bénéficiaire brute des exercices précédents, soit la marge bénéficiaire brute divisée par le montant net du chiffre d'affaires. Ensuite, ce pourcentage est multiplié par le chiffre d'affaires de l'exercice en cours pour déterminer le coût des ventes. Une fois ce chiffre établi, on le soustrait du coût des marchandises destinées à la vente pour déterminer le coût du stock à la fin de l'exercice.

Les opérations de la société Chandeleur ltée pour l'exercice terminé le 31 décembre 20X1 serviront à illustrer la méthode de la marge bénéficiaire brute.

Exemple de Chandeleur ltée

Chiffre d'affaires	*200 000 $*
Stock d'ouverture	*50 000*
Achats, montant net	*110 000*
Pourcentage de la marge bénéficiaire brute des exercices précédents	*40 %*

Pour estimer le coût du stock de clôture, on doit respecter les trois étapes suivantes :

1. Calculer le **pourcentage de la marge bénéficiaire brute** en se fondant sur les renseignements des exercices antérieurs.

2. Estimer le **coût des ventes** au cours de l'exercice.

3. Estimer le **coût du stock à la fin** de l'exercice.

Étape 1 – Le calcul du pourcentage de la marge bénéficiaire brute Comme Chandeleur ltée fournit le pourcentage de sa marge bénéficiaire brute, aucun calcul n'est nécessaire pour l'obtenir. Lorsque cette information n'est pas donnée, on doit examiner les états des résultats de trois, quatre ou cinq **exercices antérieurs** et établir le pourcentage de la marge bénéficiaire brute en divisant les marges bénéficiaires brutes de ces exercices par le montant net du chiffre d'affaires réalisé au cours des mêmes exercices.

Précisons que l'entreprise peut calculer sa marge bénéficiaire en fonction de son chiffre d'affaires (**marge bénéficiaire brute**) ou du coût d'origine (**marge sur coût d'achat**). Dans ce dernier cas, elle doit convertir ce pourcentage pour qu'il soit exprimé en fonction du prix de vente. Prenons l'exemple de la société La Trappe ltée, dont voici quelques résultats :

Exemple de La Trappe ltée

Ventes	*100 000 $*
Coût des ventes	*(60 000)*
Marge bénéficiaire brute	*40 000 $*

Le pourcentage de la marge bénéficiaire brute s'élève à 40 % (40 000 $ ÷ 100 000 $ × 100), alors que le pourcentage sur coût d'achat s'élève à 66,67 % (40 000 $ ÷ 60 000 $ × 100). On peut donc exprimer le pourcentage du coût d'achat par l'équation suivante :

Pourcentage des ventes	–	Pourcentage des achats	=	Marge sur coût d'achat
x %	*–*	*100 %*	*=*	*66,67 %*
x = 166,67				

Ainsi, lorsque le détaillant veut obtenir une marge bénéficiaire brute de 40 %, il doit fixer ses prix de vente à 1,6667 fois ses coûts d'achat (60 000 $ × 1,6667 = 100 000 $).

Étape 2 – L'estimation du coût des ventes de l'exercice Pour estimer le coût des ventes de l'exercice, on estime d'abord la marge bénéficiaire brute en appliquant le pourcentage passé de la marge bénéficiaire brute au chiffre d'affaires courant. On soustrait ensuite ce résultat du chiffre d'affaires pour établir le coût des ventes.

Coût des ventes

Chiffre d'affaires	*200 000 $*
Marge bénéficiaire brute (200 000 $ × 40 %)	*(80 000)*
Coût des ventes	*120 000 $*

Étape 3 – L'estimation du coût du stock de clôture Le coût du stock de clôture se calcule comme suit :

Coût du stock de clôture

Stock d'ouverture	*50 000 $*
Achats, montant net	*110 000*
Marchandises destinées à la vente	*160 000*
Coût des ventes (calculé précédemment)	*(120 000)*
Stock de clôture	*40 000 $*

La méthode de la marge bénéficiaire brute donne des résultats acceptables lorsque les marges bénéficiaires brutes de tous les articles **se ressemblent.** Si tel n'est pas le cas, calculer un seul pourcentage de la marge bénéficiaire brute pour l'appliquer ensuite à l'ensemble des articles donnera des résultats trompeurs. Il est alors essentiel de grouper les articles par catégories et d'appliquer la méthode de la marge bénéficiaire brute à chacune d'elles.

La méthode de la marge bénéficiaire brute sert souvent à déterminer le coût des marchandises qui ne peuvent plus faire l'objet d'un dénombrement parce qu'elles ont été volées ou incendiées, par exemple. Rappelons que la plupart des entreprises contractent une assurance contre le vol et les incendies. L'entreprise victime d'un incendie subira une perte comptable uniquement lorsque son indemnité d'assurance sera inférieure à la valeur comptable des biens incendiés. Tenons pour acquis que la société Modelle enr. a été victime d'un incendie ayant détruit des marchandises dont le coût s'élevait à 20 000 $. Sachant que Modelle enr. a reçu une indemnité de 5 000 $, la perte présentée dans l'état des résultats s'élèverait à 15 000 $ (perte de 20 000 $ moins l'indemnité reçue de 5 000 $).

La méthode de l'inventaire au prix de détail

Lorsqu'on préconise l'utilisation de la **méthode de l'inventaire au prix de détail**, on estime le coût du stock à partir des prix de détail plutôt que de le déterminer à partir des factures d'achat. Cette méthode d'estimation est très répandue dans les **entreprises commerciales**. Comme chaque article est étiqueté selon son prix de vente, il est possible d'alléger le travail qu'exige l'inventaire matériel. S'il y a lieu, les employés noteront le prix de détail de chaque article en plus de la quantité en main au moment du dénombrement. Les employés de bureau n'auront plus qu'à multiplier les quantités par ces prix de détail et à additionner ces résultats pour trouver le prix de détail total du stock. En outre, ils n'auront pas à retrouver le coût d'origine de chaque article. En appliquant ensuite la méthode de l'inventaire au prix de détail, ils pourront rapidement estimer le coût du stock en main. Puisque le fisc accepte cette méthode, plusieurs entreprises y recourent. Elle exige cependant un travail supplémentaire tout au long de l'exercice, soit celui de noter le coût d'achat et le prix de détail de toutes les marchandises achetées.

Pour appliquer la méthode de l'inventaire au prix de détail, on doit d'abord calculer un **ratio** qui illustrera la relation entre les coûts d'origine et les prix de détail. On calcule ce ratio à partir des chiffres réels relatifs aux marchandises destinées à la vente au cours de l'exercice. Nous expliquerons le calcul détaillé de ce ratio un peu plus loin. Si l'entreprise a effectué un dénombrement pour déterminer le **prix de détail du stock de clôture**, on n'aura qu'à multiplier ce chiffre par le ratio du coût au prix de détail pour estimer le **coût du stock de clôture**. On peut aussi recourir à la méthode de l'inventaire au prix de détail lorsque l'entreprise n'a pas fait de dénombrement. Le comptable peut alors estimer le prix de détail du stock de clôture à l'aide de l'équation suivante :

Prix de détail des marchandises destinées à la vente	−	Prix de détail des marchandises vendues, soit le chiffre d'affaires	=	Prix de détail du stock de clôture

12

Après avoir établi le prix de détail du stock de clôture, le comptable appliquera le ratio du coût au prix de détail pour estimer le coût du stock de clôture.

Calculons le coût du stock de clôture de Tempéré inc. pour l'exercice terminé le 31 décembre 20X1. Voici quelques données pertinentes :

Opérations de Tempéré inc.

	Coût	Prix de détail
Stock d'ouverture	*45 000 $*	*60 000 $*
Achats, montant net ❶	*225 000*	*270 000*
Chiffre d'affaires, montant net ❷		*247 500*

Explications :

❶ *Le montant net des achats est le même que celui qui entre dans le calcul de la marge bénéficiaire brute des états financiers. Il comprend les frais de transport, les rabais, les ristournes et les escomptes sur achats.*

❷ *Le montant net du chiffre d'affaires est le même que celui qui entre dans le calcul de la marge bénéficiaire brute des états financiers. Il comprend les rabais, les ristournes et les escomptes sur ventes qu'accorde l'entreprise à ses clients.*

Étape 1 – Le calcul du prix de détail du stock de clôture Pour calculer le prix de détail du stock de clôture, on doit d'abord calculer le prix de détail des marchandises destinées à la vente. En déduisant le chiffre d'affaires de ce montant, on obtient le prix de détail du stock de clôture, comme le montre le calcul suivant :

Prix de détail du stock de clôture

	Prix de détail
Stock d'ouverture	*60 000 $*
Achats de l'exercice	*270 000*
Marchandises destinées à la vente	*330 000*
Chiffre d'affaires	*(247 500)*
Stock de clôture	*82 500 $*

Étape 2 – Le ratio du coût au prix de détail On calcule le ratio du coût au prix de détail pour chaque exercice financier afin de tenir compte des opérations les plus récentes relatives aux marchandises destinées à la vente. Voici les calculs requis s'appliquant à l'exemple de Tempéré inc. :

Ratio du coût au prix de détail

	Coût	Prix de détail
Stock d'ouverture	*45 000 $*	*60 000 $*
Achats de l'exercice	*225 000*	*270 000*
Marchandises destinées à la vente	*270 000 $*	*330 000 $*
Ratio du coût au prix de détail *(270 000 $ ÷ 330 000 $)*		*0,8182*

Étape 3 – L'estimation du coût du stock de clôture La dernière étape consiste à appliquer au prix de détail du stock de clôture le ratio du coût au prix de détail. Dans le cas de Tempéré inc., le coût du stock en main au 28 février s'établit à 67 502 $, soit 82 500 $ × 0,8182.

Si Tempéré inc. a privilégié la méthode de l'inventaire au prix de détail pour vérifier le caractère raisonnable des résultats du dénombrement, il est possible que le coût estimatif du stock (67 502 $) ne corresponde pas exactement aux résultats du dénombrement. Si l'écart entre les deux montants s'avère important, on doit l'analyser pour en déterminer les causes. Il pourrait notamment être dû à des erreurs de dénombrement ou de calcul, au vol ou au gaspillage des marchandises. Il pourrait aussi être dû à l'erreur d'estimation inhérente à la méthode de l'inventaire au prix de détail. L'ampleur de cette erreur dépend de la stabilité du ratio du coût au prix de détail. Lorsque tous les articles ont un ratio semblable, il est acceptable de ne calculer qu'un ratio pour l'ensemble du stock. Cependant, si le ratio du coût au prix de détail varie passablement selon les articles, il peut être trompeur de ne calculer qu'un seul ratio.

Le coût du stock sera faussé si les articles ayant servi à calculer le ratio ne se trouvent pas en quantité proportionnelle dans le stock de clôture. Il est alors essentiel d'appliquer la méthode par article, ou du moins par catégorie d'articles.

AVEZ-VOUS LE SENS DE L'OBSERVATION ?

La méthode de la marge bénéficiaire brute se révèle **moins fiable** que la méthode de l'inventaire au prix de détail, et ce, pour deux raisons. La méthode de l'inventaire au prix de détail utilise les **chiffres réels** de l'exercice pour calculer le ratio du coût au prix de détail, alors que la méthode de la marge bénéficiaire brute utilise les **chiffres des exercices antérieurs** pour établir le pourcentage de la marge bénéficiaire brute. La méthode de la marge bénéficiaire brute ne tient pas compte des **quantités réelles** en main à la date de l'estimation. De son côté, la méthode de l'inventaire au prix de détail peut en tenir compte. Lorsqu'un dénombrement a eu lieu, la méthode de la marge bénéficiaire brute ne sert donc qu'à évaluer le caractère raisonnable du coût du stock, déterminé selon l'une des trois méthodes de détermination du coût.

12

LA PRÉSENTATION DES STOCKS DANS LES ÉTATS FINANCIERS

Puisque les stocks constituent un élément important de l'actif à court terme, les entreprises doivent présenter à leur sujet un minimum de renseignements dans leurs états financiers. D'abord, elles doivent indiquer les méthodes comptables adoptées pour évaluer les stocks. Une entreprise pourrait préciser, par exemple, que les stocks sont évalués au moindre du coût ou de la valeur nette de réalisation, ou encore que des reprises de valeur ont été comptabilisées. Ensuite, les entreprises doivent préciser la méthode de détermination du coût qu'elles utilisent parmi les trois méthodes expliquées dans ce chapitre. Enfin, elles doivent aussi indiquer la valeur comptable totale des stocks et la valeur comptable par **catégories de stocks** qu'elles détiennent : matières premières, produits en cours, produits finis, etc.

Les normes canadiennes pour les entreprises à capital fermé (NCECF) exigent d'indiquer le montant des stocks comptabilisés en charges durant la période. Ce montant pourrait comprendre le coût des ventes et la dépréciation des stocks, diminué, s'il y a lieu, de la reprise de valeur comptabilisée pendant l'exercice.

Ci-dessous, un extrait des états financiers de 20X1 de la société fictive Blizz ltée illustre les NCECF en matière de présentation des stocks dans les états financiers.

BLIZZ LTÉE
Bilan
au 31 décembre

	20X1	20X0
ACTIF		
ACTIF À COURT TERME		
Stocks (note 7)	151 216 $	199 355 $

BLIZZ LTÉE
Résultats
de l'exercice terminé le 31 décembre

	20X1	20X0
Coût des ventes (note 10)	1 842 981 $	1 640 730 $

BLIZZ LTÉE
Notes afférentes aux états financiers
de l'exercice terminé le 31 décembre

NOTE 1 : PRINCIPALES MÉTHODES COMPTABLES

Stocks

Les stocks sont évalués au moindre du coût, déterminé selon la méthode du premier entré, premier sorti et de la valeur nette de réalisation.

NOTE 7 : STOCKS

Les stocks se détaillent comme suit :

	20X1	20X0
Marchandises	68 000 $	66 426 $
Matières premières et fournitures	25 395	32 285
Produits en cours	33 939	59 042
Produits finis	23 882	41 602
Total	151 216 $	199 355 $

NOTE 10 : COÛT DES VENTES

Le coût des ventes se détaille comme suit :

	20X1	20X0
Marchandises vendues	1 839 034 $	1 640 730 $
Dépréciation des stocks à la fin	3 947	
Total	1 842 981 $	1 640 730 $

IFRS

Les entreprises qui appliquent les normes internationales d'information financière (IFRS) doivent fournir beaucoup plus d'information dans leurs états financiers. Elles doivent entre autres indiquer les circonstances et les événements ayant conduit à comptabiliser une reprise de valeur du stock.

SYNTHÈSE DU CHAPITRE 12

1. Les entreprises commerciales et les entreprises de fabrication détiennent une part importante de leur actif à court terme sous forme de stocks (matières premières, produits en cours et produits finis). Une saine gestion des stocks vise à équilibrer les coûts d'entreposage et les coûts de rupture de stock ainsi qu'à protéger cet actif.

2. La détention des stocks entraîne un travail comptable soutenu. Les caractéristiques des marchandises destinées à la vente et les besoins d'information des bailleurs de fonds dicteront le choix d'un système d'inventaire et d'une méthode de détermination du coût des stocks. Périodiquement, les entreprises doivent procéder à l'inventaire matériel des stocks, s'assurer d'une bonne démarcation et appliquer la règle de la valeur minimale.

3. Seuls les éléments de coût pouvant raisonnablement être rattachés aux articles sont inclus dans le coût des stocks. Les entreprises commerciales incorporent au coût des stocks le montant facturé par le fournisseur et tous les coûts d'origine complémentaires. De leur côté, les entreprises de fabrication incorporent d'ordinaire au coût des stocks le coût des matières premières, de la main-d'œuvre directe et une juste part des frais généraux de fabrication.

4. Pour une entreprise commerciale, recourir au système d'inventaire périodique est très simple. Elle accumule le coût des marchandises achetées durant l'exercice dans un compte de charges intitulé Achats. Lorsqu'elle désire connaître le coût des marchandises en main, elle procède à un inventaire matériel.

5. Lorsqu'une entreprise commerciale utilise un système d'inventaire permanent, elle peut déterminer à tous moments le coût des articles en main, puisqu'elle ajuste le compte Stock de marchandises chaque fois qu'elle effectue un achat ou une vente de marchandises. Un inventaire matériel reste toutefois nécessaire pour vérifier l'exactitude des soldes figurant dans les comptes d'actif relatifs aux stocks.

6. Les méthodes de détermination du coût des stocks servent à répartir le coût des marchandises destinées à la vente entre deux composantes, soit le coût des ventes et le coût du stock de clôture d'une entreprise commerciale. Selon la méthode du premier entré, premier sorti, l'entreprise attribue aux marchandises vendues les coûts les plus anciens et elle évalue le stock de clôture à partir des coûts les plus récents.

7. L'attitude prudente qui doit prévaloir dans les situations d'incertitude exige de constater les dépréciations des stocks dès qu'elles surviennent plutôt que d'attendre que les marchandises soient vendues aux clients. La dépréciation correspond au montant de l'excédent de la valeur comptable sur la valeur nette de réalisation. Si, par la suite, la valeur nette de réalisation augmente, l'entreprise comptabilise la reprise de valeur.

8. Pour réduire le risque que des erreurs soient commises lorsqu'on effectue le travail de démarcation en fin d'exercice, on doit accorder une attention particulière aux marchandises vendues mais non encore livrées, aux marchandises en consignation, aux marchandises en transit et aux ventes à tempérament.

9. En matière de stocks, les méthodes d'estimation du coût sont utiles à plusieurs égards : 1) elles permettent aux entreprises qui privilégient un système d'inventaire périodique de dresser des états financiers sans devoir procéder à un dénombrement ; 2) elles permettent aux entreprises de déterminer le coût des marchandises détruites par une catastrophe naturelle ou tout autre événement ; 3) elles permettent de déterminer plus rapidement le coût des marchandises dénombrées à une date donnée ; et 4) elles permettent de juger de la fiabilité du coût des ventes et du coût du stock de clôture déterminé d'une autre façon.

10. La méthode de la marge bénéficiaire brute exige d'abord de calculer le pourcentage de la marge bénéficiaire brute des exercices antérieurs. Ce pourcentage est appliqué au chiffre d'affaires afin d'estimer le coût des ventes de l'exercice. Connaissant ainsi toutes les composantes du coût des ventes, à l'exception du stock de clôture, on obtient ce dernier par différence.

11. La méthode de l'inventaire au prix de détail se résume ainsi : tout d'abord, on estime le ratio du coût au prix de détail ; ensuite, on applique ce ratio au prix de détail du stock de clôture pour en déterminer le coût.

12. La méthode de l'inventaire au prix de détail donne des chiffres plus fiables que la méthode de la marge bénéficiaire brute. Le choix d'une méthode doit cependant reposer sur la disponibilité des renseignements et sur les besoins des utilisateurs des états financiers.

12

PROBLÈME TYPE

Jean Nez ltée exploite un commerce de vente au détail d'articles de sport. Au cours du mois de mai 20X1, la société a effectué les opérations suivantes concernant les vélos Cécépé :

Date	Opérations	Nombre d'unités	Coût unitaire	Prix de vente unitaire
1er mai	Vélos en main	10	180 $	
10 mai	Achat	2	200	
13 mai	Vente	1		330 $
20 mai	Achat	3	205	
31 mai	Vente	3		330

Au 31 mai, la valeur nette de réalisation d'un vélo s'élève à 190 $.

TRAVAIL À FAIRE

a) En supposant que Jean Nez ltée ait mis sur pied un système d'inventaire périodique, calculez le coût d'origine du stock au 31 mai 20X1, selon que l'entreprise utilise chacune des méthodes suivantes :

1. la méthode du coût moyen pondéré ;

2. la méthode du premier entré, premier sorti.

b) Refaites les calculs requis en a), en tenant pour acquis que Jean Nez ltée utilise un système d'inventaire permanent.

c) Pour chacune des deux méthodes de détermination du coût du stock, déterminez la valeur comptable du stock de clôture et, s'il y a lieu, la dépréciation du stock. Pour ce faire, appliquez la règle de la valeur minimale, en tenant pour acquis que Jean Nez ltée utilise un système d'inventaire permanent.

SOLUTION DU PROBLÈME TYPE

a) Le calcul du coût d'origine du stock – Inventaire périodique

1. Selon la méthode du coût moyen pondéré

	Nombre d'unités	Coût unitaire	Coût total
Stock d'ouverture	10	180,00 $	1 800,00 $
Achats			
10 mai	2	200,00	400,00
20 mai	3	205,00	615,00
Marchandises destinées à la vente	15		2 815,00
Coût unitaire moyen pondéré			
(2 815 $ ÷ 15 unités)		187,67	

	Nombre d'unités	Coût unitaire	Coût total
Ventes			
13 mai	*(1)*	*187,67*	*(187,67)*
31 mai	*(3)*	*187,67*	*(563,01)*
Stock de clôture	*11*		*2 064,32 $*

2. Selon la méthode du premier entré, premier sorti

	Nombre d'unités	Coût unitaire	Coût total
Stock d'ouverture	*10*	*180,00 $*	*1 800,00 $*
Achats			
10 mai	*2*	*200,00*	*400,00*
20 mai	*3*	*205,00*	*615,00*
Marchandises destinées à la vente	*15*		*2 815,00*
Ventes ❶			
13 mai	*(1)*	*180,00*	*(180,00)*
31 mai	*(3)*	*180,00*	*(540,00)*
Stock de clôture ❷	*11*		*2 095,00 $*

Calculs et explications :

❶ *Avec la méthode du premier entré, premier sorti, le coût des quatre vélos vendus en mai correspond au coût des vélos en main au début du mois.*

❷ *Le coût du stock de clôture est composé des éléments suivants :*

	Nombre d'unités	Coût unitaire	Coût total
Stock d'ouverture	*6*	*180,00 $*	*1 080,00 $*
Achats			
10 mai	*2*	*200,00*	*400,00*
20 mai	*3*	*205,00*	*615,00*
Total	*11*		*2 095,00 $*

AVEZ-VOUS LE SENS DE L'OBSERVATION ?

Avec la méthode du coût moyen pondéré, le coût du vélo vendu le 13 mai représente le coût des vélos achetés plus tard, soit le 20 mai. Cette situation quelque peu surprenante s'explique par l'utilisation d'un système d'inventaire périodique. Dans ce système, le coût du vélo vendu le 13 mai n'est calculé qu'à la fin mai, alors que toutes les opérations ont eu lieu et que tous les coûts sont connus.

b) Le calcul du coût d'origine du stock – Inventaire permanent

1. Selon la méthode du coût moyen pondéré

   Note : Si la société Jean Nez ltée utilise ce système d'inventaire, elle calcule le coût des ventes après chaque opération de vente. Pour ce faire, elle doit continuellement mettre à jour ses fiches d'inventaire.

12

Date	Achats			Ventes			Solde		
	Quantité	Coût unitaire	Coût total	Quantité	Coût unitaire	Coût total	Quantité	Coût total	Coût unitaire
1er mai	10	180,00 $	1 800,00 $				10	1 800,00 $	180,00 $
10 mai	2	200,00	400,00				12	2 200,00	183,33
13 mai				1	183,33 $	183,33 $	11	2 016,67	183,33
20 mai	3	205,00	615,00				14	2 631,67	187,98
31 mai				3	187,98	563,94	11	2 067,73	187,98
	15		2 815,00 $	4		747,27 $			

Le stock de clôture a une valeur comptable de 2 067,73 $, comme l'indique le tableau précédent.

AVEZ-VOUS LE SENS DE L'OBSERVATION ?

Les calculs qui précèdent montrent que le coût moyen pondéré change après chaque achat, alors qu'il demeure inchangé lors d'une vente. Cette dernière affirmation s'explique simplement par le fait que le coût unitaire des marchandises vendues est égal au coût unitaire moyen pondéré juste avant la vente.

2. Selon la méthode du premier entré, premier sorti

Date	Achats			Ventes			Solde		
	Quantité	Coût unitaire	Coût total	Quantité	Coût unitaire	Coût total	Quantité	Coût unitaire	Coût total
1er mai	10	180,00 $	1 800,00 $				10	180,00 $	1 800,00 $
10 mai	2	200,00	400,00				10	180,00	1 800,00
							2	200,00	400,00
13 mai				1	180,00 $	180,00 $	9	180,00	1 620,00
							2	200,00	400,00
20 mai	3	205,00	615,00				9	180,00	1 620,00
							2	200,00	400,00
							3	205,00	615,00
31 mai				3	180,00	540,00	6	180,00	1 080,00
							2	200,00	400,00
							3	205,00	615,00
	15		2 815,00 $	4		720,00 $	11		2 095,00 $

c) L'établissement de la valeur comptable du stock de clôture

	Coût moyen pondéré	Premier entré, premier sorti
Coût du stock	2 067,73 $	2 095,00 $
Valeur nette de réalisation (11 unités × 190 $)	2 090,00	2 090,00
Montant à retenir (le moins élevé des deux chiffres ci-dessus)	2 067,73 $	2 090,00 $
Dépréciation du stock	0 $	5,00 $

QUESTIONS DE RÉVISION (*i+*) Solutionnaire

1. Quels sont les éléments clés de la gestion des stocks.

2. Quels types de stocks les entreprises industrielles possèdent-elles ?

3. Définissez et comparez sommairement les deux systèmes d'inventaire que peuvent utiliser les entreprises.

4. Quelle différence y a-t-il entre le stock et l'inventaire ?

5. Lorsque la valeur nette de réalisation devient inférieure au coût, la règle de la valeur minimale stipule qu'on doit dévaluer les stocks pour les exprimer à leur valeur nette de réalisation. Définissez l'expression « valeur nette de réalisation ».

6. Si une entreprise utilise la méthode du premier entré, premier sorti, comment calcule-t-elle le coût des ventes ?

7. Si une entreprise emploie un système d'inventaire permanent et la méthode du coût moyen pondéré, comment calcule-t-elle le coût des ventes ?

8. En quoi un système d'inventaire périodique modifierait-il la réponse que vous avez donnée à la question précédente ?

9. Au moment de choisir une méthode de détermination du coût des stocks, sur quels critères se basent les entreprises ?

10. Les marchandises en consignation doivent-elles être incluses dans l'inventaire du consignataire ou dans celui du consignateur ? Expliquez votre réponse.

11. Dans quelles situations utilise-t-on la méthode de l'inventaire au prix de détail et celle de la marge bénéficiaire brute ?

12. Décrivez brièvement le fonctionnement de la méthode de l'inventaire au prix de détail et celui de la méthode de la marge bénéficiaire brute.

13. Dans quelles conditions la méthode de la marge bénéficiaire brute donne-t-elle de bons résultats ?

EXERCICES

E1 Terminologie comptable

Voici une liste de neuf termes et expressions comptables présentés dans ce chapitre :

- Coût de rupture
- Méthode du coût moyen pondéré
- Stock de produits en cours
- Valeur nette de réalisation
- Système d'inventaire périodique
- FAB point de départ
- Coût non incorporable
- Pourcentage de marge bénéficiaire brute
- Méthode du coût propre

Chacun des énoncés suivants peut servir (ou non) à décrire un de ces termes comptables. Pour chacun des énoncés, dites à quel terme comptable il correspond ou indiquez « aucun » s'il ne correspond à aucun d'entre eux.

a) Un coût engagé lorsqu'une entreprise n'a pas en main les articles dont elle a besoin.

b) Un coût engagé par une entreprise pour garder en main les articles dont elle a besoin.

c) Un stock de marchandises dont la fabrication est commencée mais non terminée.

d) Le pourcentage de bénéfice brut sur les achats.

e) Le pourcentage de bénéfice brut sur les ventes.

f) Le prix que l'entreprise pourrait obtenir en vendant le bien, diminué des frais directs d'achèvement et de mise en marché.

g) Un système selon lequel le coût des articles achetés est inscrit au compte Achats.

h) Une condition de vente selon laquelle l'acheteur est responsable des marchandises à partir du moment où elles lui sont livrées.

i) Un coût engagé pour fabriquer un bien, mais qui ne peut être rattaché à ce bien.

j) Une méthode selon laquelle le coût réel est attribué à un bien au moment de sa vente.

12

E2 Vrai ou faux

Dites si chacun des énoncés suivants est vrai ou faux. Dans ce dernier cas, précisez pourquoi.

a) Le coût des produits en cours figure au poste Stock de produits en cours des états financiers d'une entreprise commerciale.

b) Les salaires des vendeurs font partie du coût du stock d'une entreprise de vente au détail.

c) Le coût des vis fait partie du coût du stock de matières premières d'un fabricant de meubles.

d) Le coût des certificats de dépôt d'une entreprise commerciale fait partie du coût des stocks.

E3 Vrai ou faux

Dites si chacun des énoncés suivants est vrai ou faux. Dans ce dernier cas, précisez pourquoi.

a) Les entreprises doivent fermer leurs portes le jour du dénombrement des stocks.

b) Au moment du dénombrement, on doit rapatrier les articles de l'entrepôt dans le magasin.

c) Au moment d'un dénombrement visant à déterminer précisément le coût du stock de clôture, l'employé qui y est affecté inscrit le coût des articles sur sa liste.

d) À mesure qu'un employé procède au dénombrement, il attache une étiquette à chaque lot de marchandises dénombrées.

e) Le personnel de bureau multiplie les quantités en main par le coût unitaire pour trouver le coût total du stock.

f) Les marchandises vendues mais non encore livrées dont la facture de vente comporte la mention « FAB point de livraison » font partie du compte Stock de marchandises du vendeur.

g) Les marchandises qui sont l'objet d'une vente à tempérament font partie du compte Stock de marchandises du vendeur.

E4 La détermination du coût des ventes et du stock de clôture

Marco inc. distribue divers modèles de tracteurs. On a extrait les deux fiches suivantes de son livre d'inventaire permanent :

Modèle 800

Date	Unités achetées	Coût d'origine unitaire	Unités vendues	Unités en main
1er novembre				0
10 novembre	20	1 200		20
30 novembre			10	10
7 décembre	30	1 320		40
31 décembre			21	19

Modèle 900

Date	Unités achetées	Coût d'origine unitaire	Unités vendues	Unités en main
1er novembre	5	1 400		5
20 novembre	5	1 500		10
28 novembre			4	6
18 décembre			5	1
31 décembre	10	1 520		11

Au 31 décembre, la valeur nette de réalisation du modèle 800 est de 1 280 $; celle du modèle 900 s'établit à 1 600 $.

12

Calculez le coût des ventes et le coût des articles en main au 31 décembre selon que l'entreprise utilise chacune des méthodes suivantes :

a) la méthode du premier entré, premier sorti ;

b) la méthode du coût moyen pondéré jumelée à un système d'inventaire périodique.

Coût du stock de clôture du modèle 800, selon la méthode du premier entré, premier sorti : 25 080 $

E5 La détermination du coût des ventes

Au cours de l'exercice terminé le 31 décembre 20X5, la société Lemieux ltée a vendu 17 000 unités d'un seul article au prix de 20 $ l'unité. Voici les détails de ses achats pour l'exercice :

Date	Quantité	Coût unitaire	Coût total
1er janvier	2 000	11,20 $	22 400 $
5 février	2 000	12,00	24 000
28 avril	6 000	12,40	74 400
22 août	8 000	13,00	104 000
15 octobre	2 000	14,00	28 000
Total	20 000		252 800 $

Au cours de l'exercice, Lemieux ltée a engagé des frais de vente de 24 000 $. Calculez le coût des ventes selon chacune des deux méthodes suivantes, en supposant que la société utilise un système d'inventaire périodique :

a) la méthode du coût moyen pondéré ;

b) la méthode du premier entré, premier sorti.

Coût des ventes selon la méthode du premier entré, premier sorti : 211 800 $

E6 La comptabilisation d'opérations selon les deux systèmes d'inventaire

La société Aubin inc. vend des fournitures de bureau. Elle a effectué les opérations suivantes au cours de son premier mois d'exploitation :

2 février Aubin inc. achète à crédit 1 000 boîtes de gommes à effacer totalisant 5 000 $, escompte de 2 % exclu.

3 février L'entreprise achète à crédit 500 boîtes de crayons s'élevant à 3 500 $, escompte de 2 % exclu.

5 février Elle achète aussi à crédit 350 boîtes de trombones totalisant 700 $, escompte de 2 % exclu.

7 février Les ventes de la semaine sont les suivantes :

Gommes à effacer	700 boîtes à 9,50 $ la boîte
Crayons	400 boîtes à 12,00 $ la boîte
Trombones	300 boîtes à 3,50 $ la boîte

8 février Aubin inc. paie tous ses fournisseurs de manière à profiter des escomptes de 2 % qu'ils lui accordent.

10 février Aubin inc. achète de nouvelles marchandises à crédit, escompte de 2 % exclu :

Gommes à effacer	1 200 boîtes à 5,00 $ la boîte
Crayons	400 boîtes à 7,50 $ la boîte
Trombones	500 boîtes à 2,10 $ la boîte

12

14 février   Le volume des ventes de la deuxième semaine représente 110 % de celui de la première, alors que les prix de vente sont demeurés les mêmes.

15 février   Aubin inc. décide de vendre de nouveaux marqueurs, différents des crayons. Elle en commande 200 boîtes au coût de 2,60 $ la boîte. Le fournisseur lui accorde un escompte de 2 %. La mention «FAB point de départ» est inscrite sur la facture. Les frais de transport sont de 40 $, et le fournisseur expédie immédiatement la marchandise.

16 février   Aubin inc. reçoit les 200 boîtes de marqueurs.

Autres renseignements

1. Les dirigeants d'Aubin inc. désirent établir des états financiers à la date de l'arrêté des comptes, soit le 15 février. Le dénombrement des marchandises effectué dans le magasin le même jour a permis d'obtenir les renseignements suivants :

Articles	*Nombre de boîtes*
Gommes à effacer	*730*
Crayons	*60*
Trombones	*200*

Tout écart entre les quantités réelles et les livres comptables est attribué au vol.

2. Afin de faciliter le suivi du coût des ventes, on inscrit celui-ci dans des comptes distincts.

3. Aubin inc. comptabilise ses achats au montant net.

4. La société utilise la méthode du coût moyen pondéré.

5. Toutes les ventes sont effectuées au comptant.

Passez les écritures de journal requises pour comptabiliser les opérations des deux premières semaines, en supposant que l'entreprise utilise :

a)   un système d'inventaire périodique ;

b)   un système d'inventaire permanent.

Calculez les coûts unitaires à trois décimales près.

 Coût du stock de clôture pour les boîtes de crayons, selon le système d'inventaire périodique : 424,68 $

E7 La comptabilisation d'opérations à l'aide d'un système d'inventaire permanent

En reprenant les données de l'exercice précédent et en supposant que l'entreprise utilise un système d'inventaire permanent, discutez de la présentation des opérations dans l'état des résultats pour la période terminée le 15 février.

E8 La valeur minimale

Les données suivantes concernent le stock de marchandises de l'entreprise Étienne ltée au 31 décembre 20X1 :

Coût	*72 $*
Prix de vente prévu	*67*
Frais de vente prévus	*11*

À quel montant devrait-on évaluer le stock de clôture ?

 Stock de clôture : 56 $

E9 Les modes d'application de la règle de la valeur minimale

Le magasin à rayons Les Grandes Trouvailles inc. possède les articles suivants à la fin de l'exercice 20X1 :

	Quantité	Coût d'origine	Prix de vente prévu	Frais de vente prévus
Rayon des jouets				
Poupées	10	2,80 $	2,88 $	0,29 $
Stations orbitales	20	8,16	10,00	0,82
Jeux de société	20	2,16	2,24	0,16
Rayon des outils				
Tournevis	10	6,91	8,40	0,69
Marteaux	10	10,99	14,40	1,10
Pinces	20	0,75	1,04	0,08
Rayon des vêtements				
Bas	10	3,07	3,12	0,30
Ceintures	10	3,12	4,00	0,30

Établissez la valeur comptable du stock de clôture du magasin Les Grandes Trouvailles inc. en utilisant la règle de la valeur minimale appliquée :

a) article par article ;

b) rayon par rayon.

 Il n'y a aucune dépréciation lorsque la règle est appliquée rayon par rayon.

E10 La règle de la valeur minimale

L'entreprise Le Castor travailleur inc. possède un stock composé des articles suivants :

Article	Coût	Valeur nette de réalisation
A	108,00 $	102,60 $
B	405,00	425,25
C	58,05	54,00
D	92,07	81,00
E	113,40	108,00
F	197,10	202,50
G	102,60	101,25
H	243,00	172,80

a) Déterminez la valeur comptable des articles en main et la dépréciation.

 *Dépréciation : 97,47 $*

b) Tenez maintenant pour acquis qu'à la fin de l'exercice suivant, les articles C et D n'ont pas été vendus et que leur valeur nette de réalisation s'élève respectivement à 55 $ et à 95 $. Enregistrez l'écriture de journal requise dans les livres de la société.

E11 Les effets des erreurs d'évaluation des stocks

Prenez connaissance des erreurs d'évaluation suivantes. Quel effet ont-elles sur le coût des ventes et sur la marge bénéficiaire brute ? Considérez chaque cas séparément.

a) Une surévaluation du stock d'ouverture de 2 000 $.

b) Une surévaluation du stock de clôture de 3 000 $.

c) Une sous-évaluation du stock d'ouverture de 2 000 $.

d) Une sous-évaluation du stock de clôture de 3 000 $.

E12 **Les marchandises en consignation**

 Le 28 décembre 20X2, la société Expo ltée a placé des marchandises en consignation à la société Nordik ltée pour un montant de 6 500 $. Dites si, au moment du dénombrement du 31 décembre 20X2, ces marchandises doivent faire partie du bilan d'Expo ltée ou du bilan de Nordik ltée. Expliquez votre réponse.

E13 **L'estimation du coût du stock**

À 18 h, votre patron vous demande de lui présenter un bilan daté d'aujourd'hui, mardi 8 mai. Puisqu'il désire avoir ce bilan le lendemain à 10 h, il vous est impossible de procéder à un dénombrement. Les livres de la société renferment les renseignements suivants :

	Coût	Prix de détail
Achats, montant brut	124 000 $	154 000 $
Stock de marchandises au début	32 000	39 000
Rendus sur achats	2 000	3 000
Ventes, montant net		136 000

Déterminez le coût du stock de marchandises qui devrait figurer dans le bilan.

Stock de marchandises : 43 767 $

E14   **L'estimation du coût des marchandises incendiées**

Le 15 décembre 20X2, le magasin Gagnon ltée a été la proie des flammes. L'incendie a détruit la totalité des marchandises. L'expert en sinistres de la compagnie d'assurance vous demande de préparer une estimation du coût du stock de marchandises au moment de l'incendie.

Les renseignements suivants proviennent des livres comptables qui n'ont pas été détruits lors de l'incendie :

Transports sur achats	20 000 $
Frais de livraison	7 200
Produits de placement	6 000
Stock de marchandises au début de l'exercice	348 800
Salaires des employés du bureau	120 000
Achats	320 000
Escomptes sur achats	7 200
Charge de loyer	40 000
Ventes, montant net	992 000
Salaires des vendeurs	160 000

Gagnon ltée utilisait un système d'inventaire périodique. De plus, sa marge bénéficiaire brute représentait 60 % du montant net de son chiffre d'affaires. Calculez le coût du stock de marchandises incendiées.

Coût des marchandises incendiées : 284 800 $

E15   **L'estimation du stock de clôture et la préparation d'un état des résultats**

Le 1er septembre 20X1, les entrepôts de Rose Dévan ltée ont été ravagés par les flammes. Le dernier inventaire matériel de la société remonte au 31 décembre 20X0. Il indique que le coût du stock était de 447 600 $. Depuis quelques années, le pourcentage de la marge bénéficiaire brute est stable à 29 %.

Par bonheur, les livres comptables de la société ont été épargnés. Ils indiquent que, pour la période du 1er janvier au 1er septembre, les achats et le chiffre d'affaires se sont élevés respectivement à 2 280 000 $ et à 3 600 000 $.

Voici le travail que l'on vous demande :

a) Calculez le coût du stock de marchandises détruites par le feu.

b) En tenant compte du fait que Rose Dévan ltée a reçu une indemnité d'assurance équivalant à 95 % du coût du stock détruit et que les frais de vente et d'administration s'élèvent à 480 000 $, préparez un état des résultats pour la période terminée le 1ᵉʳ septembre 20X1.

Coût du stock de marchandises détruites par le feu : 171 600 $

E16   L'estimation du stock de clôture et la préparation de l'état des résultats

Exportations inc. désire estimer le coût de son stock de marchandises au 31 mars 20X3. Pour ce faire, le comptable a recueilli les renseignements suivants :

Exercices précédents			
	20X0	***20X1***	***20X2***
Ventes, montant net	*420 000 $*	*504 000 $*	*560 000 $*
Marge bénéficiaire brute	*252 000*	*302 400*	*336 000*
Période de trois mois terminée le 31 mars 20X3			
Charge d'intérêts			*2 380 $*
Transports sur achats			*3 150*
Frais de douane			*5 040*
Produits de placement			*2 100*
Salaires des employés de bureau			*12 040*
Stock d'ouverture			*67 200*
Achats, montant brut			*50 400*
Escomptes sur achats			*1 008*
Ventes, montant net			*140 000*
Salaires des vendeurs			*23 520*

Calculez le coût du stock de marchandises au 31 mars 20X3 et dressez l'état des résultats pour la période de trois mois terminée le 31 mars 20X3.

Stock au 31 mars 20X3 : 68 782 $

E17   L'application des deux méthodes d'estimation du coût du stock

Vous avez été nommé auditeur d'un grand magasin dont les affaires sont très florissantes, La Bouffe inc. Cependant, vous n'avez pas pu assister au dénombrement du stock de marchandises et vous voulez évaluer la fiabilité du coût du stock (160 320 $) que vous a fourni le contrôleur de la société. Voici les renseignements que vous avez obtenus :

Stock de marchandises au 31 décembre 20X1 (coût)	*148 800 $*
Achats	*935 280*
Rendus sur ventes	*32 400*
Escomptes sur achats	*18 480*
Stock de marchandises au 31 décembre 20X1 (prix de détail)	*300 000*
Ventes	*1 495 200*
Frais de livraison	*9 600*
Salaires des vendeurs	*45 360*
Achats (prix de détail)	*1 461 600*

a) Calculez le coût du stock au 31 décembre 20X2. Pour ce faire, appliquez la méthode de l'inventaire au prix de détail.

12

b) Calculez le coût du stock au 31 décembre 20X2. Pour ce faire, appliquez la méthode de la marge bénéficiaire brute et tenez compte du fait que le pourcentage moyen de la marge bénéficiaire brute est de 39 %.

Stock de clôture, selon la méthode de la marge bénéficiaire brute : 173 292 $

E18 L'estimation du coût du stock de clôture

Camel ltée est un commerce de détail. Voici les renseignements concernant ses opérations pour les trois premiers mois de 20X4 :

Stock de marchandises au 31 décembre 20X3	
Au coût	*96 000 $*
Au prix de détail	*144 000*
Achats	
Au coût	*588 000*
Au prix de détail	*840 000*
Fret à l'achat	*32 784*
Chiffre d'affaires	*558 000*

Estimez le coût du stock de clôture en utilisant la méthode de l'inventaire au prix de détail.

Stock de clôture : 310 298 $

E19 L'estimation du coût du stock de clôture

En vous servant des renseignements de l'exercice précédent, déterminez le pourcentage de marge bénéficiaire brute de Camel ltée.

Pourcentage de la marge bénéficiaire brute : 27,15 %

PROBLÈMES DE COMPRÉHENSION

P1 L'effet d'une erreur dans l'évaluation du stock

À cause d'une erreur commise lors du dénombrement du 31 décembre 20X1, Da Shan ltée a surévalué le montant de ses marchandises en main de 10 000 $.

10 minutes – facile

> **TRAVAIL À FAIRE**
>
> En supposant que l'on n'ait pas corrigé l'erreur, quel en est l'effet sur :
> a) le bénéfice de 20X1 ?
> b) les bénéfices non répartis au 31 décembre 20X1 ?
> c) le bénéfice de 20X2 ?
> d) les bénéfices non répartis au 31 décembre 20X2 ?

Le bénéfice de 20X2 est sous-évalué de 10 000 $.

P2 L'évaluation du stock

20 minutes – facile

La société Roberto ltée vend un seul article et utilise un système d'inventaire périodique. Le 1er janvier 20X1, elle avait un stock de 200 unités ayant coûté 12 000 $. Au cours de l'année 20X1, la société a vendu 1 000 unités au prix de 150 $ chacune. Voici ses achats pour l'exercice qui a pris fin le 31 décembre :

12

Date	Nombre d'unités	Prix unitaire
8 février	100	66 $
16 mai	250	75
7 août	300	82
11 octobre	200	63
20 décembre	175	82

TRAVAIL À FAIRE

Arrondissez tous vos calculs au dollar près.

a) Calculez le coût du stock au 31 décembre 20X1 en utilisant la méthode :

1. du premier entré, premier sorti ;

2. du coût moyen pondéré.

b) Calculez la marge bénéficiaire brute selon chacune des méthodes de détermination du coût énumérées en a).

Marge bénéficiaire brute, selon la méthode du coût moyen pondéré : 77 429 $

P3 Les méthodes de détermination du coût du stock

Voici le bilan de la société Mercerie Alexandre ltée au 31 décembre 20X2 :

5 **9**

30 minutes – moyen

MERCERIE ALEXANDRE LTÉE
Bilan partiel
au 31 décembre 20X2

Actif		Passif et capitaux propres	
Encaisse et autres éléments à court terme	330 000 $	Passif à court terme	247 500 $
Stock de marchandises	165 000	Capitaux propres	247 500
	495 000 $		495 000 $

12

Au 31 décembre 20X2, le stock de clôture est composé de 20 000 chemises à 8,25 $ l'unité. Durant l'année 20X3, Mercerie Alexandre ltée a vendu 80 000 chemises au prix de 19,80 $ l'unité et elle en a acheté 70 000 au coût de 11,55 $ l'unité. Le stock à la fin de l'année 20X3 est minime, de sorte que la société envisage d'acheter 10 000 chemises en janvier 20X4.

Nous présentons ci-après l'état des résultats et le bilan partiel de la société, établis de façon comparative selon que le coût est déterminé en fonction de la méthode du premier entré, premier sorti ou de celle du coût moyen pondéré, jumelée à un système d'inventaire périodique.

MERCERIE ALEXANDRE LTÉE
Résultats
pour l'exercice terminé le 31 décembre 20X3

	Méthode du premier entré, premier sorti	Méthode du coût moyen pondéré
Chiffre d'affaires	1 584 000 $	1 584 000 $
Coût des ventes	(858 000)	(865 336)
Marge bénéficiaire brute	726 000	718 664
Charges	(363 000)	(363 000)
Bénéfice	363 000 $	355 664 $
Pourcentage de la marge bénéficiaire brute	45,83 %	45,37 %

»

	Méthode du premier entré, premier sorti	Méthode du coût moyen pondéré
Actif		
Encaisse et autres éléments à court terme	544 500 $	544 500 $
Stock de marchandises	115 500	108 164
Total de l'actif à court terme	660 000 $	652 664 $
Passif et capitaux propres		
Passif à court terme	264 000 $	264 000 $
Capitaux propres	396 000	388 664
Total du passif et des capitaux propres	660 000 $	652 664 $

TRAVAIL À FAIRE

a) Supposez que, le 31 décembre 20X3, la société a rétabli son stock de marchandises à 20 000 unités en achetant au comptant 10 000 chemises à 11,55 $ l'unité. Dressez les états financiers révisés comparatifs en utilisant les mêmes postes que ceux des états présentés précédemment.

Bénéfice net, selon la méthode du coût moyen pondéré : 349 800 $

b) Si l'entreprise vous demandait de la conseiller quant au choix d'une méthode de détermination du coût des stocks, de quels facteurs devriez-vous tenir compte ?

P4 La correction d'erreurs concernant les stocks

3 6 8

30 minutes – difficile

Avant la régularisation des comptes, les livres d'Ébénisterie Saint-Jean ltée faisaient état des bénéfices suivants :

20X1	151 600 $
20X2	129 400
20X3	145 000
Total pour les trois exercices	426 000 $

Une analyse portant sur le stock a permis d'obtenir les renseignements suivants :

1. On a enregistré correctement le stock de marchandises au 31 décembre 20X0.

2. En 20X1, la société a reçu des marchandises qui ont coûté 1 030 $ et les a incluses dans le stock de clôture. Cependant, Ébénisterie Saint-Jean ltée a enregistré l'achat au journal des achats en janvier 20X2, lorsqu'elle a reçu la facture.

3. La société a inclus le coût de 600 litres de vernis dans le stock au 31 décembre 20X1 au coût unitaire de 3,08 $, alors qu'il était de 8,30 $.

4. Le 31 décembre 20X2, la société a expédié à un client des marchandises qui lui avaient coûté 1 200 $ et les lui a facturées au prix de 1 700 $. La facture comprenait la mention « FAB point d'expédition ». L'inventaire matériel au 31 décembre 20X2 n'incluait pas ces marchandises, bien que l'on ait enregistré la vente le 15 janvier 20X3.

5. Des marchandises coûtant 3 200 $, achetées en décembre 20X2 et expédiées « FAB point d'expédition », ont été enregistrées au journal des achats en 20X3, lors de la réception de la facture. Cependant, on n'a pas inclus ces marchandises dans le stock de clôture, car elles ont été reçues le 6 janvier 20X3.

12

6. La société a correctement enregistré le stock de marchandises au 31 décembre 20X3.

7. Ébénisterie Saint-Jean ltée utilise un système d'inventaire périodique.

TRAVAIL À FAIRE

a) Calculez le bénéfice net révisé des exercices 20X1, 20X2 et 20X3.

Bénéfice net révisé de 20X2 : 128 998 $

b) Présentez les écritures de correction requises à la fin de chaque exercice. Supposez que les erreurs se rapportant à un exercice aient été mises à jour avant que les écritures de clôture relatives à cet exercice ne soient passées.

P5

20 minutes – difficile

La démarcation de fin d'exercice

Le comptable de l'entreprise Atelier Lemaire ltée vous fournit le tableau suivant :

	20X1	20X2	20X3
		(En milliers de dollars)	
Chiffre d'affaires	?	380 000	?
Stock d'ouverture	50 000	?	100 000
Achats	?	?	310 000
Marchandises destinées à la vente	340 000	?	?
Stock de clôture	90 000	?	150 000
Coût des ventes	250 000	?	?
Marge bénéficiaire brute	70 000	130 000	?
Frais d'exploitation		θ	

Si le montant du coût des ventes de 20X3 figurait dans le tableau, il serait égal à 65 % du chiffre d'affaires. Au cours de la vérification des livres, vous découvrez les faits suivants :

1. On a sous-évalué le stock au début de l'exercice 20X1 de 30 000 $, alors que l'on a surévalué les achats de ce même exercice de 30 000 $.

2. On a surévalué le bénéfice de l'exercice 20X2 de 20 000 $. Cependant, les soldes des comptes Achats et Ventes s'avèrent exacts.

3. En 20X3, on a surévalué le chiffre d'affaires de 50 000 $ et l'on a sous-évalué le stock de clôture de 20 000 $.

TRAVAIL À FAIRE

a) Remplissez le tableau présenté précédemment sans tenir compte des erreurs de l'entreprise.

b) Dressez un tableau semblable à celui présenté précédemment, mais contenant les chiffres révisés.

Bénéfice net révisé de 20X2 : 110 000 $

P6

30 minutes – facile

La comptabilisation d'opérations

L'entreprise Jeux de société ltée vous fournit les renseignements présentés ci-après concernant ses opérations du mois de janvier 20X0.

1er janvier L'entreprise possédait 5 000 unités d'un article dont le coût d'origine était de 15 $ l'unité. Elle utilise un système d'inventaire permanent.

8 janvier L'entreprise a acheté à crédit 30 000 unités de cet article au coût unitaire de 20 $.

14 janvier L'entreprise a vendu au comptant 25 000 unités à 35 $ l'unité.

21 janvier   L'entreprise a acheté au comptant 10 000 autres unités au coût unitaire de 25 $.

29 janvier   L'entreprise a vendu à crédit 5 000 unités à 37 $ l'unité.

TRAVAIL À FAIRE

Passez les écritures de journal requises pour inscrire les opérations, en supposant tour à tour que l'entreprise détermine le coût du stock :

a)   selon la méthode du coût moyen pondéré ;

b)   selon la méthode du premier entré, premier sorti.

Arrondissez vos calculs au sou près, sauf pour les coûts unitaires, pour lesquels vous conserverez toutes les décimales.

 Coût des ventes le 14 janvier, selon la méthode du premier entré, premier sorti : 475 000 $

P7

Les méthodes de détermination du coût du stock

10 minutes – moyen

L'entreprise Les Hauts de hurle-vent inc. a commencé ses opérations le 1er janvier 20X1. Elle détermine le coût du stock selon la méthode du premier entré, premier sorti. Voici le coût du stock à la fin de chacun des quatre premiers exercices, établi selon deux méthodes, dont celle qu'elle préconise.

	20X1	20X2	20X3	20X4
Premier entré, premier sorti	360 000 $	400 000 $	320 000 $	420 000 $
Coût moyen pondéré	340 000	360 000	300 000	380 000

TRAVAIL À FAIRE

Remplissez le tableau suivant.

Bénéfice selon les deux méthodes	20X1	20X2	20X3	20X4
Premier entré, premier sorti	80 000 $	140 000 $	60 000 $	100 000 $
Coût moyen pondéré				

 Bénéfice de 20X1, selon la méthode du coût moyen pondéré : 60 000 $

P8

L'estimation du coût du stock de clôture

20 minutes – facile

Depuis plusieurs années, la société Joie de vivre ltée exploite un magasin d'articles de sport à Montréal. Le 31 décembre 20X4, elle ouvre un second magasin de vente au détail à Québec. Les dirigeants de la société ont décidé d'utiliser la méthode de l'inventaire au prix de détail pour estimer le coût du stock de marchandises au 31 décembre 20X5. L'examen des livres du magasin de Montréal a permis de relever les opérations suivantes, qui ont toutefois été effectuées par le magasin de Québec.

	Coût	Prix de détail
Stock de marchandises achetées le 31 décembre 20X4	185 000 $	231 250 $
Achats effectués pour le magasin de Québec au cours de 20X5	940 000	1 390 000
Frais de transport pour les envois à Québec	17 500	
Marchandises retournées à Montréal par le magasin de Québec	21 500	28 700

De plus, les livres du magasin de Québec contiennent les renseignements suivants :

Ventes de 20X5	*1 283 800 $*
Prix de détail des marchandises endommagées ou volées	*1 615*

TRAVAIL À FAIRE

Calculez le coût estimatif du stock de marchandises du magasin de Québec au 31 décembre 20X5.

Coût du stock de clôture : 216 192 $

P9 ## La perte attribuable à un incendie

25 minutes – moyen

Le 4 novembre 20X2, un incendie a ravagé les entrepôts de Sortilèges inc. Heureusement, ses bureaux n'ont pas été endommagés. Le comptable de la société a pu obtenir les renseignements suivants :

1. L'exercice financier se termine le 31 décembre.

2. Le 4 novembre 20X2, le solde du compte Fournisseurs s'élevait à 112 500 $. Ce montant se détaille comme suit :

Transports sur achats concernant des articles en main	*37 500 $*
Marchandises expédiées « FAB point d'arrivée »	
(Ces marchandises n'avaient pas encore été reçues lors du sinistre.)	*52 500*
Marchandises en main lors du sinistre	*22 500*

Si l'on ne considère pas les montants précédents, les achats de 20X2 totalisent 1 875 000 $.

3. Le jour de l'incendie, des marchandises achetées au coût de 10 625 $ se trouvaient au quai d'embarquement, mais elles n'ont pas été détruites. Cet achat avait été fait au comptant et avait été correctement comptabilisé.

4. Le pourcentage de la marge bénéficiaire brute est constant depuis quelques années. Les livres comptables de l'exercice précédent indiquent ce qui suit :

Achats	*2 432 500 $*
Escomptes sur achats	*67 500*
Transports sur achats	*52 500*
Stock de marchandises au 1er janvier 20X1	*95 000*
Ventes, montant net	*5 000 000*

5. Du 1er janvier au 4 novembre 20X2, les encaissements relatifs aux comptes clients s'élevaient à 4 125 000 $. Au 1er janvier 20X2, les sommes à recevoir des clients étaient de 150 000 $. Les clients qui ont confirmé devoir des sommes au 4 novembre 20X2 ont payé leur dû pour un montant total de 118 500 $. D'autres clients doivent au total une somme de 18 000 $, que la société Sortilèges inc. ne pourra pas recouvrer.

6. Au 1er janvier 20X2, le coût du stock de marchandises était de 155 000 $.

12

12

TRAVAIL À FAIRE

Calculez la perte attribuable à l'incendie, en tenant pour acquis que les articles se trouvant dans l'entrepôt le 4 novembre ont été complètement détruits.

Perte attribuable à l'incendie : 140 803 $

P10

50 minutes – moyen

L'estimation du coût du stock de clôture selon deux méthodes et le choix du montant à retenir

Le 28 février 20X4, Donné Moysant inc. s'adresse à la banque pour négocier un emprunt. L'entreprise a un urgent besoin de liquidités. La banque lui demande de préparer des états financiers au 28 février 20X4. L'exercice financier de Donné Moysant inc. se termine le 31 décembre. L'entreprise n'a pas pour politique de procéder à un inventaire à la fin de chaque mois et n'a pas l'intention de le faire en février 20X4. Par ailleurs, elle met tous ses livres comptables à votre disposition. En voici quelques extraits pertinents :

	Coût 20X4	Prix de détail 20X4	Coût 20X3	Coût 20X2	Coût 20X1
Achats	30 500 $	48 500 $	207 000 $	193 000 $	170 000 $
Transports sur achats	800		4 000	3 500	2 500
Stock d'ouverture	21 000	30 000	16 000	18 000	11 000
Stock de clôture			21 000	16 000	18 000
Rendus sur achats	1 300	2 000	4 000	2 500	3 500
Ventes		50 400	293 500	274 500	232 000

TRAVAIL À FAIRE

a) Déterminez le coût du stock au 28 février 20X4 selon la méthode de l'inventaire au prix de détail.

b) Déterminez le coût du stock au 28 février 20X4 en recourant à la méthode de la marge bénéficiaire brute.

Coût du stock, selon la méthode de la marge bénéficiaire brute : 15 710 $

c) Déterminez le montant du poste Stock de marchandises du bilan du 28 février 20X4.

P11

50 minutes – moyen

Les calculs nécessaires aux fins d'une demande d'indemnisation

Le 20 août 20X5, un incendie a détruit le magasin de vente au détail Vaisseaux du cœur ltée. Les livres comptables ont heureusement été préservés, car ils se trouvaient au bureau de l'administration, situé dans un immeuble voisin. L'examen des livres vous fournit les renseignements suivants sur les deux rayons que comportait le magasin :

	Rayon A	Rayon B	Total
Stock de marchandises au 1er janvier 20X5	84 000 $	126 000 $	210 000 $
Achats	308 700	390 600	699 300
Transports sur achats	6 300	8 400	14 700
Rendus et rabais sur ventes	5 250	6 090	11 340
Rendus et rabais sur achats	2 100	2 520	4 620
Ventes	420 000	525 000	945 000

La société Vaisseaux du cœur ltée utilise la méthode du coût moyen pondéré. Voici les coûts des ventes et les marges bénéficiaires brutes des trois derniers exercices :

	20X2	*20X3*	*20X4*
Rayon A			
Coût des ventes	*535 500 $*	*630 000 $*	*682 500 $*
Marge bénéficiaire brute	*91 035*	*113 400*	*119 438*
Rayon B			
Coût des ventes	*772 800*	*703 500*	*781 200*
Marge bénéficiaire brute	*193 200*	*189 945*	*203 112*
Total			
Coût des ventes	*1 308 300*	*1 333 500*	*1 463 700*
Marge bénéficiaire brute	*284 235*	*303 345*	*322 550*

TRAVAIL À FAIRE

a) Déterminez le coût du stock de marchandises au 20 août 20X5. Arrondissez vos calculs au dollar près et les ratios à quatre décimales près.

b) Dressez un état partiel des résultats pour la période terminée le 20 août 20X5.

c) Dans la police d'assurance de Vaisseaux du cœur ltée, on mentionne que la compagnie d'assurance s'engage à verser les indemnités en fonction du prix de détail des marchandises. Quel montant la société devrait-elle réclamer ?

Total de la réclamation : 190 961 $

12

CHAPITRE **13**

Les immobilisations corporelles

PLAN DU CHAPITRE

Les caractéristiques des biens utilisés de façon durable 560
Les immobilisations corporelles 564
Synthèse du chapitre 13 611
Activités d'apprentissage 612

OBJECTIFS D'APPRENTISSAGE

Au terme de ce chapitre, vous pourrez :

1 déterminer les caractéristiques des biens utilisés de façon durable ;

2 identifier les éléments clés concernant la gestion des biens utilisés de façon durable ;

3 distinguer les dépenses en capital et les charges d'exploitation ainsi que leur mode de comptabilisation ;

4 distinguer la nature des immobilisations corporelles et des actifs incorporels ;

5 déterminer le coût initial des immobilisations corporelles ;

6 distinguer les éléments de coût engagés après la date d'acquisition qui permettent d'augmenter le potentiel de service d'une immobilisation corporelle et ceux qui le maintiennent ;

7 expliquer les quatre méthodes d'amortissement des immobilisations corporelles les plus courantes ;

8 calculer la charge d'amortissement d'une immobilisation corporelle acquise au cours de l'exercice ;

9 comptabiliser l'effet des révisions d'estimations ;

10 comptabiliser l'obligation liée à la mise hors service d'une immobilisation corporelle et la présenter dans les états financiers ;

11 comptabiliser les dépréciations des immobilisations corporelles et les présenter dans les états financiers ;

12 expliquer la façon de comptabiliser les plans de sortie et les sorties ;

13 comptabiliser les opérations non monétaires ;

14 préparer les extraits des états financiers liés aux immobilisations corporelles.

C e chapitre approfondit la comptabilisation des biens utilisés de façon durable. Parmi les éléments d'actif présentés dans la figure 13.1, l'objet du chapitre est délimité par un petit rectangle aux coins arrondis.

FIGURE 13.1 | **L'AXE PRINCIPAL DU CHAPITRE**

Actif à court terme	
Trésorerie	*XX $*
Clients	*XX*
Fournitures de bureau	*XX*
Stock	*XX*
Total de l'actif à court terme	*XX*
Immobilisations corporelles	**XX**
Actifs incorporels	*XX*
Placements	*XX*
Total de l'actif	*XX $*

Compte :					*Équipement*	N°		*400-28*
Description :					*Bureau*			
N° de série :					*LP230941*			
Durée de vie :					*10 ans*	Valeur de récupération :		*0 $*
Durée de vie utile :					*10 ans*	Valeur résiduelle :		*0 $*
Amortissement annuel :					*100 $*			

| | | | | **Coût** | | | **Amortissement cumulé** | |
Date	**Libellé**	**F°**	**Débit**	**Crédit**	**Solde**	**Débit**	**Crédit**	**Solde**
20X1								
2 janvier	Acquisition	D7	1 000		1 000			
31 décembre	Amortissement	JG9					100	100
20X2								
31 décembre	Amortissement	JG9					100	200

Source : Adapté de *Comptabilité intermédiaire – Analyse théorique et pratique,* 6ᵉ édition, Montréal, Chenelière Éducation, 2013 (*voir la page 8.6*).

Le numéro de la fiche, ici 400-28, est composé du numéro du compte Équipement au grand livre général (400) et du numéro attribué au bureau en question (28). À la fin de chaque exercice, on concilie les soldes figurant dans le grand livre auxiliaire avec ceux des comptes d'actifs et d'amortissement cumulé appropriés. À la suite de la cession d'un bien utilisé de façon durable, on retire la fiche du grand livre auxiliaire qui s'y rapporte.

LA COMPTABILITÉ ET L'INFORMATIQUE

Une entreprise qui possède de nombreux biens utilisés de façon durable peut tirer avantage d'informatiser son grand livre auxiliaire des biens utilisés de façon durable. Ceux-ci, tout comme les marchandises destinées à la vente, peuvent être marqués d'un code ASCII[3].

En résumé, la gestion des biens utilisés de façon durable implique la prise de décisions d'investissement (achats, ventes et locations), la protection des biens (contrôle interne et assurance) et leur entretien.

Les dépenses en capital et les charges d'exploitation

Lorsque l'entreprise achète un bien utilisé de façon durable, elle effectue une **dépense en capital**, c'est-à-dire une dépense qui générera des avantages économiques au cours des exercices suivants. Cette dépense se distingue des **charges d'exploitation**, comme les salaires, les loyers et les frais d'intérêt. Dans ces derniers cas, l'entreprise débourse une certaine somme pour des biens ou des services dont elle bénéficie immédiatement.

Sur le plan comptable, on doit appliquer aux dépenses en capital et aux charges d'exploitation le principe du rattachement des charges aux produits. Puisque l'acquéreur bénéficie immédiatement des avantages liés aux charges d'exploitation, on les impute aux résultats dès qu'elles sont engagées. Par contre, puisque les dépenses en capital procureront des avantages économiques futurs qui s'étendent au-delà de l'exercice en cours, on les porte au débit d'un compte d'actif, c'est-à-dire qu'elles sont capitalisées. Le tableau 13.1 établit une comparaison entre ces deux types d'opérations.

---

3. « ASCII » est l'abréviation de *American Standard Code for Information Interchange*. Il s'agit d'un code normalisé constitué de caractères en langage binaire. Il est reconnu par différents systèmes. C'est là son principal avantage.

TABLEAU 13.1	UNE COMPARAISON ENTRE LES CHARGES D'EXPLOITATION ET LES DÉPENSES EN CAPITAL	
Éléments de comparaison	**Charges d'exploitation**	**Dépenses en capital**
Caractéristiques	Procurent à l'entreprise des avantages économiques pendant l'exercice en cours.	Procurent à l'entreprise des avantages économiques pendant l'exercice en cours et les exercices subséquents.
Fréquence	Élevée. Les entreprises engagent ce genre de dépenses très fréquemment.	Faible. Par exemple, une entreprise achètera un seul bien utilisé de façon durable par année.
Comptabilisation d'une somme payée comptant	Charge　　　　　　XX 　　Banque　　　　　　　　XX	Terrain (ou autre 　　compte approprié)　　XX 　　　　Banque　　　　　　　　XX

Les entreprises achètent souvent des biens utilisés de façon durable dont la valeur unitaire est faible. Pensons notamment aux agrafeuses, aux poubelles, aux clés USB, etc. Même si ces biens procurent des avantages économiques sur plus d'un exercice, le critère de l'**importance relative** permet d'imputer en charges le coût de ces biens. La plupart des entreprises se fixent une limite minimale pour les capitaliser. Par exemple, une entreprise pourrait imputer en charges le coût de toute immobilisation corporelle inférieur à 500 $.

Les effets des erreurs relatives à la comptabilisation des dépenses en capital et des charges d'exploitation

Il arrive que des dépenses en capital soient à tort comptabilisées comme des frais d'exploitation, c'est-à-dire dans un compte de charges plutôt que dans un compte d'actifs. Ces erreurs ont pour effet de surévaluer les charges d'exploitation et, de ce fait, de sous-évaluer le bénéfice. Le bénéfice étant viré aux bénéfices non répartis, le total des capitaux propres est aussi sous-évalué. Si l'on débite par erreur un compte de charges plutôt qu'un compte d'actifs, le solde de ce compte d'actifs sera sous-évalué. Par conséquent, le total de l'actif le sera aussi. Ce type d'erreurs se répercute par ailleurs sur certains ratios de rentabilité. Les investisseurs qui procèdent à une analyse financière d'une entreprise peuvent calculer ainsi le ratio de rendement de l'actif, comme nous l'expliquerons plus en détail au chapitre 23 :

$$\frac{Bénéfice\ net}{Total\ de\ l'actif\ moyen}$$

Tenons pour acquis que, avant l'erreur de comptabilisation, le numérateur du ratio précédent s'élève à 100 000 $ et le dénominateur, à 800 000 $, ce qui donne un ratio de 12,5 % (100 000 $ ÷ 800 000 $). Cela signifie que l'entreprise génère un rendement de 12,5 % sur ses actifs. Si l'achat d'une immobilisation, par exemple un terrain coûtant 30 000 $, est par erreur comptabilisé en charges, le bénéfice diminue d'autant, ce qui conduit à un ratio de 8,75 % (70 000 $ ÷ 800 000 $). Si l'achat avait été correctement comptabilisé à l'actif, c'est le total de l'actif qui aurait augmenté de 30 000 $, conduisant à un ratio de 12,05 % (100 000 $ ÷ 830 000 $). Ce simple exemple montre bien que l'effet de telles erreurs peut être très important.

À l'inverse, lorsqu'on comptabilise des frais d'exploitation comme des dépenses en capital, on débite un compte d'actifs plutôt qu'un compte de charges. Ces erreurs ont pour effet de sous-évaluer les charges d'exploitation et, de ce fait, de surévaluer le bénéfice et le ratio de rendement de l'actif. Le bénéfice étant viré aux bénéfices non répartis, le total des capitaux propres est aussi surévalué. Si l'on débite par erreur un compte

13

d'actifs, le solde de ce compte d'actifs sera surévalué. Par conséquent, le total de l'actif sera aussi surévalué.

Tenons pour acquis que le coût d'un mobilier s'élève à 1 000 $. Les effets des deux types d'erreurs expliqués précédemment sont illustrés dans la figure 13.3, exclusion faite de la charge d'amortissement.

FIGURE 13.3 | **LES EFFETS DES ERREURS RELATIVES À LA COMPTABILISATION DES DÉPENSES EN CAPITAL ET DES CHARGES D'EXPLOITATION**

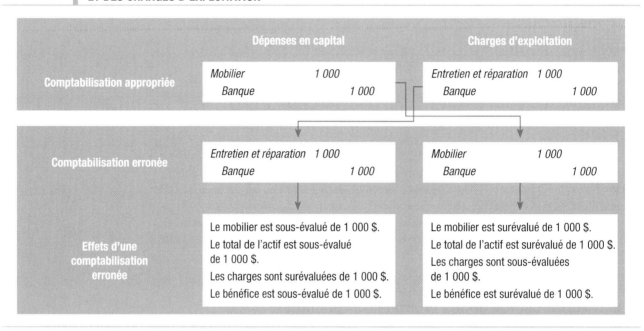

 Il existe des **immobilisations corporelles** et des **actifs incorporels**. Comme l'illustre la figure 13.2 (*voir la page 561*), les immobilisations corporelles groupent toutes les immobilisations dont l'existence est à la fois tangible et physique. Tels sont, par exemple, les terrains, les immeubles, le matériel, etc. Les actifs incorporels n'ont pas de substance physique. Ils consistent plutôt en certains droits que détient une entreprise. Ces droits lui permettent d'utiliser une marque de commerce, de fabriquer en exclusivité certains biens, etc. Parmi les actifs incorporels, on relève aussi les noms commerciaux comme Mars ou Apple, les franchises comme McDonald's ou Subway, les brevets, etc.

 AVEZ-VOUS LE SENS DE L'OBSERVATION ?

Cette brève description des immobilisations corporelles et des actifs incorporels fait ressortir le fait que les avantages économiques futurs que procurent les actifs incorporels s'avèrent beaucoup plus difficiles à identifier. Nous expliquerons au chapitre 14 comment cette particularité se reflète dans la comptabilisation.

LES IMMOBILISATIONS CORPORELLES

 Dans la présente section, nous expliquerons en détail tout ce qui entoure l'évaluation, la comptabilisation et la présentation des immobilisations corporelles, de la date d'obtention des immobilisations jusqu'à celle de leur sortie.

La détermination du coût initial des immobilisations corporelles

Voyons maintenant la règle générale servant à déterminer le coût initial et la façon dont cette règle s'applique à diverses immobilisations corporelles.

La règle générale

Le coût initial d'une immobilisation corporelle correspond au montant que verse l'acquéreur ou celui qu'il s'est engagé à verser. Il comprend toutes les sommes engagées pour **amener l'immobilisation à l'endroit et dans l'état où elle doit se trouver pour être utilisée.** Examinons comment cette règle s'applique à différentes immobilisations.

Les terrains

Le coût initial d'un **terrain** comprend d'abord le montant de base qui figure sur le contrat d'achat, la rétribution payée au courtier immobilier et les frais juridiques engagés pour conclure l'opération. Le coût initial peut aussi comprendre les frais payés à l'arpenteur ou à l'évaluateur, ainsi que les frais d'assainissement et d'aménagement du terrain. Prenons l'exemple de la société Leblanc ltée. Le 10 juin 20X1, Leblanc ltée achète un terrain de Mme Latortue. Le montant de base est de 22 000 $. Leblanc ltée a assumé les honoraires professionnels du notaire, qui se sont élevés à 465 $. Les taxes municipales relatives au terrain sont de 718 $ pour l'année civile 20X1, et les taxes scolaires sont de 155 $ pour la période du 1er juillet 20X0 au 30 juin 20X1. Mme Latortue a payé toutes les taxes. Leblanc ltée calculera ainsi le coût initial du terrain :

Coût initial du terrain

Montant de base	22 000,00 $
Honoraires professionnels	465,00
Coût initial du terrain	22 465,00 $

AVEZ-VOUS LE SENS DE L'OBSERVATION ?

Dans cet exemple, comme dans tous ceux qui suivent, nous ne tenons pas compte des taxes recouvrables, soit la TPS et la TVQ, car nous voulons mettre l'accent sur les notions propres aux immobilisations corporelles. Le lecteur sait déjà que la TPS et la TVQ payées à l'achat sont respectivement débitées aux comptes CTI à recouvrer et RTI à recouvrer.

Les taxes municipales et scolaires sont exclues de la valeur comptable du terrain, car elles se rattachent à la période d'utilisation future, soit du 10 juin au 31 décembre 20X1 pour les taxes municipales et du 10 au 30 juin 20X1 pour les taxes scolaires. Le comptable de Leblanc ltée passera donc l'écriture présentée ci-dessous, sachant que l'entreprise a remis à Mme Latortue le montant des taxes qu'elle doit payer.

Comptabilisation du terrain acheté par Leblanc ltée

Terrain	22 465,00	
Taxes payées d'avance ❶	409,78	
Banque		22 874,78
Acquisition d'un terrain.		

Calcul :

❶ Taxes municipales (204 ÷ 365 jours × 718,00 $)	401,29 $
Taxes scolaires (20 ÷ 365 jours × 155,00 $)	8,49
Total des taxes payées d'avance	409,78 $

13

La portion des taxes municipales qu'assume Leblanc ltée couvre la période du 10 juin au 31 décembre, soit un total de 204 jours. De même, la portion des taxes scolaires qu'assume l'entreprise couvre la période du 10 au 30 juin, soit un total de 20 jours.

Plusieurs municipalités imposent aussi une taxe sur les droits de mutation, communément appelée « taxe de bienvenue[4] », à tout nouveau propriétaire. Puisque celui-ci doit payer cette taxe non recouvrable afin de pouvoir utiliser son terrain pendant l'exercice en cours et les exercices subséquents, il doit l'inclure dans le coût initial.

Parfois, une entreprise achète un terrain sur lequel se trouve un vieil immeuble. Elle n'a pas l'intention d'utiliser l'immeuble, mais elle achète quand même le terrain en raison de son emplacement stratégique, de son faible coût ou pour toute autre raison. Puisque l'entreprise consent à l'avance à démolir cet immeuble pour pouvoir utiliser le terrain aux fins prévues, on capitalisera aussi le coût de démolition de l'immeuble au compte Terrain. Il importe de réaliser qu'il s'agit d'une démolition préalable à l'utilisation du terrain et que cette démolition ne concerne pas un immeuble que l'entreprise a préalablement utilisé. Nous verrons dans la sous-section intitulée « Les sorties d'immobilisations corporelles » comment de tels frais seraient alors traités.

Une entreprise peut aussi acheter un terrain en sachant très bien qu'elle devra engager des coûts supplémentaires afin de pouvoir l'utiliser. Il en est ainsi des frais de défrichage, de nivellement et de remplissage. Comme l'entreprise doit engager tous ces coûts pour mettre le terrain dans **l'état où celui-ci doit se trouver pour être utilisé,** elle les capitalise au compte Terrain dans la mesure où ces coûts entraîneront des avantages économiques futurs permanents. De même, l'acquisition d'un terrain s'accompagne souvent de **travaux connexes** comme la construction d'un aqueduc et d'égouts, l'ouverture, la construction et le pavage de rues sur un grand domaine, etc. En général, l'entreprise capitalise ces frais, puisqu'ils généreront des avantages économiques futurs. Cependant, elle ne les capitalise pas au compte Terrain parce que, contrairement au terrain, les travaux ont une durée de vie limitée. L'entreprise devra donc en amortir le coût selon l'une des méthodes que nous expliquerons plus loin. Cette tâche sera réalisable à la condition de capitaliser le coût des travaux connexes dans un compte distinct, soit le compte Travaux d'aménagement.

Les immeubles

Comme pour les terrains, le coût initial des **immeubles** comprend tous les frais à engager pour amener l'immobilisation à l'endroit et dans l'état où elle doit se trouver pour être utilisée. Au coût de base viendront s'ajouter, s'il y a lieu, les frais de courtage, les frais juridiques engagés pour conclure l'opération, la taxe sur les droits de mutation, etc.

Parfois, les entreprises construisent pour elles-mêmes des immobilisations corporelles qu'elles utiliseront plus tard. La détermination du coût initial est alors un peu plus difficile, puisque celui-ci n'est pas fixé à la suite d'une entente unique survenue avec un vendeur. Pour construire un immeuble ou fabriquer un bien, l'entreprise achète des matières premières auprès de divers fournisseurs, paye des salaires à ses employés travaillant à la construction et engage des frais généraux de fabrication, des frais d'administration et des frais de financement. La difficulté consiste donc à répartir tous ces frais entre, d'une part, les biens que fabrique l'entreprise et qui sont destinés à la vente et, d'autre part, les biens que construit l'entreprise et qui sont destinés à sa propre utilisation.

Le CNC suggère d'imputer au coût d'une telle immobilisation tous les **frais directs** de construction, de développement ou de mise en valeur (honoraires de l'architecte,

---

4. La taxe sur les droits de mutation doit son surnom à celui qui l'a instaurée, le juge Jean Bienvenue.

permis de construction, coût d'excavation, etc.) ainsi que les frais généraux qui se rattachent à la construction des biens destinés à être utilisés par l'entreprise[5]. L'amortissement des outils utilisés exclusivement pour la construction constitue un exemple de tels frais généraux. On peut aussi capitaliser au coût de l'immeuble les frais financiers engagés pour financer la construction. Cependant, on ne doit pas capitaliser les frais que l'on ne peut pas directement rattacher à l'immobilisation corporelle, tels que les salaires des dirigeants qui ont collaboré à la gestion régulière de l'entreprise. Il en est de même des économies escomptées de la construction. Par exemple, l'entreprise débourse la somme de 500 000 $ pour construire un immeuble qu'elle aurait sans doute payé 600 000 $ si elle l'avait acheté d'un entrepreneur en construction. Dans ce cas, elle ne peut capitaliser l'économie de 100 000 $, étant dans l'impossibilité de la déterminer avec assez de fiabilité. De plus, ce sont les coûts des opérations réelles (coûts de construction de 500 000 $) qui se reflètent dans les états financiers et non ceux d'opérations hypothétiques (600 000 $, dans l'hypothèse d'un achat conclu avec un tiers).

IFRS

Selon les normes comptables pour les entreprises à capital fermé (NCECF), les frais financiers engagés pour financer la construction peuvent soit être comptabilisés dans le coût de l'immobilisation corporelle, soit être imputés en charges durant les exercices en cours. Selon les IFRS, ces frais sont obligatoirement comptabilisés dans le coût de l'immobilisation corporelle construite. De plus, l'International Accounting Standard Board (IASB) énonce des règles précises permettant de déterminer le montant à capitaliser, ce que le CNC n'a pas précisé.

Prenons l'exemple de Constructions Gauthier inc., dont l'activité principale est la construction de résidences familiales. Le 15 août 20X4, l'entreprise a amorcé la construction d'un immeuble pour son Service d'administration. La construction s'est terminée le 2 octobre et a nécessité les frais suivants :

Coûts de construction 13

Plan et devis (y compris le permis de construction)	5 700 $
Matériaux de construction	55 000
Main-d'œuvre	67 000
Salaire du président de l'entreprise	5 000
Intérêts payés sur l'emprunt bancaire relatif à la construction de l'immeuble	1 600
Total	134 300 $

Constructions Gauthier inc. passera l'écriture suivante, sachant que tous les frais ont été payés comptant :

Comptabilisation d'un immeuble construit pour son propre usage

Salaire – Administration	5 000	
Immeubles	129 300	
Banque		134 300
Construction d'un immeuble.		

5. *Manuel de CPA Canada – Comptabilité – Partie II – Normes comptables pour les entreprises à capital fermé*, Toronto, CPA Canada, paragr. 3061.08.

Calcul:

Plan et devis (y compris le permis de construction)	5 700 $
Matériaux de construction	55 000
Main-d'œuvre	67 000
Intérêts payés sur l'emprunt bancaire relatif	
à la construction de l'immeuble	1 600
Total des frais capitalisables	129 300 $

Le matériel

Le **matériel** comprend toutes les machines, l'outillage, tous les appareils et les équipements qu'utilise une entreprise dans le cadre de son exploitation. Lorsque l'acheteur peut utiliser le matériel dès son acquisition, il inclut dans le coût initial le coût de la facture, y compris toutes les taxes non recouvrables, et les frais de transport qu'il assume pour amener le matériel à l'endroit où il l'utilisera. Lorsque le matériel nécessite des travaux de montage, d'installation, etc., l'acheteur ajoute au coût du matériel les frais engagés pour accomplir ces travaux. De même, il inclut dans le coût tous les frais qu'il engage pour vérifier le bon fonctionnement du matériel, pour autant que ces frais se rattachent directement au matériel acquis. Il en est ainsi des coûts des matières premières et de la main-d'œuvre liés aux premiers essais de fabrication.

Les immobilisations corporelles acquises à un montant forfaitaire

Un acquéreur peut acheter plusieurs immobilisations corporelles à un montant **forfaitaire.** L'achat d'un terrain et d'un immeuble en constitue l'exemple le plus fréquent. Au moment de l'achat en bloc, l'entente avec le vendeur ne précise pas toujours le coût respectif de chaque immobilisation corporelle acquise. Le comptable doit alors répartir le coût global en fonction de la **juste valeur de chaque immobilisation corporelle acquise.** Cette répartition s'avère nécessaire dans les livres comptables, puisque les immobilisations corporelles acquises sont de nature différente et que leur durée de vie diffère, ce qui entraînera une période d'amortissement distincte.

Pour obtenir la juste valeur de chaque immobilisation corporelle, l'acheteur peut consulter un expert. Il devra alors payer les coûts des honoraires professionnels supplémentaires. Lorsque les immobilisations corporelles se résument à des terrains et à des immeubles, l'acheteur peut s'inspirer d'une évaluation municipale récente pour déterminer la juste valeur de chaque immobilisation. Il applique alors au montant payé le pourcentage utilisé pour répartir l'évaluation municipale entre le terrain et l'immeuble.

Prenons l'exemple de la société Gourmande inc. pour illustrer la répartition du coût global entre un terrain et un immeuble :

Données relatives à la répartition d'un coût global

Date de l'opération		1er février 20X1
Montant de base convenu avec le vendeur		120 000 $
Coûts supplémentaires engagés		
Taxe sur les droits de mutation	2 100 $	
Honoraires du notaire	850	2 950
Total des coûts		122 950 $
Évaluation municipale		
Terrain		12 000 $
Immeuble		88 000
Total de l'évaluation		100 000 $

Le coût global se répartit entre le terrain et l'immeuble de la façon suivante :

Répartition du coût global

Terrain [(12 000 $ ÷ 100 000 $) × 122 950 $]	*14 754 $*
Immeuble [(88 000 $ ÷ 100 000 $) × 122 950 $]	*108 196*
Total	*122 950 $*

Il ne reste plus qu'à inscrire cette opération dans les livres de Gourmande inc. :

Comptabilisation d'une acquisition à un montant forfaitaire

Terrain	*14 754*	
Immeuble	*108 196*	
Banque		*122 950*
Acquisition d'un terrain et d'un immeuble.		

Le coût d'une immobilisation corporelle comprenant plusieurs composantes importantes

Une entreprise achète parfois une seule immobilisation corporelle, elle-même composée de plusieurs composantes importantes. Pensons, par exemple, à un équipement sophistiqué d'imprimerie composé de deux ensembles de pièces : les premières, de nature électronique, servant à gérer l'assemblage des feuilles et à numériser les documents, les secondes, de nature mécanique, tels les bacs à papier et les tambours. Si le coût de chaque type de pièces est important et que leur durée de vie diffère de façon significative, le CNC recommande de ventiler le coût total de l'équipement d'imprimerie, pour autant que le coût et la durée de vie des deux types de pièces puissent être estimés. Cette ventilation pourrait se faire de la même façon que la répartition du coût global d'immobilisations corporelles acquises à un montant forfaitaire expliquée dans la sous-section précédente.

Le comptable doit faire preuve de jugement professionnel dans l'application de cette règle et tenir compte du fait que l'un des objectifs visés par la comptabilisation distincte des composantes d'une immobilisation corporelle est de pouvoir calculer une charge d'amortissement exacte dans les exercices subséquents. Par exemple, le coût du système de freinage et des pneus d'une auto n'est habituellement pas comptabilisé distinctement, car les deux composantes ont des durées de vie semblables. Par contre, le coût du moteur d'une grue pourrait être isolé des autres composantes si l'acheteur d'une telle immobilisation prévoit remplacer le moteur trois fois pendant la durée de vie de la grue.

Le coût d'une immobilisation louée

Au fil des ans, la location d'immobilisation est devenue un mode de financement très répandu qui est utilisé non seulement par les consommateurs, par exemple pour financer une auto, mais aussi par les entreprises. Du point de vue comptable, l'enjeu est de déterminer si le bien loué doit figurer à titre d'immobilisation dans les livres de l'entreprise même si cette dernière ne détient pas le titre de propriété légale du bien. À cette fin, on doit analyser la substance du contrat afin de déterminer si c'est l'entreprise qui bénéficiera de la quasi-totalité des risques et des avantages attendus de l'immobilisation, conformément au principe de la prééminence de la substance sur la forme.

Par exemple, si une entreprise loue une auto pour un ou quelques jours, il est évident qu'elle ne bénéficiera pas de la quasi-totalité des risques et des avantages liés à l'auto. Dans un tel scénario, la dépense de location sera simplement comptabilisée en charges.

À l'opposé, si l'entreprise a négocié une location de 15 ans d'un équipement dont la durée de vie prévue est de 17 ans, on peut avancer que c'est elle qui bénéficiera de la quasi-totalité des risques et des avantages liés à l'équipement. On désigne alors le contrat de location comme étant une **location-acquisition**. En vertu du principe de la prééminence de la substance sur la forme, on conclut que l'entreprise joue alors le rôle du véritable propriétaire. En effet, c'est elle qui s'occupera de l'entretien de l'équipement, qui veillera à contracter une couverture d'assurance incendie suffisante, qui devra protéger l'équipement contre le vol, etc. Du point de vue comptable, on présente donc cet équipement à titre d'immobilisation corporelle. Se pose alors une seconde question : à quelle valeur comptabiliser cet actif, sachant que l'entreprise n'a probablement déboursé aucun montant au moment de la signature du contrat de location ? Le CNC précise que le montant à débiter au compte d'immobilisation en cause correspond à la valeur actualisée des paiements que l'entreprise s'est engagée à faire en vertu du contrat de location-acquisition[6]. Le même montant est crédité dans un compte de passif intitulé Obligation liée au contrat de location-acquisition. Au cours des mois suivants, les paiements de loyer sont comptabilisés comme étant un remboursement partiel de l'obligation liée au contrat de location-acquisition et au paiement des intérêts afférents. Les charges des exercices suivant la signature du contrat de location sont constituées de l'amortissement de l'immobilisation en cause.

Examinons l'exemple de la société Loutou ltée, qui a signé un contrat de location de 7 ans d'une camionnette dont la durée de vie prévue est de 8 ans. Les loyers mensuels s'élèveront à 565,36 $, et la valeur des paiements futurs, actualisés au taux de 5 %, est de 40 000,00 $. Puisque la société utilisera la camionnette pendant pratiquement toute la durée de vie de celle-ci (88 % de la durée, soit 7 ans ÷ 8 ans), on considère qu'elle en est, en substance, propriétaire. Afin de refléter ces faits dans les états financiers, voici les écritures de journal inscrites dans les livres :

Comptabilisation de la signature d'un contrat de location-acquisition

Matériel roulant loué en vertu d'un contrat de location-acquisition	*40 000,00*	
Obligation liée à un contrat de location-acquisition		*40 000,00*

Signature d'un contrat de location d'une camionnette, couvrant une période de 7 ans, dont les loyers mensuels s'élèveront à 565,36 $, compte tenu d'un taux d'actualisation de 5 %.

À la fin du premier mois

Intérêts débiteurs ❶	*166,67*	
Obligation liée à un contrat de location-acquisition ❷	*398,69*	
Banque		*565,36*

Paiement du premier loyer mensuel.
Calculs :
❶ *(40 000,00 $ × 5 % ÷ 12 mois)*
❷ *(565,36 $ – 166,67 $)*

Les éléments de coût engagés après la date d'acquisition

La principale question entourant la comptabilisation des coûts engagés après la date d'acquisition est de savoir s'ils doivent être comptabilisés en charges ou à l'actif.

La règle générale

Lorsqu'une entreprise engage des coûts après la date d'acquisition, elle doit déterminer si ces coûts s'apparentent à des dépenses en capital ou à des charges d'exploitation.

---

6. Le chapitre 3065 du *Manuel de CPA Canada,* qui dépasse l'objet du présent ouvrage, contient plusieurs directives permettant de juger si un contrat de location transfère au locataire la quasi-totalité des risques et des avantages inhérents au bien loué. Il contient aussi des directives détaillées pour le calcul de la valeur actualisée des paiements que l'entreprise s'est engagée à faire.

Pour ce faire, elle doit d'abord établir la raison à l'origine de ces coûts. Servent-ils à maintenir le potentiel de service d'une immobilisation ou à l'accroître ? Si l'entreprise a engagé ces coûts uniquement pour **maintenir** le potentiel de service, elle les impute immédiatement aux résultats de l'exercice. À l'inverse, si elle a engagé des coûts afin d'**augmente**r le potentiel de service, elle les capitalise à l'actif, puisque ceux-ci lui procureront des avantages économiques futurs qu'elle n'avait pas prévus lors de l'acquisition initiale.

Selon cette règle, le potentiel de service est accru lorsque la capacité de production physique ou de service estimée antérieurement est augmentée, que les frais d'exploitation y afférents sont réduits, que la durée de vie ou la durée de vie utile [7] est prolongée ou que la qualité des extrants est améliorée [8]. Comme la détermination des coûts engagés au moment de l'acquisition, la détermination des coûts à capitaliser après l'acquisition doit faire l'objet de l'exercice de jugement professionnel et tenir compte de l'importance relative des montants en cause.

Supposons qu'une entreprise désire faire des réparations majeures à son siège social. Elle a convenu d'ajouter un étage à l'immeuble existant et de remplacer tout le système de ventilation. Simultanément, elle fera repeindre les étages inférieurs, étape initialement prévue dans six mois. L'entreprise capitalisera alors les coûts de construction de l'étage supplémentaire dans le compte Immeuble, puisque cette construction aura pour effet d'augmenter la capacité du siège social. De même, elle capitalisera les coûts du nouveau système de ventilation, car celui-ci améliorera les « services » relatifs à l'immeuble. Cependant, elle imputera les frais de peinture à un compte de charges, car de tels frais font partie de l'entretien normal si l'entreprise veut maintenir le potentiel de service de l'immeuble. Soulignons enfin que le coût de l'ancien système de ventilation doit être décomptabilisé, comme nous l'expliquerons dans une section subséquente.

AVEZ-VOUS LE SENS DE L'OBSERVATION ?

Dans les exercices suivant l'obtention d'une immobilisation corporelle, il est interdit, selon les NCECF, de comptabiliser les augmentations de la juste valeur des immobilisations. C'est ce qu'on appelle « modèle du coût ». Cette règle souffre toutefois une exception. Lorsque les entreprises ont adopté pour la première fois les NCECF, soit pour les exercices financiers ouverts après le 21 décembre 2010, elles avaient le choix de réévaluer à la juste valeur une ou plusieurs de leurs immobilisations. Le lecteur désireux d'approfondir cette exception consultera les paragraphes 12 et 13 du chapitre 1500 du *Manuel de CPA Canada*.

Les améliorations locatives

Tel qu'indiqué précédemment, les entreprises optent parfois pour la location à court terme de certaines immobilisations corporelles : immeubles (espace dans un centre commercial), équipements (échafaudages, instruments de forage de puits ou ordinateurs) et matériel roulant (voiture ou camion). Une entreprise peut aussi apporter des modifications à un immeuble loué, par exemple en y installant des cloisons mobiles ou un système électrique plus puissant de façon à mieux répondre à ses besoins. Pour que les locataires considèrent de telles modifications comme des **améliorations locatives**, dont ils capitalisent les coûts, les modifications doivent posséder au moins les trois caractéristiques suivantes : 1) elles doivent être apportées à des immobilisations corporelles détenues en vertu de contrats de location autres que des contrats de

---

7. Nous expliquons un peu plus loin la distinction entre « durée de vie » et « durée de vie utile ».
8. *Manuel de CPA Canada – Comptabilité – Partie II – Normes comptables pour les entreprises à capital fermé*, Toronto, CPA Canada, paragr. 3061.14.

location-acquisition. En présence de contrats de location-acquisition, le coût des modifications pourrait simplement être ajouté à la valeur comptable de l'immobilisation louée en vertu d'un contrat de location-acquisition ; 2) le locataire doit lui-même payer le coût de ces améliorations. Si le coût des améliorations revient au bailleur, c'est ce dernier qui les comptabilisera dans ses livres comptables ; et 3) les améliorations locatives dont il est ici question doivent être de nature durable, c'est-à-dire procurer des avantages économiques au locataire sur plusieurs exercices.

Puisque les améliorations locatives sont essentiellement de même nature que les immobilisations corporelles dont il a été question plus tôt, l'entreprise détermine leur coût selon les règles énoncées précédemment. Elle passe donc l'écriture suivante pour comptabiliser des améliorations locatives payées 1 200 $ comptant :

Comptabilisation des améliorations locatives

Améliorations locatives	*1 200*	
Banque		*1 200*
Améliorations apportées à une immobilisation louée.		

IFRS

Contrairement aux NCECF, qui obligent les entreprises à évaluer leurs immobilisations corporelles selon le modèle du coût, une entreprise qui applique les IFRS peut choisir d'évaluer ses immobilisations corporelles selon le modèle du coût ou selon celui de la réévaluation. Elle doit appliquer le modèle retenu à toutes ses immobilisations corporelles d'une même catégorie, tels les terrains, les immeubles et le matériel informatique.

Le modèle de la réévaluation exige que l'entreprise réévalue régulièrement la juste valeur de ses immobilisations corporelles. La fréquence des réévaluations doit être suffisante pour que la valeur comptable ne s'écarte jamais trop de la juste valeur. On comptabilise les augmentations de valeur dans un compte de capitaux propres, soit le compte Écart de réévaluation de l'immobilisation corporelle en cause, sauf si l'entreprise a comptabilisé des pertes de valeur dans les résultats des exercices précédents. On comptabilise les diminutions de valeur dans les résultats de l'exercice en cours, sauf s'il existe un solde créditeur dans le compte Écart de réévaluation de l'immobilisation corporelle en cause.

L'amortissement des immobilisations corporelles

Bien que les immobilisations corporelles soient utilisées de façon durable, entre autres pour la production, la prestation de services et l'administration, elles n'ont pas une durée de vie illimitée, exception faite des terrains. Pour bien refléter l'amoindrissement du potentiel de service des immobilisations corporelles, l'entreprise doit répartir le coût des immobilisations d'une manière logique et systématique sur les exercices au cours desquels elle les utilise. On considère que l'amortissement est calculé d'une manière logique et systématique lorsque la charge d'amortissement ne dépend pas du montant des bénéfices réalisés et qu'elle est déterminée d'une manière objective, c'est-à-dire en utilisant l'une des méthodes d'amortissement présentées ci-après. L'amortissement est aussi requis en vertu du **principe de l'indépendance des exercices**, lequel exige d'imputer à chaque exercice tous les faits, événements ou opérations qui s'y rattachent.

L'**amortissement** correspond à la charge imputée aux résultats pour répartir le montant amortissable afférent aux immobilisations corporelles sur les exercices au cours desquels le potentiel de service de l'immobilisation est consommé. Deux précisions s'imposent. Premièrement, l'amortissement ne représente pas la perte réelle de valeur des immobilisations corporelles au fil des ans, mais simplement la **répartition du coût d'origine** sur les périodes d'utilisation. Si l'entreprise voulait déterminer avec précision la perte de valeur, elle devrait réévaluer l'immobilisation à chaque fin d'exercice. En calculant l'amortissement, son objectif est plutôt de déterminer le total des charges qu'elle assume en comparaison des produits qu'elle gagne, dans l'optique de déterminer la rentabilité de ses activités d'exploitation. Deuxièmement, l'amortissement ne représente pas un montant d'argent mis de côté en vue de remplacer les immobilisations. La gestion de la trésorerie est indépendante du calcul de l'amortissement comptable, lequel vise uniquement à refléter l'amoindrissement du potentiel de service d'une immobilisation corporelle.

Une charge d'amortissement de 500 $ afférente au matériel de bureau se comptabilise de la façon suivante :

Amortissement – Matériel de bureau	*500*	
Amortissement cumulé – Matériel de bureau		*500*
Charge de l'exercice.		

Comptabilisation de la charge d'amortissement

Notez que le compte Amortissement – Matériel de bureau est un compte de charges, alors que le compte Amortissement cumulé – Matériel de bureau est un compte de contrepartie du compte Matériel de bureau, lui-même présenté dans l'actif du bilan. Notons aussi que, à une date donnée, la **valeur comptable** d'une immobilisation corporelle correspond au coût initial, diminué du solde de l'amortissement cumulé, comme le montre l'exemple de la société Modèle ltée. Cette société possède des équipements qu'elle a payés 493 000 $. Depuis leur acquisition, Modèle ltée a imputé des charges d'amortissement de 150 000 $. Voici un extrait de son bilan au 31 décembre 20X3 :

MODÈLE LTÉE		
Extrait du bilan		
au 31 décembre 20X3		
Immobilisations corporelles		
Équipements	*493 000 $*	
Amortissement cumulé – Équipements	*(150 000)*	
Valeur comptable	*343 000 $*	

Avant de déterminer le montant de la charge annuelle d'amortissement, l'entreprise doit examiner les éléments suivants, qui influent sur ce calcul : la durée de vie, la durée de vie utile et l'assiette effective de l'amortissement.

L'estimation de la durée de vie et de la durée de vie utile

Deux types de facteurs contribuent à limiter la durée des immobilisations corporelles : les **facteurs d'ordre technique** et d'ordre économique. Les facteurs d'ordre technique groupent tous les phénomènes matériels pouvant limiter la **durée de vie** de l'immobilisation, c'est-à-dire la durée au cours de laquelle l'immobilisation est utilisable. L'usure découlant de l'utilisation de l'immobilisation et les événements fortuits tels que les incendies, les inondations et les tremblements de terre constituent les exemples les plus courants.

Les **facteurs d'ordre économique**, tels que l'obsolescence et l'insuffisance, ne sont pas nécessairement liés à l'utilisation de l'immobilisation corporelle ; ils se rattachent plutôt au contexte dans lequel l'entreprise utilise une immobilisation. Il y a **obsolescence** d'une immobilisation lorsqu'on peut remplacer celle-ci par une autre de meilleure qualité. Ainsi, les propriétaires d'érablières n'utilisent plus des seaux pour recueillir l'eau d'érable, mais plutôt des réseaux de tubulures sous vide. Même si les seaux sont encore en bon état,

13

les exploitants ne s'en servent plus, puisqu'ils ont trouvé des moyens plus rapides, plus économiques et plus hygiéniques de transporter l'eau d'érable jusqu'au lieu de sa transformation. Il y a **insuffisance** d'une immobilisation lorsque celle-ci n'est plus adaptée aux besoins grandissants de l'entreprise. Par exemple, 10 ans après sa construction, une usine peut devenir insuffisante si le niveau d'activité de l'entreprise X à cette date nécessite une plus grande capacité de fonctionnement. Notez que cette usine pourrait s'avérer très utile à une entreprise plus petite, par exemple l'entreprise Y, car sa durée de vie n'est pas terminée. Cependant, du point de vue de l'entreprise X, la **durée de vie utile**, c'est-à-dire la durée au cours de laquelle l'entreprise a l'intention d'utiliser l'usine, est terminée. La figure 13.4 illustre le parallèle entre les deux durées de vie dont il est question.

FIGURE 13.4 | **UN PARALLÈLE ENTRE LA DURÉE DE VIE ET LA DURÉE DE VIE UTILE**

Durée de vie	Durée de vie utile
• La durée de vie est intrinsèque à l'immobilisation. • Des facteurs d'ordre technique la limitent.	• La durée de vie utile est fonction du contexte dans lequel l'entreprise utilise l'immobilisation. • Des facteurs d'ordre technique et économique la limitent.

AVEZ-VOUS LE SENS DE L'OBSERVATION ?

La durée de vie utile sera nécessairement plus courte que la durée de vie ou égale à celle-ci. Si l'entreprise À la fine pointe ltée vend une immobilisation d'occasion à Pinblan inc., c'est que la durée de vie utile de l'immobilisation, du point de vue d'À la fine pointe ltée, est terminée, mais que cette immobilisation a encore une durée de vie utile du point de vue de Pinblan inc.

L'estimation de l'assiette effective de l'amortissement

Une entreprise peut revendre toute immobilisation corporelle utilisée pendant quelques années et obtenir ainsi une valeur de revente, soit la **valeur nette de réalisation**. Par exemple, une immobilisation achetée 70 000 $ peut être revendue 10 000 $ 5 ans plus tard. Le coût net pour l'entreprise ne sera alors que de 60 000 $. C'est uniquement ce coût net, appelé **assiette de l'amortissement**, qu'elle doit répartir sur les exercices au cours desquels elle utilise l'immobilisation.

La vente d'une immobilisation corporelle peut être prévue à deux moments. Si elle l'est au terme de la durée de vie, la valeur nette de réalisation, limitée à la valeur des éléments recyclables, s'appelle **valeur de récupération**. Puisque l'immobilisation n'est plus utilisable par qui que ce soit, la valeur de récupération est, en général, proche de zéro. Par contre, si la vente est prévue au terme de la durée de vie utile, la valeur nette de réalisation obtenue s'appelle **valeur résiduelle**. On peut dès lors calculer deux assiettes d'amortissement, comme l'illustre la figure 13.5.

Ces deux calculs de l'assiette de l'amortissement s'avèrent essentiels, car le montant d'amortissement qu'une entreprise doit passer en charges est le plus élevé des montants suivants :

- Le coût, moins la valeur de récupération, réparti sur la durée de vie de l'immobilisation ;
- Le coût, moins la valeur résiduelle, réparti sur la durée de vie utile de l'immobilisation[9].

---

9. *Manuel de CPA Canada – Comptabilité – Partie II – Normes comptables pour les entreprises à capital fermé*, Toronto, CPA Canada, paragr. 3061.16.

FIGURE 13.5 | **LE CALCUL DE DEUX ASSIETTES DE L'AMORTISSEMENT**

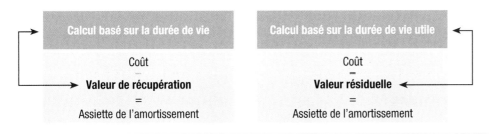

IFRS

Selon les IFRS, il n'est pas nécessaire de procéder à ces deux calculs, car l'amortissement est toujours calculé d'après la durée de vie utile, appelée « durée d'utilité ».

Peu importe la valeur retenue, l'amortissement doit cesser dès que la valeur comptable correspond à la valeur de récupération ou à la valeur résiduelle, selon la base de calcul retenue. De même, lorsque l'entreprise cesse définitivement d'utiliser une immobilisation corporelle, elle doit cesser de l'amortir.

Nous analysons maintenant les quatre méthodes d'amortissement généralement reconnues. Il s'agit de la méthode de l'amortissement linéaire, de la méthode de l'amortissement dégressif à taux constant, de la méthode de l'amortissement proportionnel à l'ordre numérique inversé des périodes et de la méthode de l'amortissement fonctionnel. Il existe d'autres méthodes d'amortissement, qui donnent par exemple une charge croissante d'amortissement. Elles ne sont pas approfondies ici, car elles sont rarement utilisées en pratique.

La méthode de l'amortissement linéaire

La **méthode de l'amortissement linéaire** est la plus simple et la plus utilisée. Elle a pour effet d'imputer à chaque exercice une charge qui reste constante. Pour illustrer l'application de cette méthode, prenons l'exemple de la société Igloo ltée. Le 1er janvier 20X1, Igloo ltée a acquis une machine au coût de 50 000 $. L'entreprise estime que la durée de vie de cette machine est de cinq ans, mais elle prévoit que les progrès technologiques la rendront désuète dans trois ans. La société estime aussi que la valeur de récupération et la valeur résiduelle s'élèveront respectivement à 1 $[10] et à 10 000 $. Pour déterminer le montant effectif de l'amortissement, Igloo ltée doit d'abord effectuer les deux calculs présentés dans la figure 13.6 (*voir la page suivante*).

Igloo ltée imputera ainsi la charge d'amortissement de 13 333 $ à ses résultats de chaque année pendant 3 ans :

Amortissement – Équipements	*13 333*	
Amortissement cumulé – Équipements		*13 333*
Charge de l'exercice.		

Comptabilisation de la charge d'amortissement

10. Bien que la valeur de récupération soit en général nulle, nous attribuons une valeur symbolique de 1 $ afin que le lecteur puisse visualiser les diverses étapes du calcul de l'amortissement.

FIGURE 13.6 | **LA CHARGE D'AMORTISSEMENT EN 20X1 SELON LA MÉTHODE DE L'AMORTISSEMENT LINÉAIRE**

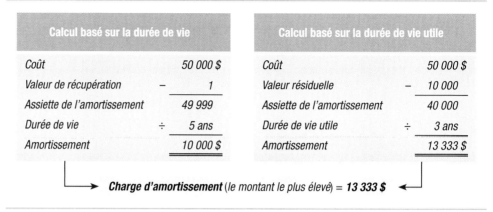

La **méthode de l'amortissement dégressif à taux constant**

La **méthode de l'amortissement dégressif à taux constant** donne une charge d'amortissement décroissante au cours de la période d'amortissement. Elle consiste à appliquer un taux d'amortissement à la valeur comptable du début de chaque exercice. L'expérience montre que le taux d'amortissement correspond souvent au double du taux de l'amortissement annuel utilisé selon la méthode de l'amortissement linéaire. Tout comme dans le cas de la méthode de l'amortissement linéaire, l'entreprise doit ici faire deux calculs : le premier est basé sur la durée de vie et le second, sur la durée de vie utile.

AVEZ-VOUS LE SENS DE L'OBSERVATION ?

L'entreprise n'applique pas le taux d'amortissement à l'assiette de l'amortissement, mais bien à la **valeur comptable** de l'immobilisation au début de l'exercice. Cette dernière ne tient pas compte de la valeur de récupération ni de la valeur résiduelle.

Reprenons l'exemple de la société Igloo ltée et calculons la charge annuelle d'amortissement présentée dans la figure 13.7.

FIGURE 13.7 | **LA CHARGE D'AMORTISSEMENT EN 20X1 SELON LA MÉTHODE DE L'AMORTISSEMENT DÉGRESSIF À TAUX CONSTANT**

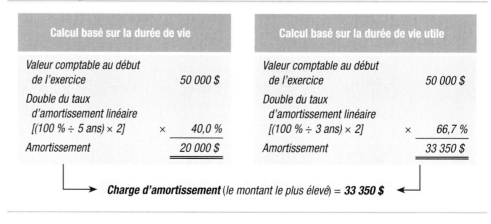

En principe, pour calculer la charge des exercices suivants, l'entreprise doit appliquer le taux d'amortissement de 66,7 % à la valeur comptable au début de chaque exercice. Cependant, elle doit s'assurer que la valeur comptable ne descend pas sous la valeur résiduelle de 10 000 $.

Charge d'amortissement des exercices suivants

Exercice	Coût	Amortissement cumulé	Valeur comptable au début	Taux d'amortissement	Charge obtenue	Charge maximale
20X2	50 000 $	33 350 $	16 650 $	66,7 %	11 106 $	6 650 $
20X3	50 000	40 000	10 000	66,7	6 667	0

Comme nous l'avons indiqué, la méthode de l'amortissement dégressif à taux constant donne une charge qui diminue au fil des ans.

La méthode de l'amortissement proportionnel à l'ordre numérique inversé des périodes

Tout comme la méthode de l'amortissement dégressif à taux constant, la **méthode de l'amortissement proportionnel à l'ordre numérique inversé des périodes** donne une charge d'amortissement décroissante au cours de la période d'amortissement. Selon cette méthode, l'entreprise répartit l'assiette de l'amortissement aux résultats en la multipliant par une fraction déterminée :

$$\frac{\text{Nombre de périodes de vie non écoulées}}{\text{Somme des nombres représentant la période d'amortissement}}$$
(y compris la période pour laquelle l'amortissement est calculé)

Lorsque la période d'amortissement s'avère relativement longue, l'entreprise peut déterminer le dénominateur de la fraction précédente, lequel représente la somme d'une progression arithmétique, à l'aide de la formule suivante :

$$N \times [(N + 1) \div 2]$$
où N = nombre d'années comprises dans la période d'amortissement

Prenons une fois de plus l'exemple d'Igloo ltée pour illustrer le calcul de l'amortissement selon la méthode de l'amortissement proportionnel à l'ordre numérique inversé des périodes présenté dans la figure 13.8 (*voir la page suivante*).

Lorsqu'on ne se souvient pas de la formule donnant la somme de la progression arithmétique, par exemple dans le calcul basé sur la durée de vie, on peut toujours faire la somme représentant la période d'amortissement : 1 + 2 + 3 + 4 + 5 = 15.

Au cours des exercices suivants, Igloo ltée calculera l'amortissement sur la base de la durée de vie utile. Ainsi, en 20X2, la charge d'amortissement sera de 13 333 $ (40 000 $ × 2/6). Le numérateur de la fraction précédente correspond au nombre de périodes de vie non écoulées. La charge d'amortissement s'élèvera à 6 667 $ (40 000 $ × 1/6) en 20X3. À la fin de 20X3, la valeur comptable de l'immobilisation s'élève à 10 000 $. On se rappellera que la valeur comptable ne peut descendre sous la valeur résiduelle de 10 000 $.

TABLEAU 13.2 | **UNE COMPARAISON DES POSTES PRÉSENTÉS DANS LES ÉTATS FINANCIERS SELON QUATRE MÉTHODES D'AMORTISSEMENT**

Date	Coût	Amortissement cumulé	Valeur comptable	Bénéfice avant impôts et amortissement	Amortissement	Bénéfice avant impôts
Méthode de l'amortissement linéaire						
20X1-12-31	50 000 $	13 333 $	36 667 $	24 000 $	13 333 $	10 667 $
20X2-12-31	50 000	26 666	23 334	12 000	13 333	(1 333)
20X3-12-31	50 000	39 999	10 001	20 000	13 333	6 667
Méthode de l'amortissement dégressif à taux constant						
20X1-12-31	50 000 $	33 350 $	16 650 $	24 000 $	33 350 $	(9 350) $
20X2-12-31	50 000	40 000	10 000	12 000	6 650 ❶	5 350
20X3-12-31	50 000	40 000	10 000 ❷	20 000	θ ❸	20 000
Méthode de l'amortissement proportionnel à l'ordre numérique inversé des périodes						
20X1-12-31	50 000 $	20 000 $	30 000 $	24 000 $	20 000 $	4 000 $
20X2-12-31	50 000	33 333	16 667	12 000	13 333 ❹	(1 333)
20X3-12-31	50 000	40 000	10 000 ❺	20 000	6 667 ❻	13 333
Méthode de l'amortissement fonctionnel						
20X1-12-31	50 000 $	20 000 $	30 000 $	24 000 $	20 000 $	4 000 $
20X2-12-31	50 000	35 000	15 000	12 000	15 000 ❼	(3 000)
20X3-12-31	50 000	42 500	7 500	20 000	7 500 ❽	12 500
20X4-12-31	50 000	47 500	2 500	20 000	5 000 ❾	15 000
20X5-12-31	50 000	49 999	1 ❿	20 000	2 499 ⓫	17 501

Calculs et explications :

❶ *(16 650 $ – 10 000 $)*

❷ *La valeur comptable de l'immobilisation corporelle ne doit pas se situer en dessous de la valeur résiduelle.*

❸ *Puisque la valeur comptable au début de l'exercice correspond à la valeur résiduelle, aucun amortissement n'est requis en 20X3.*

❹ *(40 000 $ × 2/6)*

❺ *La valeur comptable au 31 décembre 20X3 correspond à la valeur résiduelle, puisque l'amortissement a été calculé en fonction de la durée de vie utile de trois ans.*

❻ *(40 000 $ × 1/6)*

❼ *[(6 000 h ÷ 20 000 h) × 49 999 $]*

❽ *[(3 000 h ÷ 20 000 h) × 49 999 $]*

❾ *[(2 000 h ÷ 20 000 h) × 49 999 $]*

❿ *La valeur comptable au 31 décembre 20X5 correspond à la valeur de récupération, puisque l'amortissement a été calculé en fonction de la durée de vie de cinq ans.*

⓫ *[(1 000 h ÷ 20 000 h) × 49 999 $] La charge est limitée à 2 499 $, de manière que la valeur comptable ne passe pas en dessous de la valeur de récupération.*

Contrairement aux avantages économiques liés à la possession d'un immeuble, les avantages économiques découlant de l'utilisation d'une immobilisation corporelle ne sont pas toujours constants d'un exercice à l'autre. En outre, ils peuvent diminuer avec le temps, comme les avantages économiques découlant de l'utilisation de matériel roulant. Ils peuvent aussi se comporter de façon erratique d'un exercice à l'autre, comme les avantages économiques découlant de l'utilisation irrégulière d'une machine.

En pratique, le choix d'une méthode d'amortissement s'avère difficile en raison des nombreuses estimations à effectuer. Ainsi, l'estimation de la durée de vie et de la durée de vie utile constitue une tâche difficile à accomplir. L'entreprise doit prévoir les changements technologiques, sa croissance, ses marchés, etc. Comme les marchés s'internationalisent et comme la science évolue rapidement, même une solide expérience ne peut garantir l'exactitude des estimations. Les entreprises sont conscientes du caractère subjectif de la charge d'amortissement. Par conséquent, elles optent souvent pour la méthode d'amortissement la plus simple, c'est-à-dire la méthode de l'amortissement linéaire, ou pour la principale méthode acceptée par le fisc, soit la méthode de l'amortissement dégressif à taux constant basée sur les taux prescrits par le fisc, tel qu'expliqué plus loin.

L'amortissement pour une fraction d'exercice

Lorsqu'une entreprise achète des immobilisations corporelles au cours d'un exercice, elle doit ajuster la charge d'amortissement pour tenir compte du fait qu'elle n'a pas utilisé l'immobilisation pendant tout l'exercice. Cet ajustement se justifie par le fait que l'amoindrissement du potentiel de service de l'immobilisation corporelle est moins important.

Cependant, l'entreprise doit veiller à ne pas donner une fausse impression de précision. Nous avons mentionné que la charge d'amortissement résulte de nombreuses estimations. Par exemple, si Igloo ltée avait acheté son immobilisation le 10 mars 20X1, en règle générale, elle ne calculerait pas la charge de l'exercice en fonction du nombre de jours pendant lesquels elle a utilisé l'immobilisation, mais plutôt en fonction du nombre de mois d'utilisation. En supposant que la société utilise la méthode de l'amortissement linéaire, la charge de 20X1 correspond à 11 111 $, soit 13 333 $ × 10 mois ÷ 12 mois.

AVEZ-VOUS LE SENS DE L'OBSERVATION ?

Puisque Igloo ltée a utilisé l'immobilisation pendant plus de la moitié du mois de mars, on considère, aux fins du calcul de la charge d'amortissement, qu'elle a utilisé l'immobilisation pendant tout ce mois. Si l'entreprise n'avait commencé à utiliser l'immobilisation que quelques jours avant la fin du mois, il aurait été acceptable, en vertu du principe de l'importance relative, de ne pas imputer de charge d'amortissement pour le mois de mars.

Si les montants en cause étaient peu importants, il serait correct de considérer que l'immobilisation a été acquise au milieu de l'exercice. De ce fait, la charge d'amortissement serait simplement égale à la moitié de la charge annuelle.

L'effet des révisions d'estimations

Nous avons vu que le calcul de la charge d'amortissement repose sur l'estimation de plusieurs variables, telles que la durée de vie, la durée de vie utile, la valeur de récupération et la valeur résiduelle. Tout au long de l'utilisation des immobilisations corporelles, il se peut que de **nouveaux renseignements** amènent l'entreprise à réviser les estimations faites au moment de la comptabilisation initiale de ces immobilisations. En effet, l'entreprise peut constater que l'amortissement des exercices futurs devrait être plus élevé ou plus faible qu'il ne l'est à ce jour. Le CNC exige des entreprises qu'elles révisent périodiquement la méthode d'amortissement ainsi que les estimations de la durée de vie et de la durée de vie utile d'une immobilisation corporelle. Voici quelques exemples de faits importants susceptibles d'indiquer le besoin de réviser les estimations :

a) Changement dans le niveau d'utilisation de l'actif ;

b) Changement dans le mode d'utilisation de l'actif ;

c) Mise hors service de l'actif pendant une période prolongée ;

d) Dommage matériel ;

e) Progrès technologiques importants ;

f) Modification de la législation ou de l'environnement, ou évolution de la mode ou des goûts, ayant une incidence sur la durée d'utilisation de l'actif[13].

IFRS

Selon les IFRS, c'est plutôt la valeur résiduelle et la durée d'utilité d'un actif qui doivent être révisées. De plus, ces révisions doivent être faites au moins à chaque fin d'exercice.

Comment l'entreprise devra-t-elle tenir compte de ces nouveaux renseignements ? Elle devra simplement modifier la charge d'amortissement des exercices subséquents. Pour mieux comprendre cette notion, prenons l'exemple de la société Vision ltée, qui a acquis un équipement de pointe le 1er janvier 20X1 au coût de 26 000 $. À cette date, elle a décidé d'amortir l'équipement selon la méthode de l'amortissement linéaire. La société estimait alors qu'elle pourrait utiliser cet équipement pendant environ 10 ans et que sa durée de vie serait de 20 ans. La valeur résiduelle et la valeur de récupération étaient estimées respectivement à 6 000 $ et à 0 $. Le 31 décembre 20X2, le directeur de Vision ltée constate que l'on devra remplacer l'équipement à la fin de 20X5 en raison des derniers développements technologiques et de la croissance inattendue des affaires de la société. À cette date, la valeur résiduelle est estimée à 12 000 $. Les estimations relatives à la durée de vie restante et à la valeur de récupération de même que la méthode d'amortissement demeurent les mêmes. L'entreprise calculera la charge d'amortissement révisée de l'exercice 20X2 de la façon suivante :

Révision d'estimation

1. Assiette de l'amortissement à la date d'acquisition (1er janvier 20X1)

Calcul basé sur la durée de vie :

Coût de l'immobilisation	*26 000 $*
Valeur de récupération	*(θ)*
Assiette de l'amortissement	*26 000 $*
Amortissement annuel (1/20)	*1 300 $*

Calcul basé sur la durée de vie utile :

Coût de l'immobilisation	*26 000 $*
Valeur résiduelle	*(6 000)*
Assiette de l'amortissement	*20 000 $*
Amortissement annuel (1/10)	*2 000 $*

2. Amortissement annuel de 20X1

(le plus élevé de 1 300 $ et de 2 000 $)	*2 000 $*

3. Valeur comptable au 31 décembre 20X1

Coût de l'immobilisation	*26 000 $*
Amortissement cumulé	*(2 000)*
Valeur comptable	*24 000 $*

4. Révision à effectuer pour 20X2 et les années subséquentes

Assiette de l'amortissement révisée

Calcul basé sur la durée de vie :

Valeur comptable au 31 décembre 20X1	*24 000 $*
Valeur de récupération	*(θ)*
Assiette de l'amortissement	*24 000 $*
Amortissement annuel (1/19 ❶)	*1 263 $*

---

13. *Manuel de CPA Canada – Comptabilité – Partie II – Normes comptables pour les entreprises à capital fermé*, Toronto, CPA Canada, paragr. 3061.22.

Calcul basé sur la durée de vie utile :

Valeur comptable au 31 décembre 20X1	24 000 $
Valeur résiduelle	(12 000)
Assiette de l'amortissement	12 000 $
Amortissement annuel (1/4 ❷)	3 000 $
Amortissement annuel de 20X2 à 20X5	
(le plus élevé des deux montants précédents)	3 000 $

Explications :

❶ *Puisque l'estimation de la durée de vie, soit 20 ans, n'a pas été modifiée et qu'une année s'est écoulée depuis la date d'acquisition, la durée de vie restante est de 19 ans.*

❷ *La durée de vie utile restante est de quatre ans, car le directeur prévoit remplacer l'équipement à la fin de 20X5.*

Amortissement – Équipements	3 000	
Amortissement cumulé – Équipements		3 000
Charge de l'exercice 20X2.		

Comptabilisation de la charge d'amortissement compte tenu de la révision d'estimation

AVEZ-VOUS LE SENS DE L'OBSERVATION ?

Avez-vous remarqué que l'écriture précédente a pour effet de **modifier la charge d'amortissement de l'exercice en cours et celle des exercices subséquents ?** Nous n'avons apporté aucune correction aux résultats des exercices antérieurs, puisque les révisions d'estimations découlent de circonstances nouvelles qui n'existaient pas avant 20X2. Ce principe s'applique à la révision de l'assiette effective de l'amortissement, de la durée de vie et de la durée de vie utile.

Le principe de la permanence des méthodes comptables

Comme nous l'avons expliqué précédemment, la méthode d'amortissement retenue doit permettre d'imputer une charge qui reflète, de façon systématique et rationnelle, l'amoindrissement du potentiel de service de l'immobilisation corporelle en cause. À mesure que l'entreprise obtient de nouveaux renseignements, elle doit procéder à des révisions d'estimations qui peuvent l'amener à changer de méthode d'amortissement. Ce changement sera alors, du point de vue comptable, traité comme une révision d'estimation et comptabilisé selon les explications présentées précédemment. Cependant, si le rythme des avantages économiques attendus de l'utilisation de l'immobilisation corporelle ne change pas, l'entreprise ne peut changer de méthode d'amortissement uniquement dans le but de modifier le bénéfice d'un exercice. Cette interdiction découle du **principe de la permanence des méthodes comptables**.

Il n'est possible de changer de méthode comptable que dans des contextes précis, par exemple lorsque le changement envisagé a pour conséquence de fournir des informations fiables et davantage pertinentes. Lorsqu'une entreprise change sa méthode d'amortissement, elle doit fournir toute l'information utile aux utilisateurs des états financiers. Elle doit donc indiquer le changement de méthode et faire état, dans la mesure du possible, de son incidence sur le bénéfice[14].

14. Le traitement comptable d'une modification de méthode comptable déborde le cadre de cet ouvrage. Consultez au besoin un ouvrage de comptabilité intermédiaire.

La société impute l'amortissement de l'immobilisation et la charge de désactualisation aux résultats des exercices au cours desquels elle utilise l'immobilisation donnant naissance à l'obligation liée à la mise hors service. De plus, on atteint l'objectif de la norme selon lequel le bilan d'une entreprise montre correctement l'ensemble de ses actifs et de ses passifs.

Les explications précédentes tenaient pour acquis que l'obligation liée à la mise hors service naissait au moment de l'acquisition de l'immobilisation. Il est aussi possible qu'une obligation liée à la mise hors service naisse pendant l'utilisation de l'immobilisation. Par exemple, une entreprise qui exploite une centrale nucléaire sait qu'il y aura nécessairement une contamination du sol découlant de l'exploitation courante. Cependant, tant qu'elle n'exploite pas la centrale nucléaire, il n'y a pas de contamination. Dans ce cas, l'obligation liée à la mise hors service ne naît qu'au cours des périodes pendant lesquelles l'entreprise exploite la centrale. De ce fait, l'entreprise ne constatera l'obligation liée à la mise hors service que pendant les exercices durant lesquels elle utilisera la centrale. Au cours de chaque exercice financier, elle traitera la nouvelle obligation liée à la mise hors service comme une tranche additionnelle de l'obligation constatée antérieurement.

Examinons l'exemple de la société Pétrolin ltée. Le 1er janvier 20X4, la société achète à crédit des équipements d'exploitation pétrolière au coût de 2 000 000 $. Ces équipements ont une durée de vie égale à leur durée de vie utile de 10 ans, et la société utilisera la méthode de l'amortissement linéaire pour en amortir le coût. Elle estime que, au cours de chaque exercice financier, elle assumera une obligation liée à la mise hors service de 150 000 $ découlant de l'exploitation annuelle. Pétrolin ltée estime aussi que le taux d'actualisation permettant de refléter le passage du temps s'élève à 7 %. Du 1er janvier 20X4 au 31 décembre 20X5, la société passera dans ses livres les écritures de journal suivantes.

Constatation d'une obligation liée à la mise hors service assumée périodiquement

13

1er janvier 20X4

Équipement	2 000 000	
Dette à long terme		2 000 000

Achat d'équipements d'exploitation pétrolière d'une durée de vie de 10 ans.

31 décembre 20X4

Équipement	150 000	
Obligation liée à la mise hors service		150 000

Prise en charge d'une obligation liée à la mise hors service au moment de l'exploitation pétrolière.

Amortissement	215 000	
Amortissement cumulé – Équipement		215 000

Constatation de l'amortissement annuel de l'équipement d'exploitation pétrolière [(2 000 000 $ + 150 000 $) ÷ 10 ans].

31 décembre 20X5

Charge de désactualisation	10 500	
Obligation liée à la mise hors service		10 500

Constatation de la charge reflétant l'effet du passage du temps.

Calcul :

Valeur comptable de l'obligation le 1er janvier 20X5	150 000 $
Taux d'actualisation	× 0,07
Charge de désactualisation	10 500 $

Équipement	*150 000*	
Obligation liée à la mise hors service		*150 000*
Prise en charge d'une obligation liée à la mise hors service au moment de l'exploitation pétrolière.		
Amortissement	*231 667*	
Amortissement cumulé – Équipement		*231 667*
Constatation de l'amortissement annuel de l'équipement d'exploitation pétrolière [{(2 000 000 $ + 150 000 $) ÷ 10 ans} + (150 000 $ ÷ 9 ans)].		

Les écritures de journal requises le 1er janvier et le 31 décembre 20X4 sont presque identiques à celles de l'exemple précédent portant sur la société Tout propre ltée, si ce n'est que Pétrolin ltée constate la première tranche de l'obligation liée à la mise hors service le 31 décembre 20X4, soit au terme de la première année d'exploitation, plutôt que lors de l'acquisition de l'équipement, soit le 1er janvier 20X4. Il n'est donc pas nécessaire de nous y attarder.

Examinons de plus près les écritures de journal passées le 31 décembre 20X5. Pétrolin ltée constate d'abord la charge de désactualisation (10 500 $) afférente à l'obligation liée à la mise hors service constatée au cours de l'exercice précédent. Elle doit ensuite constater la nouvelle tranche découlant de l'exploitation pétrolière de 20X5, d'un montant de 150 000 $. Pour ce faire, elle débite le compte Équipement comme si elle avait assumé l'obligation au moment de l'acquisition de l'équipement. Puis, quand vient le temps d'amortir l'équipement au 31 décembre 20X5, Pétrolin ltée doit tenir compte du fait qu'elle amortira les coûts capitalisés en 20X5 sur la durée de vie restante de l'équipement, soit neuf ans.

Le tableau 13.5 ci-dessous et le tableau 13.6 (*voir la page suivante*) montrent respectivement l'évolution de la valeur comptable de l'obligation liée à la mise hors service, actualisée à 7 %, et l'évolution de la valeur comptable de l'équipement.

TABLEAU 13.5	L'ÉVOLUTION DE LA VALEUR COMPTABLE DE L'OBLIGATION LIÉE À LA MISE HORS SERVICE, ACTUALISÉE À 7 %

Année	(1) Solde d'ouverture de l'obligation	(2) Augmentation due à la désactualisation [(1) × 7 %]	(3) Nouvelle tranche de l'obligation	(4) Solde de clôture de l'obligation [(1) + (2) + (3)]
20X4	θ $	θ $	150 000 $	150 000 $
20X5	150 000	10 500	150 000	310 500
20X6	310 500	21 735	150 000	482 235
20X7	482 235	33 756	150 000	665 991
20X8	665 991	46 619	150 000	862 610
20X9	862 610	60 383	150 000	1 072 993
20Y0	1 072 993	75 109	150 000	1 298 102
20Y1	1 298 102	90 867	150 000	1 538 969
20Y2	1 538 969	107 728	150 000	1 796 697
20Y3	1 796 697	125 769	150 000	2 072 466

13

Les dépréciations des immobilisations corporelles

Le chapitre 3063 du *Manuel de CPA Canada* traite des règles que les entreprises doivent suivre pour comptabiliser une **dépréciation**, ou **perte de valeur**, subie par un élément d'actif à long terme destiné à être utilisé. Bien que nous en abordions l'étude dans le cadre de la comptabilisation des immobilisations corporelles, la norme s'applique à tous les actifs à long terme non monétaires, tels que les immobilisations corporelles et les actifs incorporels amortissables.

Le CNC recommande d'abord d'appliquer un **test de recouvrabilité** lorsque des événements ou des changements de situation indiquent que la valeur comptable d'un élément d'actif à long terme destiné à être utilisé pourrait ne pas être recouvrable et que la valeur comptable excède la juste valeur de l'actif.

IFRS

Selon l'IAS 36, traitant des dépréciations d'actifs non courants, l'entreprise doit vérifier à la fin de chaque période s'il existe des indications objectives de dépréciation, peu importe si l'existence d'événements ou de changements de situation indique que la valeur comptable pourrait ne pas être recouvrable.

Le CNC présente quelques exemples de situations pouvant justifier d'appliquer un test de recouvrabilité, regroupés dans le tableau 13.7, auxquels nous ajoutons quelques commentaires. Notons que la **valeur comptable n'est pas recouvrable** si elle excède le total des flux de trésorerie non actualisés attendus de l'utilisation et de la sortie éventuelle de l'actif, alors que la **juste valeur** correspond au montant de la contrepartie dont conviendraient des parties compétentes agissant en toute liberté dans des conditions de pleine concurrence.

TABLEAU 13.7 | **DES EXEMPLES INDIQUANT QU'UNE ENTREPRISE DOIT APPLIQUER UN TEST DE RECOUVRABILITÉ À SES ÉLÉMENTS D'ACTIF À LONG TERME DESTINÉS À ÊTRE UTILISÉS**

Manuel de CPA Canada[18]	Commentaires
Une baisse significative de la valeur de marché de l'actif.	Si la valeur de marché de l'élément d'actif diminue, cela signifie que les intervenants sur le marché estiment que les avantages économiques futurs inhérents à l'actif seront moindres que ceux prévus antérieurement.
Un changement défavorable important dans le degré ou le mode d'utilisation ou dans l'état de l'actif.	Si l'entreprise décide, par exemple, de diminuer l'utilisation de l'actif ou si elle doit augmenter les mesures de sécurité afférentes à son utilisation, il est possible que les avantages économiques futurs soient moindres que ceux que l'entreprise avait prévus lors de l'acquisition de l'actif.
Un changement défavorable important dans l'environnement juridique ou le contexte économique susceptible d'affecter la valeur de l'actif, y compris une action ou évaluation défavorable d'une autorité de réglementation.	Une nouvelle loi régissant l'exportation des marchandises produites à l'aide de l'actif ou des variations importantes des taux de change peuvent affaiblir les marchés de vente sur lesquels l'entreprise est active. Ces modifications entraînent ainsi une réduction des avantages économiques futurs découlant de l'utilisation de l'actif.
Une accumulation de coûts excédant de façon significative le montant initialement prévu pour l'acquisition ou la construction de l'actif.	L'entreprise avait estimé que les avantages économiques futurs découlant d'un actif seraient au moins égaux aux coûts prévus. Si les coûts réels excèdent ceux qu'elle avait prévus, elle ne peut présumer que la valeur des avantages économiques futurs réels augmentera automatiquement.

18. *Manuel de CPA Canada – Comptabilité – Partie II – Normes comptables pour les entreprises à capital fermé,* Toronto, CPA Canada, paragr. 3063.10.

Manuel de CPA Canada	Commentaires
Une perte d'exploitation ou des flux de trésorerie négatifs pour la période considérée, combinés à des pertes d'exploitation ou des flux de trésorerie négatifs passés, ou des projections ou prévisions indiquant des pertes soutenues rattachées à l'utilisation de l'actif.	Si l'entreprise subit des pertes d'exploitation ou des flux de trésorerie négatifs, c'est sûrement parce que les avantages économiques prévus initialement ne se concrétisent pas, ce qui peut signifier qu'elle doive revoir à la baisse l'estimation de la valeur des avantages économiques futurs.
Le fait qu'on s'attende à ce qu'il soit plus probable qu'improbable que l'actif sera vendu ou autrement sorti bien avant la fin de sa durée de vie utile estimée antérieurement. (« Plus probable qu'improbable » s'entend d'un degré de probabilité supérieur à 50 %.)	Si l'entreprise décide de se départir de l'actif avant la fin de la durée prévue, cela peut indiquer, notamment, que des progrès technologiques importants sont survenus ou que l'actif a subi des dommages matériels, ce qui a évidemment pour effet de réduire les avantages économiques futurs découlant de son utilisation.

TABLEAU 13.7 — DES EXEMPLES INDIQUANT QU'UNE ENTREPRISE DOIT APPLIQUER UN TEST DE RECOUVRABILITÉ À SES ÉLÉMENTS D'ACTIF À LONG TERME DESTINÉS À ÊTRE UTILISÉS (*suite*)

Soulignons qu'une entreprise peut effectuer le test de recouvrabilité pour un seul actif ou un groupe d'actifs. Illustrons ces propos à l'aide de l'exemple de la société Menuet ltée. Cette entreprise possède les éléments d'actif et de passif suivants :

Éléments d'actif et de passif de Menuet ltée

Terrain	*30 000 $*
Immeuble abritant le siège social et l'usine	*200 000*
Équipement	*100 000*
Hypothèque à payer	*(190 000)*

À la suite d'un affaiblissement du marché immobilier, Menuet ltée doit effectuer un test de recouvrabilité pour son immeuble. Puisque ce dernier ne génère pas de flux de trésorerie autres que ceux découlant de la fabrication, Menuet ltée doit regrouper son immeuble, le terrain et l'équipement.

De plus, puisque la société ne peut compter que sur les rentrées de trésorerie liées aux éléments d'actif précédents pour rembourser son hypothèque, elle inclura l'hypothèque à payer dans le groupe d'éléments visés par le test de recouvrabilité.

La figure 13.10 (*voir la page suivante*) montre les étapes à suivre au moment de comptabiliser une dépréciation. On peut y voir que le montant de la dépréciation correspond à la valeur comptable de l'élément d'actif, déduction faite de sa juste valeur. Elle se comptabilise de la façon suivante, en tenant pour acquis que l'élément d'actif dévalué est un équipement :

Constatation d'une dépréciation

Dépréciation d'un équipement	*XXX*	
Amortissement cumulé – Équipement		*XXX*
Perte de valeur d'un équipement.		

FIGURE 13.10 │ **LES ÉTAPES À SUIVRE AU MOMENT DE COMPTABILISER UNE DÉPRÉCIATION**

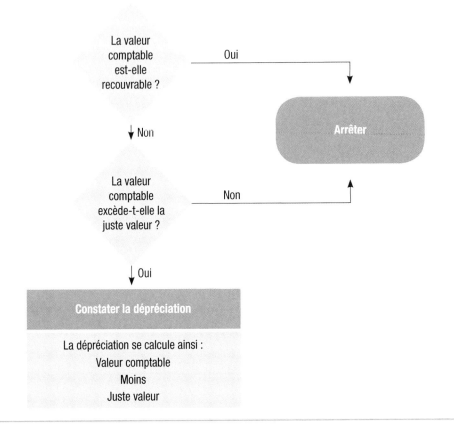

Dans l'écriture au bas de la page précédente, on porte le débit au compte Dépréciation d'un équipement, lequel constitue un compte de charges de l'exercice courant. En contrepartie, on porte le crédit au compte Amortissement cumulé – Équipement.

Lorsqu'une entreprise constate une dépréciation, la valeur comptable ajustée devient le nouveau coût de base. Elle ne peut annuler une dépréciation déjà comptabilisée si la juste valeur augmente au cours des exercices suivants. Lorsque la durée de vie de l'actif à long terme est limitée, l'entreprise doit ensuite amortir le nouveau coût de base de manière logique et systématique. Il est assez fréquent que la constatation d'une dépréciation d'une immobilisation s'accompagne de la révision des estimations de sa durée de vie, de sa durée de vie utile ou de sa méthode d'amortissement.

Pour illustrer la détermination du montant d'une **dépréciation**, prenons l'exemple de la société Petite Onde ltée. Le 2 janvier 20X3, Petite Onde ltée a acquis, au coût de 980 000 $, des équipements devant servir à fabriquer un bien déterminé. La société, qui prévoyait que la valeur de récupération serait nulle au terme d'une durée de vie utile égale à la durée de vie de 10 ans, a décidé d'amortir ses équipements selon la méthode de l'amortissement linéaire.

En 20X7, un groupe veillant à la santé publique a mené une vaste campagne demandant aux consommateurs de boycotter le bien que fabrique Petite Onde ltée. La campagne a porté ses fruits, car les ventes de la société ont sensiblement diminué. Le 31 décembre 20X7, date de clôture de l'exercice financier, Petite Onde ltée se voit contrainte d'effectuer un test de recouvrabilité, compte tenu de la campagne de boycottage. Elle estime alors à 404 000 $ le total des flux de trésorerie non actualisés attendus de l'utilisation et de la revente des équipements. Sur la base de l'information disponible, la société estime la juste valeur des équipements à 195 706 $.

Étapes pour déterminer si l'entreprise doit constater une dépréciation

1. *Valeur comptable*

Coût d'origine des équipements	*980 000 $*
Amortissement cumulé (980 000 $ × 5/10)	*(490 000)*
Valeur comptable	*490 000 $*

La valeur comptable excède le total des flux de trésorerie non actualisés attendus de l'utilisation et de la revente des équipements (404 000 $).

2. *La valeur comptable excède la juste valeur (195 706 $).*

3. *Calcul du montant de la dépréciation*

Valeur comptable	*490 000 $*
Juste valeur	*(195 706)*
Dépréciation des équipements	*294 294 $*

Examinons maintenant l'exemple de la société Micro Terme ltée, cabinet d'expertise comptable qui a dû regrouper les éléments d'actif suivants pour effectuer le test de recouvrabilité :

	Valeur comptable	Flux de trésorerie non actualisés attendus	Juste valeur
Banque et clients	*100 000 $*		
Liste de clients	*130 000*		
Équipement de télécommunication	*50 000*		
Mobilier de bureau	*170 000*		
Emprunt bancaire	*(180 000)*		
Total	*270 000 $*	*260 000 $*	*250 000 $*

Dans ce groupe d'éléments, l'argent en banque, les clients et l'emprunt bancaire ne sont pas assujettis aux normes présentées dans le chapitre 3063 du *Manuel de CPA Canada*. Micro Terme ltée ne doit donc pas constater une nouvelle dépréciation de ces éléments. Le test de recouvrabilité pourra conduire uniquement à constater une dépréciation des éléments d'actif à long terme destinés à être utilisés, soit la liste de clients, l'équipement de télécommunication et le mobilier de bureau.

Puisque la valeur comptable du groupe (270 000 $) excède les flux de trésorerie non actualisés attendus de celui-ci (260 000 $) et sa juste valeur (250 000 $), Micro Terme ltée doit constater une dépréciation de 20 000 $ (270 000 $ – 250 000 $). Le CNC précise que l'entreprise doit répartir la perte de valeur en proportion de la valeur comptable de chaque élément d'actif à long terme destiné à être utilisé. Micro Terme ltée passera l'écriture de journal suivante pour constater les dépréciations de ses actifs à long terme :

Constatation des dépréciations

Dépréciation d'éléments d'actif à long terme	*20 000*	
Amortissement cumulé – Liste de clients		*7 400*
Amortissement cumulé – Équipement de télécommunication		*2 800*
Amortissement cumulé – Mobilier de bureau		*9 800*
Constatation d'une dépréciation répartie proportionnellement selon la valeur comptable des éléments d'actif à long terme destinés à être utilisés.		

»

Calculs :

	Valeur comptable	Pourcentage de répartition proportionnelle	Répartition de la dépréciation	Valeur comptable ajustée
Banque et clients	100 000 $			100 000 $
Emprunt bancaire	(180 000)			(180 000)
Actif à long terme :				
Liste de clients	130 000	37 %	7 400 $	122 600
Équipement de télécommunication	50 000	14	2 800	47 200
Mobilier de bureau	170 000	49	9 800	160 200
Total partiel	350 000	100 %	20 000 $	330 000
Total des éléments du groupe	270 000 $			250 000 $

IFRS

Il existe des différences importantes entre les IFRS et les NCECF quant à la comptabilisation des dépréciations d'actifs à long terme. Voici les principales recommandations de l'IASB à ce sujet. Premièrement, selon les IFRS, on comptabilise une dépréciation lorsque la valeur comptable excède la valeur recouvrable. Cependant, la valeur recouvrable correspond à la plus élevée de la juste valeur nette, soit la juste valeur diminuée des coûts estimatifs de vente, et de la valeur d'utilité, définie comme étant la valeur actualisée des flux de trésorerie attendus de l'utilisation de l'actif.

Deuxièmement, le montant de la perte correspond à l'écart entre, d'une part, la valeur comptable et, d'autre part, la plus élevée de la juste valeur nette et de la valeur d'utilité.

Troisièmement, si l'entreprise utilise le modèle du coût, elle comptabilise la perte de valeur dans les résultats de l'exercice en cours. Si elle utilise plutôt le modèle de la réévaluation, elle comptabilise la diminution de valeur de la même façon, sauf s'il existe un solde créditeur au compte Écart de réévaluation, auquel cas le montant de la diminution sert d'abord à annuler ce solde.

Quatrièmement, l'IASB permet de comptabiliser les reprises de valeur. C'est pourquoi, au cours des exercices suivant la comptabilisation d'une dépréciation, l'entreprise doit vérifier s'il existe des indices objectifs d'une reprise de valeur. Dans l'affirmative, l'entreprise comptabilise la reprise de valeur en tenant compte du modèle d'évaluation des immobilisations corporelles (modèle du coût ou modèle de la réévaluation). La reprise de valeur ne doit toutefois pas avoir pour effet de ramener la valeur comptable au-dessus de ce qu'elle aurait été si l'entreprise n'avait pas antérieurement comptabilisé une dépréciation.

Enfin, lorsque le test de dépréciation est appliqué à un groupe d'éléments, les passifs en sont exclus.

Le CNC recommande aux entreprises de fournir un minimum d'information dans leurs états financiers de l'exercice au cours duquel elles ont constaté une dépréciation. Le tableau 13.8 énumère les renseignements à divulguer et apporte quelques explications complémentaires.

Les plans de sortie d'actifs à long terme non monétaires

Les entreprises ne détiennent pas nécessairement leurs immobilisations corporelles durant toute la durée de vie de celles-ci. Il peut s'écouler plusieurs mois entre le moment où une entreprise décide de ne plus utiliser une immobilisation et celui où elle réussit à s'en départir. Nous examinerons dans cette sous-section les normes comptables afférentes au classement de telles immobilisations, à leur mesure et à leur présentation dans les états financiers. La sous-section suivante examinera les normes comptables que l'entreprise applique au moment où elle se départit effectivement de ses immobilisations corporelles.

TABLEAU 13.8	**L'INFORMATION À FOURNIR ET QUELQUES EXPLICATIONS COMPLÉMENTAIRES**

Manuel de CPA Canada[19]	**Explications complémentaires**
Une description de l'actif à long terme ayant subi une dépréciation.	La description peut être très brève et se limiter à nommer l'actif dévalué, par exemple un équipement servant à la fabrication de composants électroniques.
Une description des faits et circonstances à l'origine de la dépréciation.	L'entreprise doit donner une description claire des faits et circonstances à l'origine de la dépréciation, car les utilisateurs des états financiers ont besoin de cette information pour juger de leurs effets sur les résultats courants et futurs de l'entreprise. Une entreprise pourrait, par exemple, expliquer qu'elle a constaté une dépréciation à la suite de l'adoption d'une nouvelle loi régissant la commercialisation des aliments génétiquement modifiés qu'elle produit.
S'il n'est pas présenté séparément dans le corps même de l'état des résultats, le montant de la perte de valeur et le libellé du poste de l'état des résultats dans lequel la perte de valeur a été prise en compte.	Lorsqu'une entreprise a groupé, par exemple, le solde du compte Dépréciation d'un équipement et le compte Frais d'entretien aux fins de présentation dans l'état des résultats, elle doit indiquer, au moyen d'une note complémentaire, le montant constaté à titre de dépréciation. Les utilisateurs des états financiers doivent connaître cette information, car les dépréciations ne sont habituellement pas récurrentes.

Le CNC énonce, au chapitre 3475 du *Manuel de CPA Canada*, les normes comptables auxquelles les entreprises doivent se conformer lorsqu'elles décident de se départir d'un actif à long terme non monétaire. En plus de s'appliquer aux immobilisations corporelles, ce chapitre s'applique aux actifs incorporels et aux éléments d'actif à long terme payés d'avance.

Dans le chapitre 3475 du *Manuel de CPA Canada*, le CNC distingue deux façons de sortir un actif à long terme non monétaire : 1) par vente ; et 2) autrement que par vente, par exemple en échangeant certains biens contre d'autres biens similaires.

Les actifs à long terme non monétaires destinés à être sortis autrement que par vente

Le CNC recommande aux entreprises qui projettent d'échanger leurs actifs à long terme non monétaires de présenter l'actif à long terme destiné à être sorti autrement que par vente comme si elles continuaient à l'utiliser. Pour illustrer cette recommandation, prenons l'exemple de la société Tonnelle ltée. Celle-ci détient un terrain situé à Saguenay dont la valeur comptable s'élève à 40 000 $ et qu'elle a utilisé jusqu'à maintenant comme parc de stationnement pour les véhicules de ses employés. Avec l'avènement du télétravail, la société n'a plus besoin de ce stationnement et, le 15 septembre 20X3, décide de s'en départir. Elle envisage de l'échanger contre un terrain situé à Rimouski, où elle possède une autre usine de fabrication. Le 18 novembre 20X5, l'entreprise échange son terrain contre un autre terrain que détient la société Déserteur ltée. La première question qui se pose est de déterminer comment Tonnelle ltée doit présenter le terrain détenu à Saguenay dans ses états financiers de l'exercice terminé le 31 décembre 20X3.

Tonnelle ltée présentera le terrain parmi ses immobilisations corporelles détenues et utilisées. Par la suite, l'entreprise évaluera le terrain comme toutes les autres immobilisations corporelles qu'elle utilise. Si Tonnelle ltée avait eu l'intention d'échanger une immobilisation corporelle amortissable, la recommandation du CNC implique qu'elle

---

19. *Manuel de CPA Canada – Comptabilité – Partie II – Normes comptables pour les entreprises à capital fermé*, Toronto, CPA Canada, paragr. 3063.24.

aurait continué de constater une charge d'amortissement. Si l'entreprise avait décidé d'interrompre temporairement l'utilisation d'une immobilisation, elle aurait dû appliquer la même recommandation. Le CNC a jugé superflu qu'une entreprise informe les utilisateurs des états financiers de telles décisions, car celles-ci n'influeront pas sur les flux de trésorerie attendus au cours des prochains exercices. Même sans renseignements supplémentaires, les utilisateurs des états financiers peuvent prévoir les flux de trésorerie futurs.

Ce n'est que lorsque l'entreprise échange le terrain, en 20X5 dans l'exemple précédent, qu'elle sort celui-ci de ses livres, en se conformant à la marche à suivre présentée dans la sous-section suivante, traitant des sorties d'immobilisations. Les entreprises qui ont sorti des actifs autrement que par la vente au cours d'un exercice financier doivent décrire ces éléments ainsi que les faits et circonstances à l'origine de la sortie. De plus, si une entreprise n'a pas présenté séparément le montant du gain ou de la perte sur sortie dans le corps même de l'état des résultats, elle doit indiquer le libellé du poste de l'état des résultats dans lequel elle a inclus le gain ou la perte.

Il en serait de même si une entreprise décidait de sortir un actif ou un groupe d'actifs par abandon. Prenons l'exemple de Ridelle ltée, qui décide de fermer l'un de ses établissements et de démolir l'édifice qui s'y trouve. Aux fins de la préparation des états financiers qui précèdent la fermeture, Ridelle ltée traiterait l'édifice comme toutes ses autres immobilisations corporelles détenues et utilisées.

Les actifs à long terme non monétaires destinés à être vendus

La décision de vendre un actif à long terme non monétaire se répercute sur les flux de trésorerie futurs. C'est pourquoi la présentation et la mesure des actifs à long terme non monétaires **destinés à être vendus** se révèlent plus complexes que celles qui sont applicables aux actifs à long terme non monétaires destinés à être sortis autrement que par vente. Un actif destiné à être vendu doit être classé comme destiné à la vente s'il répond à tous les critères suivants :

a) Les membres de la direction qui ont le pouvoir d'approuver l'opération se sont engagés à poursuivre un plan de vente ;

b) L'actif est disponible à la vente immédiatement dans son état actuel, sous réserve seulement des conditions habituelles de vente applicables à de tels actifs ;

c) Un programme actif de recherche d'acquéreur ainsi que d'autres démarches nécessaires pour la bonne exécution du plan de vente ont été entrepris ;

d) La vente est probable et devrait répondre, dans un délai d'un an, aux critères de constatation des ventes, sous réserve des exceptions permises au paragraphe 3475.09 ;

e) L'actif fait l'objet d'efforts de vente soutenus et est offert à un prix qui est raisonnable compte tenu de sa juste valeur actuelle ;

f) Les démarches qu'il reste à faire pour la bonne exécution du plan donnent à croire qu'il est peu probable que le plan sera modifié de façon significative ou abandonné [20].

L'exception dont il est fait mention au paragraphe 3475.08 d) concerne les situations où des événements ou des circonstances que l'entreprise ne peut contrôler font en sorte qu'un délai supérieur à un an sera nécessaire pour la bonne exécution de la vente. À titre d'exemple, pensons à une entreprise du secteur des télécommunications qui, après avoir trouvé un acheteur et s'être entendue avec celui-ci sur les conditions de la vente, doit faire approuver celle-ci par le Conseil de la radiodiffusion et des télécommunications canadiennes (CRTC).

---

20. *Manuel de CPA Canada – Comptabilité – Partie II – Normes comptables pour les entreprises à capital fermé*, Toronto, CPA Canada, paragr. 3475.08.

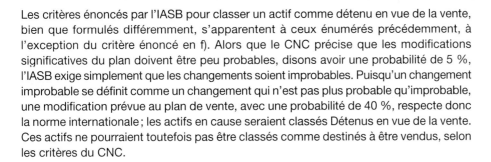

Les critères énoncés par l'IASB pour classer un actif comme détenu en vue de la vente, bien que formulés différemment, s'apparentent à ceux énumérés précédemment, à l'exception du critère énoncé en f). Alors que le CNC précise que les modifications significatives du plan doivent être peu probables, disons avoir une probabilité de 5 %, l'IASB exige simplement que les changements soient improbables. Puisqu'un changement improbable se définit comme un changement qui n'est pas plus probable qu'improbable, une modification prévue au plan de vente, avec une probabilité de 40 %, respecte donc la norme internationale ; les actifs en cause seraient classés Détenus en vue de la vente. Ces actifs ne pourraient toutefois pas être classés comme destinés à être vendus, selon les critères du CNC.

Modifions quelque peu l'exemple de Tonnelle ltée, en tenant pour acquis que, dès 20X3, la société envisage de vendre le terrain plutôt que de l'échanger. Elle a approuvé le plan de vente en décembre 20X4 et entrepris des démarches actives pour vendre le terrain à un prix correspondant à sa juste valeur. À ce moment, elle estime que la vente devrait se concrétiser dans un délai de 10 à 12 mois. Au début du mois de novembre 20X5, Tonnelle ltée a trouvé un acheteur et la vente a été notariée le 18 novembre 20X5.

La première question qui se pose est de déterminer comment Tonnelle ltée doit présenter le terrain détenu à Saguenay dans ses états financiers de l'exercice terminé le 31 décembre 20X3. À cette date, Tonnelle ltée ne répond pas à tous les critères énumérés au paragraphe 3475.08, dont celui d'avoir approuvé un plan de vente. Dans son bilan de l'exercice terminé le 31 décembre 20X3, elle présentera la valeur comptable du terrain parmi ses autres immobilisations détenues et utilisées.

En décembre 20X4, Tonnelle ltée répond à tous les critères énumérés au paragraphe 3475.08. La société doit alors décrire, dans ses états financiers, les faits et circonstances à l'origine de la sortie prévue. Elle doit aussi divulguer la valeur comptable des grandes catégories d'actif et de passif faisant partie du groupe à sortir.

Pour faciliter la présentation de son bilan, Tonnelle ltée pourrait passer l'écriture de journal suivante en décembre 20X4 :

Terrain destiné à la vente	40 000	
Terrain		40 000
Reclassement d'un terrain à la suite de l'approbation d'un plan de vente.		

Classement d'un terrain destiné à la vente

L'entreprise présentera le terrain destiné à la vente dans la section à long terme de son bilan.

Lorsqu'une entreprise décide de vendre non pas un seul élément, mais un groupe d'éléments d'actif à long terme, y compris des éléments de passif, elle doit présenter séparément les éléments d'actif destinés à la vente dans la section de l'actif du bilan. De même, elle doit présenter séparément les éléments de passif destinés à la vente dans la section du passif du bilan.

Les paragraphes précédents traitaient de la présentation dans les états financiers des biens destinés à la vente. Examinons maintenant les normes comptables afférentes à la mesure d'un actif à long terme non monétaire destiné à la vente. Au moment où une entreprise classe une immobilisation corporelle, par exemple, comme destinée à la vente,

L'échange

Plutôt que de recevoir une somme d'argent au moment de la sortie d'une immobilisation corporelle, une entreprise peut recevoir d'autres éléments d'actif. Il s'agit en quelque sorte d'une **opération de troc**, appelée **opération non monétaire** par les comptables, puisqu'elle n'implique pas de rentrées ni de sorties de trésorerie importantes.

Le comptable doit quand même comptabiliser la sortie de l'immobilisation cédée et l'acquisition de l'immobilisation reçue. Pour ce faire, il applique les recommandations contenues dans le chapitre 3831 du *Manuel de CPA Canada*, intitulé « Opérations non monétaires ». Bien que nous traitions du chapitre 3831 dans le contexte d'un échange d'immobilisations corporelles, ce chapitre s'applique à toutes les opérations non monétaires, que ce soit l'échange de stocks, de placements, d'immobilisations corporelles ou d'actifs incorporels.

Les opérations non monétaires comprennent aussi les échanges non monétaires impliquant une rentrée ou une sortie de trésorerie négligeable. Cependant, le CNC ne fixe aucune balise permettant d'évaluer si une contrepartie monétaire doit être jugée négligeable. Il revient donc au comptable d'exercer son jugement professionnel. Les opérations non monétaires englobent aussi les **transferts non monétaires et non réciproques**, c'est-à-dire les transferts d'actifs, de passifs ou de services non monétaires sans contrepartie. Les dons d'actifs ou de services non monétaires, la distribution de dividendes en nature et les dividendes en actions lorsque l'actionnaire a le choix de les recevoir en trésorerie ou en actions constituent des exemples de transferts non monétaires et non réciproques.

L'échange de biens impliquant une contrepartie monétaire non négligeable

Si la contrepartie monétaire est jugée non négligeable, il n'est pas nécessaire de suivre les règles de comptabilisation expliquées aux pages 604 à 608. Le comptable considère alors que l'opération s'est effectuée en deux temps, c'est-à-dire une vente suivie immédiatement d'une acquisition. Prenons l'exemple de la société Petits pas ltée, qui achète une nouvelle auto évaluée à 28 000 $. Le concessionnaire d'automobiles accepte de reprendre l'auto de la société à sa juste valeur de 15 000 $. Petits pas ltée devra débourser 13 000 $ pour obtenir le nouveau véhicule, ce qui représente une contrepartie monétaire importante par rapport à la juste valeur du véhicule, soit 46 %. En supposant que le coût et l'amortissement cumulé de l'ancienne auto s'élèvent respectivement à 24 000 $ et à 6 000 $, le comptable passera les deux écritures suivantes :

Comptabilisation d'un échange de biens impliquant une contrepartie monétaire non négligeable

Banque	15 000	
Amortissement cumulé – Matériel roulant	6 000	
Perte sur sortie d'immobilisations	3 000	
Matériel roulant		24 000
Sortie d'une auto.		

Calcul :

Valeur comptable de l'auto cédée	18 000 $
Juste valeur de l'auto cédée	(15 000)
Perte sur sortie d'immobilisations	3 000 $

Matériel roulant	28 000	
Banque		28 000
Acquisition d'une auto.		

Revenons aux opérations non monétaires. À des fins comptables, l'évaluation d'un actif échangé ou transféré dans le cadre d'une opération non monétaire repose sur la juste valeur soit de l'actif cédé, soit de l'actif reçu, en retenant la juste valeur dont l'évaluation est la plus fiable. Font notamment exception à cette règle les opérations non monétaires qui ne présentent aucune substance commerciale et, bien sûr, les opérations dans lesquelles ni la juste valeur de l'actif reçu ni la juste valeur de l'actif cédé ne peut être évaluée de façon fiable. Dans ces cas d'exception, l'opération non monétaire est comptabilisée à la valeur comptable de l'actif transféré.

Les opérations non monétaires comptabilisées à la juste valeur

Comme nous l'avons mentionné précédemment, la plupart des opérations non monétaires sont comptabilisées à la juste valeur, ce qui implique qu'elles entraînent la comptabilisation d'un gain ou d'une perte correspondant à l'écart entre la valeur comptable du bien cédé et la juste valeur des biens échangés.

Prenons l'exemple de la société Ricardo ltée, qui possède un camion Ford ayant coûté 20 000 $ le 15 janvier 20X0. Le 15 janvier 20X5, Ricardo ltée échange ce camion, dont l'amortissement cumulé s'élève à 8 000 $, contre un équipement de fabrication que détient la société Inter national ltée. Dans les livres de Ricardo ltée, le coût de l'équipement de fabrication doit correspondre à sa juste valeur, soit 10 000 $ au 15 janvier 20X5. La société Ricardo ltée comptabilisera donc l'échange, dans ses livres, de la façon suivante :

Comptabilisation d'un
échange d'immobilisations

Équipement de fabrication	*10 000*	
Amortissement cumulé – Matériel roulant	*8 000*	
Perte sur sortie d'immobilisations	*2 000*	
Matériel roulant		*20 000*
Échange d'un camion contre de l'équipement.		

Calcul :

Valeur comptable du camion cédé (20 000 $ – 8 000 $)	*12 000 $*
Juste valeur du camion cédé	*(10 000)*
Perte sur sortie d'immobilisations	*2 000 $*

AVEZ-VOUS LE SENS DE L'OBSERVATION ?

Ce traitement comptable est identique à celui que la société Ricardo ltée aurait effectué si elle avait vendu au comptant son vieux camion et racheté au comptant l'équipement de fabrication. L'écriture précédente a aussi pour conséquence de constater immédiatement la perte résultant de la sortie du camion, ce qui est comparable au traitement comptable adopté lorsqu'une entreprise cède au comptant l'un de ses éléments d'actif.

Dans l'exemple précédent, la juste valeur du bien reçu a été utilisée pour comptabiliser l'opération. Il aurait aussi été acceptable d'utiliser la juste valeur du bien cédé. En pratique, on peut croire que la juste valeur des biens cédés et celle des biens reçus sont identiques, puisque deux sociétés indépendantes refusent de céder l'un de leurs biens si elles ne reçoivent pas un bien de même valeur en échange.

Supposons maintenant que les sociétés Ricardo ltée et Inter national ltée aient convenu que la juste valeur du camion détenu par Ricardo ltée est de 10 200 $, alors que celle de l'équipement de fabrication s'élève à 10 000 $. L'entente convenue entre les deux parties indépendantes stipule que la société Ricardo ltée recevra l'équipement de fabrication et une contrepartie monétaire de 200 $. Cette opération est considérée comme un échange non monétaire, puisque la contrepartie de 200 $ est négligeable (elle représente

》

duquel se fera la sortie réelle, elle donnera des renseignements par voie de note dans les états financiers. Si elle détient plutôt des actifs à long terme non monétaires destinés à la vente, elle les présentera comme tels dans les états financiers. Elle doit aussi mesurer la valeur de ces actifs à long terme non monétaires au moindre de la valeur comptable ou de la juste valeur diminuée des frais de vente et constater les réductions de valeur dans les résultats de l'exercice en cours. Elle peut ultérieurement constater les reprises de valeur.

11. La sortie d'une immobilisation corporelle peut prendre la forme d'une vente ou d'un échange. Au moment de la sortie, l'entreprise radie les soldes des comptes relatifs à l'immobilisation cédée et, s'il y a lieu, elle impute le gain ou la perte découlant de la sortie aux résultats de l'exercice. S'il ne s'agit pas d'une immobilisation considérée comme destinée à être vendue, l'entreprise doit d'abord constater la charge d'amortissement relative à la période écoulée depuis le début de l'exercice.

12. On établit généralement à la juste valeur le coût initial des immobilisations corporelles échangées sans contrepartie monétaire ou avec une contre-partie monétaire négligeable. Le gain ou la perte découlant de la sortie de l'immobilisation cédée est comptabilisé dans les résultats de l'exercice en cours. De plus, toute contrepartie monétaire négligeable reçue ou cédée au mo-ment d'une telle opération réduit ou augmente le coût de l'immobilisation reçue.

13. Une opération non monétaire ne comporte pas de substance commerciale si elle ne modifie pas la configuration des flux de trésorerie attendus ou si elle implique des biens qui ont une même valeur spécifique à l'entreprise. Une telle opération est comptabilisée à la valeur comptable, c'est-à-dire que le coût de l'immobilisation reçue correspond à la valeur comptable de l'immobili-sation cédée. Dans ce cas, aucun gain ni perte n'est constaté au moment de l'échange. De plus, toute contrepartie monétaire négligeable reçue ou cédée au moment d'une telle opération réduit ou augmente d'autant le coût de l'immobi-lisation reçue. Un traitement comptable identique s'applique lorsqu'il est impossible d'estimer de façon fiable la juste valeur des actifs échangés.

ACTIVITÉS D'APPRENTISSAGE

PROBLÈME TYPE

Ti-pit ltée fabrique divers articles ménagers. Le 5 juillet 20X1, la société vend à Gros Gens ltée sa machine servant à assembler les deux composantes principales de vadrouilles. Voici quelques renseignements supplémentaires concernant cette machine :

Coût initial	*18 000 $*
Valeur comptable au 5 juillet	*5 000*
Prix de vente	*5 700*
Coût des travaux de démontage requis pour livrer la machine à Gros Gens ltée	*200*

Pour remplacer cette machine, Ti-pit ltée a acquis une supermachine permettant de contrôler de façon électronique l'assemblage des composantes des vadrouilles. L'achat a été fait le 6 juillet 20X1 et a entraîné les frais suivants :

Coût indiqué sur la facture d'achat (excluant les taxes recouvrables)	*26 200 $*
TPS (recouvrable)	*1 310*
TVQ (recouvrable)	*2 613*
Frais d'installation	
Matériaux	*800*
TPS (recouvrable)	*40*
TVQ (recouvrable)	*80*
Main-d'œuvre	*600*
Coût des essais de fabrication	
Matières premières gaspillées	*2 500*
TPS (recouvrable)	*125*
TVQ (recouvrable)	*249*
Main-d'œuvre	*1 200*

Les essais de fabrication ont duré jusqu'au 31 juillet 20X1. À cette date, Ti-pit ltée a reçu une subvention inattendue de 1 200 $ parce que la nouvelle machine a été fabriquée par deux jeunes Québécois.

Ti-pit ltée estime que la nouvelle machine a une durée de vie de 10 ans et une durée de vie utile de 7 ans. La valeur résiduelle et la valeur de récupération sont estimées respectivement à 3 000 $ et à 100 $. La société a décidé d'utiliser la méthode de l'amortissement linéaire.

TRAVAIL À FAIRE

a) Passez toutes les écritures de journal requises dans les livres de Ti-pit ltée pour compta- biliser les opérations précédentes.

b) Présentez les extraits pertinents du bilan au 31 décembre 20X1 et de l'état des résultats pour l'exercice terminé le 31 décembre 20X1.

SOLUTION DU PROBLÈME TYPE

a) La passation des écritures de journal

5 juillet 20X1

Caisse ❶	*5 500*	
Amortissement cumulé ❷	*13 000*	
Équipements		*18 000*
Gain sur cession d'immobilisations ❸		*500*
Cession d'une machine.		

Calculs :

❶ *Prix de vente*	*5 700 $*	
Frais de vente	*(200)*	
Produit de la cession	*5 500 $*	
❷ *Coût*	*18 000 $*	
Valeur comptable	*(5 000)*	
Amortissement cumulé	*13 000 $*	
❸ *Produit de la cession (voir ❶ ci-dessus)*	*5 500 $*	
Valeur comptable	*(5 000)*	
Gain sur cession d'immobilisations	*500 $*	

»

b) L'obligation de reboiser au terme de l'exploitation d'une concession forestière.

c) L'obligation liée à la mise hors service temporaire d'une décharge contrôlée.

d) L'obligation d'enlever une immobilisation de production d'un terrain loué au moment de la résiliation ou de l'échéance du bail.

e) L'obligation d'effectuer des travaux de décontamination au moment où l'entreprise cesse d'exploiter une centrale nucléaire.

E16 La comptabilisation d'une charge de désactualisation

Le 31 décembre 20X4, la société Martin ltée assume une obligation liée à la mise hors service d'une immobilisation dont la valeur comptable, avant régularisation, s'élève à 438 200 $. Le taux d'actualisation approprié est de 8 %.

Calculez la charge de désactualisation imputable à l'exercice financier terminé le 31 décembre 20X4 et passez l'écriture de journal requise pour la constater.

E17 La comptabilisation de diverses formes de sorties d'immobilisations corporelles

Le 28 janvier 20X7, le grossiste en voyages Aventure exotique ltée a adopté un plan de vente de certains équipements ayant coûté 40 000 $ et dont l'amortissement cumulé s'élève à 35 000 $ au 30 août 20X7. La société est prête à vendre ses équipements immédiatement au prix du marché de 4 000 $ et prévoit engager des frais de vente de 350 $. Elle s'attend que ses démarches actives pour trouver un acquéreur portent fruit avant le 31 décembre 20X7, date de fin de l'exercice.

Le 31 août 20X7, Aventure exotique ltée sort les équipements de ses livres comptables. Comptabilisez cette sortie selon chacune des deux hypothèses suivantes :

a) La société a vendu ses équipements au prix de 4 000 $ et a payé des frais de vente de 400 $.

b) La société a détruit ses équipements, car leur juste valeur était tombée à zéro.

E18 Un changement de méthode d'amortissement

Le 2 janvier 20X4, Roger inc. a acquis sa première immobilisation au coût de 150 000 $. La machine a une durée de vie de cinq ans, n'a aucune valeur de récupération et on l'utilisera pendant toute sa durée de vie. Roger inc. utilise la méthode de l'amortissement proportionnel à l'ordre numérique inversé des périodes pour la préparation des états financiers à vocation générale. Le 1er janvier 20X7, sur la base de nouveaux renseignements, Roger inc. opte pour la méthode de l'amortissement linéaire.

Calculez la charge d'amortissement pour 20X7.

PROBLÈMES DE COMPRÉHENSION

P1 Les éléments du coût des immobilisations corporelles

15 minutes – facile

En examinant les comptes de Châteaudun ltée, vous découvrez que l'on a capitalisé les éléments suivants aux comptes d'immobilisations en question :

1. Un montant de 30 000 $ afférent au coût de démolition d'un immeuble situé sur le terrain qui servira à la construction d'un nouvel immeuble.

2. Un montant de 1 350 $ relatif aux frais d'installation d'un nouveau moteur dans un camion de livraison.

3. Un montant de 7 200 $ relatif au coût de travaux de peinture à l'usine.

4. Un montant de 6 300 $ afférent aux honoraires des conseillers juridiques consultés lors de l'achat d'un nouvel immeuble.

13

TRAVAIL À FAIRE

Approuvez-vous le traitement comptable de chaque élément présenté précédemment ?
Justifiez votre réponse.

L'élément 3 ne doit pas être capitalisé.

 P2 Les acquisitions d'immobilisations corporelles

15 minutes – facile

Le 1er mai 20X1, Leduc ltée a acheté un immeuble construit 10 ans plus tôt en vue d'y commencer ses activités de production. L'immeuble avait été évalué à 750 000 $, mais Leduc ltée a fait une offre d'achat à 600 000 $ comptant, offre qui a été acceptée. Les frais des actes notariés et de l'enregistrement se sont élevés à 15 000 $.

Leduc ltée a dû remettre 24 000 $ au vendeur qui avait payé 36 000 $ pour les taxes foncières de l'année financière 20X1. La société a aussi déboursé 4 800 $, avant taxes, pour la portion non expirée de l'assurance contre l'incendie, dont la date d'échéance était le 31 décembre 20X1.

Avant de mettre en place tous les équipements, Leduc ltée a fait quelques travaux de rénovation qui ont coûté 18 000 $. La toiture de verre a été lavée en juillet au coût supplémentaire de 1 200 $. La production a pu commencer le 1er août 20X1.

TRAVAIL À FAIRE

Calculez le coût total de l'immeuble acquis en 20X1, coût qui a dû être porté au compte Immeubles.

Coût total : 645 000 $

P3 La détermination du coût des immobilisations corporelles

20 minutes – moyen

Le 25 juillet 20X1, la société Carré ltée a fait l'acquisition au comptant d'équipements de fabrication. Le montant de base convenu avec le vendeur s'élevait à 49 200 $. Voici d'autres renseignements pertinents :

Transport des équipements	537,00 $
Installation des équipements	1 800,00
Coût de formation des employés du Service de la fabrication (cette formation portait sur les mesures générales de sécurité à adopter dans l'usine)	1 500,00
Frais de vente des anciens équipements remplacés par ceux acquis le 25 juillet	300,00
Prix de vente des anciens équipements	4 800,00
Coût des anciens équipements	24 000,00
Amortissement cumulé des anciens équipements	21 600,00

TRAVAIL À FAIRE

Passez les écritures de journal requises dans les livres de Carré ltée pour inscrire toutes les opérations précédentes.

Note : Ne tenez pas compte de la TPS ni de la TVQ.

Gain sur vente : 2 100 $

P4 La comptabilisation d'opérations afférentes aux immobilisations corporelles

25 minutes – facile

Au 1er janvier 20X2, les soldes des comptes relatifs aux immobilisations corporelles de Cormier et Marchand ltée s'établissaient comme suit :

13

Supposez que, conformément à la pratique comptable propre à son secteur d'activité, Minou ltée ne comptabilise pas d'amortissement sur les immobilisations acquises au cours de l'exercice et qu'elle comptabilise une charge complète d'amortissement au cours de l'exercice de la sortie. Passez toutes les écritures de journal afférentes aux immobilisations pour l'exercice 20X6. Arrondissez tous vos calculs au dollar près.

Gain sur vente – Machine A : 12 975 $

P7

20 minutes – moyen

L'amortissement

Le 1er janvier 20X0, Sportif ltée a acheté, au coût de 400 000 $, une machine pour fabriquer des balles de tennis. Cette machine a une durée de vie de 15 ans et une durée de vie utile de 10 ans. De plus, Sportif ltée estime que la valeur de récupération est nulle et que la valeur résiduelle est de 32 000 $. La société estime aussi que la production de balles de tennis sera de 24 000 unités en 20X0 et que la production subséquente diminuera de 1 600 unités par année.

La société envisage trois méthodes d'amortissement :

- La méthode de l'amortissement linéaire ;
- La méthode de l'amortissement dégressif à taux constant ;
- La méthode de l'amortissement fonctionnel.

Dressez un tableau montrant la charge annuelle d'amortissement relative aux exercices terminés les 31 décembre 20X0, 20X1 et 20X2 en utilisant chaque méthode envisagée. Arrondissez tous vos calculs au dollar près.

Amortissement dégressif à taux constant – 20X2 : 51 200 $

P8

25 minutes – facile

Une révision d'estimations

La société Sang-neuf ltée est propriétaire d'un équipement électronique ayant coûté 200 000 $. Au moment de l'acquisition, la durée de vie estimative de l'équipement était de 15 ans et l'on espérait récupérer 2 500 $ à la fin de cette période. Les ingénieurs qui ont fabriqué l'équipement étaient d'avis que la technique mise au point pour le concevoir et le fabriquer resterait inégalée pendant au moins 10 ans. Sang-neuf ltée estimait que l'équipement lui servirait pendant environ 8 ans et que la valeur de ce bien à la fin de sa durée de vie utile serait de 100 000 $.

On a amorti cet équipement de façon linéaire pendant cinq ans. Au début de la sixième année, la société a révisé ses prévisions. Elle considère maintenant que l'équipement électronique devra être remplacé à la fin de l'année et qu'elle obtiendra alors 100 000 $ en guise de valeur d'échange. Les estimations de la durée de vie et de la valeur de récupération demeurent inchangées.

Note : Arrondissez tous vos calculs au dollar près.

a) Déterminez le montant de l'amortissement annuel pour chacune des cinq premières années.

b) Déterminez la valeur comptable de l'équipement à la fin de la cinquième année.

c) Déterminez l'amortissement de la sixième année.

Amortissement de la sixième année : 34 165 $

13

P9

30 minutes – moyen

Les opérations afférentes aux immobilisations corporelles

Le 2 janvier 20X0, Les Boulons ltée a acheté un équipement qu'elle exploitera immédiatement. La société prévoit que cette machine, payée 120 000 $ au comptant, sera utilisée pendant toute sa durée de vie de 10 ans et n'aura aucune valeur de récupération.

Le 2 janvier 20X3, on a apporté à cet équipement une amélioration coûtant 5 600 $ afin d'en augmenter la productivité. Cette amélioration n'a aucun effet sur les estimations de la durée de vie et de la durée de vie utile ni sur la valeur de récupération.

On a apporté une seconde amélioration coûtant 36 000 $ au cours de la première semaine de 20X7. Cette amélioration ne modifie pas la valeur de récupération, mais augmente de trois ans la durée de vie et la durée de vie utile. Le 1er juillet 20X8, un incendie a complètement détruit l'équipement. La société a reçu une indemnité de 40 000 $ de sa compagnie d'assurance.

TRAVAIL À FAIRE

Note : Ne tenez pas compte de la TPS ni de la TVQ.

Passez les écritures de journal nécessaires pour comptabiliser les éléments suivants :

a) L'acquisition du 2 janvier 20X0 ;

b) L'amortissement de l'exercice terminé le 31 décembre 20X0, en supposant que l'équipement soit amorti selon la méthode de l'amortissement linéaire ;

c) L'amélioration apportée le 2 janvier 20X3 ;

d) L'amortissement de 20X4 ;

e) L'amélioration apportée en janvier 20X7 ;

f) L'amortissement de 20X7 ;

g) La sortie.

Perte découlant de la sortie : 15 800 $

P10

20 minutes – moyen

La constatation et la présentation dans le bilan d'une obligation liée à une mise hors service

Le 31 décembre 20X4, la société Nettoie tout ltée a acheté, au coût de 900 000 $, les équipements nécessaires pour exploiter une concession forestière. Elle prévoit les utiliser pendant toute leur durée de vie de 20 ans. Au terme de cette période, leur valeur de récupération sera négligeable.

À la fin de décembre 20X5, le gouvernement adopte une nouvelle loi. Cette loi exige que les bénéficiaires de concessions forestières, actuels et futurs, reboisent les terres exploitées à compter du 1er janvier 20X6. En se basant sur l'information disponible, la société estime, au 31 décembre 20X5, qu'elle assumera une obligation liée au reboisement de 25 000 $ découlant de l'exploitation annuelle. Sur le plan comptable, la société imputera ces coûts dans les résultats de chaque exercice.

La société a établi que le taux d'actualisation approprié est de 15 %.

TRAVAIL À FAIRE

Arrondissez tous vos calculs au dollar près.

a) Préparez un tableau montrant l'évolution de la valeur comptable de l'obligation liée au reboisement du 31 décembre 20X4 au 31 décembre 20X7.

Valeur comptable au 31 décembre 20X7 : 53 750 $

b) Passez les écritures de journal requises dans les livres de Nettoie tout ltée du 31 décembre 20X4 au 31 décembre 20X6.

13

CHAPITRE **14**

Les actifs incorporels

PLAN DU CHAPITRE

Les particularités des actifs incorporels 628
Le traitement comptable initial 631
Le traitement comptable subséquent 634
La présentation des actifs incorporels dans les états financiers 639
La survaleur (*goodwill*) 641
L'aide gouvernementale 643
Synthèse du chapitre 14 645
Activités d'apprentissage 647

OBJECTIFS D'APPRENTISSAGE

Au terme de ce chapitre, vous pourrez :

1 définir les caractéristiques des quatre types de droits et ceux des franchises ;

2 expliquer ce que sont les actifs incorporels ;

3 comptabiliser les actifs incorporels et les présenter dans les états financiers ;

4 déterminer la valeur de l'écart d'acquisition ;

5 comptabiliser l'aide gouvernementale et la présenter dans les états financiers.

Comme l'illustre la figure 13.2 (*voir la page 561*), les actifs incorporels ont pour principale caractéristique d'être sans substance physique. Les brevets, les droits d'auteur et les marques de commerce en sont quelques exemples. Malgré le fait qu'ils soient incorporels, ces biens sont souvent essentiels aux entreprises.

Il existe deux grandes différences quant à la comptabilisation des actifs incorporels et celle des immobilisations corporelles. La première réside dans l'incertitude entourant les avantages économiques futurs qui découleront de l'utilisation des actifs incorporels. En effet, il est généralement difficile d'établir un lien étroit entre la détention de ces actifs et la réalisation de produits au cours d'une période. Par conséquent, le comptable peut difficilement calculer le montant recouvrable et estimer la durée de vie des actifs incorporels.

> **Les actifs incorporels ont pour principale caractéristique d'être sans substance physique.**

La seconde différence réside dans la difficulté d'établir la valeur des actifs incorporels, car il n'existe habituellement pas de marché pour ces actifs. Nous verrons même que certains actifs incorporels ne peuvent être vendus que si la totalité de l'entreprise est vendue.

Avant d'entreprendre l'étude des normes comptables, il importe de connaître la nature de quelques actifs incorporels, dont certains sont protégés par dépôt légal.

UN PROFESSIONNEL VOUS PARLE

Me Danièle Boutet
Associée principale,
Avocate, Agente
de marques de
commerce
───────────
ÑORTON ROSE FULBRIGHT

Les actifs incorporels ne sont pas tangibles, leur nom le dit. Toutefois, ils peuvent constituer des actifs précieux. Ainsi, une marque de commerce peut avoir une valeur importante même si elle n'est pas enregistrée, alors qu'une marque de commerce perd sa valeur si elle n'est pas utilisée. En effet, les droits liés aux marques de commerce sont maintenus par l'usage. Si une marque est utilisée par des personnes autres que son propriétaire et sans le contrôle de ce dernier, la validité de la marque peut être attaquée, d'où l'importance de bien évaluer ces actifs.

Le palmarès BrandZ[1] montre chaque année qu'il n'y a pas de limite à la valeur d'une marque de commerce. Selon la plus récente étude, la valeur totale des 100 plus grandes marques internationales a augmenté de 77 % depuis 2006. Elle atteindrait désormais 2 600 milliards de dollars. Apple, dont la valeur est estimée à 187 milliards de dollars, conserve sans surprise la première place de ce classement, suivie de Google (114 milliards de dollars) et de IBM (112 milliards de dollars).

LES PARTICULARITÉS DES ACTIFS INCORPORELS

Pour bien comprendre la nature des actifs incorporels, examinons d'abord ce que représentent certains droits.

Les droits

Industrie Canada

Le tableau 14.1 présente les caractéristiques de quatre **droits** prévus dans la législation canadienne, soit les brevets, les droits d'auteur, les marques de commerce et les dessins industriels.

TABLEAU 14.1 ▌ **LES CARACTÉRISTIQUES LÉGALES DES DROITS**

Actif incorporel	Définition	Durée de vie (selon la loi appropriée)
Brevets	Droits exclusifs de produire, d'utiliser ou de vendre le résultat d'une invention.	Maximum de 20 ans à partir de la date de la demande.
Droits d'auteur	Droits acquis automatiquement lorsqu'une œuvre originale est créée.	À partir de la création de l'œuvre et jusqu'à 50 ans après la mort de l'auteur.
Marques de commerce et noms commerciaux	Droits exclusifs d'utiliser un mot, un symbole, un dessin ou une combinaison de ceux-ci afin de distinguer un bien ou un service de ceux de la concurrence.	Quinze ans, renouvelable indéfiniment par périodes de 15 ans.
Dessins industriels	Droits exclusifs de produire à l'échelle industrielle un article selon une forme, un motif ou une décoration donnés.	Cinq ans, renouvelable pour une période supplémentaire de cinq ans.

Source : Adapté de *Comptabilité intermédiaire – Analyse théorique et pratique,* 6ᵉ édition, Montréal, Chenelière Éducation, 2013 (*voir le tableau 10.1*).

───────────

1. Millward Brown, *BrandZ Top 100 Most Valuable Global Brands 2013,* www.millwardbrown.com/brandz/2013/Top100/Docs/2013_BrandZ_Top100_Report.pdf (page consultée le 20 novembre 2013).

14

Les brevets

Les **brevets** sont délivrés par l'Office de la propriété intellectuelle du Canada, relevant du gouvernement fédéral, pour l'invention d'un produit, d'un appareil ou d'un procédé, ou pour une amélioration apportée à ceux-ci. Le brevet protège à la fois la **structure** et la **fonction** d'une invention. Il confère à son détenteur le droit exclusif de fabriquer, d'utiliser ou de vendre le résultat d'une invention. Si plusieurs requérants demandent un brevet pour la même invention, c'est le premier demandeur qui l'obtiendra. Les requérants ont donc avantage à déposer leur demande de brevet le plus tôt possible, d'autant plus que la date de la demande correspond au début de la période de protection de 20 ans.

Les droits d'auteur

Alors que les brevets portent sur des découvertes ou des inventions concrètes et ne sont accordés que sur demande, les **droits d'auteur**, portant sur des **inventions abstraites,** sont automatiquement acquis lorsqu'une œuvre originale est créée. L'**enregistrement des droits d'auteur** auprès du gouvernement fédéral, plus particulièrement de l'Office de la propriété intellectuelle du Canada, est quand même préférable, car l'auteur reçoit alors un certificat démontrant son droit de propriété. Ce document facilite, le cas échéant, le règlement de poursuites judiciaires. Les œuvres couvertes par les droits d'auteur sont nombreuses. Il peut s'agir d'œuvres littéraires, dramatiques, musicales ou artistiques comme les livres, les compositions musicales, les tableaux, les films, les logiciels, etc. La durée de vie spécifiée dans le tableau 14.1 comporte une exception : les cédéroms, les bandes magnétiques et les autres formes d'enregistrement de même que les photographies ont une durée de vie limitée à 50 ans à partir de la date de la confection de la planche ou du cliché original. La durée de vie des droits d'auteur est illustrée dans la figure 14.1.

FIGURE 14.1 | **LA DURÉE DE VIE DES DROITS D'AUTEUR**

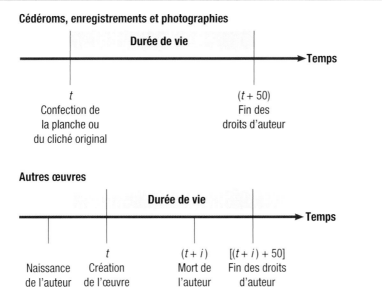

Source : *Comptabilité intermédiaire – Analyse théorique et pratique,* 6ᵉ édition, Montréal, Chenelière Éducation, 2013 (*voir la figure 10.1*).

Les marques de commerce

Les marques de commerce sont des mots, symboles, dessins ou combinaisons de ceux-ci servant à caractériser les **biens** ou les **services** d'une entreprise. Distinguons les termes **nom commercial** et **marque de commerce**. Le nom commercial est le nom sous lequel l'entreprise est exploitée, tandis que la marque de commerce sert à individualiser un bien ou un service ou à protéger un symbole, un slogan publicitaire, etc. Voici quelques exemples de noms commerciaux et de marques de commerce :

Noms commerciaux	*Marques de commerce*
Bayer	*Aspirine*
McDonald's	*Big Mac*
Volkswagen	*Golf*

Certaines entreprises enregistrent même, à titre de marque de commerce, leur propre nom commercial. Pensons notamment à Coca-Cola et à Frigidaire.

Tout comme pour les droits d'auteur, l'enregistrement des marques de commerce n'est pas obligatoire, mais il facilite le règlement, le cas échéant, de poursuites judiciaires. Il permet aussi d'utiliser les symboles ® (*registered*) ou ᴹᴰ (marque déposée), démontrant que la marque de commerce a été enregistrée. L'enregistrement confère une protection pour une période initiale de 15 ans qui peut être renouvelée indéfiniment par périodes supplémentaires de 15 ans.

Les dessins industriels

Les **dessins industriels** représentent toute forme, tout motif ou toute décoration d'un article fabriqué sur une base industrielle, tel que les célèbres sacs à main Gucci. Ils se rattachent donc à l'**apparence** d'un article, alors que les brevets se rattachent à l'**utilité** d'une invention. Lorsqu'un dessin industriel est enregistré, son détenteur possède le droit exclusif de l'utiliser pendant une période de cinq ans, période qui peut être renouvelée pour une période supplémentaire de cinq ans.

Outre les droits couverts par une protection légale, d'autres actifs incorporels découlent d'ententes contractuelles. La franchise, par exemple, représente une autorisation donnée par une entreprise ou un individu de vendre un bien, d'utiliser une raison sociale ou une marque de commerce ou de rendre un service dans une région donnée. Le **franchiseur** est la partie qui accorde le droit, alors que le **franchisé** est la partie qui le reçoit. Le franchisé possède un actif incorporel.

Au Canada, le secteur du franchisage est en pleine croissance depuis quelques années. McDonald's, Mike's, Chez Cora et Le Centre japonais de la photo constituent quelques exemples de franchises. Cette croissance sera sans doute maintenue en raison des nombreux avantages que procure le franchisage. D'une part, le franchiseur peut offrir au franchisé des conseils d'ordre technique, commercial et administratif ; cette assistance prend souvent la forme de programmes de formation. D'autre part, le franchisé apporte ses qualités d'entrepreneur et tous les avantages découlant de la gestion décentralisée d'une entreprise de petite taille exploitée par son propriétaire.

La nature des actifs incorporels étant précisée, la prochaine section aborde leur traitement comptable.

La définition comptable des actifs incorporels

La comptabilisation des actifs incorporels repose sur les normes mentionnées dans le chapitre 3064 du *Manuel de CPA Canada*. On y précise d'abord que les actifs incorporels sont des **actifs non monétaires**, c'est-à-dire autres que de l'argent ou des actifs à recevoir en argent pour des montants fixes ou déterminables. Ainsi, les comptes clients et les placements en obligations, même s'ils n'ont pas de substance physique, ne sont pas des actifs incorporels, car ils donnent le droit de recevoir une somme prédéterminée.

L'actif incorporel possède encore trois autres caractéristiques : 1) il a un caractère identifiable ; 2) il générera des avantages économiques ; et 3) son détenteur en contrôle les avantages économiques. Examinons chacune de ces caractéristiques.

La première précise que tout actif incorporel est **identifiable.** Ce critère d'identifiabilité est respecté lorsque l'une ou l'autre des situations suivantes s'applique. La première situation concerne les actifs qui peuvent être vendus, transférés, concédés, loués ou échangés, soit seuls, soit accompagnés d'un autre actif. De ce fait, l'achalandage d'une entreprise, aussi appelé « survaleur », n'est pas un actif incorporel, car il ne peut être cédé sans que l'entreprise dans son ensemble soit cédée. La deuxième situation concerne les actifs incorporels qui résultent de droits contractuels ou légaux, tels les brevets ou les marques de commerce. Lorsqu'un actif incorporel résulte de tels droits, il est automatiquement considéré comme identifiable, peu importe qu'il puisse être ou non séparable de l'entreprise ou d'autres droits ou obligations.

La deuxième caractéristique de l'actif incorporel est le fait que celui-ci apportera des **avantages économiques** à son détenteur, que ce soit sous la forme de produits découlant de la vente de biens ou de la prestation de services ou, encore, d'une diminution des dépenses futures. Par exemple, l'acquisition d'un logiciel comptable permettra sans doute de réduire les coûts administratifs futurs.

La troisième et dernière caractéristique de l'actif incorporel est que son propriétaire doit en **contrôler** les avantages économiques. Le détenteur doit donc s'assurer qu'il a le pouvoir d'obtenir des avantages économiques futurs, ce qui implique généralement qu'il peut simultanément restreindre l'accès de tiers à ces avantages. Ainsi, l'entreprise qui enregistre ses droits d'auteur s'assure de l'exclusivité des bénéfices résultant de l'œuvre ainsi protégée. Il en est de même de l'entreprise qui conclut des accords de non-concurrence avec l'un de ses sous-traitants qui fabrique des composantes entrant dans un procédé de fabrication secret. À l'inverse, l'entreprise qui bénéficie des compétences exceptionnelles de gestionnaires reconnus mondialement ne peut comptabiliser à titre de savoir-faire une partie des salaires ou des bonis qu'elle verse à ces gestionnaires, car elle ne contrôle pas vraiment les compétences de ces derniers.

L'entreprise ne peut comptabiliser à l'actif toutes les dépenses qu'elle engage pour acheter ou développer des actifs incorporels. La prochaine section présente les critères auxquels une dépense doit répondre pour pouvoir être comptabilisée à l'actif.

LE TRAITEMENT COMPTABLE INITIAL

Lorsque l'entreprise acquiert une ressource incorporelle, la première question comptable qu'elle se pose est de savoir si elle peut comptabiliser la dépense à titre d'actif ou si elle doit la comptabiliser à titre de charge dans l'exercice en cours.

L'entreprise comptabilise ses dépenses liées à une ressource incorporelle à titre d'actif incorporel plutôt qu'à titre de charge lorsqu'elle peut démontrer que cet actif possède les trois caractéristiques déjà présentées et que, de plus :

- il est probable que les avantages économiques futurs attribuables à cet actif iront à l'entreprise ;
- le coût de cet actif peut être évalué de façon fiable [2].

Bien que les deux critères de comptabilisation relatifs à la probabilité des avantages économiques futurs et à la capacité d'évaluer le coût s'appliquent à tous les actifs incorporels, les modalités d'application diffèrent selon que cet actif est acquis d'un tiers ou qu'il est généré en interne. Ces modalités diffèrent, car, lorsque l'entreprise commence à générer en interne un actif incorporel, les avantages économiques futurs sont bien incertains.

---

2. *Manuel de CPA Canada – Comptabilité – Partie II – Normes comptables pour les entreprises à capital fermé,* Toronto, CPA Canada, paragr. 3064.21.

Le traitement comptable initial des actifs incorporels achetés séparément

Dans le cas de l'actif incorporel acheté d'un tiers, il est généralement facile de déterminer si les critères de sa comptabilisation à titre d'actif sont respectés. Premièrement, il est clair que cet actif est identifiable, et plus spécifiquement séparable, puisque l'entreprise a la possibilité de l'acheter séparément. Deuxièmement, la présence d'avantages économiques futurs et leur probabilité de matérialisation sont déjà reflétées dans le coût d'origine que l'entreprise accepte de payer. Troisièmement, selon de saines pratiques d'affaires, l'acquéreur vérifie que le vendeur est bien le propriétaire légal du bien et qu'il est prêt à céder son titre de propriété. De ce fait, l'acquéreur obtient la confirmation que, à compter de la date d'achat, il contrôlera les avantages économiques attendus de l'actif acquis. Quatrièmement, le coût est généralement facile à évaluer, surtout si le coût d'acquisition est réglé en espèces ou en cédant des actifs monétaires.

Le **coût** d'un actif incorporel acquis séparément inclut le coût d'achat de base, diminué de toutes remises ou tous rabais consentis par le vendeur et augmenté des taxes non remboursables, tels les frais de douane. Le coût comptabilisé à l'actif inclut aussi tous les coûts directement attribuables à l'acquisition engagés avant de pouvoir utiliser l'actif de la façon prévue, tels les honoraires payés à des conseillers juridiques pour acheter un brevet. À l'inverse, le coût exclut généralement les frais de lancement d'un nouveau bien ou service, les frais administratifs et les autres frais généraux.

Le traitement comptable initial des actifs incorporels générés en interne

Il est fréquent qu'une entreprise engage des dépenses qui, quelques années plus tard, lui procurent un avantage ou une caractéristique distinctive. Il en est ainsi lorsque l'entreprise, grâce à ses campagnes de promotion, à son excellent service à la clientèle ou à la compétence de ses employés, se bâtit une marque de commerce. L'entreprise peut aussi, grâce à l'expertise de ses vendeurs, à la qualité des biens vendus et à son service après-vente, dresser une liste de clients. Pendant la période de mise au point de l'actif incorporel généré en interne, il est plus difficile de déterminer si les critères de comptabilisation à titre d'actif sont respectés. Plus spécifiquement, les caractéristiques les plus difficiles à vérifier sont celles qui sont relatives à la probabilité des avantages économiques futurs et à la détermination du coût.

Pour contourner ces difficultés, le Conseil des normes comptables (CNC) propose des critères plus précis concernant la comptabilisation à l'actif des dépenses engagées pour générer en interne un actif incorporel. La première tâche de l'entreprise est de déterminer si les dépenses engagées s'inscrivent dans la phase de **recherche** ou dans la phase de **développement** de l'actif incorporel. Cette distinction est importante, puisque le traitement comptable des deux catégories de dépenses diffère. Les frais de recherche sont toujours comptabilisés en charges dès qu'ils sont engagés, alors que les frais de développement sont soit comptabilisés à l'actif sous certaines conditions, soit comptabilisés en charges. Le choix entre ces deux options est entièrement laissé à l'entreprise, pour autant que la méthode retenue soit appliquée à tous les projets de développement.

Nous expliquerons plus loin ces conditions de capitalisation. Revenons d'abord aux distinctions entre les deux catégories d'activités. Les **activités de recherche** consistent en une investigation, originale et programmée, entreprise en vue d'acquérir une compréhension et des connaissances scientifiques et techniques nouvelles. Il pourrait s'agir, par exemple, des premiers travaux entrepris en laboratoire par la société pharmaceutique Guéritout ltée dans le but de découvrir un médicament pour traiter un nouveau type de cancer. Les **activités de développement** englobent l'application des résultats de la recherche ou d'autres connaissances à un plan ou à un modèle en vue de la production de matériaux, de dispositifs, de produits, de procédés, de systèmes ou de services nouveaux ou substantiellement améliorés, et ce, avant le commencement de leur production commerciale ou de leur utilisation. En reprenant l'exemple de Guéritout ltée, tenons pour acquis que l'entreprise a découvert le fameux médicament. Malheureusement, le comprimé a la taille d'un ballon de football. Le développement consiste à transformer ce comprimé de façon qu'il puisse être administré aux patients. Ce n'est que lorsque ce développement sera terminé qu'il sera possible d'entreprendre la phase de production commerciale.

Si l'entreprise est incapable de distinguer la phase de recherche de la phase de développement, elle doit considérer que les dépenses engagées pour développer un actif incorporel se rattachent à la phase de recherche. Cette présomption conduit à une comptabilisation prudente, car les dépenses engagées pendant la phase de recherche sont toujours comptabilisées en charges dès qu'elles sont engagées. La comptabilisation en charges est justifiée, car, pendant la phase de recherche, il est presque impossible de démontrer que les activités déboucheront sur une découverte et que celle-ci permettra de générer des avantages économiques futurs. Tant et aussi longtemps que rien n'est découvert, aucun avantage économique futur ne peut être prévu.

L'entreprise qui choisit de comptabiliser ses frais de développement à l'actif doit s'assurer de respecter les critères énumérés et commentés dans le tableau 14.2.

TABLEAU 14.2 | **LES CONDITIONS JUSTIFIANT LA COMPTABILISATION À L'ACTIF DES FRAIS DE DÉVELOPPEMENT**

Manuel de CPA Canada	**Exemples de conditions remplies dans le cas de Guéritout ltée**
L'entreprise est capable de démontrer ce qui suit :	
1. *La faisabilité technique de l'achèvement de l'actif incorporel en vue de sa mise en service ou de sa vente.*	Les travaux réalisés par les chimistes ont effectivement permis de réduire la taille du médicament à celle d'un comprimé ordinaire. Tous les tests médicaux démontrent son efficacité.
2. *Son intention d'achever l'actif incorporel et de l'utiliser ou de le vendre.*	Le conseil d'administration en a approuvé la production à l'échelle commerciale.
3. *Sa capacité à utiliser ou à vendre l'actif incorporel.*	Le plan d'affaires précise notamment que le nouveau médicament sera protégé par un brevet.
4. *La disponibilité de ressources techniques, financières et autres, appropriées pour achever le développement et utiliser ou vendre l'actif incorporel.*	Le plan d'affaires a été présenté à des créanciers qui ont accepté de fournir le financement additionnel requis pour mettre en marché le médicament. L'entreprise possède aussi les ressources techniques, soit le matériel de laboratoire et les réseaux de distribution, qui sont nécessaires pour exploiter l'invention qui sera brevetée.
5. *Sa capacité à évaluer de façon fiable les dépenses attribuables à l'actif incorporel au cours de son développement.*	L'entreprise peut analyser son expérience passée et utiliser les données produites par ses systèmes d'information pour estimer, par exemple, les honoraires des conseillers juridiques qu'elle devra engager avant d'obtenir le brevet.
6. *La façon dont l'actif incorporel générera les avantages économiques futurs probables. L'entité doit démontrer, entre autres choses, l'existence d'un marché pour la production issue de l'actif incorporel ou pour l'actif incorporel lui-même ou, si celui-ci doit être utilisé en interne, son utilité.*	Le plan d'affaires précise que le nouveau médicament sera distribué en utilisant les canaux de distribution que l'entreprise utilise déjà. Il renvoie aussi à l'étude de marché, laquelle révèle un potentiel de marché indiscutable.

Sources : Colonne de gauche : *Manuel de CPA Canada – Comptabilité – Partie II – Normes comptables pour les entreprises à capital fermé,* Toronto, CPA Canada, paragr. 3064.41.

Colonne de droite : Texte adapté de *Comptabilité intermédiaire – Analyse théorique et pratique,* 6e édition, Montréal, Chenelière Éducation, 2013 (*voir le tableau 10.4*).

Lorsque l'entreprise choisit de comptabiliser les frais de développement à l'actif, le **coût** de l'actif incorporel généré en interne comprend tous les coûts directement attribuables et nécessaires pour créer, produire et préparer l'actif pour que celui-ci puisse être exploité de la manière prévue par la direction. Pensons par exemple aux coûts des matières et des services utilisés ou consommés pour générer l'actif incorporel, aux coûts des salaires et des avantages sociaux liés à sa création, aux honoraires d'enregistrement d'un droit légal et à l'amortissement des brevets et licences qui sont utilisés pour le générer.

Les normes comptables relatives à la comptabilisation à l'actif des frais de développement souffrent d'une exception : «Lorsqu'ils sont générés en interne, les marques, cartouches de titre, titres de publication, listes de clients et autres éléments similaires en substance ne doivent pas être comptabilisés en tant qu'actifs incorporels[3].» Il est pratiquement impossible de distinguer les dépenses engagées pour générer en interne de tels actifs des autres dépenses que l'entreprise doit continuellement engager pour maintenir ses activités. Les coûts de développement de ces actifs ne peuvent donc être évalués de façon fiable, ce qui entraîne l'interdiction de les comptabiliser comme actif incorporel.

IFRS

Selon la norme IAS 38, intitulée «Immobilisations incorporelles», on doit comptabiliser à l'actif les dépenses engagées dans la phase de développement qui respectent les six critères de comptabilisation à l'actif. Selon les normes comptables pour les entreprises à capital fermé (NCECF), le même traitement est acceptable, mais l'entreprise peut aussi décider de comptabiliser toutes ces dépenses à titre de charges. Dans ce cas, le travail comptable est simplifié du fait que l'entreprise n'est plus obligée d'analyser les six critères en question.

LE TRAITEMENT COMPTABLE SUBSÉQUENT

Les éléments de coût engagés pour maintenir ou améliorer l'actif incorporel

Les règles expliquées dans la section précédente traitant de la comptabilisation initiale d'un actif incorporel s'appliquent aussi aux coûts engagés pour maintenir ou améliorer cet actif. Rappelons qu'une dépense n'est comptabilisée à l'actif que si elle permet d'acquérir un actif incorporel identifiable. Elle entraînera alors des avantages économiques que l'entreprise aura le pouvoir de contrôler. En pratique, il est souvent difficile de déterminer si une dépense engagée après la date d'acquisition d'un actif incorporel aura pour effet d'entraîner des avantages économiques additionnels par rapport à ceux prévus à la date d'acquisition. C'est pourquoi la plupart des dépenses subséquentes sont comptabilisées en charges. Il en est ainsi des dépenses de formation du personnel, de publicité, de promotion et de relocalisation.

Lorsqu'une dépense a initialement été comptabilisée en charges, l'entreprise ne peut, au cours d'un exercice subséquent, l'incorporer dans le coût d'un actif incorporel sous prétexte que la dépense respecte maintenant les critères de comptabilisation à l'actif.

IFRS

L'IASB permet aux entreprises d'appliquer le modèle de la réévaluation, dont nous avons déjà traité au chapitre 13, aux actifs incorporels qui sont négociés sur un marché actif, par exemple des quotas de lait.

---

3. *Manuel de CPA Canada – Comptabilité – Partie II – Normes comptables pour les entreprises à capital fermé,* Toronto, CPA Canada, paragr. 3064.47.

Tout comme pour les immobilisations corporelles, on distingue deux types d'actifs incorporels, selon que leur durée de vie est limitée ou indéfinie.

L'estimation de la durée de vie

Plusieurs actifs incorporels ont une durée de vie limitée. L'entreprise doit donc amortir de tels actifs. Il en est ainsi des listes de clients, des brevets et des droits d'auteur. D'autres actifs incorporels semblent avoir une durée de vie indéfinie. Leur détenteur doit alors conclure qu'il n'a pas l'obligation d'amortir ces actifs. Il en est ainsi de certaines licences de radiodiffusion, de certains droits d'exploitation de routes aériennes et de certaines marques de commerce. L'entreprise doit donc accorder un grand soin à l'estimation de la durée de vie de ses actifs incorporels.

La période pendant laquelle un actif incorporel procure des avantages économiques est fonction de divers facteurs. La durée de vie d'un actif incorporel peut être limitée par des dispositions légales, réglementaires ou contractuelles. Il importe alors de tenir compte de la période pendant laquelle il est possible de renouveler, sans aucune difficulté, les droits afférents à cet actif incorporel. D'autres facteurs peuvent limiter la durée de vie. Par exemple, l'entreprise qui possède un dessin industriel pourrait estimer que, même si la protection légale de ce dessin est de cinq ans plus un renouvellement, cet actif n'aura une durée de vie utile que de trois ans, compte tenu du phénomène de mode existant sur le marché.

Le tableau 14.3, à la page suivante, contient quelques exemples préparés par le CNC portant sur l'estimation de la durée de vie, ainsi que quelques commentaires.

Il importe de bien saisir les situations dans lesquelles l'entreprise peut considérer que la durée de vie de l'un de ses actifs incorporels est indéfinie. En principe, pour que la durée de vie d'un actif incorporel soit qualifiée d'indéfinie, aucun facteur légal, réglementaire, contractuel, concurrentiel, économique ou autre ne doit en limiter la durée de vie. Il faut aussi noter que «indéfinie» ne signifie pas «infinie», au sens d'une durée de vie sans fin.

Lorsque l'entreprise possède un actif incorporel dont la durée de vie semble indéfinie, elle ne doit pas en amortir le coût. Elle a toutefois l'obligation de réexaminer chaque année son estimation de la durée de vie. Au moment de cette révision annuelle, si l'entreprise conclut que des circonstances ou des renseignements nouveaux viennent limiter la durée de vie de l'actif incorporel, durée jusque-là considérée comme indéfinie, elle doit d'abord effectuer un test de dépréciation des actifs incorporels non amortissables, tel qu'expliqué plus loin. Elle constate ensuite, s'il y a lieu, la perte de valeur. Enfin, elle commence à amortir la valeur comptable de l'actif incorporel à compter de cette date.

14

IFRS

Selon la norme IAS 38, intitulée «Immobilisations incorporelles», on doit réviser la durée d'utilité au moins à la date de clôture de chaque période financière. L'entreprise qui publie, par exemple, des états financiers trimestriels devra réviser ses estimations quatre fois l'an, alors qu'elle le ferait une seule fois si elle appliquait les NCECF.

L'amortissement des actifs incorporels dont la durée de vie est limitée

La première estimation requise pour effectuer le calcul de l'amortissement des actifs incorporels porte sur leur durée de vie utile. L'incertitude entourant les actifs incorporels est particulièrement importante sur le plan des estimations de leur durée de vie totale et de leur durée de vie utile. Si l'entreprise s'inspirait des normes comptables applicables aux immobilisations corporelles pour calculer la charge d'amortissement, elle devrait notamment estimer la durée de vie totale et la durée de vie utile des actifs incorporels.

TABLEAU 14.3	QUELQUES EXEMPLES ILLUSTRANT L'ESTIMATION DE LA DURÉE DE VIE D'UN ACTIF INCORPOREL

Exemples	Commentaires
Une agence de publicité a acquis une liste de clients. Elle prévoit être en mesure de tirer des avantages économiques des renseignements qui y figurent pendant une durée minimale de un an et une durée maximale de trois ans. Selon la direction, la meilleure estimation de la durée de vie utile de la liste est de 18 mois.	L'entreprise amortira le coût de la liste de clients sur une période de 18 mois. Même si l'entreprise prévoyait ajouter des noms à cette liste de façon à en prolonger la durée de vie utile, la période d'amortissement se limiterait aux avantages économiques attendus de la liste dans l'état où elle se trouve à la date d'acquisition. Le coût des noms qui s'ajouteraient à la liste s'apparente à des frais visant à générer en interne un actif incorporel.
La société Techno ltée vient d'obtenir un brevet, au coût de 500 000 $, pour une durée de vie de 20 ans. L'entreprise ne prévoit pas que la concurrence ou d'autres facteurs viendront en restreindre la durée de vie légale. La société Branchée ltée s'est engagée à lui racheter ce brevet dans 5 ans au prix de 200 000 $. • Si Techno ltée prévoit profiter de l'offre de Branchée ltée. • Si Techno ltée prévoit ne pas profiter de l'offre de Branchée ltée.	 La société amortira l'assiette de l'amortissement de 300 000 $ (500 000 $ − 200 000 $) sur la durée de vie utile de 5 ans. La société amortira l'assiette de l'amortissement de 500 000 $ sur la durée de vie utile de 20 ans.
La société Radioactif ltée a acquis une licence de radiodiffusion qui expire dans 10 ans et qui est renouvelable tous les 10 ans. Au moment de l'acquisition de la licence, l'entreprise ne s'attend pas à ce que la technologie de radiodiffusion utilisée soit remplacée par une autre technologie dans un avenir proche. Radioactif ltée aimerait renouveler cette licence pendant une longue période. • Si le renouvellement de la licence se fait par vente aux enchères. • Si le renouvellement de la licence est automatique, à la seule condition que Radioactif ltée se conforme aux exigences réglementaires et fournisse un niveau de services acceptable à ses clients.	 La période d'amortissement de la licence se limite à 10 ans, car rien n'assure que Radioactif ltée sera en mesure de la renouveler. La durée de vie de la licence semble indéfinie. Radioactif ltée comptabilisera sa licence en respectant les règles applicables aux actifs incorporels dont la durée de vie est indéfinie.

Mentionnons d'abord que la **durée de vie totale** d'un actif incorporel correspond souvent à la période d'exclusivité au cours de laquelle cet actif pourrait générer des avantages économiques, c'est-à-dire à sa durée de vie légale. La **durée de vie utile** se limite à la période au cours de laquelle l'entreprise bénéficiera des avantages économiques découlant de l'utilisation de l'actif incorporel. Le CNC recommande aux entreprises d'estimer uniquement la durée de vie utile de leurs actifs incorporels, en raison des caractéristiques des actifs incorporels qui rendent très difficile l'estimation fiable de leur durée de vie totale.

Les règles relatives à l'amortissement des actifs incorporels diffèrent quelque peu de celles qui sont appliquées aux immobilisations corporelles. Rappelons que la charge d'amortissement d'une immobilisation corporelle correspond au plus élevé de deux estimations, la première étant basée sur la durée de vie, la seconde étant basée sur la durée de vie utile.

Comme nous l'avons mentionné, le CNC exige uniquement que l'entreprise estime la durée de vie utile de chacun de ses actifs incorporels. De ce fait, l'entreprise n'a pas besoin d'en estimer la valeur de récupération. Elle établira l'assiette d'amortissement de l'actif incorporel en déduisant la valeur résiduelle du coût, puis elle répartira cette assiette sur la durée de vie utile.

En règle générale, au moment d'estimer la valeur résiduelle, l'entreprise doit prévoir une valeur nulle. Cette position va de pair avec l'attitude prudente que le comptable doit adopter devant la grande incertitude liée aux avantages économiques futurs, elle-même d'autant plus grande que la durée de vie prévue de l'actif est longue. La figure 14.2 illustre les exceptions à cette règle, soit les situations où la valeur résiduelle peut être supérieure à zéro[4].

FIGURE 14.2 LES SITUATIONS OÙ LA VALEUR RÉSIDUELLE EST SUPÉRIEURE À ZÉRO

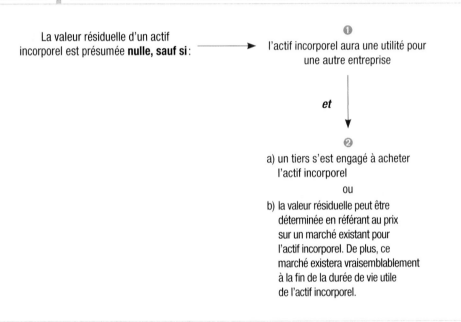

Pour attribuer une valeur résiduelle à un actif incorporel, on doit respecter deux conditions. La première stipule qu'à la fin de sa durée de vie utile pour une entreprise, par exemple A ltée, l'actif incorporel continuera à avoir une utilité pour une autre entreprise, par exemple B ltée. Il serait alors probable que, pour acquérir cet actif incorporel au terme de quelques exercices, B ltée accepte de payer un montant correspondant à sa valeur résiduelle. Si l'on prévoit qu'aucune autre entreprise ne pourra utiliser l'actif incorporel, il est évident que celui-ci a une valeur résiduelle nulle.

La seconde condition concerne la possibilité que, au moment où l'entreprise A ltée décidera de ne plus utiliser l'actif incorporel, elle sera capable de trouver un acheteur pour celui-ci. Il est possible de respecter cette condition de l'une ou l'autre des deux façons suivantes. La plus évidente est qu'une autre entreprise, qui n'est pas nécessairement B ltée, se soit engagée à acheter l'actif incorporel à la fin de la durée de vie établie par A ltée. L'existence d'un marché actif pour l'actif incorporel en question, existence qui perdurera jusqu'à la fin de la durée de vie utile estimée par A ltée, serait une autre façon de respecter la seconde condition. Dès que l'une des deux conditions précédentes n'est pas respectée, l'entreprise doit poser l'hypothèse selon laquelle la valeur résiduelle de l'actif incorporel est nulle.

---

4. *Manuel de CPA Canada – Comptabilité – Partie II – Normes comptables pour les entreprises à capital fermé*, Toronto, CPA Canada, paragr. 3064.59.

CHAPITRE 15

Les titres de placement

PLAN DU CHAPITRE

Les caractéristiques des titres de placement 654

Le traitement comptable des placements cotés
sur un marché actif 658

Le traitement comptable des placements qui
ne sont pas cotés sur un marché actif... 664

Le traitement comptable d'une participation 680

La présentation des titres de placement 689

Synthèse du chapitre 15 690

Activités d'apprentissage 691

Annexe 15A La valeur actualisée de versements futurs 707

OBJECTIFS D'APPRENTISSAGE

Au terme de ce chapitre, vous pourrez :

1 analyser les caractéristiques des titres de placement ;

2 identifier la méthode de comptabilisation d'un placement ;

3 comprendre le traitement comptable des placements cotés sur un marché actif ;

4 savoir quand comptabiliser les produits de dividendes ;

5 comprendre le traitement comptable des placements qui ne sont pas cotés sur un marché actif ;

6 effectuer un test de dépréciation à la clôture des comptes ;

7 savoir comment comptabiliser les produits d'intérêts ;

8 déterminer et comptabiliser une participation dans un satellite ;

9 expliquer la présentation des titres de placement.

Pour la plupart des entreprises, le principal fondement de leur existence a trait à la production et à la vente de biens, à la prestation de services ou à l'exécution de travaux[1].
À l'actif du bilan de la majorité des entreprises, le lecteur des états financiers remarquera aisément les sections Actif à court terme et Immobilisations. Jusqu'ici, nous avons traité de l'ensemble des postes de l'actif du bilan à l'exception des placements. Les placements à court terme font partie de l'actif à court terme ; les placements à long terme sont présentés dans une section distincte du bilan.

L'acquisition de placements exige un surplus de trésorerie.

Les entreprises ne détiennent pas toutes des titres de placement, puisque, dans la majorité des cas, il ne s'agit pas de leur principale préoccupation.
En fait, l'acquisition de placements exige un surplus de trésorerie qui n'est pas nécessaire à l'exploitation courante des affaires de l'entreprise, à l'acquisition d'immobilisations ou au remboursement des dettes.

---

1. Le chapitre ne traite pas des entreprises dont la raison d'être est l'acquisition, la détention et la revente de titres de placement. C'est le cas, entre autres, des sociétés de placement, des fonds communs de placement, des régimes de retraite et des compagnies d'assurance.

relativement rapide[2]. Autrement formulé, l'entreprise doit être en mesure d'aliéner son placement dans un court délai, à l'intérieur d'une période de 12 mois, de manière que les liquidités soient rapidement disponibles à d'autres fins[3].

Les titres de placement se négociant sur un marché actif ou à la Bourse sont considérés, avec raison, comme faciles à évaluer et comme rapidement réalisables. En effet, exception faite de certains cas très particuliers, un investisseur peut facilement vendre ses placements à la Bourse. Les principaux titres du marché de la Bourse[4] sont constitués d'actions de diverses catégories, d'obligations et de débentures[5] d'entreprises d'une certaine taille. Les actions en circulation de Québecor et les obligations de Bell Canada en constituent des exemples. Les obligations d'épargne du Québec et celles du Canada sont aussi cotées en Bourse. En règle générale, on investit à la Bourse par l'entremise d'un courtier en valeurs mobilières. Toutefois, de plus en plus d'investisseurs font directement des affaires sur le Web, sans recourir aux services d'un courtier.

Les titres de placement non cotés en Bourse font appel au marché privé de l'investissement. Leur valeur s'avère plus difficile à établir et dépend des conditions particulières à chacun des investissements. L'éventail des titres offerts est plus grand que celui des titres de placement négociés sur un marché actif. Il comprend notamment des actions de diverses catégories, des obligations et des débentures d'entreprise, de gouvernement ou de municipalité, des certificats de dépôt, des billets ou effets, des hypothèques, etc. L'investissement sur le marché privé peut s'effectuer de diverses façons, par l'entremise d'un courtier en valeurs mobilières, d'une institution financière ou simplement par un contact direct entre l'investisseur et l'entreprise. Puisque les titres non cotés ne sont habituellement pas susceptibles de réalisation rapide, ils font rarement partie des placements à court terme.

L'examen du tableau 15.1 (*voir la page 655*) a révélé la grande diversité des placements, lesquels ne comprennent pas seulement les placements dans des titres cotés sur un marché actif. Ainsi, il se peut qu'une entreprise avance des fonds à titre privé, le plus souvent munis d'une garantie. Par ailleurs, les **avances consenties à des employés, à des administrateurs, à des actionnaires ou à des entreprises affiliées** sont fréquentes. En effet, il arrive qu'une entreprise prête ou avance de l'argent aux personnes physiques ou morales qui lui sont apparentées. De cette façon, elle peut prêter de l'argent à l'un de ses employés clés qui vient de déménager et d'accepter la direction d'une nouvelle division. Il est évident qu'une PME ne peut prêter de l'argent à tous ses employés, mais elle peut en avancer à une entreprise affiliée.

En ce qui concerne les placements, les actions ou les obligations, qu'une entreprise (ou société) détient dans une autre entreprise (ou société), on utilise couramment la terminologie suivante :

Société participante	Société qui **détient** des titres d'une autre société.
Société émettrice	Société qui a **émis** les titres de propriété ou de créance détenus par des particuliers ou par d'autres sociétés.

Autorité des marchés financiers

La comptabilisation des placements

Nous avons vu précédemment les caractéristiques des placements à court terme et à long terme. Mentionnons d'emblée que le traitement comptable d'un placement, quel qu'il soit,

---

2. *Manuel de CPA Canada – Comptabilité – Partie II – Normes comptables pour les entreprises à capital fermé*, Toronto, CPA Canada, paragr. 1510.05.

3. Certaines entreprises présentent séparément les placements à court terme qui sont des **équivalents de trésorerie**. Ces placements sont très liquides, facilement convertibles en un montant connu de trésorerie et d'une valeur qui ne risque pas de changer de façon significative. Les certificats de dépôt, par exemple, en font partie, mais on exclut généralement les actions cotées en Bourse. Nous reviendrons sur cette notion au chapitre 22, portant sur les flux de trésorerie.

4. D'autres titres de placement sont aussi offerts : les options et les droits concernant les métaux précieux, les ressources naturelles, les denrées agricoles et les devises. Nous n'en traiterons pas ici.

5. Les obligations offrent des actifs en garantie, alors que les débentures ne reposent que sur la réputation de l'émetteur. Dans ce chapitre, les explications touchant les obligations s'appliquent aussi aux débentures.

ne dépend pas de son classement au bilan. C'est la nature du placement ou de la participation qui en détermine la méthode de comptabilisation. Le *Manuel de CPA Canada* distingue les placements dans des instruments de capitaux propres, c'est-à-dire dans des actions cotées sur un marché actif[6], des autres types de placements. Le tableau 15.2 précise cette distinction.

TABLEAU 15.2   LA MÉTHODE DE COMPTABILISATION DES PLACEMENTS

	Placements dans des instruments de capitaux propres cotés sur un marché actif	Placements qui ne sont pas des instruments de capitaux propres cotés sur un marché actif
Placement à court terme	Juste valeur	Valeur d'acquisition
Placement à long terme (placement de portefeuille*)	Juste valeur	Valeur d'acquisition
Participation dans un satellite (de 20 % à 50 % des actions avec droit de vote)	Juste valeur **ou** Valeur de consolidation	Valeur d'acquisition **ou** Valeur de consolidation
Participation dans une filiale (plus de 50 % des actions avec droit de vote)	Juste valeur **ou** Valeur de consolidation **ou** Consolidation	Valeur d'acquisition **ou** Valeur de consolidation **ou** Consolidation

* Le terme « placement de portefeuille » est couramment utilisé pour tout placement à long terme autre qu'une participation dans un satellite ou une filiale.

Lorsqu'il est possible d'avoir facilement et régulièrement accès aux cours d'une Bourse, on considère que le titre des actions est coté sur un marché actif. Cette disponibilité de l'information justifie l'usage de la **méthode de la juste valeur**. Pour tout autre placement qui n'est pas une action cotée sur le marché actif, la **méthode de la valeur d'acquisition** (au coût, au coût après amortissement ou au coût diminué de la dépréciation) est retenue.

IFRS

La classification des placements est différente lorsqu'on utilise les IFRS. En effet, la norme IAS 39 détermine plutôt la méthode de comptabilisation d'un placement en fonction de sa désignation initiale. En d'autres mots, la direction doit établir ses intentions lors de l'acquisition initiale d'un placement, ce qui donne lieu à l'emploi des méthodes suivantes :

Placements désignés

Détenus à des fins de transaction	*Disponibles à la vente*	*Prêts/Créances*	*Détenus jusqu'à l'échéance*
Juste valeur	*Juste valeur (au coût si valeur non disponible)*	*Coût ou Coût amorti*	*Coût amorti*

La méthode de comptabilisation à retenir ne dépend pas de la détention à court ou à long terme du placement. Mentionnons toutefois que les « placements détenus à des fins de transaction » et les « placements disponibles à la vente » sont généralement des actifs courants (actifs à court terme), tandis que les « placements détenus jusqu'à l'échéance » sont généralement des actifs non courants (actifs à long terme).

---

6. Au chapitre 17, nous verrons qu'il existe différentes catégories d'actions telles les actions privilégiées et les actions ordinaires.

LE TRAITEMENT COMPTABLE DES PLACEMENTS COTÉS SUR UN MARCHÉ ACTIF

La **méthode de la juste valeur** est utilisée pour comptabiliser les titres de **placement coté sur un marché actif**. Et encore, uniquement lorsqu'il s'agit d'instruments de capitaux propres. Par définition, ce sont des placements dans des titres de capital-actions, soit des titres qui donnent un droit résiduel sur les actifs d'une entreprise après déduction de tous ses passifs[7].

La figure 15.1 contient un résumé des opérations pouvant toucher le poste Placements du bilan et les composantes des comptes des résultats relatifs aux placements cotés sur un marché actif. Nous détaillerons chaque élément énuméré au débit ou au crédit de ces comptes dans les pages suivantes. Nous vous suggérons de consulter régulièrement cette figure à mesure que nous expliquerons les diverses notions.

FIGURE 15.1 | **LES OPÉRATIONS RELATIVES AUX PLACEMENTS COTÉS SUR UN MARCHÉ ACTIF**

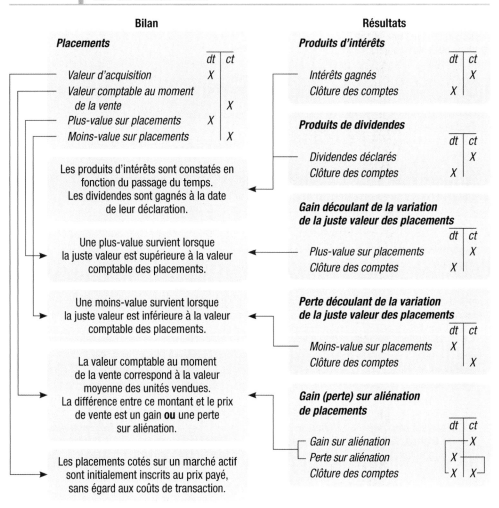

---

7. *Manuel de CPA Canada – Comptabilité – Partie II – Normes comptables pour les entreprises à capital fermé,* Toronto, CPA Canada, paragr. 3856.05 *e).*

La méthode de la juste valeur

Au moment de l'acquisition, on inscrit les placements cotés sur un marché actif au prix payé, lequel correspond à la juste valeur à ce moment-là. On dit de ce montant initial qu'il équivaut à la valeur d'acquisition. À la clôture de l'exercice, le placement doit être évalué à sa juste valeur et l'on prend habituellement le dernier cours de clôture sur le marché boursier. Le placement aura une plus-value si sa valeur a augmenté (juste valeur supérieure à la valeur comptable) ou une moins-value si sa valeur a diminué (juste valeur inférieure à la valeur comptable). Ces variations de la juste valeur sont immédiatement comptabilisées aux résultats à titre de gain ou de perte.

Activité du marché TMX Argent

Afin d'illustrer la **méthode de la juste valeur**, nous utiliserons l'exemple d'une entreprise rentable du nom de Saroul, que dirige M. Félicien. En homme d'affaires avisé, M. Félicien décide d'utiliser les surplus de trésorerie de Saroul et de les investir temporairement à la Bourse. Il acquiert alors des actions de catégorie B de Molson Coors au cours de l'exercice se terminant le 31 décembre 20X2 :

Date	Nombre et description des titres	Prix unitaire
30 juin 20X2	100 actions de catégorie B de Molson Coors	30 $*
30 septembre 20X2	100 actions de catégorie B de Molson Coors	33 $*

* Ce prix ne comprend pas les frais de courtage, s'élevant à 1 % du prix unitaire.

Pour chacune des opérations précédentes, on comptabilisera initialement les acquisitions au prix payé, soit 30 $ ou 33 $ l'action. Quant aux frais de courtage, il s'agit de **coûts de transaction**, directement attribuables à l'acquisition. Puisque la méthode de la juste valeur est utilisée, ces coûts ne sont pas comptabilisés à l'actif, mais aux résultats[8]. De cette manière, le poste Placement correspond à sa valeur réelle, soit à sa cote boursière.

30 juin 20X2

Placement à court terme – Actions de Molson Coors	3 000	
Coûts de transaction	30	
Banque		3 030
Acquisition de 100 actions de catégorie B de Molson Coors		
(100 actions × 30 $ × 1,01).		

30 septembre 20X2

Placement à court terme – Actions de Molson Coors	3 300	
Coûts de transaction	33	
Banque		3 333
Acquisition de 100 actions de catégorie B de Molson Coors		
(100 actions × 33 $ × 1,01).		

Supposons qu'aucune autre opération ne survient au cours de l'exercice. Le poste Placement à court terme – Actions de Molson Coors s'élèvera à 6 300 $ (3 000 $ + 3 300 $) dans la balance de vérification du 31 décembre 20X2. La méthode de la juste valeur consiste à présenter les placements dans des instruments de capitaux propres cotés sur un marché actif à la juste valeur. Ainsi, au moment de préparer les écritures de

15

8. *Manuel de CPA Canada – Comptabilité – Partie II – Normes comptables pour les entreprises à capital fermé,* Toronto, CPA Canada, paragr. 3856.07 et 3856.10.

régularisation[9], le comptable de Saroul devra obtenir la cote boursière des actions de catégorie B de Molson Coors. Les coûts de transaction éventuels sur aliénation du placement, tels les frais de courtage, ne seront pas pris en compte. L'écriture de régularisation nécessaire, en supposant que la cote boursière est à 35 $, est présentée ci-dessous.

---

31 décembre 20X2

Placement à court terme – Actions de Molson Coors	700	
Gain découlant de la variation de la juste valeur des placements		700
Plus-value des placements cotés sur un marché actif		
[(200 actions × 35 $) – 6 300 $].		

Puisque la juste valeur des actions de 7 000 $ (200 actions × 35 $) est supérieure à la valeur comptable de 6 300 $, il s'agit d'une plus-value de 700 $, laquelle figurera à titre de gain dans l'état des résultats. Au bilan, le placement à court terme s'élèvera à 7 000 $.

Voici maintenant l'écriture de régularisation nécessaire, en supposant que la cote boursière est plutôt à 29 $:

---

31 décembre 20X2

Perte découlant de la variation de la juste valeur des placements	500	
Placement à court terme – Actions de Molson Coors		500
Moins-value des placements cotés sur un marché actif		
[6 300 $ – (200 actions × 29 $)].		

Puisque la juste valeur des actions de 5 800 $ (200 actions × 29 $) est inférieure à la valeur comptable de 6 300 $, il s'agit d'une moins-value de 500 $, laquelle figurera à titre de perte dans l'état des résultats. Au bilan, le placement à court terme s'élèvera à 5 800 $.

AVEZ-VOUS LE SENS DE L'OBSERVATION ?

Vous remarquerez que la perte ou le gain sur variation de la juste valeur des placements n'est pas réalisé. Autrement dit, il n'y a pas eu d'aliénation réelle de placements. La perte ou le gain comptabilisé représente ce qui aurait lieu si les placements cotés sur le marché actif avaient été vendus le dernier jour de l'exercice. Toutefois, il n'y a pas eu de changement de propriété ni de mouvement de trésorerie. Le gain de 700 $ (ou la perte de 500 $) comptabilisé dans les livres de Saroul n'est pas le reflet d'une opération réelle. L'objectif est tout simplement de donner une information plus précise au lecteur des états financiers au sujet de la valeur des placements cotés en Bourse ainsi que de leur rendement au cours de la période couverte par les états financiers.

---

9. L'application de la méthode de la juste valeur s'effectue automatiquement au moment de la clôture d'un exercice financier. Cependant, si l'entreprise prépare des états financiers trimestriels, elle devrait présenter ses placements à la juste valeur à la fin de chaque trimestre.

Les produits de dividendes

Lorsqu'une entreprise détient des actions d'une société, elle est bien sûr susceptible de recevoir des dividendes. L'inscription des **produits de dividendes** s'effectue selon la comptabilité d'exercice, au moyen de laquelle l'investisseur inscrit le produit gagné lorsqu'il a le droit légal de recevoir les dividendes.

Il est plus commode de présenter la comptabilisation des produits de dividendes ici, dans la section portant sur les placements cotés sur un marché actif, puisqu'ils sont essentiellement composés de titres d'actions. Toutefois, il faudra plus tard se rappeler que les notions exposées touchent également les placements dans des capitaux propres qui ne sont pas cotés sur un marché actif.

Lorsqu'on parle de dividendes, trois dates sont importantes :

Date de déclaration	Date à laquelle le conseil d'administration d'une société par actions décide qu'un dividende sera versé aux actionnaires inscrits à la date de clôture des registres.
Date de clôture des registres	Date de référence déterminant à quels actionnaires le dividende sera versé.
Date de paiement	Date à laquelle une société verse un dividende à ses actionnaires.

Molson Coors, par exemple, peut déclarer un dividende de 1 $ l'action le 15 novembre 20X2 (date de déclaration) pour les actionnaires inscrits le 7 décembre 20X2 (date de clôture des registres) et le verser le 8 janvier 20X3 (date de paiement). Puisque Saroul apprend, le 15 novembre, qu'elle a droit à ce dividende, on considère que le produit de dividendes est gagné au cours de l'exercice 20X2. On suppose ainsi que Saroul figurera toujours parmi les actionnaires de Molson Coors en date du 21 décembre. L'entreprise inscrira l'encaissement des dividendes en 20X3, plus précisément le 8 janvier. Voici les écritures de journal nécessaires pour inscrire les opérations liées aux dividendes :

---

15 novembre 20X2

Dividendes à recevoir	200	
Produits de dividendes		200

*Déclaration d'un dividende de 1 $ l'action par Molson Coors
(200 actions × 1 $).*

8 janvier 20X3

Banque	200	
Dividendes à recevoir		200

*Encaissement du dividende de 1 $ l'action de Molson Coors
(200 actions × 1 $).*

Les états financiers de l'exercice terminé le 31 décembre 20X2 présenteront un poste Dividendes à recevoir à l'actif à court terme du bilan et un poste Produits de dividendes du même montant à l'état des résultats. La figure 15.2 (*voir la page suivante*) illustre les propos précédents.

L'aliénation de placements

Nous avons déjà mentionné que la détention de placements n'est pas l'objectif premier de l'exploitation normale d'une entreprise. Ainsi, lorsqu'un besoin de trésorerie se fait imminent ou lorsque des projets spéciaux se concrétisent, il y a **disposition de placements**. Une telle opération peut occasionner un gain (ou une perte) égal à la

TABLEAU 15.8 LES ÉCRITURES DE JOURNAL D'UNE PARTICIPATION DANS UN SATELLITE SELON DIFFÉRENTES MÉTHODES

Les actions de Robusta sont cotées sur un marché actif*		Les actions de Robusta ne sont pas cotées sur un marché actif**
Méthode de la juste valeur	OU **Méthode de la valeur de consolidation**	OU **Méthode de la valeur d'acquisition**

31 décembre 20X3
Participation dans un satellite – Robusta 60 000
  Gain découlant de la variation de la juste
  valeur d'une participation 60 000
Plus-value d'une participation
cotée sur un marché actif
[(3 000 actions × 120 $) – 300 000 $]
	31 décembre 20X3
	Participation dans un satellite – Robusta 54 000
	  Produits tirés d'une participation
	  dans un satellite 54 000
	Quote-part dans le bénéfice net
	de l'exercice du satellite Robusta
	(180 000 $ × 30 %)
		Aucune écriture

31 décembre 20X4
Banque 6 000
  Produits de dividendes 6 000
Quote-part dans les dividendes
déclarés par le satellite Robusta
(20 000 $ × 30 %)
	31 décembre 20X4
	Banque 6 000
	  Participation dans un satellite – Robusta 6 000
	Quote-part dans les dividendes
	déclarés par le satellite Robusta
	(20 000 $ × 30 %)
		31 décembre 20X4
		Banque 6 000
		  Produits de dividendes 6 000
		Quote-part dans les dividendes
		déclarés par le satellite Robusta
		(20 000 $ × 30 %)

Participation dans un satellite – Robusta 30 000
  Gain découlant de la variation de
  la juste valeur d'une participation 30 000
Plus-value d'une participation cotée sur
un marché actif
[(3 000 actions × 130 $) – 360 000 $]
	Participation dans un satellite – Robusta 36 000
	  Produits tirés d'une participation
	  dans un satellite 36 000
	Quote-part dans le bénéfice net
	de l'exercice du satellite Robusta
	(120 000 $ × 30 %)
		Aucune écriture

31 décembre 20X5
Perte découlant de la variation de la juste valeur
d'une participation 9 000
  Participation dans un satellite- Robusta 9 000
Moins-value d'une participation
cotée sur un marché actif
[390 000 $ – (3 000 actions × 127 $)]
	31 décembre 20X5
	Perte découlant d'une participation dans un
	satellite – Robusta 9 000
	  Participation dans un satellite – Robusta 9 000
	Quote-part dans la perte nette
	de l'exercice du satellite Robusta
	(30 000 $ × 30 %)
		31 décembre 20X5
		Aucune écriture
		(hypothèse : les flux de trésorerie futurs
		sont supérieurs à 300 000 $)

Bilan Participation dans un satellite – Robusta au 31 décembre 20X3 360 000 $ 20X4 390 000 $ 20X5 381 000 $	**Bilan** Participation dans un satellite – Robusta au 31 décembre 20X3 354 000 $ 20X4 384 000 $ 20X5 375 000 $	**Bilan** Participation dans un satellite – Robusta au 31 décembre 20X3 300 000 $ 20X4 300 000 $ 20X5 300 000 $

* Les colonnes de gauche et du centre représentent les deux méthodes permises pour comptabiliser les **actions cotées du satellite Robusta** sur un marché actif.

** Les colonnes du centre et de droite représentent les deux méthodes permises pour comptabiliser les **actions non cotées du satellite Robusta** sur un marché actif.

participation dans un satellite. Lorsqu'une moins-value précédemment inscrite fait l'objet d'une reprise, celle-ci doit être comptabilisée, et ce, jusqu'à concurrence de ce que la valeur comptable aurait été s'il n'y avait pas eu de dépréciation.

Lorsque la société participante décide de se départir d'une partie ou de la totalité de sa participation dans un satellite, il en résulte alors un gain ou une perte sur **aliénation**. Aux fins de ce calcul, le comptable considère la **valeur comptable moyenne des actions vendues** en utilisant la valeur comptable du placement au moment de la vente.

Les participations dans une filiale

Les **participations dans une filiale** sont essentiellement des **actions avec droit de vote,** lesquelles procurent à l'investisseur le contrôle sur une autre entreprise. Pour ce type de placement à long terme, le *Manuel de CPA Canada* laisse le choix de la méthode de comptabilisation, tel que mentionné dans la figure 15.7 de la page 681. Pour votre information, le fondement de la consolidation consiste à intégrer les états financiers des deux sociétés en additionnant un à un les postes correspondants de l'actif, du passif, des produits et des charges. *A priori,* on présume qu'une société participante détient le contrôle d'une filiale lorsqu'elle possède 50 % plus une action avec droit de vote. Toutefois, le comptable doit se servir de son jugement professionnel, puisque le nombre d'actions détenues n'est pas le seul élément à prendre en compte. Par exemple, on considérera que Rapide ltée détient une participation dans une filiale, puisqu'elle possède 46 % des actions avec droit de vote et qu'un actionnaire qui en détient 10 % lui accorde le droit écrit (procuration) de gérer les siennes en son nom.

LA PRÉSENTATION DES TITRES DE PLACEMENT

Tout au long de ce chapitre, nous avons vu que la comptabilisation des placements dépend de leur type. Suivant leur nature, on peut comptabiliser les placements à la juste valeur, à la valeur d'acquisition ou à la valeur de consolidation. Compte tenu de ces possibilités, le *Manuel de CPA Canada* exige que l'on indique la méthode utilisée pour la comptabilisation des placements[27]. Il requiert aussi que la valeur de tout placement coté sur un marché actif soit indiquée lorsque la méthode de la juste valeur n'est pas utilisée. Cela permet au lecteur des états financiers d'évaluer le gain (ou la perte) éventuel sur aliénation des placements. C'est le cas, par exemple, d'un placement en obligations ou d'une participation comptabilisée à la valeur de consolidation.

Dans le bilan, ou dans une note complémentaire, on doit présenter distinctement les principaux types de placement, tels les placements dans des instruments de capitaux propres évalués à la juste valeur, les placements évalués à la valeur d'acquisition, les placements évalués au coût après amortissement, les participations dans un satellite, etc. On fera la même distinction entre les produits de placements dans les résultats. Cette présentation de l'information facilite l'évaluation de l'importance des placements tout en mettant en relief le rendement financier correspondant.

Finalement, vous remarquerez que les normes pour les entreprises à capital fermé insistent particulièrement sur la divulgation de renseignements pouvant aider les utilisateurs des états financiers à évaluer les risques et incertitudes. En ce qui concerne les placements, cela signifie qu'il faut indiquer brièvement, en note complémentaire, les risques auxquels l'entreprise est exposée, tels le risque de crédit, de taux d'intérêt, de liquidités, de marché, etc., ainsi que leurs causes. La description de ces risques dépasse largement le cadre de cet ouvrage. Le lecteur intéressé peut consulter un ouvrage de comptabilité financière, comme *Comptabilité Intermédiaire — Analyse théorique et pratique.*

15

27. Les discussions qui suivent s'inspirent du *Manuel de CPA Canada – Comptabilité – Partie II – Normes comptables pour les entreprises à capital fermé,* Toronto, CPA Canada, chapitres 1510, 3051 et 3856.

SYNTHÈSE DU CHAPITRE 15

1. La détention de titres de placement n'est pas accidentelle. Elle répond à un objectif d'investissement à court ou à long terme. Les placements à court terme sont détenus pendant une courte période et doivent être rapidement réalisables. Les placements à long terme sont détenus pendant une période excédant l'exercice suivant.

2. Les placements se composent d'actions, d'obligations, de débentures, de bons du Trésor, de certificats de dépôt, d'avances consenties à des personnes ou à des entreprises affiliées et de certains prêts à demande. De leur côté, les participations dans un satellite et les participations dans une filiale sont uniquement constituées d'actions avec droit de vote.

3. La méthode de la juste valeur est utilisée pour comptabiliser les titres de capitaux propres, autrement dit les actions, qui sont cotés sur un marché libre. Cette méthode consiste à présenter le placement à sa juste valeur (valeur boursière) aux états financiers. La plus-value ou la moins-value qui en découle est inscrite aux résultats de l'exercice au cours duquel elle se produit.

4. Quelle que soit la méthode de comptabilisation utilisée pour un placement, on inscrit les produits de dividendes lorsque la société émettrice les déclare.

5. Un gain ou une perte sur aliénation de placements correspond à la différence entre le prix de vente et la valeur comptable du placement. Aux fins de ce calcul, on utilise habituellement la valeur moyenne des unités de placement de même nature.

6. La méthode de la valeur d'acquisition est utilisée pour tout autre placement qui n'est pas coté sur un marché actif. On dit des instruments de capitaux propres qu'ils sont évalués au coût diminué de la dépréciation, s'il y a lieu, et des autres types d'instruments financiers, qu'ils sont évalués au coût après amortissement diminué de la dépréciation, s'il y a lieu.

7. Les placements comptabilisés selon la méthode de la valeur d'acquisition doivent faire l'objet d'un test de dépréciation au moment de la clôture des comptes. La dépréciation survient lorsque la valeur comptable d'un placement est supérieure aux flux de trésorerie futurs. Une reprise de cette dépréciation est permise jusqu'à concurrence de ce que la valeur comptable aurait été s'il n'y avait pas eu de dépréciation.

8. Les produits d'intérêts générés par un placement sont gagnés avec le passage du temps. Au moment de la clôture d'un exercice, il faut bien souvent entrer une écriture de régularisation aux livres afin d'inscrire les produits d'intérêts gagnés mais pas encore reçus.

9. La prime (ou l'escompte) liée aux titres à échéance prédéterminée, dont les obligations et les débentures, doit être amortie pendant la période comprise entre la date d'acquisition et la date d'échéance. Pour ce faire, l'entreprise peut choisir d'employer la méthode linéaire ou la méthode du taux d'intérêt effectif.

10. L'amortissement de la prime a pour effet de diminuer le placement en obligations et les produits d'intérêts ; l'amortissement de l'escompte a quant à lui pour effet d'augmenter le placement en obligations et les produits d'intérêts. Graduellement, le placement comptabilisé au coût après amortissement tend vers sa valeur nominale à mesure que la date d'échéance approche.

11. Les participations dans un satellite se font essentiellement au moyen d'actions avec droit de vote. Elles permettent à l'investisseur d'exercer une influence notable sur les politiques stratégiques relatives aux activités d'exploitation, d'investissement et de financement de la société émettrice. En général, la participation dans un satellite comprend de 20 % à 50 % des actions avec droit de vote de la société émettrice.

12. Lorsque la participation répond aux critères de l'influence notable, on doit choisir la méthode de comptabilisation à employer. S'il s'agit d'actions cotées sur un marché libre, le choix se fait entre la méthode de la juste valeur et la méthode de la valeur de consolidation. Par contre, si les actions ne sont pas cotées sur un marché libre, le choix se fait plutôt entre la méthode de la valeur d'acquisition et la méthode de la valeur de consolidation.

13. La méthode de la valeur de consolidation tient compte de la nature particulière de la participation dans un satellite, car elle considère qu'il n'y a pas de différence entre le moment où la société satellite réalise un bénéfice (ou subit une perte) et le moment où ce bénéfice (ou cette perte) est réalisé (ou subie) par la société participante.

14. Afin de permettre à l'utilisateur des états financiers d'évaluer l'importance ainsi que le rendement des placements de l'entreprise, on distingue les principaux types de placements dans le bilan et dans les résultats.

15

PROBLÈME TYPE

La société Budgéto inc. gère ses mouvements de trésorerie de très près. En effet, tout est bien planifié et l'entreprise sait exactement quels sont ses déficits et ses surplus de liquidités d'une semaine à l'autre. M. Progresso, le propriétaire, favorise l'acquisition de placements facilement réalisables pour que l'argent ainsi investi puisse être récupéré rapidement, selon les besoins de Budgéto inc. Au cours de l'exercice 20X7, les acquisitions et les aliénations des actions cotées en Bourse de la société Préviso inc. sont les suivantes :

Date	Opération	Nombre d'actions	Prix unitaire
30 avril	Acquisition	200	24,00 $
31 mai	Aliénation	100	24,50
31 juillet	Acquisition	100	25,00

Au 31 décembre 20X7, au moment de la clôture de l'exercice de Budgéto inc., la cote à la Bourse d'une action de Préviso inc. est de 25 $.

TRAVAIL À FAIRE

a) Passez toutes les écritures nécessaires à la comptabilisation du placement à court terme de Budgéto inc. pour l'exercice terminé le 31 décembre 20X7.

b) Supposez maintenant que la société Préviso inc. est une entreprise à capital fermé et que le prix de vente qui pourrait être obtenu au 31 décembre 20X7 est de 20 $ l'action. Que se passerait-il au moment de la clôture de l'exercice du 31 décembre 20X7 ?

SOLUTION DU PROBLÈME TYPE

a) Puisqu'il s'agit d'un placement dans un instrument de capitaux propres coté sur un marché actif, la méthode de la juste valeur doit être utilisée. Au moment de la clôture des comptes, Budgéto inc. doit inscrire son placement à sa cote boursière comme suit :

30 avril 20X7

Placement à court terme – Actions de Préviso inc.	4 800	
Caisse		4 800
Acquisition de 200 actions de Préviso inc. (200 × 24 $).		

31 mai 20X7

Caisse	2 450	
Placement à court terme – Actions de Préviso inc.		2 400
Gain sur aliénation de placement		50
Aliénation de 100 actions de Préviso inc. (100 × 24,50 $) d'une valeur comptable de 2 400 $ (4 800 $ ÷ 2).		

31 juillet 20X7

Placement à court terme – Actions de Préviso inc.	2 500	
Caisse		2 500
Acquisition de 100 actions de Préviso inc. (100 × 25 $).		

»

» **31 décembre 20X7**

Placement à court terme – Actions de Préviso inc.	*100*	
Gain découlant de la variation de la juste valeur des placements		*100*
Plus-value des placements cotés sur un marché actif		
[(200 actions × 25 $) – 4 900 $❶].		

Calcul :

❶ *(4 800 $ – 2 400 $ + 2 500 $)*

b) Puisqu'il s'agit d'un placement qui n'est pas coté sur un marché actif, la méthode de la valeur d'acquisition doit être utilisée. Les écritures du 30 avril 20X7, du 31 mai 20X7 et du 31 juillet 20X7 sont les mêmes qu'en a). Au 31 décembre 20X7, Budgéto inc. doit procéder à un test de dépréciation en effectuant la comparaison suivante :

Valeur comptable **4 900 $ ❶**	**>**	**Flux de trésorerie futurs** **4 000 $ ❷**

Calculs :

❶ *(4 800 $ – 2 400 $ + 2 500 $)*

❷ *(200 actions × 20 $)*

La moins-value de 900 $ (4 900 $ – 4 000 $) doit être inscrite à titre de régularisation au moment de la clôture des comptes, comme suit :

31 décembre 20X7

Moins-value sur placement à court terme – Actions de Préviso inc.	*900*	
Placement à court terme – Actions de Préviso inc.		*900*
Dépréciation d'un placement à court terme d'une valeur comptable		
de 4 900 $ (4 900 $ – 4 000 $).		

QUESTIONS DE RÉVISION (i+) Solutionnaire

1. M. Bouffard hésite entre investir dans des placements à court terme ou des placements à long terme. Sur quels critères doit-il baser son choix ?

2. Est-il vrai que le fait de classer un placement dans le court terme ou le long terme au bilan n'influence pas la façon de le comptabiliser ?

3. Quelles sont les deux caractéristiques d'un placement classé à court terme dans les états financiers ?

4. Votre oncle est propriétaire d'une petite entreprise qui détient des placements en obligations d'entreprises dont les titres sont cotés en Bourse. Vous devez le conseiller sur le choix de la méthode à utiliser pour la comptabilisation de ses placements.

5. M. Dastous se demande si les placements en actions et en obligations sont les seuls éléments composant les placements d'une entreprise. Faites-lui part de vos connaissances à ce sujet.

6. Expliquez la signification du poste Gain (Perte) découlant de la variation de la juste valeur des placements.

7. À quel moment inscrit-on les produits de dividendes ?

8. Comment calcule-t-on un gain (ou une perte) sur aliénation de placements à court terme ?

9. Votre réponse à la question précédente change-t-elle s'il s'agit plutôt d'un placement à long terme ?

10. Dans quelles circonstances doit-on faire un test de dépréciation des placements ? En quoi cela consiste-t-il ?

11. Votre patron ignore quand inscrire les produits d'intérêts dans les livres comptables de son entreprise. Prenez le temps de le lui expliquer.

12. Quelle est la différence fondamentale entre les produits de dividendes et les produits d'intérêts ?

13. L'un de vos copains a de la difficulté à saisir les modalités de la méthode de la valeur d'acquisition. Il vous demande de lui faire un résumé succinct des grandes lignes de cette méthode.

14. Existe-t-il une similitude entre la façon de comptabiliser les produits d'intérêts ou les produits de dividendes des placements à court terme et des placements à long terme ?

15. On remarque que le prix payé pour des obligations est inférieur, égal ou supérieur à la valeur nominale de celles-ci. Pourquoi en est-il ainsi ?

16. En peu de mots, expliquez à un futur investisseur comment déterminer le prix d'acquisition d'un placement en obligations.

17. Veuillez expliquer la différence entre la méthode linéaire et la méthode du taux d'intérêt effectif lorsqu'il s'agit d'amortir une prime ou un escompte sur un placement en obligations.

18. En quoi la participation dans un satellite consiste-t-elle ?

19. M. Loubert croit que la détention de 45 % des actions avec droit de vote de la société Dion inc. suffit pour considérer ce placement à long terme comme une participation dans un satellite. A-t-il raison ou tort ? Justifiez votre réponse.

20. Le *Manuel de CPA Canada* permet l'usage de la méthode de la valeur de consolidation lorsqu'il s'agit d'une participation dans un satellite. Décrivez brièvement le fonctionnement de cette méthode.

21. En ce qui concerne la présentation des placements aux états financiers, peut-on établir un lien entre l'état des résultats et le bilan ?

EXERCICES

E1 Terminologie comptable

Voici une liste de six expressions comptables présentées dans ce chapitre :

- Méthode du taux d'intérêt effectif
- Méthode de la juste valeur
- Test de dépréciation
- Obligations et débentures
- Susceptible de réalisation rapide
- Valeur comptable moyenne des unités vendues

Chacun des énoncés suivants peut servir (ou non) à décrire une de ces expressions comptables. Pour chacun des énoncés, dites à quelle expression comptable il correspond ou indiquez « aucune » s'il ne correspond à aucune d'entre elles.

a) Au moment de la clôture des comptes, il s'agit de comparer la valeur comptable d'un placement avec les flux de trésorerie futurs qui seront générés par ce placement.

b) Ce sont des placements détenus exclusivement pour une longue période.

c) C'est l'une des caractéristiques des placements à court terme.

d) Il s'agit d'une méthode d'amortissement de la prime ou de l'escompte d'un placement en obligations.

e) Il s'agit de la méthode de comptabilisation d'un placement dans des titres de capitaux propres cotés sur un marché actif.

f) La différence entre cette donnée et le prix de vente détermine le gain ou la perte sur aliénation de placements.

E2 Le classement des placements dans la catégorie appropriée

Déterminez le type de placements ainsi que la méthode de comptabilisation de chacun des éléments suivants :

a) Acquisition d'un certificat de dépôt de la Banque haïtienne échéant dans six mois.

b) La société Atomus inc. détient 15 % des actions avec droit de vote de la société à capital fermé Sitcom inc.

c) L'entreprise de votre mère détient 100 actions de Bell Canada. Elle entend les conserver encore quelques années.

d) Ayant prévu un surplus de trésorerie pour les deux prochains mois, la société Biogramme inc. vient d'acheter des obligations d'épargne du Québec.

e) La société Bonsecour inc. détient 30 % des actions avec droit de vote de Mécano ltée. Les deux entreprises à capital fermé font beaucoup d'opérations intersociétés.

15

f) L'entreprise de M. Gentilly a avancé 2 000 $ à l'un de ses employés qui vient de se faire voler son automobile. D'ici un mois, la compagnie d'assurance aura indemnisé l'employé, qui devrait aussitôt rembourser son prêt.

g) La société Vivotec inc. désire construire un nouvel entrepôt dans cinq ans. Chaque année, Vivotec inc. achète des obligations cotées en Bourse, qu'elle revendra au moment du déroulement des travaux.

E3 Vrai ou faux

Dites si chacun des énoncés suivants est vrai ou faux. Dans ce dernier cas, précisez pourquoi.

a) Les placements à court terme constituent une section distincte du bilan.

b) On peut rapidement vendre les placements à court terme afin d'obtenir des liquidités.

c) Une entreprise peut investir ses surplus de trésorerie dans des placements à long terme si elle ne pense pas devoir les utiliser à court terme.

d) Toutes les entreprises détiennent des placements à long terme.

e) On acquiert des placements en actions uniquement parce qu'ils procurent un gain en capital au moment de leur aliénation.

f) Tous les titres cotés en Bourse sont comptabilisés selon la méthode de la juste valeur.

g) La participation dans un satellite se compose uniquement d'actions avec droit de vote.

E4 Les critères de classification des placements à court terme

M. Fortin vous demande de préparer le bilan de son entreprise. Entre autres renseignements, il précise qu'elle détient des actions d'une petite entreprise de sa localité et désire s'en départir depuis six mois. Toutefois, il n'a pas encore trouvé d'acheteur sérieux. M. Fortin considère que ces actions font partie de ses placements à court terme. Êtes-vous d'accord avec cette idée?

E5 L'application de la méthode de la juste valeur

Eauvive enr. détient 60 actions de Bionature ltée, actions cotées à la Bourse de Toronto et qui lui ont coûté 1 200 $. Au moment de la clôture des comptes, veuillez appliquer la méthode de la juste valeur dans chacune des situations indépendantes ci-dessous. Indiquez s'il s'agit d'une plus-value ou d'une moins-value.

a) Cote à la Bourse de Toronto : 22 $.

b) Cote à la Bourse de Toronto : 16 $.

c) Cote à la Bourse de Toronto : 20 $.

E6 L'inscription des produits de dividendes

Touchette enr. détient 100 actions de catégorie D de Rembrant ltée. Le 30 juin, la direction de Rembrant ltée déclare un dividende de 1 $ l'action, payable le 30 septembre, aux actionnaires inscrits le 31 juillet. Passez les écritures nécessaires à chacune des trois dates précédentes dans les livres de Touchette enr.

E7 L'inscription des produits d'intérêts

Le 1er janvier 20X9, l'entreprise de construction Construc ltée acquiert 100 obligations de la société Le Pic inc. au prix de 110 000 $. Ces obligations ont une valeur nominale de 1 000 $ chacune et portent intérêt à 9 %. En ce qui concerne ce placement à court terme, vous obtenez les scénarios ci-dessous.

	Fin de l'exercice de Construc ltée	*Versement des intérêts de Le Pic inc.*
a)	*31 décembre*	*31 décembre*
b)	*30 juin*	*30 juin et 31 décembre*
c)	*30 juin*	*31 décembre*
d)	*30 septembre*	*30 juin*
e)	*30 septembre*	*31 mars et 30 septembre*

15

Pour chaque scénario, préparez toutes les écritures relatives à ce placement pour l'année 20X9. Ne tenez pas compte de l'amortissement de la prime.

E8 Le calcul du gain ou de la perte sur aliénation de placements

L'entreprise Blédor détient des actions de la société Naturo ltée, actions acquises au cours de l'exercice se terminant le 31 décembre 20X6 aux conditions suivantes :

Date	Nombre d'actions	Prix unitaire*
31 mars 20X6	200	25 $
30 juin 20X6	100	30

* On suppose qu'il n'y a pas de frais de courtage.

De plus, Blédor a effectué les aliénations suivantes :

Date	Nombre d'actions	Prix unitaire*
30 septembre 20X7	50	26 $
31 octobre 20X7	50	30

* On suppose qu'il n'y a pas de frais de courtage.

Calculez la valeur moyenne des unités de placement des actions de Naturo ltée et le gain ou la perte sur aliénation de placements le 30 septembre et le 31 octobre 20X7.

E9 L'amortissement de l'escompte selon la méthode linéaire

Le 1er janvier 20X8, Agence ltée achète 100 obligations de Rencontres inc. au prix de 92 790 $. Ce placement représente la totalité d'une émission d'obligations, d'une valeur nominale totale de 100 000 $, échéant dans 5 ans. Ces obligations portent intérêt au taux nominal de 10 %, alors que le taux d'intérêt du marché est de 12 %. L'intérêt est payable annuellement le 31 décembre. Agence ltée utilise la méthode linéaire pour amortir la prime (ou l'escompte) liée à ses placements en obligations.

a) En utilisant les tables d'actualisation de l'annexe 15A, pouvez-vous expliquer d'où vient le prix d'émission de 92 790 $?

b) Passez les écritures exigées par l'acquisition du placement à long terme au cours de l'exercice 20X8 dans les livres d'Agence ltée.

c) À quel montant s'élèvera le placement en obligations le 31 décembre 20X9, le 31 décembre 20Y1 et le 31 décembre 20Y2 ?

Calculez d'abord le taux d'amortissement annuel de l'escompte sur les obligations.

E10 L'amortissement de l'escompte selon la méthode du taux d'intérêt effectif

Pour répondre aux questions suivantes, utilisez l'information fournie à l'exercice **E9** et le tableau d'amortissement présenté ci-après.

a) Calculez le montant de l'amortissement de l'escompte du placement en obligations de Rencontres inc. pour chacune des cinq années en utilisant la méthode du taux d'intérêt effectif.

b) À quel montant s'élèvera le placement en obligations le 31 décembre 20X9, le 31 décembre 20Y1 et le 31 décembre 20Y2 ?

c) À quel montant s'élèveront les produits d'intérêts pour les exercices terminés respectivement le 31 décembre 20X9, le 31 décembre 20Y1 et le 31 décembre 20Y2 ?

Date	(1) Intérêts reçus (10 % de la valeur nominale)	(2) Produits d'intérêts (12 % de la valeur comptable)	(3) Amortissement de l'escompte [(2) – (1)]	(4) Escompte non amorti [(4) – (3)]	(5) Valeur comptable des obligations [100 000 $ – (4)]

E11 Les opérations touchant le poste Placement et le résultat net lorsque la méthode de la juste valeur est utilisée

Prenez connaissance des opérations suivantes. Indiquez si chacune d'entre elles touche le poste Placement et le résultat net, au débit ou au crédit.

	Placement		Résultat net	
	Débit	Crédit	Débit	Crédit
a) Acquisition de nouveaux placements				
b) Constatation d'une moins-value				
c) Encaissement des intérêts semestriels				
d) Déclaration de dividendes par la société émettrice				
e) Constatation d'une plus-value				
f) Aliénation d'une partie des placements				
g) Amortissement de la prime sur obligations				
h) Inscription mensuelle des produits d'intérêts				
i) Amortissement de l'escompte sur obligations				
j) Coûts de transaction				

E12 Les opérations touchant le poste Placement et le résultat net lorsque la méthode de la valeur d'acquisition est utilisée

Prenez connaissance des opérations suivantes. Indiquez si chacune d'entre elles touche le poste Placement de portefeuille et le résultat net, au débit ou au crédit.

	Placement		Résultat net	
	Débit	Crédit	Débit	Crédit
a) Acquisition de nouveaux placements				
b) Constatation d'une moins-value				
c) Encaissement des intérêts semestriels				
d) Déclaration de dividendes par la société émettrice				
e) Constatation d'une plus-value				
f) Aliénation d'une partie des placements				
g) Amortissement de la prime sur obligations				
h) Inscription mensuelle des produits d'intérêts				
i) Amortissement de l'escompte sur obligations				
j) Reprise d'une moins-value				
k) Coûts de transaction				

E13 Les opérations sur un placement comptabilisé à la valeur d'acquisition

La société À la rencontre ltée détient 500 actions de catégorie C sans droit de vote de la société Douce Moitié inc. Celle-ci est une entreprise à capital fermé qui exploite des agences de rencontres réparties dans toute la province. Voici les détails des acquisitions de la société À la rencontre ltée :

Date	Nombre d'actions acquises	Prix d'acquisition par action*
31 mars 20X1	100	10 $
30 juin 20X2	200	11
31 octobre 20X3	200	12

* On suppose qu'il n'y a pas de frais de courtage.

a) Vous êtes en 20X4. La société Douce Moitié inc. déclare un dividende de 1 $ l'action le 30 juin, payable le 31 juillet aux actionnaires inscrits aux registres le 15 juillet. Passez les écritures nécessaires à chaque date.

b) Vous êtes en 20X5. La société À la rencontre ltée dispose de 100 actions au prix net de 9 $ chacune. Passez l'écriture pour inscrire cette disposition d'actions.

c) Vous êtes en 20X5. Le directeur d'À la rencontre ltée se demande si les actions de Douce Moitié inc. doivent faire l'objet d'une moins-value. Aidez-le à prendre sa décision.

d) En supposant que vous estimez les flux de trésorerie futurs de Douce Moitié inc. à 8 $ l'action, passez l'écriture nécessaire au 31 décembre 20X5.

 E14 ① ⑤

Une comparaison entre la méthode de la juste valeur et la méthode de la valeur d'acquisition

L'une de vos amies, qui lit des ouvrages de comptabilité pendant ses heures de loisir, se pose des questions sur la comptabilisation des placements. Elle s'adresse à vous, sachant que vous venez de lire tout un chapitre sur le sujet. Expliquez-lui comment certaines opérations sont comptabilisées lorsqu'on utilise la méthode de la juste valeur et lorsqu'on utilise la méthode de la valeur d'acquisition. Comme vous désirez lui fournir une réponse structurée, vous préparez d'abord un tableau, que vous devez maintenant terminer.

Opérations à comptabiliser	Méthode de la juste valeur	Méthode de la valeur d'acquisition
Acquisition d'un placement		
Produits d'intérêts		
Produits de dividendes		
Moins-value		
Plus-value		
Aliénation du placement		
Prime ou escompte d'un placement en obligations		
Présentation aux états financiers		
Coûts de transaction		

E15 ⑧

La détermination de l'influence notable de placements à long terme

Des ingénieurs-conseils ont mis sur pied la société Highteck inc. L'entreprise offre des services fort recherchés en ingénierie de pointe. En outre, elle détient plusieurs types de placements à long terme sous forme d'actions avec droit de vote, qu'elle a pu acquérir ces dernières années à même ses surplus de trésorerie réalisés mais non distribués. M. Tourigny, ingénieur directeur, se demande s'il peut considérer certains de ces placements comme une participation dans un satellite. Éclairez-le en analysant chacun des placements suivants :

a) Détention de 500 actions de catégorie A de Cascades inc.

b) Détention de 25 000 actions d'une entreprise se spécialisant dans le développement de logiciels d'assistance par ordinateur. Cette entreprise échange beaucoup de connaissances techniques avec les ingénieurs de Highteck inc.

c) Détention de 45 % des actions avec droit de vote de Beaubronzage ltée, chaîne de salons de bronzage rayonnant dans tout le Québec. Le conseil d'administration de cette entreprise émettrice se compose de trois membres, dont le président, M. Tourigny.

d) Détention de 10 % des actions d'une toute nouvelle entreprise voulant commercialiser un produit concurrent du Super INN. Ce nouveau produit se vendra 250 $ et portera le nom de Super Pitonneux. Tous les ingénieurs de Highteck inc. en achèteront un ou deux à leurs enfants.

e) Détention de 35 % des actions de l'agence de voyages Visite ltée, située tout près des bureaux de Highteck inc. Comme les ingénieurs sont souvent appelés à voyager pour des contrats à l'étranger, ils recourent fréquemment aux services de cette agence. En fait, plus de la moitié du chiffre d'affaires de l'agence de voyages provient de Highteck inc.

E16 ⑧

La comptabilisation d'une participation dans un satellite

Froufrou ltée est une entreprise de haute couture. On y confectionne des vêtements sur mesure destinés à des clientes privilégiées. Comme la direction de Froufrou ltée éprouve beaucoup de difficulté à s'approvisionner régulièrement en tissus fins, elle acquiert Étoffe inc. Depuis cette acquisition, Froufrou ltée exerce assez d'influence sur les activités de Étoffe inc. et de nombreuses

15

45 minutes – moyen

P4

L'inscription d'opérations sur des placements à court terme

Au cours de l'exercice terminé le 31 octobre 20X8, la société Safari ltée a investi ses fonds excédentaires dans des placements à court terme. Voici la liste des opérations effectuées au cours de cet exercice :

30 novembre	Acquisition à 97 de 100 obligations de la société Ours polaire ltée, d'une valeur nominale de 1 000 $ chacune. Le taux d'intérêt nominal est de 12 %. Les intérêts sont payables le 31 mai et le 30 novembre. L'échéance de ces obligations est le 30 novembre 20Y9.
1er décembre	Acquisition de 200 actions de catégorie B de L'Éléphant rose inc. au prix de 40 $ l'action, plus les frais de courtage de 70 $.
3 janvier	Acquisition de 200 actions de catégorie B de l'Éléphant rose inc. au prix de 44 $ l'action, plus les frais de courtage de 80 $.
28 février	Aliénation de 100 actions de catégorie B de L'Éléphant rose inc. au prix de 35 $ l'action, compte tenu des frais de courtage.
31 mai	Acquisition de 100 actions de catégorie A de Gazelle ltée au prix de 30 $ l'action, plus les frais de courtage de 35 $. Gazelle ltée est une entreprise à capital fermé.
30 septembre	La société L'Éléphant rose inc. déclare un dividende de 0,50 $ l'action, payable le 2 novembre 20X8 aux actionnaires inscrits le 27 octobre 20X8.
31 octobre	La cote boursière des actions de catégorie B de L'Éléphant rose inc. est de 37 $ chacune. La juste valeur des obligations de la société Ours polaire ltée est de 99. Le comptable de Safari ltée estime que les flux de trésorerie futurs qui seront générés par la vente éventuelle des actions de Gazelle ltée seront amplement supérieurs au prix d'achat.

Safari ltée a pour politique de ne pas amortir la prime ou l'escompte sur ses placements à court terme en obligations.

TRAVAIL À FAIRE

a) Préparez les écritures nécessaires à la société Safari ltée afin d'inscrire toutes les opérations sur les placements à court terme de l'exercice 20X8.

b) Présentez tous les postes liés aux placements à court terme de la balance de vérification de la société Safari ltée pour l'exercice terminé le 31 octobre 20X8.

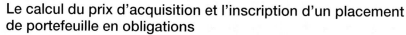 *Placements à court terme : 111 135 $*

c) En quoi les écritures préparées en a) seraient-elles différentes si l'escompte sur le placement en obligations de la société Ours polaire ltée était amorti selon la méthode linéaire ? Arrondissez vos calculs au dollar près.

d) En quoi les écritures préparées en a) seraient-elles différentes si la société Safari ltée calculait ses produits d'intérêts selon le nombre de jours écoulés plutôt que selon le nombre de mois ?

15

P5

20 minutes – facile

Le calcul du prix d'acquisition et l'inscription d'un placement de portefeuille en obligations

Le 1er janvier 20X8, Solitude enr. a acquis 500 obligations de Célibat ltée, d'une valeur nominale de 1 000 $ chacune. Ces obligations viennent à échéance le 31 décembre 20Y2. Elles offrent un intérêt nominal de 12 %, payable annuellement le 31 décembre.

TRAVAIL À FAIRE

a) Calculez le prix d'acquisition d'une obligation de Célibat ltée si le taux d'intérêt effectif (taux du marché) est de 10 % le 1er janvier 20X8. Arrondissez le prix d'émission aux 5 $ près.

b) Calculez le prix d'acquisition d'une obligation de Célibat ltée si le taux d'intérêt effectif (taux du marché) est de 15 % le 1er janvier 20X8. Arrondissez le prix d'émission aux 5 $ près.

c) Compte tenu des renseignements décrits en a) et en b), passez l'écriture nécessaire à l'acquisition des 500 obligations de Célibat ltée par Solitude enr.

P6

30 minutes – moyen

La préparation d'un tableau d'amortissement de la prime ou de l'escompte d'un placement en obligations selon la méthode linéaire

Compte tenu des renseignements fournis dans le problème **P5**, préparez un tableau d'amortissement de la prime ou de l'escompte d'un placement en obligations selon la méthode linéaire comme suit :

a) Acquisition à 107,5, compte tenu d'un taux d'intérêt effectif (taux du marché) de 10 %. Les en-têtes du tableau devraient être les suivants :

Date	(1) Intérêts reçus	(2) Amortissement de la prime	(3) Produits d'intérêts [(1) − (2)]	(4) Prime non amortie [(4) − (2)]	(5) Valeur comptable des obligations

b) Acquisition à 90, compte tenu d'un taux d'intérêt effectif (taux du marché) de 15 %. Les en-têtes du tableau devraient être les suivants :

Date	(1) Intérêts reçus	(2) Amortissement de l'escompte	(3) Produits d'intérêts [(1) + (2)]	(4) Escompte non amorti [(4) − (2)]	(5) Valeur comptable des obligations

P7

40 minutes – moyen

La préparation d'un tableau d'amortissement de la prime ou de l'escompte d'un placement en obligations selon la méthode du taux d'intérêt effectif

Compte tenu des renseignements fournis dans le problème **P5**, préparez maintenant un tableau d'amortissement de la prime ou de l'escompte d'un placement en obligations selon la méthode du taux d'intérêt effectif, comme suit :

a) Acquisition à 107,5, compte tenu d'un taux d'intérêt effectif (taux du marché) de 10 %. Les en-têtes du tableau devraient être les suivants :

Date	(1) Intérêts reçus	(2) Produits d'intérêts	(3) Amortissement de la prime [(1) − (2)]	(4) Prime non amortie [(4) − (3)]	(5) Valeur comptable des obligations

b) Acquisition à 90, compte tenu d'un taux d'intérêt effectif (taux du marché) de 15 %. Les en-têtes du tableau devraient être les suivants :

Date	(1) Intérêts reçus	(2) Produits d'intérêts	(3) Amortissement de l'escompte [(2) − (1)]	(4) Escompte non amorti [(4) − (3)]	(5) Valeur comptable des obligations

15

P8 Les opérations sur des placements de portefeuille en actions

30 minutes – moyen

Dans l'optique d'une détention à long terme, la société Jaune citron ltée a décidé d'investir ses surplus de trésorerie dans deux sociétés à capital fermé évoluant dans le même secteur d'activité qu'elle. Ainsi, le 1er décembre 20X5, la société Jaune citron ltée a acheté 4 000 actions de la société Orange brûlée inc. au prix de 4,75 $ chacune et 8 000 actions de Brun rouille ltée à 8 $ l'action. Le 25 mai 20X6, Jaune citron ltée a acheté 2 000 actions supplémentaires d'Orange brûlée inc. à 5,50 $ chacune. Orange brûlée inc. a l'habitude de verser un dividende semestriel de 0,50 $ l'action le 31 mars et le 30 septembre de chaque année. En 20X5 et en 20X6, elle n'a pas dérogé à sa politique.

De 20X5 à 20X7, les sociétés Orange brûlée inc. et Brun rouille ltée ont profité de la croissance de leur secteur afin de générer de bons rendements pour leurs actionnaires. Toutefois, à l'exercice 20X7, les choses ont changé et l'on constate maintenant une stagnation généralisée des ventes dans ce secteur. Cet élément rend la gestion de Brun rouille ltée plus difficile, puisque l'entreprise vient tout juste de terminer l'agrandissement de son usine. Or, les coûts fixes occasionnés par cet investissement sont très élevés et l'entreprise éprouve maintenant des difficultés financières. Au 30 novembre 20X7, on estime que les actions de Brun rouille ltée pourraient se vendre tout au plus 5 $ l'action.

TRAVAIL À FAIRE

a) Passez les écritures concernant les placements à long terme de Jaune citron ltée pour l'exercice terminé le 30 novembre 20X6.

b) Présentez tous les postes liés aux placements de portefeuille de la balance de vérification de la société Jaune citron ltée pour l'exercice terminé le 30 novembre 20X6.

> *Placement de portefeuille — Actions d'Orange brûlée inc. : 30 000 $*
>
> *Placement de portefeuille — Actions de Brun rouille ltée : 64 000 $*

c) Effectuez le test de dépréciation nécessaire à la clôture des comptes du 30 novembre 20X7. S'il y a lieu, passez les écritures relatives à la comptabilisation d'une moins-value au moyen d'un poste Provision au placement.

d) En supposant que Jaune citron ltée vende 3 000 actions d'Orange brûlée inc. le 23 septembre 20X8, passez l'écriture en supposant tour à tour que :

- le prix de l'aliénation est de 5,50 $ l'action ;
- le prix de l'aliénation est de 4,50 $ l'action.

P9 Les opérations sur divers types de placements

50 minutes – difficile

Vous travaillez pour le principal actionnaire de Justin ltée, M. Renoir. Au cours des dernières années, diverses opérations ont eu lieu relativement à ses placements. Elles sont présentées ci-après.

15 avril 20X5 Acquisition de divers placements à long terme d'un coût total de 137 500 $ réparti comme suit :

	Société émettrice	Nombre d'actions	Coût par action
Méchant ltée	*Fermée*	*1 500*	*25,00 $*
Sacrilège inc.	*Fermée*	*4 000*	*13,50*
Gros Mots ltée	*Ouverte*	*2 300*	*20,00*

31 janvier 20X6 Acquisition de 1 000 actions de Méchant ltée au prix de 20 $ l'action.

1er mars 20X7 Acquisition de 100 obligations à 104 de la société Politesse inc. Chaque obligation, d'une valeur nominale de 1 000 $, offre un taux d'intérêt nominal de 12 %, payable semestriellement le 30 juin et le 31 décembre. L'échéance de ces obligations est le 30 juin 20Y0.

26 novembre 20X7 Acquisition de 300 actions, 30 $ chacune, de la société ouverte Gentillesse ltée. M. Renoir a l'intention de détenir ce placement pendant quelques mois.

27 août 20X8 Vente des 300 actions de Gentillesse ltée au prix de 22 $ l'action, net des frais de courtage.

15

CHAPITRE 15 : Les titres de placement **703**

1er novembre 20X8	Acquisition de 3 000 actions de la société Sacrilège inc. au prix de 15 $ l'action.
10 novembre 20X8	M. Renoir vend 500 actions de Méchant ltée au prix de 30 $ l'action. Le courtier a demandé la somme de 150 $ pour effectuer la transaction.

Autres renseignements

1. L'exercice financier de Justin ltée se termine le 31 décembre.

2. La politique de la société Sacrilège inc. est de verser des dividendes de 0,10 $ l'action le 30 avril et le 31 octobre de chaque année.

3. Justin ltée a pour politique d'amortir toute prime ou tout escompte des placements en obligations selon la méthode linéaire.

4. Les renseignements suivants sont disponibles au sujet des placements de Justin ltée :

Placement	Cote boursière au 31 décembre			
	20X5	*20X6*	*20X7*	*20X8*
Gros Mots Itée	20,00 $	22,00 $	23,00 $	24,00 $
Gentillesse Itée	–	–	25,00	–

Placement	Flux de trésorerie futurs au 31 décembre			
	20X5	*20X6*	*20X7*	*20X8*
Méchant Itée	27,00 $	28,00 $	28,00 $	30,00 $
Sacrilège inc.	11,50	12,00	14,00	15,00
Politesse inc.	–	–	105 000,00	105 500,00

TRAVAIL À FAIRE

a) Calculez le taux d'amortissement mensuel de la prime des obligations de Politesse inc. acquises le 1er mars 20X7.

b) Calculez la valeur moyenne des actions de Méchant ltée à la suite de l'acquisition du 31 janvier 20X6.

c) Passez les écritures concernant les placements de Justin ltée aux dates suivantes :

30 avril 20X5	31 décembre 20X7
1er mars 20X7	30 juin 20X8
30 juin 20X7	10 novembre 20X8

d) Dites quels seraient les postes composant la section des placements à long terme figurant au bilan et aux résultats de Justin ltée de l'exercice terminé le 31 décembre 20X8.

Total des placements à long terme : 302 000 $

e) Supposez que Justin ltée vende toutes ses obligations le 31 janvier 20X9. Passez les écritures requises en tenant pour acquis que le prix de l'aliénation est de 102, puis de 101.

P10

50 minutes – difficile

Les opérations sur un placement de portefeuille en obligations avec prime

La société Aérobic s'est procuré de nouvelles obligations de Danse inc. afin d'obtenir un rendement plus élevé sur ses surplus de trésorerie. L'émission d'obligations de Danse inc. arrive juste à point, puisque Aérobic prévoit utiliser cet argent afin d'agrandir ses locaux dans cinq ans. Cette période correspond exactement à la durée des obligations de Danse inc. Celles-ci ont une valeur nominale de 500 $ chacune et offrent un taux d'intérêt nominal de 9 % à l'investisseur, payable annuellement le 31 mars. Aérobic prévoit acquérir 1 000 obligations de Danse inc. à la date de leur émission, le 1er avril 20X3. L'exercice d'Aérobic se termine le 31 mars.

15

TRAVAIL À FAIRE

a) Calculez le prix d'acquisition des 1 000 obligations que désire se procurer Aérobic, en supposant que le taux d'intérêt effectif (taux du marché) est de 8 %. Arrondissez le prix au premier multiple de 25 $ au-dessus de la valeur actualisée obtenue.

b) Calculez le taux d'amortissement annuel de la prime des obligations de Danse inc., en supposant que la société utilise la méthode de l'amortissement linéaire. Préparez un tableau d'amortissement de la prime obtenue en a) en employant les en-têtes de colonne suivants :

Date	(1) Intérêts reçus	(2) Amortissement de la prime	(3) Produits d'intérêts [(1) – (2)]	(4) Prime non amortie [(4) – (2)]	(5) Valeur comptable des obligations

c) Préparez un tableau d'amortissement de la prime calculée en a), en supposant que la société préconise plutôt la méthode du taux d'intérêt effectif. Les en-têtes du tableau devraient être les suivants :

Date	(1) Intérêts reçus	(2) Produits d'intérêts	(3) Amortissement de la prime [(1) – (2)]	(4) Prime non amortie [(4) – (3)]	(5) Valeur comptable des obligations

d) Passez les écritures relatives au placement en obligations de Danse inc. pour les exercices se terminant le 31 mars 20X4 et le 31 mars 20X6. Amortissez la prime en utilisant la méthode de l'amortissement linéaire.

e) Passez les écritures concernant le placement en obligations de Danse inc. pour les exercices se terminant le 31 mars 20X4 et le 31 mars 20X6. Amortissez la prime en utilisant la méthode du taux d'intérêt effectif.

f) Selon les deux méthodes d'amortissement de la prime, à quel montant respectif s'élèveront les postes Placement de portefeuille et Produits d'intérêts des états financiers d'Aérobic pour les exercices se terminant respectivement le 31 mars 20X5 et le 31 mars 20X7 ?

P11

50 minutes – difficile

Les opérations sur un placement de portefeuille en obligations avec escompte

En utilisant les renseignements fournis dans le problème **P10,** répondez aux questions suivantes :

a) Calculez le prix d'acquisition des 1 000 obligations que désire se procurer Aérobic, en supposant que le taux d'intérêt effectif (taux du marché) est de 12 %. Arrondissez le prix au premier multiple de 25 $ sous la valeur actualisée obtenue.

b) Calculez le taux d'amortissement annuel de l'escompte des obligations de Danse inc., en supposant que la société utilise la méthode de l'amortissement linéaire. Préparez un tableau d'amortissement de l'escompte.

c) Préparez un tableau d'amortissement de l'escompte calculé en a), en supposant que la société préconise plutôt la méthode du taux d'intérêt effectif.

d) Passez les écritures relatives au placement en obligations de Danse inc. pour les exercices se terminant le 31 mars 20X4 et le 31 mars 20X6. Amortissez l'escompte en utilisant la méthode de l'amortissement linéaire.

e) Passez les écritures relatives au placement en obligations de Danse inc. pour les exercices se terminant le 31 mars 20X4 et le 31 mars 20X6. Amortissez l'escompte en utilisant la méthode du taux d'intérêt effectif.

f) Selon les deux méthodes d'amortissement de l'escompte, à quel montant respectif s'élèveront les postes Placement de portefeuille et Produits d'intérêts des états financiers d'Aérobic pour les exercices se terminant respectivement le 31 mars 20X5 et le 31 mars 20X7 ?

15

L'acquisition et l'aliénation d'un placement en obligations entre deux dates d'intérêt

30 minutes – difficile

Le 30 avril 20X4, la société Tournesol inc. achète, à 107, 200 obligations de Fleuri ltée d'une valeur nominale de 1 000 $ chacune. L'intérêt nominal de 12 % est payable semestriellement le 30 juin et le 31 décembre. L'obligation vient à échéance le 31 décembre 20X8. Tournesol inc. a pour politique d'amortir la prime ou l'escompte selon la méthode linéaire.

TRAVAIL À FAIRE

a) Passez les écritures relatives au placement à long terme dans les obligations de Fleuri ltée au cours de l'exercice 20X4.

b) Vous apprenez que Tournesol inc. vend la moitié de ses obligations à 99 le 31 mars 20X6. Passez toutes les écritures de l'exercice 20X6.

La comptabilisation d'une participation dans un satellite selon la méthode de la valeur de consolidation

40 minutes – moyen

La petite entreprise À l'ancienne ltée fabrique divers produits destinés à la cuisson des aliments, comme de la farine, du sucre et du sel. M. Connaisseur et Bon gâteau ltée sont actionnaires de cette société à 60 % et à 40 % respectivement. Bien que M. Connaisseur soit le directeur et le principal actionnaire d'À l'ancienne ltée, il échange sans cesse des conseils techniques avec les dirigeants de Bon gâteau ltée. Dans les faits, ces derniers participent à l'établissement des politiques stratégiques d'À l'ancienne ltée. Bon gâteau ltée a acheté les actions d'À l'ancienne ltée le 1er janvier 20X3 au prix de 40 000 $. L'exercice financier des deux entreprises se termine le 31 décembre, et les dirigeants de Bon gâteau ltée ont pour politique de comptabiliser leur participation dans un satellite selon la méthode de la valeur de consolidation. Voici les résultats et les dividendes déclarés et versés le 30 juin par À l'ancienne ltée, depuis l'acquisition de 40 % de ses actions par Bon gâteau ltée :

Exercice	Bénéfice net*	Dividendes déclarés
20X3	150 000 $	– $
20X4	200 000	40 000

* Le bénéfice net est gagné uniformément au cours de l'exercice.

TRAVAIL À FAIRE

a) Dans les livres de Bon gâteau ltée, passez toutes les écritures touchant les opérations liées à la participation dans le satellite À l'ancienne ltée en 20X3 et en 20X4.

b) Déterminez le montant du poste Participation dans un satellite au 31 décembre 20X4.

c) Supposez maintenant qu'À l'ancienne ltée ait connu quelques difficultés financières en 20X5 qui ont occasionné une perte nette de 10 000 $ à l'état des résultats. Passez l'écriture nécessaire au 31 décembre 20X5. Déterminez à combien s'élève maintenant le poste Participation dans un satellite.

d) À l'ancienne ltée présente un bénéfice net de 50 000 $ en 20X6. Bon gâteau ltée vend toutes ses actions le 31 décembre 20X6 au prix de 180 000 $. Passez toutes les écritures de 20X6 dans les livres de Bon gâteau ltée.

TABLE 15A.2
La valeur actualisée
de *n* versements
périodiques de 1 $
(*suite*)

n	3,5 %	4 %	4,5 %	5 %	5,5 %	6 %
1	0,966 184	0,961 538	0,956 938	0,952 381	0,947 867	0,943 396
2	1,899 694	1,886 095	1,872 668	1,859 410	1,846 320	1,833 393
3	2,801 637	2,775 091	2,748 964	2,723 248	2,697 933	2,673 012
4	3,673 079	3,629 895	3,587 526	3,545 951	3,505 150	3,465 106
5	4,515 052	4,451 822	4,389 977	4,329 477	4,270 284	4,212 364
6	5,328 553	5,242 137	5,157 872	5,075 692	4,995 530	4,917 324
7	6,114 544	6,002 055	5,892 701	5,786 373	5,682 967	5,582 381
8	6,873 956	6,732 745	6,595 886	6,463 213	6,334 566	6,209 794
9	7,607 687	7,435 332	7,268 791	7,107 822	6,952 195	6,801 692
10	8,316 605	8,110 896	7,912 718	7,721 735	7,537 626	7,360 087
11	9,001 551	8,760 477	8,528 917	8,306 414	8,092 536	7,886 875
12	9,663 334	9,385 074	9,118 581	8,863 252	8,618 518	8,383 844
13	10,302 738	9,985 648	9,682 852	9,393 573	9,117 079	8,852 683
14	10,920 520	10,563 123	10,222 825	9,898 641	9,589 648	9,294 984
15	11,517 411	11,118 387	10,739 546	10,379 658	10,037 581	9,712 249
16	12,094 117	11,652 296	11,234 015	10,837 770	10,462 162	10,105 895
17	12,651 321	12,165 669	11,707 191	11,274 066	10,864 609	10,477 260
18	13,189 682	12,659 297	12,159 992	11,689 587	11,246 074	10,827 603
19	13,709 837	13,133 939	12,593 294	12,085 321	11,607 654	11,158 116
20	14,212 403	13,590 326	13,007 936	12,462 210	11,950 382	11,469 921
21	14,697 974	14,029 160	13,404 724	12,821 153	12,275 244	11,764 077
22	15,167 125	14,451 115	13,784 425	13,163 003	12,583 170	12,041 582
23	15,620 410	14,856 842	14,147 775	13,488 574	12,875 042	12,303 379
24	16,058 368	15,246 963	14,495 478	13,798 642	13,151 699	12,550 358
25	16,481 515	15,622 080	14,828 209	14,093 945	13,413 933	12,783 356
26	16,890 352	15,982 769	15,146 611	14,375 185	13,662 495	13,003 166
27	17,285 365	16,329 586	15,451 303	14,643 034	13,898 100	13,210 534
28	17,667 019	16,663 063	15,742 874	14,898 127	14,121 422	13,406 164
29	18,035 767	16,983 715	16,021 889	15,141 074	14,333 101	13,590 721
30	18,392 045	17,292 033	16,288 889	15,372 451	14,533 745	13,764 831
31	18,736 276	17,588 494	16,544 391	15,592 811	14,723 929	13,929 086
32	19,068 865	17,873 552	16,788 891	15,802 677	14,904 198	14,084 043
33	19,390 208	18,147 646	17,022 862	16,002 549	15,075 069	14,230 230
34	19,700 684	18,411 198	17,246 758	16,192 904	15,237 033	14,368 141
35	20,000 661	18,664 613	17,461 012	16,374 194	15,290 552	14,498 246
36	20,290 494	18,908 282	17,666 040	16,546 852	15,536 068	14,620 987
37	20,570 525	19,142 579	17,862 240	16,711 287	15,673 999	14,736 780
38	20,841 087	19,367 864	18,049 990	16,867 893	15,804 738	14,846 019
39	21,102 500	19,584 485	18,229 656	17,017 041	15,929 662	14,949 075
40	21,355 072	19,792 774	18,401 584	17,159 086	16,046 125	15,046 297
41	21,599 104	19,993 052	18,566 109	17,294 368	16,157 464	15,138 016
42	21,834 883	20,185 627	18,723 550	17,423 208	16,262 999	15,224 543
43	22,062 689	20,370 795	18,874 210	17,545 912	16,363 032	15,306 173
44	22,282 791	20,548 841	19,018 383	17,662 773	16,457 851	15,383 182
45	22,495 450	20,720 040	19,156 347	17,774 070	16,547 726	15,455 832
46	22,700 918	20,884 654	19,288 371	17,880 067	16,632 915	15,524 370
47	22,899 438	21,042 936	19,414 709	17,981 016	16,713 664	15,589 028
48	23,091 244	21,195 131	19,535 607	18,077 158	16,790 203	15,650 027
49	23,276 565	21,341 472	19,651 298	18,168 722	16,862 751	15,707 572
50	23,455 618	21,482 185	19,762 008	18,255 925	16,931 518	15,761 861

15

TABLE 15A.2

La valeur actualisée
de *n* versements
périodiques de 1 $
(*suite*)

				i		
n	**7 %**	**8 %**	**9 %**	**10 %**	**12 %**	**15 %**
1	0,934 579	0,925 926	0,917 431	0,909 091	0,892 857	0,869 565
2	1,808 018	1,783 265	1,759 111	1,735 537	1,690 051	1,625 709
3	2,624 316	2,577 097	2,531 295	2,486 852	2,401 831	2,283 225
4	3,387 211	3,312 127	3,239 720	3,169 865	3,037 349	2,854 978
5	4,100 197	3,992 710	3,889 651	3,790 787	3,604 776	3,352 155
6	4,766 540	4,622 880	4,855 919	4,355 261	4,111 407	3,784 483
7	5,388 289	5,206 370	5,032 953	4,868 419	4,563 757	4,160 420
8	5,971 299	5,746 639	5,534 819	5,334 926	4,967 640	4,487 322
9	6,515 232	6,246 888	5,995 247	5,759 024	5,328 250	4,771 584
10	7,023 582	6,710 081	6,417 658	6,144 567	5,650 223	5,018 769
11	7,498 674	7,138 964	6,805 191	6,495 061	5,937 699	5,233 712
12	7,942 686	7,536 078	7,160 725	6,813 692	6,194 374	5,420 619
13	8,357 651	7,903 776	7,486 904	7,103 356	6,423 548	5,583 147
14	8,745 468	8,244 237	7,786 150	7,366 687	6,628 168	5,724 476
15	9,107 914	8,559 479	8,060 688	7,606 080	6,810 864	5,847 370
16	9,446 649	8,851 369	8,312 558	7,823 709	6,973 986	5,954 235
17	9,763 223	9,121 638	8,543 631	8,021 553	7,119 630	6,047 161
18	10,059 087	9,371 887	8,755 625	8,201 412	7,249 670	6,127 966
19	10,335 595	9,603 599	8,950 115	8,364 920	7,365 777	6,198 231
20	10,594 014	9,818 147	9,128 546	8,513 564	7,469 444	6,259 331
21	10,835 527	10,016 803	9,292 244	8,648 694	7,562 003	6,312 462
22	11,061 241	10,200 744	9,442 425	8,771 540	7,644 646	6,358 663
23	11,272 187	10,371 059	9,580 207	8,883 218	7,718 434	6,398 837
24	11,469 334	10,528 758	9,706 612	8,984 744	7,784 316	6,433 771
25	11,653 583	10,674 776	9,822 580	9,077 040	7,843 139	6,464 149
26	11,825 779	10,809 978	9,928 972	9,160 945	7,895 660	6,490 564
27	11,986 709	10,935 165	10,026 580	9,237 223	7,942 554	6,513 534
28	12,137 111	11,051 078	10,116 128	9,306 567	7,984 423	6,533 508
29	12,277 674	11,158 406	10,198 283	9,369 606	8,021 806	6,550 877
30	12,409 041	11,257 783	10,273 654	9,426 914	8,055 184	6,565 980
31	12,531 814	11,349 799	10,342 802	9,479 013	8,084 986	6,579 113
32	12,646 555	11,434 999	10,406 240	9,526 376	8,111 594	6,590 533
33	12,753 790	11,513 888	10,464 441	9,569 432	8,135 352	6,600 363
34	12,854 009	11,586 934	10,517 835	9,608 575	8,156 564	6,609 099
35	12,947 672	11,654 568	10,566 821	9,644 159	8,175 504	6,616 607
36	13,035 208	11,717 193	10,611 763	9,676 508	8,192 414	6,623 137
37	13,117 017	11,775 179	10,652 993	9,705 917	8,207 513	6,628 815
38	13,193 473	11,828 869	10,690 820	9,732 651	8,220 993	6,633 752
39	13,264 928	11,878 582	10,725 523	9,756 956	8,233 030	6,638 045
40	13,331 709	11,924 613	10,757 360	9,779 051	8,243 777	6,641 778
41	13,394 120	11,967 235	10,786 569	9,799 137	8,253 372	6,645 025
42	13,452 449	12,006 699	10,813 366	9,817 397	8,261 939	6,647 848
43	13,506 962	12,043 240	10,837 950	9,833 998	8,269 589	6,650 302
44	13,557 908	12,077 074	10,860 505	9,849 089	8,276 418	6,652 437
45	13,605 522	12,108 402	10,881 197	9,862 808	8,282 516	6,654 293
46	13,650 020	12,137 409	10,900 181	9,875 280	8,287 961	6,655 907
47	13,691 608	12,164 267	10,917 597	9,886 618	8,292 822	6,657 310
48	13,730 474	12,189 136	10,933 575	9,896 926	8,297 163	6,658 531
49	13,776 799	12,212 163	10,948 234	9,906 296	8,301 038	6,659 592
50	13,800 746	12,233 485	10,961 683	9,914 814	8,304 498	6,660 515

15

CHAPITRE **16**

Le passif

PLAN DU CHAPITRE

Les éléments de passif 720
Les éléments composant le passif à court terme............................723
Les dettes dont le montant est facilement déterminable..............725
Les dettes estimatives 735
Les dettes éventuelles 739
La présentation du passif à court terme 742
Les éléments composant le passif à long terme 743
Les emprunts hypothécaires 744
Les autres éléments du passif à long terme 747
La présentation du passif à long terme..749
Les événements postérieurs à la date du bilan 750
Les engagements contractuels 753
Synthèse du chapitre 16 754
Activités d'apprentissage 755

OBJECTIFS D'APPRENTISSAGE

Au terme de ce chapitre, vous pourrez :

1 définir le passif et en comprendre les caractéristiques essentielles ;

2 expliquer les éléments déterminant la comptabilisation du passif à court terme ;

3 préciser la nature des dettes dont le montant est facilement déterminable ;

4 préciser la nature des dettes estimatives ;

5 préciser la nature des dettes éventuelles ;

6 présenter les éléments du passif à court terme ;

7 décrire les caractéristiques du passif à long terme ;

8 expliquer la comptabilisation des titres d'emprunts hypothécaires ;

9 définir brièvement les autres éléments du passif à long terme ;

10 présenter les éléments du passif à long terme ;

11 évaluer les conséquences découlant des événements postérieurs à la date du bilan ;

12 identifier les engagements contractuels.

evenons sur la notion d'éléments de passif définie au chapitre 1. Le passif se compose d'obligations incombant à l'entreprise par suite d'opérations ou de faits passés et dont le règlement futur pourra nécessiter le transfert ou l'utilisation d'éléments d'actif, la prestation de services ou encore toute autre cession d'avantages économiques.

Le passif se compose d'obligations incombant à l'entreprise.

UN PROFESSIONNEL VOUS PARLE

Robert Verreault
MBA, FCPA,
FCMA
Directeur général
de l'usine

BRIDGESTONE

Il va de soi que tout gestionnaire doit suivre de près la santé financière de son entreprise afin de s'assurer que celle-ci respecte ses engagements. Dans le monde des affaires, les gestionnaires doivent rechercher un équilibre ; ils contractent des dettes pour mettre en œuvre certaines stratégies, sans toutefois compromettre la capacité des organisations à exécuter leur plan d'affaires. Ainsi, les gestionnaires peuvent faire appel à une multitude de sources de financement qui seront comptabilisées dans le passif du bilan. Ce financement comporte une part de risque par rapport à la capacité de l'entreprise de générer des bénéfices.

Le gestionnaire joue un rôle clé dans le maintien d'un équilibre judicieux entre l'endettement et les actifs. S'il se montre trop timide, il laissera passer plusieurs occasions d'investissement ; s'il est trop audacieux, il mettra en péril le bon fonctionnement de l'entreprise ! Il faut donc garder en tête que le passif est un indicateur essentiel dans le tableau de bord des décideurs. Et comme le disait John F. Kennedy : « Le meilleur temps pour réparer sa toiture, c'est lorsque le soleil brille. »

LES ÉLÉMENTS DE PASSIF

Le Conseil des normes comptables (CNC) précise que les éléments de **passif** possèdent trois caractéristiques essentielles :

a) Ils représentent un engagement ou une responsabilité envers des tiers, qui doit entraîner un règlement futur, par transfert ou utilisation d'actifs, prestation de services ou toute autre cession d'avantages économiques, à une date certaine ou déterminable, lorsque surviendra un fait précis, ou sur demande.

b) L'engagement ou la responsabilité constitue pour l'entité une obligation, à laquelle elle n'a guère ou n'a pas du tout la possibilité de se soustraire.

c) L'opération ou le fait qui est à l'origine de l'obligation de l'entité s'est déjà produit[1].

Pour mieux comprendre les caractéristiques décrites précédemment, prenons un exemple. Pour terminer sa session, un cégépien du nom de Jean Faucher emprunte la somme de 500 $ à sa sœur le 3 mars. Il accepte de rembourser ce montant à raison de 100 $ par semaine à compter du 1er juin, à même le revenu que lui procurera son emploi d'été.

Jean Faucher s'est donc engagé à rembourser la somme de 500 $ au moyen d'un versement de 100 $ par semaine à partir d'une date précise (première caractéristique). Afin de respecter son engagement envers sa sœur, il ne peut pas vraiment se soustraire aux paiements hebdomadaires convenus (deuxième caractéristique). Enfin, l'obligation de payer résulte d'une opération ayant eu lieu à une date antérieure (troisième caractéristique).

L'exemple précédent illustre aussi qu'il y a existence d'un passif, même si aucun contrat écrit n'a été signé par les deux parties. Autrement dit, Jean Faucher a contracté une **dette** de 500 $ envers sa sœur le 3 mars, même si l'entente n'est que verbale. Ce sont donc les faits d'une situation donnée qui établissent l'**existence d'une dette,** laquelle peut découler d'**obligations morales** ou implicites[2]. Toutefois, la plupart des dettes

16

---

1. *Manuel de CPA Canada – Comptabilité – Partie II – Normes comptables pour les entreprises à capital fermé,* Toronto, CPA Canada, paragr. 1000.29.
2. *Ibid.,* paragr. 1000.30.

d'une entreprise sont accompagnées d'un contrat ou d'une facture. Le **passif financier** correspond alors à une **obligation contractuelle** en vertu de laquelle l'entreprise doit remettre, à une autre partie, de la trésorerie ou un autre actif financier, tel un titre de créance[3].

Comme nous l'avons décrit brièvement au tableau 1.2 (*voir la page 18*), les éléments du passif sont groupés au bilan dans deux grandes catégories : le passif à court terme et le passif à long terme. Dans ce chapitre, nous étudierons en détail les principales composantes de ces deux catégories. Examinons d'abord ce qui les distingue au moyen du tableau 16.1.

| TABLEAU 16.1 | LES CARACTÉRISTIQUES DISTINCTIVES DU PASSIF À COURT TERME ET DU PASSIF À LONG TERME |

Passif à court terme	Passif à long terme
Le passif à court terme résulte du financement temporaire des opérations courantes et répétitives liées aux activités d'exploitation[4].	Le passif à long terme résulte du financement à longue échéance d'opérations sporadiques, non répétitives, liées aux activités d'investissement[4].
La date d'échéance précède la fin de l'exercice suivant. En général, le remboursement s'effectue en un seul versement, à une date qui n'est pas fixée à l'avance. Par exemple, le compte d'un fournisseur (condition de règlement : n/30) peut être payé à tout moment au cours des 30 prochains jours. Le paiement des comptes laisse donc une certaine flexibilité à l'acheteur.	La date d'échéance du dernier versement excède la fin de l'exercice suivant. En général, le remboursement s'effectue de façon régulière, par exemple pour les emprunts hypothécaires et les contrats de location. Les dates des remboursements sont fixées à l'avance. L'emprunteur qui y déroge s'expose à des pénalités et sa réputation de solvabilité peut être entachée. Une fois fixées, les modalités de remboursement ne sont pas très flexibles.
En règle générale, outre la facture, aucun contrat formel n'est signé par les deux parties. Ainsi, les salaires à verser aux employés constituent une dette légale, bien qu'un contrat de travail n'ait pas nécessairement été signé avec chacun d'eux.	Les deux parties sont automatiquement liées par un contrat formel qui spécifie les conditions propres au passif. Un titre d'emprunt hypothécaire nécessite la signature d'un acte notarié, tandis qu'un titre de nantissement commercial, tel l'achat d'une automobile, fait l'objet d'un contrat de vente.
Les éléments du passif à court terme, sauf les emprunts bancaires et les effets, ne portent généralement pas intérêt, à moins que le remboursement excède certaines limites préétablies. Par exemple, une entreprise inscrit les vacances à payer aux livres à mesure que l'employé travaille, mais ne paie pas d'intérêt sur ces sommes.	Les créanciers exigent toujours des intérêts sur les sommes dues, quoique ceux-ci soient parfois implicites, tels que dans les contrats de location. Il serait impensable qu'une dette à long terme, qu'il s'agisse d'un emprunt obligataire ou d'un nantissement commercial, ne comporte aucun intérêt.
En général, on n'accorde pas de garantie fixe aux créanciers. Dans certains cas, les emprunts bancaires sont garantis par l'ensemble des créances des clients et des stocks. Il est rare que la garantie porte sur le compte d'un client en particulier.	En général, on accorde une garantie fixe aux créanciers. L'immeuble sert de garantie à l'emprunt hypothécaire et les équipements, à l'hypothèque mobilière. Pour certains prêts, tel un emprunt auprès d'une société de capital de risque, il arrive qu'une charge (garantie) « flottante » soit liée à l'ensemble des actifs libres[5].

»

---

3. *Manuel de CPA Canada – Comptabilité – Partie II – Normes comptables pour les entreprises à capital fermé*, Toronto, CPA Canada paragr. 3856.05 j).

4. Nous définirons en détail les composantes des activités d'exploitation et des activités d'investissement au chapitre 22.

5. Les personnes qui désirent obtenir des définitions plus exhaustives peuvent consulter la troisième édition du *Dictionnaire de la comptabilité et de la gestion financière* publié par CPA Canada en 2006 ; 2011 en version électronique.

» **TABLEAU 16.1** | **LES CARACTÉRISTIQUES DISTINCTIVES DU PASSIF À COURT TERME ET DU PASSIF À LONG TERME (*suite*)**

Les éléments du passif à court terme sont comptabilisés à la valeur nominale correspondant à la valeur à l'échéance.	Les éléments du passif à long terme sont comptabilisés à la valeur actualisée des versements futurs (capital et intérêts). Cette valeur correspond généralement à la valeur à l'échéance, ou valeur nominale, à moins que le taux d'intérêt du passif soit différent du taux du marché.
Tous les éléments composant le passif à court terme sont présentés dans une section distincte du bilan. On note un bon nombre de créanciers différents, mais les montants dus à chacun sont d'ordinaire peu élevés.	La tranche de la dette à long terme échéant au cours de l'exercice suivant (durant l'année) figure dans la section du passif à court terme du bilan. La portion restante de la dette figure dans la section du passif à long terme. En général, on compte peu de créanciers différents, mais les montants dus à chacun sont plus élevés.
Les éléments du passif à court terme sont nombreux. En voici quelques exemples : – Découverts et emprunts bancaires – Intérêts courus – Effets et billets à payer – Comptes fournisseurs et frais courus (acquisition de marchandises ou services reçus, tels que les honoraires professionnels) – Salaires, charges sociales, avantages sociaux et vacances à payer – Sommes à remettre à l'État (retenues salariales, taxes, impôts) – Produits reçus d'avance (des clients) – Dividendes à payer – Dettes estimatives (telles que les garanties et les promotions) – Dettes éventuelles probables – Tranche de la dette à long terme échéant à moins de un an – Dettes remboursables à la demande du créancier	Voici les principaux éléments du passif à long terme : – Emprunts hypothécaires – Hypothèques mobilières – Effets et billets à payer – Dettes estimatives – Dettes éventuelles probables – Obligations découlant d'un contrat de location-acquisition – Obligations découlant d'un régime de retraite – Emprunts obligataires et débentures On doit convenablement décrire chaque élément du passif à long terme dans une note complémentaire aux états financiers : taux d'intérêt, versements en capital prévus au cours des cinq prochaines années, garantie offerte, etc.
Le total de l'actif à court terme est souvent mis en relation avec le total du passif à court terme. On détermine ainsi le ratio de solvabilité à court terme, indice des liquidités disponibles pour l'exploitation courante de l'entreprise[6].	Le total du passif (court et long terme) est souvent mis en relation avec le total des capitaux propres. On détermine ainsi le ratio d'endettement, indice de la proportion du financement externe[7].

---

6. Les termes « ratio du fonds de roulement », « ratio de liquidité générale » et « ratio de trésorerie générale » ont la même signification que le terme « ratio de solvabilité à court terme ».
7. Il existe d'autres façons de calculer le ratio d'endettement d'une entreprise. Le passif à long terme peut être mis en relation avec le total du passif à long terme et des capitaux propres, ou encore, le passif à long terme peut être mis en relation avec les actifs à long terme.

Essentiellement, les IFRS sont semblables aux normes sur la comptabilisation du passif à court terme et du passif à long terme du *Manuel de CPA Canada*. C'est lorsqu'il regardera la présentation des éléments du bilan que le lecteur remarquera une différence. D'abord, l'IAS 1 utilise plutôt les termes « passifs courants » et « passifs non courants ». Ensuite, l'ordre de présentation des comptes est différent, puisque le coté créditeur du bilan présente d'abord les éléments des capitaux propres, puis les dettes non courantes et, enfin, les dettes courantes.

LES ÉLÉMENTS COMPOSANT LE PASSIF À COURT TERME

Dans les prochaines pages, nous étudierons chacune des composantes énumérées dans le tableau 16.1, aux pages 721 et 722 et figurant dans le bilan de l'entreprise. À l'aide de l'exemple d'une facture d'un fournisseur de la société Percé ltée, regardons la figure 16.1, laquelle illustre les principales caractéristiques du **passif à court terme**.

FIGURE 16.1 **UNE ILLUSTRATION DES CARACTÉRISTIQUES DES ÉLÉMENTS DU PASSIF À COURT TERME APPLICABLES À UNE FACTURE D'UN FOURNISSEUR**

Dans le cours normal de son exploitation, Percé ltée achète régulièrement des pièces de ce fournisseur. Il s'agit d'un mode de financement temporaire.

En règle générale, aucun élément d'actif n'est donné en garantie aux créanciers.

Le compte ne porte pas intérêt, sauf si le remboursement excède certaines limites préétablies. Ici, Percé ltée devra ajouter des intérêts au solde dû si le paiement du compte est fait après le 30 mai 20X5.

Les deux parties ne signent pas de contrat formel. La facture témoigne de l'obligation à laquelle Percé ltée ne peut se soustraire et constitue une dette légalement exigible.

La dette sera comptabilisée à la valeur nominale, laquelle correspond à la valeur à l'échéance. Puisque la date d'échéance précède la fin de l'exercice suivant, il s'agit bel et bien d'un passif à court terme.

En général, le remboursement s'effectue en un seul versement, à une date qui n'est pas fixée à l'avance. Ce compte peut être payé à tout moment au cours des 30 prochains jours, ce qui laisse une certaine flexibilité à Percé ltée.

ALMA INC.
111, rue de l'Approvisionnement, Fourny-Sœur, G1T 1T9
Téléphone : 819 911-9111 Télécopieur : 819 911-9191

VENDU À   Percé ltée
9, rue Crayhense, Drummondville, G1B 1B9

Facture   MX0-9305
Date   30 avril 20X5
Bon de commande   A-4001
Livrer à   9, rue Crayhense, Drummondville
(30 avril 20X5)

Quantité	Description	Prix unitaire	Total
18	Modèle G1T-19X0	230,00 $	4 140,00 $
	Total partiel		4 140,00
	TPS (5 %)		207,00
	TVQ (9,975 %)		Exemption
	Total		4 347,00 $

Conditions de règlement : n/30, intérêt mensuel de 1 % sur tout solde en souffrance

16

Les comptes fournisseurs et les frais courus

Toute entreprise doit disposer d'un bon système comptable pour inscrire les achats de biens et la consommation de services ayant trait à son exploitation courante. Bien enregistrer les factures reçues facilite, entre autres, le contrôle de l'inventaire et permet de calculer avec précision le coût des ventes. Plus tard, le paiement de ces factures aura une influence directe sur la trésorerie de l'entreprise. Les **comptes fournisseurs** et les **frais courus** représentent respectivement les dettes à l'égard de marchandises achetées ou de services rendus à l'entreprise qui devront faire l'objet d'un règlement à brève échéance. Par exemple, les honoraires d'audit pour services déjà rendus par un CPA et les impôts fonciers à payer font partie des frais courus.

Nous avons mentionné que l'existence et le montant du passif à court terme sont des éléments essentiels à déterminer. En ce qui touche les comptes fournisseurs et les frais courus, la dette existe si le bien a été reçu ou si le service a été rendu. Quant au montant, il correspond la plupart du temps à celui figurant sur la facture du fournisseur, au contrat ou sur le compte de taxes.

Parfois, des fournisseurs offrent un escompte à leurs clients s'ils paient leur compte dans un délai assez court. Couramment, une facture contient les conditions « **2/10, n/30** », c'est-à-dire que le client peut bénéficier d'un escompte de 2 % sur le montant de la facture avant taxes s'il la paie dans un délai de 10 jours ; sinon, le client devra en payer le plein montant net dans les 30 jours suivants. En général, l'entreprise préfère acquitter son compte dans un court délai afin de bénéficier de l'escompte accordé. Dans ce cas, au moment de l'inscription du passif à court terme, on retiendra le **montant probable** du débours, lequel sera diminué de l'escompte, s'il y a lieu. Autrement dit, le montant du passif à court terme sera inférieur au montant de la facture si l'entreprise prévoit se prévaloir de l'escompte. Nous avons étudié la comptabilisation des escomptes sur achats au chapitre 5.

Les salaires, charges sociales, avantages sociaux et vacances à payer

Les employés de toute organisation ont tout d'abord droit au salaire qu'ils ont gagné. De façon générale, comme nous l'avons décrit au chapitre 9, le comptable inscrit périodiquement les **salaires**, **charges sociales** et avantages sociaux aux livres. Puisque l'entreprise ne paie pas nécessairement ces charges au moment où elles sont engagées, elle crée certains comptes qui font partie du passif à court terme.

Le compte **Salaires à payer** représente les salaires nets dus aux employés jusqu'à ce que ces derniers les reçoivent. Il s'accompagne des comptes de passif qui représentent les diverses sommes, prélevées à même le salaire des employés, auxquelles on ajoute la part de l'employeur, à verser aux gouvernements provincial et fédéral. Entre autres, les sommes dues au gouvernement provincial ont trait à l'impôt payé par les employés, au Régime de rentes du Québec (RRQ), au Régime québécois d'assurance parentale (RQAP), au Fonds des services de santé du Québec (FSS), à la Commission de la santé et de la sécurité du travail (CSST) et à la Commission des normes du travail (CNT). Les sommes dues au gouvernement fédéral se composent de l'impôt payé par les employés et de l'assurance-emploi.

D'autres comptes liés aux salaires peuvent aussi faire partie du passif à court terme, selon les circonstances. Ainsi, le compte Cotisations syndicales à payer figurera dans les livres de l'entreprise dont les employés sont syndiqués, puisque ces cotisations doivent être retenues à la source par l'entreprise et régulièrement remises au syndicat. Il en sera de même des sommes prélevées en vertu d'un régime de retraite.

On sait déjà que les employés travaillent et reçoivent leur salaire aux périodes de paye habituelles. Parallèlement, les sommes affectées à leur paye de vacances s'accumulent aussi au fil du temps. À mesure que les employés travaillent, nous pouvons donc considérer que l'entreprise accumule des **vacances à payer**, puisque les services ont été rendus par les employés. Le montant de ce passif à court terme est facilement déterminable et peut s'exprimer sous la forme d'un pourcentage fixe des salaires bruts. Un pourcentage de 4 %

(10/250 jours de travail[14]) correspond à une période de vacances de 2 semaines par année. Quant aux pourcentages de 6 % et de 8 %, ils correspondent respectivement à des périodes de 3 (15/250 jours) et de 4 semaines (20/250 jours) de vacances. Bien que l'inscription des vacances à payer puisse se faire à chaque période de paye, certaines entreprises n'évaluent cette dette et ne l'inscrivent aux livres qu'en fin d'exercice.

Commission des normes du travail

Les sommes à remettre à l'État

Nous venons tout juste d'aborder la comptabilisation des salaires des employés et des dettes à court terme qui en résultent. L'une de ces dettes concerne les sommes retenues par l'employeur sur la paye des individus et qui doivent ultérieurement être remises aux gouvernements. Outre ces retenues salariales, l'employeur doit y ajouter sa propre part, entre autres pour le RQAP, le RRQ et l'assurance-emploi. Il s'agit de **sommes à remettre à l'État**.

En plus de ces déductions à la source, nous savons que la plupart des entreprises ont l'obligation de percevoir les taxes pour le compte des gouvernements. La TPS de 5 %, la TVQ de 9,975 % et la taxe d'accise sur les cigarettes et les boissons alcooliques en constituent des exemples. Ainsi, si vous achetez un bien dont le prix est de 100 $, vous devrez payer un montant total de 114,98 $, ce qui comprend la TPS de 5,00 $ (100 $ × 5 %) et la TVQ de 9,98 $ (100,00 $ × 9,975 %).

Voici l'écriture nécessaire devant figurer dans les livres du vendeur en tenant pour acquis que l'achat a été réglé au moyen d'une carte de débit.

Au moment de la vente

Banque	114,98	
Ventes		100,00
TPS à payer		5,00
TVQ à payer		9,98
Vente de marchandises au comptant.		

Les taxes de 5,00 $ (TPS) et de 9,98 $ (TVQ) encaissées par le vendeur ne lui appartiennent pas. Tout comme pour les retenues salariales vues précédemment, l'entreprise devra remettre les sommes perçues des clients aux gouvernements. En d'autres termes, l'entreprise est responsable de percevoir ces sommes, de les conserver, puis de les remettre à l'État dans les délais prescrits. Étant donné ce rôle de percepteur au nom de l'État, le *Manuel de CPA Canada* requiert que le solde des sommes à remettre à l'État à la clôture de la période soit indiqué[15].

Seules les sociétés par actions doivent annuellement préparer une déclaration fiscale destinée à chaque palier de gouvernement. Tout comme c'est le cas des particuliers, l'objectif est de déterminer les **impôts sur le bénéfice à payer** aux gouvernements provincial et fédéral. Ces impôts résultent de l'application d'un pourcentage au bénéfice imposable calculé selon des règles fiscales précises. Le plus souvent, on calcule la charge liée aux impôts sur le bénéfice en fin d'exercice. L'entreprise bénéficie alors d'un certain laps de temps pour en effectuer le paiement. Entre-temps, il s'agit d'un élément du passif à court terme[16].

16

---

14. On obtient le nombre de 250 jours de travail comme suit : 365 − 104 (52 samedis et 52 dimanches) − 11 (jours fériés) = 250.

15. *Manuel de CPA Canada – Comptabilité – Partie II – Normes comptables pour les entreprises à capital fermé*, Toronto, CPA Canada, paragr. 1510.15.

16. En temps normal, les entreprises doivent faire à l'État des paiements mensuels ou trimestriels d'impôt par acomptes provisionnels. Ce n'est qu'au terme de l'année d'imposition que le montant dû pour l'impôt sur le revenu peut être calculé avec exactitude. Si ce montant est alors supérieur à celui des acomptes précédemment versés, la différence est un passif à court terme. Par contre, s'il est inférieur à celui des acomptes précédemment versés, la différence est un actif à court terme.

Le traitement comptable approprié varie selon le type d'événements postérieurs à la date du bilan, tels qu'ils sont décrits dans le tableau de la page précédente. Il est donc essentiel de classer les événements, puisque le moment où ils sont pris en compte dans les états financiers en dépend.

Le traitement d'une situation qui existait à la date du bilan

Lorsque des événements fournissent des indications supplémentaires sur une **situation qui existait à la date du bilan**, on doit **redresser les états financiers en conséquence**[43]. Comme nous l'avons mentionné, ces événements éclairent une situation touchant les états financiers de l'exercice précédent, lesquels ne sont cependant pas encore définitivement mis au point. Pour présenter l'image la plus fidèle possible de la situation de l'entreprise à la clôture de l'exercice, il s'avère donc logique de prendre en considération les nouveaux renseignements.

Supposons que Percé ltée apprenne, le 15 juillet 20X5, que l'un de ses clients, Hemmingford ltée, a fait faillite. Au 30 juin 20X5, Hemmingford ltée devait 150 000 $ à Percé ltée ; ce compte est inclus dans les comptes clients du bilan préparé à la même date. Il s'agit là d'un événement postérieur à la date du bilan, mais qui éclaire une situation existant à la date du bilan. En effet, le comptable de Percé ltée sait maintenant qu'il ne pourra récupérer ce compte. Afin de redresser les états financiers de l'exercice terminé le 30 juin 20X5, il devra inscrire l'écriture suivante :

15 juillet 20X5		
Bénéfices non répartis	150 000	
Clients		150 000
Radiation du compte client d'Hemmingford ltée, ayant déclaré faillite en juillet 20X5.		

L'écriture précédente a pour objectif de radier complètement le compte client d'Hemmingford ltée. On suppose alors que le comptable de Percé ltée croit être dans l'impossibilité de récupérer quoi que ce soit de cette créance. S'il croyait plutôt pouvoir récupérer un montant de 20 000 $, la radiation inscrite précédemment serait de 130 000 $. Notons que, aux livres, c'est le compte Bénéfices non répartis qui est touché. Il en est ainsi parce qu'on a probablement clôturé les livres comptables de Percé ltée le 30 juin 20X5 et que la charge inscrite est liée à cet exercice[44].

Le traitement d'une situation qui a pris naissance après la date du bilan

Lorsque des événements indiquent une **situation qui a pris naissance après la date du bilan**, il n'y a pas lieu de redresser les états financiers. On doit plutôt **présenter les événements importants à l'aide de notes complémentaires** dans les états financiers de l'exercice précédent[45]. Comme nous l'avons mentionné, ces événements concernent le nouvel exercice, bien que l'on n'ait pas encore définitivement mis au point les états financiers de l'exercice précédent. Logiquement, le fait de prendre connaissance de nouveaux renseignements ne peut pas modifier les états financiers de l'exercice

16

---

43. *Manuel de CPA Canada – Comptabilité – Partie II – Normes comptables pour les entreprises à capital fermé,* Toronto, CPA Canada, paragr. 3820.07.
44. On débite le compte Bénéfices non répartis si l'on a déjà enregistré les écritures de clôture. Sinon, les comptes de résultats étant toujours disponibles, on doit débiter le compte Dépréciation des comptes clients, comme nous l'avons mentionné au chapitre 11.
45. *Manuel de CPA Canada – Comptabilité – Partie II – Normes comptables pour les entreprises à capital fermé,* Toronto, CPA Canada, paragr. 3820.09 et 3820.10.

précédent. Une note aux états financiers est toutefois obligatoire lorsque des événements peuvent avoir des répercussions importantes au cours du nouvel exercice ou d'un exercice ultérieur. Rappelons que le principe de bonne information confère une obligation de présenter tout renseignement qui peut influer sur les décisions des utilisateurs des états financiers.

Supposons que Percé ltée apprenne, le 15 juillet 20X5, que l'un de ses clients, Val Bélair ltée, a fait faillite. Le solde impayé de ce client s'élève à 80 000 $, seul résultat de la vente du 7 juillet précédent. Les états financiers de l'exercice terminé le 30 juin 20X5 de Percé ltée ne sont donc pas touchés par le nouveau renseignement. Comme le montant de la perte est important, on ajoutera aux états financiers une note décrivant la nature de l'événement et l'estimation de son incidence financière sur Percé ltée. L'exemple contenant une note aux états financiers de JP ltée (*voir la page 742*) illustre aussi ce type d'événement postérieur à la date du bilan. En effet, cette note décrit une action déposée le 12 mai 20X7, alors que l'exercice se termine le 31 mars 20X7.

LES ENGAGEMENTS CONTRACTUELS

Souvent, l'entreprise prend des engagements en vertu de contrats rédigés en bonne et due forme : fixer le prix d'une matière première, acheter une quantité minimale de fournitures ou déterminer le loyer des cinq prochaines années. Ces exemples ne sont pas exhaustifs, mais ils présentent tous les caractéristiques communes aux **engagements contractuels.** En effet, l'engagement **fixe le montant de débours futurs,** fait l'objet d'un contrat écrit et concerne d'ordinaire une période excédant l'exercice courant.

Le comptable peut se demander si de tels engagements nécessitent la création d'un passif à court ou à long terme. Pour y répondre, on doit se servir des critères déterminant la comptabilisation du passif à court terme mentionnés dans la figure 16.2 de la page 724 et établis dès le début de ce chapitre. Ce passif existe-t-il ? Peut-on en estimer le montant ? La seconde question ne pose pas de véritable problème, puisque les montants ayant trait aux engagements contractuels figurent vraisemblablement aux contrats. Cependant, pour déterminer l'**existence** du passif, on doit établir le moment où les biens sont reçus ou les services rendus. Le fait qu'une entreprise connaisse à l'avance les sommes à débourser ne fait pas automatiquement de celles-ci une dette. Ces sommes constitueront une dette lorsque le fournisseur aura remis les biens ou fourni les services en question et qu'il restera un solde à payer.

Supposons que, le 1ᵉʳ janvier 20X5, Percé ltée ait signé un bail de cinq ans avec l'entreprise Ste-Geneviève inc. Le loyer mensuel des bureaux de l'entreprise s'élève à 5 000 $. Il s'agit d'un engagement contractuel, puisque le bail signé est un contrat fixant le montant du loyer pendant une période déterminée à l'avance. Il semble évident que Percé ltée n'inscrira pas une charge de loyer de 300 000 $ (5 000 $ × 60 mois) dans ses livres aussitôt la signature du bail. En fait, elle inscrira les frais de location de 5 000 $ le premier jour de chaque mois, puisqu'ils seront effectivement dus à cette date. Un passif sera enregistré si l'entreprise ne paie pas le loyer à la date où il est dû, conformément aux clauses du bail.

Enfin, notons que le *Manuel de CPA Canada* exige que les entreprises fournissent un exposé sommaire de tout engagement contractuel important concernant la situation financière actuelle ou l'exploitation future[46]. Plus particulièrement, les engagements qui

---

46. *Manuel de CPA Canada – Comptabilité – Partie II – Normes comptables pour les entreprises à capital fermé,* Toronto, CPA Canada, paragr. 3280.02.

comporte un risque spéculatif considérable ou qui entraîneront des débours exception-nellement élevés devraient être mentionnés. À titre d'exemple, voici un extrait des états financiers de Biocure inc. :

BIOCURE INC.
Extrait des notes afférentes aux états financiers consolidés
au 31 décembre 20X2

---

12. ENGAGEMENTS

La société s'est engagée en vertu de licences à verser des redevances à l'Université Laval sur les produits bruts de la vente de certains produits. Elle a également convenu de prendre en charge toutes les dépenses relatives à la protection de brevets appartenant à l'Université Laval à l'égard de ces produits.

Au 30 juin 20X2, la société s'est engagée, en vertu d'un contrat de location se terminant le 30 juin 20X6, à payer un loyer d'un montant total de 221 000 $. Les loyers minimaux à payer pour les prochains exercices se détaillent comme suit : 20X3 – 63 000 $; 20X4 – 63 000 $; 20X5 – 63 000 $ et 20X6 – 32 000 $.

SYNTHÈSE DU CHAPITRE 16

1. Le passif se compose d'obligations incombant à l'entreprise à la suite d'opérations ou de faits passés dont le règlement futur pourra nécessiter le transfert ou l'utilisation d'éléments d'actif, la prestation de services ou encore toute autre cession d'avantages économiques. Il s'agit d'obligations morales ou contractuelles auxquelles l'entité ne peut se soustraire.

2. Les éléments du passif à court terme résultent du financement temporaire des opérations courantes et répétitives liées aux activités d'exploitation et leur règlement précède la fin de l'exercice suivant. En règle générale, hormis la facture, aucun contrat formel n'est signé par les deux parties. Ces dettes ne portent pas intérêt, sauf les emprunts bancaires et les effets à payer ou lorsque le remboursement excède une date fixée à l'avance. En général, aucune garantie fixe n'est accordée aux créanciers, exception faite des emprunts bancaires, parfois garantis par l'ensemble des créances des clients et des stocks. On comptabilise les éléments du passif à court terme à la valeur nominale, laquelle correspond à la valeur à l'échéance.

3. La comptabilisation d'un passif à court terme requiert la détermination de deux éléments : l'existence d'une dette et l'estimation du montant de celle-ci.

4. Le passif à court terme se compose de plusieurs postes : découverts bancaires, emprunts bancaires, effets à payer, fournisseurs et frais courus, salaires, charges sociales, avantages sociaux et vacances à payer, sommes à remettre à l'État, produits reçus d'avance, dividendes à payer, tranche de la dette à long terme échéant à moins de un an et dettes remboursables à la demande du créancier. Le montant de ces dettes est facilement déterminable. Les dettes découlant d'une garantie offerte ou d'une campagne de promotion font partie des dettes estimatives, puisque leur montant doit faire l'objet d'estimations. Quant aux dettes éventuelles, leur existence (et parfois leur montant) est à déterminer, puisqu'elle dépend de leur probabilité de matérialisation.

5. Lorsqu'il y a dettes estimatives, le comptable doit exercer son jugement professionnel afin de déterminer le montant du passif à court terme. Les frais qui seront ultérieurement déboursés afin de respecter la garantie offerte constituent une provision pour garanties. On inscrira le coût des primes qui seront réclamées plus tard par les consommateurs à titre de provision pour promotions.

6. Les dettes éventuelles ont pris naissance à la suite d'événements passés, mais elles dépendent d'événements futurs quant à leur matérialisation. Pour déterminer l'existence et le montant des dettes éventuelles, le comptable doit exercer son jugement professionnel. On imputera une perte éventuelle aux résultats et on l'inscrira à titre de passif à court terme s'il est probable que la perte survienne au cours de l'exercice qui suit et que le montant fasse l'objet d'une estimation raisonnable. En d'autres circonstances, une note sur cette éventualité figurera aux états financiers si les montants en cause sont importants.

7. Par sa nature, le passif à long terme est composé de dettes dont la date d'échéance excède l'exercice suivant. En règle générale, ces dettes sont contractées pour des projets ou des acquisitions dont profitera l'entreprise à longue échéance. Pour l'emprunteur, les éléments du passif à long terme entraînent des charges d'intérêts qui, le plus souvent, sont clairement indiquées au contrat. Celui-ci contient aussi toutes les clauses relatives au financement à long terme, comme les modalités de remboursement, les garanties rattachées au prêt et les conséquences d'un manquement aux obligations par l'emprunteur.

8. Lorsqu'une partie du passif à long terme est exigible au cours de l'exercice suivant, les remboursements en capital des 12 mois suivant la clôture de l'exercice doivent figurer au passif à court terme sous le poste Tranche de la dette à long terme échéant à moins de un an.

9. Les emprunts hypothécaires sont des titres de passif à long terme pour lesquels les actifs acquis, par exemple un immeuble (y compris le terrain), sont offerts en garantie à l'institution financière prêteuse. L'emprunteur effectue d'ordinaire des versements mensuels. Ceux-ci comprennent l'intérêt depuis la dernière date de versement et le remboursement d'une partie du capital. On inscrit chaque versement aux livres ; le remboursement du capital est de plus en plus élevé et la portion des intérêts, de plus en plus réduite.

10. Comme leur nom l'indique, les événements postérieurs à la date du bilan surviennent après la clôture d'un exercice financier, mais avant la date de mise au point définitive des états financiers. Lorsque des événements fournissent des indications supplémentaires sur une situation qui existait à la date du bilan, on redresse les états financiers. Lorsque des événements indiquent qu'une situation a pris naissance après la date du bilan, on les présente à l'aide de notes afférentes aux états financiers lorsque les répercussions sur l'entreprise peuvent être importantes.

11. Les engagements contractuels fixent le montant de débours futurs. Ce type d'engagements ne répond pas à la définition du passif, puisque les biens ou les services dont ces engagements font l'objet n'ont pas encore été reçus. Les états financiers fournissent une description des engagements contractuels importants, en particulier s'ils comportent un risque spéculatif considérable ou s'ils peuvent entraîner des débours exceptionnellement élevés.

ACTIVITÉS D'APPRENTISSAGE

16

PROBLÈME TYPE

Vous venez d'être engagé par Fleuri ltée, fleuriste renommé de votre région. L'entreprise est sans comptable depuis la clôture du mois dernier. La propriétaire, Mme Bellefleur, attendait votre arrivée avec impatience, car elle ne sait pas comment comptabiliser les trois opérations suivantes :

- Un tout nouveau fournisseur, À la rosée inc., vient d'envoyer sa facture s'élevant à 4 000 $ pour des achats effectués en mai. Mme Bellefleur remarque la mention 2/10, n/30 au bas de la facture et se demande en quoi cela affecte l'écriture d'achat habituelle.

- Le 10 mai 20X0, Fleuri ltée a reçu une commande de fleurs pour la décoration de la salle communautaire lors d'une grande fête prévue le 14 juin prochain. Elle a reçu un acompte de 2 000 $ pour cette commande.

- Le salaire brut mensuel des employés de Fleuri ltée est d'environ 8 000 $. Les salaires du mois de mai ont été comptabilisés, mais Mme Bellefleur ne sait pas comment comptabiliser les vacances à payer.

TRAVAIL À FAIRE

Aidez Mme Bellefleur en passant les écritures de journal nécessaires à la comptabilisation des opérations mentionnées à la page précédente au 31 mai 20X0. Expliquez-en brièvement les raisons.

SOLUTION DU PROBLÈME TYPE

31 mai 20X0		
Stocks (ou Achats)	*3 920*	
Fournisseurs		*3 920*
Achats de 4 000 $ de marchandises aux conditions 2/10, n/30, inscrits au prix net de l'escompte.		

Le poste Fournisseurs figure dans le passif à court terme au montant qui sera probablement déboursé. Ici, nous supposons que Mme Bellefleur va se prévaloir de l'escompte, puisque cela lui permet d'obtenir un rabais de 80 $.

10 mai 20X0		
Banque	*2 000*	
Produits reçus d'avance		*2 000*
Encaissement de 2000 $ en guise d'acompte pour une commande dont la livraison est prévue en juin.		

Le poste Produits reçus d'avance figure dans le passif à court terme. Il s'agit d'une dette, puisque Fleuri ltée a l'obligation de livrer la marchandise, tel que promis, ou encore de rembourser l'argent à son client.

31 mai 20X0		
Salaires	*320*	
Vacances à payer		*320*
Inscription des vacances courues de 320 $ (8 000 $ × 4 %) concernant les salaires de mai 20X0.		

Le poste Vacances à payer figure dans le passif à court terme. Il s'agit d'une dette, puisque les services des employés donnant droit à ces vacances ont été rendus à l'entreprise.

QUESTIONS DE RÉVISION (i+) Solutionnaire

1. Commentez l'énoncé suivant : « Il n'y a jamais d'intérêt exigé sur des éléments du passif à court terme. »

2. Pourquoi dit-on qu'il n'y a habituellement pas de contrat formel signé par les deux parties pour les éléments du passif à court terme ?

3. En général, quels sont les éléments du passif à court terme auxquels une garantie est rattachée ?

4. Mme Bouffard est propriétaire d'une entreprise. Récemment, elle a contracté un emprunt hypothécaire d'une durée de 25 ans.

16

Elle ne comprend pas pourquoi une partie de son emprunt doit figurer dans le passif à court terme du bilan de son entreprise. Expliquez-lui pourquoi.

5. L'auditeur de Loumax inc. désire inscrire un passif à court terme de 3 000 $ au bilan du 30 septembre. L'actionnaire principal, Maxim, ne comprend pas pourquoi, car il estime qu'il n'y a pas de dette compte tenu qu'il n'a pas encore reçu la facture de son fournisseur. Commentez ce raisonnement.

6. Définissez brièvement les deux éléments nécessaires à la comptabilisation du passif à court terme.

7. Est-il vrai que le comptable et l'auditeur doivent prêter une attention particulière à l'exhaustivité des éléments composant le passif à court terme à la clôture de l'exercice?

8. Comment un découvert bancaire peut-il devenir un emprunt bancaire?

9. À quel moment inscrit-on les frais financiers d'un effet à payer dans l'état des résultats?

10. Pourquoi faut-il faire la différence entre un emprunt bancaire et un effet à payer, puisque, dans les deux cas, un document appelé «effet» est signé?

11. Pourquoi l'entreprise devrait-elle comptabiliser une dette relative aux vacances à payer au cours du mois de janvier si la période des vacances n'est qu'en juillet?

12. Les Dastous viennent de verser un dépôt de 30 000 $ pour une maison que l'entrepreneur Sotlid leur construira au cours des 2 prochains mois. Comment inscrit-on ce dépôt dans les livres de l'entrepreneur Sotlid?

13. Pourquoi un billet remboursable à vue, c'est-à-dire sans date d'échéance fixe, doit-il être présenté au passif à court terme?

14. Pourquoi faut-il estimer une provision pour garanties et la présenter dans la section du passif à court terme du bilan?

15. La nécessité de formuler des hypothèses rend l'estimation de la provision pour garanties incertaine. En quoi la présentation d'un montant incertain est-elle utile au lecteur des états financiers?

16. En quoi un compte fournisseur et une dette éventuelle diffèrent-ils?

17. Qu'est-ce qu'une dette éventuelle probable?

18. Quelle distinction peut-on faire entre une dette estimative et une dette éventuelle?

19. Dans quelles circonstances une dette éventuelle mène-t-elle à la présentation d'un passif à court terme au bilan?

20. Pourquoi signe-t-on un contrat formel lorsqu'il s'agit d'un passif à long terme, alors qu'on en signe rarement un pour le passif à court terme?

21. Quelles sont les dettes auxquelles une garantie est d'ordinaire rattachée?

22. M. Boivin se demande pourquoi l'emprunt hypothécaire figure dans le passif à long terme, alors que des versements mensuels, donc à court terme, sont effectués. Aidez-le à comprendre.

23. Qu'est-ce qu'un emprunt hypothécaire? Qu'est-ce qu'une hypothèque mobilière?

24. Pourquoi est-il si important de décrire les éléments du passif à long terme dans une note complémentaire aux états financiers?

25. Quel critère permet au comptable d'une entreprise de déterminer à quel type d'événement postérieur il a affaire?

26. Deux semaines après la clôture de l'exercice terminé le 31 décembre 20X3, Gullum inc. apprend que l'un de ses clients importants a fait faillite. Ce renseignement a-t-il un effet sur l'exercice financier venant tout juste de se terminer?

27. Quel type d'événements postérieurs à la date du bilan ne requiert que la présentation d'une note aux états financiers de l'exercice précédent? Pourquoi?

28. Nommez deux exemples d'engagements contractuels.

29. Expliquez pourquoi un engagement contractuel ne constitue pas un élément du passif. Pourrait-il l'être?

EXERCICES

E1 **Terminologie comptable**

Voici une liste de six expressions comptables présentées dans ce chapitre:

- Sommes à remettre à l'État
- Dividendes à payer
- Dette éventuelle
- Découverts et emprunts bancaires
- Emprunt hypothécaire
- Provision pour garanties

5. Le 31 mai, dernier jour de l'exercice financier, Excess inc. apprend qu'elle devra verser la somme de 12 000 $ à la banque, ayant endossé le prêt personnel de l'un de ses employés qui vient de déclarer faillite.

6. Depuis le mois de janvier 20X3, Excess inc. offre une prime à tout acheteur d'une automobile neuve. En effet, elle offre une vidange d'huile gratuite au cours de l'année suivant l'achat, chaque vidange représentant une dépense de 20 $. Au 31 mai 20X3, le directeur des ventes estime que 10 clients ne se sont pas encore prévalus de cette offre.

TRAVAIL À FAIRE

a) Analysez chaque événement du mois de mai 20X3 et passez les écritures de journal requises.

b) Préparez un extrait de la balance de vérification d'Excess inc. au 31 mai 20X3 qui comprendra tous les postes liés au passif à court terme.

Provision pour garanties : 18 000 $

40 minutes – difficile

P10

La comptabilisation d'éléments complexes du passif à court terme

Chouchou inc. est une entreprise familiale. Elle se spécialise dans l'élevage de chats et de chiens de compagnie destinés à une clientèle aisée. Son exercice financier se termine le 30 juin 20X3. Chouchou inc. vient tout juste de vous embaucher à titre de commis comptable. Voici les renseignements que vous avez obtenus sur l'entreprise :

1. Une semaine après la fin de l'exercice financier, Chouchou inc. a signé un important contrat d'approvisionnement avec son principal fournisseur. Ce contrat fixe le prix de toute nourriture animale que Chouchou inc. achètera au cours des trois prochaines années.

2. Les animaux de compagnie sont en quelque sorte couverts par une garantie. En effet, si l'animal acheté est malade ou meurt dans les trois mois suivant l'achat, on le remplace automatiquement sans frais. Au 30 juin 20X3, Chouchou inc. n'avait pris aucune provision pour garanties, puisque tous les animaux vendus semblaient en bonne santé. Cependant, vers la fin du mois de juillet, vous apprenez que l'un des chiens vendus est décédé à la suite d'une malformation cardiaque congénitale et que son remplacement coûtera 800 $. On a vendu ce chien le 15 mai 20X3.

3. Chouchou inc. intente une poursuite de 2 000 $ contre un vétérinaire. L'avocat de l'entreprise est certain que cette cause sera gagnée, puisque le vétérinaire a fait preuve de négligence dans l'exercice de son travail.

4. En juin 20X3, Mme Pinson intente une poursuite contre Chouchou inc., croyant que le chien qu'elle a payé 2 000 $ n'est pas de race pure. Elle désire conserver la bête, mais en exige le remboursement intégral. L'avocat de Chouchou inc. ne comprend pas pourquoi cette cause s'est rendue si loin, puisqu'il est évident que Chouchou inc. ne possède que des chiens de race pure.

5. Le 16 juillet 20X3, la cause de Mme Pinson est entendue, puis le jugement est rendu. Le juge reconnaît que le chien est de race pure, mais condamne Chouchou inc. à verser la somme de 500 $ à Mme Pinson pour avoir refusé à maintes reprises de prouver que le chien était de race pure.

TRAVAIL À FAIRE

Les éléments précédents exigent-ils la comptabilisation d'un passif à court terme dans les états financiers de Chouchou inc. ? Justifiez votre réponse.

PARTIE 3

Les diverses formes juridiques des PME

CHAPITRE 17
Le capital d'apport
des sociétés par actions 768

CHAPITRE 18
Les résultats et les bénéfices non
répartis des sociétés par actions 814

CHAPITRE 19
Les sociétés en nom collectif 866

CHAPITRE 20
Les coopératives 914

CHAPITRE 17

Le capital d'apport des sociétés par actions

PLAN DU CHAPITRE

Les sociétés par actions par rapport aux autres formes d'entreprises 770

Les composantes des capitaux propres des sociétés par actions 771

Le contexte d'affaires et le contexte juridique des sociétés par actions 774

Le capital-actions 781

Le traitement comptable des émissions d'actions 785

Le surplus d'apport 796

La présentation du capital d'apport 797

Synthèse du chapitre 17 800

Activités d'apprentissage 801

OBJECTIFS D'APPRENTISSAGE

Au terme de ce chapitre, vous pourrez :

1 situer les sociétés par actions par rapport aux autres formes d'entreprises ;

2 décrire les composantes des capitaux propres des sociétés par actions ;

3 distinguer les types de sociétés par actions ;

4 décrire la mise sur pied et le fonctionnement des sociétés par actions ;

5 expliquer les avantages et les inconvénients des sociétés par actions ;

6 décrire les droits et les privilèges rattachés aux différentes catégories d'actions ;

7 distinguer les divers aspects du capital-actions ;

8 comptabiliser les émissions d'actions dans différents contextes ;

9 décrire les opérations causant des variations du surplus d'apport ;

10 connaître les principales exigences de présentation du capital d'apport.

Au chapitre 1, nous avons brièvement décrit les quatre principales formes d'entreprises : les entreprises individuelles, les sociétés en nom collectif, les sociétés par actions et les coopératives. Jusqu'à maintenant, nous nous sommes surtout intéressés aux entreprises individuelles parce que cette forme d'entreprise est simple et se prête bien à l'étude des concepts et des techniques comptables valables pour toutes les entreprises. Aux chapitres 17 et 18, nous nous concentrerons sur les particularités d'une autre forme d'entreprise parfois beaucoup plus visible dans notre économie : les sociétés par actions.

Concentrons-nous sur une forme d'entreprise beaucoup plus visible dans notre économie : les sociétés par actions.

UN PROFESSIONNEL VOUS PARLE

David Clément
CPA, CA
Associé,
Groupe national,
Conseils en
comptabilité

Le capital d'apport d'une société par actions revêt une importance fondamentale. Il correspond principalement à l'investissement direct effectué par les actionnaires de l'entreprise. Ceux-ci sont les propriétaires d'une telle entreprise et constituent les utilisateurs principaux de ses états financiers. Toute l'information relative à leurs droits économiques est d'ailleurs présentée dans la note aux états financiers portant sur le capital-actions.

De plus, le capital d'apport, qui se présente typiquement sous forme de capital-actions et de surplus d'apport, reflète l'investissement direct des actionnaires et représente donc une bonne base pour évaluer le rendement de leur investissement.

Par ailleurs, les enjeux liés au capital-actions font intervenir beaucoup de notions rattachées au droit des sociétés et à la fiscalité, forçant ainsi le praticien à intégrer à son expertise comptable des connaissances de ces deux disciplines connexes.

LES SOCIÉTÉS PAR ACTIONS PAR RAPPORT AUX AUTRES FORMES D'ENTREPRISES

Comme nous l'avons vu au chapitre 1, une **société par actions**, ou **société de capitaux**, est une entité juridique distincte et indépendante de ses propriétaires, les **actionnaires**. On les nomme ainsi, car ils ne sont pas directement propriétaires des biens de la société par actions. Ils détiennent plutôt les actions que celle-ci émet. En vertu d'une loi fédérale ou provinciale, la société par actions est une **personne morale** qui jouit de tous les droits et qui assume toutes les responsabilités d'une personne réelle, à l'exception des droits que seule une personne physique peut exercer tels qu'aimer, pratiquer une religion, etc. La société par actions peut donc posséder des biens en son propre nom, en assumer les dettes et faire faillite.

Avant de nous concentrer sur les particularités des sociétés par actions, comparons le bilan d'une **entreprise individuelle** avec celui d'une **société par actions,** car c'est dans le bilan que l'on constate les principales différences.

FABRIC MÉTAL ENR. Bilan au 31 janvier 20X4		**FABRIC MÉTAL INC.** Bilan au 31 janvier 20X4	
Actif		**Actif**	
Actif à court terme		**Actif à court terme**	
Encaisse	7 000 $	Encaisse	7 000 $
Placements à court terme	70 000	Placements à court terme	70 000
Clients	39 900	Clients	39 900
Stocks	133 000	Stocks	133 000
Total de l'actif à court terme	249 900	Total de l'actif à court terme	249 900
Immobilisations	339 800	**Immobilisations**	339 800
Placements à long terme	112 000	**Placements à long terme**	112 000
Autres actifs	202 800	**Autres actifs**	202 800
Total de l'actif	904 500 $	Total de l'actif	904 500 $

17

Passif et capitaux propres	
Passif à court terme	
Emprunt bancaire	8 400 $
Fournisseurs et frais courus	74 200
Tranche de la dette à long terme échéant à moins d'un an	43 400
Total du passif à court terme	126 000
Passif à long terme	303 800
Total du passif	429 800
Capitaux propres (ou Avoir du propriétaire)	
Ricardo Métallic – Capital	474 700
Total du passif et des capitaux propres	904 500 $

Passif et capitaux propres	
Passif à court terme	
Emprunt bancaire	8 400 $
Fournisseurs et frais courus	74 200
Impôts sur le bénéfice à payer	7 700
Dividendes à payer	10 000
Tranche de la dette à long terme échéant à moins d'un an	43 400
Total du passif à court terme	143 700
Passif à long terme	303 800
Total du passif	447 500
Capitaux propres (ou Avoir des actionnaires)	
Capital-actions	128 800
Surplus d'apport	127 600
Bénéfices non répartis	200 600
Total des capitaux propres	457 000
Total du passif et des capitaux propres	904 500 $

AVEZ-VOUS LE SENS DE L'OBSERVATION ?

Quelle que soit la forme juridique de l'entreprise, les éléments de l'actif et du passif sont essentiellement les mêmes. Peu importe aussi que des biens soient possédés et des dettes assumées par l'entreprise et quelle qu'en soit la forme, cela ne modifie en rien la nature de l'actif ni celle du passif. Toutefois, comme la **société par actions** constitue une **entité juridique et fiscale distincte** de ses propriétaires, elle doit payer ses propres impôts, d'où la présence du poste Impôts sur le bénéfice à payer dans le passif à court terme. Certains autres postes du bilan sont aussi propres aux sociétés par actions, comme les dividendes à payer.

Selon la forme juridique de l'entreprise, on trouve des différences importantes en ce qui concerne les capitaux propres. Comme les **entreprises individuelles** ne sont pas des entités juridiques distinctes de leur propriétaire, on peut représenter les **capitaux propres** au bilan par un seul poste montrant l'intérêt résiduel du propriétaire dans son entreprise. À l'inverse, dans le cas des **sociétés par actions,** comme il s'agit d'entités juridiques distinctes de leurs propriétaires, on doit présenter séparément les trois composantes des **capitaux propres.**

IFRS

Précisons d'entrée de jeu que les sociétés par actions ayant une obligation publique de rendre des comptes, par exemple celles dont les actions se négocient sur les marchés boursiers, sont tenues d'adopter les normes comptables internationales, soit les IFRS. Seules les petites sociétés par actions privées ont recours aux normes comptables pour les entreprises à capital fermé (NCECF). Notre attention, dans les chapitres 17 et 18, se portera essentiellement sur ces dernières.

17

LES COMPOSANTES DES CAPITAUX PROPRES DES SOCIÉTÉS PAR ACTIONS

Comme l'illustre le bilan de la société Fabric métal inc., la section Capitaux propres de la société par actions comporte trois composantes principales : 1) le **capital-actions** ; 2) le **surplus d'apport** ; et 3) les **bénéfices non répartis**. On fait parfois ressortir le total des composantes du capital-actions et du surplus d'apport en ayant recours à l'expression «capital d'apport», auquel s'ajoutent les bénéfices non répartis, pour obtenir le total des capitaux propres. Ce chapitre portera plus précisément sur les deux premières composantes des capitaux propres des sociétés par actions. Nous étudierons les bénéfices non répartis au chapitre 18.

Le **capital d'apport** correspond essentiellement à l'investissement direct net effectué par les propriétaires dans une société par actions. Pour leur part, les **bénéfices non répartis** représentent le cumul des bénéfices générés, déduction faite des pertes subies au cours de l'exploitation de la société par actions, qui n'ont pas été distribués aux actionnaires. Lorsque les pertes excèdent les bénéfices, on utilise le terme **déficit** plutôt que bénéfices non répartis.

Les sociétés par actions doivent fournir plusieurs renseignements sur chacune des composantes des capitaux propres de manière à respecter les recommandations du *Manuel de CPA Canada*. Vous trouverez ci-après un exemple détaillé de la section Capitaux propres de la société par actions, tel que vous serez capable de l'établir et de le comprendre à la fin de votre étude de ce chapitre et du chapitre suivant.

FABRIC MÉTAL INC.
Bilan partiel
au 31 janvier 20X4

Capitaux propres
  Capital-actions
    Autorisé :
      Nombre illimité d'actions ordinaires ayant une valeur nominale de 5 $
      5 000 actions privilégiées de catégorie A ayant une valeur nominale de 10 $, sans droit de vote, non participantes, à dividende cumulatif de 8 % et rachetables en tout temps au gré de la société au prix de 13 $ chacune
      Nombre illimité d'actions privilégiées de catégorie B sans valeur nominale, sans droit de vote, participantes, à dividende non cumulatif de 1,20 $ et convertibles en 2 actions ordinaires au gré du détenteur

Émis et payé :	
14 000 actions ordinaires	70 000 $
2 800 actions privilégiées de catégorie A	28 000
2 100 actions privilégiées de catégorie B	23 800
Dividende en actions à distribuer :	
1 400 actions ordinaires	7 000
Total du capital-actions	128 800
Surplus d'apport	
Prime à l'émission d'actions ordinaires	72 800
Prime à l'émission d'actions privilégiées, catégorie A	7 000
Terrain reçu en donation	47 800
Total du surplus d'apport	127 600
Total du capital d'apport	256 400
Bénéfices non répartis	
Affectés à l'expansion de l'usine	70 000
Non affectés	130 600
Total des bénéfices non répartis	200 600
Total des capitaux propres	457 000 $

AVEZ-VOUS LE SENS DE L'OBSERVATION ?

La plupart du temps, les sociétés par actions ne présentent au bilan que le total de chaque composante des capitaux propres, comme c'est le cas dans le bilan qui est présenté aux pages 770 et 771. Toutefois, l'information détaillée qu'exigent les recommandations du *Manuel de CPA Canada* est plutôt fournie dans les notes afférentes aux états financiers.

Les principales causes de variation des capitaux propres

La figure 17.1 contient une synthèse des principales causes de variation des capitaux propres. Encore une fois, les différences sont principalement attribuables au fait que la société par actions constitue une entité juridique distincte de ses propriétaires.

FIGURE 17.1 | **LES PRINCIPALES CAUSES DE VARIATION DES CAPITAUX PROPRES**

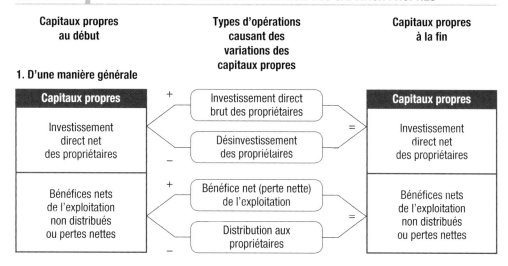

1. D'une manière générale

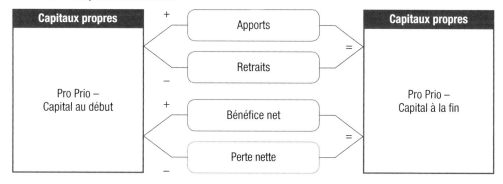

2. Pour les entreprises individuelles

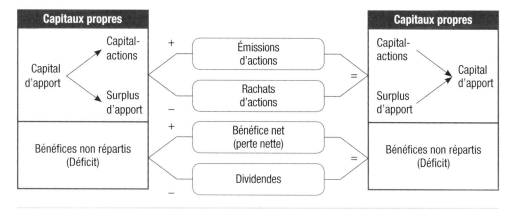

3. Pour les sociétés par actions

Source : Inspiré de Benoît Lavigne, *Comptabilité de base*, Tome 2, Montréal, McGraw-Hill, 1995, p. 467.

LE CONTEXTE D'AFFAIRES ET LE CONTEXTE JURIDIQUE DES SOCIÉTÉS PAR ACTIONS

Comme vous vous êtes quelque peu familiarisé avec la nouvelle terminologie comptable, penchons-nous maintenant sur la terminologie liée au contexte d'affaires et au contexte juridique des sociétés par actions. Par la suite, nous nous concentrerons sur le traitement comptable du capital d'apport.

Les types de sociétés par actions

La figure 17.2 illustre les types de sociétés par actions.

FIGURE 17.2 | **LES TYPES DE SOCIÉTÉS PAR ACTIONS**

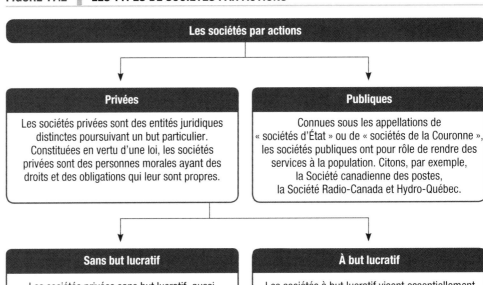

Les sociétés par actions

Privées

Les sociétés privées sont des entités juridiques distinctes poursuivant un but particulier. Constituées en vertu d'une loi, les sociétés privées sont des personnes morales ayant des droits et des obligations qui leur sont propres.

Publiques

Connues sous les appellations de « sociétés d'État » ou de « sociétés de la Couronne », les sociétés publiques ont pour rôle de rendre des services à la population. Citons, par exemple, la Société canadienne des postes, la Société Radio-Canada et Hydro-Québec.

Sans but lucratif

Les sociétés privées sans but lucratif, aussi appelées « à but non lucratif », ne visent pas la réalisation d'un rendement et ne procèdent pas à l'émission d'actions. Elles mettent plutôt l'accent sur les services à rendre à leurs membres ou à la communauté. Citons, par exemple, la Société canadienne du cancer, la Société Saint-Jean-Baptiste et l'ensemble des organismes de bienfaisance. Ces sociétés sont tenues de se conformer aux normes comptables pour les organismes sans but lucratif de la Partie III du *Manuel de CPA Canada*.

À but lucratif

Les sociétés à but lucratif visent essentiellement la réalisation d'un bénéfice que se partageront les actionnaires selon les caractéristiques propres à chaque catégorie d'actions. Certaines actions donnent à leur détenteur le droit de participer à la gestion de la société ou encore le droit à une part de l'actif net en cas de liquidation.

À capital ouvert

Les sociétés à but lucratif dont les actions sont accessibles au public en général (inscrites en Bourse, par exemple) sont des sociétés ouvertes. Citons, par exemple, Cascades, Bombardier, le Groupe Laperrière & Verreault, etc. Ce sont ces entreprises que l'on qualifie de sociétés ayant une obligation d'information du public et qui sont tenues de se conformer aux normes internationales d'information financière (IFRS) de la Partie I du *Manuel de CPA Canada*.

À capital fermé

Les actions des sociétés fermées sont détenues par un nombre restreint d'actionnaires. Elles ne sont pas accessibles au public. Pensons notamment aux petites sociétés comme Salon d'esthétique Jessica inc., ou aux plus grandes, telle Kruger. Ce sont ces sociétés qui doivent appliquer les normes comptables pour les entreprises à capital fermé de la Partie II du *Manuel de CPA Canada*.

17

AVEZ-VOUS LE SENS DE L'OBSERVATION ?

Dans la majorité des cas, les actions des sociétés ouvertes se négocient sur les marchés boursiers. Notons que les transactions entre investisseurs n'engagent pas directement les sociétés. Toutefois, ces sociétés peuvent obtenir des liquidités supplémentaires en émettant de nouvelles actions au moyen d'un **appel public à l'épargne**. De manière à protéger les investisseurs, une **commission des valeurs mobilières**, organisme que régit un gouvernement, impose une réglementation rigoureuse aux sociétés ouvertes dont les actions se négocient sur un marché public. Au Québec, ce rôle est joué par l'**Autorité des marchés financiers**.

Autorité des marchés financiers

La mise sur pied et le fonctionnement des sociétés par actions

Examinons maintenant comment on peut mettre sur pied une société privée à but lucratif, qu'elle soit ouverte ou fermée. Par la suite, nous verrons sommairement de quelle façon on assure l'organisation et le fonctionnement d'une telle société.

La mise sur pied d'une société par actions

Toute personne (ou regroupement de personnes) âgée de plus de 18 ans, saine d'esprit et n'étant pas déclarée faillie, peut présenter au palier de gouvernement de son choix une requête portant sur la constitution d'une société par actions. En plus des personnes physiques, une société par actions, en sa qualité de **personne morale**, peut également présenter une requête pour en constituer une autre.

La société constituée en vertu de la loi fédérale est assujettie aux dispositions et aux règles d'application de la *Loi canadienne sur les sociétés par actions* (LCSA). Par contre, la société constituée en vertu de la loi provinciale est assujettie aux dispositions et aux règles d'application de la loi en vigueur dans la province en question. Par exemple, les sociétés constituées au Québec sont assujetties à la **Loi sur les sociétés par actions (LSA)**.

Loi canadienne sur les sociétés par actions

Loi sur les sociétés par actions du Québec

Quel palier de gouvernement choisir ?

Une fois le palier de gouvernement choisi, la première étape de la mise sur pied d'une société par actions consiste à en rédiger les **statuts constitutifs**[1]. Il s'agit des clauses initiales ou mises à jour réglementant la constitution ainsi que toute modification, fusion, réorganisation ou dissolution de la société par actions. Les statuts constitutifs devront notamment indiquer la **dénomination sociale**[2] de la société, le lieu de son siège social, la liste de ses fondateurs et de ses administrateurs. Ils devront aussi faire état des catégories d'actions et du nombre maximal d'actions que la société sera autorisée à émettre, de leurs caractéristiques, des restrictions qui s'appliqueront au droit de transfert de ces actions et des limites, s'il y a lieu, imposées aux activités de la société.

Le fondateur ou les fondateurs de la société devront dûment remplir et signer les statuts constitutifs et les formulaires prescrits, puis les faire parvenir au Registraire des entreprises, dans le cas de la société constituée en vertu de la LSA, ou à Corporations Canada, dans le cas de la société constituée en vertu de la loi fédérale. L'autorité compétente délivrera alors un **certificat de constitution**. La société existera à compter de la date figurant sur ce certificat.

Registre des entreprises du Québec

Corporations Canada

17

---

1. La loi fédérale utilise l'expression « statuts constitutifs » ; la loi provinciale (Québec) parle des « statuts de constitution ». Par souci de commodité, nous privilégierons l'expression « statuts constitutifs ».
2. En vertu de la LCSA, les termes et expressions « Limitée », « Limited », « Incorporée », « Incorporated », « Société par actions de régime fédéral » ou « Corporation », de même que les abréviations correspondantes « Ltée », « Ltd. », « Inc. », « S.A.R.F. » ou « Corp. » doivent faire partie, autrement que dans un sens figuratif ou descriptif, de la dénomination sociale de toute société. La société peut aussi bien utiliser les termes que les abréviations correspondantes et être légalement désignée de cette façon. En vertu de la LSA, le nom de la société qui ne comprend pas l'expression « société par actions » ou « compagnie » doit comporter, à la fin, la mention « s.a. », « ltée » ou « inc. ».

L'organisation de la société par actions

Après avoir reçu son certificat de constitution, la société procède à son organisation en convoquant une assemblée des administrateurs provisoires, nommés au moment de sa constitution, et une assemblée des premiers actionnaires. Dans les deux cas, on accepte et l'on ratifie le certificat de constitution, puis on adopte les **règlements administratifs** (LCSA) ou le **règlement intérieur** (LSA). Ces règlements portent sur le fonctionnement de la société et sur ses relations avec ses actionnaires. On adopte généralement deux règlements. Le règlement n° 1, intitulé « Règlements généraux », renferme les dispositions relatives :

- au lieu du siège social, au sceau de l'entreprise et à l'utilisation d'un logo ;
- au nombre et aux pouvoirs des administrateurs et des dirigeants de la société ;
- au mode de déroulement des réunions des administrateurs et des dirigeants ;
- aux actions et à leurs transferts ;
- au droit de vote des actionnaires et aux procurations ;
- à la nomination d'un CPA ;
- à la forme des différents titres et registres qui seront utilisés par l'entreprise, etc.

Le règlement n° 2, intitulé « Règlement général d'emprunt », accorde aux administrateurs le pouvoir de contracter des emprunts au nom de la société auprès des institutions financières.

Notons que la loi oblige la société à conserver les registres suivants à son siège social : registre des statuts et règlements, registres des procès-verbaux des actionnaires, des administrateurs et du comité exécutif, registres relatifs aux actions, registre des administrateurs et registres comptables.

Les registres relatifs aux actions

On tient d'ordinaire deux registres relatifs aux actions : le registre des valeurs mobilières et le registre des certificats des valeurs mobilières.

Le **registre des valeurs mobilières**, aussi appelé « registre des actionnaires », contient les noms et les adresses des actionnaires, le nombre d'actions que détient chacun ainsi que la date et les conditions de l'émission et du transfert de chaque action. Ces renseignements sont essentiels au versement des dividendes et à la convocation des actionnaires aux assemblées.

Le **registre des certificats des valeurs mobilières** ressemble à un carnet de chèques muni de talons. Quand la société émet des actions ou remet un nouveau certificat lors d'un transfert d'actions entre actionnaires, on inscrit l'information sur le talon et l'on remet le certificat correspondant à l'actionnaire. Quand un actionnaire met un terme à son actionnariat, la société récupère le certificat et le joint au talon correspondant. Tous les talons démunis d'un certificat se rapportent donc aux actions émises. Vous trouverez à la figure 17.3 un exemple de certificat d'actions muni d'un talon. Notez que ce type de document est en voie de disparition, car, selon la LSA, les actions émises par une société québécoise peuvent être des actions avec ou sans certificat. L'existence d'actions avec certificat est constatée par un certificat nominatif sur support papier, alors que l'existence d'actions sans certificat est constatée par la seule inscription de ces actions, au nom de l'actionnaire, dans le registre des valeurs mobilières.

LA COMPTABILITÉ ET L'INFORMATIQUE

Tous ces registres sont maintenant tenus sur support informatique. Les progiciels en facilitent grandement la mise à jour pour les entreprises à capital fermé. De leur côté, les grandes sociétés par actions confient cette tâche à des firmes spécialisées, telle Computershare.

FIGURE 17.3 | **UN EXEMPLE DE CERTIFICAT D'ACTIONS MUNI D'UN TALON**

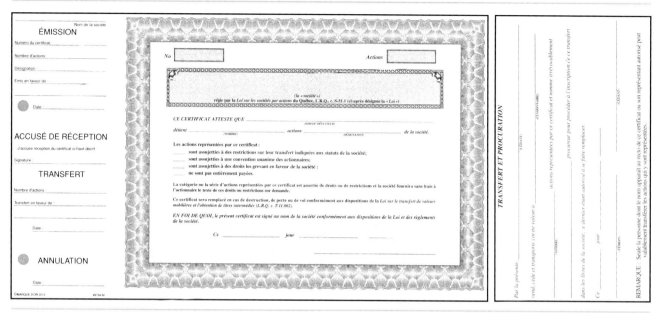

Source : Gracieuseté de Marque d'or, une société Thomson Reuters

Le fonctionnement de la société par actions

Bien que les actionnaires soient les véritables propriétaires de la société par actions, la gestion d'une telle société s'exerce par l'intermédiaire d'un **conseil d'administration** dont les membres, les **administrateurs**, sont élus par les actionnaires détenant des actions avec droit de vote. À leur tour, les administrateurs désignent les dirigeants qui seront appelés à former le **comité de direction**. La figure 17.4 (*voir la page suivante*) illustre l'organigramme d'une société par actions d'une certaine envergure.

Selon les règles de l'art en gouvernance, les membres du conseil d'administration ont la responsabilité de définir les grandes orientations de l'entreprise, d'embaucher les dirigeants, de passer en revue leurs décisions et de protéger les intérêts de l'ensemble des actionnaires de la société. Pour leur part, les dirigeants ont la responsabilité de veiller au respect des orientations définies par le conseil d'administration et à la gestion quotidienne des opérations de la société.

La convention entre actionnaires

Lors de la création d'une petite société par actions à capital fermé, les fondateurs, actionnaires ou administrateurs sont souvent les mêmes personnes et, en général, leur nombre est plutôt restreint. À cause de la relation étroite qui unit ces gens, il est essentiel de rédiger une **convention entre actionnaires**. Ce document doit inclure notamment les éléments suivants :

La convention entre actionnaires

- ce qui guidera les décisions du conseil d'administration dans le cas d'un départ volontaire ou forcé d'un actionnaire ;

- quelles seront les mesures à prendre dans le cas de l'incapacité physique ou mentale, du décès ou de la faillite d'un actionnaire ;

- comment sera déterminée la valeur des actions dans l'une ou l'autre des éventualités mentionnées précédemment ;

- comment sera définie, le cas échéant, la période au cours de laquelle les autres actionnaires auront l'option d'acheter les actions de l'actionnaire démissionnaire ou frapper d'incapacité, ou de sa succession, ainsi que les modalités de paiement de ces actions ;

- les dispositions relatives à l'acquisition de polices d'assurance-vie pour chacun des actionnaires, au bénéfice de la société, afin de prémunir celle-ci contre une situation financière insoutenable, notamment en cas de décès subit d'un actionnaire et de mésentente avec la succession.

17

FIGURE 17.4 | **L'ORGANIGRAMME DE LA SOCIÉTÉ PAR ACTIONS**

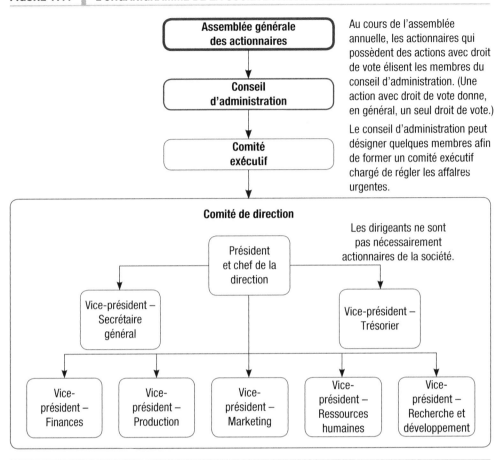

Au cours de l'assemblée annuelle, les actionnaires qui possèdent des actions avec droit de vote élisent les membres du conseil d'administration. (Une action avec droit de vote donne, en général, un seul droit de vote.)

Le conseil d'administration peut désigner quelques membres afin de former un comité exécutif chargé de régler les affaires urgentes.

Les dirigeants ne sont pas nécessairement actionnaires de la société.

AVEZ-VOUS LE SENS DE L'OBSERVATION ?

Il importe de souligner qu'il s'agit de l'organigramme type d'une société par actions d'une certaine envergure. Dans une plus petite société, les mêmes personnes font à la fois partie de l'assemblée générale des actionnaires, du conseil d'administration et du comité exécutif. Ayant des ressources plus limitées, elle n'a pas les moyens d'embaucher plusieurs dirigeants et de constituer un véritable comité de direction. D'ailleurs, dans une très petite société à capital fermé, l'unique actionnaire remplit toutes les fonctions de ces différentes instances décisionnelles.

Les avantages et les inconvénients des sociétés par actions

Les avantages et les inconvénients des sociétés par actions découlent principalement du fait que ce type de société est une **entité juridique et fiscale distincte de ses propriétaires.** De cette caractéristique fondamentale découlent d'autres particularités distinguant cette forme d'entreprise. Notons toutefois que certains avantages et inconvénients des sociétés par actions ne sont pas tant liés à leur aspect juridique qu'à leur **taille importante,** rendue possible par cette forme d'entreprise.

La responsabilité limitée des actionnaires

Puisque la société par actions est une personne morale, les actionnaires ne sont pas personnellement responsables de ses dettes. Les créanciers qui veulent recouvrer leur dû doivent s'adresser à la société et non aux actionnaires, pour lesquels le seul risque est de perdre le capital investi dans la société.

Les actionnaires de plusieurs sociétés à capital fermé de petite taille qui n'ont pas encore acquis une crédibilité suffisante dans le monde des affaires ne peuvent profiter de l'avantage de la responsabilité limitée parce que les créanciers, par exemple un directeur de banque, demandent que les actionnaires **garantissent personnellement** le remboursement d'un prêt avant de l'accorder. Donc, si l'entreprise n'est plus en mesure de faire face à ses obligations, les créanciers auront un droit de recours sur les biens personnels des actionnaires qui ont endossé la créance.

Un titre de participation transférable

Le détenteur des actions d'une société ouverte, surtout si ces titres se négocient en Bourse, peut les vendre à n'importe quel moment. Cependant, l'actionnaire d'une société fermée ne peut d'ordinaire céder ses actions sans se plier à certaines formalités précisées dans les statuts de la société.

Une existence indéfinie

Contrairement à l'entreprise individuelle et, dans une certaine mesure, à la société de personnes, l'existence de la société par actions n'est pas remise en cause au moment du décès ou du départ d'un propriétaire ou d'un administrateur. Certains actionnaires vendent leurs actions à d'autres investisseurs, qui exercent leur droit de vote à l'assemblée générale annuelle, et la société continue d'exister comme si aucun changement n'était survenu. Le maintien d'un niveau de rentabilité acceptable et d'une situation financière solvable constitue le principal indicateur d'une existence indéfinie.

La capacité d'amasser des capitaux importants

Contrairement à l'entreprise individuelle et, dans une certaine mesure, à la société de personnes dont la possibilité de réunir des fonds est limitée à la capacité personnelle du ou des propriétaires, pour la société par actions, l'émission d'actions au moment d'un appel public à l'épargne constitue une source de financement importante. Elle obtient ainsi d'importants capitaux qui lui permettent d'accélérer de façon considérable la réalisation de projets de grande envergure.

Notons, toutefois, que la capacité d'amasser des capitaux des sociétés par actions qui n'ont que quelques actionnaires ou un seul n'est pas systématiquement supérieure à celle des entreprises d'autres formes juridiques.

La possibilité d'une gestion plus efficace

Ayant à leur disposition des ressources financières plus grandes, les administrateurs d'une société par actions d'une certaine envergure ont la possibilité d'embaucher des gestionnaires très compétents. La gestion de la société est donc assurée par des personnes ayant des aptitudes variées et adaptées aux besoins de l'entreprise et qui constituent le comité de direction de l'entreprise.

La possibilité d'une influence restreinte sur la gestion

Naturellement, toute médaille a son revers. La société qui embauche des professionnels écarte les véritables propriétaires, les actionnaires, de sa gestion. Les actionnaires qui ne détiennent qu'une faible proportion d'actions, soit les **actionnaires minoritaires**, ne peuvent aucunement intervenir dans la gestion de l'entreprise. À la décharge de la société, signalons toutefois qu'en règle générale les petits investisseurs ne désirent pas participer à sa gestion active, leur seul souci étant de réaliser un rendement sur leur investissement.

Des formalités juridiques accrues à respecter

La société par actions est assujettie à de nombreuses lois fédérales et provinciales. Celles-ci imposent de nombreuses restrictions portant, par exemple, sur les fonds que les actionnaires ne peuvent retirer de la société sans accomplir certaines formalités.

17

De plus, les sociétés ouvertes doivent publier de l'information détaillée et obtenir l'autorisation d'une commission des valeurs mobilières (l'Autorité des marchés financiers au Québec) avant de faire un appel public à l'épargne.

Le mode d'imposition

Les entreprises individuelles et les sociétés de personnes ne paient pas d'impôts. Le ou les propriétaires doivent inclure leur quote-part des bénéfices de l'entreprise dans leur déclaration de revenus personnelle. Par contre, en tant que personne morale, la société par actions voit ses bénéfices imposés par les divers paliers gouvernementaux. Les mêmes bénéfices feront de nouveau l'objet d'une imposition des actionnaires lorsque ceux-ci les recevront sous forme de dividendes. Il est difficile de dire, strictement sur le plan fiscal, si cette double imposition présente des avantages ou des inconvénients. Il peut y avoir une différence sur ce plan selon qu'il s'agit d'une société ouverte ou d'une société fermée. Dans le second cas, on doit tenir compte du taux d'imposition marginal combiné des principaux actionnaires, des salaires qui leur sont attribués par la société, des dividendes que celle-ci leur verse, du taux d'imposition de la société elle-même, etc.

Le tableau 17.1 contient un résumé des avantages et des inconvénients des sociétés par actions par rapport aux entreprises individuelles et aux sociétés en nom collectif.

TABLEAU 17.1 | **LES CARACTÉRISTIQUES DISTINCTIVES DES SOCIÉTÉS PAR ACTIONS**

Caractéristiques	Entreprises individuelles	Sociétés en nom collectif	Sociétés par actions
Principale et distinctive			
1. Entité juridique distincte de ses propriétaires	Non	Non	Oui
Secondaires constituant des avantages			
1. Responsabilité des propriétaires	Illimitée	Illimitée (solidaire et conjointe)	Limitée
2. Transfert de la propriété	Difficile	Difficile	Facile si elle est ouverte
3. Existence de l'entreprise	Liée au propriétaire	Liée aux associés	Indéfinie
4. Capacité d'amasser des capitaux	Limitée au propriétaire	Limitée aux associés	Importante
5. Efficacité de la gestion	Difficile pour le propriétaire d'être compétent en tout	Compétences diversifiées, mais limitées aux associés	Équipe diversifiée de gestionnaires compétents
Secondaires constituant des inconvénients			
1. Influence sur la gestion	Le propriétaire est seul à décider	Possibilité de mésententes entre associés	Influence restreinte des actionnaires minoritaires
2. Formalités légales à accomplir	Peu	Un peu plus	Beaucoup plus
Secondaires pouvant constituer un avantage ou un inconvénient			
1. Mode d'imposition	L'entreprise ne paie pas d'impôt. Le propriétaire est personnellement imposé selon son taux marginal sur le bénéfice de l'entreprise.	La société ne paie pas d'impôt. Chaque associé est personnellement imposé selon son taux marginal sur sa quote-part du bénéfice de la société en nom collectif.	Double imposition

17

LE CAPITAL-ACTIONS

Les catégories d'actions

En général, le **capital-actions** de la société se compose de différentes **catégories d'actions**. Pour satisfaire les différents besoins des investisseurs et ainsi accroître les chances de les attirer et d'accumuler des fonds plus importants pour financer ses activités, la société a avantage à prévoir, dans ses statuts constitutifs, plusieurs catégories d'actions comportant des droits et des privilèges particuliers.

L'égalité des actions d'une catégorie

Dans chaque catégorie d'actions, chacun des titres est absolument égal à tous les autres. Par exemple, si une catégorie d'actions confère un droit de vote par action, chaque actionnaire détenant des actions de cette catégorie jouit d'autant de droits de vote qu'il possède d'actions, d'où le principe « **une action égale un vote** » dans le cas des sociétés par actions.

Les actions avec ou sans valeur nominale

Les actions de chaque catégorie peuvent être avec ou sans **valeur nominale**. La valeur nominale est un montant par action, par exemple 1 $, 10 $ ou 100 $, ayant fait l'objet d'une détermination arbitraire mentionnée dans les statuts constitutifs. Notons que les actions d'une société constituée en vertu de la loi fédérale sont nécessairement **sans valeur nominale**, car la LCSA ne permet pas d'émettre des actions avec valeur nominale[3].

Retenons que la **valeur nominale** ne constitue d'aucune manière le reflet de la **juste valeur** sur le marché ou de la **valeur comptable** d'une action[4]. Tandis que la juste valeur reflète les fluctuations du marché, la valeur nominale constitue un prix plancher, car la société ne peut vendre ses actions à un prix inférieur à la valeur nominale, sauf dans de rares exceptions prévues par la loi.

On utilise parfois l'expression **valeur attribuée** pour désigner le montant qu'une société porte au crédit du compte Capital-actions approprié lorsqu'elle émet des actions. La valeur attribuée est égale à la **valeur nominale** dans le cas d'actions avec valeur nominale ou au **produit de l'émission** des actions dans le cas d'actions sans valeur nominale.

La dénomination des catégories d'actions

Les droits et privilèges associés à une catégorie d'actions ne sont pas fonction du nom de la catégorie d'actions. Dans leurs statuts constitutifs, les sociétés désignent les catégories d'actions au moyen de lettres. Par exemple, il peut y avoir des actions de catégorie A, de catégorie B, etc. Toutefois, il est courant de désigner par l'expression **actions ordinaires** la catégorie comportant les **droits fondamentaux des actionnaires** et par l'expression **actions privilégiées** toutes les autres catégories dont on peut avoir retranché un ou plusieurs droits fondamentaux, mais auxquelles on a attribué un ou plusieurs privilèges particuliers.

Les droits fondamentaux des actionnaires

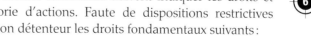

Comme nous l'avons mentionné, les statuts constitutifs doivent indiquer les droits et privilèges rattachés à chaque catégorie d'actions. Faute de dispositions restrictives et explicites, chaque action confère à son détenteur les droits fondamentaux suivants :

1. **Le droit de vote** Chaque action confère à son détenteur le droit de voter à l'assemblée des actionnaires, notamment au moment de l'élection des membres du conseil d'administration et de l'approbation de décisions importantes requérant, selon les règlements de la société, l'approbation des actionnaires, telle que la nomination des auditeurs.

---

3. Ce n'est que depuis les années 1980 que la LCSA interdit l'émission d'actions avec valeur nominale. Les sociétés créées avant la modification de la loi ont pu, à l'époque, émettre des actions avec valeur nominale, lesquelles sont toujours en circulation aujourd'hui.

4. Nous étudierons la notion de valeur comptable d'une action au chapitre 18.

L'émission d'actions d'une seule catégorie au comptant

L'émission d'actions d'une seule catégorie au comptant est le contexte d'émissions d'actions le plus simple. La seule difficulté comptable provient des actions **avec valeur nominale.** Nous mettrons donc en parallèle des exemples d'émissions d'actions d'une seule catégorie au comptant, **sans valeur nominale** et **avec valeur nominale.** Cette difficulté n'existe pas pour les sociétés constituées en vertu de la loi fédérale, car leurs actions sont obligatoirement **sans valeur nominale.**

Lors de l'émission d'actions, le prix que demande la société pour ses actions est évidemment égal à leur juste valeur sur le marché, valeur qui est elle-même directement fonction de la **valeur marchande** de la société dans le cas des actions ordinaires. Comme nous l'avons indiqué, la **valeur nominale** des actions est déterminée arbitrairement et, conséquemment, elle est rarement égale à sa juste valeur.

Si le montant obtenu lors de l'émission d'actions, soit la juste valeur, est supérieur à la valeur nominale, on doit comptabiliser l'excédent dans un compte de **surplus d'apport,** soit la deuxième composante du capital d'apport, intitulé **Prime à l'émission d'actions.** À part quelques rares exceptions prévues par la loi, il est interdit d'émettre des actions à un montant inférieur à la valeur nominale. Il en résulte que le montant du capital émis, dans le cas des actions avec valeur nominale, est égal au nombre d'actions émises multiplié par la valeur nominale.

On doit utiliser autant de comptes Prime à l'émission d'actions qu'il y a de catégories d'actions avec valeur nominale afin de pouvoir disposer de toute l'information nécessaire à la préparation des états financiers et à la comptabilisation appropriée des rachats d'actions.

Vous trouverez ci-après, mises en parallèle, les écritures nécessaires à la comptabilisation des émissions d'actions au comptant, respectivement pour la société Sanvaleur-Nauminal ltée, dont les actions ordinaires sont sans valeur nominale, et pour la société Valeurnaux-Minal inc., dont les actions ordinaires ont une valeur nominale de 10 $, en supposant que ces deux sociétés ont effectué les opérations suivantes au début de 20X0 :

1er janvier   Émission de 5 000 actions ordinaires au bénéfice des actionnaires fondateurs en contrepartie d'un montant de 10 $ chacune.

31 mars   Émission de 5 000 actions ordinaires en contrepartie d'un montant de 12 $ par action, soit leur juste valeur à cette date.

31 mars   Émission de 500 actions privilégiées de catégorie A en contrepartie d'un montant de 107 $ chacune. Les actions privilégiées de catégorie A de Valeurnaux-Minal inc. ont une valeur nominale de 100 $ par action.

SANVALEUR-NAUMINAL LTÉE			VALEURNAUX-MINAL INC.		
1er janvier 20X0					
Banque	50 000		Banque	50 000	
Actions ordinaires		50 000	Actions ordinaires		50 000
Émission de 5 000 actions au prix unitaire de 10 $.			Émission, au prix unitaire de 10 $, de 5 000 actions ayant chacune une valeur nominale de 10 $.		
31 mars 20X0					
Banque	60 000		Banque	60 000	
Actions ordinaires		60 000	Actions ordinaires		50 000
Émission de 5 000 actions au prix unitaire de 12 $.			Prime à l'émission d'actions ordinaires		10 000
			Émission, au prix unitaire de 12 $, de 5 000 actions ayant chacune une valeur nominale de 10 $.		

Banque	*53 500*		*Banque*		*53 500*	
Actions privilégiées de catégorie A		*53 500*	*Actions privilégiées de catégorie A*			*50 000*
Émission de 500 actions au prix unitaire de 107 $.			*Prime à l'émission d'actions privilégiées de catégorie A*			*3 500*
			Émission, au prix unitaire de 107 $, de 500 actions ayant chacune une valeur nominale de 100 $.			

Voyons l'effet de ces écritures sur la section Capitaux propres du bilan de chaque société, présentée en parallèle ci-dessous. Nous supposons que les sociétés ont réalisé un bénéfice net de 10 000 $ au cours de la période comptable en question.

SANVALEUR-NAUMINAL LTÉE
Bilan partiel
au 31 mars 20X0

Capitaux propres
Capital-actions
  Autorisé :
    Nombre illimité d'actions ordinaires sans valeur nominale
    Nombre illimité d'actions privilégiées de catégorie A sans valeur nominale, sans droit de vote, non participantes, à dividende cumulatif de 8 $ chacune et convertibles en 8 actions ordinaires pour chaque action privilégiée
    Nombre illimité d'actions privilégiées de catégorie B sans valeur nominale, sans droit de vote, participantes et à dividende non cumulatif de 10 $ par action

Émis et payé (note 1) :		
10 000 actions ordinaires	110 000 $	
500 actions privilégiées de catégorie A	53 500	
Total du capital-actions	163 500	
Bénéfices non répartis	10 000	
Total des capitaux propres	173 500 $	

NOTE 1
Au cours de la période, la société a émis 10 000 actions ordinaires en contrepartie de 110 000 $ comptant et 500 actions privilégiées de catégorie A en contrepartie de 53 500 $ comptant.

VALEURNAUX-MINAL INC.
Bilan partiel
au 31 mars 20X0

Capitaux propres
Capital-actions
  Autorisé :
    Nombre illimité d'actions ordinaires ayant une valeur nominale de 10 $
    Nombre illimité d'actions privilégiées de catégorie A ayant une valeur nominale de 100 $, sans droit de vote, non participantes, à dividende cumulatif de 8 % et convertibles en 8 actions ordinaires pour chaque action privilégiée
    Nombre illimité d'actions privilégiées de catégorie B ayant une valeur nominale de 100 $, sans droit de vote, participantes et à dividende non cumulatif de 10 % par action

Émis et payé (note 1) :		
10 000 actions ordinaires	100 000 $	
500 actions privilégiées de catégorie A	50 000	
Total du capital-actions	150 000	
Surplus d'apport		
Prime à l'émission d'actions ordinaires	10 000	
Prime à l'émission d'actions privilégiées de catégorie A	3 500	
Total du capital d'apport	163 500	
Bénéfices non répartis	10 000	
Total des capitaux propres	173 500 $	

NOTE 1
Au cours de la période, la société a émis 10 000 actions ordinaires en contrepartie de 110 000 $ comptant et 500 actions privilégiées de catégorie A en contrepartie de 53 500 $ comptant.

L'émission d'actions en échange de biens ou de services

La société qui émet des actions en **échange de biens ou de services** doit comptabiliser ces biens ou ces services à **leur juste valeur** ou à **la juste valeur des actions émises**, selon la valeur la plus facile à établir.

Lorsque les actions de sociétés ouvertes se négocient sur le marché, leur juste valeur est facile à déterminer. De plus, cette valeur est fiable, car elle résulte d'opérations ayant eu lieu entre plusieurs investisseurs. Il en est tout autrement des actions des sociétés privées, car leur valeur repose, par exemple, sur l'évaluation globale de la société ou sur les dernières ventes d'actions si elles sont récentes.

Pour ce qui est des biens ou des services, comme il n'y a habituellement pas de marché organisé pour ces derniers, leur évaluation s'avère souvent semblable à celle des actions des sociétés privées. Si aucune des justes valeurs n'est connue, la responsabilité d'en déterminer une revient au conseil d'administration. Dans ce contexte, le recours à un **évaluateur indépendant** favorise la fiabilité de la juste valeur retenue.

Voici deux exemples illustrant des situations différentes en matière de comptabilisation d'émissions d'actions en échange de biens ou de services. Même si le fait que les actions sont sans ou avec valeur nominale n'apporte rien de nouveau à ce que nous avons vu jusqu'à présent, nous mettrons de nouveau ces deux contextes en parallèle. **Première situation** Le 1er avril 20X0, les sociétés émettent 2 000 actions ordinaires, au moment où ces actions se négocient en Bourse au prix de 12 $ chacune, en contrepartie d'un terrain dont on ne connaît pas la juste valeur. On doit se rappeler que les actions ordinaires de Valeurnaux-Minal inc. ont une valeur nominale de 10 $ chacune.

SANVALEUR-NAUMINAL LTÉE			VALEURNAUX-MINAL INC.		
		1er avril 20X0			
Terrain	24 000		Terrain	24 000	
Actions ordinaires		24 000	Actions ordinaires		20 000
Émission de 2 000 actions ayant une juste valeur unitaire de 12 $ en échange d'un terrain.			Prime à l'émission d'actions ordinaires		4 000
			Émission de 2 000 actions ayant respectivement une juste valeur et une valeur nominale unitaire de 12 $ et de 10 $ en échange d'un terrain.		

Seconde situation Le 1er avril 20X0, les sociétés émettent aussi 100 actions privilégiées de catégorie B, dont on ne connaît pas la juste valeur, en contrepartie d'un terrain ayant une juste valeur de 12 000 $ selon un évaluateur indépendant. Les actions privilégiées de catégorie B de Valeurnaux-Minal inc. ont une valeur nominale de 100 $ chacune.

SANVALEUR-NAUMINAL LTÉE			VALEURNAUX-MINAL INC.		
		1er avril 20X0			
Terrain	12 000		Terrain	12 000	
Actions privilégiées de catégorie B		12 000	Actions privilégiées de catégorie B		10 000
Émission de 100 actions en échange d'un terrain d'une juste valeur de 12 000 $.			Prime à l'émission d'actions privilégiées de catégorie B		2 000
			Émission de 100 actions ayant une valeur nominale unitaire de 100 $ en échange d'un terrain d'une juste valeur de 12 000 $.		

17

L'émission d'actions de plusieurs catégories à la fois

Pour que ses actions présentent encore plus d'attrait et pour favoriser un apport supplémentaire de capitaux, la société offrira parfois aux investisseurs l'occasion d'acquérir à un prix forfaitaire deux ou plusieurs catégories d'actions à la fois – cela est fréquent lorsqu'il y a acquisition d'entreprise. Ce genre d'émission à prix forfaitaire pose toutefois un problème : celui de la répartition du prix d'émission entre les différentes catégories d'actions. On peut alors employer deux méthodes de répartition : la méthode proportionnelle et la méthode marginale.

La méthode proportionnelle

Lorsque la société émet deux catégories d'actions à la fois, elle en connaît d'ordinaire la juste valeur marchande. Dans ce cas, elle doit répartir **proportionnellement** la contrepartie reçue entre les deux catégories d'actions émises. Supposons que, le 1er avril 20X0, les sociétés Sanvaleur-Nauminal ltée et Valeurnaux-Minal inc. émettent 2 000 actions ordinaires et 100 actions privilégiées de catégorie B ayant respectivement une juste valeur unitaire de 12 $ et de 120 $, en contrepartie d'un montant forfaitaire de 34 500 $. Voici la façon de répartir ce montant de 34 500 $:

Répartition proportionnelle du montant forfaitaire

Juste valeur totale des actions
Actions ordinaires (2 000 actions à 12 $)	*24 000 $*
Actions privilégiées de catégorie B (100 actions à 120 $)	*12 000*
	36 000 $

Valeur attribuée aux actions ordinaires

$$\frac{24\ 000\ \$}{36\ 000\ \$} \times 34\ 500\ \$ = \quad\quad 23\ 000\ \$$$

Valeur attribuée aux actions privilégiées de catégorie B

$$\frac{12\ 000\ \$}{36\ 000\ \$} \times 34\ 500\ \$ = \quad\quad 11\ 500$$

Répartition totale du montant forfaitaire   *34 500 $*

Le montant forfaitaire ainsi réparti, on peut passer l'écriture de journal requise. Pour ce faire, on doit se rappeler que les actions ordinaires et privilégiées de catégorie B de Valeurnaux-Minal inc. ont respectivement une valeur nominale de 10 $ et de 100 $ chacune.

SANVALEUR-NAUMINAL LTÉE			**VALEURNAUX-MINAL INC.**		
			1er avril 20X0		
Banque	*34 500*		*Banque*	*34 500*	
Actions ordinaires		*23 000*	*Actions ordinaires*		*20 000*
Actions privilégiées de catégorie B		*11 500*	*Prime à l'émission d'actions ordinaires*		*3 000*
Émission de 2 000 actions ordinaires et de 100 actions privilégiées de catégorie B, en contrepartie d'un montant forfaitaire de 34 500 $ comptant.			*Actions privilégiées de catégorie B*		*10 000*
			Prime à l'émission d'actions privilégiées de catégorie B		*1 500*
			Émission de 2 000 actions ordinaires et de 100 actions privilégiées de catégorie B, en contrepartie d'un montant forfaitaire de 34 500 $ comptant.		

17

LE SURPLUS D'APPORT

Comme nous l'avons vu au début de ce chapitre, le **surplus d'apport** constitue la seconde composante des capitaux propres et, plus particulièrement, du capital d'apport de la société par actions.

L'utilisation du terme « surplus »

Par le passé, on employait le terme « surplus » à plusieurs fins dans le langage comptable. Par exemple, on utilisait l'expression « surplus gagnés » plutôt que « bénéfices non répartis ». On pouvait alors laisser entendre que la société n'avait pas besoin des fonds générés par son exploitation. On verra plus en détail au chapitre 18 que cela est rarement le cas. À cause de son imprécision, on a donc condamné l'usage du terme « surplus » dans plusieurs situations. L'expression « surplus d'apport » a, quant à elle, été conservée jusqu'à maintenant[6].

La nature du surplus d'apport

Sommairement, le surplus d'apport est principalement constitué de l'investissement direct net des actionnaires, lequel ne doit pas être comptabilisé dans le capital-actions, de manière à refléter les dispositions de la loi en vertu de laquelle la société est constituée. Le tableau 17.2 contient une liste non exhaustive des types de comptes composant le surplus d'apport. De plus, on y trouve les opérations leur donnant naissance et celles provoquant leur annulation. Hormis la prime à l'émission d'actions dont nous avons traité précédemment, notons que ce tableau renferme des éléments qui ne sont pas couverts en détail dans cet ouvrage, car ils en débordent le cadre. Nous vous les présentons donc à titre informatif.

AVEZ-VOUS LE SENS DE L'OBSERVATION ?

Comme les actions des sociétés constituées en vertu de la LCSA (qui est une loi fédérale, rappelons-le) sont forcément sans valeur nominale et que les comptes de Prime à l'émission d'actions sont les plus communs, on ne trouve souvent pas de surplus d'apport dans le bilan de ces sociétés. Notez que seules les opérations portant sur les capitaux propres peuvent modifier le surplus d'apport. En aucun cas les opérations relatives à l'exploitation de la société par actions ne doivent impliquer des comptes de surplus d'apport. Autrement, on ne respecterait pas l'obligation, énoncée dans le *Manuel de CPA Canada*, de bien distinguer les capitaux reçus à titre d'apport des capitaux produits par l'exploitation elle-même.

La présentation du surplus d'apport dans les états financiers

Les recommandations du *Manuel de CPA Canada* n'exigent pas la présentation de toutes les composantes du surplus d'apport à une date donnée. Toutefois, on doit fournir des renseignements sur les variations survenues au cours d'une période, d'où l'utilité, outre pour les raisons déjà évoquées, de maintenir plusieurs comptes relatifs au surplus d'apport dans le grand livre.

---

6. Certains auteurs proposent toutefois de le remplacer par l'expression « capital d'apport additionnel », laquelle serait plus descriptive et représentative de la nature de ce poste des capitaux propres et du capital d'apport des états financiers.

TABLEAU 17.2	LES OPÉRATIONS QUI DONNENT NAISSANCE AU SURPLUS D'APPORT ET CELLES QUI PROVOQUENT L'ANNULATION

Nom des comptes de surplus d'apport	Opérations	
	Provenance	**Annulation**
1. Prime à l'émission d'actions	Excédent du produit d'une émission d'actions sur leur valeur nominale	• Perte sur rachat et annulation d'actions supérieure aux gains comptabilisés antérieurement • Conversion d'actions privilégiées en actions ordinaires
2. Gain sur actions confisquées	Montant non remboursé à un souscripteur défaillant	Perte sur rachat et annulation d'actions
3. Gain sur rachat d'actions	• Excédent de la valeur attribuée ou de la valeur nominale des actions rachetées sur le prix de rachat • Excédent du prix de revente sur le coût des actions autodétenues	• Perte sur rachat et annulation d'actions • Perte sur revente d'actions autodétenues
4. Biens reçus à titre gratuit	Juste valeur des biens reçus en donation d'un actionnaire ou d'une autre personne	Comme tous les comptes
5. Capital de réorganisation	Réduction du capital légal au moment d'une réorganisation	Comme tous les comptes
6. Tous les comptes	Opération portant sur les capitaux propres	• Annulation de l'opération ayant donné naissance au compte • Dividende de liquidation • Réduction d'un déficit

LA PRÉSENTATION DU CAPITAL D'APPORT

Tout au long de ce chapitre, nous avons exposé certaines exigences de présentation aux états financiers des deux composantes du capital d'apport, soit le capital-actions et le surplus d'apport. En règle générale, on doit fournir des renseignements sur les composantes et sur les variations du capital d'apport. De son côté, le CNC de CPA Canada exige la présentation de certains renseignements. Le tableau 17.3 (*voir les pages 798 et 799*) contient un résumé des recommandations relatives au capital-actions et au surplus d'apport, dont certaines débordent le cadre de cet ouvrage.

17

SOLUTION DU PROBLÈME TYPE

a) La passation des écritures de journal

15 janvier 20X4

Caisse ❶	110 000	
Actions privilégiées de catégorie B ❷		100 000
Prime à l'émission d'actions privilégiées de catégorie B ❸		10 000

Émission au comptant de 1 000 actions privilégiées de catégorie B
à 110 $ chacune.

Calculs :

❶ (1 000 actions × 110 $)

❷ (1 000 actions × 100 $ valeur nominale)

❸ [1 000 actions × (110 $ – 100 $)] ou (110 000 $ – 100 000 $)

16 janvier 20X4

Terrain	25 000	
Immeuble	105 000	
Actions ordinaires ❶		42 000
Actions privilégiées de catégorie B ❷		80 000
Prime à l'émission d'actions privilégiées de catégorie B ❸		8 000

Émission de 2 000 actions ordinaires et de 800 actions privilégiées
de catégorie B en échange de biens-fonds.

Calculs et explication :

N. B. : Il s'agit de l'émission de plusieurs titres à la fois en échange de biens. Comme
on connaît la juste valeur des biens et des actions privilégiées de catégorie B
(actions émises au comptant le 15 janvier 20X4), on doit employer la méthode
marginale.

❶ [(25 000 $ + 105 000 $) – (800 actions privilégiées × 110 $)]

❷ (800 actions × 100 $ valeur nominale)

❸ [800 actions × (110 $ – 100 $)] ou [(800 actions × 110 $) – 80 000 $]

17 mars 20X4

Souscriptions à recevoir – Actions ordinaires	1 250 000	
Actions ordinaires souscrites		1 250 000

Souscriptions à 50 000 actions ordinaires à 25 $ chacune.

Caisse	500 000	
Souscriptions à recevoir – Actions ordinaires		500 000

Versement initial sur souscriptions (1 250 000 $ × 40 %).

b) L'établissement de la section Capitaux propres du bilan

PROTOTYPE LTÉE
Bilan partiel
au 30 juin 20X4

Capitaux propres

  Capital-actions

Actions ordinaires sans valeur nominale	
Nombre d'actions autorisées, 200 000	
Nombre d'actions émises, 72 000 ❶	1 092 000 $
Nombre d'actions souscrites, 50 000	1 250 000
Actions privilégiées de catégorie A, ayant une valeur nominale de 10 $,	
non votantes, non participantes et à dividende cumulatif de 8 %	
Nombre illimité d'actions autorisées	
Nombre d'actions émises, 20 000	200 000

Actions privilégiées de catégorie B, ayant une valeur nominale de 100 $,
non votantes, non participantes et à dividende non cumulatif de 12 %
Nombre illimité d'actions autorisées

Nombre d'actions émises, 6 800 ❷	680 000
Total du capital-actions	3 222 000
Surplus d'apport	
Prime à l'émission d'actions privilégiées de catégorie A	25 000
Prime à l'émission d'actions privilégiées de catégorie B ❸	18 000
Gain sur rachat d'actions privilégiées de catégorie A	3 000
Total du surplus d'apport	46 000
Total du capital d'apport	3 268 000
Bénéfices non répartis ❹	770 000
Total des capitaux propres	4 038 000 $

Calculs et explications :

N. B. : Comme on vous demande de ne dresser que la section Capitaux propres sans donner de renseignements complémentaires relativement aux causes de la variation des composantes, on s'attend à ce que vous présentiez d'une façon détaillée toutes les composantes, y compris le surplus d'apport.

❶ *Nombre d'actions émises (70 000 + 2 000)*

Montant (1 050 000 $ + 42 000 $)

❷ *Nombre d'actions (5 000 + 1 000 + 800) ou (680 000 $ ÷ 100 $)*

Montant (500 000 $ + 100 000 $ + 80 000 $)

❸ *(8 000 $ + 10 000 $ = 18 000 $)*

❹ *(645 000 $ + 125 000 $ bénéfice net)*

N. B. : Il est à noter que l'on trouverait les souscriptions à recevoir sur les actions ordinaires dans la section Actif à court terme du bilan au 30 juin 20X4.

QUESTIONS DE RÉVISION (i+) Solutionnaire

1. Nommez et décrivez brièvement les principales composantes des capitaux propres de la société par actions.

2. Nommez et définissez les quatre principaux types de sociétés par actions. Pour chacun, nommez une société que vous connaissez.

3. Nommez les deux registres qui, d'ordinaire, composent les registres relatifs aux actions. Décrivez le contenu et l'utilité de chacun.

4. Quelle est la principale caractéristique des sociétés par actions ? Quels sont les avantages et les inconvénients qui en découlent ?

5. Pourquoi la société a-t-elle avantage à prévoir, dans ses statuts constitutifs, plusieurs catégories d'actions comportant des droits et des privilèges particuliers ?

6. Qu'est-ce que la valeur nominale d'une action ? Est-elle égale à la juste valeur ?

7. Nommez et expliquez les trois droits fondamentaux des actionnaires.

8. Qu'est-ce que le droit préférentiel de souscription ? Qu'apporte-t-il à l'actionnaire qui en bénéficie ?

9. Nommez et expliquez brièvement les privilèges dont peut être assortie une catégorie d'actions dites privilégiées.

10. Dans quel compte comptabilise-t-on l'excédent du montant obtenu lors de l'émission d'actions d'une seule catégorie sur la valeur nominale ? De quelle nature est ce compte ?

11. À quel montant doit-on comptabiliser l'émission d'actions en échange de biens ou de services ?

12. De quels éléments dépend la façon de comptabiliser l'émission d'actions de plusieurs catégories à la fois ? Nommez les deux méthodes de comptabilisation.

13. Qu'est-ce qu'un contrat de souscription ? Pourquoi utilise-t-on un tel contrat ?

14. Quelle méthode doit-on utiliser pour comptabiliser la conversion d'actions privilégiées en actions ordinaires ? En quoi consiste-t-elle ? Quels sont les comptes comptables en cause ? Entraîne-t-elle la comptabilisation d'un gain ou d'une perte ? Pourquoi ?

15. Nommez les deux façons d'envisager la comptabilisation des frais d'émission d'actions et expliquez-les brièvement.

16. Pourquoi ne trouve-t-on pas très souvent de surplus d'apport dans le bilan des sociétés constituées en vertu de la LCSA ?

17

EXERCICES

E1 Terminologie comptable

Voici une liste de huit termes et expressions comptables présentés dans ce chapitre :

- Action ordinaire
- Capital souscrit
- Action privilégiée
- Prime d'émission d'actions
- Capital d'apport
- Surplus d'apport
- Capital émis
- Valeur nominale

Chacun des énoncés suivants peut servir (ou non) à décrire un de ces termes comptables. Pour chacun des énoncés, dites à quel terme comptable il correspond ou indiquez « aucun » s'il ne correspond à aucun d'entre eux.

a) L'excédent du prix de l'émission d'actions sur leur valeur nominale.

b) La valeur théorique d'une action généralement différente de son prix d'émission, de sa valeur comptable et de sa valeur réelle.

c) Une action accordant généralement à son détenteur le droit de voter aux assemblées des actionnaires ainsi que celui de participer aux bénéfices de la société et à l'excédent de son actif sur son passif en cas de liquidation.

d) Une action accordant à son détenteur des droits particuliers.

e) Le capital investi par les actionnaires et représenté par les sommes inscrites dans les comptes Capital-actions et Prime à l'émission d'actions.

f) Le nombre d'actions de chaque catégorie qu'une société peut émettre en conformité avec les dispositions de ses statuts constitutifs.

g) L'expression désignant les actions d'une société pour lesquelles celle-ci a délivré des certificats de valeurs mobilières.

h) La partie des capitaux propres où figure la valeur des biens cédés à titre gratuit à une société par des personnes qui n'en sont pas actionnaires.

E2 Vrai ou faux

Dites si chacun des énoncés suivants est vrai ou faux. Dans ce dernier cas, précisez pourquoi.

a) Au bilan, la section Capitaux propres de la société par actions est différente de celle de l'entreprise individuelle.

b) Les expressions « société publique » et « société ouverte » sont synonymes.

c) La double imposition ne constitue pas nécessairement un inconvénient pour la société par actions.

d) Pour qu'une catégorie d'actions comporte un droit de vote, il doit en être fait mention explicitement dans les statuts constitutifs de la société par actions.

e) En règle générale, la valeur nominale d'une action est différente de sa juste valeur.

f) La plupart du temps, le fait que des actions soient avec ou sans valeur nominale ne change rien à la façon de comptabiliser l'émission d'actions d'une seule catégorie au comptant.

E3 L'émission d'actions d'une seule catégorie au comptant

Au cours de sa première année d'exploitation, la société Passion inc. a procédé aux émissions d'actions suivantes :

1er février	Émission de 20 000 actions ordinaires au prix de 10 $ chacune.
15 avril	Émission de 1 000 actions privilégiées de catégorie A au prix de 120 $ chacune.
4 juillet	Émission de 10 000 actions ordinaires au prix de 12 $ chacune.
21 décembre	Émission de 1 000 actions privilégiées de catégorie B au prix de 110 $ chacune.

Passez les écritures de journal requises lors de ces émissions d'actions dans chacune des deux situations indépendantes suivantes :

a) Toutes les catégories d'actions sont sans valeur nominale.

b) Les actions ordinaires et privilégiées de catégories A et B ont respectivement des valeurs nominales de 10 $, de 100 $ et de 100 $.

E4 · L'analyse du capital d'apport

Voici des renseignements tirés de la section Capitaux propres de la société Anna-Lise inc. au 31 janvier 20X4 :

Actions ordinaires ayant une valeur nominale de 10 $	
Nombre d'actions autorisées, 50 000	
Nombre d'actions émises, 40 000	*400 000 $*
Actions privilégiées sans valeur nominale, sans droit de vote, non participantes	
et à dividende cumulatif de 8 $ par année	
Nombre illimité d'actions autorisées	
Nombre d'actions émises, 3 600	*360 000*
Prime à l'émission d'actions ordinaires	*260 000*

À l'aide de ces renseignements, répondez aux questions suivantes en fournissant tous vos calculs :

a) Quel est le total du capital d'apport ?

b) Quel est le total du capital-actions émis et du capital légal ?

c) Quel a été le prix moyen lors de l'émission de chaque action ordinaire ?

d) Quelle est la valeur attribuée à chacune des actions privilégiées ?

E5 · La présentation du capital d'apport

La société Padon ltée a été constituée le 1er avril 20X4. Le capital-actions autorisé se présentait alors comme suit :

Nombre illimité d'actions ordinaires sans valeur nominale
5 000 actions privilégiées ayant une valeur nominale de 100 $, sans droit de vote, non participantes
et à dividende non cumulatif de 10 %

Au cours de son premier exercice financier de 12 mois, la société a émis au comptant 28 000 actions ordinaires au prix moyen de 17 $ chacune et toutes les actions privilégiées au prix moyen de 105 $. Au cours de cet exercice, la société a réalisé un bénéfice net de 70 000 $.

Dressez la section Capitaux propres du bilan de Padon ltée au 31 mars 20X5.

17

E6 · L'émission d'actions en échange de biens ou de services

Au cours de sa première année d'exploitation, la société Échange action ltée a procédé aux émissions d'actions ordinaires suivantes :

1er février Émission de 20 000 actions ordinaires au prix de 12 $ chacune.

2 février Émission de 2 000 actions ordinaires en échange d'un terrain dont on ne connaît pas la juste valeur.

| 10 mars | Émission de 1 000 actions ordinaires en règlement d'honoraires de 12 000 $ se rapportant à la constitution de la société. |
| 21 octobre | Émission de 2 000 actions ordinaires en échange d'un terrain évalué à 26 000 $ par un expert indépendant. |

Passez les écritures de journal requises lors de ces émissions d'actions ordinaires, en considérant que ces dernières sont sans valeur nominale.

E7 L'émission d'actions de plusieurs catégories à la fois

La société Forfaitaire inc., dont les actions ordinaires se négocient en Bourse, a procédé aux émissions d'actions suivantes :

| 31 mars | Émission de 20 000 actions ordinaires et de 1 000 actions privilégiées de catégorie A pour un montant forfaitaire comptant de 342 000 $. La juste valeur respective des deux catégories d'actions est de 12 $ et de 120 $ chacune. |
| 15 octobre | Émission de 10 000 actions ordinaires et de 1 000 actions privilégiées de catégorie B pour un montant forfaitaire comptant de 228 000 $. À cette date, les actions ordinaires se négocient au prix de 13 $. Pour ce qui est des actions privilégiées de catégorie B, comme il s'agit d'une première émission, leur juste valeur est inconnue. |

Passez les écritures de journal requises lors de ces émissions d'actions, en considérant que toutes les catégories d'actions sont sans valeur nominale.

E8 La comptabilisation des contrats de souscription d'actions

Le 21 mars, un groupe d'investisseurs signe un contrat de souscription avec la société Kite inc. en vertu duquel il s'engage à acheter 20 000 actions ordinaires au prix de 15 $ chacune. Le groupe d'investisseurs fait un versement initial de 20 % au moment de la signature du contrat et s'engage à verser le solde du prix convenu en 2 versements égaux le 21 juin et le 21 septembre.

Passez les écritures de journal requises à chacune de ces trois dates, en supposant que tous les souscripteurs ont honoré leurs engagements dans chacune des deux situations indépendantes suivantes :

a) Les actions ordinaires sont sans valeur nominale.

b) Les actions ordinaires ont une valeur nominale de 10 $.

E9 La conversion d'actions privilégiées

Le 21 mars 20X4, la société Tible ltée a émis au comptant 5 000 actions privilégiées au prix de 110 $ chacune. Ces actions sont convertibles au gré des détenteurs en cinq actions ordinaires pour une action privilégiée. Le 21 janvier 20X5, 40 % des actions privilégiées sont converties en actions ordinaires. À ce moment-là, les justes valeurs respectives d'une action ordinaire et d'une action privilégiée étaient de 23 $ et de 114 $.

Passez les écritures de journal requises à chacune de ces deux dates pour chacune des deux situations indépendantes suivantes :

a) Les actions ordinaires et privilégiées sont sans valeur nominale.

b) Les actions ordinaires et privilégiées ont respectivement une valeur nominale de 10 $ et de 100 $.

E10 La présentation des capitaux propres

Les données suivantes sont extraites des livres de la société Prézan ltée au 31 décembre 20X4. Cette société est autorisée à émettre un nombre illimité d'actions de catégorie A, sans valeur nominale, avec droit de vote et participantes, et un nombre illimité d'actions de catégorie B ayant chacune une valeur nominale de 100 $, sans droit de vote, non participantes et à dividende cumulatif de 8 %.

17

Prime à l'émission d'actions de catégorie B	*750 000 $*
Bénéfices non répartis	*1 275 000*
Souscriptions à recevoir – Actions de catégorie B (50 %)	*375 000*
Actions de catégorie B souscrites	*500 000*
Actions de catégorie A (150 000)	*3 750 000*
Actions de catégorie B	*2 500 000*
Terrains reçus en donation	*200 000*

Dressez, en bonne et due forme, la section des capitaux propres du bilan de la société Prézan ltée au 31 décembre 20X4.

PROBLÈMES DE COMPRÉHENSION

P1

10 minutes – facile

Choix multiples

Pour chacune des questions suivantes, choisissez la réponse qui convient le mieux.

1. Lequel des énoncés suivants, relatifs aux différents niveaux des instances décisionnelles prenant part à la gestion de la société par actions, est vrai ?

a) Tous les actionnaires participent à l'élection des membres du conseil d'administration lors de l'assemblée générale annuelle.

b) À titre d'actionnaire ordinaire, une société de capitaux a le droit de voter lors des assemblées d'une autre société dont elle détient des actions.

c) La société par actions de petite taille (PME) peut ne pas nommer de conseil d'administration par résolution unanime des actionnaires.

d) Le dirigeant d'une société par actions est nécessairement actionnaire de cette société.

e) Aucun de ces énoncés n'est vrai.

2. Parmi les registres suivants, choisissez celui que la société par actions ne doit pas nécessairement tenir pour répondre aux exigences de la loi.

a) Le registre des valeurs mobilières.

b) Le registre des transferts d'actions.

c) Le registre des procès-verbaux des administrateurs.

d) Le registre de l'inventaire permanent.

e) Aucune de ces réponses n'est bonne.

3. Laquelle des caractéristiques suivantes constitue toujours un inconvénient pour les sociétés par actions par rapport aux entreprises individuelles et aux sociétés en nom collectif ?

a) La responsabilité limitée des actionnaires.

b) L'existence indéfinie de la société par actions.

c) La double imposition.

d) Le nombre accru de formalités juridiques à respecter.

e) Aucune de ces réponses n'est bonne.

4. En ce qui a trait aux actions avec ou sans valeur nominale, lequel des énoncés suivants est vrai ?

a) En tout temps, la valeur nominale ne change rien à la façon de comptabiliser une émission d'actions.

b) Selon la LSA, il n'est pas nécessaire de présenter distinctement la valeur nominale d'une action.

c) Toutes les catégories d'actions des sociétés régies par la LCSA sont nécessairement sans valeur nominale.

17

d) La société peut, en tout temps, émettre des actions à un montant inférieur à la valeur nominale.

e) Aucun de ces énoncés n'est vrai.

L'émission d'actions et la présentation des capitaux propres

P2

20 minutes – facile

En vertu de ses statuts constitutifs, la société Cépartis ltée est autorisée à émettre 1 000 000 d'actions ordinaires sans valeur nominale et 200 000 actions privilégiées ayant chacune une valeur nominale de 100 $ et rapportant un dividende cumulatif de 6 %. La société procède aux opérations suivantes relativement à son capital-actions au cours de son premier mois d'exploitation :

3 mai	Émission de 30 000 actions ordinaires au prix de 5 $ chacune.
9 mai	Émission de 1 000 actions privilégiées à 102,50 $ chacune.
15 mai	Émission de 50 000 actions ordinaires au prix de 5,10 $ chacune.
25 mai	Émission de 1 000 actions privilégiées à 103 $ chacune.
31 mai	Émission de 20 000 actions ordinaires au prix de 5,25 $ chacune.

TRAVAIL À FAIRE

Passez les écritures de journal requises lors de ces opérations et établissez la section des capitaux propres du bilan de la société au 31 mai.

L'émission d'actions dans différents contextes

P3

30 minutes – facile

Le 1er juillet 20X4, Feuilles d'érable ltée a été constituée en vertu de la LSA. Elle a ainsi obtenu l'autorisation d'émettre 200 000 actions ordinaires sans valeur nominale et 20 000 actions privilégiées sans valeur nominale, sans droit de vote, non participantes et à dividende cumulatif de 8 $ chacune. Voici les opérations effectuées durant le mois de juillet 20X4 :

1er juillet	Émission au comptant de 20 000 actions ordinaires au prix de 25 $ chacune.
2 juillet	Émission de 200 actions ordinaires en règlement d'honoraires se rapportant à la constitution de la société.
30 juillet	Émission au comptant de 2 000 actions privilégiées au prix de 107,50 $ chacune.
31 juillet	Émission de 2 000 actions ordinaires et de 200 actions privilégiées en échange d'un terrain dont la juste valeur est établie à 75 000 $ par un expert indépendant.

TRAVAIL À FAIRE

a) Passez les écritures de journal requises pour inscrire les opérations décrites précédemment.

b) Dressez la section des capitaux propres du bilan de la société Feuilles d'érable ltée au 31 juillet 20X4, en supposant que celle-ci ait réalisé un bénéfice net de 5 000 $ durant le mois.

Total des capitaux propres : 800 000 $

L'émission d'actions dans différents contextes

P4

25 minutes – moyen

Le 24 juin 20X4, Fleurs de lys inc. a été constituée en vertu de la LSA. Elle a ainsi obtenu l'autorisation d'émettre 100 000 actions ordinaires ayant une valeur nominale de 10 $ chacune et 10 000 actions privilégiées sans valeur nominale, sans droit de vote, non participantes et à dividende cumulatif de 8 $ chacune. La société a décidé de fixer au 31 janvier la date de la fin de son exercice financier. Voici les opérations effectuées durant le premier exercice financier de sept mois terminé le 31 janvier 20X5 :

17

24 juin	Émission au comptant de 20 000 actions ordinaires au prix de 14 $ chacune.
3 octobre	Émission au comptant de 2 000 actions privilégiées au prix de 100 $ chacune.
4 octobre	Émission de 300 actions ordinaires en règlement d'honoraires professionnels de 4 500 $ se rapportant au maintien des registres de la société et à la préparation d'états financiers.
5 octobre	Émission de 2 000 actions ordinaires et de 200 actions privilégiées en échange d'un terrain dont on ne connaît pas la juste valeur.
6 octobre	Émission au comptant de 2 000 actions ordinaires et de 200 actions privilégiées pour un montant forfaitaire de 50 000 $. De plus, des frais d'émission d'actions de 1 000 $, que la société a décidé de comptabiliser en diminution du produit de l'émission, ont été payés comptant.

TRAVAIL À FAIRE

a) Passez les écritures de journal requises pour inscrire les opérations décrites ci-dessus.

b) Dressez la section des capitaux propres du bilan de la société Fleurs de lys inc. au 31 janvier 20X5, en supposant que celle-ci a subi une perte nette de 35 000 $ au cours de son premier exercice.

Total des capitaux propres : 548 500 $

P5 ## L'émission d'actions ordinaires avec et sans valeur nominale

15 minutes – facile

Au cours de sa première année d'exploitation, la société Naymo ltée a procédé aux émissions d'actions ordinaires suivantes :

5 janvier	Émission de 50 000 actions ordinaires au prix de 10 $ chacune.
31 janvier	Émission de 3 000 actions ordinaires en règlement d'honoraires et de frais juridiques s'élevant à 30 500 $ et se rapportant à la constitution de la nouvelle société.
10 juin	Émission de 25 000 actions ordinaires au prix de 11 $ chacune.
3 octobre	Émission de 30 000 actions ordinaires au prix de 12 $ chacune.

TRAVAIL À FAIRE

Passez les écritures de journal requises lors de ces émissions d'actions, en supposant qu'il s'agit successivement : a) d'actions sans valeur nominale ; et b) d'actions dont la valeur nominale est de 10 $ chacune.

P6 ## Une analyse du capital d'apport

20 minutes – facile

Voici des renseignements tirés de la section Capitaux propres de la société Anna-Lise II inc. au 31 janvier 20X4 :

Actions ordinaires ayant une valeur nominale de 10 $	
Nombre d'actions autorisées, 50 000	
Nombre d'actions émises, 40 000	*400 000 $*
Nombre d'actions souscrites, 5 000	*50 000*
Actions privilégiées sans valeur nominale, sans droit de vote, non participantes et à dividende cumulatif de 8 $ chacune	
Nombre illimité d'actions autorisées	
Nombre d'actions émises, 3 600	*360 000*
Nombre d'actions souscrites, 500	*55 000*
Prime à l'émission d'actions ordinaires	*315 000*

17

TRAVAIL À FAIRE

À partir de ces renseignements et sachant que l'actif à court terme renferme les postes Souscriptions à recevoir – Actions ordinaires et Souscriptions à recevoir – Actions privilégiées pour des montants respectifs de 52 500 $ et de 27 500 $, répondez aux questions suivantes en fournissant tous vos calculs :

a)   Quel est le total du capital d'apport ?

b)   Quel est le total du capital-actions émis et du capital légal ?

c)   Quel est le prix de vente moyen, y compris les actions souscrites, des actions ordinaires ?

d)   Quel est le prix d'émission moyen des actions privilégiées ?

e)   Quel est le prix de souscription de chacune des actions privilégiées souscrites ?

P7 **L'émission et les contrats de souscription d'actions**

30 minutes – facile

En vertu de ses statuts constitutifs, la société Kristal ltée est autorisée à émettre un nombre illimité d'actions ordinaires sans valeur nominale et d'actions privilégiées ayant une valeur nominale de 100 $ chacune, sans droit de vote, non participantes et à dividende non cumulatif de 10 %. La société procède aux opérations suivantes relativement à son capital-actions au cours de son premier exercice financier :

2 janvier   Émission au comptant de 100 000 actions ordinaires au prix de 5 $ chacune.

10 janvier   Émission de 100 actions privilégiées en règlement d'honoraires professionnels de 12 000 $ se rapportant à la constitution de la société.

21 mars   Réception de souscriptions à 50 000 actions ordinaires au prix de 6 $ chacune et encaissement d'un dépôt de 40 % du montant total souscrit.

21 avril   Encaissement du paiement final relatif aux actions souscrites le 21 mars.

4 septembre   Réception de souscriptions à 5 000 actions privilégiées au prix de 120 $ chacune et encaissement d'un dépôt de 25 % du montant total souscrit.

4 octobre   Encaissement d'un deuxième versement égal à 25 % du montant total souscrit le 4 septembre.

4 décembre   Encaissement du dernier paiement de 50 % du montant total souscrit le 4 septembre.

TRAVAIL À FAIRE

a)   Passez les écritures de journal requises pour inscrire les opérations décrites précédemment.

b)   Dressez la section des capitaux propres du bilan de la société Kristal ltée au 31 octobre, en supposant que celle-ci a réalisé un bénéfice net de 75 000 $ au cours de son premier exercice financier de 10 mois terminé à cette date.

Total des capitaux propres : 1 487 000 $

17

P8   **L'émission d'actions de diverses catégories**

20 minutes – difficile

Hi Ha ltée a été constituée, il y a plus de 25 ans, en vertu de la loi provinciale. Elle a ainsi obtenu l'autorisation d'émettre un nombre illimité d'actions ordinaires sans valeur nominale et 100 000 actions privilégiées sans valeur nominale, sans droit de vote, non participantes et à dividende cumulatif de 8 $ chacune. Voici les opérations effectuées durant son dernier exercice financier :

20 janvier   Émission au comptant de 100 000 actions ordinaires au prix de 5,50 $ chacune, soit le cours des actions à la Bourse.

20 janvier   Émission de 20 000 actions ordinaires, de 2 000 actions privilégiées et d'un chèque de 87 000 $ en échange d'un terrain et d'un immeuble dont la valeur nette comptable totale dans les livres du vendeur est de 200 000 $. L'évaluation figurant au dernier compte de taxes municipales est de 40 500 $ pour le terrain et de 229 500 $ pour l'immeuble. Un expert indépendant évalue globalement le terrain et l'immeuble à 300 000 $ et considère que la répartition entre les deux est conforme à la dernière évaluation municipale.

4 avril   Émission de 5 000 actions privilégiées au prix de 52 $ chacune.

Émission de 5 000 actions ordinaires et de 500 actions privilégiées en échange d'un terrain. Au cours des derniers jours, l'action ordinaire de la société a connu une forte activité sur le marché boursier. Au moment de l'échange, la cote de l'action était de 6 $. Quant au terrain, il a fait l'objet d'une évaluation, par 3 personnes, qui va de 40 000 $ à 60 000 $, la moyenne étant de 50 000 $.

TRAVAIL À FAIRE

Passez les écritures de journal requises pour inscrire les opérations décrites ci-dessus.

P9 Des opérations multiples portant sur des actions

35 minutes – moyen

Le 1er juillet 20X4, Cannex ltée a été constituée en vertu de la LCSA. Le capital autorisé de la société comprend un nombre illimité d'actions ordinaires sans valeur nominale et 100 000 actions privilégiées sans valeur nominale, sans droit de vote, non participantes et à dividende cumulatif de 5 $ chacune. La société a effectué les opérations suivantes relativement à son capital-actions au cours de son premier exercice financier :

2 juillet   Émission au comptant de 100 000 actions ordinaires au prix de 5 $ chacune.

4 juillet   Émission de 5 000 actions privilégiées au prix de 50 $ chacune.

8 juillet   Émission de 60 000 actions ordinaires et de 4 000 actions privilégiées en échange de biens évalués par un expert indépendant comme suit :

Terrain	95 000 $
Immeuble	325 000
Équipements	50 000
Matériel roulant	25 000

14 juillet   Émission de 1 000 actions ordinaires offertes en échange d'honoraires de consultation consistant en la préparation d'un plan stratégique commandé par le conseil d'administration. La facture de la société MNM Consultants ltée s'élève à 5 500 $.

5 décembre   Émission de 10 000 actions ordinaires en échange d'un terrain, acquis en vue d'une expansion future, évalué à 60 000 $ par un expert indépendant.

TRAVAIL À FAIRE

a)   Passez les écritures de journal requises pour inscrire les opérations précédentes.

b)   Dressez la section des capitaux propres du bilan de la société Cannex ltée au 31 décembre 20X4, en supposant que celle-ci a réalisé un bénéfice net de 125 000 $ au cours de son premier exercice financier de 6 mois terminé à cette date.

Total des capitaux propres : 1 435 500 $

17

30 minutes – difficile

Des opérations multiples portant sur des actions

Le 1er janvier 20X4, Akai ltée a été constituée en vertu de la LSA. Le capital autorisé de la société comprend un nombre illimité d'actions ordinaires sans valeur nominale et 10 000 actions privilégiées sans valeur nominale, sans droit de vote, non participantes, à dividende non cumulatif de 10 $ chacune et convertibles en 10 actions ordinaires. La société a procédé aux opérations suivantes relativement à son capital-actions au cours de son premier exercice financier :

2 janvier Émission au comptant de 50 000 actions ordinaires au prix de 10 $ chacune.

4 janvier Acquisition de l'entreprise individuelle Boutons d'or enr., appartenant à Ronald Thivierge, en échange de 25 000 actions ordinaires et de 4 000 actions privilégiées. Les éléments d'actif acquis et les dettes prises en charge sont les suivants :

Clients	*60 000 $*
Stock de marchandises	*90 000*
Terrain	*100 000*
Immeubles	*480 000*
Outillage	*160 000*
Fournisseurs	*35 000*
Emprunt hypothécaire	*200 000*

21 juin Émission de 5 000 actions privilégiées au prix de 102 $ chacune.

15 décembre Conversion de 3 000 actions privilégiées en actions ordinaires. À ce moment-là, la juste valeur de l'action ordinaire et celle de l'action privilégiée sont respectivement de 11 $ et de 108 $.

24 décembre Émission de 10 000 actions ordinaires pour un montant global de 115 000 $.

TRAVAIL À FAIRE

a) Passez les écritures de journal requises pour inscrire les opérations décrites ci-dessus.

b) Dressez la section des capitaux propres du bilan de la société Akai ltée au 31 décembre 20X4, en supposant que celle-ci a réalisé un bénéfice net de 112 500 $ au cours de son premier exercice financier.

 Total des capitaux propres : 1 892 500 $

---

15 minutes – moyen

Des opérations multiples portant sur des actions

En vertu de ses statuts constitutifs, la société Faïence inc. est autorisée à émettre un nombre illimité d'actions ordinaires sans valeur nominale et d'actions privilégiées ayant une valeur nominale de 100 $ chacune, sans droit de vote, non participantes et à dividende non cumulatif de 10 %. La société a effectué les opérations suivantes relativement à son capital-actions au cours de ses neufs premiers mois d'exploitation :

2 janvier Chacun des 5 actionnaires fondateurs de la société achète 10 000 actions ordinaires à 10 $ chacune.

4 janvier Un des actionnaires fondateurs achète à l'encan une pièce d'équipement au prix de 53 000 $. Il s'empresse de remettre cette pièce à la société en échange de 2 000 actions ordinaires, de 200 actions privilégiées et de 10 000 $ comptant.

21 mars Émission de 5 000 actions privilégiées au prix de 102 $ chacune.

TRAVAIL À FAIRE

a) Passez les écritures de journal requises pour inscrire les opérations décrites précédemment.

b) Dressez la section des capitaux propres du bilan de la société Faïence inc. au 30 septembre en supposant que celle-ci a subi une perte nette de 75 000 $ durant la période de 9 mois terminée à cette date.

Total des capitaux propres : 978 000 $

CHAPITRE 18

Les résultats et les bénéfices non répartis des sociétés par actions

PLAN DU CHAPITRE

Les résultats des sociétés par actions 816
Les bénéfices non répartis 823
Les dividendes 825
Les réserves 841
La valeur comptable d'une action 844
Synthèse du chapitre 18 846
Activités d'apprentissage 847

OBJECTIFS D'APPRENTISSAGE

Au terme de ce chapitre, vous pourrez :

1 dresser l'état des résultats d'une société par actions ;

2 présenter les éléments particuliers à l'état des résultats ;

3 dresser un état des bénéfices non répartis ;

4 expliquer les raisons justifiant la déclaration de dividendes ;

5 comprendre la portée des conditions à respecter relativement à la déclaration des dividendes ;

6 comptabiliser divers types de dividendes ;

7 expliquer en quoi consiste un fractionnement d'actions ;

8 répartir les dividendes entre les diverses catégories d'actions ;

9 comptabiliser et présenter les réserves ;

10 déterminer la valeur comptable d'une action.

Après avoir analysé le capital d'apport au chapitre précédent, nous nous concentrerons maintenant sur les dernières composantes des capitaux propres de la société par actions : les **bénéfices non répartis** et **les réserves.** Les bénéfices non répartis sont constitués principalement des bénéfices nets générés par l'exploitation d'une société, déduction faite des pertes nettes subies, qui n'ont pas été répartis entre les actionnaires sous forme de dividendes. Les réserves désignent, quant à elles, les montants affectés à même les bénéfices non répartis et les autres postes du surplus.

Concentrons-nous sur les dernières composantes des capitaux propres de la société par actions, soit les bénéfices non répartis et les réserves.

En plus d'expliquer l'ensemble des opérations qui font varier les bénéfices non répartis et les réserves de la société par actions, nous aborderons sommairement le calcul de la valeur comptable d'une action.

UN PROFESSIONNEL VOUS PARLE

**Daniel Denault
FCPA, FCMA, CA
Vice-président et
chef de la direction
financière**

L'INTELLIGENCE AUTREMENT
SMART INNOVATION

Pour soutenir sa croissance, que ce soit par investissement interne ou par acquisition, l'entreprise doit s'assurer de faire face à ses obligations. Et pour financer cette croissance, une société par actions peut emprunter, émettre de nouveaux titres de capital à ses actionnaires ou réinvestir les flux de trésorerie générés par l'exploitation de l'entreprise. Mais qu'elle choisisse de procéder à un emprunt ou à l'émission de nouveau capital, la direction de l'entreprise doit montrer sa capacité à générer des bénéfices. C'est là que l'information contenue dans les états financiers lui devient fort utile afin de convaincre les investisseurs, qu'ils soient créanciers ou actionnaires, d'injecter les fonds nécessaires à la croissance de l'entreprise.

Il est essentiel pour l'investisseur de bien comprendre et d'analyser correctement l'information contenue dans l'état des résultats et l'état des bénéfices non répartis de la société afin d'estimer la capacité de celle-ci à générer des bénéfices futurs et à les réinvestir judicieusement dans ses opérations.

LES RÉSULTATS DES SOCIÉTÉS PAR ACTIONS

La première section de ce chapitre est consacrée à l'étude des caractéristiques de l'état des résultats de la société par actions par rapport à celles des entreprises individuelles et des sociétés en nom collectif, abordées dans les chapitres précédents. Ces particularités sont principalement attribuables au fait que les sociétés par actions constituent des entités juridiques distinctes de leurs propriétaires et qu'elles doivent, par conséquent, payer leurs propres impôts.

Une vue d'ensemble de l'état des résultats de la société par actions s'avère nécessaire avant d'en étudier plus en profondeur les composantes. L'état des résultats de la société Fabric métal inc. pour l'exercice terminé le 31 janvier 20X4[1] est présenté à la page suivante. Comme nous le verrons, cet exemple contient beaucoup plus de renseignements que les exigences minimales contenues dans le *Manuel de CPA Canada*.

L'objectif de l'état des résultats

Comme nous l'avons mentionné, l'objectif fondamental des états financiers est de fournir aux utilisateurs de l'**information utile à la prise de décision**. Mais quels types de décisions ont à prendre les utilisateurs des états financiers ? On peut diviser ces décisions en deux catégories : 1) les décisions en matière d'affectation des ressources, c'est-à-dire relatives à l'investissement dans une entreprise à titre de propriétaire ou de créancier ; et 2) les décisions en matière d'appréciation de la façon dont la direction d'une entreprise s'est acquittée de sa responsabilité de gérance.

Quelle est la contribution de l'état des résultats à l'atteinte de l'objectif des états financiers ? L'état des résultats, comme l'indique son intitulé, doit présenter fidèlement les résultats de l'exploitation de l'entreprise au cours d'une période donnée. En fournissant de l'information sur la **performance économique** de l'entité, l'état des résultats peut certainement aider à faire des choix qui touchent aussi bien la première que la seconde catégorie de décision présentées précédemment.

18

---

1. Rappelez-vous que les sociétés par actions peuvent choisir leur date de fin d'exercice, laquelle peut ne pas coïncider avec la fin de l'année civile.

L'information en matière d'affectation des ressources

Lorsqu'on investit dans une société par actions à titre d'actionnaire, c'est évidemment dans l'espoir de réaliser un certain **rendement sur le capital investi**. Ce rendement peut prendre deux formes : 1) l'accroissement de la valeur des actions ; et 2) les dividendes reçus de la société. Tant la première forme que la seconde sont fonction des résultats de l'exploitation future de l'entreprise.

FABRIC MÉTAL INC.
Résultats
pour l'exercice terminé le 31 janvier 20X4

	20X4	20X3
Chiffre d'affaires	630 000 $	504 000 $
Coût des ventes		
Stock de marchandises au début	85 100	88 500
Achats	387 000	301 300
Coût des marchandises destinées à la vente	472 100	389 800
Moins : Stock de marchandises à la fin	106 400	85 100
Coût des ventes	365 700	304 700
Marge bénéficiaire brute	264 300	199 300
Frais d'exploitation		
Frais de vente		
Salaires des vendeurs	16 000	7 000
Loyer – Service des ventes	9 400	4 100
Publicité	2 700	1 100
Transport sur ventes	2 600	1 000
Amortissement – Matériel de magasin	1 600	700
Total des frais de vente	32 300	13 900
Frais d'administration		
Salaires du personnel administratif	30 500	22 200
Dépréciation des comptes clients	3 600	2 600
Frais divers	2 200	1 700
Loyer – Administration générale	7 300	5 300
Amortissement – Matériel de bureau	1 800	1 400
Total des frais d'administration	45 400	33 200
Frais financiers		
Intérêts et frais bancaires	5 000	1 800
Intérêts sur la dette à long terme	19 600	18 400
Total des frais financiers	24 600	20 200
Total des frais d'exploitation	102 300	67 300
Bénéfice d'exploitation	162 000	132 000
Autres résultats		
Intérêts sur dépôt à terme	9 500	7 000
Perte découlant de la radiation d'un important compte client	(14 000)	
Total des autres résultats	(4 500)	7 000
Bénéfice avant impôts	157 500	139 000
Impôts sur le bénéfice exigibles	31 500	27 800
Bénéfice sur activités maintenues	126 000	111 200
Activités abandonnées		
Perte d'exploitation, nette d'une économie d'impôts de 5 900 $	23 600	29 600
Perte découlant de l'abandon des activités, nette d'une économie d'impôts de 6 000 $	24 000	
Pertes afférentes aux activités abandonnées	47 600	29 600
Bénéfice net	78 400 $	81 600 $

18

Les sociétés à capital fermé ne sont pas tenues de présenter les chiffres du résultat par action. En décidant de le faire, elles doivent respecter les normes internationales (IFRS). Par exemple, si telle était la volonté de Fabric métal inc., et en supposant que 100 000 actions ordinaires sont en circulation, l'état des résultats se terminerait par la section suivante :

	20X4	*20X3*
Bénéfice par action		
Activités maintenues	*1,26 $*	*1,12 $*
Activités abandonnées	*(0,48)*	*(0,30)*
Bénéfice net	*0,78 $*	*0,82 $*

Pour consentir un prêt à une société, un créancier doit supposer que celle-ci demeurera **solvable** et qu'il pourra, par conséquent, récupérer à la fois le capital prêté et les intérêts de ce prêt. Une situation financière saine au moment de l'octroi du prêt constitue un certain gage de la solvabilité future. Toutefois, seuls les bénéfices générés par l'exploitation à venir permettront de maintenir l'état de solvabilité.

Bien qu'elle reflète la performance économique des exercices passés, l'information contenue dans l'état des résultats doit posséder une certaine **valeur prédictive**, c'est-à-dire qu'elle doit aider à faire des prévisions qui portent sur les résultats futurs. Pour ce faire, on doit pouvoir distinguer, dans l'état des résultats, les éléments susceptibles de se répéter des éléments inhabituels qui ne sont pas susceptibles de le faire. C'est ce que vise la présentation d'une mesure intermédiaire de bénéfice, soit le bénéfice avant abandons d'activités, que nous verrons plus en détail dans les pages suivantes.

L'information en matière d'évaluation de la gérance

Comme nous l'avons vu au chapitre précédent, la propriété et la gestion des sociétés par actions sont dissociées, à tout le moins dans le cas des sociétés ouvertes. Les actionnaires doivent donc obtenir de l'information pour évaluer la gestion de la société. Puisqu'il fournit de l'information sur la performance économique, l'état des résultats s'avère fort intéressant à cet égard.

Aux fins d'évaluation de la gestion, s'intéresser aux résultats des exercices passés est tout à fait pertinent. On doit toutefois pouvoir distinguer les éléments sur lesquels les gestionnaires exerçaient un certain contrôle de ceux sur lesquels ils n'en exerçaient aucun. C'est ce que permet de faire aussi, du moins en partie, la présentation d'une mesure intermédiaire de bénéfice, comme le bénéfice avant abandons d'activités.

L'évaluation de la rentabilité et du rendement sur le capital investi

Peu importe le type de décision, on doit obtenir toute l'information nécessaire pour être en mesure de porter un jugement sur la **rentabilité** de l'entreprise, c'est-à-dire pour pouvoir l'évaluer. À cet égard, les renseignements contenus dans l'état des résultats peuvent s'avérer insuffisants. Autrement dit, on ne peut pas évaluer la rentabilité d'une entreprise uniquement à partir des **mesures absolues** que sont les bénéfices.

Pour ce faire, on doit plutôt obtenir des **mesures relatives** en comparant ces bénéfices avec l'investissement des propriétaires, information que l'on peut tirer du bilan. Par exemple, un bénéfice net de 15 000 $ sur un investissement (capitaux propres) de 75 000 $ représente un rendement de 20 %, alors que le même bénéfice net se rapportant à un investissement de 150 000 $ ne constitue qu'un rendement de 10 %.

Le taux de rendement doit au moins être égal à celui d'un investissement ne comportant **aucun risque**, comme les obligations d'épargne, et comprendre une **prime en fonction du risque**, risque qui varie selon le secteur d'activité. Sinon, mieux vaut investir son argent dans des véhicules financiers sûrs, comme les obligations mentionnées précédemment, qui ne présentent aucun risque.

18

Par rapport à l'exemple précédent, si le taux de rendement après impôts des obligations d'épargne est de 10 %, l'investissement de 75 000 $ dans la première entreprise confère une prime en fonction du risque de 10 % [20 % – 10 % (le taux sans risque)] qui peut être intéressante selon le secteur d'activité. Quant à l'investissement de 150 000 $ dans la seconde entreprise, il n'est pas avantageux, car il ne comporte aucune prime en fonction du risque [10 % – 10 % (le taux sans risque)].

On doit prêter une attention particulière à la forme juridique de l'entreprise quand on veut en évaluer la rentabilité, car les sociétés par actions paient leurs propres impôts, lesquels sont pris en compte dans la mesure du bénéfice net, alors que ce n'est pas le cas des entreprises individuelles et des sociétés en nom collectif.

De plus, dans le cas des sociétés par actions, la rémunération des propriétaires est versée et comptabilisée sous forme de salaires considérés comme des charges à l'état des résultats et qui, par conséquent, viennent réduire le bénéfice net. Pour ce qui est des entreprises individuelles et des sociétés en nom collectif, la rémunération des propriétaires est d'ordinaire versée et comptabilisée sous forme de retraits qui n'ont aucune incidence sur le bénéfice net. On peut conclure que le bénéfice net de ces entreprises des deux autres formes juridiques doit aussi pourvoir à la valeur du travail du ou des propriétaires, au rendement sur le capital investi équivalant à un placement sans risque et à une certaine prime en fonction du risque.

La présentation de l'état des résultats

L'état des résultats doit contribuer à l'atteinte de l'objectif des états financiers, le rôle de ces derniers étant de fournir de l'information utile à la prise de décision tant en matière d'affectation des ressources que d'évaluation de la gestion. Pour ce faire, on doit prêter une attention particulière à la présentation de l'information contenue dans cet état. À cet égard, on doit respecter certaines recommandations générales du *Manuel de CPA Canada* qui traitent de la présentation des états financiers, et plus particulièrement de l'état des résultats.

La présentation comparative

Parmi les recommandations générales de présentation, mentionnons l'obligation, lorsque le sens peut y gagner, d'adopter une présentation comparative des chiffres correspondants de l'exercice précédent. Ce format permet de mettre en évidence l'**évolution des résultats,** donc de l'information utile tant en matière d'allocation des ressources que d'évaluation de la gestion.

Bien que le passé ne soit pas nécessairement garant de l'avenir, il est plus intéressant et moins risqué d'investir dans une entreprise en croissance dont le chiffre d'affaires et le bénéfice net augmentent depuis quelques années. Un tel contexte de croissance constitue certainement un indice de saine gestion, à moins qu'une comparaison avec les entreprises du même secteur d'activité ne démontre une croissance moins importante que celle des concurrents.

Le classement des postes

La disposition, la terminologie et le groupement des postes doivent permettre de saisir sur-le-champ les renseignements essentiels. C'est là une autre recommandation générale de présentation. À cet effet, on doit incorporer les comptes d'importance secondaire aux postes dont la nature s'en rapproche le plus.

Parmi les recommandations plus particulières, on trouve l'obligation de faire ressortir, dans l'état des résultats lui-même, les éléments suivants :

1. Les produits constatés.

2. Les revenus de placements, distinction devant être faite entre les revenus tirés :

   i) d'une part, des filiales exclues de la consolidation et des coentreprises pour lesquelles la méthode de la consolidation proportionnelle n'est pas appliquée, les éléments suivants devant être indiqués séparément :

– les revenus tirés de placement évalués selon la méthode de la comptabilisation à la valeur de consolidation ;

– les revenus tirés de toutes les autres participations dans des filiales exclues de la consolidation et des coentreprises pour lesquelles la méthode de la consolidation proportionnelle n'est pas appliquée ;

ii) et d'autre part, pour tous les autres placements, les éléments suivants devant être indiqués séparément :

– les revenus tirés de placements évalués selon la méthode de la comptabilisation à la valeur d'acquisition ;

– les revenus tirés de placement évalués selon la méthode de la comptabilisation à la valeur de consolidation ;

– les revenus tirés de placements évalués à la juste valeur.

3. La charge d'impôts prise en compte dans la détermination du bénéfice (ou de la perte) avant activités abandonnées.

4. Le bénéfice (ou la perte) avant activités abandonnées.

5. Les résultats afférents aux activités abandonnées.

6. Le bénéfice net (ou la perte) de l'exercice.

7. Le résultat net attribué à la société mère et aux participations ne donnant pas de contrôle.

Eu égard à la mesure du bénéfice (ou de la perte) avant activités abandonnées, seule la présentation de certaines composantes est obligatoire, soit dans le corps même de l'état des résultats, soit par voie de notes aux états financiers. Celles-ci comprennent notamment les éléments suivants, que vous devriez déjà connaître pour la plupart :

1. Les grandes catégories de produits constatés.

2. L'aide gouvernementale créditée directement à l'état des résultats.

3. L'amortissement des immobilisations corporelles.

4. L'amortissement des actifs incorporels amortissables.

5. Le montant des pertes de valeur des actifs à long terme, à l'exception des pertes rattachées aux activités abandonnées, lesquelles sont prises en compte dans les résultats afférents aux activités abandonnées.

6. Le montant des pertes de valeur des écarts d'acquisition, à l'exception des pertes rattachées aux activités abandonnées, lesquelles sont prises en compte dans les résultats afférents aux activités abandonnées.

7. Le montant des pertes de valeur des actifs incorporels, à l'exception des pertes rattachées aux activités abandonnées, lesquelles sont prises en compte dans les résultats afférents aux activités abandonnées.

8. Le coût de rémunération total passé en charges pour les attributions de rémunérations à base d'actions aux salariés.

9. Le montant du gain ou de la perte de change pris en compte dans la détermination du résultat net.

10. Les montants suivants relativement aux instruments financiers :

i) les gains nets ou pertes nettes comptabilisés ;

ii) le produit d'intérêt total ;

iii) la charge d'intérêts totale sur les passifs financiers à court terme ;

iv) la charge d'intérêts sur les passifs financiers à long terme, l'amortissement des primes, des escomptes et des commissions indiqué séparément ;

v) le montant de toute perte de valeur ou de toute reprise d'une perte de valeur comptabilisée antérieurement.

11. La charge d'intérêts relative aux obligations découlant de contrats de location-acquisition. Le montant doit en être indiqué séparément ou intégré à la charge d'intérêts sur les dettes contractées pour une période de plus d'un an.

12. Les produits, les charges, les gains ou les pertes découlant d'opérations ou de faits qui ne sont pas susceptibles de se répéter fréquemment au cours des prochains exercices ou qui ne sont pas typiques des activités normales de l'entité.

13. Le montant des stocks comptabilisé en charges durant la période.

14. Le montant des gains ou des pertes comptabilisés à l'égard des actifs à long terme (ou groupes à sortir) qui ont été vendus, classés comme détenus en vue de la vente ou sortis autrement que par la vente[2].

AVEZ-VOUS LE SENS DE L'OBSERVATION ?

Souvent, les entreprises présentent à l'état des résultats des renseignements qui vont au-delà des exigences explicites du *Manuel de CPA Canada*. Tel est l'exemple de la société Fabric métal inc. figurant à la page 817. Fréquemment aussi, certaines sociétés fournissent de manière détaillée leurs frais de vente et d'administration en annexe. On peut donc conclure que les exigences du *Manuel de CPA Canada* en matière de présentation sont **minimales,** exigences que toute entreprise doit toutefois respecter.

Les éléments particuliers à l'état des résultats

Comme l'objectif de l'état des résultats et les exigences de présentation qui en découlent vous sont maintenant familiers, abordons certains éléments que vous n'avez pas eu la chance de voir depuis le début de vos études en comptabilité. Ces éléments, que nous survolerons, se retrouvent presque exclusivement dans l'état des résultats des sociétés par actions. Il s'agit des éléments non fréquents ou non typiques des activités normales d'une entreprise, des résultats afférents aux activités abandonnées et de la charge d'impôts sur le bénéfice.

Les éléments non fréquents ou non typiques des activités normales d'une entreprise

La récurrence du bénéfice généré par l'exploitation d'une entreprise est vitale pour sa survie. Or, tous les éléments de l'état des résultats n'ont pas de caractère récurrent. Ainsi, la présentation distincte des résultats relatifs aux opérations ou aux faits qui ne sont pas susceptibles de se répéter fréquemment ou qui ne sont pas typiques des activités normales d'une entreprise permet au lecteur de constater l'effet de ces éléments sur le bénéfice net de l'exercice et, s'il le juge opportun, de redresser les tendances passées afin d'établir des prévisions sur les flux monétaires futurs. De plus, le fait de présenter ces éléments distinctement fournit plus d'information pour évaluer dans quelle mesure la direction s'est acquittée de sa responsabilité de gérance.

Afin d'illustrer la présentation des **éléments non fréquents ou non typiques des activités normales** d'une entreprise à l'état des résultats, reprenons l'exemple de Fabric métal inc. Voici la section pertinente de l'état des résultats de la société pour l'exercice terminé le 31 janvier 20X4 :

	20X4	20X3
Autres résultats		
Intérêts sur dépôt à terme	9 500 $	7 000 $
Perte découlant de la radiation d'un important compte client	(14 000)	
Total des autres résultats	(4 500)	7 000
Bénéfice avant impôts	157 500 $	139 000 $

FABRIC MÉTAL INC.
Résultats partiels
pour l'exercice terminé le 31 janvier 20X4

---

2. *Manuel de CPA Canada – Comptabilité – Partie II – Normes comptables pour les entreprises à capital fermé*, Toronto, CPA Canada, paragr. 1520.04.

Les résultats afférents aux activités abandonnées

Souvent, la société par actions diversifiera ses opérations en plusieurs secteurs d'activité. Songeons à Bombardier, société qui se spécialisait autrefois dans l'aéronautique, le transport ferroviaire et les équipements récréatifs. Bien que toute entreprise souhaite réussir dans tous les domaines de ses activités économiques, elle doit parfois se rendre à l'évidence que l'une de ses branches d'activité n'est pas assez rentable ou peut tout simplement se concentrer sur les activités dans lesquelles elle excelle. Nous sommes alors en présence d'une activité abandonnée. La vente de la division des équipements récréatifs de Bombardier constitue un bon exemple d'activité abandonnée. Une telle cessation d'activité peut également survenir dans une PME qui a commencé à se spécialiser plutôt que diversifier ses opérations.

Essentiellement, nous sommes en présence d'une **activité abandonnée** dans l'une ou l'autre des trois situations suivantes :

1. La portion de l'entreprise qui est délestée représente une branche d'activité ou une région géographique principale et distincte.

2. L'entreprise a un plan unique et coordonné pour se délester d'une branche d'activité ou d'une région géographique principale et distincte.

3. Il s'agit d'une filiale acquise exclusivement en vue de la revente.

Pour avoir une meilleure idée de la présentation des activités abandonnées à l'état des résultats, reprenons l'exemple de Fabric métal inc. Supposons que, le 30 septembre 20X3, l'entreprise approuve un plan de cession pour vendre la seule division de distribution d'articles en fibre de verre. Elle prévoit vendre en bloc cette division le 31 mars 20X4. Voici la section pertinente de l'état des résultats de la société pour l'exercice terminé le 31 janvier 20X4.

FABRIC MÉTAL INC.
Résultats partiels
pour l'exercice terminé le 31 janvier 20X4

	20X4	20X3
Bénéfice sur activités maintenues	126 000 $	111 200 $
Activités abandonnées		
Perte d'exploitation, nette d'une économie d'impôts de 5 900 $	23 600	29 600
Perte découlant de l'abandon des activités, nette d'une économie d'impôts de 6 000 $	24 000	
Pertes afférentes aux activités abandonnées	47 600	29 600
Bénéfice net	78 400 $	81 600 $

AVEZ-VOUS LE SENS DE L'OBSERVATION ?

L'exemple précédent permet de faire ressortir l'importance d'isoler les résultats afférents aux activités abandonnées de manière à fournir de l'information utile à la prise de décision. Si l'on ne compare que les bénéfices nets, on peut être porté à conclure que la rentabilité de la société se détériore. Si l'on compare plutôt les bénéfices avant activités abandonnées, c'est-à-dire les bénéfices sur les **activités maintenues,** lesquelles sont plus susceptibles de se répéter, on conclut que la rentabilité de la société est en progression[3].

---

3. L'analyse approfondie de la façon de calculer les montants figurant dans la section Activités abandonnées de l'état des résultats déborde largement le cadre de cet ouvrage. Toutefois, le fait de reconnaître le caractère particulier de cette section est important pour la prise de décision.

La charge d'impôts sur le bénéfice

Toutes les sociétés par actions sont assujetties aux lois fiscales fédérale et provinciale. La détermination du montant des impôts dus aux gouvernements excède largement la portée de cet ouvrage. Toutefois, il est important de savoir que les sociétés par actions à capital fermé doivent choisir entre la méthode des impôts exigibles et la méthode des impôts futurs pour la comptabilisation de leurs impôts sur le bénéfice.

D'une part, si la société par actions à capital fermé opte pour la **méthode des impôts exigibles**, la charge d'impôts correspond aux montants exigibles par les gouvernements à l'égard de l'exercice. D'autre part, si elle opte plutôt pour la **méthode des impôts futurs**, la charge d'impôts sur le bénéfice se compose non seulement des impôts exigibles pour l'exercice, mais aussi des impôts futurs découlant de la comptabilisation d'actifs ou de passifs d'impôts futurs relatifs à des **écarts temporaires**, c'est-à-dire la différence entre le moment où un élément est comptabilisé à l'état des résultats et le moment où il est admissible sur le plan fiscal. L'exemple le plus courant concerne l'amortissement des immobilisations corporelles. Pour la plupart d'entre elles, les lois fiscales exigent l'utilisation de la méthode d'amortissement dégressif. Ainsi, la charge d'amortissement diffère de l'amortissement fiscal, ce qui résulte en un écart temporaire[4].

Un retour à l'état des résultats de Fabric métal inc. (*voir la page 817*) nous montre que la société a opté pour la méthode des impôts exigibles. De plus, vous pouvez constater que les impôts afférents aux activités abandonnées sont présentés dans la section des résultats afférents aux activités abandonnées.

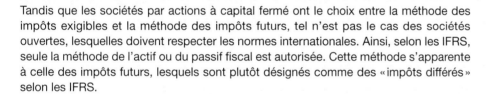

IFRS

Tandis que les sociétés par actions à capital fermé ont le choix entre la méthode des impôts exigibles et la méthode des impôts futurs, tel n'est pas le cas des sociétés ouvertes, lesquelles doivent respecter les normes internationales. Ainsi, selon les IFRS, seule la méthode de l'actif ou du passif fiscal est autorisée. Cette méthode s'apparente à celle des impôts futurs, lesquels sont plutôt désignés comme des « impôts différés » selon les IFRS.

LES BÉNÉFICES NON RÉPARTIS

La nature des bénéfices non répartis

Comme nous l'avons mentionné au début du chapitre, les **bénéfices non répartis** constituent une composante des capitaux propres de la société par actions. Ils consistent essentiellement en l'accumulation des bénéfices réalisés par la société et qui n'ont pas été distribués aux actionnaires sous forme de dividendes.

D'entrée de jeu, notons que les **bénéfices non répartis ne sont pas des ressources (actif) que l'entreprise peut utiliser pour son exploitation, en vue de rembourser des dettes ou de verser des dividendes**; ils constituent plutôt l'une des sources de financement des éléments d'actif de la société par actions. Autrement dit, les bénéfices non répartis **ne représentent pas l'argent disponible dans l'encaisse**. Ils sont à la société de capitaux ce que le capital est à l'entreprise individuelle ou à la société de personnes.

18

---
4. Si vous désirez en connaître davantage sur les lois fiscales et sur la comptabilisation des impôts futurs, nous vous invitons à consulter un ouvrage de fiscalité et un ouvrage de comptabilité intermédiaire.

Il n'y a rien de mystérieux en comptabilité : si l'entreprise possède des éléments d'actif, c'est qu'ils proviennent de quelque part. La société par actions peut acquérir des biens en s'endettant (passif), en émettant des actions (capital d'apport), **mais aussi en réinvestissant les ressources que génère l'exploitation de l'entreprise (bénéfices non répartis).**

Par le passé, on utilisait l'expression « surplus gagné » plutôt que « bénéfices non répartis ». Le terme « gagné » fait bien ressortir le lien avec l'exploitation de l'entreprise. Par contre, le mot « surplus » peut être mal interprété et laisser sous-entendre que l'entreprise a en sa possession des ressources dont elle n'a pas besoin et qui devraient donc être versées aux actionnaires sous forme de dividendes.

L'expression « bénéfices non répartis » présente l'avantage de bien faire ressortir le lien avec l'exploitation (bénéfices) tout en évitant de laisser sous-entendre un excédent des ressources. Les mots « non répartis » indiquent clairement qu'au moins une partie des bénéfices générés par l'exploitation de la société n'a pas été distribuée aux actionnaires.

En résumé, présenter les bénéfices non répartis comme une composante des capitaux propres au bilan de la société par actions **permet de bien distinguer les capitaux reçus à titre d'apport des capitaux générés par l'exploitation elle-même.**

Les éléments caractérisant l'évolution des bénéfices non répartis

Comme nous l'avons mentionné, les bénéfices non répartis sont principalement constitués des bénéfices nets (pertes nettes) que génère l'exploitation de la société et qui n'ont pas été répartis entre les actionnaires sous forme de dividendes.

Lorsque la perte nette d'une période excède le solde des bénéfices non répartis au début de cette même période, le solde passe d'un état créditeur à un état débiteur. On utilise alors le terme **Déficit** plutôt que l'expression « Bénéfices non répartis » dans les états financiers.

On doit aussi retenir que, outre les bénéfices nets (pertes nettes) et les dividendes, d'autres éléments plus rares impliquent l'augmentation ou la diminution des bénéfices non répartis. Le tableau 18.1 contient un résumé des principaux éléments caractérisant l'évolution des bénéfices non répartis sous forme de compte en T.

TABLEAU 18.1 **LES ÉLÉMENTS QUI CARACTÉRISENT L'ÉVOLUTION DES BÉNÉFICES NON RÉPARTIS**

Bénéfices non répartis	
1. Perte nette	Bénéfice net
2. Dividendes en argent, en nature ou en actions	
3. Correction d'une erreur ayant eu pour effet de surévaluer le bénéfice d'un ou de plusieurs exercices antérieurs	Correction d'une erreur ayant eu pour effet de sous-évaluer le bénéfice d'un ou de plusieurs exercices antérieurs
4. Effet rétroactif débiteur d'un changement de méthode comptable	Effet rétroactif créditeur d'un changement de méthode comptable
5. Frais d'émission d'actions (lorsque ce traitement est retenu)	

Les éléments 1 et 2, soit le bénéfice net (perte nette) et les dividendes, sont les causes de variation les plus fréquentes des bénéfices non répartis. Les éléments 3 et 4, c'est-à-dire les corrections d'erreurs et les changements de méthode comptable, impliquent des modifications du côté des bénéfices nets (pertes nettes) des exercices antérieurs et, conséquemment, des soldes déjà établis des bénéfices non répartis du début des périodes comptables en question [5]. Quant à l'élément 5, soit les frais d'émission d'actions, nous l'avons étudié au chapitre précédent.

La présentation aux états financiers

Comme vous en savez davantage sur la nature des bénéfices non répartis et sur les éléments qui caractérisent leur évolution, examinons maintenant les principales exigences en matière de présentation des bénéfices non répartis dans les états financiers.

La présentation au bilan

En vertu des recommandations du *Manuel de CPA Canada,* on doit établir une distinction entre les capitaux reçus à titre d'apport et les capitaux produits par l'exploitation elle-même. Dans les états financiers, on doit donc bien distinguer les composantes principales des capitaux propres, soit le capital-actions, le surplus d'apport, les bénéfices non répartis et les réserves. En pratique, on répond à cette exigence en présentant ces composantes de façon distincte dans le corps même du bilan.

La présentation de l'état des bénéfices non répartis

Conformément aux recommandations du *Manuel de CPA Canada,* les états financiers doivent faire voir les variations des capitaux propres. En règle générale, les sociétés présentent à cette fin un **état des bénéfices non répartis.** À titre d'exemple, voici celui de Fabric métal inc. pour l'exercice terminé le 31 janvier 20X4, présenté sur une base comparative.

	20X4	20X3
FABRIC MÉTAL INC. *Bénéfices non répartis* *pour l'exercice terminé le 31 janvier 20X4*		
Solde au début de l'exercice	143 600 $	90 400 $
Bénéfice net	78 400	81 600
	222 000	172 000
Moins : Dividendes	(28 400)	(28 400)
Solde à la fin de l'exercice	193 600 $	143 600 $

LES DIVIDENDES

Comme nous l'avons vu, les **dividendes** constituent la cause la plus fréquente de diminution des bénéfices non répartis. Ils représentent la forme habituelle sous laquelle la société par actions distribue aux actionnaires les bénéfices nets que génère l'exploitation.

La déclaration et le paiement des dividendes impliquent une diminution des bénéfices non répartis, donc une diminution des capitaux propres de la société par actions. Comme le versement des dividendes comporte la plupart du temps un transfert de ressources (actif) de la société aux actionnaires, l'actif de la société diminue aussi. Par abus de langage, on affirme parfois que les dividendes sont versés à même les bénéfices non répartis, laissant ainsi faussement sous-entendre que les bénéfices non répartis sont des ressources (actif) que la société peut distribuer.

Comme les dividendes représentent une forme de distribution des bénéfices nets, il est important de ne pas les confondre avec les charges qui sont liées à l'exploitation de l'entreprise et qui, par conséquent, doivent être retranchées des produits pour déterminer le bénéfice net dans l'état des résultats.

5. Ces sujets débordent le cadre de cet ouvrage, mais sont abordés dans l'ouvrage *Comptabilité intermédiaire – Analyse théorique et pratique,* 6ᵉ édition, Montréal, Chenelière Éducation, 2013.

Les dividendes ne sont pas déductibles des impôts de la société par actions. Ils sont toutefois imposables pour les actionnaires, d'où la **double imposition** dont il a été question au chapitre précédent, dans la section portant sur les avantages et les inconvénients des sociétés par actions.

Les raisons justifiant une déclaration de dividendes

Bien que la société par actions ne soit jamais tenue de déclarer des dividendes, les raisons justifiant une déclaration de dividendes sont multiples. Certains facteurs comme la maturité de la société par actions et le type de société doivent être pris en compte afin de déterminer s'il est souhaitable de verser des dividendes.

La maturité de la société par actions

Lorsque la société par actions débute dans les affaires, on préfère parfois ne pas verser de dividendes de manière à réinvestir toutes les ressources que génère l'exploitation pour ainsi pouvoir combler les besoins de fonds importants en période de croissance.

Compte tenu de ce qui précède, les actionnaires d'une nouvelle société acceptent souvent d'être privés de dividendes durant les premières années, dans l'espoir d'en recevoir plus tard et de voir croître la valeur de leurs actions. Croyez-vous que les actionnaires d'Apple ont souffert de la décision du géant américain de ne pas verser de dividendes en argent de 1996 à 2012, période pendant laquelle la société a connu une croissance fulgurante ?

Apple – Relations avec les investisseurs

Les divers types de sociétés par actions

La décision de déclarer des dividendes repose sur plusieurs facteurs, selon qu'on est en présence d'une société par actions ouverte ou fermée, parce que les sociétés fermées sont détenues par un nombre restreint d'actionnaires, contrairement aux sociétés ouvertes dont les actions se négocient la plupart du temps sur les marchés boursiers.

Dans le cas des sociétés fermées, outre leur maturité, la décision de déclarer des dividendes dépend principalement des besoins de liquidités des actionnaires et de considérations fiscales. Comme nous l'avons mentionné au chapitre précédent, il est possible de maximiser la position fiscale d'un actionnaire en déterminant convenablement la proportion des sommes qu'il a reçues de la société sous forme de salaire et de dividendes.

Dans le cas des sociétés ouvertes, outre la maturité de la société, la décision de déclarer des dividendes dépend principalement de l'effet de la déclaration sur le prix des actions tel qu'il est déterminé par le marché. Comme le marché s'attend à ce que la société verse un certain montant de dividendes, les sociétés ouvertes ont tendance à se munir de ce qu'on appelle une « politique de dividende ».

Par sa **politique de dividende**, la société détermine sa ligne de conduite par rapport à la déclaration des dividendes. Plus précisément, elle détermine : 1) si elle verse des dividendes ; 2) le montant à verser dans le cas des actions ordinaires, car ce montant n'est pas déjà établi dans les statuts constitutifs comme c'est le cas pour les actions privilégiées ; et 3) les balises nécessaires pour prendre la décision de majorer ou de réduire le montant des dividendes.

En général, les sociétés ouvertes fixent un montant de dividendes qu'elles prévoient pouvoir continuer à verser à l'avenir, même dans l'éventualité de problèmes passagers. Sinon, le marché interpréterait à juste titre une réduction de dividendes comme une nouvelle négative au sujet de la société et, dès lors, réévaluerait à la baisse le cours de ses actions. Pensons notamment à Groupe Sportscene qui a réduit de moitié son dividende de 2012, entraînant ainsi un impact significatif en Bourse. Pendant ce temps, le dividende annuel versé par action par la Compagnie Pétrolière Impériale Ltée (ESSO) a augmenté en 2012 pour la 18e année consécutive.

Esso L'Impériale – Relations avec les investisseurs

18

Les conditions à respecter relativement à la déclaration des dividendes

Même si, à la lumière des facteurs évoqués précédemment, le conseil d'administration conclut qu'il est souhaitable que des dividendes soient déclarés, certaines conditions doivent être respectées pour aller de l'avant. Ces conditions sont de nature économique et juridique. Pour illustrer le respect de celles-ci, voici le bilan condensé de la société Brocan ltée au 31 décembre 20X4 :

BROCAN LTÉE Bilan condensé au 31 décembre 20X4			
Encaisse	70 000 $	Passif à court terme	60 000 $
Immobilisations corporelles	210 000	Capital-actions	90 000
		Surplus d'apport	20 000
		Bénéfices non répartis	110 000
	280 000 $		280 000 $

Les conditions de nature économique

Pour pouvoir déclarer un dividende, la société doit détenir les éléments d'actif qu'elle veut distribuer à ses actionnaires. Si Brocan ltée veut déclarer des **dividendes en argent**, elle ne peut verser un montant supérieur à 70 000 $.

Pour verser un montant supplémentaire, la société pourrait toujours vendre d'autres éléments d'actif ou obtenir un emprunt. Elle devrait alors s'assurer de ne pas se défaire d'éléments d'actif indispensables à son exploitation et de demeurer solvable, c'est-à-dire d'être capable de rembourser le capital et de payer les intérêts quand ses dettes viendront à échéance.

En plus de détenir les éléments d'actif qu'elle veut distribuer sous forme de dividendes, la société doit s'assurer qu'elle n'en a pas besoin pour son exploitation ou pour rembourser ses dettes. Même si l'encaisse de Brocan ltée est de 70 000 $, elle aura besoin de 60 000 $ au cours de la prochaine année pour rembourser ses dettes à court terme. Dans les faits, la société ne dispose donc que de 10 000 $ (70 000 $ − 60 000 $) pour le versement éventuel de dividendes.

Enfin, avant de distribuer un élément d'actif sous forme de dividendes, la société doit faire des prévisions pour évaluer si elle aura besoin de l'élément en question à l'avenir. Même si le bilan de la société Brocan ltée montre un montant d'encaisse excédentaire au passif à court terme de 10 000 $, avant de le verser à ses actionnaires, elle doit s'assurer qu'elle n'aura pas besoin du montant en question ultérieurement pour acheter une pièce d'équipement ou pour faire un débours prévu ou imprévu.

18

AVEZ-VOUS LE SENS DE L'OBSERVATION ?

Pour déclarer des dividendes en argent, il faut disposer de liquidités dont la société n'a pas besoin pour son exploitation immédiate. Il est cependant important de mentionner que l'absence de liquidités excédentaires ne signifie pas que la société ne peut pas déclarer de dividendes. Certes, elle ne peut verser de dividendes en argent, mais elle peut verser des dividendes en nature ou en actions. Nous y reviendrons un peu plus loin.

Les conditions de nature juridique ou contractuelle

Les conditions de nature juridique émanent de deux sources principales : 1) la loi constitutive de la société ; et 2) les ententes conclues avec ses créanciers.

La loi constitutive de la société Comme nous l'avons vu au chapitre précédent, la société par actions doit respecter la loi en vertu de laquelle elle a été constituée. Tant la *Loi canadienne sur les sociétés par actions* (LCSA) que la Loi sur les sociétés par actions (LSA) [6] prévoient des **règles de maintien du capital** de manière à protéger les créanciers, compte tenu de la responsabilité limitée dévolue aux actionnaires. Rappelons que ces deux lois exigent qu'à la suite du versement de dividendes, la société ne soit pas insolvable, c'est-à-dire incapable de régler ses dettes quand elles viennent à échéance.

Les ententes conclues avec les créanciers Pour mieux se protéger, certains créanciers imposent des restrictions plus importantes que les règles de maintien du capital prévues par la loi constitutive de la société. Par exemple, un créancier peut exiger qu'aucun dividende ne soit déclaré tant que l'emprunt n'est pas remboursé. D'une manière moins restrictive, il peut requérir qu'un certain montant des bénéfices non répartis soit maintenu et qu'il ne fasse pas l'objet d'une déclaration de dividendes. Un créancier peut aussi exiger que l'ensemble des capitaux propres représente un certain pourcentage minimal de l'actif total de la société.

La résolution du conseil d'administration

Si les membres du conseil d'administration concluent qu'il est souhaitable qu'il y ait déclaration de dividendes et que la société respecte à la fois les conditions économiques et juridiques pour le faire, ils doivent alors adopter une résolution en ce sens comprenant certains renseignements comme le type de dividendes, le montant en cause pour chaque catégorie d'actions et les trois dates suivantes relatives aux dividendes : 1) la date de déclaration ; 2) la date de clôture des registres ; et 3) la date de paiement.

La **date de déclaration** coïncide avec la date à laquelle la résolution est adoptée par le conseil d'administration, lequel s'engage alors formellement à verser un dividende. Après avoir déclaré un dividende et l'avoir annoncé aux actionnaires, les administrateurs ne peuvent rescinder la décision prise. Par conséquent, cette date est importante, car la société a contracté une dette envers ses actionnaires.

La **date de clôture des registres** mentionnée dans la résolution de déclaration du dividende se situe habituellement deux semaines après la date de déclaration et sert à déterminer les personnes auxquelles le dividende sera versé. Pendant cette période, l'agent de transfert doit terminer tous les transferts d'actions en cours. Contrairement aux intérêts, les dividendes ne sont pas courus ; ils sont versés aux actionnaires immatriculés ou inscrits à la date de clôture des registres. C'est pourquoi, de la date de déclaration à la date de clôture des registres, on dit que les actions se négocient **dividende attaché** ou **cum-dividende**, c'est-à-dire à un prix qui comprend le montant du dividende.

En revanche, après la date de clôture des registres, les actions se vendent **dividende détaché** ou **ex-dividende**, c'est-à-dire à un prix qui ne comprend pas le dividende, car celui-ci sera versé à l'actionnaire dont le nom est inscrit sur le registre des actionnaires à la date de clôture des registres, qu'il soit encore actionnaire ou non au moment (date de paiement) où la société versera le dividende. Aucune écriture n'est requise à la date de clôture des registres, puisque cette date ne sert qu'à déterminer les personnes auxquelles le dividende sera versé.

La **date de paiement** du dividende est habituellement située deux semaines après la date de clôture des registres. Cette période est nécessaire afin de permettre à l'agent de

18

(i+)

Telus – Renseignements sur le dividende

---

6. Code de déontologie des comptables professionnels agréés, L.R.Q., c. C-48.1, r. 6, art. 16 (dernière version à jour au 1er mars 2014).

transfert ou au Service de la comptabilité de dresser la liste des actionnaires inscrits, de préparer les chèques de dividende et de les expédier.

Les divers types de dividendes

Les dividendes en argent, ou dividendes en espèces, constituent la forme de dividende la plus fréquente. Il en existe toutefois d'autres types, tels que les dividendes en nature et les dividendes en actions.

Nous nous pencherons sur les divers types de dividendes tout en précisant leur raison d'être et les problèmes comptables qu'ils posent, tant à la date de déclaration qu'à la date de paiement des dividendes.

Les dividendes en argent

Les **dividendes en argent**, ou dividendes en espèces, constituent la forme de dividendes la plus fréquente. Ils supposent tout simplement la distribution d'argent aux actionnaires. L'effet net ultime d'un tel dividende est donc la diminution de l'encaisse et des bénéfices non répartis.

Comme les dividendes deviennent légalement exigibles lorsque le conseil d'administration les déclare et comme les dividendes en argent comportent l'engagement de céder un élément d'actif de la société, à savoir l'encaisse, on doit comptabiliser un passif dès la date de déclaration des dividendes. Cette dette, appelée **Dividendes à payer**, doit figurer au passif à court terme du bilan parce qu'on la réglera au cours des prochains jours.

En contrepartie, comme nous l'avons vu, les dividendes entraînent une diminution des bénéfices non répartis. Bien qu'il soit loisible de débiter directement le compte « Bénéfices non répartis », il est souhaitable d'utiliser plutôt un compte temporaire, appelé « Dividendes en argent », suivi d'un qualificatif pour chaque catégorie d'actions.

Ces comptes temporaires sont aux sociétés par actions ce qu'est le compte temporaire « Retraits » aux entreprises individuelles et aux sociétés en nom collectif. Ces comptes temporaires permettent donc de compter sur tous les renseignements nécessaires lorsque vient le temps de préparer les états financiers, plus particulièrement l'état des bénéfices non répartis. De plus, ils permettent de faire ressortir, dans le grand livre général, le respect des privilèges dont sont assorties les catégories d'actions.

AVEZ-VOUS LE SENS DE L'OBSERVATION ?

Si l'on utilise de tels comptes, on devra les clôturer en débitant directement le compte « Bénéfices non répartis » en date de fin d'exercice.

La résolution du conseil d'administration peut spécifier le montant des dividendes en argent revenant à chaque catégorie d'actions[7], généralement en fixant un montant par action ou, si les actions ont une valeur nominale, selon un certain pourcentage de cette valeur. On doit respecter les privilèges dont sont assorties les catégories d'actions. De plus, les dividendes ne visent que les actions émises et en circulation.

Pour illustrer les écritures comptables qu'occasionnent les dividendes en argent, supposons que, le 15 décembre 20X4, le conseil d'administration de la société Bonasse ltée, dont 100 000 actions ordinaires sans valeur nominale et 10 000 actions privilégiées ayant une valeur nominale de 100 $ chacune sont émises et en circulation, déclare un dividende trimestriel de 0,75 $ l'action ordinaire et un dividende annuel de 10 % aux actionnaires privilégiés. Ces dividendes sont payables le 15 janvier 20X5 aux actionnaires immatriculés le 31 décembre 20X4.

18

---

7. La société peut déclarer un dividende global. Dans ce cas, on doit répartir le montant global entre les actionnaires selon les privilèges prévus dans les statuts constitutifs. Nous y reviendrons plus loin dans ce chapitre.

Le 15 décembre 20X4, le conseil d'administration de ces sociétés, dont 100 000 actions ordinaires sont émises et en circulation, déclare un dividende en actions ordinaires de 10 % aux actionnaires ordinaires. Ce dividende sera distribué le 15 janvier 20X5 aux actionnaires inscrits le 31 décembre 20X4. Les actions ordinaires de Valeurnaux-Minal inc. ont une valeur nominale de 10 $ l'action. La juste valeur des actions ordinaires est de 17,50 $ le 15 décembre 20X4, de 17,75 $ le 31 décembre 20X4 et de 18,00 $ le 15 janvier 20X5. De plus, le total du capital d'apport des deux sociétés est égal à 1 200 000 $.

SANVALEUR-NAUMINAL LTÉE			VALEURNAUX-MINAL INC.		
15 décembre 20X4					
Dividendes en actions déclarés	175 000		Dividendes en actions déclarés	175 000	
Dividendes en actions à distribuer		175 000	Dividendes en actions à distribuer		100 000
Déclaration d'un dividende en actions de 10 % comportant l'émission de 10 000 actions ordinaires ayant une juste valeur de 17,50 $.			Prime à l'émission d'actions ordinaires		75 000
			Déclaration d'un dividende en actions de 10 % comportant l'émission de 10 000 actions ordinaires ayant une juste valeur de 17,50 $.		
31 décembre 20X4					
Aucune écriture n'est nécessaire à la date de clôture des registres.			Aucune écriture n'est nécessaire à la date de clôture des registres.		
15 janvier 20X5					
Dividendes en actions à distribuer	175 000		Dividendes en actions à distribuer	100 000	
Actions ordinaires		175 000	Actions ordinaires		100 000
Émission de 10 000 actions ordinaires à la suite de la distribution du dividende en actions.			Émission de 10 000 actions ordinaires à la suite de la distribution du dividende en actions.		

AVEZ-VOUS LE SENS DE L'OBSERVATION ?

La juste valeur des actions ordinaires au 31 décembre 20X4 et au 15 janvier 20X5 n'est pas pertinente, car seul le cours de l'action à la date de la déclaration du dividende importe.

Le tableau 18.2 établit une comparaison entre les écritures comptables auxquelles chaque type de dividendes donne lieu aux dates de déclaration, de clôture des registres et de paiement des dividendes. Rappelons que, à la date de clôture des registres, il n'y a aucune écriture à passer, car cette date ne sert qu'à déterminer les actionnaires auxquels les dividendes seront distribués. À titre de complément d'information, nous présentons aussi les écritures de clôture.

TABLEAU 18.2 | **UNE SYNTHÈSE DES ÉCRITURES RELATIVES AUX DIVERS TYPES DE DIVIDENDES**

Date	Dividendes en argent	Dividendes en nature	Dividendes en actions

Déclaration	Dividendes en argent déclarés (B.N.R.) X
	    Dividendes à payer X
		Dividendes en nature déclarés (B.N.R.) X
		    Dividendes en nature à payer X
		 ET
		 Placements à long terme X
		    Gain découlant de la variation de la juste valeur des placements X
			Dividendes en actions déclarés (B.N.R.) X
			    Dividendes en actions à distribuer X
			    Prime à l'émission d'actions ordinaires X

Clôture des registres	Aucune écriture	Aucune écriture	Aucune écriture

Paiement	Dividendes à payer X
	    Banque X
		Dividendes en nature à payer X
		    Placements à long terme X
			Dividendes en actions à distribuer X
			    Actions ordinaires X

Clôture en fin d'exercice	B.N.R. X
	    Dividendes en argent déclarés X
		B.N.R. X
		    Dividendes en nature déclarés X
			B.N.R. X
			    Dividendes en actions déclarés X

AVEZ-VOUS LE SENS DE L'OBSERVATION ?

Tous les types de dividendes, sauf les dividendes en actions, ont pour effet net la diminution de l'actif et des capitaux propres. Les dividendes en actions n'impliquent qu'un transfert à l'intérieur des comptes de capitaux propres, soit des bénéfices non répartis au capital d'apport (capital-actions et surplus d'apport). Notons que tous les types de dividendes entraînent une diminution des bénéfices non répartis.

Le fractionnement d'actions

Le **fractionnement d'actions** ne constitue pas un type de dividendes même si, comme le dividende en actions, on distribue aux actionnaires de nouvelles actions en proportion du nombre d'actions qu'ils détiennent déjà. Le but premier du fractionnement est d'accroître la négociabilité d'une action et de réduire par la même occasion sa juste valeur sur le marché boursier. Par ricochet, il est aussi plus facile pour la société d'émettre de nouvelles actions à un prix plus abordable. La réduction de la juste valeur de l'action est à peu près inversement proportionnelle à l'importance du fractionnement. À trois reprises depuis 1992, le Groupe Jean Coutu (PJC) inc. a procédé à un fractionnement d'actions de l'ordre de 2 pour 1, ce qui a rendu l'action plus abordable.

Eu égard à l'effet produit sur les états financiers, notons que le fractionnement d'actions ne modifie ni le total des capitaux propres, ni chacune de ses composantes, à savoir le capital-actions, le surplus d'apport et les bénéfices non répartis. Le seul changement résulte de l'augmentation du nombre d'actions et de la diminution proportionnelle de la valeur de chaque action, soit la valeur nominale des actions qui en comportent une.

Le Groupe Jean Coutu (PJC) inc. – Relations avec les investisseurs

18

Pour illustrer les propos précédents, voici, présentées en parallèle, les sections des capitaux propres des bilans des sociétés Sanvaleur-Nauminal ltée et Valeurnaux-Minal inc. avant et après un fractionnement de l'ordre de 4 pour 1 des 100 000 actions ordinaires (émises à 12 $).

SANVALEUR-NAUMINAL LTÉE Bilan partiel au 31 décembre 20X4		VALEURNAUX-MINAL INC. Bilan partiel au 31 décembre 20X4	
Avant le fractionnement			
Capitaux propres		*Capitaux propres*	
Actions ordinaires sans valeur nominale		*Actions ordinaires d'une valeur nominale de 10 $ chacune*	
Nombre d'actions émises et en circulation, 100 000	*1 200 000 $*	*Nombre d'actions émises et en circulation, 100 000*	*1 000 000 $*
		Surplus d'apport – Prime à l'émission d'actions ordinaires	*200 000*
Bénéfices non répartis	*525 000*	*Bénéfices non répartis*	*525 000*
Total des capitaux propres	*1 725 000 $*	*Total des capitaux propres*	*1 725 000 $*
Après le fractionnement			
Capitaux propres		*Capitaux propres*	
Actions ordinaires sans valeur nominale		*Actions ordinaires d'une valeur nominale de 2,50 $ chacune*	
Nombre d'actions émises et en circulation, 400 000	*1 200 000 $*	*Nombre d'actions émises et en circulation, 400 000*	*1 000 000 $*
		Surplus d'apport – Prime à l'émission d'actions ordinaires	*200 000*
Bénéfices non répartis	*525 000*	*Bénéfices non répartis*	*525 000*
Total des capitaux propres	*1 725 000 $*	*Total des capitaux propres*	*1 725 000 $*

Note : *La valeur attribuée à chaque action ordinaire est passée de 12 $ à 3 $ à la suite du fractionnement.*

Note : *La valeur nominale est passée de 10 $ à 2,50 $ à la suite du fractionnement.*

AVEZ-VOUS LE SENS DE L'OBSERVATION ?

Notez que le montant total figurant dans chaque compte des capitaux propres demeure inchangé. **Aucune écriture comptable n'est requise au moment d'effectuer un fractionnement d'actions,** puisqu'il est possible de noter directement dans le compte de capital-actions du grand livre le changement apporté au nombre d'actions et à la valeur nominale, s'il y a lieu.

Les sociétés par actions peuvent aussi effectuer un **regroupement d'actions**, soit l'inverse d'un fractionnement. En effet, le regroupement d'actions entraîne la diminution du nombre d'actions en circulation qui, d'ordinaire, est accompagnée d'une augmentation proportionnelle de la juste valeur des actions. Si les actions comportent une valeur nominale, cette dernière augmente de façon proportionnelle à l'augmentation du nombre d'actions en circulation. Le regroupement d'actions ne requiert pas non plus d'écriture comptable.

Pour mieux comprendre les dividendes en actions et les fractionnements d'actions, le tableau 18.3 établit une comparaison entre ces deux types d'opérations.

L'incidence sur les titres convertibles

Comme nous l'avons vu au chapitre précédent, certaines catégories d'actions privilégiées sont assorties d'un privilège de conversion en actions ordinaires, selon un **ratio de conversion** prévu dans les statuts constitutifs. Certains titres de dettes sont aussi assortis d'un tel privilège selon un ratio prédéterminé. En quoi le fractionnement d'actions

| TABLEAU 18.3 | | UNE COMPARAISON ENTRE LES DIVIDENDES EN ACTIONS ET LES FRACTIONNEMENTS D'ACTIONS | |

Différences ou ressemblances	Élément de comparaison	Dividendes en actions	Fractionnement d'actions
Différences	1. Objectif principal de l'opération	Fournir un signal aux actionnaires	Faciliter le transfert des actions
	2. Nécessité d'écritures comptables	Oui	Non
	3. Modification des composantes des capitaux propres	Oui (virement des bénéfices non répartis au capital d'apport)	Non
	4. Effet sur la valeur nominale des actions	Aucun	Diminution
Ressemblances	5. Nombre d'actions émises en circulation	Augmentation	Augmentation
	6. Modification du total des capitaux propres	Non	Non

ordinaires et le dividende en actions ordinaires peuvent-ils avoir une incidence sur les actions privilégiées et sur les autres titres convertibles, plus particulièrement sur le privilège de conversion en actions ordinaires ?

Le fractionnement d'actions ordinaires et le dividende en actions ordinaires ont pour effet d'accroître le nombre d'actions ordinaires en circulation et, par conséquent, d'entraîner la diminution du prix unitaire des actions ordinaires. C'est dire que la valeur totale des actions ordinaires reçues à la suite de la conversion des titres convertibles selon le ratio initialement prévu est inférieure à la valeur totale des actions ordinaires qui auraient pu être obtenues avant un fractionnement d'actions ou un dividende en actions. Ces opérations rendent donc moins intéressant l'exercice du privilège de conversion selon le ratio prévu initialement.

Cependant, il existe un mécanisme, appelé **clause antidilution**, dont peuvent être assortis les titres convertibles de manière à protéger la valeur du privilège de conversion en actions ordinaires. Cette clause, comme son nom l'indique, permet de contrer l'effet de dilution des fractionnements d'actions et des dividendes en actions (*voir la figure 18.1 à la page suivante*). Au moyen du redressement du ratio de conversion prévu initialement, cette clause compense l'augmentation du nombre d'actions ordinaires émises et en circulation en autorisant l'obtention d'un nombre supplémentaire et proportionnel d'actions ordinaires.

Sur le plan comptable, la présence d'une clause antidilution ne requiert évidemment aucune écriture. Toutefois, au moment du fractionnement d'actions ou de la distribution d'un dividende en actions, on doit noter et présenter aux états financiers le nouveau ratio de conversion que permet la clause antidilution.

La répartition des dividendes entre les diverses catégories d'actions

Après avoir déterminé le montant global des dividendes à verser, on doit le partager entre les différentes catégories d'actions de manière à respecter les privilèges dont chacune est assortie.

Parmi les privilèges étudiés au chapitre précédent, seuls les trois premiers ont un effet direct sur l'attribution des dividendes entre les catégories d'actions, à savoir : 1) le privilège de dividende cumulatif ; 2) le privilège de priorité au moment de la distribution des dividendes ; et 3) le privilège de participation. En regard du troisième privilège, rappelons que les actions peuvent être entièrement ou partiellement participantes.

»

	Débit	Crédit
Intérêts et frais bancaires	30	
Intérêts sur effet à payer	270	
Produits d'intérêts sur placements à court terme		240
Perte relative à une grève dans une succursale	540	
Impôts exigibles sur le bénéfice	3 530	
Activités abandonnées – Perte d'exploitation	600	
Activités abandonnées – Perte découlant de l'abandon		
des activités	900	
Perte ayant résulté d'une tornade	300	
	114 170 $	114 170 $

Autre renseignement

Les résultats afférents aux activités abandonnées sont comptabilisés nets des impôts de 40 %.

TRAVAIL À FAIRE

Établissez les états financiers (résultats, bénéfices non répartis et bilan) de la société pour l'exercice terminé le 31 décembre 20X4. Vous ne devez toutefois pas rédiger les notes afférentes aux états financiers. Prenez soin de fournir tous vos calculs.

SOLUTION DU PROBLÈME TYPE

QUINCAILLERIE LAQUERRE INC.
Résultats
pour l'exercice terminé le 31 décembre 20X4
(en milliers de dollars)

Chiffre d'affaires			77 350 $
Coût des ventes			
Stock de marchandises au début		7 750 $	
Achats		48 925	
Coût des marchandises destinées à la vente		56 675	
Moins : Stock de marchandises à la fin		8 950	
Coût des ventes			47 725
Marge bénéficiaire brute			29 625
Frais d'exploitation			
Frais de vente			
Salaires des vendeurs	8 200 $		
Loyer – Service des ventes	4 800		
Publicité	1 325		
Transport sur ventes	1 350		
Amortissement – Matériel de magasin	775		
Total des frais de vente		16 450	
Frais d'administration			
Salaires du personnel administratif	2 500		
Dépréciation des comptes clients	300		
Frais divers d'administration	190		
Loyer – Administration générale	600		
Amortissement – Matériel de bureau	160		
Total des frais d'administration		3 750	

18

Frais financiers			
Intérêts et frais bancaires	30		
Intérêts sur effet à payer	270		
Total des frais financiers		300	
Total des frais d'exploitation			20 500
Bénéfice d'exploitation			9 125
Autres résultats			
Produits d'intérêts sur placements à court terme		240	
Perte relative à une grève dans une succursale		(540)	
Perte ayant résulté d'une tornade		(300)	
Total des autres résultats			(600)
Bénéfice avant impôts			8 525
Impôts sur le bénéfice			3 530
Bénéfice sur activités maintenues			4 995
Activités abandonnées			
Perte d'exploitation, nette d'une économie d'impôts de 400 $		600	
Perte découlant de l'abandon des activités, nette d'une économie d'impôts de 600 $		900	
Résultats afférents aux activités abandonnées			1 500
Bénéfice net			3 495 $

QUINCAILLERIE LAQUERRE INC.
Bénéfices non répartis non affectés
pour l'exercice terminé le 31 décembre 20X4
(en milliers de dollars)

Solde au début de l'exercice		8 545 $
Bénéfice net de l'exercice		3 495
		12 040
Dividendes		
Dividendes en numéraire déclarés aux actionnaires ordinaires	1 600 $	
Dividendes en numéraire déclarés aux actionnaires privilégiés	220	
Dividendes en actions déclarés aux actionnaires ordinaires	800	
Total des dividendes déclarés		2 620
Solde à la fin de l'exercice		9 420 $

QUINCAILLERIE LAQUERRE INC.
Bilan
au 31 décembre 20X4
(en milliers de dollars)

Actif			
Actif à court terme			
Encaisse			2 400 $
Placements à court terme			4 000
Clients			3 300
Stock de marchandises			8 950
Charges payées d'avance			355
Total de l'actif à court terme			19 005
Immobilisations corporelles			
Matériel de magasin	7 910 $		
Moins : Amortissement cumulé	(3 975)	3 935 $	
Matériel de bureau	1 590		
Moins : Amortissement cumulé	(410)	1 180	
Total des immobilisations corporelles			5 115
Total de l'actif			24 120 $

»

»

Passif et capitaux propres

Passif à court terme			
Fournisseurs			1 700 $
Impôts sur le bénéfice à payer			600
Dividendes à payer			400
Total du passif à court terme			2 700
Passif à long terme			
Effet à payer			3 000
Total du passif			5 700
Capitaux propres			
Capital-actions			
Actions ordinaires		2 000 $	
Dividendes en actions ordinaires à distribuer		100	
Actions privilégiées		2 200	4 300 $
Surplus d'apport			1 700
Total du capital d'apport			6 000
Bénéfices non répartis			
Affectés au remboursement de l'effet à payer	3 000 $		
Non affectés	9 420		
Total des bénéfices non répartis		12 420	
Total des capitaux propres			18 420
Total du passif et des capitaux propres			24 120 $

QUESTIONS DE RÉVISION ⓘ Solutionnaire

1. Quels éléments doit-on prendre en compte pour pouvoir porter un jugement sur la rentabilité et le rendement sur le capital investi d'une entreprise ?

2. Pourquoi doit-on présenter l'état des résultats de façon comparative en reproduisant les chiffres correspondants de l'exercice précédent ?

3. Comment doit-on présenter les éléments non fréquents ou non typiques des activités normales d'une entreprise qui prennent des proportions exceptionnelles ?

4. Nommez trois conditions qui permettent de s'assurer que l'on est bien en présence d'une activité abandonnée.

5. Pourquoi est-il important d'isoler les résultats afférents aux activités abandonnées dans l'état des résultats ?

6. Une société par actions à capital fermé peut choisir entre deux méthodes pour comptabiliser sa charge d'impôts sur le bénéfice. Nommez ces méthodes et décrivez-les brièvement.

7. De quoi sont essentiellement constitués les bénéfices non répartis du bilan des sociétés par actions ?

8. Une société par actions peut-elle utiliser ses bénéfices non répartis pour son exploitation, pour rembourser ses dettes ou pour verser des dividendes ?

9. Quels facteurs les membres du conseil d'administration doivent-ils prendre en considération relativement à la déclaration d'un dividende ?

10. Quels renseignements doit contenir la résolution du conseil d'administration visant la déclaration de dividendes ?

11. Outre les dividendes en argent, quels autres types de dividendes une société par actions peut-elle déclarer ?

12. En règle générale, à quelle valeur doit-on comptabiliser tous les dividendes déclarés ?

13. À la date de déclaration d'un dividende en nature, comment doit-on considérer l'écart entre la juste valeur des éléments d'actif faisant l'objet du dividende et leur valeur comptable ?

14. Comme les dividendes en actions ne comportent pas de distribution de ressources, pourquoi les sociétés en déclarent-elles ? Quels avantages les actionnaires en tirent-ils ?

15. Comment un dividende en actions déclaré mais non encore distribué doit-il être présenté au bilan ? Pourquoi ?

16. Quelles ressemblances y a-t-il entre un dividende en actions et un fractionnement d'actions ?

17. Quelle est l'incidence d'un dividende en actions ou d'un fractionnement sur les titres convertibles ?

18. Est-il pertinent de créer une réserve au moyen d'une affectation des bénéfices non répartis ? Expliquez votre point de vue brièvement.

19. Les capitaux propres sont-ils répartis de manière égale entre tous les actionnaires d'une société par actions ?

18

EXERCICES

E1 Terminologie comptable

Voici une liste de neuf termes et expressions comptables présentés dans ce chapitre :

- Bénéfice sur activités maintenues
- Méthode des impôts futurs
- Éléments non fréquents ou non typiques des activités normales
- Règle de maintien du capital

- Résultats afférents aux activités abandonnées
- Dividende attaché
- Dividende en actions
- Valeur comptable d'une action
- Fractionnement d'actions

Chacun des énoncés suivants peut servir (ou non) à décrire un de ces termes comptables. Pour chacun des énoncés, dites à quel terme comptable il correspond ou indiquez « aucun » s'il ne correspond à aucun d'entre eux.

a) Des gains ou des pertes qui ne sont pas susceptibles de se répéter fréquemment au cours des prochains exercices ou qui ne sont pas typiques des activités normales de l'entité.

b) Un dividende payé sous forme d'actions de la société qui le déclare.

c) Une méthode qui exige de tenir uniquement compte des impôts exigibles.

d) Le résultat net qui est reporté de l'état des résultats à l'état des bénéfices non répartis.

e) Une exigence légale à l'effet qu'une société ne peut déclarer de dividendes qui auraient pour effet de la rendre insolvable.

f) L'expression utilisée pour décrire le prix payé pour une action ordinaire de la date de déclaration d'un dividende à la date de clôture des registres.

g) Les résultats découlant d'une activité dont l'entreprise a cessé l'exploitation.

h) Une opération visant à accroître la négociabilité d'une action.

i) Le quotient du total des capitaux propres par le nombre d'actions émises et en circulation.

E2 Vrai ou faux

Dites si chacun des énoncés suivants est vrai ou faux. Dans ce dernier cas, précisez pourquoi.

a) Dès qu'une société par actions comptant plusieurs succursales ferme l'une d'entre elles, elle doit présenter distinctement les résultats afférents à cette succursale, nets des impôts s'y rapportant, après le bénéfice sur les activités maintenues.

b) Une perte relative à une sécheresse non susceptible de se répéter de façon cyclique doit faire l'objet d'un poste distinct dans les résultats.

c) La plupart du temps, les sociétés par actions présentent un état des capitaux propres pour en illustrer la variation au cours d'une période comptable.

d) On doit comptabiliser un dividende en nature à la juste valeur, à la date de déclaration, des biens qui seront cédés.

e) Tous les types de dividendes entraînent une diminution des bénéfices non répartis.

f) Dès la date de déclaration d'un dividende en actions, on doit comptabiliser l'excédent de la juste valeur des actions à cette date par rapport à la valeur nominale des actions à titre de « Prime à l'émission d'actions ».

g) Tout comme c'est le cas d'un fractionnement d'actions, un dividende en actions comporte une augmentation du nombre d'actions en circulation et une diminution de la valeur nominale des actions.

E3 Les résultats afférents aux activités abandonnées

Les opérations de la société Abran ltée pour l'exercice terminé le 31 décembre 20X5 se résument comme suit :

18

	Activités maintenues	Activités abandonnées
Produits d'exploitation	4 800 000 $	970 000 $
Charges d'exploitation	4 000 000	1 098 000
Impôts sur le bénéfice	300 000	(48 000)
Perte découlant de l'abandon des activités, nette d'une économie d'impôts de 87 000 $		145 000

Dressez un état partiel des résultats pour l'exercice terminé le 31 décembre 20X5.

E4 ## La relation entre les éléments des états financiers

Calculez les soldes associés aux lettres dans le tableau suivant :

	20X6	20X7	20X8
Actif	71 000 $	h)	95 140 $
Passif	d)	45 910 $	37 540
Capitaux propres	c)	43 240	l)
Capital d'apport	20 000	g)	25 000
Bénéfices non répartis au début	16 200	18 500	j)
Dividendes	6 000	4 300	5 000
Bénéfice net de l'exercice	a)	9 040	14 360
Bénéfices non répartis à la fin	b)	f)	k)
Produits d'exploitation	21 500	20 815	i)
Charges d'exploitation	11 125	9 515	9 610
Impôts sur le bénéfice	2 075	e)	3 590

E5 ## L'analyse du dividende maximal potentiel

Un peu avant son assemblée annuelle, la société Koman ltée a fait parvenir le bilan suivant aux actionnaires :

KOMAN LTÉE
Bilan condensé
au 31 janvier 20X5

Encaisse	60 000 $	Passif à court terme	90 000 $
Autres éléments à court terme	75 000	Passif à long terme	225 000
Immobilisations corporelles	712 500	Capital-actions	375 000
Autres actifs	52 500	Surplus d'apport	60 000
		Bénéfices non répartis	150 000
	900 000 $		900 000 $

Les membres du conseil d'administration veulent connaître votre avis sur la possibilité de déclarer un dividende en argent. Avant de vous prononcer, effectuez le travail suivant :

a) Calculez le montant maximal pouvant être versé sous forme de dividendes en février 20X5. Justifiez votre réponse.

b) Selon votre analyse du bilan de la société, quel montant de dividende recommanderiez-vous ? Justifiez votre réponse.

c) Supposons que, le 28 février 20X5, la société déclare un dividende de 22 500 $ payable le 31 mars aux actionnaires inscrits le 15 mars. Présentez les écritures requises en indiquant les dates de passation.

E6 Les dividendes en argent

Les comptes suivants sont extraits de la balance de vérification de la société Mérère ltée au 31 décembre 20X4:

Actions privilégiées (10 000 actions émises et en circulation ayant une valeur nominale de 100 $ chacune et comportant un dividende de 8 %)	*1 000 000 $*
Actions ordinaires (61 500 actions émises ayant une valeur nominale de 5 $ chacune)	*307 500*
Surplus d'apport – Prime à l'émission d'actions privilégiées	*250 000*
Surplus d'apport – Prime à l'émission d'actions ordinaires	*310 500*
Bénéfices non répartis	*700 000*

Les opérations suivantes ont eu lieu en 20X5:

28 février   Déclaration du dividende annuel aux détenteurs d'actions privilégiées, payable le 31 mars aux actionnaires inscrits le 15 mars.

31 mars   Versement du dividende déclaré le 28 février.

30 juin   Déclaration d'un dividende en argent de 4 $ l'action aux détenteurs d'actions ordinaires. Le dividende sera versé le 31 juillet aux actionnaires inscrits le 15 juillet.

31 juillet   Versement du dividende déclaré le 30 juin.

31 décembre   Clôture du bénéfice net de l'exercice de 435 000 $ et des comptes de dividendes déclarés.

Passez les écritures de journal requises pour comptabiliser chacune de ces opérations et établissez l'état des bénéfices non répartis de la société pour l'exercice terminé le 31 décembre 20X5.

E7 Un dividende en nature

La société Nature ltée possède 50 000 actions ordinaires de la société Distribuable inc., société dont les actions se négocient en Bourse. Le 31 décembre 20X4, alors que le solde du compte Placement en actions de Distribuable inc. est de 800 000 $, la société Nature ltée déclare ces 50 000 actions en dividende à ses actionnaires. Ce dividende en nature est payable le 31 janvier 20X5 aux actionnaires immatriculés le 15 janvier 20X5. Le cours de l'action ordinaire de Distribuable inc. était de 20 $ le 31 décembre 20X4.

Enregistrez les effets de ces opérations dans les livres comptables de la société Nature ltée.

E8 Les dividendes en actions

Le capital-actions de la société Sion ltée comprend 500 000 actions ordinaires en circulation. Au cours de l'exercice terminé le 31 décembre 20X5, la société a procédé aux opérations suivantes relativement à un dividende en actions:

30 septembre   Déclaration d'un dividende en actions de 10 % qui sera distribué le 31 octobre aux actionnaires inscrits le 15 octobre 20X5.

31 octobre   Émission des actions ordinaires en faveur des actionnaires ayant droit au dividende déclaré le 30 septembre 20X5.

Le cours des actions étant respectivement de 11 $ le 30 septembre, de 10,50 $ le 15 octobre et de 12 $ le 31 octobre 20X5, passez les écritures de journal requises au moment de ces opérations dans chacun des deux contextes suivants:

a) Les actions ordinaires sont sans valeur nominale.

b) Les actions ordinaires ont une valeur nominale de 5 $ l'action.

E9 Les dividendes en argent et les dividendes en actions

Le capital-actions de la société Sion II ltée comprend 100 000 actions ordinaires en circulation ayant une valeur nominale de 10 $ chacune. Au cours de l'exercice terminé le 31 décembre 20X5, la société a procédé aux opérations suivantes:

18

30 juin   Déclaration d'un dividende en argent de 5 %, payable le 31 juillet aux actionnaires inscrits le 15 juillet 20X5.

31 juillet   Paiement du dividende déclaré le 30 juin 20X5.

30 septembre   Déclaration d'un dividende en actions de 5 % qui sera distribué le 31 octobre
aux actionnaires inscrits le 15 octobre 20X5.

31 octobre   Émission des actions ordinaires en faveur des actionnaires ayant droit au
dividende déclaré le 30 septembre 20X5.

Passez les écritures de journal requises au moment de ces opérations, considérant que le cours
des actions était respectivement de 21 $ le 30 septembre, de 20,75 $ le 15 octobre, de 21,50 $
le 31 octobre et de 23 $ le 31 décembre 20X5.

E10 ## La répartition d'un dividende entre les actionnaires

Le capital-actions en circulation de la société Tission ltée est composé des éléments suivants :

Actions ordinaires sans valeur nominale. Nombre illimité d'actions autorisées.	
Nombre d'actions émises et en circulation : 50 000	*400 000 $*
Actions privilégiées d'une valeur nominale de 50 $ chacune	
et comportant un dividende de 10 %. Nombre illimité d'actions autorisées.	
Nombre d'actions émises et en circulation : 2 000	*100 000*

Le conseil d'administration ayant déclaré un dividende total de 100 000 $, déterminez la
quote-part qui revient à chaque catégorie d'actions selon chacune des hypothèses suivantes,
prises isolément :

a)   Les actions privilégiées sont à dividende non cumulatif et sont non participantes.

b)   Les actions privilégiées sont à dividende cumulatif et sont non participantes. Aucun dividende n'a été versé aux détenteurs d'actions privilégiées au cours de l'exercice courant
et des deux derniers exercices.

c)   Les actions privilégiées sont à dividende non cumulatif et sont entièrement participantes.

d)   Les actions privilégiées sont à dividende cumulatif et sont entièrement participantes. Aucun
dividende n'a été versé aux détenteurs d'actions privilégiées au cours de l'exercice courant
et de l'exercice précédent.

E11 ## Les réserves

La société Rayonnante ltée est autorisée à émettre 200 000 actions ordinaires ayant une valeur
nominale de 10 $ chacune. Les comptes suivants sont extraits de la balance de vérification au
31 décembre 20X4 :

Actions ordinaires (50 000 actions émises)	*500 000*
Surplus d'apport – Prime à l'émission d'actions ordinaires	*300 000*
Bénéfices non répartis affectés au remboursement d'un emprunt à long terme	*200 000*
Bénéfices non répartis affectés à l'acquisition d'équipement	*150 000*
Bénéfices non répartis non affectés	*350 000*

Les opérations suivantes ont eu lieu en 20X5 :

21 mars   Acquisition d'équipement en contrepartie d'une somme de 165 000 $
comptant.

21 mars   Annulation de l'affectation pour l'acquisition d'équipement.

30 juin   Affectation d'une somme de 50 000 $ pour se prémunir contre une perte
éventuelle relative à l'approvisionnement en matières premières.

1er juillet   Affectation supplémentaire d'une somme de 100 000 $ pour le remboursement
de l'emprunt à long terme.

18

21 décembre   Annulation de l'affectation pour perte éventuelle sur approvisionnement, cette dernière ayant été évitée.

31 décembre   Clôture du bénéfice net de l'exercice de 235 000 $.

Passez les écritures de journal requises pour comptabiliser chacune de ces opérations.

Établissez la section des capitaux propres du bilan de la société au 31 décembre 20X5.

Des opérations influant sur les éléments du bilan – Résumé

Indiquez l'effet de chacune des opérations suivantes, prises séparément, sur les éléments des états financiers en utilisant le symbole (+) s'il y a augmentation, (–) s'il y a diminution ou (0) s'il n'y a aucun effet. Vous pouvez présenter votre réponse sous la forme d'un tableau portant les intitulés suivants :

Opération	Actif	Passif	Capitaux propres		
			Capital-actions	Surplus d'apport	Bénéfices non répartis

a)   La déclaration d'un dividende en argent.

b)   Le paiement du dividende déclaré en a).

c)   La déclaration et le paiement d'un dividende en nature.

d)   La déclaration d'un dividende en actions, sans valeur nominale, de 5 %.

e)   Un fractionnement de l'ordre de 3 pour 1.

f)   La création d'une réserve au moyen de l'affectation d'une quote-part des bénéfices non répartis.

g)   L'annulation de l'affectation créée en f).

h)   Le don, fait à l'entreprise par un fournisseur, du montant qui lui était dû.

L'état des résultats

Voici certains renseignements tirés des registres de Ventilation Beauchemin ltée au 31 décembre 20X5 :

	Activités maintenues	Activités abandonnées
Produits d'exploitation	4 500 000 $	900 000 $
Charges d'exploitation	3 760 000	980 000
Perte résultant d'une grève	100 000	
Perte résultant d'un tremblement de terre	192 000	
Impôts sur le bénéfice	168 000	(30 000)
Perte découlant de l'abandon des activités, nette d'une économie d'impôts de 75 000 $		125 000

Dressez un état partiel des résultats pour l'exercice terminé le 31 décembre 20X5.

Bénéfice net : 105 000 $

La valeur comptable d'une action

Les capitaux propres de la société Valcon table ltée contiennent les éléments suivants :

Actions ordinaires sans valeur nominale. Nombre illimité d'actions autorisées. Nombre d'actions émises et en circulation : 100 000	*1 500 000 $*
Actions privilégiées sans valeur nominale comportant un dividende cumulatif de 8 $ l'action. Nombre illimité d'actions autorisées. Nombre d'actions émises et en circulation : 20 000	*2 100 000*
Surplus d'apport – Bien reçu à titre gratuit	*200 000*
Bénéfices non répartis	*700 000*

Pour chacune des situations suivantes, calculez la valeur comptable des actions privilégiées et des actions ordinaires :

a) Il n'y a pas de dividendes arriérés.

b) Il y a un exercice de dividendes arriérés.

c) Il n'y a pas de dividendes arriérés et les actions privilégiées sont rachetables à 110 $ l'action.

PROBLÈMES DE COMPRÉHENSION

25 minutes – facile

P1

L'établissement des états financiers

Établie depuis plusieurs années, la société privée Trans air ltée se spécialise principalement dans le domaine du transport aérien de personnes et de marchandises. Voici des renseignements, en milliers de dollars, tirés de sa balance de vérification régularisée au 31 décembre 20X5 :

	Débit	Crédit
Actif à court terme	13 125 $	
Immobilisations corporelles	74 880	
Passif à court terme		5 830 $
Effet à payer à long terme		60 000
Actions ordinaires		4 000
Prime à l'émission d'actions ordinaires		6 000
Bénéfices non répartis		13 105
Dividendes	1 200	
Produits d'exploitation		147 540
Charges d'exploitation	144 300	
Gain relatif à l'expropriation d'une ligne aérienne		6 000
Perte relative à une grève	1 240	
Impôts sur le bénéfice	3 200	
Activités abandonnées – Gain d'exploitation	2 460	
Activités abandonnées – Perte découlant de l'abandon des activités d'hébergement	6 990	
	242 475 $	242 475 $

Autre renseignement

Les résultats afférents à l'abandon des activités d'hébergement sont comptabilisés nets des impôts de 40 %.

TRAVAIL À FAIRE

Établissez les états financiers (résultats, bénéfices non répartis et bilan condensé) de la société pour l'exercice terminé le 31 décembre 20X5. Fournissez tous vos calculs.

Bénéfice net : 270 $

40 minutes – difficile

P2

L'établissement des états financiers

Établie depuis plusieurs années, la société privée Trans air II ltée gérait jusqu'à l'exercice terminé le 31 décembre 20X5 à la fois un service de lignes aériennes et un service d'hébergement dans les grands aéroports internationaux. Voici des renseignements, en milliers de dollars, tirés de sa balance de vérification régularisée au 31 décembre 20X5 et les données comparatives pour l'exercice précédent :

18

	20X5	**20X4**
Actif à court terme	*5 470 $*	*6 560 $*
Immobilisations corporelles	*38 170*	*37 440*
Passif à court terme	*3 930*	*3 415*
Effet à payer à long terme	*25 000*	*30 000*
Actions ordinaires	*2 500*	*2 000*
Prime à l'émission d'actions ordinaires	*5 500*	*3 000*
Bénéfices non répartis	*5 585*	*6 860*
Dividendes	*600*	*600*
Produits d'exploitation	*99 320*	*82 770*
Charges d'exploitation	*96 445*	*83 895*
Impôts sur le bénéfice	*?*	*?*

Autres renseignements

1. Tous les éléments relatifs aux résultats sont assujettis à un taux d'imposition de 40 %.

2. Au cours de l'exercice, la société a abandonné ses activités d'hébergement. La cession des éléments d'actif y afférents a engendré une perte de 1 770 000 $, comprise dans les charges d'exploitation.

3. Les produits et les charges d'exploitation suivants relatifs aux activités abandonnées sont compris dans le total des produits et des charges d'exploitation :

	20X5	**20X4**
Produits d'exploitation	*8 875 $*	*9 000 $*
Charges d'exploitation	*11 000*	*11 750*

4. Au cours de l'exercice, la société a subi une perte de 625 000 $ relativement à une grève des agents de bord et a réalisé un gain de 1 750 000 $ relativement à l'expropriation d'une ligne aérienne par un gouvernement étranger. Ces éléments sont compris respectivement dans les charges et les produits d'exploitation.

TRAVAIL À FAIRE

Établissez les états financiers comparatifs (résultats, bénéfices non répartis et bilan condensé) de la société pour l'exercice terminé le 31 décembre 20X5. Vous ne devez toutefois pas rédiger les notes afférentes aux états financiers. Fournissez tous vos calculs.

Bénéfices non répartis au 31 décembre 20X5 : 6 710 $

Le dividende maximal et la répartition du dividende

20 minutes – facile

L'exploitation de la société Maximum ltée a débuté en 20X1. L'entreprise a obtenu les résultats suivants au cours de ses cinq premiers exercices financiers :

20X1 – Perte nette	*(75 000) $*
20X2 – Perte nette	*(65 000)*
20X3 – Perte nette	*(60 000)*
20X4 – Bénéfice net	*125 000*
20X5 – Bénéfice net	*375 000*

Le 31 décembre 20X5, les capitaux propres de la société contiennent les éléments suivants :

Actions privilégiées de catégorie A, sans valeur nominale, non participantes et à dividende cumulatif de 6 $. Nombre d'actions autorisées, émises et en circulation : 1 000	*100 000 $*
Actions privilégiées de catégorie B, sans valeur nominale, entièrement participantes et à dividende non cumulatif de 8 $. Nombre d'actions autorisées, émises et en circulation : 10 000	*1 000 000*
Actions ordinaires, sans valeur nominale. Nombre illimité d'actions autorisées. Nombre d'actions émises et en circulation : 50 000	*500 000*

La société n'a jamais déclaré de dividende en argent ou en actions. Depuis le début de son exploitation, aucune variation n'est survenue dans ses comptes de capital-actions. En tenant pour acquis que la loi en vertu de laquelle Maximum ltée a été constituée permet la déclaration de dividendes à même les bénéfices non répartis uniquement, tant que la société demeure solvable.

TRAVAIL À FAIRE

Établissez le dividende maximal que la société pourrait distribuer le 31 décembre 20X5. Dites de quelle manière ce dividende serait réparti entre les actionnaires de chaque catégorie d'actions.

P4 ## Les dividendes en argent

15 minutes – facile

Les comptes suivants sont extraits de la balance de vérification de la société Claray ltée au 31 décembre 20X4 :

Actions privilégiées (10 000 actions émises et en circulation ayant une valeur nominale de 100 $ chacune et comportant un dividende de 8 %)	*1 000 000 $*
Actions ordinaires (61 500 actions émises ayant une valeur nominale de 5 $ chacune)	*307 500*
Surplus d'apport – Prime à l'émission d'actions privilégiées	*250 000*
Surplus d'apport – Prime à l'émission d'actions ordinaires	*310 500*
Bénéfices non répartis	*700 000*

Les opérations suivantes ont eu lieu en 20X5 :

28 février Déclaration du dividende annuel aux détenteurs d'actions privilégiées payable le 31 mars aux actionnaires inscrits le 15 mars.

31 mars Versement du dividende déclaré le 28 février.

31 décembre Déclaration d'un dividende en argent de 2 $ l'action à verser aux détenteurs d'actions ordinaires. Ce dividende sera versé le 31 janvier 20X6 aux actionnaires inscrits le 15 janvier 20X6.

31 décembre Clôture du bénéfice net de l'exercice de 435 000 $ et des comptes de dividendes déclarés.

TRAVAIL À FAIRE

a) Passez les écritures de journal requises pour inscrire les opérations décrites précédemment.

b) Établissez l'état des bénéfices non répartis de la société pour l'exercice terminé le 31 décembre 20X5.

c) Dressez la section des capitaux propres du bilan de la société au 31 décembre 20X5.

Total des capitaux propres : 2 800 000 $

P5 Un dividende en nature

Le grand livre de la société Distry ltée renferme les comptes suivants au 31 décembre 20X5 :

25 minutes – moyen

Placements en actions de Buay inc. (10 000 actions au coût)	*100 000 $*
Actions privilégiées d'une valeur nominale de 10 $ l'action, non participantes et comportant	
un dividende cumulatif de 8 %. Nombre illimité d'actions autorisées. Nombre d'actions	
émises et en circulation : 25 000	*250 000*
Actions ordinaires sans valeur nominale. Nombre illimité d'actions autorisées.	
Nombre d'actions émises et en circulation : 50 000	*390 000*
Surplus d'apport – Prime à l'émission d'actions privilégiées	*37 500*
Bénéfices non répartis	*222 500*

Distry ltée n'a pas déclaré de dividendes en 20X3 ni en 20X4. Le 31 décembre 20X5, le conseil d'administration a adopté la résolution suivante : « Les dividendes de 20X5 doivent être de 8 % pour les actionnaires privilégiés et de 1,30 $ l'action pour les actionnaires ordinaires. Les dividendes, y compris les arriérés, seront versés le 31 janvier 20X6 selon le nombre requis d'actions de la société Buay inc. » Le cours de l'action ordinaire de Buay inc. était de 25 $ le 31 décembre 20X5 et le 31 janvier 20X6.

TRAVAIL À FAIRE

a) Déterminez le nombre d'actions ordinaires de Buay inc. qui seront remises aux actionnaires ordinaires et aux actionnaires privilégiés de la société Distry ltée à titre de dividende.

b) Passez les écritures de journal requises pour inscrire la déclaration du dividende en nature le 31 décembre 20X5 et son paiement le 31 janvier 20X6.

c) Déterminez à quel montant doit figurer le solde du placement en actions de Buay inc. dans le bilan de la société Distry ltée au 31 décembre 20X5.

Placements en action de Buay inc. : 250 000 $

P6 Les dividendes et le fractionnement d'actions

25 minutes – moyen

La société Ennex ltée n'a qu'une seule catégorie d'actions. Le nombre d'actions autorisées est de 1 000 000, dont 200 000 ont été émises il y a 5 ans. Les capitaux propres au 31 décembre 20X5 ne comprenaient que les trois éléments suivants :

Capital-actions	*1 000 000 $*
Surplus d'apport – Prime à l'émission d'actions	*500 000*
Bénéfices non répartis	*960 000*

Le 1er avril 20X6, la direction a déclaré un dividende en actions de 10 % qui sera distribué le 1er mai aux actionnaires inscrits le 15 avril. Le 1er juillet 20X6, la direction a déclaré un dividende en espèces de 10 % qui sera distribué le 1er août aux actionnaires inscrits le 15 juillet. Le 1er octobre 20X6, la société a fractionné ses actions à raison de deux nouvelles actions pour une ancienne.

En 20X6, le bénéfice net s'est élevé à 1 110 000 $. Le tableau suivant contient un résumé du cours de l'action en 20X6 :

18

1er avril	*15,00 $*
15 avril	*14,50*
1er mai	*15,50*
1er juillet	*17,00*
15 juillet	*17,25*
1er août	*18,00*
1er octobre	*20,00 (avant le fractionnement)*

TRAVAIL À FAIRE

a) Calculez la valeur attribuée aux actions ordinaires en circulation au 31 décembre 20X5, de même que le prix moyen de leur émission et leur valeur comptable.

b) De combien le total des capitaux propres a-t-il augmenté ou diminué à la suite :

  1. du dividende en actions de 10 % ?

  2. du dividende en espèces ?

  3. du fractionnement d'actions ?

c) De combien les bénéfices non répartis ont-ils augmenté ou diminué à la suite :

  1. du dividende en actions de 10 % ?

  2. du dividende en espèces ?

  3. du fractionnement d'actions ?

d) Calculez la valeur attribuée aux actions ordinaires en circulation au 31 décembre 20X6 et leur valeur comptable.

P7

35 minutes – moyen

Les dividendes et le fractionnement d'actions

Au 31 décembre 20X5, les capitaux propres de la société Brac ltée sont composés des éléments suivants :

Actions privilégiées ayant une valeur nominale de 100 $ chacune, non participantes et à dividende non cumulatif de 8 %. Nombre illimité d'actions autorisées.	
Nombre d'actions émises et en circulation : 10 000	*1 000 000 $*
Actions ordinaires sans valeur nominale. Nombre illimité d'actions autorisées.	
Nombre d'actions émises et en circulation : 200 000	*2 400 000*
Surplus d'apport – Prime à l'émission d'actions privilégiées	*200 000*
Surplus d'apport – Bien reçu à titre gratuit	*250 000*
Bénéfices non répartis	*2 100 000*
Total des capitaux propres	*5 950 000 $*

18

Les membres du conseil d'administration envisagent plusieurs possibilités, dont voici le résumé :

Possibilité A

Déclaration d'un dividende en argent de 8 % aux détenteurs d'actions privilégiées et de 2 $ l'action aux détenteurs d'actions ordinaires.

Possibilité B

Déclaration d'un dividende en actions privilégiées de 10 % aux détenteurs d'actions privilégiées et d'un dividende en actions ordinaires de 10 % aux détenteurs d'actions ordinaires. L'action privilégiée se négocie actuellement à 110 $, tandis que l'action ordinaire se vend sur le marché à 27,50 $.

Possibilité C

Fractionnement des actions privilégiées et des actions ordinaires de l'ordre de 2 pour 1.

Afin de guider les administrateurs dans leur prise de décision, vous devez soumettre une analyse de ces trois possibilités. Pour chaque option, votre analyse doit contenir :

a) les écritures nécessaires pour inscrire les opérations relatives à la possibilité analysée – passez des écritures distinctes pour enregistrer la déclaration et la distribution des dividendes ;

b) la section des capitaux propres du bilan de la société si la possibilité analysée était adoptée.

P8 La répartition du dividende

45 minutes – moyen

Le capital-actions de la société Réparaction ltée est composé des éléments suivants :

Actions privilégiées sans valeur nominale, à dividende de 5 $ l'action.	
Nombre illimité d'actions autorisées. Nombre d'actions émises et en circulation : 20 000	1 000 000 $
Actions ordinaires sans valeur nominale. Nombre illimité d'actions autorisées.	
Nombre d'actions émises et en circulation : 250 000	2 500 000

Au cours des quatre premiers exercices financiers, la société a déclaré et versé les dividendes en argent suivants :

20X1	420 000 $
20X2	65 000
20X3	100 000
20X4	525 000

TRAVAIL À FAIRE

Procédez à la répartition du dividende annuel entre les deux catégories d'actions selon chacune des hypothèses suivantes :

a) Les actions privilégiées sont à dividende non cumulatif et sont non participantes.

b) Les actions privilégiées sont à dividende cumulatif et sont non participantes.

c) Les actions privilégiées sont à dividende non cumulatif et sont entièrement participantes.

d) Les actions privilégiées sont à dividende cumulatif et sont entièrement participantes.

P9 La répartition du dividende

30 minutes – moyen

Voici la section des capitaux propres de Baribeau ltée au 31 décembre 20X5 :

Actions privilégiées de catégorie A sans valeur nominale et à dividende cumulatif	
de 0,40 $ l'action. Nombre illimité d'actions autorisées. Nombre d'actions émises	
et en circulation : 100 000	550 000 $
Actions privilégiées de catégorie B d'une valeur nominale de 10 $ l'action et à dividende	
non cumulatif de 10 %. Nombre illimité d'actions autorisées. Nombre d'actions émises	
et en circulation : 50 000	500 000
Actions ordinaires sans valeur nominale. Nombre illimité d'actions autorisées.	
Nombre d'actions émises et en circulation : 30 000	750 000
Surplus d'apport – Prime à l'émission d'actions privilégiées, catégorie B	100 000
Bénéfices non répartis	850 000

18

VILLEBREQUIN INC.
Résultats
pour l'exercice terminé le 31 décembre 20X5

Chiffre d'affaires		773 500 $
Gain résultant de l'expropriation d'un terrain, net d'impôts de 1 000 $		4 000
Total des produits d'exploitation		777 500
Coût des ventes		
Stock de marchandises au début	77 500 $	
Achats	489 250	
Coût des marchandises destinées à la vente	566 750	
Moins : Stock de marchandises à la fin	89 500	
Coût des ventes		477 250
Marge bénéficiaire brute		300 250
Frais d' exploitation		
Frais de vente		
Salaires des vendeurs	82 000	
Loyer – Service des ventes	48 000	
Publicité	13 250	
Transport sur ventes	13 500	
Amortissement – Matériel de magasin	7 750	
Activités abandonnées – Perte d'exploitation, nette d'une économie d'impôts de 2 000 $	8 000	
Perte découlant de l'abandon des activités, nette d'une économie d'impôts de 3 000 $	12 000	
Total des frais de vente		184 500
Frais d'administration		
Salaires du personnel administratif	25 000	
Dépréciation des comptes clients	3 000	
Frais d'administration divers	1 900	
Loyer – Administration générale	6 000	
Amortissement – Matériel de bureau	1 600	
Intérêts sur effet à payer à long terme	3 000	
Perte relative au non-recouvrement d'un important compte client	5 400	
Dividendes en argent déclarés	26 200	
Total des frais d'administration		72 100
Total des frais d'exploitation		256 600
Bénéfice d'exploitation		43 650
Autres résultats		
Produits d'intérêts sur placements à court terme		2 400
Bénéfice avant impôts		46 050
Impôts sur le bénéfice		9 210
Bénéfice net		36 840
Dividendes en actions déclarés		(9 800)
Bénéfices non répartis au début de l'exercice		95 250
Bénéfices non répartis à la fin de l'exercice		122 290 $

18

TRAVAIL À FAIRE

a) Dressez en bonne et due forme un état distinct des résultats pour l'exercice terminé le 31 décembre 20X5. La société est assujettie à un taux d'imposition de 20 %.

b) Dressez l'état des bénéfices non répartis pour la même période.

P13 **La valeur comptable d'une action**

Les capitaux propres de la société Valcon ltée sont composés des éléments suivants au 31 décembre 20X4 :

40 minutes – moyen

Actions ordinaires sans valeur nominale. Nombre illimité d'actions autorisées.	
Nombre d'actions émises et en circulation : 100 000	*1 500 000 $*
Actions privilégiées sans valeur nominale et comportant un dividende non cumulatif	
de 8 $ l'action. Nombre illimité d'actions autorisées. Nombre d'actions émises	
et en circulation : 20 000	*2 100 000*
Surplus d'apport – Bien reçu à titre gratuit	*200 000*
Bénéfices non répartis	*700 000*

Au cours de l'exercice 20X5, la société a effectué les opérations suivantes relativement aux postes des capitaux propres :

31 mars	Émission de 50 000 actions ordinaires au comptant au prix de 30 $ l'action.
30 juin	Déclaration et distribution d'un dividende en actions de 10 % aux détenteurs d'actions ordinaires. La juste valeur de l'action ordinaire est de 31 $.
30 septembre	Fractionnement des actions ordinaires de l'ordre de 2 pour 1.
15 décembre	Déclaration du dividende rattaché aux actions privilégiées.
21 décembre	Déclaration d'un dividende de 1,50 $ l'action ordinaire.
31 décembre	Clôture du bénéfice net de l'exercice de 825 000 $.

TRAVAIL À FAIRE

Déterminez la valeur comptable des actions ordinaires au début de l'exercice et après chacune des opérations précédentes.

P14

35 minutes – difficile

La valeur comptable de plusieurs catégories d'actions

La section des capitaux propres suivante est extraite du bilan de la société Comptaplexe ltée au 31 décembre 20X4 :

Capital-actions autorisé	
Actions privilégiées	
Nombre illimité d'actions privilégiées de catégorie A sans valeur nominale	
et comportant un dividende cumulatif de 8 $ l'action	
Nombre illimité d'actions privilégiées de catégorie B ayant une valeur nominale de 100 $	
chacune, à dividende non cumulatif de 10 %, rachetables à 102 et pleinement participantes	
Actions ordinaires	
Nombre illimité d'actions ordinaires sans valeur nominale	
Capital-actions émis et en circulation	
20 000 actions privilégiées de catégorie A	*2 000 000 $*
30 000 actions privilégiées de catégorie B	*3 000 000*
800 000 actions ordinaires	*8 000 000*
Total du capital d'apport	*13 000 000*
Bénéfices non répartis	*9 560 000*
Total des capitaux propres	*22 560 000 $*

En vertu des statuts constitutifs de la société, les actions privilégiées de catégorie B sont pleinement participantes dès que les actionnaires ordinaires ont reçu un dividende correspondant à un rendement équivalent à celui des actionnaires privilégiés participants. Le partage du solde disponible se fait au prorata de la mise de fonds respective des deux groupes.

TRAVAIL À FAIRE

En tenant pour acquis que la société n'a pas déclaré de dividende depuis deux ans, calculez la valeur comptable de chacune des trois catégories d'actions.

Valeur comptable d'une action ordinaire : 18,35 $

18

CHAPITRE 19

Les sociétés en nom collectif

PLAN DU CHAPITRE

Le sens des termes «société» et «association» 868
Les divers types de sociétés 868
La nature des sociétés en nom collectif 869
Le contrat de société 872
La comptabilisation des opérations de la société
en nom collectif 873
Synthèse du chapitre 19 900
Activités d'apprentissage 901

OBJECTIFS D'APPRENTISSAGE

Au terme de ce chapitre, vous pourrez:

1 distinguer les principaux types de sociétés;

2 déterminer les caractéristiques de la société en nom collectif;

3 reconnaître les avantages et les inconvénients de la société en nom collectif;

4 saisir l'importance du contrat de société;

5 comptabiliser les opérations relatives à l'établissement de la société en nom collectif;

6 dresser les états financiers de la société en nom collectif;

7 établir le partage des bénéfices ou des pertes entre les associés selon différents modes de répartition;

8 comptabiliser les opérations relatives à l'admission d'un associé, au retrait d'un associé et à la liquidation de la société en nom collectif.

Au chapitre 1, nous avons décrit sommairement les quatre principales formes d'entreprises, soit les entreprises individuelles, les sociétés en nom collectif, les sociétés par actions et les coopératives. Jusqu'à présent, notre étude de la comptabilité a gravité autour des entreprises individuelles et des sociétés par actions. Or, comme les sociétés en nom collectif constituent une forme d'entreprise fort répandue, elles méritent que nous y consacrions un chapitre entier.

Dans ce chapitre, nous mettrons l'accent sur les particularités entourant la comptabilisation des opérations propres aux sociétés en nom collectif. Nous étudierons le maintien de comptes de capital distincts pour chaque associé, du partage des bénéfices et des pertes entre les associés, de l'admission et du retrait d'un associé et de la liquidation de la société en nom collectif.

Nous mettrons l'accent sur les particularités entourant la comptabilisation des opérations propres aux sociétés en nom collectif.

Renée Gallant
M. Fisc., FCPA, FCA
Associée principale

GALLANT

UN PROFESSIONNEL VOUS PARLE

La société en nom collectif est une forme juridique d'entreprise très répandue. Elle est souvent adoptée par les firmes d'expertise comptable et par les grands cabinets juridiques même s'il est désormais permis aux professionnels d'exercer leurs activités dans le cadre d'une société par actions. La société en nom collectif est plus simple et moins coûteuse à constituer que la société par actions. Elle offre également plus de flexibilité, notamment en ce qui a trait à l'attribution des bénéfices entre les associés.

La société en nom collectif doit respecter certaines particularités en matière de comptabilisation de ses transactions et de présentation de ses états financiers. Son patrimoine est différent de celui des associés. La société en nom collectif n'est pas considérée comme un contribuable au sens de la *Loi de l'impôt sur le revenu*. Elle ne constitue donc pas une personnalité juridique distincte des associés qui la composent. De plus, plusieurs comptes de son plan comptable diffèrent de ceux d'une société par actions.

LE SENS DES TERMES « SOCIÉTÉ » ET « ASSOCIATION »

Dans le langage courant, le sens du terme « société » est très large, car il désigne tout ensemble de personnes réunies pour exercer une activité commune. Selon le Code civil du Québec, on établit une distinction entre la société et l'association. Par définition, la **société** résulte d'un contrat par lequel deux ou plusieurs personnes conviennent, dans un esprit de collaboration, d'exercer une activité, y compris celle d'exploiter une entreprise, en mettant en commun leurs biens, leurs connaissances ou leurs activités pour partager les bénéfices pécuniaires qui en résulteront. Pour sa part, l'**association** résulte d'un contrat par lequel deux ou plusieurs personnes mettent en commun leurs connaissances ou leurs activités dans un but autre que celui de partager des bénéfices. Autrement dit, la société poursuit un but lucratif, ce qui n'est pas le cas de l'association. Pensons notamment à la société Bombardier et à l'association Alcooliques Anonymes (AA).

LES DIVERS TYPES DE SOCIÉTÉS

Code civil du Québec

La figure 19.1[1] établit très sommairement la distinction entre les types de sociétés tels qu'ils sont décrits dans le Code civil du Québec – à jour au 1er mars 2014.

Dans ce chapitre, nous nous concentrerons exclusivement sur les sociétés en nom collectif. Nous avons étudié les sociétés par actions aux chapitres 17 et 18. On ne traite des sociétés en commandite et des sociétés en participation que dans les ouvrages de comptabilité spécialisée[2].

19

---

1. Les définitions de cette figure s'inspirent de ces ouvrages : *Louis Ménard, Dictionnaire de la comptabilité et de la gestion financière*, 3e édition, Toronto, CPA Canada, 2011.; Code civil du Québec, Montréal, Wilson & Lafleur ltée, 2013.

2. Les ouvrages de comptabilité spécialisée traitent aussi des sociétés en commandite par actions et des coentreprises par actions.

FIGURE 19.1 | **LES DIVERS TYPES DE SOCIÉTÉS**

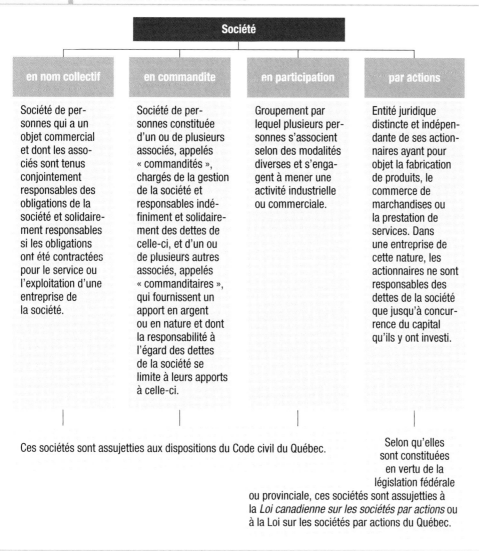

Société			
en nom collectif	**en commandite**	**en participation**	**par actions**
Société de personnes qui a un objet commercial et dont les associés sont tenus conjointement responsables des obligations de la société et solidairement responsables si les obligations ont été contractées pour le service ou l'exploitation d'une entreprise de la société.	Société de personnes constituée d'un ou de plusieurs associés, appelés « commandités », chargés de la gestion de la société et responsables indéfiniment et solidairement des dettes de celle-ci, et d'un ou de plusieurs autres associés, appelés « commanditaires », qui fournissent un apport en argent ou en nature et dont la responsabilité à l'égard des dettes de la société se limite à leurs apports à celle-ci.	Groupement par lequel plusieurs personnes s'associent selon des modalités diverses et s'engagent à mener une activité industrielle ou commerciale.	Entité juridique distincte et indépendante de ses actionnaires ayant pour objet la fabrication de produits, le commerce de marchandises ou la prestation de services. Dans une entreprise de cette nature, les actionnaires ne sont responsables des dettes de la société que jusqu'à concurrence du capital qu'ils y ont investi.

Ces sociétés sont assujetties aux dispositions du Code civil du Québec.

Selon qu'elles sont constituées en vertu de la législation fédérale ou provinciale, ces sociétés sont assujetties à la *Loi canadienne sur les sociétés par actions* ou à la Loi sur les sociétés par actions du Québec.

LA NATURE DES SOCIÉTÉS EN NOM COLLECTIF

Les sociétés en nom collectif possèdent une nature particulière qu'il importe de mettre en évidence immédiatement.

Pourquoi créer une société en nom collectif ?

La société en nom collectif, ou société de personnes, est une forme d'entreprise qui convient particulièrement aux professionnels (comptables professionnels, médecins, avocats, etc.) qui décident de ne pas se constituer en une société par actions en raison de la nature des services qu'ils offrent et de la responsabilité personnelle qui se rattache à l'exercice de leur profession.

Il existe toutefois des sociétés de personnes dans le secteur de la fabrication, des services et du commerce, car cette forme d'entreprise permet à deux ou à plusieurs personnes de mettre en commun leurs capitaux et leurs talents. Pensons notamment à deux amies qui ouvriraient une boutique de vêtements. Souvent, une personne s'associe à une autre parce que c'est son seul moyen d'obtenir les capitaux dont elle a besoin pour mettre sur pied son entreprise.

19

Les caractéristiques de la société en nom collectif

Selon le Code civil du Québec, la société en nom collectif comporte un certain nombre de caractéristiques importantes qui ont une incidence sur les plans juridique et comptable. Le tableau 19.1 présente un résumé de ces caractéristiques.

TABLEAU 19.1 | **LES CARACTÉRISTIQUES DE LA SOCIÉTÉ EN NOM COLLECTIF**

Un regroupement volontaire de personnes	C'est volontairement et sans contrainte que deux ou plusieurs personnes conviennent, dans un **esprit de collaboration,** d'exercer une activité, y compris celle d'exploiter une entreprise, d'y contribuer par la mise en commun de biens, de connaissances ou d'activités et de partager les bénéfices qui en résultent.
Un patrimoine distinct de celui des associés	Même si, en vertu du Code civil du Québec, la société en nom collectif **n'est pas une personne morale**[3] et **n'est donc pas une entité juridique,** elle possède un **patrimoine distinct.** Elle est propriétaire de ses propres éléments d'actif. L'associé qui apporte des biens à la société en transfère la propriété à celle-ci. Les associés sont donc copropriétaires des biens de la société. C'est pourquoi, en comptabilité, la société en nom collectif est assujettie au principe de la personnalité de l'entité, en vertu duquel elle constitue une entité distincte de ses associés.
Une responsabilité mutuelle	Chaque associé est mandataire de la société en nom collectif et lie celle-ci par tout acte conclu en son nom dans le cours normal de ses activités. Tous les associés de ce type de société sont responsables des contrats que signe l'un des leurs en vue d'engager du personnel, d'acheter des marchandises et des immobilisations ou de contracter une dette, pour autant que ces contrats aient été conclus dans le cours normal des activités de la société. Les associés peuvent nommer un ou plusieurs d'entre eux, ou même un tiers d'entre eux, pour gérer les affaires de la société. Cette affectation ne limite en rien la **responsabilité mutuelle** de l'ensemble des associés.
Une responsabilité illimitée, conjointe et solidaire	Les associés ont une **responsabilité illimitée** à l'égard des dettes de la société. Cette responsabilité est non seulement conjointe mais solidaire. La **responsabilité conjointe** signifie que chaque associé est responsable d'une part égale d'une dette envers un créancier. Toutefois, dans le cas des dettes contractées pour le service ou l'exploitation de la société, les associés ont une **responsabilité solidaire,** c'est-à-dire que chacun d'eux peut être appelé à assumer plus que sa part des dettes de la société si les autres associés ne peuvent respecter leurs engagements. Ainsi, si Jean Lemay, Josée Dufort et Patrick Huppé sont les trois associés à parts égales d'une société en nom collectif dont l'excédent des dettes sur les éléments d'actif totalise 150 000 $, les créanciers de la société pourraient exiger le plein paiement[4] de Patrick Huppé qui, par la suite, devra tenter de recouvrer la somme de 50 000 $ de chaque associé.
Une durée potentiellement illimitée	Selon le Code civil du Québec, la société, outre les dispositions prévues par le contrat de société, est dissoute par l'accomplissement de son objet ou l'impossibilité de l'accomplir, ou encore par le consentement de tous les associés. Elle peut aussi être dissoute par un tribunal pour une cause légitime. On procède alors à la liquidation de la société. Pour un cabinet de CPA, puisque l'objet est de rendre des services professionnels, la durée de vie de la société pourrait être illimitée, les associés qui quittent la société étant habituellement remplacés par de nouveaux[5].

3. Cette interprétation est fondée sur l'article 2188 du Code civil du Québec qui stipule que « [l]a société est en nom collectif, en commandite ou en participation. Elle peut être aussi par actions ; dans ce cas, elle est une personne morale ». Certains juristes ne sont pas de notre avis.

4. Notons que, selon l'article 2221 du Code civil du Québec, « [l]es créanciers ne peuvent poursuivre le paiement contre un associé qu'après avoir, au préalable, discuté des biens de la société ; même alors, les biens de l'associé ne sont affectés au paiement des créanciers de la société qu'après paiement de ses propres créanciers ».

5. Il s'agit d'une modification importante introduite par le Code civil du Québec. En effet, avant le 1er janvier 1994, la société en nom collectif était dissoute au décès d'un associé ou lorsqu'un associé s'en retirait, par exemple. Depuis le 1er janvier 1994, le Code civil du Québec énumère les circonstances dans lesquelles un associé peut perdre sa qualité d'associé, et l'article 2232 précise que même « [l]a réunion de toutes les parts sociales entre les mains d'un seul associé n'emporte pas la dissolution de la société, pourvu que, dans les 120 jours, au moins un autre associé se joigne à la société ». La durée de la société en nom collectif peut donc être illimitée.

TABLEAU 19.1	LES CARACTÉRISTIQUES DE LA SOCIÉTÉ EN NOM COLLECTIF (*suite*)
Un droit strict aux bénéfices de la société pour les associés	Le Code civil du Québec interdit d'exclure un associé du partage des bénéfices. Nous examinerons plus loin les façons d'effectuer ce partage. À l'opposé, il est possible d'exclure un associé du partage des pertes. Cette exclusion n'est valable qu'entre les associés eux-mêmes ; elle ne peut être invoquée envers les créanciers qui exigeraient le paiement de leurs créances.
La facilité de mise sur pied	L'établissement d'une société en nom collectif se fait simplement. Il suffit que deux personnes consentent à s'associer. Il n'y a aucune formalité juridique, à l'exception de la procédure d'enregistrement de la **dénomination sociale** et de la **déclaration de société** à produire en vertu des lois relatives à la publicité légale des sociétés[6].

Les avantages et les inconvénients de la société en nom collectif

Le tableau 19.2 contient un résumé des principaux avantages et inconvénients de la société en nom collectif.

TABLEAU 19.2	LES PRINCIPAUX AVANTAGES ET INCONVÉNIENTS DE LA SOCIÉTÉ EN NOM COLLECTIF	
	Avantages	**Inconvénients**
	Possibilité de réunir des fonds plus importants que ne peut le faire l'entreprise individuelle	Apport en capital limité aux associés
	Possibilité de mettre en commun des compétences diversifiées	Responsabilité mutuelle
	Facilité de mise sur pied	Responsabilité conjointe et solidaire des dettes
	Peu de supervision de la part des gouvernements	
	Plus grande souplesse de gestion que la société par actions	Possibilité de mésentente entre les associés Il importe que le contrat de société soit le plus explicite possible, notamment en ce qui concerne les pouvoirs et les responsabilités de chaque associé.
	Ne paie pas d'impôts.	Part du bénéfice net de l'exercice incombant à chaque associé imposable dans sa propre déclaration fiscale, à son taux marginal d'imposition

La société en nom collectif à responsabilité limitée

Depuis 2001, le Code des professions permet, à certaines conditions, l'exercice d'activités professionnelles au sein d'une **société en nom collectif à responsabilité limitée (SENCRL)** ou d'une **société par actions**.

Cette importante modification apportée au Code des professions fait en sorte que le membre d'un ordre professionnel qui exerce ses activités professionnelles au sein d'une SENCRL ou d'une société par actions n'est pas personnellement responsable des obligations de la société ou d'un autre professionnel découlant des fautes ou négligences commises par ce dernier, son préposé ou son mandataire dans l'exercice de ses activités professionnelles au sein de la société.

19

---

6. La société doit indiquer sa forme juridique dans son nom ou à la suite de celui-ci, plus précisément en utilisant l'expression « société en nom collectif » ou, à la fin de son nom, l'acronyme « SENC ».

À ce jour, plusieurs ordres professionnels ont rempli toutes les conditions requises en vertu du Code des professions pour permettre à leurs membres qui le désirent d'exercer leurs activités professionnelles au sein d'une SENCRL ou d'une société par actions. Ainsi, les SENCRL ont gagné en popularité.

LE CONTRAT DE SOCIÉTÉ

Le Code civil du Québec définit le contrat de société de la façon suivante :

> Le contrat de société est celui par lequel les parties conviennent, dans un esprit de collaboration, d'exercer une activité, incluant celle d'exploiter une entreprise, d'y contribuer par la mise en commun de biens, de connaissances ou d'activités et de partager entre elles les bénéfices pécuniaires qui en résultent[7].

Bien que la société puisse exister sans entente formelle, il est préférable que les associés fassent rédiger par leur notaire ou leur avocat un contrat renfermant notamment les clauses suivantes :

1. La dénomination sociale de l'entreprise, son emplacement et l'objet de sa constitution ;
2. Le nom des associés, les droits et les responsabilités de chacun ;
3. Le capital qu'investit chaque associé et la façon d'évaluer les biens investis ou retirés en nature par chacun d'entre eux ;
4. La durée de la société et les modalités de sa dissolution, le cas échéant ;
5. La date du début de l'exploitation de la société et la date de fin de l'exercice financier ;
6. Le mode de partage des bénéfices et des pertes ;
7. Les retraits, en argent ou en biens, permis à chaque associé ;
8. Les contrats d'assurance portant sur la vie des associés et leurs bénéficiaires (les associés eux-mêmes ou la société) ;
9. La procédure de nomination du CPA responsable de l'audit des comptes ;
10. Les moyens de régler les disputes entre associés ;
11. La façon de calculer la valeur du capital d'un associé décédé ou démissionnaire et de remettre ce capital à ses héritiers ou à lui-même ;
12. Les mesures à prendre pour assurer la survie de la société lors du décès ou du retrait d'un associé important ;
13. Les préalables à l'admission d'un associé.

Fondation du Barreau
du Québec

Pour bien saisir l'importance du contrat de société, pensons à Gabriel et Sarah-Maude, qui travaillent depuis longtemps pour une grande entreprise. Ils ont décidé de créer une société en nom collectif en vue d'acheter un commerce moyennant un paiement comptant de 150 000 $. Chacun d'eux s'engage à investir 75 000 $. Aucun contrat de société n'est rédigé. Gabriel dispose de l'argent requis, tandis que Sarah-Maude demande à son beau-père, Paul-Émile, de lui prêter la somme de 45 000 $ sans en parler à Gabriel.

Quelques mois plus tard, Paul-Émile, qui n'a encore rien retiré de son investissement, rencontre Gabriel et lui déclare que, en tant qu'associé passif, il veut consulter les livres de la société. Gabriel refuse, ce qui a pour effet de provoquer un grave conflit entre les trois personnes en cause et, un peu plus tard, la liquidation de la société. Chacun doit alors recourir aux services d'un avocat pour recouvrer son dû. Un contrat de société leur aurait évité bien des difficultés.

19

---

7. Code civil du Québec, art. 2186.

LA COMPTABILISATION DES OPÉRATIONS DE LA SOCIÉTÉ EN NOM COLLECTIF

S'il est vrai que toute entreprise doit disposer d'un bon système comptable et déterminer avec précision son bénéfice net, cela est encore plus vrai pour la société en nom collectif, dont le bénéfice net doit être réparti entre deux associés ou plus.

L'enregistrement des opérations de la société en nom collectif est semblable à celui de l'entreprise individuelle, sauf que le **grand livre de la société de personnes doit inclure un compte Capital, un compte Apports et un compte Retraits pour chaque associé.** La comptabilité de la société en nom collectif porte aussi sur le partage des bénéfices entre les associés, selon la formule convenue dans le contrat de société. Les seuls nouveaux éléments de la comptabilité de la société en nom collectif ont trait à la façon de tenir les comptes des associés, car la comptabilisation des éléments de l'actif et du passif de ce genre d'entreprise ne diffère pas de ce qui a été décrit dans les chapitres précédents. À l'aide de l'équation comptable et de l'état des capitaux propres, la figure 19.2 illustre cette caractéristique de la société en nom collectif.

FIGURE 19.2 | **LES CAPITAUX PROPRES DE LA SOCIÉTÉ EN NOM COLLECTIF**

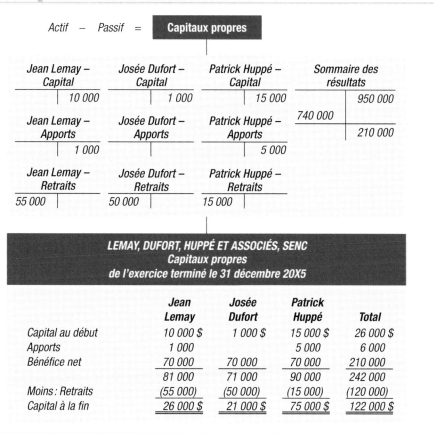

	Jean Lemay	Josée Dufort	Patrick Huppé	Total
Capital au début	10 000 $	1 000 $	15 000 $	26 000 $
Apports	1 000		5 000	6 000
Bénéfice net	70 000	70 000	70 000	210 000
	81 000	71 000	90 000	242 000
Moins : Retraits	(55 000)	(50 000)	(15 000)	(120 000)
Capital à la fin	26 000 $	21 000 $	75 000 $	122 000 $

La création de la société en nom collectif

Lorsque deux ou plusieurs personnes décident de créer une société en nom collectif, elles peuvent mettre en commun de l'argent, d'autres éléments d'actif et des dettes. Lorsque l'apport d'un associé est fait en nature, il importe de déterminer la **juste valeur** des biens en cause le jour où la société en prend possession. Il est aussi nécessaire que cette juste valeur fasse l'objet d'un accord entre tous les associés. La juste valeur des biens devient le coût d'acquisition pour la société.

19

Paul Lecomte et Josianne Hartley exploitent chacun un petit bureau. Supposons que, le 2 janvier 20X0, ils décident de mettre sur pied le cabinet Lecomte Hartley, S.E.N.C.R.L., société de comptables professionnels agréés. Les détails des biens et des dettes qu'ont mis en commun les nouveaux associés sont présentés ci-dessous.

Valeur comptable et juste valeur de l'apport individuel des associés

	Paul Lecomte		Josianne Hartley	
	Valeur comptable	Juste valeur	Valeur comptable	Juste valeur
Banque	5 000 $	5 000 $	10 000 $	10 000 $
Clients	12 000	12 000	35 000	35 000
Provision pour dépréciation – Clients	(1 000)	(2 000)	(5 000)	(7 000)
Terrain	15 000	25 000		
Immeuble	75 000	60 000		
Amortissement cumulé – Immeuble	(25 000)			
Équipements			15 000	10 000
Amortissement cumulé – Équipements			(3 000)	
Fournisseurs	(2 000)	(2 000)	(6 000)	(6 000)
Emprunt hypothécaire	(56 000)	(56 000)		
Total	23 000 $	42 000 $	46 000 $	42 000 $

AVEZ-VOUS LE SENS DE L'OBSERVATION ?

Considérons uniquement les valeurs comptables des éléments d'actif et des dettes mis en commun. Il semble que Paul Lecomte investit deux fois moins dans la nouvelle société. Or, il n'en est rien, car la juste valeur est égale. En effet, lorsque l'apport des associés comprend des biens et des dettes, il importe de déterminer la juste valeur des éléments en cause le jour où la société prend possession des biens ou prend les dettes en charge. Cette juste valeur doit aussi faire l'objet d'un accord entre les associés.

L'investissement initial des associés

Voici les écritures d'ouverture des livres du cabinet Lecomte Hartley, S.E.N.C.R.L. :

Inscription de l'investissement initial de chaque associé

2 janvier 20X0

Banque	5 000	
Clients	12 000	
Terrain	25 000	
Immeuble	60 000	
Provision pour dépréciation – Clients		2 000
Fournisseurs		2 000
Emprunt hypothécaire		56 000
Paul Lecomte – Capital		42 000
Capital investi par Paul Lecomte dans la nouvelle société.		
Banque	10 000	
Clients	35 000	
Équipements	10 000	
Provision pour dépréciation – Clients		7 000
Fournisseurs		6 000
Josianne Hartley – Capital		42 000
Capital investi par Josianne Hartley dans la nouvelle société.		

19

Avez-vous remarqué que ni le coût d'origine des immobilisations ni leur valeur comptable nette n'ont été enregistrés dans les livres de la société en nom collectif ? D'une part, **puisque la nouvelle société n'a pas encore utilisé l'immeuble et les équipements, il ne peut y avoir d'amortissement cumulé.** D'autre part, la juste valeur des immobilisations constitue une mesure objective de l'apport de chaque associé à la nouvelle société. Par contre, on a inscrit les comptes clients à leur montant brut, tandis que l'on a ajusté la provision pour dépréciation afin de tenir compte de la valeur recouvrable des comptes clients. Il est possible qu'une nouvelle société amorce ses activités avec une provision pour dépréciation, car celle-ci se rapporte aux comptes clients existants pour lesquels la société a des raisons de croire qu'ils pourraient devenir irrécouvrables.

Les investissements postérieurs à la création de la société en nom collectif

Comme l'illustre la figure 19.2 (*voir la page 873*), tout investissement postérieur à la création de la société en nom collectif de la part d'un associé doit faire l'objet d'une écriture de journal dans un compte distinct du compte Capital. Par exemple, si 3 mois après avoir créé leur société, Lecomte et Hartley conviennent d'investir chacun une somme supplémentaire de 10 000 $, voyons comment serait comptabilisé cet apport en argent :

Inscription d'un apport supplémentaire

2 avril 20X0		
Banque	*20 000*	
Paul Lecomte – Apports		*10 000*
Josianne Hartley – Apports		*10 000*
Capital additionnel investi en argent par chaque associé.		

Les retraits des associés

Tout comme le propriétaire d'une entreprise individuelle effectue de temps à autre des **retraits**[8] en argent à des fins personnelles, les associés d'une société en nom collectif font de même. On doit considérer ces retraits comme des prélèvements anticipés eu égard au partage annuel des bénéfices de la société en nom collectif. Rappelons que les **associés ne sont pas imposés sur les retraits effectués au cours d'un exercice, mais plutôt sur leur quote-part des bénéfices de la société.** Bien que l'on utilise le terme « salaire » dans le langage courant, on ne doit pas comptabiliser les « salaires » des associés à titre de charges d'exploitation, mais plutôt comme des retraits. Ainsi, il n'y a aucune retenue à la source sur ces retraits.

Supposons qu'il y ait autant de comptes Retraits qu'il y a d'associés. Voici les opérations qu'il conviendrait de porter au débit d'un compte Retraits (ou Prélèvements) :

1. Les retraits effectués en argent.
2. Les retraits d'autres biens. À des fins personnelles, l'associé d'un magasin pourrait retirer des marchandises, lesquelles seraient alors portées au débit du compte Retraits. Rappelons que le montant du retrait correspond au coût du bien pour la société et non à sa juste valeur.
3. Le paiement, par la société, de dépenses personnelles d'un associé.
4. Les sommes recouvrées au nom de la société par un associé qui les garde à des fins personnelles.

19

---

8. Le terme « prélèvements » serait tout aussi approprié.

Souvent, le contrat de la société en nom collectif contient une clause qui autorise les associés à effectuer périodiquement des retraits dont le montant est fixe. Il est important de dissocier ces retraits préautorisés, qui constituent réellement des prélèvements anticipés eu égard au partage annuel des bénéfices de la société, des autres retraits qui constituent une réduction de l'investissement d'un associé[9]. Dans ce contexte, il est souhaitable de tenir des comptes de retraits distincts, soit Retraits préautorisés et Retraits non autorisés.

Les prêts consentis à la société par les associés

En règle générale, les fonds investis par un associé dans une société en nom collectif sont portés au crédit du compte Capital de cet associé. Il se peut toutefois que les associés fournissent temporairement des fonds à la société. Dans ce cas, cette avance de fonds constitue un prêt consenti à la société et, comme telle, elle doit figurer au crédit du compte Emprunt d'un associé. Les sommes dues aux créanciers externes ont toutefois priorité sur les prêts des associés ou toute autre dette que la société peut avoir à leur égard.

Supposons que, le 31 mai 20X0, la société Lecomte Hartley, S.E.N.C.R.L. ait emprunté la somme de 5 000 $ à Paul Lecomte pour une période de 3 mois, compte tenu d'un taux d'intérêt annuel de 9 %. Voici l'écriture de journal requise à cette date :

Inscription d'un prêt consenti à la société par un associé

Banque	*5 000*	
Emprunt d'un associé – Paul Lecomte		*5 000*
Prêt consenti à la société, remboursable dans 3 mois et portant intérêt au taux annuel de 9 %.		

L'enregistrement quotidien des opérations de la société en nom collectif

Outre les opérations décrites précédemment, la comptabilisation des opérations quotidiennes de la société en nom collectif est semblable à celle de toute autre entreprise. Ce type de société utilise, lui aussi, un journal général, un journal des ventes, un journal des achats, un journal des encaissements, un journal des décaissements et un journal de paye dont on reporte les renseignements dans le grand livre auxiliaire des clients, le grand livre auxiliaire des fournisseurs et le grand livre général. Ce n'est qu'à l'étape des écritures de clôture que l'on doit accorder une attention toute particulière à la société en nom collectif.

La clôture des comptes de la société en nom collectif

Rappelons qu'il est obligatoire de clôturer les comptes de résultats de l'entreprise à la fin de chaque exercice financier. Quelle que soit la forme juridique de l'entreprise, la procédure à cet égard est déjà bien connue.

On débite d'abord tous les comptes de résultats dont le solde est créditeur et l'on porte leur total au crédit du compte Sommaire des résultats ; on débite ensuite le compte Sommaire des résultats du total des comptes de résultats dont le solde est débiteur, ceux-ci ayant tous été crédités.

Que faire du solde du compte Sommaire des résultats dans le cas de la société en nom collectif ? Dans le compte Capital de chaque associé, on doit virer le solde du compte Sommaire des résultats après avoir partagé les bénéfices en conformité avec les clauses du contrat de société. Si les associés n'ont rien convenu à ce sujet, l'article 2202 du Code

19

---

9. Nous verrons plus loin l'importance que prend cette forme de retrait lorsque la société attribue des intérêts sur le capital des associés.

civil du Québec stipule que les bénéfices et les pertes **doivent être répartis également.** Si le contrat de société prévoit la façon de partager les bénéfices mais ne contient aucune clause portant sur le partage des pertes, on doit répartir celles-ci de la même façon que les bénéfices.

Supposons que le contrat de société liant Lecomte et Hartley prévoie un partage en parts égales des bénéfices de la société, lesquels s'élèvent à 90 000 $ au 31 décembre 20X0. Voici l'écriture de clôture requise à cette date :

Partage égal des bénéfices entre les associés

31 décembre 20X0		
Sommaire des résultats	*90 000*	
Paul Lecomte – Capital		*45 000*
Josianne Hartley – Capital		*45 000*
Répartition entre les associés du bénéfice de l'exercice terminé le 31 décembre 20X0.		

On doit ensuite clôturer les comptes d'apports et de retraits de chaque associé. Supposons que, au 31 décembre 20X0, le grand livre de la société renferme les comptes suivants :

Josianne Hartley – Apports	*10 000 $*
Josianne Hartley – Retraits préautorisés	*50 000*
Paul Lecomte – Apports	*10 000*
Paul Lecomte – Retraits préautorisés	*40 000*
Paul Lecomte – Retraits non autorisés	*5 000*

Voici l'écriture de clôture requise à la fin du premier exercice financier de la société Lecomte Hartley, S.E.N.C.R.L. :

Clôture des comptes Apports et Retraits des associés

Josianne Hartley – Apports	*10 000*	
Paul Lecomte – Apports	*10 000*	
Josianne Hartley – Capital	*40 000*	
Paul Lecomte – Capital	*35 000*	
Josianne Hartley – Retraits préautorisés		*50 000*
Paul Lecomte – Retraits préautorisés		*40 000*
Paul Lecomte – Retraits non autorisés		*5 000*
Clôture des comptes Apports et Retraits des associés.		

Le chiffrier de la société en nom collectif

Pour chaque associé, on pourrait ajouter une section, dans le chiffrier de la société en nom collectif, entre les sections Résultats et Bilan. Dans ce cas, on virerait le bénéfice net de la section Résultats dans les nouvelles sections pour calculer le solde du capital de chaque associé. Pour le reste, le chiffrier de la société en nom collectif ne diffère pas de celui de l'entreprise individuelle, dont il a été question au chapitre 7.

19

Les états financiers de la société en nom collectif

L'établissement des états financiers de la société en nom collectif n'est pas problématique. En effet, hormis les particularités décrites dans les sections suivantes, les états financiers de la société en nom collectif ressemblent à ceux de l'entreprise individuelle.

L'état des résultats

L'état condensé des résultats de la société Lecomte Hartley, S.E.N.C.R.L. pour l'exercice terminé le 31 décembre 20X0 est présenté ci-dessous.

LECOMTE HARTLEY, S. E. N. C. R. L. Société de comptables professionnels agréés Résultats condensés pour l'exercice terminé le 31 décembre 20X0	
Honoraires professionnels	450 000 $
Frais d'exploitation	(360 000)
Bénéfice net	90 000 $
Partage du bénéfice net	
Part de Mme Josianne Hartley (50 %)	45 000 $
Part de M. Paul Lecomte (50 %)	45 000
	90 000 $

AVEZ-VOUS LE SENS DE L'OBSERVATION ?

La seule différence entre l'état des résultats de la société de personnes et celui de l'entreprise individuelle consiste en l'ajout d'une section portant sur la façon dont le bénéfice net est partagé entre les associés. C'est pourquoi nous avons reproduit un état condensé des résultats qui met l'accent uniquement sur cette particularité. De plus, comme nous l'avons mentionné précédemment, du fait que la société en nom collectif n'existe pas indépendamment de ses associés, elle ne paie pas d'impôts. Les bénéfices qu'elle réalise sont répartis entre les associés, qui doivent inclure la quote-part qui leur est attribuée dans leur déclaration de revenus. Voilà qui explique pourquoi il est important de présenter une section distincte, dans l'état des résultats, qui indique le partage du bénéfice net entre les associés.

L'état des capitaux propres

À la fin de chaque exercice, les associés désirent connaître les changements survenus dans leur capital au cours de l'année. L'état des capitaux propres présenté ci-dessous permet de donner cette information aux associés du cabinet Lecomte Hartley, S.E.N.C.R.L.

LECOMTE HARTLEY, S. E. N. C. R. L. Société de comptables professionnels agréés Capitaux propres pour l'exercice terminé le 31 décembre 20X0			
	Josianne Hartley	Paul Lecomte	Total
Capital des associés au 2 janvier 20X0	42 000 $	42 000 $	84 000 $
Plus : Investissements supplémentaires	10 000	10 000	20 000
Bénéfice net de l'exercice	45 000	45 000	90 000
	97 000	97 000	194 000
Moins : Retraits préautorisés	(50 000)	(40 000)	(90 000)
Retraits non autorisés		(5 000)	(5 000)
Capital des associés au 31 décembre 20X0	47 000 $	52 000 $	99 000 $

19

Le bilan

Le bilan de la société en nom collectif diffère peu de celui de l'entreprise individuelle. D'une part, on y constate la présence possible d'une nouvelle dette, présentée sous le poste Emprunt d'un associé dans la section Passif à court terme ou Passif à long terme, selon les modalités de remboursement. D'autre part, la section Capitaux propres renferme autant de comptes de capital qu'il y a d'associés, comme l'illustre l'extrait du bilan suivant :

LECOMTE HARTLEY, S. E. N. C. R. L.
Société de comptables professionnels agréés
Extrait du bilan
au 31 décembre 20X0

Capitaux propres		
Josianne Hartley – Capital	47 000 $	
Paul Lecomte – Capital	52 000	
Total des capitaux propres		99 000 $

Le partage des bénéfices ou des pertes

C'est aux associés qu'il revient de déterminer la façon dont ils se partageront les bénéfices ou les pertes de leur société. Il existe plusieurs méthodes de partage, d'où l'importance de décrire la méthode retenue dans le contrat de société. Afin de pouvoir comprendre les particularités de chaque méthode de partage des bénéfices ou des pertes, il importe auparavant de saisir la nature des bénéfices de ce type de société.

La nature des bénéfices de la société en nom collectif

Le bénéfice net de la société en nom collectif représente : 1) la rémunération des associés pour les services rendus à la société ; 2) le rendement de leur capital investi dans la société ; et 3) le bénéfice découlant à la fois de l'exploitation, des risques qui s'y rattachent et des décisions administratives que prennent les associés.

La reconnaissance de l'importance des trois éléments énumérés ci-dessus, inclus dans le bénéfice net de la société de personnes, permet aux associés de trouver une formule « juste et équitable » de partage de ce bénéfice. Par exemple, si un associé consacre plus de temps à l'exploitation de la société, on en tiendra compte dans le mode de partage des bénéfices en lui attribuant une rémunération plus élevée.

Comme nous l'avons mentionné, on doit porter au débit des comptes Retraits des associés toutes les sommes que ceux-ci retirent de la société, même si l'on identifie ces retraits à des salaires que l'on doit considérer comme un partage anticipé du bénéfice de l'exercice en cours. On doit donc se garder d'inclure la rémunération des associés (« leur salaire ») dans l'état des résultats. Cette solution, qui ne tient pas compte de la valeur économique du travail qu'effectuent les associés pour le compte de la société, a l'avantage d'être plus simple et, en même temps, d'être conforme d'abord à la façon de traiter la rémunération des associés sur le plan fiscal, ensuite à la notion selon laquelle les associés sont propriétaires plutôt qu'employés.

19

AVEZ-VOUS LE SENS DE L'OBSERVATION ?

Certaines sociétés désirant faire ressortir les frais réels d'exploitation de l'entreprise ou donner suite à certaines clauses du contrat de société présentent la rémunération du travail et du capital des associés dans l'état des résultats. Cependant, comme ces charges s'intègrent au revenu fiscal que les associés tirent de la société, on doit présenter le « salaire » de chaque associé et les « intérêts » sur son capital dans des comptes distincts. Nous reviendrons plus loin sur la notion d'« intérêts ».

Jusqu'à présent, nous supposons que les associés Josianne Hartley et Paul Lecomte ont investi les mêmes capitaux et qu'ils ont consacré le même nombre d'heures aux affaires de leur société. C'est pourquoi ils en ont partagé les bénéfices de manière égale. Que faire lorsque les capitaux investis dans la société et les services rendus ne sont pas les mêmes pour chaque associé ?

Les diverses méthodes de partage des bénéfices ou des pertes

C'est évidemment aux associés qu'il revient de déterminer la façon dont ils se partageront les bénéfices ou les pertes de leur société. Une clause du contrat de société décrit d'ordinaire avec soin la façon dont le partage doit être fait. Le Code civil du Québec est très explicite à cet égard, comme l'illustre le tableau 19.3.

TABLEAU 19.3	LES DISPOSITIONS DU CODE CIVIL DU QUÉBEC EN MATIÈRE DE PARTAGE DES BÉNÉFICES OU DES PERTES

Code civil du Québec	Commentaires
La part de chaque associé dans l'actif, dans les bénéfices et dans la contribution aux pertes est égale si elle n'est pas déterminée par le contrat.	Lorsque le contrat de société ne comporte aucune mention quant au partage des bénéfices ou des pertes, celui-ci se fait en parts égales entre les associés.
Si le contrat ne détermine que la part de chacun dans l'actif, dans les bénéfices ou dans la contribution aux pertes, cette détermination est présumée faite pour les trois cas.	Si le contrat de société prévoit un partage des bénéfices en parts égales entre les associés mais ne comporte aucune mention quant au partage des pertes, celui-ci est aussi présumé être en parts égales.
La stipulation qui exclut un associé de la participation aux bénéfices de la société est sans effet. Celle qui dispense l'associé de l'obligation de partager les pertes est inopposable aux tiers[10].	Une clause du contrat de société peut exclure un associé du partage des pertes. Toutefois, cette clause ne dispense en rien cet associé de sa responsabilité conjointe et solidaire à l'égard des dettes dues à des tiers.

Sans égard aux dispositions du Code civil du Québec décrites précédemment, voici différentes méthodes de répartition contenues dans les contrats de société. Il s'agit, bien sûr, des exemples les plus courants. Les associés peuvent décider de la méthode de répartition désirée.

1. Le partage au moyen d'un ratio fixe convenu d'avance. Les associés peuvent convenir de se partager les bénéfices au moyen de pourcentages prédéterminés. Dans l'exemple précédent, 50 % des bénéfices sont attribués à Josianne Hartley et 50 %, à Paul Lecomte. Mais ces pourcentages auraient pu être de 80 % et 20 % ou encore de 40 % et 60 %.

2. Le partage au moyen d'un ratio établi en fonction du capital au début de l'exercice ou du capital moyen de chaque associé au cours de l'exercice.

3. L'attribution d'une rémunération et le partage du solde du bénéfice (ou de la perte) au moyen d'un ratio convenu.

4. L'attribution d'intérêts sur le capital investi par chaque associé et le partage du solde du bénéfice (ou de la perte) au moyen d'un ratio convenu.

5. L'attribution d'une rémunération, l'attribution d'intérêts et le partage du solde du bénéfice (ou de la perte) au moyen d'un ratio convenu.

---

10. Code civil du Québec, art. 2202-2203.

Ces diverses façons de partager les bénéfices ont pour objet que l'on tienne compte des différences entre les services rendus par les associés et le capital d'apport de chacun d'eux. Si, par exemple, le capital d'apport d'un associé est le triple de celui d'un autre, il est normal que le mode de partage convenu en tienne compte. De même, si un associé consacre tout son temps aux affaires de la société par rapport à un autre qui n'y consacre que 25 % du sien, on tiendra compte de ce facteur en attribuant un salaire plus élevé au premier associé. On peut aussi attribuer une rémunération différente selon la compétence des associés et leurs aptitudes particulières.

Afin d'illustrer chaque méthode de partage des bénéfices, poursuivons notre exemple du cabinet Lecomte Hartley, S.E.N.C.R.L. pour le deuxième exercice financier terminé le 31 décembre 20X1. La compilation des résultats et la consultation des comptes du grand livre à cette date nous permettent de dégager les éléments suivants:

Capital de Josianne Hartley au 31 décembre 20X0	*47 000 $*	
Capital de Paul Lecomte au 31 décembre 20X0	*52 000*	
Total du capital des associés au 31 décembre 20X0		*99 000 $*
Apport supplémentaire de Josianne Hartley		
le 1ᵉʳ octobre 20X1		*6 000*
Bénéfice net, compte non tenu des salaires		
des associés et des intérêts sur leur capital		*150 000*

Le partage selon un ratio fixe

Supposons que le contrat de société conclu entre Josianne Hartley et Paul Lecomte prévoie un partage du bénéfice selon un ratio fixe respectif de 60 % et de 40 %. Supposons aussi que les deux associés aient effectué des retraits de 60 000 $ (Hartley) et 40 000 $ (Lecomte). Le tableau 19.4 fait état du partage du bénéfice net de 150 000 $ et est suivi des écritures de clôture requises le 31 décembre 20X1.

TABLEAU 19.4 | **LE PARTAGE DU BÉNÉFICE NET AU 31 DÉCEMBRE 20X1 SELON UN RATIO FIXE – LECOMTE HARTLEY, S.E.N.C.R.L.**

	Josianne Hartley	Paul Lecomte	Total
Bénéfice net à répartir			150 000 $
Quote-part attribuée à chaque associé			
Josianne Hartley (60 % × 150 000 $)	90 000 $		(90 000)
Paul Lecomte (40 % × 150 000 $)		60 000 $	(60 000)
Part du bénéfice net revenant à chaque associé	90 000 $	60 000 $	θ $

Clôture du compte
Sommaire des résultats

31 décembre 20X1

Sommaire des résultats	*150 000*	
Josianne Hartley – Capital		*90 000*
Paul Lecomte – Capital		*60 000*
Partage du bénéfice net de l'exercice terminé le 31 décembre 20X1 selon la méthode de répartition convenue entre associés.		

19

Clôture des comptes
Apports et Retraits

31 décembre 20X1

Josianne Hartley – Apports	*6 000*	
Josianne Hartley – Capital	*54 000*	
Paul Lecomte – Capital	*40 000*	
Josianne Hartley – Retraits		*60 000*
Paul Lecomte – Retraits		*40 000*
Clôture des comptes d'apports et de retraits des associés.		

Le partage selon un ratio établi en fonction du capital au début de l'exercice

Supposons cette fois que le contrat de société conclu entre Josianne Hartley et Paul Lecomte prévoie un partage du bénéfice selon un ratio établi en fonction du capital de chaque associé au début de l'exercice. Le tableau 19.5 fait état du partage du bénéfice net de 150 000 $.

TABLEAU 19.5   **LE PARTAGE DU BÉNÉFICE NET AU 31 DÉCEMBRE 20X1 SELON UN RATIO ÉTABLI EN FONCTION DU CAPITAL AU DÉBUT DE L'EXERCICE – LECOMTE HARTLEY, S.E.N.C.R.L.**

	Josianne Hartley	Paul Lecomte	Total
Bénéfice net à répartir			150 000 $
Quote-part attribuée à chaque associé			
Josianne Hartley			
[(47 000 $ ÷ 99 000 $) × 150 000 $]	71 212 $		(71 212)
Paul Lecomte			
[(52 000 $ ÷ 99 000 $) × 150 000 $]		78 788 $	(78 788)
Part du bénéfice net revenant à chaque associé	71 212 $	78 788 $	0 $

Le partage selon un ratio établi en fonction du capital moyen de chaque associé au cours de l'exercice

Supposons plutôt que le contrat de société conclu entre Josianne Hartley et Paul Lecomte prévoie un partage du bénéfice selon un ratio établi en fonction du capital moyen investi par chaque associé au cours de l'exercice. Le tableau 19.6 fait état du partage du bénéfice net de 150 000 $.

L'attribution d'une rémunération et le partage du solde selon un ratio fixe

Supposons cette fois que le contrat de société conclu entre Josianne Hartley et Paul Lecomte prévoie : 1) l'attribution d'une rémunération s'élevant respectivement à 35 000 $ et à 45 000 $; et 2) un partage égal du reste du bénéfice. Il a aussi été entendu que la société paierait mensuellement les « salaires » convenus, que l'on porterait au débit du compte Retraits de chaque associé[11].

19

---

11. Le partage des bénéfices peut prévoir l'attribution d'une rémunération aux associés sans qu'elle ne leur soit versée ou sans que ceux-ci n'effectuent de retraits. De même, le montant des retraits pourrait être inférieur ou supérieur aux « salaires » attribués. Dans cet exemple, nous supposons que les retraits effectués par les associés sont égaux aux « salaires » qui leur sont attribués. Si les retraits d'un associé étaient supérieurs aux « salaires » attribués, ce serait l'équivalent d'une réduction du capital moyen investi par cet associé au cours de l'exercice. Rappelons que l'attribution de « salaires », dans le langage courant, correspond en fait à des retraits. Ces prétendus « salaires » ne figurant pas dans l'état des résultats, ils n'ont pas été pris en compte lors de l'établissement du bénéfice net. C'est pourquoi on doit en tenir compte au moment de la répartition du bénéfice net entre les associés.

TABLEAU 19.6	LE PARTAGE DU BÉNÉFICE NET AU 31 DÉCEMBRE 20X1 SELON UN RATIO ÉTABLI EN FONCTION DU CAPITAL MOYEN INVESTI AU COURS DE L'EXERCICE – LECOMTE HARTLEY, S.E.N.C.R.L.

	Josianne Hartley	Paul Lecomte	Total
Capital au 1er janvier 20X1	47 000 $	52 000 $	99 000 $
Apport supplémentaire de Josianne Hartley			
le 1er octobre 20X1 (6 000 $ × 3 ÷ 12)	1 500		1 500
Capital moyen investi au cours de l'exercice 20X1	48 500 $[12]	52 000 $	100 500 $
Bénéfice net à répartir			150 000 $
Quote-part attribuée à chaque associé			
Josianne Hartley			
[(48 500 $ ÷ 100 500 $) × 150 000 $]	72 388 $		(72 388)
Paul Lecomte			
[(52 000 $ ÷ 100 500 $) × 150 000 $]		77 612 $	(77 612)
Part du bénéfice net revenant à chaque associé	72 388 $	77 612 $	θ $

Les « salaires » attribués s'élèvent à 80 000 $ par année et représentent la première étape du travail de répartition du bénéfice net de 150 000 $. Le solde de 70 000 $ est réparti également, comme l'illustre le tableau 19.7.

TABLEAU 19.7	LE PARTAGE DU BÉNÉFICE NET AU 31 DÉCEMBRE 20X1 SELON L'ATTRIBUTION D'UNE RÉMUNÉRATION ET LE PARTAGE EN PARTS ÉGALES DU SOLDE DU BÉNÉFICE – LECOMTE HARTLEY, S.E.N.C.R.L.

	Josianne Hartley	Paul Lecomte	Total
Bénéfice net à répartir			150 000 $
Rémunérations attribuées aux associés	35 000 $	45 000 $	(80 000)
Solde à répartir			70 000
Quote-part attribuée à chaque associé			
Josianne Hartley (50 %)	35 000		(35 000)
Paul Lecomte (50 %)		35 000	(35 000)
Part du bénéfice net revenant à chaque associé	70 000 $	80 000 $	θ $

L'attribution d'intérêts sur le capital des associés et le partage du solde selon un ratio fixe

Supposons que le contrat de société prévoie plutôt l'attribution d'intérêts, calculés au taux de 10 %, sur les sommes investies au début de l'exercice[13] et un partage égal du reste du bénéfice. Le tableau 19.8 à la page suivante fait état du partage du bénéfice net de 150 000 $.

19

---

12. On peut également obtenir le capital moyen investi au cours de l'exercice 20X1 par Josianne Hartley de la façon suivante : [(47 000 $ × 9/12) + (53 000 $ × 3/12)].

13. Notez que l'on pourrait calculer les intérêts sur le capital moyen investi par chaque associé au cours de l'exercice.

TABLEAU 19.8	LE PARTAGE DU BÉNÉFICE NET AU 31 DÉCEMBRE 20X1 SELON L'ATTRIBUTION D'INTÉRÊTS ET LE PARTAGE EN PARTS ÉGALES DU SOLDE DU BÉNÉFICE – LECOMTE HARTLEY, S.E.N.C.R.L.

	Josianne Hartley	Paul Lecomte	Total
Bénéfice net à répartir			150 000 $
Intérêts attribués aux associés			
Josianne Hartley (47 000 $ × 10 %)	4 700 $		(4 700)
Paul Lecomte (52 000 $ × 10 %)		5 200 $	(5 200)
Solde à répartir			140 100
Quote-part attribuée à chaque associé	70 050		
Josianne Hartley (50 %)			(70 050)
Paul Lecomte (50 %)		70 050	(70 050)
Part du bénéfice net revenant à chaque associé	74 750 $	75 250 $	θ $

AVEZ-VOUS LE SENS DE L'OBSERVATION ?

On doit porter une attention particulière aux intérêts dont il est ici question. Il ne s'agit aucunement d'un revenu supplémentaire, ni même d'un encaissement pour les associés, pas plus que d'une charge d'exploitation pour la société. Il s'agit en fait uniquement d'un mode de partage du bénéfice net à répartir. Pour chaque associé, c'est donc le total du bénéfice qui lui revient qui importe.

L'attribution d'une rémunération et d'intérêts sur le capital des associés et le partage du solde selon un ratio fixe

Dans le tableau 19.7 (*voir la page 883*), nous avons tenu compte du fait que Paul Lecomte rendait plus de services à la société que son associée, tandis que dans le tableau 19.8, le partage du bénéfice net mettait d'abord l'accent sur le capital d'apport de chaque associé. Le tableau 19.9 illustre, à l'aide des mêmes renseignements, une façon de partager le bénéfice net qui tient compte de ces deux facteurs, c'est-à-dire les services rendus et le capital d'apport de chaque associé.

TABLEAU 19.9	LE PARTAGE DU BÉNÉFICE NET AU 31 DÉCEMBRE 20X1 SELON L'ATTRIBUTION D'UNE RÉMUNÉRATION ET D'INTÉRÊTS ET LE PARTAGE EN PARTS ÉGALES DU SOLDE DU BÉNÉFICE – LECOMTE HARTLEY, S.E.N.C.R.L.

	Josianne Hartley	Paul Lecomte	Total
Bénéfice net à répartir			150 000 $
Rémunérations attribuées aux associés	35 000 $	45 000 $	(80 000)
Solde à répartir			70 000
Intérêts attribués aux associés			
Josianne Hartley (47 000 $ × 10 %)	4 700		(4 700)
Paul Lecomte (52 000 $ × 10 %)		5 200	(5 200)
Solde à répartir			60 100
Quote-part attribuée à chaque associé			
Josianne Hartley (50 %)	30 050		(30 050)
Paul Lecomte (50 %)		30 050	(30 050)
Part du bénéfice net revenant à chaque associé	69 750 $	80 250 $	θ $

19

L'attribution d'une rémunération et d'intérêts supérieurs au bénéfice net

Dans l'exemple précédent, le total de la rémunération (80 000 $) et des intérêts (9 900 $) attribués aux associés s'élève à 89 900 $ par rapport à un bénéfice net de 150 000 $. Comment répartirait-on le bénéfice net entre les associés s'il s'élevait à un chiffre inférieur à 150 000 $, par exemple 85 000 $?

Si le mode de partage du bénéfice prévoit l'attribution d'une rémunération et d'intérêts aux associés, on doit respecter cette clause du contrat de société, même si le bénéfice net est inférieur aux sommes ainsi attribuées. Le tableau 19.10 illustre le partage d'un bénéfice net de 85 000 $.

TABLEAU 19.10 — **LE PARTAGE DU BÉNÉFICE NET AU 31 DÉCEMBRE 20X1 SELON L'ATTRIBUTION D'UNE RÉMUNÉRATION ET D'INTÉRÊTS SUPÉRIEURS AU BÉNÉFICE NET – LECOMTE HARTLEY, S.E.N.C.R.L.**

	Josianne Hartley	Paul Lecomte	Total
Bénéfice net à répartir			85 000 $
Rémunérations attribuées aux associés	35 000 $	45 000 $	(80 000)
Solde à répartir			5 000
Intérêts attribués aux associés			
Josianne Hartley (47 000 $ × 10 %)	4 700		(4 700)
Paul Lecomte (52 000 $ × 10 %)		5 200	(5 200)
Perte résiduelle à répartir			(4 900)
Quote-part attribuée à chaque associé			
Josianne Hartley (50 %)	(2 450)		2 450
Paul Lecomte (50 %)		(2 450)	2 450
Part du bénéfice net revenant à chaque associé	37 250 $	47 750 $	0 $

AVEZ-VOUS LE SENS DE L'OBSERVATION ?

Notez qu'après l'attribution de la rémunération et des intérêts, la société essuie une perte résiduelle de 4 900 $ que devront se partager les associés selon le ratio convenu de partage des bénéfices, à moins que le contrat de société ne prévoie un ratio différent pour le partage des pertes.

L'admission d'un associé

Précisons que l'admission d'un associé n'entraîne pas la dissolution de la société en nom collectif existante. La figure 19.3 à la page suivante illustre qu'une personne peut être admise dans une société en nom collectif de l'une ou l'autre des deux façons suivantes : 1) en achetant la part ou une partie de la part d'un ou de plusieurs associés ; et 2) en effectuant directement un investissement dans la société. Quand un nouvel associé achète la part d'un associé, chaque partie négocie à titre personnel, c'est-à-dire que la société en nom collectif elle-même n'est pas engagée dans l'opération. C'est pourquoi aucun changement ne se produit dans son actif et dans son passif. Cependant, si le nouvel associé effectue un investissement dans la société, l'actif de celle-ci s'accroît d'un montant égal au capital d'apport de cet associé.

TRAVAIL À FAIRE

Passez les écritures nécessaires pour refléter, dans les livres, le retrait de Gobeil en énonçant tour à tour les hypothèses suivantes :

a) Gobeil vend à Laurin 75 % de son capital au prix de 135 000 $ et le reste à Toutant au prix de 41 000 $, sommes que les deux associés doivent lui payer personnellement.

b) En règlement de la valeur de sa part, Gobeil accepte que la société lui verse une somme de 58 500 $ et lui cède un brevet d'invention dont la valeur comptable et la juste valeur sont de 65 000 $. On ne doit pas réévaluer les éléments d'actif de la société.

c) En règlement de la valeur de sa part, Gobeil accepte que la société lui verse une somme de 59 000 $ et lui remette un billet de 120 000 $ échéant dans 10 ans et portant intérêt à 10 %. On ne doit pas réévaluer les éléments d'actif de la société.

Gratification accordée à Gobeil : 36 000 $

P9 ## Le retrait d'un associé

15 minutes – difficile

Le 31 décembre 20X3, au moment où Paul Harvey se retire de la société Piscines Harvey, Camiré et Tremblay, SENC, le solde des comptes Capital de chaque associé est respectivement de 100 000 $, de 45 000 $ et de 55 000 $. Le contrat de société attribue 50 % des bénéfices à Harvey, 10 % à Camiré et 40 % à Tremblay.

TRAVAIL À FAIRE

Passez les écritures requises pour refléter, dans les livres, le retrait de Paul Harvey en énonçant tour à tour les hypothèses suivantes :

a) Harvey vend à Tremblay 30 % de son capital au prix de 37 500 $ et le reste à Camiré au prix de 87 500 $, sommes que les deux associés doivent lui payer personnellement.

b) Harvey vend sa participation à Pagé, un nouvel associé, pour la somme de 150 000 $, avec le consentement des deux autres associés.

c) En règlement de la valeur de sa part, Harvey accepte que la société lui verse une somme de 80 000 $. On ne doit pas réévaluer les éléments d'actif de la société.

d) En règlement de la valeur de sa part, Harvey accepte que la société lui verse une somme de 110 000 $. On ne doit pas réévaluer les éléments d'actif de la société.

Gratification accordée à Paul Harvey : 10 000 $

P10 ## La liquidation d'une société

20 minutes – facile

Voici le bilan d'une société dont les associés ont convenu de mettre un terme à l'exploitation :

TANNER, BONNER ET OVIDE, SENC
Bilan
au 31 décembre 20X6

Actif		Passif et capitaux propres	
Caisse	24 000 $	Effets à payer	60 000 $
Immobilisations nettes	216 000	Tanner – Capital (40 %)	44 400
		Bonner – Capital (20 %)	57 600
		Ovide – Capital (40 %)	78 000
	240 000 $		240 000 $

Les pourcentages figurant entre parenthèses correspondent à la quote-part de chaque associé dans les bénéfices et les pertes, conformément au contrat de société. On a vendu aux enchères les immobilisations pour la somme de 120 000 $ et l'on a remboursé toutes les dettes de la société.

TRAVAIL À FAIRE

Établissez le tableau de synthèse de la liquidation.

Montant versé à Bonner: 38 400 $

P11 ### La liquidation d'une société

Voici le bilan de la société Lajoie, Ladouceur et Latendresse au 31 décembre 20X1:

45 minutes – difficile

LAJOIE, LADOUCEUR ET LATENDRESSE, SENC
Bilan
au 31 décembre 20X1

Actif		Passif et capitaux propres	
Caisse	2 400 $	Fournisseurs	92 000 $
Clients (montant net)	48 000	Emprunt hypothécaire	100 000
Stock de marchandises	106 600	Lajoie – Capital	30 000
Immobilisations nettes	185 000	Ladouceur – Capital	72 000
		Latendresse – Capital	48 000
	342 000 $		342 000 $

Selon le contrat de société, Lajoie, Ladouceur et Latendresse partagent les bénéfices et les pertes dans une proportion de 5:3:2. À la suite d'une profonde mésentente, les associés conviennent de mettre un terme à leur association. La liquidation a donné lieu aux opérations suivantes survenues en janvier 20X2:

1. On a vendu les comptes clients sans recours à une société d'affacturage pour un montant équivalant à 60 % de leur valeur comptable.

2. On a vendu les stocks pour un montant global de 100 000 $.

3. La vente aux enchères des immobilisations, qui avaient à l'origine coûté 370 000 $, a rapporté la somme de 116 600 $.

4. On a remboursé toutes les dettes de la société.

TRAVAIL À FAIRE

Sachant que Lajoie est personnellement insolvable:

a) passez les écritures de journal requises pour donner suite à la liquidation de la société et à la distribution de l'encaisse;

b) dressez le tableau de synthèse de la liquidation.

Montant versé à Ladouceur: 33 480 $

19

CHAPITRE 20

Les coopératives

PLAN DU CHAPITRE

La nature de la coopérative 916
La gestion de la coopérative 920
La comptabilisation des opérations
de la coopérative... 922
La présentation des états financiers
de l'association coopérative 931
Synthèse du chapitre 20 933
Activités d'apprentissage 934

OBJECTIFS D'APPRENTISSAGE

Au terme de ce chapitre, vous pourrez:

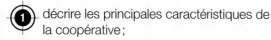 décrire les principales caractéristiques de
la coopérative;

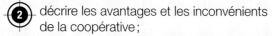 décrire les avantages et les inconvénients
de la coopérative;

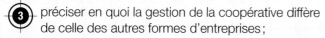 préciser en quoi la gestion de la coopérative diffère
de celle des autres formes d'entreprises;

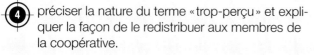 préciser la nature du terme «trop-perçu» et expli-
quer la façon de le redistribuer aux membres de
la coopérative.

Jusqu'ici, nous avons abordé les trois principales formes d'entreprises que sont les **entreprises individuelles**, les **sociétés en nom collectif** et les **sociétés par actions.** Toutes trois sont orientées vers la réalisation d'un **profit** ou d'un **bénéfice net.** Ainsi, une personne, un groupe de personnes ou un groupe d'actionnaires songeant à fonder une entreprise ne le fera que si la **rentabilité** de celle-ci est probable. Cette orientation, strictement axée sur la rentabilité, a laissé le champ libre à une nouvelle forme d'entreprise connue sous le nom de **coopérative** ou « **association coopérative** ». Dans ce chapitre, nous traiterons des multiples facettes et des problèmes particuliers de la coopérative. Voyons d'abord la nature précise de cette forme d'entreprise.

Une orientation, strictement axée sur la rentabilité, a laissé le champ libre à une nouvelle forme d'entreprise connue sous le nom de coopérative.

UN PROFESSIONNEL VOUS PARLE

**Monique F. Leroux,
C.M., O.Q., FCPA, FCA
Présidente et chef
de la direction
Mouvement des
caisses Desjardins**

Coopérer pour créer l'avenir

Il y a dans le monde un million de coopératives. Elles regroupent un milliard de membres et procurent un emploi à 100 millions de personnes. Les 300 plus grandes coopératives de la planète ont un poids économique comparable à celui de l'économie canadienne. Les coopératives et les mutuelles existent dans tous les secteurs de l'économie : agroalimentaire, foresterie, services à domicile, services funéraires, assurances, services financiers, etc.

Ce qui fait la force des coopératives est leur engagement dans l'« économie réelle » ; elles répondent à des besoins concrets. Elles sont près des collectivités, contrôlées par elles, et contribuent au développement local et régional dans une perspective de long terme. Elles ont le sens de la responsabilité sociale et du développement durable. Elles constituent elles-mêmes des entreprises durables.

Devant les défis et les problèmes à résoudre, les coopératives encouragent leurs membres à se mettre ensemble en action.

LA NATURE DE LA COOPÉRATIVE

Qu'entend-on par « coopérative » aujourd'hui ?

Selon la Loi sur les coopératives :

> [u]ne coopérative est une personne morale regroupant des personnes ou sociétés qui ont des besoins économiques, sociaux ou culturels communs et qui, en vue de les satisfaire, s'associent pour exploiter une entreprise conformément aux règles d'action coopérative[1].

Selon le Conseil québécois de la coopération et de la mutualité :

> [p]our environ 50 % de la population, le mot coopérative réfère à un regroupement, une union, un ensemble de gens et de membres. Dans les faits, une coopérative c'est bien plus qu'un regroupement. Une coopérative est une association autonome de personnes, volontairement réunies pour satisfaire leurs aspirations et besoins économiques, sociaux et culturels communs au moyen d'une entreprise dont la propriété est collective et où le pouvoir est exercé démocratiquement[2].

Ainsi, une coopérative, c'est :

> la combinaison originale d'une association et d'une entreprise dont la raison d'être est la satisfaction des besoins des membres. L'association permet à chaque coopérateur de grandir humainement et socialement alors que l'entreprise lui fournit des moyens et des occasions de développement[3].

Essentiellement, la coopérative est la réponse d'un groupe de personnes, les **coopérateurs,** à des besoins communs.

20

---

1. Loi sur les coopératives, L.R.Q., c. C-67.2, art. 3, (à jour au 1er janvier 2014.) Reproduction autorisée par les Publications du Québec.
2. Conseil québécois de la coopération et de la mutualité, « *Principes coopératifs* », www.coopquebec.coop/fr/principes-cooperatifs.aspx (page consultée le 6 mars 2014).
3. Conseil québécois de la coopération et de la mutualité, « *Distinction entre coop et mutuelle* », www.coopquebec.coop/fr/distinction-entre-coop-et-mutuelle.aspx (page consultée le 6 mars 2014).

AVEZ-VOUS LE SENS DE L'OBSERVATION ?

Le mouvement coopératif existe au Québec depuis plus de 100 ans et emploie plus de 92 000 employés au service de plus de 8,8 millions de membres, qu'il s'agisse de particuliers ou d'entreprises. Vous êtes possiblement déjà un coopérateur si vous faites affaire avec une Caisse Desjardins ou une coopérative scolaire.

Les divers types d'associations coopératives

La coopérative est souvent la réponse à des besoins d'ordres économique et social. Or, ces besoins peuvent différer d'une association coopérative à l'autre. C'est pourquoi on groupe les associations coopératives en secteurs coopératifs. Le tableau 20.1 décrit brièvement les multiples facettes des coopératives.

TABLEAU 20.1 | **LES DIVERS TYPES DE COOPÉRATIVES ET LEURS PRINCIPAUX OBJECTIFS**

Coopérative de consommateurs	Ce type de coopérative fournit aux coopérateurs des biens et des services de consommation courante pour leur usage personnel. Pensons notamment aux coopératives alimentaires de même qu'aux coopératives d'habitation et de services funéraires.
Coopérative de producteurs	Ce type de coopérative regroupe des personnes physiques et morales qui bénéficient d'avantages économiques en se procurant, auprès de leur coopérative, les biens et les services nécessaires à l'exercice de leur profession ou à l'exploitation de leur entreprise. Pensons notamment aux coopératives agroalimentaires, de taxi, d'utilisation d'équipement agricole et de services professionnels.
Coopérative de travailleurs	Dans cette forme de coopérative, les coopérateurs sont à la fois propriétaires et employés. Ce type de coopérative offre ainsi aux travailleurs la possibilité d'améliorer leur connaissance des affaires en prenant part à la gestion de l'entreprise. On trouve notamment ce type de coopérative dans les secteurs de l'aménagement forestier et de la transformation du bois, des services aux entreprises et des services ambulanciers.
Coopérative de travailleurs actionnaires	Une coopérative de travailleurs actionnaires détient une part des actions de l'entreprise qui fournit du travail aux coopérateurs. La relation entre l'entreprise et la coopérative est habituellement régie par une convention d'actionnaires qui détermine les règles du jeu pour tous les partenaires. Nous trouvons ce type de coopérative dans les secteurs de la fabrication, de l'informatique et du multimédia.
Coopérative de solidarité	Au sein des formes de coopératives précédentes, les membres doivent appartenir à une même catégorie : consommateurs, producteurs ou travailleurs. La coopérative de solidarité permet de regrouper différentes catégories de coopérateurs. Ainsi, travailleurs, utilisateurs et les autres personnes ou sociétés ayant un intérêt commun peuvent s'unir pour satisfaire leurs besoins et aspirations. La coopérative de solidarité est présente, notamment, dans les services d'aide à domicile, les services professionnels et aux entreprises, l'environnement et le développement durable, les services de proximité (épiceries, postes d'essence, restaurants, etc.), notamment en milieux rural et semi-urbain.
Coopératives financières	On trouve parmi les principales coopératives financières la Fédération des caisses Desjardins du Québec, le Groupe Promutuel, la SSQ Groupe financier et la Capitale mutuelle de l'administration publique. Toutes sont régies par la Loi sur les coopératives de services financiers et la Loi sur les assurances.

Coopérative d'habitation des Cantons de l'Est (Coopérative de consommateurs)

Galerie ArtAzo (Coopérative de producteurs)

Clinique universitaire de réadaptation de l'Estrie (Coopérative de solidarité)

20

Les caractéristiques de la coopérative

Avant d'aborder la question de la mise sur pied d'une coopérative dans le contexte juridique québécois et d'examiner les problèmes comptables que peuvent engendrer les associations coopératives, examinons brièvement les caractéristiques de cette forme d'entreprise. Le tableau 20.2 présente sommairement ces caractéristiques qui découlent, d'une manière générale, du fait que la coopérative vise à satisfaire un besoin commun aux coopérateurs.

TABLEAU 20.2 ▌ **LES CARACTÉRISTIQUES DES COOPÉRATIVES**

L'adhésion volontaire	L'adhésion à une coopérative est volontaire et à la portée de toute personne ou société désirant en utiliser les services. De plus, tout membre est libre de quitter en tout temps la coopérative, pourvu que son départ ne porte pas atteinte à la stabilité financière de cette dernière.
Les coopérateurs usagers	Toute personne ou société qui est en mesure de participer à l'objet pour lequel la coopérative est mise sur pied peut en devenir membre. Cela signifie que tout membre est aussi un usager de la coopérative, ce qui n'est pas le cas des actionnaires d'une grande société par actions telle que Bombardier.
Le pouvoir démocratique	Le coopérateur est la personne la plus importante de l'association coopérative. En tant que propriétaire (**membre usager**), il a souscrit une ou plusieurs parts sociales de l'association. Quel que soit le nombre de parts sociales qu'il détient, le coopérateur n'a droit qu'à **un seul vote.** Il ne pourra jamais avoir plus de pouvoir qu'un autre membre, puisque, fondamentalement, chaque coopérateur n'a droit qu'à un vote, peu importe le montant d'argent qu'il a investi dans la coopérative.
Le paiement de la ristourne aux membres	Bien que l'association coopérative n'ait pas pour objectif de réaliser des bénéfices, cela arrive toutefois fréquemment. Le cas échéant, ces bénéfices, désignés sous le nom de **trop-perçus,** appartiennent aux membres de l'association. Contrairement aux actionnaires de la société par actions qui reçoivent des dividendes en fonction des sommes investies dans la société, les membres de l'association coopérative reçoivent une **ristourne en fonction de leur activité économique au sein de la coopérative.**
L'éducation coopérative	En règle générale, les coopératives font en sorte de promouvoir l'esprit coopératif en éduquant leurs membres, leurs dirigeants, leurs employés et le public.

Les avantages et les inconvénients de la coopérative

Dans leur ouvrage intitulé *L'administration et le développement coopératif,* Marcel Laflamme et André Roy résument comme suit les principaux avantages de la coopérative : « Association démocratique et entreprise économique, la coopérative est une organisation qui élimine la notion de profit et qui instaure une égalité substantielle au niveau de la répartition de l'avoir et du pouvoir entre les sociétaires[4]. »

Puisque la notion de profit est absente, il est donc en théorie possible, pour les coopérateurs, de se procurer des biens et des services à un coût moindre. Les trop-perçus, s'ils existent, leur sont distribués en fonction de leur activité économique au sein de la coopérative, ce qui assure une plus grande équité en ce qui a trait à la répartition de la richesse de l'entreprise. Enfin, puisque chaque coopérateur ne détient qu'un seul vote, les coopérateurs possèdent le même pouvoir décisionnel.

Parmi les désavantages du coopératisme, soulignons les difficultés financières de nombreuses associations coopératives qui, en vertu d'un idéal coopératif, ont négligé de s'entourer d'administrateurs compétents capables de gérer convenablement les ressources de cette forme d'entreprise. Gardons à l'esprit que plusieurs coopératives sont en concurrence directe avec des entreprises du secteur privé et qu'elles subissent par conséquent les lois du marché. Il est donc primordial que l'association coopérative soit gérée de manière à assurer sa compétitivité tout en conservant l'idéal coopératif que poursuivent ses membres.

---

4. Marcel Laflamme et André Roy, *L'administration et le développement coopératif,* Montréal, Les Éditions du Jour, 1978, p. 9.

Quoi qu'il en soit, il ressort clairement que l'association coopérative représente souvent le seul moyen, pour une personne, d'atteindre un objectif grâce à la mise en commun de ressources. Pensons notamment aux coopératives d'habitation qui permettent à plusieurs personnes d'avoir accès à la propriété collectivement, alors qu'individuellement cela leur serait impossible.

AVEZ-VOUS LE SENS DE L'OBSERVATION ?

Pour certains, il est faux de prétendre qu'une coopérative ne vise jamais la réalisation de bénéfices. Comme nous le verrons dans la prochaine section, les lois sont claires à cet effet et, à maints égards, il y a peu de différences entre les sociétés par actions et les coopératives. Par exemple, les parts des membres d'une coopérative confèrent à leurs détenteurs des droits égaux incluant ceux de recevoir les dividendes déclarés à l'égard des parts des membres et, sous réserve des statuts, de se partager le reliquat des biens de la coopérative lors de sa dissolution. Au fédéral, il est aussi possible d'émettre des parts avec ou sans valeur nominale et autres considérations qui ne sont pas sans rappeler les caractéristiques du capital-actions des sociétés par actions.

Le cadre juridique et la mise sur pied de la coopérative

Au Québec, trois lois régissent l'ensemble des associations coopératives : la Loi sur les caisses d'épargne et de crédit, la Loi sur les coopératives de services financiers, lesquelles touchent les coopératives du secteur financier, et la Loi sur les coopératives qui régit la plupart des autres associations coopératives. Au fédéral, cette dernière loi a son équivalent, soit la *Loi canadienne sur les coopératives*. Dans ce chapitre, nous mettrons davantage l'accent sur la loi québécoise.

Loi sur les coopératives du Québec
Loi canadienne sur les coopératives

La constitution de la coopérative

En vertu de la loi, il est relativement facile de mettre sur pied une coopérative. En effet, il suffit de réunir au moins cinq fondateurs. Pour être considérée comme fondatrice de la coopérative, une personne ou une société doit être en mesure de participer à l'objet de la coopérative dont la constitution est demandée. Tous les fondateurs doivent posséder un intérêt commun à titre de futurs usagers de la coopérative qu'ils désirent exploiter, conformément aux règles d'action coopérative suivantes :

1. L'adhésion d'un membre à la coopérative est subordonnée à l'utilisation réelle qu'il fera des services offerts par la coopérative et à la possibilité pour la coopérative de les lui fournir.
2. Le membre n'a droit qu'à une seule voix, quel que soit le nombre de parts qu'il détient, et il ne peut voter par procuration.
3. Le paiement d'un intérêt sur le capital social doit être limité.
4. La coopérative a l'obligation de constituer une réserve.
5. L'affectation des trop-perçus ou excédents à la réserve et l'attribution de ristournes aux membres au prorata de leur activité économique au sein de la coopérative et d'autres objets accessoires sont prévus par la loi.
6. La coopérative doit faire la promotion de la coopération entre ses membres, entre ses membres et la coopérative, et entre celle-ci et d'autres organismes coopératifs.
7. La coopérative doit assurer la formation de ses membres, administrateurs, dirigeants et employés en matière de coopération et informer le public de la nature et des avantages de la coopération.
8. La coopérative doit soutenir le développement de son milieu[5].

---

5. Loi sur les coopératives, L.R.Q., c. C-67.2, art. 4. (à jour au 1er février 2014). Reproduction autorisée par les Publications du Québec.

La demande de constitution de la coopérative doit être accompagnée des renseignements suivants :

1. La dénomination sociale de l'association coopérative projetée ; pour éviter toute confusion, cette dénomination doit comporter l'un des termes suivants : « coopérative », « coopératif », « coopération » ou « coop ».

2. Les objectifs de la coopérative.

3. L'identité des fondateurs.

Ces renseignements constituent les statuts de la coopérative que signe chaque fondateur, et doivent être transmis, selon les modalités prescrites, au ministre des Finances et de l'Économie (MFEQ). Après avoir consulté le Conseil de la coopération du Québec, si le ministre approuve la formation de l'association coopérative, il publiera un avis de délivrance des statuts dans la *Gazette officielle du Québec.*

Les membres de la coopérative

Notons que la loi permet à un mineur de moins de 14 ans d'être membre de la coopérative dont l'objet le concerne et ainsi d'être réputé majeur à cet égard. De plus, une coopérative peut, par règlement, exiger de ses membres :

1. qu'ils s'engagent à livrer, vendre, acheter ou recevoir des biens ou des services par l'entremise de la coopérative ;

2. qu'ils versent une cotisation pour payer en tout ou en partie les frais d'exploitation de la coopérative.

Coop du Cégep de Sherbrooke

La loi permet la création de diverses catégories de membres, dont les principales sont les **membres réguliers** et les **membres auxiliaires.** Seuls les membres réguliers peuvent participer à la gestion de la coopérative, puisque les membres auxiliaires n'ont pas droit de vote et ne peuvent occuper de fonction selon l'article 52 de la loi. Toutefois, les membres auxiliaires doivent être en mesure de participer à l'objet pour lequel la coopérative a été constituée. Par exemple, une coopérative groupant les travailleurs d'une grande société n'admet que les travailleurs de l'entreprise à titre de membres réguliers. Cela n'empêche en rien qu'un cadre de la société puisse participer à l'activité de la coopérative, même s'il ne peut en devenir membre régulier. Dans ce cas, la coopérative peut accepter l'admission du cadre à titre de membre auxiliaire.

Le regroupement de plusieurs coopératives en fédération

La loi permet à des associations coopératives poursuivant les mêmes objectifs ou des objectifs connexes de constituer une **fédération** de coopératives. Ce regroupement permet d'unir les énergies de chaque coopérative membre de la fédération. En résultent notamment des actions concertées de formation et d'éducation des membres, un pouvoir d'achat accru pour les coopératives et la mise sur pied de nombreux services que ne peut s'offrir chacune des coopératives affiliées. Enfin, signalons qu'il est également possible à plusieurs fédérations de se regrouper en une **confédération.**

Confédération québécoise des coopératives d'habitation

LA GESTION DE LA COOPÉRATIVE

La figure 20.1 illustre la structure organisationnelle de la coopérative. Plus la coopérative est grande, plus sa structure organisationnelle s'avère complexe.

Passons maintenant en revue les principaux niveaux hiérarchiques afin de mieux saisir les devoirs et les responsabilités de chacun.

L'assemblée générale des membres

Les membres de la coopérative, qu'ils soient convoqués en assemblée annuelle ou en assemblée extraordinaire, en constituent l'**assemblée générale.** Chaque membre

20

FIGURE 20.1 | **LA STRUCTURE ORGANISATIONNELLE DE LA COOPÉRATIVE**

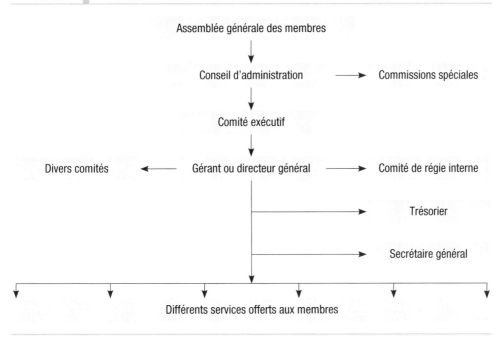

n'a droit qu'à un seul vote, quel que soit le nombre de parts dont il est détenteur. Parce que seuls les membres présents ont droit de vote, la loi permet à un membre de se faire représenter par son conjoint, pourvu que celui-ci ne soit pas membre de la coopérative.

Une fois l'an, tous les membres de la coopérative doivent recevoir un avis de convocation à l'assemblée annuelle des membres, laquelle doit être tenue dans les quatre mois suivant la fin de l'exercice financier.

Les membres de la coopérative sont convoqués à l'assemblée annuelle pour décider des grandes orientations de la coopérative et exercer un contrôle sur celles-ci. Les coopérateurs sont amenés notamment à :

- prendre connaissance du rapport de l'auditeur et du rapport annuel d'activité de la coopérative ;
- pourvoir tous les postes vacants au sein du conseil d'administration ;
- nommer l'auditeur ;
- statuer sur la répartition des trop-perçus.

Les membres de la coopérative peuvent être convoqués à une assemblée extraordinaire par le conseil d'administration, le président de la coopérative ou le conseil d'administration de la fédération dont la coopérative est membre lorsqu'ils le jugent opportun. Toutefois, le conseil d'administration doit obligatoirement convoquer une assemblée extraordinaire à la requête de 500 membres si la coopérative en compte 2 000 ou plus ou à la requête de 25 % des membres si elle en compte moins de 2 000.

Le conseil d'administration

Le **conseil d'administration** de la coopérative est élu par les membres lors de l'assemblée annuelle. Il est composé d'un minimum de 3 et d'un maximum de 15 administrateurs. La durée du mandat des administrateurs varie de un à trois ans selon les règlements de la coopérative. Il est préférable, quelle que soit cette durée, de pourvoir chaque année un certain nombre de postes d'administrateurs afin d'assurer la continuité au sein du conseil d'administration. Cela permet en outre aux nouveaux administrateurs de s'initier aux affaires du conseil d'administration tout en bénéficiant de l'expérience des anciens.

En plus d'administrer les affaires de la coopérative en vertu de l'autorité qui lui est conférée par l'assemblée générale, le conseil d'administration doit notamment :

1. engager un directeur général ou un gérant ;

2. assurer la coopérative contre les risques d'incendie, de vol, de responsabilité publique et patronale et de détournement de la part de ses dirigeants, préposés ou employés ;

3. désigner les personnes autorisées à signer au nom de la coopérative tout contrat ou tout autre document ;

4. lors de l'assemblée annuelle, rendre compte de son mandat, présenter son rapport annuel et faire une recommandation quant à l'affectation des trop-perçus ;

5. faciliter le travail de l'auditeur ;

6. encourager la formation, en matière de coopération, des membres, des administrateurs, des dirigeants et des employés de la coopérative et informer le public de la nature et des avantages de la coopération ;

7. promouvoir la coopération entre les membres, entre les membres et la coopérative, et entre celle-ci et d'autres organismes coopératifs ; favoriser le soutien au développement du milieu dans lequel la coopérative exerce son activité ;

8. fournir au ministre, si ce dernier en fait la demande, une copie des règlements ainsi que les renseignements et documents qu'il pourrait requérir relativement à l'application de la loi[6].

Le conseil d'administration peut constituer toutes les commissions spéciales qu'il juge nécessaires afin de faciliter le bon fonctionnement de la coopérative.

En résumé, la tâche du conseil d'administration consiste à gérer les affaires de la coopérative et, en son nom, à exercer, dans les limites du règlement, les pouvoirs qui lui sont délégués par l'assemblée générale.

Le comité exécutif

Le comité exécutif, lorsqu'il existe, est composé d'au moins trois administrateurs nommés par le conseil d'administration. Le nombre de ses membres ne peut toutefois excéder celui de la moitié du nombre d'administrateurs. Le comité exécutif exerce les pouvoirs que lui délègue le conseil d'administration. En règle générale, ces pouvoirs portent sur la gestion des opérations courantes de la coopérative.

LA COMPTABILISATION DES OPÉRATIONS DE LA COOPÉRATIVE

La coopérative n'échappe pas à la nécessité de se munir d'un bon système comptable. Le règlement d'application de la Loi sur les coopératives exige que les états financiers soient préparés selon les normes établies par le Conseil des normes comptables (CNC) dans le *Manuel de CPA Canada*.

Une bonne part des opérations de la coopérative sera donc comptabilisée de la même manière que celle qui est utilisée pour les autres formes d'entreprises. Ainsi, les opérations de vente et d'achat de marchandises ainsi que les encaissements et les décaissements figureront dans les registres comptables et feront l'objet d'écritures de régularisation en fin d'exercice afin de dresser les états financiers de la coopérative. Toutefois, ces états financiers doivent être adaptés aux particularités de la coopérative.

Les seuls éléments nouveaux touchant la comptabilisation des opérations de la coopérative ont principalement trait à la façon de tenir les comptes des capitaux propres,

---

6. Loi sur les coopératives, L.R.Q., c. C-67.2, art. 90. (à jour au 1er février 2014). Reproduction autorisée par les Publications du Québec.

puisque la comptabilisation des éléments de l'actif et du passif de ce genre d'entreprise ne diffère pas de celle qui a été décrite dans les chapitres précédents. Ainsi, conformément à la loi québécoise, les états financiers doivent être adaptés aux particularités de l'entreprise coopérative de la façon suivante.

1. Les ristournes attribuées sous forme de prêt, le cas échéant, doivent être le dernier poste de la rubrique « Passif » ; cette rubrique est suivie de la rubrique « Avoir » qui se subdivise en une section « Parts privilégiées participantes », une section « Avoir des membres » et une section « Avoir de la coopérative, de la fédération ou de la confédération » , selon le cas.

2. La section « Parts privilégiées participantes » ne mentionne que le montant des parts privilégiées participantes payées.

3. La section « Avoir des membres » ne mentionne que :

    a) le montant des parts sociales payées ;

    b) le montant des parts privilégiées payées.

4. La section « Avoir de la coopérative, de la fédération ou de la confédération », selon le cas, mentionne :

    a) les trop-perçus ou excédents devant être affectés selon l'article 143 de la Loi ;

    b) le montant de la réserve visée à l'article 145 de la Loi ;

    c) le montant de la réserve de valorisation visée aux articles 149.1 à 149.6 de la Loi, laquelle vise à valoriser l'utilisation des services de la coopérative par ses membres ;

    d) le montant du surplus d'apport et de l'excédent d'évaluation, le cas échéant.

5. Les expressions « trop-perçus » ou « excédents » remplacent l'expression « bénéfices » ; l'expression « excédents » peut s'employer pour toutes les catégories de coopératives, tandis que l'expression « trop-perçus » ne s'emploie que dans le cas des coopératives d'approvisionnement en biens ou services.

6. L'expression « déficit » remplace l'expression « perte » à l'état des résultats.

7. L'état de la réserve qui remplace l'état des bénéfices non répartis mentionne :

    a) le solde à la fin de l'exercice précédent ;

    b) les trop-perçus ou excédents de l'exercice précédent devant être affectés selon l'article 143 de la Loi ;

    c) le détail des ristournes attribuées par la dernière assemblée générale annuelle ;

    d) les intérêts payés à titre de participation dans les trop-perçus ou excédents sur les parts privilégiées participantes, le cas échéant ;

    e) les impôts payés ou récupérés ;

    f) tout redressement requis, le cas échéant ;

    g) le déficit de l'exercice additionné des intérêts payés sur les parts privilégiées et les parts privilégiées participantes, déduction faite, le cas échéant, de toute partie de ces éléments déjà déduite de la réserve de valorisation.

8. Le cas échéant, l'état de la réserve de valorisation mentionne :

    a) le solde à la fin de l'exercice précédent ;

    b) les excédents de l'exercice précédent affectés par le conseil d'administration ;

    c) le détail des ristournes attribuées pour l'exercice financier concerné à même la réserve de valorisation ;

    d) le cas échéant, tout déficit ou partie du déficit de l'exercice additionné des intérêts payés sur les parts privilégiées et les parts privilégiées participantes, jusqu'à concurrence du solde de la réserve de valorisation, qui ne peut être négatif[7].

---

7. *Règlement d'application de la Loi sur les coopératives*, L.R.Q., c. C-67.2, r. 1, art. 6. (à jour le 1ᵉʳ février 2014). Reproduction autorisée par les Publications du Québec.

Il va de soi que le présent ouvrage ne vise pas à expliquer tous les éléments énoncés ci-dessus. Cela étant dit, avant d'en aborder les principaux aspects et afin d'avoir une vue d'ensemble des capitaux propres de la coopérative, un extrait du bilan de la Coopérative Gutenberg est présenté ci-après.

COOPÉRATIVE GUTENBERG
Bilan partiel
au 31 décembre 20X5

Avoir		
Avoir des membres		
Parts privilégiées à intérêt cumulatif de 9 %,		
d'une valeur nominale de 10 $, rachetables en 20X9		
Nombre de parts autorisées, 10 000		
Nombre de parts émises et versées, 5 000		50 000 $
Parts sociales d'une valeur nominale de 10 $		
Nombre illimité de parts autorisées		
Nombre de parts émises et versées, 2 115		21 150
		71 150
Avoir de la coopérative		
Réserve générale		10 450
Trop-perçus de l'exercice terminé le 31 décembre 20X5		17 950
Total de l'avoir		99 550 $

Le capital social

Le **capital social** de la coopérative représente la mise de fonds des membres. Il peut se composer de parts sociales, de parts privilégiées et de parts privilégiées participantes.

Les parts sociales

Le nombre minimal de parts sociales ou de parts sociales et privilégiées que doit souscrire chaque membre est fixé dans les règlements de la coopérative. Ces parts sont désignées comme **parts de qualification** et leur nombre peut varier selon la catégorie de services dont le coopérateur entend se prévaloir. Le prix d'une part sociale est fixé par la Loi sur les coopératives à 10 $ et chaque part sociale est nominative, c'est-à-dire qu'elle est enregistrée au nom du coopérateur qui en fait l'acquisition. Elle ne peut être transférée que selon les conditions et modalités prévues dans les règlements de la coopérative. Notez que les parts sociales de Desjardins ont un prix de 5 $, car cette coopérative n'est pas régie par la même loi générale.

Un coopérateur peut détenir un nombre illimité de **parts sociales**, qu'il peut se procurer au comptant ou par voie de souscription si les règlements de la coopérative le permettent. Rappelons toutefois que quel que soit le nombre de parts sociales du coopérateur, celui-ci n'a droit qu'à un seul vote lors de l'assemblée générale. De plus, les parts sociales ne rapportent pas d'intérêt.

AVEZ-VOUS LE SENS DE L'OBSERVATION ?

Le rendement sur les parts sociales : s'il est vrai que les parts sociales ne rapportent pas d'intérêt, les coopératives contournent toutefois cette restriction imposée par la loi en distribuant une ristourne sur le capital social, laquelle produit le même effet que le paiement d'un intérêt.

Enfin, les parts sociales ne sont remboursables qu'en cas de décès, de démission, d'exclusion ou d'interdiction d'un membre, pourvu que le remboursement ne soit pas susceptible de porter atteinte à la stabilité financière de la coopérative.

Les parts privilégiées

Si les règlements de la coopérative l'y autorisent, le conseil d'administration peut émettre des **parts privilégiées**. Les règlements doivent prévoir le montant, les privilèges, les droits et les restrictions de ces parts et les conditions de rachat ou de remboursement. La loi stipule que les parts privilégiées ne peuvent être remboursées en deçà d'un délai de trois ans à compter de la date de leur émission. De même, l'intérêt qui peut être payé sur ces parts doit être limité dans les règlements.

Le détenteur d'une part privilégiée n'a pas le droit d'être convoqué, ni d'assister, ni de voter à une assemblée générale, ni d'occuper une fonction au sein de la coopérative.

Les parts privilégiées participantes

Si les règlements de la coopérative l'y autorisent, le conseil d'administration peut émettre des parts privilégiées participantes. Les règlements peuvent prévoir plus d'une catégorie de parts privilégiées participantes. Ils doivent cependant déterminer le montant, les privilèges, les droits et les restrictions ainsi que les conditions de rachat, de remboursement ou de transfert afférentes à chaque catégorie de parts privilégiées participantes. Une catégorie peut comprendre des séries. Le taux d'intérêt de chaque série peut être différent. Les parts privilégiées participantes peuvent conférer à leur titulaire le droit d'être convoqué à une assemblée générale et d'y assister sans qu'il ait droit de parole. Les parts privilégiées participantes peuvent conférer le droit de recevoir un intérêt maximal annuel de 25 % du montant versé sur ces parts. Cet intérêt peut comprendre une participation aux trop-perçus ou excédents de la coopérative dans une proportion maximale de 25 %. Les trop-perçus ou excédents sont présentés dans l'état des résultats de la coopérative, déduction faite des intérêts payés sur les parts privilégiées et les parts privilégiées participantes, autres que ceux attribués en guise de participation dans les trop-perçus ou excédents.

Comme nous l'avons vu dans l'extrait du bilan présenté à la page 924, conformément au Règlement d'application de la Loi sur les coopératives, il faut présenter deux sections distinctes de l'avoir : d'une part, la section **Avoir des membres** qui comprend les parts sociales et parts privilégiées, et d'autre part, la section **Avoir de la coopérative** qui comprend la réserve générale et les trop-perçus.

AVEZ-VOUS LE SENS DE L'OBSERVATION ?

Le membre de la coopérative doit détenir minimalement des parts de qualification. Très souvent, il s'agit d'un investissement qui se limite à 10 $ au moment de l'acquisition d'une seule part sociale. Notons toutefois qu'aucun droit d'entrée ne peut être exigé d'une personne ou d'une société admise en tant que membre.

L'avoir de la coopérative

L'**avoir de la coopérative** (ou de la fédération ou de la confédération selon le cas) se compose de la réserve et des trop-perçus ou excédents du dernier exercice.

La réserve

La **réserve**, aussi appelée **réserve générale**, qui ne peut être partagée entre les membres même au moment d'une liquidation, est constituée de l'ensemble des trop-perçus qui y sont versés annuellement, après déduction des déficits. En vertu de la loi, les membres de la coopérative doivent affecter à la réserve au moins 10 % des trop-perçus ou excédents et doivent de plus affecter à la réserve ou attribuer en ristourne sous forme de parts un pourcentage additionnel d'au moins 10 % des trop-perçus ou excédents. La coopérative est soumise à cette obligation totale d'affectation tant que le total de l'avoir des membres et de l'avoir de la coopérative n'est pas au moins égal à 40 % des dettes de la coopérative.

Les trop-perçus ou excédents du dernier exercice

Ce n'est qu'au moment de l'assemblée annuelle que les membres de la coopérative décideront d'affecter le montant des **trop-perçus** ou **excédents** de l'exercice à la réserve et à l'attribution de ristournes aux membres. Puisque la fin de l'exercice financier de la coopérative précède l'assemblée annuelle, on présente les trop-perçus ou excédents de l'exercice dans un poste distinct de l'avoir, au moment de l'établissement des états financiers, dans l'attente de leur affectation.

La notion de trop-perçu ou excédent et les ristournes aux membres

On entend par **trop-perçus** ou **excédents** les bénéfices que génère une coopérative. L'établissement des trop-perçus ou excédents de la coopérative est identique à celui du bénéfice net de la société de capitaux, à une exception près : le traitement des intérêts sur les parts privilégiées. Tandis que l'on présente les dividendes sur actions privilégiées dans l'état des bénéfices non répartis, on inclut les intérêts versés aux détenteurs de parts privilégiées dans la détermination des trop-perçus ou excédents de la coopérative.

Telle qu'elle a été définie par la loi et conformément à l'idéologie du coopératisme, la **ristourne** ne constitue pas un partage des profits, mais plutôt la remise d'une partie du paiement fait en trop par un membre régulier ou par un membre auxiliaire, le cas échéant, ou un ajustement du prix des produits ou des services qu'un membre régulier ou un membre auxiliaire, le cas échéant, a livrés ou rendus à l'association coopérative.

Même si la ristourne équivaut à une réduction du prix des produits et des services, sa distribution ne s'accompagne pas d'un remboursement d'une portion équivalente des taxes de vente.

Seuls les trop-perçus ou excédents provenant de l'activité économique des membres réguliers et des membres auxiliaires au sein de la coopérative, le cas échéant, peuvent leur être attribués sous forme de ristourne. Cela signifie que les trop-perçus ou excédents qui résultent de l'activité économique de non-membres ne peuvent être distribués sous forme de ristourne aux membres réguliers ou auxiliaires. Deux choix s'offrent alors à la coopérative : soit verser une ristourne aux non-membres, soit affecter ces trop-perçus ou excédents à la réserve. En pratique, la seconde possibilité est plus souvent utilisée en raison des nombreux contrôles administratifs que nécessite le suivi de l'activité économique des non-membres.

Le taux des ristournes peut être différent selon la nature ou la qualité des produits ou des services faisant l'objet de cette activité économique. La coopérative n'est pas obligée de verser les ristournes en argent. En effet, elle peut, si l'assemblée générale l'y autorise, émettre soit des parts sociales ou privilégiées, soit des titres de créances en obligeant ses membres à lui prêter aux conditions qu'elle détermine, ou se prévaloir de ces deux modes de paiement à la fois. À la limite, la coopérative peut, dans ses statuts, s'interdire d'attribuer une ristourne et de verser un intérêt sur toute catégorie de parts privilégiées qu'elle détermine.

Il est important de noter qu'en vertu de la loi québécoise, ce sont les membres réunis en assemblée générale qui approuvent le versement de ristournes alors qu'en vertu de la loi fédérale, c'est au conseil d'administration que revient la responsabilité d'en déterminer le montant.

Un exemple complet

Afin d'illustrer les diverses notions présentées précédemment, examinons le cas de la Coopérative de la raquette.

L'enregistrement de l'émission des parts

La Coopérative de la raquette groupait au 31 décembre 20X1 quelque 300 mordus des sports de raquette que sont le tennis, le racquetball et le squash. Fondée au début de l'année par une centaine de sportifs mécontents des services offerts par les clubs sportifs de la région, la coopérative a connu une croissance rapide au cours de 20X1. Un sommaire des activités et des opérations qui ont eu lieu au cours de cette première année d'exploitation est présenté à la page suivante.

Le 4 décembre 20X0, la *Gazette officielle du Québec* a publié un avis de délivrance des statuts de la Coopérative de la raquette. Les fondateurs ont convoqué une assemblée de fondation le 18 décembre 20X0. En plus de nommer des administrateurs, les 115 personnes présentes à l'assemblée ont pris les engagements suivants sous forme de résolutions.

1. Cent personnes ont signé le formulaire de demande d'adhésion. Chaque membre doit payer comptant les 100 parts sociales de qualification qu'il achète au prix de 10 $ chacune.

2. Afin d'amasser la mise de fonds nécessaire à l'acquisition d'un complexe sportif, le conseil d'administration est autorisé à vendre, par souscription, 500 parts privilégiées au prix de 1 000 $, rachetables dans 30 ans et portant intérêt au taux de 9 % payable une fois par année. Les conditions de règlement des souscriptions sont les suivantes : 40 % comptant, 30 % dû le 31 mai 20X1 et 30 % dû le 31 août 20X1. Cinquante membres ont souscrit immédiatement à raison d'une part privilégiée chacun.

3. Si le conseil d'administration était dans l'obligation de confisquer des parts en raison de non-paiement des souscriptions dues, aucun montant ne serait remboursé au membre.

4. Tout remboursement de part se fera au comptant.

5. Le conseil d'administration peut contracter un emprunt auprès d'une Caisse Desjardins pour l'acquisition du complexe sportif jusqu'à un montant maximal de 3 000 000 $.

6. L'émission des parts se fera en date du 2 janvier 20X1.

Le 1er février 20X1, la coopérative a acquis d'un syndic de faillite un complexe sportif comprenant quatre terrains de tennis, six de racquetball et deux de squash. La transaction a totalisé 2 600 000 $. La Caisse Desjardins du quartier a accepté de prêter sur hypothèque la somme de 2 400 000 $ pour une période de 20 ans. Le premier versement se fera le 1er février 20X2 et sera composé d'une remise de capital de 120 000 $ et du versement d'un intérêt au taux de 4 %. Par la suite, la coopérative devra rembourser la somme de 10 000 $ plus les intérêts courus à la fin de chaque mois.

Le nombre de membres de la coopérative a rapidement progressé. En effet, le conseil d'administration a admis respectivement 400, 600 et 1 000 nouveaux membres les 31 janvier, 31 mars et 31 août 20X1.

AVEZ-VOUS LE SENS DE L'OBSERVATION ?

Vous remarquerez sans doute que l'inscription de l'émission de parts est, au bout du compte, comparable à l'inscription de l'émission d'actions. En effet, nous avons crédité des comptes distincts de capitaux propres, soit Parts sociales émises et versées et Parts privilégiées émises et versées. La société par actions aurait plutôt crédité les comptes Actions ordinaires et Actions privilégiées.

20

En supposant qu'un seul membre n'ait pas payé sa souscription d'une part privilégiée à compter du deuxième versement, voici les écritures de journal relatives aux opérations portant sur les parts sociales de la coopérative en 20X1 :

Écritures relatives à l'émission de parts sociales et de parts privilégiées

---

2 janvier 20X1

Banque	100 000	
Parts sociales émises et versées		100 000

Émission de 10 000 parts sociales de 10 $ payées par les 100 premiers membres.

Banque	20 000	
Souscriptions à recevoir – Parts privilégiées	30 000	
Parts privilégiées souscrites		50 000

Souscriptions de 50 parts privilégiées de 1 000 $ et encaissement du versement initial de 40 %.

31 janvier 20X1

Banque	400 000	
Parts sociales émises et versées		400 000

Émission de 40 000 parts sociales de 10 $ payées par les 400 nouveaux membres.

31 mars 20X1

Banque	600 000	
Parts sociales émises et versées		600 000

Émission de 60 000 parts sociales de 10 $ payées par les 600 nouveaux membres.

31 mai 20X1

Banque	14 700	
Souscriptions à recevoir – Parts privilégiées		14 700

Encaissement du deuxième versement relatif aux parts privilégiées de 49 des 50 souscripteurs, soit [(49 × 1 000 $) × 30 %].

31 août 20X1

Banque	1 000 000	
Parts sociales émises et versées		1 000 000

Émission de 100 000 parts sociales de 10 $ payées par les 1 000 nouveaux membres.

Banque	14 700	
Souscriptions à recevoir – Parts privilégiées		14 700

Encaissement du dernier versement relatif aux parts privilégiées de 49 des 50 souscripteurs, soit [(49 × 1 000 $) × 30 %].

Parts privilégiées souscrites	49 000	
Parts privilégiées émises et versées		49 000

Émission des parts privilégiées dont les souscriptions sont entièrement versées.

Le remboursement d'une part

À la suite du décès de l'un de ses membres, survenu le 27 septembre 20X1, le conseil d'administration de la Coopérative de la raquette a autorisé le remboursement de la part sociale de ce dernier. Ce remboursement, qui a eu lieu le 30 octobre, a nécessité l'écriture présentée dans le haut de la page suivante.

20

Remboursement d'une part

30 octobre 20X1

Parts sociales émises et versées	1 000	
Banque		1 000
Remboursement de la part sociale d'un membre décédé.		

L'établissement et l'affectation des trop-perçus

Nous avons mentionné que l'établissement des trop-perçus de la coopérative est identique à celui du bénéfice net de la société de capitaux, à l'exception des intérêts sur les parts privilégiées qui font partie intégrante de l'état des résultats.

Quant à l'affectation des trop-perçus, elle se fait en deux étapes. Tout d'abord, on doit déterminer quel montant des trop-perçus doit être affecté à la réserve. Par la suite, on peut affecter le solde aux ristournes versées aux membres, à la réserve ou aux deux à la fois.

Pour illustrer cela, supposons que la Coopérative de la raquette ait réalisé des trop-perçus de 25 000 $ en 20X1, que l'hypothèque pour le complexe sportif de 240 000 $ soit sa seule dette et que le solde de sa réserve soit nul. Comme la loi le stipule, les membres doivent affecter à la réserve au moins 10 % des trop-perçus ; ils doivent de plus affecter à la réserve ou attribuer en ristournes sous forme de parts un pourcentage additionnel d'au moins 10 % des trop-perçus tant que l'avoir total n'est pas égal à au moins 40 % des dettes de la coopérative. Puisque l'avoir de la Coopérative de la raquette est de 2 148 000 $, compte non tenu des trop-perçus de 20X1, ce montant excède largement l'exigence d'affectation totale, laquelle s'élève à 960 000 $, soit 40 % de la dette de 2 400 000 $. En conséquence, la coopérative a l'obligation d'affecter uniquement 2 500 $ à la réserve (soit 10 % des trop-perçus de 25 000 $), le solde pouvant être affecté aux ristournes au moment de l'assemblée générale des membres.

Chaque membre de la coopérative pourra recevoir une **ristourne** dont le montant sera déterminé **en fonction de son activité économique** au sein de la coopérative. Par exemple, si l'assemblée générale de la Coopérative de la raquette décide d'affecter 20 000 $ à la distribution de ristournes à ses membres, que Jasmine Robidas a utilisé les services de la coopérative pour une somme totale de 1 500 $ et que le chiffre d'affaires de l'exercice a été de 600 000 $, Jasmine Robidas recevra une ristourne de 50 $, établie selon la formule suivante :

Formule générale d'établissement du montant de la ristourne

$$\frac{\text{Total de l'activité économique du membre}}{\text{Chiffre d'affaires de la coopérative provenant des membres}} \times \text{Ristourne totale} = \text{Ristourne du membre}$$

$$\frac{1\ 500\ \$}{600\ 000\ \$} \times 20\ 000\ \$ = 50\ \$$$

Le versement de cette ristourne donne lieu à l'enregistrement de l'écriture suivante :

Versement d'une ristourne

Ristournes	50	
Banque		50
Versement d'une ristourne à Jasmine Robidas.		

L'exemple précédent présuppose que la coopérative n'a fait affaire qu'avec ses membres. Si elle a fait affaire avec des non-membres, elle devrait distinguer les opérations qu'elle a effectuées auprès de ces derniers de celles qu'elle a effectuées auprès des membres. Ainsi, le montant de la ristourne accordée à un membre sera fonction du volume de l'activité économique de ce membre par rapport au chiffre d'affaires de la coopérative provenant des membres.

LA COMPTABILITÉ ET L'INFORMATIQUE

Pour être en mesure de calculer les ristournes accordées aux membres et parfois aux non-membres, on doit tenir un grand livre auxiliaire des ventes. Il s'agit d'une tâche qui peut devenir colossale. Grâce à l'informatique, la coopérative peut aisément retracer les ventes effectuées à chaque coopérant et, le moment venu, calculer la ristourne de chacun.

La confiscation de parts

La loi prévoit que le conseil d'administration peut confisquer les parts sociales d'un membre si un versement échu depuis au moins deux ans n'a pas été fait dans les deux mois de l'expédition d'une demande de paiement de ce versement. Cette demande de paiement doit être faite par lettre recommandée.

En conformité avec les exigences de la loi, la Coopérative de la raquette a fait parvenir une lettre recommandée au souscripteur fautif le 31 mai 20X3 et a confisqué sa part privilégiée deux mois plus tard. Voici l'écriture relative à cette confiscation :

Confiscation de parts

31 juillet 20X3		
Parts privilégiées souscrites	*1 000*	
Souscriptions à recevoir – Parts privilégiées		*600*
Surplus d'apport – Part confisquée		*400*
Confiscation d'une part privilégiée.		

Nous avons déjà abordé l'existence d'un compte de surplus d'apport aux chapitres 17 et 18 lors de notre étude des sociétés par actions. Notons que, dans le cas des coopératives, le **surplus d'apport** n'est constitué que des sommes que retient la coopérative à la suite de la confiscation des parts sociales de coopérateurs en défaut de paiement et de la valeur des biens reçus à titre gratuit de personnes qui ne sont pas membres de la coopérative. Les sommes figurant dans le surplus d'apport constituent d'ordinaire une faible part des capitaux propres de la coopérative.

20

L'impôt sur le revenu et les associations coopératives

La coopérative est assujettie à la Loi de l'impôt sur le revenu au même titre que la société de capitaux. Les taux d'imposition utilisés dans le calcul de l'impôt exigible de la société de capitaux s'appliquent aussi au revenu imposable de l'association coopérative.

Toutefois, le **revenu imposable** de la coopérative diffère de celui de la société de capitaux. Tandis que le point de départ de la détermination du revenu imposable de cette dernière est le bénéfice avant impôts sur le revenu figurant dans l'état des résultats, la coopérative **n'est imposable que sur les trop-perçus non distribués de l'exercice.**

Cette disposition de la loi fiscale est conforme à l'esprit présidant à la mise sur pied de l'association coopérative, lequel consiste à satisfaire les besoins de ses membres sans chercher la réalisation d'un bénéfice. Il est donc fréquent de constater que la charge fiscale de la coopérative est relativement faible, puisque cette dernière distribue d'ordinaire une bonne part de ses trop-perçus sous forme de ristourne à ses membres et même parfois à des non-membres de la coopérative.

LA PRÉSENTATION DES ÉTATS FINANCIERS DE L'ASSOCIATION COOPÉRATIVE

Vous trouverez ci-après les états financiers de la Coopérative Gutenberg à la fin de l'exercice financier 20X5. On a établi ces états conformément aux exigences de présentation formulées dans le Règlement d'application de la Loi sur les coopératives. Notons que la présentation des états financiers de la coopérative est comparable à celle des états financiers de la société de capitaux. Les différences fondamentales résident dans la présentation des capitaux propres dans le bilan, dans l'utilisation de libellés différents dans l'état des résultats pour refléter la « rentabilité » de la coopérative et dans la présentation des impôts à la réserve plutôt qu'aux résultats.

COOPÉRATIVE GUTENBERG
Résultats
pour l'exercice terminé le 31 décembre 20X5

Chiffre d'affaires			450 000 $
Coût des ventes			
Stock de marchandises au 1er janvier 20X5		35 000 $	
Achats		305 000	
Coût des marchandises destinées à la vente		340 000	
Moins : Stock de marchandises au 31 décembre 20X5		(40 000)	
Coût des ventes			(300 000)
Trop-perçus bruts			150 000
Frais d'exploitation			
Frais de vente			
Salaires	47 500 $		
Assurances	1 500		
Amortissement – Immeuble	4 000		
Amortissement – Matériel de livraison	3 500		
Amortissement – Matériel de magasin	4 700		
Frais divers	500		
Publicité	15 800		
Total des frais de vente		77 500	
Frais d'administration			
Salaires du personnel de bureau	46 400		
Assurances	800		
Dépréciation des comptes clients	500		
Amortissement – Immeuble	2 000		
Frais divers	300		
Total des frais d'administration		50 000	

≫

»

Frais financiers

Intérêts et frais bancaires	1 300	
Intérêts sur emprunt hypothécaire	2 500	
Intérêts sur parts privilégiées	750	
Total des frais financiers		4 550
Total des frais d'exploitation		132 050
Trop-perçus de l'exercice		17 950 $

COOPÉRATIVE GUTENBERG
Réserve
pour l'exercice terminé le 31 décembre 20X5

Réserve au 1er janvier 20X5	10 000 $
Plus : Trop-perçus de l'exercice terminé le 31 décembre 20X4	12 000
	22 000
Moins : Impôts payés sur les trop-perçus de l'exercice 20X4	(1 950)
Moins : Ristournes versées aux membres à même les trop-perçus de l'exercice terminé le 31 décembre 20X4	(9 600)
Réserve au 31 décembre 20X5	10 450 $

COOPÉRATIVE GUTENBERG
Bilan
au 31 décembre 20X5

Actif

Actif à court terme

Encaisse			24 500 $
Placements à court terme			5 200
Effets à recevoir			2 400
Clients (nets)			26 100
Stock de marchandises			40 000
Charges payées d'avance			1 200
Total de l'actif à court terme			99 400

Immobilisations corporelles

Terrain		10 000 $	
Immeuble	124 000 $		
Moins : Amortissement cumulé	(101 920)	22 080	
Matériel de magasin	59 400		
Moins : Amortissement cumulé	(51 880)	7 520	
Matériel de livraison	7 800		
Moins : Amortissement cumulé	(5 700)	2 100	
Total des immobilisations corporelles			41 700

Placement à long terme

Terrain détenu en vue d'une expansion future	16 500
Total de l'actif	157 600 $

Passif et capitaux propres

Passif à court terme

Effets à payer	11 500 $
Fournisseurs	19 040
Charges à payer	1 410
Produits reçus d'avance	1 100
Total du passif à court terme	33 050

Passif à long terme

Emprunt hypothécaire (échéance en 20X9)	25 000
Total du passif	58 050

20

Avoir

Avoir des membres		
Parts privilégiées à intérêt cumulatif de 9 %,		
d'une valeur nominale de 10 $, rachetables en 20X9		
Nombre de parts autorisées, 10 000		
Nombre de parts émises et versées, 5 000	*50 000 $*	
Parts sociales d'une valeur nominale de 10 $		
Nombre illimité de parts autorisées		
Nombre de parts émises et versées, 2 115	*21 150*	*71 750*
Avoir de la coopérative		
Réserve	*10 450*	
Trop-perçus de l'exercice terminé le 31 décembre 20X5	*17 950*	*28 400*
Total de l'avoir		*99 550*
Total du passif et de l'avoir des membres		*157 600 $*

AVEZ-VOUS LE SENS DE L'OBSERVATION ?

Le bilan de la Coopérative Gutenberg ne comporte aucune trace de souscription de parts sociales au 31 décembre 20X5. S'il y en avait eu, on aurait alors présenté le poste Souscriptions à recevoir – Parts sociales dans l'actif et le poste Parts sociales souscrites dans la section des capitaux propres.

SYNTHÈSE DU CHAPITRE 20

1. La coopérative est une association autonome de personnes, volontairement réunies pour satisfaire leurs aspirations et leurs besoins économiques, sociaux et culturels communs au moyen d'une entreprise dont la propriété est collective et au sein de laquelle le pouvoir est exercé démocratiquement.

2. Les principales caractéristiques de l'association coopérative sont l'adhésion volontaire, les membres usagers, le pouvoir démocratique, le paiement d'une ristourne aux membres et l'éducation coopérative.

3. Certains auteurs résument ainsi les principaux avantages de la coopération : résultant d'une association démocratique et constituant une entreprise économique, la coopérative constitue une organisation éliminant la notion de profit et instaurant une égalité substantielle du côté de la répartition de l'avoir et du pouvoir entre les sociétaires.

4. Parmi les inconvénients du coopératisme, soulignons principalement les difficultés financières d'un bon nombre d'associations coopératives et le fait que plusieurs d'entre elles sont en concurrence directe avec des entreprises du secteur privé et subissent par conséquent les lois du marché.

5. L'assemblée générale des membres est souveraine. On y élit les membres du conseil d'administration. Notons que chaque membre de la coopérative ne jouit que d'un seul vote, quel que soit le nombre de parts sociales dont il est détenteur.

6. Sur le plan comptable, les capitaux propres de la coopérative diffèrent de ceux des autres formes d'entreprises. On y retrouve principalement l'avoir des membres, composé des parts sociales et des parts privilégiées, et l'avoir de la coopérative qui comprend la réserve et les trop-perçus ou excédents du dernier exercice.

7. On entend par «trop-perçus» ou «excédents» les bénéfices que génère la coopérative. Seuls les trop-perçus ou excédents provenant de l'activité économique des membres réguliers et des membres auxiliaires, le cas échéant, peuvent leur être attribués sous forme de ristourne. Chaque membre de la coopérative pourra recevoir une ristourne dont le montant sera déterminé en fonction de son activité économique au sein de la coopérative.

20

PROBLÈME TYPE

La Coopérative Motocross Chaudière-Appalaches a été constituée le 2 mars 20X4. Cette coopérative réunit une vingtaine de coureurs amateurs qui ont pour objectif de participer à toutes les compétitions estivales de course sur route. Ils espèrent ainsi pouvoir réduire les frais qu'ils doivent payer individuellement.

Le 6 mars, chaque membre a déboursé la somme de 1 000 $ pour acquérir les 100 parts de qualification. De plus, chaque membre a souscrit 10 parts privilégiées d'une valeur nominale de 100 $ garantissant un intérêt cumulatif de 10 % à compter de leur date d'émission.
Le 31 mai, la coopérative a encaissé la totalité des sommes à recevoir relatives aux parts souscrites.

La coopérative possède 20 motos usagées qui ont coûté 100 000 $. Ces engins, acquis le 1er avril 20X4, ont une durée d'utilisation estimative de 2 ans. Le coût d'origine des motos a été financé de la façon suivante : 1) 30 000 $ au comptant ; 2) 40 000 $ sur effet à payer, dû au père de l'un des membres de la coopérative, lui-même ancien champion de course sur route, portant intérêt à 10 % l'an ; et 3) 30 000 $ sur emprunt auprès d'une Caisse Desjardins, remboursable en un seul versement le 1er avril 20X5, plus les intérêts au taux de 13 %.

Pour chaque course, il en coûte à la coopérative la somme de 20 000 $ en frais d'inscription, d'essence, d'entretien et de réparation. De plus, on prévoit débourser les sommes suivantes au cours du premier exercice qui se terminera le 31 mars 20X5 :

Assurances et immatriculation des motos	30 000 $
Salaire du mécanicien	5 000
Hébergement	2 000

Un total de 40 courses est prévu au cours du premier exercice et chaque membre y participera à moins de blessures graves. Chacun devra payer au comptant le tarif fixé par le trésorier du groupe pour participer à chaque course. Il est entendu que chaque membre devra verser à la coopérative 10 % des bourses qu'il gagnera au cours de la saison.

TRAVAIL À FAIRE

a) Établissez le tarif que devra débourser, pour chaque course, chaque membre afin que les trop-perçus du premier exercice se chiffrent à 1 500 $ sans égard à la quote-part des bourses revenant à la coopérative.

b) Émettez l'hypothèse selon laquelle Speedy O'Praylar a participé aux 40 courses, tout comme les autres membres de la coopérative, et déterminez le montant maximal de la ristourne qui pourrait lui être versée sachant que le total des bourses gagnées par les membres a été de 40 000 $.

SOLUTION DU PROBLÈME TYPE

a) L'établissement du tarif pour chaque course (exercice financier du 1er avril 20X4 au 31 mars 20X5)

Trop-perçu désiré		*1 500 $*
Frais d'opération		
Assurances et immatriculation des motos	*30 000 $*	
Salaire du mécanicien	*5 000*	
Hébergement	*2 000*	
Amortissement des motos (100 000 $ ÷ 2 ans)	*50 000*	
Intérêts sur emprunts		
(40 000 $ × 10 %)	*4 000*	
(30 000 $ × 13 %)	*3 900*	
Intérêts sur parts privilégiées		
(20 membres × 10 parts × 100 $ × 10 % × 10/12)	*1 667*	
Frais d'inscription, d'essence, etc. (40 courses × 20 000 $)	*800 000*	
Total des frais d'opération		*896 567*
Chiffre d'affaires requis		*898 067 $*
Tarif : 898 067 $ ÷ 40 courses ÷ 20 membres = 1 122,58 $		

b) Le calcul de la ristourne maximale disponible pour Speedy O'Praylar

Trop-perçus compte non tenu des bourses	*1 500 $*
Quote-part des bourses revenant à la coopérative (10 % × 40 000 $)	*4 000*
Trop-perçus à ventiler	*5 500*
Affectation à la réserve compte tenu de la dette de la coopérative (5 500 $ × 10 %*)	*(550)*
Montant attribuable aux ristournes	*4 950 $*
Ristourne maximale de Speedy O'Praylar :	

$$\frac{(40\ courses \times 1\ 122,58\ \$)}{898\ 067\ \$} = 1/20\ membre \times 4\ 950\ \$ = \underline{247,50\ \$}$$

* L'avoir total (40 000 $) est supérieur à 40 % de la dette de 70 000 $, soit 28 000 $. Il n'y a donc pas lieu de conserver un montant additionnel au minimum prescrit de 10 % pour la réserve.

QUESTIONS DE RÉVISION (i+) Solutionnaire

1. Qu'est-ce qu'une coopérative ?

2. Quelles sont les caractéristiques d'une coopérative ?

3. Qui a droit de vote lors d'une assemblée générale ? Quel est le nombre maximal de vote(s) que peut détenir un coopérateur ?

4. De quoi se composent les capitaux propres d'une coopérative ?

5. Qu'entend-on par « part sociale », « part de qualification », « part privilégiée » et « part privilégiée participante » ?

6. Est-il possible que le montant total des trop-perçus ou excédents d'un exercice soit versé aux membres sous forme de ristourne ? Expliquez votre réponse.

7. « Qu'une entreprise commerciale soit constituée en société de capitaux ou en association coopérative, son bénéfice ne présente aucune différence. » Que pensez-vous de cet énoncé ?

8. Est-il permis de verser des intérêts aux détenteurs de parts sociales et de parts privilégiées ? Si oui, ces sommes représentent-elles des charges d'exploitation ou une distribution des capitaux propres ?

9. Comment une coopérative procède-t-elle à l'affectation des trop-perçus ou excédents ?

10. Bob St-Gelais est membre de la coopérative Les Bons Vins depuis cinq ans. Au cours de ces années, il a toujours réinvesti les ristournes qu'il a reçues de la coopérative sous forme de parts sociales. Victime d'une crise cardiaque en mai dernier, Bob doit quitter la région pour s'établir en Floride. Comme il ne pourra plus désormais participer à l'activité de la coopérative, il demande qu'on lui rembourse le montant total de ses parts sociales. Quelles sont les conditions requises pour que la coopérative Les Bons Vins puisse rembourser Bob St-Gelais ?

EXERCICES

E1 Terminologie comptable

Voici une liste de neuf termes et expressions comptables présentés dans ce chapitre :

- Adhésion volontaire
- Confiscation de parts
- Coopérative
- Éducation coopérative
- Membres auxiliaires
- Part sociale
- Réserve
- Ristourne
- Trop-perçus

Chacun des énoncés suivants peut servir (ou non) à décrire un de ces termes comptables. Pour chacun des énoncés, dites à quel terme comptable il correspond ou indiquez « aucun » s'il ne correspond à aucun d'entre eux.

a) Le bénéfice réalisé par une coopérative.

b) Les propriétaires d'une coopérative.

c) Il s'agit de la caractéristique première d'une coopérative.

d) Une somme d'argent retournée aux membres d'une coopérative au prorata du nombre de parts sociales qu'ils détiennent.

e) Elle vise à promouvoir l'esprit coopératif tant chez les membres d'une coopérative que dans son environnement.

f) Une mesure permise par la loi lorsqu'un membre fait défaut à ses obligations.

g) L'intérêt qu'un membre possède dans une coopérative.

h) Un groupement dont l'objectif principal est la réalisation de bénéfices.

i) L'accumulation des trop-perçus non distribués aux coopérateurs.

E2 L'enregistrement des opérations de la coopérative

Voici les opérations du mois de janvier 20X0 relatives aux capitaux propres de Coop Voyage :

2 janvier	Admission de 25 nouveaux membres, dont chacun a acheté au comptant 10 parts sociales d'une valeur nominale de 10 $ chacune.
5 janvier	Pour renforcer sa situation financière, la coopérative a offert des parts privilégiées d'une valeur de 100 $ chacune à ses membres. Dix membres ont souscrit une part chacun. Le mode de paiement prévoit un versement initial de 50 % le 15 janvier et le paiement du solde en 2 versements de 25 % les 31 mars et 30 juin.
15 janvier	Perception du premier versement relatif à la souscription du 5 janvier.
23 janvier	Remboursement des 10 parts sociales d'un membre admis le 2 janvier, puisque ce dernier doit quitter le pays pour une période de 2 ans.

Passez les écritures requises dans les livres de Coop Voyage.

E3 Le calcul du montant de la ristourne

Le 31 mars 20X0, les membres de l'Association coopérative des étudiants du collège Dufort ont pris connaissance des résultats d'exploitation de leur coopérative et du projet de répartition des trop-perçus. Julie Labelle a acheté toutes ses fournitures scolaires et la plupart de ses livres de classe à la coopérative pour la somme totale de 525 $.

20

En supposant que les trop-perçus affectés à la distribution de ristournes s'élèvent à 32 500 $ et que le chiffre d'affaires de la coopérative ait été de 525 000 $, calculez le montant de la ristourne de Julie Labelle.

Ristourne en argent : 32,50 $

E4 Le calcul du montant de la ristourne

Au cours de l'exercice terminé le 31 décembre 20X4, la Coopérative alimentaire du sud-est a réalisé un chiffre d'affaires de 1 500 000 $ et des trop-perçus de 25 000 $. La dette totale de la coopérative au 31 décembre 20X4 s'élève à 52 000 $.

En supposant que le total de l'avoir au début de l'exercice est de 6 200 $ et que les membres désirent recevoir la ristourne maximale, établissez une proposition de répartition des trop-perçus.

Ristournes distribuées en argent aux membres : 20 000 $

E5 Les impôts sur le revenu de la coopérative

L'Association coopérative des chasseurs unis (ACCU) vient tout juste de terminer sa première année d'exploitation. L'ACCU a réalisé des trop-perçus de 11 000 $ avant intérêts sur les parts privilégiées de 1 000 $ et un volume d'affaires de 100 000 $. L'activité économique des non-membres au sein de la coopérative représente 10 % du volume d'affaires et 12 % des trop-perçus. L'ACCU n'a aucune dette et a pour politique de ristourner le maximum de trop-perçus à ses membres.

En tenant compte des hypothèses suivantes, calculez l'impôt sur le revenu de l'association, assujettie à un taux d'imposition de 40 %.

a) Aucune ristourne ne sera versée aux non-membres.

Impôts sur le revenu : 480 $

b) Une ristourne sera versée aux non-membres.

E6 Le rapprochement de la réserve

L'Association coopérative des fondeurs a été établie en janvier 20X4 pour rendre accessible le ski de fond au plus grand nombre de personnes. Un extrait de la balance de vérification régularisée de la coopérative aux 31 décembre 20X4 et 20X5 est présenté ci-dessous.

ASSOCIATION COOPÉRATIVE DES FONDEURS
Extrait de la balance de vérification régularisée
au 31 décembre

	20X5		20X4	
	Débit	*Crédit*	*Débit*	*Crédit*
Encaisse	1 900 $		1 500 $	
Autres éléments d'actif	28 000		22 500	
Passif		10 000 $		10 000 $
Parts sociales de 10 $		7 000		3 000
Parts privilégiées de 100 $		8 000		8 000
Réserve		570		300
Trop-perçus		4 330		2 700
	29 900 $	29 900 $	24 000 $	24 000 $

Expliquez la variation survenue dans le solde de la réserve au 31 décembre 20X5, sachant que celle-ci se compose de l'affectation minimale des trop-perçus permise par la loi. De plus, formulez une proposition de répartition des trop-perçus de l'exercice terminé le 31 décembre 20X5.

Ristournes aux membres : 3 897 $

20

PROBLÈMES DE COMPRÉHENSION

25 minutes – facile

L'établissement de la section des capitaux propres du bilan

Voici les éléments des capitaux propres de la Coopérative d'habitation de l'est au 31 décembre 20X2 :

Parts sociales d'une valeur nominale de 10 $ chacune	
Nombre illimité de parts autorisées	
5 000 parts émises et versées	*50 000 $*
Parts privilégiées à intérêt cumulatif de 10 %, d'une valeur nominale de 100 $ chacune	
Nombre de parts autorisées, 1 000	
Nombre de parts émises et versées, 250	*25 000*
Surplus d'apport – Confiscation de parts	*500*
Réserve	*8 000*
Trop-perçus de l'exercice terminé le 31 décembre 20X2	*16 000*
Terrain reçu à titre gratuit	*7 000*

TRAVAIL À FAIRE

Établissez la section des capitaux propres de la Coopérative d'habitation de l'est au 31 décembre 20X2.

40 minutes – moyen

La passation d'écritures de journal et l'établissement de la section des capitaux propres du bilan

L'Association coopérative de la pêche blanche a été constituée le 5 janvier 20X0 en vertu de la Loi sur les coopératives du Québec. Le capital social autorisé se compose de 2 500 parts privilégiées d'une valeur nominale de 500 $, à intérêt cumulatif de 8 %, et d'un nombre illimité de parts sociales de 10 $ chacune. Le nombre de parts de qualification est fixé à 10.

La nouvelle coopérative a effectué les opérations suivantes au cours du premier trimestre :

12 janvier	Le conseil d'administration approuve l'adhésion des 40 premiers membres, qui ont tous acquis au comptant le nombre minimal de parts sociales.
12 janvier	Le conseil d'administration approuve l'adhésion de 60 membres, qui ont souscrit le nombre minimal de parts sociales. Le mode de versement prévu est le suivant : 50 % le 15 janvier, 25 % le 15 mars et 25 % le 15 mai.
15 janvier	Encaissement du premier versement à recevoir sur les parts sociales souscrites le 12 janvier.
20 janvier	Réception de souscriptions de 50 parts privilégiées exigibles le 1er mars.
30 janvier	Émission de 5 parts privilégiées et de 10 parts sociales en règlement d'honoraires juridiques totalisant 2 600 $ et se rapportant à la constitution de la coopérative.
1er mars	Encaissement du plein montant à recevoir sur les parts privilégiées souscrites le 20 janvier.
1er mars	Émission des parts privilégiées entièrement versées.
15 mars	Encaissement du second versement à recevoir sur les parts sociales souscrites le 12 janvier.
31 mars	Prise de possession de matériel de pêche évalué à 800 $ et gracieusement offert à l'association par l'agent local d'une brasserie connue.

TRAVAIL À FAIRE

a) Passez les écritures requises pour enregistrer les opérations précédentes.

b) Établissez la section des capitaux propres du bilan de l'Association coopérative de la pêche blanche au 31 mars 20X0. Tenez pour acquis que l'Association coopérative de la pêche blanche a réalisé des trop-perçus de 1 360 $ du 5 janvier au 31 mars.

Total de l'avoir : 39 760 $

P3 ### La ventilation des trop-perçus

À partir des renseignements fournis au problème **P2,** l'Association coopérative de la pêche blanche désire redistribuer aux membres la ristourne maximale.

10 minutes – facile

TRAVAIL À FAIRE

En supposant que la coopérative a des dettes totalisant 4 500 $ et qu'elle ne dispose que d'une somme de 200 $ d'argent liquide pour la distribution de la ristourne, quelles possibilités s'offrent à elle pour ventiler ses trop-perçus ?

P4 ### La passation d'écritures de journal et l'établissement de la section des capitaux propres du bilan

40 minutes – moyen

La Coopérative de la flèche de feu a été constituée le 2 février 20X0 en vertu de la Loi sur les coopératives du Québec. Le capital social autorisé se compose de 1 000 parts privilégiées d'une valeur nominale de 100 $, à intérêt cumulatif de 10 %, et d'un nombre illimité de parts sociales de 10 $ chacune. Le nombre de parts de qualification est fixé à 10.

La nouvelle coopérative a effectué les opérations suivantes au cours du premier trimestre :

10 février	Le conseil d'administration approuve l'adhésion des 90 premiers membres, qui ont tous acquis au comptant le nombre minimal de parts sociales.
10 février	Le conseil d'administration approuve l'adhésion de 50 membres, qui ont souscrit le nombre minimal de parts sociales. Le mode de versement prévu est le suivant : 50 % le 15 février, 30 % le 15 avril et 20 % le 15 juin.
15 février	Encaissement du premier versement à recevoir sur les parts sociales souscrites le 10 février.
20 février	Réception de souscriptions de 50 parts privilégiées exigibles le 1er avril.
27 février	Émission de 15 parts privilégiées et de 20 parts sociales en règlement d'honoraires juridiques totalisant 1 700 $ et se rapportant à la constitution de la coopérative.
1er avril	Encaissement du plein montant à recevoir sur les parts privilégiées souscrites le 20 février.
1er avril	Émission des parts privilégiées entièrement versées.
15 avril	Encaissement du second versement à recevoir sur les parts sociales souscrites le 10 février.
30 avril	Prise de possession de matériel de tir à l'arc évalué à 5 000 $, reçu à la suite d'un legs de Julie Archer.

TRAVAIL À FAIRE

a) Passez les écritures requises pour enregistrer les opérations précédentes.

b) Établissez la section des capitaux propres du bilan de la coopérative au 30 avril 20X0 sachant que la Coopérative de la flèche de feu a réalisé des trop-perçus de 1 250 $ du 2 février au 30 avril.

Total de l'avoir : 26 950 $

20

30 minutes – moyen

P5 La ventilation des trop-perçus

Voici l'état de la réserve de la Coopérative Sportech au 31 décembre 20X1 :

COOPÉRATIVE SPORTECH *Réserve* *pour l'exercice terminé le 31 décembre 20X1*	
Réserve au 1er janvier 20X1	12 000 $
Plus : Trop-perçus de l'exercice terminé le 31 décembre 20X0	24 000
	36 000
Moins : Ristournes versées aux membres à même les trop-perçus de l'exercice terminé le 31 décembre 20X0	(20 000)
Réserve au 31 décembre 20X1	16 000 $

Au 31 décembre 20X1, la Coopérative Sportech devait à ses membres la somme de 9 500 $ (5 500 $ en 20X0) et avait pour seule autre dette une hypothèque de 54 500 $ (solde dû en entier en 20X9). Au cours de l'année 20X1, le nombre de membres est passé de 600 à 700, ce qui a entraîné l'émission de 1 000 nouvelles parts sociales de 10 $ chacune. Le nombre de parts sociales émises était de 6 000 au 31 décembre 20X0 et de 7 600 au 31 décembre 20X1.

TRAVAIL À FAIRE

Établissez la façon dont les trop-perçus de l'exercice terminé le 31 décembre 20X0 ont été ventilés et passez l'écriture de ventilation de ces trop-perçus.

30 minutes – facile

P6 L'établissement de l'état de la réserve et de la section des capitaux propres du bilan

Voici les éléments des capitaux propres de la Coopérative d'habitation de bord de l'eau au 31 décembre 20X5 :

Parts sociales d'une valeur nominale de 10 $ chacune	
Nombre illimité de parts autorisées	
50 000 parts émises et versées	500 000 $
Parts privilégiées à intérêt cumulatif de 10 %, d'une valeur nominale de 100 $ chacune	
Nombre de parts autorisées, 1 000	
Nombre de parts émises et versées, 1 000	100 000
Terrain reçu à titre gratuit	50 000
Réserve générale au 31 décembre 20X4	28 000
Excédent de l'exercice terminé le 31 décembre 20X4	25 000
Excédent de l'exercice terminé le 31 décembre 20X5	35 000
Impôts payés sur l'excédent de l'exercice terminé le 31 décembre 20X4	2 000
Ristournes versées aux membres à même l'excédent de l'exercice terminé le 31 décembre 20X4	20 000

TRAVAIL À FAIRE

Établissez l'état de la réserve générale et la section des capitaux propres de la Coopérative d'habitation du bord de l'eau au 31 décembre 20X5.

Total de l'avoir : 716 000 $

20

PARTIE **4**

Les mouvements de fonds et l'analyse des états financiers des PME

CHAPITRE 21
Le passage de la comptabilité de caisse
à la comptabilité d'exercice 942

CHAPITRE 22
Les flux de trésorerie 980

CHAPITRE 23
L'analyse des états financiers 1026

CHAPITRE **21**

Le passage de la comptabilité de caisse à la comptabilité d'exercice

PLAN DU CHAPITRE

La comptabilité de caisse 944
La comptabilité d'exercice 945
La comparaison des deux méthodes à l'aide
d'un exemple simplifié 945
Les éléments qui distinguent la comptabilité de caisse
de la comptabilité d'exercice 947
Le processus systématique permettant le passage de la comptabilité
de caisse à la comptabilité d'exercice 949
Synthèse du chapitre 21 963
Activités d'apprentissage 964

OBJECTIFS D'APPRENTISSAGE

Au terme de ce chapitre, vous pourrez :

 expliquer brièvement les avantages et les inconvénients de la comptabilité de caisse ;

 démontrer le bien-fondé de l'utilité de la comptabilité d'exercice ;

 reconnaître les éléments distinguant la comptabilité de caisse de la comptabilité d'exercice ;

 décrire et appliquer le processus systématique permettant le passage de la comptabilité de caisse à la comptabilité d'exercice.

Jusqu'à présent, nous avons insisté sur le respect des principes comptables généralement reconnus (PCGR). Selon le principe de réalisation, l'entreprise qui touche des sommes avant d'exécuter les travaux ou de rendre les services qui y donnent droit connaît un accroissement de son actif (Banque) accompagné d'un accroissement de son passif (Produits reçus d'avance). Le montant figurant dans le passif indique l'obligation d'exécuter les travaux ou de rendre les services. Même si les sommes sont déjà encaissées, ce n'est qu'au moment où l'entreprise aura rempli ses engagements qu'elle constatera les produits d'exploitation. Il est donc

Il est fréquent que l'on comptabilise les produits dans un exercice différent de celui de l'encaissement.

fréquent que l'on comptabilise les produits dans un exercice différent de celui de l'encaissement. Il en va de même d'une charge de salaires constatée en fin d'exercice même si le paiement aura lieu au début de l'exercice suivant.

UN PROFESSIONNEL VOUS PARLE

Paul Boudreau
CPA, CA
Associé

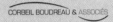
CORBEIL BOUDREAU & ASSOCIÉS

La méthode de la comptabilité d'exercice donne un portrait plus juste et réaliste de la situation financière et des résultats financiers d'une organisation que la méthode de la comptabilité de caisse. Elle améliore la prise de décision et rend les analyses de produits et de charges beaucoup plus pertinentes pour la gestion d'une entreprise. Également, un bilan établi selon la comptabilité d'exercice renseigne davantage les utilisateurs sur la situation financière de l'entreprise et sur l'état des liquidités.

La comptabilité d'exercice permet en outre une plus grande uniformité dans la présentation de l'information financière et facilite ainsi l'analyse comparative des résultats financiers des organisations par les gestionnaires, créanciers et investisseurs. Les états financiers établis selon cette méthode demeurent la pierre angulaire de toute bonne décision d'affaires.

LA COMPTABILITÉ DE CAISSE

 Dans le système de la **comptabilité de caisse**, un seul état financier groupe tous les encaissements et tous les décaissements de l'exercice, tel qu'illustré à la page 952.

Pour les petites entreprises, la comptabilité de caisse offre certains avantages :

- Elle requiert très peu d'habiletés et de notions de comptabilité.

- Elle permet une économie de temps substantielle lors de l'inscription des opérations de l'entreprise du fait que seules les opérations ayant un impact sur la trésorerie sont comptabilisées. Pensons notamment à une vente à crédit de 1 000 $, pour laquelle une note de crédit de 100 $ a été obtenue. Dans un système de comptabilité de caisse, seul l'encaissement de 900 $ nécessite une écriture comptable, tandis que trois écritures sont requises dans un système de comptabilité d'exercice (vente, note de crédit et encaissement).

- Elle s'accommode aisément d'un seul journal, soit le journal synoptique (*voir le chapitre 8, à la page 346*).

- Elle permet d'avoir un classement très simple des documents, en ordonnant les factures derrière le rapprochement bancaire avec les encaissements et les décaissements correspondants. Tant et aussi longtemps que le solde du compte de banque est positif, il n'y a pas lieu de s'en faire, prétendent certaines petites entreprises.

Par contre, il faut aussi mentionner ses deux principaux désavantages :

- Elle nécessite de faire un suivi des factures non réglées par les clients. En effet, la comptabilité de caisse ne permet pas de mettre en évidence les factures impayées durant l'exercice. Puisque le grand livre auxiliaire des clients n'existe pas, il faut mettre en place un système de classement des factures à recouvrer et s'y référer pour connaître le solde dû par un client.

- Elle exige de faire un suivi des factures non payées aux fournisseurs. La comptabilité de caisse ne permet pas non plus de mettre en évidence les factures restant à payer durant l'exercice. Puisque le grand livre auxiliaire des fournisseurs n'existe pas, il faut mettre en place un système de classement des factures à payer et s'y référer pour connaître le solde dû à un fournisseur.

Comme nous l'avons dit, l'entreprise qui utilise la comptabilité de caisse se concentre sur ses flux financiers. Elle ne met donc pas en application le principe du rattachement des charges aux produits. Cet état financier, dressé en fonction des sommes reçues et déboursées, ne permet pas de dégager le bénéfice net, pas plus qu'il ne permet de présenter la situation financière de l'entreprise conformément aux PCGR.

Ce sont surtout les plus petites entreprises et les petites organisations associatives qui utilisent la comptabilité de caisse au cours de leur année financière. Par exemple, le propriétaire d'une petite entreprise ou les bénévoles d'une association sportive ont souvent une connaissance limitée de la comptabilité et la taille de leur entité ne leur permet généralement pas d'embaucher une personne compétente pour la tenue de leurs registres comptables. Par contre, à la fin de l'exercice, ils feront affaire avec un CPA qui procédera à la conversion en comptabilité d'exercice afin de produire des états financiers selon les normes comptables pour les entreprises à capital fermé ou les normes comptables pour les organismes sans but lucratif.

LA COMPTABILITÉ D'EXERCICE

Au moment de déterminer le bénéfice net d'un exercice, la **comptabilité d'exercice**, aussi appelée **comptabilité d'engagement** dans le contexte des IFRS, consiste à tenir compte des produits, des charges, des gains et des pertes découlant des opérations de cet exercice, sans tenir compte du moment où les opérations sont réglées au moyen d'un encaissement, d'un décaissement ou de toute autre façon.

Dans la comptabilité d'exercice, on met l'accent sur le principe selon lequel un produit n'est comptabilisé que lorsqu'il est réalisé et sur le principe correspondant qui porte sur le rattachement des charges aux produits. Comme nous l'avons vu au chapitre 3, on constate une vente, qu'elle soit au comptant ou à crédit.

Petit à petit, le comptable a délaissé la comptabilité de caisse au profit de la comptabilité d'exercice pour mieux contrôler les comptes clients et les comptes fournisseurs et pour que le lecteur des états financiers puisse évaluer fréquemment et à sa guise la rentabilité de l'entreprise en vue de prendre des décisions.

Comme nous l'avons vu aux chapitres 6 et 7, la comptabilité d'exercice demande de régulariser les comptes avant de dresser les états financiers afin que les renseignements y figurant soient plus justes. Pour respecter le principe de l'indépendance des exercices et de façon à s'assurer que tous les produits gagnés ont été comptabilisés, le comptable analyse donc, au moins une fois par année, les comptes de l'entreprise. Il les étudie aussi pour exclure du calcul du bénéfice net les produits comptabilisés qui n'ont pas encore été gagnés et, à l'inverse, pour enregistrer les charges d'exploitation de l'exercice qui ne l'ont pas encore été. Implicitement, le comptable régularise les rentrées et les sorties de fonds afin de tenir compte des différences pouvant exister entre le moment où ces éléments ont été comptabilisés et celui où les produits sont réellement gagnés et les charges, vraiment engagées.

LA COMPARAISON DES DEUX MÉTHODES À L'AIDE D'UN EXEMPLE SIMPLIFIÉ

Éclair inc. se spécialise dans la préparation de plans et l'installation de systèmes d'éclairage. Au cours de 20X0, la direction signe un contrat avec un client. Ce contrat s'élève à 200 000 $, payables en 3 versements : 20 % à la signature, 40 % immédiatement après la fin des travaux et 40 % un mois plus tard. En 20X0, Éclair inc. prépare les plans, pour lesquels elle déboursera 30 000 $, mais les travaux d'installation, exécutés entièrement en 20X1, entraînent cette année-là des sorties de fonds de 125 000 $. Le client accepte les travaux dès qu'ils sont terminés. Le contrat renferme toutefois une clause obligeant Éclair inc. à apporter certaines modifications exigées par le client, sans accroissement du prix convenu, dans la mesure où les coûts déboursés pour de telles modifications n'excèdent pas 5 % du montant du contrat. Éclair inc. estime que cette clause l'amènera à engager en 20X2 des coûts de 10 000 $. La figure 21.1 illustre comment on déterminerait le bénéfice de l'entreprise selon la comptabilité d'exercice, comparativement aux données produites selon la comptabilité de caisse.

FIGURE 21.1 | **L'IMPORTANCE DE NE PAS CONFONDRE PRODUITS AVEC RENTRÉES DE FONDS ET CHARGES AVEC SORTIES DE FONDS**

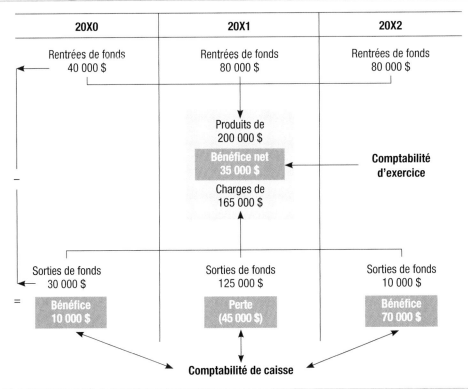

Selon la comptabilité d'exercice, cette analyse révèle que le bénéfice net réalisé en 20X0, 20X1 et 20X2 est respectivement de 0, de 35 000 $ et de 0. Le bénéfice net de 35 000 $ provient du total des produits de 200 000 $ (40 000 $ + 80 000 $ + 80 000 $) diminué du total des charges de 165 000 $ (30 000 $ + 125 000 $ + 10 000 $).

En revanche, selon la comptabilité de caisse, on déterminerait le prétendu « bénéfice » comme suit :

Le résultat obtenu avec la comptabilité de caisse est illogique

	20X0	*20X1*	*20X2*	*Total*
Rentrées de fonds	*40 000 $*	*80 000 $*	*80 000 $*	*200 000 $*
Sorties de fonds	*30 000*	*125 000*	*10 000*	*165 000*
Bénéfice (perte)	*10 000 $*	*(45 000) $*	*70 000 $*	*35 000 $*

Même si le total sur une période de trois ans est identique, cette seconde série de chiffres est moins juste, particulièrement pour 20X1, année de l'exécution de la plus grande partie des travaux.

Cet exemple illustre sommairement une grande différence entre la comptabilité de caisse et la comptabilité d'exercice. Voyons maintenant, de façon plus détaillée, les éléments qui distinguent ces deux systèmes de comptabilité.

21

LES ÉLÉMENTS QUI DISTINGUENT LA COMPTABILITÉ DE CAISSE DE LA COMPTABILITÉ D'EXERCICE

Au moment de déterminer le bénéfice net, tenir compte des comptes clients, des stocks et des comptes fournisseurs ainsi que des produits à recevoir, des charges à payer, des produits reçus d'avance et des charges payées d'avance nous éloigne de la comptabilité de caisse et nous rapproche de la comptabilité d'exercice.

Les comptes clients

Dans la comptabilité de caisse, on ne considère comme produits que les sommes effectivement reçues des clients. Le bénéfice net est donc imprécis, car on ne tient pas compte, au moment de calculer le chiffre d'affaires, des sommes à recouvrer des clients et des sommes reçues d'avance des clients, tant au début qu'à la fin de l'exercice. Dans la comptabilité de caisse, on détermine les produits en fonction des encaissements plutôt qu'en fonction du moment où les services qui y donnent droit ont été rendus ou que les marchandises sont effectivement en possession de l'acheteur, ce qui va à l'encontre du principe de réalisation. Voici une équation sommaire pouvant être utile pour passer de la comptabilité de caisse à la comptabilité d'exercice :

Calcul du chiffre d'affaires

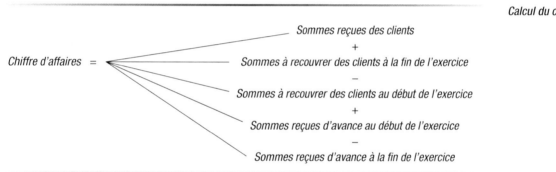

Les stocks et les comptes fournisseurs

Dans la comptabilité de caisse, on comptabilise les charges au moment où elles donnent lieu à des décaissements. En revanche, la comptabilité d'exercice exige que l'on tienne compte des stocks et des comptes fournisseurs tant au début qu'à la fin de l'exercice. Voici une équation qui peut être utile pour passer de la comptabilité de caisse à la comptabilité d'exercice :

Calcul du coût des ventes

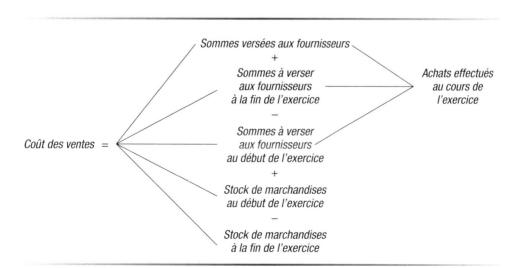

21

PROBLÈME TYPE

Les données suivantes sont tirées de deux bilans de Caissex ltée, établis respectivement au 1er janvier 20X8 et au 31 décembre 20X8 en conformité avec la comptabilité d'exercice :

	1er janvier 20X8	31 décembre 20X8
Clients	77 500 $	84 200 $
Stock de marchandises	110 000	125 000
Charges payées d'avance	6 200	1 700
Fournisseurs	49 500	38 000
Charges courues à payer	3 200	900
Amortissement cumulé	66 000	100 000

Voici un résumé des encaissements et des décaissements de 20X8 :

Argent reçu des clients	723 500 $
Argent versé aux fournisseurs	440 000
Frais d'exploitation réglés au comptant	122 800

TRAVAIL À FAIRE

Établissez l'état des résultats de Caissex ltée pour l'exercice terminé le 31 décembre 20X8.

SOLUTION DU PROBLÈME TYPE

CAISSEX LTÉE
Résultats
pour l'exercice terminé le 31 décembre 20X8

Chiffre d'affaires ❶		730 200 $
Coût des ventes		
Stock de marchandises au début	110 000 $	
Achats ❷	428 500	
Coût des marchandises destinées à la vente	538 500	
Moins : Stock de marchandises à la fin	(125 000)	
Coût des ventes		413 500
Marge bénéficiaire brute		316 700
Frais d'exploitation ❸		159 000
Bénéfice net		157 700 $

Calculs :

❶ Argent reçu des clients	723 500 $
Plus : Comptes clients à la fin	84 200
Moins : Comptes clients au début	(77 500)
	730 200 $

❷	Argent versé aux fournisseurs	440 000 $
	Plus : Comptes fournisseurs à la fin	38 000
	Moins : Comptes fournisseurs au début	(49 500)
		428 500 $
❸	Frais réglés au comptant	122 800 $
	Plus : Amortissement des immobilisations (100 000 $ – 66 000 $)	34 000
	Charges payées d'avance au début	6 200
	Charges courues à payer à la fin	900
	Moins : Charges payées d'avance à la fin	(1 700)
	Charges courues à payer	(3 200)
		159 000 $

QUESTIONS DE RÉVISION (i+) Solutionnaire

1. Quelle différence y a-t-il entre la comptabilité de caisse et la comptabilité d'exercice ? Le bilan et l'état des résultats établis selon chacune de ces deux méthodes sont-ils fidèles et conformes aux PCGR ?

2. Commentez l'énoncé suivant : « Lorsqu'une entreprise utilise la méthode de la comptabilité de caisse, l'amortissement annuel figure parmi les décaissements de l'état des encaissements et des décaissements. »

3. Au moment du passage de la comptabilité de caisse à la comptabilité d'exercice, comment traite-t-on le stock de marchandises d'une entreprise commerciale ?

4. Commentez l'énoncé suivant : « La comptabilité de caisse est nettement supérieure à la comptabilité d'exercice. »

5. Est-il possible pour une entreprise de déterminer les encaissements et les décaissements survenus au cours d'un exercice à partir des états financiers dressés selon la méthode de la comptabilité d'exercice ?

6. Décrivez brièvement le processus systématique du passage de la comptabilité de caisse à la comptabilité d'exercice.

7. Nommez quatre éléments inscrits à l'état des encaissements et des décaissements qui ne figurent pas dans l'état des résultats d'une entreprise.

8. Qui sont les plus grands utilisateurs de la comptabilité de caisse ?

EXERCICES

E1 ## Terminologie comptable

Voici une liste de huit termes et expressions comptables présentés dans ce chapitre :

- Charges
- Comptabilité de caisse
- Comptabilité d'exercice
- Décaissements
- Encaissements
- État des encaissements et des décaissements
- État des résultats
- Produits

Chacun des énoncés suivants peut servir (ou non) à décrire un de ces termes comptables. Pour chacun des énoncés, dites à quel terme comptable il correspond ou indiquez « aucun » s'il ne correspond à aucun d'entre eux.

a) L'ensemble des sommes perçues au cours d'un exercice.

b) Ces montants sont comptabilisés sans prendre en considération le moment où les opérations sont réglées au moyen d'un encaissement.

c) Dans un tel système, les produits ne sont comptabilisés que lorsque l'encaisse s'accroît ; de même, les charges n'influent sur le bénéfice net que lorsqu'elles font l'objet d'une diminution de l'encaisse.

d) Il s'agit du seul état financier dressé dans le système de comptabilité de caisse.

e) Les remboursements de dettes et l'acquisition d'immobilisations en sont des exemples.

P11

La détermination du bénéfice net

Une ancienne camarade de cégep, Marjo Couture, entre en contact avec vous pour retenir vos services de comptable professionnelle. Son entreprise, La Belle Couture enr., existe depuis quatre ans. Les opérations de l'exercice 20X6-20X7 se résument comme suit :

LA BELLE COUTURE ENR.
Encaissements et décaissements
pour l'exercice terminé le 31 octobre 20X7

Solde de la caisse au 1er novembre 20X6		*10 000 $*
Encaissements		
Ventes	*388 240 $*	
Emprunt bancaire	*30 000*	*418 240*
		428 240
Décaissements		
Salaires des livreurs	*24 000*	
Salaires des couturiers	*38 000*	
Achat d'un camion (1er novembre 20X6)	*12 960*	
Rendus et rabais sur ventes	*1 800*	
Achats	*135 000*	
Électricité	*2 400*	
Chauffage	*1 800*	
Emprunt bancaire	*40 000*	
Salaire de Marjo Couture	*25 000*	
Transports sur achats	*3 800*	
Assurances	*1 500*	
Versement annuel sur l'emprunt hypothécaire	*5 000*	
Taxes municipales	*3 600*	
Intérêts	*10 750*	*305 610*
Solde de la caisse au 31 octobre 20X7		*122 630 $*

Voici les renseignements supplémentaires que vous avez recueillis :

1. Extrait du bilan au 31 octobre 20X6 :

Clients	*22 000 $*
Stock de marchandises	*77 000*
Taxes municipales payées d'avance	*2 000*
Immeuble (au coût)	*70 000*
Mobilier et agencement (au coût)	*16 000*
Camion de livraison (au coût)	*15 500*
Emprunt bancaire	*50 000*
Fournisseurs	*12 000*
Intérêts à payer	*10 750*
Taxes de vente à payer	*1 800*
Hypothèque à payer	*50 000*

2. Le 1er décembre 20X6, Marjo Couture a remboursé la somme de 40 000 $ sur le solde de l'emprunt bancaire au début de l'exercice. Elle a dû emprunter de nouveau le 1er juin 20X7.

3. Les primes d'assurance payées le 1er novembre 20X6 couvrent une période de trois ans à compter de cette date.

4. Les factures impayées par les clients se chiffrent à 15 000 $ au 31 octobre 20X7.

5. L'emprunt bancaire a porté intérêt au taux annuel de 16 % durant tout l'exercice 20X6-20X7.

6. Les factures d'achat impayées s'élèvent à 13 000 $ au 31 octobre 20X7.

7. Toutes les immobilisations sont amorties en ligne droite selon les taux suivants :

Immeuble	*4 %*
Mobilier et agencement	*15*
Camions de livraison	*30*

8. Marjo Couture paie les taxes municipales le 1er juillet de chaque année. Le compte de taxes couvre la période du 1er juillet au 30 juin.

9. L'emprunt hypothécaire est remboursable annuellement par tranches de 5 000 $, payables le 1er novembre de chaque année. Il porte intérêt au taux annuel de 15 %.

10. Le 3 septembre, Marjo Couture a apporté chez elle une robe d'une valeur marchande de 980 $ (500 $ au coût).

11. Le dénombrement physique effectué le 31 octobre 20X7 a permis de chiffrer le coût des marchandises en main à 45 000 $.

12. Les taxes de vente à payer au 31 octobre 20X7 s'élèvent à 1 800 $.

TRAVAIL À FAIRE

Déterminez le bénéfice net de l'exercice. Présentez tous vos calculs.

Bénéfice net : 113 618 $

21

CHAPITRE 22

Les flux de trésorerie

PLAN DU CHAPITRE

L'utilité de l'état des flux de trésorerie 983

Les flux de trésorerie liés aux activités d'exploitation 989

Les flux de trésorerie liés aux activités d'investissement
et de financement 996

La présentation des activités d'exploitation selon
la méthode indirecte 1002

Synthèse du chapitre 22 1008

Activités d'apprentissage 1009

OBJECTIFS D'APPRENTISSAGE

Au terme de ce chapitre, vous pourrez :

 expliquer l'utilité et le contenu de l'état des flux de trésorerie ;

 déterminer les flux de trésorerie liés aux activités d'exploitation ;

 déterminer les flux de trésorerie liés aux activités d'investissement et de financement ;

 comprendre la présentation des activités d'exploitation selon la méthode indirecte.

L'état des flux de trésorerie forme, avec l'état des résultats, le bilan, l'état des capitaux propres et les notes complémentaires, l'ensemble des états financiers. Cet état n'exige pas de prise de décision quant au traitement comptable des opérations de l'entreprise, cette question ayant déjà été réglée lors de leur inscription dans les livres comptables. Il s'agit plutôt de présenter une information utile sous une forme différente. La présentation d'un état des flux de trésorerie aux utilisateurs des états financiers est d'ailleurs obligatoire [1].

En fait, l'établissement de l'état des flux de trésorerie exige de prendre en considération plusieurs sources d'information. Dans le processus de préparation des états financiers, on dresse toujours cet état en dernier lieu, car son contenu dépend de tous les autres états et d'autres renseignements internes de l'entreprise. La figure 22.1 à la page suivante illustre l'information nécessaire à l'établissement de l'état des flux de trésorerie.

> **On dresse toujours cet état en dernier lieu, car son contenu dépend de tous les autres états et d'autres renseignements internes de l'entreprise.**

1. *Manuel de CPA Canada – Comptabilité – Partie II – Normes comptables pour les entreprises à capital fermé*, Toronto, CPA Canada, paragr. 1540.03.

UN PROFESSIONNEL VOUS PARLE

Simon Brault
O.C., O.Q., FCPA,
FCGA
Directeur général

École nationale de théâtre
du Canada

**National
Theatre School**
of Canada

Les flux de trésorerie d'une entreprise – peu importe la taille de celle-ci – contiennent une mine de renseignements précieux. Un examen attentif de l'état des flux de trésorerie permet de comprendre les besoins, la performance et les risques qui sont liés aux mouvements de liquidités qu'implique toute activité d'exploitation, d'investissement ou de financement. Au moment de préparer cet état, il est impératif de tenir compte de la réalité spécifique de chaque entreprise.

L'état des flux de trésorerie est une fenêtre grande ouverte sur la réalité financière d'une organisation, au quotidien. Il est un complément essentiel aux autres états, car il dépasse la « simple » logique comptable pour décrire ce qui est survenu pendant une période donnée. C'est un état dynamique en ce sens qu'il rend compte des mouvements de liquidités nécessaires aux opérations les plus courantes de même que de toutes les initiatives d'investissement et de financement.

FIGURE 22.1 | **LES RENSEIGNEMENTS REQUIS AU MOMENT DE L'ÉTABLISSEMENT DE L'ÉTAT DES FLUX DE TRÉSORERIE**

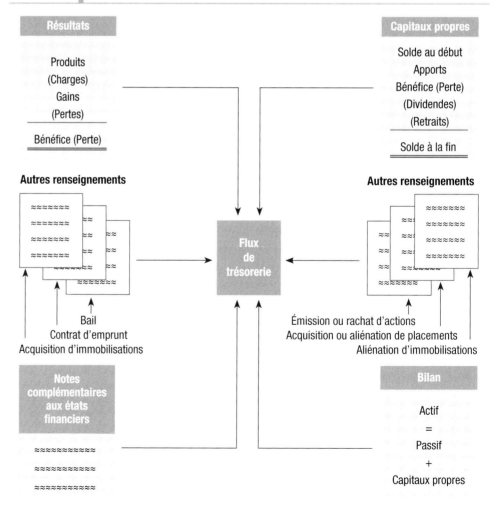

L'UTILITÉ DE L'ÉTAT DES FLUX DE TRÉSORERIE

Plusieurs raisons expliquent pourquoi l'état des flux de trésorerie fait partie intégrante des états financiers. Il s'agit principalement d'un état qui sert à la prise de décision et qui aide les utilisateurs à évaluer [2] :

- la capacité de l'entreprise de générer des liquidités ;
- les liquidités dont l'entreprise a besoin pour s'acquitter de ses obligations financières arrivant à échéance ;
- les liquidités dont l'entreprise a besoin pour financer la croissance de ses actifs productifs ;
- les liquidités dont l'entreprise a besoin pour procéder à des distributions aux propriétaires ;
- les montants, les échéances et le degré de certitude des flux de trésorerie futurs.

C'est donc dans l'état des flux de trésorerie que les utilisateurs des états financiers trouveront les éléments de réponse à plusieurs de leurs questions, comme celles-ci : Les liquidités de l'entreprise sont-elles suffisantes pour rembourser les emprunts ? Comment est utilisé l'argent généré par l'exploitation courante ? Quelle est la proportion du bénéfice net encaissée par l'entreprise ? Comment l'entreprise se finance-t-elle ? Quels sont les investissements de l'exercice ? La politique de versement des dividendes est-elle appropriée ?

En résumé, l'objectif de la norme comptable relative à l'état des flux de trésorerie est :

d'exiger des entreprises qu'elles fournissent des informations sur l'évolution de la trésorerie et des équivalents de trésorerie au moyen d'un état des flux de trésorerie dans lequel sont classées les rentrées et sorties de fonds de l'exercice selon qu'elles sont liées aux activités d'exploitation, d'investissement ou de financement [3].

La trésorerie et les équivalents de trésorerie : axe central de l'état

L'état des flux de trésorerie résulte d'une approche à la fois différente et complémentaire de celle utilisée pour l'état des résultats, le bilan et l'état des capitaux propres. Cette approche est différente parce que l'état est **axé sur l'évolution de la trésorerie et des équivalents de trésorerie**, principalement composés de l'encaisse, et n'est pas dressé selon la comptabilité d'exercice. Elle est aussi complémentaire parce que les **mouvements qui surviennent dans les postes du bilan** y sont expliqués et tiennent compte de l'information que fournissent l'état des résultats et l'état des capitaux propres.

En fait, l'**état des flux de trésorerie** constitue une explication détaillée des encaissements et des décaissements ayant eu lieu au cours d'une période. Concrètement, cela consiste à énumérer chacun des éléments ayant modifié **à la hausse** ou **à la baisse** la trésorerie et les équivalents de trésorerie de l'entreprise. En conséquence, l'axe central de l'état est une application de la relation suivante :

Trésorerie et équivalents de trésorerie à l'ouverture de la période	+	Augmentation de la trésorerie et des équivalents de trésorerie	−	Diminution de la trésorerie et des équivalents de trésorerie	=	Trésorerie et équivalents de trésorerie à la clôture de la période

---

2. *Manuel de CPA Canada – Comptabilité – Partie II – Normes comptables pour les entreprises à capital fermé*, Toronto, CPA Canada, paragr. 1540.01.

3. *Ibid.*

La **trésorerie** se compose des fonds en caisse, soit de l'argent comptant ou disponible dans un compte en banque. Elle comprend aussi les dépôts à vue que l'entité peut retirer à sa discrétion, c'est-à-dire les sommes déposées dans une institution financière et que le déposant peut retirer en tout temps. Les découverts bancaires remboursables à vue, soit ceux dont le paiement peut être exigé en tout temps, diminuent le montant de la trésorerie disponible, car ils font partie intégrante de la gestion de trésorerie de l'entreprise[4]. Les **équivalents de trésorerie** sont des placements à court terme très liquides, facilement convertibles en un montant connu de trésorerie et dont la valeur ne risque pas de changer de façon significative. En général, on considère qu'un placement est un équivalent de trésorerie s'il a une échéance proche, par exemple inférieure ou égale à trois mois. En d'autres mots, l'entreprise considère le placement comme disponible pour ses affaires courantes. Bien qu'il puisse s'agir de placements à court terme, les placements en actions sont exclus des équivalents de trésorerie, puisqu'il existe un risque que leur valeur change à la suite d'une fluctuation de la Bourse, par exemple. Compte tenu de ces définitions, voici un résumé des composantes de la trésorerie et des équivalents de trésorerie[5] :

Trésorerie	Équivalents de trésorerie
Fonds en caisse (argent comptant ou argent en banque) Dépôts à vue — Découverts bancaires, remboursables à vue	Certificats de dépôt Placements en obligation d'une entreprise cotée en Bourse ou d'une municipalité Obligations d'épargne du Québec ou du Canada Bons du Trésor (échéance de moins de trois mois)

Les postes composant la trésorerie et les équivalents de trésorerie diffèrent d'une entreprise à l'autre et même d'une période à l'autre. En effet, il se peut qu'une entreprise détienne des placements, alors qu'une autre n'en ait pas. Aussi, le solde de ses comptes en banque peut être élevé à la clôture de la période, alors qu'il y avait un découvert bancaire à son ouverture. C'est pourquoi l'entité doit faire mention des composantes de la trésorerie et des équivalents de trésorerie[6], soit dans l'état lui-même, soit dans une note complémentaire aux états financiers. Également, dans l'objectif de guider le lecteur des états financiers, il faut présenter un rapprochement des montants de la trésorerie et des équivalents de trésorerie présentés dans l'état des flux de trésorerie avec ce qui apparaît au bilan.

Le contenu de l'état des flux de trésorerie

La plupart des opérations qu'effectue l'entreprise influent sur les flux de trésorerie en générant ou en absorbant des liquidités. L'entreprise achète, vend, engage des frais, investit, emprunte et rembourse ses emprunts, émet et rachète des actions. C'est un processus continuel dans lequel certaines décisions sont plus répétitives que d'autres. Dans une pharmacie, par exemple, l'achat de médicaments est une opération de nature courante et beaucoup plus régulière que l'acquisition de mobilier ou le renouvellement de l'emprunt hypothécaire de l'immeuble.

Afin de préparer l'état des flux de trésorerie, on doit classer toutes les opérations ayant influé sur la trésorerie et sur les équivalents de trésorerie dans l'une des trois

---

4. Tel que présenté au chapitre 16, les emprunts bancaires servent à combler des besoins temporaires de trésorerie. Mieux connue sous le nom de marge de crédit, cette forme d'emprunt fluctue souvent entre le positif et le négatif.

5. Pour bien des entreprises, seule l'encaisse compose la trésorerie. Le but de l'état des flux de trésorerie est alors de présenter une liste des opérations ayant augmenté ou diminué l'encaisse. Afin de faciliter la compréhension des notions exposées dans ce chapitre, on peut donc remplacer l'expression « trésorerie et équivalents de trésorerie » par « trésorerie ».

6. *Manuel de CPA Canada – Comptabilité – Partie II – Normes comptables pour les entreprises à capital fermé*, Toronto, CPA Canada, paragr. 1540.43.

catégories d'activités suivantes : les **activités d'exploitation**, les **activités d'investissement** ou les **activités de financement**. L'état des flux de trésorerie sera donc divisé en trois sections. La figure 22.2 illustre le classement des flux de trésorerie, flux qui modifient à la hausse ou à la baisse les liquidités. Notons que chaque opération de l'exercice est classée dans l'une des trois catégories d'activités, sauf lorsqu'elle est sans effet sur la trésorerie. Une fois le classement effectué, on peut préparer l'état des flux de trésorerie.

FIGURE 22.2 | **LE CLASSEMENT DES FLUX DE TRÉSORERIE SELON LES CATÉGORIES D'ACTIVITÉS**

L'**exploitation** constitue l'objectif premier, soit l'essence même de l'existence d'une entreprise. Cette activité concerne la production et la vente de biens, la prestation de services et l'exécution de travaux au cours des opérations courantes, de nature répétitive et à court terme. L'effet des opérations liées à l'exploitation est principalement identifiable grâce à l'examen de l'état des résultats, de l'actif à court terme et du passif à court terme. Les activités d'exploitation regroupent donc les flux de trésorerie liés à l'activité principale de l'entreprise. On y trouve les produits et les charges, à la condition que ces éléments entraînent des variations dans la trésorerie. L'objectif est de fournir de l'information sur les composantes spécifiques des flux de trésorerie passés liés aux activités d'exploitation afin de faciliter la prévision des flux de trésorerie futurs.

7. Les placements qui ne sont pas des équivalents de trésorerie peuvent avoir été classés au bilan dans le court terme ou dans le long terme.

22

L'**investissement** a trait aux sommes injectées ou récupérées dans les investissements durables, opérations caractérisées par des décisions sporadiques et à long terme. L'effet des opérations liées à l'investissement est principalement identifiable au moyen de l'examen des opérations effectuées sur les immobilisations et sur les placements qui ne sont pas des équivalents de trésorerie. L'objectif est d'indiquer dans quelle mesure des décaissements ont été faits pour l'acquisition de ressources destinées à générer des produits et des flux de trésorerie futurs et d'établir la provenance des encaissements découlant de leur aliénation.

Le **financement** a trait aux sommes obtenues ou remboursées par des moyens de financement autres que le passif à court terme, opérations caractérisées par des décisions sporadiques et à long terme. L'effet des opérations liées au financement est principalement identifiable au moyen de l'examen des opérations portant sur le passif à long terme et sur les capitaux propres. L'objectif est d'indiquer comment le financement à long terme a été contracté et d'aider à prévoir les sommes qui seront prélevées sur les rentrées de fonds futures de l'entreprise.

Le tableau 22.1 contient des exemples d'opérations de chacune des trois catégories d'activités. Selon la situation, ces opérations peuvent occasionner des augmentations ou des diminutions de la trésorerie et des équivalents de trésorerie.

TABLEAU 22.1 ▎ **DES EXEMPLES D'OPÉRATIONS DE CHAQUE CATÉGORIE D'ACTIVITÉS**

Catégorie d'activités	Augmentation de la trésorerie et des équivalents de trésorerie	Diminution de la trésorerie et des équivalents de trésorerie
Activités d'exploitation	• Sommes reçues des clients • Intérêts reçus • Dividendes reçus	• Sommes versées aux fournisseurs • Frais de vente et d'administration payés • Salaires payés • Frais financiers payés • Impôts payés
Activités d'investissement	• Produit de l'aliénation d'immobilisations • Produit de l'aliénation d'un placement à long terme	• Valeur d'acquisition d'un actif à long terme, comme un terrain, un immeuble, etc. • Valeur d'acquisition d'une participation dans un satellite
Activités de financement	• Emprunt hypothécaire contracté • Hypothèque mobilière contractée • Produit d'émission d'actions	• Remboursement du capital sur un emprunt hypothécaire ou une hypothèque mobilière • Retraits du propriétaire • Versement de dividendes

La présentation des activités d'exploitation selon la méthode directe

Lorsqu'il s'agit de dresser l'état des flux de trésorerie, deux possibilités s'offrent à l'entreprise en ce qui concerne la présentation de ses **activités d'exploitation**. Le comptable peut choisir la **méthode directe** ou la **méthode indirecte**. Tout comme le *Manuel de CPA Canada*[8], nous privilégions la méthode directe, car l'information y est plus compréhensible pour l'utilisateur des états financiers qui désire, entre autres, estimer les flux de trésorerie futurs de l'entreprise. Nous reviendrons sur la méthode indirecte à la fin de ce chapitre bien que nous retenions ici la méthode directe. Voici l'état des flux de trésorerie de Chocolaterie Kyriane inc. pour l'exercice terminé le 31 décembre 20X2 :

---

8. *Manuel de CPA Canada – Comptabilité – Partie II – Normes comptables pour les entreprises à capital fermé,* Toronto, CPA Canada, paragr. 1540.21.

22

CHOCOLATERIE KYRIANE INC.
Flux de trésorerie [9]
pour l'exercice terminé le 31 décembre 20X2

Activités d'exploitation
Sommes reçues des clients	85 000 $
Sommes versées aux fournisseurs	(55 300)
Frais de vente et d'administration payés	(8 700)
Frais financiers payés	(11 000)
Flux de trésorerie liés aux activités d'exploitation	10 000
Activités d'investissement	
Acquisition de mobilier	(20 000)
Aliénation de mobilier	11 000
Flux de trésorerie liés aux activités d'investissement	(9 000)
Activités de financement	
Remboursement de l'emprunt hypothécaire	(5 000)
Hypothèque mobilière contractée	10 000
Versement de dividendes	(4 000)
Flux de trésorerie liés aux activités de financement	1 000
Augmentation nette de la trésorerie et des équivalents de trésorerie	2 000
Trésorerie et équivalents de trésorerie à l'ouverture de l'exercice*	4 000
Trésorerie et équivalents de trésorerie à la clôture de l'exercice*	6 000 $

* La trésorerie et les équivalents de trésorerie se composent des fonds en caisse
et des soldes bancaires comptabilisés au bilan :

	20X2	20X1
Encaisse et soldes bancaires	6 000 $	4 000 $

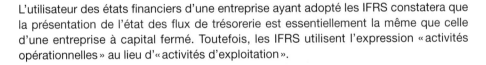

IFRS

L'utilisateur des états financiers d'une entreprise ayant adopté les IFRS constatera que la présentation de l'état des flux de trésorerie est essentiellement la même que celle d'une entreprise à capital fermé. Toutefois, les IFRS utilisent l'expression «activités opérationnelles» au lieu d'«activités d'exploitation».

En examinant cet exemple, on remarque que l'état fait ressortir le total des flux de trésorerie liés à chacune des trois catégories d'activités de l'entreprise. Les augmentations de la trésorerie sont positives, tandis que les diminutions sont négatives et présentées entre parenthèses. L'hypothèque mobilière de 10 000 $ qui a été contractée constitue donc une augmentation de la trésorerie, car l'entreprise a reçu cet argent au cours de l'exercice. Cela figure à titre d'activité de financement, puisqu'il s'agit d'un emprunt à long terme. Dans le cas de l'acquisition du mobilier, s'élevant à 20 000 $, la diminution de la trésorerie figure en tant qu'activité d'investissement, puisque le mobilier est un élément d'actif à long terme. Au bas de cet état, on remarque l'augmentation nette des flux de trésorerie des trois catégories d'activités, totalisant 2 000 $. Ce total doit expliquer la différence entre la trésorerie et les équivalents de trésorerie à l'ouverture (4 000 $) et la trésorerie et les équivalents de trésorerie à la clôture de l'exercice (6 000 $). Lorsque les montants concordent, comme ici, on dit alors que l'état des flux de trésorerie balance. Il s'agit en quelque sorte de la preuve que tous les éléments ayant entraîné un mouvement dans les flux de trésorerie ont été adéquatement considérés dans l'état.

22

---

9. Notez que, au moment de la présentation du titre de l'état financier, le mot «état» est omis, comme c'est le cas dans la présentation des résultats et des capitaux propres.

Dans le *Manuel de CPA Canada*, les directives concernant la présentation de l'état des flux de trésorerie sont plutôt limitées. En fait, comme dans l'exemple de l'entreprise Chocolaterie Kyriane inc., on doit obligatoirement présenter cet état en trois catégories d'activités et mentionner la composition de la trésorerie et des équivalents de trésorerie. Outre ces directives, une certaine latitude est permise en ce qui a trait à la présentation du contenu de l'état des flux de trésorerie. Il en est ainsi parce que l'essentiel de chaque activité peut varier d'une entreprise à l'autre, plus particulièrement d'un secteur d'activité à l'autre. C'est la personne qui prépare l'état des flux de trésorerie qui juge de la présentation à adopter, tout en ne perdant pas de vue que les utilisateurs des états financiers sont intéressés par la façon dont l'entreprise génère et utilise des liquidités, compte tenu de sa nature particulière.

Une entreprise de fabrication ayant émis des actions afin de lancer un nouveau produit peut désirer détailler davantage la section portant sur les activités d'investissement. D'un côté, on pourrait présenter distinctement chaque acquisition afin de bien expliquer comment l'argent reçu du produit de l'émission des actions, constituant une activité de financement, a été utilisé. D'un autre côté, l'entreprise de services pourrait présenter sous le même montant les diverses acquisitions de mobilier de l'exercice. Comme les investissements de cette nature sont souvent moins importants pour ce type d'entreprise, il est alors acceptable de procéder ainsi.

Les opérations sans effet sur la trésorerie

Certaines opérations d'investissement ou de financement survenues au cours d'un exercice peuvent ne pas avoir eu d'effet sur les flux de trésorerie. L'acquisition d'un terrain au moyen de l'émission de capital-actions en constitue un exemple. Comme ces opérations n'ont pas entraîné de mouvements de trésorerie ou d'équivalents de trésorerie, on doit les exclure de l'état des flux de trésorerie [10]. Le tableau 22.2 contient une liste non exhaustive d'exemples d'**opérations sans effet sur la trésorerie** et qui ne sont donc pas présentées dans cet état.

TABLEAU 22.2 | **DES EXEMPLES D'OPÉRATIONS SANS EFFET SUR LA TRÉSORERIE**

Description	Exemple
Acquisition d'actifs en échange d'autres actifs	L'entreprise cède un terrain vacant à son voisin contre le terrain de stationnement de celui-ci, situé à côté de l'usine.
Acquisition d'actifs financés directement par le vendeur	L'entreprise achète un équipement au coût de 5 000 $ et s'engage à verser 222,59 $ par mois pendant 24 mois.
Acquisition d'actifs financés par l'émission d'actions	L'entreprise achète un immeuble contre 1 000 actions de catégorie C.
Dividendes en actions, fractionnement ou regroupement d'actions	Le 4 juin, l'entreprise déclare un dividende en actions de 1 %, à verser le 15 juin.
Radiation d'immobilisations entièrement amorties	Un équipement ayant coûté 3 000 $, entièrement amorti, est mis au rebut.
Conversion d'actions privilégiées en actions ordinaires	Un actionnaire convertit une action privilégiée d'une valeur de 100 $ en 10 actions ordinaires d'une valeur de 10 $.
Biens reçus à titre gratuit	L'organisme de bienfaisance Bon Secours reçoit un mobilier de bureau d'une valeur de 2 000 $ d'un donateur anonyme.
Reclassement d'un poste dans les états financiers	L'entreprise transfère 10 000 $ du poste Stocks au poste Fournitures.

22

---

10. Les opérations sans effet sur la trésorerie seront mentionnées ailleurs dans les états financiers, dans les notes complémentaires. *Manuel de CPA Canada – Comptabilité – Partie II – Normes comptables pour les entreprises à capital fermé,* paragr. 1540.41 et 1540.48.

Comme en fait état le deuxième point du tableau précédent, les actifs que finance directement le vendeur sont considérés comme des opérations sans effet sur les flux de trésorerie. On doit toutefois bien examiner l'opération, car l'acquisition d'actifs que finance une troisième partie ne répond pas à cette définition et doit alors figurer dans l'état. Par exemple, l'acquisition d'un immeuble financé au moyen d'un emprunt hypothécaire figure dans l'état des flux de trésorerie, car le financement ne provient pas du vendeur mais d'un tiers, soit l'institution financière. Dans le cas de cette opération, on considère qu'il y a une augmentation de la trésorerie, provenant de l'emprunt hypothécaire contracté, suivie d'une diminution de la trésorerie, liée à l'acquisition de l'immeuble.

LES FLUX DE TRÉSORERIE LIÉS AUX ACTIVITÉS D'EXPLOITATION

Nous allons maintenant préparer l'état des flux de trésorerie que nous avons précédemment examiné (*voir la page 987*). Vous trouverez ci-après les états financiers de Chocolaterie Kyriane inc. pour l'exercice 20X2. Outre les ventes effectuées par la boutique située au centre-ville, cette entreprise dessert également des boutiques de cadeaux et des fleuristes. Le bilan, les capitaux propres et les résultats de l'exercice courant sont nécessaires à la préparation de l'état des flux de trésorerie. Des renseignements supplémentaires sont aussi fournis lorsque certaines opérations ne sont pas nettement décelables grâce au seul examen des états financiers.

	CHOCOLATERIE KYRIANE INC. **Résultats** **pour l'exercice terminé le 31 décembre**	
	20X2	*20X1*
Chiffre d'affaires	98 000 $	95 000 $
Coût des ventes	(50 300)	(53 200)
Marge bénéficiaire brute	47 700	41 800
Frais d'exploitation		
Amortissement des immobilisations	(6 000)	(5 000)
Frais de vente et d'administration	(5 700)	(4 100)
Frais financiers	(11 000)	(10 700)
Gain sur aliénation de mobilier	1 000	
Bénéfice net	26 000 $	22 000 $

	CHOCOLATERIE KYRIANE INC. **Bénéfices non répartis** **pour l'exercice terminé le 31 décembre**	
	20X2	*20X1*
Solde au début	20 000 $	3 000 $
Bénéfice net	26 000	22 000
	46 000	25 000
Dividendes	(4 000)	(5 000)
Solde à la fin	42 000 $	20 000 $

CHOCOLATERIE KYRIANE INC.
Bilan
au 31 décembre

Actif

	20X2	20X1
Actif à court terme		
Encaisse	6 000 $	4 000 $
Clients (nets)	32 000	19 000
Stocks	35 000	28 000
Frais payés d'avance	1 000	
Immobilisations corporelles		
Terrain	9 000	9 000
Immeuble	120 000	120 000
Amortissement cumulé	(35 000)	(30 000)
Mobilier	10 000	
Amortissement cumulé	(1 000)	
Total de l'actif	177 000 $	150 000 $

Passif et capitaux propres

	20X2	20X1
Passif à court terme		
Fournisseurs	12 000 $	10 000 $
Charges à payer	1 000	3 000
Tranche de la dette à long terme échéant à moins de un an	5 500	5 000
Passif à long terme		
Emprunt hypothécaire	99 000	104 000
Hypothèque mobilière	9 500	
Capitaux propres		
Capital-actions	8 000	8 000
Bénéfices non répartis	42 000	20 000
Total du passif et des capitaux propres	177 000 $	150 000 $

Autres renseignements :
En 20X2, l'entreprise a acheté du mobilier au coût de 10 000 $. Aucun amortissement n'a été pris sur ce mobilier, lequel a été revendu peu de temps après, puisqu'il ne répondait pas adéquatement aux besoins de l'entreprise. Un autre mobilier a été rapidement acheté afin de remplacer le premier.
Les frais payés d'avance et les charges à payer concernent les frais de vente et d'administration.
Les versements annuels en capital de la dette à long terme sont respectivement de 5 000 $ et de 500 $ pour l'emprunt hypothécaire et l'hypothèque mobilière.

Dans la méthode directe, les montants bruts des principales catégories de rentrées et de sorties de fonds sont énumérés. Le comptable doit donc examiner un à un les postes de l'état des résultats et déterminer le flux de trésorerie correspondant. La prise en compte de l'évolution des postes composant l'actif et le passif à court terme entre l'ouverture et la clôture de l'exercice s'avérera indispensable à ce processus. Le tableau 22.3 résume le processus à adopter au moment de la détermination des **flux de trésorerie liés aux activités d'exploitation selon la méthode directe**. Ce processus est expliqué en détail ci-après pour chaque poste pris séparément.

Le chiffre d'affaires

L'état des résultats de Chocolaterie Kyriane inc. indique un chiffre d'affaires de 98 000 $ en 20X2. Il est évident que ce montant ne correspond pas automatiquement aux encaissements des clients de l'exercice. En effet, lorsqu'un client effectue ses achats à la boutique, il peut payer comptant ou profiter des conditions de crédit qu'offre l'entreprise et payer plus tard. Dans ce dernier cas, la vente de marchandises (chocolat) a bel et bien eu lieu, mais, comme l'argent n'est pas tout de suite encaissé, le montant figure dans les comptes clients en tant qu'élément de l'actif à court terme. Cette situation est courante et illustre bien l'application de la comptabilité d'exercice.

TABLEAU 22.3 | **LES FLUX DE TRÉSORERIE LIÉS AUX ACTIVITÉS D'EXPLOITATION SELON LA MÉTHODE DIRECTE – CHOCOLATERIE KYRIANE INC.**

Résultats		Éléments ne figurant pas dans l'état des flux de trésorerie	Variations des éléments hors caisse du fonds de roulement		Activités d'exploitation	
Ventes	+ 98 000 $		Clients à l'ouverture Clients à la clôture	+ 19 000 $ − 32 000	+ 85 000 $	Sommes reçues des clients
Coût des ventes	− 50 300		Fournisseurs à l'ouverture Fournisseurs à la clôture Stocks à l'ouverture Stocks à la clôture	− 10 000 ⎫ + 12 000 ⎪ + 28 000 ⎬ − 35 000 ⎭	− 55 300	Sommes versées aux fournisseurs
Amortissement des immobilisations	− 6 000	+ 6 000 $				
Frais de vente et d'administration	− 5 700		Charges à payer à l'ouverture Charges à payer à la clôture Payés d'avance à l'ouverture Payés d'avance à la clôture	− 3 000 ⎫ + 1 000 ⎪ θ ⎬ − 1 000 ⎭	− 8 700	Frais de vente et d'administration payés
Frais financiers	− 11 000				− 11 000	Frais financiers payés
Gain sur aliénation de mobilier	+ 1 000	− 1 000				
Bénéfice net	+ 26 000 $	+ 5 000 $		− 21 000 $	+ 10 000 $	Flux de trésorerie liés aux activités d'exploitation

Note : Les signes qui précèdent les montants représentent l'effet des opérations sur la trésorerie (et les équivalents de trésorerie) de l'entreprise. Ainsi, un signe « + » signifie une augmentation de la trésorerie et un signe « − » signifie une diminution de la trésorerie.

Afin de déterminer les **sommes reçues des clients**, il convient d'examiner simultanément le chiffre d'affaires figurant dans l'état des résultats et le poste Clients du bilan. En fait, on doit répondre à la question suivante : Quelle est l'augmentation de la trésorerie de l'exercice ? Vous savez que ce n'est probablement pas 98 000 $ et que vous devez considérer les comptes des clients à l'ouverture et à la clôture de l'exercice.

Supposons qu'il n'y a qu'un seul client et essayons de déterminer l'évolution des flux de trésorerie de l'exercice 20X2. Vous savez que ce client doit 19 000 $ à l'entreprise au début de l'exercice 20X2. Il semble raisonnable de supposer que cette somme a été encaissée au cours des premières semaines de l'exercice, soit en janvier ou en février 20X2. Puisqu'il n'y a qu'un seul client, vous lui avez vendu 98 000 $ de nouvelles marchandises. Comme le bilan de l'entreprise présente des comptes clients de 32 000 $ au 31 décembre 20X2, cela signifie que vos ventes de 98 000 $ n'ont pas été entièrement encaissées. La portion perçue correspond à la différence entre le montant de 98 000 $ de ventes et le montant de 32 000 $ impayé au 31 décembre, soit 66 000 $. En ajoutant le montant de 19 000 $ encaissé au début de l'exercice, vous avez reçu 85 000 $ au total en 20X2. Ce montant correspond aux sommes reçues des clients.

Résumons l'explication portant sur le poste Chiffre d'affaires de la façon suivante :

Chiffre d'affaires	+	Clients à l'ouverture de l'exercice	–	Clients à la clôture de l'exercice	=	Sommes reçues des clients [11]
98 000 $	+	19 000 $	–	32 000 $	=	85 000 $

On peut alors inscrire la mention suivante dans l'état des flux de trésorerie :

Sommes reçues des clients	(↑ de la trésorerie)	85 000

AVEZ-VOUS LE SENS DE L'OBSERVATION ?

Qu'arrive-t-il si une partie des sommes dues par les clients à l'ouverture de l'exercice n'est toujours pas encaissée à sa clôture ? Le montant en question figurerait à titre de compte client à la fois à l'ouverture et à la clôture de l'exercice. En considérant le montant à l'ouverture comme une augmentation de la trésorerie et le montant à la clôture comme une diminution de celle-ci, l'effet net sur les flux de trésorerie sera nul.

Le coût des ventes

Le deuxième poste de l'état des résultats est le coût des ventes. Plus particulièrement, il se décompose de la façon suivante :

Stocks à l'ouverture de l'exercice	+	Achats	–	Stocks à la clôture de l'exercice	=	Coût des ventes
28 000 $	+	57 300 $*	–	35 000 $	=	50 300 $

* Le montant des achats doit être établi par différence, car il n'apparaît pas directement dans les états financiers (Achats = 50 300 $ + 35 000 $ – 28 000 $ = 57 300 $).

Au moment de la préparation de l'état des flux de trésorerie, la question est de savoir quels sont les flux de trésorerie liés aux achats. Mentionnons que le poste Coût des ventes est étroitement lié aux montants figurant dans les stocks et à ceux des comptes fournisseurs figurant dans le bilan à l'ouverture et à la clôture de l'exercice. La figure 22.3 illustre ces propos à l'aide des renseignements de l'entreprise Chocolaterie Kyriane inc.

---

11. S'il y avait des produits reçus d'avance, on devrait aussi considérer l'impact de la variation de ce poste sur le chiffre d'affaires afin d'obtenir le montant des sommes reçues des clients, comme suit :

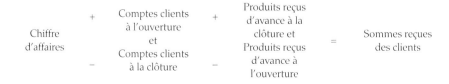

FIGURE 22.3 | **L'ANALYSE DU COÛT DES VENTES – CHOCOLATERIE KYRIANE INC.**

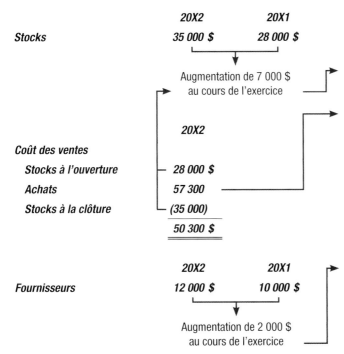

	20X2	**20X1**
Stocks	35 000 $	28 000 $

Augmentation de 7 000 $
au cours de l'exercice

20X2

Coût des ventes
- *Stocks à l'ouverture* — 28 000 $
- *Achats* 57 300
- *Stocks à la clôture* — (35 000)
- 50 300 $

	20X2	**20X1**
Fournisseurs	12 000 $	10 000 $

Augmentation de 2 000 $
au cours de l'exercice

Les stocks augmentent lors des opérations d'achat et diminuent à la suite des opérations de vente. Au moment de l'établissement de l'état des flux de trésorerie, nous tenons pour acquis qu'une augmentation de 7 000 $ du niveau des stocks signifie qu'un montant égal a été absorbé par les activités d'exploitation. Ainsi, en additionnant 7 000 $ au coût des ventes de 50 300 $, on obtient **57 300 $**, soit le montant des achats de l'exercice.

Le compte Fournisseurs augmente lors des opérations d'achat et diminue à la suite de leur paiement. Au moment de l'établissement de l'état des flux de trésorerie, nous tenons d'abord pour acquis que les achats de l'exercice ont été effectués au comptant, puis nous tenons compte de la variation survenue dans le compte Fournisseurs. Ainsi, une augmentation de 2 000 $ du compte Fournisseurs signifie que ce montant n'a pas fait l'objet d'une sortie de fonds. En soustrayant 2 000 $ des achats de 57 300 $, on obtient **55 300 $**, soit le montant correspondant aux sommes versées aux fournisseurs.

Dans un premier temps, les stocks et le coût des ventes sont simultanément analysés. Le poste Stocks est comparable au poste Frais payés d'avance. En effet, une augmentation des stocks signifie qu'il y a davantage de marchandises achetées et non vendues à la clôture de l'exercice qu'à son ouverture. L'inverse est aussi vrai, puisqu'une diminution des stocks signifie qu'il y a moins de marchandises achetées et non vendues à la clôture de l'exercice qu'à son ouverture. Une augmentation des stocks signifie que les achats de la période sont plus élevés que le coût des ventes et vice versa. Dans le cas de Chocolaterie Kyriane inc., la variation des stocks entre l'ouverture et la clôture de l'exercice constitue une augmentation de 7 000 $. Afin d'isoler le montant des achats, on doit augmenter le coût des ventes du même montant que celui de l'augmentation notée dans les stocks. Les achats s'élèvent donc à 57 300 $.

Dans un second temps, on analyse les achats en fonction de la variation des comptes fournisseurs. Cette analyse est comparable à celle effectuée précédemment à partir du chiffre d'affaires et de l'évolution des comptes clients. Il est question ici de décaissements plutôt que d'encaissements, mais le principe demeure le même.

Les mouvements survenus dans les comptes fournisseurs indiquent jusqu'à quel point les achats (57 300 $) ont été payés. Dans le cas de Chocolaterie Kyriane inc., les comptes fournisseurs ont augmenté de 2 000 $, ce qui signifie qu'un montant équivalent des achats n'a pas été payé au cours de l'exercice. Les **sommes versées aux fournisseurs** sont donc de 2 000 $ inférieures aux achats et représentent 55 300 $. Le résumé de l'explication portant sur le poste Coût des ventes est présenté à la page suivante.

22

Coût des ventes	+	Stocks à la clôture et	+	Comptes fournisseurs à l'ouverture et	=	Sommes versées aux fournisseurs
	−	Stocks à l'ouverture	−	Comptes fournisseurs à la clôture		
50 300 $	+	35 000 $ – 28 000 $	+	10 000 $ – 12 000 $	=	55 300 $

OU

Achats	+	Comptes fournisseurs à l'ouverture et	=	Sommes versées aux fournisseurs
	−	Comptes fournisseurs à la clôture		
57 300 $	+	10 000 $ – 12 000 $	=	55 300 $

On peut alors inscrire la mention suivante dans l'état des flux de trésorerie :

| Sommes versées aux fournisseurs | (↓ de la trésorerie) | **(55 300)** |

L'amortissement des immobilisations

L'**amortissement des immobilisations** est le poste suivant de l'état des résultats. Il résulte de l'imputation d'une portion de la valeur d'acquisition d'un actif à long terme à l'exercice courant. Comme il ne s'agit pas d'une diminution de la trésorerie de l'entreprise, ce poste ne figure pas dans l'état des flux de trésorerie. On l'élimine donc, tel que l'indique le tableau 22.3 (*voir la page 991*).

Les frais de vente et d'administration

Les charges liées aux frais de vente et d'administration s'élèvent, dans les résultats, à 5 700 $. Encore une fois, ce montant n'a pas nécessairement occasionné un décaissement du même montant. Dans le cas de Chocolaterie Kyriane inc., les frais de vente et d'administration sont liés aux postes Frais payés d'avance et Charges à payer. L'évolution de ces deux postes doit donc être considérée dans l'optique de faire ressortir les **frais de vente et d'administration payés**.

Le poste Frais payés d'avance est inexistant au 31 décembre 20X1 et s'élève à 1 000 $ au 31 décembre 20X2. De par leur nature, les frais payés d'avance sont des montants déboursés au cours de l'exercice, mais qui constitueront une charge au cours de l'exercice suivant. Cette situation est conséquente à la comptabilité d'exercice, dans laquelle on inscrit une charge selon la période à laquelle elle se rapporte, peu importe le moment du débours. Le montant de 1 000 $ de frais payés d'avance au 31 décembre 20X2 a été payé au cours de la période courante, mais ne constitue pas une charge dans l'état des résultats. L'état des flux de trésorerie tient compte de ce montant, puisqu'il s'agit d'un décaissement. La trésorerie de l'entreprise Chocolaterie Kyriane inc. a effectivement diminué de 1 000 $ de plus que le montant de 5 700 $ inscrit à l'état des résultats à titre de frais de vente et d'administration, pour un total de 6 700 $.

Au 31 décembre 20X2, les charges à payer sont de 1 000 $, alors qu'elles s'élevaient à 3 000 $ à la clôture de la période précédente. Au cours des 12 derniers mois, l'entreprise a donc moins profité des facilités de crédit qu'offrent les fournisseurs. En fait, si le poste

Charges à payer a diminué de 2 000 $ (3 000 $ – 1 000 $), cela signifie que l'entreprise a payé la différence en question au cours de la période courante. La diminution de la trésorerie de l'exercice, liée aux frais de vente et d'administration, est donc de 2 000 $ de plus que le montant de 6 700 $ précédemment calculé. Résumons l'explication portant sur le poste Frais de vente et d'administration de la façon suivante :

Frais de vente et d'administration	+	Frais payés d'avance à la clôture et Frais payés d'avance à l'ouverture	+	Charges à payer à l'ouverture et Charges à payer à la clôture	=	Frais de vente et d'administration payés
5 700 $	+	1 000 $ – 0 $	+	3 000 $ – 1 000 $	=	8 700 $

On peut alors inscrire la mention suivante dans l'état des flux de trésorerie :

Frais de vente et d'administration payés	(↓ de la trésorerie)	**(8 700)**

Les frais financiers

Les frais financiers s'élèvent, dans l'état des résultats de l'entreprise, à 11 000 $. Puisque aucun poste Intérêts à payer ne figure dans le bilan au 31 décembre 20X1 et au 31 décembre 20X2, cela signifie que la charge inscrite dans les résultats correspond entièrement aux **frais financiers payés**[12]. La diminution de la trésorerie s'élève donc à 11 000 $ et on l'inscrira comme telle dans l'état des flux de trésorerie :

Frais financiers payés	(↓ de la trésorerie)	**(11 000)**

Le gain sur aliénation de mobilier

Le dernier poste de l'état des résultats est le gain sur aliénation de mobilier de 1 000 $. Notons que ce genre de gain (ou de perte) correspond rarement au **montant reçu** par l'entreprise. Autrement dit, l'encaissement du produit de l'aliénation est d'ordinaire supérieur au montant du gain (ou de la perte). Dans le cas de Chocolaterie Kyriane inc., l'entreprise a vendu du mobilier ayant coûté 10 000 $ et a réalisé un gain de 1 000 $. Quel était le prix de vente ? La réponse est nécessairement 11 000 $. En effet, selon les renseignements obtenus, on a sûrement inscrit aux livres l'écriture suivante :

Banque	*11 000*	
Mobilier		*10 000*
Gain sur aliénation de mobilier		*1 000*
Produit de la vente du mobilier récemment acheté.		

---

12. S'il y avait des intérêts à payer, on devrait considérer l'impact de la variation de ce poste sur les frais financiers afin d'obtenir le montant payé, comme suit :

Frais financiers	+	Intérêts à payer à l'ouverture	–	Intérêts à payer à la clôture	=	Frais financiers payés

22

L'augmentation de la trésorerie est donc de 11 000 $, même si le gain sur aliénation figurant dans l'état des résultats est de 1 000 $. L'aliénation de ce mobilier n'est pas une opération qui fait partie de l'exploitation courante. En effet, rappelons que l'entreprise distribue des accessoires vestimentaires et n'a donc pas pour principal objectif d'acheter ou de vendre du mobilier. Dans les faits, l'entreprise a vendu cet actif parce qu'il ne répondait pas adéquatement à ses besoins. Puisque ce mobilier constitue une immobilisation, nous traiterons donc un peu plus loin de la présentation de l'encaissement de 11 000 $ dans le cadre des activités d'investissement. Pour l'instant, le gain sur aliénation de mobilier ne fait pas partie des activités d'exploitation et ne figure pas dans l'état des flux de trésorerie, tel que l'indique le tableau 22.3 (*voir la page 991*).

Après avoir analysé chaque poste de l'état des résultats, on constate que la section portant sur les activités d'exploitation présente directement les encaissements et les décaissements de l'exercice. Cumulativement, les flux de trésorerie liés aux activités d'exploitation ont généré une augmentation nette de la trésorerie et des équivalents de trésorerie de 10 000 $. Ayant choisi la méthode directe, la première section de l'état des flux de trésorerie se présente comme suit :

CHOCOLATERIE KYRIANE INC.
Flux (partiels) de trésorerie
pour l'exercice terminé le 31 décembre 20X2

Activités d'exploitation	
Sommes reçues des clients	85 000 $
Sommes versées aux fournisseurs	(55 300)
Frais de vente et d'administration payés	(8 700)
Frais financiers payés	(11 000)
Flux de trésorerie liés aux activités d'exploitation	10 000 $

AVEZ-VOUS LE SENS DE L'OBSERVATION ?

Que représentent les flux de trésorerie liés aux activités d'exploitation ? En fait, la somme de 10 000 $ qu'a reçue l'entreprise Chocolaterie Kyriane inc. correspond au bénéfice net exprimé en fonction des **rentrées et sorties de fonds** de l'exercice, soit au chiffre du bénéfice net qui serait obtenu **si la comptabilité de caisse était utilisée.** N'a-t-on pas effectivement cherché à établir les **encaissements** provenant du chiffre d'affaires et les **décaissements** des achats et autres charges ? Nous avons expliqué en détail le passage de la comptabilité de caisse à la comptabilité d'exercice au chapitre 21.

LES FLUX DE TRÉSORERIE LIÉS AUX ACTIVITÉS D'INVESTISSEMENT ET DE FINANCEMENT

Les activités d'investissement

L'analyse des postes de l'actif à long terme constitue la première source d'information concernant les **activités d'investissement**. Un examen attentif des changements survenus dans ces postes s'avère nécessaire afin de faire ressortir toutes les opérations de l'exercice portant sur les immobilisations et les placements qui ne sont pas des équivalents de trésorerie. Bien qu'elle soit une étape indispensable, l'analyse du bilan ne révèle pas tout ce qui est nécessaire à la préparation de l'état des flux de trésorerie. Des éléments d'information non directement visibles dans le bilan doivent être obtenus de sources internes, par exemple au moyen de l'examen des opérations inscrites dans le journal général et dans les comptes appropriés du grand livre, de la lecture des contrats d'acquisition ou d'aliénation, ou d'une discussion avec le personnel du Service de comptabilité.

Le terrain et l'immeuble

Dans le cas de l'entreprise Chocolaterie Kyriane inc., les postes Terrain et Immeuble sont identiques dans les bilans au 31 décembre 20X1 et au 31 décembre 20X2. Il ne faut toutefois pas que cette constatation nous amène à conclure trop tôt qu'il n'y a pas eu d'acquisition ou d'aliénation au cours de l'exercice 20X2. En effet, l'entreprise aurait pu acheter un terrain de 25 000 $ et le revendre 2 mois plus tard. Dans ce cas, le poste Terrain du bilan serait identique à l'ouverture et à la clôture de l'exercice, puisqu'il aurait augmenté de 25 000 $ puis diminué du même montant, d'où l'importance de prendre connaissance des opérations inscrites dans les comptes du grand livre.

L'état des résultats peut fournir des indices en présentant un gain ou une perte sur aliénation d'actifs à long terme. Si un tel poste y figure, on détiendra alors une information qui indiquera de continuer les recherches. La prudence est cependant de mise ! En effet, si le gain ou la perte sur aliénation n'est pas important, on pourrait l'intégrer aux produits ou aux charges de l'exploitation courante. Il n'y aurait alors pas de poste distinct dans l'état des résultats. Aussi, il n'y aurait ni gain ni perte si le prix de vente était égal à la valeur comptable nette du bien. Dans ses recherches, la personne qui dresse l'état des flux de trésorerie doit s'assurer de bel et bien connaître tous les changements survenus au cours de l'exercice.

Dans le cas de Chocolaterie Kyriane inc., il n'y a pas eu d'acquisition ou d'aliénation de terrain ou d'immeuble, puisque aucune information en ce sens n'est fournie. Comme il n'y a pas eu de mouvement de trésorerie au cours de l'exercice, l'état des flux de trésorerie n'est pas visé par ces deux postes.

Le mobilier

Le poste Mobilier apparaît pour la première fois en 20X2 et présente un solde de 10 000 $ à la clôture. Avant de conclure qu'il s'agit d'une nouvelle acquisition de l'exercice, on doit pousser un peu les recherches. En effet, ce chiffre figurant dans le bilan ne dévoile pas tout ce qui s'est passé au cours de l'exercice, puisque 1) l'entreprise a acheté des meubles au coût de 10 000 $; 2) elle les a revendus 11 000 $; et 3) elle a racheté d'autres meubles au coût de 10 000 $. Voici ce qui s'est réellement passé dans le compte Mobilier au cours de l'exercice :

	Mobilier	
Solde à l'ouverture	θ	
Acquisition	10 000	
Aliénation		10 000
Acquisition	10 000	
Solde à la clôture	10 000	

Ces trois opérations ont touché les liquidités de l'entreprise et doivent, à ce titre, être reflétées dans l'état des flux de trésorerie. L'**acquisition de mobilier** de l'exercice a exigé un décaissement total de 20 000 $ de la part de l'entreprise. Il s'agit d'un investissement qui a entraîné une diminution de la trésorerie et qui sera présenté de la façon suivante :

Acquisition de mobilier	(↓ de la trésorerie)	**(20 000)**

En revendant le premier mobilier, l'entreprise a récupéré l'argent nécessaire à l'acquisition du second. En fait, elle a reçu 11 000 $, soit 1 000 $ de plus que la valeur

22

d'acquisition des meubles, d'où la présence d'un gain de 1 000 $ dans l'état des résultats. Dans ce cas particulier, le mobilier n'a pas été amorti, à cause de sa revente quasi immédiate. L'augmentation réelle de la trésorerie de l'entreprise au moment de l'aliénation de mobilier est de 11 000 $, ce qui correspond au prix de vente. C'est donc ce montant qui doit figurer dans l'état des flux de trésorerie, comme suit :

Aliénation de mobilier	(↑ de la trésorerie)	**11 000**

Cumulativement, les **flux de trésorerie liés aux activités d'investissement** ont entraîné une diminution nette de la trésorerie et des équivalents de trésorerie de 9 000 $. Cette section se présente comme suit dans l'état des flux de trésorerie :

CHOCOLATERIE KYRIANE INC.
Flux (partiels) de trésorerie
pour l'exercice terminé le 31 décembre 20X2

Activités d'investissement	
Acquisition de mobilier	*(20 000) $*
Aliénation de mobilier	*11 000*
Flux de trésorerie liés aux activités d'investissement	*(9 000) $*

Les activités de financement

L'analyse des changements survenus dans les postes du passif à long terme et des capitaux propres du bilan constitue la première source d'information concernant les **activités de financement**. Tout comme dans le cas des activités d'investissement, cette analyse ne révèle pas toute l'information nécessaire à la préparation de l'état des flux de trésorerie. Des éléments d'information non directement visibles dans le bilan doivent être obtenus de sources internes, par exemple au moyen de l'examen des opérations inscrites dans le journal général et dans les comptes appropriés du grand livre, de la lecture des contrats d'emprunt, des procès-verbaux ou des documents attestant du changement survenu dans le capital-actions.

L'emprunt hypothécaire

Dans le cas de l'entreprise Chocolaterie Kyriane inc., le total de l'emprunt hypothécaire, y compris la portion échéant à court terme [5 500 $ – 500 $ (hypothèque mobilière)], se calcule de la façon suivante :

Tranche de la dette à long terme échéant à moins de un an		+	*Passif à long terme*	=	*Total de l'emprunt hypothécaire*
20X2	*5 000 $*	+	*99 000 $*	=	*104 000 $*
20X1	*5 000 $*	+	*104 000 $*	=	*109 000 $*

Vous avez peut-être déjà remarqué que nous n'avons pas expliqué le poste Tranche du passif à long terme échéant à moins de un an au moment de l'analyse des activités d'exploitation. C'est qu'il s'agit d'un passif qui doit être traité à titre d'activité de financement. L'évolution du total de l'emprunt hypothécaire, à court et à long terme, est considérée au même endroit dans l'état des flux de trésorerie. Dans le cas de Chocolaterie Kyriane inc., l'exercice 20X2 est caractérisé par une diminution de l'emprunt hypothécaire à payer de 5 000 $ (109 000 $ – 104 000 $). Cette diminution de la trésorerie de 5 000 $

correspond nécessairement au **remboursement de l'emprunt hypothécaire** de l'exercice courant qui figure dans l'état des flux de trésorerie de la façon suivante :

Remboursement de l'emprunt hypothécaire	(↓ de la trésorerie)	**(5 000)**

Puisqu'il n'y a pas de nouvel emprunt hypothécaire ni de remboursement anticipé (non prévu dans le contrat initial) en 20X2, la diminution du passif correspond obligatoirement à la portion de l'emprunt obligataire échéant à moins de un an, laquelle est de 5 000 $ au 31 décembre 20X1. En effet, ce passif à court terme à l'ouverture de l'exercice a été payé au cours de l'exercice courant et correspond, par définition, au remboursement du capital de l'emprunt hypothécaire. Rappelons que les frais financiers payés ont été pris en compte dans les activités d'exploitation [13].

L'hypothèque mobilière

On a créé un nouveau poste de passif à long terme en 20X2, vraisemblablement à la suite de l'acquisition du nouveau mobilier. En incluant la portion échéant à court terme, l'**hypothèque mobilière contractée** au cours de l'exercice est de 10 000 $ (9 500 $ + 500 $). On peut supposer qu'aucun versement de capital n'a été fait en 20X2, puisqu'on a acheté le nouveau mobilier à la toute fin de l'exercice. Comme l'entreprise a reçu cet argent d'une institution financière afin de pouvoir réaliser un investissement, il s'agit d'une augmentation de la trésorerie à indiquer comme suit à l'état des flux de trésorerie :

Hypothèque mobilière contractée	(↑ de la trésorerie)	**10 000**

Le capital-actions

Le capital-actions n'a pas varié au cours de l'exercice et aucune information ne mentionne l'émission ou le rachat d'actions. Comme aucune variation de la trésorerie n'a eu lieu au cours de l'exercice relativement au capital-actions, il n'en sera pas fait mention dans l'état des flux de trésorerie.

Les bénéfices non répartis

En général, les changements survenus dans le poste Bénéfices non répartis sont dus à deux éléments : le bénéfice net (ou la perte nette) de l'exercice et la déclaration de dividendes. Nous avons déjà traité des produits et des charges composant le bénéfice net de 26 000 $ du côté des activités d'exploitation. Il reste donc à tenir compte des dividendes. Dans notre exemple, selon l'état des bénéfices non répartis, les dividendes déclarés au cours de l'exercice s'élèvent à 4 000 $. Il est aussi possible de déterminer ces dividendes par différence, comme suit : 42 000 $ − (20 000 $ + 26 000 $). Voici un résumé de ce qui s'est passé dans le compte Bénéfices non répartis au cours de l'exercice :

	Bénéfices non répartis	
Solde à l'ouverture		*20 000*
Bénéfice net		*26 000*
Dividendes déclarés	*4 000*	
Solde à la clôture		*42 000*

---

13. Les flux de trésorerie se rapportant aux intérêts et aux dividendes reçus ou versés et inclus dans l'état des résultats font partie des activités d'exploitation. Par contre, les intérêts et les dividendes versés et portés au débit des bénéfices non répartis font partie des activités de financement. Voir *Manuel de CPA Canada – Comptabilité – Partie II – Normes comptables pour les entreprises à capital fermé*, paragr. 1540.31.

Les dividendes constituent une diminution de la trésorerie de la période, puisque la totalité des dividendes déclarés a été versée. Il n'y a effectivement pas de poste Dividendes à payer dans les bilans au 31 décembre 20X1 et au 31 décembre 20X2.

Le **versement de dividendes** doit figurer ainsi dans l'état des flux de trésorerie :

Versement de dividendes	(↓ de la trésorerie)	**(4 000)**

Telle la relation entre les achats et les comptes fournisseurs, la relation entre les dividendes déclarés dans l'état des bénéfices non répartis et le poste Dividendes à payer du passif à court terme pourrait être décrite de la façon suivante :

Dividendes déclarés de l'exercice	**+**	**Dividendes à payer à l'ouverture de l'exercice**	**–**	**Dividendes à payer à la clôture de l'exercice**	**=**	**Versement de dividendes**
4 000 $	+	θ $	–	θ $	=	4 000 $

Cumulativement, les **flux de trésorerie liés aux activités de financement** ont entraîné une augmentation nette de la trésorerie et des équivalents de trésorerie de 1 000 $. Cette section se présente comme suit dans l'état des flux de trésorerie :

CHOCOLATERIE KYRIANE INC.
Flux (partiels) de trésorerie
pour l'exercice terminé le 31 décembre 20X2

Activités de financement	
Remboursement de l'emprunt hypothécaire	(5 000) $
Hypothèque mobilière contractée	10 000
Versement de dividendes	(4 000)
Flux de trésorerie liés aux activités de financement	1 000 $

L'évolution nette de la trésorerie et des équivalents de trésorerie

Maintenant que nous avons analysé les trois catégories d'activités, nous pouvons compléter l'état des flux de trésorerie de l'entreprise. Le cumul des variations des flux de trésorerie de chacune des trois catégories d'activités est le suivant :

Flux de trésorerie liés aux activités d'exploitation	10 000 $
Flux de trésorerie liés aux activités d'investissement	(9 000)
Flux de trésorerie liés aux activités de financement	1 000
Augmentation nette de la trésorerie et des équivalents de trésorerie	2 000 $

L'augmentation nette de la trésorerie et des équivalents de trésorerie signifie que toutes les opérations ayant touché les liquidités au cours de l'exercice ont, cumulativement, un effet positif de 2 000 $. Cette variation à la hausse des flux de trésorerie s'explique obligatoirement par la différence entre la trésorerie et les équivalents de trésorerie de l'ouverture et de la clôture de l'exercice. Effectivement, l'encaisse s'élevait à 4 000 $ au 31 décembre 20X1 et à 6 000 $

au 31 décembre 20X2. En d'autres mots, il est indispensable que la somme des flux de trésorerie de chacune des trois catégories d'activités **soit égale à la différence entre l'ouverture et la clôture de l'exercice des postes composant la trésorerie et les équivalents de trésorerie** de l'entreprise. Si ce n'est pas le cas, cela signifie qu'un ou plusieurs éléments ont été mal présentés ou oubliés dans l'analyse des activités d'exploitation, d'investissement ou de financement. Enfin, la dernière partie de l'état des flux de trésorerie se présente comme suit :

CHOCOLATERIE KYRIANE INC.
Flux (partiels) de trésorerie
pour l'exercice terminé le 31 décembre 20X2

Augmentation nette de la trésorerie et des équivalents de trésorerie		2 000 $
Trésorerie et équivalents de trésorerie à l'ouverture de l'exercice*		4 000
Trésorerie et équivalents de trésorerie à la clôture de l'exercice*		6 000 $

* *La trésorerie et les équivalents de trésorerie se composent des fonds en caisse et des soldes bancaires comptabilisés au bilan :*

	20X2	20X1
Encaisse et soldes bancaires	6 000 $	4 000 $

Rappelez-vous que l'état des flux de trésorerie a été présenté au tout début de ce chapitre à la page 987 et qu'il a été établi, étape par étape, en examinant toutes les opérations survenues pour chaque poste du bilan du 31 décembre 20X1 au 31 décembre 20X2. Cet état forme maintenant, avec le bilan, l'état des résultats, l'état des capitaux propres et les notes complémentaires, les états financiers de l'entreprise.

AVEZ-VOUS LE SENS DE L'OBSERVATION ?

Examinez l'état des flux de trésorerie de Chocolaterie Kyriane inc. pour l'exercice terminé le 31 décembre 20X2 (*voir la page 987*). Répond-il aux objectifs pour lesquels il a été préparé ? Reprenons chacun des objectifs énumérés à la page 983 et appliquons-les au contexte de cette entreprise.

- **Évaluer la capacité de l'entreprise de générer des liquidités.** En observant la première catégorie d'activités, vous noterez que les flux de trésorerie liés aux activités d'exploitation courante de l'entreprise sont de 10 000 $. Ce montant s'avère beaucoup plus faible que le bénéfice net de 26 000 $. On ne peut donc se fier uniquement au chiffre du bénéfice net pour prendre des décisions. C'est en comparant les données de l'état des flux de trésorerie avec celles de l'état des résultats que l'on pourra constater les effets de l'augmentation des comptes clients de 13 000 $ et des stocks de 7 000 $. Cette situation a entraîné une diminution de la trésorerie qui serait autrement disponible. Cela est-il causé par un changement dans les politiques de crédit ou dans la gestion des stocks ?
- **Évaluer les liquidités dont l'entreprise a besoin pour s'acquitter de ses obligations financières arrivant à échéance.** En étudiant les activités de financement, on notera que l'hypothèque mobilière constitue un nouveau passif lié à l'acquisition de mobilier. On a aussi effectué le remboursement de l'emprunt hypothécaire comme prévu. Notons aussi que le nouveau mobilier de 10 000 $ a été financé à 100 %, alors que le poste Encaisse présente un solde de 6 000 $ au 31 décembre 20X2. On peut s'interroger sur cette décision, puisque l'argent en banque rapporte très peu d'intérêts, alors que Chocolaterie Kyriane inc. doit payer des intérêts sur tout passif à long terme.
- **Évaluer les liquidités dont l'entreprise a besoin pour financer la croissance de ses actifs productifs.** Les flux de trésorerie liés aux activités d'exploitation de 10 000 $ sont suffisants pour payer le remboursement en capital prévu du passif à long terme de 5 500 $ au cours du prochain exercice. L'entreprise ne dispose donc que de 4 500 $ (10 000 $ – 5 500 $) pour effectuer des investissements supplémentaires. Advenant le cas où une acquisition d'actifs coûtant 18 000 $ serait projetée, l'entreprise devrait

Desjardins – Gérer les liquidités de votre entreprise

22

attendre 4 ans (18 000 $ ÷ 4 500 $). Elle pourrait toutefois considérer un financement pour 50 %, par exemple, ce qui nécessiterait plutôt des liquidités de 9 000 $ [18 000 $ – (18 000 $ × 0,50)]. L'acquisition d'actifs pourrait alors se faire dans 2 ans (9 000 $ ÷ 4 500 $).

- **Évaluer les liquidités dont l'entreprise a besoin pour procéder à des distributions aux propriétaires.** Notons que les versements de dividendes sont de 4 000 $ pour l'exercice 20X2. Les dividendes représentent 15,4 % du bénéfice net, 50 % du capital-actions et 40 % des flux de trésorerie liés aux activités d'exploitation. C'est à l'utilisateur des états financiers d'évaluer si le montant des dividendes est raisonnable compte tenu de ses critères personnels.

- **Évaluer les montants, les échéances et le degré de certitude des flux de trésorerie futurs.** Vous pourrez tirer vos propres conclusions en examinant les opérations de chacune des trois catégories d'activités. Dans cet exemple, vous noterez la décision de revendre presque immédiatement, avec profit, le mobilier nouvellement acheté. Vous savez que cette vente ne se répétera sans doute pas à l'avenir, puisque Chocolaterie Kyriane inc. évolue dans le secteur de la vente de chocolaterie.

IFRS

À l'heure actuelle, les NCECF et les IFRS n'interdisent pas la présentation du montant des flux de trésorerie par action. Pour être plus exact, ni l'un ni l'autre de ces référentiels comptables n'aborde le sujet. En pratique, il est toutefois de plus en plus courant de présenter la tendance des flux de trésorerie ainsi que des mesures clés de liquidités.

CA magazine

LA PRÉSENTATION DES ACTIVITÉS D'EXPLOITATION SELON LA MÉTHODE INDIRECTE

Comme nous l'avons mentionné, le *Manuel de CPA Canada* offre aux entreprises le choix de présenter les flux de trésorerie liés à l'exploitation selon la méthode directe ou la méthode indirecte. Bien que nous privilégions la présentation selon la méthode directe, nous désirons aussi expliquer la seconde, puisque l'entreprise peut préférer cette dernière. Notons que **le total des flux de trésorerie liés aux activités d'exploitation sera le même, quelle que soit la méthode retenue.** Cette première section de l'état des flux de trésorerie, présentée selon la **méthode indirecte,** apparaît ci-dessous :

CHOCOLATERIE KYRIANE INC.
Flux (partiels) de trésorerie
pour l'exercice terminé le 31 décembre 20X2

Activités d'exploitation		
Bénéfice net		*26 000 $*
Éléments sans effet sur la trésorerie		
Amortissement des immobilisations	*6 000 $*	
Gain sur aliénation de mobilier	*(1 000)*	*5 000*
Variations des éléments hors caisse du fonds de roulement		
Augmentation des comptes clients	*(13 000)*	
Augmentation des stocks	*(7 000)*	
Augmentation des comptes fournisseurs	*2 000*	
Augmentation des frais payés d'avance	*(1 000)*	
Diminution des charges à payer	*(2 000)*	*(21 000)*
Flux de trésorerie liés aux activités d'exploitation		*10 000 $*

22

Quelle que soit la méthode retenue pour présenter les flux de trésorerie liés aux activités d'exploitation (méthode directe ou méthode indirecte), les deux autres sections portant sur les flux de trésorerie liés aux activités d'investissement et de financement demeurent les mêmes.

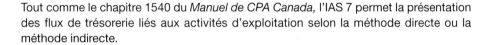

IFRS

Tout comme le chapitre 1540 du *Manuel de CPA Canada*, l'IAS 7 permet la présentation des flux de trésorerie liés aux activités d'exploitation selon la méthode directe ou la méthode indirecte.

Dans la méthode indirecte, le bénéfice net constitue le point de départ de l'état des flux de trésorerie. On a déterminé ce chiffre selon les normes comptables, mais il est rarement l'équivalent du cumul des mouvements de trésorerie de la période. En fait, afin d'identifier les flux de trésorerie liés aux activités d'exploitation, deux étapes sont nécessaires : 1) on exclut du bénéfice net les éléments de l'état des résultats qui sont sans effet sur la trésorerie ; et 2) on analyse les variations des éléments hors caisse du fonds de roulement, soit les actifs et passifs à court terme, afin de déterminer les montants ayant réellement touché la trésorerie.

La figure 22.4 à la page suivante résume le processus à adopter au moment de la détermination des flux de trésorerie liés aux activités d'exploitation selon la méthode indirecte. Ce processus est expliqué en détail ci-après pour chaque poste pris séparément.

Les éléments du bénéfice net sans effet sur la trésorerie

Le comptable doit examiner chaque poste de l'état des résultats et déterminer les produits et les charges n'ayant occasionné aucun mouvement, à la hausse ou à la baisse, dans la trésorerie de l'entreprise. L'objectif est de montrer le mouvement réel des flux de trésorerie provoqué par l'exploitation pure et simple de l'entreprise. On recherche le bénéfice net, **après élimination des éléments sans effet sur la trésorerie**. Dans le cas de Chocolaterie Kyriane inc., le **bénéfice net** servant de point de départ aux activités d'exploitation s'élève à 26 000 $:

Bénéfice net	(↑)	**26 000**

Par définition, l'**amortissement des immobilisations** est une imputation à la période courante d'une portion de la valeur d'acquisition de l'investissement à long terme. Bien qu'il constitue une charge dans l'état des résultats, cet amortissement ne diminue pas la trésorerie. C'est plutôt au moment de l'acquisition de l'actif, au cours d'un exercice antérieur, que le décaissement a eu lieu. Puisque l'objectif de l'état des flux de trésorerie est justement de faire ressortir ce qui influe sur les flux de trésorerie, on doit éliminer l'effet de l'amortissement sur le bénéfice net. Cet amortissement est ainsi ajouté au bénéfice net de la façon suivante, puisqu'il s'agit d'une charge n'ayant pas impliqué de sortie de fonds :

Amortissement des immobilisations	(↑ du bénéfice net)	**6 000**

Le **gain sur aliénation de mobilier** de 1 000 $ ne correspond pas à l'augmentation de la trésorerie à la suite de l'opération. Comme nous l'avons vu précédemment (*voir les pages 997 et 998*), le montant encaissé sur cette opération figure à titre d'augmentation de

FIGURE 22.4 LES FLUX DE TRÉSORERIE LIÉS AUX ACTIVITÉS D'EXPLOITATION SELON LA MÉTHODE INDIRECTE – CHOCOLATERIE KYRIANE INC.

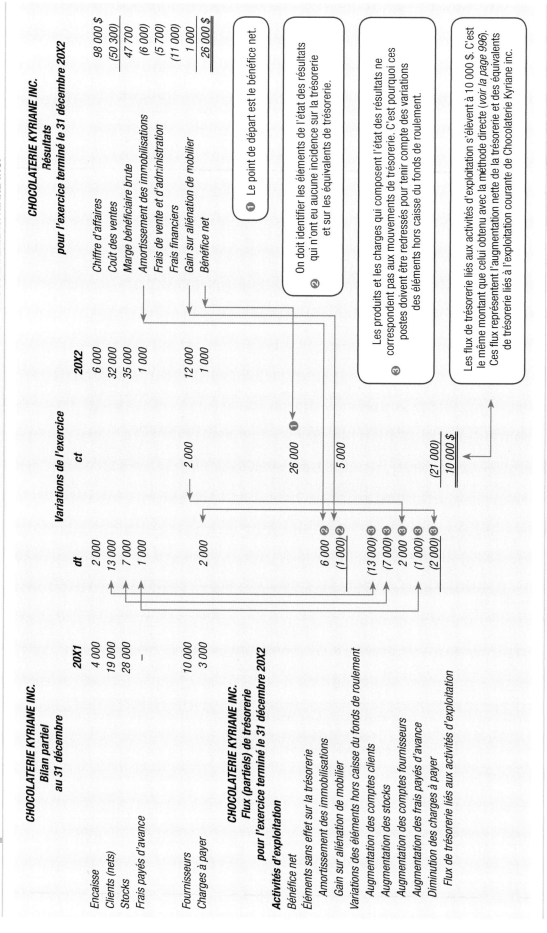

la trésorerie dans les activités d'investissement. Afin de l'éliminer du bénéfice net, on doit soustraire le gain de 1 000 $ de ce dernier, comme suit :

Gain sur aliénation de mobilier	(↓ du bénéfice net)	**(1 000)**

L'amortissement des immobilisations et le gain sur aliénation de mobilier constituent des éléments du bénéfice net sans effet sur la trésorerie de Chocolaterie Kyriane inc. Le tableau 22.4 contient une liste d'autres éléments pouvant nécessiter un ajustement de même nature. Cette liste comprend plusieurs opérations abordées dans les chapitres précédents dans le cadre des normes comptables pour les entreprises à capital fermé (NCECF). Considérons-les ici dans l'optique de leur influence sur les flux de trésorerie de l'entreprise.

TABLEAU 22.4 **LE TRAITEMENT DES ÉLÉMENTS SANS EFFET SUR LA TRÉSORERIE**

Bénéfice net

+	−
• Amortissement des immobilisations et des frais reportés	• Amortissement des crédits reportés
• Perte découlant d'une participation comptabilisée à la valeur de consolidation	• Produit tiré d'une participation comptabilisée à la valeur de consolidation
• Perte sur aliénation d'éléments d'actif à court et à long terme	• Gain sur aliénation d'éléments d'actif à court et à long terme
• Amortissement de la prime afférente à un placement en obligations	• Amortissement de l'escompte afférent à un placement en obligations
• Moins-values non matérialisées	• Plus-values non matérialisées

=

Bénéfice, après élimination des éléments sans effet sur la trésorerie

Nous avons terminé la préparation de la liste des éléments sans effet sur la trésorerie. Les autres postes de l'état des résultats, comme le chiffre d'affaires, le coût des ventes, les frais de vente et d'administration et les frais financiers, sont inclus dans le bénéfice net de 26 000 $. Le cumulatif (partiel) des flux de trésorerie liés à l'exploitation est maintenant de 31 000 $ (26 000 $ + 6 000 $ − 1 000 $). Il est toutefois trop tôt pour conclure que ce montant ajusté correspond aux flux de trésorerie liés aux activités d'exploitation. En effet, d'autres ajustements sont nécessaires à la suite de l'examen des variations des éléments hors caisse du fonds de roulement, tel qu'expliqué ci-dessous.

Les variations des éléments hors caisse du fonds de roulement

L'état des résultats ne dévoile pas tout de l'évolution des flux de trésorerie liés aux activités d'exploitation. On doit examiner l'évolution des postes de l'actif et du passif à court terme, autres que ceux inclus dans la trésorerie et les équivalents de trésorerie, afin de déterminer les encaissements ou les décaissements liés aux produits et aux charges composant le bénéfice net. L'analyse simultanée des variations des postes du court terme au bilan et des postes de l'état des résultats s'avère alors nécessaire [14].

---

14. Les explications présentées ci-après concernant les variations des éléments hors caisse du fonds de roulement peuvent être mises en parallèle avec le tableau 22.3 de la page 991.

22

Le chiffre d'affaires

Le premier poste de l'état des résultats de l'entreprise Chocolaterie Kyriane inc. est le chiffre d'affaires de 98 000 $. Ce montant, on le rappelle, ne constitue pas une augmentation directe de la trésorerie. En effet, on doit considérer les montants figurant dans les comptes clients à l'ouverture et à la clôture de l'exercice de la façon suivante :

Chiffre d'affaires	− Augmentation ou + Diminution	des comptes clients	=	Flux de trésorerie liés au chiffre d'affaires[15]
98 000 $	−	13 000 $	=	85 000 $

L'analyse précédente permet d'affirmer que les flux de trésorerie liés au chiffre d'affaires de 98 000 $ ne s'élèvent qu'à 85 000 $. L'écart de 13 000 $ (98 000 $ − 85 000 $) est dû à l'augmentation des comptes clients de 13 000 $ (32 000 $ − 19 000 $) de l'exercice 20X2. Comme le bénéfice net constitue le point de départ de la section des activités d'exploitation et qu'il comprend un chiffre d'affaires de 98 000 $, on doit donc l'ajuster à la baisse de 13 000 $, comme suit :

Augmentation des comptes clients	(↓ du bénéfice net)	(13 000)

De fait, si les comptes clients ont augmenté, cela signifie que des ventes d'un même montant n'ont pas été encaissées.

AVEZ-VOUS LE SENS DE L'OBSERVATION ?

L'ajustement à faire au chiffre d'affaires de l'entreprise s'avère nécessaire afin de passer de la comptabilité d'exercice à la comptabilité de caisse. En effet, en vertu de la comptabilité d'exercice, on inscrit une vente dans l'exercice où elle est réalisée, ce qui ne correspond pas nécessairement à l'exercice durant lequel on l'encaisse. La différence doit obligatoirement égaler la variation entre les comptes clients à l'ouverture et à la clôture de l'exercice.

Le coût des ventes

Le deuxième poste de l'état des résultats est le coût des ventes de 50 300 $. Ce montant, on le comprend bien, ne correspond pas à la diminution de la trésorerie. Afin de faire ressortir l'effet réel des opérations sur les flux de trésorerie liés aux achats, deux ajustements se révèlent nécessaires. Le premier considère la variation des stocks et le second tient compte de la variation des comptes fournisseurs de l'exercice de la façon suivante :

Coût des ventes	+ Augmentation ou − Diminution des stocks	+ Diminution ou − Augmentation des comptes fournisseurs	=	Flux de trésorerie liés aux achats
50 300 $	+ 7 000 $	− 2 000 $	=	55 300 $

---

15. S'il y avait des produits reçus d'avance, on devrait additionner l'augmentation de ceux-ci ou soustraire leur diminution du chiffre d'affaires afin d'obtenir le montant des sommes reçues des clients.

L'analyse précédente permet d'affirmer que les flux de trésorerie liés aux achats s'élèvent à 55 300 $. L'écart de 5 000 $ (55 300 $ – 50 300 $) est dû à l'**augmentation des stocks** de 7 000 $ (35 000 $ – 28 000 $) et à l'**augmentation des comptes fournisseurs** de 2 000 $ (12 000 $ – 10 000 $). Comme le bénéfice net constitue le point de départ de la section des activités d'exploitation et qu'il comprend un coût des ventes de 50 300 $, on doit donc l'ajuster à la baisse d'un montant net de 5 000 $, comme suit :

Augmentation des stocks	(↓ du bénéfice net)	**(7 000)**

Augmentation des comptes fournisseurs	(↑ du bénéfice net)	**2 000**

De fait, on peut affirmer que si les stocks ont augmenté, il a fallu débourser davantage, tandis que si les comptes fournisseurs ont augmenté, c'est que moins de paiements ont été faits aux fournisseurs.

Les frais de vente et d'administration

Les charges liées aux frais de vente et d'administration s'élèvent, dans les résultats, à 5 700 $. Encore une fois, ce montant ne correspond pas nécessairement à la diminution de la trésorerie. Afin de faire ressortir les flux de trésorerie liés aux frais de vente et d'administration, on doit tenir compte de la variation de deux postes, soit le poste Frais payés d'avance et le poste Charges à payer, de la façon suivante :

Frais de vente et d'administration	+ −	**Augmentation** ou **Diminution des frais payés d'avance**	+ −	**Diminution** ou **Augmentation des charges à payer**	=	**Flux de trésorerie liés aux frais de vente et d'administration**
5 700 $	+	1 000 $	+	2 000 $	=	8 700 $

L'analyse précédente permet d'affirmer que les flux de trésorerie liés aux frais de vente et d'administration s'élèvent à 8 700 $. L'écart de 3 000 $ (8 700 $ – 5 700 $) est dû à l'**augmentation des frais payés d'avance** de 1 000 $ (1 000 $ – 0 $) et à la **diminution des charges à payer** de 2 000 $ (3 000 $ – 1 000 $). Comme le bénéfice net constitue le point de départ de la section des activités d'exploitation et qu'il comprend des frais de vente et d'administration de 5 700 $, on doit donc l'ajuster à la baisse d'un montant net de 3 000 $, comme suit :

Augmentation des frais payés d'avance	(↓ du bénéfice net)	**(1 000)**

Diminution des charges à payer	(↓ du bénéfice net)	**(2 000)**

De fait, on peut affirmer que si les frais payés d'avance ont augmenté, il a fallu débourser davantage. Aussi, si les charges à payer ont diminué, c'est que davantage de paiements ont été faits aux créanciers.

22

Enfin, le dernier poste du passif à court terme a trait à la tranche du passif à long terme échéant à moins de un an. Ce poste est directement lié au passif à long terme et a donc précédemment été analysé en tant qu'activité de financement (*voir la page 996*).

La section portant sur les activités d'exploitation selon la méthode indirecte est maintenant terminée. Chaque poste de l'état des résultats, de l'actif et du passif à court terme du bilan a été analysé en fonction de son influence sur la trésorerie et les équivalents de trésorerie. Il est maintenant possible de dégager le fait que les flux de trésorerie liés aux activités d'exploitation sont de 10 000 $, tel que nous l'avons présenté à la page 1004.

SYNTHÈSE DU CHAPITRE 22

1. L'état des flux de trésorerie fournit de l'information sur l'évolution de la trésorerie et des équivalents de trésorerie de la période. Les mouvements de trésorerie de l'entreprise sont séparés en trois catégories d'activités, soit l'exploitation, l'investissement et le financement.

2. On exclut de l'état des flux de trésorerie les opérations d'investissement ou de financement survenues au cours de la période qui n'ont pas eu d'effet sur les flux de trésorerie.

3. Lorsque les produits et les charges entraînent des variations dans les flux de trésorerie, ils font partie des activités d'exploitation. L'examen des variations des postes de l'actif et du passif à court terme permet de déterminer avec exactitude quels sont les flux de trésorerie liés aux postes de l'état des résultats.

4. On peut présenter les flux de trésorerie liés aux activités d'exploitation selon la méthode directe ou la méthode indirecte. Dans la méthode directe, chaque poste de produits et de charges est présenté distinctement, selon l'évolution des flux de trésorerie qu'il a provoquée. Dans la méthode indirecte, le bénéfice net constitue le point de départ de la section des activités d'exploitation. Par la suite, on exclut de ce bénéfice net les éléments sans effet sur la trésorerie. Enfin, l'analyse des variations des éléments hors caisse du fonds de roulement (actifs et passifs à court terme, excluant la trésorerie et les équivalents de trésorerie) permet de déterminer les montants ayant réellement influé sur les flux de trésorerie.

5. Les activités d'investissement comprennent la valeur d'acquisition des éléments d'actifs à long terme, soit les immobilisations et les placements qui ne font pas partie des équivalents de trésorerie, et le produit de l'aliénation de ceux-ci.

6. Les activités de financement comprennent tout nouvel emprunt à long terme ou toute émission d'actions et le remboursement ou le rachat de ceux-ci. Les dividendes versés aux actionnaires font partie de cette catégorie.

PROBLÈME TYPE

M. et Mme Dalpé ont fondé, le 1er février 20X1, leur propre entreprise qui porte le nom de La Pomme Verte ltée. À cette date, l'encaisse et le capital-actions s'élevaient à 200 000 $. L'entreprise se spécialise dans la fabrication d'une boisson naturelle, désaltérante et économique fabriquée à base de pommes. Vous trouverez ci-dessous l'état des résultats, le bilan et quelques renseignements supplémentaires concernant l'entreprise La Pomme Verte ltée.

LA POMME VERTE LTÉE
Résultats
pour l'exercice terminé le 31 janvier 20X2

Chiffre d'affaires	85 000 $
Coût des ventes	(45 000)
Bénéfice brut	40 000
Frais de vente et d'administration	(7 000)
Frais financiers	(5 000)
Amortissement du matériel et des équipements	(8 000)
Bénéfice net	20 000 $

LA POMME VERTE LTÉE
Bilan
au 31 janvier 20X2

Actif		Passif et capitaux propres	
Encaisse	59 000 $	Fournisseurs	12 000 $
Clients (nets)	10 000	Hypothèque mobilière	25 000
Stocks	16 000	Capital-actions	200 000
Matériel et équipements	180 000	Bénéfices non répartis	20 000
Amortissement cumulé	(8 000)		
		Total du passif et	
Total de l'actif	257 000 $	des capitaux propres	257 000 $

Autres renseignements

1. Aucun dividende n'a été déclaré au cours de l'exercice.

2. Plusieurs immobilisations ont été achetées au cours de la première année d'exploitation. Ces acquisitions ont été financées au moyen d'une hypothèque mobilière de 30 000 $.

TRAVAIL À FAIRE

Préparez l'état des flux de trésorerie de l'entreprise La Pomme Verte ltée pour l'exercice terminé le 31 janvier 20X2 en utilisant la méthode directe. Préparez également la section portant sur les activités d'exploitation en utilisant la méthode indirecte.

SOLUTION DU PROBLÈME TYPE

L'usage de la méthode directe ou indirecte modifie la présentation de l'information sur les mouvements de trésorerie des activités d'exploitation. Toutefois, quelle que soit la méthode retenue, le total de la section portant sur les flux de trésorerie liés aux activités d'exploitation demeure le même.

Lorsqu'il s'agit des activités d'investissement et des activités de financement, la présentation des mouvements de trésorerie est identique, sans égard à la présentation des activités d'exploitation.

L'état des flux de trésorerie selon la méthode directe

LA POMME VERTE LTÉE
Flux de trésorerie
pour l'exercice terminé le 31 janvier 20X2

Activités d'exploitation	
Sommes reçues des clients ❶	*75 000 $*
Sommes versées aux fournisseurs ❷	*(49 000)*
Frais de vente et d'administration payés	*(7 000)*
Frais financiers payés	*(5 000)*
Flux de trésorerie liés aux activités d'exploitation	*14 000*
Activités d'investissement	
Acquisition de matériel et d'équipements ❸	*(180 000)*
Flux de trésorerie liés aux activités d'investissement	*(180 000)*
Activités de financement	
Hypothèque mobilière contractée	*30 000*
Remboursement de l'hypothèque mobilière ❹	*(5 000)*
Flux de trésorerie liés aux activités de financement	*25 000*
Diminution nette de la trésorerie et des équivalents de trésorerie	*(141 000)*
Trésorerie et équivalents de trésorerie à l'ouverture de l'exercice*	*200 000*
Trésorerie et équivalents de trésorerie à la clôture de l'exercice*	*59 000 $*

* La trésorerie et les équivalents de trésorerie correspondent au poste Encaisse du bilan.

Calculs et explications :

❶ *Chiffre d'affaires*		*85 000 $*
Comptes clients à la clôture		*(10 000)*
Sommes reçues des clients		*75 000 $*
❷ *Coût des ventes*		*45 000 $*
Stocks à la clôture		*16 000*
Comptes fournisseurs à la clôture		*(12 000)*
Sommes versées aux fournisseurs		*49 000 $*

❸ *Les acquisitions de matériel et d'équipements s'élèvent à 180 000 $, tel qu'indiqué dans le bilan, puisque c'est le premier exercice financier de La Pomme Verte ltée.*

❹ *Le remboursement de l'hypothèque mobilière est de 5 000 $, puisque le nouvel emprunt contracté est de 30 000 $ et que le solde au bilan est de 25 000 $. Voici l'évolution de ce passif à long terme :*

	Hypothèque mobilière		
Solde à l'ouverture		*θ*	
Hypothèque mobilière contractée	*30 000*		
Remboursement de l'hypothèque mobilière		*5 000*	*(par différence)*
Solde à la clôture		*25 000*	

22

L'état des flux de trésorerie selon la méthode indirecte

LA POMME VERTE LTÉE
Flux (partiels) de trésorerie
pour l'exercice terminé le 31 décembre 20X2

Activités d'exploitation		
Bénéfice net		20 000 $
Éléments sans effet sur la trésorerie		
Amortissement des immobilisations		8 000
Variations des éléments hors caisse du fonds de roulement		
Augmentation des comptes clients ❶	(10 000) $	
Augmentation des stocks ❶	(16 000)	
Augmentation des comptes fournisseurs ❶	12 000	(14 000)
Flux de trésorerie liés aux activités d'exploitation		14 000 $

Explication :

❶ Puisqu'il s'agit du premier exercice de La Pomme Verte ltée, la variation des postes hors caisse du fonds de roulement correspond au solde de clôture du bilan.

QUESTIONS DE RÉVISION (*i+*) Solutionnaire

1. Quel est le principal objectif de l'état des flux de trésorerie ?

2. Nommez trois objectifs de l'utilisateur de l'état des flux de trésorerie.

3. L'état des flux de trésorerie exige-t-il la passation d'écritures de journal ?

4. Quelles sont les trois grandes catégories d'activités de l'état des flux de trésorerie ? Définissez brièvement chacune d'entre elles.

5. L'un de vos copains, qui n'étudie pas la comptabilité, remarque les mots «équivalents de trésorerie» écrits dans votre livre. Il ne connaît pas cette expression et il aimerait bien en saisir le sens comptable. Expliquez-la-lui.

6. Vous êtes responsable de la préparation des états financiers de l'entreprise pour laquelle vous travaillez. À quel moment pouvez-vous préparer l'état des flux de trésorerie ?

7. De quelle information avez-vous besoin pour préparer l'état des flux de trésorerie ?

8. On doit classer les opérations de l'exercice en activités d'exploitation, d'investissement ou de financement. Pouvez-vous nommer deux exemples d'opérations qui augmentent ou diminuent la trésorerie de chacune de ces trois catégories ?

9. Pourquoi doit-on examiner simultanément les postes de l'état des résultats ainsi que les postes de l'actif et du passif à court terme lorsqu'on veut déterminer les mouvements de trésorerie ?

10. Vous êtes au restaurant. Vos voisins de table discutent un peu fort et vous entendez le commentaire suivant : « Je ne comprends pas ce qui se passe ! Le chiffre d'affaires s'élève à plus de 500 000 $ et nous n'avons jamais d'argent en banque. » Comment expliquer cette situation ?

11. Les stocks inscrits au bilan correspondent à la marchandise en main à la clôture d'un exercice. À quel moment survient la sortie de fonds ? À quel moment inscrit-on la charge ? Comment cette situation se reflète-t-elle dans l'état des flux de trésorerie ?

12. Comment expliquer qu'une diminution des comptes des fournisseurs ait provoqué une diminution de la trésorerie de l'entreprise ?

13. Le 3 août 20X4, l'entreprise Beauport ltée a acheté un terrain au coût de 10 000 $. Le 28 septembre 20X8, ce même terrain est vendu au prix de 38 000 $. Comment présente-t-on ces deux opérations distinctes dans l'état des flux de trésorerie ?

14. Certaines opérations n'influent pas sur la trésorerie de l'entreprise et ne doivent pas figurer dans l'état des flux de trésorerie. Donnez-en deux exemples.

15. On affirme que l'état des flux de trésorerie s'apparente, à plusieurs égards, à la comptabilité de caisse. Expliquez ce point de vue.

16. Décrivez les deux approches possibles au moment de la préparation de la section des activités d'exploitation de l'état des flux de trésorerie.

17. Selon la méthode indirecte, l'état des résultats contient des éléments sans effet sur la trésorerie. Pourquoi en est-il ainsi ? Donnez deux exemples de ces éléments.

22

EXERCICES

E1 Terminologie comptable

Voici une liste de six expressions comptables présentées dans ce chapitre :

- Activités d'exploitation
- Activités de financement
- Activités d'investissement
- Équivalents de trésorerie
- État des flux de trésorerie
- Méthode directe

Chacun des énoncés suivants peut servir (ou non) à décrire une de ces expressions comptables. Pour chacun des énoncés, dites à quelle expression comptable il correspond ou indiquez « aucune » s'il ne correspond à aucune d'entre elles.

a) L'ensemble des flux de trésorerie liés aux actifs à long terme.

b) L'argent comptant ou disponible dans un compte en banque et les dépôts à vue que l'entité peut retirer à sa discrétion.

c) L'ensemble des flux de trésorerie liés aux passifs à long terme et aux capitaux propres.

d) Dans cette méthode, le bénéfice net constitue le point de départ de l'état des flux de trésorerie.

e) L'ensemble des flux de trésorerie principalement liés aux produits et aux charges de l'entreprise.

f) Une explication détaillée des produits et des charges ayant eu lieu au cours d'une période donnée.

E2 Le classement des opérations selon leur catégorie d'activités

Dites si chacun des éléments suivants est considéré comme une activité d'exploitation, une activité d'investissement ou une activité de financement dans l'état des flux de trésorerie.

a) Sommes reçues des clients

b) Versement de dividendes

c) Taxes scolaires payées

d) Emprunt hypothécaire contracté

e) Acquisition d'un équipement

f) Aliénation d'un terrain

g) Émission de capital-actions

h) Acquisition d'un placement à long terme

E3 Vrai ou faux

Dites si chacun des énoncés suivants est vrai ou faux. Dans ce dernier cas, précisez pourquoi.

a) L'état des flux de trésorerie présente de l'information que l'on ne trouve nulle part ailleurs dans les états financiers.

b) Plusieurs sources d'information s'avèrent nécessaires à la préparation de l'état des flux de trésorerie.

c) L'encaisse constitue l'axe central de l'état des flux de trésorerie.

d) La somme des montants disponibles dans les comptes en banque d'une entreprise compose la trésorerie et les équivalents de trésorerie.

e) La composition de la trésorerie et des équivalents de trésorerie peut différer d'une entreprise à l'autre.

f) On classe les opérations de l'entreprise d'après l'activité à laquelle elles se rapportent, soit l'exploitation, l'investissement ou le financement.

E4 Vrai ou faux

Dites si chacun des énoncés suivants est vrai ou faux. Dans ce dernier cas, précisez pourquoi.

a) Le bénéfice net constitue le seul poste figurant dans la section portant sur les activités d'exploitation.

b) Dans l'état des flux de trésorerie, l'amortissement est considéré comme une activité d'investissement.

c) Les flux de trésorerie liés aux activités d'exploitation sont l'équivalent du bénéfice net obtenu dans la comptabilité d'exercice.

d) Le produit de l'aliénation d'une immobilisation correspond à l'augmentation de la trésorerie à la suite de l'opération.

e) Le remboursement d'un emprunt constitue une diminution de la trésorerie.

f) Le chiffre d'affaires inscrit dans l'état des résultats correspond à l'augmentation de la trésorerie.

g) La diminution ou l'augmentation des comptes fournisseurs n'influe en rien sur les flux de trésorerie.

E5 La présentation de l'état des flux de trésorerie

M. Jutras aimerait que vous prépariez, à partir des renseignements ci-dessous, l'état des flux de trésorerie de son entreprise pour l'exercice terminé le 31 décembre 20X9.

Liste des éléments de l'état des résultats ayant entraîné une diminution de la trésorerie	*(31 000) $*
Encaisse à l'ouverture	*40 000*
Liste des éléments de l'état des résultats ayant entraîné une augmentation de la trésorerie	*100 000*
Liste des acquisitions d'éléments d'actif à long terme	*(95 000)*
Liste des rentrées de fonds provenant de l'aliénation d'éléments d'actif à long terme	*49 000*
Liste des sources de financement	*140 000*
Liste des sorties de fonds relatives au financement	*(25 000)*
Variation nette de l'encaisse	*?*
Encaisse à la clôture	*?*

E6 Les opérations sans effet sur la trésorerie

Voici quelques opérations qui peuvent survenir au cours des activités d'une entreprise. Indiquez si chacune d'elles sera ou ne sera pas inscrite à l'état des flux de trésorerie.

a) À la suite de l'augmentation de sa production, Diva inc. émet des actions pour 100 000 $ afin d'acheter un entrepôt.

b) Roulex ltée achète une voiture neuve. Elle en a fait l'acquisition au comptant.

c) Comme le prix de l'action se négocie à un montant élevé, Tambec inc. fractionne ses actions de l'ordre de deux pour un.

d) Padou ltée achète un immeuble pour 140 000 $. Elle finance cette acquisition au moyen d'un emprunt hypothécaire de 105 000 $.

e) Yfor inc. s'est prévalue de son privilège de conversion en échangeant toutes ses actions de catégorie B contre des actions de catégorie A avec droit de vote.

f) Padou ltée a déclaré un dividende en actions au cours de l'exercice.

E7 Le calcul de la trésorerie et des équivalents de trésorerie

Vous obtenez l'information suivante concernant l'entreprise Deslauriers inc. À combien s'élève la trésorerie et les équivalents de trésorerie à l'ouverture de la période ?

Flux de trésorerie liés aux activités d'exploitation	*75 000 $*
Flux de trésorerie liés aux activités d'investissement	*(35 000)*
Flux de trésorerie liés aux activités de financement	*25 000*
Trésorerie et équivalents de trésorerie à la clôture de la période	*45 000*

E8 Le classement d'opérations à l'état des flux de trésorerie

Vous devez fournir quelques conseils à la propriétaire d'une boutique de vêtements pour dames, Mme Bella. Elle veut savoir dans quelle catégorie d'activités chacune des opérations suivantes sera inscrite à l'état des flux de trésorerie. Indiquez-lui aussi s'il s'agit d'une augmentation ou d'une diminution de la trésorerie.

a) Les comptes à recevoir de Visa et de MasterCard de l'entreprise ont augmenté au cours de l'exercice.

b) Mme Bella a acheté un bureau et de nouveaux comptoirs afin de réaménager sa boutique.

c) Les salaires payés aux vendeuses se sont élevés à 25 000 $ au cours de l'exercice.

d) L'entreprise a payé le solde de son hypothèque mobilière.

e) L'entreprise a donné 100 $ à la ligue de baseball de son quartier en guise de publicité.

f) Un ami de Mme Bella a acheté l'ancien bureau pour 50 $.

g) Comme il était avantageux de procéder ainsi, Mme Bella a entièrement payé les primes d'assurance de sa boutique pour la prochaine année. La portion de la prime liée à l'exercice suivant s'élève à 650 $.

E9 La détermination des flux de trésorerie

Pour chacun des cas suivants, déterminez en quoi les flux de trésorerie sont touchés.

a) Voitou inc. a acheté un nouveau brevet au coût de 10 000 $.

b) Tropez ltée a émis 1 000 actions d'une valeur nominale de 100 $ chacune à un prix de 105 $.

c) Chang ltée a acheté des meubles d'une valeur de 5 000 $ en échange de 100 actions ordinaires.

d) Une entreprise a radié un vieil équipement complètement amorti.

e) Bojeu ltée a émis 500 000 $ d'actions de catégorie C afin d'acheter une nouvelle usine au même prix.

f) Bonbon ltée vient de payer 1 000 $ pour une campagne de publicité s'étendant sur les 18 prochains mois.

E10 Les effets de diverses opérations sur la trésorerie

Pour chacun des six cas suivants, cochez l'une des deux possibilités, compte tenu de l'effet sur la trésorerie.

	Augmentation de la trésorerie	Diminution de la trésorerie
a) Augmentation des comptes clients	_____	_____
b) Sommes versées aux fournisseurs	_____	_____
c) Diminution des impôts sur le bénéfice à payer	_____	_____
d) Diminution des frais payés d'avance	_____	_____
e) Sommes reçues des clients	_____	_____
f) Salaires payés	_____	_____

E11 Les flux de trésorerie liés aux activités d'investissement

Vous obtenez le bilan partiel et les renseignements supplémentaires suivants concernant l'entreprise Courvite ltée, qui fabrique et vend des chaussures de course.

COURVITE LTÉE
Bilan partiel
au 30 novembre

Immobilisations corporelles	*20X4*	*20X3*
Terrain	*100 000 $*	*65 000 $*
Immeubles	*455 000*	*225 000*
Amortissement cumulé	*(113 500)*	*(105 000)*
Équipements	*85 000*	*55 000*
Amortissement cumulé	*(17 000)*	*(33 000)*
Mobilier	*20 000*	*10 000*
Amortissement cumulé	*(7 000)*	*(3 000)*
Total des immobilisations corporelles	*522 500 $*	*214 000 $*

Autres renseignements

1. Afin de diversifier sa production, Courvite ltée a acheté, pour la somme de 325 000 $, une nouvelle usine pouvant fabriquer des souliers de soccer durant l'été et des patins à glace durant la saison hivernale. Cette acquisition a eu lieu le 1er juin 20X4 et le prix comprenait le terrain, l'immeuble, les équipements et le mobilier.

2. L'entreprise a radié un équipement complètement amorti ayant coûté 20 000 $.

3. Aucune autre opération n'est venue toucher les postes de la section des immobilisations du bilan, à l'exception de l'amortissement.

On vous demande :

a) d'établir la section portant sur les activités d'investissement de l'état des flux de trésorerie de Courvite ltée pour l'exercice terminé le 30 novembre 20X4 ;

Flux de trésorerie liés aux activités d'investissement : 325 000 $

b) d'expliquer les éléments révélés par le bilan partiel de Courvite ltée qui seront présentés dans une autre catégorie d'activités de l'état des flux de trésorerie.

E12 ## Les flux de trésorerie liés aux activités d'exploitation

Vous obtenez l'état des résultats et quelques renseignements supplémentaires concernant la société en nom collectif Dé, Ga et associés, qui se spécialise dans l'entretien ménager.

DÉ, GA ET ASSOCIÉS, SENC
Résultats
pour l'exercice terminé le 31 décembre 20X7

Produits d'entretien ménager		*162 500 $*
Frais de vente	*40 000 $*	
Amortissement des immobilisations	*6 600*	
Amortissement – Site Web	*400*	*(47 000)*
Frais d'administration		*(21 000)*
Frais financiers		*(7 500)*
Gain sur aliénation de mobilier		*1 000*
Bénéfice net		*88 000 $*

Autres renseignements

1. On a inscrit les frais de vente non payés à la clôture de l'exercice dans le poste Charges à payer.

2. Les frais payés d'avance concernent des éléments inscrits dans les frais d'administration.

3. Le produit de l'aliénation du mobilier est de 5 600 $.

4. Les soldes de certains postes du bilan de Dé, Ga et associés au 31 décembre sont les suivants :

	20X7	20X6
Clients (nets)	*30 000 $*	*19 800 $*
Frais payés d'avance	*5 000*	*6 000*
Charges à payer	*13 000*	*14 800*

Préparez la section portant sur les activités d'exploitation de l'état des flux de trésorerie en utilisant :

a) la méthode directe ;

b) la méthode indirecte.

Flux de trésorerie liés aux activités d'exploitation : 83 000 $

E13 La préparation d'un état des flux de trésorerie

Vous trouverez ci-après, pêle-mêle, les divers postes de l'état des flux de trésorerie de Farmaco ltée pour l'exercice terminé le 31 août 20X4. Cette entreprise se spécialise dans la recherche de nouveaux médicaments, qu'elle fabrique et distribue sur le marché lorsqu'il est prouvé que ces produits sont efficaces et qu'ils ne présentent aucun effet secondaire négatif.

Aliénation de placements à long terme	*31 500 $*	*Frais divers payés*	*4 000 $*
Hypothèque mobilière contractée	*18 000*	*Acquisition de brevets*	*61 500*
Évolution de la trésorerie	*?*	*Assurances payées*	*84 000*
Trésorerie et équivalents de trésorerie à la clôture	*?*	*Acquisition de matériel*	*20 000*
Sommes versées aux fournisseurs	*114 200*	*Sommes reçues des clients*	*800 900*
Remboursement des prêts aux administrateurs	*17 000*	*Émission d'actions ordinaires*	*10 000*
Trésorerie et équivalents de trésorerie à l'ouverture	*31 500*	*Salaires payés*	*220 000*
Remboursement sur l'emprunt hypothécaire	*9 500*	*Frais de vente payés*	*43 000*

Établissez en bonne et due forme l'état des flux de trésorerie de Farmaco ltée pour l'exercice terminé le 31 août 20X4.

Flux de trésorerie liés aux activités d'exploitation : 335 700 $

E14 Le calcul des flux de trésorerie

a) Déterminez les sommes reçues des clients durant l'exercice 20X3, compte tenu des renseignements suivants :

	Cas 1	Cas 2
Chiffre d'affaires	*150 000 $*	*135 000 $*
Clients au 31 décembre 20X2	*28 000*	*19 000*
Clients au 31 décembre 20X3	*22 000*	*27 000*

b) Déterminez les sommes versées aux fournisseurs durant l'exercice 20X7, compte tenu des renseignements suivants :

	Cas 1	Cas 2
Achats	*150 000 $*	*135 000 $*
Fournisseurs au 31 décembre 20X7	*28 000*	*19 000*
Fournisseurs au 31 décembre 20X6	*22 000*	*27 000*

c) Déterminez les frais financiers payés durant l'exercice 20X9, compte tenu des renseignements suivants :

	Cas 1	Cas 2
Frais financiers	*15 000 $*	*15 000 $*
Intérêts à payer au 31 décembre 20X8	*2 000*	*1 000*
Intérêts à payer au 31 décembre 20X9	*2 500*	*1 800*

PROBLÈMES DE COMPRÉHENSION

20 minutes – facile

P1 La présentation d'un état des flux de trésorerie selon la méthode directe

Comme vous pouvez le remarquer, la présentation de l'état des flux de trésorerie de Mix ltée est erronée.

MIX LTÉE
État des flux de trésorerie
pour l'exercice terminé le 31 décembre 20X9

Sommes reçues des clients	444 500 $
Activités d'investissement	
Frais financiers payés	(22 000)
Versement de dividendes	(4 000)
Aliénation de mobilier	19 000
Flux de trésorerie liés aux activités d'investissement	437 500
Activités d'exploitation	
Trésorerie et équivalents de trésorerie à l'ouverture	28 000
Sommes versées aux fournisseurs	(101 000)
Flux de trésorerie liés aux activités d'exploitation	(73 000)
Activités de financement	
Remboursement de l'emprunt hypothécaire	(8 000)
Acquisition d'une licence	(40 000)
Frais de vente et d'administration payés	(33 000)
Impôts payés	(43 000)
Hypothèque mobilière contractée	10 000
Flux de trésorerie liés aux activités de financement	(114 000)
Trésorerie et équivalents de trésorerie à la clôture*	250 500 $

* La trésorerie et les équivalents de trésorerie correspondent au poste Encaisse du bilan.

TRAVAIL À FAIRE

Établissez, en bonne et due forme, l'état des flux de trésorerie de l'entreprise Mix ltée pour l'exercice terminé le 31 décembre 20X9.

 *Flux de trésorerie liés aux activités d'exploitation : 245 500 $*

P2 La présentation des activités d'exploitation selon la méthode indirecte

15 minutes – facile

La librairie Jélu est la propriété de M. Joly. Vous trouverez à la page suivante, présentés pêle-mêle, les éléments composant la section portant sur les activités d'exploitation de l'état des flux de trésorerie pour l'exercice terminé le 31 janvier 20X3.

22

Perte sur aliénation de mobilier	2 100 $	Diminution des comptes fournisseurs	1 975 $
Diminution des frais payés d'avance	500	Augmentation des intérêts à payer	400
Bénéfice net	52 175	Amortissement des immobilisations	7 500

TRAVAIL À FAIRE

Établissez la section portant sur les activités d'exploitation de l'état des flux de trésorerie, selon la méthode indirecte, pour l'exercice terminé le 31 janvier 20X3.

Flux de trésorerie liés aux activités d'exploitation : 60 700 $

P3

25 minutes – moyen

Le calcul des mouvements de trésorerie

Vous devez calculer la variation nette (augmentation ou diminution) des flux de trésorerie, puis indiquer de quelle manière sera présentée l'information à l'état des flux de trésorerie pour chacun des cinq cas suivants :

a)	Chiffre d'affaires	205 000 $
	Comptes clients au 31 décembre 20X5	75 000
	Comptes clients au 31 décembre 20X6	60 000
b)	Achats	330 000 $
	Comptes fournisseurs au 31 décembre 20X5	35 000
	Comptes fournisseurs au 31 décembre 20X6	45 000
c)	Assurances	205 000 $
	Frais payés d'avance au 31 décembre 20X5	75 000
	Frais payés d'avance au 31 décembre 20X6	40 000
d)	Impôts sur le bénéfice	205 000 $
	Impôts sur le bénéfice à payer au 31 décembre 20X5	75 000
	Impôts sur le bénéfice à payer au 31 décembre 20X6	146 000
e)	Chiffre d'affaires	205 000 $
	Comptes clients au 31 décembre 20X5	40 000
	Comptes clients au 31 décembre 20X6	50 000

P4

30 minutes – facile

Les effets de diverses opérations sur la trésorerie

Vous visitez votre frère, qui est plombier. Vous discutez de son choix de fonder sa propre entreprise avec 50 000 $ en poche. Il travaille sous le nom de Coolpa enr. depuis six mois et désire préparer des états financiers pour savoir où il en est. Au fil de la conversation, votre frère vous mentionne les opérations suivantes :

a) Acquisition d'un camion au prix de 30 000 $, financé à 70 % par la caisse populaire de sa localité.

b) Acquisition d'outillage d'une valeur de 15 000 $.

c) Pour la somme de 18 000 $, acquisition de la clientèle d'un plombier de la région qui prenait sa retraite.

d) Produits de 6 000 $ depuis le début de l'exploitation de l'entreprise. Un client doit encore 200 $ à votre frère.

e) Les frais de vente et d'administration s'élèvent à 1 200 $. Ce montant comprend des dépliants publicitaires d'une valeur de 100 $ qui ont été distribués, mais qui n'ont pas encore été payés par Coolpa enr.

f) L'entreprise a payé 4 000 $ en capital et intérêts. En examinant le relevé du prêt, votre frère s'est rendu compte que l'emprunt concernant le camion avait diminué de 2 100 $.

g) Les achats de fournitures au comptant totalisent 900 $. Les achats à crédit se sont élevés à 400 $ et le quart de ce montant n'a pas encore été payé.

h) Réception d'un chèque de 100 $ en acompte sur des travaux qui seront effectués l'an prochain.

i) Paiement par l'entreprise d'une facture personnelle du propriétaire s'élevant à 400 $. Votre frère a la ferme intention de rembourser Coolpa enr.

j) Pour le premier exercice, l'amortissement du camion est de 2 000 $ et l'amortissement de l'outillage est de 1 500 $.

k) L'entreprise n'a acheté, détenu ou vendu aucun placement au cours de l'exercice.

TRAVAIL À FAIRE

Quelle est l'augmentation ou la diminution nette de la trésorerie de chaque opération présentée précédemment en ce qui concerne l'entreprise Coolpa enr. ?

P5 La préparation d'un état des flux de trésorerie

35 minutes – moyen

TRAVAIL À FAIRE

a) En utilisant les renseignements figurant dans le problème **P4,** établissez l'état des flux de trésorerie de l'entreprise Coolpa enr. pour l'exercice terminé le 31 décembre 20X0, selon la méthode directe.

Flux de trésorerie liés aux activités d'exploitation : 1 700 $

b) Que révèle chaque catégorie d'activités de l'état des flux de trésorerie de Coolpa enr. ?

P6 La présentation des flux de trésorerie liés aux activités d'exploitation selon la méthode indirecte

20 minutes – moyen

Utilisez les renseignements figurant dans le problème **P4** afin de dresser la section des activités d'exploitation de l'état des flux de trésorerie de l'entreprise Coolpa enr. pour l'exercice terminé le 31 décembre 20X0, en utilisant la méthode indirecte.

Flux de trésorerie liés aux activités d'exploitation : 1 700 $

P7 L'inscription des opérations dans la catégorie d'activités appropriée

25 minutes – facile

M. Ouellette achète et exploite plusieurs immeubles locatifs. Au cours de l'exercice terminé le 30 juin 20X8, il a effectué les opérations suivantes :

a) Acquisition d'un immeuble de 4 logements au prix de 175 000 $. La part allouée au terrain est de 10 %. La banque Ducoin a prêté la somme nécessaire à M. Ouellette, une fois que celui-ci a fourni 25 % du prix d'acquisition en argent comptant.

b) Les produits de location s'élèvent à 126 700 $ pour l'exercice 20X8. Ces produits ont tous été encaissés, à l'exception de 1 200 $, puisqu'un des locataires n'a pas payé ses trois derniers mois de loyer.

c) Versement d'une somme de 9 600 $ pour une police d'assurance de 24 mois débutant le 1er janvier 20X8.

d) Un locataire a sous-loué son logement à un ami qui a continué de verser les paiements de loyer aux mêmes conditions.

e) Les remboursements en capital et intérêts de l'exercice s'élèvent à 134 000 $. La portion d'intérêts payés est de 72 450 $.

f) Les frais d'entretien et de réparation s'élèvent à 17 600 $. M. Ouellette doit encore une somme de 600 $ à un neveu qui a peint 2 logements à la fin du mois de juin.

g) Réception de 400 $ d'un ancien locataire qui devait cette somme depuis 20X6.

22

h) Réception de 700 $ en acompte pour 2 logements dont le bail prendra effet le 1er juillet 20X8.

i) M. Ouellette considère que l'embauche d'un concierge lui coûterait environ 5 000 $ par année. Il croit donc qu'il mérite le même salaire et il a décidé que l'entreprise lui remettra cette somme à partir de l'an prochain.

j) On a changé toutes les portes et fenêtres de deux immeubles. Cette opération d'acquisition est de nature capitalisable et elle a entraîné un débours de 19 000 $.

TRAVAIL À FAIRE

Dressez un tableau à trois colonnes portant les intitulés suivants :

Activités d'exploitation	Activités d'investissement	Activités de financement

Identifiez, dans ce tableau, les opérations qu'a effectuées M. Ouellette, en indiquant le montant en cause et l'effet de chaque opération sur la trésorerie au moyen des symboles (↑) pour une augmentation, (↓) pour une diminution et (θ) s'il n'y a aucun changement.

P8 ## La préparation d'un état des flux de trésorerie selon la méthode directe

40 minutes – moyen

Vous obtenez la balance de vérification suivante de la part de l'entreprise Branché ltée, qui se spécialise dans la vente au détail de matériel informatique :

BRANCHÉ LTÉE
Balance de vérification
pour l'exercice terminé le 30 septembre

	20X2	20X1
Encaisse	48 000 $	30 000 $
Clients (nets)	60 000	80 000
Stocks	215 000	180 000
Placements	75 000	35 000
Immobilisations	370 000	300 000
Amortissement cumulé – Immobilisations	(70 000)	(60 000)
Fournisseurs	(100 000)	(140 000)
Intérêts à payer	(100)	
Passif à long terme	(66 000)	(72 000)
Capital-actions	(100 000)	(80 000)
Bénéfices non répartis (début)	(273 000)	(900)
Dividendes	8 000	2 000
Chiffre d'affaires	(800 000)	(670 000)
Coût des ventes	425 000	300 000
Frais de vente et d'administration	187 000	83 000
Frais financiers	5 100	900
Amortissement des immobilisations	20 000	12 000
Revenus de placements	(4 000)	
	θ $	θ $

Autres renseignements

1. Les placements se détaillent comme suit dans le bilan :

	20X2	20X1
Placement en actions d'une entreprise à capital fermé	*35 000 $*	*35 000 $*
Placements dans des obligations échéant à court terme	*40 000*	
	75 000 $	*35 000 $*

2. Au cours de l'exercice, l'entreprise Branché ltée a vendu des immobilisations entièrement amorties ayant coûté 10 000 $, réalisant un gain de 4 000 $ qui figure à titre de revenus de placements dans les résultats. À la toute fin de l'exercice, Branché ltée a acheté de nouvelles immobilisations.

3. La tranche de la dette à long terme échéant à moins de un an est de 6 000 $ aux 30 septembre 20X1 et 20X2.

4. Au cours de l'exercice, Branché ltée a échangé un terrain de stationnement ayant coûté 5 000 $ contre un terrain identique et de même valeur situé plus près de l'entreprise.

TRAVAIL À FAIRE

a) Préparez l'état des flux de trésorerie pour l'exercice terminé le 30 septembre 20X2 en ayant recours à la méthode directe.

Flux de trésorerie liés aux activités d'exploitation : 128 000 $

b) Reprenez les objectifs de l'état des flux de trésorerie et expliquez leur implication au regard de l'entreprise Branché ltée. Vous devriez utiliser une approche semblable à celle adoptée pour l'entreprise Chocolaterie Kyriane inc. (*voir les pages 1001 et 1002*).

P9 **La préparation d'un état des flux de trésorerie selon la méthode indirecte**

45 minutes – difficile

Vous trouverez ci-après le bilan et l'état des résultats de Gazotex inc., entreprise qui distribue du mazout, pour l'exercice terminé le 31 décembre 20X1 :

GAZOTEX INC.
Bilan
au 31 décembre

Actif	20X1	20X0
Actif à court terme		
Encaisse	*45 000 $*	*15 000 $*
Placements – Équivalents de trésorerie	*190 000*	*70 000*
Clients (nets)	*95 000*	*50 000*
Stocks	*180 000*	*160 000*
Assurances payées d'avance	*22 000*	*20 000*
Total de l'actif à court terme	*532 000*	*315 000*
Immobilisations corporelles		
Terrains	*65 000*	*35 000*
Immeubles et équipements	*585 000*	*500 000*
Amortissement cumulé – Immeubles et équipements	*(320 000)*	*(300 000)*
Total des immobilisations corporelles	*330 000*	*235 000*

22

»

Actif (suite)

	20X1	20X0
Actif incorporel		
Brevet	84 000	
Amortissement cumulé – Brevet	(6 000)	
Total de l'actif incorporel	78 000	
Total de l'actif	940 000 $	550 000 $

Passif et capitaux propres

	20X1	20X0
Passif à court terme		
Fournisseurs	20 000 $	10 000 $
Impôts sur le bénéfice à payer	16 625	12 500
Produits reçus d'avance	80 000	70 000
Total du passif à court terme	116 625	92 500
Passif à long terme		
Billets à payer	124 500	55 000
Emprunt hypothécaire	200 000	
Total du passif à long terme	324 500	55 000
Capitaux propres		
Capital-actions	120 000	50 000
Bénéfices non répartis	378 875	352 500
Total des capitaux propres	498 875	402 500
Total du passif et des capitaux propres	940 000 $	550 000 $

GAZOTEX INC.
Résultats
pour l'exercice terminé le 31 décembre

	20X1	20X0
Chiffre d'affaires	2 000 000 $	1 510 000 $
Coût des ventes	(1 753 000)	(1 300 000)
Marge bénéficiaire brute	247 000	210 000
Frais d'exploitation	32 500	40 000
Frais de vente et d'administration	45 000	40 000
Frais financiers	24 000	4 000
Assurances	18 000	16 000
Amortissement du brevet	6 000	
Amortissement des immobilisations corporelles	65 000	60 000
Total des frais d'exploitation	190 500	160 000
Gain sur aliénation d'immobilisations	10 000	
Bénéfice avant impôts sur le bénéfice	66 500	50 000
Impôts sur le bénéfice	16 625	12 500
Bénéfice net	49 875 $	37 500 $

Autres renseignements

1. La société a acheté un immeuble au prix de 230 000 $ (y compris le terrain évalué à 30 000 $) le 2 janvier 20X1 en contractant un emprunt hypothécaire de 200 000 $, portant intérêt au taux annuel de 10 % et remboursable en 5 versements en capital de 40 000 $ à compter du 2 janvier 20X5.

2. Un équipement ayant coûté 25 000 $ a été mis au rebut. Il était entièrement amorti.

3. Il y a eu aliénation d'immobilisations au prix de 80 000 $.

4. L'entreprise a acquis un brevet pour la somme de 84 000 $.

22

TRAVAIL À FAIRE

Établissez l'état des flux de trésorerie de la société Gazotex inc. pour l'exercice terminé le 31 décembre 20X1 en utilisant la méthode indirecte.

Flux de trésorerie liés aux activités d'exploitation : 68 000 $

P10 La présentation des flux de trésorerie liés aux activités d'exploitation selon une autre méthode

45 minutes – difficile

TRAVAIL À FAIRE

a) À l'aide des renseignements figurant dans le problème **P8,** dressez la section des flux de trésorerie liés aux activités d'exploitation en utilisant la méthode indirecte.

Flux de trésorerie liés aux activités d'exploitation : 128 000 $

b) À l'aide des renseignements figurant dans le problème **P9,** dressez la section des flux de trésorerie liés aux activités d'exploitation en utilisant la méthode directe.

Flux de trésorerie liés aux activités d'exploitation : 68 000 $

P11 La préparation d'un état des flux de trésorerie

50 minutes – difficile

Depuis une dizaine d'années, Mme Loiselle possède et dirige une résidence pour personnes âgées. Il s'agit d'une société en nom collectif dont M. Simon est l'autre associé, bien qu'il ne participe pas aussi activement à l'administration. Les états financiers de l'entreprise Bien-être, SENC pour l'exercice terminé le 31 décembre 20X9 sont présentés ci-dessous.

BIEN-ÊTRE, SENC		
Bilan		
au 31 décembre		

Actif	20X9	20X8
Actif à court terme		
Encaisse	6 300 $	33 100 $
Placements à court terme	25 400	
Loyers à recevoir (nets)	4 200	3 450
Frais payés d'avance	1 200	800
Total de l'actif à court terme	37 100	37 350
Immobilisations corporelles		
Terrain	30 000	30 000
Immeuble	595 000	350 000
Amortissement cumulé	(229 750)	(200 000)
Équipements	195 000	165 000
Amortissement cumulé	(104 000)	(96 000)
Total des immobilisations corporelles	486 250	249 000
Placements à long terme		
Placements de portefeuille	60 000	40 000
Participation dans un satellite	150 000	120 000
Total des placements à long terme	210 000	160 000
Total de l'actif	733 350 $	446 350 $

22

»

Passif et capitaux propres

	20X9	20X8
Passif à court terme		
Fournisseurs	19 700 $	7 000 $
Effets à payer	8 750	4 700
Produits reçus d'avance	2 800	3 400
Tranche du passif à long terme échéant à moins de un an	16 000	4 000
Total du passif à court terme	47 250	19 100
Passif à long terme		
Emprunt hypothécaire	245 500	79 500
Total du passif à long terme	245 500	79 500
Capitaux des associés		
Mme Loiselle – Capital	260 600	211 000
M. Simon – Capital	180 000	136 750
Total des capitaux des associés	440 600	347 750
Total du passif et des capitaux propres	733 350 $	446 350 $

BIEN-ÊTRE, SENC
Résultats
pour l'exercice terminé le 31 décembre

	20X9	20X8
Produits de location	266 000 $	237 000 $
Frais d'exploitation	65 000	60 000
Frais d'administration	85 000	80 000
Frais financiers	21 200	7 500
Amortissement de l'immeuble	29 750	28 000
Amortissement de l'équipement	18 000	17 000
Total des frais d'exploitation	218 950	192 500
Autres produits et charges		
Produits de placements	7 800	7 600
Produits tirés d'une participation dans un satellite	40 000	34 000
Perte sur mise au rebut d'équipement	(2 000)	
Bénéfice net	92 850 $	86 100 $

Autres renseignements

1. Au cours de l'exercice 20X9, la société a agrandi la résidence afin d'accueillir un plus grand nombre de personnes âgées à partir de l'an prochain. Le projet a coûté 245 000 $ et Bien-être, SENC a négocié un emprunt hypothécaire de 182 000 $.

2. Un équipement a été mis au rebut. Son coût était de 12 000 $ à l'acquisition et l'amortissement cumulé s'élevait à 10 000 $.

3. Les placements à court terme sont des certificats de dépôt échéant dans 30 jours.

4. Quelques nouveaux équipements ont été achetés au cours de l'exercice.

5. Bien-être, SENC détient une participation de 30 % dans une petite entreprise de la région. Cette entreprise se spécialise dans la distribution de produits alimentaires en vrac. En achetant cette part, Bien-être, SENC s'assure d'un approvisionnement continuel de denrées à des prix concurrentiels. Ce placement dans un satellite est comptabilisé à la valeur de consolidation.

6. Les comptes fournisseurs sont liés aux frais d'exploitation et les frais payés d'avance, aux frais d'administration.

22

TRAVAIL À FAIRE

a) Établissez l'état des flux de trésorerie de Bien-être, SENC pour l'exercice terminé le 31 décembre 20X9 en utilisant la méthode directe.

Flux de trésorerie liés aux activités d'exploitation : 113 550 $

b) Présentez les flux de trésorerie liés aux activités d'exploitation selon la méthode indirecte.

CHAPITRE 23

L'analyse des états financiers

PLAN DU CHAPITRE

La prudence élémentaire requise lors de l'analyse
des états financiers.. 1028
Quelques techniques d'analyse des états financiers 1030
L'analyse au moyen de ratios et le modèle DuPont 1032
L'analyse au moyen de tableaux en chiffres relatifs...................... 1049
L'analyse chronologique 1051
Synthèse du chapitre 23 1053
Activités d'apprentissage 1053

OBJECTIFS D'APPRENTISSAGE

Au terme de ce chapitre, vous pourrez :

 faire preuve de la prudence élémentaire requise lors de l'analyse des états financiers ;

 procéder à une analyse au moyen de ratios ;

 procéder à une analyse au moyen de tableaux en chiffres relatifs ;

 procéder à une analyse chronologique au moyen de ratios ;

 poser un diagnostic sur l'évolution des postes des états financiers au moyen de l'analyse de tendances.

Dès le tout premier chapitre de cet ouvrage, nous avons mis l'accent sur le caractère essentiellement « utilitaire » de l'information financière. Plus précisément, nous avons indiqué que, pour être utile, l'information fournie dans les états financiers doit être pertinente par rapport aux décisions que sont appelés à prendre les utilisateurs. L'**analyse des états financiers** constitue l'aboutissement logique de cet ouvrage, puisqu'elle permet notamment aux investisseurs (internes et externes) et aux créanciers d'évaluer la performance économique de l'entreprise et sa situation financière.

Nous aimerions attirer votre attention sur le fait que ce chapitre est une brève introduction à certaines techniques de base d'analyse des états financiers. À notre avis, l'utilisation judicieuse de données comptables à des fins d'investissement requiert un grand nombre de connaissances théoriques et pratiques ainsi que beaucoup de jugement. Si vous êtes intéressé à approfondir vos connaissances sur le sujet, nous vous suggérons de consulter des ouvrages plus spécialisés.

> **L'analyse des états financiers permet notamment aux investisseurs et aux créanciers d'évaluer la performance économique d'une entreprise et sa situation financière.**

UN PROFESSIONNEL VOUS PARLE

Sandya Benoist
CPA, CMA
Directrice
générale,
Finance, Groupe
des entreprises
nationales

 RBC Banque Royale

Du point de vue d'un banquier, l'analyse des états financiers d'une entreprise est un exercice nécessaire pour décider d'octroyer du financement. Elle permet, notamment, une meilleure compréhension des flux de trésorerie et des liquidités dont dispose une entreprise après ses dépenses – qu'elles soient liées aux activités d'exploitation, d'investissement ou de financement. Par ailleurs, il n'y a pas que les banquiers pour qui cette analyse est importante. Les entreprises y trouvent également des renseignements précieux pour réaliser de meilleures prévisions et prendre de meilleures décisions d'affaires. Cette analyse est donc essentielle à une saine gestion financière et sa qualité peut contribuer au succès des entreprises.

L'analyse des états financiers doit tenir compte du secteur d'activité, du marché, de la concurrence et de l'expérience des dirigeants des entreprises pour lesquelles elle est effectuée. Cependant, on doit garder à l'esprit que les techniques d'analyse ne sauraient se substituer à l'expérience et au bon jugement de l'analyste financier.

LA PRUDENCE ÉLÉMENTAIRE REQUISE LORS DE L'ANALYSE DES ÉTATS FINANCIERS

 Quoique nous pensions que les instruments d'analyse présentés dans ce chapitre peuvent être utiles à ceux qui prennent des décisions d'investissement et à leurs conseillers, vous devez être conscient de la **prudence** dont il faut faire preuve quand vous les utilisez. En effet, comme nous le verrons dans la prochaine section de ce chapitre, le calcul de différents ratios peut vous donner une fausse assurance, purement « mathématique ». Les éléments contenus dans le tableau 23.1 rappellent qu'il faut faire preuve d'une grande prudence lors de l'analyse des états financiers.

De plus, il est parfois difficile, voire impossible d'obtenir certaines données qui faciliteraient le travail de comparaison. Dans un monde idéal, le propriétaire d'une PME aurait accès aux données financières de ses concurrents. Dans le monde réel, concurrence oblige, ce n'est pas le cas. Il existe bien des publications spécialisées dans la production de données financières par secteur économique[1]. Cependant, les données contenues dans ces publications ne sont généralement pas celles que nous voudrions idéalement avoir en main pour faire notre analyse. En effet, de telles données ne portent pas nécessairement sur toutes les entreprises qui nous intéressent, notamment dans le cas des entreprises à capital fermé et de plus, elles ne nous permettent pas toujours de calculer tous les ratios nécessaires à notre analyse. Finalement, les données financières sectorielles sont publiées après des délais qui peuvent être considérables. En raison de cette situation, il arrive souvent que nous devions travailler avec des données qui ne sont pas parfaites, ce qui cause, évidemment, des problèmes pour notre travail d'analyse. Cela dit, il n'y a rien de tel que procéder à une autoévalutation de la performance de notre entreprise.

D&B (Dun & Bradstreet)
Moody's
Standard & Poor's
Industrie Canada
Analyse financière

---

1. Parmi les sociétés de services d'analyse financière qui compilent des statistiques par secteurs d'activité, les plus connues sont D&B (Dun & Bradstreet), Moody's et Standard & Poor's. Il importe de noter que chaque organisme qui publie des ratios sectoriels a malheureusement trop souvent sa propre manière de les calculer, rendant ainsi difficile les comparaisons.

| TABLEAU 23.1 | QUELQUES ÉLÉMENTS À PRENDRE EN COMPTE LORS DE L'ANALYSE DES ÉTATS FINANCIERS |

Attitude prudente requise car...	Commentaires
le bilan présente la situation financière de l'entreprise à une date donnée.	Puisque les données financières du bilan changent de jour en jour, pour ne pas dire d'heure en heure, l'analyse financière effectuée à la date de clôture de l'exercice financier peut ne pas être le reflet de la situation réelle à d'autres dates en cours d'exercice.
les méthodes comptables utilisées peuvent différer.	Les méthodes comptables varient souvent d'une entreprise à l'autre ou d'un exercice financier à l'autre au sein même de l'entreprise, faussant ainsi les résultats de certaines comparaisons. Il importe de bien identifier ces différences et d'en tenir compte lors de l'analyse des états financiers. De plus, même si deux entreprises utilisent les mêmes méthodes comptables, il faut être vigilant en ce qui concerne leurs estimations comptables.
les états financiers d'un exercice donné peuvent être le reflet d'une situation tout à fait particulière.	Poser un diagnostic sur la seule base des états financiers d'un exercice donné pourrait être trompeur. Il faut analyser les données financières de plusieurs années pour évaluer la situation financière et la performance d'une entreprise. Les états financiers d'un exercice donné peuvent être le reflet des effets d'une récession ou d'une « bulle » économique.
le bilan et l'état des résultats ne disent pas tout.	Il est très important de prendre connaissance des notes aux états financiers. Celles-ci renferment notamment de l'information sur les engagements contractuels et les éventualités, information pouvant avoir une incidence considérable sur l'analyse des états financiers.
les états financiers d'une entreprise ne fournissent qu'une partie de l'information nécessaire pour prendre une décision d'investissement ou de financement éclairée.	En effet, dans le but d'obtenir de l'information sur les perspectives économiques futures d'une entreprise, on doit non seulement tenir compte des données relatives à cette entreprise, mais aussi de celles du secteur d'activité dans lequel elle évolue de même que de celles de l'économie en général. À cet égard, on peut penser au modèle de Porter. Ce modèle, représentant l'environnement concurrentiel d'une entreprise, met en relation cinq forces qui interagissent l'une sur l'autre, à savoir le pouvoir de négociation des clients, le pouvoir de négociation des fournisseurs, la venue possible de nouveaux concurrents, l'apparition de produits de substitution et de la concurrence au sein du secteur d'activité. On peut également recourir à l'analyse FFOM des forces, des faiblesses, des opportunités et des menaces de l'entreprise[2].

AVEZ-VOUS LE SENS DE L'OBSERVATION ?

La liste des éléments présentés dans le tableau 23.1 n'est évidemment pas exhaustive. Vous pourriez aisément y ajouter plusieurs autres remarques en ce sens tout au long de votre étude de cet ouvrage. D'ailleurs, certains des éléments énumérés ci-dessus vous sont déjà familiers, n'est-ce pas ?

Nous espérons finalement que les quelques remarques formulées ci-dessus vous inciteront à la prudence. Nous vous rappelons que les techniques qui vont suivre ne peuvent, en aucun cas, se substituer à votre expérience ni à votre bon jugement dans votre rôle d'analyste financier. À cet égard, vous devrez également consulter plusieurs sources d'information pour pouvoir compléter votre analyse financière, tels les journaux financiers et les sites gouvernementaux (Strategis, par exemple).

---

2. Mieux connue sous l'appellation anglaise *SWOT Analysis* que nous devons au consultant en management américain Hubert Humphrey.

QUELQUES TECHNIQUES D'ANALYSE DES ÉTATS FINANCIERS

Nous l'avons dit, l'analyse des états financiers est forcément basée sur des comparaisons. En effet, c'est en comparant les données financières de l'entreprise avec celles d'une autre (ou celles d'un groupe d'entreprises) ou encore avec les données financières relatives aux exercices antérieurs de l'entreprise que nous pouvons plus facilement interpréter ces données.

À titre d'exemple, le fait de constater que la société A ltée a réalisé un bénéfice de un million de dollars n'est pas utile en soi. Cette information ne devient utile que lorsque nous comparons ce bénéfice à quelque chose d'autre. La comparaison peut être très peu révélatrice et fort intuitive. Par exemple, si nous savons que la société A ltée est une très grande entreprise qui emploie des dizaines de milliers de travailleurs, nous pouvons conclure, intuitivement, que sa performance n'est pas très bonne parce que l'on s'attend à ce qu'une telle entreprise présente des bénéfices supérieurs à un million de dollars. Toutefois, si A ltée est une PME qui emploie une poignée d'employés, un tel bénéfice peut être soit exceptionnel, soit indicatif d'une forme d'exploitation de la main-d'œuvre.

Les techniques d'analyse présentées dans ce chapitre permettent de faire des comparaisons plus révélatrices, facilitant de ce fait l'interprétation de l'information contenue dans les états financiers. Nous utiliserons la méthode d'analyse DuPont pour présenter les principaux ratios financiers utiles pour les PME. Puis, nous procéderons à une analyse au moyen de tableaux en chiffres relatifs. Enfin, nous traiterons de l'analyse chronologique, qui nécessite de comparer les états financiers d'une entreprise à des dates différentes.

Les états financiers de LézArts inc., un distributeur de fournitures d'artistes, sont présentés ci-après et serviront à illustrer les techniques dont nous traitons dans ce chapitre.

LÉZARTS INC.
Résultats
pour l'exercice terminé le 31 décembre
(en milliers de dollars)

	20X3	20X2
Chiffre d'affaires net	87 495 $	91 830 $
Coût des ventes		
Stock d'ouverture	11 046	10 482
Achats	29 184	33 247
Coût des marchandises destinées à la vente	40 230	43 729
Moins : Stock de clôture	9 839	11 046
Coût des ventes	30 391	32 683
Marge bénéficiaire brute	57 104	59 147
Frais d'exploitation		
Salaires et avantages sociaux	15 891	17 839
Amortissement des immobilisations corporelles	7 767	8 058
Intérêts sur la dette à long terme	6 450	7 180
Publicité	1 998	2 535
Assurances	1 676	1 616
Entretien et réparations	1 491	1 297
Intérêts et frais bancaires	176	159
Autres frais d'exploitation	666	722
	36 115	39 406
Bénéfice avant impôts	20 989	19 741
Impôts sur le bénéfice	4 198	3 948
Bénéfice net	16 791 $	15 793 $

LÉZARTS INC.
Bénéfices non répartis
pour l'exercice terminé le 31 décembre
(en milliers de dollars)

	20X3	20X2
Bénéfices non répartis au début de l'exercice	1 257 $	2 926 $
Bénéfice net	16 791	15 793
	18 048	18 719
Dividendes	(14 618)	(17 462)
Bénéfices non répartis à la fin de l'exercice	3 430 $	1 257 $

LÉZARTS INC.
Bilan
au 31 décembre
(en milliers de dollars)

	20X3	20X2
Actif		
Actif à court terme		
Trésorerie	672 $	828 $
Clients	9 201	10 280
Stock de marchandises	9 839	11 046
Charges payées d'avance	1 091	1 536
	20 803	23 690
Immobilisations corporelles	150 365	157 857
Total de l'actif	171 168 $	181 547 $
Passif et capitaux propres		
Passif à court terme		
Fournisseurs et frais courus	7 769 $	12 636 $
Portion de la dette à long terme échéant à moins de un an	12 135	12 685
	19 904	25 321
Passif à long terme	83 834	95 969
Total du passif	103 738	121 290
Capitaux propres		
Capital-actions ordinaires	64 000	59 000
Bénéfices non répartis	3 430	1 257
	67 430	60 257
Total du passif et des capitaux propres	171 168 $	181 547 $

LÉZARTS INC.
Flux de trésorerie
pour l'exercice terminé le 31 décembre
(en milliers de dollars)

	20X3	20X2
Activités d'exploitation		
Bénéfice net	16 791 $	15 793 $
Élément sans effet sur la trésorerie		
Amortissement des immobilisations corporelles	7 767	8 058
Variations des éléments hors caisse du fonds de roulement	(2 136)	(2 405)
Flux de trésorerie liés aux activités d'exploitation	22 422	21 446

23

Activités de financement

Emprunt additionnel		*1 250*
Émission d'actions ordinaires	*5 000*	
Dividendes	*(14 618)*	*(17 462)*
Diminution de la dette à long terme	*(12 685)*	*(5 882)*
Flux de trésorerie liés aux activités de financement	*(22 303)*	*(22 094)*
Activités d'investissement		
Acquisition d'immobilisations	*(275)*	
Flux de trésorerie liés aux activités d'investissement	*(275)*	
Diminution nette de la trésorerie	*(156)*	*(648)*
Trésorerie à l'ouverture de l'exercice	*828*	*1 476*
Trésorerie à la clôture de l'exercice	*672 $*	*828 $*

L'ANALYSE AU MOYEN DE RATIOS ET LE MODÈLE DUPONT

Le nombre de ratios présentés dans les différentes publications traitant de ce sujet est presque illimité[3]. Il serait donc extrêmement difficile de tous les expliquer ici. De plus, il est probablement inutile de le faire, puisque plusieurs d'entre eux sont similaires et que, ultimement, c'est l'utilisateur qui décide de ses préférences. Notre but est simplement de vous présenter quelques ratios représentatifs de ce qui est proposé en cette matière et d'exposer leur utilisation potentielle. Nous croyons utile de le faire à l'aide du modèle DuPont illustré à la figure 23.1.

Plusieurs auteurs qualifient les ratios présentés dans cette figure de ratios fondamentaux autour desquels gravitent plusieurs ratios périphériques. Au total, nous avons retenu 16 ratios pouvant être regroupés en 3 catégories. Le tableau 23.2 (*voir la page 1034*) présente une liste de ces ratios par catégories.

AVEZ-VOUS LE SENS DE L'OBSERVATION ?

Le calcul de plusieurs ratios implique l'utilisation du chiffre du bénéfice net. Il faut souligner que c'est la capacité de générer des bénéfices récurrents qui importe. Ainsi, lorsque les résultats d'une entreprise comportent des éléments en lien avec des activités abandonnées, il convient d'utiliser au numérateur le bénéfice avant activités abandonnées, plutôt que le bénéfice net.

De plus, vous avez remarqué que certains ratios comportent la mention «moyens» entre parenthèses. Lorsque vous disposez de données comparatives, il est souvent préférable d'utiliser une moyenne établie en additionnant le montant à la fin de l'exercice précédent à celui de la fin de l'exercice courant, la somme étant divisée par 2. Pourquoi recourir à une donnée moyenne ? Tout simplement pour tenir compte du fait que les postes du bilan sont à une date précise, soit celle de la fin de l'exercice financier, tandis que les postes de l'état des résultats reflètent l'activité de tout l'exercice financier. Le recours à une donnée moyenne pour les postes du bilan nous procure donc une valeur plus représentative de l'ensemble de l'exercice.

---

3. La multitude de ratios dont il est question dans la documentation financière a causé deux problèmes particuliers qui rendent difficile l'explication du sujet. Premièrement, certains ratios sont connus sous des noms différents. Il arrive également qu'on utilise le même nom pour décrire des ratios dont les définitions sont différentes. Donc, il faut toujours porter attention aux définitions utilisées dans une documentation donnée. Pour plus d'information sur les différents noms et définitions utilisés, vous pouvez consulter les dictionnaires spécialisés en finance ou en comptabilité.

FIGURE 23.1 ▊ **LE MODÈLE D'ANALYSE DUPONT**

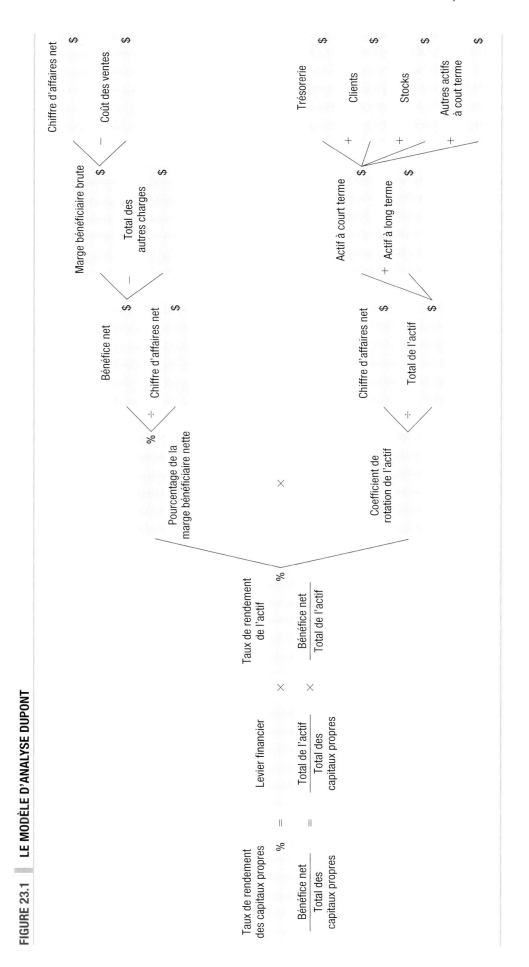

| TABLEAU 23.2 | **LA LISTE DES RATIOS FINANCIERS LES PLUS FRÉQUEMMENT UTILISÉS, PRÉSENTÉS PAR CATÉGORIES** |

Rentabilité

1 Taux de rendement des capitaux propres $= \dfrac{\text{Bénéfice net}}{\text{Total des capitaux propres (moyens)}}$

Taux de rendement de l'avoir des actionnaires ordinaires $= \dfrac{\text{Bénéfice net} - \text{Dividendes sur actions privilégiées}}{\text{Capitaux propres (moyens) des actionnaires ordinaires}}$

2 Taux de rendement de l'actif $= \dfrac{\text{Bénéfice net}}{\text{Total de l'actif (moyen)}}$

3 Coefficient de rotation de l'actif $= \dfrac{\text{Chiffre d'affaires net}}{\text{Total de l'actif (moyen)}}$

4 Pourcentage de la marge bénéficiaire brute $= \dfrac{\text{Marge bénéficiaire brute}}{\text{Chiffre d'affaires net}} \times 100$

5 Pourcentage de la marge bénéficiaire nette $= \dfrac{\text{Bénéfice net}}{\text{Chiffre d'affaires net}} \times 100$

6 Qualité du résultat $= \dfrac{\text{Flux de trésorerie liés aux activités d'exploitation}}{\text{Bénéfice net}}$

7 Résultat par action $= \dfrac{\text{Bénéfice net attribuable aux actionnaires ordinaires}}{\text{Nombre moyen pondéré d'actions ordinaires en circulation}}$

8 Taux de rendement boursier $= \dfrac{\text{Cours de l'action } (t_1 - t_0) + \text{dividende par action}}{\text{Cours de l'action } (t_0)}$

Ratio cours-bénéfice $= \dfrac{\text{Cours de l'action ordinaire}}{\text{Résultat par action}}$

Structure financière

9 Levier financier $= \dfrac{\text{Total de l'actif (moyen)}}{\text{Capitaux propres (moyen)}}$

10 Ratio d'endettement $= \dfrac{\text{Total du passif (moyen)}}{\text{Capitaux propres (moyens)}}$

11 Ratio de couverture des intérêts $= \dfrac{\text{Bénéfice net} + \text{charge d'impôts} + \text{charges d'intérêts}}{\text{Charges d'intérêts}}$

12 Valeur comptable d'une action $= \dfrac{\text{Avoir des détenteurs d'actions participantes}}{\text{Nombre d'actions participantes en circulation}}$

13 Ratio cours – valeur comptable $= \dfrac{\text{Cours de l'action ordinaire}}{\text{Valeur comptable d'une action}}$

Situation de trésorerie

14 Ratio de solvabilité à court terme $= \dfrac{\text{Actif à court terme}}{\text{Passif à court terme}}$

15 Ratio de liquidité immédiate $= \dfrac{\text{Actif à court terme} - \text{Stocks} - \text{Charges payées d'avance}}{\text{Passif à court terme}}$

23

TABLEAU 23.2 **LA LISTE DES RATIOS FINANCIERS LES PLUS FRÉQUEMMENT UTILISÉS, PRÉSENTÉS PAR CATÉGORIES (*suite*)**

16 Coefficient de rotation des comptes clients	=	$$\dfrac{\text{Chiffre d'affaires net (à crédit)}}{\text{Comptes clients nets (moyens)}}$$
Délal de recouvrement des comptes clients	=	$$\dfrac{365}{\text{Coefficient de rotation des comptes clients}}$$
17 Coefficient de rotation des stocks	=	$$\dfrac{\text{Coût des ventes}}{\text{Stocks (moyens)}}$$
Délai de rotation des stocks	=	$$\dfrac{365}{\text{Coefficient de rotation des stocks}}$$

La rentabilité

Pour survivre, toute entreprise doit être rentable. Les ratios présentés dans cette section visent principalement à évaluer cette **rentabilité**. Ce que l'on cherche en se servant des ratios de rentabilité, c'est de voir la progression de l'entreprise d'un exercice à l'autre et d'évaluer s'il est préférable d'y maintenir son investissement ou de retirer ses billes et d'investir dans une autre entreprise. Les ratios suivants sont présentés dans cette sous-section :

- Le taux de rendement des capitaux propres ;
- Le taux de rendement de l'avoir des actionnaires ordinaires ;
- Le taux de rendement de l'actif ;
- Le coefficient de rotation de l'actif ;
- Les pourcentages de la marge bénéficiaire brute et de la marge bénéficiaire nette ;
- La qualité du résultat ;
- Le résultat par action ;
- Le taux de rendement boursier et le ratio cours-bénéfice.

Le taux de rendement des capitaux propres et le taux de rendement de l'avoir des actionnaires ordinaires

Le **taux de rendement des capitaux propres** se définit comme suit :

$$\textit{Taux de rendement des capitaux propres} \ = \ \frac{\textit{Bénéfice net}}{\textit{Total des capitaux propres (moyen)}}$$

Ce ratio fournit des indications sur la capacité de l'entreprise à générer des bénéfices sur le capital investi par les propriétaires.

Le **taux de rendement de l'avoir des actionnaires ordinaires**, quant à lui, se définit comme suit :

$$\begin{array}{c}\textit{Taux de rendement de l'avoir}\\\textit{des actionnaires ordinaires}\end{array} = \frac{\begin{array}{c}\textit{Bénéfice net – dividendes}\\\textit{sur actions privilégiées}\end{array}}{\begin{array}{c}\textit{Capitaux propres (moyens)}\\\textit{des actionnaires ordinaires}\end{array}}$$

Ce ratio fournit des indications sur la capacité de l'entreprise à générer des bénéfices sur le capital investi par les actionnaires ordinaires. Il tient compte de l'effet du financement au moyen de la dette et des actions privilégiées sur le rendement de l'avoir des actionnaires ordinaires. C'est donc un ratio qui intéressera particulièrement ceux qui veulent investir dans les actions ordinaires de la société.

Puisque LézArts inc. n'a aucune action privilégiée, le taux de rendement des capitaux propres et celui de l'avoir des actionnaires ordinaires sont identiques, tel que le démontre le calcul de la page suivante, qui tient pour acquis que le total des capitaux propres au 31 décembre 20X1 s'élevait à 61 171 $.

Calcul du taux de rendement des capitaux propres et du taux de rendement de l'avoir des actionnaires ordinaires

		20X3	**20X2**
Taux de rendement des capitaux propres et de l'avoir des actionnaires ordinaires	=	$\dfrac{16\ 791\ \$}{\dfrac{67\ 430\ \$ + 60\ 257\ \$}{2}}$	$\dfrac{15\ 793\ \$}{\dfrac{60\ 257\ \$ + 61\ 171\ \$}{2}}$
	=	0,263 (ou 26,3 %)	0,260 (ou 26,0 %)

Avant de poursuivre plus avant, nous tenons à vous rappeler l'importance de ne jamais considérer un ratio isolément lorsque vous analysez les états financiers d'une entreprise. Chaque ratio, ainsi que tout autre élément pertinent, ne fournit qu'une partie de l'information dont vous avez besoin pour prendre une décision éclairée. Vous devez donc tenter d'interpréter chaque élément d'information à la lumière des autres éléments que vous possédez.

Le taux de rendement de l'actif

Le **taux de rendement de l'actif** se définit comme suit :

$$Taux\ de\ rendement\ de\ l'actif\ =\ \frac{Bénéfice\ net}{Total\ de\ l'actif\ (moyen)}$$

Ce ratio mesure la capacité de l'entreprise à générer des bénéfices en utilisant ses ressources de manière efficace.

En tenant pour acquis que le total de l'actif de LézArts inc. était de 190 250 $ au 31 décembre 20X1, le taux de rendement de l'actif de l'entreprise se calcule ainsi :

Calcul du taux de rendement de l'actif

		20X3	**20X2**
Taux de rendement de l'actif	=	$\dfrac{16\ 791\ \$}{\dfrac{171\ 168\ \$ + 181\ 547\ \$}{2}}$	$\dfrac{15\ 793\ \$}{\dfrac{181\ 547\ \$ + 190\ 250\ \$}{2}}$
	=	0,095 (ou 9,5 %)	0,085 (ou 8,5 %)

On s'attend à ce que ce ratio soit le plus élevé possible et, minimalement, qu'il excède le coût du capital emprunté.

Le coefficient de rotation de l'actif

Le **coefficient de rotation de l'actif** se définit comme suit :

$$Coefficient\ de\ rotation\ de\ l'actif\ =\ \frac{Chiffre\ d'affaires\ net}{Total\ de\ l'actif\ (moyen)}$$

Ce ratio indique le chiffre d'affaires que l'entreprise génère pour chaque dollar investi dans ses éléments d'actif.

En tenant pour acquis que le total de l'actif de LézArts inc. était de 190 250 $ au 31 décembre 20X1, le coefficient de rotation de son actif se calcule ainsi :

Calcul du coefficient de rotation de l'actif

		20X3	**20X2**
Coefficient de rotation de l'actif	=	$\dfrac{87\ 495\ \$}{\dfrac{171\ 168\ \$ + 181\ 547\ \$}{2}}$	$\dfrac{91\ 830\ \$}{\dfrac{181\ 547\ \$ + 190\ 250\ \$}{2}}$
	=	0,496	0,494

Les sociétés enregistrant de faibles marges bénéficiaires ont tendance à afficher un ratio de rotation de l'actif élevé, et vice-versa, en raison de la stratégie de prix. Certains analystes financiers considèrent que l'amélioration du coefficient de rotation de l'actif au fil des ans est le reflet de la qualité de la direction de l'entreprise. LézArts inc. a su maintenir la même efficacité, comme en témoigne un ratio stable, malgré une diminution de son chiffre d'affaires. C'est un élément qui joue en faveur de la direction de cette entreprise. Cela dit, un ratio élevé peut fournir une indication d'insuffisance de l'investissement, quoique l'inverse peut révéler une sous-utilisation des actifs de l'entreprise.

Les pourcentages de la marge bénéficiaire brute et de la marge bénéficiaire nette

Le **pourcentage de la marge bénéficiaire brute** se définit comme suit :

$$\text{Pourcentage de la marge bénéficiaire brute} = \frac{\text{Marge bénéficiaire brute}}{\text{Chiffre d'affaires net}} \times 100$$

Ce ratio indique le montant de bénéfice brut réalisé sur chaque dollar de vente. En d'autres termes, il s'agit de la proportion du chiffre d'affaires net dont dispose l'entreprise pour absorber ses frais de vente, d'administration et financiers ainsi que pour dégager un bénéfice net. Plusieurs prétendent qu'il est plus difficile de réduire le coût des ventes ; toutefois, force est de reconnaître que la rentabilité d'une entreprise commerciale dépend essentiellement de la gestion de sa marge bénéficiaire brute.

Le **pourcentage de la marge bénéficiaire nette** se définit comme suit :

$$\text{Pourcentage de la marge bénéficiaire nette} = \frac{\text{Bénéfice net}}{\text{Chiffre d'affaires net}} \times 100$$

Ce ratio indique le montant de bénéfice net (redressé des activités abandonnées et de la part des actionnaires minoritaires, le cas échéant) réalisé sur chaque dollar de vente. On peut donc comparer la capacité de diverses entreprises à générer des bénéfices par dollar de vente et calculer l'impact que pourraient avoir certains changements apportés aux coûts ou aux prix de vente sur les bénéfices futurs. Ce ratio est plus facilement utilisable aux fins de comparaison que celui du pourcentage de la marge bénéficiaire brute, car il n'implique pas les problèmes associés au fait que les déterminants du coût des ventes peuvent varier d'une entreprise à l'autre. Ainsi, certaines entreprises traitent les escomptes perdus sur achat à titre d'élément du coût des ventes, alors que d'autres les traitent à titre de frais financiers.

Le pourcentage de la marge bénéficiaire brute et le pourcentage de la marge bénéficiaire nette de LézArts inc. se calculent ainsi :

Calcul des pourcentages des marges bénéficiaires brute et nette

		20X3		20X2	
Pourcentage de la marge bénéficiaire brute	=	$\frac{57\ 104\ \$}{87\ 495\ \$}$	× 100	$\frac{59\ 147\ \$}{91\ 830\ \$}$	× 100
	=	65,3 %		64,4 %	
Pourcentage de la marge bénéficiaire nette	=	$\frac{16\ 791\ \$}{87\ 495\ \$}$	× 100	$\frac{15\ 793\ \$}{91\ 830\ \$}$	× 100
	=	19,2 %		17,2 %	

La qualité du résultat

Le ratio de la **qualité du résultat** se définit comme suit :

$$\text{Qualité du résultat} = \frac{\text{Flux de trésorerie liés aux activités d'exploitation}}{\text{Bénéfice net}}$$

23

Ce ratio permet d'évaluer le caractère plus ou moins solide du bénéfice net de l'entreprise, un résultat net de haute qualité résultant d'un accroissement des ventes et d'un meilleur contrôle des coûts, contrairement à un bénéfice « fictif » découlant d'une augmentation de prix attribuable à l'inflation ou encore à l'adoption de certaines pratiques comptables qui génèrent des bénéfices plus élevés. Pensons, par exemple, à l'utilisation d'une durée de vie utile plus ou moins courte pour calculer l'amortissement des immobilisations corporelles. Le choix d'une période d'amortissement plus courte génère automatiquement un bénéfice net plus petit, et vice versa. En ayant recours au ratio de la qualité du résultat, on élimine ces distorsions.

Le ratio de la qualité du résultat de LézArts inc. se calcule ainsi :

Calcul du ratio de la qualité du résultat

		20X3	**20X2**
Qualité du résultat	=	$\dfrac{21\ 872\ \$}{16\ 791\ \$}$	$\dfrac{21\ 446\ \$}{15\ 793\ \$}$
	=	*1,30*	*1,36*

Certains analystes financiers considèrent qu'un ratio supérieur à 1 témoigne d'un bénéfice net de plus grande qualité, puisque chaque dollar de bénéfice s'est traduit par au moins un dollar de flux de trésorerie.

Les trois prochains ratios de la catégorie des ratios de rentabilité sont utiles aux actionnaires et aux analystes financiers des sociétés par actions. Puisqu'il existe un certain nombre de PME dont les titres se négocient en Bourse, nous en traiterons brièvement dans les prochaines sections. Rappelons toutefois que si ses actions se négocient en Bourse, la société est alors assujettie aux IFRS.

Le résultat par action

Le **résultat par action**, aussi appelé « résultat de base par action », se définit comme suit :

$$\text{Résultat par action} = \frac{\text{Bénéfice net attribuable aux actionnaires ordinaires}}{\text{Nombre moyen pondéré d'actions ordinaires en circulation}}$$

Du côté des investisseurs, le résultat par action n'a de signification que pour les actionnaires ordinaires. En effet, le rendement obtenu par les créanciers (le taux d'intérêt) et celui obtenu par les actionnaires privilégiés (le taux du dividende) sont souvent davantage connus. Le résultat par action permet de déterminer le rendement, sur le plan comptable, d'un investissement sous forme d'actions ordinaires.

Puisqu'on veut déterminer le résultat attribuable aux actionnaires ordinaires, il faut retrancher du bénéfice net toute portion afférente aux actionnaires privilégiés. De plus, le calcul du résultat par action ne donnera un ratio satisfaisant que s'il est fondé sur la moyenne pondérée du nombre d'actions ordinaires en circulation.

Tenant pour acquis que le nombre d'actions ordinaires en circulation de la société LézArts inc. a été de 5 500 000 au 31 décembre 20X3 tandis qu'il était de 5 000 000 et de 4 900 000 respectivement aux 31 décembre 20X2 et 20X1, le résultat par action de la société se calcule ainsi :

		20X3	*20X2*
Résultat par action[4]	=	16 791 $	15 793 $
		5 500 + 5 000	5 000 + 4 900
		2	2
	=	*3,20 $*	*3,19 $*

Le résultat par action est probablement le ratio le plus connu. En effet, chaque trimestre, les investisseurs et les analystes financiers consultent les journaux financiers pour connaître le résultat par action des sociétés. Cela dit, il faut être prudent avec le résultat par action, car il ne se compare pas nécessairement d'une entreprise à l'autre en valeur absolue. En effet, un résultat par action de 2 $ pour une entreprise est aussi bon qu'un résultat par action de 1 $ pour une autre, si le cours de l'action de la première est de 20 $ tandis qu'il est de 10 $ pour la seconde. Dans les deux cas, le ratio cours-bénéfice que nous verrons dans la sous-section suivante sera identique, à savoir 10. Il est donc préférable de suivre l'évolution du résultat par action de l'entreprise dans le temps.

Le taux de rendement boursier et le ratio cours-bénéfice

Pour comparer les résultats financiers de sociétés dont les actions n'ont pas la même valeur, il faut calculer le **taux de rendement boursier** et le **ratio cours-bénéfice**, lesquels se définissent comme suit :

$$\text{Taux de rendement boursier} = \frac{\text{Cours de l'action } (t_1 - t_0) + \text{dividende par action}}{\text{Cours de l'action } (t_0)}$$

$$\text{Ratio cours-bénéfice} = \frac{\text{Cours de l'action ordinaire}}{\text{Résultat par action}}$$

Le **taux de rendement boursier** et le **ratio cours-bénéfice** sont souvent utilisés par les analystes financiers pour évaluer les possibilités d'investir dans les actions ordinaires d'une société. Cependant, on doit mentionner qu'il est très difficile d'interpréter correctement l'un ou l'autre. Cela est dû au fait que le cours de l'action ordinaire reflète déjà les perceptions du marché des capitaux concernant le risque et le rendement futur de cette action. Conséquemment, il est hasardeux d'interpréter le taux de rendement boursier ou le ratio cours-bénéfice comme une indication de la valeur intrinsèque d'un titre.

En tenant pour acquis que le cours de l'action ordinaire était respectivement de 8,71 $ au 31 décembre 20X3, de 9,73 $ au 31 décembre 20X2 et de 9,45 $ au 31 décembre 20X1 ; sachant que le dividende par action ordinaire en circulation de la société LézArts inc. a été de 2,66 $ en 20X3 tandis qu'il était de 3,49 $ en 20X2, le taux de rendement boursier et le ratio cours-bénéfice de LézArts inc. se calculent ainsi :

---

4. Puisque notre objectif n'est pas d'illustrer le calcul détaillé du résultat par action, nous avons posé l'hypothèse « simpliste » que la totalité des actions émises l'ont été le 1er janvier de chaque année. Dans le monde réel, le nombre moyen pondéré d'actions correspond à la moyenne arithmétique des actions ordinaires en circulation au cours de la période, soit en fonction de chaque date d'émission d'actions.

   Sachez que les sociétés assujetties aux IFRS doivent également présenter le chiffre du résultat « dilué » par action en plus du résultat « de base » par action. Notez toutefois que les normes comptables pour les entreprises à capital fermé ne requièrent pas la présentation du résultat de base par action ni celle du résultat dilué par action. Si vous désirez en savoir plus à ce sujet, veuillez consulter l'ouvrage *Comptabilité intermédiaire – Analyse théorique et pratique.*

*Calcul du taux de rendement
boursier et du ratio
cours-bénéfice*

			20X3	**20X2**
Taux de rendement boursier		$=$	$\dfrac{8,71\ \$ - 9,73\ \$ + 2,66\ \$}{9,73\ \$}$	$\dfrac{9,73\ \$ - 9,45\ \$ + 3,49\ \$}{9,45\ \$}$
		$=$	$0,169\ (ou\ 16,9\ \%)$	$0,399\ (ou\ 39,9\ \%)$
Ratio cours-bénéfice		$=$	$\dfrac{8,71\ \$}{3,20\ \$}$	$\dfrac{9,73\ \$}{3,19\ \$}$
		$=$	$2,72$	$3,05$

Les analystes financiers s'attendent à un ratio cours-bénéfice moyen du marché de 20 à 25 fois le bénéfice. Règle générale, lorsque le ratio cours-bénéfice est élevé, cela signifie que les investisseurs prévoient une forte croissance dans le futur. Le taux de rendement boursier et le ratio cours-bénéfice de LézArts inc. sont faibles notamment en raison des anticipations des bénéfices futurs de l'entreprise et des risques présentés par sa trésorerie comme nous le verrons dans la sous-section suivante.

La structure financière

Le principal objectif des ratios portant sur la **structure financière** est de permettre d'évaluer la capacité de l'entreprise à faire face à ses obligations à long terme. Plus précisément, ces ratios nous renseignent sur les garanties offertes par l'entreprise ainsi que sur sa capacité à rembourser ses créanciers. Ils peuvent également fournir une indication sur sa capacité à obtenir des fonds supplémentaires et, donc, de faire face à ses difficultés temporaires de trésorerie ou de profiter des occasions de faire un investissement. Les ratios suivants sont présentés dans cette sous-section :

- Le levier financier ;
- Le ratio d'endettement ;
- Le ratio de couverture des intérêts ;
- La valeur comptable d'une action ;
- Le ratio cours-valeur comptable d'une action.

Le levier financier

Le **levier financier** est souvent défini de la manière suivante :

$$Levier\ financier\ =\ \frac{Total\ de\ l'actif\ (moyen)}{Capitaux\ propres\ (moyens)}$$

Ce ratio exprime la relation entre le total de l'actif de l'entreprise et celui de ses capitaux propres. Il peut être établi en ayant recours aux données du bilan à la clôture de l'exercice ou aux valeurs moyennes au cours de l'exercice (Total de l'actif moyen/Capitaux propres moyens). Plus la valeur de ce ratio sera grande, plus l'actif sera important par rapport aux capitaux propres, plus le niveau d'endettement sera grand. Il faut bien noter qu'il est question ici d'optimisation et non de maximisation de l'effet de levier. Nous verrons un peu plus loin que l'utilisation massive de la dette est un couteau à deux tranchants. Bien sûr, elle peut augmenter le rendement des capitaux propres. Du même coup, cependant, elle accroît le risque de faillite. En tenant pour acquis que le total de l'actif et le total des capitaux propres au 31 décembre 20X1 étaient respectivement de 185 390 $ et de 59 552 $, le levier financier de LézArts inc. se calcule ainsi :

Calcul du ratio de levier financier

		20X3	**20X2**
Levier financier	=	$\dfrac{171\ 168\ \$ + 181\ 547\ \$}{67\ 430\ \$ + 60\ 257\ \$}$	$\dfrac{181\ 547\ \$ + 185\ 390\ \$}{60\ 257\ \$ + 59\ 552\ \$}$
	=	$\underline{\underline{2,76}}$	$\underline{\underline{3,06}}$

Si nous faisons un retour sur la figure 23.1 (*voir la page 1033*), le modèle DuPont fait référence à certains ratios fondamentaux dont le levier financier. Selon ce modèle, l'objectif ultime de l'entreprise est de maximiser la richesse des propriétaires. Pour y arriver, celle-ci vise notamment trois cibles, comme l'illustre la figure 23.2.

FIGURE 23.2 | **LA MAXIMISATION DE LA RICHESSE DES PROPRIÉTAIRES**

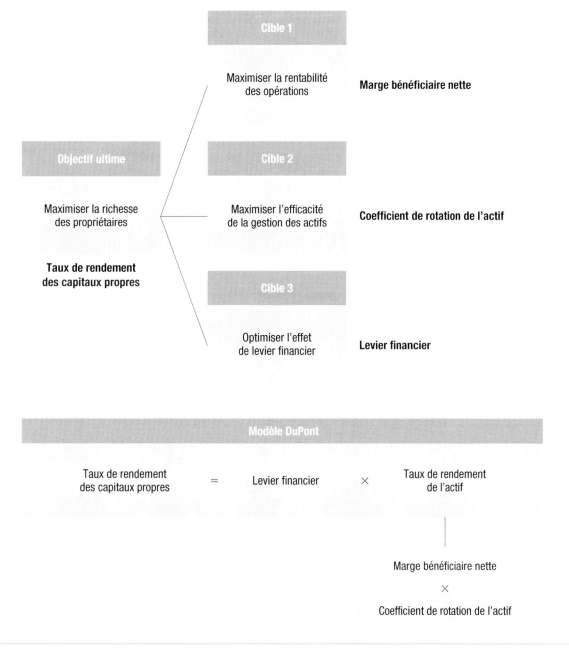

Le modèle d'analyse DuPont est fort intéressant, car il permet de mettre en relation plusieurs ratios financiers. La figure 23.2 à la page précédente met en évidence les intérêts parfois divergents des investisseurs (ou propriétaires) et des créanciers. En ce qui concerne le taux de rendement de l'actif, tous préfèrent un bénéfice net élevé par rapport au total de l'actif. Toutefois, le levier financier ne suscite pas la même unanimité. En effet, un endettement plus élevé entraîne une augmentation du taux de rendement des capitaux propres, ce que souhaitent les investisseurs, mais augmente le risque associé au remboursement de la dette, ce qui inquiète les créanciers.

Appliqué à LézArts inc., le modèle d'analyse DuPont produit le taux de rendement des capitaux propres qui suit.

Calcul du taux de rendement des capitaux propres selon le modèle d'analyse DuPont

$$\text{Taux de rendement des capitaux propres} = \frac{\text{Marge bénéficiaire nette}}{} \times \frac{\text{Coefficient de rotation de l'actif}}{} \times \frac{\text{Levier financier}}{}$$

$$= \frac{\text{Bénéfice net}}{\text{Chiffre d'affaires net}} \times \frac{\text{Chiffre d'affaires net}}{\text{Total de l'actif moyen}} \times \frac{\text{Total de l'actif moyen}}{\text{Total des capitaux propres moyens}}$$

$$= \frac{16\ 791\ \$}{87\ 495\ \$} \times \frac{87\ 495\ \$}{176\ 357,50\ \$} \times \frac{176\ 357,50\ \$}{63\ 843,50\ \$}$$

$$= \frac{16\ 791\ \$}{63\ 843,50\ \$} = \underline{0,263\ (\text{ou } 26,3\ \%)}$$

C'est sans surprise que le résultat obtenu, soit 26,3 %, est identique à celui présenté à la page 1036. Toutefois, cette façon de présenter le taux de rendement des capitaux propres nous permet de mettre davantage l'accent sur le fait que les propriétaires d'entreprise ont tous pour objectif ultime d'obtenir le rendement le plus élevé possible sur le capital investi. La formule présentée ci-dessus nous permet de démontrer qu'il existe plusieurs stratégies d'affaires pour maximiser le taux de rendement des capitaux propres.

La première stratégie consiste à offrir des produits distinctifs, c'est-à-dire uniques. Offrir des produits de grande qualité ou ayant un style avant-gardiste permet à l'entreprise d'exiger des prix plus élevés. Qui dit prix plus élevés dit habituellement, dans un tel contexte, réalisation d'une marge bénéficiaire nette plus importante produisant un taux de rendement des capitaux propres à son tour plus substantiel. Il s'agit de la stratégie utilisée par les entreprises qui vendent des biens de luxe. Pensons notamment à certaines marques de voitures telles que BMW, ainsi qu'aux magasins et boutiques comme Birks, Chlorophylle et Atmosphère.

La seconde stratégie consiste à tenter de gérer ses activités plus efficacement que ne le fait la concurrence et ainsi obtenir de meilleurs coûts. Des coûts plus faibles, souvent associé à une notion de volume très élévé, permettent d'offrir des prix plus bas, et une gestion plus efficace des éléments d'actif se traduit habituellement par un coefficient de rotation de l'actif plus élevé en générant, encore une fois, un taux de rendement des capitaux propres plus élevé. Pensons notamment aux constructeurs de petits modèles d'automobiles ainsi qu'aux magasins de détail à fort volume d'activité tels Canadian Tire, Costco, Dollarama, Walmart ou Winners.

23

Le ratio d'endettement

Le **ratio d'endettement** est souvent défini de la manière suivante :

$$Ratio\ d'endettement\ =\ \frac{Total\ du\ passif\ (moyen)}{Capitaux\ propres\ (moyens)}$$

Ce ratio exprime la relation entre la valeur comptable du total des dettes de l'entreprise et celle de ses capitaux propres. Il peut être établi en ayant recours aux données du bilan à la clôture de l'exercice ou aux valeurs moyennes au cours de l'exercice. En tenant pour acquis que le total du passif et le total des capitaux propres au 31 décembre 20X1 étaient respectivement de 130 698 $ et de 59 552 $, le ratio d'endettement de LézArts inc. se calcule ainsi :

Calcul du ratio d'endettement

		20X3	**20X2**
Ratio d'endettement	$=$	$\dfrac{103\ 738\ \$ + 121\ 290\ \$}{67\ 430\ \$ + 60\ 257\ \$}$	$\dfrac{121\ 290\ \$ + 130\ 698\ \$}{60\ 257\ \$ + 59\ 552\ \$}$
	$=$	<u>1,76</u>	<u>2,10</u>

De l'avis des créanciers, ce ratio ne devrait pas être trop supérieur à 1. L'entreprise dont le financement au moyen de capitaux propres est égal à celui qui est fait au moyen de capitaux empruntés est évidemment moins à risque. En effet, un ratio d'endettement élevé indique un niveau d'endettement élevé, alors qu'un ratio d'endettement bas indique un niveau d'endettement bas. Il faut être conscient du fait que le niveau d'endettement a une influence directe sur le risque financier, car l'entreprise doit effectuer le remboursement de ses dettes (capital et intérêts) sans égard à son bénéfice[5]. Ainsi, un ratio d'endettement inférieur à 1 indique que l'entreprise est en mesure d'absorber des pertes sans mettre en cause sa capacité d'honorer ses engagements envers ses créanciers. De plus, elle est en mesure d'accroître son financement au moyen d'un emprunt, le cas échéant. En somme, plus le ratio d'endettement est élevé, plus le risque financier est grand et plus le bénéfice net, source du rendement des capitaux propres, est volatile.

Nous constatons que la structure financière de LézArts inc. s'est nettement améliorée de 20X2 à 20X3, même si cette situation est encore loin de rassurer les créanciers.

Le ratio de couverture des intérêts

Le **ratio de couverture des intérêts** se définit comme suit :

$$Ratio\ de\ couverture\ des\ intérêts\ =\ \frac{Bénéfice\ net\ +\ charges\ d'impôts\ +\ charges\ d'intérêts}{Charges\ d'intérêts}$$

Ce ratio exprime la relation entre le bénéfice disponible pour le paiement des intérêts sur les capitaux empruntés au cours de l'exercice et la charge d'intérêts[6]. Plus ce ratio est élevé, plus il est raisonnable de penser que l'entreprise pourra payer ses intérêts lorsque ceux-ci deviendront exigibles, réduisant ainsi le risque pour les bailleurs de fonds. Un ratio élevé peut également indiquer que l'entreprise pourra emprunter davantage sans constituer un risque excessif pour ses créanciers. Les éléments qui ne sont pas susceptibles de se répéter, par exemple les activités abandonnées, ne sont généralement pas inclus dans le calcul du bénéfice disponible pour payer les intérêts, puisque de tels éléments n'indiquent pas la capacité future de l'entreprise à payer des intérêts.

---

5. Rappelons que les intérêts représentent une charge annuelle fixe, alors que le paiement de dividendes peut être différé.
6. Habituellement, ce ratio tient compte de la dette à long terme et des intérêts y afférents.

Le ratio de couverture des intérêts de LézArts inc. se calcule ainsi :

Calcul du ratio de couverture des intérêts

		20X3	**20X2**
Ratio de couverture des intérêts	=	$\dfrac{16\ 791\ \$ + 4\ 198\ \$ + 6\ 450\ \$}{6\ 450\ \$}$	$\dfrac{15\ 793\ \$ + 3\ 948\ \$ + 7\ 180\ \$}{7\ 180\ \$}$
	=	4,25	3,75

Le ratio généralement recherché va de 5 à 10. LézArts inc. a amélioré son ratio de 20X2 à 20X3 bien que celui-ci soit relativement faible. Cela n'est pas surprenant, car l'entreprise affiche une meilleure rentabilité et la diminution de la dette a entraîné une diminution de la charge d'intérêts.

La valeur comptable d'une action et le ratio cours-valeur comptable d'une action

La **valeur comptable d'une action** se définit comme suit :

$$Valeur\ comptable\ d'une\ action\ =\ \frac{Avoir\ des\ détenteurs\ d'actions\ participantes}{Nombre\ d'actions\ participantes\ en\ circulation}$$

La **valeur comptable d'une action** peut servir à évaluer la valeur des actions de l'entreprise dans le cas où ses actifs devraient être liquidés. Dans ce sens, il s'agit d'une mesure du risque qu'il y a à posséder de telles actions. En effet, on peut raisonnablement affirmer qu'il est moins risqué de posséder des actions dont la valeur est « garantie », en cas de liquidation, par des actifs que des actions qui ne sont pas assorties d'une telle « garantie ». Cependant, on doit noter que la valeur comptable d'une action représente un indicateur plus ou moins fiable de la valeur de cette « garantie ». Cela est dû au fait que la valeur comptable des actifs de la société par actions est rarement représentative de la valeur de liquidation de ses actifs.

AVEZ-VOUS LE SENS DE L'OBSERVATION ?

Au chapitre 18, nous avons vu que la valeur comptable d'une action correspondait au quotient du total des capitaux propres divisé par le nombre d'actions en circulation. Il s'agissait de la plus simple expression de ce ratio. En effet, vous devez noter que, dans le cas où une société par actions a plusieurs catégories d'actions en circulation, le calcul de la valeur comptable de ces différentes catégories d'actions peut s'avérer complexe. En effet, vous devez alors prendre en compte les caractéristiques en vertu desquelles ces actions privilégiées ont été émises pour déterminer l'avoir de chaque catégorie d'actionnaires. Vous devez notamment tenir compte de la présence de dividendes arriérés sur actions privilégiées, de la mesure dans laquelle les actions privilégiées sont participantes, etc. Ces cas particuliers ne seront pas étudiés ici ; toutefois, le ratio de la valeur comptable d'une action le plus fréquemment utilisé se rapporte aux actions participantes usuelles, soit les actions ordinaires.

En tenant pour acquis qu'il y avait 5 000 actions ordinaires en circulation le 31 décembre 20X2 et 500 de plus le 31 décembre 20X3, la valeur comptable d'une action de LézArts inc. se calcule ainsi :

*Calcul de la valeur comptable
d'une action*

		20X3	20X2
Valeur comptable d'une action	=	67 430 $	60 257 $
		5 500	5 000
	=	12,26 $	12,05 $

Accorder une trop grande importance à la valeur comptable d'une action de LézArts inc. peut être trompeur, car nous n'avons pas tenu compte de la juste valeur des actions de l'entreprise. Pour cette raison, nous suggérons de tenir également compte du **ratio cours-valeur comptable d'une action** qui se définit comme suit :

$$\text{Ratio cours-valeur comptable d'une action} = \frac{\text{Cours de l'action ordinaire}}{\text{Valeur comptable d'une action}}$$

Le ratio cours-valeur comptable d'une action exprime la relation entre la juste valeur des actions – leur cours à la Bourse – qui donnerait à leur détenteur le droit de récupérer les actifs résiduels de l'entreprise en cas de liquidation et la valeur comptable nette des actifs de celle-ci. En tenant pour acquis que le cours de l'action ordinaire était respectivement de 8,71 $ au 31 décembre 20X3 et de 9,73 $ au 31 décembre 20X2, le ratio cours-valeur comptable d'une action de LézArts inc. se calcule ainsi :

*Calcul du ratio cours-valeur
comptable d'une action*

		20X3	20X2
Ratio cours-valeur comptable d'une action	=	8,71 $	9,73 $
		12,26 $	12,05 $
	=	0,71	0,81

IFRS

Puisque les actions d'une société à capital fermé ne se négocient pas sur les marchés boursiers, ce type d'entreprise ne peut calculer ce ratio. Rappelons toutefois que si ses actions se négocient en Bourse, la société est alors assujettie aux IFRS.

La situation de trésorerie

Pour survivre et être capable d'atteindre son plein potentiel, l'entreprise doit évidemment pouvoir faire face à ses obligations à court terme. Il est donc normal, pour un investisseur ou un créancier, d'étudier la capacité de celle-ci à faire face à ce type d'obligations monétaires. Plusieurs ratios ont été utilisés dans le but de fournir des indications sur la **situation de trésorerie** des entreprises commerciales. Ils aident à juger la capacité qu'a l'entreprise de faire face aux demandes de trésorerie à court terme, de respecter ses obligations et de répondre aux autres besoins de liquidités à court terme. Par exemple, l'entreprise pourrait vouloir profiter d'une occasion pour acquérir des biens à un coût intéressant.

Dans cette section, nous expliquerons les ratios suivants :

- Le ratio de solvabilité à court terme ;
- Le ratio de liquidité immédiate ;
- Le coefficient de rotation des comptes clients et le délai de recouvrement des comptes clients ;
- Le coefficient de rotation des stocks et le délai de rotation des stocks.

Le ratio de solvabilité à court terme

Le **ratio de solvabilité à court terme**, aussi appelé «ratio du fonds de roulement» ou «ratio de liquidité générale», se définit comme suit :

$$\text{Ratio de solvabilité à court terme} = \frac{\text{Actif à court terme}}{\text{Passif à court terme}}$$

Ce ratio exprime la relation entre le total de l'actif à court terme et celui du passif à court terme de l'entreprise. Il fournit une réponse à la question suivante : combien de dollars (ou fractions de dollar) d'actif à court terme sont disponibles pour faire face à chaque dollar de dette à court terme ? Le ratio de solvabilité à court terme de LézArts inc. se calcule ainsi :

Calcul du ratio de solvabilité à court terme

		20X3	20X2
Ratio de solvabilité à court terme	$=$	$\dfrac{20\ 803\ \$}{19\ 904\ \$}$	$\dfrac{23\ 690\ \$}{25\ 321\ \$}$
	$=$	1,05	0,94

Le ratio moyen «théorique idéal» est de 2. Autrement dit, l'entreprise doit disposer de 2 $ d'actif à court terme ou plus pour chaque dollar de passif à court terme. Ainsi, elle devrait non seulement être en mesure de régler ses dettes à court terme le moment venu, mais aussi de maintenir le niveau optimal de ses stocks et de profiter des occasions qui s'offrent à elle – pensons notamment aux escomptes de caisse. Si, en théorie, le ratio idéal est de 2, en réalité un tel ratio peut être nettement inférieur et être tout à fait approprié. En effet, il faut toujours tenir compte du secteur d'activité de l'entreprise, de sa taille, ainsi que de la composition et de la qualité de ses éléments d'actif à court terme.

À première vue, LézArts inc. a une situation de trésorerie précaire, bien que celle-ci se soit améliorée depuis l'année précédente.

Le ratio de liquidité immédiate

On considère souvent que le ratio de solvabilité à court terme ne fournit pas une indication satisfaisante au sujet de la capacité de l'entreprise à faire face à ses obligations à court terme. Cela est dû au fait que ce ratio tient compte de la valeur comptable des stocks en tant qu'élément permettant de générer des fonds à court terme, alors qu'il peut exister des situations dans lesquelles les stocks ne peuvent être réalisés au même rythme que les dettes doivent être payées. De plus, l'inclusion des stocks dans la définition du ratio peut rendre la comparaison des entreprises difficile à cause de la liberté relative dont jouissent les gestionnaires lors du choix de la méthode d'évaluation de leurs stocks. De plus, puisqu'on n'envisage normalement pas de convertir les charges payées d'avance en argent, ces stocks ne sont pas vraiment pertinents. Plusieurs auteurs préconisent donc l'utilisation d'un ratio qui ne tient pas compte des stocks et des charges payées d'avance pour évaluer d'une manière plus rigoureuse la trésorerie d'une société. Un tel ratio, le **ratio de liquidité immédiate**, pourrait se définir de la manière suivante :

$$\text{Ratio de liquidité immédiate} = \frac{\text{Actif à court terme} - \text{stocks} - \text{charges payées d'avance}}{\text{Passif à court terme}}$$

Le ratio de liquidité immédiate, aussi appelé «ratio de liquidité relative», exprime la relation entre la valeur comptable des actifs à court terme facilement réalisables et celle du passif à court terme. Ce ratio fournit une réponse à la question suivante : combien de dollars (ou fractions de dollar) d'actif à court terme facilement réalisable sont disponibles pour faire face à chaque dollar de dette à court terme ? Le ratio de liquidité immédiate de LézArts inc. se calcule ainsi :

Calcul du ratio de liquidité immédiate

		20X3	**20X2**
Ratio de liquidité immédiate	=	$\dfrac{20\ 803\ \$ - 9\ 839\ \$ - 1\ 091\ \$}{19\ 904\ \$}$	$\dfrac{23\ 690\ \$ - 11\ 046\ \$ - 1\ 536\ \$}{25\ 321\ \$}$
	=	0,50	0,44

BDC (Banque de développement du Canada) – Calculateurs de ratios
Desjardins – L'analyse des ratios

La norme habituellement reconnue par les créanciers pour ce ratio est de 1. Autrement dit, l'entreprise doit disposer de 1 $ d'actif à court terme pour chaque dollar de passif à court terme. Nous constatons que la situation de trésorerie de LézArts inc. s'est nettement améliorée de 20X2 à 20X3. Toutefois, la combinaison des deux premiers ratios de trésorerie de l'entreprise inquiétera ses créanciers même si ces ratios montrent des signes d'amélioration.

Le coefficient de rotation des comptes clients et le délai de recouvrement des comptes clients

Le **coefficient de rotation des comptes clients** se définit comme suit :

$$\text{Coefficient de rotation des comptes clients} = \frac{\text{Chiffre d'affaires net (à crédit)}}{\text{Comptes clients nets (moyens)}}$$

Le coefficient de rotation des comptes clients indique le nombre de fois où les comptes clients sont compris dans le chiffre d'affaires annuel de l'entreprise. On peut envisager ce ratio comme une mesure de la rapidité avec laquelle l'entreprise perçoit ses comptes clients. Ce ratio peut également indiquer la qualité des créances incluses dans ces comptes.

Bien que la formule idéale prévoie le recours au chiffre d'affaires net à crédit, force est d'admettre que cette information n'est que rarement disponible ; c'est pourquoi il faut se contenter d'utiliser le chiffre d'affaires net total au numérateur.

Quant à lui, le **délai de recouvrement des comptes clients** se définit comme suit :

$$\text{Délai de recouvrement des comptes clients} = \frac{365}{\text{Coefficient de rotation des comptes clients}}$$

Ce ratio fournit une indication du délai moyen de recouvrement. Un long délai de recouvrement peut révéler une politique de crédit trop généreuse. En retour, une telle politique peut entraîner un plus grand nombre de créances irrécouvrables, ce qui peut éventuellement causer des problèmes de trésorerie.

En tenant pour acquis que les comptes clients de LézArts inc. s'élevaient à 9 290 $ au 31 décembre 20X1, le coefficient de rotation des comptes clients et le délai de recouvrement des comptes clients de l'entreprise se calculent ainsi :

Calcul du coefficient de rotation des comptes clients

		20X3	**20X2**
Coefficient de rotation des comptes clients	=	$\dfrac{87\ 495\ \$}{\dfrac{9\ 201\ \$ + 10\ 280\ \$}{2}}$	$\dfrac{91\ 830\ \$}{\dfrac{10\ 280\ \$ + 9\ 290\ \$}{2}}$
	=	8,98	9,38

Calcul du délai de recouvrement des comptes clients

		20X3	20X2
Délai de recouvrement des comptes clients	=	$\dfrac{365}{8,98}$	$\dfrac{365}{9,38}$
	=	40,6 jours	38,9 jours

Comme nous pouvons le constater, il s'agit d'une détérioration de la situation que LézArts inc. ne doit pas prendre à la légère, à moins que l'entreprise ait adopté une politique de perception plus généreuse dans le but d'attirer de nouveaux clients.

Le coefficient de rotation des stocks et le délai de rotation des stocks

Le **coefficient de rotation des stocks** se définit comme suit :

$$Coefficient\ de\ rotation\ des\ stocks\ =\ \frac{Co\hat{u}t\ des\ ventes}{Stocks\ (moyens)}$$

Le coefficient de rotation des stocks indique le nombre de fois où les stocks de l'entreprise sont compris dans le coût des ventes.

Quant à lui, le **délai de rotation des stocks** se définit comme suit :

$$D\acute{e}lai\ de\ rotation\ des\ stocks\ =\ \frac{365}{Coefficient\ de\ rotation\ des\ stocks}$$

Ce ratio fournit une indication du délai moyen de rotation des stocks.

Ces deux ratios sont des indicateurs de la rapidité avec laquelle l'entreprise vend ses stocks et, donc, de l'efficacité avec laquelle ceux-ci sont gérés. Ces ratios peuvent également fournir une indication sur les difficultés éprouvées par l'entreprise en ce qui concerne la mise en marché de ses produits, les ruptures fréquentes de stocks. Enfin, un faible taux de rotation des stocks peut indiquer des liquidités insuffisantes, un niveau de stocks trop élevé ou leur désuétude.

En tenant pour acquis que les stocks au 31 décembre 20X1 s'élevaient à 12 152 $, le coefficient de rotation des stocks et le délai de rotation des stocks de LézArts inc. se calculent ainsi :

Calcul du coefficient de rotation des stocks

		20X3	20X2
Coefficient de rotation des stocks	=	$\dfrac{30\ 391\ \$}{\dfrac{9\ 839\ \$ + 11\ 046\ \$}{2}}$	$\dfrac{32\ 683\ \$}{\dfrac{11\ 046\ \$ + 12\ 152\ \$}{2}}$
	=	2,91	2,82

Calcul du délai de rotation des stocks

		20X3	20X2
Délai de rotation des stocks	=	$\dfrac{365}{2,91}$	$\dfrac{365}{2,82}$
	=	125,4 jours	129,4 jours

Comme nous pouvons le constater, il s'agit cette fois d'une légère amélioration de la situation dont LézArts inc. pourrait se réjouir.

La structure financière idéale

En terminant cette sous-section, vous pourriez vous demander quelle est la structure financière «idéale». De l'avis de plusieurs analystes financiers, en consultant le bilan de l'entreprise, une structure financière très bien équilibrée prendrait la forme suivante :

Structure financière équilibrée

Actif		Passif et capitaux propres	
50 % Actif à court terme	2	25 % Passif à court terme	1
		25 % Passif à long terme	1
50 % Actif à long terme	2	50 % Capitaux propres	2
(Immobilisations corporelles			
+ Actifs incorporels			
+ Placements à long terme)			
	_4_		_4_

Comme vous pouvez le constater, une telle entreprise aurait un ratio de solvabilité à court terme «idéal» de 2 et un ratio d'endettement «idéal» de 1. À l'aide des données de la page 1031, voyons ce qu'il en est du bilan de LézArts inc., présenté de la même façon.

Structure financière de LézArts inc.

Actif		Passif et capitaux propres	
12 % Actif à court terme	20 803 $	12 % Passif à court terme	19 904 $
		49 % Passif à long terme	83 834
88 % Actif à long terme	150 365	39 % Capitaux propres	67 430
	171 168 $		171 168 $

Force est de constater que LézArts inc. possède une structure financière qui ne correspond pas à cet «idéal», car son ratio de solvabilité à court terme est à peine de 1,05 (*voir la page 1046*) et son ratio d'endettement, de 1,76 (*voir la page 1043*). Quatre constatations s'imposent d'évidence :

- Le faible ratio de solvabilité à court terme place l'entreprise dans une situation délicate pour faire face au paiement de ses dettes à court terme. À cet égard, la situation de LézArts inc. est précaire.
- L'actif est composé très majoritairement d'actifs à long terme, ce qui explique que les dettes à long terme soient quatre fois supérieures aux dettes à court terme.
- L'actif à long terme est également financé de façon disproportionnée au moyen de dettes à long terme, par comparaison au financement obtenu au moyen de capitaux propres. Encore une fois, nous avons vu que LézArts inc. utilise davantage la dette en guise d'instrument de financement.
- Le poids de cet endettement important pourrait affecter sévèrement la rentabilité de l'entreprise.

L'ANALYSE AU MOYEN DE TABLEAUX EN CHIFFRES RELATIFS

L'analyse au moyen de tableaux en chiffres relatifs permet de rendre plus facilement comparables les états financiers d'entreprises de dimensions différentes. En effet, à cause de ces différences, on peut difficilement conclure qu'une société qui, par exemple, a une dette totale s'élevant à 1 million de dollars est moins endettée qu'une autre dont la dette totale atteint les 10 millions de dollars. Un moyen simple et efficace de rendre plus facilement comparable l'ensemble des éléments des états financiers d'entreprises de dimensions différentes est d'exprimer chacun des postes de ces états financiers en pourcentage d'une base commune. Par exemple, on pourrait exprimer les postes du bilan de l'entreprise en pourcentage du total de son actif. Les postes de l'état des résultats, quant à eux, sont souvent exprimés en pourcentage du chiffre d'affaires net. Cette façon de procéder est aussi connue sous l'expression **analyse verticale**. La variation exprimée en pourcentage (Δ %) survenue dans les postes de l'état des résultats d'un exercice à l'autre s'appelle, quant à elle, l'**analyse horizontale**[7].

Nous avons déterminé les chiffres relatifs présentés dans le tableau 23.3 en utilisant les états financiers de LézArts inc. (*voir les pages 1030 à 1032*). En ce qui a trait aux postes de l'état des résultats, nous avons divisé le montant de ces postes par le chiffre d'affaires net de l'entreprise, alors que pour les postes du bilan, nous avons divisé le montant de ces postes par le montant de l'actif total de LézArts inc. Dans plusieurs cas, afin de simplifier notre présentation, nous avons regroupé plusieurs postes des états financiers de la société en un seul poste. Vous devez cependant noter qu'il est tout à fait raisonnable de faire une analyse verticale et horizontale au moyen d'un tableau en chiffres relatifs qui tiendrait compte d'un plus grand nombre de postes des états financiers.

TABLEAU 23.3   **LE TABLEAU EN CHIFFRES RELATIFS DE LÉZARTS INC.**

Résultats	Δ %	20X3		20X2	
Chiffre d'affaires net	− 4,7	87 495 $	100,0 %	91 830 $	100,0 %
Coût des ventes	− 7,0	30 391	34,7	32 683	35,6
Marge bénéficiaire brute	− 3,5	57 104	65,3	59 147	64,4
Frais d'exploitation	− 8,4	36 115	41,3	39 406	42,9
Bénéfice avant impôts	+ 6,3	20 989	24,0	19 741	21,5
Impôts sur le bénéfice	+ 6,3	4 198	4,8	3 948	4,3
Bénéfice net	+ 6,3	16 791 $	19,2 %	15 793 $	17,2 %
Postes clés des frais d'exploitation					
Salaires et avantages sociaux	− 10,9	15 891 $	18,2 %	17 839 $	19,4 %
Intérêts sur la dette à long terme	− 10,2	6 450 $	7,4 %	7 180 $	7,8 %
Bilan		**20X3**		**20X2**	
Actif à court terme		20 803 $	12,2 %	23 690 $	13,0 %
Immobilisations corporelles		150 365	87,8	157 857	87,0
Total de l'actif		171 168 $	100,0 %	181 547 $	100,0 %
Passif à court terme		19 904 $	11,6 %	25 321 $	13,9 %
Passif à long terme		83 834	49,0	95 969	52,9
Total du passif		103 738	60,6	121 290	66,8
Capitaux propres		67 430	39,4	60 257	33,2
Total du passif et des capitaux propres		171 168 $	100,0 %	181 547 $	100,0 %

---

7. Au chapitre 5, nous avons aussi fait la distinction entre l'analyse verticale et l'analyse horizontale des résultats d'une entreprise. Nous vous invitons à relire cette section en guise de complément (*voir les pages 183 et 184*).

Encore une fois, il y a peu d'intérêt à savoir que LézArts inc. a un coût des ventes qui représente 34,7 % de son chiffre d'affaires net en 20X3. Il est plus intéressant de pouvoir affirmer que la société a progressé, puisque ce même pourcentage était de 35,6 % un an plus tôt. Toutefois, pour évaluer cette performance, bonne ou mauvaise, on doit la comparer à celle d'autres entreprises dans un contexte strictement chronologique. Ces comparaisons sont facilitées par l'utilisation de pourcentages plutôt que de chiffres absolus. Cependant, on doit noter qu'ici, comme c'est le cas pour l'analyse au moyen de ratios, de telles comparaisons sont loin d'être parfaites. Par exemple, des différences dans les méthodes comptables employées par les entreprises ou dans les définitions des postes des états financiers peuvent rendre trompeuses certaines comparaisons.

AVEZ-VOUS LE SENS DE L'OBSERVATION ?

Vous avez sans doute remarqué que ce tableau met en évidence deux des ratios que nous avons présenté dans les sections précédentes, à savoir le pourcentage de la marge bénéficiaire brute et le pourcentage de la marge bénéficiaire nette.

De plus, nous avons présenté une analyse verticale et horizontale des totaux des grandes sections du bilan. Il va de soi qu'une telle analyse peut être faite pour l'ensemble des postes du bilan.

L'ANALYSE CHRONOLOGIQUE

L'analyse chronologique consiste à comparer les données financières portant sur plusieurs exercices d'une entreprise. Nous examinerons deux modes d'analyse : l'**analyse chronologique au moyen de ratios** et l'**analyse de tendances**.

L'analyse chronologique au moyen de ratios

L'**analyse chronologique au moyen de ratios** consiste à comparer la valeur, à des dates différentes, de certains ratios d'une société dans le but d'en tirer des conclusions sur les progrès ou reculs enregistrés par celle-ci. Le tableau 23.4 présente certains ratios de LézArts inc. pour les exercices financiers 20X0 à 20X3[8].

TABLEAU 23.4 | LES RATIOS DE LÉZARTS INC. DE 20X0 À 20X3

	20X3	20X2	20X1	20X0
La rentabilité				
Taux de rendement de l'avoir des actionnaires	26,3 %	26,0 %	(33,2) %	20,5 %
Taux de rendement de l'actif	9,5 %	8,5 %	(10,2) %	9,1 %
Coefficient de rotation des comptes clients	8,98	9,38	4,65	10,21
Coefficient de rotation des stocks	2,91	2,82	1,12	3,16
La structure financière				
Ratio d'endettement	1,76	2,10	2,25	1,25
Ratio de couverture des intérêts	2,25	1,75	1,25	5,15
La situation de trésorerie				
Ratio de solvabilité à court terme	1,05	0,94	0,90	1,75

8. Les ratios des exercices 20X2 et 20X3 ont été calculés aux sous-sections précédentes, tandis que ceux des exercices 20X0 et 20X1 sont fournis afin de permettre de faire l'analyse chronologique.

Ce tableau indique que LézArts inc. a effectué des progrès relativement à la quasi-totalité de ses ratios au cours des deux derniers exercices financiers. On doit cependant noter que cette analyse ne fournit pas de réponses précises aux questions qu'elle soulève, comme c'est souvent le cas lorsque des techniques quantitatives d'analyse financière sont utilisées. Par exemple, l'analyse qui précède ne nous permet pas de comprendre ce qui s'est passé en 20X1. Il est évident qu'un investisseur potentiel serait disposé à obtenir une réponse à cette question, puisque la valeur d'un investissement est fonction de sa rentabilité future. Notre analyse a tout de même joué un rôle important en attirant notre attention sur la question. De fait, LézArts inc. a frôlé la faillite en 20X1, à la suite d'une grève générale de ses employés qui a duré plus de six mois et qui ne pouvait survenir à un pire moment, pendant un fort ralentissement de l'économie ayant affecté durement le secteur d'activité dans lequel évolue l'entreprise.

L'analyse horizontale de tendances

L'**analyse horizontale de tendances** permet d'étudier l'évolution des postes des états financiers de l'entreprise au fil des exercices. En général, on choisit l'exercice financier le plus éloigné en guise de référence et l'on donne à tous les postes des états financiers de cet exercice la valeur 100. Ensuite, on exprime la valeur des postes des états financiers des autres exercices en fonction des postes de l'exercice de référence. Par exemple, le chiffre d'affaires de LézArts inc. de 20X0 à 20X3 est de (en milliers de dollars) :

20X3	*20X2*	*20X1*	*20X0*
87 495 $	*91 830 $*	*47 771 $*	*85 318 $*

Si l'on retient l'exercice 20X0 comme exercice de référence, le chiffre d'affaires de 20X0 prend donc la valeur de 100 %, alors que celui de 20X1 est de 56,0 % [(47 771 $ ÷ 85 318 $) × 100], celui de 20X2, de 107,6 % [(91 830 $ ÷ 85 318 $) × 100], etc. Le tableau 23.5 présente les résultats de l'analyse de tendances de certains postes des états financiers de LézArts inc. pour les exercices 20X0 à 20X3[9].

TABLEAU 23.5 ┃ **L'ANALYSE DE TENDANCES DE 20X0 À 20X3**

	20X3	**20X2**	**20X1**	**20X0**
Chiffre d'affaires net	102,6 %	107,6 %	56,0 %	100,0 %
Coût des ventes	102,3	110,0	94,6	100,0
Bénéfice net (perte nette)	102,7	96,6	(93,3)	100,0
Actif total	100,4	106,5	111,6	100,0
Capitaux propres	110,0	98,3	97,1	100,0

Le tableau 23.5 permet de réaliser que la société LézArts inc. s'est bien remise de ses déboires de 20X1. En effet, en 20X2, tous les indicateurs montrent une situation meilleure qu'en 20X0, à l'exception du bénéfice net et des capitaux propres qui subissent encore les contrecoups de la forte perte subie en 20X1. L'année 20X3 présente une augmentation intéressante du bénéfice net, malgré le recul du chiffre d'affaires net. Il sera fort intéressant de voir comment l'entreprise se comportera en 20X4.

Les problèmes associés à ce type d'analyse sont comparables à ceux qui sont liés à l'analyse chronologique au moyen de ratios.

---

9. Les données nécessaires au calcul de l'analyse de tendances des années 20X2 et 20X3 sont tirées des états financiers présentés au début de ce chapitre (*voir les pages 1030 à 1032*), tandis que les chiffres des exercices 20X0 et 20X1 sont fournis afin de permettre de faire l'analyse chronologique.

SYNTHÈSE DU CHAPITRE 23

1. L'analyse des états financiers se fait à l'aide de techniques qui facilitent la comparaison des états financiers.

2. Les ratios de la rentabilité visent principalement à évaluer la rentabilité des actions de l'entreprise.

3. Les ratios de la structure financière ont pour objectif principal de permettre l'évaluation de la capacité de l'entreprise à faire face à ses obligations à long terme.

4. Les ratios de la situation de trésorerie fournissent des indications sur la capacité de l'entreprise à faire face aux demandes de liquidités à court terme.

5. L'analyse au moyen de tableaux en chiffres relatifs consiste à exprimer, en pourcentage d'une base commune, les éléments des états financiers de plusieurs entreprises. Il s'agit d'une technique simple qui permet de comparer les états financiers d'entreprises de dimensions différentes.

6. L'analyse horizontale de tendances permet d'étudier l'évolution des postes des états financiers d'une entreprise au cours des exercices. Elle consiste à exprimer les éléments des états financiers de différents exercices en fonction des éléments équivalents d'un exercice que l'on choisit comme exercice de référence.

7. Les techniques présentées dans ce chapitre ne peuvent se substituer à l'expérience et au bon jugement de l'analyste financier. En fait, l'interprétation des résultats de l'analyse des états financiers est un art plutôt qu'une science. Vous devez donc faire preuve de la plus grande prudence lorsque vous utilisez les techniques décrites dans ce chapitre.

ACTIVITÉS D'APPRENTISSAGE

PROBLÈME TYPE

Voici les états financiers d'Accessoires Langis enr. :

ACCESSOIRES LANGIS ENR.
Résultats
pour l'exercice terminé le 31 décembre

	20X5	20X4
Chiffre d'affaires net	550 500 $	512 010 $
Coût des ventes	412 500	392 130
Marge bénéficiaire brute	138 000	119 880
Frais d'exploitation		
Salaires	55 000	56 000
Loyer	12 000	11 400
Publicité	22 000	15 280
Amortissement des immobilisations corporelles	16 000	16 000
Autres frais de vente et d'administration	4 950	4 500
Intérêts sur la dette à long terme	9 500	10 000
Total des frais d'exploitation	119 450	113 180
Bénéfice net	18 550 $	6 700 $

23

ACCESSOIRES LANGIS ENR.
Bilan
au 31 décembre

	20X5	20X4
Actif		
Encaisse	28 050 $	73 700 $
Clients	102 850	83 050
Stock de marchandises	69 300	82 500
Charges payées d'avance	6 600	17 050
Immobilisations corporelles, montant net	116 000	132 000
Total de l'actif	322 800 $	388 300 $
Passif et capitaux propres		
Fournisseurs	84 350 $	112 140 $
Frais courus à payer	6 600	3 850
Tranche de l'emprunt hypothécaire échéant à court terme	24 000	24 000
Emprunt hypothécaire	64 000	88 000
Rick Lang – Capital	143 850	160 310
Total du passif et des capitaux propres	322 800 $	388 300 $

TRAVAIL À FAIRE

Calculez les ratios suivants pour l'exercice 20X5 :

a)   Ratio de solvabilité à court terme.

b)   Ratio de liquidité immédiate.

c)   Ratio d'endettement.

d)   Ratio de couverture des intérêts.

e)   Taux de rendement de l'actif.

f)   Taux de rendement des capitaux propres.

g)   Pourcentage de la marge bénéficiaire nette.

SOLUTION DU PROBLÈME TYPE

a)   Ratio de solvabilité à court terme : (206 800 $ ÷ 114 950 $) = 1,80

b)   Ratio de liquidité immédiate : (130 900 $ ÷ 114 950 $) = 1,14

c)   Ratio d'endettement : (178 950 $ ÷ 143 850 $) = 1,24

d)   Ratio de couverture des intérêts : [(18 550 $ + 9 500 $) ÷ 9 500 $] = 2,95

e)   Taux de rendement de l'actif : [18 550 $ ÷ {(322 800 $ + 388 300 $)/2}] = 0,052 ou 5,2 %

f)   Taux de rendement des capitaux propres : [18 550 $ ÷ {(143 850 $ + 160 310 $)/2}] = 0,122 ou 12,2 %

g)   Pourcentage de la marge bénéficiaire nette : (18 550 $ ÷ 550 500 $) = 0,034 ou 3,4 %

QUESTIONS DE RÉVISION Solutionnaire

1. Quelle est l'utilité des techniques d'analyse des états financiers ?

2. Quels sont les objectifs des ratios relatifs à la rentabilité ?

3. Quelles différences y a-t-il entre le taux de rendement de l'actif, le taux de rendement de l'avoir des actionnaires ordinaires et le taux de rendement boursier ?

4. Quelle est l'utilité du pourcentage de la marge bénéficiaire nette pour faire une analyse financière ?

5. Quel est le principal objectif des ratios relatifs à la structure financière ?

6. Décrivez le modèle d'analyse DuPont et dites en quoi il est utile.

7. Quelle relation y a-t-il entre la valeur comptable d'une action et son ratio cours-valeur comptable ? Lequel de ces ratios permet de faire la meilleure comparaison entre les entreprises ?

8. Qu'est-ce qui différencie le ratio de solvabilité à court terme du ratio de liquidité immédiate ? Pourquoi a-t-on créé ces deux ratios ?

9. Décrivez brièvement en quoi consiste l'analyse verticale et horizontale au moyen de tableaux en chiffres relatifs. Quel est l'objectif principal de cette technique ?

10. Dans quel but utilise-t-on l'analyse de tendances ?

11. Pourquoi faut-il faire preuve de prudence au moment de faire l'analyse des états financiers ?

EXERCICES

E1 ## Terminologie comptable

Voici une liste de cinq expressions comptables présentées dans ce chapitre :

- Coefficient de rotation des stocks
- Couverture des intérêts
- Ratio d'endettement
- Ratio de solvabilité à court terme
- Taux de rendement des capitaux propres

Chacun des énoncés suivants peut servir (ou non) à décrire une de ces expressions comptables. Pour chacun des énoncés, dites à quelle expression comptable il correspond ou indiquez « aucune » s'il ne correspond à aucune d'entre elles.

a) La relation entre la valeur comptable de l'actif à court terme facilement réalisable et celle du passif à court terme.

b) La capacité d'une entreprise à générer des bénéfices sur le capital investi par les propriétaires.

c) La relation entre le bénéfice disponible pour le paiement des intérêts sur les capitaux empruntés au cours de l'exercice et la charge d'intérêts.

d) Le nombre de fois où les stocks d'une entreprise sont compris dans son coût des ventes.

e) La relation entre la valeur comptable du total des dettes d'une entreprise et celle de ses capitaux propres.

E2 ## Vrai ou faux

Dites si chacun des énoncés suivants est vrai ou faux. Dans ce dernier cas, précisez pourquoi.

a) Le coefficient de rotation des stocks est un bon indicateur de la rentabilité d'une entreprise.

b) Selon le modèle d'analyse DuPont, le taux de rendement des capitaux propres est égal à la multiplication des trois ratios suivants : la marge bénéficiaire nette, le coefficient de rotation de l'actif et le levier financier.

c) Le ratio cours-valeur comptable d'une action ne tient pas compte de sa juste valeur.

d) Le niveau d'endettement d'une entreprise n'influe pas sur le taux de rendement de son actif.

e) Il importe de bien identifier les méthodes comptables utilisées par deux entreprises et d'en tenir compte au moment de faire l'analyse comparative des états financiers.

f) L'analyse chronologique au moyen de ratios ne pose pas de problème au moment d'effectuer la comparaison d'états financiers.

g) Selon le Conseil des normes comptables (CNC), l'objectif des états financiers des organismes à but lucratif consiste principalement à satisfaire les besoins d'information des investisseurs et des créanciers.

h) Une bonne technique d'analyse des états financiers n'exige pas de comparer différents états financiers.

i) Le ratio de solvabilité à court terme exclut certains éléments de l'actif à court terme.

j) En tenant pour acquis qu'une entreprise est financée uniquement au moyen d'emprunts et de capital-actions ordinaires, on devrait s'attendre à ce que son taux de rendement de l'avoir des actionnaires excède toujours son taux de rendement de l'actif.

k) En calculant le ratio de couverture des intérêts, on utilise le bénéfice après impôts, auquel on ajoute la charge d'intérêts.

E3 ## Le calcul de ratios de situation de trésorerie

 Voici un extrait des postes du bilan de Carmet inc. au 31 août 20X7 :

Trésorerie	*1 585 $*
Clients	*4 860*
Stock de marchandises	*8 100*
Charges payées d'avance	*755*
Immobilisations corporelles nettes	*10 200*
Fournisseurs	*3 515*
Frais courus à payer	*1 190*

Calculez le ratio de solvabilité à court terme et le ratio de liquidité immédiate.

Ratio de solvabilité à court terme : 3,25

E4 ## Le calcul de ratios de situation de trésorerie

 Voici un extrait des états financiers comparatifs de Brizou ltée (en milliers de dollars) :

	20X4	**20X3**
Résultats		
Chiffre d'affaires net (100 % à crédit)	*3 020 $*	*2 905 $*
Coût des ventes	*1 120*	*965*
Bilan		
Clients	*431*	*405*
Stock de marchandises	*150*	*140*

Calculez les ratios suivants pour l'exercice 20X4 :

a) Le coefficient de rotation des comptes clients.

b) Le délai de recouvrement des comptes clients.

c) Le coefficient de rotation des stocks.

d) Le délai de rotation des stocks.

Coefficient de rotation des stocks : 7,72

E5 Le calcul de ratios financiers

On a obtenu les données suivantes concernant l'exercice financier 20X1 de Cyrano inc. :

CYRANO INC.
Bilan
au 31 décembre 20X1

Actif

Actif à court terme

Clients	252 121 $
Stocks	122 804
	374 925
Immobilisations corporelles	341 202
Actifs incorporels	22 113
	738 240 $

Passif

Passif à court terme

Emprunts bancaires	43 114 $
Fournisseurs	142 423
Tranche de la dette à long terme échéant à moins de un an	44 776
	230 313
Emprunts à long terme	128 216
Impôts futurs	45 835
	404 364

Avoir des actionnaires

Capital-actions (143 244 actions ordinaires émises et payées)	143 244
Bénéfices non répartis	190 632
	333 876
	738 240 $

CYRANO INC.
Résultats
pour l'exercice terminé le 31 décembre 20X1

Chiffre d'affaires net		1 216 404 $
Coût des ventes		1 024 514
Marge bénéficiaire brute		191 890
Frais d'exploitation		
Amortissement des immobilisations corporelles	14 750 $	
Amortissement des actifs incorporels	1 250	
Intérêts	25 423	
Autres frais d'exploitation	66 514	107 937
Bénéfice avant impôts		83 953
Impôts sur le bénéfice		36 224
Bénéfice net		47 729 $

Autres renseignements

1. Aucune action ordinaire n'a été émise au cours de l'exercice.

2. L'action ordinaire de Cyrano inc. était cotée à 16,50 $ à la clôture de la Bourse le 31 décembre 20X1. Un an plus tôt, le cours de l'action ordinaire était de 15,90 $.

23

3. Les dividendes sur actions ordinaires de Cyrano inc. se sont élevés à 12 500 $ au cours de l'exercice 20X1.

Calculez tous les ratios pertinents au 31 décembre 20X1.

E6 La valeur d'une action

En utilisant les ratios que vous avez calculés à l'exercice **E5,** donnez votre opinion sur la valeur d'une action ordinaire de Cyrano inc. Quels renseignements supplémentaires aimeriez-vous obtenir avant de vous prononcer sur la valeur d'une action ordinaire de Cyrano inc. ?

E7 Le tableau en chiffres relatifs

Présentez un tableau en chiffres relatifs pour l'exercice financier 20X1 de Cyrano inc. Pour ce faire, utilisez les données de l'exercice **E5.**

E8 Le calcul de ratios financiers

Voici de l'information tirée du dernier rapport annuel de Rive-Sud ltée :

Total de l'actif	*29 216 000 $*
Ratio d'endettement	*0,3*
Taux de rendement de l'actif	*8,2 %*
Ratio cours-bénéfice	*5,1*
Pourcentage de la marge bénéficiaire nette	*3,9 %*

À l'aide de l'information présentée ci-dessus, calculez le chiffre d'affaires net de Rive-Sud ltée.

E9 L'analyse de tendances

Laplace inc. a obtenu les résultats suivants au cours des trois derniers exercices terminés le 31 décembre :

	20X3	*20X2*	*20X1*
Chiffre d'affaires net	*19 829 $*	*17 242 $*	*16 128 $*
Coût des ventes	*17 986*	*16 001*	*14 702*
Marge bénéficiaire brute	*1 843*	*1 241*	*1 426*
Intérêts sur la dette	*27*	*26*	*25*
Autres charges	*172*	*144*	*122*
Bénéfice avant impôts	*1 644*	*1 071*	*1 279*
Impôts sur le bénéfice	*672*	*412*	*512*
Bénéfice net	*972 $*	*659 $*	*767 $*

Faites les calculs nécessaires à une analyse de tendances.

23

PROBLÈMES DE COMPRÉHENSION

P1 Le calcul de ratios financiers

30 minutes – facile

Voici les états financiers de Brabant ltée :

BRABANT LTÉE
Bilan
au 31 décembre
(en milliers de dollars)

	20X7	20X6
Actif		
Actif à court terme		
Encaisse	210 $	330 $
Clients	1 500	1 350
Stock	2 700	1 575
Total de l'actif à court terme	4 410	3 255
Immobilisations corporelles, montant net		
Terrain	100	100
Immeubles	500	260
Équipements	897	833
Total des immobilisations corporelles	1 497	1 193
Total de l'actif	5 907 $	4 448 $
Passif et capitaux propres		
Passif à court terme		
Emprunt bancaire	585 $	$
Fournisseurs	1 350	900
Autres frais courus	320	255
Tranche de la dette à long terme échéant à moins de un an	15	15
Total du passif à court terme	2 270	1 170
Passif à long terme		
Hypothèque	240	255
Total du passif	2 510	1 425
Capitaux propres		
Capital-actions ordinaires	2 025	2 025
Bénéfices non répartis	1 372	998
Total des capitaux propres	3 397	3 023
Total du passif et des capitaux propres	5 907 $	4 448 $

BRABANT LTÉE
Résultats
pour l'exercice terminé le 31 décembre
(en milliers de dollars)

	20X7	20X6
Chiffre d'affaires net	15 300 $	15 195 $
Coût des ventes	12 360	12 225
Marge bénéficiaire brute	2 940	2 970
Frais d'exploitation		
Amortissement	150	135
Frais de vente et d'administration	1 620	1 500
Intérêts	135	120
Total des frais d'exploitation	1 905	1 755

≫

23

	20X1	20X0
Bénéfice avant impôts	*1 035*	*1 215*
Impôts sur le bénéfice	*414*	*486*
Bénéfice net	*621 $*	*729 $*

TRAVAIL À FAIRE

Calculez tous les ratios pertinents au 31 décembre 20X7.

P2   **L'établissement d'un bilan prévisionnel fondé sur certains ratios**

50 minutes – facile

En janvier 20X2, le directeur de la succursale de la Banque commerciale de Saint-Joseph-de-Beauce, M. Lemelin, doit décider s'il accordera un prêt supplémentaire de 100 000 $, échéant le 31 décembre 20X2, à Woodstock ltée pour lui permettre de réorganiser sa gestion. Après avoir analysé les états financiers de 20X0 et de 20X1 présentés ci-dessous, le nouveau directeur général de Woodstock ltée, M. Dupuis, a relevé d'importantes faiblesses dans la gestion des stocks et des comptes clients ainsi que dans les délais de paiement des comptes fournisseurs.

Woodstock ltée n'est pas une entreprise saisonnière. Elle produit et vend des articles de quincaillerie de façon régulière durant l'année.

M. Dupuis prévoit une augmentation de 10 % du chiffre d'affaires de Woodstock ltée ainsi qu'une augmentation de son coût des ventes pour l'exercice 20X2. Il pense obtenir en 20X2 le même pourcentage de bénéfice net par rapport au chiffre d'affaires qu'en 20X1. Il ne prévoit aucun changement, en 20X2, pour ce qui est du solde de l'encaisse et des immobilisations de Woodstock ltée et n'envisage aucune émission de capital-actions en 20X2.

L'emprunt hypothécaire devra être payé au complet en 20X2. Les coefficients de rotation des stocks et des comptes clients resteront les mêmes qu'en 20X1. Le solde des comptes fournisseurs sera de 785 000 $ à la fin de 20X2. M. Dupuis compte maintenir les autres éléments de passif au même niveau qu'en 20X1. De plus, il ne veut pas verser de dividendes en 20X2.

WOODSTOCK LTÉE
Bilan
au 31 décembre
(en milliers de dollars)

	20X1	20X0
Actif		
Actif à court terme		
Encaisse	140 $	220 $
Clients	1 000	900
Stock	1 800	1 050
Total de l'actif à court terme	2 940	2 170
Immobilisations corporelles, montant net		
Terrain et immeubles	400	240
Équipements	590	540
Enseignes	8	15
Total de l'actif	3 938 $	2 965 $

Passif et capitaux propres

Passif à court terme		
Emprunt bancaire	390 $	$
Fournisseurs	900	600
Autres frais courus	223	180
Total du passif à court terme	1 513	780
Passif à long terme		
Hypothèque	160	170
Total du passif	1 673	950
Capitaux propres		
Capital-actions ordinaires	1 350	1 350
Bénéfices non répartis	915	665
Total des capitaux propres	2 265	2 015
Total du passif et des capitaux propres	3 938 $	2 965 $

WOODSTOCK LTÉE
Résultats
pour l'exercice terminé le 31 décembre
(en milliers de dollars)

	20X1	20X0
Chiffre d'affaires net	10 200 $	10 130 $
Coût des ventes	8 240	8 150
Marge bénéficiaire brute	1 960	1 980
Frais d'exploitation		
Frais de vente et d'administration autres que l'amortissement	1 080	1 000
Amortissement	100	90
Intérêts	90	80
Total des frais d'exploitation	1 270	1 170
Bénéfice avant impôts	690	810
Impôts sur le bénéfice	276	324
Bénéfice net	414 $	486 $

TRAVAIL À FAIRE

a) Établissez le bilan, en milliers de dollars, de Woodstock ltée au 31 décembre 20X2. Si nécessaire, arrondissez la valeur des ratios utilisés au centième près.

b) Déterminez la diminution des besoins de financement au 31 décembre 20X2 qui résulterait d'une meilleure gestion des stocks et des comptes clients. Tenez pour acquis que les ratios de rotation des stocks et de rotation des comptes clients peuvent être ramenés respectivement à 7 et à 12, soit aux ratios moyens du secteur.

P3 L'évaluation comparative de deux entreprises

40 minutes – moyen

Pierre Laflamme hésite entre acheter des actions ordinaires de GWY inc. ou de PWW ltée. Ces deux entreprises ont à peu près la même taille et sont les principaux fabricants nord-américains d'appareils électroménagers. Afin que vous puissiez l'aider à prendre une décision, Pierre a obtenu les renseignements présentés à la page suivante.

23

		Renseignements comparatifs **au 31 décembre 20X1** *(en millions de dollars)*		
			GWY inc.	**PWW ltée**
Actif à court terme			742 $	612 $
Placements à long terme			38	
Immobilisations			622	714
Actif total			1 644	1 712
Passif à court terme			345 ❶	422 ❷
Dette à long terme			422	615
Avoir des actionnaires ordinaires			774 ❸	541 ❹
Chiffre d'affaires net			2 408	2 414
Coût des ventes			2 267	2 199
Intérêts			54	78
Impôts sur le bénéfice			34	54
Bénéfice net			53	83

Explications :

❶ *Incluant divers emprunts à court terme d'un montant total de 125 millions de dollars.*
❷ *Incluant divers emprunts à court terme d'un montant total de 142 millions de dollars.*
❸ *Le nombre d'actions ordinaires émises et payées au 31 décembre 20X1 est de 12 559 250.*
❹ *Le nombre d'actions ordinaires émises et payées au 31 décembre 20X1 est de 15 257 350.*

Compte tenu de ces renseignements, Pierre n'arrive pas à comprendre pourquoi les actions ordinaires de ces deux sociétés se négocient au même prix, soit 25 $ l'action. Il vous demande donc de lui expliquer les raisons pour lesquelles le prix est le même. De plus, il aimerait que vous l'aidiez à choisir entre les actions de GWY inc. et celles de PWW ltée. Pierre connaît bien le marché des appareils électroménagers et pense que le chiffre d'affaires de ces deux sociétés pourrait diminuer de manière substantielle au cours des prochaines années à cause de la baisse prévisible de demande pour ces produits.

TRAVAIL À FAIRE

Rédigez une note dans laquelle vous répondrez à sa question et le conseillerez pour qu'il prenne sa décision.

P4 ## L'analyse au moyen de ratios

70 minutes – moyen

La société Confection Saint-Laurent ltée (CSL), créée il y a plusieurs années, a été gérée de façon artisanale jusqu'à récemment. Le propriétaire et fondateur de l'entreprise, Glen Cane, faisait coïncider la production avec les cycles de vente de l'entreprise. CSL confectionne des vêtements pour dames et ses ventes connaissent deux cycles annuels : une première période de pointe a lieu vers les mois d'avril et de mai, et la seconde se produit en novembre.

En 20X1, M. Cane se retirait des affaires et laissait la gestion de son entreprise à Mme Cash. À cette époque, l'entreprise connaissait des difficultés liées au contrôle de la qualité. En effet, les variations de production au cours de l'année entraînaient d'importantes fluctuations dans la qualité de la main-d'œuvre. Pour résoudre ce problème, Mme Cash a opté pour une politique de production constante tout au long de l'année et a négocié une marge de crédit de 1 000 000 $ auprès de sa banque. L'entente conclue avec la banque stipulait cependant qu'à la fin de chacun des cycles de vente, c'est-à-dire en juin et en décembre, les emprunts sur marge de crédit devaient être nuls.

Mme Cash comptait bien faire mieux que M. Cane et entendait assurer la croissance de l'entreprise qui avait été pratiquement inexistante jusque-là.

L'actif de CSL ayant pratiquement doublé de 20X2 à 20X4 (*voir la note 1*), Mme Cash tente de négocier, en janvier 20X5, une majoration de 500 000 $ de sa marge de crédit bancaire. Elle prévoit de plus que les ventes augmenteront de 10 % en 20X5.

23

TRAVAIL À FAIRE

a) Préparez une analyse des états financiers de CSL en vous servant des données financières disponibles sur les principaux concurrents de CSL (*voir la note 2, à la page 1064*). Arrondissez vos calculs à la décimale près.

b) La banque devrait-elle accorder une augmentation de la marge de crédit ?

Note 1

CONFECTION SAINT-LAURENT LTÉE
Bilan
au 31 décembre
(en milliers de dollars)

	20X4	20X3	20X2
Actif à court terme			
Trésorerie	120 $	140 $	220 $
Clients	1 300	1 000	900
Stock	3 000	1 800	1 050
	4 420	2 940	2 170
Immobilisations corporelles, montant net			
Terrain et immeuble	700	400	240
Outillage	770	590	540
Divers	1	8	15
	5 891 $	3 938 $	2 965 $
Passif à court terme			
Emprunt bancaire	980 $	390 $	$
Fournisseurs	1 850	900	600
Produits reçus d'avance	306	213	170
Tranche de la dette à long terme échéant à moins de un an	10	10	10
	3 146	1 513	780
Emprunt hypothécaire	150	160	170
Capitaux propres			
Capital-actions ordinaires	1 350	1 350	1 350
Bénéfices non répartis	1 245	915	665
	5 891 $	3 938 $	2 965 $

CONFECTION SAINT-LAURENT LTÉE
Résultats
pour l'exercice terminé le 31 décembre
(en milliers de dollars)

	20X4	20X3	20X2
Ventes	10 200 $	10 130 $	9 750 $
Coût des ventes	8 240	8 150	7 940
Marge bénéficiaire brute	1 960	1 980	1 810
Frais de vente et d'administration	830	800	750
Amortissement	130	90	80
Intérêts	90	80	80
Divers	240	200	150
Total des charges	1 290	1 170	1 060
Bénéfice avant impôts	670	810	750
Impôts sur le bénéfice (50 %)	335	405	375
Bénéfice net	335 $	405 $	375 $

23

Note 2

Ratios moyens des principaux concurrents de CSL

	20X4	20X3	20X2
Ratio de solvabilité à court terme	2,4	2,4	2,4
Ratio de liquidité immédiate	1,4	1,5	1,5
Chiffre d'affaires/actif	3,1	3,0	3,0
Chiffre d'affaires/immobilisations	14,0	14,0	14,0
Coût des ventes/stocks	6,0	5,0	6,0
Chiffre d'affaires/comptes clients	12,2	12,2	12,2
Pourcentage de la marge bénéficiaire nette	3,7 %	4,0 %	3,5 %
Bénéfice net/total de l'actif	12,0 %	12,0 %	11,0 %
Bénéfice net/avoir des actionnaires ordinaires	16,4 %	18,5 %	16,2 %
Total du passif/total des capitaux propres	1,35 %	0,85 %	0,50 %

P5 ## La comparaison de deux entreprises

45 minutes – moyen

Le principal actionnaire de la société Alpha inc., Jérémie Laflamme, vous demande de comparer les résultats de l'exploitation et la situation financière de sa société avec ceux de la société Oméga ltée. Celle-ci est une entreprise de plus grande taille évoluant dans le même secteur d'activité et Alpha inc. la considère comme une société modèle. Voici les états financiers sommaires des exercices terminés les 31 décembre 20X6 et 20X7 :

	Alpha inc.		Oméga ltée	
Bilan	**20X7**	**20X6**	**20X7**	**20X6**
Actif				
Encaisse	100 000 $	20 000 $	100 000 $	125 000 $
Clients	70 000	60 000	800 000	750 000
Stock de marchandises	230 000	190 000	2 400 000	1 825 000
	400 000	270 000	3 300 000	2 700 000
Immobilisations corporelles (nettes)	200 000	230 000	3 200 000	3 200 000
	600 000 $	500 000 $	6 500 000 $	5 900 000 $
Passif et capitaux propres				
Emprunts bancaires	40 000 $	30 000 $	500 000 $	300 000 $
Fournisseurs	135 000	100 000	1 300 000	650 000
Portion à court terme de la dette à long terme	20 000	20 000	300 000	300 000
	195 000	150 000	2 100 000	1 250 000
Dette à long terme	30 000	50 000	1 400 000	1 700 000
	225 000	200 000	3 500 000	2 950 000
Actions ordinaires	50 000	50 000	1 500 000	1 500 000
Actions privilégiées			500 000	500 000
Bénéfices non répartis	325 000	250 000	1 000 000	950 000
	375 000	300 000	3 000 000	2 950 000
	600 000 $	500 000 $	6 500 000 $	5 900 000 $
Résultats				
Chiffre d'affaires net	1 300 000 $	1 000 000 $	9 000 000 $	7 500 000 $
Coût des ventes	936 000	700 000	6 120 000	5 250 000
Marge bénéficiaire brute	364 000	300 000	2 880 000	2 250 000
Frais d'exploitation et impôts sur le bénéfice	266 500	250 000	2 100 000	1 800 000
Bénéfice net	97 500 $	50 000 $	780 000 $	450 000 $

Effectuez une analyse comparative des résultats de l'exploitation et de la situation financière des deux entreprises en basant vos conclusions sur des ratios et des pourcentages tirés des états financiers.

P6 ## L'analyse chronologique

50 minutes – moyen

Les renseignements suivants sont tirés des états financiers de la société Chrono ltée :

CHRONO LTÉE
Résultats
pour l'exercice terminé le 31 décembre
(en milliers de dollars)

	20X5	20X4	20X3	20X2	20X1
Chiffre d'affaires net	853 $	772 $	701 $	649 $	606 $
Coût des ventes	563	472	421	399	366
Marge bénéficiaire brute	290	300	280	250	240
Frais d'exploitation	160	145	135	95	95
Bénéfice net	130 $	155 $	145 $	155 $	145 $

CHRONO LTÉE
Bilan
au 31 décembre
(en milliers de dollars)

	20X5	20X4	20X3	20X2	20X1
Actif					
Encaisse	55 $	55 $	56 $	59 $	58 $
Clients	300	270	210	181	172
Stock de marchandises	760	660	560	510	410
Charges payées d'avance	25	15	26	23	24
Immobilisations corporelles	1 250	1 100	618	647	576
	2 390 $	2 100 $	1 470 $	1 420 $	1 240 $
Passif et capitaux propres					
Passif à court terme	555 $	375 $	290 $	275 $	250 $
Passif à long terme	600	545	230	290	320
Actions ordinaires	750	750	600	600	500
Bénéfices non répartis	485	430	350	255	170
	2 390 $	2 100 $	1 470 $	1 420 $	1 240 $

L'exercice 20X1 servant d'année de référence, procédez à une analyse de tendances des postes des états financiers de Chrono ltée ; ensuite, peaufinez votre analyse chronologique à l'aide des ratios de solvabilité à court terme, d'endettement, de rendement de l'actif, de rendement de l'avoir des actionnaires ordinaires, du pourcentage des marges bénéficiaires brute et nette ainsi que des coefficients de rotation des comptes clients et des stocks pour les quatre derniers exercices.

23

P7 L'effet d'un changement de méthode comptable sur l'analyse des états financiers

30 minutes – facile

Après avoir utilisé les données financières obtenues par Pierre Laflamme pour analyser la possibilité d'investir dans les actions ordinaires de GWY inc. ou PWW ltée au problème **P3,** vous décidez d'examiner les états financiers vérifiés de ces deux entreprises. À la lecture des notes afférentes aux états financiers de PWW ltée, vous réalisez que cette société a changé de méthode comptable en 20X1. En effet, avant 20X1, PWW ltée amortissait ses immobilisations au taux de 15 % sur le solde dégressif. À compter de l'exercice 20X1, PWW ltée utilise la méthode de l'amortissement linéaire au taux de 10 %. Ce changement lui a permis d'augmenter son bénéfice net de 28 000 000 $ en 20X1 ainsi que le solde de ses immobilisations de 120 000 000 $.

TRAVAIL À FAIRE

a) En supposant que GWY inc. ait utilisé la méthode de l'amortissement dégressif au taux de 15 % en 20X1, quel serait l'impact du changement de méthode comptable sur l'analyse que vous avez déjà faite pour le compte de Pierre Laflamme ?

b) En supposant que GWY inc. ait utilisé la méthode de l'amortissement linéaire au taux de 10 % en 20X1, quel serait l'effet du changement de méthode comptable sur l'analyse que vous avez déjà faite pour le compte de Pierre Laflamme ?

c) Expliquez pourquoi il est nécessaire de lire attentivement les notes inscrites aux états financiers pour faire votre travail d'analyse.

P8 Le financement d'une nouvelle entreprise

20 minutes – facile

Jean Lapierre a décidé de constituer la société Lapierre inc. dans le but de distribuer au Québec un nouvel engrais pour pelouse. L'entente conclue avec son fournisseur européen est de trois ans. Au cours de cette période, Jean espère obtenir les résultats suivants :

Ventes au comptant	*852 000 $*
Coût des ventes	*722 000*
Marge bénéficiaire brute	*130 000*
Frais d'exploitation	*30 000*
Flux monétaire avant impôts	*100 000*
Impôts	*20 000*
Flux monétaires nets de la période	*80 000 $*

Lapierre inc. doit investir 100 000 $ au début du projet. Le montant de cet investissement sera récupéré en entier à la fin de la période de trois ans. Jean Lapierre ne dispose cependant que de 60 000 $, qu'il entend investir en actions ordinaires de Lapierre inc. Il décide donc de vous consulter pour savoir si la société devrait émettre des actions ordinaires ou contracter un emprunt bancaire à 10 % dans le but d'obtenir les 40 000 $ manquants.

TRAVAIL À FAIRE

a) Quelle est la solution la plus profitable pour Jean Lapierre ?

b) Cette solution est-elle risquée si le produit ne se vend pas autant que prévu ?

P9 **L'analyse des états financiers en vue d'investir dans une PME**

70 minutes – difficile

Voilà quatre ans, soit en 20X1, M. Émile Simard créait la société Commandes Simard inc. afin de concevoir et de fabriquer un composant de commande spécialisée (Compcom) pour l'industrie de la robotique. M. Simard faisait partie, en qualité d'ingénieur, de l'équipe qui a mis au point le bras canadien utilisé par la navette spatiale de la NASA. Le procédé de production et l'équipement utilisé pour fabriquer le Compcom sont très sophistiqués et ont été mis au point par M. Simard en 20X1. La production a débuté en 20X2 et les ventes de cet exercice, environ 300 000 $, ont généré une perte nette de 50 070 $. Cependant, le chiffre d'affaires et le bénéfice net ont connu d'importantes augmentations en 20X3 et en 20X4. Les états financiers de la société Commandes Simard inc. sont présentés ci-dessous.

COMMANDES SIMARD INC.
Résultats
pour l'exercice terminé le 31 décembre

	20X4	20X3
Chiffre d'affaires	1 560 000 $	768 840 $
Rendus et rabais sur ventes	6 240	
Chiffre d'affaires net	1 553 760	768 840
Coût des produits vendus		
Stock d'ouverture	107 640	54 240
Achats	757 920	350 400
Main-d'œuvre directe	226 040	108 858
Fournitures	25 200	7 920
Amortissement	18 540	10 800
Entretien	28 800	10 200
Loyer	57 600	14 400
Services publics	23 520	10 920
Frais divers de production	9 040	6 462
Produits disponibles à la vente	1 254 300	574 200
Stock de clôture	185 400	107 640
Coût des produits vendus	1 068 900	466 560
Marge bénéficiaire brute	484 860	302 280
Frais de vente et d'administration		
Salaires	172 800	172 800
Déplacements	43 320	29 880
Dépréciation des comptes clients	3 960	4 680
Téléphone	2 160	1 200
Intérêts	17 520	6 480
	239 760	215 040
Autres frais		
Perte sur cession de matériel	30 900	
Stocks désuets	13 320	
Divers	1 560	5 150
	45 780	5 150
Bénéfice avant impôts	199 320	82 090
Impôts sur le bénéfice	45 840	θ*
Bénéfice net	153 480 $	82 090 $

* En raison de pertes antérieures.

COMMANDES SIMARD INC.
Bilan
au 31 décembre

	20X4	20X3
Actif		
Actif à court terme		
Encaisse	$	8 040 $
Clients, montant net	168 600	76 080
Stock de marchandises	185 400	107 640
Charges payées d'avance	6 000	
Total de l'actif à court terme	360 000	191 760
Actif à long terme		
Matériel	160 800	78 000
Amortissement cumulé	15 840	26 400
	144 960	51 600
Dépôt sur le nouveau matériel	12 000	
Autres actifs	12 000	
Total de l'actif à long terme	168 960	51 600
Total de l'actif	528 960 $	243 360 $
Passif et capitaux propres		
Passif à court terme		
Fournisseurs	53 160 $	24 120 $
Loyer exigible		2 400
Salaires et traitements à payer		16 200
Emprunt bancaire, remboursable à vue	90 960*	75 600
Impôts à payer	46 320	
Total du passif à court terme	190 440	118 320
Passif à long terme		
Effet à payer	96 000	72 000
Total du passif	286 440	190 320
Capitaux propres		
Capital-actions (sans valeur nominale, 40 000 actions autorisées 15 000 actions émises)	126 000	54 000
Bénéfices non répartis (déficit)	116 520	(960)
Total des capitaux propres	242 520	53 040
Total du passif et des capitaux propres	528 960 $	243 360 $

* Comprend 15 360 $ de découvert de banque.

M. Simard est ce que l'on appelle un solitaire et dirige sa société avec autorité. Il participe pratiquement à toutes les activités de l'entreprise qu'il juge importantes : conception, production, mise en marché et finances. Il a quitté son emploi pour créer sa propre entreprise parce qu'il avait de la difficulté à travailler en équipe ; il avait toujours désiré participer à un projet dans son ensemble plutôt qu'à une partie. Au cours des quatre dernières années, il a commencé à atteindre ses objectifs financiers tout en se réalisant sur le plan de la créativité et de l'épanouissement personnel et en menant ses affaires comme il l'entendait.

M. Simard et sa femme détiennent ensemble 100 % de Commandes Simard inc. M. Simard a récemment déclaré à un partenaire d'affaires :

« Le succès que j'ai connu au cours des deux dernières années est surtout attribuable à l'excellente qualité de mon produit. Vu la très bonne qualité du Compcom, je demande un prix élevé qui dépasse de 10 % celui des produits concurrents sur le marché. Le prix actuel est légèrement supérieur à 11 000 $, ce qui représente de 11 à 15 % du prix d'un robot industriel. Étant donné que la demande est très faible au Canada, les États-Unis représentent 90 % de mon marché.

Le nombre de mes concurrents augmente au fur et à mesure que les entreprises américaines mettent au point leurs propres dispositifs de commande et que les Japonais envahissent le marché américain après avoir saturé leur marché intérieur. Une entreprise japonaise très compétitive a récemment reçu une commande pour 20 dispositifs de commande pour laquelle j'avais soumissionné. J'ai été étonné de la qualité de leur produit, mais je ne pense toujours pas qu'elle soit comparable à celle du mien et je ne vais pas commencer à réduire mes prix de vente. C'est toutefois une industrie qui évolue très rapidement et j'ignore ce que je devrai faire à l'avenir. À l'heure actuelle, des dispositifs de commande de type Compcom sont fabriqués par neuf entreprises : la mienne, trois entreprises japonaises, trois américaines et deux européennes. Je m'attends toutefois à ce que ce nombre augmente considérablement au cours des deux prochaines années. J'espère demeurer le chef de file en matière de prix au Canada au fur et à mesure que la fabrication des robots se développera au pays. La haute qualité de mon produit donne aux fabricants plus de souplesse, en leur permettant d'augmenter leur productivité et d'employer moins de personnel que je ne l'avais moi-même imaginé. Bien sûr, l'accroissement de la productivité en ayant recours à la nouvelle technologie est un facteur très important aux yeux des fabricants nord-américains et représente peut-être la seule chance de survie de l'industrie automobile. Récemment, j'ai appris qu'il n'existait au Canada que 500 robots industriels en 20X2 (alors que le Japon en comptait 15 000 et les États-Unis, 5 000). En 20X3, ce chiffre s'élevait à 800 robots et la société General Motors du Canada prévoyait utiliser à elle seule 1 200 robots d'ici la prochaine décennie. Le volume du marché nord-américain est censé décupler d'ici une douzaine d'années. Donc, la demande existe et mon produit occupe la première place sur le marché.

Le procédé de production requiert des ouvriers spécialisés, mais je peux montrer à pratiquement n'importe quelle personne possédant une intelligence moyenne à travailler efficacement en quelques jours. En mon absence, mon beau-frère peut superviser à la fois la production et la formation. Il est vraiment le seul à qui je puisse me fier pour assurer le fonctionnement de l'entreprise lorsque je ne suis pas là. Bien sûr, je ne m'absente jamais plus d'une semaine à la fois. »

M. Simard cherche à obtenir des fonds à long terme pour pouvoir les investir dans son entreprise. La banque lui a prêté le maximum qu'il pouvait obtenir et il n'entretient guère d'espoir qu'elle lui en avance davantage. Il a besoin d'argent pour financer les ventes prévues de 2 400 000 $ en 20X5. Il aimerait trouver jusqu'à 1 000 000 $ afin de ne pas avoir à chercher constamment des capitaux et il est prêt à accepter une participation dans les capitaux propres allant jusqu'à 25 % pour obtenir ces fonds.

TRAVAIL À FAIRE

a) À titre de conseiller d'une institution financière investissant dans des PME du secteur de la haute technologie, donnez votre opinion sur l'entreprise de M. Simard. Si nécessaire, arrondissez vos calculs à deux décimales près.

b) Quelle information supplémentaire aimeriez-vous obtenir ?

23

INDEX

A

Actif(s), 14
  biologiques, 609
  incorporels, 564
    amortissables, 638
    non amortissables, 638
  non monétaires, 630
Action(s)
  avec valeur nominale, 781, 786
  catégories d', 781
  fractionnement d', 835
  juste valeur d'une, 781
  ordinaires, 781
  privilégiées, 781
    pleinement participantes, 784
  ratio cours-valeur comptable
    d'une, 1045
  regroupement d', 836
  résultat par, 1038
  sans valeur nominale, 781, 786
  souscrites, 791
  valeur comptable d'une,
    781, 844, 1044
  valeur nominale d'une, 781
Actionnaires, 770
  minoritaires, 779
Activité(s)
  courantes, 93, 95
  d'exploitation, 985, 986
    courantes, 643
  d'investissement, 644, 985, 996
  de développement, 632
  de financement, 985, 998
  de recherche, 632
  liées à l'exploitation future, 643
Actualisation, 707
Administrateurs, 777
Aide gouvernementale, 643
Aliénation, 689
Améliorations locatives, 571
Amortissement, 572
  des immobilisations, 994
  fiscal, 584
Analyse
  au moyen de tableaux en chiffres
    relatifs, 1049
  chronologique au moyen
    de ratios, 1051
  des états financiers, 1027
  horizontale, 183, 1050
    de tendances, 1052
  verticale, 183, 1050

Appel public à l'épargne, 775
Apports, 97
Assiette de l'amortissement, 574
Association, 868
  coopérative, 915
Assurance emploi, 390
Auditeurs, 533
Autorité des marchés financiers, 775
Avances consenties à des employés,
  à des administrateurs, à des
  actionnaires ou à des entreprises
  affiliées, 656
Avantage(s)
  économiques, 631
  imposable, 387
  sociaux, 397
Avoir
  de la coopérative, 925
  des membres, 925

B

Balance de vérification, 54, 68
  après clôture, 54, 278
  régularisée, 233
Bénéfice(s)
  d'exploitation, 157
  net, 97
  non répartis, 771, 772, 823
    affectés, 842
Bénéficiaire, 478, 730
Bilan, 23
Billet(s)
  à ordre, 478
  à payer, 729
Brevets, 629
Budgets, 533

C

Capital
  d'apport, 772
  déclaré, 785
  émis, 784
  légal, 785
  non émis, 784
  social, 924
Capital-actions, 771, 781
  autorisé, 785
Capitaux propres, 18
  caractéristiques d'un passif financier
    et d'un instrument de, 748
Carte de débit, 443

Catégories
  d'actions, 781
  d'activités, 985
  de stocks, 537
Certificat de constitution, 775
Cession de créances, 499
Charge(s), 94
  à payer, 221
  constatées par régularisation, 221
  d'exploitation, 562
  de désactualisation, 587
  payées d'avance, 213
  sociales, 397, 732
Chèque(s)
  certifié, 437, 442
  en circulation, 437
  postdaté, 442
Chiffre d'affaires net, 157, 161
Chiffrier, 263
Classement chronologique, 474
Clause antidilution, 784, 837
Clôture des comptes, 273
Coefficient de rotation
  de l'actif, 1036
  des comptes clients, 1047
  des stocks, 1048
Comité de direction, 777
Commission, 386
  des valeurs mobilières, 775
Comparabilité, 525
Comptabilité
  d'engagement, 945
  d'exercice, 94, 95, 945
  de caisse, 94, 95, 944
  de management, 7
  des organismes sans but lucratif, 12
  du secteur public, 12
  en partie double, 57
  publique, 10
Compte(s), 55
  collectif, 322
  de contrepartie, 164
  de contrôle, 322
  de résultats, 273
  de valeurs, 273
  en souffrance, 477
  fournisseurs, 732
  permanents, 273
  temporaires, 273
Conditions de règlement, 166
Confédération, 920
Conseil d'administration, 777, 921

Consignataire, 532
Consignateur, 532
Contrats de souscription, 790
Contrordre, 441
Convention entre actionnaires, 777
Coopérative, 28, 915
Cote de solvabilité, 186
Cotisations sociales, 397
Coupon de caisse enregistreuse, 162
Coût
    après amortissement, 470, 664
    d'entreposage, 506
    de rupture de stock, 506
    de transaction, 468, 659, 746
    des stocks en main, 512
    des ventes, 157, 169
        de l'exercice, 512
    diminué de la dépréciation, 664, 666
    du stock de clôture, 535
    incorporables, 516
    non incorporables, 516
    unitaire, 518
Créance(s), 464
    douteuses, 471
    irrécouvrables, 471
Crédit, 55
    de taxe sur les intrants (CTI), 139
Cum-dividende, 828
Cycle comptable, 52

D

Date
    de clôture des registres, 661, 828
    de déclaration, 661, 828
    de paiement, 661, 828
Débit, 55
Décaissements, 983
Décisions d'investissement, 561
Déclaration
    de société, 871
    des crédits d'impôt personnels, 391
    pour la retenue d'impôt, 391
Découvert bancaire, 725, 726
Déduction pour amortissement, 584
Défaut de paiement, 482
Déficit, 772, 824
Délai
    d'escompte, 166
    de recouvrement des comptes
        clients, 1047
    de rotation des stocks, 1048
Dénombrement, 216, 526
Dénomination sociale, 775, 871
Dépense en capital, 562
Dépôts en circulation, 437
Dépréciation, 592, 594, 687
Dessins industriels, 630

Détaillants, 155
Détention économique, 530
Dette(s)
    dont le montant est facilement
        déterminable, 724, 725
    estimative(s), 724, 735, 749
    éventuelle, 724, 739
        probable, 739, 740, 749
    remboursable(s) à la demande
        du créancier, 727, 735
Développement, 632
Disposition de placements, 661
Dividendes, 825
    à payer, 727, 734, 829
    arriéré, 783
    attaché, 828
    détaché, 828
    en actions, 832
    en actions à distribuer, 833
    en argent, 827, 829
Dotation à l'amortissement, 226
Double imposition, 826
Droit(s), 628
    d'auteur, 629
    de préemption, 782
    fondamentaux des
        actionnaires, 781
    préférentiel de souscription, 782
Durée de vie, 227, 573
    totale, 636
    utile, 228, 574, 636

E

Écarts temporaires, 823
Échange de biens
    ou de services, 787
Écriture(s)
    composée, 63
    d'ajustement, 958
    de clôture, 273
    de contrepassation, 278
    de correction, 259
Effets
    à payer, 726, 729, 743, 747
    à recevoir, 477, 480
    de commerce, 480
Éléments
    non fréquents ou non typiques
        des activités normales, 821
    sans effet sur la trésorerie, 1003
Emprunt
    bancaire, 726, 728
    hypothécaire, 743, 744
Encaissements, 983
Engagements contractuels, 753
Entité
    distincte, 19
    juridique, 771

Entreprise(s)
    commerciale, 155, 508, 535
    individuelle, 26
    industrielles, 508
Entretien, 561
Équivalents de trésorerie, 656, 984
Erreur, 437
Escomptes
    d'usage, 169
    de caisse, 166
    perdus, 174
État
    des flux de trésorerie, 981
    des résultats à groupements
        multiples, 182
    des résultats à groupements
        simples, 182
Évaluateur indépendant, 788
Événements postérieurs à la date
    du bilan, 750
Évolution de la trésorerie et des
    équivalents de trésorerie, 983
Excédents, 926
Ex-dividende, 828
Expertise comptable, 10
Exploitation, 985

F

FAB (franco à bord), 176
    point d'arrivée, 176, 532
    point d'expédition, 176, 532
    point de départ, 176, 532
    point de livraison, 176, 532
Facteurs
    d'ordre économique, 573
    d'ordre technique, 573
Facture de vente, 162
Fiche de paye individuelle, 393
Financement, 986
Flexibilité financière, 25
Flux de trésorerie
    futurs, 667
    liés aux activités d'exploitation, 1002
        selon la méthode directe, 990
    liés aux activités d'investissement, 998
    liés aux activités de financement, 1000
Fonds de roulement, 187
Formulaire(s)
    commerciaux, 52
    de déclaration, 142
Fournisseurs et frais courus, 726
Fractionnement d'actions, 835
Frais
    courus, 732
    d'administration, 180
    de constitution, 794
    de démarrage, 794
    de livraison, 176

de vente, 180
directs, 566
financiers, 180
généraux de fabrication, 508
Franchisé, 630
Franchiseur, 630

G

Gains, 96
éventuels, 740
Gel successoral, 783
Grand livre
auxiliaire, 322
des stocks, 513
général, 63, 320
Gratifications, 387
Grossistes, 155

H

Honoraires, 384
Hypothèque
avec dépossession, 499
mobilière, 743, 744
sans dépossession, 499

I

IFRS, 14
Immeubles, 566
de placement, 608
Immobilisations corporelles, 564
Importance relative, 563
Impôts sur le bénéfice à payer, 733
Influence notable, 680, 682
Informations financières
prospectives, 533
Instrument financier
d'échange, 418
Insuffisance, 228, 574
de capital, 894
Intérêts, 479
résiduel, 782
Inventaire
matériel, 170, 509, 526
permanent, 170
Investissement, 986

J

Journal
des achats, 334
des décaissements, 337
des encaissements, 329
des ventes, 326
général, 61, 320, 342
synoptique, 346
Journalisation, 61

Journaux auxiliaires, 323
Jours de grâce, 479
Jugement professionnel, 26
Juste valeur, 25, 468, 592, 781, 830, 873
d'une action, 781

L

Levier financier, 1040
Liquidité, 25
Livre-journal, 61
Location-acquisition, 570
Loi canadienne sur les sociétés par actions
(LCSA), 775
Loi sur les sociétés par actions
(LSA), 775

M

Main-d'œuvre directe, 508
Marchandises en consignation, 532
Marge
bénéficiaire brute, 157, 179, 534
de crédit, 728
sur coût d'achat, 534
Marque de commerce, 629
Matières premières, 508
Mauvaises créances, 471
Mesures
absolues, 818
de protection des stocks, 507
relatives, 818
Méthode
de l'amortissement
dégressif à taux constant, 576
fonctionnel, 578
linéaire, 229, 575, 676
proportionnel à l'ordre numérique
inversé des périodes, 577
selon le taux d'intérêt effectif, 676
de l'inventaire au prix de détail, 535
de la juste valeur, 657-659, 681
de la marge bénéficiaire brute, 533
de la valeur
comptable, 793
d'acquisition, 657, 664, 665, 681
de consolidation, 681, 683
des impôts
exigibles, 823
futurs, 823
directe, 986
du coût
après amortissement, 675
moyen pondéré, 521
propre, 519
réel d'entrée, 519
du premier entré, premier sorti, 523
du taux d'intérêt effectif, 678

indirecte, 986, 1002
PEPS, 523
Modèle de la juste valeur, 609
Moyenne mobile, 522

N

Nantissement, 499
Nom commercial, 629
Note
de crédit, 164, 165, 172, 173
de débit, 173

O

Obligation(s)
contractuelle, 721
liée à la mise hors service, 585
morales, 720
Obsolescence, 573
Omission, 437
Opération(s)
de troc, 604
non monétaire, 604
sans effet sur la trésorerie, 988

P

Participation(s), 680
dans une filiale, 689
dans un satellite, 680, 687
Parts
de qualification, 924
privilégiées, 925
sociales, 924
Passer une écriture, 61
Passif, 15, 720
à court terme, 723
à long terme, 743
financier, 721
Péremption, 228
Performance économique, 816
Permanence des méthodes comptables, 525
Personnalité de l'entité, 19
Personne morale, 770, 775
Perte(s), 96
de valeur, 592
nette, 97
Petite caisse, 427
Pièces justificatives, 52
Placement(s)
à court terme, 654
à long terme, 654
cotés sur un marché actif, 658
qui ne sont pas cotés sur un marché
actif, 664
Plan comptable, 65
Plans de sortie, 639

Politique
de crédit, 464
de dividende, 826
de recouvrement, 465
Pourcentage de la marge bénéficiaire
brute, 179, 1037
nette, 1037
Prélèvements, 97
Preneur ferme, 794
Présentation du passif
à court terme, 742
à long terme, 749
Prévoyance sociale, 397
Prime(s), 386
à l'émission d'actions, 786
Principe
de l'indépendance des
exercices, 208, 572
de la permanence des méthodes
comptables, 583
de réalisation, 161, 209
du rattachement des charges aux
produits, 209, 527
Privilège de dividende cumulatif, 783
Prix
brut, 174
courant, 168
de détail
du stock de clôture, 535
suggéré, 169
net, 174
Produits, 93
à recevoir, 224
agricoles, 609
constatés par régularisation, 224
d'intérêts, 670
de dividendes, 661
perçus d'avance, 734
reçus d'avance, 726
Provision
pour garanties, 736
pour promotions, 736, 738
Prudence, 1028

Q

Qualité du résultat, 1037
Quote-part, 682

R

Rabais
sur achats, 173
sur ventes, 164
Rapprochement bancaire, 430
Ratio
cours-bénéfice, 1039
cours-valeur comptable
d'une action, 1045

d'endettement, 1043
de conversion, 784, 836
de couverture des intérêts, 1043
de la marge bénéficiaire brute, 179
de liquidité immédiate, 1046
de solvabilité à court
terme, 186, 1046
Recherche, 632
Reconstitution, 428
Registre
des certificats des valeurs
mobilières, 776
des valeurs mobilières, 776
Règle
d'évaluation au moindre du
coût et de la valeur nette
de réalisation, 528
de la demi-année, 584
de la valeur minimale, 528
de non-compensation, 477
Règlement(s)
administratifs, 776
intérieur, 776
Règles de maintien du capital, 828
Regroupement d'actions, 836
Relation employeur-salarié, 384
Remboursement de la taxe sur
les intrants (RTI), 139
Remises, 168
Rendement
sur le capital investi, 817
sur son investissement, 707
Rendu(s)
sur achats, 173
sur ventes, 164
Renflouement de la petite caisse, 428
Rentabilité, 818, 1035
Rentrée de fonds, 329
Répartition du coût
d'origine, 572, 573
Report, 54
dans le grand livre général, 66
Reprises de valeur, 476
Réserve, 841, 925
générale, 925
Responsabilité
conjointe, 870
illimitée, 870
mutuelle, 870
solidaire, 870
Résultat par action, 1038
Retenues salariales, 387
Retraits, 97, 875
Risque de crédit, 484
Ristourne, 926
RQAP, 389
RRQ, 387
RVER, 392

S

Saisir une écriture, 61
Salaire(s), 384, 386, 732
à payer, 732
charges sociales, avantages
sociaux et vacances à
payer, 726
Situation
de trésorerie, 1045
qui a pris naissance après la date
du bilan, 751, 752
qui existait à la date du bilan,
751, 752
Société, 868
de capitaux, 770
émettrice, 656
en nom collectif, 27
à responsabilité limitée, 871
par actions, 27, 770
participante, 656
solvable, 818
Solde, 56
créditeur, 56
débiteur, 56
Sommes
à remettre à l'État, 726, 733
reçues des clients, 991
versées aux fournisseurs, 993
Sortie(s)
d'actifs incorporels, 639
de fonds, 337
Souscripteur, 478, 730
à forfait, 794
Statuts constitutifs, 775
Stock, 509
de matières premières, 508
de produits en cours, 508
de produits finis, 508
Structure financière, 1040
Substance commerciale, 606
Surplus d'apport, 771, 786, 796
Survaleur, 641
Système
comptable relatif aux stocks, 507
d'inventaire
périodique, 171, 510
permanent, 170, 512

T

Taux
d'intérêt effectif, 674
d'intérêt réel, 673
de rendement boursier, 1039
de rendement de l'actif, 1036
de rendement de l'avoir
des actionnaires
ordinaires, 1035

de rendement des capitaux propres, 1035

effectif, 673

Temps d'arrêt des comptes, 210

Tenue des comptes, 6

Terrain, 565

Test

de dépréciation, 666

de recouvrabilité, 592, 638

Titres de placement, 654

Titrisation, 500

TPS, 138

Traitement en direct, 349

Tranche de la dette à long terme échéant à moins de un an, 727, 734

Transferts non monétaires et non réciproques, 604

Transports sur achats, 176

Trésorerie, 418, 984

Trop-perçus, 926

TVQ, 138

V

Vacances à payer, 732

Valeur

actualisée, 707

nette, 674

attribuée, 781

comptable, 231, 573, 675, 781

d'une action, 781, 844, 1044

moyenne des actions vendues, 689

moyenne des unités de placement, 662

de récupération, 228, 574

marchande, 231, 786

nette de réalisation, 228, 574

nominale, 781, 786

d'une action, 781

prédictive, 818

résiduelle, 228, 574

Vente à tempérament, 532

Versement(s) futur(s)

unique, 708

périodiques, 709